# TEOLOGIA SISTEMÁTICO-
# CARISMÁTICA

CÉSAR MOISÉS CARVALHO | CÉFORA CARVALHO

# TEOLOGIA SISTEMÁTICO-CARISMÁTICA

A CONEXÃO PNEUMÁTICA ENTRE AS PRINCIPAIS DOUTRINAS DA FÉ CRISTÃ

VOLUME 1

Copyright © 2022 César Moisés Carvalho e Céfora Ulbano Carvalho
Todos os direitos desta publicação são reservados por Vida Melhor Editora LTDA.
Os pontos de vista desta obra são de responsabilidade de seus autores e colaboradores diretos, não
refletindo necessariamente a posição da Thomas Nelson Brasil, da HarperCollins Christian Publishing
ou de sua equipe editorial.

| | |
|---|---|
| PUBLISHER | *Samuel Coto* |
| EDITOR | *Guilherme H. Lorenzetti* |
| PREPARAÇÃO | *Josemar Pinto e Virgínia Neumann* |
| REVISÃO | *Judson Canto e Paulo Nishihara* |
| DIAGRAMAÇÃO | *Joede Bezerra* |
| CAPA | *Douglas Lucas* |

Catalogação na Publicação (CIP)

C322t    Carvalho, César Moisés

1.ed.       Teologia sistemático-carismática: vol. 1 : a conexão pneumática entre as
principais doutrinas da fé cristã / César Moisés Carvalho, Céfora Carvalho. –
1.ed. – Rio de Janeiro : Thomas Nelson Brasil, 2022.

720 p.; il.; 15,5 x 23 cm.

ISBN : 978-65-56893-28-0 (capa dura)

1. Doutrina cristã. 2. Espírito Santo. 3. Pentecostalismo. 4. Pneumatologia.
5. Teologia sistemática. I. Carvalho, Céfora. II. Título.

05-2022/156                                                                CDD 230

**Índice para catálogo sistemático:**
1. Teologia sistemática   230
**Bibliotecária responsável:** Aline Graziele Benitez CRB-1/3129

Thomas Nelson Brasil é uma marca licenciada à Vida Melhor Editora S.A.
Todos os direitos reservados à Vida Melhor Editora S.A.
Rua da Quitanda, 86, sala 218 – Centro – 20091-005
Rio de Janeiro – RJ – Brasil
Tel.: (21) 3175-1030
www.thomasnelson.com.br

# SUMÁRIO

SOBRE OS AUTORES . . . . . . . . . . . . . . . . . . . . . . . . . . . . . . . . . . . . . . . 11

APRESENTAÇÃO . . . . . . . . . . . . . . . . . . . . . . . . . . . . . . . . . . . . . . . . . . 13

PREFÁCIO . . . . . . . . . . . . . . . . . . . . . . . . . . . . . . . . . . . . . . . . . . . . . . . 15

INTRODUÇÃO GERAL . . . . . . . . . . . . . . . . . . . . . . . . . . . . . . . . . . . . . . 21

### Primeira Parte
## QUESTÕES TEÓRICO-METODOLÓGICAS

Capítulo 1
## O PORQUÊ DE UMA TEOLOGIA SISTEMÁTICO-CARISMÁTICA . . . . . . . . . . 35

INTRODUÇÃO . . . . . . . . . . . . . . . . . . . . . . . . . . . . . . . . . . . . . . . . . . . . 35

O PREDOMÍNIO RACIONALISTA NA TEOLOGIA SISTEMÁTICA . . . . . . . . . . . . . . . 46

O *LOCUS* DE UMA TEOLOGIA SISTEMÁTICO-CARISMÁTICA . . . . . . . . . . . . . . . 67

CONSIDERAÇÕES FINAIS . . . . . . . . . . . . . . . . . . . . . . . . . . . . . . . . . . . . . 90

Capítulo 2
## DA EXPERIÊNCIA DE FÉ À TEOLOGIA SISTEMÁTICA . . . . . . . . . . . . . . . . . 93

INTRODUÇÃO . . . . . . . . . . . . . . . . . . . . . . . . . . . . . . . . . . . . . . . . . . . . 93

A "EDUCAÇÃO CRISTÃ" COMO A PRIMEIRA FORMA DE LABOR TEOLÓGICO . . . . . . . . 96

O DESENVOLVIMENTO DA DOUTRINA E OS PREJUÍZOS DA ELITIZAÇÃO DO EXERCÍCIO TEOLÓGICO . . . . . . . . . . 117

A TEOLOGIA COMO UMA FORMA DE INVESTIGAÇÃO DAS ESCRITURAS,
DO CONHECIMENTO DE DEUS E DO MUNDO, OU COMO FORMA DE MANIPULAÇÃO E DOMINAÇÃO . . . . . . . . . . 138

O RESULTADO DA EDUCAÇÃO CRISTÃ: A TEOLOGIA COMO TEORIZAÇÃO QUE INSTRUI A PRÁTICA CRISTÃ . . . . . . 170

CONSIDERAÇÕES FINAIS . . . . . . . . . . . . . . . . . . . . . . . . . . . . . . . . . . . . . 186

Segunda Parte

## ANÁLISES DOUTRINÁRIAS

Capítulo 3

# TEOLOGIA

INTRODUÇÃO......................................................... 189

DEFINIÇÕES E OBJETIVOS DA TEOLOGIA ................................. 192

A AUTORREVELAÇÃO DE DEUS ........................................ 198

    As Escrituras confirmam a concepção carismático-pentecostal de um Deus pessoal ... 205

    O conhecimento de Deus .......................................... 213

    O encontro do divino com o humano — as "experiências-limite" de fé ............. 219

A RELEVÂNCIA E A ATUALIDADE DOS PRIMEIROS TRÊS MANDAMENTOS PARA A TEOLOGIA............. 238

    A Torá e sua teologia ........................................... 241

        *A experiência* ............................................. 254

        *A identidade* .............................................. 258

        *O nome* .................................................. 261

A NATUREZA DE DEUS .............................................. 275

    O Deus da teologia sistemática racionalista é o Deus da Bíblia? .................. 281

    O moderno deísmo teísta .......................................... 287

    Como é o Deus da Bíblia............................................ 299

CONSIDERAÇÕES FINAIS ............................................... 323

Capítulo 4

# PNEUMATOLOGIA

INTRODUÇÃO......................................................... 325

DEFINIÇÕES E OBJETIVOS DA PNEUMATOLOGIA ......................... 331

O ESPÍRITO SANTO NAS ESCRITURAS ................................. 343

O ESPÍRITO SANTO NO ANTIGO TESTAMENTO .......................... 350

    Deus é Espírito.................................................. 381

    A história da salvação do universo .................................. 395

    Eventos histórico-redentores e/ou histórico-salvíficos ...................... 407

        *O Espírito Santo na Criação* .................................. 409

        *Movimento, vida e ordem* .................................... 430

        *O chamado sacerdotal da humanidade* .......................... 449

    A capacitação carismática para o cumprimento do chamado sacerdotal da humanidade  480

    A capacitação carismática do Espírito Santo é paradigmática e programática ....... 539

        *Teocracia, monarquia e cativeiro.*............................... 563

A relação dinâmica entre a palavra e o Espírito .............................. 652

O Espírito Santo no Novo Testamento............................................ 726

O período intertestamentário.............................................. 730

Paulo, o fariseu que mudou sua forma de ler
e interpretar as Escrituras hebraicas ....................................... 755

A presença extraordinária do Espírito Santo em Lucas-Atos ................... 785

Espírito Santo — o Deus *propositadamente* esquecido............................ 943

A falsa dicotomia entre a Palavra e o Espírito (ou entre a Bíblia e a experiência) .... 989

*A experiência com o Espírito Santo não colide com a doutrina da inspiração das Escrituras* .... 999

Por que o Espírito Santo teve de ser *propositadamente* esquecido? .............. 1093

*Cessação ou contenção e extinção proposital das experiências com o Espírito Santo?* ........ 1130

Como o Espírito Santo foi esquecido e vem sendo desde sempre interditado........ 1175

*Por que a deidade do Espírito Santo foi colocada em xeque após decisões conciliares?* ....... 1187

*O "motivo" do primeiro grande cisma da igreja* .................................. 1203

*A cláusula Filioque e como ela vem sendo utilizada para interditar o Espírito*.............. 1218

Considerações finais ...................................................... 1239

## Capítulo 5
# CRISTOLOGIA

Introdução................................................................. 1255

Definições e objetivos da cristologia........................................ 1258

O mito que se tornou realidade ............................................. 1262

Uma cristologia do Espírito ................................................. 1272

O ministério terreno de nosso Senhor Jesus Cristo............................. 1296

O evangelho de Jesus..................................................... 1317

*O reino de Deus*........................................................ 1317

*Os milagres de Jesus*.................................................... 1345

A ressurreição de Jesus................................................... 1370

Cristologia e Trindade ..................................................... 1383

Desenvolvimento histórico da doutrina trinitária ............................ 1395

Trindade para hoje e o problema do minimalismo pneumatológico ............. 1412

Considerações finais ...................................................... 1432

## Capítulo 6
# ANTROPOLOGIA TEOLÓGICA

Introdução................................................................. 1435

Definições e objetivos da antropologia teológica .............................. 1436

À IMAGEM E SEMELHANÇA DE DEUS .................................................. 1445

Teologia patrística ........................................................... 1448

A COMPOSIÇÃO DO HOMEM ......................................................... 1456

Integral (ou monismo) ........................................................ 1456

Dicotomismo e tricotomismo: as visões dualistas ............................. 1459

O debate atual ............................................................... 1464

A CRIAÇÃO DIVINA ................................................................ 1473

CONSIDERAÇÕES FINAIS ............................................................ 1484

Capítulo 7
# HAMARTIOLOGIA

INTRODUÇÃO ...................................................................... 1487

DEFINIÇÕES E OBJETIVOS DA HAMARTIOLOGIA ......................................... 1488

O MAL ........................................................................... 1491

O problema do mal não é um problema .......................................... 1494

O mal é intrínseco à existência finita ....................................... 1495

O mal é a ausência de bem .................................................... 1496

ORIGEM E ATUALIDADE DO PECADO ................................................... 1498

Realismo ..................................................................... 1501

Pelagianismo ................................................................. 1502

Semipelagianismo ............................................................. 1502

Federalismo .................................................................. 1503

Outras teorias ............................................................... 1504

Um problema estrutural ....................................................... 1504

O QUE É O PECADO? ............................................................... 1508

CONSIDERAÇÕES FINAIS ............................................................ 1518

Capítulo 8
# SOTERIOLOGIA

INTRODUÇÃO ...................................................................... 1521

DEFINIÇÕES E OBJETIVOS DA SOTERIOLOGIA .......................................... 1522

A PAIXÃO DE CRISTO .............................................................. 1524

Terminologia e significados .................................................. 1524

Teoria da recapitulação ...................................................... 1533

Teoria da influência moral (ou exemplarismo) ................................. 1533

Teoria do resgate ............................................................ 1534

Teoria da satisfação ......................................................... 1535

Teoria governamental . . . . . . . . . . . . . . . . . . . . . . . . . . . . . . . . . . . . . . . . . . . . 1535

Teoria mística. . . . . . . . . . . . . . . . . . . . . . . . . . . . . . . . . . . . . . . . . . . . . . . . . . . 1536

Teoria da substituição penal . . . . . . . . . . . . . . . . . . . . . . . . . . . . . . . . . . . . . . 1536

*Christus Victor* . . . . . . . . . . . . . . . . . . . . . . . . . . . . . . . . . . . . . . . . . . . . . . . . . . 1537

O alcance da salvação . . . . . . . . . . . . . . . . . . . . . . . . . . . . . . . . . . . . . . . . . . . . 1539

A ORDEM DA SALVAÇÃO (*ORDO SALUTIS*) . . . . . . . . . . . . . . . . . . . . . . . . . . . . . . . . 1541

A *ordo salutis* calvinista . . . . . . . . . . . . . . . . . . . . . . . . . . . . . . . . . . . . . . . . . . 1543

A *ordo salutis* arminiana. . . . . . . . . . . . . . . . . . . . . . . . . . . . . . . . . . . . . . . . . . 1548

Uma soteriologia pentecostal . . . . . . . . . . . . . . . . . . . . . . . . . . . . . . . . . . . . . . 1555

CONSIDERAÇÕES FINAIS . . . . . . . . . . . . . . . . . . . . . . . . . . . . . . . . . . . . . . . . . . . . . 1561

Capítulo 9
## ECLESIOLOGIA

INTRODUÇÃO. . . . . . . . . . . . . . . . . . . . . . . . . . . . . . . . . . . . . . . . . . . . . . . . . . . . . . . 1563

DEFINIÇÕES E OBJETIVOS DA ECLESIOLOGIA . . . . . . . . . . . . . . . . . . . . . . . . . . . . . . . . 1565

HISTÓRIA DA SALVAÇÃO E REINO DE DEUS. . . . . . . . . . . . . . . . . . . . . . . . . . . . . . . . . 1572

O REINO DE DEUS E A IGREJA. . . . . . . . . . . . . . . . . . . . . . . . . . . . . . . . . . . . . . . . . . 1584

NATUREZA DA IGREJA (OU O QUE A IGREJA É) . . . . . . . . . . . . . . . . . . . . . . . . . . . . . . 1597

A tensão permanente da igreja: de movimento carismático à institucionalização. . . . 1605

*O triunfo do institucionalismo* . . . . . . . . . . . . . . . . . . . . . . . . . . . . . . . . . . . . 1637

Reforma, sacerdócio universal dos crentes e restauracionismo . . . . . . . . . . . . . . . . 1656

CARACTERÍSTICAS DA IGREJA (CREDO) . . . . . . . . . . . . . . . . . . . . . . . . . . . . . . . . . . . 1696

Unidade . . . . . . . . . . . . . . . . . . . . . . . . . . . . . . . . . . . . . . . . . . . . . . . . . . . . . . . 1698

Santidade . . . . . . . . . . . . . . . . . . . . . . . . . . . . . . . . . . . . . . . . . . . . . . . . . . . . . 1700

Catolicidade . . . . . . . . . . . . . . . . . . . . . . . . . . . . . . . . . . . . . . . . . . . . . . . . . . . 1701

Apostolicidade . . . . . . . . . . . . . . . . . . . . . . . . . . . . . . . . . . . . . . . . . . . . . . . . . 1702

Pentecostalidade. . . . . . . . . . . . . . . . . . . . . . . . . . . . . . . . . . . . . . . . . . . . . . . . 1703

CONSIDERAÇÕES FINAIS . . . . . . . . . . . . . . . . . . . . . . . . . . . . . . . . . . . . . . . . . . . . . 1706

Capítulo 10
## ESCATOLOGIA

INTRODUÇÃO. . . . . . . . . . . . . . . . . . . . . . . . . . . . . . . . . . . . . . . . . . . . . . . . . . . . . . . 1709

DEFINIÇÕES E OBJETIVOS DA ESCATOLOGIA. . . . . . . . . . . . . . . . . . . . . . . . . . . . . . . . . 1710

ESCATOLOGIA VETEROTESTAMENTÁRIA. . . . . . . . . . . . . . . . . . . . . . . . . . . . . . . . . . . . 1717

A ESCATOLOGIA INTERTESTAMENTÁRIA . . . . . . . . . . . . . . . . . . . . . . . . . . . . . . . . . . . 1720

A ESCATOLOGIA NEOTESTAMENTÁRIA . . . . . . . . . . . . . . . . . . . . . . . . . . . . . . . . . . . . 1723

ESCATOLOGIA DA PESSOA. . . . . . . . . . . . . . . . . . . . . . . . . . . . . . . . . . . . . . . . . . . . 1733

Estado intermediário .................................................... 1735

Ressurreição ......................................................... 1738

Julgamento, aspectos da segunda vinda de Cristo e eternidade ................. 1740

ESCATOLOGIA DO MUNDO ...................................................... 1741

A ESCATOLOGIA SISTEMÁTICO-TEOLÓGICA ........................................ 1743

À GUISA DE UMA CONSIDERAÇÃO FINAL: A DIMENSÃO PNEUMATOLÓGICA DA ESCATOLOGIA ........... 1757

# BIBLIOGRAFIA ......................................................... 1775

# SOBRE OS AUTORES

## CÉSAR MOISÉS CARVALHO

Paranaense de Assis Chateaubriand, César Moisés foi criado em Goioerê (PR), onde se converteu ao evangelho em 1991. No ano seguinte, passou a estudar teologia em um dos núcleos da Escola Teológica das Assembleias de Deus no Brasil. Entre 2002 e 2005, fez o curso básico em teologia no Instituto Bíblico das Assembleias de Deus no Estado do Paraná e, durante o mesmo período, cursou licenciatura plena em Pedagogia na Universidade Estadual do Paraná; antes havia iniciado o curso de Letras na FACEL em Curitiba, onde residiu entre 2000 e 2001.

César Moisés publicou seu primeiro livro (*História da Assembleia de Deus em Goioerê-PR*) em 1999 e, desde então, lançou mais sete obras:

- *Marketing para a escola dominical* (2006; ganhador do Prêmio Areté, pela Asec, como melhor livro de Educação Cristã);
- *O mundo de Rebeca* (2007);
- *Davi* (2009, em coautoria, ganhador do Prêmio Areté, pela Asec, como melhor livro de Estudo Bíblico);
- *Uma pedagogia para a educação cristã* (2015);
- *O Sermão do Monte* (2016);
- *Pentecostalismo e pós-modernidade* (2017, traduzido para o espanhol e lançado em Miami pela Editorial Patmos, em 2018);
- *Milagres de Jesus* (2018).

Todos esses livros foram lançados pela editora CPAD, onde César Moisés atuou por 14 anos (2006-2020) como revisor, editor e responsável pelos setores de Educação Cristã e Livros; além disso, coordenou por dez anos o CAPED (Curso de Aperfeiçoamento para Professores de Escola Dominical), criado em 1974 e que teve como primeiro coordenador o pastor Antonio

Gilberto, considerado o maior teólogo das Assembleias de Deus. Também participou de diversas edições da revista *Lições Bíblicas* de adolescentes, juvenis e jovens, palestrou nos eventos de Educação Cristã promovidos pela editora CPAD e escreveu dois artigos temáticos da *Bíblia Obreiro Aprovado*, publicada pela mesma editora. César já viajou por mais de uma dezena de países e três continentes ministrando palestras e cursos, assim como fez em todo o Brasil, tendo falado em todas as capitais e em inúmeras cidades interioranas.

É especializado em Teologia pela PUC-Rio, mestre em História pela Universidade Federal Rural do Rio de Janeiro (UFRRJ) e faz parte do Laboratório de Estudos dos Protestantismos da UFRRJ e do Instituto de Cristianismo Contemporâneo da Universidade Lusófona de Portugal. César também lecionou nos cursos de Teologia, Pedagogia e na especialização em Teologia Pentecostal da Faculdade Evangélica de Tecnologia, Ciências e Biotecnologia da CGADB.

## CÉFORA ULBANO CARVALHO

Céfora nasceu em 1998 em Goioerê, cidade do interior do Paraná, e é assembleiana "desde o berço". Começou a escrever bem jovem e aos 10 anos já mantinha um blog sobre fé e ciência; aos 13, foi convidada a escrever para a revista de *Lições Bíblicas* para adolescentes publicada pela CPAD. Anos depois, a mesma editora também publicou seu primeiro artigo, também voltado para o público jovem, na revista *Geração JC*.

O interesse por teologia sempre esteve presente, mas foi em 2017, após desistir de um curso de Ciências Biológicas, que a autora finalmente decidiu seguir sua vocação e cursar teologia pela Faculdade Teológica Sul Americana (FTSA). A fim de reforçar ainda mais seu interesse pela escrita, Céfora também cursou Jornalismo pelo Centro Universitário IBMR.

Atualmente é tradutora e revisora de livros, além de atuar como articulista e produtora de conteúdo nas redes sociais. Publicou, em coautoria com seu pai, um livro didático de Teologia Sistemática para ser utilizado no curso de bacharelado em Teologia pela Faculdade Cristã de Curitiba (FCC).

# APRESENTAÇÃO

A obra *Teologia sistemático-carismática,* que César Moisés Carvalho e sua filha, Céfora Ulbano Carvalho, apresentam vem para preencher uma lacuna na literatura evangélica pentecostal do Brasil. Não se trata de mais uma obra de teologia, mas, sim, de uma apresentação das principais doutrinas da fé cristã a partir uma perspectiva dinâmica, menos racionalista e mais bíblica; sem perder de vista a ortodoxia pentecostal.

Conheci o pastor César Moisés Carvalho, bem como sua família, em 2004 durante um seminário de escola dominical na igreja onde ele servia como pastor-auxiliar, na cidade de Goioerê (Paraná). Ao conhecê-lo, pude perceber que, a despeito de ser jovem, esse recém-formado em Pedagogia possuía uma mente privilegiada e apaixonada pelas coisas do Reino de Deus, especialmente pela educação cristã. Fiz-lhe então um desafio de buscar a oportunidade de aplicar sua visão e conhecimento a essa área. Seus olhos brilharam de esperança. Ele havia tido contatos com a CPAD — editora oficial das Assembleias de Deus — em meados de 1999, por ocasião de um seminário de escritores e desde então passou a publicar seus artigos. Meses depois, ele recebeu um convite para trabalhar na editora, mas decidiu que ainda não era o tempo de Deus. Contudo, após minha participação no seminário em sua igreja, apresentei o seu nome ao diretor da CPAD, o dr. Ronaldo Rodrigues de Souza, e pouco tempo depois, em outubro de 2006, César Moisés mudou-se para o Rio de Janeiro para coordenar o setor de Educação Cristã, na área de Escola Bíblica Dominical. Hoje, César Moisés se tornou um apologeta da teologia pentecostal, aprofundando-se no estudo do que a erudição carismática tem produzido pelo mundo e trazendo essa sabedoria para a nossa realidade brasileira. Além disso, ele continua aplicado no aperfeiçoamento acadêmico, pois está concluindo seu mestrado em História pela Universidade Federal Rural do Rio de Janeiro.

## 14 | TEOLOGIA SISTEMÁTICO-CARISMÁTICA

E o que dizer de Céfora Ulbano Carvalho? Filha querida de César e de Regiane Ulbano, desde cedo se destacou pelo interesse nos assuntos bíblicos com uma inteligência acima da média, pois amava ler e escrever. Em 2009, tive o privilégio de batizá-la em águas na Assembleia de Deus em Sobradinho, Distrito Federal, onde fui pastor por 23 anos. Depois, em 2011, por ocasião do Centenário das Assembleias de Deus no Brasil, Céfora (então com 13 anos de idade) foi convidada a escrever uma lição de EBD para a revista *Adolescentes Vencedores*, com a linguagem própria de sua idade. A lição recebeu o título "Assembleia de Deus: uma história de fé" e continha um caráter maduro que chamou a atenção de todos, adolescentes e seus pais. Mais alguns anos à frente, com apenas 17 anos, Céfora ingressou no curso de Ciências Biológicas na UFRJ, porém, a vocação fez com que ela abandonasse esse curso para estudar teologia, bacharelando-se em 2019 pela Faculdade Teológica Sul Americana. Desafiada a fazer parceria com seu pai, Céfora — que também é jornalista — escreveu alguns capítulos de uma obra didática de Teologia Sistemática para a Faculdade Cristã de Curitiba, pertencente à Assembleia de Deus curitibana. Por conhecê-la desde a infância, alegro-me em poder perceber a capacidade de uma jovem como ela, que, indubitavelmente, vai se tornar uma das mais promissoras escritoras dos nossos tempos.

Este livro tem o prefácio de outro autor respeitado, o pastor Esequias Soares, o qual, não só avalia a importância da obra, mas a recomenda a todos os estudiosos de teologia. Particularmente, não só recomendo a obra de César Moisés e Céfora Carvalho, mas desejo que a iluminação do Espírito Santo projete-se na mente de todos os seus leitores.

**Elienai Cabral**
*Consultor Teológico e Doutrinário da CPAD,*
*comentarista da* Revista Lições Bíblicas *e autor de diversas obras*

# PREFÁCIO

César Moisés esteve com a sua família em Jundiaí (SP) pela primeira vez em uma de nossas Escolas Bíblicas de Obreiros, quando Céfora, ainda na pré-adolescência, já demonstrava seus pendores para a teologia. Acompanhamos de longe o andamento desta *Teologia sistemático-carismática*, motivo de muitas conversas com César, mas não deixamos de nos surpreender pela abordagem e método inovadores da obra. O pensamento teológico desenvolvido não representa nenhuma denominação específica, mas sim o pentecostalismo em geral. Como pai e filha que escrevem juntos, sentimo-nos honrados pelo convite para prefaciar uma obra teológica de autoria, justamente, de um pai e sua filha.

O público evangélico brasileiro está sendo agraciado com a publicação da obra que o leitor tem em mãos. Esta *Teologia sistemático-carismática,* como já afirmam os autores no subtítulo, realiza uma conexão pneumática entre as principais doutrinas da fé cristã. São raras as obras de teologia sistemática escritas por autores brasileiros, e ainda mais incomuns são aquelas produzidas a partir das tradições carismática ou pentecostal. Assim, este livro preenche uma lacuna tanto para os seminaristas e estudiosos quanto para a igreja. Por "sistemático", os autores querem dizer que a atividade do Espírito, presente em toda a Bíblia e responsável por sua inspiração e consequente existência, foi escolhida como *locus* de elaboração teológica. Por "carismática", referem-se aos movimentos das igrejas baseados nas ideias e nas experiências do movimento pentecostal. O vocábulo abrange carismáticos e pentecostais, mas ao longo da obra ambos os termos são empregados. No geral, os autores desejam que a teologia — a interpretação das verdades bíblicas — sirva ao seu propósito de propiciar instrução para a vida cristã.

Na obra, César Moisés e Céfora estão em diálogo com o que chamam de "teologia racionalista", e buscam apresentar uma teologia alternativa a partir do que foi inexplorado por essa tradição: a experiência e a ação do Espírito Santo. A crítica consiste no aspecto racionalista que dominou o pensamento e a produção teológica nos últimos tempos. Embora a tendência seja pensar na influência da teologia liberal, os autores demonstram como o racionalismo influenciou também a teologia conservadora. Esclarecem que a obra "não é uma defesa do relativismo cortejando o caos interpretativo; não é ruptura radical com a teologia protestante; nem anti-intelectualismo". O que fazem é recuperar as Escrituras como autoridade e fundamento da reflexão teológica.

Seguindo a ortodoxia, os autores explicam que não existe hierarquia na Trindade, porém, dão espaço especial ao Espírito Santo na obra. Isso porque desejam enfatizar que, sendo Deus, o Espírito Santo está presente em toda a história, mas durante a construção do pensamento teológico, poucos se empenharam em descrever sua atuação. Esta *Teologia* trata então de abordar as tradicionais doutrinas, partindo de "pressupostos bíblico-epistemológicos" em vez dos tradicionais "pressupostos teológico-racionalísticos".

O misticismo — ou a experiência com o Espírito Santo — acompanhou a história da teologia, mas de maneira marginal. Um ponto de inflexão surge no final do século 19 e início do 20, quando a explosão do movimento pentecostal-carismático é vista como uma resposta ao esfriamento espiritual. Nas palavras do teólogo Stanley Horton, trata-se do "maior movimento espiritual dos tempos modernos". Esse movimento, que continua a atrair milhões de pessoas, caracteriza-se pela valorização da manifestação do Espírito Santo. Assim, o momento da publicação desta *Teologia sistemático-carismática* é pertinente, uma vez que a obra assume que a experiência de Pentecostes continua na vida da igreja (pois é um ensino bíblico) e argumenta que o cessacionismo, por outro lado, é um conceito pós-bíblico. Dessa forma, o objetivo é "ressaltar a continuidade das experiências carismáticas que, mesmo depois do fechamento do cânon neotestamentário, continuaram a ocorrer". Por isso, é preciso estar atento ao que o Espírito Santo diz e por onde ele conduz a igreja.

A questão da experiência é um dos traços distintivos do pensamento pentecostal-carismático. Os autores, conscientes das críticas feitas ao lugar da experiência, afirmam que "se, por um lado, é fato que existem grupos sectários que erroneamente fazem da experiência o seu padrão normativo, por outro, para a tradição carismático-pentecostal clássica, isto é, nascida das ondas de renovação do protestantismo, tal postura sempre foi condenável, não havendo possibilidade alguma de a experiência tornar-se *juíza da fé*".

Prefácio | 17

O alerta é para que a produção teológica dê espaço para a ação dinâmica do Espírito, uma atividade presente em toda a Bíblia.

O foco da discussão está no "horizonte hermenêutico", ou seja, na maneira como se entende a natureza das Escrituras e se trabalha com o texto bíblico. Os autores questionam se aquelas pessoas que creem na Bíblia acreditam de fato que ela é viva (dinâmica) ou estática. Assim, a crítica à teologia sistemática tradicional racionalista é em relação ao uso do conceito de "autoridade bíblica" por meio das tradições que se identificam como protestantes históricos ou reformados. Para os autores, o conceito de autoridade bíblica para essas tradições não repousa nas Escrituras, mas "em um complexo teológico e filosófico amalgamado à principal ideia da modernidade, ou seja, ao racionalismo". Desse modo, a Palavra de Deus é vista como estática, desmerecendo a atuação do Espírito Santo.

Assim, *Teologia sistemático-carismática* consiste numa nova proposta para se pensar a teologia. Por mais que à primeira vista mantenha-se a estrutura tradicional, os assuntos são realocados. Isso ocorre pelo fato de César e Céfora construírem uma lógica que interliga as doutrinas, mostrando a sua interdependência. Por exemplo, a ordem costumeira como as doutrinas são apresentadas nas teologias sistemáticas (Escrituras, Deus, Cristo, Espírito Santo...) foi substituída por "Deus, Espírito Santo, Cristo...". Os autores justificam assim a escolha da pneumatologia antes da cristologia: "Como uma sistemática que privilegia a atuação e a pessoa do Espírito Santo, iniciando sempre pelas Escrituras, não pelas ideias e definições teológicas, de forma textualmente cronológica, o Espírito *aparece* no segundo versículo de Gênesis, além de ser responsável pela inspiração dos hagiógrafos e até pela capacitação de Jesus para que o Filho de Deus cumpra seu ministério terreno, sendo indiscutível sua relevância e protagonismo".

A primeira parte, um verdadeiro *prolegomenon*, apresenta e discute os vários métodos em que foram construídas as teologias ao longo dos séculos. Abrange, inclusive, como o desenvolvimento da educação cristã moldou a produção teológica. Na sequência, em cada capítulo, mediante o reexame das teses bíblicas fundamentais, é oferecida ao leitor uma confirmação sólida da doutrina pentecostal-carismática que tem chegado ao nosso tempo. As linhas de interpretação das doutrinas são examinadas com minúcia visando oferecer uma visão mais ampla sobre o assunto. No entanto, os autores não se detêm somente nas Escrituras, debruçando-se também nos debates com os teólogos

18 | TEOLOGIA SISTEMÁTICO-CARISMÁTICA

racionais e cessacionistas, a fim de que se faça compreensível a proposta da revisão doutrinária amparada na exegese bíblica.

Apesar de César e Céfora demonstrarem preocupação com o fundamento bíblico da produção teológica, a obra inicia-se com a doutrina de Deus e não com as Escrituras. A obra é enfática na defesa da Palavra de Deus como única revelação de Deus escrita para a humanidade, mas não apresenta a bibliologia como primeiro capítulo. A importância de se começar pela Bíblia é para salientá-la como a única fonte da revelação divina e descartar qualquer possibilidade de se pensar numa outra, proveniente de outros documentos que não sejam as Escrituras. A decisão dos autores nesse ajuste da organização se baseia no fato de reconhecerem que a verdade sobre Deus só é possível por meio da autorrevelação divina. A fonte original é o próprio Deus que se revela a si mesmo, e ninguém mais possui tal conhecimento a não ser as três Pessoas da Trindade.

O estudo doutrinário sobre o Espírito Santo ocupa lugar especial, sempre em destaque em quase todos os capítulos. No entanto, o capítulo que discorre sobre a pneumatologia é o espaço em que a discussão se torna mais detalhada, com a análise sobre a sua deidade e personalidade, atributos e obras, e especialmente as doutrinas pentecostais-carismáticas como batismo no Espírito Santo, glossolalia, dons espirituais e a atualidade dessa doutrina; tópicos muitas vezes ignorados nas teologias tradicionais. São apresentadas as críticas ao pentecostais feitas por teólogos identificados pelos autores como "racionalistas" e cessacionistas desde a Reforma Protestante. A cristologia da *Teologia sistemático-carismática* ocupa-se em dialogar com teólogos e expositores bíblicos, partindo do conhecimento comum, partilhado pelo leitor, dos atributos e obras do Senhor Jesus.

Ao tratar do ser humano, do pecado e da salvação, os autores analisam o fundamento bíblico das principais vertentes de cada teologia, apontando para seus desdobramentos ao longo da história. Essas doutrinas são ligadas à pneumatologia, cristologia, eclesiologia e escatologia, evidenciando a interdependência entre elas. A ênfase ao Espírito Santo dada por César e Céfora ressalta o papel do Espírito desde a conversão, passando pelo fortalecimento da fé, até a maneira de viver da pessoa. Como Corpo de Cristo, a igreja é empoderada pelo Espírito para cumprir sua missão. Na ética cristã, o objetivo é espelhar-se em Jesus, ou numa linguagem contemporânea, é ter Jesus como *influencer*, pois somos convidados a viver no Espírito Santo como ele viveu.

É esse tipo de vida que permite vivermos em santidade, evitando o pecado. Mesmo se tratando do pecado estrutural, é o Espírito Santo que transforma situações. No trecho dedicado à criação, geralmente um tema marginal à teologia tradicional, o valor da natureza é sustentado pelo fato de o Espírito não só ter criado, mas também por continuar sustentando a criação.

Esta *Teologia sistemático-carismática* também interage com as críticas e com os debates teológicos. Lidar com as críticas é relevante e motiva a busca pelo sentido e fundamento da manifestação do Espírito Santo. Por exemplo, quanto à soteriologia, entre predestinalistas e arminianos, os autores mostram que o principal ponto da doutrina da salvação não é "vencer briga", mas reconhecer o amor de Deus pela humanidade e a dádiva da nossa redenção por Jesus Cristo.

Assim, a obra cumpre o propósito de ressaltar de que maneira a atuação do Espírito Santo permeia todos os pontos doutrinários, seguindo as Escrituras, e o faz de maneira acessível e exaustiva, levantando temas para que outros trabalhos pentecostais ou carismáticos sejam escritos e enriqueçam o arcabouço teológico da igreja brasileira.

**Esequias Soares**

*líder da Assembleia de Deus em Jundiaí (SP), licenciado em letras orientais pela Universidade de São Paulo (USP), mestre em Ciências das Religiões pela Universidade Presbiteriana Mackenzie, presidente da Comissão de Apologética da Convenção Geral das Assembleias de Deus no Brasil (CGADB), e do Conselho Deliberativo da Sociedade Bíblica do Brasil (SBB), comentarista da* Revista Lições Bíblicas, *da CPAD, e autor de diversas obras.*

**Daniele Soares**

*graduada em Economia (Universidade Presbiteriana Mackenzie) e em Ciências Sociais pela Universidade de São Paulo (USP), com mestrado em Economia (PUC-SP) e em Teologia com ênfase em línguas bíblicas (Fuller Theological Seminary), além de professora, escritora, revisora e editora de textos teológicos.*

# INTRODUÇÃO GERAL
## Uma concepção sinergista

O estudo da teologia tem um espaço importante atualmente na sociedade. A despeito de algumas desconfianças que, infelizmente, a própria igreja, sobretudo na tradição carismático-pentecostal, às vezes ainda mantém a respeito de sua necessidade e importância, a teologia, quando devidamente entendido o seu lugar, pode auxiliar muito e servir não apenas aos cristãos, mas à sociedade em geral. É neste sentido que, cada vez mais, impõem-se as perguntas: "É possível a teologia ser pública? Ela pode ser confessional e, ao mesmo tempo, dialogar com as demais ciências sem parecer apenas interessada em impor crenças particulares?"

O estudante de teologia do mundo atual precisa enfrentar essas questões e estar preparado para discutir com sobriedade e conhecimento acerca da fé cristã. Todavia, como ele pode fazer isso se não conhece o processo em que se deu a formação do arcabouço doutrinário da fé cristã de expressão protestante? Um teólogo que valoriza as Escrituras Sagradas é consciente de que, na economia divina, isto é, no plano de Deus, nada é fortuito ou acidental e, por isso mesmo, ele deve estar pronto para servir com seus conhecimentos acadêmicos em um mundo que, longe de ser secular, isto é, "desencantado" e materialista, clama por espiritualidade.

É nessa perspectiva e com essa consciência que escrevemos a obra que você passará a estudar. Ela tem o propósito de prover conhecimentos teológicos produzidos sob a perspectiva carismático-pentecostal que, sem descuidar da piedade e do compromisso com as Escrituras Sagradas, sirvam para o entendimento crítico da realidade. Para tanto, após os dois capítulos da primeira parte, seguimos uma metodologia que perpassa todas as unidades da segunda parte deste material. Após introduzir os temas mostrando o escopo do assunto

## 22 | TEOLOGIA SISTEMÁTICO-CARISMÁTICA

e o que será abordado, passamos imediatamente para as definições e objetivos da doutrina específica que será trabalhada, sempre seguida de três partes: 1) bíblica, 2) histórica e 3) teológica. Essa tríade, obviamente, pode mesclar-se em alguns momentos, ou seja, não seguir rigidamente essa ordem, mas em todo o material essas informações estão presentes, mesmo que não necessariamente com esses títulos.

Por que foi seguida essa estrutura? O estudioso de teologia, particularmente da teologia protestante, precisa estar ciente de que as Escrituras são não apenas a fonte da reflexão teológica, mas igualmente sua autoridade final. Por mais que apreciemos teologia sistemática, ela deve ser precedida de boa teologia bíblica. Seguindo a ordem metodológica: exegese + teologia bíblica + teologia sistemática, o estudante certamente trilhará o caminho correto não apenas do entendimento teológico, mas igualmente como alguém que honra as Escrituras e mantém sua fé, visto ser esse o ponto mais criticado na tradição carismático-pentecostal. Assim, nós, autores, cremos que o labor teológico se dá numa perspectiva tipicamente carismático-pentecostal; em outras palavras, conjugamos reflexão e espiritualidade, pois o erro está em não conhecer as "Escrituras nem o poder de Deus", conforme disse o Senhor Jesus Cristo aos saduceus em Mateus 22:29.

Uma vez que os autores deste manual partem desta premissa, em todos os capítulos e/ou unidades, o estudante deparará com textos bíblicos e a apresentação de muitos termos provenientes das línguas originais, mostrando o surgimento de determinada expressão no Antigo Testamento ou o gérmen de seu conceito, passando pelo grego, no Novo Testamento, chegando à história e às primeiras discussões teológicas com os pais da igreja, até finalmente aportarmos aos nossos dias, com os debates teológicos das várias tradições protestantes, mas sempre mostrando quanto as doutrinas são perpassadas pela ação do Espírito Santo de Deus.

Entender tal itinerário é imprescindível para que o leitor/estudioso compreenda como os autores chegaram às conclusões apresentadas nas páginas que se seguem. Tais arrazoados não vieram do nada nem caíram do céu (embora, como não poderia deixar de ser, acreditamos que fomos, sim, assistidos pelo divino Espírito Santo em nosso labor e dedicação), mas são frutos de um processo de pesquisa, reflexão e produção. Assim, nosso objetivo é não apenas informar o leitor/estudioso a respeito do processo, mas também que ele aprenda a igualmente desenvolver seu trabalho como "cientista da fé", que pensa teologicamente para não apenas reproduzir e/ou repetir, mas, sim, "fazer teologia". Se tal não é possível na teologia tradicional protestante — por conta de muitos sacralizarem sua teologia e não entendê-la como um exercício contínuo, isto é, um trabalho realizado em determinado local e época —, felizmente há muito a fazer na tradição carismático-pentecostal. Primeiro, porque uma teologia do Espírito não se contenta com o imobilismo, mas convida à evolução de cada membro do Corpo de Cristo por meio da renovação do pensamento (Rm 12:2); segundo, pelo fato de a teologia ser obra humana e, por isso mesmo, estar sempre a caminho, nunca "pronta e acabada".

Portanto, a fim de fixar a distinção entre essas duas modalidades teológicas, isto é, a teologia bíblica e a teologia sistemática, é preciso entender que a "teologia bíblica possui um caráter histórico, que transmite o que os escritores sagrados pensavam a respeito das coisas divinas", diz Johann Philipp Glaber (1753-1826), ao passo que a teologia sistemática, chamada por ele de "dogmática", completa, "possui um caráter didático, ensinando o que determinado teólogo filosofa sobre as questões divinas, de acordo com sua capacidade, época, idade, lugar, doutrina ou escola, e outras coisas do gênero".[1] Eis, portanto, o motivo de seguirmos a metodologia adotada, bem como defendermos a provisoriedade do produto final do exercício e labor teológicos. Isso não em virtude de uma espécie de sentimento de que lidamos com algo descartável, mas justamente o contrário, por entender que lidamos com algo tão sublime que nunca estamos à altura e nem somos suficientemente capazes de esgotá-lo e que sempre podemos aperfeiçoar nosso trabalho e vê-lo sob uma melhor perspectiva.

Assim, deve estar claro ao leitor/estudioso que tudo que veremos panoramicamente neste volume não é a palavra final acerca de nenhum dos temas, mas o que a teologia bíblica nos apresenta, analisando tais dados e o processo reflexivo que eles sofreram para transformar-se em teologia sistemática, e é sobre o que se sistematizou histórica e teologicamente a respeito do cerne da questão, passando sempre pelas questões históricas, que vertemos nossa teologia sistemático-carismática. O estudante de teologia precisa entender que toda doutrina teve um nascedouro e também um longo período de desenvolvimento histórico, para somente então chegarmos às questões

---

1 HASEL, Gerhard. *Teologia do Antigo e do Novo Testamento: questões básicas no debate atual* (Santo André: Academia Cristã, 2012), p. 225.

# 24 | TEOLOGIA SISTEMÁTICO-CARISMÁTICA

teológico-sistemáticas, entendendo que, como a própria expressão sugere, os dados bíblicos foram organizados de acordo com determinado "sistema". Em nosso caso, esse sistema não segue a esteira convencional da escolástica protestante que, por sua natureza e tempo em que nasceu, é essencialmente racionalista.

Tal foi assim desde o início, pois o encontro da mensagem do evangelho com a filosofia grega, ainda no final do século primeiro e no início do segundo da era cristã, fez que diversos pontos cardeais da fé necessitassem de um aporte filosófico. Era preciso se valer do vocabulário e de determinadas lógicas. Dessa maneira surgiram os primeiros apologistas da fé, os quais não eram propriamente teólogos, mas filósofos que se converteram e, então, assim procederam para testemunhar acerca de sua conversão. De forma semelhante, até os nossos dias, cada tradição, ou segmento, possui suas doutrinas específicas, por seguir determinado sistema que fornece suporte para o labor teológico desta ou daquela expressão da fé cristã.

É, portanto, com este entendimento que o leitor irá estudar oito doutrinas basilares da teologia sistemática, sendo elas dispostas cronologicamente, não sem antes entender, repetimos, como desenvolvemos nosso labor teológico, e, por isso mesmo, este livro é dividido em duas partes principais, na ordem que segue:

**Primeira parte — Questões teórico-metodológicas:** Essa primeira parte contém apenas dois capítulos, pois é o que antigamente se chamava nos tratados de teologia sistemática de "prolegômenos", ou seja, aspectos introdutórios e metodológicos que eram tratados antes de adentrar no assunto principal propriamente dito. Em nosso caso, não há nenhuma divisão entre assuntos mais e menos importantes, pois a forma como deve ser entendida esta teologia sistemático-carismática é tão importante quanto as doutrinas tratadas na segunda parte.

**1. O porquê de uma teologia sistemático-carismática:** Esse primeiro capítulo apresenta uma apologética, no sentido mais clássico da palavra, da necessidade e urgência, mas também do direito de os carismático-pentecostais produzirem sua própria teologia. Como não poderia deixar de ser, apresenta as bases escriturísticas que fundamentam tal exercício, mostra as implicações de seguirmos a esteira racionalista e demonstra com sólida bibliografia a legitimidade bíblica, histórica e teológica do processo.

**2. Da experiência de fé à teologia sistemática:** Esse capítulo histórico-
-metodológico demonstra de forma didática como a prática cristã, ou seja,
a "educação cristã", nasceu muito antes de qualquer processo de teorização
e sistematização do conteúdo da fé. Parte da experiência, perpassando a formação das primeiras formas de "credos", passando pela análise da criação do
arcabouço doutrinário cristão. Como se poderá ver, as ideias são produtos
históricos que inevitavelmente acabam sendo repensadas à luz de novas experiências e realidades. Foi assim que o judaísmo, por exemplo, prescreveu, visto
que, mesmo diante das evidências com que se defrontou na práxis de Cristo
(mensagem e obras), não foi capaz de fazer autocrítica, insistindo, teórica e
fisicamente (perseguição), em lutar contra a realidade.

**Segunda parte — Análises doutrinárias:** A segunda parte, conforme dissemos, contém oito capítulos, que são as mesmas doutrinas contempladas
nos tratados convencionais de teologia sistemática. Todavia, como já se pode
perceber, desde os capítulos introdutórios, seguimos um sistema diferente do
racionalista comumente utilizado nas demais teologias para sistematizar as
doutrinas. Não significa que sejamos "originais", mas, sim, que entendemos
ser imprescindível resgatar o etos pneumático que desde sempre animou os
carismáticos do Antigo Testamento — profetas/profetisas, juízes/juíza, sacerdotes e reis —, bem como os seguidores do evangelho, estando presente em
toda a história de mais de dois mil anos do cristianismo.

**3. Teologia:** Começando pela doutrina de Deus, a teologia sistemático-
-carismática não se concentra nos aspectos comumente abordados de forma
majoritária nas demais teologias sistemáticas, sobretudo pelo fato da dependência excessiva delas do aporte racionalista e, por isso mesmo, enveredarem-se
pelo caminho da "prova", esta entendida pelo conceito de verdade científica,
da coerência filosófica que depende da lógica filosófica grega — particularmente aristotélica —, sendo incompatível com a verdade escriturística, que,
por conta da realidade distorcida do mundo caído, apresenta-se como absurdo e milagre. Além disso, optamos, como poderá ser visto nos dois primeiros
capítulos da primeira parte, uma via diferente para a produção teológica,
seguindo a dinâmica e a lógica revelacionais, entendendo que, quando se trata
de falar de Deus, sempre estaremos aquém, cognitiva e linguisticamente, daí
a necessidade do uso do símbolo para compreender o paradoxo. O destaque

## 26 | TEOLOGIA SISTEMÁTICO-CARISMÁTICA

fica por conta da possibilidade de Deus continuar falando conosco nos dias atuais sem que isso signifique desprezar a suficiência das Escrituras.

**4. Pneumatologia:** A surpresa do estudioso já se inicia com o arranjo e disposição adotados para as análises doutrinárias da teologia sistemático--carismática, pois, em lugar da cristologia, apresentamos a doutrina do Espírito Santo logo após a teologia. Como sabemos, não há na Trindade qualquer hierarquia, subordinacionismo etc.; antes, cada uma das pessoas tem importância intrínseca e são distintas entre si, mas não três deuses, e sim apenas um. Postular racionalisticamente tal mistério é impossível, pois nossa mente limitada e linear não é capaz de concebê-lo. Como uma sistemática que privilegia a atuação e a pessoa do Espírito Santo, iniciando sempre pelas Escrituras, não pelas ideias e definições teológicas, de forma textualmente cronológica, o Espírito "aparece" no segundo versículo de Gênesis, além de ser responsável pela inspiração dos hagiógrafos e até pela capacitação de Jesus para que o Filho de Deus cumpra seu ministério terreno, sendo indiscutível sua relevância e protagonismo. Portanto, de maneira deliberadamente planejada e diametralmente oposta da forma como ele tem sido pifiamente considerado nos tratados racionalistas de sistemática, optamos por torná-lo verdadeiramente central em nossa teologia sistemático-carismática. Não se trata de nenhum capricho ou arbitrariedade de nossa parte, mas simplesmente de obediência à lógica da fé que segue a esteira bíblico-revelacional.

**5. Cristologia:** A primeira questão a se aprender no estudo da doutrina de Cristo é diferenciar cristomonismo de cristocentrismo. Ser cristocêntrico não significa interditar as demais pessoas da Trindade e, em especial, o Espírito Santo. O destaque dado à cristologia nesta teologia sistemático--carismática recai no que os Evangelhos revelam da obra terrena do Filho de Deus. O relacionamento intratrinitariano tem muito a nos ensinar, pois não há demonstração de autossuficiência; antes, as três pessoas parecem fazer questão de mostrar interdependência, como se quisessem nos ensinar a depender mais uns dos outros a fim de desenvolvermos a capacidade de trabalhar em cooperação, pois, quando o seguimento de Cristo deu continuidade à obra iniciada pelo Mestre — a Grande Comissão —, ele fez questão de cooperar com eles confirmando a palavra que pregavam, que era nada mais, nada menos, que o evangelho que haviam recebido antes do próprio Senhor! Assim, a *pericorese* vista na relação intratrinitária deve ser reproduzida de forma intrapessoal no Corpo de Cristo.

**6. Antropologia teológica:** Nesse capítulo, investigamos o ser humano da perspectiva bíblica, relacionando sua origem, antes da Queda, com a profunda mudança de sua natureza após pecar, bem como o desejo divino de resgatá-lo. Assim como todas as demais questões, a antropologia teológica partirá de determinada concepção de ser humano que, consequentemente, influenciará a forma de enxergar as demais doutrinas que se seguem. Como não poderia deixar de ser, veremos a importância do Espírito Santo de Deus no processo de santificação progressiva, bem como no empoderamento do ser humano para que este, enquanto é forjado a fim de se tornar como Cristo, modelo supremo de ser humano, cumpra de maneira diaconal sua missão de levar o evangelho de todas as formas e maneiras éticas, responsáveis e amorosas.

**7. Hamartiologia:** Com a proposta de compreender os transtornos causados pela Queda, tanto nos seres animados quanto nos inanimados, distorcendo não apenas a humanidade e os demais seres vivos, mas até mesmo o universo como um todo, a doutrina do pecado objetiva, de alguma forma, explicar o problema do mal e quanto a transgressão tem prejudicado o projeto original do Criador, trazendo o maior e principal de todos os males: a morte. Todavia, como será possível perceber, o Espírito Santo preserva a ordem e mantém o universo, ao mesmo tempo que nos convence do pecado, provendo a graça suficiente, ou preveniente, para que nos acheguemos a Deus por intermédio de Jesus Cristo, pois, uma vez transformados, transformamos a realidade. Isso, contudo, não significa que recriaremos o Éden com as nossas próprias forças, mediante projetos políticos, educacionais ou artísticos, mas que demonstramos ser súditos do reino de Deus por meio de nossas práticas e ideias.

**8. Soteriologia:** Os planos de Deus jamais poderão ser frustrados, e a soteriologia mostra de forma clara como Deus providenciou uma forma de resgatar o ser humano de sua situação de decadência, fazendo que não apenas a humanidade seja restabelecida, mas igualmente todo o universo. Aqui destacamos cada vez mais a "história da salvação", que, revelando-se desde a Queda, passando por Abraão e culminando em Jesus Cristo, o qual cumpre o propósito

# 28 | TEOLOGIA SISTEMÁTICO-CARISMÁTICA

divino de torná-la possível a todos os seres humanos, tal como idealizado em Gênesis 12:1-3 e Êxodo 19:6, é continuada com o povo de Deus, que leva adiante a mensagem do evangelho. Tal plano não foi feito apesar do Espírito Santo, mas justamente porque Jesus foi ungido, por Deus, com a terceira pessoa da Trindade e, de igual forma, por ter destinado o divino Espírito a cada um de nós para que cumpramos nossa missão.

**9. Eclesiologia:** Para levar a efeito seu projeto de restauração, iniciando na promessa abraâmica, Deus elege um povo que sirva para realizar a tarefa de representá-lo diante de todos os povos, convidando-os a fazer parte da família de Deus. Esse povo é primeiramente escolhido de forma étnica e, posteriormente, ao falhar Israel, o critério passa a ser a fé e o novo nascimento, já no contexto neotestamentário, quando, então, Jesus Cristo inicia o reino de Deus e funda a igreja para representá-lo, oferecendo a todas as pessoas a oportunidade de fazerem parte do povo eleito. São os detalhes estudados em eclesiologia. Uma vez mais, entendemos que a igreja não poderia fazer essa caminhada sozinha, por isso o Senhor Jesus Cristo deixou-nos o Consolador, o Espírito Santo, para que estivesse conosco a fim de, assistidos por ele, cumprirmos nossa missão.

**10. Escatologia:** Uma das doutrinas mais complexas da teologia sistemática, a escatologia será estudada de maneira "diferente". Nessa unidade, o estudante de teologia conhecerá as diferentes escatologias — da pessoa, do mundo e, por fim, a mais difundida, a escatologia teológico-sistemática —, formando uma visão abrangente sobre a expectativa e a apocalíptica judaicas, culminando na esperança da igreja, que aguarda o seu Cristo e o consequente restabelecimento do projeto original divino para todo o universo. Diferentemente do que se pensa, a atuação do Espírito Santo é visceralmente relacionada aos tempos do fim. Justamente por isso, os discípulos presentes no momento da ascensão do Senhor Jesus Cristo perguntam ao Mestre se a promessa feita por ele seria seguida pela implantação definitiva do reinado do descendente de Davi (Atos 1:1-8), pois a profecia de Joel 2:28, texto muito caro à tradição carismático-pentecostal, utilizado por Pedro como autoritativo e fonte de explicação do que estava acontecendo em Atos 2 no dia de Pentecostes, era uma das promessas dos tempos da plenitude. Portanto, a escatologia, distintamente do que se pensa, tem uma estreita relação com a pneumatologia.

Dada a relevância das doutrinas consideradas neste volume e, pela exiguidade de espaço, certamente o estudante/leitor já pode presumir que se trata de um material introdutório que, não tendo o caráter exaustivo dos tratados racionalistas de teologia sistemática, aponta os caminhos a serem explorados, trazendo à tona os aspectos principais dos assuntos discutidos. Isso, contudo, não significa que seja superficial ou simplista, requerendo do estudante ou leitor a dedicação para dominar os conceitos e a terminologia técnica da teologia, algo que procuramos fazer no início de cada uma das unidades, visando familiarizar o leitor com o respectivo conteúdo de cada doutrina. Longe de representar mais uma obra de teologia sistemática, apresentamos ao público um material que contempla as necessidades e os anseios da tradição carismática, lembrando que o "termo 'carismático', atualmente, é usado para se referir aos movimentos das igrejas da corrente principal baseados nas ideias e nas experiências do movimento pentecostal".[2]

Por serem movimentos de renovação que nasceram no interior de denominações históricas, a teologia reformada acabou sendo o padrão e modo de aferir a produção teológica dos pensadores carismáticos, ou seja, havia teologia produzida por teólogos carismáticos e pentecostais, sem que tal produto teológico fosse especificamente carismático e/ou pentecostal. Somente nas últimas três décadas, isso vem mudando por parte de teólogos estrangeiros e, muito recentemente, começou no Brasil. Tal observação não é, de forma alguma, uma depreciação do trabalho realizado pelos teólogos do movimento, mas apenas uma constatação. Com as perseguições encetadas contra a tradição carismático-pentecostal, desenvolveram-se estudos dentro da área das ciências bíblicas, e um novo horizonte se descortinou e, com ele, os desafios. Portanto, não apenas dentro dos movimentos carismáticos e pentecostais mostrou-se necessário o estudo da teologia, mas agora ela também conquistou um espaço importante na sociedade, tal como falamos no início.

Olhando em retrospectiva, entendemos que as trajetórias teológicas místicas e apofáticas podem "revelar à teologia cristã uma nova abordagem ao coração dessa mensagem, que foi consideravelmente obscurecida por um pensamento completamente diferente, nomeadamente pela metafísica antiga (em

---

2    McGRATH, Alister. *A revolução protestante: uma provocante história do protestantismo contada desde o século 16 até os dias de hoje* (Brasília: Palavra, 2012), p. 413.

## 30 | TEOLOGIA SISTEMÁTICO-CARISMÁTICA

particular de Aristóteles)",[3] diz Tomáš Halík, e completa explicando o porquê de o fato de essa opção metodológica, não racionalista, utilizada na antiguidade clássica, especialmente no contexto da igreja oriental, servir ao contexto hodierno em que uma teologia carismática e, portanto, sobrenaturalista, é mais que bem-vinda, visto reproduzir melhor a própria dinâmica bíblica:

> Muitas palavras da Escritura, de modo particular os *logia* [ditos] e as parábolas de Jesus, têm menos em comum com silogismos metafísicos do que *koans* — histórias ou jogos de palavras paradoxais, cujo significado não pode ser revelado mediante a lógica ocidental clássica e a deliberação racional a que estamos habituados, mas apenas através da meditação. "Os últimos serão os primeiros, e os primeiros, últimos", "Os que quiserem salvar a sua vida, perdê-la-ão", "Àqueles que têm, dar-se-lhes-á, e terão em abundância, mas àqueles que não têm, até o que têm lhes será tirado", todas as bem-aventuranças, muitas das parábolas [de Jesus] e a própria "encarnação de Deus" — a Palavra fez-se carne e nasceu da Virgem, num estábulo, o *theanthropos* que morre na cruz como um criminoso, gritando "Meu Deus, porque me abandonaste?" — não serão todos estes exemplos *koans*, uns atrás dos outros? Como é que a razão foi formada pela lógica ocidental clássica em relação a tudo isso?[4]

Evidentemente que a lógica grega não dá conta de assimilar esses paradoxos bíblicos sem querer dissecá-los e estabelecer aporias acusando tais expressões de "contraditórias", visto funcionar de maneira linear, isto é, ela só concebe a realidade de forma racionalista. Uma vez que a teologia reformada segue esse método, acaba tendo dificuldades com a cultura atual, que já está segura a respeito da inadequação dessa maneira de conceber a realidade, seja ela antiga, como a bíblica, seja ela como atualmente. Se, por um lado, ela não poderia desenvolver-se de forma diferente, pois nasceu na modernidade, por outro, se seguisse o princípio reformista tendo as Escrituras como autoridade, poderia se ressignificar.

Assim é que cada tradição, ou segmento, possui suas doutrinas específicas por seguirem determinado sistema que fornece suporte para o labor teológico

---

3    HALÍK, Tomáš. *Quero que tu sejas!: podemos acreditar no Deus do amor?* (Prior Velho: Paulinas, 2016), p. 79.

4    Ibid., p. 79-80.

desta ou daquela expressão da fé cristã. O estranho é achar que a tradição carismático-pentecostal não possa igualmente produzir sua teologia visando suprir as necessidades internas do movimento. Por isso, com este trabalho que o leitor tem em mãos não é diferente; há um *leitmotiv* que perpassa a obra toda e promove o seu liame em torno de um aspecto comum: a ação do Espírito Santo de Deus na realidade. Este é o diferencial com que o leitor deparará em toda a extensão deste livro, pois os autores são pentecostais e defendem tal postura e protagonismo que só podem ser percebidos de forma prática e experiencial.

Esse processo, iniciado desde quando Deus criou todas as coisas, chamamos de "sinergista", ou seja, uma perspectiva que reconhece que a nossa coexistência com Deus não anula o arbítrio e a vontade que ele mesmo deu aos seres humanos. Ainda que tais capacidades humanas tenham sido distorcidas pela Queda, em algum nível elas foram mantidas, mas seu exercício seguro nas decisões pessoais da caminhada humana, cremos, necessita da iluminação e orientação do Espírito Santo (Gálatas 5:16-25; Efésios 5:18). Tal como no exercício profético, isso não significa que não podemos nos equivocar, pois somos vasos de barro levando um tesouro. Com essa perspectiva, produzimos esta *Teologia sistemático-carismática* e o convidamos a ler, permitindo que o Espírito Santo o ajude a ampliar o que, acreditamos, ele nos iluminou e orientou a teologizar e escrever.

Outono de 2022
*César Moisés Carvalho* e *Céfora Ulbano Carvalho*

PRIMEIRA PARTE

# QUESTÕES TEÓRICO-METODOLÓGICAS

CAPÍTULO

# 1

# O PORQUÊ DE UMA TEOLOGIA SISTEMÁTICO-CARISMÁTICA

## INTRODUÇÃO

É realmente curioso pensar que vieram de teólogos católicos as previsões acerca do perfil da próxima cristandade. Não por serem católicos, mas pelo fato de que os "vaticínios" não pareciam dizer respeito à tradição da qual faziam parte, e sim tinham mais que ver com o protestantismo, e este em suas vertentes carismáticas.[1] De início, é bom dizer que utilizamos a expressão "carismática" e seus derivados no sentido referido pelo teólogo carismático Craig Keener, que diz que, em parte considerável dos Estados Unidos, "essa designação costuma indicar cristãos que defendem a contemporaneidade dos dons espirituais e os praticam, mas não são membros de uma igreja pentecostal", mas igualmente "também se refere de modo mais específico àqueles que oram em línguas, um grupo que, naturalmente, também defende

---

1   Comentando o assunto em artigo, Chase Padusniak diz que a ideia de "experimentar Deus", ou de o "Espírito Santo falar com a pessoa em oração", conforme ouviu de pregadores em retiros, pode funcionar bem para algumas formas de evangelicalismo, mas tem dúvida se funcionaria para os católicos ("We're not mystics", *Church Life Journal: a Journal of the McGrath Institute for Church Life*. University of Notre Dame. September 19, 2019). Disponível em: <https://churchlifejournal.nd.edu/articles/were-not-mystics/#_ftn1>.

# 36 | TEOLOGIA SISTEMÁTICO-CARISMÁTICA

a contemporaneidade dos dons espirituais e os pratica",[2] de modo que a expressão aqui contempla também os pentecostais.

Quanto às "previsões" do perfil da próxima cristandade, chamam a atenção pelo fato de a primeira, em sentido eclesiológico, dizer que o cristão do futuro deverá ser um místico, ou não será cristão,[3] e a segunda, em chave teológica, afirmar que as "trajetórias místicas da tradição desenvolverão sempre aquela mesma ideia cristã central", ou seja, "Deus é amor", utilizando "compreensões mais profundas e com frequência radicalmente apofáticas da verdadeira incompreensibilidade de Deus na e através da compreensibilidade".[4] O mais curioso é que a segunda previsão, de alguma forma, foi igualmente emitida sob a influência de Karl Rahner, teólogo jesuíta que pronunciou a primeira previsão. A respeito da ideia cristã central, acima referida, isto é, "Deus é amor", ser desenvolvida nas trajetórias teológicas apocalíptica e profética, mas igualmente nas trajetórias teológicas místicas, e que nessa confluência dá-se uma profunda relação dialética entre compreensibilidade e incompreensibilidade de Deus, acrescenta David Tracy:

> À medida que essas duas grandes vertentes da tradição se aproximarem numa relação dialética mais clara uma com a outra, bem como com a nobre tradição da teologia natural, pode-se esperar que a teologia de Deus do futuro será uma teologia profético-mística madura. Essa teologia sistemática de Deus estará fundamentada tanto na revelação de Deus em Jesus Cristo como crível à busca pelo Deus, que *é* o significado último de todas as experiências-limite e questões-limite clássicas dos seres humanos, que se tornam humanos quando encaram tanto as questões pessoais de finitude, ansiedade, transição, culpa e morte como as questões históricas de opressão e sofrimento massivo global. Uma futura teologia profético-mística de Deus, além disso, provar-se-á corajosa em sua intrínseca fidelidade ao significado cristão central do mistério sagrado: Deus *é* amor. Essa clássica metáfora cristã enformará

---

2  KEENER, Craig S. *O Espírito na igreja: o que a Bíblia ensina sobre os dons* (São Paulo: Vida Nova, 2018), p. 11-2. É neste sentido que utilizamos a expressão "carismática" em todo este livro.

3  A frase originalmente diz: "The devout Christian of the future will be a 'mystic', someone who has experienced 'something', or will cease to be anything" (RAHNER, Karl. *Theological investigations*, vol. 8: *Further theology of the spiritual life* (Londres: Darton, Longman & Todd; Nova York: Herder and Herder, 1971), p. 15.

4  TRACY, David. "Deus", in: FIORENZA, Francis S.; GALVIN, John P. (eds.). *Teologia sistemática: perspectivas católico-romanas*, vol. 1 (São Paulo: Paulus, 1997), p. 196-7.

CAPÍTULO 1 – O porquê de uma teologia sistemático-carismática | 37

todo o novo nome do revelado-oculto, o compreensível-incompreensível Deus de Jesus Cristo.[5]

Certamente não se trata de predições, no sentido profético-futurístico da palavra, as observações dos teólogos católicos, mas, sim, de uma constatação profética — necessária e oportuna —, proveniente de quem, institucionalmente, está mais apto a dizer o que deve ser resgatado, pois já sentiu os efeitos do que o formalismo religioso é capaz de fazer quando se perde o contato com a "experiência fontal".[6] Na relação das duas trajetórias teológicas ressaltada por Tracy, a trajetória teológica profética tem um caráter político-social, na esteira da tradição do profetismo de Israel no Antigo Testamento. Logo, a dicotomia moderna entre o material e o espiritual, entre o social e o religioso é totalmente estranha à realidade bíblica. Não podemos, por um lado, ignorar que eles atuavam em uma esfera teocrática e, por isso mesmo, específica (2Crônicas 34:20-28), mas, por outro, também não devemos fechar os olhos para o fato de que o exercício "público" do ministério profético também contemplava a questão da justiça social em reinos monocráticos e despóticos (Daniel 4:27). Mas o teólogo observa ainda que essa primeira trajetória de "compreensibilidade divina", portanto catafática, lidando com questões sociais, precisa igualmente da trajetória teológica mística que lida com a "incompreensibilidade de Deus", sendo, portanto, apofática (Zacarias 4:6). Esse é o futuro. E nós protestantes, nascidos na aurora da modernidade, será que poderíamos aprender algo dessa reflexão?

Na esteira do reino de Deus, em que a igreja é expressão e testemunha, a teologia desenvolvida não pode ser diferente, isto é, não é aceitável que ela seja produzida de forma antissobrenaturalista e ignorando a dimensão carismática do trabalho, tanto em seu processo de desenvolvimento (método) quanto em seu produto final (sistemática), uma vez que lida com a realidade de forma crítico-espiritual, não racionalístico-material. Paradoxalmente, encarar a realidade de forma crítica, não simplista, significa ter consciência de que não é somente arrogante, mas também ingênua, a postura de reduzir a

---

5    Ibid., p. 197.

6    A "experiência fontal" dos discípulos, nas palavras de Bruno Forte, "foi a experiência de um encontro" com o Cristo ressurreto, gerando transformação e, consequentemente, testemunho e movimento missionário (FORTE, Bruno. *A teologia como companhia, memória e profecia: introdução ao sentido e ao método da teologia como história* (São Paulo: Paulinas, 1991), p. 80-1.

## 38 | TEOLOGIA SISTEMÁTICO-CARISMÁTICA

realidade ao natural e ao que somente pode ser mensurado, visto e "provado" de forma racional, pois, conforme instrui-nos as Escrituras, "pela fé, entendemos que os mundos, pela palavra de Deus, foram criados; de maneira que aquilo que se vê não foi feito do que é aparente" (Hebreus 11:3), ou seja, a "fé (*pistis*) é garantia (*hypostasis*) de coisas esperadas, certeza (*elenchos*) de realidades que não se veem (11:1)", que, nas palavras do mesmo biblista que traduz o versículo, significa o seguinte:

> Temos uma primeira aplicação desse princípio hermenêutico a propósito da criação: A afirmação de que toda a realidade visível foi plasmada pela única palavra eficaz de Deus fundada na fé. Esse é um claro exemplo da lógica da fé, estruturada sobre a palavra de Deus expressa na Bíblia: a realidade invisível de Deus é a base e o fundamento das coisas visíveis. A preocupação do nosso autor não é do tipo especulativo-abstrato, mas histórico-prático, na linha da reflexão bíblica. Quando, mais adiante, depois do retrato espiritual de Henoc (11.6), ele retoma o discurso geral sobre a fé, define-a como uma condição para se entrar em relação religiosa e vital com Deus. Mas também nesse caso Deus não é um objeto "doutrinário" da fé, mas uma realidade pessoal à qual o homem se abre mediante a fé. A existência de Deus enquadra-se naquelas "realidades" que não se veem, mas que são certificadas pela fé; a sua (de Deus) ação eficaz e salvífica, que responde às expectativas profundas do homem, faz parte daquelas "coisas que se esperam", garantidas pela fé.[7]

O que o comentarista chama de "lógica da fé", ou seja, o ato de crer e cuja estrutura apoia-se na palavra[8] de Deus, trata-se de atitude estranha ao pensamento lógico desde sempre. A lógica, como exercício filosófico e matemático, que é utilizada até hoje, é criação grega e, portanto, racionalística. A "lógica da fé", baseada nas promessas divinas, jamais se submeteria ao processo da lógica matemática grega, pois ela já parte do "impossível". Prega-se a chegada

---

7   FABRIS, Rinaldo. *As cartas de Paulo (III): tradução e comentários,* Coleção Bíblica Loyola, vol. 6 (São Paulo: Loyola, 1992), p. 481.

8   Ao longo do livro, a não ser em caso de citações, todas as vezes que nos referirmos à Palavra de Deus como sinônimo de Escritura, Bíblia ou Escrituras, o termo "Palavra" será grafado com inicial maiúscula. Quando, porém, se tratar de palavra no sentido de pronúncia, frase, dito que ocorrerem em uma experiência legítima, mas não necessariamente canônica, ficará em minúscula, como no caso em apreço.

do reino de Deus que é visualizado por meio dos milagres (Mateus 11:1-5). Estes, por sua vez, são alvos de incredulidade, desde o mundo antigo (Gênesis 18:9-15; Lucas 1:26-37). Dentre os milagres, há o principal e mais impossível, natural e logicamente falando, de ser realizado: a ressurreição. Não à toa que Tomé duvidou dos companheiros de colégio apostólico, e o apóstolo Paulo foi ironizado no Areópago em Atenas (João 20:24-28; Atos 17:18-32). Ambas as passagens falam da ressurreição. Portanto, querer utilizar a lógica matemática, ou argumentos racionalísticos, para provar, por exemplo, a ressurreição é algo não apenas estranho, mas ineficaz e incorreto.

Se, por um lado, havia incredulidade acerca das coisas de Deus, por outro, não havia interesse algum da parte dos primeiros discípulos de Cristo, e dos pregadores do século primeiro, em "provar" a ressurreição ou qualquer outro ponto da pregação evangelística, submetendo essas verdades ao crivo da lógica grega. A mensagem deveria ser recebida única e exclusivamente por fé (João 20:29). A razão de ser dessa "exigência" é simples e pode ser entendida por dois motivos: 1) quem realmente "convence" as pessoas da necessidade de crer no evangelho é o Espírito Santo (João 16:8-11) e 2) a fé das pessoas não deve basear-se em discursos, mas no "poder de Deus" (1Coríntios 1:17—2:16). Justamente por isso, o apóstolo dos gentios afirma, na cidade grega de Corinto, que, quando esteve entre eles pregando a Palavra de Deus, não o fez, propositadamente, como os gregos, caprichando na arte oratória e usando de habilidade retórica (1Coríntios 2:1), para que a fé deles não viesse a apoiar-se "em sabedoria dos homens, mas no poder de Deus" (1Coríntios 2:5). Por assim não proceder, Paulo foi acusado de ser "fraco", em termos discursivos (2Coríntios 10:10).

Em uma sociedade que hipervalorizava uma boa prédica e na qual havia um exibicionismo retórico, com o qual os coríntios estavam habituados, não é de admirar que eles disputassem entre si quem era o melhor orador que já tinham ouvido, ou que dele tivessem ouvido, causando facções na igreja coríntia por causa de grupos que se dividiram disputando quem era melhor, se Paulo, se Apolo, se Pedro ou se Cristo (1Coríntios 1:11-13). Sendo Apolo considerado "varão eloquente e poderoso nas Escrituras" (Atos 18:24); Pedro, uma das "colunas" da nova fé (Gálatas 2:9); Cristo, "profeta poderoso em obras e palavras" (Lucas 24:19); e Paulo, o apóstolo dos gentios, cuja sabedoria era reconhecida por outros apóstolos (2Pedro 3:15-16), não é difícil imaginar quanto tais disputas consumiam a paz, o tempo e a união

# 40 | TEOLOGIA SISTEMÁTICO-CARISMÁTICA

que deveriam marcar aquela comunidade de fé. Ignorando completamente essa expectativa, o fato é que Paulo declara que, quando esteve entre eles, o fez "não em sabedoria de palavras, para que a cruz de Cristo se não faça vã" (1Coríntios 1:17). "Ele não reivindica ser um orador, nem aspira a ser", diz Anthony Palma, ou seja, o "apóstolo fala deste modo por causa da alta consideração dos gregos para com a sabedoria, a qual ele mostrará resumidamente que é extraviada, e realmente um impedimento para que recebessem o evangelho".[9] A observação do teólogo pentecostal é oportuna, pois mostra que a utilização desse recurso não era somente dispensável, mas impeditiva e prejudicial! Tal opinião é partilhada pelo biblista Giuseppe Barbaglio:

> Sua pregação não se baseia em discursos eloquentes e de penetrante sabedoria (= *sofía*). Note-se que esta não é apenas conhecimento teórico profundo, mas também autocompreensão do homem em relação a Deus. Trata-se, na realidade, de uma verdadeira "Weltanschauung", elaborada autonomamente com os recursos intelectuais da mente humana, e que se expressa através de discursos racionais (= *logos*). Não, isso significaria o esvaziamento da cruz de Cristo, ou seja, a anulação de seu significado salvífico. Em outras palavras, significaria a negação de que a crucificação de Jesus é o evento portador de salvação, e a afirmação de que isso pode ser atribuído à força autônoma e autossuficiente do pensamento humano, capaz de pesquisar e descobrir uma ideologia religiosa libertadora, substitutiva do chocante anúncio da cruz.[10]

Pregar Jesus Cristo crucificado era escândalo para os judeus, por um motivo religioso, pois a Lei prescrevia que era considerado maldito quem recebia essa pena capital (Deuteronômio 21:22-23; Gálatas 3:13), e loucura para os gregos, por um motivo racionalista, visto que os habitantes do Olimpo, isto é, o "céu" das divindades gregas, eram seres humanos que evoluíram e se tornaram imortais, enquanto Jesus é Deus e, portanto, imortal, que optara por tornar-se humano e mortal (João 1:1-14). Algo completamente ilógico do ponto de vista do racionalismo filosófico grego. Mas o que fez Paulo e os demais? Converteu a mensagem da cruz em termos contrários ao que ela

---

9 PALMA, Anthony D. I, "Coríntios", in: ARRINGTON, French L.; STRONSTAD, Roger (eds.). *Comentário bíblico pentecostal: Novo Testamento*, 2. ed. (Rio de Janeiro: CPAD, 2004), p. 936-7.

10 BARBAGLIO, Giuseppe. *As cartas de Paulo (I): tradução e comentários,* Coleção Bíblica Loyola, vol. 4 (São Paulo: Loyola, 1989), p. 181.

realmente era, isto é, ilógica do ponto de vista do racionalismo, ou optou por pregá-la tal como ela realmente é, confiando na suficiência da ação do Espírito Santo? Se nessa quarta perícope[11] do capítulo primeiro (v. 18-25) o destaque recai sobre o fato de a pregação da cruz ser o "poder de Deus" que, contrariando a lógica natural, tanto religiosa como filosófica, desfaz o sábio e o escriba — representados pela teologia da expectativa judaica — e igualmente desconstrói o "inquiridor deste século" — o mais habilidoso orador grego que pudesse haver —, pois propõe uma mensagem ilógica e a designa de "poder de Deus", a partir do capítulo 2, em duas perícopes, Paulo descreve a parte prática dessa mensagem (v. 1-5,6-16) e como esse "poder de Deus", anunciado por Paulo, produz "efeitos" tangíveis e reais, embora contrários à lógica, pois são milagres, não apenas elucubrações e verborragia:

> E eu, irmãos, quando fui ter convosco, anunciando-vos o testemunho de Deus, não fui com sublimidade de palavras ou de sabedoria. Porque nada me propus saber entre vós, senão a Jesus Cristo e este crucificado. E eu estive convosco em fraqueza, e em temor, e em grande tremor. A minha palavra e a minha pregação não consistiram em palavras persuasivas de sabedoria humana, mas em demonstração do Espírito e de poder, para que a vossa fé não se apoiasse em sabedoria dos homens, mas no poder de Deus.

A palavra grega *apodéixei*, traduzida por "demonstração", refere-se aos milagres, ou sinais carismáticos, que acompanhavam a pregação do evangelho, visto serem parte da integralidade da mensagem da cruz (Marcos 16:15-20).[12]

---

11 É importante ter em mente que o sistema de divisão da Bíblia por capítulos e versículos é um recurso "recente", isto é, ela foi dividida em capítulos em 1214 pelo professor da Universidade de Paris Estevan Langton, arcebispo de Cantuária. Em 1551, Robert Etiene, redator e editor em Paris, ampliou o trabalho e dividiu o Novo Testamento de língua grega em versículos. Teodoro de Beza gostou tanto da ideia que, em 1565, dividiu a Bíblia toda em versículos. Se, por um lado, tal recurso auxilia, por outro, traz algumas dificuldades, pois há uma tendência natural em se pensar que o término de um capítulo sempre equivale ao seu final (às vezes, pode ser mesmo). Nem sempre isso acontece e, nesses casos, tal divisão atrapalha. A divisão original do texto bíblico se dá por meio de porções – parágrafos – que os exegetas chamam de *perícopes*, uma expressão grega que significa "cortar ao redor".

12 "Nos Evangelhos, curas e prodígios são indissociáveis da pregação de Jesus: trata-se de mostrar que o reino de Deus, cuja vinda ele anuncia, não é uma esperança adiada para o fim dos tempos, mas que já começa a se realizar. Pôde-se dizer que 'o milagre fazia antecipar a palavra', ao mesmo tempo que tinha necessidade da palavra para ser interpretado corretamente" (BASLEZ, Marie-Françoise. "Jesus", in: *Dicionário histórico dos Evangelhos* [Petrópolis: Vozes, 2018], p. 89).

## 42 | TEOLOGIA SISTEMÁTICO-CARISMÁTICA

Paulo já havia falado disso em 1Tessalonicenses 1:5, primeiro documento do cânon neotestamentário, bem como em Romanos 15:18-21, e menciona que os mesmos sinais marcaram o seu apostolado, desde o início de seu tempo de serviço entre os coríntios (2Coríntios 12:12). "Não há dúvida", diz o biblista Giuseppe Barbaglio, "Paulo interpreta o tema tradicional dos sinais que acompanharam Jesus e acompanharam os pregadores do evangelho relacionando-o com o serviço (= *diakonía*) humilde e constante".[13] Mas alguém poderia pensar: "Não teve conhecimento algum transmitido?" Sim, teve. É o que o apóstolo disserta na segunda perícope do capítulo 2, mas mesmo o conhecimento escriturístico, por assim dizer, não pode jamais ser assimilado à parte do Espírito de Deus; aliás, de acordo com o que acertadamente diz Paul Tillich, a despeito de a doutrina paulina mais conhecida contra o judaísmo ser a "justificação pela graça por meio da fé", é preciso compreender que "o ensino mais central do apóstolo [é a] doutrina do Espírito Santo".[14] Por isso, a sabedoria das coisas de Deus é para os espirituais, conforme instrui o apóstolo na segunda perícope do capítulo 2:

> Todavia, falamos sabedoria entre os perfeitos; não, porém, a sabedoria deste mundo, nem dos príncipes deste mundo, que se aniquilam; mas falamos a sabedoria de Deus, oculta em mistério, a qual Deus ordenou antes dos séculos para nossa glória; a qual nenhum dos príncipes deste mundo conheceu; porque, se a conhecessem, nunca crucificariam ao Senhor da glória. Mas, como está escrito: As coisas que o olho não viu, e o ouvido não ouviu, e não subiram ao coração do homem são as que Deus preparou para os que o amam. Mas Deus no-las revelou pelo seu Espírito; porque o Espírito penetra todas as coisas, ainda as profundezas de Deus. Porque qual dos homens sabe as coisas do homem, senão o espírito do homem, que nele está? Assim também ninguém sabe as coisas de Deus, senão o Espírito de Deus. Mas nós não recebemos o espírito do mundo, mas o Espírito que provém de Deus, para que pudéssemos conhecer o que nos é dado gratuitamente por Deus. As quais também falamos, não com palavras de sabedoria humana, mas com as que o Espírito Santo ensina, comparando as

---

13  BARBAGLIO, Giuseppe. *As cartas de Paulo (I): tradução e comentários*, Coleção Bíblica Loyola, vol. 4 (São Paulo: Loyola, 1989), p. 502.

14  TILLICH, Paul. *História do pensamento cristão,* 4. ed. (São Bernardo do Campo: Aste, 2007), p. 56.

CAPÍTULO 1 – O porquê de uma teologia sistemático-carismática | 43

coisas espirituais com as espirituais. Ora, o homem natural não compreende as coisas do Espírito de Deus, porque lhe parecem loucura; e não pode entendê-las, porque elas se discernem espiritualmente. Mas o que é espiritual discerne bem tudo, e ele de ninguém é discernido. Porque quem conheceu a mente do Senhor, para que possa instruí-lo? Mas nós temos a mente de Cristo.

Enquanto na quarta perícope do capítulo primeiro, e na primeira deste segundo capítulo já comentada anteriormente, Paulo tratou especificamente de demonstrar que não buscava enquadrar-se nos termos racionalistas, pretensiosos e autossuficientes da sabedoria mundana, seja religiosa, seja filosófica, pois ela não dá conta sequer de postular, que dirá entender, os mistérios divinos e as coisas de Deus, já no início dessa segunda perícope do capítulo 2 o apóstolo utiliza "o verbo *lalóumen* (2,6), que indica um discurso inspirado, distinguindo-se de *keryssô* e *euaggelzomai*",[15] ou seja, Paulo abria totalmente mão da oratória e retórica gregas, portanto exercícios humanos; não obstante, nessa ocasião, não estava simplesmente pregando, mas discursava de forma extática e inspirada acerca da sabedoria de Deus, cujo conteúdo tratava dos mistérios e arcanos divinos. O propósito era justamente mostrar que, caso os crentes coríntios sentissem algum tipo de inferioridade por causa da alegação gnóstica de seus patrícios de que possuíam um tipo de conhecimento especial que lhes dava acesso a um saber de caráter supostamente superior, Paulo diz que até mesmo o conteúdo religioso e teológico do judaísmo não foi suficiente para privar os judeus de cometer uma insanidade: acusar, trair, caluniar e entregar Jesus à morte. Contudo, só poderia "ver" o reino de Deus trazido por ele os que se dispunham à *metanoia*, a nascer de novo (João 3:3). Depois de nascida de novo, "da água e do Espírito", além de "ver", a pessoa poderia "entrar" no reino de Deus (João 3:5). O paralelo aqui, sem nenhuma espécie de artificialismo, mas respeitando o sentido e a intencionalidade dos textos joanino e paulino (João 3:1-3; cf. 1Coríntios 2:6-16), é o seguinte:

Dentro deste esquema descobre-se um movimento e o significado que ele produz. O discurso começa com uma sentença enigmática de Jesus; a sequência o precisa, o esclarece, aproveitando o ensejo da

---

15 Barbaglio, Giuseppe. *As cartas de Paulo (I): tradução e comentários,* Coleção Bíblica Loyola, vol. 4 (São Paulo: Loyola, 1989), p. 192.

pergunta-incompreensão de Nicodemos. Esta técnica é frequente nos discursos, em Jo. É uma técnica literária que serve para fazer progredir o discurso. Mas é muito mais do que isso. Revela a situação: o homem carnal é incapaz de compreensão; sua compreensão é carnal. Mas compreender o quê? E quais são as razões por que não consegue entender? Encontramos no diálogo pelo menos três palavras gregas suscetíveis de duplo sentido: *anôthen* (de novo ou do alto); *gennasthai* (ser gerado, nascer, fisicamente ou no sentido espiritual); *pneuma* (vento ou espírito). Também isso é técnica literária; Jo joga com o duplo sentido dos termos, mas revela um significado teológico: uma mesma realidade pode ser entendida no nível carnal e no nível espiritual. O ser humano é prisioneiro do primeiro nível. Mas para ser crente deve passar ao segundo. Para falar de Deus é preciso recorrer às realidades cotidianas da nossa experiência, que, para quem sabe enxergar, são símbolos de uma realidade mais profunda e, daí, um meio para expressar Deus; são capazes de acenar a ele, mas como que de longe. É preciso saber ver.[16]

O conhecimento dos mistérios das coisas divinas não pode ser assimilado pelo homem natural, e mesmo os espirituais não o esgotam, é bom que se pontue. Não simplesmente por dificuldades cognitivas, mas por limitações ontológicas que são muito mais profundas, isto é, a criatura finita não pode entender o Criador infinito (Jó 42:1-6). Paulo diz essa verdade em forma de hino em Romanos 11:33-36. Justamente por isso, o conhecimento teológico (ou discernimento como sinônimo de maturidade cristã) desprovido de uma espiritualidade nascida de uma experiência profunda com o Espírito traz muitos problemas, daí a razão de o apóstolo dos gentios estabelecer o "amor" como princípio regulador de todas as coisas, não somente no exercício dos carismas (1Coríntios 8:1). Mesmo a observação de 1Coríntios 13:8-13 passa longe de uma crítica aos carismas, jamais sendo um desincentivo ou inibição do apóstolo acerca dos dons, pois, como afirma o biblista Esequias Soares, Paulo falava "mais línguas que todos os coríntios (1Co 14:18), e ele estava longe de ser um mero teórico, era homem de experiências profundas com o Espírito Santo (1Co 2:12; 7:40)".[17] Talvez seja por isso que Paul Tillich

---

16  Maggioni, Bruno. "O Evangelho de João", in: Fabris, Rinaldo; Maggioni, Bruno. *Os Evangelhos (II): tradução e comentários,* 4. ed, Coleção Bíblica Loyola, vol. 2 (São Paulo: Loyola, 2006), p. 308.

17  Soares, Esequias. "A natureza das línguas", *Obreiro Aprovado.* Ano 44, n. 91 (Rio de Janeiro: CPAD, out-nov-dez de 2020), p. 19.

defende uma visão interessante e decisiva como princípio hermenêutico a todos que levam a sério esse trabalho acerca do apóstolo dos gentios:

> Paulo foi o mais importante teólogo do Espírito Santo. O Espírito estava no centro de sua teologia. Segundo alguns teólogos protestantes clássicos, juntamente com Lutero, Melanchton, Calvino e Bucer, Paulo era o teólogo da justificação pela graça por meio da fé. Não estavam errados, é claro. Mas essa doutrina era apenas defensiva para Paulo. Desenvolveu-a na luta contra os assim chamados judaizantes que queriam transformar o evangelho numa outra lei. Exigiam que os pagãos ou gentios se submetessem à lei judaica, sendo Jesus, para eles, apenas um outro intérprete da lei. Paulo tinha que lutar contra essa ideia. Se não o fizesse, não teria havido igreja cristã nas nações pagãs. O cristianismo não teria passado de pequena seita judaica. Contudo, por mais importante que a doutrina da justificação tenha sido para Paulo, não foi jamais o centro de sua teologia. No centro estava sua experiência e a doutrina do Espírito Santo. Assim, coloca-se ao lado daqueles que na teologia protestante dão ênfase à interioridade. Paulo vai ao ponto de afirmar que muitos místicos sempre disseram desde então que a oração verdadeira não é a que consegue o que pede, mas a que alcança o Espírito de Deus. É o próprio Deus Espírito que ora em nós e dá testemunho juntamente com o nosso espírito. Vocês podem ler a respeito disso em Romanos 8. E perceberão claramente que Paulo é, na verdade, teólogo do Espírito.[18]

Soares e Tillich tocam no ponto fulcral da atmosfera, ou realidade espiritual, em que o apóstolo dos gentios estava envolto e se movia. Em outras palavras, Paulo já partia deste ponto, agia sob sua influência e a ele retornava, para utilizar uma metáfora do percurso da peregrinação da fé no Espírito (Gálatas 5:25). Isso acontecia pelo simples fato de que Paulo era um carismático. Mas ele não simplesmente "era um carismático", como se isso fosse algo com o qual ele condescendia; não tinha importância alguma. Nada mais longe da realidade! O apóstolo dos gentios se gloriava por ter tais experiências (2Coríntios 12:1-6). Isso pela simples verdade de elas serem tão intensas, e de um nível de contato tão inimaginável com Deus (o verdadeiro significado da mística),

---

18 TILLICH, Paul. *Perspectivas da teologia protestante nos séculos XIX e XX*, 4. ed. (São Bernardo do Campo: Aste, 2010), p. 53.

## 46 | TEOLOGIA SISTEMÁTICO-CARISMÁTICA

a ponto de um não carismático como C. S. Lewis dizer que "diante [delas] os pequenos frêmitos e sentimentos piedosos que você e eu podemos ter não passam de coisas elementares e confusas".[19] O grande literato irlandês, do alto de sua sensibilidade e argúcia, pertencendo a uma tradição não carismática, certamente não tinha uma referência análoga para entender, na prática, o que significa experimentar um êxtase, isto é, vivenciar uma experiência mística. Mas que ninguém se engane: quando se fala em "conhecimento", ainda que de origem místico-experiencial ou extático-transcendental, isso envolve riscos e inspira cuidados. Não somente pela probabilidade de serem falsos, forjados, simulados etc., mas, sobretudo, por envolverem seres falíveis que, em virtude de sua natureza decaída, podem se exaltar, levando à manipulação. O perigo do conhecimento, seja de ordem humana, seja de ordem divina, é tão grande que Paulo, falando na terceira pessoa, reconhece que, em uma experiência extática de arrebatamento, que o apóstolo não soube precisar se foi no corpo ou fora dele, ouviu palavras que ao homem não é permitido pronunciar e, para que não se exaltasse, recebeu um "espinho" como forma de preveni-lo de nunca ousar fazê-lo (2Coríntios 12:1-10).

## O PREDOMÍNIO RACIONALISTA NA TEOLOGIA SISTEMÁTICA

A obviedade do que escrevemos até aqui pode, de alguma forma, ter desestimulado o leitor, pois todos que possuem uma visão que honra e respeita as Escrituras, mesmo não sendo carismáticos, entendem perfeitamente que personagens como Paulo, por exemplo, tinham experiências extraordinárias e sobrenaturais, "pois o cânon estava sendo desenvolvido e, por isso mesmo, essas experiências eram necessárias", afirmam. Todavia, este breve itinerário não tem o propósito de reafirmar esse fato, mas ressaltar a continuidade das experiências carismáticas que, mesmo depois do fechamento do cânon neotestamentário, continuaram a ocorrer. Tal é assim pela verdade de que os carismas têm um propósito muito definido, que é capacitar o povo de Deus, desde o Antigo Testamento, e até mesmo o Senhor Jesus Cristo, no cumprimento de seu ministério terreno, foi igualmente habilitado com o Espírito (Lucas 4:1-44; Atos 10:38). No Novo Testamento, repete-se o mesmo padrão, antes ainda da descida do Espírito Santo em Atos 2, pois não é possível

---

19  LEWIS, C. S. *Cristianismo puro e simples* (São Paulo: Martins Fontes, 2005), p. 205.

CAPÍTULO 1 – O porquê de uma teologia sistemático-carismática | 47

fazer a obra de Deus à parte do Espírito e dos seus carismas (Lucas 9:1-6,49-50; 10:1-24). Todavia, como se pode ver no estudo dos Evangelhos, os discípulos pareciam receber o "Espírito por medida" (João 3:34). Mas isso mudou radicalmente a partir de Pentecostes, pois ali eles receberam o revestimento de poder (Atos 1:8; 2—5), da mesma forma como todos os carismáticos veterotestamentários,[20] pois tinham agora uma missão para levar adiante e não poderiam cumpri-la sem tal poder. A diferença é que, como a missão foi deixada indistintamente a todo o povo de Deus (Mateus 28:19-20; Marcos 16:15; Lucas 24:47; João 20:21), a experiência com o Espírito não mais ficou restrita a algumas pessoas, pois, como pregou o apóstolo Pedro em seu primeiro sermão, "a promessa vos diz respeito a vós, a vossos filhos e a todos os que estão longe: a tantos quantos Deus, nosso Senhor, chamar" (Atos 2:39; cf. Joel 2:28).

Dizer, como afirmam alguns, que a qualidade das experiências atuais não pode ser semelhante à do período bíblico é desconhecer as orientações que a própria Escritura estipula a respeito do assunto em pleno período canônico (Deuteronômio 13:1-5; 18:20-22; 1Coríntios 14:26-33; 1João 4:1-3). Se tais orientações não fossem necessárias para aquele tempo — por se darem no período canônico —, certamente serviriam a outro momento, e, assim sendo, podemos estar certos de que são extremamente necessárias para o nosso. Nesse caso, o cessacionismo não faz sentido algum, pois as orientações que foram dadas por inspiração do Espírito precisam servir para algum tempo e, se não forem para todas as épocas, incluindo a canônica, certamente

---

20 A partir de Moisés, com o crescimento exponencial do povo, o Senhor passa a levantar líderes carismáticos, ou seja, cheios do Espírito, cujos corações encarnam o *pathos* divino e cuja espiritualidade, mais do que ritualística, é relacional, com propósitos práticos e concretos: promover a coesão e o bem-estar do povo de Deus, visando criar um microcosmo do seu Reino que pudesse servir de exemplo às demais nações (Dt 4:5-8). Apesar de toda a legislação, "a religião israelita não é fruto de uma tradição bem cuidada e aumentada por tradições históricas, nem se apoia tampouco em cargos sabiamente organizados", diz Walter Eichrodt, antes, "é *criação do [E]spírito* que sopra onde quer e depreciando nossos cânones, da riqueza de personagens extraordinariamente dotadas, reúne o aparentemente díspar para prosseguir sua obra cheia de força e vida". Em termos diretos, diz o mesmo autor, "*nos primórdios da religião israelita encontramo-nos com o carisma*, o conjunto de dotes individuais e especiais de uma pessoa; nele está apoiada toda essa estrutura a tal ponto que sem ele seria impensável" (EICHRODT, W. *Teologia do Antigo Testamento* [São Paulo: Hagnos, 2004], p. 259). Assim, as lideranças carismáticas levantadas por Deus — sejam sacerdotes, videntes (*ro'eh*), visionários (*hozeh*), homens de Deus (*'ish 'elohim*), profetas (*nabi*) ou profetisas, nazireus e juízes ou juíza —, com todas as suas diferenças, ao cabo e ao fim têm todas elas uma única função: manter a ordem e a justiça social em Israel, conforme a aliança abraâmica e a legislação mosaica.

## 48 | TEOLOGIA SISTEMÁTICO-CARISMÁTICA

aplicam-se ao futuro (período em que, no entendimento do cessacionismo, não teriam mais razão de ser). Mesmo cientes de que poderia haver manipulação inescrupulosa do sagrado e até houvesse meninices e algum descontrole no exercício dos dons, isto é, com todo esse cuidado no trato com os carismas, sobretudo a respeito dos dons de elocução, as Escrituras não inibem nem autorizam, seja em nome do "cuidado", seja por concepções teológicas, extinguir a experiência com o Espírito, mas recomenda que se busque, com zelo, os dons espirituais, especialmente o dom de profecia, e que, em seu exercício, avalie-se tudo, referindo-se especificamente à atividade profética, e se retenha apenas o que for bom (1Coríntios 14:1; 1Tessalonicenses 5:19-21). Agora, é importante que se observe: Quem pode avaliar? Os que nasceram de novo e são espirituais, conforme instrui o apóstolo dos gentios no texto de 1Coríntios 2:13-16. O texto é claro em dizer que o homem natural não pode entender as coisas do Espírito Santo de Deus, pois lhe parecem loucura, e elas só podem ser discernidas espiritualmente. Justamente por isso, Paulo diz que "o espiritual" — no caso, ele e os demais líderes citados nas facções coríntias — "discerne bem tudo, e ele de ninguém é discernido", por isso Cristo foi morto, Paulo e os demais foram perseguidos e alguns até executados.

É importante atentar para algo que não pode escapar nessa passagem. Conforme sugere o contexto, a distinção entre o "homem natural", chamado de psíquico, e o "homem espiritual" se dá entre os próprios crentes coríntios. Assim, o que os distingue "é o Espírito, ausente no cristão 'psíquico' e presente e atuante no cristão 'espiritual'", ou seja, refere-se à "ausência e presença do Espírito não como princípio da vida de fé, mas enquanto inspirador dessa sabedoria superior".[21] Deparamos com o que aparentemente pode levar alguém a pensar numa aporia, pois Paulo parece aqui incentivar o que antes desaprovou, ou seja, a disputa e a comparação que evidenciam superioridade e carnalidade entre as pessoas. Todavia, não podemos esquecer que o apóstolo instrui acerca do princípio regulador de todas as coisas que é o amor (1Coríntios 8:1;13:1—14:1). Paulo, portanto, utiliza a motivação que ensejou a controvérsia entre os cristãos coríntios para mostrar-lhes que a ideia de que os racionalistas, "gnósticos" ou "psíquicos" eram mais sábios que os que criam da forma como o evangelho lhes fora pregado era não somente equivocada,

---

21  BARBAGLIO, Giuseppe. *As cartas de Paulo (I): tradução e comentários,* Coleção Bíblica Loyola, vol. 4 (São Paulo: Loyola, 1989), p. 195.

CAPÍTULO 1 – O porquê de uma teologia sistemático-carismática | 49

mas justamente o contrário. Todos os que "confiando nos recursos de sua inteligência penetrante, julgam como tolice o que o Espírito inspira; [isto sim] trata-se de uma verdadeira incapacidade".[22] Em contrapartida, os "que se entregam ao Espírito não apenas conhecem, mas inclusive estão em condição de avaliar concretamente [*anakrínein* não indica um mero conhecimento teórico] tudo o que é sugerido e inspirado divinamente".[23] Numa palavra:

> ... deve-se dizer que agora a antítese não é mais entre sabedoria humana ou mundana e anúncio do Crucificado, mas entre simples aceitação, na fé, desse anúncio e sua compreensão profunda mediante o Espírito iluminador. A sabedoria superior refere-se ao evento da cruz de Jesus. Caracteriza-se, pois, em relação à fé no anúncio, não por seu conteúdo, mas por sua compreensão subjetiva. Em concreto, exprime uma percepção sobrenatural das articulações do desígnio salvífico de Deus, centrado no Crucificado, ou seja, como o Pai desde toda a eternidade projetou a salvação gratuita dos homens, predestinando-os[24] a participarem da glória do Senhor ressuscitado, marcada, no entanto, pelos sinais da cruz. Por isso, além da adesão de fé, Paulo conhece um longo caminho de amadurecimento dos fiéis. Dóceis ao Espírito, eles podem compreender cada vez melhor os secretos caminhos seguidos por Deus em sua ação histórico-salvífica, e seu ponto essencial de ligação em Cristo crucificado. Claro, tudo isso não tem em vista uma satisfação intelectual, mas uma plena participação de vida no amor.[25]

Portanto, entender a questão do predomínio racionalista na elaboração da teologia sistemática não se trata de um exercício sem importância, mas justamente o oposto. Diz respeito a um aspecto decisivo cuja temática não pode mais ser adiada. É necessário analisar, por exemplo, quanto a elaboração teológica se desenvolveu numa atmosfera espiritual, de reconhecimento do sobrenatural, e quanto, nesse mesmo exercício, o racionalismo prevaleceu,

---

22 Ibid., p. 196.

23 Ibid.

24 O autor observa que predestinação aqui "não se trata de uma predestinação determinista, à maneira de Agostinho ou, menos ainda, de Calvino" (BARBAGLIO, Giuseppe. *As cartas de Paulo (I): tradução e comentários,* Coleção Bíblica Loyola, vol. 4 [São Paulo: Loyola, 1989], p. 196). Mesmo porque tal predestinação, no sentido bíblico desta passagem, abrange todos, não somente alguns.

25 Ibid., p. 196-7.

## 50 | TEOLOGIA SISTEMÁTICO-CARISMÁTICA

submetendo as Escrituras ao que "fazia sentido", tornando-a artificialmente consentânea ao que era crível e/ou verificável de acordo com o que prescrevia a lógica grega. Conquanto reconheçamos um bom propósito nesse trabalho, entendemos que ele não faz jus à "lógica da fé" de Hebreus 11, muito menos se coaduna com a descrição do "poder de Deus", mencionado por Paulo na epístola aos coríntios, trazendo problemas futuros para as gerações posteriores. Na realidade, o "equilíbrio apropriado entre a fé e a razão, de um lado, e entre a natureza e a graça, do outro, viria a ser a hesitante preocupação da teologia escolástica desde a época de Anselmo até a Reforma",[26] pontua Timothy George. Anselmo de Cantuária (1033-1109), cuja frase latina *fides quaerens intellectum*, isto é, "fé em busca de compreensão", traduzida por "creio para entender", tornou-se célebre e ponto de inflexão para uma teologia que, tributária do "racionalismo filosófico", já havia se rendido ao *intelligo ut credam*, ou seja, o "entendo para crer", demonstrando a supremacia da razão sobre a fé, daí a proposta anselmiana de não procurar entender para crer, mas crer para entender. Nas palavras de Timothy George:

> A tentativa de aplicar os instrumentos da razão aos dados da revelação avançou significativamente com Pedro Abelardo (m. 1142) e seu pupilo, Pedro Lombardo (m. 1160), cujos *Four books of sentences* [Quatro livros de sentenças] tornaram-se o padrão para o estudo teológico avançado durante os quatro séculos seguintes. Esse desenvolvimento atingiu seu ápice no século 13, com o surgimento das grandes *summae* escolásticas e dos esforços de teólogos brilhantes, como Alexandre de Hales, Alberto Magno e, acima de todos, Tomás de Aquino, para harmonizar a recém-descoberta filosofia de Aristóteles com o consenso patrístico, conforme tinha sido infiltrado e transmitido desde Agostinho.[27]

É evidente que não propomos nenhuma espécie de "reinvenção da roda"; antes, temos em mira o resgate do que foi perdido e que é exposto, em latim, no lema reformista da Segunda Reforma Holandesa, do século 17, "*Ecclesia reformata et semper reformanda secundum verbum Dei*", de autoria de Jodocus van Lodenstein, cuja tradução é: "A igreja está reformada e

---

26 GEORGE, Timothy. *Teologia dos reformadores*, 2. ed. (São Paulo: Vida Nova, 2017), p. 55.
27 Ibid.

CAPÍTULO 1 – O porquê de uma teologia sistemático-carismática | 51

sempre na necessidade de ser reformada de acordo com a Palavra de Deus". Assim foi necessário para que se pudesse erradicar a "imposição da conformidade intelectual", que reinava soberana e unilateralmente por meio do autoritarismo clerical no catolicismo, mas que perdeu tal hegemonia desde o advento da imprensa (leia-se: da popularização da informação), pois esta proporcionou a proliferação das ideias e, por conseguinte, a multiplicação de novas reflexões e percepções. Ao se fazer referência a uma segunda onda reformista na Holanda, lembramo-nos de que a própria noção de que a "localização geográfica de um pensador era de grande importância com relação aos recursos intelectuais disponíveis e às suas opções teológicas e também com referência à facilidade com que qualquer programa de reforma podia ser colocado em prática",[28] oferece pistas importantíssimas para o entendimento de que as teologias reformadoras de Wittenberg e Zurique, por exemplo, surgiram em ambientes bastantes distintos, pois "a primeira foi, inicialmente, um movimento reformador acadêmico e a última, um movimento social e eclesiástico".[29] Em outras palavras, elas divergiam entre si. Analogamente, é o que propomos neste trabalho introdutório, pois a teologia carismática deve ter o seu lugar assegurado, assim como as demais propostas.

As diferenças de percepções entre católicos e protestantes radicais a respeito do quanto precisava ser "reformado" na igreja ocorriam justamente por conta disso, pois não se tratava de algo consensual, e essa reação era fruto da quebra de hegemonia encetada pela própria Reforma. Mesmo com todas as diferenças entre si, todavia, esses três grupos eram acordes em combater a frieza e a letargia espirituais, levando à conclusão de que, se o "mal-estar espiritual da Idade Média não foi a causa da Reforma", certamente "constituiu seu pré-requisito".[30] Na realidade, os diversos movimentos pré-reformistas, que buscavam "a verdadeira igreja", seja no modelo curialista (institucional, da Cúria), seja no modelo conciliarista (ecumênico, descentralizando o governo eclesiástico de Roma), ambos católicos, passando tanto pela visão teológica de pré-reformadores como John Wycliffe e Jan Hus, considerados protestantes, quanto de franciscanos espirituais e valdenses, tidos como radicais, não visavam a outra coisa, senão uma restauração. Essa era basicamente a situação em

---

28  McGrath, Alister. *Origens intelectuais da Reforma* (São Paulo: Cultura Cristã, 2007), p. 184.

29  Ibid., p. 186.

30  George. *Teologia dos reformadores*, p. 44.

## 52 | TEOLOGIA SISTEMÁTICO-CARISMÁTICA

termos eclesiásticos e de espiritualidade. Existiam vários modelos e propostas. Em termos teológicos, havia três grandes correntes: o escolasticismo, o misticismo e o humanismo. Timothy George afirma que o grande "problema do escolasticismo não era sua ênfase no aprendizado, mas, sim, suas especulações áridas, que levavam mais a um labirinto intelectual do que a uma reforma da igreja e da sociedade".[31] Já o humanismo, que de semelhança com a filosofia atual só restou o nome, "referia-se nos séculos 15 e 16 não tanto a uma filosofia universal de vida quanto a um método particular de aprendizado com base na redescoberta e no estudo das fontes clássicas da antiguidade, tanto pagã, romana e grega quanto cristã".[32] Entre as três teologias, a mais relacionada com nossa proposta é a mística, que, na avaliação do mesmo autor, possui uma diferença notável, pois enquanto "o misticismo era uma 'teologia de todo o mundo', que estendeu a possibilidade de união íntima com Deus a clérigos e leigos, príncipes e camponeses, homens e mulheres, indistintamente", por sua vez, "o humanismo", completa, "foi um movimento de reforma que se originou com a elite intelectual da Europa, tendo sido dominado por ela".[33] Entre a teologia natural e a teologia dogmática, ambas altamente filosóficas e, por isso, restritivas, exigindo dos iniciados o domínio de ferramentas lógicas e racionalistas, a teologia mística apregoava algo simples e altamente inclusivo: "Por esse meio, a alma era, por assim dizer, 'arrebatada para além de si mesma' e recebia uma experiência de Deus intuitiva e às vezes extática".[34]

De acordo com Timothy George, pesquisadores "identificaram duas tradições de teologia mística na Idade Média", sendo a primeira o chamado *misticismo voluntarista*, cuja ênfase recai "na conformidade da vontade humana com a vontade de Deus, mediante os sucessivos estágios de purgação, iluminação e contemplação, conforme Boaventura ensinou em seu clássico trabalho *Itinerarium mentis ad Deum*", isto é, *Itinerário da mente para Deus*, disponível em português com esse título. George entende que, em sua quase totalidade, tal "enfoque da vida mística apresentava poucos desafios às estruturas ortodoxas da vida da igreja" e, justamente por isso, por tratar-se de uma abordagem "segura", completa o autor, "teve uma influência maior na formação da religiosidade popular, como demonstra o sucesso de *A imitação*

---

31  Ibid., p. 63.
32  Ibid., p. 61.
33  Ibid.
34  Ibid., p. 58-9.

*de Cristo*, de Tomás de Kempis".[35] A segunda abordagem é apresentada por ele nos seguintes termos:

> Uma linha mais perigosa, o *misticismo ontológico*, enfatizava muito mais intensamente a desconexão entre Deus e a alma. A versão mais intelectualmente refinada desse tipo de teologia mística foi apresentada por Mestre Eckhart (m. 1327), teólogo dominicano cujas ideias heterodoxas foram desenvolvidas numa série de sermões pregados a freiras. Ele proclamava que, bem no íntimo de cada indivíduo, havia um "abismo da alma" (*Seelenabgrund*), uma centelha da vida divina que mantinha a possibilidade de união com Deus ou a absorção nele. Somente pelo processo doloroso do desligamento de si mesmo e de todas as outras criaturas — Eckhart chamava tal processo de *Gelassenheit*, "um deixar-se solto" — poderia ocorrer o momento da redenção final, aquele instante quando o Filho eterno nasceria dentro da alma. Para alguns, parecia que a doutrina de Eckhart acerca do nascimento do Filho eterno dentro da alma levava-o a negar a historicidade do nascimento humano de Jesus ou, ao menos, a menosprezar sua importância salvífica. Mais perigosamente ainda, a teologia mística de Eckhart parecia levar em consideração um "fim da linha" para os canais estabelecidos da graça sacramental. Em outras palavras, o misticismo ontológico aplicou o poder absoluto de Deus à alma individual, à custa do poder ordenado de Deus, mediado pelas ministrações sacerdotais da igreja. As autoridades eclesiásticas não demoraram para reconhecer o caráter essencialmente explosivo da teologia de Eckhart. Ele foi acusado de heresia, ataque que negou, dizendo: "Eu posso errar, mas não posso ser um herege — porque o primeiro diz respeito à mente e o segundo à vontade!". Ainda assim, Eckhart foi condenado, embora postumamente, em 1329, por João XXII, o mesmo papa que seis anos antes havia canonizado Tomás de Aquino.[36]

O fato é que, de alguma forma, "as tradições místicas da Idade Média tardia continuaram sendo fonte vital de vida espiritual e de reflexão teológica até a Reforma e, na verdade, também durante esse período", visto ter influenciado o grande reformador alemão e monge agostiniano Martinho Lutero,

---

35 Ibid., p. 59.
36 Ibid., p. 59-60.

## 54 | TEOLOGIA SISTEMÁTICO-CARISMÁTICA

pois, como informa o mesmo Timothy George, "o misticismo deu a Lutero o arcabouço que lhe possibilitou lançar sua crítica à doutrina medieval da justificação", além de o seu primeiro livro publicado não ser dele, e sim uma obra de Johannes Tauler, discípulo de Mestre Eckhart, à qual deu o título de *Theologia Deutsch* [Teologia alemã].[37] Na realidade, a teologia, ou via, mística, era tão importante que um teólogo como o chamado "doutor angélico", Tomás de Aquino, fora expoente nas três correntes teológicas — natural, dogmática e mística —, mas conta-se que próximo do fim de "sua vida, sem concluir sua grande *Summa theologica*, ele foi possuído de uma profunda experiência mística" e, então, teria dito: "Vi aquilo que faz com tudo que já escrevi e pensei pareça pequeno para mim".[38] Na realidade, em meio à polarização da espiritualidade exterior, isto é, institucional, e interior, ou seja, pessoal, conforme informa V. Mathieu, citado por Giovanni Reale e Dario Antiseri, a "crise da teologia racional no século 14 e o reflorescimento da mística são [...] fenômenos concomitantes".[39] E engana-se quem pensa que a atuação dos místicos tenha sido secundária, pois, conforme Gregory Miller, eles "ajudaram a formar a cosmovisão cristã promovendo a experiência direta com um Deus amoroso e, contudo, Todo-poderoso".[40] Defendendo a imanência e a transcendência divinas, os místicos mostraram que a "adoração de Deus e a vida do crente transcendiam as instituições humanas", pois se a "Deus foi dado o purgar o pecado das pessoas, isto tornou possível sua iluminação do coração e o fornecimento de meios, mesmo que apenas por um momento, de obter um senso de união com ele".[41]

Vê-se que a prática mística tinha desde sempre um caráter soteriológico, não exclusivamente carismático. Isso pode ser visto até mesmo na escolástica, cuja "missão mais premente", dizem os já citados Giovanni Reale e Dario Antiseri, era justamente "restabelecer o contato entre o homem e Deus",[42] e é justamente por isso que, mesmo "nos maiores escolásticos não falta nunca

---

37 Ibid., p. 60.

38 Ibid., p. 59.

39 Antiseri, Dario; Reale, Giovanni. *História da filosofia: Antiguidade e Idade Média,* vol. 1, 10. ed. (São Paulo: Paulus, 2007), p. 643.

40 Miller, Gregory J. "Vozes do passado: tentativas históricas para formar um pensamento cristão", in: Palmer, Michael D. (ed.). *Panorama do pensamento cristão* (Rio de Janeiro: CPAD, 2001), p. 127.

41 Ibid.

42 Antiseri; Reale. *História da filosofia: Antiguidade e Idade Média,* p. 644.

CAPÍTULO 1 – O porquê de uma teologia sistemático-carismática | 55

— de modo mais ou menos forte — certa veia mística, já que, por mais longe que a razão possa ir", conforme eles completam, "aquilo que conta mais do que qualquer outra coisa e antes de mais nada para o crente é o retorno a Deus e a união com Deus".[43] Sim, pois o estudo teológico não tinha por finalidade exibicionismo filosófico, literário ou metodológico, mas, sim, promover a aproximação com Deus. O objetivo era levar as pessoas a entender a necessidade e o valor de servir a Deus. É estranho, para dizer o mínimo, que alguém passe por experiências tão dramáticas e não mude a forma de pensar e, por conseguinte, não transforme a maneira de produzir teologia. Talvez o maior problema da atualidade, na produção teológica, seja o fato de que queremos remendar o que *já* foi produzido de forma antissobrenaturalista e negligente no que diz respeito à realidade carismática de toda a história sagrada, ou dos 1.500 anos de desenvolvimento do cânon, e também ignorando a dispensação do Paracleto, ou seja, os últimos dois mil anos. Insistimos em trabalhar sobre uma teologia sistemática, ou dogmática, que não foi produzida com pressupostos espirituais corretos. Nas palavras de Herman Dooyeweerd, o que se questiona aqui são as "dificuldades e questões que ela levanta", isto é, "não se relacionam à palavra-revelação divina, mas exclusivamente ao caráter científico e aos limites de uma dogmática e de uma exegese teológica".[44] Como fruto de determinado tempo, por mais científica que determinada teologia sistemática possa ter sido na época, ela se tornará obsoleta em outro tempo quando o avanço científico tornar igualmente ultrapassadas as descobertas que antes fizera.

Assim, a advertência que se faz de que a teologia sistemática é, por vezes, filosófica e nada bíblica se dá incrivelmente pelo fato de que os teólogos utilizam métodos e ferramentas do racionalismo para falar do sobrenatural, que, como é óbvio, só pode ser acessado pela fé, ou seja, obedecendo à dinâmica da própria revelação. Essa "lógica da fé", conforme já falamos anteriormente, foi utilizada por séculos, não apenas no período do desenvolvimento do cânon neotestamentário, mas igualmente na patrística e, sobretudo, nas trajetórias místicas da teologia. É sabido, de acordo com Hans von Campenhausen, uma das maiores autoridades em patrística, que

---

43  Ibid., p. 643.

44  DOOYEWEERD, Herman. *No crepúsculo do pensamento ocidental: estudos sobre a pretensa autonomia do pensamento filosófico* (São Paulo: Hagnos, 2010), p. 198.

## 56 | TEOLOGIA SISTEMÁTICO-CARISMÁTICA

a "igreja primitiva não se envolvia em questões teológicas".[45] Além disso, estudos da patrologia mostram que os "pais da igreja primitiva, por exemplo", conforme informa Craig Keener, "fornecem inúmeras provas de que dons como os de profecia e de milagres ainda existiam em sua época, mesmo que não de forma tão abundante quanto no primeiro século".[46] Na verdade, como diz Esequias Soares, a "História confirma a fidelidade de Deus, pois essas manifestações acompanharam a Igreja ao longo dos séculos" e, citando Paul Tillich, completa dizendo que este, em "sua obra *História do pensamento cristão* [afirma] que 'a hierarquia tradicional triunfou contra o espírito profético'", ou seja, ao fazer "'isso excluía-se mais ou menos o espírito profético da igreja organizada, levando-o a se abrigar em movimentos sectários' (p. 51)". O biblista pentecostal diz que, de acordo com Tillich, "os montanistas não eram hereges, e lamenta o tratamento dispensado a eles no mesmo parágrafo: 'A fé cristã excluiu o montanismo do seu seio. Contudo, a vitória sobre o montanismo resultou em perda'".[47] Acerca deste polêmico ponto histórico, o mesmo autor completa:

> O movimento foi fundado por Montano na segunda metade do século II e passou para a História como seita e suas doutrinas como heresias. Os montanistas eram puritanos e procuravam viver a simplicidade dos primeiros cristãos, eram a favor do sacerdócio universal, criam no sacerdócio de todos os cristãos, e não no cargo do ministério. Tertuliano, um dos mais respeitados Pais da Igreja, tornou-se montanista, isso intriga pesquisadores desde a antiguidade. De qualquer forma, essas coisas servem como evidências históricas da manifestação do Espírito Santo naqueles dias.[48]

Apesar de o cessacionismo insistir em ensinar que os dons se extinguiram no primeiro século com a morte do último apóstolo, Hipólito de Roma, no segundo século, corroborando o que o biblista acabou de dizer, abre seus escritos afirmando que expôs "convenientemente o que havia a respeito dos

---

45  CAMPENHAUSEN, Hans von. *Os pais da igreja: a vida e a doutrina dos primeiros teólogos cristãos* (Rio de Janeiro: CPAD, 2005), p. 15.

46  KEENER. *O Espírito na igreja*, p. 98.

47  SOARES, Esequias. *O ministério profético na Bíblia: a voz de Deus na terra* (Rio de Janeiro: CPAD, 2010), p. 216.

48  Ibid., p. 217.

CAPÍTULO 1 – O porquê de uma teologia sistemático-carismática | 57

carismas — de todos esses dons que Deus, desde o princípio, pôs à disposição dos homens, de acordo com a sua própria vontade, atraindo para si a imagem que se afastara" — e instruía a respeito do cuidado com aqueles que usam de engano com as coisas de Deus, dizendo que se "alguém disser: Recebi o dom da cura por uma revelação, não será imposta a mão sobre ele: os próprios fatos evidenciarão se diz a verdade".[49] Muitas outras obras atestam a prática carismática ao longo da história, de forma que não há necessidade alguma de repisar o tema aqui.[50] O que se defende é o fato de que os problemas advindos da negação dessa característica trouxeram inúmeros prejuízos ao Corpo de Cristo, conforme já foi mencionado por Esequias Soares. Uma vez entendido que os carismas possuem uma função comunitária e missional, e que ainda estamos na face da terra, e, à medida que nos distanciamos do epicentro da vida terrena de Jesus, mais necessidade temos da companhia do Paracleto, torna-se estranho defender que tenham cessado os dons com a morte do último apóstolo (João 14:15-26). Daí o motivo de cada vez mais teólogos, quer carismáticos quer pentecostais, falarem que a ideia central do cessacionismo é "pós-bíblica".[51] Considerando que a Bíblia, para as tradições protestantes, sejam elas cessacionistas ou carismáticas, é a autoridade final, aceitar uma doutrina sem respaldo escriturístico e admiti-la, mesmo sendo "pós-bíblica", torna-se um erro gravíssimo. Se nossa autoridade máxima é, de fato, a Bíblia, implica que qualquer posicionamento teológico deve ser mantido tão somente se este tiver respaldo e fundamentação nas Escrituras. Caso contrário, tal postura depõe contra o princípio reformista *sola Scriptura*.

---

49  HIPÓLITO. *Tradição apostólica de Hipólito de Roma: liturgia e catequese no século III* (Petrópolis: Vozes, 2004), p. 45, 56.

50  CONDE, Emílio. *O testemunho dos séculos*, 2. ed. (Rio de Janeiro: CPAD, 1982), p. 184. CONDE, Emílio. *Pentecoste para todos*, 6. ed. (Rio de Janeiro: CPAD, 1985), p. 31-42. DEERE, Jack. *Surpreendido pelo poder do Espírito* (Rio de Janeiro: CPAD, 1995), p. 288. SCHNEIDER, Hans. "O espiritualismo místico", in: KAUFMANN, Thomas et al. (orgs.). *História ecumênica da igreja: da alta Idade Média até o início da Idade Moderna* (São Paulo: Loyola/Paulus; São Leopoldo: Sinodal, 2014), p. 522-5. CARVALHO, César Moisés. *Pentecostalismo e pós-modernidade: quando a experiência sobrepõe-se à teologia*, 2. reimp. (Rio de Janeiro: CPAD, 2017), p. 49, 324-36. HYATT, Eddie. *2000 anos de cristianismo carismático: um olhar do século 21 na história da igreja a partir de uma perspectiva carismático-pentecostal* (Natal: Carisma, 2018), p. 260.

51  KEENER, Craig. *A hermenêutica do Espírito: lendo as Escrituras à luz do Pentecostes* (São Paulo: Vida Nova, 2018), p. 112. SOARES, Esequias. *O verdadeiro pentecostalismo: a atualidade da doutrina bíblica sobre a atuação do Espírito Santo* (Rio de Janeiro: CPAD, 2020), p. 10, 57, 126.

Alguém pode estar corretamente questionando: "Mas por que, então, a teologia parece uma ciência tão hermética e com conceitos altamente filosóficos e com linguagem excessivamente técnica?" Para entendermos essa peculiaridade, somente recorrendo à história antiga. Ao surgimento da expressão "teologia", que, de acordo com as pesquisas, remontam a Platão, o qual cunhou o termo a fim de diferenciar o discurso racional sobre a divindade dos múltiplos discursos poéticos que haviam no politeísmo, primeiramente jônico e posteriormente helênico.[52] Não se observa aqui meramente a criação do termo que dá nome a esse exercício milenar, mas aos seus hábitos e modos, que, na concepção do mais ilustre discípulo de Sócrates, já surgiram com pretensões racionalistas. Somos plenamente cônscios de que, ao utilizarmos tais termos, como "racionalismo", por exemplo, estamos fazendo-o de forma anacrônica.[53] Todavia, o fato de uma expressão ainda não ter sido cunhada não significa "que não exista o sentido que ela designa".[54] Assim, teologia, como prática espontânea, é algo que praticamente surge junto com a humanidade. Não obstante, como exercício intencional, repetimos, atribui-se ao filósofo grego Platão ter cunhado o termo. Mas não foi apenas a criação do termo que aconteceu quando o filósofo o cunhou; mais importante que isso, ao cunhar a expressão, ele igualmente fez surgir a prática de se falar racionalisticamente

---

52   Ao retratar o diálogo de Sócrates com Adimanto, Platão, em sua obra *A República*, no Livro II, 379a, por conta da discussão acerca do conteúdo que deveria ser ensinado às crianças (se por meio de fábulas que distorciam as mitologias jogando um deus contra o outro ou por histórias, mesmo fictícias, mas com conteúdos verdadeiros, ou seja, sem distorcê-los), visando a formá-las — pois se desejava desenvolver cidadãos virtuosos ensinando-lhes *areté*, ou seja, os valores imprescindíveis para o viver responsável, e isso tinha de ser feito desde a mais tenra idade, não só entretendo-as, mas iniciando-as com a "verdade" —, diz que à pergunta de Adimanto: "Mas se alguém nos perguntar ainda o que é isso e quais são essas fábulas, quais diremos que são?", Sócrates respondeu: "Ó Adimanto, de momento, nem eu nem tu somos poetas, mas fundadores de uma cidade. Como fundadores, cabe-nos conhecer os moldes segundo os quais os poetas devem compor as suas fábulas, e dos quais não devem desviar-se ao fazerem versos, mas não é a nós que cumpre elaborar as histórias". Neste momento, o interlocutor, depois de concordar, questiona: "Mas isso mesmo dos moldes respeitantes à teologia, queria eu saber quais seriam", e Sócrates passa a falar como deveria ser o discurso teológico: "Tal como Deus é realmente, assim é que se deve sem dúvida representar, quer se trate de poesia épica, lírica ou trágica" (15. ed. Lisboa: Fundação Calouste Gulbenkian, 2017, p. 90).

53   Anacronismo semelhante comete um autor do porte do alemão Werner Jaeger (1888-1961), historiador e filólogo, ao dizer da interpretação alexandrina da Bíblia: "Por trás desse fenômeno encontra-se, com referência à tradição pagã, a forte conservação do racionalismo filosófico grego com seu desejo de preservar toda a tradição dos fundadores da mentalidade grega" (*Cristianismo primitivo e* paideia *grega*, p. 62).

54   Vieira, Trajano. "Sobre Bruno Snell", in: Snell, Bruno. *A cultura grega e as origens do pensamento europeu* (São Paulo: Perspectiva, 2012), p. xv.

sobre a divindade, em oposição à forma poética dos pré-socráticos, praticada milenarmente para se falar sobre os mitos. A pretensão era explicar logicamente o que filósofos o faziam mitologicamente. Foi, portanto, o primeiro programa de "demitologização" de que se tem notícia. Tal exercício, na verdade, de acordo com Michael Goheen e Craig Bartholomew, não se inicia com Platão, mas com três filósofos pré-socráticos — Tales, Anaximandro e Anaxímenes —, todos da cidade grega de Mileto, os quais, na visão dos autores podem ser considerados os responsáveis pelas origens das ideias da modernidade:

> Esses homens acreditavam que o mundo poderia ser entendido de maneira mais apropriada não por meio de mito ou de religião (como tinha sido a regra entre os gregos e todos os povos antigos), mas, sim, pelo discernimento e, em seguida, pela explicação da ordem racional no mundo exclusivamente por meio de cuidadosa observação e da razão. Por exemplo, Tales (636-546 a.C.) sugeriu que os terremotos não eram causados por Poseidon (o deus do mar), mas na verdade aconteciam quando a terra sofria a turbulência da água sobre a qual flutuava. Anaxímenes (585-525 a.C.) propôs que o arco-íris não era a manifestação da deusa Íris, mas, sim, consequência de os raios de sol incidirem sobre o ar denso.[55]

Todavia, a "cosmovisão grega pagã encontra sua expressão filosófica mais abrangente e sistemática em Platão (427-348 a.C.) e seu aluno Aristóteles (384-322 a.C.)", dizem os mesmos autores, esclarecendo que o "interesse maior de ambos era descobrir a ordem e a verdade imutáveis que transcendiam as mudanças na cultura humana".[56] Suas buscas não tinham uma finalidade especulativa; antes, o interesse de ambos ao buscar a *arché*, ou o fundamento de todas as coisas, tinha por objetivo espelhar a ordem física da natureza, reproduzindo-a na ordem social. "Assim, buscaram a verdade em uma ordem racional imutável que podia ser discernida pela razão", contudo, "eles discordaram sobre a natureza dessa ordem — discordâncias que teriam um profundo efeito na cosmovisão ocidental posterior". Para o primeiro, Platão, "o mundo era constituído de duas esferas, a visível (ou material) e a invisível

---

55 Bartholomew, Craig G.; Goheen, Michael W. *Introdução à cosmovisão cristã: vivendo na intersecção entre a visão bíblica e a contemporânea* (São Paulo: Vida Nova, 2016), p. 117.

56 Ibid., p. 118.

(ou espiritual)", que conhecemos por dualismo platônico. Assim, no "mundo visível e material, encontramos coisas individuais e específicas, como cadeiras, casamentos e atos de justiça", isto é, as coisas particulares e mais triviais da vida têm no "mundo invisível e espiritual", a outra esfera da visão dualista platônica, suas matrizes originais, por isso nela "encontramos ideias ou ideais universais de uma cadeira, casamento ou justiça".[57] A conclusão é que, a despeito de cada coisa específica "participar dessas ideias universais, [...] são os ideais em si que nos dão a ordem imutável para o mundo" e, por isso mesmo, por meio do "exercício da razão, a humanidade pode ter acesso a esses ideais imutáveis a fim de moldar o conhecimento e a vida ética e social". Platão não pensava nesses termos apenas de forma física, ou cosmológica, mas sua antropologia também era dualista. Dessa forma, ele "fazia distinção entre um corpo material e uma alma racional: no momento da morte, o corpo chegaria ao fim, mas a alma finalmente retornaria ao mundo invisível, à esfera mais elevada de ideias universais e à fonte de ordem". Justamente por isso, "Platão se voltava sempre para cima, para a esfera espiritual, e a única maneira de estar em contato com a esfera espiritual que proporcionava ordem imutável era por meio da razão"; ou seja, para o principal discípulo de Sócrates, "tanto o mundo material quanto o corpo eram obstáculos prejudiciais à verdadeira vida espiritual e racional".[58] De forma contrária, "para Aristóteles, a razão descobre [a] verdade mediante a observação de ideias imutáveis no mundo", ou seja, examinando-se "as coisas individuais e específicas (de novo, coisas como cadeiras, casamentos e atos de justiça) a fim de determinar o que é universal em todas elas". No intuito de chegar a essas conclusões, "Aristóteles criou toda uma oficina cheia de ferramentas analíticas que até hoje continuam sendo importantes no pensamento ocidental".[59]

Mesmo com o que dissemos, por ora, sobre esse tópico, voltaremos a falar dele um pouco mais no capítulo 2. Todavia, no momento é interessante lembrar o porquê de iniciarmos o tema do surgimento da teologia pelos gregos, pois é possível que alguém justificadamente possa estar ainda se perguntando: "Os gregos não são mais antigos que os sumérios; por que começar falando deles?". A razão é simples. Conforme já foi dito, a despeito de a igreja do primeiro século não se envolver em questões teológicas, Hans von Campenhausen informa

---

57 Ibid.
58 Ibid., p. 120.
59 Ibid.

CAPÍTULO 1 – O porquê de uma teologia sistemático-carismática | 61

que o inevitável surgimento de "mestres teológicos, confiantes em seus próprios trabalhos intelectuais, o que pressupõe uma formação e um treinamento acadêmico e empenho em defender, estabelecer e desenvolver a verdade cristã, apareceram somente durante o segundo século" e que tal "desenvolvimento é inseparável da influência do pensamento grego, da concepção grega da razão, e de toda a tradição da cultura helenística".[60] Tal informação confirma o que já foi dito até aqui; no entanto, para que prossigamos, é necessário acrescentar que não obstante "Jesus e seus primeiros discípulos não tenham discursado em grego, mas tivessem o aramaico como idioma usual, o cristianismo não é uma religião judaica" e, além disso, o "Novo Testamento foi escrito em grego e, como sempre, o idioma é mais do que uma simples roupagem exterior".[61] Em termos diretos, diz Campenhausen:

> O espírito grego tocou e até certo ponto caracterizou o cristianismo em seu princípio. Este fator influenciou de modo crescente e unilateral o desenvolvimento seguinte, em detrimento dos alicerces hebraicos do Antigo Testamento. Mesmo onde a Igreja antiga avançou em sua atividade missionária, além das fronteiras do império em direção ao Oriente, e aparentemente reorientou-se, as pressuposições gregas do texto da Bíblia, os credos e o pensamento teológico geralmente permaneceram e provaram ser impossíveis de se erradicar. Pode-se afirmar com certeza que a Igreja também teve pais orientais; contudo, estiveram em posição inferior dos pais latinos no que diz respeito ao poder e à importância independente.[62]

Portanto, nada mais distante a ideia de que esse tema não nos diz respeito, pois ele está mais presente do que se possa imaginar, e sua influência sobre o nosso mundo ocidental com tudo que o compõe não pode ser subestimada. A concepção de uma razão omniabrangente, isto é, todo-poderosa e sem consciência de suas limitações provenientes da Queda, passou para a prática intelectual do Ocidente e influenciou não somente os teólogos e poetas pagãos, que eram filósofos, mas muitos gregos que se converteram à fé cristã e trouxeram essas concepções para dentro do cristianismo. Na melhor das intenções, em vez de moldar sua visão com as Escrituras, fizeram

---

60 CAMPENHAUSEN. *Os pais da igreja*, p. 15.
61 Ibid., p. 175.
62 Ibid., p. 176.

## 62 | TEOLOGIA SISTEMÁTICO-CARISMÁTICA

justamente o contrário: moldaram as "Escrituras" de acordo com suas concepções filosóficas. É bem verdade que o cânon neotestamentário, a despeito de os 27 documentos que o compõem terem sido escritos no século primeiro, sua "definição formal", diz Edgar Lee, só foi definitivamente concluída "no Concílio de Cartago em 397 d.C.".[63] Conquanto houvesse uma motivação pura para esses cristãos da terceira e quarta gerações assim procederem — a defesa do cristianismo —, justamente por isso, a "partir da metade do século II, os 'apologistas' gregos [como ficaram conhecidos] compuseram as suas volumosas 'apologias' endereçadas aos imperadores". Não obstante, tais textos não eram inspirados e, sendo assim, "eram, na realidade, como qualquer outra literatura, mas naturalmente muito mais lidos pelos cristãos do que pelos pagãos, para quem eram originalmente escritos".[64] Mas, como ainda não se havia definido o cânon neotestamentário,[65] tais documentos eram lidos e tidos como autoritativos, se não no mesmo nível das Escrituras, ao menos importantes o suficiente para moldar a doutrina em alguns aspectos. É o que revela Gregory Miller, ao dizer que

> Clemente e Orígenes, como também muitos outros, ajudaram grandemente a expansão do evangelho traduzindo os conceitos cristãos em termos compreensíveis para o mundo romano. O trabalho deles também ganhou respeitabilidade intelectual para a fé. Pelo lado negativo, o processo de tradução do pensamento cristão foi influenciado e formado pelo pensamento greco-romano. Na pior das hipóteses, alguns mestres cristãos vieram a expressar as cosmovisões mais em comum com os filósofos gregos mais antigos (como Platão) do que com os ensinos de Jesus.[66]

Portanto, quando se fala em teologia, quer sistemática quer não, deve ela coadunar-se com o ponto de vista bíblico. Contudo, ao se realizar o exercício que

---

63   Lee, Edgar R. "O papel da Bíblia na formação do pensamento cristão", in: Palmer. *Panorama do pensamento cristão*, p. 82.

64   Campenhausen. *Os pais da igreja*, p. 185.

65   "Levou um longo período de tempo (cerca de 350 anos depois do nascimento da igreja) para que a coleção diversificada de escritos que chamamos o Novo Testamento fosse padronizada e universalmente aceita" (Miller, Gregory J. "Vozes do passado: tentativas históricas para formar um pensamento cristão", in: Palmer. *Panorama do pensamento cristão*, p. 114).

66   Miller, Gregory J. "Vozes do passado: tentativas históricas para formar um pensamento cristão", in: Palmer. *Panorama do pensamento cristão*, p. 116.

CAPÍTULO 1 – O porquê de uma teologia sistemático-carismática | 63

acabou de ser descrito, ou seja, tendo atribuído "à chamada razão natural uma autonomia em contrapartida à fé e à revelação divina, a teologia escolástica tradicional", tanto católica quanto protestante, "meramente deu expressão a uma visão grega falsa da razão como centro da natureza humana".[67] Tal observação é corroborada por Alister McGrath, que, falando sobre os períodos históricos do cristianismo, acredita que talvez no afã de consolidar as transformações, ou "em razão do desejo de preservar a visão da Reforma", acabou desenvolvendo-se "uma abordagem extremamente escolástica", isto é, as "perspectivas dos reformadores foram codificadas e perpetuadas por meio do desenvolvimento de uma série de exposições sistemáticas da teologia cristã".[68] E tal não se deu apenas no início, pois no "período posterior à morte de João Calvino, uma nova preocupação com a questão do método — isto é, com a ordenação sistemática e a dedução coerente de ideias — ganhou impulso"; isto é, sentindo-se desafiados, "teólogos reformados encontraram-se em posição de ter que defender suas ideias frente a opositores tanto luteranos quanto católicos".[69] A filosofia aristotélica, ou o "aristotelismo", informa McGrath, "encarado com certa reserva por João Calvino, era agora tido como um aliado", pois a "demonstração de coerência e de consistência internas do calvinismo havia se tornado cada vez mais importante".[70] O resultado não poderia ser outro: "muitos escritores calvinistas recorreram a Aristóteles, na esperança de que os estudos sobre método desenvolvidos por este filósofo lhes oferecessem ideias para apoiar sua teologia sobre um alicerce racional mais sólido".[71] Desse processo, informa o mesmo autor, sobressaem-se quatro características:

1.  A razão recebeu um papel fundamental no estudo da defesa da teologia cristã.
2.  A teologia cristã foi apresentada como um sistema logicamente coerente e racionalmente sustentável, derivado de deduções silogísticas, que por sua vez baseavam-se em axiomas determinados. Em outras palavras, a teologia tinha como ponto de partida seus

---

67  DOOYEWEERD. *No crepúsculo do pensamento ocidental*, p. 205.
68  McGRATH, Alister E. *Teologia sistemática, histórica e filosófica: uma introdução à teologia cristã* (São Paulo: Shedd Publicações, 2005), p. 112.
69  Ibid.
70  Ibid.
71  Ibid., p. 112-3.

## 64 | TEOLOGIA SISTEMÁTICO-CARISMÁTICA

primeiros princípios e prosseguia na dedução de suas doutrinas, fundamentada nesses princípios.

3. A teologia era entendida como algo que se baseava na filosofia aristotélica e, particularmente, nas perspectivas de Aristóteles em relação à natureza do método; autores reformados posteriores enquadram-se mais bem na descrição de teólogos voltados ao estudo da filosofia do que da Bíblia.

4. A teologia voltou-se para as questões metafísicas e especulativas, especialmente as relativas à natureza de Deus, a sua vontade para a humanidade e a criação e, sobretudo, à doutrina da predestinação.[72]

Ao atribuir esse valor à razão, se instaura, de fato, uma aporia, pois enquanto a doutrina católica romana não possui uma visão radical da Queda, a "teologia reformada, por outro lado", diz o reformado Herman Dooyeweerd (1894-1977), tendo admitido "essa visão não bíblica da natureza humana não poderia deixar de causar uma contradição interna com a doutrina bíblica do pecado e da redenção".[73] Porque, havendo o pecado corrompido todas as coisas, expostas na doutrina reformada da depravação total, como poderia a razão permanecer perfeita e intocada e produzir uma teologia igualmente irrevisável? E como se conclui que assim se pensa na teologia reformada?[74]

---

72  Ibid., p. 113.

73  DOOYEWEERD. *No crepúsculo do pensamento ocidental*, p. 206.

74  "Tão grande foi a influência da antiga escola de Princeton que seu racionalismo passou para o evangelicalismo estadunidense reformado moderno. Evangélicos, inconscientes da procedência complexa da abordagem de Princeton, contentaram-se em absorver seus resultados, sem se preocupar em perguntar de onde eles vinham. Donald G. Bloesch já argumentou que um espírito fortemente racionalista pode ser discernido mesmo dentro dos escritos desses evangélicos modernos estadunidenses como Carl F. H. Henry, John Warwick Montgomery, Francis Schaeffer e Norman Geisler. Assim, até mesmo Carl Henry pode oferecer tais reféns à sorte, como sua afirmação da crença em 'uma revelação divina logicamente coerente'. Por fim, Henry arrisca fazer um apelo implícito por uma base epistemológica mais fundamental em sua afirmação da autoridade da Escritura, levando à conclusão de que a autoridade da própria Escritura é derivada desta autoridade mais fundamental. Assim, para Henry, 'sem não contradição e consistência lógica, conhecimento nenhum é possível'" (McGRATH, Alister. *Paixão pela verdade: a coerência intelectual do evangelicalismo* [São Paulo: Shedd Publicações, 2007] p. 142-3). É justamente por isso que insistimos que é necessário reconhecer que uma visão crítico-espiritual é superior à maneira racionalístico-material, pois, conforme o mesmo autor, o próprio "uso não crítico da expressão 'logicamente coerente' reforça a crítica fundamental de Bloesch de que essa tradição, emanando do escolasticismo protestante da antiga escola de Princeton, coloca uma questionavelmente alta 'confiança na

Um exemplo clássico de que ela elegeu a razão como mediadora confiável e absoluta pode ser visto na afirmação de uma obra de teologia sistemática da autoria de Charles Hodge (1797-1878), uma das mais populares no Brasil, em que o teólogo reformado estadunidense diz que "é prerrogativa da razão julgar a credibilidade de uma revelação"[75] e que "a fé sem evidência é ou irracional ou impossível".[76] Justamente por isso, na visão de Dooyeweerd, a correção desse erro só pode se dar com uma "filosofia" realmente bíblica e cristã — um conjunto de pressupostos provenientes da própria dinâmica da revelação — que oriente o labor teológico. Isso pelo simples fato de que para "a teologia, a questão não é se ela deveria, ou não, ser filosoficamente fundada", isto é, a teologia já nasce filosófica e dependente da filosofia, restando apenas a questão crucial, que é justamente inquirir "se ela deve buscar sua fundamentação filosófica em uma filosofia cristã, governada e reformada pelo motivo básico bíblico central, ou se deve tomá-la de uma filosofia tradicional escolástica humanista ou moderna".[77] É nesse sentido que o autor diz que "a teologia dogmática é uma ciência muito perigosa",[78] e explica que

> ... sua elevação a um mediador necessário entre a palavra de Deus e o crente constitui-se em uma idolatria e demonstra uma incompreensão fundamental em relação à sua posição e caráter real. Se a nossa salvação é dependente da teologia dogmática e da exegese, estamos perdidos. Pois ambas são o trabalho humano, susceptíveis a todos os tipos de erros, discordâncias de opinião e heresias. Podemos até mesmo dizer que todas as heresias são de origem teológica. Assim, a confusão tradicional entre a palavra de Deus como

---

capacidade da razão para julgar a verdade da revelação'. A que lógica vai se permitir esse papel central? De quem é a racionalidade que fornece a base para a autoridade escritural?" (Ibid., p. 143). Ao assim proceder, coloca-se a razão iluminista acima das Escrituras. Mais do que nunca, torna-se imprescindível a importância da recomendação paulina em 1Coríntios 2 acerca da incapacidade da lógica religiosa judaica e ainda mais da lógica racionalista grega para compreender as coisas espirituais, pois estas só podem ser entendidas com a "lógica da fé".

75 HODGE, Charles. *Teologia sistemática* (São Paulo: Hagnos, 2001), p. 38. Alister McGrath diz que as "teorias de escritores como Charles Hodge (1797-1858) são profundamente influenciadas pelos preconceitos do Iluminismo" (Ibid., p. 142).

76 Ibid., p. 40.

77 DOOYEWEERD. *No crepúsculo do pensamento ocidental*, p. 224.

78 Ibid., p. 198.

princípio central de conhecimento e o objeto científico da teologia dogmática e da exegese deve estar errada em seus fundamentos. Pois é essa mesma confusão que deu origem à falsa identificação da teologia dogmática com a doutrina das Sagradas Escrituras, e à falsa concepção da teologia como um mediador necessário entre a palavra de Deus e os crentes.[79]

Que ninguém pense que se trata de uma depreciação gratuita à crítica contundente feita pelo filósofo reformado holandês, pois sua preocupação tem uma razão de ser, refere-se à "influência da filosofia grega adaptada pela escolástica na teologia dogmática", que, para ele, "foi a mais perigosa na medida em que os teólogos mal conduzidos pela crença tradicional na autonomia da razão natural", completa Dooyeweerd, "não reconheceram as pressuposições antibíblicas de sua filosofia".[80] Somente possuindo esses pressupostos que predispõem o crente a aceitar os paradoxos das coisas espirituais em relação ao que a lógica natural preceitua, podemos desfrutar da dimensão divina e das coisas que não entendemos com a lógica humana.[81] O que a falta dessa consciência em uma teologia causa não pode ser subestimado. Isso sob pena de nos tornarmos céticos e frios em relação às coisas do Espírito, mesmo alegando ter uma "doutrina correta". Esse parece ter sido o perigo com a teologia protestante. Particularmente, negligenciando os aspectos místicos da fé, concentrando-se de forma exacerbada nos pontos intelectuais e cognitivos. O absurdo racionalista a que chegamos no exercício teológico é tão grande que uma expressão legítima, e pertencente à tradição cristã, como "mística", tornou-se pejorativa e sinônimo de esoterismo e/ou ocultismo, levando os cristãos a desprezarem os aspectos sobrenaturais da experiência com o Espírito Santo de Deus, elegendo o racionalismo como único e exclusivo mediador da produção teológica.

---

79  Ibid., p. 198-9.

80  Ibid., p. 224.

81  Os teólogos pentecostais Railey e Aker observam que "durante séculos, a teologia sistemática no Ocidente tem sido disposta segundo um sistema coerente que reflete o idealismo racional (cf. a busca por parte dos teólogos de um centro unificante)". Ocorre, porém, que, como eles corretamente observam, o "uso de um único centro, no entanto, tem limitações; por exemplo, não leva em conta os paradoxos que tanto prevaleciam no mundo antigo" (RAILEY JR., James H.; AKER, Benny C. "Fundamentos teológicos", in: HORTON, S. M. (ed.). *Teologia sistemática: uma perspectiva pentecostal*, 4. ed. [Rio de Janeiro: CPAD, 1997], p. 659-60).

## O *LOCUS* DE UMA TEOLOGIA SISTEMÁTICO-CARISMÁTICA

O que foi dito até aqui pode, talvez, levar alguém a pensar equivocadamente em três direções. Trata-se de 1) uma defesa do relativismo cortejando o caos interpretativo, que, por sua vez, gera o caos doutrinário; 2) uma proposta de uma ruptura radical com tudo que existe na teologia protestante; ou, finalmente, 3) condescendência ou preguiça epistêmico-teológica, o que indica apatia em relação ao processo de produção, e, por isso, a defesa do anti-intelectualismo valendo-se da espiritualidade e do que tem sido chamado de "biblicismo ingênuo", "interpretação imediata" ou "inocente", a última ideia atribuída à leitura que os pentecostais fazem da Bíblia.[82] Nada mais enganoso e incorreto. Iniciamos respondendo pela última ideia equivocada porque ela já abrange as demais. Um dos problemas do "biblicismo ingênuo", diz Kevin Vanhoozer, é que ele "confunde o *sola Scriptura* com *solo Scriptura*",[83] ou seja, pensa que reconhecer o princípio autoritativo de que *somente a* Escritura tem a palavra final significa considerar *só a* Escritura, desprezando o que tradicionalmente se chama de "depósito da fé". Conquanto "a Bíblia seja a autoridade primeira e final para a elaboração de juízos teológicos, rigorosamente falando, ela não está só". Justamente por isso, precisamos de um "biblicismo crítico", pois este "afirma a autoridade suprema (magisterial), o significado preciso e a verdade unificada da Escritura (= biblicismo), reconhecendo ao mesmo tempo a autoridade secundária (ministerial)" e, além disso, "a pluralidade e a falibilidade das interpretações humanas (= crítica)".[84] Em uma palavra:

> O biblicismo crítico apela à autoridade bíblica como um realista crítico. A Escritura interpreta a si mesma, mas não há garantia alguma de que aquilo que o indivíduo compreende da Escritura coincida com essa mesma Escritura. *Sola Scriptura* significa que *somente a Escritura é a norma suprema*, e não que a Escritura esteja só (i.e., que ela seja a única norma). O biblicismo ingênuo erra ao tentar um caminho mais curto para o funcionamento da economia do testemunho — isto é, o modelo de autoridade teológica pelo qual o Espírito conduz a igreja à medida plena do significado da Escritura ao recorrer a leituras

---

82  GONZÁLEZ, Justo. *Breve dicionário de teologia* (São Paulo: Hagnos, 2009), p. 250.

83  VANHOOZER, Kevin J. *Autoridade bíblica pós-Reforma: resgatando os solas segundo a essência do cristianismo protestante puro e simples* (São Paulo: Vida Nova, 2017), p. 193.

84  Ibid.

# 68 | TEOLOGIA SISTEMÁTICO-CARISMÁTICA

anteriores. Os leitores — sejam eles etíopes ou não — precisam com frequência do auxílio externo da tradição apostólica e dos concílios católicos.[85]

O que acabou de ser dito é que, em hipótese alguma, está se aventando a possibilidade de se repensar as doutrinas basilares da fé cristã, pois as "duas declarações mais importantes, o Credo de Niceia (325 d.C.) e o Credo de Calcedônia (451 d.C.)", por exemplo, "permanecem sendo a base para o cristianismo ortodoxo mundial, mesmo para a era atual".[86] Portanto, como já foi dito anteriormente, adotar uma postura de avaliar a realidade de uma forma crítico-espiritual e reconhecê-la como mais eficaz que fazê-lo de maneira racionalístico-material decorre da consciência de que, com a expressão crítica, devemos entender o esforço também intelectual, mas definitivamente bíblico, de não aceitar sem reflexão e por simples hábito qualquer ideia, mesmo sendo proveniente da teologia, daí a importância da espiritualidade. Isso não apenas por achar que de forma deliberada e mal-intencionada há erros sendo ensinados (embora em algumas vezes essa hipótese também precise ser considerada), mas por entender que as reflexões e seus produtos podem ser aperfeiçoados pelo simples fato de que a linguagem muda e os conceitos precisam ser revistos. "Isso não significa que a verdade seja relativa ou que o que era verdade em determinado período não o seja mais no futuro", contrariamente, quer dizer "que as gerações seguintes terão de procurar uma nova linguagem e novos conceitos para exprimir a verdade de Cristo".[87] De outra forma, é necessário compreender que assim como "todas as afirmações humanas, também as sentenças dogmáticas são condicionadas pelo tempo", diz o teólogo John O'Donnell, e "já que os seres humanos são pecadores, essas afirmações podem ser também limitadas pela condição humana pecadora".[88]

Nesse sentido, o exercício teológico — teologização — possui um caráter necessário e, ao mesmo tempo, provisório, pois tal "tarefa não tem fim", ou seja, "prossegue enquanto durar o tempo", entendendo que, neste aspecto

---

85   Ibid.

86   MILLER, Gregory J. "Vozes do passado: tentativas históricas para formar um pensamento cristão", in: PALMER. *Panorama do pensamento cristão*, p. 117.

87   O'DONNELL, John. *Introdução à teologia dogmática* (São Paulo: Loyola, 1999), p. 21.

88   Ibid., p. 22.

CAPÍTULO 1 – O porquê de uma teologia sistemático-carismática | 69

e somente nele, "nunca uma afirmação dogmática é conclusiva", visto que "sempre participa do caráter provisório da comunidade cristã, que vive entre os tempos",[89] isto é, entre o "já" e o "ainda não" do reino de Deus. Essa tarefa é diuturna porque os "dogmas da Igreja interpretam a Escritura para cada geração".[90] É necessário esclarecer que, sendo teólogo católico romano, O'Donnell trata as reflexões teológicas como explicações dos "dogmas" e utiliza a expressão dogmática como sinônimo de sistemática e diz que a tarefa dos teólogos sistemáticos "não é definir as verdades da fé", pois "sua teologia não é aquela pela qual a própria igreja assume a responsabilidade", não obstante "sua tarefa é de vital importância na busca de compreender o *significado* da fé tal como foi proclamada".[91] Em nosso caso, as doutrinas basilares da fé cristã — definidas nos concílios ecumênicos — fazem exatamente o trabalho de exprimir as verdades da fé, tais como reveladas na Bíblia, e a teologia sistemática, por sua vez, procura interpretar essas doutrinas para uma tradição específica, daí a razão de haver, no espectro protestante, vários sistemas teológicos. Apesar de óbvio, é importante dizer que, a despeito de as Escrituras serem a fonte de todas as tradições, o texto bíblico não é católico romano, ortodoxo oriental, protestante, evangélico, pentecostal, calvinista, arminiano etc., ou seja, ele é a Palavra de Deus. Todos os segmentos, obviamente, presumem-se fiéis às Escrituras e, concomitantemente, cada um se autoapresenta como a verdadeira linhagem histórico-bíblica do cristianismo. Quem decide tal legitimidade? Cada uma das expressões da fé cristã que, supostamente fundamentada na Bíblia, afirma isso de si mesma.

Como já se pode concluir, a questão gira em torno da interpretação das Escrituras. Mas a interpretação das Escrituras depende de como elas são concebidas, isto é, sua natureza. O cessacionismo, por exemplo, cuja crença é "de que os dons espirituais cessaram na Era Apostólica", ideia ou perspectiva "proposta enfaticamente por Benjamin B. Warfield em *Counterfeit Miracles* (1918)",[92] concebe as Escrituras de forma contrária à própria natureza do Livro Sagrado. O referido teólogo reformado, informa o pentecostal Gary McGee, defendia "que a autoridade escrita e objetiva das Escrituras, que

---

89  Ibid., p. 19.
90  Ibid., p. 17.
91  Ibid., p. 18.
92  McGee, Gary B. "Panorama histórico", in: Horton, (ed.). *Teologia sistemática: uma perspectiva pentecostal*, p. 12.

# 70 | TEOLOGIA SISTEMÁTICO-CARISMÁTICA

são inspiradas pelo Espírito Santo, seria inevitavelmente subvertida por aqueles que ensinassem um conceito subjetivo do mesmo Espírito".[93] O mesmo autor acrescenta que "Warfield e outros teólogos da escola do 'Velho Princeton' de teologia representavam os sentimentos antirreavivalistas no presbiterianismo norte-americano".[94] E eles assim agiam não por motivos escriturísticos, mas influenciados pelo clima intelectual da época, que, por sua vez, condicionou a forma de conceber e interpretar as Escrituras. Conquanto "todos os cristãos devam ver na Bíblia a sua derradeira fonte de autoridade", diz o teólogo pentecostal Byron Klaus, "os encontros pessoais com o Deus vivo certamente criam impacto em nosso conceito da missão da Igreja e até mesmo na nossa interpretação dos textos bíblicos".[95] Aqui está todo o problema. Os movimentos carismáticos — interdenominacionais — surgem no interior de denominações cujas estruturas eclesiásticas dependem da imutabilidade teológica de sua superestrutura. Tal imutabilidade teológica superestrutural não sofre abalo algum enquanto tudo fica da forma como descrito teoricamente. Todavia, quando a realidade comporta-se de forma diferente do que é descrito, então é preciso revê-la. A esse respeito, Alister McGrath diz que muitos teólogos consideravam as línguas, por exemplo, "uma questão sem sentido e vazia", pois a erudição "teológica da época assumira o 'cessacionismo', amplamente ensinado por pesos pesados da teologia protestante", e, de acordo com essa "percepção, os dons ativos do Espírito Santo, como o 'falar em línguas', pertenciam à época do Novo Testamento e não estavam mais disponíveis nem em operação".[96] Sob a influência desse pressuposto pós-bíblico, o "Novo Testamento tinha de ser lido a partir de uma estrutura um tanto racionalista, refletindo as ideias do Iluminismo, que já determinara que esses fenômenos espirituais eram coisa do passado". Todavia, a resposta dos pentecostais, continua o mesmo autor, "talvez fácil de descartar como ingênua e simplista [...] era que a leitura direta dos textos bíblicos sugeria que esse dom carismático ainda era uma possibilidade e que podia

---

93  Ibid.

94  Ibid., p. 648.

95  Klaus, Byron D. "A missão da igreja", in: Horton. *Teologia sistemática: uma perspectiva pentecostal*, p. 593.

96  McGrath. *A revolução protestante*, p. 382.

ser identificado pelo falar em outras línguas".[97] Por que isso aconteceu? Fenômenos carismáticos reapareceram e "eles sugerem que as coisas podem ter mudado", e, conclui o teólogo anglicano, "se elas mudaram, é preciso fazer muita revisão teológica".[98]

Evidentemente que isso não aconteceu, e, por continuar existindo cessacionismo, as experiências místicas geraram duas reações, não necessariamente nesta ordem: 1) rupturas e 2) anatematização. Alguém com o perfil de Benjamin Breckinridge Warfield (1851-1921), conhecido por seu "famoso aforismo — 'O calvinismo é apenas a religião em seu estado puro' —",[99] jamais aceitaria algo que não estivesse previsto na doutrina reformada. Nesse particular, corrigir, ou rever, sua teologia e seu sistema teológico é algo que somente cada um dos grupos, segmentos e expressões do cristianismo pode decidir. A pergunta, porém, que se nos impõe é: "E os carismáticos, devem continuar tentando se adaptar à teologia reformada?" Apesar de a resposta ser fácil, preferimos justificá-la, pois procedendo dessa forma não será difícil aceitar o motivo ou o porquê de assim pensarmos alinhando-nos à erudição teológica carismática mais recente. Primeiramente, é preciso ter consciência de que um processo de mudança e de revisão teológica é algo muito sério e responsável que só se justifica ancorado no entendimento de que o "modificador 'cristão' em relação a um movimento determina que a orientação deve ser teológica, e, do ponto de vista evangélico, a orientação teológica deve ser condicionada e controlada pela *autoridade bíblica*".[100] Mas reconhecer a autoridade bíblica e adotar o princípio canônico de que "a Bíblia interpreta a própria Bíblia" implica considerar no mesmo instante a observação de Kevin Vanhoozer, que, oportunamente, lembra que o princípio canônico de que a "Escritura interpreta a si mesma" deve ser lucidamente acompanhado da verdade de que "não há garantia alguma de que aquilo que o indivíduo compreende da Escritura coincida com essa mesma Escritura".[101] Não raramente se diz o que se acredita e defende, e busca-se um texto-prova na Bíblia para

---

97  Ibid.
98  Ibid., p. 418.
99  Wells, Paul. "WARFIELD, Benjamin Breckinridge", in: *Enciclopédia do protestantismo*, p. 1885.
100 Pomerville, Paul A. *A força pentecostal em missões: entendendo a contribuição dos pentecostais na teologia missionária contemporânea* (Rio de Janeiro: CPAD, 2020), p. 101.
101 Vanhoozer. *Autoridade bíblica pós-Reforma*, p. 193.

# 72 | TEOLOGIA SISTEMÁTICO-CARISMÁTICA

endossar o pensamento, e chama-se esse exercício de "autoridade bíblica". Todavia, tal exercício retira os textos de seus contextos e, muitas vezes, serve apenas para impor o ponto de vista pessoal e teológico sobre a Bíblia em vez de permitir que o texto sagrado molde nossas crenças e sistemas teológicos; ou seja, não se trata de autoridade escriturística, mas justamente o contrário: impõe-se a visão teológica particular, usando-se a Bíblia incorretamente e fora de contexto, e chama-se isso de "autoridade bíblica".

Assim, conforme dissemos anteriormente, a questão gira em torno do chamado "horizonte hermenêutico", isto é, a forma de se ler a Bíblia e como a concebemos ou encaramos. Aqui a questão fundamental não é entre liberalismo e conservadorismo, mas entre os que creem, de fato, que as Escrituras são a Palavra *viva* de Deus, isto é, a diferença que Paulo aponta em Coríntios sobre quem, já crente, continua atribuindo à lógica grega uma capacidade de auscultar a realidade e desvendar as coisas espirituais e os que, capacitados pelo Espírito, adotam a "lógica da fé". Crer que a Bíblia é a Palavra de Deus não é suficiente; antes, é preciso entender de que natureza é essa Palavra, se dinâmica ou estática. É sabido que o período pós-Reforma deu-se em "uma era de racionalismo e empirismo e de avanços científicos e filosóficos, bem como sob a pressão da Contrarreforma católica romana". Tal situação levou a "igreja protestante" a defender não mais o "depósito da fé", proveniente dos credos ecumênicos, mas o "'depósito teológico' da Reforma", gerando com isso o afastamento da "atenção [...] da natureza funcional das Escrituras e da dimensão experiencial da fé para a forma da Escritura — o texto — e da apologética racionalista".[102] Tal mudança significou um retrocesso, pois privilegiou exclusivamente as dimensões cognitiva e material do ser humano, deixando de perceber a óbvia e contínua necessidade que temos de vivenciar a atividade divina em nosso cotidiano. O resultado foi o espelhamento do clima epistemológico do racionalismo sobre o "princípio da autoridade da Palavra de Deus", que, diz Pomerville, "no evangelicalismo é estático e desprovido da atividade do Espírito Santo".[103] Dessa forma, acabou se considerando "que o seu *locus* é o texto da Escritura, não o testemunho do Espírito no coração do crente, como os reformadores acreditavam", e o resultado foi que, após "confundir o critério da erudição bíblica com o ministério do Espírito Santo",

---

102 Pomerville. *A força pentecostal em missões*, p. 119.
103 Ibid., p. 26.

CAPÍTULO 1 – O porquê de uma teologia sistemático-carismática | 73

substituíram o *"princípio da salvação pela graça"* pela racionalização da fé, fazendo "que a conversão seja interpretada como aceitação intelectual da doutrina correta, e a fé, considerada um caso 'sem provas' (isto é, separadamente da Escritura) no evangelicalismo".[104] O que se criticou no catolicismo romano, repetiu-se no contexto protestante, pois o necessário *"princípio da ortodoxia* também é sustentado de maneira estática", isto é, "como um depósito doutrinário imutável transmitido do século 15 ao 19", e isso acabou levando à "racionalização da fé cristã" e estabelecendo "que os resultados da contextualização da fé cristã em um período específico da história da igreja são absolutos, normativos e perenes".[105] Com esse ato, a "expectativa da atividade de Deus além da experiência de conversão [passou] a ser considerada *falta* de fé!"[106] Sem contar que a própria conversão foi reduzida a um ato intelectualista, tornando-se sinônimo de aquiescência doutrinária. Foi assim que esperar algo como os dons carismáticos passou a ser visto como não crer na suficiência das Escrituras (e elas não apoiam o cessacionismo), equiparando maliciosamente a doutrina reformada cessacionista com a Bíblia.

Este ato inverteu a "lógica da fé" e substituiu, na conversão, o encontro com Deus pela aquiescência de um conjunto de doutrinas específicas. Em outras palavras, fizeram exatamente o contrário do que o apóstolo Paulo fez em Corinto, pois a "sublimidade de palavras", seguindo a lógica aristotélica, foi colocada no lugar do "poder de Deus", levando as pessoas a apoiar sua fé em algo que pertencia a uma realidade histórica determinada, isto é, incrustada em um tempo específico. Na opinião de Pomerville, a "perda da teologização dinâmica contínua — com as Escrituras como 'horizonte' para 'fazer teologia' — foi ofuscada pelo impacto da teologia escolástica estática do período pós-Reforma, que teve influência desordenada na teologia evangélica".[107] É justamente por conta deste aspecto e do perigo, não da sistematização em si, mas da "tendência de cair facilmente no que John A. Mackay denomina de 'a idolatria das ideias'", que, completa Alberto Fernando Roldán, precisamos ter consciência de que, conquanto seja "legítimo e até necessário que sistematizemos nossa fé, devemos estar conscientes de dois fatos: as influências filosóficas, sociológicas e culturais

---

104 Ibid.
105 Ibid.
106 Ibid.
107 Ibid., p. 169.

# 74 | TEOLOGIA SISTEMÁTICO-CARISMÁTICA

nessas sistematizações, e a natureza revisável da tarefa".[108] No século 19, ainda antes da explosão concomitante dos movimentos carismáticos por diversas partes do mundo, Charles Finney (1792-1875), importante advogado presbiteriano norte-americano, transformou em um emblema sua luta contra o dogmatismo reformado, consignado na *Confissão de Westminster*, pois, para ele, o referido documento tornara-se uma versão textual e protestante do dogma da infalibilidade papal. Finney, seguindo o princípio reformista, dizia corretamente que toda "tentativa não inspirada de esboçar para a Igreja um padrão de opinião que possa ser considerado uma exposição inquestionável da Palavra de Deus não só é ímpia em si, como também uma admissão tácita do dogma fundamental do papado", e revelou, sem meias palavras, que a

> Assembleia de Clérigos fez mais que admitir a necessidade de um papa para fazer leis das opiniões humanas; ela admitiu criar uma lei imortal ou, antes, embalsamar o credo que tinha e preservá-lo como o papa de todas as gerações; ou é mais justo dizer que os que adotaram aquela confissão de fé e catecismo como padrão autorizado de doutrina adotaram de maneira absurda o mais detestável princípio do papado, elevando a confissão e o catecismo deles ao trono papal e ao lugar do Espírito Santo. Que o instrumento forjado por tal assembleia seja reconhecido no século 19 como o padrão da Igreja, ou de um ramo inteligente dela, não só é surpreendente, como, devo dizer, por demais ridículo. É absurdo na teologia como seria em qualquer outro ramo da ciência, e tão prejudicial e entorpecente quanto absurdo e ridículo. É melhor ter um papa vivo que um morto. Se precisarmos de um expositor autorizado da palavra de Deus, que tenhamos um vivo, para não excluir a esperança de progresso. "Melhor é o cão vivo do que o leão morto" (Ec 9.4); assim, um papa vivo é melhor que uma confissão de fé morta e estereotipada, que obrigue todos os homens a subscrever seus dogmas inalteráveis e sua terminologia invariável.[109]

Por mais estranho que pareça, essa mudança que substituiu a Escritura pela "autoridade bíblica" obliterou e subverteu o princípio reformista mais

---

108 ROLDÁN, Alberto Fernando. *Para que serve a teologia?: método, história, pós-modernidade*, 2. ed. (Londrina: Descoberta, 2004), p. 52-3.

109 FINNEY, Charles. *Teologia sistemática* (Rio de Janeiro: CPAD, 2001), p. 24.

CAPÍTULO 1 – O porquê de uma teologia sistemático-carismática | 75

básico que, ao lado do "sacerdócio universal dos crentes", encetou a Reforma Protestante — o livre exame das Escrituras —, mas que, ao ser subvertido, de igual forma impediu que o sacerdócio universal fosse possível. Em termos diretos, tal ação sepultou, em pouco mais de um século, o princípio reformista e transformou a Reforma Protestante em um monumento. Justamente por isso, Michael Goheen, ao lado de muitos outros autores, defende que os movimentos carismáticos representam uma correção histórica ao cristianismo.[110] Correção que, de tempos em tempos, o próprio Deus proporciona para trazer a igreja para a dimensão do Espírito e do sobrenatural, pois, contrariamente ao que muitos pensam, a secularização do "lado de fora" é a menos nociva para o povo de Deus, já a secularização do "lado de dentro", quando deixamos de depender da orientação do Espírito e fazemos as coisas do nosso jeito, torna-nos "religiosamente secularizados" e independentes (Atos 15:28-29). Por mais que se acusem as expressões carismáticas da fé cristã de se basearem unicamente em "experiências", o fato é que, para esses movimentos, o "horizonte hermenêutico (o ponto de vista autoritativo) para a teologização não é a experiência humana [como na teologia existencial] ou uma posição filosófica [como na teologia reformada], mas a *Escritura*".[111] Foi por não se contentar com a letargia proveniente de uma ortodoxia árida, que, afirmando a "autoridade bíblica", enfatizava mais o seu conjunto doutrinário elaborado sob a égide do aristotelismo, que os movimentos carismáticos de renovação emergiram. Foi lendo a Bíblia que esses cristãos perceberam que lhes faltava a experiência do Espírito que nutria os primeiros discípulos de Cristo. Justamente por isso, mais e mais "evangélicos estão expressando receios com respeito às abordagens da autoridade bíblica associadas à escola Old Princeton", informa McGrath, "vendo o uso continuado das ideias desse educandário contribuindo para a escravidão prolongada do evangelicalismo às ideias e pontos de vista do racionalismo iluminista".[112] Por outro lado, o fato de que a concepção da "autoridade bíblica" de Princeton é equivocada, diz o mesmo autor,

---

110 GOHEEN, Michael W. *A missão da igreja hoje: a Bíblia, a história e as questões contemporâneas* (Viçosa: Ultimato, 2019), p. 144-5. MCGRATH. *A revolução protestante*, p. 409-31. MILLER, Gregory J. "Vozes do passado: tentativas históricas para formar um pensamento cristão", in: PALMER. *Panorama do pensamento cristão*, p. 143-4. POMERVILLE. *A força pentecostal em missões*, p. 115-34.

111 POMERVILLE. *A força pentecostal em missões*, p. 39.

112 MCGRATH. *Paixão pela verdade*, p. 98-9.

## 76 | TEOLOGIA SISTEMÁTICO-CARISMÁTICA

... não pode ser interpretado como representando uma retirada, ou uma diluição da ênfase evangélica tradicional sobre a autoridade da Escritura; representa meramente uma parte integral da agenda evangélica continuada para assegurar que todo o aspecto de sua agenda teológica seja fundamentado na Escritura. Há uma percepção crescente dentro do evangelicalismo de que a posição de Princeton está em última análise dependente de suposições e normas extrabíblicas. À vista da determinação do evangelicalismo de não permitir qualquer coisa de fora do material bíblico assuma um papel normativo ou fundamental no pensamento cristão, tem-se provado necessário questionar esse modo particular de expressar e defender a autoridade da Escritura — mas *não* pôr em dúvida essa questão em si. Por fim, o evangelicalismo está simplesmente no processo de substituir uma abordagem à autoridade bíblica (que é vista agora sendo baseada em axiomas filosóficos) com outra (baseada em considerações bíblicas). O compromisso com a autoridade bíblica permanece; é meramente o modo de sua articulação que está mudando.[113]

Sim, é justamente isso que precisa ficar claro. Em nome da autoridade bíblica, criou-se uma teologia não apenas condescendente, mas comprometida e amalgamada com o racionalismo, sem perceber que o maior problema em não se reconhecer a forte influência dessa postura intelectual típica da modernidade é o fato de se ignorar que a cosmovisão do "modernismo secular colide com o cristianismo em sua doutrina mais básica: a realidade do sobrenatural".[114] E é nesse aspecto que fica muito clara a impossibilidade de adequação e enquadramento dos movimentos carismáticos, ou das expressões da fé cristã que valorizam as experiências com o Espírito Santo, na teologia reformada. Não se trata de autossuficiência ou revanchismo; antes é uma questão de sobrevivência e identidade, pois, conforme alerta McGrath, a despeito de os pensadores iluministas demonstrarem em suas obras o "impulso fundamental de modernismo", isto é, "o desejo de incluir tudo sob uma narrativa centralizadora — neste caso, a supremacia e

---

113 Ibid., p. 99.
114 MILLER, Gregory J. "Vozes do passado: tentativas históricas para formar um pensamento cristão", in: PALMER. *Panorama do pensamento cristão*, p. 143.

CAPÍTULO 1 – O porquê de uma teologia sistemático-carismática | 77

a suficiência da razão humana sem ajuda", tal pensamento que esses mesmos escritores presumiram "ser 'universal' mostrou ser etnocêntrico".[115] Tal observação, porém, não quer dizer que não devemos valorizar a razão no exercício teológico, visto que sempre haverá um lugar para ela, e, mesmo enquanto escrevemos estas linhas, o fazemos utilizando essa dádiva divina. Significa que nos tornamos conscientes, desde que a modernidade e sua principal filosofia, o racionalismo, perderam as forças, que a "razão não é mais considerada como possuidora de potencial para entregar, ela só, as descobertas teológicas", isto é, tornamo-nos livres "para recuperar o papel da razão na teologia, agora que as distorções e ilusões do racionalismo ficaram para trás".[116] Em termos diretos, podemos utilizá-la de forma consciente e responsável, diferenciando a ideia de "ver a razão como único meio de ganhar conhecimento, e o reconhecimento evangélico do papel apropriado, mas limitado da razão dentro do esquema da autorrevelação de Deus", distinção inexistente na teologia reformada, uma vez que ela recusa-se a ver quanto "o evangelicalismo foi profundamente influenciado pelo racionalismo do Iluminismo".[117] Como forma de comprovar o argumento, diz o teólogo anglicano:

> Um excelente exemplo é dado pela "filosofia do senso comum", um estilo de filosofia com linhagem reconhecidamente reformada, mas fortemente influenciada por ideias do Iluminismo, que emergiu nas universidades de Glasgow e Edimburgo, em fins do século 17, e foi associada com pensadores como Francis Hutcheson, Thomas Reid, Adam Smith, Adam Ferguson, Hugh Blair e William Robertson. Essa filosofia, particularmente nas formas associadas com Reid e Hutcheson, foi introduzida na escola que se tornaria na Princeton University (naquele tempo ainda conhecida como a "College of New Jersey"), por John Witherspoon, que migrou da Escócia para ser presidente da faculdade, em 1768. Contudo, paradoxalmente, ela deve ser vista como uma "vanguarda liberal" em lugar de ser considerada como "conservadores levando razão a serviço de uma ortodoxia decadente".[118]

---

115 McGrath. *Paixão pela verdade*, p. 139.
116 Ibid., p. 140.
117 Ibid.
118 Ibid., p. 141.

McGrath, discorrendo ainda sobre o "desenvolvimento do Iluminismo na América do Norte", diz que este "testemunhou uma aliança emergindo entre o que Henry F. May descreve como 'Iluminismo moderado' e formas de teologia reformada no auge do 'Grande Despertamento' no cristianismo na América do Norte", e que tal simbiose, ou "resultado abrangente dessa confluência, foi que o fervor evangélico do 'grande despertamento' foi temperado por formas do moralismo e racionalismo do Iluminismo, especialmente em Princeton".[119] O que tal aliança significou na prática ou quais foram suas implicações? O mesmo autor diz que a "visão teológica em Princeton era inicialmente dominada por Archibald Alexander, conhecido pela feroz reputação de ser reformado com pontos de vista radicalmente ortodoxos", mas curiosamente o "fundamento filosófico sobre o qual essas óticas foram construídas e as bases em que foram desenvolvidas são as do Iluminismo escocês".[120] Como se pode prever, esse resíduo filosófico não ficou sem consequências, e inseriu-se uma aporia, pois existe uma "tensão desestabilizadora", diz Alister McGrath, "entre a substância teológica da escola de Princeton e a filosofia usada na sua justificação, defesa e exposição", pois, ironicamente, "Princeton era para ser o cadinho no qual as grandes teorias evangélicas de inspiração e autoridade bíblica eram forjadas";[121] em outras palavras, na verdade as diretrizes da instituição se tornariam normativas para a teologia protestante até hoje. Isso porque a "teologia de Princeton foi dominada pela suposição de que 'qualquer pessoa sã e sem preconceitos de juízo poderia e precisava perceber as mesmas coisas'", informa o mesmo autor, citando George Marsden, e completa afirmando que tal deve ser assim, pois "verdades básicas são, em grande escala, as mesmas para todas as pessoas em todos os tempos e lugares".[122] Conquanto a sentença esteja correta, sobretudo a segunda parte do pensamento, não foram as Escrituras que os levaram a assim pensar, mas a "filosofia do senso comum" que estava ditando as regras. O conteúdo do que se presumia serem "verdades básicas" nada mais era que percepções filosóficas, históricas e geograficamente situadas, não podendo ser assimiladas em contextos distintos. McGrath diz:

---

119 Ibid.
120 Ibid.
121 Ibid., p. 141-2.
122 Ibid., p. 142.

O tom fortemente racionalista dessa filosofia é particularmente evidente nas obras de Benjamin B. Warfield, mas é claramente evidente nas obras dos primeiros tempos de Charles Hodge. Em sua análise perceptiva da teoria dedutivista de inspiração bíblica associada com Hodge, Kern Robert Trembath demonstra o quanto sua teologia já dependia da "filosofia escocesa do senso comum". Por exemplo, Hodge tende a evitar a questão crítica da extensão até onde a razão humana pode ser falha ou mal dirigida como consequência de pecado, conduzindo a uma estimativa questionavelmente alta do papel da razão humana na teologia. "Hodge deixou de notar até que ponto sua aceitação sem críticas de filosofia de senso comum divergia dos conceitos tradicionais agostinianos e calvinistas da totalidade dos efeitos do pecado original."[123]

As implicações práticas provenientes dessa questão não podem ser minimizadas, visto terem resultados diretos sobre a vida dos cristãos protestantes, sejam estes carismáticos ou não. Os primeiros por serem anatematizados, e os últimos por não poderem desfrutar de tudo que o evangelho oferece, sobretudo em termos de capacitação espiritual. Saber, por exemplo, que "a filosofia da linguagem associada com a escola 'do senso comum' causou impacto dramático na compreensão de Hodge a respeito da importância da linguagem bíblica" é esclarecedor, pois o teólogo reformado defendia que as expressões, ou palavras, "podem ser conhecidas direta e imediatamente pela mente humana, sem a necessidade de quaisquer intermediários", levando tal raciocínio para a leitura da Bíblia e defendendo que "conhecer as palavras da Escritura é, portanto, saber imediatamente com que realidades elas têm relação".[124] Ao lançar mão desse aparato teórico e utilizar essa ideia, Charles Hodge cria um problema. Portanto, entender essa "teoria da língua é de importância fundamental, porque oferece a crença de Hodge de que, hoje, o leitor da Bíblia pode estar 'seguro de encontrar muitos pensamentos, palavras e intenções do próprio Deus'", desconsiderando que, por mais atraente que possa parecer, "essa ideia metafísica foi emprestada, junto com outras de igualmente questionável paternidade teológica, do Iluminismo"; em termos diretos, o que está sendo dito é que a "análise de Hodge sobre a autoridade da Escritura é,

---

123 Ibid.
124 Ibid.

# 80 | TEOLOGIA SISTEMÁTICO-CARISMÁTICA

em última instância, baseada em uma teoria não reconhecida e implícita na natureza da linguagem, que se deriva do Iluminismo, e reflete a ordem dessa corrente filosófica".[125] Não demorou para a lógica, que, naquele momento parecia uma boa aliada, tornar-se inimiga, pois como provar, com base nela, por exemplo, a ressurreição de Jesus Cristo? Todavia, a questão principal foi a mudança de percepção a respeito da natureza da Bíblia:

> Existe uma tendência dentro do evangelicalismo de tratar a Bíblia simplesmente como uma fonte de doutrinas cristãs, e de negligenciar, suprimir ou negar seu cunho narrativo. Já discutimos o trabalho de Hans Frei [...], que argumenta que uma das mais distintas características da hermenêutica bíblica durante o período do Iluminismo foi negar seu caráter narrativo, ou tratá-lo como um tanto embaraçoso, sendo melhor tratá-la como uma fonte de onde extrair a informação conceitual que se pudesse ter. Particularmente, Frei traça o desenvolvimento dessa tendência para reduzir o sentido da Escritura a "uma afirmação proposicional gramatical e logicamente sadia" à influência continuada da filosofia de John Locke durante o século 18. A tendência geral de tratar a Bíblia puramente como livro-fonte de verdades puramente proposicionais pode ser argumentada de maneira a encontrar base especialmente na antiga escola de Princeton, em particular nos escritos de Charles Hodge e Benjamin B. Warfield, em que a influência dessas proposições do Iluminismo é especialmente fácil de ser notada.[126]

Uma vez que Princeton exerceu muita influência sobre toda a teologia estadunidense e os Estados Unidos foram berço de muitas renovações carismáticas em igrejas tradicionais e que grande parte das comunidades carismáticas brasileiras surgiu por iniciativa das missões americanas, não é difícil imaginar quanto somos teologicamente influenciados, dependentes e condicionados por essa forma de enxergar a Bíblia. Mais ainda: o menor sinal de que podemos nos relacionar de forma diferente da racionalista com o texto é logo rechaçado, pois tal atitude é tida como irreverência, no mínimo, ou liberalismo, no máximo. Os bem-intencionados mal sabem que sua forma de ler a Bíblia e, por conseguinte, sua concepção do que sejam revelação e produção

---

125 Ibid.
126 Ibid., p. 146.

CAPÍTULO 1 – O porquê de uma teologia sistemático-carismática | 81

teológica dependem de ideias filosóficas de especialistas em lógica, e que deveríamos o mais rapidamente nos livrar de seguir o "caminho do 'racionalismo evangélico', que surgiu na segunda metade do século XVI quando escritores evangélicos buscaram alcançar aceitação e credibilidade cultural permitindo que normas extrabíblicas validassem ou julgassem o testemunho escritural".[127] Além dos males já elencados e devidamente reconhecidos, inclusive na atualidade, pela erudição carismática norte-americana, cujas vantagens apologéticas em trilhar esse caminho tiveram um "curto prazo dentro de uma cultura que aceitou a visão de mundo do Iluminismo", mas que já esmaeceram, pois atualmente, diz Alister McGrath, "o evangelicalismo está livre para evitar o falso engodo do fundamentalismo", felizmente podemos "manter a integridade da divina revelação em seus termos e em suas categorias"; em outras palavras, deixemos "que a Escritura seja Escritura!".[128] Não temos direito de adaptá-la, "atualizá-la" ou amainá-la. Não podemos agir como os cristãos psíquicos, ou naturais, de Corinto, mas como crentes espirituais que não nos envergonhamos de afirmar que a "loucura de Deus" é mais sábia que a filosofia e o conhecimento dos homens. Assim, nossa fé estará fundamentada no poder de Deus, não em argumentos religiosos, ou filosóficos, que podem ser desconstruídos. Era justamente isso que Paulo queria evitar e que nós, lamentavelmente, abraçamos.

Tal postura nada tem que ver com "biblicismo ingênuo", pois segue a "lógica da fé" e obedece à dinâmica da própria revelação, garantindo perenidade na fundamentação da caminhada cristã, pois não está ancorada em quaisquer teorias, filosofias ou mesmo teologias, mas nas Escrituras. A fim de encerrar esse aspecto discutido e demonstrar a diferença de visões da natureza das Escrituras — ou seja, distinguir a maneira como os reformadores concebiam a Bíblia ("visão reformada histórica das Escrituras"), e que é compatível com uma visão carismática da forma escolástica do pai do cessacionismo, Benjamin Warfield, atualmente prevalecente no protestantismo, inclusive entre os carismáticos —, reproduzimos o apêndice, em forma de tabela comparativa, conforme Paul Pomerville, em sua excelente obra *A força pentecostal em missões*:[129]

---

127 Ibid., p. 143.
128 Ibid., p. 144.
129 POMERVILLE. *A força pentecostal em missões*, p. 249-50.

## 82 | TEOLOGIA SISTEMÁTICO-CARISMÁTICA

| VISÃO REFORMADA HISTÓRICA DAS ESCRITURAS | VISÃO REFORMADA ESCOLÁSTICA DAS ESCRITURAS |
|---|---|
| *A abordagem das Escrituras:* Não cartesiana; as Escrituras são o primeiro princípio. | *A abordagem das Escrituras:* Cartesiana; as categorias da mente; filosofia aristotélica. A razão humana é o primeiro princípio. |
| *Ênfase:* A prioridade da fé e a função das Escrituras, com foco na obra do Espírito Santo, em conexão com a palavra escrita de Deus. A autorrevelação de Deus, por conta de sua transcendência. | *Ênfase:* A prioridade da razão e a forma das Escrituras; foco no texto e sua exatidão. A atividade dos seres humanos no uso da razão para entender a revelação de Deus. A razão é considerada análoga à verdade, visto que está na mente de Deus. |
| *A natureza das Escrituras:* Visão cristocêntrica, dinâmica e holística da palavra de Deus — a Palavra encarnada, a palavra escrita e a palavra proclamada. As Escrituras são um relato histórico dos atos e palavras de Deus. | *A natureza das Escrituras:* A palavra de Deus é de natureza estática, sendo sinônimo da palavra escrita; consiste em declarações proposicionais. As Escrituras são a "pedreira" para a teologia sistemática. |
| *Inspiração:* As dimensões divina e humana das Escrituras são mantidas em tensão bíblica, por conta do modelo encarnacional da comunicação divina e do princípio da acomodação. As Escrituras são "provenientes de Deus". | *Inspiração:* Ênfase na dimensão divina das Escrituras; a dimensão humana é ignorada ou praticamente negada. Os autores das Escrituras são como "escritores"; o contexto histórico-cultural das Escrituras não está em foco. |
| *O propósito das Escrituras:* Levar pessoas à salvação e dar orientação para a vida cristã. | *O propósito das Escrituras:* Fornecer informações inerrantes sobre todos os ramos da aprendizagem e um sistema unificado de conhecimento; ênfase na integridade objetiva das Escrituras. |
| *A autoridade das Escrituras:* A autoridade está no contexto da fé e do testemunho interior do Espírito Santo; não há separação entre a palavra e o Espírito. A autoridade da palavra escrita de Deus é o próprio Deus. As Escrituras são autenticadas. Deus autentica as Escrituras. A autoridade é de natureza funcional, a capacidade das Escrituras para cumprir seu propósito redentor. A "certeza" é questão de fé. | *A autoridade das Escrituras:* A autoridade está no contexto da razão, da exatidão do texto escrito das Escrituras; as evidências internas e externas, os argumentos lógicos e racionais a favor de sua divindade provam sua autoridade. A autoridade é de natureza abstrata. Os seres humanos autenticam as Escrituras; a inerrância racionalista é a garantia da divindade das Escrituras. |
| *O papel do Espírito Santo:* O seu papel estende-se dos autores das Escrituras para os ouvintes e intérpretes da palavra. Ênfase na presente obra interior do Espírito no crente. | *O papel do Espírito Santo:* O seu papel está confinado aos autores originais das Escrituras, de acordo com os teólogos de Princeton; ênfase na obra do Espírito naquele fim de revelação. |
| *A clareza das Escrituras:* As coisas necessárias para serem conhecidas, cridas e observadas para a salvação são simples e claras nas Escrituras. | *A clareza das Escrituras:* A clareza das Escrituras repousa na lógica, e não em sua autoautenticação; todos os assuntos sobre os quais elas falam são claros e devem ser defendidos (Pomerville, 1980, p. 96-97). |

CAPÍTULO 1 – O porquê de uma teologia sistemático-carismática | 83

Vê-se, portanto, que os prejuízos de distorcer a natureza das Escrituras, no século 19, não foi um "privilégio" do liberalismo teológico, mas igualmente do lado conservador, ambos influenciados pela matriz filosófica do racionalismo. Uma vez que os movimentos renovadores carismáticos eclodiram em denominações conservadoras, ou seja, irromperam em ambientes e contextos de "ortodoxia doutrinária", o que se produz teologicamente, mesmo por autores cessacionistas que desconsideram completamente a atuação hodierna do Espírito, acaba tendo capilaridade não apenas entre a membresia, mas até por parte de teólogos pentecostais e carismáticos. O que o quadro anterior mostrou claramente foi que o resgate da natureza das Escrituras, sua simplicidade, dinamismo e poder, antes obliterado pela tradição católica romana, e que tanto custou para os reformadores, acabou completamente transtornado pela escolástica reformada, que, totalmente influenciada pela filosofia racionalista, reinstituiu novamente a tradição sobre as Escrituras, ainda que o fizesse sob o nome de "autoridade bíblica". O resultado desastroso tem sido de um prejuízo incalculável, pois mantém um orgulho religioso por ostentar uma "doutrina perfeita", à luz da percepção iluminista com seu racionalismo, mas deficitária da perspectiva bíblica. Esse foi um dos maiores retrocessos, pois o "Iluminismo forçou o evangelicalismo a adotar atitudes para chegar à espiritualidade que resultaram em abordagens um tanto frias, impessoais e racionais, com relação à Escritura",[130] criando-se "uma tendência de ver a espiritualidade em termos de entendimento do texto bíblico — isto é, a leitura da Bíblia tirando sentido de suas palavras e ideias, e entendendo seu fundo histórico e seu sentido para hoje", fazendo que a ênfase esteja unicamente "sobre a razão, sobre o raciocínio".[131] As implicações dessa mudança é que o "etos fortemente racionalista do Iluminismo foi muitas vezes refletido no que se pode chamar de um embargo espiritual em qualquer espécie de envolvimento emocional com a Escritura", diz Alister McGrath, "ou qualquer uso da faculdade humana da imaginação — duas abordagens à leitura da Bíblia que o evangelicalismo de tempos anteriores tinha em grande estima", isto é, uma "percepção" outrora "familiar à tradição evangélica, antes do Iluminismo".[132] Justamente por isso, é preciso recuperar tal relação entre espiritualidade e

---

130 McGRATH. *Paixão pela verdade*, p. 147.
131 Ibid., p. 146.
132 Ibid., p. 147.

## 84 | TEOLOGIA SISTEMÁTICO-CARISMÁTICA

Bíblia, mas para resgatá-la "precisamos ir para trás do Iluminismo", diz o mesmo autor, visando "recuperar as mais antigas e mais autênticas abordagens à espiritualidade, como as que são encontradas em escritores como Jonathan Edwards, ou John e Charles Wesley".[133] E isso está acontecendo em setores específicos do protestantismo:

> Felizmente, o evangelicalismo está agora começando aos poucos a limpar de si este dúbio vestígio do Iluminismo, e movendo-se em direção a uma posição que é bem mais sensível à natureza da própria Escritura. Por exemplo, há maior sensitividade ao papel particularmente das narrativas, particularmente no Antigo Testamento, em que as narrativas bíblicas podem ser vistas somadas umas às outras para resultar numa narração cumulativa da natureza e caráter de Deus. Em vez de forçar a Escritura a um molde ditado pelas preocupações do Iluminismo, o evangelicalismo pode dedicar-se a permitir que a Escritura seja *Escritura*.[134]

Como isso tem sido feito? Na leitura que milhões de carismáticos e pentecostais fazem das Escrituras. Primeiramente, de forma intuitiva, mas, ultimamente, de maneira intencional, com recursos provenientes da erudição bíblica. Justamente por isso, a teologia carismática é mais bem entendida como uma teologia bíblica e prática. O já citado biblista pentecostal Esequias Soares explica, de forma didática e muito direta, a diferença entre a teologia bíblica e a sistemática, dizendo que a última "toma versículos individuais da Bíblia inteira e [os] agrupa como se fosse[m] escrito[s] pelo mesmo autor humano, ao mesmo tempo, para um mesmo público", todavia acrescenta que todos "sabemos que os livros da Bíblia não foram produzidos assim".[135] Justamente por isso, a teologia carismática sempre foi mais bíblica que sistemática. Todavia, o que se propõe aqui é uma *teologia sistemático-carismática*. O que seria isso? Imaginar que seja possível sistematizar algo que se presume imprevisível não é contraditório? Nesse aspecto, antes de distinguirmos de qual tipo de sistematização estamos falando, recorremos ao Quarto Evangelho, especificamente ao já mencionado capítulo 3. Quando o

---

133 Ibid., p. 146-7.

134 Ibid., p. 146.

135 SOARES, Esequias. "A natureza das línguas", *Obreiro Aprovado*. Ano 44, n. 91 (Rio de Janeiro: CPAD, out-nov-dez de 2020), p. 14.

utilizamos anteriormente, foi na passagem do diálogo noturno de Jesus com um príncipe religioso de Israel, Nicodemos, e abordamos os três primeiros versículos. Agora, o versículo 8, do mesmo episódio, torna-se importante para o que queremos ressaltar: "O vento assopra onde quer, e ouves a sua voz, mas não sabes donde vem, nem para onde vai; assim é todo aquele que é nascido do Espírito". O biblista Bruno Maggioni, abordando a passagem, diz que a expressão *pneuma* refere-se a uma "realidade misteriosa e inapreensível, imprevisível; mas, num certo sentido, é sempre possível verificar sua ação e presença, isto é, sua nova e inesperada capacidade de conhecer e amar", pois a verdadeira capacidade dada pelo Espírito a quem nasce de novo, isto é, o "sinal da presença do Espírito é a capacidade de compreender o mistério de Cristo",[136] ou seja, reconhecer Jesus como o Messias, o Cristo, tal como ele se revelou, não como o idealizaram. A capacidade de assim fazê-lo depende unicamente do Espírito não só por parte dos incrédulos, ímpios ou pagãos, mas, sobretudo, dos crentes e dos que têm uma "teologia", ou doutrina consolidada, conforme se pode verificar pela passagem de João 12:32-34. Não foi por falta de teologia que os judeus não acreditaram em Jesus, mas por terem uma teologia errada, pois eles haviam sido ensinados, com base na Torá, as Escrituras da época, porém de forma equivocada.

Justamente por isso, o "Espírito/vento, que não segue as regras deles, parece-lhes imprevisível", visto não estar "vinculado, como Israel, a instituições; somente sua voz acusa sua presença, e ela afirma sua liberdade".[137] Na verdade, não significa que o Espírito não tenha uma direção, pois quem não sabe "de onde veio e para onde vai" é o nascido do Espírito, não o Espírito! Ele sabe muito bem de onde veio e para onde vai, mas os teólogos não, e, por serem incapazes de controlá-lo, eles sempre relegaram o Espírito Santo ao "esquecimento". É no mínimo estranho que creiamos que as Escrituras são inspiradas pelo Espírito, mas não o considerarmos como digno protagonista no labor teológico. Portanto, com a expressão "sistemática" desta *Teologia sistemático-carismática* queremos dizer que elegemos a atividade do Espírito, presente em toda a Bíblia e responsável por sua inspiração e consequente

---

136 MAGGIONI, Bruno. "O Evangelho de João", in: FABRIS, Rinaldo; MAGGIONI, Bruno. *Os Evangelhos (II): tradução e comentários*, Coleção Bíblica Loyola, vol. 2, 4. ed. (São Paulo: Loyola, 2006), p. 311.

137 BARRETO, Juan; MATEOS, Juan. *O Evangelho de João: análise linguística e comentário exegético*. (São Paulo: Paulus, 1999), p. 183.

# 86 | TEOLOGIA SISTEMÁTICO-CARISMÁTICA

existência como *locus* de elaboração teológica. Lugar de fazer teológico legítimo, diga-se de passagem, reconhecido até mesmo por um autor protestante, crítico virulento do movimento pentecostal, como Frederick Dale Bruner, que admite que uma das conquistas desse debate introduzido pela pneumatologia carismática no cristianismo, particularmente na tradição protestante, foi ter colocado o Espírito Santo como um novo *locus* hermenêutico na discussão teológica que foi dominada, durante séculos, pelos temas cristológicos e eclesiológicos. Como o próprio Bruner afirma, o "pentecostalismo nos deu a oportunidade de ir até o próprio cerne — até o Espírito — do Novo Testamento".[138]

Contudo, tal ação não seria, inversamente, isolar a teologia e repetir o equívoco realizado por outras tradições? Nesse aspecto, recorremos a Craig Keener: "Visto que a experiência carismática é uma parte importante da experiência do Novo Testamento, ela fornece um ponto de partida ou pré-entendimento muito mais adequado para lidar com o texto do que a ausência dessa experiência".[139] É justamente a isso que nos referíamos quando dissemos ser inaceitável que se produza teologia partindo de pressupostos antissobrenaturalistas e/ou racionalistas. Convém ser dito que nosso trabalho não se restringe a um grupo sociológico denominado carismático, pois usamos a expressão de acordo com o uso paulino de *charismata*, entendendo que, não obstante "o termo 'carismático' [ter] adotado uma variedade de significados em vários círculos, a classificação contemporânea se origina na descrição que Paulo faz dos *charismata*, ou dons espirituais (Rm 12:6-8; 1Co 12:4-11)".[140] Nossa abordagem, longe de excluir, inclui, pois na verdade significa que compreendemos que tais "dons pertencem a todo o corpo de Cristo", e visto que "por definição, cada membro do corpo tem ao menos um dom para contribuir para o corpo maior (Rm 12:4-6; 1Co 12:12-30)", em outras palavras, estamos dizendo que "todos os cristãos devem se considerar carismáticos por definição".[141]

O que propomos com esta *Teologia sistemático-carismática* trata-se menos de um método e mais de uma disposição, ou seja, a apresentação das doutrinas tradicionais da sistemática com pressupostos bíblico-epistemológicos,

---

138 BRUNER, Frederick Dale. *Teologia do Espírito Santo*, 3. ed. (São Paulo: Cultura Cristã, 2012), p. 140.

139 KEENER. *A hermenêutica do Espírito*, p. 39.

140 Ibid., p. 42.

141 Ibid.

CAPÍTULO 1 – O porquê de uma teologia sistemático-carismática | 87

antes de teológico-racionalísticos, para se abordar a Bíblia e fazer teologia de forma não estranha à realidade apresentada pelo texto sagrado, utilizando uma "abordagem claramente não cessacionista (isto é, continuacionista) das Escrituras".[142] Por quê? Simples. Não há dúvida de que os que têm uma visão elevada das Escrituras, ou seja, que a honram como Palavra de Deus, entendem que os milagres são também para os nossos dias; afinal, o texto bíblico diz claramente que "estes sinais seguirão aos que crerem" (Marcos 16:17). Tal promessa possui respaldo em outras porções das Escrituras, inclusive veterotestamentárias, pois entre "os sinais da era messiânica", diz o teólogo carismático Craig Keener, "Isaías predisse que os enfermos seriam curados, a língua dos mudos falaria (Is 35.5,6; contudo a ideia de línguas poderia ser uma referência aos eventos descritos em At 2.4 e 1Co 14) e o povo de Deus testemunharia a seu respeito (Is 43.10)", pois os "poderes aqui atribuídos aos que creem são os mesmos que caracterizavam os profetas do Antigo Testamento".[143] Além do mais, tal tese de que o texto trata-se de um acréscimo tardio, longe de representar um problema para o pentecostalismo, revela um aspecto que reforça a importância do fato de tal porção escriturística ter sido "acrescentada" ao material de Marcos no século 2. Se, como os versículos 17 e 18 deixam entrever, os "sinais" seguiriam aos que creem, e tais sinais cessaram com a morte do último apóstolo, ou com o encerramento do último autógrafo, não seria um perigo acrescentar tal texto quando tais prodígios já teriam desaparecido? Por que "acrescentar" uma porção bíblica que previa acontecimentos cuja experiência atual, naquele momento, já provaria sua inveracidade? Isto é, "o texto insiste na missão de levar o evangelho ao mundo inteiro", diz J. Delorme, "ligando estreitamente o testemunho da palavra e das obras aos sinais que o acompanham".[144] Portanto, se no século II, época em que de acordo com alguns especialistas tal texto foi acrescido ao Evangelho de Marcos, tais sinais tivessem desaparecido, não seria contraproducente incluí-lo?

A única resposta coerente é que, para todos os que ouviam a leitura do Evangelho de Marcos, sobretudo após a inclusão dessa parte, o fato

---

142 Keener. *A hermenêutica do Espírito*, p. 37.

143 Keener, Craig S. *Comentário histórico-cultural da Bíblia: Novo Testamento* (São Paulo: Vida Nova, 2017), p. 203.

144 Delorme, J. *Leitura do Evangelho segundo Marcos* (Santo André: Academia Cristã; São Paulo: Paulus, 2014), p. 164.

## 88 | TEOLOGIA SISTEMÁTICO-CARISMÁTICA

de tais manifestações acontecerem e causar admiração em uns e escândalo em outros significa que tais práticas eram resultado normal da missão que eles estavam cumprindo, da mesma maneira que havia acontecido com os apóstolos que deram sequência ao ministério que lhes outorgara o Mestre (Marcos 16:20). Em termos diretos, conquanto "Marcos tenha composto o Evangelho para uma congregação verdadeira e histórica", diz Camery-Hoggatt, "para o crente pentecostal suas palavras de alguma maneira ainda soam inexplicavelmente verdadeiras".[145] E isso por uma razão muito simples: os carismáticos experimentam, em seus círculos, as mesmas maravilhas e prodígios que os destinatários originais de Marcos, bem como a igreja do segundo século, que lia o seu Evangelho no formato que temos em nossas Bíblias atualmente, isto é, eles se veem "dentro" da narrativa. Tal exercício é legítimo, inclusive exegeticamente falando.[146] O já citado Craig Keener diz que, ao "enxertarmos a nossa vida na narrativa bíblica, tornamo-nos parte da extensão dessa narrativa"; justamente por isso, os "primeiros pentecostais muitas vezes enxergavam Atos 28 como inacabado, uma conclusão que hoje os críticos da narrativa geralmente têm reafirmado".[147] Tal se dá por uma razão muito simples: "a missão" outorgada pelo Senhor ainda encontra-se "inconclusa", por isso "continuamos precisando do poder do Espírito para concluí-la (At 1.8), e é exatamente esse poder que nos é prometido (2.39, evocando também a promessa de Deus em 1.4)".[148] Assim, os "que damos continuidade à sua missão continuamos sendo parte da narrativa da história da salvação, uma narrativa (de nossa perspectiva pós-canônica) para a qual Atos aponta".[149] De forma análoga, o mesmo raciocínio aplica-se à narrativa do "fim mais longo" de Marcos. Caso o problema seja com os sinais, tal questão não é nova, pois, como instrui Craig Keener, "Milagres fornecem um exemplo importante de situações em que abordagens epistêmicas divergentes levam a interpretações diametralmente opostas, tanto nas narrativas bíblicas como nas atuais".[150] O que está sendo dito é que a

---

145 CAMERY-HOGGATT, J. "Marcos", in: ARRINGTON; STRONSTAD (eds.). *Comentário bíblico pentecostal: Novo Testamento*, p. 172.

146 O leitor interessado em uma hermenêutica especificamente pentecostal pode consultar nossa obra *Pentecostalismo e pós-modernidade*, especialmente o capítulo 12, p. 209-80.

147 KEENER. *A hermenêutica do Espírito*, p. 282.

148 Ibid.

149 Ibid., p. 282-3.

150 Ibid., p. 283.

CAPÍTULO 1 – O porquê de uma teologia sistemático-carismática | 89

"maneira de enxergarmos os milagres depende de nosso parâmetro interpretativo, a nossa fé",[151] ou seja, é algo decidido *a priori* e não depende só
de "evidências".

> Os milagres pertencem tanto a uma epistemologia de fé como a rea-
> lidades materiais concretas. Incontáveis eventos que um receptor
> experimenta como um milagre são explicados de forma bem diferente
> por aqueles que não creem. Aceitar uma experiência como miraculosa
> vai depender tipicamente de pressuposições anteriores e do ônus da
> prova. Assim, por exemplo, se alguém se recupera após oração de uma
> doença geralmente fatal da qual alguém ocasionalmente se recupera
> (talvez sem oração), aqueles que oraram verão nisso a mão de Deus,
> mas aqueles que definem um milagre somente como uma violação
> da natureza (seguindo Hume aqui, e não a Bíblia) questionarão isso.
> É apropriado que nós cristãos enxerguemos a atuação de Deus re-
> gularmente, mas aqueles que condicionam seu modo de pensar às
> "evidências" (o modo com que precisamos argumentar na academia)
> podem rejeitar como miraculosas quaisquer ações explicáveis "sem o
> recurso Deus". Outros são céticos, não importam as explicações que
> parecem plausíveis.[152]

Lamentavelmente, tal incredulidade existe, inclusive, não apenas *entre o* protestantismo que ostenta uma "doutrina correta" e uma "ortodoxia perfeita",
mas *por causa* desse tipo de tradição. É o que diz Jack Deere, antigo professor do Seminário de Dallas e ex-cessacionista, que ironicamente afirma que
muitas "igrejas que acreditam na infalibilidade de suas Bíblias não sabem que
Tiago 5.14-16 faz parte do texto sagrado".[153] Deere diz isso e não tem dúvida
de que a incredulidade reinante entre os evangélicos tem origem no uso incorreto das Escrituras, pois os teólogos cessacionistas utilizam um "método
falho de interpretação da Bíblia",[154] ou seja, fazem uso de uma "hermenêutica
antissobrenaturalista"[155] e assim ensinam aos estudantes de teologia, pois,
conforme o mesmo autor observa, a "maioria dos seminários conservadores"

---

151 Ibid., p. 287.
152 Ibid., p. 283.
153 Deere, Jack. *Surpreendido pelo poder do Espírito* (Rio de Janeiro: CPAD, 1995), p. 130.
154 Ibid., p. 223.
155 Ibid., p. 113.

## 90 | TEOLOGIA SISTEMÁTICO-CARISMÁTICA

que ele conhecia na época "não ensina[va] acerca da disposição de Deus em curar os enfermos".[156] Justamente por isso, Deere diz que, se Deus efetuasse curas divinas em determinada igreja, certamente a frequência dela aumentaria, porém ele acrescenta que, entre as pessoas que a ela acorreriam, haveria não só aquelas necessitadas, mas curiosos, expectadores e também "crentes ortodoxos, que viriam para contestá-lo ou, falhando isso, para 'provar' que foi realizado pelo Diabo".[157] Em termos diretos, não seriam teólogos liberais os únicos críticos e inimigos da "lógica da fé", mas igualmente os teólogos ortodoxos, herdeiros do racionalismo da pós-Reforma que aventam uma hermenêutica antissobrenatural. Deere questiona retoricamente como é possível justificar tal hermenêutica e, então, emenda, indagando, com a Palavra de Deus como horizonte: "Onde, nas Escrituras, somos informados de que devemos ler a Bíblia dessa maneira? Onde, nas Escrituras, somos orientados a copiar os elementos não miraculosos e a descartar a atualidade dos milagres?".[158] Assim, seguindo a tendência da erudição carismática piedosa e mais recente, nosso *locus* é a atividade constante do Espírito em toda a Escritura, lendo-a de forma sobrenaturalista e respeitando sua dinâmica própria, que é a "lógica da fé".

## CONSIDERAÇÕES FINAIS

Como vimos, é mais do que urgente a produção teológica na perspectiva própria da tradição carismático-pentecostal, isto é, os teólogos do movimento precisam produzir sob esse prisma, pois, além de seguir a dinâmica própria da revelação, ainda coaduna e converge com a espiritualidade carismática. As razões para assim pensarmos foram devidamente expostas e consideradas. Uma vez que a tradição carismático-pentecostal é numerosa e valoriza o "sacerdócio universal dos crentes", não faz sentido manter a dicotomia reinante culturalmente no protestantismo, ou seja, manter o laicato à parte do processo de desenvolvimento da produção teológica. Assim, precisamos de uma teologia realmente mística, que faz jus à nossa espiritualidade e ao mesmo tempo faça sentido às pessoas do mundo atual, que reclama mais prática que

---

156 Ibid., p. 152.
157 Ibid., p. 215.
158 Ibid., p. 114.

discurso. Portanto, no próximo capítulo apresentamos como a experiência de fé, ou seja, o encontro com Jesus por meio do Espírito Santo de Deus, aos poucos foi substituída pela aquiescência e a subscrição de um conjunto de doutrinas que, conforme será visto, não caiu do céu, mas foi produzido por determinado sistema teológico, que, finalmente, transformou as doutrinas e condensou-as em um manual, o qual, produzido em outro tempo, pretende-se válido para todas as épocas, canonizando algo relativo e relativizando as Escrituras, forçando-as a se adaptarem, não moldando a teologia com elas.

CAPÍTULO

# 2

# DA EXPERIÊNCIA DE FÉ À TEOLOGIA SISTEMÁTICA

## INTRODUÇÃO

As teologias não caem do céu. Algumas delas até pretendem falar dele, as mais responsáveis o fazem à medida que as Escrituras revelam e permitem que se diga algo e outras até mesmo se prestam ao desserviço de duvidar das coisas celestiais. Disso já estamos devidamente inteirados. Mas a verdade é que todas elas, por mais piedosas que pretendam ser, ainda continuam sendo produto humano e, como tal, estão sob o signo da imperfeição e do pecado. Nesse sentido, não existe teologia perfeita, irrevisável e que não possa, à luz do escrutínio bíblico, ser melhorada. Mas quem poderia fazer esse trabalho de melhoramento? Quem teria condições de exercer o papel de corrigir o conteúdo que segmentos, com séculos de caminhada histórica, professam? A quem compete o direito e a autoridade de dizer o que é ou não correto e ortodoxo? Em que sentido as aulas de estudos bíblicos produzem teologia ou simplesmente repetem o que já se encontra nos manuais? Como se produz teologia? Quem produz teologia? Essas são apenas algumas das questões mais importantes quando se fala em pensar o exercício teológico. A propósito, o que é teologia? Quem define os limites, o objeto, os métodos e a filosofia da pesquisa teológica? A despeito de termos falado um pouco a respeito no capítulo anterior, dada sua importância e perenidade, neste segundo capítulo vamos nos debruçar um pouco mais sobre essas questões.

Partindo do princípio de que há duas décadas a teologia passou a ser vista como uma ciência reconhecida pelo Ministério da Educação, é preciso entender que neste contexto, e apenas nele, existe a necessidade de um estudo especializado, com o auxílio de muitas outras ciências, e o objetivo do estudo teológico acadêmico, na maioria das vezes, consiste em estudar o fenômeno da religião e as próprias religiões, não tendo mais um caráter prático, como era o seu propósito inicialmente, por isso produzido *pela*, não *para* a "comunidade de fé"[1] (a nomenclatura preferida de Lutero para a igreja). Em outras palavras, ela não pode ser um exercício de uma meia dúzia de iluminados que, vivendo "acima e fora" da comunidade, prescrevem o que a igreja tem de fazer. Lições da história mostram o que tal elitismo pode provocar; basta lembrar-se do escolasticismo e, concomitantemente, do posterior domínio clerical e abusivo na Idade Média até a eclosão na Reforma do século 16. Conquanto a Reforma tenha resgatado alguns valores, o período pós-Reforma, como vimos no primeiro capítulo, acabou se perdendo, particularmente nesse campo, de forma que os movimentos de renovação carismática no âmbito das igrejas reformadas tornou-se imperioso e urgente. Chegou, porém, o momento seguinte de todo movimento, isto é, o período em que para garantir sua consolidação é necessário desenvolver suas balizas e fundamentos. Esse parece ser o desafio ingente dos últimos decênios para a tradição carismática.

Aqueles que estão acostumados a simplesmente ouvir — pelo tempo que assim procedem, ou por terem vindo a este mundo em uma época em que o não exame, ou não investigação, escriturístico já se tornou uma postura praticamente comum — estranhem talvez a ideia, como disse A. W. Tozer, de que, sendo "nós o que somos, e todas as demais coisas sendo o que são, o mais importante e proveitoso estudo a que qualquer de nós pode aplicar-se é, incontestavelmente, o estudo de teologia".[2] E isso pela simples verdade de que é "precisamente porque Deus *é*, e porque o homem é feito à sua imagem e é responsável diante dele, que a teologia é tão criticamente importante", ou

---

1 João Décio Passos afirma que a "universidade foi o lugar original da teologia, ao menos na sua acepção acadêmica" (PASSOS, João Décio; SOARES, Afonso Maria Ligorio [orgs.]. *Teologia e ciência: diálogos acadêmicos em busca do saber* [São Paulo: Paulinas, 2008], p. 133).

2 TOZER, A. W. *Esse cristão incrível: a vida cristã vitoriosa*, 2. ed. (São Paulo: Mundo Cristão, 2007), p. 76.

CAPÍTULO 2 – Da experiência de fé à teologia sistemática | 95

seja, a "revelação cristã, e ela somente, tem a resposta para as não respondidas questões da vida sobre Deus e sobre o destino humano".[3] Dada a seriedade de tais respostas transcendentais é que a sua procura continua sendo um dos fascínios da humanidade. Uma vez que toda prática é construída historicamente, não sendo algo orgânico, é possível — e preciso! — corrigir essa postura comodista (do não estudo das Escrituras), que somente beneficia aqueles que dela se valem para a dominação da "comunidade de fé", reorientando a prática da igreja no exercício desse empreendimento e resgatando seu papel de "guardiã da Palavra" (cf. 1Pedro 2:9). Tal conclusão se dá pelo fato de que o "segredo da vida é teológico, e a chave do céu também é". Por isso, Tozer conclui:

> Aprendemos com dificuldade, esquecemos facilmente e sofremos muitas distrações. Portanto, devemos dispor os nossos corações a estudar teologia. Devemos pregá-la dos nossos púlpitos, entoá-la em nossos hinos, ensiná-la aos nossos filhos e fazer dela o assunto da nossa conversação quando nos encontramos com amigos cristãos.[4]

A proposta de "metodologia de ensino" teológico de Tozer se parece com a que o Senhor orientou, por meio de Moisés, os filhos de Israel a utilizar (Deuteronômio 6:6-9). Teologia é importante simplesmente porque, segundo C. S. Lewis, ela nada mais é do que "a série de afirmações sistemáticas acerca de Deus e da relação do homem com ele".[5] E onde se encontra tal "série de afirmações acerca de Deus"? A tradição cristã protestante acredita estar na Bíblia, a *revelação especial* do Senhor. Por isso, não há razão para se temer o estudo e a reflexão teológica, como se isso ameaçasse a espiritualidade, pois o erro vem justamente do não conhecimento (aqui, não conhecimento não tem nenhuma correlação com o significado popular de "ignorância", mas significa uma rejeição deliberada ou uma distorção consciente) das Escrituras Sagradas e do poder de Deus (Mateus 22:29). Como bem lembrou o educador cristão Harold H. Ditmanson, "é importante observar que a teologia não resulta de interesses especulativos", ou seja, o exercício teológico "surgiu das necessidades práticas da igreja primitiva, ao procurar colocar suas crenças

---

3  Ibid., p. 77.
4  Ibid., p. 78.
5  LEWIS, C. S. *O peso de glória* (São Paulo: Vida, 2008), p. 113.

## 96 | TEOLOGIA SISTEMÁTICO-CARISMÁTICA

de forma apropriada ao ensino para instrução dos novos cristãos, refutando heresias e para a persuasão de outros".[6] É a esse propósito que a teologia deve continuar sendo o que sempre foi: instrução para a vida cristã. Colocado de outra forma, pode-se dizer que ela se realiza plenamente na vivência dos ensinamentos cristãos, isto é, na práxis do *Caminho* (João 7:17; 14:6; Atos 9:2; 19:9,23; 24:22; Gálatas 2:11-21).

## A "EDUCAÇÃO CRISTÃ" COMO A PRIMEIRA FORMA DE LABOR TEOLÓGICO

Primeiramente, é imprescindível distinguir duas noções principais de "educação cristã", diferenciando educação cristã, com iniciais minúsculas, como prática espontânea de iniciação dos judeus e, posteriormente, dos gregos, no novo movimento que começou com um grupo de 120 discípulos de Jesus Cristo, os quais, revestidos de poder, ou empoderados pelo Espírito Santo, revolucionaram o mundo levando a mensagem do Nazareno (Atos 1:8; 2:1-12; 17:6), e Educação Cristã, com iniciais maiúsculas, praticada pelas diversas tradições presentes na religião cristã, ao longo do desenvolvimento histórico do cristianismo, cujas diferenças são tão inúmeras quanto as denominações que possuem seus respectivos programas educacionais cristãos. Tendo essa distinção muito clara, podemos avançar e introduzir o assunto, inicialmente, na visão do educador cristão Robert Pazmiño, que, em consonância com Little, acredita que a "educação cristã é melhor vista como uma área da teologia prática".[7] Já Lawrence Richards, a despeito de estar convencido de que a "eclesiologia deve ser a origem de [toda] a compreensão de educação", defende que "a educação cristã é mesmo uma disciplina teológica".[8] Apesar da alta consideração a respeito da Educação Cristã, ambas as proposições já são uma espécie de categorização, ou classificação, que, de certa forma, restringe o fato inegável de que tal atividade, historicamente falando, é o próprio ato de fazer teologia e vice-versa. A esse respeito, Sara Little, citada por Robert Pazmiño, apresenta cinco proposições nas quais sumariza as principais possibilidades de relações da Educação Cristã com a teologia:

---

6   DITMANSON, Harold H., apud NAÑEZ, Rick. *Pentecostal de coração e mente: um chamado ao dom divino do intelecto* (São Paulo: Vida, 2008), p. 259.

7   PAZMIÑO, Robert W. *Temas fundamentais da educação cristã* (São Paulo: Cultura Cristã, 2008), p. 64.

8   RICHARDS, Lawrence O. *Teologia da educação cristã*, 3. ed. (São Paulo: Vida Nova, 1996), p. 7.

CAPÍTULO 2 – Da experiência de fé à teologia sistemática | 97

1. A teologia é o conteúdo a ser ensinado na educação cristã.
2. A teologia é o ponto de referência para o que deve ser ensinado e a sua metodologia, funcionando como norma do trabalho crítico de análise e avaliação de toda a educação cristã.
3. A teologia é irrelevante para a tarefa da educação cristã. Portanto, a educação cristã é autônoma.
4. "Fazer teologia" ou *teologizar* é educação cristã no sentido de capacitar as pessoas a refletir sobre suas experiências e perspectivas atuais à luz da fé cristã e da revelação.
5. A teologia e a educação cristã são disciplinas separadas envolvidas mutuamente e como colegas no avanço do reino de Deus.[9]

Na sequência, Pazmiño diz que Little defende a ideia de nenhuma das alternativas, sozinha, ter condição de descrever como a relação entre teologia e Educação Cristã se dá. Não obstante, esse mesmo autor desdobra as cinco possibilidades e, a despeito de ele, tanto quanto nós, sabermos que há pessoas adeptas da terceira possibilidade, ela deve ser completamente descartada por quem sabe o que é teologia e também Educação Cristã. Para a nossa reflexão, basta apenas dizer que, a respeito da primeira e da segunda opções, a "teologia pode ser vista tanto como conteúdo quanto como norma", contudo "a transmissão não precisa ser imposta ou comunicada de modo autoritário, mas pode ser feita com sensibilidade às pessoas e às necessidades".[10] Como isso pode ser feito? Primeiramente, respeitando a condição de sujeito das pessoas e tendo muito claro que ninguém sabe tudo e, por isso mesmo, quem ensina deve estar disposto e aberto a aprender e reconsiderar o que diz, jamais impondo aos outros o conteúdo, como se os seus ouvintes fossem simples receptáculos desprovidos de vontade, não merecessem ser considerados, nem tivessem o direito de divergir de suas ideias. Mas como demonstrar sensibilidade quando determinada "Educação Cristã" pretende, por exemplo, ensinar cristãos de outras tradições, isto é, resolve fazer proselitismo por achar que tem um conteúdo perfeito e, portanto, digno de ser imposto? São reflexões necessárias e urgentes de se pensar. Acerca da quarta opção, Pazmiño afirma:

---

9 Pazmiño. *Temas fundamentais da educação cristã*, p. 62.
10 Ibid., p. 63.

98 | TEOLOGIA SISTEMÁTICO-CARISMÁTICA

> Alguns educadores religiosos enfatizam a necessidade de educação que enfoque e encoraje o processo em que as pessoas se tornem mais habilidosas no uso da fé para refletir sobre experiências contemporâneas, usando a experiência contemporânea para refletir sobre a fé. Essa reflexão procura discernir a ação de Deus na história conforme está sendo escrita e examinar os conceitos religiosos herdados para ver sua adequação para confrontar problemas e realidades globais. "Teologizar" ou "fazer teologia" é o termo usado para esse processo de reflexão. Em geral, os evangélicos afirmam a necessidade de reflexão crítica e de tratamento das realidades globais. Mas são extremamente cautelosos quanto ao uso da experiência contemporânea para refletir acerca da fé. Sua ênfase em autoridade bíblica resiste à tendência de se colocar a experiência como autoridade maior que a Escritura. Os evangélicos não relutam em discutir ou utilizar a experiência pessoal, mas a experiência funciona como uma evidência de fé, não como juíza de fé.[11]

Entendido corretamente, Pazmiño está dissertando acerca de algo que diz respeito diretamente aos grupos carismáticos e pentecostais. Uma ilustração de algo corriqueiro entre os grupos pentecostais e carismáticos pode ajudar a esclarecer o ponto. Suponhamos que você esteja em vias de decidir algo e alguém, direcionado por Deus, lhe traz uma mensagem que você entende perfeitamente como uma resposta divina. Qual o conceito dessa palavra para você? Ela procede de Deus? Sendo fato comprovado que ambos não se conheciam e que suas orações buscavam justamente tal resposta, é perfeitamente claro que você a reputará como uma resposta divina direta, não se preocupando se tal prática tem ou não respaldo bíblico direto (pois indireto obviamente há; afinal, Deus falava às pessoas nos tempos bíblicos e, além do mais, existem inúmeros testemunhos através da história). Evidentemente que o carismático-pentecostal não reconhece tal experiência como norma ou padrão para as demais pessoas, nem entende que a mensagem circunstancial e personalizada que recebeu tem o mesmo valor canônico da Bíblia e jamais pode se igualar às Escrituras.[12]

---

11 Ibid.

12 Don Codling, teólogo presbiteriano, diz que "se houver uma revelação especial para nossos dias, [ela] teria o mesmo *status* que foi conferido à revelação especial extracanônica do período bíblico" (CODLING, Don. *Sola Scriptura e os dons de revelação: como lidar com a atual manifestação do dom de profecia?*, 3. ed. [Natal: Carisma, 2020], p. 74).

Entretanto, o simples fato de achar que Deus faz isso nos dias atuais é suficiente para que os "evangélicos", referidos por Pazmiño (mais conhecidos no Brasil, nos círculos carismáticos, como tradicionais, protestantes históricos, ortodoxos ou, ainda, reformados), nos vejam como indignos de sermos considerados "cristãos".[13] Eles assim pensam por acharem que a possibilidade de Deus falar hoje "extrabiblicamente" (uma "visão subjetiva" do Espírito, conforme dizia o pai do cessacionismo, Benjamin Warfield) subverte a "autoridade bíblica". Contudo, é preciso lembrar o que significa "autoridade bíblica" para essa ala do evangelicalismo, conforme já explicitado no primeiro capítulo, pois não se trata das Escrituras, mas de um complexo teológico e filosófico amalgamado à principal ideia da modernidade, ou seja, ao racionalismo.

---

13 O "pentecostalismo quer ser levado a sério como movimento cristão", diz Frederick Dale Bruner, que completa: "Está na hora de avaliá-lo" (BRUNER, Frederick Dale. *Teologia do Espírito Santo*, 3. ed. [São Paulo: Cultura Cristã, 2012], p. 19). Não seria o caso de perguntar quem delegou a Bruner o direito de avaliar quem é ou não cristão? Como já citado no capítulo anterior, como calvinista, Benjamin Warfield advoga que "o calvinismo é apenas a religião em seu estado puro" (WELLS, Paul. "WARFIELD, Benjamin Breckinridge", in: GISEL, Pierre (ed.). *Enciclopédia do protestantismo: teologia, eclesiologia, filosofia, história, cultura, sociedade, política* [São Paulo: Hagnos, 2016], p. 1885). Ainda encontramos nos dias atuais esse tipo de postura por parte de alguns expoentes reformados. Veja, por exemplo, NICODEMUS, Augustus. *O que estão fazendo com a igreja: ascensão e queda do movimento evangélico brasileiro* (São Paulo: Mundo Cristão, 2008). Verifique na página 22 a detração: "A orientação teológica evangélica sofreu uma sutil mutação: de agostiniana e reformada, passou a se caracterizar por uma tendência predominantemente arminiana. Tal mudança acarretou várias consequências: a penetração no meio evangélico de sistemas como a teologia relacional, que é filhote do arminianismo; a invasão da espiritualidade mística centrada na experiência, fruto do reavivalismo pelagiano de Charles Finney; a depreciação da doutrina em favor do pragmatismo e o antropocentrismo no culto, na igreja e na missão, produtos da orientação teológica arminiana, centrada no homem". Na página 36, outra acusação: "E a queda dos neoliberais para o pentecostalismo? É quando a confusão é maior!" Apesar disso, o capítulo 28 surge como uma tácita aceitação dos carismático-pentecostais; no entanto, analisando mais profundamente, trata-se apenas de uma tentativa de cooptação, para converter-nos ao calvinismo: "Carta a um pastor pentecostal que virou reformado" (p. 175-9). Note no referido capítulo o incentivo dado ao pastor pentecostal que se tornou reformado a que fique em sua congregação e converta os demais: "Não veja as perseguições que você tem sofrido dentro de sua igreja como algo pessoal, mas como a reação de irmãos sinceros do outro lado de um conflito que já dura séculos dentro da igreja cristã, que é aquele entre semipelagianos-erasmianos-arminianos, de um lado, e agostinianos-calvinistas-puritanos, de outro" (p. 179). Veja também, do mesmo autor, *O ateísmo cristão e outras ameaças à igreja* (São Paulo: Mundo Cristão, 2011), especialmente as páginas 145 e 163-4. Não deixe de notar o ar de "libertação" por ter deixado de ser "um zeloso arminiano dispensacionalista" e a expressão "abusos da experiência pentecostal". Em síntese, de acordo com esse autor, o problema do cristianismo protestante, ou sua crise, pode ser resolvido simplesmente aceitando o calvinismo presbiteriano.

## 100 | TEOLOGIA SISTEMÁTICO-CARISMÁTICA

Apesar de reconhecermos os "perigos" e a potência que representa as experiências religiosas,[14] ou de fé, e de também estarmos cientes da realidade da "falta de controle" (experiências são únicas e independem de padrões, sendo, justamente por isso, imprevisíveis), entendemos que cercear experiências genuínas e restauradoras por causa de excessos, bizarrices e manipulações que, ninguém com bom senso aprova, não é o caminho mais indicado para a tradição carismático-pentecostal. Principalmente se a questão gira em torno da necessidade de aprovação por parte de um grupo que, achando-se superior aos demais, incide no mesmo erro que antes parecia ser exclusivo do catolicismo romano, ou seja, de achar-se o único e autêntico representante do cristianismo histórico. Se, por um lado, é fato que existem grupos sectários que erroneamente fazem da experiência o seu padrão normativo, por outro, para a tradição carismático-pentecostal clássica, isto é, nascida das ondas de renovação do protestantismo, tal postura sempre foi condenável, não havendo possibilidade alguma de a experiência tornar-se "juíza da fé". Não foi por serem extrabíblicos que os movimentos emergiram, mas justamente o oposto! Foi lendo diretamente o texto, valendo-se do princípio reformista que resgatou o direito do livre exame das Escrituras, que tais grupos descobriram que somente doutrina e teologia não davam conta de nutri-los espiritualmente. Era preciso "mais de Deus", e esse anseio encontrou respaldo escriturístico, confirmando a fé com a experiência, ou seja, gerando um movimento teologicamente centrípeto que se apoia totalmente na Bíblia. Portanto, é descabida a acusação de que a tradição carismático-pentecostal coloca a experiência em pé de igualdade ou, ainda

---

14 "[James] Dunn, por exemplo, advertiu sobre 'minimizar a *força da experiência criativa da experiência religiosa*' (ênfase dele), citando Paulo como um importante caso de estudo. Reconhecendo que Paulo recorreu a seus panos de fundo judeu e grego em grande parte de sua linguagem e conceitos, Dunn insistiu que também precisamos admitir 'o poder criativo de sua própria experiência religiosa — uma fornalha que derreteu no seu fogo muitos conceitos e os derramou dentro de novos moldes [...]. Não deve obscurecer esse fato'. Philip Almond reconheceu a conexão entre a natureza das experiências religiosas de uma pessoa e 'o contexto que a forma', mas também enfatizou que nossa análise dos desenvolvimentos religiosos deve contar com 'aquelas experiências que vão além ou que contradizem o contexto em que aparecem'. Ele aponta especificamente para experiências religiosas poderosas que 'podem levar à transformação criativa de uma tradição religiosa' e que são 'capazes de gerar novas interpretações da tradição'. Carl Raschke argumentou semelhantemente e descreveu experiências de revelação como envolvendo 'a transposição de certos sistemas de sentido', isto é, a reformulação ou reconfiguração de convicções religiosas" (HURTADO, Larry W. *Senhor Jesus Cristo: devoção a Jesus no cristianismo primitivo* [Santo André: Academia Cristã; São Paulo: Paulus, 2012], p. 106).

pior, acima da Bíblia. Foi justamente por crer, literalmente, no que diz a Escritura e vendo-a como um livro divino cuja mensagem é "atemporal" que a renovação foi deflagrada, recuperando uma característica da igreja, que é sua dimensão sobrenatural de corpo, isto é, de organismo vivo que precisa dos dons (1Coríntios 12:12-31).[15]

Retomando a questão de que há algumas décadas o movimento carismático-pentecostal não era reconhecido como cristão, cabe uma pergunta interessante: sob qual critério é possível decidir tal classificação? A resposta, certamente, seria que a Bíblia é quem decide. Mas que se entenda: é a Bíblia lida de determinada forma e por um método específico adotado por esse segmento. Aqui, voltamo-nos para a opinião de John Stott, que, falando acerca desse aspecto, desaconselha "qualquer pretensão de infalibilidade" no exercício da interpretação bíblica. Conquanto a "Palavra de Deus [seja] infalível, pois o que ele [Deus] diz é verdade", continua o mesmo autor, "nenhum indivíduo, grupo ou igreja já foi ou será intérprete infalível da Palavra de Deus".[16] Isso pela simples verdade de que as "interpretações humanas pertencem à esfera da tradição, e contra a tradição pode-se sempre apelar-se para a própria Escritura que a tradição alega estar interpretando".[17] Da mesma opinião do teólogo anglicano partilha Jack Deere, antigo professor do Seminário de Dallas e ex-cessacionista, ao dizer que a "ideia de que se pode chegar a uma pura objetividade bíblica na determinação de todas as práticas e crenças é uma ilusão".[18] Contudo, esse ainda não é o ponto a ser destacado, mas, sim, a "Educação Cristã" presente em todas as denominações, pois será que quem diz que os carismático-pentecostais baseiam sua doutrina sobre a experiência, não sobre a Bíblia, percebe quanto as tradições recebidas de seus referenciais, "pais na fé", líderes, professores, autores etc., são baseadas em ideias extrabíblicas? Em termos diretos, a "experiência e a tradição determinam a maior parte do que creem as pessoas ligadas às igrejas evangélicas, em lugar de um cuidadoso, paciente e pessoal estudo das Escrituras".[19] Evidentemente que ambas — experiência e tradição — cumprem um relevante papel na

---

15  No capítulo 9, quando tratarmos de eclesiologia e falarmos acerca do "princípio pentecostalidade", esse ponto será devidamente abordado.

16  STOTT, John. *Entenda a Bíblia* (São Paulo: Mundo Cristão, 2005), p. 209-10.

17  Ibid., p. 210.

18  DEERE, Jack. *Surpreendido pelo poder do Espírito* (Rio de Janeiro: CPAD, 1995), p. 48.

19  Ibid., p. 55.

caminhada de fé, sobretudo quando ambas coincidem com as Escrituras. O problema é quando isso não é assim, falta conhecimento bíblico para o cristão e ele acaba seguindo o que lhe foi ensinado, e o que foi ensinado pode ser, ironicamente, baseado na "falta de experiência", como no caso do cessacionismo.[20] Daí o valor de uma "Educação Cristã" realmente comprometida com a Bíblia, não com ideias mantidas por mero tradicionalismo. Por isso, os carismático-pentecostais, somos da opinião de que a "Bíblia permanecerá em grande parte irrelevante se o Deus de quem ela fala não se revelar aos seres humanos no próprio tempo e espaço deles".[21] Tal é assim, pois, como afirma Edgar Lee, "algo [ser] verdade, ou factual, não o torna relevante e significativo".[22] Este autor disserta que a "autoridade da Escritura só é cabalmente demonstrada quando a pessoa abre o seu coração para um encontro pessoal com o Deus da Escritura".[23] Sem a conversão e, consequentemente, o encontro com o Espírito Santo de Deus, a Bíblia permanece para as pessoas que não creem, assim como o Alcorão para nós, apenas um livro sagrado de determinada religião.

Desenvolvendo a sentença de Pazmiño, já anteriormente citada, que, instruída pela quinta proposição de Little, afirma ser a "educação cristã [...] melhor vista como uma tarefa da teologia prática" e, admitindo a obviedade de que a "religião certamente envolve emoções e experiência pessoal",[24] quais as implicações de, com C. S. Lewis, pensarmos que as "doutrinas não são Deus, [mas] são como um mapa"? Se, conforme disserta o literato irlandês e autor das *Crônicas de Nárnia*, tal "mapa", de fato, é "baseado nas experiências de centenas de pessoas que realmente tiveram contato com Deus — experiências diante das quais os pequenos frêmitos e sentimentos piedosos que você e eu podemos ter não passam de coisas elementares e confusas"[25] —, como podemos saber se o que praticamos atualmente, em nome da tradição cristã, corresponde à vontade divina, da mesma forma como no passado? Aqui entra o valor da teologia prática, que, conforme define João Batista Libanio,

---

20  Esta é, inclusive, a tese de Jack Deere, no livro *Surpreendido pelo poder do Espírito*.

21  LEE, Edgar R. "O papel da Bíblia na formação do pensamento cristão", in: PALMER, Michael D. (ed.). *Panorama do pensamento cristão* (Rio de Janeiro: CPAD, 2001), p. 87.

22  Ibid., p. 87-8.

23  Ibid., p. 88.

24  MILLER, G. J. "Vozes do passado: tentativas históricas para formar um pensamento cristão", in: PALMER. (ed.). *Panorama do pensamento cristão*, p. 138.

25  LEWIS, C. S. *Cristianismo puro e simples* (São Paulo: Martins Fontes, 2005), p. 205.

CAPÍTULO 2 – Da experiência de fé à teologia sistemática | 103

trata-se do "conjunto de disciplinas teológicas que buscam avaliação crítica, fundamentação teórica e planejamento da prática cristã, como uma disciplina temática especial".[26] Assim, o objeto da teologia prática são as "ações das pessoas que professam a fé cristã em distintas igrejas e na sociedade".[27] Por quê? A resposta é simples, porém, não fácil. Considerando que as referidas "ações realizam-se como atos de interpretação transformadora da realidade presente à luz da tradição cristã (e vice-versa) com a finalidade de testemunhar no momento atual a ação de Deus em favor do seu povo e de toda a criação",[28] é praticamente obrigatório que tal exercício seja feito. Sendo a Educação Cristã, conforme a conhecemos na atualidade, um dos principais meios de doutrinação e catequese da igreja, é imprescindível saber qual foi o seu papel original, no contexto de um movimento nascente chamado, pejorativamente, de *Caminho* (Atos 19:23; 22:4; 24:14,22). Antes, porém, é até importante destacar aqui que, conforme explicam Danilo Streck e Manfredo Wachs, citando o teólogo católico Floristan, a "'educação cristã da fé é uma tarefa mais ampla do que a simples catequese".[29] Por quê? Os mesmos autores respondem:

> No meio protestante foi se firmando o uso do conceito de educação cristã. Segundo Mary Boys, esse uso teve em seus inícios uma conotação bastante reacionária, seja pela sua origem no contexto da teologia neo-ortodoxa em sua reação ao liberalismo teológico, seja pelo seu antiprogressismo pedagógico, destacando a autoridade e centralidade do conteúdo bíblico em contraposição à experiência humana. Embora em muitas situações ainda seja equiparada com a escola dominical, há vários esforços no sentido de ressignificar esta prática no contexto do protestantismo, especialmente na América Latina. O educador e teólogo metodista Matthias Preiswerk destaca os pontos de relação entre a educação popular e a educação cristã e verifica as contribuições e desafios que ambas se fazem mutuamente. A educação cristã aqui é compreendida de forma mais ampla do que a práxis no ambiente

---

26 Libanio, J. B., in: Schneider-Harpprecht, Christoph (ed.). *Teologia prática no contexto da América Latina* (São Leopoldo: Sinodal; São Bernardo do Campo: Aste, 1998), p. 10.

27 Ibid.

28 Ibid.

29 Floristan, Cassiano, apud Streck, D. R.; Wachs, M. C. "Educação cristã", in: Schneider-Harpprecht (ed.). *Teologia prática no contexto da América Latina*, p. 246.

## 104 | TEOLOGIA SISTEMÁTICO-CARISMÁTICA

eclesial. Ele afirma que há educação cristã lá onde ocorre uma educação com compromisso cristão. Preiswerk aproxima, consequentemente, a educação cristã da educação popular. Entende a educação cristã como a práxis dos cristãos e da Igreja nos diferentes campos da educação: formal (escolar); não formal (educação de adultos e popular) e informal (através do meio social e familiar). Esta definição mais ampla envolve os conteúdos e finalidades da educação cristã, assim como a variedade ideológica, teológica e pedagógica existentes em determinados contextos.[30]

A definição de Preiswerk aproxima-se da concepção que temos atualmente de Educação Cristã. Agora, é preciso novamente repisar a distinção, já acima referida, de "Educação Cristã" como constructo social e eclesiástico recente, do ensino das primeiras comunidades de fé do *Caminho*. Nesse caso, a expressão está sendo utilizada apenas com uma finalidade didática, não histórica. Nesse aspecto, alinho-me a Daniel Schipani e ao já citado Danilo Streck, que "compreendem que a educação cristã 'na perspectiva do reino de Deus' transcende o âmbito de uma comunidade eclesial" e não se limita "a uma ação educacional restrita a uma denominação e a uma comunidade religiosa, nem [está] condicionada por uma visão eclesial de educação, nem por 'modismo' teológico e pedagógico, nem por determinada análise conjuntural da realidade".[31] O que está sendo dito, é que a "educação cristã na perspectiva do reino de Deus", ou seja, não denominacional, mas "tendo o evangelho como sujeito e objeto, tem condições de mediar a análise crítica da reflexão e da prática educacional que transcende uma determinada igreja ou comunidade local".[32] Em uma palavra, tal "processo de mediação crítica passa por uma nova relação entre as disciplinas que compõem a educação cristã nos âmbitos eclesiais e sociais".[33] Assim, conforme os autores dissertam, quando eles se referem a Educação Cristã o que têm em mente é, "por um lado, a tarefa formativa que a Igreja realiza com seus membros no sentido de habilitá-los a participarem da vida e dos compromissos de sua respectiva comunidade", mas, por outro, sem perder esse sentido primário da expressão, eles defendem

---

30  Ibid.
31  Ibid., p. 246-7.
32  Ibid., p. 247.
33  Ibid.

que o processo não pode se dar "dissociado da visão e atuação pedagógica que identifica aqueles que professam a fé cristã dentro da sociedade mais ampla".[34] Em termos diretos, os cristãos também precisam ser relevantes na sociedade à qual pertencem. É exatamente nesse duplo sentido que também falamos sobre Educação Cristã.

Sob esse prisma, é preciso compreender a Educação Cristã tanto como prática educativa quanto como disciplina acadêmica. É oportuno verificar que nessa última acepção, isto é, como disciplina acadêmica, segundo os autores com os quais está se dando o diálogo, a Educação Cristã, "em cursos de formação, nos vários níveis acadêmicos, observa a prática, sistematiza a reflexão e a ação e instrui a conceituação, o lugar, o objetivo e a ação dos diversos contextos educacionais da atuação da Igreja". Eles ainda acrescentam que como "disciplina curricular a Educação Cristã instrumentaliza o teólogo educador, pedagogo teólogo e o leigo educador", pois no âmbito do Reino não há distinção, "visando à ação educativa que o povo de Deus realiza no seu seguimento de Cristo, perguntando pela metodologia apropriada e pelos pressupostos teóricos".[35] Nesse sentido, é preciso aquilatar tais pressupostos, pois não está se falando apenas da socialização, praticamente espontânea, que acontece em todas os momentos e repartições entre os que professam a fé cristã. Trata-se do que Westerhoff afirma sobre a Educação Cristã, dizendo que ela "consiste no esforço deliberado, sistemático e continuado mediante o qual a comunidade de fé se propõe a facilitar o desenvolvimento de estilos de vida cristãos por parte de pessoas e grupos".[36] Nesse aspecto, como se sabe, cada denominação possui uma "Educação Cristã" específica e peculiar. O problema é que, às vezes, tais diferenças tornam-se fontes de graves discórdias, infelizmente, entre os cristãos.

Para que a Educação Cristã não enverede por esse caminho e assim termine degenerada, ela "deve estabelecer a mediação entre a oferta salvífica de Deus e as necessidades humanas, entre o ensinamento divino e as perguntas existenciais das pessoas" e, o mais importante, "entre Deus que se revela e se encarna na figura humana e o ser humano que não consegue se relacionar com Deus senão através do Cristo mediador". Streck e Wachs completam sua argumentação dizendo que tal ação "não poderá ser fruto do acaso ou

---

34 Ibid.
35 Ibid.
36 Ibid., p. 248.

## 106 | TEOLOGIA SISTEMÁTICO-CARISMÁTICA

da improvisação".[37] Em outras palavras, é necessário pensar nas condições necessárias para que o processo de aprendizagem se configure. Por esse raciocínio, espera-se que fique claro, ao leigo educador, quanto é importante o planejamento e a gestão, bem como a didática. Nos primeiros, temos o dever de envidar os nossos melhores esforços no sentido de assegurar os melhores meios para se proporcionar as condições que garantam o fim último da educação; na segunda, busca-se, respeitando a condição de sujeito do educando, os melhores meios de persuadi-lo, levando-o a querer se apropriar do conhecimento.

> Portanto, a educação cristã sempre precisa se compreender numa relação dialética, onde a reflexão parte da prática e retorna para ela; onde ambas, teoria e prática, se influenciam e se criticam mutuamente e onde não ocorre um distanciamento entre o teólogo e pedagogo profissional, o educador com responsabilidades práticas mais imediatas e as pessoas que participam do processo educativo como educadores e educandos. A proximidade entre estes três grupos deve ocorrer de tal modo que não haja alienação de nenhuma das partes.[38]

Essa "relação dialética", que parte da prática, analisando-a teoricamente, e retorna para a vivência, com a finalidade de instruir e fundamentar a prática, não é uma invenção hegeliana, como alguns podem pensar. Tal ação serve para aproximar o universo "teórico" do teólogo e do pedagogo profissionais da realidade do educador leigo, voluntário ou não técnico, que, por sua própria natureza, é a mesma do povo. Na opinião de Streck e Wachs, a "Educação Cristã, como disciplina e como prática, encontra na Teologia Prática seu lugar de ação e de encontro com as outras ciências humanas e sociais". Em termos diretos, é "no espaço da Teologia Prática que a Educação Cristã estabelece o diálogo entre a Teologia e a Pedagogia".[39] Não apenas isso, mas igualmente a autocrítica, há pouco mencionada, é um exercício imprescindível da teologia

---

37  Ibid.

38  Ibid.

39  Ibid. Os mesmos autores dizem que a "Educação Cristã deve ser vista como uma área do conhecimento onde se pesquisa a relação da teoria educacional com a ação educativa. Nesta dimensão, a Teologia Prática exerce papel fundamental, pois ela é, como ciência, que auxilia na intermediação da Teologia com as ciências humanas, em especial a Pedagogia. Nesta interdisciplinaridade, Wyckoff vê a possibilidade de surgimento de uma 'teoria da Educação Cristã' (um corpo de princípios) que seja teologicamente válida e educativamente sólida" (Ibid.).

CAPÍTULO 2 – Da experiência de fé à teologia sistemática | 107

prática, visando analisar as práticas cristãs. Mas a grande questão é que, analisando as práticas, chegamos, inevitavelmente, às teorias que as instruem ou fundamentam. Tal exercício de perscrutação proporciona o entendimento não apenas da construção de determinada prática, mas também da sua lógica interna, revelando finalmente o seu sentido para a reprodução atual. Essa investigação leva-nos a buscar a história de tal prática. Não obstante — é oportuno que se diga —, toda abordagem histórica segue determinado viés, ou seja, de acordo com os seus pressupostos, seleciona os fatos e os interpreta. No caso presente, segue-se uma abordagem que toma como fio condutor a educação. Tal questão esclarece muito da epistemologia evangélica.

Mesmo oferecendo todas essas explicações, na verdade a argumentação caminha no sentido de demonstrar o que significava "crer em Jesus" no contexto das primeiras comunidades de fé do primeiro século. Uma vez que o *kerygma*, o anúncio do evangelho, inicia-se entre os judeus, e estes possuíam uma tradição que, para crer no evangelho, precisava ser abandonada, em que consistia a nova prática, instruída pela pregação do evangelho? Em sua magna *História da pedagogia*, Franco Cambi fala do "cristianismo como Revolução Educativa".[40] Entre tantos destaques, Cambi afirma que a religião cristã promoveu uma das mais profundas revoluções do mundo antigo, abarcando desde os conceitos antropológicos até as questões sociais. Ele afirma que o cristianismo trouxe novos valores — declaradamente contrários aos clássicos —, como, por exemplo, "a fraqueza, a tolerância, a compaixão". As diferenças vistas pelas pessoas por causa da condição social, com o cristianismo nascente desaparecem, pois as relações devem se dar com base na igualdade e da solidariedade. A concepção de mundo é completamente alterada por causa da escatologia, isto é, a esperança cristã. Finalmente, Cambi afirma que a "revolução do cristianismo é também uma revolução pedagógica e educativa, que durante muito tempo irá marcar o Ocidente, constituindo uma das suas complexas, mas fundamentais, matrizes".[41] Isso porque, conforme disserta Cambi, o cristianismo proporcionou vários deslocamentos de expressiva monta, pois "transformam-se as agências educativas (como a família), uma se torna mais central que as outras (a Igreja), toda a sociedade enquanto religiosamente orientada torna-se educadora". Não obstante, continua o mesmo educador

---

40  CAMBI, Franco. *História da pedagogia* (São Paulo: Unesp, 1999), p. 121-38.
41  Ibid., p. 123.

## 108 | TEOLOGIA SISTEMÁTICO-CARISMÁTICA

italiano, transformam-se "também os ideais formativos (à *paidéia* clássica contrapõe-se a *paidéia christiana*, centrada na figura do Cristo) e os próprios processos de teorização pedagógica, que se orientam e se regulam segundo o princípio religioso e teológico (e não segundo o antropológico e teorético)".[42] Na realidade, de acordo com Franco Cambi, no espaço "que vai da morte de Cristo na época constantiniana, a Igreja vai organizando suas próprias práticas educativas e sua própria teorização pedagógica, sob o influxo, sobretudo, da cultura helenística, mas também da evolução das comunidades cristãs".[43] Cambi toma os textos neotestamentários destacando-os (os Evangelhos, as Epístolas, o Apocalipse e os Atos dos Apóstolos) como responsáveis, cada um a seu modo, pela instrução prática de áreas-chave da vida do ser humano segundo entende o cristianismo. Acerca desse período inicial, o historiador italiano diz:

> Se a "imitação de Cristo" foi, no início, um elemento de coesão/ unificação das várias "igrejas" locais, ela se manifestava como "uma tarefa árdua", pois implicava "a necessidade de definição doutrinal e o desenvolvimento de formas de vida institucionalizada para realizar os intentos da doutrina". Tratava-se, na verdade, de fixar a *figura* de Cristo e definir a *doutrina* (coisa que fizeram os *Evangelhos*), e depois moldar o cristão segundo aquele Modelo, indicando-lhe percursos éticos e práticas religiosas capazes de levá-lo até aquele objetivo. A disciplina eclesiástica e o crescimento da cultura cristã eram voltados para esse objetivo, mas, para exercer tais funções e difundir o novo modelo de vida, torna-se indispensável a mediação da filosofia/cultura grega, já que se fala de um mundo caracterizado pelo helenismo e já que a cultura grega organiza o discurso segundo aquele princípio de universalidade que é também tão próprio da alma e da doutrina cristã.[44]

Ainda que já tenha sido diversas vezes mencionada a questão da influência da filosofia grega na teologia cristã, é importante apenas reafirmar que o aparato, ou aporte intelectual e teórico, para se formular, desenvolver ou construir a doutrina dependeu de tal influência. Alister McGrath afirma a esse respeito que, "desde o princípio, os cristãos souberam o que realmente importava sobre Deus e Jesus de Nazaré". No entanto, era necessário "desenvolver um

---

42 Ibid.
43 Ibid., p.125.
44 Ibid., p. 127.

CAPÍTULO 2 – Da experiência de fé à teologia sistemática | 109

suporte intelectual para preservar o mistério, salvaguardar o que a igreja tinha descoberto como verdadeiro — um processo que exige discernimento e elaboração".[45] Assim, o mesmo autor reconhece que o "ponto crítico a considerar é que esse suporte intelectual não é em si totalmente descoberto por revelação divina". Sendo dessa forma, é preciso dizer, a "doutrina é alguma coisa construída, pelo menos em parte, em resposta à revelação para salvaguardar o que foi revelado". Na verdade, ao se elaborar ou construir uma doutrina, tem-se como certo que ela "de uma vez por todas preserva os principais mistérios no cerne da fé e vida cristã, enquanto permite que sejam examinados e explorados em profundidade".[46] Apesar dessa função da doutrina, é preciso falar um pouco sobre a utilização técnica da expressão "mistério", referida pelo teólogo e muito conhecida da ciência da fé.[47] De acordo com McGrath, o "sentido fundamental [dessa expressão] é de 'alguma coisa tão grandiosa que não pode ser captada pela mente humana'". Em termos diretos, é preciso manter em mente o eterno problema da linguagem, reconhecendo que a "teologia sempre se revelará inadequada para fazer justiça às verdades que repousam no cerne da fé cristã". Assim, alinhamo-nos ao autor na incontestável obviedade de que podemos até "buscar a precisão teológica, contudo nossas tentativas de lidar com a realidade de Deus e o evangelho cristão serão sempre contrariadas pelas limitações da mente humana".[48] Como já afirmava Charles Gore em 1922, portanto muito antes da incompreendida "pós-modernidade":

A linguagem humana jamais pode expressar adequadamente as verdades divinas. Uma tendência constante a se desculpar pela fala humana, um grande elemento de agnosticismo, uma terrível percepção de uma profundidade colossal, muito além do pouco que é revelado, está sempre presente na mente dos teólogos que sabem com o que estão lidando, ao conceber ou expressar Deus. "Nós vemos", diz São Paulo, "num espelho, em termos de um enigma"; "nós conhecemos em parte". "Nós somos compelidos", reclama Santo Hilário, "a tentar o que é inacessível, ir onde não podemos chegar, falar o

---

45  McGrath, Alister. *Heresia: uma história em defesa da verdade* (São Paulo: Hagnos, 2014), p. 39.
46  Ibid. Para essa e as demais citações não referenciadas com nota desde a última.
47  É expressão sinônima para referir-se à teologia pela maioria dos autores. Apesar disso, alguns não a aprovam.
48  Ibid., p. 40.

> que não podemos proferir; em vez da mera adoração da fé, somos compelidos a confiar as coisas profundas da religião aos riscos da expressão humana".[49]

Não há nada pós-moderno ou liberal no texto anteriormente citado, simplesmente lucidez e bom senso. Em uma palavra, caso se admita que a "doutrina, então, preserva os principais mistérios no cerne da fé e da vida cristã", por outro ângulo é preciso dizer que ela não parte "necessariamente de uma revelação divina"; logo, sua validação deve ocorrer, "em parte pelo seu fundamento em tal revelação e, em parte, pela sua capacidade de defender e compreender a revelação". Isso, reconhecendo que tal construção doutrinária está idealmente prestando esse serviço. Em termos diretos, o "mistério está ali e ali permanece, antes de qualquer tentativa de [se] dar [um] sentido a ele e expressá-lo em palavras e fórmulas".[50] Tal deve ser reafirmado, pois o cristianismo não é "simplesmente, ou mesmo fundamentalmente, um conjunto de ideias".[51] Desde o começo, "muitos cristãos", diz Alister McGrath, defendem que "uma experiência de Deus repousa no centro da dinâmica religiosa".[52] Evidentemente que tal "experiência pode levar a formulações teológicas [...], mas tais formulações são, no final das contas, secundárias à experiência que as precipitou e moldou".[53] Na realidade, atualmente "muitos argumentariam que uma experiência de Deus é irredutível às formas verbais ou conceituais".[54] McGrath disserta, entretanto, que até mesmo em o Novo Testamento é possível reconhecer que os discípulos do Senhor Jesus primeiramente confiaram nele; "com o passar do tempo, eles passa[ram] também a entender quem ele era e [finalmente] passa[ram] a reconhecer a sua importância", ou seja, mesmo em o Novo Testamento tal raciocínio "leva a [ver que havia] uma confiança pessoal em Deus e em Cristo sendo completada com crenças que dizem respeito à identidade deles — em outras palavras, com declarações doutrinais".[55] Aqui, é preciso fazer uma imprescindível diferenciação:

---

49  GORE, C. *The incarnation of the Son of God* (Londres: John Murray, 1922), p.105-6, apud McGRATH. *Heresia*, p. 41.

50  Ibid.

51  Ibid., p. 26.

52  Ibid.

53  Ibid., p. 26-7.

54  Ibid., p. 27.

55  Ibid., p. 31.

CAPÍTULO 2 – Da experiência de fé à teologia sistemática | 111

Essa breve incursão na terminologia cristã nos permite fazer uma importante distinção entre *fé* — geralmente compreendida de modo *relacional* — e *crença* — geralmente compreendida de modo *cognitivo* ou *conceitual*. A fé primeiramente descreve uma relação com Deus, caracterizada pela confiança, pelo compromisso e pelo amor. Ter fé em Deus é depositar a confiança nele, crendo que dela ele é merecedor. As crenças representam uma tentativa de colocar em palavras a substância dessa fé, reconhecendo que as palavras nem sempre são capazes de representar o que elas descrevem, mas também reconhecendo a necessidade de tentar confiar às palavras o que elas, no final das contas, não poderiam conter. Afinal, as palavras são de importância efetiva na comunicação, argumentação e reflexão. É simplesmente inconcebível para os cristãos não tentarem expressar em palavras aquilo em que creem. Contudo, essas formulações de credo são, de certo modo, secundárias ao ato primário de confiança e compromisso.[56]

É justamente nesse aspecto que reside a importância do que disse o psicólogo William James ao falar que acreditava ser o "sentimento", e aqui trata-se do "sentimento de criaturalidade", a "fonte mais profunda da religião", e que, por seu turno, "as fórmulas filosóficas e teológicas são produtos secundários, como as traduções de um texto para outra língua".[57] James reputava as fórmulas teológicas como produto secundário pelo fato de que, "num mundo em que jamais existisse o sentimento religioso", dizia ele, "duvido que pudesse ter sido estruturada alguma vez qualquer teologia filosófica".[58] De fato, sem o mistério, sem a experiência de fé e o senso de falta de sentido que culminam, no caso da crença cristã, na revelação divina, jamais haveria necessidade de pensar em teologia sistemática. Apesar de atualmente julgar-se impossível alguém ser considerado cristão sem subscrever os arrazoados teológicos sistemáticos, é importante lembrar que, conforme Alister McGrath, as "primeiras declarações de fé cristã eram muitas vezes breves, até mesmo concisas".[59] Para esse mesmo autor, "Paulo prepara o que parece ter sido um credo cristão prototípico, quando faz a afirmação de que *Jesus é o Senhor* (Rm 10:9) no

---

56  Ibid., p. 31-2.
57  JAMES, William. *As variedades da experiência religiosa: um estudo sobre a natureza humana* (São Paulo: Cultrix, 1991), p. 268.
58  Ibid.
59  McGRATH. *Heresia*, p. 32.

## 112 | TEOLOGIA SISTEMÁTICO-CARISMÁTICA

cerne da confissão cristã".[60] Para os teólogos James Bailey e Vander Broek, tal confissão "(Rm 10.9; 1Co 12.3) representa a mais compacta forma de credo".[61] O doutor em teologia e filosofia E. Glenn Hinson concorda com essa informação; contudo, mesmo reconhecendo que a "confissão mais simples da igreja era, sem dúvida, 'Jesus é Senhor'", ele acrescenta que "existiam também longas declarações, como em 1Coríntios 15.3-5, onde Paulo explicitamente menciona que tinha ensinado uma tradição (*paradosis*)".[62] Para Hinson, o "ensino foi uma concomitância natural do cristianismo", pois, ainda que "com sua ardente expectativa de consumação final, o cristianismo foi uma religião de ensino". A "explicação óbvia" de isso ser assim, segundo Hinson, "é que o judaísmo também era uma religião de ensino".[63] Dessa forma, "à semelhança do judaísmo, o cristianismo desenvolveu um ministério de ensino bastante elaborado", tendo o "conteúdo de seu ensino [...] derivado de três fontes: 1) Jesus, 2) judaísmo e 3) o mundo greco-romano".[64] Tal se explica pelo fato de que

> enquanto a igreja se dirigiu primariamente aos judeus, ou pessoas convertidas ao judaísmo, os mestres precisaram acrescentar somente um elemento a essa mensagem pré-formulada, ou seja, Jesus. A maior tarefa era estudar as Escrituras para substanciarem seus ensinos (cf. At 8:32,35; 17:2,11; 18:24,28). Mas quando a igreja confrontou os gentios com sua mensagem, teve que assumir a função catequizadora do judaísmo. Os gentios não eram monoteístas. Em sua grande maioria, conheciam muito pouco os altos padrões morais do judaísmo e cristianismo.[65]

---

60  Ibid., p. 117.

61  BAILEY, James; VANDER BROEK, Lyle D. *Literary forms in the New Testament: a handbook* (Louisville: Westminster John Knox Press, 1992), p. 83-4, apud McGRATH. *Heresia*, p. 32.

62  HINSON, E. G. "O ensino cristão na igreja primitiva", in: HINSON, E. G.; SIEPIERSKI, Paulo. *Vozes do cristianismo primitivo: o cristianismo como movimento que celebra sua unidade na diversidade, feito por indivíduos comuns, rumo à institucionalização* (São Paulo: Arte Editorial, 2010), p. 27.

63  Ibid., p. 25. A explicação de Hinson para esse fenômeno é que o "judaísmo, antecedente histórico do cristianismo, era uma religião de mestres" (p. 21) e uma vez que, continua o mesmo autor, "parte tanto da forma como do conteúdo da mensagem da igreja foi legada pelo judaísmo", é óbvio que haja no cristianismo o que havia no "centro do currículo da sinagoga e da escola", isto é, "os conceitos de monoteísmo, bem como a ênfase em moralidade" (p. 26).

64  Ibid., p. 26.

65  Ibid.

CAPÍTULO 2 – Da experiência de fé à teologia sistemática | 113

Hinson ainda diz que, além desses "agentes indiretos de instrução, o repertório dos mestres consistia de diferentes tipos de material"[66], referindo-se especificamente a quatro: "confissões de fé, listas éticas e códigos sociais, palavras e obras de Jesus e as escrituras veterotestamentárias", documentos que "constituíram o cerne do catecismo cristão primitivo".[67] Entretanto, à questão: "*Quem* era instruído e *quando*?", Hinson responde: "Convertidos ao cristianismo".[68] Em termos diretos, a conversão a Jesus Cristo, a experiência de fé, como é óbvio, era a porta de entrada. Portanto, voltando ao raciocínio de Alister McGrath, quando o apóstolo Paulo "fala de Cristo como a cabeça do corpo, sua linguagem claramente aponta para um papel central de Cristo na experiência cristã, quer na esfera comunal quer na esfera pessoal".[69] O fato relevante é que havia uma educação cristã nos primórdios da igreja do século 1; no entanto, conforme disserta McGrath, as "primeiras comunidades cristãs não parecem ter considerado as formulações doutrinais precisas e elaboradas como essenciais para a sua autodefinição", pois tais comunidades "já eram distintas do mundo pela participação em suas assembleias e pela adoração".[70] O mesmo autor oferece um exemplo de uma comunidade cristã — a joanina —, dizendo que esse "grupo considerava a sua situação de afastamento do mundo como sendo explicada e legitimada pelas interpretações das palavras de Jesus Cristo e das ações transmitidas no quarto Evangelho".[71] Esse ponto importantíssimo não pode passar sem uma breve consideração. McGrath menciona a "comunidade cristã joanina", o que sugere que havia outras comunidades, óbvio. Todavia, quais as implicações de atualmente se saber que nunca houve uma única comunidade, mesmo na chamada "igreja primitiva"? Embora já seja conhecida de longa data, sobretudo na Europa e nos Estados Unidos, apenas recentemente iniciou-se no Brasil uma discussão acerca da tese do estudioso Walter Bauer.[72] Seu trabalho intitulado *Orthodoxy and heresy*

---

66  Ibid., p. 27.

67  Ibid., p. 30.

68  Ibid., p. 31.

69  McGrath. *Heresia*, p. 117-8.

70  Ibid., p. 114.

71  Ibid., p. 115.

72  Seguem apenas dois exemplos, em português, para quem quer conhecer a tese de Bauer. Favorável à posição, temos Dunn, James D. G. *Unidade e diversidade no Novo Testamento: um estudo das características dos primórdios do cristianismo* (Santo André: Academia Cristã, 2009), p. 696. Contrária à perspectiva, temos Köstenberger, Andreas J.; Kruger, Michael J.

_in earliest Christianity_ [Ortodoxia e heresia no cristianismo primitivo] propôs basicamente que a forma primária de cristianismo, com seus vários grupos, possuía uma intensa divergência interna acerca da pessoa de Jesus e que, consequentemente, a heresia precedeu a ortodoxia.[73]

Esse excurso justifica-se, pois, como afirmam os teólogos pentecostais James Railey e Benny Aker, "embora a matéria fundamental da teologia seja tirada da Bíblia, a teologia também se interessa pela comunidade da fé de onde surgiu a revelação". Por quê? Simples. "Sem haver compreensão da comunidade da antiguidade, a mensagem não será corretamente [interpretada e] aplicada."[74] Um dos mais conhecidos e conservadores biblistas, F. F. Bruce, afirma em sua obra _Pedro, Estêvão, Tiago e João: estudos no cristianismo não paulino_ que os "escritos do apóstolo Paulo mostram claramente que outras apresentações da mensagem cristã eram correntes durante seu ministério apostólico". Bruce, então, diz que "algumas dessas apresentações satisfaziam bastante o apóstolo; no entanto, achou necessário advertir seus leitores a respeito de outras". Assim, ele conclui que "estudar o cristianismo paulino exige que voltemos nossa atenção para o cristianismo não paulino".[75] Nesse aspecto, apesar de presumir que havia, de fato, o que Larry Hurtado chama de proto-ortodoxia, não se pode ignorar a verdade de que, como o próprio Hurtado reconhece, existiam judeus cristãos "pré-paulinos", pois "os primeiros grupos do movimento cristão emergente eram constituídos de adeptos judeus em Jerusalém e em outras partes da Judeia romana (Palestina)".[76] Isso leva à conclusão de que a forma primordial de teologia era algo muito prático e simples, sem maiores elaborações.

---

_A heresia da ortodoxia: como o fascínio da cultura contemporânea pela diversidade está transformando nossa visão do cristianismo primitivo_ (São Paulo: Vida Nova, 2014), p. 320.

73  "Para a maioria dos estudiosos, a tese de Bauer deve ser vista hoje como relativamente de pouco valor histórico. Ela repousa numa série de suposições que a crítica posterior considerou insustentável. No entanto, há um ponto no qual Bauer está inquestionavelmente correto: o cristianismo primitivo era muito mais complexo e diverso do que alguns de seus principais representantes da época parecem querer nos fazer crer. Isso, porém, é agora amplamente aceito e já não é visto como controverso — ou problemático" (McGrath. _Heresia_, p. 99).

74  Railey Jr., J. H.; Aker, B. C. "Fundamentos teológicos", in: Horton. (ed.). _Teologia sistemática: uma perspectiva pentecostal_, p. 50.

75  Bruce, F. F. _Pedro, Estêvão, Tiago e João: estudos no cristianismo não paulino._ (São Paulo: Shedd Publicações, 2005), p. 9.

76  Hurtado, Larry W. _Senhor Jesus Cristo: devoção a Jesus no cristianismo primitivo_ (Santo André: Academia Cristã; São Paulo: Paulus, 2012), p. 122.

CAPÍTULO 2 – Da experiência de fé à teologia sistemática | 115

Outra conclusão é que, mesmo antes da conversão de Paulo, "todas as fontes cristãs primitivas indicam que, após a execução de Jesus, houve uma significativa reformulação da fé dos seus discípulos e um novo e poderoso senso de revelação". Isso se deu, prossegue Hurtado, "em conexão com as experiências religiosas que tinham uma nova qualidade e frequência na vida das pessoas que as recebiam".[77] Havia, então, o que James Dunn chama de *kerygmata*,[78] isto é, várias formas de anúncio da mensagem do evangelho, girando em torno do paradigma central — a *proto-ortodoxia* —, que era a crença em Jesus como o Cristo, o Senhor, e a devoção a ele. Isso era real tanto para o cristianismo judaico quanto para os demais "cristianismos" (pré, paulino ou não). Nas palavras do autor:

> Enfatizo novamente, [...] que o cristianismo proto-ortodoxo do século 2 não era uma entidade monolítica, mas antes compreendeu uma interessante variedade nas expressões e práticas. Também, embora haja linhas de desenvolvimento e continuidade entre ambas, a proto-ortodoxia não equivale à ortodoxia plenamente desenvolvida presente desde o quarto século, com seus credos fixos, sua hierarquia estabelecida e seu poder coercivo para eliminar a "heresia". No período que estamos considerando (aprox. 70-170), o nascente cristianismo proto-ortodoxo é reconhecido em termos mais simples e flexíveis que já propus e aqui reitero: uma alta estima pelas tradições, combinada com uma suspeita crítica acerca de inovações radicais, um compromisso monoteísta exclusivista com o Antigo Testamento e sua deidade, e uma disposição para integrar certa diversidade crítica.[79]

---

77 Ibid., p. 111.

78 Dunn afirma que o "problema que nos confronta pode ser posto simplesmente assim: podemos falar do *kerygma* do NT? Ou devemos falar de *kerygmata* do NT? Havia uma única expressão normativa do evangelho no tempo dos primórdios do cristianismo? Ou havia muitas expressões diferentes do evangelho, com nenhuma tendo uma melhor reivindicação de ser *o* evangelho que qualquer outra, mas *todas* eram o evangelho?" O mesmo autor acrescenta que, para responder a essa questão, um dos primeiros problemas a ser resolvido "é o de *definição*", pois "*Kerygma* pode significar o *que* é pregado, ou o *ato* de pregar (cf. Rm 16.25; 1Co 1.21; 2.4 em que poderia ter outro sentido)" (DUNN. *Unidade e diversidade no Novo Testamento*, p. 75). O autor disserta acerca do assunto, mostrando suas diferentes ênfases, e cita, para exemplificar, primeiramente o *kerygma* de Jesus, depois o de Atos, seguido pelo de Paulo e, finalmente, o de João (cf. p. 75-101). Para quem acha que Dunn é um autor "liberal", é bom observar que em sua obra *Pedro, Estêvão, Tiago e João*, F. F. Bruce cita-o, mencionando justamente *Unidade e diversidade no Novo Testamento*, e, ao fazê-lo, referenda-o positivamente (cf. p. 31).

79 Ibid., p. 721.

## 116 | TEOLOGIA SISTEMÁTICO-CARISMÁTICA

Hurtado informa que, para "os cristãos que constituíam os círculos proto-ortodoxos, 'o cerne da mensagem cristã residia na relação entre o Antigo Testamento e o Novo'".[80] O que se vê, por exemplo, na postura dos chamados bereianos, ilustra o ponto. Apesar de os judeus da Bereia serem mais abertos que os de Tessalônica, eles avaliaram se a pregação de Paulo e Silas, acerca de Jesus de Nazaré como o Messias de Deus, era realmente fiel às profecias veterotestamentárias (Atos 17:10-12). A veracidade da mensagem dos seguidores de Cristo, para os judeus bereianos, estava consignada ao nível de respaldo que ela obtinha do Antigo Testamento — única porção da Escritura que, na época, existia. Se o propósito da pregação de Paulo e Silas era justamente levar os bereianos a aceitarem a mensagem cristã e, consequentemente, à conversão, os últimos agiram de forma prudente. Se tanto o judaísmo — religião judaica estatal que deveria ser abandonada — quanto o cristianismo utilizavam a mesma fonte para fundamentar a fé, era não somente justo, como obrigatório, que os bereianos fossem cautelosos e usassem critérios rigorosos na avaliação da mensagem. Não se tratava simplesmente de uma opção religiosa, mas de interpretar a mesma Escritura de maneira "correta" (segundo o cristianismo), em contraposição à maneira "errada" (do judaísmo). Significava substituir a fé em algo plenamente "sólido" do ponto vista institucional por um movimento incipiente e informal que ainda estava se configurando. Se aquele judeu chamado Jesus que havia morrido era, de fato, o Messias, o Cristo, então não havia mais razão de os judeus continuarem esperando outro. Contudo, era preciso ter certeza disso.

O que deve ficar claro é que a própria dinâmica da pregação ensejava a produção teológica, ou seja, as reflexões geravam sentido, nexo e compreensão para o que *já* era crido. Considere, por exemplo, o caso de Apolo (Atos 18:24-28). Apesar de ser eloquente pregador instruído nas Escrituras e conhecedor das coisas do Senhor, foi orientado por Priscila e Áquila acerca de pontos que ele desconhecia acerca do Caminho de Deus. Isso demonstra a existência de um padrão conhecido, e admitido como correto pelo casal, mediante o qual era possível avaliar o conteúdo de uma mensagem.[81] A grande questão, como

---

80  Ibid., p. 723.

81  Apesar disso, F. F. Bruce afirma que "Os escritos mais antigos que fazem referência a Apolo são encontrados na primeira carta de Paulo à igreja de Corinto, escrita na primavera do ano 55 d.C. Por meio dessa carta, entendemos que, ao fim dos dezoito meses da permanência de Paulo em Corinto, tempo em que plantou e cultivou a igreja naquela cidade, Apolo veio

CAPÍTULO 2 – Da experiência de fé à teologia sistemática | 117

afirma o Evangelho de Lucas, é que, em razão do fato de se pregar e ensinar acerca da vida de Jesus em comunidades diversas, muitos intentaram pôr em ordem o relato do que havia acontecido durante os três anos e meio do ministério terreno do Filho de Deus (Lucas 1:1-3). Como se sabe, as narrativas enfatizaram aspectos dos mesmos acontecimentos de formas muito distintas, pois os textos foram produzidos com propósitos bem definidos (cf. Lucas 1:3-4; João 20:30-31). Não obstante esse reconhecimento, muitos ainda insistem em classificar, equivocadamente, os Evangelhos como "biografias". Portanto, a produção teológica acontecia de forma muito diferente do que se vê hoje, ou seja, apenas muito posteriormente é que foi iniciado um processo de sofisticação teológica que exigiu conhecimentos que o leigo não possuía. Como poderá ser verificado, esse aspecto criou a ambivalência e assimetria experimentadas desde então.

## O DESENVOLVIMENTO DA DOUTRINA E OS PREJUÍZOS DA ELITIZAÇÃO DO EXERCÍCIO TEOLÓGICO

Apesar de na primeira fase do cristianismo não haver um credo, diz McGrath, pois "não existia nenhuma das formulações doutrinais normativas precisas — tal como o *Credo niceno* — que se tornaram tão dominantes e influentes no final do quarto século",[82] é correto pensar que a necessidade de "libertação" da fé cristã em relação ao judaísmo motivou muitas discussões e debates, que, por sua vez, geraram arrazoados teológicos. Em uma teologia conversionista, não judaizante ou messiânica (que aguardava uma implantação política do reino de Deus), a explicação, por exemplo, acerca do sacrifício vicário de Jesus Cristo de Nazaré era não somente necessária, mas obrigatória, pois tal sacrifício, para o judeu, não faz sentido sem a noção da *Queda*. Na verdade, mesmo com a noção da Queda, é preciso saber qual o paralelo existente entre o sacrifício vicário e expiatório do Filho de Deus e sua correspondência com o sistema sacrificial da religião judaica. Podem ser elencados como exemplos emblemáticos dessa problemática o "concílio de Jerusalém"

---

e continuou o trabalho que o apóstolo havia começado. Paulo escreveu: 'Eu plantei, Apolo regou, mas Deus deu o crescimento' (1Co 3:6). Paulo não mostra a mínima desaprovação a Apolo ou [ao] seu trabalho; de seu ponto de vista, ele e Apolo eram 'cooperadores de Deus' (1Co 3:9), e cada um realizava a tarefa divina que lhe fora atribuída" (*Pedro, Estêvão, Tiago e João*, p. 55-6).

82  McGRATH. *Heresia*, p. 116.

## 118 | TEOLOGIA SISTEMÁTICO-CARISMÁTICA

(Atos 15) e a monumental Epístola aos Hebreus, que, depois de Romanos, é um dos tratados mais substancialmente teológicos do Novo Testamento. Nessa epístola, inclusive, há uma denúncia acerca da injustificada imaturidade teológico-espiritual dos membros da igreja, pois o texto denuncia que, pelo tempo que eles tinham de crentes professos, era uma vergonha haver ainda a necessidade de ensinar-lhes os princípios rudimentares do evangelho (Hebreus 5:11—6:3).

A despeito do que foi dito anteriormente acerca da existência de um núcleo comum em torno do que Hurtado classifica como uma "proto-ortodoxia", é preciso ter muito claro a observação de Alister McGrath de que, "apesar desse nuclear 'padrão de verdade' que as unia, as primeiras comunidades cristãs revelam claramente a diversidade tanto quanto a unidade".[83] Tal entendimento é importante porque mostra que a inculturação da fé[84] — procedimento que nasce da experiência de cada pessoa, em particular na recepção do *kerygma* — era uma realidade inicial que, posteriormente, deu lugar ao mecânico ato de repetição, ou subscrição, doutrinária. A esse respeito, Glenn Hinson afirma que as pessoas instruídas eram as que haviam se convertido ao cristianismo; entretanto, informa que "esta parte da resposta é suficiente [apenas] para o primeiro período da história da igreja". Isso porque, segundo afirma, "durante o segundo século, a educação cristã se tornou mais complexa, de tal forma que foram criadas escolas tanto para a educação elementar como superior". O mesmo autor diz que é preciso responder à questão de "*quando* os novos

---

83   Ibid., p. 64.

84   Conforme Mario de França Miranda, após a utilização de diversas expressões — implantação da igreja, indigenização, contextualização, enculturação, aculturação —, "*inculturação é o termo que acabou se impondo*", e, de acordo com A. Roest Crollius, apud A. Lienkamp e C. Lienkamp (Orgs.), "pode ser definido como 'a realização da fé e da experiência cristã numa cultura, de tal modo que não só se expresse com elementos culturais próprios *(tradução)*, mas também se torne uma força que anima, orienta e renova esta cultura *(discernimento)*, contribuindo para a formação de uma nova comunidade, não só dentro de sua cultura, mas ainda como enriquecimento da Igreja universal *(síntese)*'". O autor ainda acrescenta que nessa definição pode-se ver "os três momentos do processo de inculturação: primeiramente, a presença e o encontro com outra cultura, que exige nova linguagem, gestos e símbolos para ser significativa; em seguida, vem a difícil fase do diálogo, na qual se examina que elementos culturais podem ou não ser assumidos e valorizados pela fé cristã; finalmente, chega-se a uma síntese cultural, que não só enriquece a cultura local e a igreja local, mas ainda contribui para a [universalidade] da igreja". Miranda acrescenta oportunamente que tal processo "não se trata de 'inculturar' uma doutrina ou valores do evangelho, mas permitir que a *vivência da fé* de uma comunidade eclesial se realize nessa cultura, configurando-a como Igreja Particular" (MIRANDA, Mario de França. *Inculturação da fé: uma introdução teológica* [São Paulo: Paulus, 2001], p. 38).

CAPÍTULO 2 – Da experiência de fé à teologia sistemática | 119

convertidos eram instruídos". A essa indagação, ele responde que, se, por um lado, não há dúvida alguma "sobre o fato de que cuidadosa instrução, modelada segundo o treinamento oferecido na sinagoga judaica, *seguia* ao batismo, como Atos 2.42 declara explicitamente", por outro, Hinson diz que é preciso reconhecer que "no começo do segundo século convertidos eram instruídos nos fundamentos da fé *antes* do batismo". A grande dúvida é se "tal instrução precedia o batismo num período anterior, como 100 d.C.", por exemplo. Nesse ponto, as opiniões se dividem. Hinson cita, então, W. Robinson, a favor da ideia de que "no período neotestamentário 'tudo que era requerido antes do batismo era fé e arrependimento'", citando, inclusive, o livro de Atos para consubstanciar essa perspectiva "(cf. At 2.38; 3.19; 8.12,37; 9.18; 10.47; 16.14,15,32,33)", e, na posição contrária, refere-se a Alfred Seeberg, que "apresentou uma proposta muito forte em favor da instrução pré-batismal".[85] O fato é que, em aproximadamente "100 d.C., o doutrinamento pré-batismal era provavelmente quase universal" e, por volta "de 200 d.C., a instrução pré-batismal já era compreensiva e sistemática", como se pode ver pela "*Tradição apostólica de Hipólito* (c. 200-235) [que] prescreveu cuidadosamente os deveres do mestre". As informações são de que, além de o "período de instrução [chegar a] durar três anos", os chamados "catecúmenos não tomavam parte no culto dos crentes antigos".[86] Um cenário completamente distinto em relação ao da igreja do século 1, quando, além do ensino intencional, a própria liturgia, isto é, os "cânticos, o ato do batismo, a ceia do Senhor, a pregação, a oração e outros atos de adoração — todos ensinavam uma lição",[87] ou seja, tinha uma finalidade pedagógica. A triste realidade é que do século 2 em diante, diz o mesmo autor, anteriormente ao "batismo, os candidatos eram obrigados a aprender um credo e frequentar um curso sobre vida cristã". Hinson complementa:

> Durante o segundo século, o cristianismo começou a desenvolver escolas teológicas para treinar seus líderes. Elas eram simplesmente a decorrência natural da instrução catequética oferecida nos primórdios da igreja. A grande escola de Alexandria (sobre a qual há mais

---

85  HINSON, E. G. "O ensino cristão na igreja primitiva", in: HINSON; SIEPIERSKI. *Vozes do cristianismo primitivo*, p. 31. Inclusive para todas as citações desde a última desse autor.

86  Ibid., p. 32.

87  Ibid., p. 27.

## 120 | TEOLOGIA SISTEMÁTICO-CARISMÁTICA

informações do que sobre qualquer outra), que sem dúvida era uma imitação da judaico-helenizada, florescida naquele lugar no século primeiro sob Filo, ensinava os tópicos da filosofia clássica. Essas tarefas, porém, apenas preparavam o caminho para o estudo das Escrituras. Tais escolas catequéticas, mais tarde, receberam o nome de episcopais ou catedrais e vieram a estar sob a tutela exclusiva do clero.[88]

O que precisa ficar claro é que tudo "que foi dito até agora se aplica ao ensino da igreja até a segunda metade do segundo século", diz Hinson, informando que, desde "então, muitos desenvolvimentos significativos, a maioria noci[va], tomaram lugar".[89] É o que se poderá ver ainda mais à frente. No momento, é prudente entender o porquê de Bernard Lonergan distinguir o que ele chamava de "fontes primárias", ou seja, "a doutrina da mensagem original" das "doutrinas que dizem respeito a essa doutrina", isto é, "as doutrinas eclesiásticas, as doutrinas teológicas, a doutrina metodológica e a aplicação da doutrina metodológica que resulta na especialização funcional chamada doutrinas".[90] No que diz respeito à "mensagem original", ele afirma que as referências bíblicas "podem ser encontradas, por exemplo, em 1Coríntios 15:3ss e em Gálatas 1:6ss".[91] Todavia, ao se fazer considerações sobre esses textos, isto é, ao interpretá-los, passa-se aos "estágios da proclamação e da aplicação dessa mensagem [quando, então, se] engendram doutrinas acerca da doutrina".[92] Evidentemente que não há possibilidade alguma de, neste capítulo, abordar em todos os seus pormenores os acontecimentos que marcaram as fases, ou estágios, do desenvolvimento doutrinário. Por isso, "saltos históricos", seguidos de abordagens genéricas, obrigatoriamente serão dados.

Como já foi dito, tudo se inicia com a "revelação divina em que Deus falou ao povo de outrora por meio de seus profetas e, mais recentemente, de seu Filho (Hebreus 1:1-2)". Na sequência, continua Lonergan, vem "o decreto da Igreja em que a decisão dos cristãos reunidos coincide com a decisão do Espírito Santo (Atos 15:28)". Muito posteriormente, vêm "as tradições apostólicas: Ireneu, Tertuliano e Orígenes [que] recorrem aos ensinamentos

---

88 Ibid., p. 32.
89 Ibid., p. 33.
90 LONERGAN, Bernard. *Método em teologia* (São Paulo: É Realizações, 2012), p. 329.
91 Ibid.
92 Ibid., p. 329-30.

CAPÍTULO 2 – Da experiência de fé à teologia sistemática | 121

dados pelos apóstolos nas igrejas que eles fundaram, os quais foram passados de geração em geração". Dessa primeira fase, finalmente, há a "inspiração das Escrituras canônicas que, uma vez formado o cânon e explicados os princípios hermenêuticos, forneceram um critério muito mais acessível".[93] "Acessível" aqui se refere ao exercício de criar a doutrina, tornando-a sobressalente a estudos ulteriores, tendo a Escritura como o critério de verificação.

A partir desse ponto, passa-se, então, ao desenvolvimento doutrinário propriamente dito, pois "surgem" as doutrinas eclesiásticas. De acordo com Lonergan, inicialmente elas "encontram seus antecedentes nas profissões de fé do Novo Testamento e na decisão dos cristãos reunidos em Atos dos Apóstolos 15:28". Entretanto, não consistem em "meras reafirmações das Escrituras ou da tradição", pois, continua o teólogo canadense, "não é preciso mais do que examinar uma compilação de declarações conciliares [...] para que fique claro que cada uma delas é produto de seu lugar e tempo e que cada uma aborda questões prementes naquela época e àquele povo".[94] A próxima etapa do desenvolvimento doutrinário refere-se às doutrinas teológicas. Conforme disserta Lonergan:

> Etimologicamente, teologia significa um discurso sobre Deus. Em um contexto cristão, ela indica as reflexões de determinada pessoa acerca da revelação dada em e por Cristo Jesus. No período patrístico, os autores se interessavam, sobretudo, pelas questões específicas que circulavam na época, mas mais para seu termo começaram a surgir obras abrangentes, como a *De Fide Orthodoxa* de João Damasceno. Nas escolas medievais, a teologia se tornou metódica, colaborativa, permanente. A pesquisa e a classificação se davam nos livros de sentenças. A interpretação, em comentários sobre os livros do Velho e Novo Testamentos e sobre as obras de autores de destaque. A teologia sistemática tentou dar ordem e coerência à massa de materiais coletados das Escrituras e da tradição. É possível que esse processo tenha começado com *Sic et Non* de Abelardo, no qual 158 proposições foram comprovadas e descreditadas por meio de argumentos retirados das Escrituras, da tradição e da razão. De todo modo, o *non* de Abelardo acabou por tornar-se o *Videtur quod non* da *quaestio*; seu *sic* tornou-se o *Sed contra est*; seguiu-se uma declaração dos princípios de solução

---

93  Ibid., p. 330.
94  Ibid.

# 122 | TEOLOGIA SISTEMÁTICO-CARISMÁTICA

ou reconciliação; por fim, os princípios foram aplicados a cada uma das fontes conflitantes. Ora, quando a técnica da *quaestio* foi aplicada ao conteúdo do livro das sentenças, uma nova necessidade surgiu. As soluções dadas àquelas intermináveis questões deveriam ser coerentes entre si. Era preciso uma visão sistemática do todo. Foi em busca de uma subestrutura para essa visão que os teólogos se voltaram para Aristóteles.[95]

O próximo passo do processo de desenvolvimento doutrinário, seguindo o raciocínio de Lonergan, refere-se à análise metodológica, que é justamente a escolha crítica de um método. Os chamados "problemas metodológicos", diz o teólogo canadense, "surgiram mais para o final do século 13 em uma acirrada disputa entre agostinianos e aristotélicos". A questão foi de tal vulto que alcançou o patamar de "oposição permanente entre as escolas tomista e escotista, a exemplo do que se deu posteriormente com as controvérsias entre os católicos e os protestantes, entre os jesuítas e os dominicanos e entre os seguidores de diferentes líderes do protestantismo". Para Lonergan, uma possível solução a essa interminável controvérsia passa pela epistemologia, ou seja, pela busca de "um método teológico radical o bastante para encarar as questões básicas da filosofia: O que fazemos quando conhecemos? O que está causando esse conhecimento? O que conhecemos quando o fazemos?"[96] Todavia, ele mesmo reconhece que essa "solução" apenas não seria o suficiente, pois é "preciso questionar também o que estamos fazendo ao fazer teologia". Ao proceder dessa forma, o mesmo autor diz que "nossa resposta deve contemplar não somente o encontro cristão com Deus, mas também a historicidade das testemunhas cristãs, a diversidade de culturas humanas, as diferenciações da consciência do homem".[97] Ao final desse exercício, obtém-se "uma doutrina metodológica", que, diz Lonergan:

> Assim como a teologia reflete sobre a revelação e sobre as doutrinas eclesiásticas, também a metodologia reflete sobre a teologia e as teologias. Por essa razão, ela deve mencionar tanto a revelação quanto as doutrinas eclesiásticas sobre as quais as teologias se debruçam. No entanto, embora as mencione, ela não tenta determinar seu conteúdo.

---

95  Ibid., p. 330-1.
96  Ibid., p. 331.
97  Ibid., p. 331-2.

CAPÍTULO 2 – Da experiência de fé à teologia sistemática | 123

Essa tarefa é deixada às autoridades eclesiásticas e aos teólogos. A metodologia deseja determinar como os teólogos poderiam ou deveriam operar; não lhe cabe predeterminar os resultados específicos que todas as gerações futuras devem obter.[98]

Finalmente, o teólogo canadense enumera o quinto e último estágio do desenvolvimento doutrinário, falando sobre "uma quinta variedade de doutrinas", que se refere ao fato de que existem "doutrinas teológicas que são alcançadas pela aplicação do método que distingue especializações funcionais e utiliza aquela dos fundamentos para selecionar as doutrinas em meio às várias alternativas apresentadas pela especialização funcional da dialética".[99] Assim, a presumível ideia de que as doutrinas estão na Bíblia e são apenas sistematizadas encontra-se com a realidade de que elas são desenvolvidas, construídas, e, por isso mesmo, é imprescindível estudar e conhecer a sua história, o seu surgimento e o seu registro, pois elas, nas palavras de Justo González

> ... não surgem por geração espontânea, nem são enviadas diretamente do céu, à parte de qualquer relação com as circunstâncias humanas particulares. Os dogmas formam uma parte do pensamento cristão, do qual eles surgem e para o qual mais tarde eles servem como ponto de partida. As doutrinas são forjadas no decorrer de longos anos de reflexão teológica a partir de práticas de adoração estabelecidas, dentro do contexto de uma espiritualidade que se opõe àquelas doutrinas que poderiam parecer atacar o próprio centro da fé de uma época, até mesmo como o resultado de intrigas políticas. Além disso, nunca houve concordância unânime entre os cristãos acerca de como e quando uma doutrina se torna um dogma.[100]

O porquê de raramente se falar acerca desse assunto, especialmente nesses termos, deve-se ao fato de que, como diz Jaroslav Pelikan, a "forma definida que a doutrina cristã assume na história é a tradição". E esta, tanto quanto aquela, conforme esclarece o mesmo autor, "refere-se simultaneamente ao processo de comunicação e ao seu conteúdo", por isso "o termo tradição

---

98  Ibid., p. 332.

99  Ibid.

100  GONZÁLEZ, Justo L. *Uma história do pensamento cristão: do início até o Concílio de Calcedônia*, vol. 1 (São Paulo: Cultura Cristã, 2004), p. 27-8.

## 124 | TEOLOGIA SISTEMÁTICO-CARISMÁTICA

significa a transmissão do ensinamento cristão durante o curso da história da igreja, mas também significa o conteúdo transmitido".[101] Justamente por isso, a conclusão unânime — e ingênua — do senso comum cristão é:

> Há um sentido em que a noção mesma de tradição parece inconsistente com a ideia de história como movimento e mudança. Pois se pensa que a tradição é antiga, consagrada pela idade, imutável, uma vez que foi estabelecida em algum momento anterior da história. Ela não tem história, uma vez que história sugere o aparecimento em um determinado ponto no tempo do que não havia ali antes. De acordo com a *História eclesiástica*, de Eusébio [...], a doutrina cristã ortodoxa não tem realmente uma história, sendo eternamente verdade e ensinada nos primórdios; só a heresia tinha uma história surgida em um momento em particular e por intermédio da inovação de professores em particular. As polêmicas católicas romanas contrastam com frequência as variações do protestantismo com a doutrina estável e imutável do catolicismo romano. Parece que os teólogos estão dispostos a traçar a história das doutrinas e os sistemas doutrinais que consideram equivocados, mas que a tradição normativa tem de ser protegida da relatividade de ter uma história ou de, em algum sentido decisivo, ser o produto de uma história. No dito de Page Smith, só quando "a tradição perdeu sua autoridade" que a história foi "posta em exercício"...[102]

Apesar desse pensamento mágico que, informe-se, não é defendido por Pelikan, mas está apenas sendo mencionado pelo grande historiador do cristianismo como a consciência histórica predominante entre os cristãos, inclusive protestantes, depreende-se da argumentação de González, e igualmente da de Lonergan, que a aceitabilidade da doutrina, ou seu "caráter normativo [...] pertence à especialização funcional derivada das duas especializações [anteriormente referidas por Lonergan]: a da dialética e a dos fundamentos".[103] A primeira pertence à especialização teológica, e a segunda, à tradição. Acerca da que se refere aos fundamentos, é preciso entender tratar-se "de uma normatividade que resulta de um método determinado, uma

---

101 PELIKAN, Jaroslav. *A tradição cristã*, vol. 1: *Uma história do desenvolvimento da doutrina* (São Paulo: Shedd Publicações, 2014), p. 30.

102 Ibid., p. 30-1.

103 LONERGAN, Bernard. *Método em teologia* (São Paulo: É Realizações, 2012), p. 334.

normatividade distinta daquela atribuída às opiniões dos teólogos em virtude do destaque que têm ou da grande estima com que são encarados pela Igreja ou pelos seus superiores". Há que se fazer essa distinção pelo fato de que, como "é claro, a normatividade de toda conclusão teológica é diferente e dependente da normatividade atribuída à revelação divina, às Escrituras inspiradas e à doutrina eclesiástica".[104] Evidentemente que, como diz o teólogo canadense, a tentativa de "determinar o ponto de partida, o processo e o resultado final de qualquer desenvolvimento doutrinário exige uma investigação histórica precisa". Além disso, pensar acerca da possibilidade de "determinar a legitimidade de qualquer desenvolvimento, por sua vez, exige uma história valorativa", de modo que "é preciso questionar se o processo esteve sob a orientação da conversão intelectual, moral e religiosa". Extremamente complexo e, na expressão de Lonergan, ainda "mais profundo e mais geral é o problema de como os desenvolvimentos são possíveis". É preciso perguntar: "Como o homem, que é mortal, pode desenvolver o que não conheceria se Deus não o revelasse a ele?"[105] Em termos puramente epistemológicos, a questão é como se passa do mistério à revelação e desta para a sistematização. Para Lonergan, a "experiência dá origem à investigação e à intelecção". Por sua vez, a "intelecção dá origem ao discurso e à ação". Ocorre, porém, que o "discurso e a ação acabam por revelar seus defeitos, dando origem a uma investigação ulterior e a uma intelecção mais completa".[106] Daí o porquê de se falar em mudança ou desenvolvimento da doutrina.

O processo descrito por Lonergan é conhecidíssimo de todos aqueles que abraçaram a fé cristã. Da experiência religiosa, ou de fé, quando ocorre a *metanoia*, ou conversão, passa-se ao estágio cognitivo, ou intelectivo, originando, então, o discurso teológico e, consequentemente, a prescrição de como viver em consonância com tal descoberta. A cristalização da experiência materializada no discurso transforma-se em regra, até que a própria prática vivencial encarrega-se de desmentir algum ponto, gerando o questionamento acerca da construção teórica. Quando se menciona essa questão, o maior temor da ortodoxia é admitir a possibilidade de que ela se equivocou. Daí a associação da mudança — ainda que necessária — com heresia, e da manutenção da ideia de imutabilidade teológica — mesmo que equivocada — com ortodoxia.

---

104 Ibid.
105 Ibid., p. 337.
106 Ibid., p. 338.

## 126 | TEOLOGIA SISTEMÁTICO-CARISMÁTICA

Alister McGrath afirma que esse pensamento prevaleceu incólume até o século 19, quando, então, começou a ser desafiado. O questionamento dessa teoria se deu "em grande parte devido ao crescente reconhecimento de que a doutrina cristã havia passado por desenvolvimento ou evolução".[107] Descobriu-se que, contrariamente ao que se pensava, "em vez de terem permanecido estagnadas no período mais primitivo da história da igreja, as formulações doutrinais surgiram por um longo período de tempo, através de um processo de reflexão e negociação".[108] Assim, as inconsistências surgem, não no texto bíblico, mas na intelecção da *metanoia*, que, na busca de respaldo bíblico para fundamentar sua experiência, constrói um discurso que se choca com a realidade, inviabilizando qualquer possibilidade de instruir a ação concreta da comunidade de fé. Tal postura gera o que H. E. W. Turner "chama de *arcaísmo* — uma recusa em aceitar a necessidade de desenvolvimento do pensamento cristão".[109] McGrath diz que a "observação de Turner é importante, na medida em que chama a atenção para o fato de que a igreja gradualmente descobriu que a repetição de fórmulas mais primitivas era inadequada como meio de assegurar a continuidade, a não ser que se desse a um nível puramente formal, com a igreja apostólica". Não obstante, com o passar do tempo, percebeu-se que tal comportamento traria mais prejuízos que benefícios. Por isso, uma "disposição para preservar a tradição por meio da reiteração foi gradualmente cedendo lugar à compreensão de que a igreja devia continuar a sua história pela reafirmação e interpretação das tradições".[110] Ficou claro a todos que o "dinamismo das tradições do NT em relação a Jesus era simplesmente comprometido por esse processo de preservação, visto que isso implicava uma espécie de fossilização".[111] Em termos diretos, diz o teólogo anglicano, a "repetição tosca de fórmulas bíblicas provou ser inadequada para salvaguardar e consolidar a fé cristã quando surgiram novos desafios à sua identidade e integridade".[112]

---

107 MCGRATH. *Heresia*, p. 84.

108 Ibid., p. 84-5.

109 TURNER, H. E. W. *The pattern of Christian truth: a study in the relations between orthodoxy and heresy in the Early Church* (Londres: Mowbray, 1954), p. 132-41, apud MCGRATH. *Heresia*, p. 85.

110 Ibid.

111 Ibid., p. 85-6.

112 Ibid., p. 86.

A esse respeito, Lonergan afirma que isso se dá pelo simples fato de que as doutrinas "têm significados dentro de contextos específicos, os quais são modificados pela descoberta cumulativa da mente; assim, se as doutrinas devem conservar seu significado em novos contextos, é preciso que sejam remodeladas".[113] Como um discurso gerado do exercício de intelecção realizado em outro tempo, é possível que as doutrinas demonstrem inconsistências à luz dos conhecimentos atuais, ou seja, por causa do processo "cumulativo da mente". Não significa que elas sejam descartáveis, mas, para manter sua relevância, elas precisam ser atualizadas intelectivamente, para assim se eliminar ambiguidades no nível do discurso. Nas palavras de Lonergan, para procurar resolver essa questão, é necessário que se faça uma distinção entre "o contexto material e o contexto formal". Tal distinção demarca, por exemplo, que o

> cânone do Novo Testamento é o contexto material de cada um de seus livros: ele revela quais são as outras áreas, altamente privilegiadas, dos dados referentes ao cristianismo primitivo. Por outro lado, o contexto formal é alcançado por meio de investigação: os dados dão origem a perguntas; as perguntas dão origem a novas perguntas e a novas respostas opostas. O quebra-cabeça continua aumentando até que uma descoberta seja feita. Aos poucos, as coisas começam a se encaixar. Pode haver, então, um período de rápido crescimento das intelecções. Por fim, as questões ulteriores começam a diminuir. Um ponto de vista é alcançado e, muito embora novas perguntas possam ser levantadas, suas respostas não modificarão substancialmente o que já se verificou. Temos construído, assim, um contexto formal, isto é, um conjunto de perguntas e respostas inter-relacionadas que revelam o significado de um texto.[114]

O mesmo autor demonstra, com um exemplo histórico, o que significa e quais são as implicações da descoberta cumulativa da mente, as quais, por sua vez, produzem um "contexto cumulativo" da questão doutrinária, que, como deve sempre estar em mente, tenta transmitir, teoricamente e em palavras, o que existe na realidade, ou seja, o "mistério":

> Um contexto cumulativo surge quando uma sucessão de textos expressa a mentalidade de uma mesma comunidade histórica. Ele torna

---

113 LONERGAN. *Método em teologia*, p. 340.
114 Ibid., p. 348.

necessária a distinção entre contexto anterior e contexto subsequente. Assim, determinada declaração pode ter em vista um problema e prescindir de outros problemas ulteriores; no entanto, solucionar aquele não significa suprimir estes. Em geral, contribui para uma apreensão mais clara desses outros problemas e para uma reivindicação muito mais urgente de sua solução. Segundo Atanásio, não foi para abrir um precedente que o Concílio de Niceia empregou um termo que não pertencia às Escrituras; isso foi feito para satisfazer uma emergência. Essa emergência, contudo, durou apenas 35 anos, e, vinte anos após seu declínio, o Primeiro Concílio de Constantinopla julgou necessário responder de maneira não técnica se, a exemplo do Filho, também o Espírito Santo era consubstancial com o Pai. Cinquenta anos depois, em Éfeso, foi necessário esclarecer o Concílio de Niceia com a afirmação de que aquele que nascera do Pai e aquele que nascera [de] Maria eram o mesmo. Cerca de vinte anos adiante, julgou-se necessário acrescentar ainda que esse único e mesmo poderia ser ao mesmo tempo eterno e temporal, imortal e mortal, uma vez que tinha duas naturezas. Mais de dois séculos depois, foi realizado ainda um novo acréscimo para esclarecer que a pessoa divina dotada de duas naturezas também tinha duas operações e duas vontades.[115]

Esse mesmo exemplo é dado por McGrath. Na verdade, acerca da natureza de Cristo, McGrath afirma ser esse um dos "exemplos mais importantes do desenvolvimento doutrinal [...] que teve expressão formal no século 4". Ele admite que a "doutrina cristã da encarnação", de fato, é uma "afirmação [que] pode ser vista como o clímax de um longo, cuidadoso e exaustivo processo de reflexão e exploração teológicas". O teólogo anglicano afirma, porém, que a "igreja sempre reconheceu que Jesus de Nazaré era Deus encarnado, tornando a sua face visível e os seus propósitos e caráter acessíveis à humanidade".[116] Entretanto, observa que "a exploração intelectual do que isso implicava levou mais de três séculos, envolvendo o exame crítico de uma gama extensiva de trabalho intelectual para dar sentido ao que a igreja já havia descoberto ser verdadeiro".[117] Na verdade, "a igreja já sabia o que era tão importante sobre Jesus de Nazaré", todavia o "problema era construir um embasamento

---

115 Ibid., p. 348-9.
116 McGrath. *Heresia*, p. 35.
117 Ibid., p. 36.

CAPÍTULO 2 – Da experiência de fé à teologia sistemática | 129

intelectual que fizesse justiça ao que já era conhecido sobre ele", isto é, aqui reside a dificuldade, pois, mesmo sem querer, "inevitavelmente, caminhos errados foram tomados".[118] Acerca desse imprescindível assunto, informa McGrath:

> O último consenso sobre o melhor modo de formular o significado de Jesus de Nazaré — o Concílio de Niceia — é talvez mais bem pensado como uma fórmula segura, em vez de uma teoria cabal, fazendo uso de algumas noções metafísicas gregas que eram amplamente difundidas no mundo erudito daquela época. Alguns sugeriram que esse processo de desenvolvimento representava uma distorção da simplicidade original da fé cristã. Por que a igreja usou noções metafísicas gregas para dar testemunho de Cristo quando tais noções não fazem absolutamente parte do NT? O teólogo anglicano Charles Gore (1853-1932) estabelece com alguma profundidade uma teoria clássica da relação entre o testemunho bíblico de Cristo e as interpretações mais desenvolvidas da sua identidade e o seu significado, conforme aparecem nos credos cristãos.[119]

Com o intuito de responder "aos que afirmavam que o testemunho de Cristo, em sua simplicidade, fora comprometido e distorcido pelo desenvolvimento da história da Igreja, em especial nos primeiros séculos da fé", diz McGrath, "Gore insistiu em afirmar que essas formulações teóricas posteriores serão vistas como 'o desdobramento gradual' de ideias e temas que já estavam presentes, se não explicitamente formulados, dentro do pensamento e adoração cristãos".[120] Para o teólogo Charles Gore, continua McGrath, a "motivação para expressar o testemunho da igreja de Cristo em condições cada vez mais teóricas encontra-se em parte no desejo humano de entender e, em parte, no desejo de proteger ou salvaguardar o mistério". Nessa perspectiva, Gore defendia que o "cristianismo tornou-se metafísico, apenas e simplesmente porque o homem é racional".[121] Assim, conclui McGrath, o "desenvolvimento de ideias complexas, que ultrapassam a simples linguagem e imagem do NT,

---

118 Ibid.
119 Ibid.
120 GORE, Charles. *The incarnation of the Son of God* (Londres: John Murray, 1922), p. 96, 101, apud MCGRATH. *Heresia*, p. 36.
121 GORE, C., op. cit., p. 21, apud MCGRATH. *Heresia*, p. 36.

# 130 | TEOLOGIA SISTEMÁTICO-CARISMÁTICA

será visto em parte como o resultado inevitável da curiosidade intelectual humana".[122] Ele, entretanto, completa sua explicação, dizendo que, "para o desenvolvimento de tais ideias, existe claramente algo mais do que o desejo humano de sondar ou desafiar limites". Ele emenda:

> Um dos temas a emergir da exploração da igreja primitiva sobre a encarnação é a necessidade de desafiar as interpretações existentes de fé para assegurar que elas sejam capazes de acomodar de maneira adequada e representar o mistério de fé. Isso significa explorar opções intelectuais, não simplesmente por curiosidade, mas por uma convicção profunda de que a sobrevivência e a saúde da igreja dependem de assegurar a melhor explicação possível de fé. A busca patrística pela ortodoxia não se atreve à suposição de que essa explicação já havia sido descoberta, embora assumisse que algumas aproximações razoáveis tinham sido desenvolvidas. De certo modo, escritores como Atanásio de Alexandria acreditaram que a ortodoxia ainda precisava ser descoberta. A reivindicação fundamental da ortodoxia cristã para que seja dita a verdade sobre as coisas não poderia ser mantida sem que se soubesse se a verdade estaria ou não sendo completa e corretamente articulada através de formulações doutrinais existentes.[123]

Dessa forma, voltando à reflexão de Lonergan, "o contexto cumulativo das doutrinas eclesiásticas, o qual não existia antes do Concílio de Niceia", veio à tona exteriorizando as descobertas cumulativas da mente, fazendo que o seu resultado se tornasse o "contexto em que [cada arrazoado teológico] deveria ser compreendido". Para esse mesmo autor, tal como há possibilidade de "distinguir os estágios anteriores e subsequentes de determinado contexto cumulativo, também o contexto cumulativo pode relacionar-se com outro".[124] Como? A extensão dessas discussões, diz Lonergan, que formou o "contexto cumulativo que se estabeleceu do Concílio de Niceia até o terceiro Concílio de Constantinopla deriva das doutrinas dos três primeiros séculos do cristianismo, mas difere delas na medida em que emprega um modo pós-sistemático de pensamento e expressão". Dessa forma, "o contexto cumulativo das doutrinas conciliares deu origem a um contexto distinto, mas

---

122 Ibid., p. 36-7.
123 Ibid., p. 37.
124 LONERGAN. *Método em teologia*, p. 349.

CAPÍTULO 2 – Da experiência de fé à teologia sistemática | 131

dependente, de doutrinas teológicas".[125] Na prática, e em termos mais diretos, o clima intelectivo desse tal "contexto pressupunha os concílios, distinguia o Cristo Deus do Cristo homem, tal como levantava questões como: O Cristo homem poderia pecar? Estaria sujeito à concupiscência? Possuiria algum grau de ignorância? Teria a graça santificante? Em que medida? Teria conhecimento direto de Deus? Saberia tudo aquilo que dizia respeito à sua missão? Teria liberdade de escolha?"[126] Fechando essa questão, é importante dizer que, nesse debate, temos "contextos interativos" que "são representados pelo contexto das doutrinas teológicas e o contexto das doutrinas eclesiásticas". Nas palavras de Lonergan, como pensar em isenção se os "teólogos estavam sob a influência das doutrinas eclesiásticas sobre as quais refletiam"? Ele, porém, oportunamente observa que "sem os teólogos as doutrinas eclesiásticas não teriam sua precisão, sua concisão e sua organização pós-sistemática".[127]

O que se conclui é que o próprio desenvolvimento doutrinário criou uma necessidade de especialização teológica que não mais havia na pessoa comum. Mas tal somente se deu porque "a inteligibilidade própria das doutrinas em desenvolvimento é a inteligibilidade imanente ao processo histórico". Dessa forma, para que a doutrina continuasse relevante, e também fizesse sentido, era preciso que o "indivíduo a conhece[sse] não por uma teorização *a priori*, mas por uma pesquisa, uma interpretação, uma história e uma dialética *a posteriori*, tal como pela decisão dada na etapa dos fundamentos".[128] Assim, ao chamar de "descoberta cumulativa da mente um desses conjuntos de formas pelas quais as doutrinas se desenvolvem", Lonergan quer dizer o seguinte:

> Quando a consciência constrói seu mundo simbolicamente, ela avança pela reinterpretação dos materiais tradicionais. Quando se inclina na direção da filosofia, um Xenófanes ou um Clemente de Alexandria excluem o antropomorfismo da apreensão humana do divino. A apreensão puramente espiritual de Deus que se origina em seguida cria uma tensão entre a cristologia bíblica e a cristologia posterior, e os meios técnicos disponíveis em uma cultura pós-sistemática podem

125 Ibid.
126 Ibid., p. 349-50.
127 Ibid., p. 350.
128 Ibid., p. 355.

ser empregados para esclarecer a fé. O uso desses meios técnicos abre portas para uma teologia na qual o significado sistemático se torna predominante. Essa teologia, por sua vez, pode fornecer às doutrinas eclesiásticas uma precisão, uma concisão e uma organização que, de outra forma, jamais teriam. Por fim, essa atuação geral do sistemático pode ser solapada pelas diferenciações da consciência vinculadas ao método, à erudição e à filosofia moderna; apresenta-se assim, à Igreja, as alternativas de retornar a uma cristologia pré-nicena ou de avançar a uma posição profundamente moderna.

Evidentemente que, nas palavras de Pelikan, deve-se reconhecer que a "doutrina cristã é o negócio da Igreja" e que, por isso mesmo, não pode ter sua história igualada "à história da teologia nem à história do pensamento cristão", pois, se assim for feito, há "o risco de se exagerar a relevância do pensamento idiossincrático dos teólogos individuais à custa da fé comum da igreja".[129] De forma direta e simples, apesar de admitir que as "crenças privadas dos teólogos pertencem à história da doutrina", Pelikan afirma que "uma das diferenças mais decisivas entre um teólogo e um filósofo é que o primeiro se entende, de acordo com a frase clássica de Orígenes, como 'um homem da igreja', um porta-voz para a comunidade cristã". Assim, continua o historiador do cristianismo, um "teólogo como Orígenes, mesmo em suas especulações teológicas e em sua polêmica contra algum ensinamento público da igreja de sua época, sabe que tem de prestar contas ao depositário da revelação cristã e à autoridade contínua da igreja". Em termos historiográficos, por exemplo, isso torna, "em geral, [...] difícil e, às vezes, impossível, desenhar uma linha de demarcação entre os ensinamentos da igreja e as teorias de seus professores", pois, continua Pelikan, "o que os professores pensam muitas vezes reflete um estágio anterior do desenvolvimento ou antecipa um posterior".[130]

Assim, retornando ao raciocínio de Lonergan, a despeito de tais pontos evidenciarem "um grau de desenvolvimento doutrinário, esse aglomerado não deve ser visto como um ponto final", pois, frequentemente, "o desenvolvimento é dialético" e, se o que se tem em mira é mais luz, é preciso admitir que tal deve ser assim, pois a "verdade é descoberta porque um erro

---

129 PELIKAN. *A tradição cristã*, vol. 1: *Uma história do desenvolvimento da doutrina*, p. 27.
130 Ibid.

contrário foi afirmado". Alinhado a Lonergan, é preciso reconhecer que "as doutrinas não são apenas doutrinas", pois "constituem tanto o indivíduo cristão quanto a comunidade de cristãos". Sendo assim, elas podem "unir ou abalar, [...] conferir autoridade e poder", bem como ainda "ser associadas ao que é aceitável ou ao que é estranho a determinado regime ou cultura". Em uma palavra, "não é em um vácuo de espírito puro, mas sob condições e circunstâncias históricas concretas que os desenvolvimentos se dão, e o conhecimento dessas condições e circunstâncias não é irrelevante na história valorativa que decide sobre a legitimidade dos desenvolvimentos".[131] Dessa forma, apesar de já se saber que a "doutrina é o que é ensinado, crido e confessado" pela igreja cristã, diz Pelikan:

> A história da doutrina, desde o seu surgimento como um campo distinto da investigação no século 18, concentra-se no que é confessado, ou seja, nos dogmas como declarações normativas da crença cristã adotados pelas várias autoridades eclesiásticas e aplicados como o ensinamento oficial da igreja. A história do dogma alega prestar atenção no desenvolvimento doutrinal antes ou depois da formulação dessas declarações normativas só por causa da relação desse desenvolvimento com o dogma. Na prática, contudo, as histórias de dogma tendem a se expandir além das limitações autoimpostas, cuja arbitrariedade ficou especialmente evidente na *terminus ad quem* (fronteira na qual) designada para o estudo: o último (ou o mais recente) concílio ou documento confessional de um ramo em particular da igreja.[132]

Um exemplo perfeito dessa problemática, colocada por Pelikan, é que "a maioria do protestantismo", por exemplo, só "concluiu seu desenvolvimento confessional por volta de meados do século 17"; logo, o historiador "não poderia [pesquisar] a história do dogma protestante, mas só a história da teologia protestante".[133] Esse tema, porém, será retomado especificamente no próximo tópico. Por ora, o que interessa, e precisa ficar claro, é o fato de que, nas palavras de Werner Jaeger:

---

131 LONERGAN. *Método em teologia*, p. 355. Para esta e as demais citações desde a última referência desse autor.
132 PELIKAN. *A tradição cristã*, vol. 1: *Uma história do desenvolvimento da doutrina*, p. 27.
133 Ibid.

## 134 | TEOLOGIA SISTEMÁTICO-CARISMÁTICA

O desenvolvimento da religião cristã nos primeiros séculos pode ser entendido como um processo de contínua "tradução" de suas fontes, com o objetivo de dar ao mundo uma compreensão e realização sempre mais adequada de seu conteúdo. Esse processo começou quando os primeiros Evangelistas, remontando aos relatos escritos ou orais mais primitivos ainda existentes dos ditos e atos de Jesus, os traduziram do original aramaico para o grego e os organizaram em sua forma atual. Um passo adiante foi dado quando um escritor como Lucas, com sua melhor educação grega, percebeu os defeitos da linguagem e na apresentação do material dessas traduções primitivas procurou ajustar a forma delas aos seus próprios padrões mais elevados. Mas a tradução, naquele sentido literal, foi apenas uma primeira tentativa de alcançar o significado original das palavras. Rapidamente, tornou-se necessário outro tipo de explicação, que não apresentasse somente as palavras exatas da tradição escrita, mas que considerasse imprescindível a concentração sobre o significado da mensagem e sobre as questões: Quem foi Jesus e que autoridade divina ele tinha? As interpretações, primeiramente, operaram dentro das categorias judaicas da Lei e dos Profetas e dentro da tradição messiânica de Israel, mas logo se tentou adaptá-las aos ouvidos e mentes das pessoas de fala grega a fim de tornar sua aceitação no mundo helênico possível. O processo interpretativo foi, por causa disso, automaticamente transferido a um nível mais alto e mobilizou grandes mentes na condução dessa tarefa.[134]

O que Jaeger está dizendo é que a "conversão" da mensagem veterotestamentária em linguagem e conexões que fizessem sentido a quem não era judeu demandou capacidade de interpretação e contextualização. Convém lembrar que, por ter se dado no período canônico, tal exercício fora realizado sob a inspiração divina, contudo tal atitude já é exercício teológico. Isso porque, mesmo que não tenha consciência, "todas as vezes que [a igreja] ensina, faz teologia", diz Claudionor de Andrade, "e todas as vezes que faz teologia, ensina".[135] Tal foi assim desde o início, pois "temos de reconhecer", afirma Mario de França Miranda, "que o *fato histórico* precedeu a tomada de consciência e

---

134 JAEGER, Werner. *Cristianismo primitivo e* paideia *grega* (Santo André: Academia Cristã, 2014), p. 50-1.

135 ANDRADE, Claudionor de. *Teologia da educação cristã: a missão educativa da igreja e suas implicações bíblicas e doutrinárias* (Rio de Janeiro: CPAD, 2002), p. 9.

reflexão correspondentes".[136] Na experiência da fé, com a revelação de Deus, a igreja do século primeiro fazia teologia sem necessariamente aperceber-se disso. Só posteriormente, a partir do segundo século, é que tal exercício se desenvolveu com intencionalidade teórica, de acordo com métodos existentes em outros campos. É evidente, porém, que, não sendo a "teologia" e seu exercício uma invenção cristã, é preciso refletir acerca de como o cristianismo chegou a essa especialização. Ela nasce entre os gregos (em razão do politeísmo), mas acaba tomando dimensões globalizantes no seio da cristandade, e sua simples menção remete à lembrança do cristianismo. Na realidade, desde os primórdios do cristianismo, o exercício da reflexão teológica sempre esteve presente. Aliás, desde o Antigo Testamento, já no último livro do Pentateuco, o Deuteronômio, é possível ver na ordenança divina de ensinar as novas gerações, diuturnamente, o conteúdo da fé judaico-religiosa (veja Deuteronômio 4—6). Em o Novo Testamento, em Efésios 6:4, encontra-se a mesma ordenança: "E vós, pais, não provoqueis a ira a vossos filhos, mas criai-os na doutrina e admoestação do Senhor", sugerindo que, mesmo havendo muitas diferenças entre os dois Testamentos, a obrigatoriedade de ensinar às novas gerações não sofreu nenhuma alteração e, mais importante, sempre caracterizou o povo de Deus. Ainda que o ensino familiar não seja formal, ele se estabelece obedecendo aos mesmos "procedimentos" do processo ensino-aprendizagem, tanto no aspecto metodológico quanto no que diz respeito ao conteúdo. Assim, no mínimo, duas coisas são *sine qua non* para o exercício dessa atividade: conhecimento e as condições necessárias para que a família se aproprie de tal conteúdo.

Contudo, a qual conteúdo se faz referência ou alusão aqui? Não é ao que conhecemos como Novo ou Segundo Testamento, pois este ainda estava em formação.[137] Como revela o estudo da história eclesiástica, na sequência, após o "concílio de Jerusalém" (Atos 15), Paulo e Silas partiram para as igrejas (comunidades de fé) onde eles haviam anteriormente trabalhado, a fim de "confirmá-las na fé", ou seja, verificar se os neoconversos estavam seguros na

---

136 Miranda. *Inculturação da fé*, p. 15.

137 Gregory J. Miller afirma que "levou um longo período de tempo (cerca de 350 anos depois do nascimento da Igreja) para que a coleção diversificada de escritos que chamamos o Novo Testamento fosse padronizada e universalmente aceita" (Miller, G. J. "Vozes do passado: tentativas históricas para formar um pensamento cristão", in: Palmer (ed.). *Panorama do pensamento cristão*, p. 114).

## 136 | TEOLOGIA SISTEMÁTICO-CARISMÁTICA

decisão de servir ao Senhor Jesus. Nessa visita, eles também transmitiam o resultado da reflexão teológica produzido pela assembleia em Jerusalém (Atos 16:4). Assim tem sido durante todo o transcurso da trajetória da fé cristã, ou seja, à "medida que o cristianismo se expandia no mundo romano, a igreja primitiva enfrentava muitas questões e desafios novos" e, justamente por isso, os "pais escreveram e ensinaram, individualmente e em reuniões de concílios, no esforço de responder a essas questões".[138]

Essa foi a realidade que perdurou durante cerca de trezentos anos, contados desde a festa de Pentecostes até a ascensão do imperador Constantino, quando então tudo mudou drasticamente. Aliás, a discussão que está sendo colocada em pauta neste segundo capítulo jamais teria razão de ser no contexto da igreja do século 1 e nos primeiros períodos do cristianismo. Isso porque a recomendação petrina de que os crentes precisavam estar "sempre preparados para responder com mansidão e temor a qualquer que [lhes pedissem] a razão da esperança" (1Pedro 3:15) que neles havia é, ao lado de Judas 3, sinal evidente de que todo seguidor do evangelho deve ter condições de saber *em que* crê, *por que* crê e *para que* crê. Por motivos estritamente contingenciais, não há condições de analisar de forma mais detida alguns fatores decisivos do abandono dessa postura, mas o que mudou esse quadro, como já vimos, parece ter sido, inicialmente, a própria necessidade de responder aos desafios que surgiam ameaçando doutrinas básicas da fé cristã:

> Os famosos embates com as chamadas heresias[139] outra coisa não representam senão a assunção racional-filosófica das dificuldades para assimilar a revelação cristã. Esse movimento recíproco, do cristianismo que se esforça por se tornar concebível à cultura greco-romana, e dos gentios convertidos que tentavam aprofundar, a partir de sua própria tradição, a fé recém-assumida, forçou, aos poucos, a um meticuloso desdobramento temático no interior da reflexão teológica, cada vez mais especializado.[140]

---

138 Ibid., p. 113.

139 "E não foram poucas: gnosticismo, subordinacionismo, montanismo, sabelianismo, arianismo, nestorianismo, eutiquianismo, monotelismo, pelagianismo e tantas outras construções teóricas" (Nota de Gregory Miller, op. cit., p. 105).

140 SOARES, Afonso Maria Ligorio. "Interdisciplinaridade na teologia", in: PASSOS; SOARES (orgs.). *Teologia e ciência*, p. 105-6.

Ocorre que tal especialização e o afã (inicialmente benéfico, é bom que se diga) de traduzir os conceitos cristãos em linguagem inteligível à cultura grega, dando *status* intelectual à fé, ofereceram concessões negativas que acabaram pavimentando a estrada da dualidade separando-a da teologia do laicato e inserindo os elementos culturais do pensamento greco-romano, que se sobre-pujaram aos conceitos escriturísticos, gerando uma teologia dos especialistas. Dessa maneira, "alguns mestres cristãos vieram a expressar as cosmovisões mais em comum com os filósofos gregos mais antigos (como Platão) do que com os ensinos de Jesus".[141] Assim, involuntariamente, alguns pais da igreja proporcionaram as condições para que se formasse uma espécie de classe eliti-zada para discutir teologia. Não apenas isso: houve a inserção do dualismo na teologia cristã, um dos maiores problemas que, mesmo não sendo inerente ao evangelho, atualmente cria muitos obstáculos ao anúncio da mensagem, pois os anunciadores não conseguem pensar de outra forma ou em outros moldes.

Esse reconhecimento compõe o espectro principal da argumentação; questão que, registre-se, não se justifica por nada, uma vez que o epicentro da discussão teológica, na realidade sua origem e objetivo, cujo processo de elaboração dos conteúdos doutrinários sempre foi supervisionado pela comunidade de fé, agora, por conta de sua especialização, mantém o povo de Deus alijado dos debates, tendo a igreja de se contentar em simplesmente "praticar" a teologia pronta pelos teólogos profissionais. Quem antes era protagonista passou a ser coadjuvante e agora não passa de "assistente". Não há sentido algum nessa elitização. Nem mesmo o que tenta impor-se, afirmando ser a academia o único espaço legítimo para a produção teoló-gica, de forma que a teologia da igreja é de categoria "senso comum", e a outra, de nível científico. Elas não deveriam se dicotomizar ou se polari-zar como se fossem "inimigas", pois, na realidade, são desenvolvidas em locais diferentes, mas por pessoas que têm, ou que ao menos deveriam ter, o mesmo objetivo da igreja, considerando que também são cristãos e, portanto, devem igualmente possuir vivência na caminhada da fé. Assim, ambas as teologias devem convergir no sentido de complementarem-se, não de excluírem-se mutuamente. Mas aqui temos um grave problema: Qual o propósito do labor teológico?

---

141 MILLER, Gregory J. "Vozes do passado: tentativas históricas para formar um pensamento cristão", in: PALMER (ed.). *Panorama do pensamento cristão*, p. 116.

## 138 | TEOLOGIA SISTEMÁTICO-CARISMÁTICA

## A TEOLOGIA COMO UMA FORMA DE INVESTIGAÇÃO DAS ESCRITURAS, DO CONHECIMENTO DE DEUS E DO MUNDO, OU COMO FORMA DE MANIPULAÇÃO E DOMINAÇÃO

Antes de pensar acerca da "utilidade" do labor teológico, é necessário entender, ainda que sucinta e panoramicamente, como ele se dá no paradigma da especialização. Alguns esclarecimentos, porém, são necessários antes de prosseguir. Recapitulando o que anteriormente foi dito ao se abordar o desenvolvimento da doutrina, levou-se em consideração, nas palavras de Pelikan, "não o que Jesus e os apóstolos podem ter ensinado, mas o que a igreja entendeu que eles ensinaram".[142] Outra questão é que, ao referir-se ao labor teológico das primeiras comunidades, mencionando esse processo como educação cristã, o único propósito foi destacar como os primeiros ensinamentos, ou rudimentos, da fé eram transmitidos como "doutrina cristã presente nas modalidades de devoção, espiritualidade e adoração". Dessa fase inicial, a ideia foi destacar o que era "'ensinado' como o conteúdo da palavra de Deus extraído pela exegese dos testemunhos da Bíblia e transmitido às pessoas da igreja por meio da proclamação, da instrução e da teologia desenvolvida na igreja".[143] Desde a especialização, a teologia não é mais desenvolvida *na* igreja, mas *para a* igreja. Tal atitude constituiu-se em um grande prejuízo para a comunidade de fé, pois até alguém do gigantismo de C. S. Lewis, em pleno século 20, em oposição aos críticos, internos e externos, do saber teológico, em *Cristianismo puro e simples*, ainda defendia a ideia de que "Teologia significa 'a Ciência de Deus'". Sendo assim, ele dizia crer "que todo o homem que pensa sobre Deus gostaria de ter sobre ele a noção mais clara e mais precisa possível".[144] Isso significa, idealmente, apenas preservar o que de Deus se acha nas Escrituras Sagradas, não uma louca pretensão de "explicá-lo" pelo estudo teológico. Rick Nañez, por seu turno, afirma que a

> ... teologia é "o pensamento que lida com a natureza de Deus e seu relacionamento com a criação". Por sua vez, esse pensamento pode ser dissecado em muitos subtópicos. *Fazer teologia* é o arranjo ordenado

---

142 PELIKAN. *A tradição cristã,* vol.1: *Uma história do desenvolvimento da doutrina,* p. 29.
143 Ibid.
144 LEWIS. *Cristianismo puro e simples,* p. 203.

CAPÍTULO 2 – Da experiência de fé à teologia sistemática | 139

dos ensinamentos (isto é, doutrinas) encontrados na Bíblia, mostrando como um ensinamento se relaciona com o outro. Por meio dessa inter-relação, os cristãos procuram compreender como a doutrina deve ser vivida para a glória de Deus. Em poucas palavras, fazer teologia é o ato de amar o verdadeiro Deus com todo o entendimento com a finalidade de exaltá-lo em cada dia de nossa vida.[145]

Nas palavras de Alister McGrath, a "teologia representa a tentativa humana de colocar ordem nas ideias das Escrituras, organizando-as e ordenando-as para que a relação mútua entre elas possa ser melhor entendida".[146] Em outras palavras, o objetivo é sistematizá-las. "Olhando dessa maneira", diz McGrath, "a teologia não é — e não foi feita para ser — substituta das Escrituras". Na verdade, visa-se justamente ao contrário, ou seja, em "vez disso, trata-se de auxílio para aprender sobre elas". O mesmo autor acrescenta que a teologia funciona como "um par de lentes, põe foco no texto das Escrituras, permitindo que atentemos para o que talvez passasse despercebido". Nesse entendimento ideal, a "doutrina está sempre subordinada às Escrituras", isto é, ela "é sempre sua serva, nunca mestra".[147] Mas será que é isso mesmo que acontece? Se de fato são "nas Escrituras — o 'fundamento dos apóstolos e dos profetas' — que temos o padrão de medida para julgar uma doutrina",[148] há que se urdir, ou questionar, se isso tem sido feito. Alister McGrath explica a dificuldade dessa prática, dizendo que ela sempre foi um grande problema, pois, se um "modo predominante de interpretar um texto bíblico sofre uma mudança essencial", restam algumas questões: "Mas qual das duas opções era a correta? E quem [tem] autoridade para decidir?"[149]

McGrath informa que essa questão foi muito bem levantada por John Dryden (1631-1700), em seu poema satírico intitulado *Religio Laici* [Religião de leigos]. No referido poema, Dryden fala sobre como "um protestante ortodoxo convencido de que a Bíblia ensina claramente a divindade de Cristo [acabou] confrontado, de maneira perturbadora, [por] outro protestante que interpreta essas mesmas passagens em termos da humanidade de Cristo — a

---

145 Nañez. *Pentecostal de coração e mente*, p. 265.
146 McGrath, Alister. *Teologia para amadores* (São Paulo: Mundo Cristão, 2008), p. 32.
147 Ibid.
148 González. *Uma história do pensamento cristão,* vol. 1, p. 27.
149 McGrath. *Heresia*, p. 68.

## 140 | TEOLOGIA SISTEMÁTICO-CARISMÁTICA

heresia sociniana, que surgiu no século 16 e afirmava que Cristo era um ser humano destituído de identidade divina".[150] Assim, para McGrath

> a questão de Dryden é que a Bíblia não descobriu, de forma clara e sem ambiguidades, a regra pela qual seria interpretada. E como não existe autoridade maior que a Bíblia, como o protestantismo poderia discriminar entre ortodoxia e heresia? Se alguma norma ou instituição exterior ou à parte da Bíblia for reconhecida como autoritariamente determinante de seu significado, tal norma ou instituição seria, com efeito, superior à Bíblia. Essa era uma perigosa vulnerabilidade, que muitos acreditam continuar, na melhor das hipóteses, incompletamente resolvida dentro do protestantismo.[151]

Passa-se, então, ao estágio seguinte do problema que diz respeito à interpretação. Dentre os vários modelos interpretativos, ou métodos de interpretação, qual seria o mais correto? Nesse caso, não estaria em questão, ainda, o problema da teologia sistemática e sim, o da teologia bíblica. Esta, diz Thomas P. Rausch, objetiva "recuperar o sentido histórico do texto bíblico, o sentido pretendido pelo autor (às vezes, conhecido como sentido literal ou histórico do texto)".[152] Esse mesmo autor explica que, enquanto o "fundamentalista identifica o sentido do texto com o sentido literal das palavras, o teólogo bíblico ou exegeta procura descobrir o sentido pretendido pelo autor".[153] Assim,

---

150 Ibid., p. 68-9. Quanto ao poema de John Dryden, mencionado por McGrath, em uma tradução livre, diz o seguinte:
*Afirmamos e provamos pela clara Escritura*
*Que Cristo é Deus; o audaz sociniano*
*A mesma Escritura diz ser ele mera criatura.*
*Mas que sentença pode encerrar a importante causa;*
*Ambas as partes falam ruidosamente, mas a Regra é muda?*

151 Ibid., p. 69. Os teólogos pentecostais James Railey e Benny Aker, falando dos tipos de autoridade religiosa, afirmam que elas se dividem em duas: externa e interna. Acerca da autoridade externa, que, segundo eles, é usualmente classificada como canônica, teológica e eclesiástica, os autores explicam que a autoridade canônica, por exemplo, "sustenta que as matérias bíblicas, contidas no cânon das Escrituras, são a revelação autorizada de Deus". Entretanto, eles acrescentam que é preciso fazer uma observação muito cara a essa modalidade de autoridade, ou seja, nela "a Bíblia deve ser interpretada corretamente" e, segundo reconhecem, "esse é o problema que o conceito canônico da autoridade tem diante de si, e só com muito cuidado é que se pode lidar com ele" ("Fundamentos teológicos", in: HORTON. [ed.]. *Teologia sistemática: uma perspectiva pentecostal*, p. 46).

152 RAUSCH, Thomas P. (ed.). *Introdução à teologia* (São Paulo: Paulus, 2004), p. 16.

153 Ibid. Esse último, segundo Rausch, utiliza várias ferramentas para obter o sentido do texto: crítica histórica, crítica da forma, crítica da fonte, crítica da redação e crítica textual (p. 17-8).

CAPÍTULO 2 – Da experiência de fé à teologia sistemática | 141

o primeiro utiliza exclusivamente o método histórico-gramatical, ao passo que o último, sem desprezar este, utiliza ferramentas do chamado método histórico-crítico.

A grande questão seria, então, de ordem exegética, pois, como disse Karl Barth, entre a "*fé* e o *testemunho* da comunidade se levanta o problema da compreensão *autêntica* da palavra na qual sua fé se baseia, o problema do raciocínio *autêntico* e da maneira *autêntica* de dar expressão a essa palavra".[154] Quando se refere à autenticidade, Barth diz que o "que está em jogo é a *pergunta pela verdade*".[155] E qual é essa pergunta pela verdade? Ela diz respeito ao fato de

> ... se a comunidade compreende *corretamente* a palavra proclamada em e com todo esse evento como sendo a verdade, se a compreende em sua pureza, na sinceridade que lhe é adequada, se reflete profundamente sobre ela e a expressa em termos claros, portanto se é capaz de dar o seu testemunho "de segunda ordem" com responsabilidade e de boa consciência? Jamais uma resposta positiva a tal pergunta pela verdade que se lhe coloca — da forma radical que esta assume só no meio do povo de Deus — poderá ser coisa natural. Mesmo a mais válida manifestação verbal da fé mais viva não passa de obra humana. E isto significa que a comunidade, ao proclamar a palavra de Deus, ao interpretar o testemunho bíblico e mesmo ao viver sua própria fé, poderá errar o caminho, passando a ser embrulhada por sua compreensão "errada pela metade" — ou mais do que pela metade —, por um raciocínio fantástico ou tortuoso, por uma linguagem infantil ou caracterizada por exageros, de modo que, em vez de servir à causa de

---

154 BARTH, K. *Introdução à teologia evangélica*, 9. ed. (São Leopoldo: Sinodal/EST, 2007), p. 30.

155 A esse respeito, vale situar o leitor sobre o contexto todo em que Barth trata desse assunto: "'Autêntico' não significará: piedoso, edificante, entusiasmado ou gerando entusiasmo; igualmente não será: cativante em relação à compreensão, ao modo de raciocinar e de falar do mundo que a rodeia. Estes adjetivos certamente enfeitarão o testemunho da comunidade, mas não serão decisivos para a sua verdadeira finalidade. O que está em jogo é a *pergunta pela verdade*. Não esqueçamos: a pergunta pela verdade não se coloca à comunidade a partir de fora, em nome e por autoridade de qualquer norma geral ou considerada de validade geral (é o que a comunidade se deixou sugerir amplamente nos tempos modernos). Ela lhe é colocada a partir de dentro, ou melhor, a partir de cima, da palavra de Deus na qual ela própria e sua fé se fundamentam. A pergunta não é: 'Será verdade que há um Deus? que sua aliança com os seres humanos não deixa dúvidas? que Israel de fato é o povo eleito? que Jesus Cristo, morto pelos nossos pecados e ressuscitado para nossa justificação, realmente é o Senhor?'. Assim perguntam os néscios em seu coração: os néscios — vamos admiti-lo — entre os quais nós mesmos nos achamos constantemente incluídos" (Ibid., p. 30).

## 142 | TEOLOGIA SISTEMÁTICO-CARISMÁTICA

Deus no mundo, chega a prejudicá-la. Será tarefa da comunidade orar, a cada dia, para que tal não aconteça; mas ela também deverá fazer o que lhe compete em *labor* sério. Este é o labor *teológico*.[156]

A escolha é basicamente de quem ensina: ou apenas reproduzir o que foi ensinado, sem preocupar-se com a verdade, e sem conhecimento algum do processo de construção doutrinária ou averiguação do processo, ou conhecer a história e entender o fato de que a "revelação acontece nos eventos históricos interpretados pela Palavra de Deus, o que implica uma ação de Deus em favor do ser humano, que é por ele experimentada, sentida, captada e expressa".[157] Reconhecer isso, porém, deve fazer ver que a "diversidade sociocultural dos seres humanos terá então repercussões sérias para a vivência e a expressão da fé cristã".[158] Isto é, a diversidade existente no século primeiro continuará existindo. Na verdade, tal dinâmica pode ser percebida por meio das "mudanças nas expressões e nas práticas, facilmente observadas na história do cristianismo, [que] representam o esforço de gerações sucessivas de fiéis para permitir que aconteçam *experiências salvíficas*, encontros fecundos com Deus, por parte de homens e mulheres vivendo outras situações existenciais, outras linguagens, outros desafios".[159] O que deveria estar claro é que o "que uma geração transmite a outra não é primeiramente doutrina, mas a fé viva em Jesus Cristo como salvador".[160] Mas o que aconteceu quando alguém, julgando-se suficientemente autorizado, passou a crivar ou avaliar os outros? Todos os que não se enquadravam em seus critérios foram declarados hereges. Tal aconteceu com o pentecostalismo no início do século 20 e, atualmente, continua acontecendo.

O grande drama da inaceitabilidade das diferenças talvez esteja no fato de não se entender, ou não se aceitar, que tal processo nunca ou "jamais termina, seja por causa da liberdade do Espírito, responsável último pela experiência cristã, seja porque qualquer cultura sofre contínuas transformações de fatores endógenos e exógenos".[161] Isso retira a possibilidade de um centro autorizado de controle. Tal se dá pelo simples fato de que a "recepção da ação de

---

156 Ibid., p. 30.
157 Miranda. *Inculturação da fé*, p. 16.
158 Ibid.
159 Ibid., p. 19.
160 Ibid.
161 Ibid., p. 38.

Deus por parte do homem [acontece] necessariamente no interior de uma cultura". Assim, as próprias expressões utilizadas no anúncio, ou pregação, "já apresentam uma realidade inculturada, invalidando assim uma compreensão simplória da inculturação da fé", ou seja, é imprescindível entender que "nunca lidamos com uma fé pura, desprovida de elementos culturais, que pudesse então ser inculturada".[162] A fé que nos chegou, por exemplo, vem com "conteúdo" judaico e "forma" grega. Em outros termos, não se trata de algo "puro" que foi, pela primeira vez, inculturado. Isso pela simples e inegável verdade de que vivemos em um mundo humano, isto é, cultural.

Por tudo isso, a grande questão a ser discutida agora diz respeito ao fato de entender, ainda que ligeiramente, o porquê do surgimento da teologia e, mais ainda, de sua inserção na fé cristã. Como já foi dito, o próprio vocábulo "teologia" ou *theologia*, diz Christoph Böttigheimer, "provém da antiguidade grega e foi adotado pela fé cristã apenas com relutância". Sua dupla significação vocabular refere-se primeiramente a "Deus" e, posteriormente, à "fala refletida, mensagem/notícia, ciência", designando, "de acordo com seu sentido etimológico, a 'fala de Deus' (*sermo de Deo*)"[163], ou seja, a fala sobre Deus, ou o que discursamos acerca dele. Assim, "a origem da teologia", em "termos tanto objetivos quanto temporais", diz Böttigheimer, "se encontra na proclamação". Tal é assim pelo fato de que ainda na "região de língua grega da Antiguidade", diz o mesmo autor, o vocábulo "se cristalizou como designação da fala cultual e religiosa sobre Deus, o divino ou os deuses, seja na prática da fala mítica sobre os deuses e o divino, seja na poesia religiosa". Nesse sentido, informa Böttigheimer, eram "chamados de teólogos tanto os pregadores do culto, os contadores de histórias míticas sobre os deuses como também os poetas que decantavam o divino". Daí o porquê de "Homero, Hesíodo e Orfeu", por exemplo, "serem chamados de teólogos".

Diante disso, é importante saber que, em sua forma original, teologia "é, portanto, a proclamação narrativa, predicativa e evocativa de Deus". Mais importante ainda é saber que a "essa forma pré e extracientífica da teologia competia um poder linguístico próprio, pois o mito legitimava a ordem existente como divina e possuía assim uma função integrativa para a

---

162 Ibid., p. 48.

163 Böttigheimer, Christoph. *Manual de teologia fundamental: a racionalidade da questão de Deus e da revelação* (Petrópolis: Vozes, 2014), p. 17.

coletividade".[164] É evidente que um saber que ameace desestabilizar tal sistema estrutural seja olhado com desconfiança, contudo é preciso compreender que, em seu sentido original, teologia "não se tratava de um ensino elaborado e refletido do divino, mas da verbalização proclamadora do divino"; em outras palavras, "não se intentava a transposição científica de conteúdos religiosos para sistemas teóricos sistematicamente elaborados, mas a execução imediata da proclamação de Deus".[165] Ainda com as reflexões de Böttigheimer, em uma palavra:

> Essa é a origem objetiva de toda teologia. Pelo fato de a fé não evocar seu objeto "Deus" primeiro por meio de conceitos, mas por meio de símbolos, e pelo fato de a vida religiosa não se desdobrar primeiramente em análises e reflexões, mas no testemunho, na confissão e no rito, a proclamação de Deus precede tanto objetiva como temporalmente o ensino sistematicamente elaborado de Deus ou do divino.[166]

Desde que Platão denominou, pela primeira vez, "o controle racional crítico-filosófico de" teologia, a *sermo de Deo*, na expressão de Santo Agostinho, diz Böttigheimer, ou o "controle crítico da fala religiosa de Deus, foi reconhecido como tarefa genuína da própria teologia, fato que marcou o desenvolvimento da autocompreensão da teologia por muito tempo". Assim, a "teologia tem uma função crítico-objetiva em relação à fala religiosa de Deus".[167] Aristóteles, por sua vez, "fala de um conhecimento teológico dentro da filosofia, de uma teoria de Deus filosófica". Essa, conforme suas "possibilidades epistemológicas, [...] faz afirmações sobre Deus". Para Böttigheimer, tal "esforço por um conhecimento de Deus guiado pela razão representa explicitamente um esforço epistemológico teológico [...], pois nele se indaga a primeira origem de todas as coisas, o princípio básico metafísico do mundo".[168] Não obstante, é imprescindível observar que o "Deus" de que fala Aristóteles nada tem com o Deus da Bíblia, Pai de Jesus Cristo. Trata-se do deus dos filósofos, concebido por Aristóteles como "Primeiro Motor" ou "Motor Imóvel". É por isso que tal "tipo de teologia, na qual a razão reflete de forma independente e

---

164 Ibid., p. 18.
165 Ibid., p. 18-9.
166 Ibid., p. 19.
167 Ibid., p. 21.
168 Ibid., p. 22.

autônoma sobre aquilo que ela, com seus meios e métodos, pode afirmar sobre Deus, mais tarde passou a ser chamado de metafísica, teologia metafísica, ontológica ou filosófica". Não apenas isso, mas, com Platão e Aristóteles, a "pergunta reflexiva sobre Deus não é um privilégio ou monopólio dos filósofos; antes, encontramos esse tipo de discurso sempre que a questão de Deus é tratada de forma científico-racional, i.e., dentro de um discurso consistente e sistemático".[169]

Böttigheimer explica o processo definitivo de transposição da teologia dos filósofos para os cristãos. Ele informa que, na filosofia estoica ou do estoicismo, a teologia possuía uma tríplice divisão. "No primeiro século a.C., o estoico Marcus Terentius Varro (116-27 a.C.) falou sobre a tripla divisão teológica." A primeira delas era a *Theologia mythica (narrativas dos deuses)*; a segunda era a *Theologia civilis (o culto público aos deuses)* e a terceira, chamada de *Theologia naturalis ou physica (a teologia natural)*.[170] Böttigheimer, entretanto, faz questão de ressaltar que essa tríplice divisão "foi adotada, por vezes, com ressalvas, por muitos padres e escritores da Igreja, como Tertuliano (por volta de 160-220), Agostinho, Eusébio de Cesareia (260/265-339) e outros, mesmo que o conceito de teologia tenha sido aplicado apenas de forma relutante à fala cristã de Deus". O mesmo autor diz ainda que a definitiva "recepção [da teologia pelo cristianismo] se deu principalmente nos séculos 4 e 5". Todavia, ele observa que, a despeito de "na Igreja Antiga, a reflexão cristã ainda [ser] chamada de *vera philosophia* e *vera religio*, a pretensão salvífica passou da filosofia para a teologia, na qual aos poucos foi se estabelecendo a distinção entre [teologia] (doutrina de Deus, teoria do íntimo ser de Deus) e [...] *sacra doctrina* (a doutrina da ação salvífica histórica de Deus)".[171]

Fundamentado na tríplice divisão da teologia realizada por Varro, diz Böttigheimer, "Agostinho definiu a teologia como verdadeira proclamação de Deus e ligou a *theologia naturalis* à *theologia civilis*: O Deus cristão que se revela não é parte da natureza, mas da metafísica". No intuito de esclarecer a penetração da teologia no cristianismo, o mesmo autor afirma que o "conceito de teologia adquiriu uma importância decisiva em Dionísio Areopagita (por volta de 500 d.C.), que, no contexto de sua reflexão sobre como Deus pode ser verbalizado, distinguiu entre teologia catafática (afirmativa), apofática

---

169 Ibid., p. 23.
170 Ibid.
171 Ibid., p. 24.

# 146 | TEOLOGIA SISTEMÁTICO-CARISMÁTICA

(negativa) e mística (especulativa)".[172] Tal tríplice divisão, dessa feita por um filósofo cristão, mostra apenas que, desde o "início, a teologia cristã antiga tentou reunir a fé e o conhecimento e assim se posicionar entre o mito e o racionalismo". Assim, com "a racionalidade e o esforço de penetrar racionalmente a fé (*intellectus fidei*), a apologética do cristianismo primitivo criou a base para o programa escolástico, para o qual Anselmo de Cantuária (1033-1109) cunhou as fórmulas *credo ut intelligam* e *fides quaerens intellectum*". Dessa maneira, ainda que o "creio para compreender" preceda o exercício da "fé em busca de compreensão", com essa fórmula iniciou-se a ideia de a "fé [buscar] o conhecimento da razão para fundamentar-se a si mesma".[173]

Contudo, é preciso entender que, em "sua origem e em suas três funções básicas, ou seja, na fala religiosa de Deus, na reflexão crítica sobre a fala correta de Deus e no esforço pelo *fidei intellectus*, a teologia nada tem a ver com a ciência". Em outras palavras, sem exceção alguma, "todos os tipos de teologia surgiram sem a ciência e não dependem da ciência para sua execução correta".[174] Dessa forma, mesmo admitindo que "já nas Escrituras Sagradas a fé é vinculada ao conhecimento e ao entendimento", pois desde o "Antigo Testamento, Deus se dirige ao ser humano" e "age em liberdade", ao mesmo tempo que "salva, cura e concede misericórdia e conhecimento", é preciso entender que mesmo o "conhecimento implica uma relação pessoal entre sujeito e objeto (Êx 29:46; Dt 29:5; 1Rs 8:43.60; Jr 31:34 e outros)". Da mesma forma, em o "Novo Testamento, o entendimento e o conhecimento adquirem uma importância especial em forma de seu vínculo existencial com a pessoa de Jesus (Mt 13:11; Lc 24:45)".

Böttigheimer destaca, do Novo Testamento, o exemplo do "Evangelho segundo João [onde] a comunhão com Jesus se manifesta na comunhão do conhecimento". Para o autor, João deixa claro que Jesus "traz o verdadeiro e definitivo conhecimento de Deus (Jo 8:32; 14:17) porque ele conhece o Pai, 'que o enviou' (Jo 17:3)". Não somente isso, "a pessoa de Jesus provoca uma confrontação intelectual (Rm 9:1—11:36; 1Co 2:1—3:4) vinculada a uma afirmação da racionalidade daquilo que sustenta a existência cristã".[175] Assim, a racionalidade envolvida no processo de entender a mensagem, ou

---

172 Ibid., p. 24-5.
173 Ibid., p. 25.
174 Ibid., p. 28.
175 Ibid., p. 24.

a inteligibilidade da revelação, não pode ser confundida com o ato de crer nessa mesma revelação. Em outras palavras, "enquanto a teologia filosófica segundo Aristóteles pretendia ser uma fala de Deus puramente racional, o ponto de partida da teologia cristã é uma fé intocável". Fé esta que "não se refere ao conhecimento da razão, mas a um outro objeto que foge à razão: a autorrevelação de Deus". É justamente por causa dessa "precondição da fé [que] para Tomás [de Aquino] a cientificação total da teologia cristã não é possível", pois a "fala cristã de Deus tem como precondição a experiência bíblica da autorrevelação de Deus, que [só] pode ser apreendida livremente no interior da fé".[176] Em se tratando desse "conhecimento", dessa "razão" e também dessa "fé", em uma palavra,

> essa fé não é obra da razão, tampouco o objeto da fé pode ser reduzido à razão. Para que uma teologia científica seja possível sob essas condições, sua cientificidade se inicia posteriormente, no interior da fé. Por isso, para Tomás, a teologia só pode ser considerada uma ciência num sentido restrito. Ela não pode ser concebida como pura ciência racional, mas como ciência secundária (*scientia subalternata*), subordinada à ciência primária (*protae theologia*), à "ciência de Deus e dos bem-aventurados". Da revelação divina, ela adota na fé seus princípios e axiomas, os chamados artigos da fé, a partir dos quais se extrai um conhecimento argumentativo, intersubjetivo e reproduzível por meio da razão. Portanto, a teologia cristã só pode ser concebida como *scientia* num sentido limitado. Mas já que a revelação pode ser alcançada pela razão, a teologia é possível como fala de Deus argumentativa no espaço interior da fé cristã, como ciência da fé.[177]

Aqui se encontra o problema da teologia. Como discurso acerca de Deus, válido no interior da fé, ela deve buscar suas pressuposições (mistério/revelação), fundamentos (Escrituras) e epistemologia (método em teologia) nessa mesma fé. Isso porque, uma vez que as "asserções teológicas são asserções da fé", afirma o teólogo Roger Haight, "caso se queira saber o que é uma asserção teológica, é preciso que se conheça algo acerca da natureza, da estrutura e da dinâmica da fé que constitui o fundamento mesmo da

---

176 Ibid., p. 30.
177 Ibid.

# 148 | TEOLOGIA SISTEMÁTICO-CARISMÁTICA

teologia".[178] Tal, porém, não é o que acontece. Sem reconhecer que ela é um discurso humano — e, por isso mesmo, falível! — acerca de Deus, não ele em si mesmo, sistemas teológicos relutam em exercer autocrítica e confundem sua confissão com a própria Escritura. Por isso, apesar dessa opinião clássica de Böttigheimer, o teólogo Antonio Carlos de Melo Magalhães afirma que a "teologia não é ciência, muito menos ciência da fé; ela é tão somente discurso, fala, narrativa, sistematização de práticas, crenças, desejos, aspirações, perspectivas, textos".[179] Isso significa dizer que em seu "âmbito estão as experiências e as formas como as comunidades humanas tentaram, ao construir significados e sentidos para o mundo, criar instituições, estabelecer regras e estruturas de funcionamento e crença".[180] É por isso que, para Karl Barth, a "teologia é obra humana, ela não é a obra divina". E mais: a teologia "é serviço prestado à palavra", mas "ela não é a própria palavra de Deus".[181]

Assim, a "teologia clássica", diz Ronaldo Cavalcante, "trabalhando com a premissa de uma epistemologia do sagrado, uma teoria do conhecimento de Deus, estabeleceu os conceitos do *incompreensível* e do *inefável* como a aproximação mais adequada ao mistério divino".[182] Essa via apofática da fala de Deus serviria como prevenção da *hybris* teológica. Entretanto, como se sabe, a teologia tomou outro caminho. Portanto, é inevitável a pergunta acerca de como a teologia atual conseguiu o *status* ora desfrutado, isto é, de certeza absoluta e inquestionável de seus arrazoados. Alessandro Rocha explica que tal se deu pelo fato de a "formação do discurso teológico dogmático [dever] à filosofia grega os elementos fundamentais de sua elaboração metodológica".[183] Em outras palavras, para que fosse possível a cristalização de determinados conceitos como verdades inquestionáveis seria necessário uma "fonte fidedigna" e a-histórica que fundamentasse tais proposições. O mesmo autor

---

178 HAIGHT, Roger. *Dinâmica da teologia* (São Paulo: Paulinas, 2004), p. 27.

179 MAGALHÃES, Antonio Carlos de Melo. *Religião, crítica e criatividade* (São Paulo: Fonte Editorial, 2012), p. 27.

180 Ibid.

181 BARTH, Karl. *Dádiva e louvor: ensaios teológicos de Karl Barth*, 3. ed. (São Leopoldo: Sinodal/EST, 2006), p. 196.

182 CAVALCANTE, Ronaldo. "A teologia cristã como *intellectus fidei* e a expressão do mistério de Deus; finitude e alcance de uma epistemologia do sagrado", in: *Teologia: ciência e profissão: a identidade, a formação e o campo de atuação profissional do teólogo no Brasil*, 2. ed. (São Paulo: Fonte Editorial, 2007), p. 134-5.

183 ROCHA, Alessandro. *Teologia sistemática no horizonte pós-moderno: um novo lugar para a linguagem teológica* (São Paulo: Vida, 2007), p. 17.

informa que "a fonte fidedigna que a filosofia grega elaborou para afirmar a univocidade universal foi a metafísica".[184] Alessandro diz ainda que, a fim de "completar seu método de produção de caráter unívoco, a filosofia, além da metafísica, gerou a lógica, que marcaria a impossibilidade da contradição no âmago de uma proposição que se pretendesse verdadeira".[185]

Antes de dissertar acerca das implicações desse aporte filosófico para a teologia, aqui talvez uma breve digressão ajude. Os teólogos pentecostais James Railey e Benny Aker explicam que o "mundo pagão, no qual a Igreja nasceu, requeria que ela explicasse suas crenças em termos que todos pudessem compreender". Assim, ao passo em que era atacada, sobretudo em seus dogmas, "a Igreja polia as suas declarações de fé", ou seja, "demonstrava de forma racional e lógica o verdadeiro teor de sua crença".[186] Ao agir dessa forma, porém, os primeiros teólogos (pais da igreja) lançavam mão da metafísica e da lógica, que, como se sabe, dependeram do pensamento de Parmênides, Platão e Aristóteles para se firmar como aporte intelectual definitivo do pensamento ocidental. Se inicialmente tal fusão foi necessária, tanto para manter a coesão e identidade da comunidade de fé quanto para convencer os contradizentes e defender a fé dos ataques dos críticos, posteriormente tais arrazoados, discursos, "falas" sobre Deus ou "proposições teológicas tornaram-se elas mesmas o objeto de preocupação última", ou seja, "sua adesão e preservação tendem a substituir a própria fé".[187] Em outros termos, elas se transformaram em "crenças". Haight diz que, nessa perspectiva, a fé passa, então, a ser "vista como sustentáculo dessas crenças, torna-se objetificada".[188] Assim, "essa fé, que agora é crença, significa assentimento a um conjunto objetivo de crenças acerca da realidade", ou seja, tal "fé objetificada pode ser sintetizada em um conjunto de proposições, porque só como tais as crenças podem desempenhar sua legítima função de elemento definitório do objeto de fé e de identidade da comunidade". O grande problema é que, apesar de ser produto de reflexão teórica, e de esta ter sido realizada dentro de uma cultura e tempo específico, tais "proposições são apresentadas como se contivessem a chancela da

---

184 Ibid.

185 Ibid., p. 28.

186 RAILEY JR., J. H.; AKER, B. C. "Fundamentos teológicos", in: HORTON (ed.). *Teologia sistemática: uma perspectiva pentecostal*, p. 51.

187 HAIGHT. *Dinâmica da teologia*, p. 55.

188 Alessandro Rocha chama esse mesmo processo de "fé cognoscibilizada" (*Teologia sistemática no horizonte pós-moderno*, p. 73-4, 89).

## 150 | TEOLOGIA SISTEMÁTICO-CARISMÁTICA

autoridade externa, em última instância a autoridade de Deus como mediada pela Escritura e pela Igreja".[189] Na esteira desse mesmo assunto, os teólogos pentecostais James Railey e Benny Aker, dissertando acerca da autoridade[190] teológica, a despeito de reconhecerem sua importância, afirmam que é preciso atentar para o fato de que tal conceito de autoridade "tende a elevar as afirmações, em forma de credos, a uma posição superior à da própria Bíblia" e, ainda que "demonstrem notável união em certos aspectos-chaves da verdade bíblica, podem divergir consideravelmente entre si nas questões de fé e prática".[191] Uma vez que as crenças que sobrevivem são justamente as do grupo majoritário, ou das maiores comunidades de fé, não é difícil concluir o que vem na sequência. Todavia, antes de tratar desse aspecto, é necessário esclarecer ainda mais a questão da produção teológica.

Retomando o raciocínio de Alessandro Rocha acerca da produção teológica e sua dependência da filosofia grega, particularmente da metafísica e da lógica, ele explica que a inevitabilidade de tal processo passa pelo fato de que o "discurso teológico resultante das experiências religiosas das primeiras gerações cristãs foi transmutad[o] em metafísica literal no processo de sistematização e de proselitismo resultante da aproximação da cultura helênica com sua filosofia". Em outras palavras, a "univocização do discurso teológico tem sua gênese: não é de forma alguma ontológica".[192] Isso significa que tal processo tem uma origem histórica e, utilizando uma expressão popular, "não caiu do céu". Acerca da "univocização do discurso teológico", ou seja, da pretensa univocidade (uma ideia que "advoga a continuidade entre o discurso e a realidade"[193]) existente no âmbito da teologia sistemática, Aker e Benny explicam que tal se dá pelo fato de que, por "séculos a teologia sistemática no Ocidente tem sido disposta segundo um sistema coerente que reflete o idealismo racional (cf. a busca por parte dos teólogos de um centro unificante)".[194] Ocorre, entretanto, que, como explicam os mesmos autores, o "uso de um único centro, no entanto, tem limitações", pois "não leva em conta

---

189 Ibid.

190 Acerca desse assunto, veja nota 150.

191 RAILEY JR., J. H.; AKER, B. C. "Fundamentos teológicos", in: HORTON (ed.). *Teologia sistemática: uma perspectiva pentecostal*, p. 47.

192 ROCHA. *Teologia sistemática no horizonte pós-moderno*, p. 48.

193 Ibid., p. 179.

194 RAILEY JR., J. H.; AKER, B. C. "Fundamentos teológicos", in: HORTON (ed.). *Teologia sistemática: uma perspectiva pentecostal*, p. 659.

os paradoxos que tanto prevaleciam no mundo antigo".[195] Em uma palavra, a teologia sistemática "elimina", artificialmente, no plano do discurso, os paradoxos bíblicos e as contradições da existência com que os seres humanos se deparam no estudo e na realidade.

É justamente esse processo que foi descrito por Haight e Rocha quando falaram acerca de "fé objetificada" e "fé cognoscibilizada", respectivamente. O primeiro explica que o problema das afirmações teológicas terem sido alçadas ao patamar da fé como crenças é que, além de tal ação ser "uma perspectiva estreita e acrítica, interna à comunidade", os proponentes esquecem que, ao fazer isso, "essas crenças, que representam não conhecimento, e sim interpretações e expressões de fé na transcendência, passam a funcionar precisamente como conhecimento". Pior, "as crenças afiguram-se como conhecimento objetivamente verdadeiro acerca da realidade".[196] Isso se dá porque, a essa altura, a teologia não é mais unicamente o discurso acerca de Deus, ou seja, ela "não trata apenas de Deus e da esfera transcendente". Os novos desafios e a imersão do cristianismo na cultura fazem que a "interpretação teológica estend[a]-se a toda a realidade, a tudo quanto existe".[197] Ocorre que, tendo sido produzido em outra época e cultura, é fato que, se algo é "conhecimento", ou seja, produto humano de descoberta, ou invenção (não no sentido de mentira, e sim de elaboração teórica), precisa ser atualizado à luz de novas descobertas, pois, pela própria "consciência histórica", diz Haight, é possível verificar que "as crenças cristãs, mesmo sob a influência de uma preocupação última e absoluta, são produções humanas, obras humanas, expressões humanas da fé".[198] Para este autor, é justamente tal indistinção que gera o conflito entre fé e razão e/ou ciência e religião, pois equiparar fé (ontológica/existencial) com crença (psicológica/cognitivo) significa confundir a vontade, ou a necessidade de ingerir alimento, com o próprio alimento! Não unicamente isso, pois como esclarece Haight,

> a essa altura, deve ficar claro que o fenômeno das crenças mascaradas como fé é teologicamente errôneo. O erro principia com a tendência social das crenças, dada a sua função social importante e

---

195 Ibid., p. 659-60.
196 HAIGHT. *Dinâmica da teologia*, p. 55.
197 Ibid., p. 238.
198 Ibid., p. 57.

intrinsecamente necessária, a ocupar o lugar do objeto transcendente de fé. Esse dinamismo funciona como baluarte contra a insegurança humana, e reforça uma espécie de desejo natural de apreender e dominar a realidade transcendente. O resultado é que, na mesma medida, o objeto transcendente de fé deixa de ser transcendente, rompe a dimensão passiva da fé e assume um compromisso sempre novo com as exigências sempre novas de sua causa. Todavia, para além da confusão teológica envolvida, esse processo também tem consequências desastrosas para a vida das pessoas comuns, especialmente em uma época de pluralismo radical, quando o conhecimento científico, as descobertas e as mundividências cambiantes são de grande escala. Os membros dessa comunidade só podem sentir-se confusos e ameaçados pelo crescente acervo de conhecimento genuinamente novo que os seres humanos estão forjando acerca de si mesmos e do mundo. Essas forças externas abrem uma cunha entre uma comunidade de crenças tomadas como conhecimento e o conhecimento concorrente e aparentemente contraditório do restante do mundo. [...] A distinção entre fé e crenças, portanto, é crucial. Igualmente crucial é o reconhecimento da historicidade das crenças.[199]

Antes de discorrer acerca da explicação de Alessandro Rocha sobre a "cognoscibilização da fé", é imprescindível lembrar-se do que foi abordado no ponto anterior, quando se tratou a respeito do desenvolvimento da doutrina, ou seja, da "historicidade das crenças", referida por Haight. E que ninguém entenda que estamos fazendo aqui uma crítica desprezível à função social desempenhada pela crença. Não se trata disso. Mesmo porque as "afirmações, crenças e doutrinas teológicas, ao expressar coletivamente o objeto de fé, funcionam como um dos vínculos sociais que articulam a comunidade e lhe conferem identidade coletiva".[200] O que deve ficar claro é a questão do valor, por exemplo, da "crença específica nos termos da estrutura pessoal e da dinâmica da fé", que, nesse caso, parece ser algo secundário e derivativo. Pois, como diz Haight, o "que é primário é a adesão engajada e a lealdade ao objeto de fé e à sua causa que sempre transcende uma formulação particular". Em termos diretos, mesmo uma "descrição clara, imaginativa, reflexiva e conceitual do objeto de fé pode ser importante, mas ainda é secundária à realidade

---

199 Ibid., p. 55-6.
200 Ibid., p. 53.

da própria fé". Nesse caso, isso significa que o "compromisso de fé pode permanecer consistente enquanto as crenças são depuradas ou até mesmo modificadas".[201]

Um bom exemplo para ilustrar o ponto vem do próprio pentecostalismo. Isael de Araujo, falando acerca do "escatologismo entre os crentes no século 19 e as perspectivas escatológicas pentecostais", no contexto estadunidense, diz que no "século 19, no campo da escatologia [...], predominou, entre os crentes norte-americanos, o *milenarismo*, originário da palavra 'mil', em referência ao milênio, ou seja, o reinado de mil anos de Cristo mencionado em Apocalipse 20.1-8".[202] As comunidades que adotaram esse ponto de vista, ou crença, depois se dividiram com o desenvolvimento da doutrina que foi depurada ou modificada. Ele diz que "havia, basicamente, três concepções sobre o que o texto de Apocalipse queria dizer". São elas: "pré-milenarismo, pós-milenarismo e amilenarismo".[203] Assim, explica Araujo, os "amilenistas não entendiam o milênio como um período na história", ao passo que "tanto os pós quanto os pré-milenistas eram, rigorosamente falando, milenistas no sentido de que esperavam que o milênio iria ocorrer em alguma época do futuro (ou já iniciara no passado recente)". Aqui é importante dizer que o chamado "esquema milenarista surgido durante as décadas de 1840-1850 fundamentou o adventismo, ou seja, a ênfase exacerbada à segunda vinda de Jesus à Terra, que considerava iminente, para salvar os justos e aniquilar os pecadores, do que surgiram, então", diz Isael de Araujo, "os russelitas, ou testemunhas de Jeová, e os adventistas, que se manifestam fortemente nesse período".

Evidentemente, torna-se impossível sondar todos os meandros do assunto (aqui penso especificamente na figura de John Nelson Darby), porém é obrigatório conhecer as principais divisões e subdivisões da doutrina do "quiliasmo", crida como se ela sempre fosse o que atualmente se conhece:

> O pós-milenismo, que previa que a igreja instalaria gradualmente um milênio cristão, após o qual Cristo retornaria como Rei, dominou igrejas do século 19. A visão reformada moderna e medieval tendia a ser amilenista, vendo o milênio simplesmente como um símbolo

---

201 Ibid.
202 Araujo, Isael de. *Dicionário do movimento pentecostal* (Rio de Janeiro: CPAD, 2007), p. 592.
203 O tema é devidamente retomado no último capítulo, quando falarmos sobre escatologia.

da era da igreja. O pré-milenismo, que esperava a segunda vinda de Cristo antes do estabelecimento do milênio de Apocalipse 20, veio a caracterizar a escatologia pentecostal, em contraste com o pós-milenismo. Embora as compreensões dos pentecostais sobre escatologia não fossem unicamente pentecostais, mas amplamente compartilhadas com as igrejas fundamentalistas (e muitas evangélicas), os pentecostais, contudo, eram os únicos em ver o derramamento do Espírito como o cumprimento, em si mesmo, da profecia sobre o fim dos tempos.

Os pré-milenistas, mais adiante, vieram a ser divididos em historicistas e futuristas. Os historicistas viam o cumprimento das profecias ocorrendo dentro da era histórica da igreja. Esta perspectiva foi desacreditada pelos milenistas no meado do século 19. Os pentecostais tornaram-se predominantemente futuristas, esperando o principal cumprimento das profecias bíblicas apoiando-se no futuro, e quase todos criam que esse cumprimento era iminente. Uma variante da posição futurista, conhecida como dispensacionalismo, foi desenvolvida por John Nelson Darby. Ele cria que a história podia ser dividida em sete eras ou dispensações, em cada uma das quais Deus se relacionara com a humanidade de uma maneira diferente. A era da igreja é parentética: a profecia bíblica se cala a respeito dela. A Igreja e Israel eram vistos como dois povos de Deus distintos, cada qual com um papel específico. Essa visão foi popularizada nos Estados Unidos especialmente pela *Bíblia de Referência Scofield* (1909) e tornou-se o pensamento que dominou o pentecostalismo norte-americano.

Os futuristas foram, posteriormente, divididos em pré-tribulacionistas e pós-tribulacionistas. A maioria dos pentecostais adotou a visão do movimento profético, prevalecente no fim do século 19, a da expectativa do rapto, ou retirada, da igreja antes do período da tribulação. Alguns, contudo, continuaram a pensar que a igreja sobreviveria na Terra, durante a grande tribulação, até que Cristo viesse para instalar um reino terrenal. Um segmento bem menor previa o rapto no meio da grande tribulação, a visão mesotribulacionista. A doutrina do rapto pré-tribulacionista levou os pentecostais a pregarem, por um lado, uma mensagem pessimista do juízo iminente, com "guerras e rumores de guerras" como um sinal do tempo do fim, e, por outro lado, a mensagem otimista da "bem-aventurança" do rapto da igreja.[204]

---

204 Ibid., p. 592-3.

CAPÍTULO 2 – Da experiência de fé à teologia sistemática | 155

Tais exemplos possibilitam um entendimento ainda melhor acerca da diferença entre a fé na vinda de Cristo e, consequentemente, na ressurreição, e o que significa fé como crença em determinado ponto de vista teológico ou aspecto da doutrina da esperança cristã. O mais interessante é pensar que todas elas alegam "respaldo bíblico" para sua existência. Tal observação apenas ressalta o óbvio: é impossível fazer exegese livre de premissas, isto é, o "lugar" onde se está ou a partir de onde se lê influencia a interpretação da Bíblia. Basta verificar que a maioria das interpretações milenaristas apresentadas surge no século 19, ou seja, em determinado tempo. Na verdade, como diz Haight, pensar acerca da "historicidade das crenças significa [entender] que são sempre formuladas com base em pressuposições, evidências e argumentos que eram convincentes em uma dada época".[205] Aqui, contudo, é preciso observar, já se passou da Bíblia para a teologia sistemática ou, na expressão de João Batista Libanio e Afonso Murad (adotada também por Alessandro Rocha), "manualística".[206] Essa teologia representa a "fé objetificada", no conceito de Haight, o qual já foi exposto, ou a "fé cognoscibilizada", no conceito de Alessandro Rocha, que será brevemente trabalhado.

Antes, porém, de passar à análise da manualística, é preciso entender que as mudanças ocorridas na doutrina da esperança cristã só foram necessárias porque tal saber faz parte da construção teórica e, portanto, pertence ao plano humano. Mais uma vez, é preciso distinguir entre fé (ontológica) e crenças (teológicas), que, em última instância, são parte do que se entende por conhecimento. É fundamental compreender que, como afirma Haight, a "fé está afeta à transcendência, ao passo que o conhecimento ocupa-se da realidade finita deste mundo". Por isso, enquanto as crenças têm a função de tentar explicar teoricamente o mistério, ou o objeto da fé, a fé proporciona as condições e a abertura para crer, ainda que o crente não tenha compreensão plena. Tal é assim porque, conforme Haight, a "fé é assentimento ou denegação por meio de um compromisso com alguma coisa que transcende a evidência intramundana", pois a "verificação do objeto da fé religiosa em sentido estrito só poder escatológica". Assim, em termos simples, a "verdade da fé tornar-se-á plenamente manifesta ao final da vida por intermédio da morte".[207]

---

205 HAIGHT. *Dinâmica da teologia*, p. 61.
206 LIBANIO, João Batista; MURAD, Afonso. *Introdução à teologia: perfil, enfoques, tarefas*, 7. ed. (São Paulo: Loyola, 2010), p. 135-9.
207 HAIGHT *Dinâmica da teologia*, p. 43.

# 156 | TEOLOGIA SISTEMÁTICO-CARISMÁTICA

Retomando o raciocínio de Alessandro Rocha acerca da manualística, ele explica que todo "discurso teológico tem um núcleo gerador de sentido, sobre o qual é possível tecer-se uma dinâmica hermenêutica". A esse "núcleo", diz o autor, dá-se o nome "experiência cognoscibilizada de fé".[208] Por essa mesma "experiência cognosciblizada da fé entende-se o processo em três movimentos que se põe na origem de toda a teologia: experiência de fé, *mediação cultural*[209] [...] e discurso sistemático".[210] Como já foi dito em outras oportunidades, a "experiência de fé é o evento gerador de toda preocupação e de todo o sistema religioso em geral". Ocorre que essa "experiência em si mesma, porém, em sua dimensão exclusivamente subjetiva, não subsiste, pois precisa comunicar-se, tornar-se compreensível e, por fim, tornar-se reproduzível". A grande dúvida surge quando se reflete acerca do fato de que ela, "em si [é] intraduzível"; logo, "como se tornar comunicável"?

Com esse "intento, a experiência de fé encontra em seu exterior os signos necessários à sua comunicação", ou seja, "ela" se vale de algo que lhe é estranho e exterior, ou seja, a linguagem e o aporte filosófico. Daí o porquê da "importância da mediação cultural, que irá oferecer o veículo linguístico adequado para que aquela experiência constitua um discurso sistemático". Dessa forma, conclui Alessandro Rocha, "no centro de toda teologia, encontra-se uma experiência de fé que quer tornar-se cognoscível, ou seja, discurso sistemático". Não obstante, tal "só será possível", continua o autor, "numa cultura que se proponha ser mediadora desse processo". Assim, esses "três passos são, portanto, elementos de um mesmo fato nuclear no discurso teológico".[211]

Algumas observações são necessárias. A primeira delas é que, como explica Rocha, "em si, a experiência de fé não significa experiência de conhecimento, justamente porque isso demandaria a apreensão do conhecido". Em se tratando da "experiência da fé, não se apreende um dado cognoscível; antes,

---

208 ROCHA. *Teologia sistemática no horizonte pós-moderno*, p. 73.

209 Em seu glossário, o autor define essa expressão como "o aporte teórico utilizado para se comunicar determinada experiência (de fé, em nosso caso) em determinado lugar e tempo". Ele ainda acrescenta que a *mediação cultural* é "o instrumental linguístico e cultural que permite tornar compreensível a comunicação de uma mensagem" e que a "teologia tem-se valido de inúmeras mediações culturais ao longo de sua história". Como exemplo, Rocha cita a filosofia grega clássica e completa, dizendo que, desde o "século 19, outras ciências têm servido — dialogicamente — de mediadoras do seu discurso" (Ibid., p. 176).

210 Ibid., p. 73-4.

211 Ibid., p. 74.

CAPÍTULO 2 – Da experiência de fé à teologia sistemática | 157

se é apreendido nas teias do sagrado".[212] Haight, por sua vez, afirma que "o objeto de fé é transcendente, e não um dado do conhecimento humano" e, por isso mesmo, "deve ser *dado* a uma pessoa; deve ser revelado".[213] Alister McGrath, ao citar o teólogo Charles Gore, afirma que é impossível não comunicar a fé ou o mistério após ter recebido uma revelação. Assim, Alessandro Rocha diz que a comunicação do "incomunicável", ou "indizível", é tanto uma necessidade quanto um desafio. Para ele, ao unirem-se as "peculiaridades da necessidade e do desafio que se apresentam à experiência de fé, é possível compreender como essa experiência indizível se vai transformando em fundamento até poder apresentar-se como discurso sistemático sobre o sagrado e suas relações com o mundo". Por causa da necessidade e do desafio, a experiência é, como já foi dito por Alessandro Rocha, então "destinada" a tornar-se um "discurso complexo e sistematizado". Ocorre, porém, que tal "só é possível por meio de um sistema linguístico capaz de dizer o indizível, tornando-o cognoscível a tantos quantos o ouçam".[214]

Aqui cabe uma segunda observação. É nesse momento que o discurso necessita da mediação cultural, pois sem ela não faria sentido às pessoas a quem se destina. Em outras palavras, a mediação cultural "é o *locus*", o lugar "da produção do conhecimento, ou seja, da cognoscibilidade". E onde "encontra-se", ou "situa-se", a mediação cultural? Alessandro Rocha afirma que ela "não se encontra fora, não está em nenhum outro lugar senão no mundo 'concreto' da linguagem". Assim, é "no espaço da mediação cultural, portanto, que se elabora o método de acesso à experiência de fé"; contudo, como já foi dito diversas vezes neste texto, o "discurso sistemático que se há de fazer não corresponderá à experiência de fé em toda a sua extensão", ou seja, a linguagem nunca poderá reproduzir fielmente a verdade de Deus ou a revelação. "Antes", diz Rocha, "apresentar-se-á dessa ou daquela forma, com base na mediação cultural utilizada no processo de elaboração".[215] Em uma palavra, é preciso entender que no transcurso da comunicação, a fim de que não apenas se faça, mas também se preserve o sentido do mistério e da revelação, a linguagem, e às vezes até mesmo o conceito teológico, precisa de atualizações. Isso se desejarmos alcançar as pessoas do tempo presente.

---

212 ROCHA. *Teologia sistemática no horizonte pós-moderno*, p. 75.
213 HAIGHT. *Dinâmica da teologia*, p. 43.
214 ROCHA. *Teologia sistemática no horizonte pós-moderno*, p. 81-2.
215 Ibid., p. 82.

## 158 | TEOLOGIA SISTEMÁTICO-CARISMÁTICA

Alessandro Rocha afirma que é justamente em virtude dessa "complexidade [que] a preocupação com a escolha da mediação cultural correspondente a cada horizonte existencial deve ser companheira inalienável de todo o processo de produção do discurso teológico".[216] Falar às pessoas do século 21 como se estivéssemos na Idade Média é um despropósito. No entanto, a produção teológica que teve como fundamento a metafísica provoca justamente isso. Situa o discurso teológico em uma dimensão a-histórica para que, "desistoricizado",[217] ou seja, eliminado do aspecto da mediação cultural dos ouvintes, seja aceito em qualquer contexto, independentemente de fazer sentido ou comunicar alguma coisa. Finalmente, a terceira e última observação acerca desse aspecto que, agora, refere-se ao "discurso sistemático":

> Uma vez constituído, o discurso sistemático sofre o risco da própria natureza, ou seja, de sua condição sistematizadora. Esse risco consiste em sua identificação como uma peça acabada capaz de comunicar sentido para além das fronteiras da cultura que o gerou. Ao abrigar em seu interior um sistema, esse discurso pode acabar servindo apenas de instrumento sistemático, ou seja, de seu reprodutor, iniciando assim um círculo que acaba por excluir tanto a experiência de fé originária quanto qualquer outra mediação cultural.[218]

Sem poder caminhar mais e sondar pormenores importantíssimos do desenvolvimento desse processo, as implicações dessa ação são as mais desumanizantes possíveis, pois as comunidades de fé atuais, ou novas, não têm o direito que as responsáveis pela sistematização do discurso "totalizante-universalizante" tiveram na sua época. Com a cristalização e a elevação à norma prescritiva, esse discurso, não a Escritura, torna-se a referência a que todos devem subscrever e, finalmente, submeter-se. Ele define o que é ou não ortodoxo. Ele faz que determinada mediação cultural, no caso a do período em que tal teologia foi produzida, e o discurso dela decorrente, encerre "em si a totalidade das respostas às questões ligadas à necessidade/desafio inerente à

---

216 Ibid., p. 85.

217 Em seu glossário, Alessandro Rocha define desistoricização como "negação da dimensão histórica de determinada coisa ou evento. No caso da teologia, essa abordagem não leva em consideração a dimensão histórica de determinados dogmas ou opiniões de fé, bem como sua incidência sobre o discurso teológico" (Ibid., p. 174).

218 Ibid., p. 89.

experiência de fé". Ocorre que, nessa perspectiva, afirma Alessandro Rocha, "as respostas são dadas de forma apriorística e sistematizadas num manual". Dessa forma, obtém-se, "então, a teologia sistemática manualista". Tal "manual, que representa um discurso, tem alcance universal", ou seja, ao "ouvinte cabe a tarefa de adequar o discurso à sua realidade, mesmo que isso constitua uma violência". Em termos diretos, "independentemente do horizonte existencial concreto em que se encontrem os homens e mulheres cristãos, as respostas às suas questões já estão dadas". Isso antes mesmo de as perguntas serem feitas! Evidentemente que, como diz Rocha, não entra em discussão "aqui a universalidade dos temas da fé", pois o "que se pretende discutir é a pretensa universalidade de uma interpretação desses temas".[219]

Antes de fazer a distinção entre reformados e carismático-pentecostais no que diz respeito à teologia e à interpretação bíblica, uma observação importante a respeito da teologia manualista é que o manual que dela resulta, e que se pressupõe pronto e acabado, é um para cada segmento do cristianismo, ou seja, para cada confissão e, até mesmo, denominação. Assim, para quem acredita que "a teologia [é] um fato acabado, [e que] somente se trataria de adquirir e estudar determinado tratado teológico", diz Alberto Fernando Roldán, o "problema estaria, nesse caso, em determinar qual seria o tratado teológico definitivo e irrevisável".[220] Em continuidade, o mesmo teólogo argentino afirma que, "como evangélicos, temos um postulado de fé básico e insubstituível: a Bíblia, como Palavra de Deus, é a única autoridade em matéria de fé e doutrina, de modo que toda reflexão teológica deve estar aberta à crítica por essa única Palavra de Deus". Neste ponto, repetimos aqui, algo já amplamente dito no capítulo anterior, contudo falta refletir sobre uma importante e decisiva implicação dessa verdade, que, de acordo com o mesmo autor, seria: "O que devemos fazer quando um texto bíblico ameaça o sistema teológico que adotamos?" Ele responde: "É óbvio que há duas alternativas: alterar o texto ou alterar o sistema. Cada um de nós terá de fazer sua própria opção".[221]

A respeito do assunto, é importante verificar a reflexão dos teólogos pentecostais James Railey e Benny Aker, que afirmam ser importante ao pentecostal

---

219 Ibid., p. 104.

220 ROLDÁN, Alberto Fernando. *Para que serve a teologia?: método, história, pós-modernidade*, 2. ed. (Londrina: Descoberta, 2004), p. 53.

221 Ibid.

## 160 | TEOLOGIA SISTEMÁTICO-CARISMÁTICA

"[ter] uma base e um ponto de referência realmente bíblicos e pentecostais", isto é, que faça sentido à prática, realidade e vivência da tradição carismática. Assim, eles enumeram duas questões imprescindíveis ao fazer teológico:

> Primeiro: deve crer no mundo sobrenatural, especialmente em Deus, que opera de forma poderosa e revela-se na história. Os milagres, no sentido bíblico, são ocorrências comuns. Na Bíblia, "milagre" refere-se a qualquer manifestação do poder de Deus, e não necessariamente a um evento raro ou incomum. Além disso, outros poderes no mundo sobrenatural, quer angelicais (bons), quer demoníacos (maus), penetram em nosso mundo e aqui operam. O pentecostal não é materialista nem racionalista, mas reconhece a realidade da dimensão do sobrenatural.
>
> Em segundo lugar, o ponto de referência do pentecostal deve ser a revelação que Deus fez de si mesmo. O pentecostal acredita ser a Bíblia a forma de revelação que, devidamente interpretada, afirma, confirma, orienta e dá testemunho da atividade de Deus neste mundo. Mas o conhecimento racional das Escrituras, que não é o simples fato de decorá-las, não substitui a experiência pessoal da regeneração e o batismo no Espírito Santo, com todas as atividades de testemunhos e de edificação que o Espírito coloca diante de nós.[222]

A "epistemologia" da teologia carismático-pentecostal é, nesse sentido, diametralmente oposta tanto à dos simpatizantes do liberalismo teológico quanto à dos adeptos do conservadorismo reformado, pois, em se tratando da "epistemologia — modos de conhecer e perceber a realidade" —, afirmam Railey e Aker, "infelizmente os ocidentais, tanto os conservadores quanto os liberais, sustentam uma epistemologia primariamente racional, inadequada para os pentecostais". Isso porque, dizem os mesmos autores, o "mundo da Bíblia não é aquele do racionalista, pois aquele [mundo] reconhece o sobrenatural e as experiências sobrenaturais outorgadas por Deus".[223] Como o racionalista não aceita o sobrenatural, isto é, nada que não seja explicável e possível de provar, sua teologia apresenta-se inadequada para a tradição carismático-pentecostal, pois esta crê que "Deus fala à sua igreja através dos dons do Espírito Santo a fim de corrigir, edificar e

---

222 RAILEY JR., J. H.; AKER, B. C. "Fundamentos teológicos", in: HORTON. (ed.). *Teologia sistemática: uma perspectiva pentecostal*, p. 61-2.

223 Ibid., p. 663.

CAPÍTULO 2 – Da experiência de fé à teologia sistemática | 161

consolar". Os autores finalizam o capítulo em que tratam dos fundamentos teológicos da tradição carismático-pentecostal nos seguintes termos:

> Tendo em mente tais fatos, a teologia (e a cultura) não precisam inibir o fervor espiritual. Na realidade, não é a teologia nem a cultura que inibem a obra do Espírito Santo, mas o ponto de referência teológica e educacional. É importante, portanto, interpretar a Bíblia dentro de suas próprias condições através de um ponto de referência apropriado. Dessa forma, teremos uma teologia corroborada pela experiência. Teologia esta que, mediante a fé e a obediência, passa a ser uma "realidade da experiência"[224] baseada na Bíblia, com eficácia na vida diária, ao invés de uma teologia que não passa de mero motivo de discussão.[225]

O que os autores estão dizendo é que a referência dos reformados não serve à tradição carismático-pentecostal. Por quê? Como já foi dito no primeiro capítulo, de acordo com o teólogo luterano Lothar Carlos Hoch, o "protestantismo histórico tem uma concepção de fé fortemente marcada por elementos racionais e cognitivos". Portanto, "tudo o que diz respeito à mística, à meditação e à experiência lhe parece sobremodo suspeito". Daí o porquê da capacidade dos reformados em relacionar-se "de forma razoável", diz o mesmo autor, "com o mundo exterior, com a realidade [...], com as estruturas sociais, com as instituições e com a cultura". Entretanto, ele admite uma pobreza por parte dos irmãos reformados em relacionar-se com "a realidade interior, com sentimentos e emoções, com as ansiedades mais profundas que se localizam em instâncias subcutâneas e que escapam do intelecto e da razão".[226] Tendo em vista a correção dessa postura, Hoch, então, diz:

> A tradição da Igreja está repleta de momentos históricos que privilegiam o elemento místico e a experiência mais profunda da fé, tanto em nível individual como comunitário, e que envolvem a totalidade

---

224 A tradução correta da expressão é "experiência-realidade", inclusive como aparece no original. Trata-se de um conceito do teólogo pentecostal Roger Stronstad: "Ao longo de Lucas-Atos, o dom do Espírito para a vocação nunca é questão de fé-percepção, mas é sempre uma experiência-realidade" (STRONSTAD, Roger. *A teologia carismática de Lucas: trajetórias do Antigo Testamento a Lucas-Atos* [Rio de Janeiro: CPAD, 2018], p. 132).

225 Ibid., p. 62.

226 HOCH, L. C. "Reflexões em torno do método da teologia prática", in: SCHNEIDER-HARPPRECHT (ed.). *Teologia prática no contexto da América Latina*, p. 74.

# 162 | TEOLOGIA SISTEMÁTICO-CARISMÁTICA

dos sentidos humanos. Cabe resgatar algo dessa riqueza espiritual. Muitos dos fiéis que ainda frequentam a igreja não desejam encontrar no culto a mesmice do mundo cotidiano. Eles buscam a alteridade do encontro e da experiência com Deus. No afã de acertar o passo com o mundo, a Igreja negligenciou o cultivo da esfera mais profunda ligada à verticalidade da fé. Ora, a prática cristã e a espiritualidade que a sustenta correm o perigo da superficialidade na mesma proporção em que permanecem na esfera da horizontalidade.[227]

"Cabe à Teologia Prática alertar para a necessidade de recuperar para os dias de hoje o equilíbrio entre a dimensão vertical-subjetiva e a dimensão horizontal--racional do fazer teológico", isto é, diz Hoch, "entre a fé que pensa e age e a fé que experimenta o que crê".[228] Isso porque, para o mesmo autor, a "fé não tem apenas uma lógica; ela tem também uma mística".[229] Se esse aspecto falta ao reformado, é preciso admitir, por outro lado, que a visão carismático-pentecostal de mundo, muitas vezes, é sumamente maniqueísta e dualista, pois, conforme Russel Slittler, os "cristãos de tradições arminianas, que ressaltam a liberdade humana, parecem inclinar-se às obscuras visões do mundo como algo a evitar, um reino do qual se separar". Ele diz que essas ideias "vagas foram teologizadas especialmente nos setores metodista, *holiness* e pentecostal da igreja".[230] Há muitos anos, quando deparamos pela primeira vez com essa informação, não nos revoltamos com o autor, mas reconhecemos sua pertinência e, então, passamos a disseminar que é preciso transformar a realidade por meio do trabalho honesto e profissional, com a produção de cultura erudita e popular e atuação no campo político e científico. Todavia, é preciso notar que isso só se deu porque o "pentecostal", conforme acusam os reformados, "não têm teologia".

Antes de entender o que significava essa acusação de que "o pentecostalismo era um movimento à procura de uma teologia", muitas vezes sentimo-nos angustiados e ofendidos. Hoje, conhecendo a precariedade da razão, e ao saber que a produção teológica reformada deve a maior parte de seus arrazoados ao racionalismo do século 17, sentimo-nos muito confortáveis. Alguém poderia perguntar: "Mas em se admitir o caráter provisório da teologia não corremos o risco de perder a fé?" Bem, para quem substitui o encontro com Jesus Cristo

---

227 Ibid.
228 Ibid.
229 Ibid., p. 74-5.
230 Slittler, R. P. "Introdução", in: Palmer (ed.). *Panorama do pensamento cristão*, p. 9.

e a aceitação de seu evangelho por abraçar um credo de uma das inúmeras expressões do cristianismo, de fato, há um problema seriíssimo em curso. No entanto, ao carismático-pentecostal, cujos elementos fundantes de sua teologia são as Escrituras e a experiência com o Espírito, cuja realidade é garantida pela própria leitura bíblica, não há problema algum, pois ele não está preocupado em conceituar Deus, e sim em servi-lo e senti-lo! Evidentemente que, como disserta Alessandro Rocha, a consciência de que "novas experiências, mediadas por novos signos e símbolos, devem produzir um novo discurso sistemático" precisa ser acompanhada da responsabilidade de que tal "processo, porém, não se deve dar à revelia da experiência fundadora da fé".[231]

Se houvesse respeito mútuo e amor cristão entre as diversas expressões do cristianismo, seria possível aprendermos uns com os outros, pois haveria enriquecimento mútuo com a troca de experiências em nossas múltiplas comunidades de fé. Um exemplo ilustra o ponto. Há alguns anos, examinamos a obra *Teologia do Espírito Santo*, do teólogo protestante Frederick Dale Bruner. Lançada originariamente em 1970, a obra chegou ao Brasil pela primeira vez em 1983 (tendo sua segunda edição brasileira em 1986) pela Editora Vida Nova. Após vinte e seis anos, em 2012, a Editora Cultura Cristã relançou-a com tradução do hebraísta pentecostal Gordon Chown. Trata-se de um trabalho exegético e teológico-sistemático que, em 432 páginas, passa em revista a doutrina pentecostal — sobretudo a de matrizes estadunidense e escandinava —, propondo uma confrontação da experiência pentecostal em relação ao que ele chama de "testemunho do Novo Testamento". Interessamonos pela obra ao ler a parte que a editora disponibiliza em sua página virtual. De forma responsável, o autor diz que procurou entender o "movimento pentecostal e sua experiência do Espírito". Para isso, ele não se contentou em pesquisar a literatura sobre o assunto, mas lançou-se a campo e frequentou reuniões pentecostais, fazendo a si mesmo a pergunta: "Devo ter a experiência pentecostal?".[232] Diante de tantos estudos de cunho sociológico acerca do movimento pentecostal, o mérito maior dessa obra está no fato de ser uma análise teológica e exegética da forma de o pentecostalismo ler e interpretar as Escrituras, principalmente no que diz respeito à experiência pentecostal ou à chamada "doutrina da evidência".

---

231 Ibid., p. 92.
232 BRUNER, Frederick Dale. *Teologia do Espírito Santo*, 3. ed. (São Paulo: Cultura Cristã, 2012), p. 8.

## 164 | TEOLOGIA SISTEMÁTICO-CARISMÁTICA

Apesar das várias críticas pertinentes feitas por Frederick Dale Bruner acerca dos equívocos teológicos dos pentecostais do início do século 20 acerca do batismo no Espírito Santo e de o teólogo pentecostal Anthony Palma[233] ter respondido aos principais desses equívocos considerando-os devidamente (a diferença entre separabilidade teológica e subsequência temporal, por exemplo), soa como algo extremamente arrogante a assertiva de Bruner, já mencionada na nota 13 deste capítulo, quando diz que o "pentecostalismo quer ser levado a sério como movimento cristão. Está na hora de avaliá--lo".[234] Como assim, "avaliá-lo"? Uma vez que a fundamentação teológica reformada é bíblico-racionalista, e a nossa é bíblico-experiencial, torna-se impossível compatibilizá-las teoricamente. Conquanto essa seja uma "tentação" à tradição carismático-pentecostal, ou seja, reduzir as experiências de fé a proposições, no intuito de ser aceita como parte do movimento evangélico, é interessante entender que a redução das "experiências a proposições tem dois efeitos contrários", diz Florencio Galindo: "de um lado, dá segurança subjetiva, mas, de outro, lança as bases para uma atitude autoritária".[235] Além disso, em uma palavra:

> De fato, a religião é por essência "a experiência humana do encontro com o sagrado, e a atuação do homem em consonância com o impacto produzido por esse encontro". Ou seja, a fé tem por base e ponto de partida a experiência subjetiva com o divino, e em geral é impossível fazer com que outros vivam uma experiência vital alheia. Claro, pode-se comunicá-la, dar testemunho dela, porém sabendo-se que entre a linguagem desse testemunho e a experiência em si há pelo menos tanta diferença como entre apreciar uma ópera no teatro e lê-la num livro. A descrição, por perfeita que seja, não será mais que uma pálida mediação indireta, nunca igual à experiência vivida. Isso vale com mais razão para a experiência da fé: ela não pode ser expressa imediatamente; não pode cristalizar-se numa linguagem absoluta. Todas as formas de linguagem com que se queira comunicá-la serão sempre inadequadas.[236]

---

233 PALMA, Anthony D. *O batismo no Espírito Santo e com fogo* (Rio de Janeiro: CPAD, 2002), p. 128.

234 BRUNER. *Teologia do Espírito Santo*, p. 19.

235 GALINDO, Florencio. *O fenômeno das seitas fundamentalistas: a conquista evangélica da América Latina* (Petrópolis: Vozes, 1994), p. 265-6.

236 Ibid., p. 264-5.

CAPÍTULO 2 – Da experiência de fé à teologia sistemática | 165

Apesar da obviedade desse aspecto, é exatamente isso que a teologia sistemática manualista fez e faz: institui uma inquestionabilidade teológica, que chama erradamente de "autoridade bíblica", e rotula como heresia todo o pensamento que não se coaduna ao dela. Tal constrangimento, assim como na Idade Média, garante a manutenção "teológico-doutrinária-denominacional", mas aniquila a experiência de fé e, na mesma proporção, estrangula a comunicação externa, fazendo que o discurso teológico perca todo o sentido para os que vivem em outro tempo. Conquanto não duvidemos das motivações ingênuas e boas por parte dos que lutam pela manutenção ideológica dessa posição, é preciso admitir quanto ela atenta contra um dos grandes princípios reformistas. Como afirma Ricardo Quadros Gouvêa, atualmente os "evangélicos já não podem mais dizer, como os reformadores, *sola Scriptura*, somente a Escritura, pois a Bíblia é lida somente através de óculos doutrinários que não permitem que ela fale por si mesma".[237]

Fazemos menção aqui, uma vez mais, do que se passou no século 19 com o evangelista norte-americano Charles Finney, que denunciava exatamente essa situação nos círculos protestantes (dos quais fazia parte), e já dizia que toda "tentativa não inspirada de esboçar para a Igreja um padrão de opinião que possa ser considerado uma exposição inquestionável da Palavra de Deus não só é ímpia em si, como também uma admissão tácita do dogma fundamental do papado". Nesse caso, como explica Finney,

> a Assembleia de Clérigos fez mais que admitir a necessidade de um papa para fazer leis das opiniões humanas; ela admitiu criar uma lei imortal ou, antes, embalsamar o credo que tinha e preservá-lo como o papa de todas as gerações; ou é mais justo dizer que os que adotaram aquela confissão de fé e catecismo como padrão autorizado de doutrina adotaram de maneira absurda o mais detestável princípio do papado, elevando a confissão e o catecismo deles ao trono papal e ao lugar do Espírito Santo. Que o instrumento forjado por tal assembleia seja reconhecido no século 19 como o padrão da Igreja, ou de um ramo inteligente dela, não só é surpreendente, como, devo dizer, por demais ridículo. É absurdo na teologia como seria em qualquer outro ramo da ciência, e tão prejudicial e entorpecente quanto absurdo e ridículo. É melhor ter um papa vivo que um morto. Se

---

237 GOUVÊA, Ricardo Quadros. *A piedade pervertida: um manifesto antifundamentalista em nome de uma teologia de transformação* (São Paulo: Grapho, 2006), p. 26.

166 | TEOLOGIA SISTEMÁTICO-CARISMÁTICA

precisarmos de um expositor autorizado da palavra de Deus, que tenhamos um vivo, para não excluir a esperança de progresso. "Melhor
é o cão vivo do que o leão morto" (Ec 9:4); assim, um papa vivo é
melhor que uma confissão de fé morta e estereotipada, que obrigue
todos os homens a subscrever seus dogmas inalteráveis e sua terminologia invariável.[238]

O questionamento de Finney se dava pelo fato de que, uma vez definida
a ortodoxia como a "subscrição doutrinária a códigos de doutrina escritos
no século 17" que, diz Gouvêa, foram "escritos a partir de um inevitável
condicionamento sociocultural, político e econômico",[239] cristalizou-se um
processo de desistoricização, isto é, anulou-se a atualização da mediação
cultural, tornando aquela mediação cultural específica do século 17 como
definitiva. Isso é absolutizar uma forma de interpretação. É atribuir às pessoas de um tempo um valor que elas mesmas, à luz da Bíblia, não se dariam.
É acreditar que exista uma interpretação bíblica e uma elaboração teológica
infalíveis. Isso não significa que não haja necessidade de cada tradição ter seu
conjunto de doutrinas, contudo é importante lembrarmo-nos aqui do que
disse o teólogo pentecostal Gary McGee, ao informar sobre a "Declaração
das Verdades Fundamentais" das Assembleias de Deus norte-americanas, cuja
primeira versão foi lançada em 1916, que ela "não pretende ser um credo para
a Igreja, nem uma base para a comunhão entre os cristãos, mas somente uma
base de união para o ministério".

---

238 FINNEY, Charles. *Teologia sistemática* (Rio de Janeiro: CPAD, 2001), p. 24. A exposição de
Finney lembra o que disserta Alessandro Rocha ao apresentar "três representações presentes no
interior do discurso teológico sistemático, sobretudo o manualista", dizendo que a primeira
representação, chamada por ele de "magistério protestante" ou magistério-sociedade, é "quem
seleciona os agentes do discurso, que irão reproduzi-lo em sua dimensão totalizante e univer-
salizante" (ROCHA. *Teologia sistemática no horizonte pós-moderno*, p. 109-10). Mesmo que os
"agentes" sejam "pessoas concretas", "o 'magistério' não é o somatório dessas pessoas; antes, é
a instituição-guardiã do discurso unívoco" (Ibid., p. 110-1). Em outras palavras, ao ingressar
no "magistério" ou na "instituição-guardiã", diz Rocha, "o agente deve abrir mão de sua
condição concreta e de seu horizonte existencial, para reproduzir e defender aquela verdade
que, supostamente, emanou da essência das coisas". Para o mesmo teólogo, "identificar esse
'magistério-sociedade' no interior da teologia sistemática manualista protestante não é tarefa
simples, sobretudo porque ele não se localiza oficialmente num lugar, a não ser na dimensão
simbólica da linguagem". Alessandro Rocha diz, convergindo com Finney, que, "mesmo não
havendo uma instituição oficial que controle o discurso — se houvesse, seria mais fácil um
diálogo crítico —, existe o mecanismo que opera coercitivamente" (Ibid., p. 111) rotulando
pessoas. E quem quer ser rotulado, estigmatizado e, consequentemente, discriminado?

239 GOUVÊA. *A piedade pervertida*, p. 46.

CAPÍTULO 2 – Da experiência de fé à teologia sistemática | 167

Mesmo tendo elaborado esse documento para garantir coesão doutrinária intramuros, os editores fizeram questão de ressaltar que a "fraseologia empregada numa declaração como esta não é inspirada, nem reivindica tal", pois a ideia não era gerar um documento que contivesse "toda a verdade bíblica", mas atender às necessidades denominacionais "no tocante às doutrinas fundamentais".[240] Em uma palavra:

> A Declaração das Verdades Fundamentais, portanto, serve como arcabouço doutrinário para o crescimento da vida e do ministério cristãos. Não pretendia, originalmente, ser um esboço para uma teologia sistemática coesiva. Haja vista que a seção intitulada "A Queda do Homem" menciona, naturalmente, que toda a raça humana caiu no pecado. Ao mesmo tempo, porém, permite ao leitor certa liberdade para determinar o significado do pecado original e a forma da sua transmissão de geração em geração.[241]

Neste ponto, vemos no exposto anteriormente uma dinâmica análoga à da tradição católica romana, mencionada no capítulo anterior por John O'Donnell, que diz que a tarefa dos teólogos sistemáticos "não é definir as verdades da fé", pois "sua teologia não é aquela pela qual a própria igreja assume a responsabilidade", não obstante "sua tarefa é de vital importância na busca de compreender o *significado* da fé tal como foi proclamada".[242] Assim, enquanto os teólogos oficiais das denominações elaboram os documentos autorizados, os teólogos sistemáticos dessas mesmas denominações, respeitando-se as Sagradas Escrituras e em consonância com os documentos, devem ter liberdade para desdobrar as doutrinas e traduzi-las para a linguagem de determinada comunidade de fé, visando suprir as necessidades da igreja local e comunicar-se com a sociedade maior em que a denominação está inserida. Tal exercício deve ser feito em amor e temor. No caso dos teólogos da tradição carismático-pentecostal, devem realizar esse trabalho orientados por outro *locus*, e também mediação cultural, consoante ao que já foi exposto no capítulo primeiro, pois o racionalismo, conforme demonstrado, não nos serve. Nenhum teólogo responsável ignora a verdade de que

---

240 McGee, Gary B. "Panorama histórico", in: Horton (ed.). *Teologia sistemática: uma perspectiva pentecostal*, p. 22.

241 Ibid., p. 23.

242 O'Donnell, John. *Introdução à teologia dogmática* (São Paulo: Loyola, 1999), p. 18.

# 168 | TEOLOGIA SISTEMÁTICO-CARISMÁTICA

a "destruição das tradições é, sem dúvida nenhuma, um ato de barbárie", diz Tomáš Halík, contudo ninguém pode fechar os olhos para o fato de que "a guarda sensível da tradição requer" igualmente "uma interpretação consciensiosa, porque a tradição em si é uma corrente viva de contínuas reinterpretações do legado que lhe foi confiado".[243] A fidelidade à tradição só pode ser mantida tendo-se em vista o reconhecimento da potência do que dela precisa ser preservado. Nesse sentido, a mensagem tem precedência sobre a linguagem, assim como o mistério da fé — atemporal e sempre atual — tem sobre o que se disse dele em determinada época. Assim, devemos entender que

> a tradição é o movimento histórico de tentativas ininterruptas de chegar a uma compreensão mais profunda desse legado e de o tornar compreensível em determinada fase de um contexto cultural e histórico em constante mutação. Se nos limitamos a repetir mecanicamente formas herdadas, mutilamos o seu conteúdo; isso não beneficia a tradição; antes, faz-nos afastar da tradição, desviando-nos da corrente do rio em direção a uma pequena ilha remota. (Os "tradicionalistas" dentre os cristãos conservadores ficam surpreendidos quando lhes demonstramos como é relativamente moderna e extremamente limitada a forma de cristianismo que eles desejam conservar, e que imensa riqueza intelectual e espiritual reside nas tradições mais antigas da Igreja; basta recordar os Padres do Deserto, a Patrística grega, a teologia negativa [apofática] de Dionísio, o Areopagita, os místicos medievais etc.)[244]

Gordon Fee, importante biblista carismático, falando das teologias conservadoras que ostentam o cessacionismo, denuncia a *hybris* do racionalismo iluminista dizendo que "muitos evangélicos que se mostraram indignados com o racionalismo de Bultmann, que com tanta indiferença rejeitava as afirmações de Paulo acerca das obras do Espírito, adotaram o mesmo racionalismo para explicar a ausência de tais fenômenos em seus círculos: limitando assim essa classe de atividade do Espírito à era dos apóstolos".[245]

---

243 HALÍK, Tomáš. *Quero que tu sejas!: podemos acreditar no Deus do amor?* (Prior Velho: Paulinas, 2016), p. 98.

244 Ibid., p. 98-9.

245 FEE, Gordon D. *Pablo, el Espíritu y el pueblo de Dios* (Miami: Editorial Vida, 2007), p. 177.

CAPÍTULO 2 – Da experiência de fé à teologia sistemática | 169

Essa incoerência é uma realidade para os postulados doutrinários evangélicos e protestantes, tanto em sua parte liberal quanto conservadora, pois ambas dependem do racionalismo para fazer valer sua crítica ou apologética. Nesse particular, é extremamente oportuna a observação de Antonio Magalhães, ao afirmar que as questões fundamentais da fé na práxis carismático-pentecostal "não podem ser entendidas somente sob a perspectiva da teologia como formulação racionalizante e um tipo de sistematização que vigorou no pensamento teológico ocidental".[246]

Como vimos anteriormente na reflexão de Tomáš Halík, e lembrando-se de Alister McGrath e da própria postura dos reformadores, há mais que isso e está situado em um período anterior ao que presenciamos. Isso, sim, precisa ser resgatado. Então, como defende Antonio Magalhães, "dizer, por exemplo, que o pentecostalismo não tem teologia significa supor que só há uma forma de fomento de pensamento teológico, baseado numa compreensão de teologia 'como formulação conceptual e sistemática da doutrina'", e tal postura "exige um alto grau de institucionalização, expresso pela existência de teólogos adequadamente capacitados e de centros acadêmicos que facilitem o desenvolvimento teológico". Todavia, pensar dessa maneira, isto é, ostentar tal "contraposição [...] entre teologia considerada normativa e a experiência religiosa das pessoas, aponta para a forte suspeita de que muitas vezes podemos estar apenas reproduzindo o conflito entre o chamado laicato e a instituição eclesiástica e, por vezes, acadêmica, preocupada em defender seus mecanismos e interesses".[247] Em outras palavras, significa reinstituir uma dicotomia maléfica que a Reforma dissipou.

Finalizando esse ponto, o carismático-pentecostal não pode cair na armadilha de querer justificar para quem não crê nas mesmas coisas que ele o porquê de crer no que a tradição acredita (esse aspecto será desenvolvido no próximo ponto). Basta apenas não se deixar manipular e dominar por aqueles que, dizendo-se guardiães da "autoridade bíblica", julgam-se melhores que as demais pessoas. Assim, a despeito de entender os nobres motivos do falecido teólogo pentecostal William Menzies, ao destacar que uma "parte significativa do Movimento Pentecostal, exibido por grupos como as Assembleias de Deus, e outros, partem mais de uma tradição reformada do que da tradição

---

246 MAGALHÃES, Antonio Carlos. *Uma igreja com teologia* (São Paulo: Fonte Editorial, 2006), p. 58.

247 Ibid., p. 58-9.

## 170 | TEOLOGIA SISTEMÁTICO-CARISMÁTICA

wesleyana",[248] entendemos ser necessário repensar essa fundamentação, pois, ao que parece, inclusive pela leitura do próprio artigo, há uma mistura muito grande de correntes de pensamentos teológicos na base do fundamentalismo e até mesmo da ortodoxia (ambos reformados), evidenciando que eles, assim como as demais expressões da religião cristã, não são essencialmente bíblicos como se pretendem. Logo, se a tradição carismático-pentecostal não buscar fundamentos mais consistentes, sobretudo bíblicos, será eternamente acusada de não ser uma expressão legítima da fé cristã ou, então, se submeter-se a ser aceita, que fique claro, será cooptada e incorporada definitivamente aos círculos dos representantes da "reta doutrina", mas antes terá de abrir mão de uma de suas maiores características: a experiência com o Espírito Santo, tal como biblicamente a vivenciamos.

De nossa parte, aceitamos de bom coração a acusação de que não temos *uma teologia* (estática e que nos engessa e aprisiona) e encontramo-nos abertos para construí-la na experiência vivencial de nossas comunidades de fé. Ao passo que os que têm *uma teologia* por causa de ter-se definido que os dons do Espírito Santo e também a experiência com o mesmo Espírito ficou restrita aos dias da igreja do primeiro século, negam-se a repensá-la diante da realidade da glossolalia e dos demais fenômenos "carismáticos". Em relação a esses, só nos resta lamentar, não condená-los. Contudo, que os irmãos reformados não se iludam, se há uma simbiose em curso, ou seja, se realmente for verdade que existe uma tentativa de "reformar" a tradição carismático-pentecostal, por outro lado, já está ocorrendo, e há muito mais tempo, uma renovação das igrejas reformadas.

### O RESULTADO DA EDUCAÇÃO CRISTÃ: A TEOLOGIA COMO TEORIZAÇÃO QUE INSTRUI A PRÁTICA CRISTÃ

O exemplo referido anteriormente das escolas de interpretação escatológica resume muito bem esse ponto. A visão do destino do mundo e da humanidade influi diretamente nas ações que se empreendem aqui e agora. É exatamente a esse respeito que passamos a meditar após a leitura, também

---

248 MENZIES, William, "A Reforma e o pentecostalismo". *Manual do Obreiro*. Ano 35, n. 56 (Rio de Janeiro: CPAD, 1º trimestre de 2012), p. 74. Para a fundamentação em Wesley, veja a excelente obra de COLLINS, Kenneth J. *Teologia de John Wesley: o amor santo e a forma da graça* (Rio de Janeiro: CPAD, 2010), p. 448.

CAPÍTULO 2 – Da experiência de fé à teologia sistemática | 171

mencionada anteriormente, do que disse Russel Slittler na introdução da obra *Panorama do pensamento cristão*. Um dos graves defeitos das visões escatológicas milenaristas, particularmente da visão pré-milenarista, é justamente a não preocupação com tudo que diz respeito à transformação da realidade. "Se Jesus irá voltar e, então, destruirá tudo, para que me preocupar?" — era a mentalidade dominante do final do século 19 até meados do século 20 nos Estados Unidos e que, no Brasil, perdurou até aproximadamente o início da década de 1980. Tudo indica, porém, que algo vem mudando esse pensamento, pois algumas variações a respeito da doutrina do arrebatamento entre o pentecostalismo estadunidense, mesmo levantando questões controversas (o que é absolutamente normal no âmbito da teologia), diz Gary McGee, "demonstra que os pentecostais estão preocupados em descobrir suas responsabilidades como cristãos na sociedade".[249]

Tal deve ser assim, pois, se no século 1 os cristãos enfrentaram questões profundas que exigiam respostas extremamente elaboradas (o desenvolvimento da cristologia e a imprescindível distinção do cristianismo em relação ao judaísmo, como anteriormente foi dito, são exemplos emblemáticos desse exercício racional), nada menos que isso se exige no atual período histórico. A importância óbvia de tal reconhecimento encontra-se em duas razões apresentadas por McGee: "[1] A demora na volta do Senhor e [2] o contexto cultural em mudança oferecem cada vez mais desafios à fé, e por isso as questões teológicas merecem, cada vez mais, atenção e respostas convincentes".[250] Justamente por isso, a tarefa teológica, ou teologização, é um exercício permanente e sempre a caminho. Daí o perigo de cristalizar determinado tratado teológico sistemático como absoluto e irrevisável, pois os dados, inclusive bíblicos, em termos de tradução, versão bíblica e, consequentemente, interpretação do texto, mudam a percepção e precisam ser atualizados.[251] Algo absolutamente normal em se tratando de trabalho e produção intelectuais.

---

249 McGee, Gary B. "Panorama histórico", in: Horton (ed.). *Teologia sistemática: uma perspectiva pentecostal*, p. 35.

250 Ibid., p. 36.

251 Temos em mente o grande comentário exegético de 1Coríntios, da autoria de Gordon Fee. O referido autor explica no prefácio da edição revisada em língua inglesa, lançada 25 anos após a primeira edição (2014), que resolveu apresentar outra edição do material por algumas razões, sendo a primeira delas o fato de o "comentário original" ter se baseado "na edição de 1978 da versão bíblica New International Version, que provavelmente foi a mais insatisfatória nessa carta do que em qualquer outra parte do cânon", e a segunda, "a quantidade de literatura técnica sobre essa carta" que, ele reconhece, "tem aumentado de forma bastante regular" (Fee,

# 172 | TEOLOGIA SISTEMÁTICO-CARISMÁTICA

A esse respeito, pode alguém pensar que a assunção dos desafios hodiernos quanto a pontos teológicos ou de crença que os colocam em xeque revelam, na verdade, que houve erro, ou engano, até mesmo deliberado por parte dos que elaboraram o pensamento teológico no passado. Entretanto, essa impressão é, às vezes, decorrente de uma postura enrijecida e pedante por parte da própria teologia. A fim de resolver essa problemática, basta apenas admitir o óbvio, qual seja, o que já foi exaustivamente falado acerca do desenvolvimento histórico de determinado ponto doutrinário ou mesmo doutrina. Em outros termos, é preciso interpretá-lo historicamente, visando, diz Juan Luis Segundo, "viajar da letra morta da mensagem à significação viva hoje daquilo que com ele se pretendeu transmitir ontem".[252] Em continuidade, o mesmo autor diz que é preciso compreender a necessidade de um "importante trabalho de interpretação (= hermenêutica) histórica". Assim, continua, "ter-se-ia que reconhecer qual era o problema que se debatia, ou a crise que se sofria, quando tal mensagem foi elaborada como resposta".[253]

Em outras palavras, o "teólogo deve perguntar-se, por exemplo, o que significava tal palavra ou tal frase na época determinada em que foi pronunciada para enunciar [uma doutrina]". Isso porque "as palavras, como as afirmações, têm sua história, e seu conteúdo varia muitas vezes, de um lugar cultural a outro, ou de uma época às seguintes".[254] Assim, à acusação de que antes tal ponto era "verdade", mas agora é um "erro", Juan Segundo afirma que o "caminho que a teologia pode (e provavelmente deve) tomar para desatar esse nó começa [...] 'situando' cada definição no seu próprio contexto".[255] Isso significa saber explicar ao não especializado que, geralmente, "a mudança de contexto prova, não que o [arrazoado teológico] anterior fosse falso, mas que

---

Gordon D. *1Coríntios: comentário exegético* [São Paulo: Vida Nova, 2019], p. xix). Estamos falando de um biblista mundialmente respeitado que revisou um tratado de mais de 1100 páginas por haver percebido a necessidade de reformular o que havia dito em 1987, pois a versão bíblica na qual ele se baseou foi mal traduzida, justamente na Primeira Epístola aos Coríntios, objeto de seu comentário. Não estamos falando das Escrituras, mas de uma versão delas que precisou ser corrigida e melhorada, levando, por conseguinte, a ser repensado o que foi teologicamente produzido sobre versículos mal traduzidos. Isso é responsabilidade e compromisso com a Bíblia, não com a vaidade da manutenção das próprias ideias e argumentos. Se tal é assim para o teólogo bíblico, ainda mais deve ser para o teólogo sistemático.

252 SEGUNDO, Juan Luis. *O dogma que liberta: fé, revelação e magistério dogmático*, 2. ed. (São Paulo: Paulinas, 2000), p. 32.

253 Ibid.

254 Ibid., p. 33.

255 Ibid., p. 36.

CAPÍTULO 2 – Da experiência de fé à teologia sistemática | 173

estava sendo insuficiente". Admite-se, por exemplo, que "um (pelo menos) dos conceitos-chave da primeira fórmula era mais complexo ou ambíguo do que parecia à primeira vista", diz o mesmo autor, e completa, informando que quando então "se compreendeu isso, foi necessário modificar a fórmula para preservar e fazer crescer sua verdade".[256] Isso acontece pelo simples fato de que, como já foi dito várias vezes, a teologia não é absoluta e a própria linguagem prescreve, tornando-se obsoleta para comunicar determinada verdade. É por isso que, nesse aspecto, e apenas nesse particular, a fim de assegurar a qualidade no exercício da tarefa teológica, é necessário a existência de teólogos profissionais. Sobre esse assunto, Stanley Grenz e Roger Olson apontam duas questões cruciais:

> Primeira: a teologia é inevitável ao cristão que pensa, e a diferença entre teólogos profissionais ou não é apenas de posição, não de qualidade. Segunda: profissionais ou não, os teólogos (todos os cristãos que pensam, independentemente da denominação) precisam uns dos outros. Teólogos profissionais existem para servir à comunidade de fé, não para ditar-lhes as crenças para dominá-la intelectualmente. Os teólogos leigos precisam dos profissionais, pois estes fornecem àqueles as ferramentas para o estudo da Bíblia, a perspectiva histórica e a articulação sistemática, meios que lhes permitem aprimorar a prática da teologia.[257]

Tal deve ser assim, pois o "cristianismo enraizado na história assevera uma revelação dada de uma vez por todas"; entretanto, tal "revelação ainda tem que ser explicada",[258] ou seja, precisa continuar nutrindo cada geração, de forma que cada uma tenha o direito de entender o processo de autorrevelação do Eterno Deus para aplicar à sua vida em seu próprio tempo. É imprescindível, porém, não perder de vista a verdade de que o simples ato de "ler a Bíblia" anualmente não significa, de fato, conhecê-la e/ou saber interpretá-la, e isso não por má vontade ou coisa parecida, mas até por ingenuidade e desconhecimento dos instrumentos eficazes à ciência da interpretação. Nesse aspecto Grenz e Olson são perspicazes ao dizerem que nem "Deus nem sua Palavra

256 Ibid., p. 39.
257 GRENZ, Stanley; OLSON, Roger. *Iniciação à teologia: um convite ao estudo acerca de Deus e de sua relação com o ser humano* (São Paulo: Vida, 2006), p. 14-5.
258 Ibid., p. 15.

## 174 | TEOLOGIA SISTEMÁTICO-CARISMÁTICA

podem estar errados, mas com certeza pode haver equívocos de nossa parte na interpretação e aplicação das Escrituras".[259] É por isso que, nos termos de Karl Barth, à "medida que cada cristão é responsável frente à pergunta pela verdade, ele é chamado a ser teólogo".[260]

É preciso entender a responsabilidade que envolve pregar, testemunhar e ensinar. Pois o "testemunho cristão que não ressurgir diariamente do fogo da pergunta pela verdade", diz o teólogo suíço, "em nenhum caso, em nenhum tempo, na boca de nenhuma pessoa poderá ser um testemunho fidedigno e vivo, porque este deverá ser substancial e, portanto, responsável". Em termos diretos, precisa estar claro que a "teologia não é uma empresa que qualquer pessoa que participe do *ministerium Verbi Divini* [ministério da Palavra de Deus] pudesse delegar sossegadamente a quaisquer outros — como se fosse um *hobby* de algumas pessoas especialmente interessadas e capacitadas".[261] É por isso que Barth defendia a ideia de que uma "comunidade despertada, consciente de sua tarefa no mundo (e isso toca, em maior escala, aos que dentre os seus membros receberam uma tarefa específica) será necessariamente uma comunidade *interessada* em teologia".[262] Ele prossegue:

> É necessário, no entanto, que na comunidade (em analogia a outras funções nela existentes) haja uma atividade *específica*, em parte exercida por delegação, uma atividade também profissional, voltada para o exame de toda a atuação da comunidade à luz da pergunta pela verdade — que haja, por conseguinte, ciência, pesquisa e magistério teológicos. A teologia, neste seu aspecto que nos interessa primordialmente aqui, está relacionada, *mutatis mutandis*, com a comunidade e a fé desta, assim como a jurisprudência se acha relacionada com o Estado e seu direito. Sua pesquisa e seu magistério, portanto, não representam um fim em si mesmos. São, antes, uma função da comunidade e, em especial, aos membros que nela são responsáveis pela pregação, pela doutrina e pela poimênica, no sentido de incentivá-los constantemente a confrontar-se com a pergunta pela relação adequada de seu falar humano com a palavra de Deus, que é sua fonte, seu objeto e seu conteúdo. Deverá iniciá-los no manuseio correto dessa questão,

---

259 Ibid., p. 29.
260 BARTH, Karl. *Introdução à teologia evangélica*, 9. ed. (São Leopoldo: Sinodal/EST, 2007), p. 31.
261 Ibid.
262 Ibid.

CAPÍTULO 2 – Da experiência de fé à teologia sistemática | 175

da pergunta pela verdade, deverá, com seu exemplo, ensinar-lhes a compreensão, o raciocínio e a linguagem adequados, deverá acostumá-los com o fato de que neste campo nada é evidente, que nesta questão se faz necessário orar assim como se faz necessário trabalhar e deverá indicar-lhes as diretrizes que esse seu serviço requer. A teologia falharia se optasse por ocupar-se, instalada em alturas sublimes, com Deus, o mundo, o ser humano e com outros assuntos historicamente interessantes, se não quisesse ser teologia para a *comunidade* no sentido indicado, comparável ao volante (regulador, a peça "inquieta") do relógio, se não quisesse lembrá-la, e aos seus membros especialmente responsáveis, da seriedade de sua situação e de sua tarefa, para ajudar-lhe, assim, a encontrar liberdade e alegria em seu serviço.[263]

O que segue desse raciocínio é que a prova que atesta o compromisso do "teólogo profissional" com Deus, com o evangelho, com Jesus Cristo — e seu corpo, a igreja — e o Espírito Santo está justamente no fato de ele preparar a comunidade de fé, fornecendo-lhe as ferramentas de compreensão das Escrituras, a fim de capacitá-la a não depender dele! A comunidade de fé, por seu turno, não pode arvorar-se em, dominando as técnicas, fazer as coisas "do seu jeito", pois em última instância, diz Barth, a "escritura rege a igreja", ou seja, "não é a igreja que deve reger sobre a escritura". Isso porque, "em termos globais sua origem e seu sentido estão em dar testemunho da revelação de Deus, motivo por que ela como um todo é denominada, com muita razão, de escritura *sagrada*, *cânone* da igreja no qual ela sempre de novo é medida e o qual ela sempre deverá estudar com humildade e interpretar com humildade". A seriedade da tese do teólogo suíço fica ainda mais perceptível quando ele diz que "fidelidade para com Deus significa simples e concretamente: fidelidade para com aquele livro". Na perspectiva de Barth, a comunidade de fé não existe para si, e, assim sendo, na fidelidade à Bíblia "está enraizada aquela fidelidade para com o mundo que faz da igreja um local de sobriedade e bem por isso um local tão genuinamente mundano", isto é, frequentado por pessoas reais, seres humanos necessitados. A "radicalidade" barthiana é tal, a ponto de ele afirmar que a "questão de como a igreja poderá existir na qualidade de igreja dependerá simples e concretamente de ela confiar nesse livro e concomitantemente prestar obediência a ele". Acerca dessa confiança

---

263 Ibid., p. 31-2.

## 176 | TEOLOGIA SISTEMÁTICO-CARISMÁTICA

e também obediência, Barth diz que nelas "está aquilo que [ele chama] de método do Espírito Santo e da fé".[264]

O que o teólogo suíço pretende é unicamente resguardar a igreja da tentação de "dominar". Como ele cria, ao identificar-se com Cristo, que não pensou em si, e sim nos outros, que não veio para ser servido, mas para servir, a "própria simpatia e solidariedade [da igreja] com o mundo serão de suficiente sinceridade para impedi-la nesse intento". Ao mesmo tempo, ele acreditava igualmente que a igreja seria consciente de "que a dominação religiosa, uma dominação sobre as consciências, em escala maior ou menor, por meios exteriores ou espirituais em nome de Deus, é a mais terrível forma de dominação humana, por excelência merecedora de maldição".[265] Para o teólogo de Basileia, o "sinal a ser colocado pela igreja, ou melhor, o sinal sob o qual a igreja originalmente está colocada, se chama serviço, e não dominação".[266] Diferentemente do que se pensa, para Barth, a teologia tem um papel relevante nesse processo de manter a comunidade de fé fiel à sua vocação:

> A engenhosidade que está ordenada à teologia, que ela deve exercer e, portanto, também pode exercer é o serviço que ela deve prestar à igreja e, dentro da igreja, ao Senhor da igreja. Teologia é uma determinada função dentro da liturgia *eclesiástica*, isto é, dentro daquela proclamação adoradora ou adoração proclamadora na qual a igreja presta ouvidos a Deus. Teologia, portanto, não existe no espaço vazio, nem em qualquer espaço arbitrariamente escolhido, mas sim no espaço entre batismo e ceia, entre a escritura sagrada e sua interpretação e proclamação. Como todas as outras funções da igreja, teologia está voltada para o fato de Deus ter falado e de a pessoa humana poder ouvir. Teologia é um ato especial da humildade devido pela pessoa humana por causa desse fato. Nisto é que consiste este ato especial da humildade: Na teologia a igreja procura prestar contas a si mesma, sempre de novo e de forma crítica, sobre o que representa e necessariamente significa perante Deus e perante os homens: ser igreja. Afinal a igreja existe como uma reunião de pessoas, de pessoas falíveis, pecadoras e suscetíveis de engano. Nada é menos natural do que isto: Que ela sempre de novo se torne igreja e seja igreja. Ela existe sob o juízo de Deus.

---

264 BARTH. *Dádiva e louvor*, p. 190.
265 Ibid., p. 191.
266 Ibid., p. 192.

CAPÍTULO 2 – Da experiência de fé à teologia sistemática | 177

> Bem por isso não pode ser diferente senão que ela também tenha que julgar-se a si mesma, não segundo seu próprio parecer, mas segundo o critério que é idêntico com o fundamento de sua existência, ou seja, segundo a revelação de Deus, portanto concretamente segundo a escritura sagrada. Justamente isto: O autoexame da igreja sempre de novo necessário e ordenado, segundo o critério da palavra de Deus, esta é a função específica da teologia dentro da igreja.[267]

É de fato surpreendente a imprescindível contribuição barthiana ao desenvolvimento do pensamento cristão, sobretudo pelo fato de ele ter resgatado a centralidade e o valor das Escrituras no exercício teológico. Em uma época como a nossa, é natural que as pessoas que desconhecem a história da teologia estranhem o fato de se atribuir a Karl Barth uma importante contribuição à formação do pensamento cristão, "simplesmente" porque ele resgatou a ideia de a teologia ser "centrada em Deus baseada na revelação divina da Palavra de Deus em Cristo, Escritura e pregação".[268] Parece ser algo extremamente óbvio para merecer destaque. Entretanto, quando se lê sobre "a teologia da morte de Deus" que, em 1960, parecia querer levar todo o arcabouço teológico à bancarrota, torna-se desnecessário reafirmar o grande feito de Barth. Mais do que ninguém, o teólogo suíço era consciente de que a teologia não pode determinar a verdade, nem mesmo escolher qual verdade deve valer na igreja. Ele também estava cônscio de que a teologia não poderia se portar como uma ciência histórica em busca da verdade como se ela estivesse plenamente habilitada para tal.

Para Barth, teologia "não é gnosticismo", nem deve se colocar "na posição de Deus"; antes, ela deve, modestamente, ouvir a "revelação de Deus e [entender] sua relação com a razão humana como um encontro, um diálogo no qual a primeira deve falar, a segunda ouvir, a graça deve dar e a natureza ouvir, Deus deve reger e a pessoa humana obedecer". O teólogo de Basileia dizia claramente que a "teologia não é conciliação da pessoa humana com Deus" e, para surpresa de muitos, afirmava também que isto "nem mesmo a igreja é, tampouco seus sacramentos, sua pregação e nem mesmo suas obras de caridade". A única forma de "conciliação da pessoa humana com Deus", diz ele, "é o próprio Deus atuante em Jesus Cristo". A essa declaração Barth

---

267 Ibid., p. 194-5.

268 MILLER, Gregory J. "Vozes do passado: tentativas históricas para formar um pensamento cristão", in: PALMER, Michael D. (ed.). *Panorama do pensamento cristão*, p. 140.

acrescentava, sem meias palavras, que a "teologia é obra humana", não "obra divina", ou seja, "é serviço prestado à palavra, [mas] não é a própria palavra de Deus". Sua observação se dava por causa da prática de alguns em "desacreditar a teologia acusando-a de ser apenas teoria, e não prática, mero trabalho intelectual, e não vida, somente verdade, e não realidade".

Para Barth, o fato de a teologia ser "uma função específica na liturgia da igreja" não deveria servir de motivo para que ela fosse desmerecida, pois, de todas "as funções da liturgia eclesiástica, nenhuma deve faltar para que esta não seja destruída como um todo".[269] Assim, para o mesmo autor, "justamente essa função, a da teologia, a autorreflexão crítica da igreja em torno de seu fundamento e sua origem, de forma alguma pode ser dispensada". Ao dizer isso, Barth desafia: "Tente-se uma vez uma prática sem teoria!", e a esse desafio retórico emenda dizendo que não demorará "e se mostrará que essa prática objetivamente também não é tudo, também é mera obra humana, a qual, em seu isolamento arbitrário, com certeza não será boa obra humana!" Por isso, sua conclusão era que uma "igreja sem teologia que preste, mais cedo ou mais tarde, se transformará necessariamente numa igreja pagã".[270]

Assim, aos que, desprezando a teologia, alegam não gostar de teoria, e sim apenas de prática, Barth adverte-os dizendo que a "tarefa da teologia está em lembrar sempre de novo às pessoas na igreja, aos pregadores e às comunidades que a vida e a atuação da igreja devem estar sob o evangelho e sob a lei, de que ali Deus deve ser ouvido". Dessa forma, para o teólogo de Basileia o altíssimo dever da teologia consiste em "examinar como é que ali se fala de Deus, o que se chama de 'Deus' ali, e o que se alega ser vontade e obra de Deus". Tal papel de vigilância deve ser exercido visando "resguardar a igreja do engano teológico que, se acabasse prevalecendo na igreja, alienaria a igreja de si mesma e dela faria um sal sem gosto". Distinto do que alguém precipitadamente pode pensar, qual seria esse *engano* a que Barth se refere? "O engano teológico é aquela verdade relativa que pretende ser absoluta e colocar-se no lugar da verdade de Deus."[271]

Apenas para lembrar, a "verdade de Deus", para Barth, refere-se às Escrituras Sagradas, ao passo que a "verdade relativa" diz respeito aos credos, sistemas teológicos, doutrinas etc. Em sua dissertação acerca da tarefa da

---

269 Barth. *Dádiva e louvor*, p. 196.
270 Ibid., p. 197.
271 Ibid.

CAPÍTULO 2 – Da experiência de fé à teologia sistemática | 179

teologia, Barth fala, então, sobre os três momentos de produção da "ciência da fé", os quais são 1) a "exegese teológica", que procura verter a verdade bíblica, ou da revelação, do texto; orienta sobre a necessidade de não apenas se interpretar, mas se ensinar e pregar às "pessoas de determinada época e de uma situação específica"; finalmente transformando tal mensagem em 2) dogmática, ou seja, em teologia sistemática, e 3) termina inquirindo sobre a forma possível de toda a pregação e as demais atividades da igreja servirem "à palavra de Deus de modo que ela possa ser ouvida como tal por essas pessoas bem específicas". Para ele, a resposta apropriada aqui é a "teologia prática".[272]

Barth finaliza esse texto dizendo que a "teologia não é assunto particular dos teólogos", nem "assunto particular dos catedráticos", e emenda dizendo que "sempre houve pastores que entendiam mais de teologia que a maioria dos catedráticos". Não obstante, a teologia "também não é assunto particular dos pastores", pois "sempre houve membros da comunidade e às vezes até comunidades inteiras que desempenharam a função da teologia em silêncio, mas com energia, enquanto seus pastores eram meninos verdes ou senão uns bárbaros em termos de teologia". Sua conclusão é:

> A teologia é assunto da igreja. As coisas não funcionam bem sem pastores e sem catedráticos. Mas o problema da teologia, a pureza do serviço eclesiástico, é colocado à igreja toda. Em princípio não existem não teólogos na igreja. Que dizer então do termo "leigos", uma das piores expressões da linguagem religiosa, que deveria simplesmente sumir da linguagem *cristã*. Então: Os não catedráticos e não pastores são corresponsáveis para que a teologia de seus catedráticos e de seus pastores não seja uma teologia ruim, e sim boa teologia. E porque a revelação, a igreja em sua essência e em sua intenção, é uma causa humana, dizemos agora também a respeito da teologia, numa generalização muito tranquila: Ela é assunto humano. E existem épocas tão carentes de teologia que se pode dizer: Mesmo que poucos o saibam, a teologia é *o* assunto humano por excelência.[273]

Em uma palavra, para Barth, "*servir a Deus e aos seres humanos* é o sentido, o horizonte e o *telos* do labor teológico".[274] Em termos diretos, a teologia não

---

272 Ibid., p. 198.
273 Ibid., p. 199.
274 BARTH. *Introdução à teologia evangélica*, p. 119.

significa teorização exibicionista ou verborrágica, visando dominar a comunidade de fé e até mesmo o mundo ou a sociedade como um todo. Ela só se justifica se estiver a serviço de todos — comunidade de fé e sociedade, assim como nos ensinou o Senhor Jesus —, visando prioritariamente ao anúncio do evangelho. Nisso já se percebe que não há por parte da teologia do povo os mesmos objetivos da teologia acadêmica. Assim, mesmo admitindo que, nas palavras de Barth, a dogmática cristã, ou a teologia sistemática,[275] "é, também ela, um ensaio, uma tentativa de compreensão e de representação", ou seja, "uma tentativa de ver, entender e fixar determinados fatos para reuni-los e organizá-los sob a forma de ensinamento", e que para tal é necessário "pesquisa e ensinamento, ligados a um objeto e a uma atividade",[276] nada disso se justifica se não for feito *com* a igreja. Isso porque o "sujeito da dogmática é a Igreja cristã"; mais ainda, a "Igreja é o lugar, a comunidade à qual são confiados o objeto e a atividade próprios da dogmática, isto é, a pregação do evangelho".

O teólogo suíço explica que não apenas na dogmática, mas "em outros assuntos, deve existir familiaridade entre o sujeito da ciência e o objeto que ele estuda, e esse conhecimento íntimo tem aqui por objeto a vida da Igreja".[277] Tal se refere à vida concreta da comunidade de fé, em sua conjuntura e realidade locais. Barth, porém, faz questão de dizer que isso "não significa que a dogmática possa se contentar em retomar e relacionar elementos definidos pela autoridade eclesiástica em tempos antigos ou recentes, de sorte que não teríamos que fazer nada mais que repetir suas prescrições".[278] Tal não está sendo cogitado, pois a "ciência dogmática é um meio pelo qual a Igreja justifica para si mesma o conteúdo de sua pregação, *no nível dos conhecimentos que ela possui*",[279] ou seja, conhecimentos humanos, falíveis e terrenais. A despeito disso, diz o teólogo suíço, a "Igreja cristã vive na terra e na história [como] guardiã do bom depósito (2Tm 1.14) que Deus lhe confiou. Gerenciadora desse bem precioso, ela segue seu caminho através da história, na força e na fraqueza, na fidelidade e infidelidade, na inteligência ou incompreensão do que lhe é revelado".[280] Assim, quando se fala em "superioridade" da teologia

---

275 BARTH, Karl. *Esboço de uma dogmática* (São Paulo: Fonte Editorial, 2006), p. 11.
276 Ibid., p. 8.
277 Ibid.
278 Ibid., p. 8-9.
279 Ibid., p. 9.
280 Ibid., p. 9-10.

CAPÍTULO 2 – Da experiência de fé à teologia sistemática | 181

desenvolvida pela igreja, não significa desprezo ao exercício acadêmico, mas se deve à verdade de que são "nas Escrituras — o 'fundamento dos apóstolos e dos profetas' — que temos o padrão de medida para julgar uma doutrina".[281] Como as Escrituras Sagradas contam com uma "guardiã fiel" que é a igreja, cabe às novas gerações — que formam a comunidade de fé — preparar cada vez mais pessoas, de seu próprio grupo, para desempenhar tal tarefa.

Fala-se em "preparar" porque, para cumprir com eficiência tais atividades, é preciso o uso do exercício da reflexão teológica, e, como se sabe, reflexão "envolve certa dose de pensamento crítico, pois questiona as nossas formas de pensamento, a razão por que cremos e o nosso comportamento".[282] Assim, essa dicotomia no âmbito extraeclesial não deve influenciar nossa valoração ao que se refere à teologia. Ela transcende e precede essa discussão. Dessa forma, a necessidade atual dos teólogos profissionais e da elaboração por estes de uma dogmática, ou sistemática, com base na vivência eclesial, não em suas "escrivaninhas", justifica-se assim:

> Não se trata, pois, como se acreditou numa ou noutra época, de se prender a quaisquer fórmulas teológicas, antigas ou novas, e de se crer que tudo está feito. Pois, se existe uma disciplina crítica que se deve remeter sem cessar ao propósito de sua obra, essa é justamente a dogmática, exteriormente determinada pelo fato de que a pregação da Igreja está sempre ameaçada por erros. A dogmática é a verificação da doutrina e da pregação da Igreja; longe de constituir um exame arbitrário, fundado sobre um critério escolhido livremente, é à Igreja que ela vai perguntar sob qual ponto de vista normativo ela deverá se colocar. Praticamente, é pela *escala da Sagrada Escritura*, Antigo e Novo Testamentos, que a dogmática avalia a pregação da Igreja. A Sagrada Escritura é o documento de base que tange ao mais íntimo da vida da Igreja, o documento da Epifania da Palavra de Deus na pessoa de Jesus Cristo. Fora desse documento, nós não temos nada e, onde a Igreja está viva, ela deve sempre de novo deixar julgar a si própria segundo esse critério. Não se pode tratar de dogmática sem que esse critério permaneça presente e deve-se, sem cessar, voltar à questão do testemunho. Não aquele do meu espírito e do meu coração, mas aquele dos apóstolos e dos profetas enquanto testemunho

---

281 GONZÁLEZ. *Uma história do pensamento cristão*, vol. 1, p. 27.
282 Ibid., p. 28.

do próprio Deus. Uma dogmática que abandonasse esse critério não seria uma dogmática objetiva.[283]

Evidentemente que o teólogo suíço está correto em dizer o que disse acerca do testemunho bíblico, pois a Escritura, em grande parte dos casos, é a narrativa das experiências de inúmeras pessoas. Esses testemunhos demonstram que Deus falou, agiu e interveio na vida de inúmeras pessoas nos tempos bíblicos e que, como crê e experimenta o pentecostal, por isso continua a fazer o mesmo em nossos dias. Entretanto, para ser possível a construção e elaboração de uma teologia dogmática com as finalidades apresentadas por Barth, é necessário estabelecer as Escrituras como ponto de referência do qual se reflita acerca de Deus. Tal, porém, não significa imobilidade teológica, construir uma teologia que se transforme em uma divindade inquestionável. Assim, com a Bíblia e a experiência comunitária de fé, o teólogo profissional acaba se dando conta de que apesar de "a teologia", diz Juan Segundo, "fora dos círculos acadêmicos, não [ter] um estatuto propriamente científico", no âmbito comunitário ela é "mais que uma ciência", e apresenta-se como "arte", pois "responde a um desígnio humano que é diferente do que impulsiona meramente a conhecer a realidade". O mesmo autor diz que, "neste contexto natural, a teologia, o saber sobre Deus, inscreve-se dentro de uma *busca de sentido para a existência humana*".[284]

Nesse aspecto, como facilmente se pode constatar, é evidente que não há prática sem teoria. Ainda que inconsciente, ela está lá. Justamente por isso, Jaroslav Pelikan, erudito em história do cristianismo e teologia cristã, inicia sua importante obra *A tradição cristã* (dividida em cinco volumes), dizendo:

> O que a igreja de Jesus Cristo acredita, ensina e confessa com base na palavra de Deus: essa é a doutrina cristã. A doutrina não é a única atividade da igreja nem a mais importante. A igreja adora a Deus e serve à humanidade, ela trabalha pela transformação deste mundo e espera consumação de sua esperança no mundo por vir. (*sic*) "permanecem agora estes três: a fé, a esperança e o amor. O maior deles, porém, é o amor" (1Co 13:13) — o amor, não a fé, e, com certeza, não a doutrina. A igreja sempre é mais que uma escola; nem mesmo a Idade do

---

283 BARTH. *Esboço de uma dogmática*, p. 12-3.
284 SEGUNDO. *O dogma que liberta*, p. 30.

CAPÍTULO 2 – Da experiência de fé à teologia sistemática | 183

Iluminismo conseguiu restringi-la ou reduzi-la à função de ensinar. Mas a igreja não pode ser menos que uma escola. Sua fé, esperança e amor se expressam em ensinamento e confissão. A liturgia distingue-se do cerimonial pelo conteúdo declarado no credo; a política transcende a organização por causa da maneira como a igreja se define e de sua estrutura em seu dogma; a pregação se diferencia das outras manifestações retóricas porque proclama a palavra de Deus; a exegese bíblica evita o gosto pelo antiquarianismo ou arqueologismo por causa de sua intenção de descobrir o que o texto ensina, não apenas o que é ensinado. A igreja cristã não seria a igreja que conhecemos sem a doutrina cristã. Tudo isso, falando estritamente, é uma descrição, em vez de uma definição da doutrina cristã. E uma vez que esta história lida com o desenvolvimento da doutrina cristã, a definição de doutrina, que se desenvolveu, talvez devesse ser postergada para o fim e formulada *a posteriori*. Pois o termo "doutrina" nem sempre significou a mesma coisa, nem mesmo formalmente. A palavra, na verdade, é usada no vocabulário da igreja [...] em um sentido diferente do da Bíblia (e daquele encontrado em livros sobre teologia bíblica). Quando o Antigo Testamento fala sobre "conhecimento" (Pv 1:7) ou o Novo Testamento fala sobre "ensino" (At 2:42), isso inclui ensinamento tanto sobre confissão quanto conduta, tanto teologia quanto ética. A separação entre eles é fatal (Rm 3:27,28), uma distinção inevitável, da mesma maneira que no próprio Novo Testamento "fé" e "obras" (Tg 2:18) são distintas sem serem separadas.[285]

O que se está dizendo é que não havia, propositadamente, uma distinção entre o que se cria e se praticava. O ensino tinha uma finalidade muito clara: tornar o discípulo tal como o Mestre (Lucas 6:40; 1Coríntios 11:1; Efésios 5:1; 1Tessalonicenses 1:6; 2:14; Hebreus 6:12). Isso porque, desde sempre, um dos propósitos da Educação Cristã, diz a professora Madalena de Oliveira Molochenco, "é contribuir para que pessoas em Cristo sejam melhores do que eram antes de conhecerem a Cristo".[286] É igualmente "seu propósito", diz a mesma educadora, "pensar na criação de ambientes de aprendizagem

---

285 PELIKAN. *A tradição cristã*, vol. 1: *Uma história do desenvolvimento da doutrina* (São Paulo: Shedd Publicações, 2014), p. 25-6.

286 MOLOCHENCO, Madalena O. "Educação cristã transformadora", in: REGA, Lourenço Stelio (org.). *Quando a teologia faz a diferença: ferramentas para o ministério nos dias de hoje* (São Paulo: Hagnos, 2012), p. 143.

# 184 | TEOLOGIA SISTEMÁTICO-CARISMÁTICA

no ensino bíblico que levem os aprendizes a serem melhores em Cristo numa expressão adequada e equilibrada, levando-se em conta suas personalidades, limites e sua realidade".[287] Assim, a grande questão é saber a melhor forma de fazer isso.

A esse respeito, cabe aqui dizermos algo. Molochenco afirma que o "professor de ensino bíblico tem um saber que é de sua área de conhecimento (saber científico), um saber que se refere à sua maneira de dar aulas (técnico-didático), e um saber baseado em um bom roteiro de avaliações constante das atividades desenvolvidas como professor ou como facilitador do ensino (postura meta-analítica)". Seja ele um educador especializado ou não, passa por esses momentos ou fases do ensino. Se tal acontece de forma inconsciente, não há problema. A questão se complica quando o educador não entende que o seu trabalho precisa ter alvos e objetivos educacionais, isto é, necessita ser intencional. No que concerne a isso, infelizmente, "percebemos uma preocupação muito 'rasa' de alguns professores de ensino bíblico no que se refere a mediar e transformar conteúdos curriculares, procurando ajustá-los, buscando novos e adequados procedimentos para o desenvolvimento dos aprendizes".[288] Todavia, tudo indica que as coisas nem sempre foram assim.

> A história da educação cristã deixa marcas em toda a sua trajetória, e nós recebemos uma herança educacional descrita no Antigo Testamento, no Novo Testamento, na história da igreja, na história dos pais da igreja, na história das missões desde a antiga Europa até a moderna América; uma herança que que constitui um fundamento para a nossa compreensão atual. A educação cristã cumpre seu papel educacional através dos tempos, e por meio dela pessoas chegam ao conhecimento das verdades de Deus. Esta é uma constatação que devemos levar em conta: Deus faz a obra no coração do indivíduo através do Espírito Santo. Os antigos ensinaram à sua maneira e desenvolveram um trabalho de ensino do conhecimento da pessoa de Deus através da realidade da educação cristã. Durante séculos esse conhecimento vem se desenvolvendo e de diversas maneiras e a cada momento histórico se apresenta contextualizado. Em todo o tempo pessoas dedicaram anos de vida ao ensino bíblico e conquistaram em seus alunos um constante mudar de pensamento. Os antigos foram

---

287 Ibid.
288 Ibid., p. 149.

bons mestres, e os mestres de hoje poderiam olhar para o passado e aprender com suas lições. O que foi ensinado, ou a forma como foi ensinado, estava contextualizado à sua época e foi adequado para um tempo que não é o tempo de hoje. Se hoje os mestres têm uma nova visão sobre a educação cristã, é bom que pensem em como ela chegou até nós. E se chegou até nós, cumpre à nossa geração encontrar meios de transmitir a mensagem da cruz para a geração de hoje.[289]

Somente assim é possível pensar em aulas de ensino bíblico onde a comunidade de fé realmente produza teologia, não apenas repita a teologia manualística. Sem a devida transposição e contextualização dos conceitos, é praticamente impossível a aplicação do conteúdo à realidade presente. Para isso, é preciso saber optar entre os dois modos de fazer teologia, ou seja, o dedutivo e o indutivo. Os que utilizam o método dedutivo sabem que devem "partir em sua reflexão desde os princípios universais da fé e por dedução ir explicitando-os a outras realidades, como uma luz sobre regiões escuras". Já os que optam pelo método indutivo partem de "perguntas que emergem da vida humana e [procuram] responder a elas à luz da revelação".[290] Apesar de Paul Tillich dizer que a "indução precede a interpretação", ao mesmo tempo reconhece que aquela só se completa com a interpretação. Visando exemplificar, ele cita a participação das crianças nas festas de Israel e diz que estas só posteriormente perguntariam pelo significado dos eventos, ou seja, depois de já terem deles participado[291] (Êxodo 12:25-27). Ainda assim, é possível optar pelo método indutivo. Mesmo porque, conforme o mesmo autor, a "Escola Dominical pertence, predominantemente, embora não só, ao tipo indutivo de ideias educativas".[292] Mas, que se entenda bem, não se trata de simplesmente "empurrar" conceitos e querer que os alunos acriticamente os decorem. É preciso dar-lhes o direito de entender e participar, construir, passo a passo, cada etapa do saber. Se o ensino, o saber teórico, não tivesse nenhum efeito, o apóstolo Paulo não teria dito em Efésios 4:13 que os dons ministeriais foram dados à igreja para que os seus membros não sejam mais "meninos, levados em roda por todo vento de doutrina, pela astúcia dos homens que enganam

---

289 Ibid., p. 148.
290 LIBANIO; MURAD. *Introdução à teologia*, p. 101.
291 TILLICH, Paul. *Teologia da cultura* (São Paulo: Fonte Editorial, 2009), p. 198-9.
292 Ibid., p. 199.

## TEOLOGIA SISTEMÁTICO-CARISMÁTICA

fraudulosamente". Entre a "segurança" do "vento de doutrina" e a "imprevisibilidade do Espírito" (João 3:8), é salutar que o carismático-pentecostal opte pelo último.

### CONSIDERAÇÕES FINAIS

Se, por um lado, as teorizações e abstrações — produzidas à parte da comunidade de fé — geraram a aniquilação escriturística, o seu outro polo, a não observância dos princípios interpretativos, o não cuidado com a maneira de lidar com o texto, gerou a banalização do sagrado e abriu o precedente para que mentes insanas e pervertidas ajam sem nenhum escrúpulo, manipulando a igreja. O único remédio eficaz para combater esse tipo de problema é não dicotomizar aquilo que forma o núcleo central do entendimento da fé, ou seja, o conhecimento de Deus revelado, sobretudo nas Escrituras, mas também experimentado na caminhada, e suas ações que são nada mais, nada menos, que o seu poder (cf. Mateus 22:29b). Isso os saduceus, com toda a sua cátedra e sapiência, não conheciam. Entretanto, foi revelado a muitos outros — a mulher samaritana, o endemoninhado de Gadara, por exemplo —, que se abriram ao *desconhecido* que estavam diante deles. A troca era "arriscada", pois consistia em deixar de seguir uma religião consolidada para, naquela altura, seguir um "judeu informal".

Como se pode verificar, os que optaram pelo judeu informal se encontraram com a verdade, sem necessariamente esgotá-la ou dela terem a "posse" exclusiva (João 6:68). Contrariamente, a maioria do povo continuou, com a segurança doutrinária da religião institucionalizada, seguindo os mestres de Israel, ou seja, cegos guiando cegos (Mateus 15:14). Felizmente, a propagação do evangelho começou com homens indoutos (na classificação dos gestores religiosos, é claro), como Pedro e João (Atos 4:13). E quando alguém catedrático como Paulo aceitou a fé, por amor ao evangelho, reputou o seu saber religioso e as demais coisas que o privavam de uma experiência com Deus como esterco (Filipenses 3:8), pois o mais importante era ter Cristo, não subscrever a religião de seus pais (Gálatas 1:11-16). É preciso haver, nos dias de hoje, a mesma disposição para ensinar e aprender. A oportunidade está em nossas mãos, e este livro é um exemplo.

SEGUNDA PARTE

# ANÁLISES

# DOUTRINÁRIAS

CAPÍTULO

# 3

## TEOLOGIA

### Introdução

É universal o sentimento de criaturalidade diante da existência.[1] Qualquer
ser humano, seja em qual for a civilização, por mais arcaica que esta possa ser,

---

1 Rudolf Otto, famoso pesquisador do fenômeno religioso do século 20, utilizou a expressão
"numinoso" para falar do estado psíquico em que se encontra o religioso. O mesmo autor
também trata do "*mysterium tremendum*", ou seja, "o mistério arrepiante". Sobre a expressão
"numinoso", que muitos atribuem ao fenomenólogo, o próprio Otto admite que se equiv-
ocara ao dizer que tinha cunhado o termo, pois acabou descobrindo em textos de Calvino
a referida expressão (cf. nota 17 de OTTO, Rudolf. *O sagrado* [São Leopoldo: Sinodal/EST;
Petrópolis: Vozes, 2007], p. 38). A respeito do sentimento de criaturalidade, o autor o descreve
como "o estremecimento e emudecimento da criatura se humilhar perante — bem, perante
o quê? Perante o que está contido no inefável *mistério* acima de toda criatura" (Ibid., p. 43).
"*Conceitualmente*", acrescenta o filósofo e teólogo alemão, "mistério designa nada mais que o
oculto, ou seja, o não evidente, não apreendido, não entendido, não cotidiano nem familiar,
sem designá-lo mais precisamente segundo seu atributo. Mas o *sentido intencionado* é algo
positivo por excelência. Seu aspecto positivo é experimentado exclusivamente em sentimentos. E esses sentimentos certamente podemos explicitar em formulações sugestivas" (p. 44).
Contrariamente do que alguém, de forma apressada, pode pensar, não é apenas na fenomenologia da religião, ou seja, no campo das ciências das religiões que o assunto das raízes da
experiência religiosa é tematizado, mas igualmente na teologia. Falando acerca dos dois pontos
de partida em que parece ter se dado a experiência religiosa primeva da humanidade, o teólogo
alemão Joseph Ratzinger, conhecido como Bento XVI, seu nome de pontificado, exercido
entre 2005 e 2013, diz que um "deles é a experiência da própria existência que ultrapassa
constantemente a si mesma, apontando de alguma forma, mesmo disfarçada, para alguma
coisa totalmente diferente", ou seja, "a carência e a pobreza sempre lembraram o ser humano
de que havia um outro totalmente diferente" (RATZINGER, Joseph. *Introdução ao cristianismo:
preleções sobre o Símbolo Apostólico*, 6. ed. [São Paulo: Loyola, 2012] p. 78-9). Na verdade,

# 190 | TEOLOGIA SISTEMÁTICO-CARISMÁTICA

e por menos influência que tenha de qualquer outra cultura e até nenhuma do mundo ocidental, experimenta tal sentimento. Sua consciência não se contenta com o mero existir, pois percebe que há algo que o ultrapassa e está acima dele. Tal percepção de finitude e limitação diante da imensidão do orbe celeste, por exemplo, levou desde sempre o ser humano a lançar-se a "explorar" a vastidão que o encanta e o assombra. Acossada pelo drama de existir, a humanidade busca por significado e sentido que possam explicar ou, ao menos, esclarecer essa realidade.

Em sua busca por algo que o ultrapassa, o ser humano depara com questões-limite. Não necessariamente as mesmas que se apresentam atualmente, mas, assim como hoje, desde sempre deparamos com perguntas para as quais não temos resposta. Sem o conhecimento técnico atual e os modernos instrumentos de que dispomos, civilizações arcaicas respondiam aos fenômenos da natureza — climáticos, meteorológicos, agrícolas, pecuários, físicos etc. — atribuindo-lhes vida (animismo) ou personificando-os como deuses (politeísmo[2]). No momento em que se dá conta da morte, a humanidade sente, então, todo o drama da autoconsciência de perceber-se finita, entende que a existência precisa de "superestrutura" e que aquilo que se visibiliza não é tudo. Todavia, sem que haja uma fonte para responder a ela, a humanidade cria suas próprias respostas. Surgem, então, lendas, epopeias e cosmogonias. Tais tentativas de explicar a realidade, visto não serem verdadeiras, criam outras dificuldades. Duas dessas dificuldades são interdependentes

---

continua o mesmo autor, antes de falar do segundo ponto de partida, a própria "pergunta que o ser humano faz e que é ele próprio, o seu inacabamento, a limitação que sente, apesar de ansiar pelo ilimitado (e que encontra a sua expressão por exemplo na palavra de Nietzsche quando afirma que todo prazer anseia por eternidade, mas se experimenta como efêmero), essa sensação simultânea de confinamento e do desejo que procura o ilimitado e a abertura, impediu o ser humano de satisfazer-se consigo mesmo, dando-lhe a sensação de que não se basta a si mesmo, movendo-se ao encontro do totalmente outro e infinitamente maior", e o mesmo sentimento lança-lhe na "solidão", por isso mesmo a "solidão é certamente uma das raízes essenciais das quais brotou o encontro do ser humano com Deus" (Ibid., p. 79). Ratzinger informa que a segunda "fonte de conhecimento religioso é a confrontação do ser humano com o mundo e com as forças e os assombros que nele o aguardam", ou seja, "podemos dizer que o universo com a sua beleza e abundância, mas também com seus terrores e abismos, transformou-se para o ser humano em experiência de um poder que é superior a tudo, que ao mesmo tempo o ameaça e sustenta; a partir dessa experiência surge uma imagem menos definida e mais distante que encontra a sua expressão na imagem do Deus criador, ou seja, do Pai" (Ibid., p. 80).

2   "O termo 'politeísmo' foi criado por Fílon de Alexandria (20 a.C.-45 d.C.), um filósofo judeu, para distinguir o monoteísmo do politeísmo". (LAMBERT. *O nascimento das religiões*, p. 270).

e, de alguma forma, a despeito de tantos milênios, ainda persistem, senão em sua totalidade como religião, ao menos como tópicos doutrinários que perpassam algumas religiões e expressões de fé no espectro religioso de outras.

A primeira dificuldade mencionada é a questão da cosmogênese. Depois de produzir as narrativas mitopoéticas, decorrentes delas nascem os deuses (teogonias), sendo estes, ironicamente, à imagem e semelhança dos seus criadores. Da explicação imagético-social passamos ao surgimento das crenças, e de tais narrativas à institucionalização religiosa é um passo muito curto. Das crendices, gera-se a religião, criam-se práticas cúlticas (ritos, imagens, narrativa sagrada etc.) e ascende uma casta privilegiada — sacerdotal — para administrar e gerir a religião, além de manter vivo o conjunto de crenças que garante a manutenção do sistema religioso. Como mediadores entre o povo e os deuses, os sacerdotes asseguram a imutabilidade do sistema religioso, gerando estabilidade das crenças e garantindo que não haja mais qualquer perscrutação e/ou curiosidade.

Por fim, a segunda dificuldade decorre da observação da natureza. Com o ciclo equilibrado das chuvas e das estiagens, gera-se, então, uma perspectiva cíclica de história. Tudo e todas as coisas obedecem a um curso inexorável, nada muda e tudo sempre foi, e, assim concluem, sempre será da mesma forma.[3] Nada muda, e os seres humanos devem aceitar a sua sina e cumprir os caprichos dos deuses que, mesmo não sendo reais, valem-se de porta-vozes oficiais, os sacerdotes, e exigem todo tipo de sacrifícios, inclusive humanos. Que desde sempre haja essa noção universal de algo que transcende o ser humano não é novidade alguma, pois o apóstolo Paulo a reconhece ao discursar no Areópago ateniense e dizer, usando o texto de dois poetas estoicos, Arato e Cleantes, que os gregos reconheciam nele viver, mover-se e existir, "Pois somos também sua geração" (Atos 17:28).

Esse fenômeno, chamado por Don Richardson de "fator Melquisedeque",[4] poderia continuar gerando infinitamente cosmogonias, teogonias e religiões,

---

3   "A isso se dá o nome de predestinação, um dos temas mais polêmicos da teologia cristã. Num extremo estão os que equiparam a predestinação ao determinismo, ou seja, à crença não só de que tudo o que acontece foi preordenado, mas também de que nada podemos fazer para escapar do nosso destino. Por mais estranho que pareça, muitas filosofias seculares, incluindo-se as ateias, são deterministas. É o caso, por exemplo, do marxismo e da psicologia freudiana". (BRAY, Gerald. "Deus", in: McGRATH, Alister; PACKER, James I. [orgs.]. *Fundamentos do cristianismo: um manual da fé cristã* [São Paulo: Vida Nova, 2018], p. 79).

4   "O tema deste livro é que Melquisedeque apresentou-se no vale de Savé como um símbolo ou tipo da revelação *geral* de Deus à humanidade, baseada na aliança e registrada no cânon", por isso, para Richardson, a "revelação geral de Deus é superior a sua revelação especial de

## 192 | TEOLOGIA SISTEMÁTICO-CARISMÁTICA

pois assim nos fez o Criador, que, tudo indica, colocou essa capacidade e desejo pelo transcendente no coração do ser humano, mas a Queda o distorceu, e, mesmo não tendo perdido a noção do tempo, não temos capacidade de saber tudo que irá suceder no curso da existência, desde o início até o fim, nem em nossa trajetória pessoal, muito menos global (Eclesiastes 3:11). Como acabamos de dizer, o ciclo poderia seguir ininterruptamente, mas foi interrompido pela ação do próprio Criador, que, por amor, decidiu se autorrevelar (Romanos 1:18-21).

## DEFINIÇÕES E OBJETIVOS DA TEOLOGIA

Ainda que a teologia como ciência venha sendo mencionada desde os capítulos anteriores da primeira parte, quando se trata de falar sobre ela como uma das doutrinas da sistemática, é necessário entendê-la já em seu formato cristão e também não mais geral como ciência que abrange todas as doutrinas e questões relacionadas à fé. Assim, iniciamos tratando especificamente do significado do termo, pois a expressão grega θεολογία, isto é, teologia, "é composta pelas partes θεός (Deus) e λόγος (fala refletida, mensagem/notícia, ciência) e designa, de acordo com seu sentido etimológico, a 'fala de Deus' (*sermo de Deo*)",[5] tendo já sido trabalhada anteriormente essa última parte. Christoph Böttigheimer diz que o termo visto como "*genitivus objectivus*, θεολογία é a fala narrativa sobre Deus; ou, como *genitivus subjectivus*, aquilo que é falado por Deus, sua revelação, e significa, num sentido bem geral, todo tipo de fala cujo objeto é Deus", por isso a "tarefa conferida à θεολογία é, em primeiro lugar, o vínculo praticado entre língua e Deus como aquela realidade que determina, julga e redime a tudo e a todos", ou seja, em "seu sentido original, a teologia significa, portanto, mais do que a fala exclusivamente objetivada por Deus".[6] Para resumir, o "ponto de identidade da teologia é Deus", pois desde sempre seu "tema é a questão de Deus, seja em referência direta à realidade de Deus, seja em referência indireta ao mundo e ao ser humano em função de Deus", ou seja, "a palavra 'Deus' indica o campo de

---

duas maneiras: ela é mais *antiga* e tem influenciado cem por cento da humanidade (Sl 19) em vez de apenas uma pequena porcentagem!" (RICHARDSON, Don. *Fator Melquisedeque: o testemunho de Deus nas culturas por todo o mundo*, 3. ed. rev. [São Paulo: Vida Nova, 2008], p. 35.)

5   BÖTTIGHEIMER, Christoph. *Manual de teologia fundamental: a racionalidade da questão de Deus e da revelação* (Petrópolis: Vozes, 2014), p. 17.

6   Ibid., p. 18.

estudo da teologia".[7] Tal ideia é vista desde a patrística, inicialmente ainda sem a necessária distinção, mas logo depois com a imprescindível diferença entre uma teologia secular e uma teologia cristã que, consequentemente, vai sendo acompanhada por seus objetivos, o que também indica sua especialização e refinamento.

A teologia juntamente com a existência cristã no seu conjunto participa do destino, ainda que não primária e ultimamente de ser deste mundo, contudo bastante perceptivelmente do destino de estar neste mundo. Já o seu próprio nome pode evidenciá-lo. "Teologia" designa no grego clássico o pré-estágio mitológico do saber propriamente dito. Cabe-lhe — ao surgir pela primeira vez a palavra (*Platão*, Política 379a) — função pedagógica, quando, de conformidade com as corretas normas (*hoi typoi perì theologías*), transmite à juventude a ideia "crítica" (*hypónoia*) que se encontra no fundo da forma visível dos mitos. Aquilo que Aristóteles expõe na Metafísica XII 6-10 acerca do motor divino do mundo é por ele chamado precisamente de o grau mais elevado, "teológico", da filosofia teórica (Met. VI 1, 1026a19 e XI 8, 1064b3). A Stoá desenvolveu sistematicamente a interpretação alegórica dos mitos, considerando isso tarefa teológica em conformidade com a chave interpretativa dos antigos lexicógrafos: *állo légon tò grámma, állo tì nóêma*. A alegorese foi largamente praticada no mundo (judaico-helenista) na época de Jesus, principalmente por Fílon de Alexandria, o qual — em delimitação com a mitologia — chama a Moisés de teólogo (Opera, ed. por Cohn/Wendland, IV 227 e V 347, cf. I 3). Este procedimento, a fé na providência e o etos da Stoá, como também a sua distinção de teologia em política, mítica e física (= filosófica) (Panaitios, século II a.C.) influenciaram a teologia cristã que surgia: a tradição (*Agostinho*, Civ. Dei VI 5 ou, no século I a.C., já Varro?) descreve o conceito de "teologia", que está nas entrelinhas da tripartição, assim: *ratio quae de diis explicatur*; Agostinho, ademais, só fala de "*theologia*" ao se referir a Varro (cf. *Kattenbusch*, p. 12). Já Tertuliano (Ad nationes II 2) abordou mais de perto o *physicum theologia genus*. Para Justino, a ciência cristã da fé ainda era "filosofia". O verbo *theologeîn* é usado por ele no sentido de "alegorizar" (Dial. 56. 113); ao referi-lo (no cap. 56), como significando a mesma coisa que *kyriologeîn*, ao Espírito que, na aparição humana de um dos três homens que visitam Abraão (cf. Gn

---

7    Ibid.

18,13), faz com que se reconheça Deus o Senhor, já está a se preparar o posterior emprego do termo. (Certo paralelo a isso: para o culto do imperador romano existem, em particular na Ásia Menor, associações de "teólogos", também chamados *sebastológoi* — de *Sébastos* = Augustus, que são pregadores de festas, podendo estes *synymnôdoí* formar um coro "teológico" de cantores; v. *Kattenbusch*, p. 41s.) Em Clemente de Alexandria, a teologia é "doutrina sobre Deus", por ele contraposta à mitologia. Também os gregos não teriam produzido somente mitologia dionisiana, mas também "teologia do Logos eterno". Em Jesus Cristo, o Deus-Logos tomou a figura corpórea. Por isso (segundo *Eusébio*, Hist. Eccl. V 28) se fala de uma série de "irmãos" mais antigos, pelos quais Cristo *theologeîtai*; ele é para Paulino de Tiro (ib. X 4; Kattenbusch, p. 40) *autòs ho theologoúmenos*. Principalmente a partir dos teólogos do século IV (os três capadócios, Atanásio...) a teologia é — distinguindo-se da *oikonomía*, a doutrina sobre o agir salvífico de Deus — especificamente a doutrina do ser uni-trino de Deus. Somente a alta Idade Média é que documenta com o nome de "teologia" a totalidade da fé cristã; mas mesmo então se preferem designações mais tradicionais como *sacra doctrina, sacra scriptura, sacra pagina*.[8]

A sumarização da teologia até a expressão chegar a tornar-se no cristianismo especificamente dedicada ao estudo de Deus é importante para que se tenha em mente o fato de que ela nasce como prática, não como conceito, de forma espontânea e especulativa, conforme já dissemos na introdução deste capítulo. Nesse sentido, ela prescinde de qualquer revelação, pois se trata da capacidade humana, ainda que distorcida, de transcender a si mesmo. Justamente por isso, diz Evangelista Vilanova, "já no âmbito cristão, Clemente de Alexandria julga que os filósofos pagãos, que receberam a teologia dos profetas, são teólogos", mas acrescenta que é "com Orígenes" que ocorre uma evolução, ou seja, conquanto ele "fale dos antigos teólogos gregos (no sentido tradicional do termo entre os pagãos), não obstante, nele dá-se uma passagem para o uso propriamente cristão",[9] especificamente em sua obra *Contra Celso*, onde o pai

---

8   Kern, Walter. "Teologia. Seção A. O aspecto sistemático. Subtópico I. O conceito", in: Eicher, Peter (org.). *Dicionário de conceitos fundamentais de teologia,* 2. ed. (São Paulo: Paulus, 2005), p. 856-7.

9   Vilanova, Evangelista. "Teologia. Subtópico II. História do termo 'teologia'", in: Samanes, Cassiano Florinstán; Tamayo-Acosta, Juan-José (orgs.). *Dicionário de conceitos fundamentais do cristianismo* (São Paulo: Paulus, 1999), p. 794.

grego da igreja fala de teologia como algo equivalente à doutrina de Deus.[10] Vilanova, contudo, corrobora a informação de que, de acordo com Walter Kern, na citação acima quando sumariamos o surgimento e a evolução do termo, foi a partir do século 4 que tal empreendimento, de a teologia ser vista como "doutrina de Deus", coube aos três pais gregos capadócios — Basílio de Cesareia, Gregório de Nazianzo e Gregório de Nissa —, sobretudo ao diferenciar *theologia* e *oikonomia*, visto que "economia significa a comunicação histórica da salvação, e teologia a contemplação desta comunicação, que é o elemento supra-histórico, sem o qual a história salvífica não seria conhecida profundamente".[11]

O fato é que a teologia adentra no universo da fé cristã na esteira da ideia original pagã, refletindo sobre Deus, e só na segunda parte da Idade Média tornou-se a ciência que reflete sobre todas as doutrinas da fé cristã. Todavia, Vilanova acrescenta que já em um historiador como Eusébio de Cesareia "'teologia' já tem claro sentido cristão", pois Eusébio "não usa mais o termo no sentido pagão, e, se o faz, acrescenta sempre que se trata de uma teologia falsa", e acrescenta que, deste ponto em diante, "os apóstolos, em especial João, são chamados teólogos".[12] Mas, com o avanço consciente do exercício teológico, faz-se necessário distinguir a diversidade de formas de fazer teologia, isto é, métodos e sistemas, sobretudo quando se pretende falar de Deus.

---

10  No livro sexto da referida obra, especificamente na resposta 18 dada ao filósofo platôni-co-eclético Celso, por conta do texto do último, intitulado *O discurso verdadeiro*, Orígenes diz: "Julguei bom citar, entre muitas outras, estas ideias que os santos personagens tiveram sobre Deus, para revelar àqueles que têm os olhos capazes de perceber a seriedade das escrituras, que os escritos sagrados dos profetas têm alguma coisa de mais nobre que as palavras de Platão admiradas por Celso. Eis a passagem de Platão citada por Celso: *'Em volta do rei do universo gravitam todas as coisas; todas existem para ele, ele é a causa de toda beleza. Em volta do segundo estão as coisas de segunda categoria; em volta do terceiro, as de terceira categoria. A alma humana aspira a conhecer o que elas são, fixando o olhar sobre as coisas que lhe são aparentadas, das quais nenhuma é perfeita. Sem dúvida, quando se trata do rei e dos príncipes de que falei, nada disso existe'.* Eu poderia citar passagens sobre os 'serafins' dos hebreus, descritos em Isaías, que cobrem 'o rosto' e 'os pés' de Deus, sobre os 'querubins' descritos por Ezequiel, sobre as formas que lhe são dadas, e sobre a maneira como Deus é levado pelos querubins (cf. Is 65:2; Ez 1:5-27; 10:1-21). Mas as expressões são por demais misteriosas e, por causa das pessoas indignas e irreligiosas, incapazes de seguir passo a passo a sublimidade e a majestade da *teologia*, julguei ser inconveniente debater tais questões neste tratado" (*Contra Celso*, 2. ed. [São Paulo: Paulus, 2011], p. 469. Sem grifo no original na expressão "teologia").

11  Ibid.

12  Ibid.

## 196 | TEOLOGIA SISTEMÁTICO-CARISMÁTICA

Em Evágrio Pôntico, a teologia é considerada como o grau máximo da *gnose*. É oportuno assinalar ainda a visão do Pseudo-Dionísio, segundo o qual a teologia se divide em simbólica (que busca as semelhanças divinas, ao mesmo tempo que as dessemelhanças, que nossas representações sensíveis revelam), afirmativa ou *catafática* (segundo o método de aplicar a Deus os atributos positivamente valorizados nos seres criados), negativa ou *apofática* (caracterizada pela renúncia em expressar a plenitude de Deus) e *mística*, consumação dos esforços anteriores, que dá à inteligência uma experiência humana e um êxtase amoroso no que coincide a ciência e o perfeito amor. Esta visão estava destinada a influenciar os escritores monásticos, medievais, inclinados a considerar a teologia como uma experiência de fé.[13]

Das quatro formas elencadas de fazer teologia, pensando especificamente em falar de Deus, a "teologia grega se manteve sensível à linha da economia", já anteriormente descrita, entendendo que tal "teologia, denominada, depois do cisma oriental, 'ortodoxa' (ilustrada no séc. 15 por Scholarios e mais recentemente por Khomiakov, Bulgakov, Sloniev, Lossky, Florosvsky), seguiu uma tendência mistérica", diz Vilanova, "complementar da orientação especulativa dominante no mundo latino".[14] Como ocidentais, nossa teologia protestante é obrigatoriamente latina e, como já é sabido, incrivelmente inclina-se muito mais às trajetórias teológicas catafáticas dependentes da razão grega. Mas, como todos sabemos, "seria impossível tentar refletir conjuntamente e de forma ilimitada sobre Deus e o mundo a partir do ponto de vista da razão criada", visto que o "objeto adequado de nossa razão finita vinculada aos sentidos é o mundo", pois, se por um lado é "verdade que a razão pode compreender o mundo, a história e o ser humano em vista de Deus e, iluminada pela fé mediante o Espírito Santo, pode tentar entender também a ação de Deus", por outro, a "teologia", diz Gerhard Ludwig Müller, "nunca pode ter como objeto o próprio Deus em seu puro em-si-mesmo", pois não há intelecto algum criado que seja capaz de "conceber a Deus tal como ele mesmo se penetra em seu espírito divino (cf. 1Co 2:11s.)".[15]

---

13  Ibid., p. 795.

14  Ibid.

15  Müller, Gerhard Ludwig. *Dogmática católica: teoria e prática da teologia* (Petrópolis: Vozes, 2015), p. 162.

Em termos diretos, o que se sabe de Deus é o que ele revelou, sendo inteligíveis suas ações, que, evidentemente, revelam algo de seu ser, porém não o seu Ser-em-si. A inteligibilidade de suas ações, contudo, não quer dizer que os milagres sejam explicáveis pela lógica humana. Todavia, tal impossibilidade não era um problema, visto que, "na maioria dos escritos dos primeiros cinco séculos do cristianismo, a 'teologia' é a disciplina que leva a alma para a contemplação do divino", não sendo um exercício racionalista de especulação filosófica, pois seu objetivo era levar a pessoa a encontrar-se com Deus e unir-se a ele, ou seja, neste aspecto, "um teólogo é um místico".[16] Da mesma maneira, Justo González informa que já em Agostinho "encontramos o uso do termo referindo-se à disciplina que trata sobre Deus", pois para o bispo de Hipona, "e para a maioria dos escritores nos séculos seguintes, a teologia não se ocupava de todo o corpo de doutrina cristã, mas somente da doutrina de Deus", ou seja, como já foi dito, tratava-se da "reflexão e ensinamento sobre Deus da mesma forma que a eclesiologia é a reflexão e o ensinamento sobre a igreja e a cristologia é a reflexão e o ensinamento sobre o Cristo".[17]

Assim, neste primeiro capítulo das análises doutrinárias, falamos de teologia como a doutrina de Deus. E iniciamos com ele pelo fato de que, em Deus, está o fundamento primeiro e o destino último de todas as coisas (Isaías 41:4; 44:6; 48:12). Contudo, ao fazer isso, não vamos tratar do Ser de Deus, mas de suas manifestações. Em outras palavras, não vamos caminhar pela senda do exercício teológico que acredita ser possível traçar uma "anatomia do divino". Nossos objetivos, como uma sistemática carismático-pentecostal, são bem mais modestos e bíblicos, pois lidam com sua imanência (revelada nas Escrituras e vivenciada até hoje na realidade). Em outras palavras, não nos arriscamos em falar, racionalística e filosoficamente, sobre sua transcendência. Não o faremos por duas razões: 1) há dezenas de tratados teológicos disponíveis que se dedicam a esse mister e 2) o fato de que "Deus não pode ser compreendido pela mera lógica humana, nem sequer sua própria existência pode ser comprovada desta maneira". Mas isso não significa não reconhecer seus atributos; antes, estamos "fazendo uma declaração confessional das nossas limitações e da infinitude divina",[18] ou seja, Deus não pode ser "explicado", e tudo que nós podemos fazer é crer nele.

---

16 GONZÁLEZ, Justo. *Breve dicionário de teologia* (São Paulo: Hagnos, 2009), p. 313.

17 Ibid.

18 JOYNER, Russel E. "O Deus único e verdadeiro" (ed.). *Teologia sistemática: uma perspectiva pentecostal*, p. 151.

## 198 | TEOLOGIA SISTEMÁTICO-CARISMÁTICA

Portanto, a nossa argumentação pode ser entendida com base na linguagem bíblica usada coloquialmente pelo crente comum, pois geralmente, nas sistemáticas, privilegia-se o Ser de Deus, lidando com a transcendência, ao passo que a imanência detém-se nas ações divinas. É nesse "plano" que vamos atuar, pois uma teologia sistemático-carismática não tem como objetivo explorar o terreno batido da sistemática filosófica, ou manualística; antes, trabalhará no campo prático da vivência do divino com o humano. Isso não significa que não possamos vez ou outra, mencionar algo a respeito, mas esse não é o objetivo do texto. Em termos de linguagem, estamos limitados pela transcendência, mas, em termos experienciais, podemos navegar com bastante tranquilidade no campo da imanência.

## A AUTORREVELAÇÃO DE DEUS

Antes de qualquer consideração que se pretenda fazer a respeito de Deus, devemos deixar claro, mais uma vez, que o ponto arquimediano para nós é a Escritura. Não falaremos nada acerca de Deus que não esteja plenamente ancorado na Bíblia. Contudo, o que pode surpreender é alguém descobrir que sua visão de Deus não é escriturística, mas filosófica. Daí vem o choque de muitos ao deparar com um texto que, tanto quanto possível, deseja simplesmente ser fiel à Bíblia. Em muitos momentos, parecerá simplista e, em outros, paradoxal, mas convidamos o leitor a conferir, nas Escrituras, se o que está sendo dito corresponde ou não a elas, pois nossa forma de "compreender a Deus não deve basear-se em pressuposições a respeito dele, ou em como gostaríamos que ele fosse", ou seja, "devemos crer no Deus que existe, e que optou por se revelar a nós através das Escrituras".[19] Portanto, devemos aceitar a forma como a Bíblia revela Deus, já que ela "é nossa fonte única de pesquisa, que nos permite saber que Deus existe e como ele é".[20] Lembramos aqui, todavia, que procuramos seguir a "lógica da fé" na esteira da revelação, isto é, tal como ela ocorreu.

Isso significa acompanhar a dinâmica em que se desenvolveu o processo revelacional, uma vez que este se deu, primeira e majoritariamente, de forma existencial, ou seja, a recepção foi experiencial e muito posteriormente

---

19  Ibid., p. 125.
20  Ibid., p. 126.

transformou-se em texto. "A revelação, noutras palavras, envolve não somente informações a respeito de Deus, mas a revelação que Deus fez de si mesmo", diz o teólogo pentecostal John Higgins, observando que reconhecer isso "não significa, porém, que devemos rejeitar a revelação proposicional e preferir a existencial", pois a "revelação *a respeito de* Deus é crucial para o conhecimento de Deus".[21] Em termos diretos, por intermédio de suas "palavras e ações, Deus torna conhecida sua pessoa, seus caminhos, valores, propósitos e o seu plano de salvação", pois o "alvo final da revelação divina é que as pessoas venham a conhecer a Deus de modo real e pessoal",[22] nunca teoricamente, de maneira formal, ou religiosa, enfim, meramente confessional, visto serem formas modernas e totalmente estranhas ao mundo da Bíblia.

Como já foi dito na introdução deste capítulo, o Criador se autorrevelou, pois, uma vez entendido que "Deus é infinito e os seres humanos são finitos, se estes quiserem conhecer a Deus, tal conhecimento deverá ocorrer pela iniciativa do próprio Deus em se revelar".[23] A tradição cristã protestante entende essa revelação como dividida em duas grandes partes — geral e especial —, sendo a segunda categoria ainda subdividida em duas outras: existencial (também chamada de pessoal ou experiencial) e proposicional. Quanto à primeira categoria, Millard Erickson afirma que "ela se refere à automanifestação de Deus mediante a natureza, a história e o ser interior da pessoa", sendo considerada "geral em dois sentidos: sua disponibilidade universal (é acessível a todas as pessoas, em todos os tempos) e o conteúdo da mensagem (é menos específica e detalhada que a revelação especial)".[24] Além disso, o mesmo autor

---

21 HIGGINS, John R. "A Palavra inspirada de Deus", in: HORTON (ed.). *Teologia sistemática: uma perspectiva pentecostal*, p. 66.

22 Ibid. O mesmo autor diz que a "totalidade das Escrituras é a Palavra de Deus em virtude da inspiração divina dos seus autores humanos", ou seja, a "Palavra de Deus, na forma da Bíblia, é um registro inspirado de eventos e verdades da autorrevelação de Deus" (HIGGINS, John R. "A Palavra inspirada de Deus", in: HORTON (ed.). *Teologia sistemática: uma perspectiva pentecostal*, p. 85). Tal aspecto é uma "questão-chave", ou seja, o que se discute "é se Deus pode revelar-se na forma proposicional, e se ele já o fez", pois a "maneira de definirmos a revelação determina se a Bíblia é coextensiva com a revelação especial" (Ibid.), ponto que realmente importa em termos protestantes. Isso porque, caso "a revelação" seja "definida somente como processo de revelar, a Escritura não é revelação, pois esta frequentemente ocorreu muito tempo antes de ser registrada por escrito"; todavia, se "a revelação também for definida como o resultado, ou produto, daquilo que Deus revelou, a Escritura (como registro exato da revelação original) também tem o direito de ser chamada revelação especial" (Ibid.). Consulte a tabela comparativa no primeiro capítulo.

23 ERICKSON, Millard J. *Teologia sistemática* (São Paulo: Vida Nova, 2015), p. 140.

24 Ibid., p. 140-1.

informa que os "*loci* da revelação geral são tradicionalmente três: natureza, história e constituição".[25] Já a "revelação especial envolve a comunicação e as manifestações particulares de Deus a respeito de si para certas pessoas, em determinadas épocas, as quais se encontram à disposição hoje somente mediante a consulta a determinados escritos sagrados".[26]

Conquanto respeitemos a visão do autor, não concordamos com ela em sua totalidade, sobretudo no aspecto "cessacionista" de que as experiências com Deus acabaram e só podemos "saber sobre elas através de escritos sagrados". Todavia convergimos com sua defesa da necessidade de uma revelação especial, isto é, de que a revelação especial faz-se "necessária porque o ser humano perdeu a relação que tinha com Deus antes da Queda, na qual desfrutava de seu favor".[27] Tal se dá pelo fato de que, desde sempre, o "objetivo da revelação especial [é] relacional", diz Erickson, informando que o "propósito principal dessa revelação não era ampliar o escopo geral de conhecimento"; assim, mesmo o "conhecimento *acerca de* tinha como propósito o conhecimento *de*".[28] Em termos diretos, mesmo as informações escriturísticas *sobre* Deus e sua obra não visam ao conhecimento teórico e conteudista, mas levar a pessoa ao conhecimento *dele*. Como oportunamente diz o teólogo pentecostal John Higgins:

> No livro de Jó, a resposta à pergunta de Zofar a respeito da possibilidade de se sondar os mistérios divinos é um "não" em alto e bom som (Jó 11:7). Mediante nossas próprias pesquisas, à parte daquilo que Deus revelou, nada poderia ser descoberto a respeito dele e de sua vontade, nem sequer de sua existência. Pelo fato de o infinito não poder ser desvendado pelo finito, todas as afirmações humanas a respeito de Deus acabam sendo perguntas em vez de firmarem como declarações. "As mais sublimes realizações da mente e do espírito humanos não bastam para chegarem ao conhecimento de Deus."[29]

Conforme o teólogo pentecostal corretamente observou, a doutrina de Deus deve sempre ser desenvolvida de forma apofática, não pretensiosa e sem

---

25 Ibid.

26 Ibid., p. 140.

27 Ibid., p. 163.

28 Ibid., p. 164.

29 Higgins, John R. "A Palavra inspirada de Deus", in: Horton (ed.). *Teologia sistemática: uma perspectiva pentecostal*, p. 67.

perder de vista o fato de que a "revelação que Deus fez de si mesmo foi um autodesvendamento deliberado", ou seja, ele não foi forçado "a se tornar conhecido; ninguém o descobriu por acidente"; antes, em um "ato voluntário, Deus fez-se conhecido aos que, de outra forma, não poderiam conhecê-lo", pois, como afirma Emil Brunner, citado por Higgins, a autorrevelação divina "é uma 'incursão de outra dimensão', trazendo conhecimentos 'totalmente inacessíveis às faculdades naturais que o homem possui à pesquisa e à descoberta'".[30] De acordo com o que o já mencionado Emil Bunner, agora citado por Alister McGrath, defende acerca da autorrevelação divina, isto é, de esta ocorrer por iniciativa exclusiva por parte de Deus, pois somente ele poderia assim fazê-lo e não anular os seres humanos em sua manifestação, até mesmo a concepção de teologia muda, ou seja, a "teologia se tornaria assim a resposta humana à automanifestação de Deus, em vez de ser a busca de Deus pelo ser humano".[31] Tal se dá assim pelo fato de que "não existe nenhum meio pelo qual o ser humano criado possa contemplar Deus diretamente", isto é, "precisamos formar uma ideia de Deus como que em uma imagem de tamanho reduzido, apropriada à nossa capacidade humana", pois "a mente humana não pode ver a plena glória de Deus".[32] Por isso mesmo, ao se falar em teologia como doutrina de Deus, não podemos perder de vista o fato de que os "modelos ou figuras com que as Escrituras representam Deus", diz McGrath, têm o objetivo de revelá-lo "em proporções controláveis, de modo que a mente humana possa alcançá-lo".[33] Assim, completa o mesmo autor, dizendo que aquilo que "se sabe de Deus sabe-se por revelação", mas não só, não podemos esquecer que "a revelação é adaptada à nossa capacidade de criaturas humanas, finitas e decaídas".[34] Wolfhart Pannenberg adota a mesma perspectiva:

> Visto que a realidade de Deus é premissa para a veneração humana de Deus, religião tem por ponto de partida o conhecimento de Deus. Conhecimento humano de Deus, porém, pode ser conhecimento verdadeiro, correspondente à realidade de Deus, somente sob a condição de ter sua origem na própria divindade. Deus somente pode

---

30  Ibid.

31  McGrath, Alister E. *Teologia: os fundamentos* (São Paulo: Loyola, 2009), p. 65.

32  Ibid., p. 56.

33  Ibid.

34  Ibid., p. 57.

ser conhecido quando ele próprio se dá a conhecer. A sublimidade da realidade de Deus torna-a inatingível para o homem se ela não se dá a conhecer por si mesma. Sempre que Deus e deuses foram compreendidos como poder sagrado incomparavelmente superior ao ser humano, ou até mesmo como o único poder que a tudo abrange e determina, aí também era óbvio que conhecimento de Deus somente é possível como conhecimento proporcionado pelo próprio Deus. Se o conhecimento humano de Deus fosse concebido de tal modo que o ser humano arrancasse, por próprias forças, da divindade o mistério de sua natureza, ter-se-ia realizado de antemão um equívoco em relação à divindade do referido deus. Um conhecimento nesses termos em todo caso não seria conhecimento de Deus, porque seu próprio conceito já estaria em contradição com a ideia de Deus. Por isso conhecimento de Deus jamais é possível a não ser por meio de revelação.[35]

Manter sempre tal consciência de que o "Deus que se revela", diz Erickson, "é um ser transcendente, fora do alcance de nossa experiência sensorial", significa lembrar que a "revelação deve implicar certa condescendência da parte de Deus (no bom sentido da palavra)", uma vez que os "seres humanos não têm condições de analisar Deus e, mesmo que tivessem, não o entenderiam", ou seja, "Deus se deu a conhecer por uma revelação em forma *antrópica*".[36] Evidentemente que tal constatação não deve ser entendida como "antropomorfismo propriamente dito, mas apenas como revelação feita em uma linguagem humana e de acordo com categorias de pensamento e ação também humanos", ou seja, não podemos perder de vista dois aspectos, sendo o primeiro deles o fato de que "caráter antrópico implica o uso de línguas comuns na época da revelação" e, o segundo, a ideia de que a "revelação é também antrópica no sentido de que, quase sempre, foi dada em formas que faziam parte da experiência humana comum, do dia a dia".[37]

Dito isto, estamos em condição de agora compreender que, uma vez que a possibilidade de a teologia ser minimamente assertiva passa pela revelação, ou seja, ela deve ser a resposta humana à autorrevelação divina e, portanto, desta derivada e sempre *a posteriori*, toda e qualquer teologia produzida, ainda

---

35 PANNENBERG, Wolfhart. *Teologia sistemática,* vol. 1 (Santo André: Academia Cristã; São Paulo: Paulus, 2009), p. 263.

36 ERICKSON. *Teologia sistemática*, p. 166.

37 Ibid.

que bem-intencionada, sem revelação e com base apenas no sentimento de criaturalidade, ou abertura à transcendência, isto é, *a priori*, caso realmente queira "falar sobre Deus", deve permitir-se ser corrigida. Tal deve ser assim pelo simples fato de que, tomando como exemplo o próprio livro de Jó referido pelo mencionado teólogo pentecostal John Higgins, invariavelmente a experiência de autorrevelação choca-se com as teologias cujos arrazoados, ainda que pareçam exaltar e honrar a Deus, não se encontram devidamente ancorados na automanifestação divina. Evidentemente que, sendo Jó o documento mais antigo do Primeiro Testamento, muito provavelmente não havia quantidade suficiente de "revelação especial" (se é que havia alguma que eles conhecessem), específica, não geral, conforme dito na introdução, para eles se pautarem. Sendo assim, não existia possibilidade alguma de Elifaz, Bildade e Zofar estarem certos (Jó 2:11), visto que seus arrazoados teológicos não se baseavam na revelação, mas em certas lógicas religiosas em vigência (retribuitiva, deística e triunfalista). É o que diz o teólogo pentecostal, norte-americano, Donald Stamps:

> Na leitura desses diálogos, observe o seguinte: (1) Embora as palavras dos três amigos de Jó estejam registradas nas Escrituras, nem tudo que eles disseram é absolutamente correto. O Espírito Santo registrou suas palavras, mas não as inspirou. No fim do livro, o próprio Deus declarou que boa parte daquilo que eles falaram não era bom (42:7,8). (2) Algumas afirmações deles são realmente verdadeiras e são repetidas no NT (e.g., parte do que Elifaz diz em 5:13 acha-se em 1Co 3:19). (3) A teologia e a cosmovisão básicas desses conselheiros eram falhas. Eles criam (a) que os verdadeiros justos sempre prosperarão, ao passo que os transgressores sempre sofrerão, e (b) inversamente, a pobreza e o sofrimento sempre subentendem pecado, ao passo que a prosperidade e o sucesso subentendem retidão. Deus revelou posteriormente que tal atitude é errônea, e que o ponto de vista deles era "loucura" (42:7-9).[38]

Na realidade, alinhamo-nos aos comentaristas bíblicos que, à pergunta sobre que "significado tem aquele longo monólogo, com que o Senhor responde ao lamento de Jó e à sua exigência de se proceder a um processo" (Jó 38—41), respondem afirmando que "Deus, em vez de oferecer uma explicação sobre

---

38 STAMPS, Donald. *Bíblia de estudo pentecostal* (Rio de Janeiro: CPAD, 1995), p. 775.

o sentido do mal, revela aqui a sua própria incompreensibilidade".[39] Eis um aspecto pouquíssimo falado na teologia protestante. Deus, mesmo quando se revela, "permanece escondido, e ao ser conhecido e afirmado, permanece incompreensível e inefável, em sua identidade absolutamente singular e única em sua realidade incondicional e pessoal".[40] Nas palavras de Millard Erickson, uma vez que "observamos apenas formas finitas, achamos impossível apreender conceitos infinitos" como Deus. Nesse aspecto, diz o mesmo teólogo, "Deus sempre permanecerá *incompreensível*", mas isso não quer dizer "que nos falte conhecimento dele, um conhecimento real"; antes, implica reconhecimento de que a "deficiência reside em nossa incapacidade de contê-lo dentro de nosso conhecimento".[41] Sua acessibilidade não o torna objetivável, por isso colocamo-nos ao lado de gigantes da fé cristã e admitimos integralmente a ideia agostiniana de que, "se entendemos, então não é Deus".

Na verdade, a presunção de exaurir a realidade, inclusive Deus, nada mais é que a *hybris*, o pecado original que parece ter vitimado Lúcifer e que também acometeu os primeiros seres humanos (Gênesis 3:5). Apesar de não podermos "traduzir corretamente a palavra *hybris*, embora a realidade que designa seja descrita não só na tragédia grega, mas também no AT", diz Paul Tillich, a palavra "é expressa mais claramente na promessa da serpente a Eva de que, comendo da árvore do conhecimento, o ser humano seria igual a Deus"; portanto, ela nada mais é que "a autoelevação do ser humano à esfera do divino",[42] por isso, completa, a "*hybris* foi chamada de 'pecado espiritual', e todas as outras formas de pecado foram derivadas dela, até mesmo os pecados sensuais", pois ela "não é uma forma de pecado ao lado de outras"; antes, a *hybris* é "o pecado em sua forma total, a saber, o outro lado da descrença, do afastar-se do centro divino ao qual o ser humano pertence".[43] Portanto, não nos enganemos, a pretensão teológica que procura ir além do que Deus permitiu que fosse revelado e que considera possível manipular Deus como um objeto qualquer é não só ingênua, como também ímpia, pois geralmente o propósito final, como veremos adiante, mostra-se nada piedoso, mas maligno.

---

39  HALÍK, Tomáš. "O incrédulo em mim — meu amigo", in: GRÜN, Anselm; HALÍK, Tomáš. *Livrar-se de Deus? Quando a crença e a descrença se encontram* (Petrópolis: Vozes, 2017), p. 169.

40  PASTOR, Félix Alejandro. *A lógica do Inefável* (Aparecida: Santuário, 2012), p. 34.

41  ERICKSON. *Teologia sistemática*, p. 168.

42  TILLICH, Paul. *Teologia sistemática*, 5. ed. (São Leopoldo: Sinodal/EST, 2005), p. 344.

43  Ibid., p. 345.

É no mínimo irônico o fato de que a vontade de ser como Deus tenha rompido o relacionamento entre o Criador e a criação, levando a última, de uma proximidade íntima, ao obscurecimento que resultou no desejo de reconciliação, que, enquanto Deus não se revela, não é possível acontecer e, não acontecendo, gera idolatria, autolatria e toda espécie de perversão religiosa (Gênesis 3:8; Romanos 8:18-25 cf. 1:18-32). Deixando de lado as questões relativas à idade da Terra, é fato que há um lapso considerável de tempo entre a Queda e o nascimento, desenvolvimento, fuga e chamada de Moisés (Êxodo 2—4), a quem, tradicionalmente, atribui-se a autoria do Pentateuco e, em alguns círculos judaicos, a autoria do livro de Jó. Portanto, é ponto pacífico que muitas experiências se deram em uma época em que não existia nenhuma parte das Escrituras Sagradas. Nem por isso Deus deixou de falar e de se fazer conhecido. Esse é um aspecto extremamente relevante quando se fala em autorrevelação, pois, na verdade, em um mundo religioso, "a questão fundamental do homem, com relação a Deus, não era sua realidade, mas sua identidade".[44]

Entre tantas vozes e divindades, como saber que esta era "diferente" e verdadeira? "Somente em uma experiência religiosa extraordinária é possível saber quem é Deus realmente (Gn 33:29ss; Nm 12:6ss)", ainda que devamos reconhecer que "a realidade de Deus", isto é, seu Ser-em-si, "permanecerá imperscrutável [pois] seu nome é misterioso (Jz 13:18)".[45] É o que descobriu Jó e seus amigos, mas particularmente o patriarca, pois Deus dirigiu-se diretamente a ele, levando-o a reconhecer que este tinha um conhecimento teórico acerca do Criador, algo que após sua dramática experiência mudou completamente, e Jó, então, admitiu que falava de coisas que não sabia e que sua "fala sobre Deus", ou seja, sua "teologia", só tornou as coisas piores, pois obscurecia a realidade e o impedia de conhecer Deus, que, mesmo agora se revelando, continuava para ele um mistério insondável (Jó 42:1-5)!

## As Escrituras confirmam a concepção carismático-pentecostal de um Deus pessoal

Que Deus se revelou de diversas formas é incontestável (Hebreus 1:1), por isso o que temos em mira é a recepção do ato revelacional por parte dos que

---

44  PASTOR. *A lógica do Inefável*, p. 35.
45  Ibid., p. 43.

## 206 | TEOLOGIA SISTEMÁTICO-CARISMÁTICA

foram agraciados com tal privilégio, sobretudo pelo fato de que a "presença divina não pode ser localizada em uma imagem",[46] objeto com o qual um caldeu como Abrão (Gênesis 11:26-32), por exemplo, estava devidamente familiarizado em seu tempo, pois seu pai tinha um ateliê onde se fabricavam deuses (Josué 24:2).[47] O que será que fez que Abrão rompesse o ciclo da cultura religiosa patriarcal e resolvesse "seguir" esse Deus e obedecer-lhe? Não havia possibilidade alguma de o patriarca saber, com certeza, que estava optando pelo certo. É interessante que "cobramos" dele que seja como os demais que podiam evocar o "Deus de Abraão, Isaque e Jacó" (Êxodo 3:6), mas raramente refletimos que o patriarca não tinha esses referenciais para evocar em suas lutas, desafios, preces e súplicas, daí o porquê de ele ser chamado de "pai da fé" (Romanos 4:11; Tiago 2:23b).

Certamente sua atitude de "crer contra a esperança", ou seja, contra qualquer mínima possibilidade de que fosse alcançável logicamente, isto é, cumprir-se o que lhe fora prometido (Romanos 4:16), é uma das amostras mais contundentes do que significa fé (Hebreus 11:1). A conclusão mais óbvia a que podemos chegar, inicialmente, é que semelhante ao que ocorreu com Jó, Abrão teve uma experiência com Deus (Gênesis 12:1-3). Ciente de que os deuses eram invenções humanas e não falavam, somente uma experiência dramática poderia demover um ancião sumério a mudar de mentalidade. O mais interessante é que sua experiência não deve ter se dado de forma "religiosa". Ao menos, não da forma que ele estava acostumado a ver. Mesmo porque os deuses eram criações humanas e estavam situados, seja em uma imagem, seja em uma localidade, isto é, seu alcance era "local" ou tribal.

Talvez a conclusão do patriarca, de que o Deus que ele passara a seguir era realmente o "criador do céu e da terra", tenha sido reforçada após o encontro com Melquisedeque, rei de Salém e sacerdote do Deus Altíssimo (Gênesis 14:18-20). As Escrituras não dizem, mas certamente o encontro entre eles foi marcado por um momento de diálogo, uma vez que Melquisedeque lhe dera "pão e vinho", ou seja, provisões que indicam mais que alimentos, e

---

46  Ibid., p. 59.

47  Na parte I, na narrativa do *Apocalipse de Abraão*, o capítulo 4, versículo 3, diz: "Eu falei a ele: 'Meu pai Therach, escuta! Os deuses são em verdade abençoados por ti, porque tu és deus para eles, pois tu os criaste. A bênção deles é muito mais maldição, e vã a sua ajuda. Se eles mesmos não puderam ajudar-se, como poderiam auxiliar a ti, ou abençoar a mim?" (PROENÇA, Eduardo [org.]. *Apócrifos e Pseudo-Epígrafos da Bíblia* [São Paulo: Fonte Editorial, 2010], p. 835).

CAPÍTULO 3 – Teologia | 207

falam também de comunhão. Eles se tratam como "irmãos", no sentido de que servem ao mesmo Deus. Considerando a distância de Ur e Salém, e que não havia ainda nenhuma porção das Escrituras e, muito menos templo ou oficiais, a única coisa que explica o fato de ambos assim se reconhecerem é que, tal como Abrão, Melquisedeque também deve ter tido sua experiência pessoal com Deus sem depender de pregação por parte de alguém. Se há uma certeza que podemos ter a respeito do Senhor é que, desde sempre, ele é um Deus relacional.

Talvez para nós, leitores carismático-pentecostais modernos, isso pode parecer óbvio; todavia, em um mundo politeísta, mas sem revelação, povoado de divindades que eram criações humanas, "Deus falar" significa uma revolução incrível, não só religiosa, mas também teológica. O exemplo dos amigos de Jó é emblemático neste aspecto, ou seja, "o Deus dos amigos é uma marionete, cujos movimentos estão limitados a ser respostas das ações humanas", diz o biblista Tryggve Mettinger, que completa, esclarecendo que se trata da concepção de um "Deus prisioneiro do sistema, absolutamente soberano, que Jó descreve adequadamente aos seus amigos como gente que 'desafia a Deus, pensando que o têm na mão' (12:6)".[48] Na experiência de Jó, Deus se autorrevelou completamente distinto das concepções e imagens teológicas em vigência que havia dele. E que ninguém subestime achando que havia poucas imagens, pois a quantidade de material dos discursos, escrito em forma poética, mostra claramente que eram muitas e solidamente construídas. Agora reflita um pouco acerca do que significa desconstruir imagens divinas enraizadas e cristalizadas no imaginário popular, com base no ensinamento e na influência de oradores como Elifaz, Bildade e Zofar.

Desse exemplo destacamos o fato de que "imagens de Deus" não apenas consistem em artefatos, mas são igualmente conceitos que, filosófica e teologicamente elaborados, subvertem a verdadeira face divina revelada nas Escrituras. Nesse caso, elas são sutis e se tornam ainda mais nocivas, podendo-se "falar justamente de procedimento idolátrico e blasfemo, atentado à transcendência divina, atento a 'objetivar Deus' mais para dominá-lo que para obedecê-lo".[49] Advertência parecida vem de James Packer, ao advertir que "toda teologia especulativa, baseada em arrazoados filosóficos, e não na

---

48 METTINGER, Tryggve N. D. *O significado e a mensagem dos nomes de Deus na Bíblia* (Santo André: Academia Cristã, 2015), p. 256.

49 PASTOR. *A lógica do Inefável*, p. 97.

## 208 | TEOLOGIA SISTEMÁTICO-CARISMÁTICA

revelação bíblica, erra neste ponto", visto que crer, ou seguir, "a imaginação de alguém no campo da teologia é o modo de manter-se ignorante a respeito de Deus e tornar-se idólatra". O mesmo autor continua, dizendo que "o ídolo neste caso seria a falsa imagem mental de Deus criada pela especulação e imaginação humanas".[50] A recomendação, portanto, diz o mesmo teólogo, é "reconhecer que Deus, o Criador, é transcendente, misterioso e inescrutável, além do alcance de qualquer conjectura filosófica".[51]

Por isso, mesmo que tenhamos optado pela via apofática para pensar teologicamente as principais doutrinas da fé cristã, e ainda que reconheçamos que "não devemos fazer a respeito dele qualquer afirmação ou negação absolutas",[52] de uma coisa podemos ter certeza: Deus é vivo e comunica-se conosco, não estando em silêncio, nem por uma concepção filosófica deísta, já prescrita, nem igualmente por conta de uma concepção teológica teísta, em vigência, que, afirmando "autoridade bíblica", apregoa que tudo que ele tinha de falar já o fez nas Escrituras. Pode parecer uma atitude piedosa, mas, ao verificar que os proponentes de tal ideia defendem uma visão bíblica que transforma as Escrituras em um cadáver sempre pronto a ser dissecado por um método que só eles dominam, então acabamos concluindo que não há fidelidade escriturística, e sim compromisso com a manutenção das próprias ideias, usando uma apologética que não se trata de defesa da fé, e sim de autodefesa. Portanto, mais do que nunca, uma teologia sistemático-carismática deve reafirmar que a "revelação divina não anula o mistério divino"[53] e que o "Deus que se revela permanece misterioso, e ainda ao ser conhecido e afirmado em sua realidade permanece incompreensível em seu ser e em sua liberdade".[54] Isso significa não permitir que qualquer imagem divina tome o lugar de Deus, pretendendo amordaçá-lo.

Com isso, evidentemente, não estamos abrindo qualquer precedente para aventar uma espécie de "cânon aberto", acusação sempre utilizada contra os que creem na Bíblia como Palavra *viva* de Deus e a entendem numa perspectiva que se assemelha à dos reformadores, que, como vimos no primeiro

---

50    PACKER, J. I. *O conhecimento de Deus*, 2. ed. (São Paulo: Mundo Cristão, 2005), p. 56.

51    Ibid., p. 56-7.

52    PSEUDO-AREOPAGITA, Dionísio. *A teologia mística: tratado clássico do século VI* (São Paulo: Polar, 2015), p. 54.

53    Ibid., p. 44.

54    Ibid., p. 45.

CAPÍTULO 3 – Teologia | 209

capítulo, é totalmente distinta da concepção estática proveniente da escolástica protestante.[55] João Calvino, por exemplo, defendia que o "Espírito agia por intermédio das Escrituras ([...]) e que esse mesmo Espírito conferia autoridade direta às Escrituras ao inspirá-las, deixando de lado, portanto, a necessidade de alguma fonte de apoio externo em relação a sua autoridade",[56] ou seja, sua posição estabeleceu um equilíbrio entre dois extremos, de um lado protestante e, do outro, católico, sendo ambos igualmente errados.

Tal visão, ressaltada por Calvino, é relevante "pelo fato de indicar que os reformadores não viam a questão da inspiração como algo vinculado à absoluta fidelidade histórica ou à inerrância factual dos textos bíblicos", pois a própria "doutrina calvinista da acomodação implicava a afirmação de que Deus havia se revelado de formas adequadas às comunidades que deveriam receber essa revelação"; em outras palavras, "no caso de Gênesis 1, Calvino sugere que toda uma série de conceitos — como, por exemplo, os 'dias da criação' — são simplesmente formas de expressão que foram objeto de acomodação", em termos diretos, tal conceito calvinista consiste na ideia de "uma espécie de linguagem infantil utilizada por Deus para que fosse compreendido".[57] Assim, finaliza Alister McGrath, enquanto a "elaboração dos conceitos de 'infalibilidade bíblica' ou de 'inerrância' no protestantismo remontam à metade do século 19, nos Estados Unidos", ou seja, é uma posição recente, o "consenso cristão geral, em torno da ideia da inspiração e da autoridade

---

55 "Sempre que se buscam teólogos ou grupos cristãos que podem ter visto as Escrituras não como Palavra viva, mas como compêndio de fatos, os suspeitos de sempre, reunidos e levados a interrogatório, são os teólogos do século 19 e início do século 20 vindos do Seminário de Princeton, principalmente [Benjamin] Warfield e [Charles] Hodge. De fato, vivendo em uma época como a deles, em que a racionalidade científica era, de longe, o critério por meio do qual todas as alegações de verdade tinham de ser testadas, além de serem inevitavelmente influenciadas pela cultura à sua volta, não é de surpreender que algumas de suas afirmações sobre a Bíblia e abordagens utilizadas pareçam estar mais interessadas em fatos afirmados pelas Escrituras do que na ação dinâmica de Deus nela e através dela" (WARD, Timothy. *Teologia da revelação: as Escrituras como palavras de vida* [São Paulo: Vida Nova, 2017], p. 164). De nossa parte, entendemos perfeitamente que o clima intelectual, ou horizonte cultural, influencia muito em tudo que se reflete e produz em determinada época. A questão é que os proponentes atuais das ideias desses teólogos recusam-se a reconhecer que isso é uma realidade, seja para quem for (incluindo os autores deste livro), e acabam transformando esses pensamentos, não a Bíblia, na norma para se analisar o que outros produzem, classificando como liberalismo e heresia tudo que não coaduna com o que foi propugnado pela escolástica protestante.

56 McGRATH, Alister E. *Teologia sistemática, histórica e filosófica: uma introdução à teologia cristã* (São Paulo: Shedd Publicações, 2005), p. 218.

57 Ibid.

das Escrituras, pode ser estudado a partir de várias das grandes confissões existentes, tanto protestantes quanto católicas".[58]

Portanto, o que precisa ficar claro é que, como afirma o teólogo pentecostal Antonio Gilberto, através da "Bíblia Deus fala em linguagem humana para que o homem possa entendê-lo", pois, caso "Deus usasse sua linguagem, ninguém o entenderia", por isso "ele, para revelar-se ao homem, adaptou a Bíblia ao modo humano de perceber as coisas".[59] Mas é preciso não perder de vista o este fato:

> A experiência original de Javé como realidade pessoal não significa de modo algum uma antropomorfização de Deus, porque segue sendo, precisamente como pessoa, o mistério sagrado, além de toda projeção das circunstâncias terrenas a Deus e a personificação dessa concepção ideal (cf. Dt 4:15: "Pois, no dia em que o SENHOR vos falou do meio do fogo no Horeb, não vistes figura alguma"). Sobre o fundamento da revelação, e no marco da analogia da linguagem e do conhecimento humano, o ser pessoal de Javé oferece o pressuposto de uma relação eu-Tu entre Javé e Israel, ou também entre Javé e cada crente individual como participante da relação da aliança (cf. Gn 28:13: "Eu sou o SENHOR, o Deus de teus pais..."); ao passo que Jacó disse a Javé: "Tu, Deus de meus pais..." (Gn 32:10).[60]

Outro exemplo para mostrar essa verdade pode ser tomado ainda do livro de Jó. Ao manifestar-se interrompendo o ciclo de debates teológicos que pretendiam falar absolutamente de como Deus é o porquê de tudo que estava acontecendo, o próprio Deus, a fim de demarcar uma distinção e de demonstrar quanto Jó, e por conseguinte a humanidade, está distante de compreendê-lo no sentido de torná-lo objetivável, previsível e manipulável, na linha do *cogito*, ou do pensamento cartesiano, em que somos os sujeitos dominantes e "algo", nesse caso Deus, é o objeto, acreditando que possuímos uma razão suficiente para exauri-lo. O Criador utiliza as figuras do beemote e do leviatã, entendidos como sendo o hipopótamo e o crocodilo, respectivamente (Jó 40:15-24; 41:1-34). A despeito de como

---

58 Ibid.

59 SILVA, Antonio Gilberto da. *A Bíblia através dos séculos: a história e formação do Livro dos livros*, 7. ed. (Rio de Janeiro: CPAD, 1998), p. 9-10.

60 MÜLLER. *Dogmática católica*, p. 177-8.

atualmente ambos são entendidos dentro da fauna, não é sua classificação inferior na escala taxonômica do reino animal nos dias de hoje que nos mostra sua importância e mensagem, e sim o que representavam no mundo antigo. Isso é o que realmente conta. Nesse sentido, é preciso entender que a mensagem não é para Deus, mas para os seres humanos; portanto, não é inteligente ficar questionando se Deus não sabia que o leão ou o tigre, por exemplo, são animais superiores em relação aos utilizados pelo Criador para com eles identificar-se. Mesmo que fossem o leão ou o tigre animais ferozes e mais fortes, ainda assim continuariam sendo criaturas que estão infinitamente distantes do Criador. Este, portanto, não é o ponto, e sim o que significavam, dentro daquela civilização arcaica e patriarcal, as figuras do beemote e do leviatã.

A descrição de ambos parece ultrapassar os aspectos normais de sua natureza, parecendo-se com imagens que os aproximam de seres fantásticos. Deus os via assim? Não, mas a sociedade de Jó, certamente. Como ela assim os encarava, Deus lança mão dessas figuras grandiosas do imaginário popular para levá-los a perceber quanto eles estavam impossibilitados de compreender o que se passava. Nesse aspecto é que o processo de autorrevelação implica praticamente uma espécie de abdicação divina, pois Deus "desce" ao nosso nível para que possamos entender o que ele quer comunicar. Todavia, lembremos, ele se revela, mas não pode ser exaurido. Por isso, depois de inúmeras perguntas e inquirições feitas a Jó (Jó 38—40:14), Deus atinge o clímax de sua mensagem tomando dois animais que, no imaginário popular, eram mais que animais, sobretudo o leviatã (Jó 41), e culmina em sua demonstração de impossibilidade de transformá-lo em objeto de estudo, restando a Jó reconhecer que, ao falar de coisas que não entendia e que eram maravilhosíssimas, ou seja, além da capacidade humana de entendimento, obscureceu e turvou a Deus. Por isso, o patriarca exultou ao dizer que agora, sim, "conhecia" a Deus, pois antes só tinha imagens, não a realidade (Jó 42:1-5). Restou a ele voltar ao pó e à cinza, mas agora não mais por conta de sua situação física, mas em sinal de desterro e vergonha pelos discursos teológicos que fez (Jó 42:6). É exatamente essa a posição que as teologias devem tomar, reconhecendo seu verdadeiro lugar ao pretenderem falar de Deus.

Tal concepção pessoal divina, todavia, nem de longe é uma exclusividade ou uma novidade do movimento carismático-pentecostal, pois, como informa Alister McGrath, "ao longo dos séculos, tanto teólogos como simples cristãos nunca hesitaram em falar de Deus em termos pessoais".[61] Aqui, como já foi dito anteriormente com as expressões de vários autores, não se trata de mera "antropomorfização" descritiva, mas "encontro". E este de tal forma que se pode falar em conhecimento de Deus e até "amizade" (Tiago 2:23). Por isso, a concepção "básica expressa pela ideia de 'um Deus pessoal' é assim a ideia de um Deus com quem podemos existir em relacionamento análogo ao que pode haver entre uma pessoa e outra".[62] Evidentemente que isso só é possível por um ato de condescendência, ou abdicação divina, o qual se dá por amor, pois Deus se autorrevela em termos inteligíveis à recepção humana.

"Um dos grandes temas que dominam o Antigo Testamento de modo bastante particular", por exemplo, "é o da Aliança entre Deus e seu povo, pela qual todos se obrigam mutuamente".[63] As primeiras alianças firmaram--se em forma de promessas feitas a indivíduos. Enquanto criador de todas as coisas Deus não tinha obrigação alguma de submeter-se a tais expedientes, mas curiosamente ele assim o fez e, ao proceder dessa maneira, mostrou-se como um Deus pessoal e que se permite ser "conhecido", pois o "resultado principal da revelação especial", diz Millard Erickson, "é o conhecimento de Deus".[64] Ainda assim, precisamos entender o que significa esse "conhecimento de Deus", pois, mesmo admitindo a suficiência da Bíblia para o que precisamos saber sobre nossa origem, queda e do que necessitamos para restabelecer o relacionamento rompido com Deus, por exemplo, "é um erro imaginar que as palavras pelas quais Deus escolhe firmar seu relacionamento conosco o apresentem por completo"[65], diz o teólogo inglês Timothy Ward.

Isso significa entender que Deus se autorrevelou, mas não se esgotou ao assim fazer. "Há muita coisa que não sabemos sobre Deus e sobre suas ações, simplesmente porque ele não nos disse", afirma o mesmo teólogo, explicando que na "vida e no pensamento cristãos há um lugar certo para o mistério de Deus, conforme o Senhor afirma com veemência a Jó (Jó 38—41)".[66] Isso, porém, não torna as Escrituras menos importantes, pois "a ênfase necessária

---

61  McGrath. *Teologia: os fundamentos*, p. 61.
62  Ibid., p. 62.
63  Ibid.
64  Erickson. *Teologia sistemática*, p. 177.
65  Ward. *Teologia da revelação*, p. 38.
66  Ibid.

sobre Deus como mistério não deve permitir que se obscureça o extraordinário ato de graça pelo qual Deus nos transmite palavras humanas de promessa". Ward, por fim, afirma "que confiar nessas palavras é em si mesmo um ato de confiança no próprio Deus".[67] Foi exatamente isso que fez Abraão quando ainda não havia Escritura ou uma doutrina correta de Deus pela qual se pautar, confiando apenas nas palavras ditas pelo Criador (Gênesis 15:1-6; Romanos 4:1-6; Gálatas 3:6).

## — O conhecimento de Deus —

Ao falarmos sobre esse aspecto, alguém pode pensar haver uma aporia, pois, se não podemos "apreender" Deus, então como saber se estamos, de fato, lendo sobre ele ao estudar os manuais teológicos, ou, algo ainda mais sério, como é possível saber que nos relacionamos com o Criador verdadeiro? "O Deus onipotente não pode ser plenamente compreendido pelo ser humano (Jó 11:7)", diz o teólogo pentecostal Russel Joyner, mas nem por isso deixou de se revelar de diversas maneiras e em várias ocasiões a fim de que venhamos a conhecê-lo, pois "é da sua vontade que o conheçamos e tenhamos um correto relacionamento com ele (Jo 1:18; 5:20; 17:3; At 14:17; Rm 1:18-20)".[68] Contudo, tal processo de conhecimento não se dá nos moldes do esquema cartesiano "sujeito e objeto", não apenas por não podermos "compreender completa e exaustivamente a totalidade do caráter e da natureza de Deus (Rm 1:18-20; 2:14,15)", mas igualmente por conta de que, "da mesma forma que ele se revela, também se oculta: 'Verdadeiramente, tu és o Deus que te ocultas, o Deus de Israel, o Salvador' (Is 45:15)",[69] ou seja, também pela dialética de ele não se revelar plenamente, seja por decisão, seja por também saber que, em nossa finitude ôntica e noética, isto é, cognitiva, jamais poderíamos suportar apreendê-lo. Isso significa que o "conhecimento de Deus não é possível ao ser humano por si mesmo, mas lhe é 'dado' (Mt 13:11; Lc 8:10; Jo 17:3; 1Co 2:11-14 e vários outros)", pois somente "quem foi, ele próprio, conhecido por Deus (Gl 4:9; 1Co 8:3; 13:12), quem, portanto, foi pessoalmente tomado por ele e o ama, bem como ao próximo, consegue conhecer Deus

---

67  Ibid.
68  JOYNER, Russel E. "O Deus único e verdadeiro", in: HORTON (ed.). *Teologia sistemática: uma perspectiva pentecostal*, p. 129.
69  Ibid.

## 214 | TEOLOGIA SISTEMÁTICO-CARISMÁTICA

de forma apropriada", explicam os biblistas Reinhard Feldmeier e Hermann Spieckermann. Ambos acrescentam que "tal conhecimento não é um entendimento no sentido de apropriar-se do outro",[70] isto é, nos moldes da apreensão de um "objeto", como no processo de construção do conhecimento na perspectiva do *cogito* cartesiano.

Alister McGrath, referindo-se à obra principal do filósofo judeu Martin Buber, intitulada *Eu e Tu*, publicada em 1927, diz que esse trabalho instituiu uma "distinção fundamental entre duas categorias de relações" que, para o teólogo, ajuda-nos a entender o porquê de não ser apropriada a concepção teológica da escolástica protestante que analisa Deus na perspectiva do *cogito* cartesiano. A referida distinção trata-se da importante diferenciação entre as "relações *Eu–Tu*, que são 'pessoais', e relações *Eu–Isto*, que são relações impessoais". Nas chamadas relações *Eu–Isto*, "Buber usa esta categoria para se referir à relação entre sujeitos e objetos, como, por exemplo, entre um ser humano e um lápis", considerando que o "ser humano é ativo, ao passo que o lápis é passivo". Tal "distinção muitas vezes é mencionada em linguagem mais filosófica como a relação sujeito-objeto, em que um sujeito ativo (neste caso o ser humano) se relaciona com um sujeito inativo (neste caso o lápis)". Explicando o pensamento de Buber, o teólogo anglicano diz que "o sujeito age como um *Eu*, e o objeto como um *Isto*", ou seja, a "relação entre o ser humano e o lápis poderia ser descrita como uma relação *Eu–Isto*".[71] Já na categoria de relações *Eu–Tu*, ponto central da filosofia de Buber, McGrath explica que, nessa perspectiva, a relação só é possível "entre dois sujeitos ativos, entre duas pessoas", pois se refere a "alguma coisa que é *mútua* e *recíproca*", visto que o "Eu da palavra principal Eu–Tu aparece como uma pessoa e torna-se cônscio de si mesma". Assim, o filósofo judeu esclarece que as "relações pessoais humanas exemplificam as características essenciais da relação Eu–Tu", ou seja, "o próprio relacionamento — esse vínculo intangível e invisível que liga duas pessoas — [é] que é o centro da ideia da relação Eu–Tu".[72]

De acordo com tudo que já foi estudado até aqui, não é difícil concluir por que a filosofia de Martin Buber, na qual ele chamava Deus de o

---

70 FELDMEIER, Reinhard; SPIECKERMANN, Hermann. *O Deus dos vivos: uma doutrina bíblica de Deus* (São Leopoldo: Sinodal/EST, 2015), p. 22.

71 MCGRATH. *Teologia: os fundamentos*, p. 63.

72 Ibid.

"Tu–Absoluto", tem algo de instrutivo para a teologia como um todo, mas especialmente para a teologia enquanto doutrina de Deus e, mais ainda, para uma teologia sistemático-carismática, uma vez que não cremos que Deus possa ser tratado como um objeto; ele é um Deus vivo que fala conosco. No resumo de McGrath:

1. A análise de Buber afirma que Deus não pode ser reduzido a um conceito ou a alguma formulação conceitual nítida. De acordo com Buber, só um "Isto" pode ser tratado de forma conceitual. Deus é o "Tu" que pela própria natureza nunca poderá tornar-se um "Isto". Explicando: Deus é um ser que escapa às tentativas de objetificação e transcende toda descrição. A teologia deve aprender a reconhecer e a combater com a presença de Deus, constatando que essa presença não pode ser reduzida a um pacote nítido de conteúdo.

2. A análise de Buber permite avançar várias ideias sobre a revelação. Para a teologia cristã, a revelação de Deus não é simplesmente um dar a conhecer os fatos sobre Deus, mas uma *autorrevelação* de Deus. A revelação de ideias a respeito de Deus deve ser suplementada pela revelação de Deus como pessoa, uma presença tanto quanto conteúdo. Poderíamos explicar isto dizendo que a revelação inclui o conhecimento de Deus como um "Isto" e como um "Tu". Conseguimos conhecer coisas a respeito de Deus e também chegamos a conhecer Deus. Da mesma forma, o conhecimento de Deus abrange o conhecimento de Deus como "Isto" e "Tu". "Conhecer a Deus" não significa simplesmente um conjunto de dados a respeito de Deus, mas um relacionamento pessoal.

3. O "personalismo dialógico" de Buber também evita a ideia de Deus como objeto, talvez o aspecto mais fraco e mais crítico de algumas expressões teológicas do protestantismo liberal do século 19. A característica e não inclusiva expressão do século 19 "a busca de Deus pelo homem" resume a premissa básica desta análise: Deus é um "Isto", um objeto passivo, esperando ser descoberto pelos teólogos (não pelas teólogas), que são vistos como sujeitos ativos. Na obra que escreveu em 1938, *A verdade como encontro*, Emil Brunner (1889-1966) afirma que Deus tem de ser visto como Tu, isto é, um sujeito ativo. Como tal, Deus poderia suprimir a iniciativa dos seres humanos por meio de uma autorrevelação e da disposição de se tornar conhecido de maneira histórica e pessoal, a saber, por

## 216 | TEOLOGIA SISTEMÁTICO-CARISMÁTICA

> Jesus Cristo. A teologia se tornaria assim a resposta humana à automanifestação de Deus, em vez de ser a busca de Deus pelo ser humano.[73]

De forma direta, a impossibilidade de Deus ser um mero objeto passivo decorre igualmente do fato de que, como disse o apóstolo Paulo, "nele vivemos, e nos movemos, e existimos", ou seja, estamos sempre "envoltos" nessa realidade. Ao estabelecer um "ponto de contato" com os atenienses no Areópago e citar os poetas (filósofos-teólogos pagãos) Arato e Cleantes, Paulo completa: "Pois somos também sua geração" (Atos 17:28). Eric Voegelin, filósofo alemão, disserta brilhantemente acerca desse aspecto, ao explicar que "Deus e o homem, mundo e sociedade formam uma comunidade primordial do ser", pois a "comunidade, com sua estrutura quartenária, é e não é um dado da experiência humana". Em outros termos, ela é "um dado da experiência na medida em que é conhecida pelo homem em virtude da participação deste no mistério de seu ser" e, de igual forma, ela não "é um dado da experiência na medida em que não se apresenta à maneira de um objeto do mundo exterior, mas só é cognoscível pela perspectiva da participação nela".[74]

Conforme pontua brilhantemente Karl Rahner, o "horizonte infinito (o Aonde da transcendência), que nos abre a ilimitadas possibilidades de nos encontrar com essa ou aquela coisa singular, não se permite atribuir um

---

73  Ibid., p. 64-5.

74  VOEGELIN, Eric. *Ordem e história: Israel e a revelação*, vol. 1 (São Paulo: Loyola, 2009), p. 45. "A perspectiva da participação deve ser entendida na plenitude de sua qualidade perturbadora. Não significa que o homem, localizado mais ou menos confortavelmente no cenário do ser, possa olhar ao redor e avaliar o que vê na medida em que o possa ver. Essa metáfora ou variações comparáveis sobre o tema das limitações do conhecimento humano destruiriam o caráter paradoxal da situação. Sugeririam um espectador autossuficiente, de posse de e com conhecimento de suas faculdades, no centro de um horizonte do ser, ainda que o horizonte fosse restrito. Mas o homem não é um espectador autossuficiente. Ele é um ator, desempenhando um papel no drama do ser e, pelo simples fato de sua existência, comprometido a desempenhá-lo sem saber qual ele é. A própria circunstância em que um homem se vê acidentalmente na condição de não ter plena certeza de qual é a peça e de como deve se conduzir para não estragá-la já é desconcertante; mas com sorte e habilidade ele poderá livrar-se do embaraço e retornar à rotina menos desnorteante de sua vida. A participação no ser, entretanto, não é uma participação parcial do homem; ele se acha engajado com o todo de sua existência, pois a participação é a própria existência. Não há nenhuma posição fora da existência a partir da qual seu significado possa ser visto e um curso de ação possa ser traçado de acordo com um plano, nem há uma ilha bem-aventurada para a qual o homem possa se retirar a fim de recapturar seu eu. O papel da existência deve ser desempenhado na incerteza de seu significado, como uma aventura da decisão na linha entre a liberdade e a necessidade" (Ibid., p. 45-6).

nome",[75], isto é, reserva-se o poder de não ser transformado em um objeto passivo, um "Isto", na expressão de Buber. Tal é assim pelo fato de que, conforme explica o mesmo autor, o "Aonde da transcendência é indelimitável porque o horizonte mesmo não pode estar presente dentro do horizonte, porque o Aonde da transcendência não pode enquanto tal ser realmente trazido para o campo de alcance da transcendência mesma e, assim, ser distinguido de outras coisas".[76] Em uma palavra, a "medida última escapa ela própria a toda medida"; o "limite, que tudo dá sua 'definição', não pode ele mesmo ser definido por limite que esteja ainda mais afastado"; e a "amplidão infinita, que tudo abarca e pode abarcar, não pode ela mesma ser abarcada". Portanto, completa Rahner, este "Aonde foge não só física, como também logicamente a toda manipulação da parte do sujeito finito".[77] Dessa forma, a "razão pela qual devemos chamá-lo de 'mistério', como vimos, era o fato de que não o podemos absolutamente abarcar e, assim, determiná-lo através de pré-apreensão que alcance para além dele".[78] Não podemos açambarcá-lo pela verdade de que somos criaturas limitadas.

Assim, qualquer conhecimento, pretensamente absoluto e objetivo de Deus, nunca se apresenta sem consequências que demonstram que ele foi buscado com a motivação da *hybris* humana, sejam interesses escusos, seja autossuficiência, mas sempre traz em si a soberba condenada por Paulo na comunidade de Corinto (1Coríntios 8:1-2), indicando com isso que não é conhecimento genuíno de Deus, visto que quem ama a Deus, antes e melhor do que conhecê-lo, é conhecido por ele (1Coríntios 8:3). Como já foi dito no primeiro capítulo, como sempre, o amor, não só no exercício dos dons, mas também na produção teológica, é o princípio regulador de todas as coisas. Tal deve ser assim pelo simples fato de que uma "doutrina bíblica de Deus reflete e transmite Deus em sua relação com o mundo e o ser humano em *todos* os aspectos relevantes", uma vez que, de conformidade com a "concepção bíblica, não há nenhum aspecto do ser de Deus em que seu absolutismo pudesse implicar ausência de relacionamento".[79]

---

75  RAHNER, Karl. *Curso fundamental da fé: introdução ao conceito de cristianismo*, 4. ed. (São Paulo: Paulus, 2008), p. 80.
76  Ibid., p. 83.
77  Ibid.
78  Ibid., p. 84.
79  Ibid., p. 24.

## 218 | TEOLOGIA SISTEMÁTICO-CARISMÁTICA

Daí o porquê da importância de repetir a verdade dita pelo teólogo pentecostal Antonio Gilberto de que, através da "Bíblia, Deus fala em linguagem humana para que o homem possa entendê-lo", pois, caso "Deus usasse sua linguagem, ninguém o entenderia". Por isso, "Ele, para revelar-se ao homem, adaptou a Bíblia ao modo humano de perceber as coisas".[80] As implicações de tal reconhecimento óbvio levam-nos à reafirmação de que o exercício teológico, como já foi dito nos capítulos anteriores, não é apenas um trabalho humano, pois, ao "conceber teologia em essência como antropologia, com certeza ocorreria sob o pressuposto problemático do fato indiscutível de que palavra de Deus só é acessível como palavra humana" e, completam os biblistas Reinhard Feldmeier e Hermann Spieckermann, "se tirasse a consequência de ser conhecimento de Deus unicamente possível como grandeza dedutível de experiência e autocompreensão do ser humano".[81] Cabe aqui, porém, uma observação importante:

> Na palavra de sua revelação e na livre realização da salvação na história, Deus manifestou seu ser como palavra constitutiva de sua essência, de sua autocomunicação e de sua livre autopertença. Trata-se de elementos que também o ser humano percebe como típicos de seu próprio ser, diferentemente de seres não humanos. É certo que o ser humano dispõe de sua própria existência numa medida limitada, e que são também limitados seu autoconhecimento, sua liberdade e sua independência do mundo. O *primum analogatum* da utilização do conceito de pessoa para Deus não é a autoexperiência do ser humano que ele projeta sobre um outro ser, mas a experiência de uma essência de soberana plenitude de ser e de autodisposição, que deve ser reconhecida também como o fundamento transcendental da realização finita e criada do ser pessoal do ser humano. Na autoexperiência do ser humano como pessoa está incluída, como condição de possibilidade e de realidade, a experiência da realidade soberana da pessoa de Deus, já que o ser humano foi criado à imagem e semelhança de Deus.[82]

O que isso significa? Que apesar da capacidade do ser humano para conhecer Deus, as teologias baseadas no racionalismo, e em sua confiança

---

80  Silva. *A Bíblia através dos séculos*, p. 9-10.
81  Feldmeier; Spieckermann. *O Deus dos vivos*, p. 24-5.
82  Müller. *Dogmática católica*, p. 175.

filosófica de que o ser humano é um sujeito pluripotente com condições de açambarcar o Ser de Deus e entender a mente divina, trata-se de um grande problema. Primeiro, porque tal confiança, após o colapso da modernidade, mostrou-se ingênua e completamente errada; segundo, pelo fato de que a Bíblia é a Palavra inspirada de Deus, cujo propósito passa muito longe da pretensão de ser uma ressonância, ou espelhamento, da mente divina, jamais esgotando o mistério. Se para falar de Deus, no período da revelação canônica, em que cremos que houve uma supervisão do Espírito (2Pedro 1:21), há perceptivelmente uma dificuldade natural para a empreitada (Jó 42:1-5; cf. Romanos 11:33), torna-se muito estranho que os defensores de uma inspiração muito próxima de psicografia, praticamente anulando os "autores humanos", e/ou hagiógrafos, do texto bíblico defendam uma teologia incorrigível que, alheia às imagens escriturísticas de Deus, julguem-se capazes de fazer racionalisticamente o que os escritores inspirados não puderam realizar, pois o próprio apóstolo Paulo disse, referindo-se às experiências canônicas, que "agora, vemos por espelho em enigma; mas, então, veremos face a face; agora, conheço em parte, mas, então, conhecerei como também sou conhecido" (1Coríntios 13:12). Sobretudo quando se reconhece que a revelação canônica expirou com o último texto neotestamentário que foi escrito.

Portanto, ainda que reconheçamos a verdade incontestável das palavras de um teólogo da magnitude de James Packer de que "o interesse em teologia — conhecimento *sobre* Deus — e a capacidade de pensar com clareza e falar bem sobre temas cristãos não são o mesmo que conhecer a Deus",[83] é preciso aquilatar se realmente tais teologias são, de fato, "conhecimento sobre Deus" ou, como no caso dos amigos de Jó, e até do próprio patriarca, não se trata de discursos que obscurecem, obliteram e até impedem as pessoas de conhecerem a Deus (Jó 38:1-2; cf. Mateus 23:13), algo não incomum e bem mais presente do que imaginamos.

## — O encontro do divino com o humano — as "experiências-limite" de fé —

Muito provavelmente referindo-se à tradição carismática e contrastando-a com sua tradição, James Packer diz que "a alegria, a bondade, a liberdade de espírito, que constituem as marcas de quem conhece a Deus, são raras

---

83  PACKER. *O conhecimento de Deus*, p. 29.

em nosso meio — mais raras talvez do que em outros círculos cristãos, onde, se fizermos uma comparação", reconhece e conclui o referido autor, de forma condescendente, "a verdade do evangelho não é conhecida com tanta clareza e tão completamente" e talvez "também pareceria que os últimos poderiam ser os primeiros e os primeiros, os últimos", uma vez que um "pequeno conhecimento *de* Deus vale bem mais que um grande conhecimento *a respeito* dele".[84]

Com todo o apreço e consideração que nutrimos pelo grande teólogo anglicano, falecido em 2020, não seria talvez o caso de questionar se realmente tal teologia proporciona um "melhor conhecimento do evangelho"? Uma vez que ela não apresenta as marcas de quem realmente conhece a Deus, talvez seja oportuno verificar se, de fato, trata-se de um conhecimento sobre o Deus revelado nas Escrituras, pois se tal saber produz apenas informação e, em alguns casos, empáfia, pode ser que a imagem divina construída por tal arrazoado teológico obscureça e turve a verdadeira face de Deus revelada na Bíblia. Nesse caso, tal teologia não simplesmente não ajudaria; antes, faria o contrário, pois atrapalharia. Isso é algo para refletir, pois, entre repensar arrazoados teológicos ou mantê-los ao custo de obstruir as pessoas de conhecerem Deus, a resposta deveria ser óbvia.

A posição carismático-pentecostal acerca do "conhecimento de Deus", isto é, do processo humano de conhecer o transcendente, é simples e bíblica, afirmando de forma peremptória que o "conhecimento da Bíblia não é *o conhecer a Deus*",[85] diz, por exemplo, o teólogo pentecostal Mark McLean, que acrescenta:

> A palavra hebraica que representa "saber" é *yadda*, e frequentemente significa conhecer pela experiência, por contraste com o saber fatos históricos. Revelar Yahweh mediante a experiência pessoal era obra do Espírito Santo na vida dos santos do Antigo Testamento, bem como na vida dos do Novo Testamento. Conforme Hebreus 11 deixa claro, todo aquele que já foi salvo, foi salvo pela fé, quer olhando para promessas futuras, ainda não vistas, quer olhando para trás, para a ressurreição de Jesus.[86]

---

84  Ibid.

85  McLean, Mark D. "O Espírito Santo", in: Horton. *Teologia sistemática: uma perspectiva pentecostal*, p. 402.

86  Ibid., p. 392.

CAPÍTULO 3 – Teologia | 221

Essa é uma diferença substancial, pois, em mundo ágrafo e iletrado, era possível enganar as pessoas facilmente. Todavia, o Deus verdadeiro comunicava-se diretamente com as pessoas, e isso impedia a manipulação por meio de uma projeção da divindade inventada por alguém. É preciso observar que tal refere-se, particularmente, ao período veterotestamentário, até mesmo pela expressão hebraica *yadda*, destacada pelo teólogo pentecostal Mark McLean. Evidentemente, precisamos reconhecer que, na época, os meios de reprodução de cópias das Escrituras eram limitados e também a verdade de que as experiências se dão por parte de seres humanos que, finitos e circunscritos, encontram-se situados historicamente em um espaço-tempo. Ainda assim, um exemplo interessante, proveniente do Antigo Testamento, chama-nos a atenção. Trata-se de Josias, governante do reino do Sul, Judá e Benjamim, que realizou em seu tempo uma reforma significativa, erradicando a idolatria e promovendo uma das maiores celebrações pascais de que se tem notícia (2Reis 22:1—23:30; 2Crônicas 34 e 35).

Josias iniciou seu governo aos oito anos e, diferente de seu pai, buscou ao Senhor e andou nos seus caminhos, até que após dezoito anos de reinado, enviou sua equipe de primeiro escalão, formada pelo escrivão Safã e o sumo sacerdote Hilquias, para proceder a uma inspeção no templo de Jerusalém que estava não só desativado e abandonado, mas sob escombros. Ao chegar ao templo, Hilquias encontrou o livro da Lei, provavelmente uma cópia do Pentateuco, e o entregou a Safã, que, na mesma hora, o leu. Ao retornar da vistoria, Safã prestou relatório ao rei e falou acerca do livro e também o leu para Josias. Ao ouvir a leitura, o rei, assim como no episódio de Jó, rasga suas vestes em sinal de desterro e, então, comissiona, além de Hilquias e Safã, Aicão, Acbor e Asaías, e diz a eles para "consultar ao Senhor", por si e pelo povo. Apesar de o profeta maior Jeremias estar desenvolvendo, na época, seu ministério, a equipe dirigiu-se à periferia de Jerusalém, especificamente à casa de uma mulher, Hulda, a profetisa. O exemplo é perfeitamente emblemático, pois eles tinham as Escrituras existentes em mãos, mas, se por um lado elas eram suficientes para lhes apontar, como Palavra de Deus, o que aconteceria caso desobedecessem e quebrassem o concerto, pois a mensagem era bem clara (Levítico 26:1-46; Deuteronômio 27:1-26), por outro, não há nenhuma dificuldade em receber uma mensagem, não canônica, mas personalizada e específica, relacionada a eles para aquele momento (2Reis 22:14-20; 2Crônicas 34:22-28), ainda que não se aplique a mais ninguém de forma direta, mas apenas exemplificativa.

## 222 | TEOLOGIA SISTEMÁTICO-CARISMÁTICA

Já em o Novo Testamento, diante da incredulidade a respeito da ressurreição, Jesus apresenta duas fontes de conhecimento divino: as Escrituras e o poder de Deus (Mateus 22:29).[87] Convém lembrar que as Escrituras referidas pelo Mestre eram o cânon veterotestamentário, ou seja, os 39 livros que temos em nosso Antigo Testamento. Ainda assim, Jesus diz que o erro dos saduceus se dava por não "conhecimento", mas não propriamente por não terem acesso às Escrituras, isto é, por serem incrédulos tanto a respeito delas quanto em relação ao "poder de Deus". Em outras palavras, os pressupostos dos saduceus eram antissobrenaturalistas, e tal leitura já impossibilita crer no que o texto afirma e também nas realizações miraculosas, a olhos vistos, por intermédio do ministério de Jesus.

Analisemos mais duas situações do Antigo Testamento, pois ambas mostram exatamente o fato inconteste de que as Escrituras revelam um Deus relacional e pessoal e o faz de tal forma que, diz o já citado teólogo pentecostal Antonio Gilberto, por meio da "linguagem figurada dos Salmos e das diversas outras partes da Bíblia, Deus mesmo é descrito e age como se fosse homem", e a "Bíblia chega a este ponto", continua o mesmo teólogo, "para que o homem compreenda melhor o que Deus lhe quer dizer".[88]

Do alto de sua transcendência, e para além de nossa possibilidade de apreendê-lo, Deuteronômio diz que, entre todos os ensinamentos da Torá, os filhos de Israel nas gerações seguintes devem se recordar da importante distinção acerca do Deus ao qual eles servem: "Porque, que gente há tão grande, que tenha deuses tão chegados como o SENHOR, nosso Deus, todas as vezes que o chamamos?" (4:7). Uma das situações refere-se a algo que pode não ter muita importância para nós, leitores modernos, mas dentro da cultura em que aconteceu faz muita diferença e diz muito do Deus que Abrão estava conhecendo. O patriarca já tinha recebido a promessa divina e saíra a peregrinar em obediência ao chamado de Deus (Gênesis 12:1-4), tendo certamente decorrido um período de tempo quando Abrão recebeu uma palavra do Senhor, em forma de visão, e então "conversaram" (Gênesis 15:1-16). Tal

---

87 A *Declaração de Fé das Assembleias de Deus* no Brasil, documento teológico oficial, no Capítulo XV, que trata da "verdadeira adoração", diz "que a adoração pública é um encontro com Deus para um diálogo: nós conversamos com ele por meio de nossas orações, cânticos e ofertas, e *Deus fala conosco* por meio de sua Palavra (pregação e ensino) e das *manifestações dos dons espirituais*" (SOARES, Esequias [org.]. *Declaração de Fé das Assembleias de Deus* (Rio de Janeiro: CPAD, 2017), p. 144. Sem grifos no original).

88 SILVA. *A Bíblia através dos séculos*, p. 10.

texto indica claramente atividade extática, em razão de ser uma experiência que não é vivenciada por quaisquer outras pessoas, senão por quem é alvo da mensagem divina.

A orientação divina para se sacrificar os animais e pássaros, cortar os primeiros ao meio, mas não fazer o mesmo com as aves, e tomar as metades e colocar as partes em frente umas das outras formando um "corredor" pode passar despercebida e levar-nos a pensar que se trata de uma instrução incomum. Todavia, ao se estudar a cultura suméria, descobrimos que os acordos e negócios entre as pessoas eram firmados dessa maneira, ou seja, com os indivíduos passando entre as metades. Surpreende quando lemos os versículos 17 e 18 do mesmo capítulo de Gênesis 15: "E sucedeu que, posto o sol, houve escuridão; e eis que um forno de fumaça e uma tocha de fogo que passou por aquelas metades. Naquele mesmo dia, fez o SENHOR um concerto com Abrão, dizendo: À tua semente tenho dado esta terra, desde o rio do Egito até ao grande rio Eufrates". Deus não precisava submeter-se a tal costume, mas ele o fez, pois queria mostrar a Abrão que se tratava de um acordo sério, não de uma promessa infundada.

O segundo caso é ainda mais inusitado, visto ter sido o ser humano quem o propôs a Deus, e o Senhor, por sua vez, "sujeitou-se" aos seus termos. O contraste é tão grande que vale a pena lê-lo retratado sob a ótica de um filólogo e helenista como Bruno Snell:

> Aos gregos pareceria estranho o modo como Gedeão, no *Livro dos Juízes* (6:36-40), conversa com seu Deus: Gedeão quer entrar em guerra contra os medianitas e roga a Deus que lhe conceda um sinal de sua proteção; ele porá uma pele sobre a eira e, na manhã seguinte, a pele deverá estar úmida de orvalho e a eira, ao redor, enxuta. Isso será o testemunho de que Deus não o esqueceu. Deus cede a Gedeão e atende em tudo a seu pedido. Mas Gedeão roga de novo a Deus: desta vez é, ao contrário, a pele que deve permanecer enxuta e a eira úmida. A graça revela-se, assim, na subversão da ordem natural das coisas: para Deus nada é impossível. Também no mito grego acontece de os heróis pedirem um sinal visível da assistência divina, mas os sinais, nesse caso, são o raio, o voo de um pássaro, um espirro, coisas, todas elas, que, segundo as leis da verossimilhança, não se pode admitir que ocorram justamente no momento desejado, mas das quais se pode dizer que ocorreram por um feliz acaso (ἀγαθή τύχη).

Mas que o postulante peça, sem mais, que a ordem natural seja invertida, como pretende Gedeão, e que se fortaleça a fé como paradoxo, isso os gregos não podem admitir. O dito atribuído a Tertuliano "Credo quia absurdum" não é grego, e contrasta mesmo com a mentalidade greco-pagã. Segundo a concepção clássica grega, até mesmo os deuses estão sujeitos à ordem do cosmos, e eles, em Homero, sempre tomam parte na ação do modo mais natural. Até quando Hera obriga Hélio a mergulhar, veloz, no oceano, o fato permanece "natural", pois Hélio é apresentado como um auriga que, por uma vez, pode muito bem fazer seus corcéis correrem mais rápido do que de costume. Certamente esta não é uma magia que tenta subverter a natureza. Os deuses gregos não podem criar do nada (não existe, por isso, entre os gregos, uma história da criação); não podem senão inventar ou transformar. Poder-se-ia quase dizer que o sobrenatural atua, em Homero, segundo uma ordem preestabelecida. Pode-se mesmo fixar regras, segundo as quais os deuses intervêm nos acontecimentos da vida terrena.[89]

Na visão religiosa grega, não há autonomia alguma das divindades, pois a ordem cósmica (atuais leis da física) é quem rege tudo. No caso das experiências de Abrão e Gideão, sendo a primeira de iniciativa de Deus e a segunda, do ser humano, e o Senhor, por sua própria vontade, ter aquiescido, é algo inconcebível à mentalidade grega. Na concepção religiosa helênica, que, por sua vez, é submetida à lógica racionalista da filosofia grega, a "ação humana não tem nenhum início efetivo e independente; o que é estabelecido e realizado é obra dos deuses"; por conseguinte, a "ação humana não tem em si o seu princípio, muito menos terá um fim próprio", diz o mesmo autor, completando seu raciocínio com o que já podemos antecipar, ou seja, somente "os deuses agem de modo a alcançar aquilo que se propuseram", porém ele ainda observa que "até o deus não pode levar a bom termo todas as coisas".[90]

Tal modelo de funcionamento da realidade e de relacionamento entre o humano e o divino é diametralmente oposto ao que as Escrituras revelam. São concepções totalmente inconciliáveis. Um exemplo pode ser visto já na

---

89 SNELL, Bruno. *A cultura grega e as origens do pensamento europeu* (São Paulo: Perspectiva, 2012), p. 28.

90 Ibid., p. 29.

primeira imagem bíblica de Deus, proveniente do Gênesis, especificamente no texto de 2:2-3. Falando acerca da "pausa divina" no sétimo dia, de acordo com "as regras do paralelismo hebraico, completar e descansar funcionam aqui como sinônimos", contudo observa o biblista André Wénin, os "tradutores gregos não tê-lo compreendido" e traduzirem "'E Deus completou o sexto dia... e descansou no sétimo', tornam sem dúvida menos estranhas as coisas, mas sacrificando à lógica a riqueza paradoxal do original".[91] Tal tradução que submete a mensagem original à lógica grega distorce o caráter paradoxal da mensagem, pois no "hebraico, com efeito, é verdadeiramente o retiro de Elohim, a suspensão do trabalho que completa a obra da criação, colocando-lhe um termo definitivo", diz o mesmo autor, pois sem "esse retiro do criador a criação não seria completa".[92] Em termos diretos, tal "retiro que remata a obra de Elohim com uma última separação tem dois componentes indissociáveis", quais sejam: "De uma parte, cessando de trabalhar, Deus para", ou seja, ao pôr "termo ao desdobramento de seu poder criador, impõe um limite à sua capacidade de domínio, mostrando que a domina também" e, dessa forma, apresenta-se "mais forte que sua força", isto é, ele é "senhor de seu senhorio" e, por "outra parte e no mesmo movimento", continua o mesmo autor, "manifesta que não quer realizar tudo — razão pela qual delegou seu poder aos astros e aos humanos".[93] Em uma palavra:

> Em relação à figura do Deus todo-poderoso, o retiro "sabático" confirma no final o que está presente ao longo da narrativa, vale dizer, a capacidade que tem o personagem de conter sua força, de reter seu domínio e seu modo próprio de afastar-se para abrir às criaturas um espaço delas, espaço de vida para os viventes. Como escreve P. Beauchamp, "o sábado acentua ainda a suavidade no coração da imagem de Deus. Lei de suavidade que corrige as projeções de um Deus à nossa imagem". Nesse sentido, a "onipotência" de Deus nada mais é que a suavidade daquele que permanece senhor de seu próprio poder. Não a suavidade de um fraco que não teria outra escolha, mas a suavidade que é a força mais forte que a força...[94]

---

91  WÉNIN, André. *De Adão a Abraão ou as errâncias do humano: leitura de Gênesis 1.1—12.4* (São Paulo: Loyola, 2011), p. 34.

92  Ibid.

93  Ibid.

94  Ibid., p. 35.

Como é possível perceber na narrativa bíblica, Deus deixa espaço para o ser humano.[95] Isso não diminui seu poder; antes, demonstra que Deus não está sujeito, nem refém, a nada, nem mesmo às projeções humanas do que seja "poder" (1Reis 19:11-13; cf. Mateus 26:53; João 10:18; Filipenses 1:1-8). Somente dessa forma é possível falar em "conhecimento de Deus", isto é, "conhecê-lo" por conta de sua abdicação voluntária, conforme apresentado nas Escrituras, por meio de uma experiência de Deus que, convém pontuar, é sempre humana. Sendo Deus o Totalmente Outro, e nós suas criaturas, jamais poderíamos conhecê-lo em seus termos sem sermos totalmente subsumidos, por isso ele se revela de forma que preserva nossa singularidade, criada por ele próprio, e assim a mantém para que possamos conhecê-lo de modo adequado à nossa maneira de concebê-lo a fim de que possamos dar testemunho dele (Êxodo 33:20-23). Nesse aspecto, caso quiséssemos seguir o modelo do *cogito* cartesiano, certamente só poderíamos fazê-lo dizendo que a "experiência atinge, para terminar, a fusão do objeto e do sujeito, sendo, como sujeito, não-saber, como objeto, o desconhecido".[96]

Tal verdade evidencia que, a despeito de o Criador "suavizar" sua glória e autorrestringir seu poder, conscientizando-nos do fato de que o "humano é a *medida* (não digo: norma e critério) *em que* o divino aparece", e isso, repetimos, pelo simples fato de que "Deus não é acessível fora de suas manifestações criadas",[97] ao mesmo tempo é necessário compreender que a experiência genuína com Deus leva o ser humano a perceber que não se trata de uma experiência comum, pois sua abertura ao transcendente foi preenchida por um "encontro". Tal lembra-nos o que já foi dito na introdução, isto é, não havendo "experiência criatural fundamental, nenhuma renovação ou estilização diversamente orientada da liturgia ou pregação imediata da 'doutrina da Igreja' nos pode dar experiência cristã aprofundada", ou seja, esclarece Edward Schillebeeckx, "que seja verdadeira experiência de presença e não só experiência de nossas próprias reações subjetivas ao que acontece liturgicamente nas igrejas, ou afirmação meramente intelectual de uma doutrina

---

95  "O seu conhecimento das coisas não invalida a natureza delas." MAIMÔNIDES. *Guia dos perplexos* (São Paulo: Sêfer, 2018), p. 407.

96  BATAILLE, Georges. *A experiência interior: seguida de método de meditação e post-scriptum 1953.* Suma Ateológica. Vol. I (Belo Horizonte: Autêntica, 2016), p. 39.

97  SCHILLEBEECKX, Edward. *Jesus, a história de um vivente* (São Paulo: Paulus, 2008), p. 603.

prescrita".[98] Analogamente, sem essa capacidade dada por Deus, não haveria condição de o ser humano transcender suas próprias crenças tradicionais e reações absolutamente condicionadas ao seu temperamento, distinguindo-as da experiência real de um encontro com Deus.

Quando se fala em experiência de Deus, é preciso não perder de vista que "a presença absoluta de Deus esfacela todas as nossas imagens e representações de Deus" e, conforme a revelação progressiva desenvolvia-se no período canônico, a Escritura, "tanto o Antigo como o Novo Testamentos, está cheia de imagens de Deus e ao mesmo tempo está cheia de esfacelamentos dessas imagens"[99] (Jeremias 31:27-34; Oseias 2:16). O fato é que todas as experiências de Deus, seja no período canônico, seja na atualidade, são "experiências-limite" de fé. Lembramo-nos aqui uma vez mais do que já disse o teólogo pentecostal Antonio Gilberto, ao observar, que, pela "linguagem figurada dos Salmos e das diversas outras partes da Bíblia, Deus mesmo é descrito e age como se fosse homem", e a "Bíblia chega a este ponto", continua o mesmo teólogo, "para que o homem compreenda melhor o que Deus lhe quer dizer".[100] Portanto, não há dúvida alguma acerca da revelação, nem de sua veracidade, mas é preciso não perder de vista o caráter epocal dos receptores, que, mesmo experienciando o transcendente, continuam finitos e historicamente situados.

Portanto, "todas as nossas imagens divinas (não a sua própria realidade) são de fato produtos e projeções humanos que como tais não estão em condições de descrever a realidade divina", diz Schillebeeckx, deixando claro que o entendimento de tal limitação, isto é, "a consciência de não poder dispor da realidade de Deus", não deve nos levar ao desespero de pensar que nossas imagens divinas sejam "absolutamente construção ou projeção humana, mas, ao invés (assim se pode e se deve também interpretar, e assim também se interpreta pelos crentes), uma projeção *desde Deus em nossa direção*, através de mediações históricas e mundanas".[101] Assim, de "sua realidade mesma, todas as nossas imagens projetivas de Deus são recusadas e desvirtuadas", considerando que, com esse "efeito sobre as nossas imagens de Deus, no

---

98  SCHILLEBEECKX, Edward. *História humana: revelação de Deus*, 2. ed. (São Paulo: Paulus, 2003), p. 46.

99  Ibid., p. 99.

100  SILVA. *A Bíblia através dos séculos*, p. 10.

101  SCHILLEBEECKX. *História humana*, p. 105.

## 228 | TEOLOGIA SISTEMÁTICO-CARISMÁTICA

esfacelamento contínuo de toda imagem de Deus produzida por nós, revela-se como um alguém ou algo *em e em relação* para com nossas projeções".[102]

Justamente por isso, visando colocar "em palavras a inefabilidade dessa experiência profundamente religiosa, a tradição mística fala por isso, e com razão, de 'triplex via', de tríplice caminho de vida",[103] diz o mesmo autor, apresentando a referida metodologia trina:

1. A "via afirmativa": os crentes usam os nomes e imagens de Deus (representações de fé). Por exemplo, dizem: Deus é bom, Deus é futuro, Deus é libertador. Olhando mais de perto, fica claro que esses predicados positivos de Deus dizem mais sobre nós e nossa experiência do que sobre Deus. Deus é bom, é certo; mas não é bom da maneira como os homens são bons. É libertador, mas não da maneira como os homens são libertadores. Devemos, em razão disso, também negar estes nomes, que lhe atribuímos com razão.

2. Essa é a "via negativa". Negamos, e com razão, mas não para tornar Deus sem nome ou para em seguida cair em silêncio que nada diz. Pois essa negação deve por sua vez (em virtude do dinamismo indisponível da realidade "Deus", dinamismo que se revela em nossa experiência) ser negada, numa terceira instância.

3. E essa é a "via eminentiae": Deus situa-se além de todos os nomes e imagens, mas ele é, de forma eminente-divina e por nós não descritível, tudo o que se pode encontrar de bom, verdadeiro e belo no mundo dos homens e de sua história. Quer dizer: em virtude do ser-Deus de Deus, somos, no mais fundo de nosso ser de criaturas, que Deus quer levar à salvação, tão inefáveis como Deus — com e em virtude da inefabilidade do próprio Deus.[104]

É interessante destacar, em relação à "última via", que a expressão "inefável", aplicada aos seres humanos, ao dizer que somos como Deus, não se refere à deidade, mas ao mistério da interioridade humana, a essa parte que, acredita-se, contém a "imagem de Deus" e, justamente por isso, é igualmente inefável. O fato é que, como dissemos no primeiro capítulo, o exercício teológico das trajetórias místicas da tradição cristã enfatizou os aspectos apofáticos da

---

102 Ibid.
103 Ibid., p. 106.
104 Ibid., p. 106-7.

revelação de Deus, sendo, portanto, instrutivo à tradição carismático-pentecostal, uma vez que muitas vezes temos dificuldade em expressar o que vivenciamos, a despeito de termos convicção de sua legitimidade. Portanto, por mais óbvio que possa ser, o que precisa ficar muito claro é que a dificuldade e os "limites — que certamente existem — residem apenas do nosso lado", observa Schillebeeckx, "não do lado de Deus".[105] Assim, pode-se dizer que trata-se de experiências-limite de fé, mas tal avaliação se dá por entendermos que a "experiência de limite radical é mediada em nossa vida por múltiplas experiências de limites relativos".[106] Isso quer dizer que as experiências de Deus são todas elas reveladoras e reais, todavia não significa que elas acontecem em um *a priori* religioso, ou seja, elas distinguem-se entre as referências do ser humano. Justamente por isso, alinhamo-nos a Schillebeeckx em sua rejeição do "dado imediato, defendido por Schleiermacher", isto é, sua ideia de "sentimento puro e simples de dependência", considerando que o teólogo alemão a quem é atribuída a paternidade do liberalismo teológico não percebeu que sua reflexão, incrustada em uma realidade concreta, produziu um "conceito teológico que reflete demais estados liberal-sociais do século 19".[107] Tal é assim pelo normal enraizamento do indivíduo.

O problema é a absolutização de um ponto e a intransigência em reconsiderá-lo à luz de novas percepções e descobertas de novos dados. Ao aceitarmos o fato incontestável de que somos finitos, limitados e contingentes, e que isso "não é nenhum produto ou projeto humano", visto que "o limite entre Deus e o finito [existe] somente do lado do finito, e não do lado de Deus",[108] concluímos que "a reivindicação profética de que o Deus eterno se comunica com uma mente mortal não é hostil à razão", pois certamente a "própria estrutura da matéria é feita, possivelmente, pela maneira na qual o infinito se cristaliza no limitado".[109] Sendo assim, Schillebeeckx ecoa as palavras de Antonio Gilberto, ao dizer que nós, crentes, não "projetamos o divino a partir de nós mesmos, mas o divino oferece-se livremente em experiências profundas humanas",[110] pois de outra forma jamais poderíamos

---

105 Ibid., p. 107.
106 Ibid., p. 109.
107 Ibid.
108 Ibid., p. 110.
109 Heschel, Abraham Joshua. *Deus em busca do homem* (São Paulo: Arx, 2006), p. 95.
110 Schillebeeckx. *História humana*, p. 112.

entendê-lo. Conquanto entendamos que toda experiência de Deus é uma experiência-limite, por conta de nossa finitude, é fato que a "'experiência imediata de Deus' mística tem, finalmente, a ver com a experiência de Deus *acima da mediação de nosso 'limite absoluto*".[111]

Isso significa que, não obstante sua distância de nós, Deus amolda-se aos critérios de finitude colocados por ele mesmo e rompe o "limite absoluto", por sua própria vontade e decisão de se autorrevelar, a fim de alcançar-nos. O não entendimento desse aspecto leva-nos a confundir sua abdicação voluntária com a realidade divina em si, isto é, com o Ser de Deus. Nas palavras do já citado Antonio Gilberto, "isso também explica muitas dificuldades e aparentes contradições da Bíblia".[112] Tal se dá assim por causa do fato de que, diz Schillebeeckx, "entre *realidade, experiência* e *linguagem*, existem sempre distâncias difíceis de medir, mas reais".[113] Justamente por isso, conforme os teólogos pentecostais James Railey e Benny Aker, "a revelação de Deus tem o seu efeito na totalidade da pessoa humana".[114] Em outros termos, e conforme outro autor pentecostal, a revelação é tanto proposicional quanto existencial ou pessoal.[115] Por isso, diz Millard Erickson, não há necessidade de rejeitar uma e ficar apenas com a outra, pois a "revelação não é *ou* pessoal *ou* proposicional: *é tanto uma quanto a outra*".[116]

Sem entrar no mérito do percentual entre as formas de Deus se autorrevelar registradas na Bíblia, o fato é que o ato de ele dar-se a conhecer, em si mesmo, é sempre um encontro com o ser humano, receptor por excelência da revelação. Deus, como emissor, soberanamente, define o meio que ele utilizará para revelar-se, mas o receptor, por sua finitude, dependência e limitação, precisa que o Criador "desça" a seu nível para poder recepcionar a mensagem, pois de outra forma a humanidade continuaria na ignorância. Assim, seja de forma proposicional, seja de forma existencial e pessoal, o ato de recepcionar a revelação é sempre uma *experiência*. Isso não poderia ser diferente, porque, nas palavras de Edward Schillebeeckx, "como sem experiência

---

111 Ibid.

112 Silva. *A Bíblia através dos séculos*, p. 10.

113 Schillebeeckx. *História humana*, p. 36.

114 Railey Jr., James H.; Aker, Benny C. "Fundamentos teológicos", in: Horton, Stanley M. (ed.). *Teologia sistemática: uma perspectiva pentecostal*, p. 48.

115 Higgins, John R. "A Palavra inspirada de Deus", in: Horton (ed.). *Teologia sistemática: uma perspectiva pentecostal*, p. 66.

116 Erickson. *Teologia sistemática*, p. 183.

CAPÍTULO 3 – Teologia | 231

humana pode, pois, a 'revelação' ser percebida e em consequência afirmada significativamente por homens"?[117] A resposta é óbvia e não necessita de desdobramentos. Não obstante, conforme os teólogos pentecostais James Railey e Benny Aker, isso significa que "a Bíblia apresenta as suas verdades em meio aos acontecimentos históricos em vez de apresentar-nos uma lista sistematizada de suas doutrinas".[118]

É interessante verificar que, mesmo para o judeu que tem a Torá em altíssima conta, a perspectiva a respeito da "Bíblia hebraica", ou do Antigo Testamento, conforme as palavras do judeu Abraham Heschel, é esta:

> A Bíblia reflete sua autoria divina e humana. Expressa na linguagem de uma era específica, fala a todas as eras; revelada em atos específicos, seu espírito é duradouro. A vontade de Deus está no tempo e na eternidade. Deus usou a linguagem do homem e criou uma obra que nenhum homem jamais havia feito. A tarefa da fé é se agarrar a essa obra, valorizar sua textura de infinito e de eternidade, e entender a polaridade de seu conteúdo continuamente.[119]

Com essa conclusão, admitimos que a vivência de seus princípios só é possível após um trabalho de interpretação e sistematização. Reclamamos, então, a necessidade de uma atividade teórica que cabe a uma ciência específica: a teologia. Contudo, é preciso lembrar-se sempre da tríade anteriormente apresentada por Schillebeeckx: "*realidade*, *experiência* e *linguagem*". Deus, como *realidade* primordial, absoluta e infinita, se autorrevela e "fala-nos", interagindo conosco em nossos termos para que o entendamos, sendo, portanto, uma *experiência* que, posteriormente, será contada e transformada em objeto de reflexão, dependendo por isso de uma *linguagem*. Se tal *linguagem* não consegue, pelo caráter inefável do que aconteceu, reproduzir a *experiência* — no sentido de esgotá-la —, que dirá a *realidade*! Eis o motivo, relembrando aqui o que disse o teólogo pentecostal Antonio Gilberto, das "muitas dificuldades e aparentes contradições da Bíblia".[120]

---

117 Schillebeeckx. *História humana*, p. 33).
118 Railey Jr, J. H.; Aker, B. C. "Fundamentos teológicos", in: Horton (ed.). *Teologia sistemática: uma perspectiva pentecostal*, p. 43.
119 Heschel. *Deus em busca do homem*, p. 108-9.
120 Silva. *A Bíblia através dos séculos*, p. 10.

## 232 | TEOLOGIA SISTEMÁTICO-CARISMÁTICA

Se o não reconhecimento dessa verdade já traz problemas para estudar as Escrituras, o que dizer de quem pretende absolutizar sua teologia, ou sistema teológico, deixando de reconhecer sua contingencialidade? O prejuízo maior dessa postura é quanto ela, parecendo "honrar a Deus", promove justamente o oposto, "limitando-o" e impedindo as pessoas de "acessá-lo" (Mateus 15:1-20). Algo tão corriqueiro e presente, inclusive no período canônico, que parece absurdo ainda encontrarmos pessoas nos dias atuais que parecem desconhecer essa verdade, levando-as a ignorar que, se as teologias cristalizadas nos dias em que Jesus palmilhou a face da terra impediram os judeus de reconhecê-lo — "Respondeu-lhe a multidão: Nós temos ouvido da lei que o Cristo permanece para sempre, e como dizes tu que convém que o Filho do Homem seja levantado? Quem é esse Filho do Homem?" (João 12:34) —, por que seria diferente em nossos dias? No caso dos judeus, como até hoje, as "pressuposições dogmáticas deram limites indevidos à experiência", pois "aquele que já sabe não pode ir além de um horizonte conhecido".[121]

Antes de prosseguirmos para um estágio que marca uma importante viragem dentro da realidade bíblica veterostestamentária, considerando ainda uma época em que não havia texto bíblico algum produzido, entendemos ser oportuno fechar o período patriarcal canônico, em que a figura de Abraão é central, mas que também contou com as de Isaque, seu filho, e de Jacó, seu neto. À semelhança de seus pais, Isaque e Rebeca também tiveram problemas para conceberem e procriar, levando Isaque a orar por vinte anos para que acontecesse o milagre da concepção (Gênesis 25:20,26). Isso não era apenas problemático para aquela cultura em que não ter filhos era motivo de vergonha, mas para o cumprimento das promessas divinas feitas não somente a Abraão, mas também referentes a Isaque (Gênesis 17:15-22).

Um ponto a ser destacado é que, a despeito de Isaque ser um homem piedoso e de oração, parece ser com Rebeca o primeiro "contato direto" de Deus, quando, ao perceber que os filhos gêmeos lutavam dentro de si, ela consultou ao Senhor, que lhe revelou haver duas nações em seu ventre (Gênesis 25:22-23). Somente durante a peregrinação da família encontramos a informação de que Deus "apareceu" a Isaque (Gênesis 26:2-5,24).

---

121 BATAILLE, Georges. *A experiência interior: seguida de método de meditação e post-scriptum 1953.* Suma Ateológica. Vol. I. (Belo Horizonte: Autêntica, 2016), p. 33.

Contudo, mesmo Isaque tendo vivido 180 anos (Gênesis 35:28), logo no capítulo seguinte a cena volta-se inteiramente para Jacó, após o fatídico episódio da bênção da primogenitura (Gênesis 27), e Isaque orienta que o seu filho fuja para Padã-Arã. Já no início da viagem, Jacó tem sua primeira experiência com Deus (Gênesis 28:1-2,10-17), e somente duas décadas depois encontramos o registro de outras experiências, mas ficamos sabendo que, apesar de anteriormente não ter sido mencionado, o "Anjo de Deus" lhe havia falado em sonhos (Gênesis 31:3,11-13).

O mesmo capítulo mostra ainda que, por causa de Jacó, Deus falou até mesmo com Labão, que, como podemos ver facilmente, era idólatra (Gênesis 31:24,29-35). Jacó havia recebido a orientação divina de voltar à sua terra e, no retorno, foi visitado por miríades de anjos (Gênesis 32:1-2). Mas a experiência-limite principal ainda estava por vir — sua inexplicável "luta" que o transformou em Israel (Gênesis 32:22-32). Desde então, vemos várias experiências de Jacó com Deus (Gênesis 35:1-7,9-15). Daí em diante, quem domina a cena é José, o filho, na época mais novo e muito amado por Jacó por ser fruto do amor deste com Raquel, cuja vida será marcada pela bênção de Deus (Gênesis 37:1-36; 39—50).

Uma peculiaridade que é impossível não notarmos e que vai se tornando cada vez mais evidente é a mudança na forma de manifestação divina, ou seja, de teofanias para hierofanias. Das aparições "concretas", em forma humana para Abraão (Gênesis 16—18; 22:11) e Jacó (Gênesis 31:3,11-13; 32:22-32), por exemplo, Deus vai se revelando de maneira cada vez mais "abstrata" (Êxodo 17:1-7; cf. 1Coríntios 10:1-5; Êxodo 19:9,16-20).[122] Isso nos remete para a preparação do quadro que virá na sequência, pois, enquanto as religiões possuem deuses representados por seus ídolos, artisticamente fabricados, o Deus que se revela aos fundadores da Nação Escolhida é espírito e nunca poderá ser reproduzido em qualquer imagem de escultura, visto que tudo o que existe é criação dele (Êxodo 20:4). Mas esse ainda não é o ponto a ser destacado para finalizar esse tópico, e sim o fato de que, mesmo não havendo Escritura, Deus fez uma aliança (*berith*) com Abraão, e essa foi suficiente para nutrir sua família, o clã de Jacó e, posteriormente o povo todo, até que Deus chamasse e enviasse Moisés.

---

122 Estamos cientes de que Deus igualmente revelou-se aos patriarcas em formas não teofânicas, como também o fez de maneira humana em tempos posteriores.

## 234 | TEOLOGIA SISTEMÁTICO-CARISMÁTICA

É preciso notar que o "novo domínio de Yahweh ainda não é a ordem política de um povo de Canaã", diz Eric Voegelin, pois tal domínio "não se estende para além da alma de Abrão", contudo trata-se de "uma ordem que se origina num homem pela entrada da realidade divina em sua alma e, desse ponto de origem, expande-se para um grupo social na história".[123] Todavia, conforme o mesmo autor, é preciso entender que, no "início, não é mais do que a vida de um homem que confia em Deus; mas essa nova existência, fundada no salto do ser, está recheada de futuro".[124] No entanto, é preciso entender se, com o conhecimento de todo o quadro, tal futuro nos é óbvio na "experiência de Abrão, esse 'futuro' ainda não é entendido como a eternidade sob cujo julgamento o homem existe em seu presente", pois, conquanto "a *berith* de Yahweh" já seja "o clarão de eternidade no tempo", é preciso reconhecer que "a verdadeira natureza desse 'futuro' como transcendência ainda é velada pelos análogos sensoriais de um futuro glorioso no tempo histórico".[125] Já agora, depois de milênios de história, sabemos, por óbvio que é, que a promessa feita a Abraão fora uma experiência futurística, mas não só isso; o fato de que tal característica é "um componente na *berith* que dura pela história israelita até a judaica e desemboca nos apocalipses".[126] Como isso se dá? Em uma cultura acostumada ao apego ideológico, somos tentados a pensar que uma ideia sobreviveria, sem fundamento algum, como as modernas utopias.

> A experiência da *berith* de Abrão não morreu com o homem que a teve. [...] A narrativa bíblica, na verdade, traça a linha desde Abraão, passando por Isaac e Jacó, até os doze ancestrais de Israel, e continua pela estada no Egito, a recuperação da ordem de Yahweh por intermédio de Moisés e o Êxodo, até a conquista de Canaã. Essa linha de transmissão é fortemente estilizada. Ela não nos conta nada além do fato de que, ao longo da história de clãs hebreus, um filete de experiência deve ter continuado a correr com força suficiente para se alargar na constituição de Israel por meio da *berith* mosaica.[127]

É justamente para a experiência de Moisés que nos voltamos agora. Da narrativa que relata seu encontro com Deus, fazemos menção do destaque de H.

---

123 VOEGELIN. *Ordem e história*, vol. 1, p. 251.
124 Ibid., p. 251-2.
125 Ibid., p. 252.
126 Ibid.
127 Ibid., p. 253.

H. Rowley, que, ao se referir aos meios revelacionais adotados pelo Criador, diz que todos eles são praticamente similares aos alegados pelas religiões de mistério do mundo antigo. Todavia, há uma particularidade revelacional que só se encontra na Bíblia: "Consideramo-la uma religião profética, porque foi mediada por Moisés e os profetas, e através de nosso Senhor; e a pensamos como revelação que veio através da história". Todavia, pontua o mesmo autor, poucas "vezes se percebe [...] que existe aí um instrumento único de revelação encontrado na Bíblia", que é justamente o "entremear de fatores históricos e pessoais, encaixados uns nos outros". Portanto, ao lado "da revelação feita através da personalidade profética, tão frequente no AT", finaliza Rowley, existe outra "que se exerce através de um complexo de personalidade e acontecimento, em determinados momentos de especial significação na narrativa bíblica".[128] Justamente por isso, o mesmo autor destaca a história de Moisés e diz que a "narrativa da libertação do cativeiro do Egito não começa no ponto em que os israelitas estacaram diante do mar, com as hostes do faraó no seu encalço", mas inicia-se com "a divina incumbência dada a Moisés de entrar no Egito e retirar de lá o povo"; ou seja, no "deserto tivera esse homem uma grande experiência espiritual, que não lhe deixou dúvida alguma de que Yahweh o estava enviando ao Egito para tirar de lá os israelitas".[129]

Por mais que se saiba que Moisés fora criado no palácio egípcio, mas era consciente de sua identidade hebreia, tal informação "parece oferecer alguma explicação da sua volta, a fim de conduzir de lá o povo para a liberdade, mas não explica absolutamente por que age assim em nome de um Deus chamado Yahweh".[130] Chama a atenção que a "própria Bíblia declara que o povo retido no Egito não reconheceria esse nome como o de seu Deus, e isso é atestado, aliás, pelo fato de que, após a sua libertação, o povo estabeleceu uma aliança com esse Deus".[131] A explicação, para Rowley, está na experiência que Moisés teve com Deus quando de seu chamado.

> Se a missão de Moisés fosse obra do seu próprio coração e da sua simpatia para com os seus compatrícios maltratados e oprimidos, de

---

128 ROWLEY, H. H. *A fé em Israel: aspectos do pensamento do Antigo Testamento* (São Paulo: Teológica, 2003), p. 57.
129 Ibid., p. 58.
130 Ibid., p. 58-9.
131 Ibid., p. 59.

esperar seria que ele se lhes apresentasse em nome do seu Deus. Em vez disso, dirigiu-se a eles na confiante persuasão de que fora mandado por Yahweh. Uma vez no Egito, prometeu-lhes uma libertação que não tinha forças para realizar, e que não devia ser realizada pelos esforços deles. Os seus esforços não desempenham, na verdade, parte alguma na história. Fala como um profeta, anunciando uma palavra de Deus. Sua palavra não é como a de tantos chefes militares antes de uma batalha, quando prometem ajuda de Deus e incitam os homens a uma bravura sobre-humana para que atribuindo, por um lado, a sua libertação a Deus, não pudessem deixar de sentir que eles próprios tiveram a sua parte nela. Sua palavra promete uma libertação que nem ele, nem eles são capazes de efetuar. Quando já vão, realmente, deixando para trás o Egito e o faraó os persegue, Moisés torna a prometer libertação, mas nunca pela sua própria mão ou pela mão deles. O povo não se volta para lutar contra o faraó e vencê-lo. Se assim houvessem procedido, podemos estar certos de que suas tradições não teriam deixado de consignar o fato. A libertação se consumou pela oportuna ajuda do vento e das ondas, abrindo uma passagem através do areal, por onde puderam escapar, e cobrindo-o novamente antes que os carros de combate do faraó os pudessem seguir até a outra margem. Ver essa ajuda oportuna como uma coincidência fortuita em nada esclarece a volta de Moisés ao Egito ou a confiança, de que se achava possuído, de que Yahweh haveria de pôr o povo em liberdade. Nem a sua confiança seria capaz de controlar as forças da natureza e trazer o oportuno auxílio. Ambos esses lados da história merecem ser lembrados. Havia a personalidade profética do homem que apareceu em nome de Deus para prometer uma libertação que ele próprio e os israelitas eram impotentes para efetuar; e havia o histórico acontecimento da libertação, que respondia à sua promessa anterior. Havia mais que a coincidência casual de um socorro no momento exato. Houve também o estranho fato de que esse auxílio oportuno justifica a fé anterior de um homem que estava intimamente persuadido de ser o porta-voz de Deus. Desconte-se qualquer dos aspectos desse acontecimento, e a narrativa ficará mais inacreditável do que como está na Bíblia. Povo algum inventaria a história de que havia sido libertado por um Deus que até então não havia adorado, caso não tivesse sólidos motivos para crer que isso era verdade. E homem algum complicaria desnecessariamente a sua tarefa de libertar um lote de escravos, com uma estranha história de que havia sido enviado por um deus cujo nome eles jamais reconheceriam como o nome de seu deus, a não ser que estivesse profundamente convencido de que isso era verdade. Desconte-se a vocação de Moisés, ver-nos-emos sem nenhuma explicação razoável desse estranho vaguear, nem base para a sua confiança em um êxito que nenhuma força material em ponto algum foi invocada para consumar.[132]

É admirável que um professor da Universidade de Manchester, teólogo e erudito batista, portanto, não pertencente à tradição carismática, tenha sensibilidade para reconhecer a importância da experiência no que diz respeito ao "conhecimento de Deus", enquanto muitos autores pentecostais e carismáticos tenham dificuldade para tratar do tema por medo de serem acusados de irracionais, no melhor dos casos, ou de liberais, no pior dos cenários. Há também o fato de que muitos teólogos carismáticos e pentecostais não perceberam quanto é necessário aquilatar a forma com que se acostumou a fazer teologia, questionando o porquê de seus arrazoados não serem coerentes com sua experiência de fé.

Contudo, o fato é que, assim como ocorreu na dinâmica revelacional, fatores históricos mais amplos unidos aos fatores históricos individuais e particulares, a "suprema revelação do amor de Deus e a suprema demonstração do poder de Deus na salvação, provadas subsequentemente na experiência de inumeráveis milhões de homens, vieram nessa combinação de pessoa e acontecimento", isto é, repete-se hoje, pois "o modelo da revelação é semelhante ao das manifestações do poder de Deus que consideramos no AT".[133] O biblista pentecostal Esequias Soares concorda com esse argumento, ao dizer que a base de fé da tradição carismático-pentecostal não são, obviamente, "experiências humanas nem as emoções dos crentes, mas a Palavra de Deus". Ele prossegue em sua argumentação, dizendo que as experiências não são rejeitadas, "mas submetidas às Escrituras porque servimos a um Deus vivo que continua a se comunicar com seus filhos e filhas, de todas as idades, de todos os lugares, de todas as épocas e de todos os estratos sociais (At 2:13-21)".[134]

---

132 Ibid., p. 59-61.

133 Ibid., p. 65.

134 SOARES, Esequias. *O verdadeiro pentecostalismo: a atualidade da doutrina bíblica sobre a atuação do Espírito Santo* (Rio de Janeiro: CPAD, 2020), p. 12.

## 238 | TEOLOGIA SISTEMÁTICO-CARISMÁTICA

Esse ponto talvez seja um dos mais centrais para o entendimento das diferenças de concepção teológicas entre as tradições carismáticas e cessacionistas, pois cremos na suficiência da Palavra de Deus, mas não limitamos Deus à sua revelação canônica e absoluta, pois entendemos que ele, de acordo com sua vontade, comunica-se ainda hoje — seja por intermédio das Escrituras, seja de forma experiencial, pessoal ou existencial —, e é justamente nisso que está "uma das grandezas do pentecostalismo", diz o mesmo biblista e teólogo, uma vez que as experiências tornam "Deus mais real em nossas vidas" e elas, conclui Esequias Soares, "são as mesmas experiências dos primeiros cristãos".[135] Para a tradição carismático-pentecostal, Deus é o mesmo, e as experiências que temos atualmente com Deus não são de níveis inferiores ou menos importantes que às dos personagens da Bíblia. A diferença é que, assim como ocorria até mesmo no período canônico, a experiência pessoal e personalizada jamais se torna um padrão para o povo de Deus.

## A RELEVÂNCIA E A ATUALIDADE DOS PRIMEIROS TRÊS MANDAMENTOS PARA A TEOLOGIA

Até aqui temos priorizado a reflexão centrando-a no Antigo Testamento por dois motivos, sendo o primeiro deles o fato de que, "no Antigo Testamento, Deus é a realidade, e a realidade é Deus"[136] e, segundo, para evidenciar que, a despeito da necessidade de demonstrar de forma "rigorosa a distinção entre o AT e o NT", no que diz respeito ao conhecimento de Deus, implica entender que, se "Deus não fala de si do mesmo modo no AT e no NT", faz-se necessário "rejeitar a herética oposição [da ideia] entre o Deus vingativo do AT e o Deus bom do NT", pois em ambos os Testamentos a Bíblia não apresenta um "tratado sobre Deus", ou seja, ela "não se afasta e distancia como quem descreve um objeto, não nos convida a falar de Deus", diz Jean Giblet, mas nos conclama "a ouvi-lo falar e a responder-lhe".[137]

Portanto, é inegável o valor do Antigo Testamento no estudo da doutrina de Deus, pois há muito se discute entre os biblistas e teólogos o porquê de os

---

135 Ibid.

136 WESTERMANN, Claus. *Fundamentos da teologia do Antigo Testamento* (Santo André: Academia Cristã, 2011), p. 20.

137 GIBLET, Jean. Deus, in: LÉON-DUFOUR, Xavier (org.). *Vocabulário de teologia bíblica,* 12. ed. (Petrópolis: Vozes, 2013), p. 227.

CAPÍTULO 3 – Teologia | 239

cristãos precisarem ler e estudar o Pentateuco (Torá).[138] Por um lado, existe a seleção textual com base na conveniência e, por outro, uma rejeição arbitrária que não se justifica. Pouco se fala, por exemplo, acerca do fato de que, apesar do "relaxamento das exigências rituais, o cristianismo primevo continuou sendo influenciado significativamente por sua origem judaica".[139] Isso pelo fato de que, como sabemos, levou "um longo período de tempo (cerca de 350 anos depois do nascimento da igreja) para que a coleção diversificada de escritos que chamamos o Novo Testamento fosse padronizada e universalmente aceita".[140] Enquanto isso aconteceu, os seguidores do "Caminho" (Atos 9:1-2; 19:9) perseveravam na "doutrina dos apóstolos" (Atos 2:42), que, certamente, baseava-se na Torá (cf. Atos 24:14; Romanos 15:4; 2Timóteo 3:16-17) e nos ensinamentos transmitidos oralmente pelos discípulos de nosso Senhor Jesus Cristo (Atos 20:35).[141]

Um aspecto dessa discussão que não pode perder-se é o entendimento de que Jesus viveu em um contexto veterotestamentário (Mateus 11:13; Lucas 16:16),[142] ou intertestamentário, dependendo do entendimento, ou seja, é a partir do Filho de Deus que se instaurará uma nova aliança (Mateus 26:26-29; Marcos 14:22-25; Hebreus 12:24), pois o próprio Mestre disse que a "Lei e os Profetas duraram até João", o Batista (Lucas 16:16). Portanto, a nova aliança, que, inclusive, só veio a ser realmente reconhecida e aceita pelos discípulos depois da ressurreição, na primeira aparição do Mestre, quando os discípulos realmente se converteram (Lucas 24:28-49; João 2:22; 6:41-69), não é tão óbvia, nem se inicia, histórica e teologicamente, no primeiro capítulo de Mateus. Outra dimensão desse assunto que não pode deixar de ser percebida é que Jesus não "aboliu" a Lei no sentido de desprezá-la; antes, veio completá-la, torná-la perfeita, realizá-la, preenchê-la e fazer que ela alcançasse

---

138 "Algumas passagens do Novo Testamento só são inteligíveis vistas da perspectiva do Antigo Testamento. Assim, por exemplo, notou-se que chamar Jesus de KYRIOS (Senhor) deve ser entendido como a sobrevivência da prática de substituir o mais sagrado nome por ADONAI (Senhor); são, pois, etapas de um uso contínuo que vai de YHWH Adonai e daí a KYRIOS" (METTINGER. *O significado e a mensagem dos nomes de Deus na Bíblia*, p. 73).

139 MILLER, Gregory J. "Vozes do passado: tentativas históricas para formar um pensamento cristão", in: PALMER, Michael D. (ed.). *Panorama do pensamento cristão* (Rio de Janeiro: CPAD, 2001), p. 114.

140 Ibid.

141 Evidentemente que muito antes da "aprovação" do cânon neotestamentário textos como o das cartas paulinas já eram conhecidos e aceitos nas primeiras comunidades de fé (cf. 2Pe 3:15-16).

142 JEREMIAS, Joachim. *Teologia do Novo Testamento* (São Paulo: Hagnos, 2008), p. 303.

o fim para o qual foi designada (Mateus 5:17-20). A razão para o equívoco da rejeição cristã em relação à Torá é que tradicionalmente esta "foi entendida sob o conceito de 'lei'" e, conforme explica Frank Crüsemann, por isso "muitas vezes acabou contraposta ao 'Evangelho'". "Porém", continua o mesmo autor, "histórica e teologicamente, há muito já foi reconhecido que tais oposições somente são possíveis através de uma deturpação do conceito de Torá".[143]

Ouve-se com relativa frequência que os textos do antigo Oriente — alguns até mais antigos que a Torá — são muito parecidos ou próximos aos de Israel. Há quem diga até mesmo que tais textos influenciaram o direito divino. Contudo, como disse Crüsemann, "qualquer comparação entre ambos terá facilidade em destacar as especificidades de Israel".[144] Tais "especificidades" são justamente as credenciais que levam o povo de Deus a obedecer-lhe. Um dos documentos mais citados, por exemplo, é o famoso *Código de Hamurábi*. Entretanto, esse documento, assim como os demais da Antiguidade, "são obras de reis". Diferentemente, a

> concepção israelita básica de que o direito é algo estatuído diretamente por Deus não é uma concepção comum dentro do mundo antigo. Tampouco é comum a ideia de que neste processo haja participação de algum personagem de um passado distante. O fato de certas leis, durante séculos, serem transmitidas sob o nome de algum rei ou legislador difere visceralmente da situação de leis que — surgidas em época posterior — tiveram sua origem e autoridade projetadas no passado. Tudo isso não é óbvio e necessita de uma explicação. [...] Assim como no antigo Oriente, entre nós hoje o direito é basicamente direito estatal. Em Israel, contudo, o direito se entende como surgido antes do Estado e colocado acima deste.[145]

Tal reflexão inicial oferece uma pequena mostra de quão singular o Pentateuco se revela quando comparado à literatura produzida na mesma época. Mesmo sabendo *a priori* a causa dessa singularidade da Torá, é preciso reconhecer que cada porção escriturística possui aspectos que a distinguem das demais,

---

143 CRÜSEMANN, Frank. *A Torá: teologia e história social da lei do Antigo Testamento*, 3. ed. (Petrópolis: Vozes, 2008), p. 11. Walter Kaiser defende a mesma tese em *Pregando e ensinando a partir do Antigo Testamento*, 2009, p. 163-77. Veja ainda sua obra *Documentos do Antigo Testamento: sua relevância e confiabilidade* (São Paulo: CPAD, 2007), p. 169-80.

144 CRÜSEMANN. *A Torá*, p. 31.

145 Ibid., p. 32.

não somente em termos de conteúdo, mas também contextual e literariamente falando. Desconhecer algo tão básico significa distorção e equívoco. Por isso, antes de iniciarmos a discussão acerca das três primeiras das "dez palavras", precisamos dizer que apesar de a proposta, bem como o objetivo, desse ponto "forçarem" — até mesmo pela óbvia questão da falta de espaço — a não pretender nada além de uma reflexão contextualizada do primeiro ao terceiro mandamentos (Êxodo 20:2-7), faz-se imprescindível uma incursão em alguns aspectos históricos, filológicos, teológicos e até fenomenológicos que consubstanciarão o exercício reflexivo. Como tais informações não foram originariamente "descobertas" e/ou "produzidas" por nós, é de praxe, mas também honesto e cristão, assim como viemos fazendo desde o primeiro capítulo, que haja a devida indicação das fontes das quais elas são provenientes. Daí o número de citações que, à parte da questão ética e do rigor analítico, visam também a auxiliar o leitor em pesquisas ulteriores.

## — A Torá e sua teologia —

Em 2007, ao trabalharmos com o livro *Abraçando o Deus misterioso*, cujo subtítulo é: "Amando o Deus que não entendemos", alguns capítulos nos deixaram perplexos, especialmente os de número 1, 5 e 8, respectivamente intitulados: "A traição de Deus", "A insensatez de Deus" e "A decepção de Deus".[146] Para nossa ainda, na época, "mentalidade teológica, racionalista, moderna", tais questões eram inadmissíveis. Mesmo já tendo lido que não é "possível definir Deus", pois ele "vai além dos limites que o homem pode imaginar", sendo, por isso mesmo, "incognoscível",[147] acreditávamos que não havia nada a esse respeito que não pudesse ser entendido. Não obstante, um mínimo de lucidez reflexiva é suficiente para compreender que Deus revelou-se quanto achou necessário, mas, com certeza, não se exauriu em sua revelação! Por outro lado, como já temos insistido em tópicos anteriores, é ponto pacífico que nenhuma discussão dessa natureza teria lugar se o Senhor não tivesse se autorrevelado (Gênesis 17:1), e, exatamente por isso, "Deus é ao mesmo tempo cognoscível, pois é possível ao homem conhecê-lo".[148]

---

146 WHITE, James Emery. *Abraçando o Deus misterioso: amando o Deus que não entendemos* (Rio de Janeiro: CPAD, 2007).

147 SOARES, Esequias. *Manual de apologética cristã: defendendo os fundamentos da autêntica fé bíblica* (Rio de Janeiro: CPAD, 2002), p. 59.

148 Ibid.

## 242 | TEOLOGIA SISTEMÁTICO-CARISMÁTICA

Cabe, porém, dizermos que nossa "limitação" acerca de Deus não é proveniente, muitas vezes, do estudo das Escrituras e da percepção de nossa pequenez em relação à sua grandeza, mas da influência de manuais de teologia que, presunçosos, acreditam ter a capacidade de delimitar Deus. Como a quase totalidade dessas obras é produto da escolástica protestante do século 17, e dá o tom de toda a produção teológica há quatrocentos anos, outras percepções, igualmente fiéis às Escrituras e com mais luz em termos de pesquisas nas ciências bíblicas, ficam impedidas de se pronunciar por medo de serem hostilizadas, atitudes não raras e que, corriqueiramente, têm sido praticadas pelas tradições que dominam o discurso e a forma de fazer teologia. Assim, o conhecido teólogo e fenomenólogo alemão Rudolf Otto "abre" sua obra seminal *O sagrado* falando desse mesmo tema:

> Para toda e qualquer ideia teísta de Deus, sobretudo para a cristã, é essencial que ela defina a divindade com clareza, caracterizando-a com atributos como espírito, razão, vontade, intenção, boa vontade, onipotência, unidade da essência, consciência e similares, e que ela portanto seja pensada como correspondendo ao aspecto pessoal-racional, como o ser humano o percebe em si próprio de forma limitada e inibida. No divino, todos esses atributos são pensados como sendo "absolutos", ou seja, como "perfeitos". Trata-se, no caso, de *conceitos* claros e nítidos, acessíveis ao pensamento, à análise pensante, podendo inclusive ser definidos. Se chamarmos de *racional* um objeto que pode ser pensado com essa clareza conceitual, deve-se caracterizar como racional a essência da divindade descrita nesses atributos. E a religião que os reconheça e afirme é, nesse sentido, uma religião racional. Somente por intermédio deles é possível "fé" como convicção com conceitos claros, à diferença do mero "sentir".[149]

O capítulo da obra em apreço é o primeiro e trata do "racional" e do "irracional". Por isso, após dissertar apropriadamente acerca da racionalidade ou da inteligibilidade de alguns aspectos (atributos/características) revelados da divindade, ele chama a atenção para algo não menos importante, que é a dimensão "irracional", referindo-se àquilo que transcende a compreensão humana, pois, se a primeira dimensão, ou seja, catafática, é importante, é não

---

149 OTTO. *O sagrado*, p. 33.

menos relevante a apofática, isto é, a que considera ser igualmente "preciso alertar contra um mal-entendido que levaria a uma interpretação enganosa e unilateral, ou seja, a opinião de que os atributos racionais mencionados e outros similares, a ser eventualmente acrescentados, *esgotariam* a essência da divindade".[150] Entender que Deus não se esgota em seus enunciados racionais — o que seria um absurdo e uma arrogância sem igual — é abrir-se à possibilidade de, a cada dia mais, poder conhecê-lo (cf. Oseias 6:3), em dimensões, sejam elas conhecidas ou desconhecidas, não necessariamente irracionais, e sim não racionalizáveis, isto é, passíveis de ser capturadas por métodos e/ou quaisquer instrumentos filosóficos e assim ser estudadas e dissecadas. Tais experiências, tão caras à tradição carismático-pentecostal, em muitas expressões do cristianismo ainda são novidades, no melhor dos casos, ou impossibilidades, em círculos cessacionistas.

Os conceitos de numinoso[151] e *mysterium tremendum*, para ficar apenas nesses dois exemplos, trabalhados por Otto, falam, respectivamente, do encontro com o sagrado como sendo algo "irracional, ou seja, não pode ser explicitado em conceitos, [mas] somente poderá ser indicado pela reação especial de sentimento desencadeado na psique".[152] Aqui se faz alusão à *metanoia*, à conversão, por exemplo, algo interior que se manifesta ou mostra-se exteriormente. Ninguém nega que, de fato, é a experiência do encontro com o sagrado que funda a religião e perpetua a crença. O chamado do caldeu Abrão originou a fé na promessa divina de que dele seria formado um reino de sacerdotes cuja função seria representar a Deus (Gênesis 12:2; 18:18; cf. Êxodo 19:4-6). Com o passar dos séculos, a promessa não poderia subsistir sem um encapsulamento mais abrangente, pois ela não nutria apenas mais um homem ou mesmo uma família nuclear, mas uma multidão que não possuía território, muito menos cultura. É preciso lembrar-se que ainda que as pessoas também não tivessem tido a sua própria experiência religiosa, ou seu encontro com o sagrado, um "fio de experiência corria", para usar a expressão de Voegelin. Assim, para que houvesse o êxodo, foi preciso que Moisés tivesse

---

150 Ibid., p. 34.

151 Conforme o próprio Otto, numinoso vem "do latim *omen*" e, portanto, "se pode formar 'ominoso', de *numen*, então, numinoso" (Ibid., p. 38). Com esse termo, o teólogo alemão refere-se a uma "categoria numinosa de interpretação e valoração, bem como a um estado psíquico numinoso que sempre ocorre quando aquela é aplicada, ou seja, onde se julga tratar-se de objeto numinoso" (Ibid).

152 Ibid., p. 44.

a experiência hierofânica da sarça (Êxodo 3:1—4:17), ou seja, a promessa abraâmica não poderia produzir sozinha a ousada iniciativa de um hebreu, aos 80 anos de idade, desafiar o maior monarca da época para que libertasse os seus escravos a fim de que estes fossem sacrificar ao Deus deles (Êxodo 5:1-3).

De acordo com tal raciocínio, é fácil compreender o porquê de o suplício infligido pelo Senhor ao Egito (Êxodo 7:1—11:10) e a sua revelação direta ao povo proclamando as "Dez palavras" ou o Decálogo (Êxodo 20:1-17). Justamente por isso, como diz Rolf Rendtorff, "o Decálogo é a base, e tudo que segue é o seu desdobramento — e Moisés é o mediador".[153] À tese de superioridade dos Dez Mandamentos, porém, objeta Frank Crüsemann, para quem a única diferença que há "entre o Decálogo e o que lhe segue está unicamente na fala direta de Deus. Está no *modus*, não no conteúdo".[154] A crítica de Crüsemann a essa postura assume patamares rigorosos. Para ele, a

> posição especial do Decálogo que predominou até aqui na ética cristã precisa ser entendida como um caminho exegético errado. Não há como fundamentá-la nem na exegese do Decálogo nem na das outras leis nem na da narrativa das diferenças em sua transmissão. O Decálogo, de acordo com o texto canônico do Antigo Testamento, não é vontade de Deus em sentido diferente que o restante da Torá. Ele não é o resumo dela, nem de seus princípios atemporais. As muitas tentativas de obter apenas do Decálogo a única vontade de Deus que abrange tudo terminaram em reduções problemáticas e têm relação visível com graves desvios teológicos e de conduta cristã na história da Igreja. A diferença com o restante da Torá está unicamente no modo de transmissão, e o significado disso descobre-se na história da composição. O Decálogo, ou melhor, a alteração do meio de comunicação que lhe segue funciona como juízo de igualdade para os corpos de leis tão diferentes que estão juntos na perícope canônica do Sinai e no Deuteronômio. Todas são palavras de Deus de peso igual. As tentativas teimosas de destacar o Decálogo em termos de conteúdo do restante e torná-lo sozinho a base da ética cristã acabaram seccionando o cristianismo da Torá de Israel. Elas são exegeticamente indefensáveis e teologicamente não devem ser levadas adiante.[155]

---

153 RENDTORFF, Rolf. *Antigo Testamento: uma introdução* (Santo André: Academia Cristã, 2009), p. 213.
154 CRÜSEMANN. *A Torá*, p. 482-3.
155 Ibid., p. 485-6.

CAPÍTULO 3 – Teologia | 245

Assim, apesar de muitos acharem que o aspecto principal da fé israelita seja estritamente o monoteísmo, Frank Crüsemann questiona, de maneira retórica e autoevidente, acerca de "quando, como, por que e sob quais circunstâncias surgiu na história jurídica de Israel o específico de Israel, sobretudo o assim chamado 'monoteísmo', que se expressa de forma radical na formulação do primeiro mandamento?".[156] Ele diz que, "independentemente de como respondemos a essa pergunta, o problema histórico e teológico, até mais importante, ainda não foi tocado", ou seja, "como era o processo, no qual tal específico era formulado de forma cada vez mais clara e mais abrangente", e responde que, independentemente "de como tenha sido o seu início, o específico de Israel é a Torá como um todo com a sua amplitude temática que extrapola todas as dimensões e com a sua reivindicação teológica".[157] O raciocínio de Crüsemann não poderia ser melhor, principalmente quando se reconhece que

> após 430 anos de servidão, a "verdade" do Egito acabou sendo verdade para os hebreus. Assim, a tribo nômade de Israel precisava de uma superestrutura — um complexo de ideologias religiosas, filosóficas, jurídicas e políticas — que a mantivesse coesa e distinta (*vide* Dt 4:6). Neste caso, havia, primariamente, dois grandes objetivos da educação judaico-religiosa. Pelo aspecto prático, o grande alvo era adorar a Deus através da observação e obediência dos preceitos judaico-religiosos (Dt 10:12,13); pelo lado preventivo, a ideia era preservar o povo das más influências dos povos idólatras e corrompidos que havia ao redor da Terra Prometida (cf. Sl 78, que é apologético e educativo; Lv 20:22,23). Era preciso formar uma superestrutura, que mais tarde se tornaria uma identidade cultural (Dt 4:6). Assim Israel não sofreria com os efeitos da influência perniciosa e degenerativa de uma cultura politeísta, polígama e cruel.[158]

Tal questão é de suma importância, sobretudo quando se sabe que

> Os maiores problemas de Israel estão relacionados ao descuido com a educação judaico-religiosa (formal, por parte dos sacerdotes; e não formal, da parte dos pais) e à absorção indiscriminada — tipicamente subcultural — do sistema pecaminoso dos povos vizinhos (idolatria,

---

156 Ibid., p. 28.

157 Ibid., p. 28-9.

158 CARVALHO, César Moisés. *Uma pedagogia para a educação cristã: noções básicas da ciência da educação a pessoas não especializadas*, 5. reimpr. (Rio de Janeiro: CPAD, 2019), p. 210-1.

prostituição). Na verdade, a "educação informal" das nações vizinhas cumpriu muito bem seu papel, levando o povo de Israel a absorver, por osmose, os valores que o Senhor havia advertido para que deles se abstivessem (Lv 20:22,23).[159]

Por causa disso, é interessante saber que, apesar de "as palavras *dies, dyaus, deva, deus, Zeus*" serem todas derivações da originária "palavra sânscrita *div*", como ensina Aldo Natale Terrin, esta "não indica uma pessoa, mas a luz, o brilho do dia, a experiência primordial da vida que se abre à luz".[160] João Evangelista Martins Terra informa que, de forma semelhante às "demais línguas semíticas, a palavra para dizer 'deus' vem da raiz comum *'I, ilu*, em acádio, *'el*, em hebraico, *'ilah*, em aramaico".[161] Contudo, é importante saber que "'El, ou 'il(u), foi empregado em todas as línguas semíticas desde suas origens (com exceção do etiópico antigo) como substantivo comum apelativo para designar deus, divindade e seres divinos ou divinizados".[162] O fato é que, tanto no "hebraico como no semítico ocidental, a palavra para dizer 'deus' é *'El*, com um plural *Elohim* com uma forma alongada semelhante ao aramaico *'elah* e ao árabe, ou no semítico do sudoeste, *'ilah*".[163] O mesmo autor informa que a expressão, ou palavra, "El ocorre 238 vezes no Antigo Testamento".[164] Ele também observa que "El" ser "usado simplesmente como um nome de Javé", ou seja, a "distribuição de El como nome próprio equivalente a Javé, é bastante irregular".[165] Assim, mesmo que nós, ocidentais, tenhamos o costume de referir-nos ao Criador revelado na Bíblia como "Deus", este não é o seu nome (Êxodo 6:3), pois "deus" é um conceito.[166]

---

159 Ibid., p. 212.

160 TERRIN, Aldo Natale. *Introdução ao estudo comparado das religiões* (São Paulo: Paulinas, 2003), p. 379.

161 TERRA, João Evangelista Martins. *O Deus dos semitas* (São Paulo: Loyola, 2015), p. 123.

162 Ibid., p. 137.

163 Ibid., p. 138.

164 Ibid., p. 140.

165 Ibid., p. 168.

166 "A utilização da palavra 'Deus' é livre e vem sempre de uma invenção retórica. O importante é saber se o que designamos por essa palavra tem uma verdade e um significado. Confessar Deus como uma ideia, uma petição de princípio, um artigo de fé, um postulado, é uma coisa. Querer que exista um ser compatível com essa ideia é outra coisa. Precisamos aceitar, clara e humildemente, que Deus é uma ideia e um artigo de fé sem nada dizer de sua existência em si" (HOUZIAUX, Alain. "Pode-se provar a existência de Deus?", in: GIRARD, René; GOUNELLE, André; HOUZIAUX, Alain. *Deus: uma invenção?* [São Paulo: É Realizações, 2011], p. 57).

A despeito de parecer estranho ler essa informação — sobretudo pelo fato de que "a palavra 'Deus' soa hoje em dia como nome próprio" —, é verdade que "a palavra não fala mais nada ou absolutamente nada *sobre* Deus", pontua argutamente Karl Rahner, explicando que, se chamássemos Deus por qualquer outro termo, pode ser que este, se fosse Pai, por exemplo, diria algo de si, "mas no caso da palavra 'Deus', a coisa se nos apresenta de imediato como se a palavra nos mirasse como um rosto cego", isto é, a palavra "deus", de *per si*, não diz "nada *sobre* o que significa ou sobre a realidade significada, nem pode exercer sequer a função de aceno de mão que apontasse para algo que se encontrasse imediatamente fora da palavra e, por isso, não precisa dizer nada sobre este algo, como quando dizemos 'árvore', 'mesa' ou 'sol'".[167] O fato é que a palavra "deus" existe.

> Contudo, a terrível falta de contornos desta palavra — perante a qual a primeira pergunta seria: que afinal quer dizer esta palavra? — sem dúvida é bastante adequada para aquilo a que se refere, independentemente de já em sua origem a palavra ter ou não ter sido assim "sem rosto". Podemos também prescindir da questão se a história da palavra terá começado com outra forma da palavra. Em todo caso, a forma atual da palavra reflete aquilo a que a palavra se refere: o "Inefável", o "Sem-nome", o que não aparece no mundo designado como um componente dele; o "Silencioso" que está sempre aí e sempre pode passar despercebido e não ser ouvido, e, porque significa o todo em unidade e totalidade, pode ser descurado como absurdo; aquele que propriamente não pode designar-se por nenhuma palavra mais, pois toda palavra adquire seus limites, sua ressonância e, em consequência, só é inteligível dentro de um campo de palavras ou jogo de linguagem. Assim o que se tornou sem rosto, a saber, a palavra "Deus", que não mais se refere por si mesma a uma experiência singular definida, está em condições de nos falar corretamente de Deus, porquanto é a última palavra antes do calar em que, pelo desaparecimento de todo particular denominável, temos de haver-nos com o todo fundante como tal.[168]

Evidentemente que, havendo conhecido o Criador (e muitos títulos divinos do Antigo Testamento eram derivados de experiências com Deus[169]), não é o

---

167 RAHNER. *Curso fundamental da fé*, p. 62.

168 Ibid., p. 63.

169 "O nome 'Eu sou/Eu serei', em conjunção com determinados termos descritivos, serve frequentemente como a confissão de fé que revela ainda mais a natureza de Deus. Quando Isaque

## 248 | TEOLOGIA SISTEMÁTICO-CARISMÁTICA

nome que importa, e sim o modo de relacionar-se com ele e as consequências diretas de tal relacionamento, ou seja, o *modus vivendi* e o *modus operandi*. Nesse aspecto, a observação do biblista Tryggve Mettinger de que "o Deus dos patriarcas não está ligado a lugares, mas sim a pessoas"[170] é importantíssima para a tradição carismático-pentecostal, pois coaduna com a concepção pessoal e imanente que temos de Deus. A importância de tal característica, em tempos imemoriais, pode ser facilmente depreendida, visto que até mesmo o monoteísmo não diz muita coisa a respeito do Deus verdadeiro, pois, como explica Esequias Soares, "nem sempre ser monoteísta significa adorar ao Deus verdadeiro".[171] Isso pela simples verdade de que "muitos povos pagãos da Antiguidade foram monoteístas porque adoraram uma só divindade e, no entanto, não adoravam ao Deus de Israel, o verdadeiro Deus, que é cultuado

---

perguntou ao seu pai: 'Eis aqui o fogo e a lenha, mas onde está o cordeiro para o holocausto?', Abraão garantiu ao seu filho que Deus o proveria [*yireh*] (Gn 22.7,8). Depois de sacrificar o carneiro substituto que ficara preso entre os arbustos, Abraão chamou aquele local de *Yahweh yireh*, 'o SENHOR proverá' (v. 14)", esclarece o teólogo pentecostal Russel Joyner, dizendo que Abraão assim se pronunciou pelo fato de que a "fé de Abraão [...] ia além de uma simples confissão de que Deus apenas provê o material"; ou seja, "para o patriarca, Deus era aquele que estava pessoalmente envolvido e disposto a dar uma solução ao problema". Justamente por isso, o "nome sagrado de Deus também é empregado em combinação com vários outros termos usados para descrever muitas facetas do caráter, da natureza, das promessas e das atividades do Senhor". Podemos exemplificar verificando que "*Yahweh Shammah*, 'o Senhor Está Ali', serve como promessa da presença e do poder de Deus na cidade profetizada por Ezequiel (Ez 48.35)"; "*Yahweh 'osenu*, 'o Senhor nosso Criador', é uma declaração da sua capacidade e disposição para lançar mão das coisas que existem e torná-las úteis (Sl 95.6)". Podemos ver ainda que os "hebreus, no deserto, experimentaram o cuidado de *Yahweh roph'ekha*, o 'Senhor teu médico' ou 'o Senhor que te sara', se escutassem e obedecessem aos seus mandamentos (Êx 15.26)" (JOYNER, Russel E. "O Deus único e verdadeiro", in: HORTON [ed.]. *Teologia sistemática: uma perspectiva pentecostal*, p. 147). A respeito desse último título, o mesmo autor esclarece que, apesar de muito utilizada e conhecida, a "forma *Jehovah rapha* não está na Bíblia", a despeito do fato de que "*Rapha*' significa 'Ele curou' ou 'Ele curava'". Já "*Roph'ekha* combina *rophe*', um particípio traduzido por 'médico' em Jr 8.22, e *kha*, pronome que significa 'de ti', 'seu'", ou seja, "*Kha* está no singular e enfatiza que Deus é o médico para cada pessoa, individualmente" (Ibid., p. 673). Outros quatro exemplos de nomes divinos relacionados às experiências são apresentados por Russel Joyner, nos seguintes termos: "Após ter comandado com êxito total a batalha contra os amalequitas, Moisés levantou um altar dedicado a *Yahweh nissi*, 'O Senhor é a minha bandeira' (Êx 17.15). Quando Deus falou a Gideão, este edificou um altar a *Yahweh Shalom*: 'O Senhor é Paz' (Jz 6.23). O povo de Deus precisa de um protetor e provedor. Assim, Deus se revelou como *Yahweh ro'i*, 'o SENHOR é o meu pastor' (Sl 23.1). Quando Jeremias profetizou a respeito do rei vindouro, o rebento justo de Davi, que Deus suscitaria, o nome pelo qual esse rei seria conhecido era *Yahweh tsidkenu*: 'O Senhor justiça nossa' (Jr 23.6; ver também 33.16)" (Ibid., p. 148).

170 METTINGER. *O significado e a mensagem dos nomes de Deus na Bíblia*, p. 92.

171 SOARES. *Manual de apologética cristã*, p. 152. Na verdade, "o Egito cria o primeiro monoteísmo conhecido (Akhenaton)" (LAMBERT. *O nascimento das religiões*, p. 271).

por judeus e cristãos".[172] O filósofo Eric Voegelin diz que alguns historiadores consideram o texto de Deuteronômio 6:4-5 "como a primeira formulação de monoteísmo teórico".[173] Aldo Natale Terrin, em sentido inverso, diz que o texto objeto da presente discussão (Êxodo 20:2-7), não pode ser considerado o início de um "verdadeiro monoteísmo teórico, mas antes de um monoteísmo prático", ou seja, "não havia conciliação entre o Deus de Israel e todos os outros deuses do tempo e das várias áreas geográficas".[174] Wolfhart Pannenberg diz que a fé de Israel passou da "monolatria", que é a "*veneração de um só Deus*" (aqui uma forma de monoteísmo prático), para o "monoteísmo", nesse caso o teórico, que é a "convicção da *existência* somente desse único Deus".[175]

Para os que creem, o assunto é de quintessência, pois, como acertadamente disserta Andrés Torres Queiruga: "Dize-me como é o teu Deus, e dir-te-ei como é tua visão de mundo; dize-me como é tua visão de mundo, e dir-te-ei como é teu Deus".[176] Evidentemente que a experiência religiosa não determina como Deus *é* em-Si-mesmo, muito menos o esgota em sua autorrevelação, mas igualmente é fato que ela é imprescindível para sua inteligibilidade, ou seja, serve para *como* ele será entendido e percebido por quem vivenciou a experiência e contará o testemunho. Aqui entra o que é

---

172 Ibid.

173 VOEGELIN. *Ordem e história*, vol. 1, p. 414-5.

174 TERRIN. *Introdução ao estudo comparado das religiões*, p. 383. A ideia de Terrin em distinguir monoteísmo prático de teórico se dá pelo simples fato de que os profetas bradaram, por séculos, contra a idolatria israelita, ou seja, séculos depois de Moisés, e sabe-se que ela só foi erradicada em Israel após o cativeiro (Os 2:16). Justamente por isso, fala-se do surgimento do monoteísmo em época muito posterior à patriarcal, aludindo-se à noção de "período axial". Obviamente que, muito antes disso, pessoas tementes a Deus que tiveram experiências com o Senhor criam apenas no Senhor, pois sabiam que os deuses eram invenções humanas. Quanto à noção de período axial, vale saber que "Karl Jaspers vem ressaltar um fato já entrevisto no século 19: a mudança radical em diversas áreas da civilização entre os anos 800 e 200 a.C., especialmente no sexto século. Trata-se da emergência do zoroastrismo no Irã, *dos profetas de um Deus único universal em Israel*, da ciência, da democracia e da filosofia da Grécia, dos Upanixades, da filosofia, do jainismo e do budismo na Índia, da filosofia, do confucionismo e do taoísmo na China. O nascimento do cristianismo e do islamismo tem a ver com isso. K. Jaspers toma de empréstimo a Friedrich Hegel a ideia de um 'eixo' da história humana, isto é, de uma direção. Ele considera esse período a 'idade axial' da história, aí vendo 'o nascimento espiritual do homem', 'além de diversos credos individuais, o mais rico desenvolvimento do ser humano', pois pela primeira vez o espiritual adquire autonomia e se desprende dos quadros étnicos ou nacionais. Idade 'axial' também — diz ele — porque, no essencial, dela somos herdeiros" (LAMBERT. *O nascimento das religiões*, p. 24).

175 PANNENBERG. *Teologia sistemática*, vol. 1, p. 112.

176 QUEIRUGA, Andrés Torres. *Um Deus para hoje* (São Paulo: Paulus, 2011), p. 11.

"específico de Israel", tão recorrentemente mencionado por Crüsemann. Não é apenas o monoteísmo, mas a forma pela qual ele é apresentado, mantido e fixado. Ele nasce da experiência do encontro dos seres humanos com o Deus dos patriarcas e recebe tratamento adequado com a Torá, que apresenta as especificidades. Isso pelo fato de que não há no Antigo Testamento um "termo abstrato e objetivado" para revelação, isto é, "revelação é algo que aconteceu", portanto, o "falar e o agir de Deus são processos diferentes com nomes diferentes", pois, no contexto veterotestamentário, "Deus *age* na epifania" e, completa Claus Westermann, "Deus *fala* na teofania".[177] Como Deus é uma realidade onipresente no Antigo Testamento, não há uma ruptura, ou descontinuidade, nem uma dimensão profana. Em outras palavras,

> ... é nada menos que um processo em que toda a realidade daquela época, todas as áreas da vida e da experiência humana são colocadas dentro da luz do Deus israelita. É que o caminho da adoração exclusiva e em princípio até algo como o monoteísmo fundamental só poderia ser trilhado se todas as muitas realidades permeadas e dominadas por divindades politeístas fossem redescobertas de modo totalmente novo. A unidade de Deus precisava tomar forma na revisão de toda a realidade e na redefinição de tudo o que existe. De outro modo ficaria em impulsos isolados, por exemplo, proféticos. A partir das experiências fundamentais com o Deus de Israel, também precisavam ser abrangidas aquelas áreas, em que sempre apenas outras divindades podiam ser experimentadas. A gênese da Torá, com sua inclusão paulatina de novas áreas da realidade, representa exatamente este processo. A Torá tornou-se o meio no qual a unidade de Deus e a multiplicidade dos campos de experiência e realidade são unidas. Por isso, a identidade do Deus bíblico depende da ligação com sua Torá.[178]

Assim, quando o Criador pronuncia seu primeiro mandamento em Êxodo 20:2: "Eu, Yahweh, sou seu Deus"[179] — esta, de acordo com Richard Clifford, é a melhor tradução para o texto —, não é uma prescrição arbitrária e alheia; ao contrário, ela vem somente depois de todo o povo ter *experimentado* que

---

177 WESTERMANN. *Fundamentos da teologia do Antigo Testamento*, p. 33 (sem grifo no original).

178 CRÜSEMANN. *A Torá*, p. 498-9.

179 BROWN, Raymond E.; FITZMYER, Joseph A.; MURPHY, Roland E. (eds.). *Novo comentário bíblico São Jerônimo: Novo Testamento e artigos sistemáticos* (São Paulo: Paulus; Santo André: Academia Cristã, 2007), p. 144.

Iavé, apesar de não ter se apresentado pelo seu nome a Abrão (Êxodo 3:13-16; cf. 6:2-3), de fato é o mesmo Deus Todo-poderoso e protetor que falou com o patriarca e os escolhera para ser propriedade exclusiva dele, libertando-os da escravidão egípcia. Que era o mesmo Deus, não há dúvida, mas que o modo de ele revelar-se a cada um dos que experimentavam sua presença era distinto,[180] também não há a mínima suspeita, pois o texto de Hebreus assinala que Deus falou "muitas vezes e de muitas maneiras" (1:1). É justamente por isso que qualquer exegeta, ou teólogo, que quiser, com base no Antigo Testamento, formar uma concepção *única* de Deus estará não só tentando exaurir o infinito, como igualmente cometendo um erro metodológico, visto que o texto "versa sobre Deus em forma de história", diz Claus Westermann. E, "sendo história, neste contexto, o englobamento dos eventos concretos, a estrutura de uma Teologia do Antigo Testamento deve ser realista em vez de conceitualista",[181] isto é, deve seguir a esteira da dinâmica revelacional e aceitar Deus tal como ele é apresentado nas Escrituras, e não como queremos, filosófica e teologicamente, que ele seja. Por esse prisma, alinho-me a Gilles Drolet, quando este defende que o "Decálogo promove valores positivos, no sentido de que tais valores foram dados para a felicidade da pessoa",[182] isto é, o primeiro mandamento não se trata de uma "insegurança" da parte do Criador, pois, a despeito de os teólogos conceitualistas e sistemáticos abusarem e colocarem o Senhor no mesmo patamar dos deuses babilônios e gregos (que tinham inveja dos homens[183]), diz Eric Voegelin:

> Yahweh é o Deus escondido que se manifesta na forma, e no momento, de sua escolha. Ele não deve ser tornado manifesto por meio de imagens de produção humana, porque sua natureza como o Deus escondido seria obscurecida — e o homem não pode obscurecer a natureza de Deus por uma ação simbólica sem afetar a ordem de sua

---

180 Temos em mente, por exemplo, a concepção de Deus para o povo do tempo do profeta Oseias ou conforme retratado por Jeremias no capítulo 3.

181 WESTERMANN. *Fundamentos da teologia do Antigo Testamento*, p. 16.

182 DROLET, Gilles. *Compreender o Antigo Testamento: um projeto que se tornou promessa* (São Paulo: Paulus, 2007), p. 362.

183 "Na mitologia babilônica, o homem foi criado para servir aos deuses; na Bíblia, a sua tarefa conatural é a de lavrar a terra e conservá-la. Portanto, no Antigo Testamento, a vontade divina é entendida mais amplamente, penetrando até a vida de cada dia. 'Mais vale a obediência do que o sacrifício' (1Sm 15:22), e nunca o contrário. Nestas condições, a vivência religiosa continuava mesmo sem os sacrifícios, após a destruição do Templo em Jerusalém" (WESTERMANN. *Fundamentos da teologia do Antigo Testamento*, p. 40).

relação com Deus. Além disso, por trás de todas tentativas de representar a imagem de Deus à semelhança de qualquer coisa dentro do cosmo visível, ainda que as tentativas sejam aparentemente inofensivas, oculta-se o desejo de trazer Deus para dentro do alcance do homem. O homem não pode se curvar diante da imagem (2.b) ou servi-la (2.c) sem colocar a força divina representada na imagem no lugar da realidade divina que se apresenta aos homens, segundo seu próprio arbítrio, por meio da "palavra". E, de tal possessividade, é apenas mais um pequeno passo para o mau uso mágico de um poder divino que foi trazido ao controle do homem (3).[184]

Infelizmente não é preciso muito esforço ou criticidade para observar que a manipulação de pessoas, supostamente respaldadas pelo sagrado, tem sido uma das vergonhosas atitudes de muitos líderes religiosos ditos cristãos. Como o Deus da Bíblia, autorrevelado em Jó 41, por exemplo, nada tem que ver com esse que é manipulado dentro de muitas igrejas, nossa conclusão é que não apenas a Torá ou o Antigo Testamento todo são distorcidos, mas também o próprio conceito de Deus. Visto que eles não honram as Escrituras, não a respeitam e, em lugar disso, torcem-nas, o resultado não poderia ser outro: a criação de uma caricatura divina que nem de longe é o Deus revelado na Bíblia. Esse deus que eles apresentam e dão *shows* circenses usando-o para benefício próprio e locupletação não existe; é pura invencionice de mentes entorpecidas pelo vil metal e pela sempre renovada transgressão humana de ambicionar ser como Deus para justificar os próprios abusos (Gênesis 3:5). É lamentável que as pessoas, desconhecendo suas reais necessidades, acabem sendo enganadas pela ganância de também ter um deus particular que possa atendê-las em seus caprichos.

Na verdade, todos esses absurdos que atualmente presenciamos sob Deus ou em nome dele acontecem em decorrência de uma das piores sutilezas dos homens: a autolatria. Não cabe aqui estabelecermos nenhuma espécie de avaliação para o exercício idolátrico. Em termos práticos, quem perde seu tempo adorando um ídolo (pois o ídolo nada é; cf. 1Coríntios 8) faz mal a si mesmo, mas talvez seja inofensivo aos outros. Não obstante, os que se acham deuses ou semideuses são geralmente impiedosos, implacáveis e exigem "adoração" irrestrita. Nesse caso, não apenas líderes portam-se dessa forma, mas

---

184 Voegelin. *Ordem e história*, vol. 1, p. 481.

até mesmo o mais "simples" dos crentes que se acha irrepreensível por suas próprias práticas, que acredita nunca estar errado em relação a uma opinião, a um entendimento da Bíblia ou a qualquer outro ponto pode, ainda que inconscientemente, estar se "autolatrando" ou se autoidolatrando, transgredindo o primeiro mandamento do Decálogo que, inclusive, foi repetido por Jesus como um dos mais fundamentais (Mateus 22:36-40).

É preciso ainda dizer que, além dessa tentação descrita como mais comum em círculos carismáticos, não menos corriqueira, entre tradições cristãs mais intelectualizadas, é a formação de "imagens", ou concepções divinas, que aparentemente honram a Deus, mas na verdade não passam de autolatria, uma vez que teólogos igualmente acabam projetando a si mesmos em Deus. Tal "compreensão de que imagens e figuras de Deus afetam nossos pensamentos sobre ele sinaliza um campo mais avançado da aplicabilidade da proibição do segundo mandamento", esclarece James Packer, dizendo que o referido mandamento "tanto nos proíbe de fazer imagens de Deus como de criá-las mentalmente", por isso é imperioso "afirmar com maior ênfase possível que quem se considera livre para pensar em Deus como *gosta* infringe o segundo mandamento".[185] É justamente por isso que, conforme diz o mesmo autor, toda e qualquer "teologia especulativa, baseada em arrazoados filosóficos, e não na revelação bíblica, erra neste ponto".[186] A esse assunto retornaremos no próximo e último ponto deste capítulo.

Por ora, a fim de fecharmos a questão do desenvolvimento do monoteísmo em Israel, é preciso refletir um pouco sobre três aspectos imprescindíveis do monoteísmo judaico: a experiência, a identidade e o nome. Não é sem razão que as três características estão presentes na narrativa do chamado de Moisés e, a fim de que fossem perpetuadas, são justamente os três primeiros mandamentos do Decálogo (Êxodo 3:1—4:17; 20:3-7). Portanto, o motivo da escolha de abordarmos tal experiência é óbvio, visto que ela pode ser considerada "como texto central da concepção de Deus e da profissão de fé em Deus, no Antigo Testamento", diz Joseph Ratzinger, ou seja, tal "narrativa da sarça ardente (Êx 3), em que é estabelecida, com a revelação do nome de Deus a Moisés, a base decisiva da ideia de Deus que prevalecerá em Israel a

---

185 PACKER. *O conhecimento de Deus*, p. 56.
186 Ibid.

## 254 | TEOLOGIA SISTEMÁTICO-CARISMÁTICA

partir desse episódio".[187] Não só isso, mas a importância dessa experiência consiste também no fato de que, "no relato do Êxodo e seu desfecho", diz H. H. Rowley, temos "os germes da doutrina sobre Deus, que caracteriza ambos os Testamentos, e que ainda é válido para o mundo moderno".[188]

### A experiência

Como dissemos na abertura deste capítulo, divindades sempre foram produzidas e cultivadas pelas mais antigas civilizações. Ter um deus no mundo antigo não era novidade alguma; aliás, ter um só era até não muito comum, pois os povos possuíam diversos e muitos deuses. Pelo fato de não serem reais, eles supostamente se "comunicavam" apenas com as castas sacerdotais, ou seja, os oficiais eram os porta-vozes responsáveis por garantir que o povo continuasse acreditando nas mitologias. Não havia novidade alguma, os deuses seguiam um ciclo inexorável e nada mudava. A realidade cumpria um carma, e os deuses não interferiam na ordinariedade, ou seja, nada mudar era sinal de que os deuses estavam "atuantes". Como parte de uma civilização com tal cultura religiosa, Abrão sabia que era esse o quadro, desde sempre, e assim seria infinitamente. Até que o caldeu teve uma experiência com Deus, e tudo mudou (Gênesis 12:1-3). Mudou não apenas para si, mas para o mundo antigo. O que aconteceu a Abraão é tão incomum, "a ponto de se poder dizer com certa justiça que [...] foi a única ideia nova que os seres humanos já tiveram",[189] pois rompeu com a concepção cíclica e fatalista de mundo de que tudo sempre seria da mesma maneira, já estava predeterminado e nada poderia acontecer. Todavia, a experiência de Abraão proporcionou as condições para se pensar, ainda em nossos dias, que o amanhã não precisa ser uma repetição do hoje, pois tudo pode mudar e ser diferente.

Nesse sentido, o paralelo com Moisés é inevitável. Após quatro séculos de espera, sendo os últimos oitenta anos abrangendo a vida do grande libertador dos hebreus, "o fio de experiência" transformou-se em uma torrente de água e inundou o "pacato" pastor de Midiã, desaguando finalmente no êxodo.[190]

---

187 RATZINGER. *Introdução ao cristianismo*, p. 87.

188 ROWLEY. *A fé em Israel*, p. 82.

189 CAHILL, Thomas. *A dádiva dos judeus: como uma tribo do deserto moldou nosso modo de pensar* (Rio de Janeiro: Objetiva, 1999), p. 18.

190 "Tem-se, então, os sete primeiros versículos de Êxodo, cobrindo nada menos que 400 anos. Durante todo esse período, não há qualquer referência explícita à atuação de Deus (sem considerar o que fica implícito na preservação e na explosão populacional de Israel no Egito [1.7]).

Num dia como qualquer outro, sem nenhum indicativo de excepcionalidade ou de ser extraordinário, Moisés "descobre" que a área em que ele levava os rebanhos para pastarem, onde os animais faziam suas necessidades fisiológicas e nem de longe se parecia com um templo, era "sagrada", pois foi ali naquele lugar que o grande legislador teve sua primeira e maior experiência com Deus (Êxodo 3:1—4:17). Tudo parecia seguir um dia a dia entediante, uma rotina sem possibilidade alguma de haver qualquer mudança, até o dia em que o clamor do povo "subiu a Deus por causa de sua servidão", diz o texto, e "ouviu Deus o seu gemido e lembrou-se Deus do seu concerto com Abraão, com Isaque e com Jacó" (Êxodo 2:23-24).

No entanto, não foi só isso; após o clamor do povo, o livro da libertação dos hebreus, diz que "atentou Deus para os filhos de Israel e conheceu-os Deus" (Êxodo 2:25). O "fio de experiência" pode ser percebido na explosão demográfica no Egito (Êxodo 1:7), mas nada se compara ao que aconteceu ao final do período do sofrimento na maior potência mundial da época, quando os descendentes de Abraão finalmente "conheceram" Deus. Não sem antes que Moisés, como observa o biblista Victor Hamilton, fosse "lançado na arena da experiência".[191]

São dois anciãos. Um aos 75 anos, e o outro aos 80 (Gênesis 12:4; Atos 7:23,30 cf. Deuteronômio 34:7). Ambos chamados na velhice para desafios impensáveis. Um para formar uma multidão tão numerosa quanto as estrelas. O outro para libertar uma multidão descendente do patriarca e levá-la, através do deserto, para uma terra prometida desconhecida. O mesmo Deus, através de experiências distintas, se autorrevela e chama pessoas para executarem uma missão para que ele assim possa cumprir sua promessa. Essa forma de revelação especial, em que ocorre uma simbiose entre história e experiência pessoal — como já dissemos ao citar H. H. Rowley —, é única em toda a caminhada humana. E não pode de maneira alguma ser subestimada, pois o "experimento com Deus não se realiza sem o ser humano".[192] Não só no mundo antigo, mas igualmente nos dias atuais, pois Deus não ficou no passado ou confinado aos tempos bíblicos, só sendo possível o acesso a ele

---

Não surge ninguém que seja destacado pelas Escrituras. São quatrocentos anos de silêncio. Esse hiato é comparável ao período entre Noé e Abraão. Existem épocas em que Deus está perto (Is 55.6) e épocas em que sua preservação é velada" (HAMILTON, Victor P. *Manual do Pentateuco*, 2. ed. [Rio de Janeiro: CPAD, 2006], p. 155).

191 HAMILTON, Victor P. *Manual do Pentateuco*, 2. ed. (Rio de Janeiro: CPAD, 2006), p. 159.

192 RATZINGER. *Introdução ao cristianismo*, p. 132.

## 256 | TEOLOGIA SISTEMÁTICO-CARISMÁTICA

por meio das experiências de terceiros, relatadas única e exclusivamente na Bíblia. Definitivamente não! Cremos em um Deus vivo que continua a agir e atuar, tal como ele o fez com os personagens e vultos da Bíblia. Tal desejo de intimidade com os seres humanos, por parte de Deus, é claro na instrução paulina, que, de acordo com o teólogo pentecostal Russel Joyner, repete a forma carinhosa com que Jesus se dirige a Deus e instrui os discípulos, ou seguidores, a igualmente fazerem o mesmo:

> Paulo designou Deus como *'abba* em duas ocasiões: "Porque sois filhos, Deus enviou aos nossos corações o Espírito de seu Filho, que clama: Aba, Pai [gr. *ho pater*]" (Gl 4.6). "Não recebestes o espírito de escravidão, para, outra vez, estardes em temor, mas recebestes o espírito de adoção de filhos, pelo qual clamamos: Aba, Pai [gr. *ho pater*]. O mesmo Espírito testifica com o nosso espírito que somos filhos de Deus" (Rm 8.15,16). Isto é: na Igreja Primitiva, os cristãos judaicos estariam invocando Deus, dizendo: *'Abba*, "Ó Pai!", e os cristãos gentios estariam exclamando: *Ho pater*, "Ó Pai!" Ao mesmo tempo, o Espírito Santo estaria tornando real para eles que Deus é, de fato, o Pai de todos. A qualidade incomparável do termo acha-se no fato de que Jesus lhe atribuiu uma ternura incomum. Além do mais, caracterizava também o tipo de relacionamento que ele queria, em última análise, que os seus discípulos tivessem com o Pai.[193]

As Escrituras registram tais situações, como a de Jesus se dirigindo a Deus com essa expressão onomatopaica *Aba* (Marcos 14:36), a fim de não apenas sermos informados, mas para que entendamos e, sobretudo, possamos aprender que Deus não se relaciona conosco como párias; antes, ele trata conosco como filhos. Justamente por isso, Paulo instrui às igrejas de Roma e da Galácia que não somos escravos de Deus. Quanto ao uso da onomatopeia aramaica *Aba*, "paizinho", era a maneira com que as crianças que ainda não sabiam falar perfeitamente se dirigiam ao seu pai. Pelo fato de ser linguagem infantil, ninguém tinha ousado dirigir-se a Deus dessa forma.[194] Isso porque,

---

193 JOYNER, Russel E. "O Deus único e verdadeiro", in: HORTON (ed.). *Teologia sistemática: uma perspectiva pentecostal*, p. 151.

194 Joachim Jeremias diz que "há algo completamente novo" no relacionamento de Jesus e Deus, "a palavra *'Abba*". Diz ainda que "uma revisão da rica e abundante literatura oracional judaica, ainda pouco estudada, leva-nos à conclusão de que em nenhuma das suas passagens está atestado o termo *'Abba* para invocar a Deus". O teólogo, então, questiona: "Como se explica

na verdade, chamar Deus de "pai" já era uma novidade, visto que no Antigo Testamento há apenas catorze ou quinze menções ao Criador como "Pai", e, mesmo assim, nenhuma delas de indivíduos dirigindo-se ou referindo-se a Deus com tal intimidade.[195] Essa liberdade relacional entre uma divindade e seus seguidores não é encontrada em nenhuma outra religião e cultura. Na verdade, como diz Abraham Joshua Heschel, a "revelação permanecerá um absurdo enquanto formos incapazes de compreender a força do impacto com o qual a realeza de Deus está buscando o homem, todos os homens".[196] Por isso, diz o mesmo autor:

> Nenhum homem está capacitado a ouvir a voz de Deus como ela é. Mas, no Sinai, "Deus troveja maravilhosamente com sua voz" (Jó 37:5). "A voz irrompeu — vindo para cada pessoa com uma força adequada à capacidade individual — para os velhos, de acordo com as suas forças, para os jovens, de acordo com as suas [...] e, mesmo adequada à força de Moisés, como foi dito: Moisés falou, e Deus respondeu com sua voz (Êxodo 19:19), isto é, com uma voz que ele podia aguentar. Da mesma maneira, diz: *A voz do Senhor tem poder* (Salmos 29:4), quer dizer, com o poder para cada um, individualmente. Por isso o Decálogo começa *Eu sou o Senhor, teu Deus*, na segunda pessoa do singular, não no plural: Deus fala a cada indivíduo de acordo com o específico poder de compreensão de cada um."[197]

O interesse de Deus em se autorrevelar não é por necessidade e muito menos por obrigação, mas unicamente por amor, pois ele amolda-se à realidade

---

isso?", respondendo: "Os pais da igreja Crisóstomo, Teodoro de Mopsuéstia e Teodoro de Ciro, originários de Antioquia, população que falava o dialeto siríaco ocidental do aramaico, dão fé unânime de que *'Abba* era o nome com que o filho pequenino se dirigia ao seu pai. E o Talmude nos confirma: 'Quando uma criança prova o gosto do cereal (isto é, tão logo como o detestam), aprende a dizer *'Abba* e *imma* (papai e mamãe). *'Abba* e *imma* são, pois, as primeiras palavras que a criança balbucia. *'Abba* era a linguagem infantil, uma palavra comum empregada diariamente: ninguém tinha ousado dirigir-se a Deus desse modo" (JEREMIAS, Joachim. *Estudos no Novo Testamento* [Santo André: Academia Cristã, 2015], p. 62-3).

195 O teólogo pentecostal Russel Joyner diz que o "conceito de Deus como Pai está muito mais desenvolvido no Novo que no Antigo Testamento, ocorrendo 65 vezes nos três primeiros Evangelhos, e mais de 100 vezes só no Evangelho de João. O Antigo Testamento identifica Deus como Pai somente 15 vezes (usualmente com relação à nação ou ao povo de Israel)" (JOYNER, Russel E. "O Deus único e verdadeiro", in: HORTON [ed.]. *Teologia sistemática: uma perspectiva pentecostal*, p. 148-9). Considerando as dimensões do Antigo Testamento em relação ao Novo, a desproporção é gritante.

196 HESCHEL. *Deus em busca do homem*, p. 98.

197 Ibid., p. 103.

## 258 | TEOLOGIA SISTEMÁTICO-CARISMÁTICA

humana a fim de se comunicar conosco. Se não fosse por amor, desde a Queda, ele poderia ter nos deixado na mais completa e absoluta ignorância e apartados eternamente dele. Todavia, ele rompeu o silêncio e, desde o chamado de Abrão, uma nova percepção foi inserida na realidade humana, e esta é totalmente oposta à de antes: o amanhã não será como hoje, pois cada dia é único e traz novos desafios e possibilidades. Assim crê a tradição carismático-pentecostal, pois pede, em oração, orientação divina para as coisas mais triviais e inimagináveis para as mentes racionalistas, inclusive teológicas, entendendo que Deus responde diretamente, ainda que à sua maneira, a qualquer pessoa que dirigir-se a ele com o coração quebrantado e contrito (Salmos 51:17). Em termos diretos, as experiências com Deus, assim cremos, continuam hoje tão atuais e fazendo parte da nossa realidade quanto nos dias de Abraão ou Moisés.

### A identidade

A obviedade de muitas coisas que pontuamos certamente pode desapontar os que estão amoldados aos manuais teológicos escolásticos e racionalistas de teologia sistemática reformada. Todavia, as reflexões começam a fazer sentido e tornam-se relevantes quando nos lembramos do fato de que o patriarca Abraão não tinha uma só linha de Escritura ou tradição de fé verdadeira para orientar-se e ter certeza de que poderia crer naquele Deus que o chamou. Longe de tal ser um empecilho, isso se converteu em um estímulo para que o caldeu continuasse o itinerário encetado por seu pai (Gênesis 11:31-32). Condicionados pelas certezas racionalistas, questionamos: "Como ele sabia, ou podia ter certeza, de que era real?" É justamente esta a questão central. Abraão *não sabia*; "ele creu", diz a Escritura, e esse ato de fé lhe foi imputado como "justiça" (Romanos 4:3; Hebreus 11:8). Mas crer e não continuar a peregrinação seria como "crer nominalmente", ou "teoricamente", ambas as formas de crença estranhas ao que a Bíblia afirma sobre a fé. Por isso, Tiago diz que Abraão também foi "justificado" pelas obras, ou seja, por obedecer ao chamado divino, provando que ele realmente creu, ou seja, aquiesceu ao que Deus lhe propôs (Tiago 2:21-24).

Alguém apressado pode achar que se trata de uma contradição bíblica entre as visões de Paulo e Tiago. Contudo, um pouco de conhecimento de teologia bíblica ajuda a entender esse aspecto, pois a teologia sistemática, de viés racionalista, é que acaba criando essas incongruências. Por isso, lembramos aqui o que já tão didaticamente explicou, quando o citamos no primeiro capítulo, o biblista pentecostal Esequias Soares, ao dizer que "a teologia sistemática toma versículos individuais da Bíblia inteira e agrupa como se fossem escritos pelo mesmo autor humano, ao mesmo tempo, para um mesmo público"; todavia, acrescenta o óbvio ao dizer que todos "sabemos que os livros da Bíblia não foram produzidos assim".[198] O que isso significa? Que cada autor deve ser lido em seus próprios termos.

Primeiramente, Paulo está contrapondo religiosidade meritocrática ("obras") à graça divina ("fé"), bastando ler o contexto (Romanos 2—4). Tiago, por sua vez, está falando de obediência prática ("obras") como demonstração de que realmente a pessoa creu ("fé"), bastando igualmente ler o contexto todo para entender (Tiago 1:22-25; cf. 2:14-26). Jesus falou disso na parábola dos dois filhos (Mateus 21:28-32). Assim, não há necessidade alguma de, forçosa e artificialmente, "harmonizá-los", pois eles nunca estiveram desalinhados e, a despeito de utilizarem o mesmo personagem e as mesmas expressões, estão tratando de assuntos e aspectos muito diferentes entre si.

Quando Deus se apresenta a Abrão, não o faz como o Senhor, ou seja, Yahweh (construção nominal com base no tetragrama YHWH), e, quando menciona pela primeira vez um de seus diversos títulos, tal só acontece no capítulo 17 de Gênesis, isto é, quase 25 anos depois de o patriarca ter obedecido ao chamado divino (Gênesis 12:1-4; cf. 17:1). Justamente por isso, é feita a observação de que o patriarca foi justificado pela fé, pois ele creu, sem ter referência alguma anterior para que pudesse evocá-la (Gênesis 15:6). Não podemos esquecer, contudo, que Abraão encontrou-se com Melquisedeque, e este era sacerdote do Deus Altíssimo, mas é preciso igualmente recordar que a atitude de fé do pai da nação escolhida não nasceu ali, mas do encontro com Deus que se dera anteriormente (Gênesis 12:1-3), tanto que a interação de Melquisedeque e de Abrão — apesar de o sacerdote chamar o Criador de "Deus Altíssimo", um dos títulos divinos veterotestamentários — é a mesma existente entre crentes que partilham da mesma fé (Gênesis 14:18-20). A experiência que ambos tiveram com Deus certamente assegurou-lhes a identidade divina e a certeza de que se tratava do mesmo e único Deus de toda a terra. Considerando a longa distância de Salém da área da qual Abrão era

---

198 SOARES, Esequias. "A natureza das línguas". *Obreiro Aprovado*. Ano 44, n. 91 (Rio de Janeiro: CPAD, out-nov-dez de 2020), p. 14.

proveniente, a dificuldade, para os padrões da época, de locomoção de um lugar a outro, bem como a ideia de que as divindades eram locais, tribais e circunscritas, tudo isso tornou esse Deus que os chamou facilmente identificável e distinguível em relação às divindades pagãs no mundo antigo.[199] Tal identidade é igualmente perceptível nas experiências patriarcais que se seguiram (Gênesis 26—50).

Na automanifestação de Deus a Moisés, vemos o fugitivo hebreu e ex-príncipe egípcio ser surpreendido pelo sobrenatural. Habituado, por quatro décadas, com o ambiente de pastagem dos rebanhos de seu sogro naquela região, certamente não foi a primeira vez que ele vira um arbusto em chamas, pois a autocombustão é comum em regiões desérticas e secas. Tal fenômeno, portanto, não lhe era estranho, mas ordinário. Todavia, na ocasião, Moisés percebeu que, a despeito de a planta e até o acontecimento serem parte de seu cotidiano, naquela oportunidade o fogo não era natural, pois, apesar de o arbusto arder em chamas, não se queimava (Êxodo 3:2-3). Não obstante, na experiência de Moisés no monte Horebe, as credenciais para identificação divina não foram a teofania (o "Anjo do Senhor") nem mesmo a hierofania (o "fogo" que não queimava a sarça), mas justamente o fato de o Senhor apresentar-se como "o Deus de Abraão, o Deus de Isaque e o Deus de Jacó" (Êxodo 3:6). O legislador que conhecia muito bem as práticas religiosas, sobretudo em relação às divindades egípcias, estava ciente de que aquele tipo de manifestação não era típica daquela cultura, muito menos irreal, pois, conquanto o "homem [esteja] aberto à ordem sobrenatural, [...] não o determina em absoluto".[200] Ele possivelmente ouvira de seus pais biológicos, Anrão e Joquebede (Êxodo 2:1-10; 6:20) acerca da promessa feita a Abraão de que eles sairiam dali para a Terra Prometida (Gênesis 15:13-14), pois de outra forma não faria sentido Deus mencionar os patriarcas (Êxodo 3:6,15).

Assim, a identidade divina fora reconhecida por essa autoidentificação, pois, mesmo sendo diferente em suas manifestações, a experiência demonstra ser exatamente o mesmo Deus. Semelhantemente ao passado, o Deus que havia prometido a Abrão, no tempo "aprazado", veio cumprir mais uma

---

199 "Como característica da civilização suméria em todas as partes, a religião praticada em Ur era panteística (a deusa-mãe era Sin, a deusa da Lua), politeísta (cerca de 300 deusas/deuses dominavam o cenário religioso) e idolátrica" (STRONSTAD, Roger. *Teologia bíblica pentecostal: de Gênesis a Apocalipse. Momentos decisivos da história da redenção* [Natal: Carisma, 2020], p. 53).

200 PASTOR. *A lógica do Inefável*, p. 99.

parte de sua promessa ao patriarca, dessa vez beneficiando o povo (Gênesis 15:13-14). Tal revelação não se deu por uma necessidade de "disputar" com outras divindades, sendo uma espécie de henoteísmo — estágio em que uma das deidades atinge uma posição de supremacia sobre os demais espíritos e é adorada em detrimento das outras[201] —, que alcançou proeminência diante do povo em virtude de seus feitos e que precisava impor-se. Longe disso; antes, tratava-se do mesmo Deus dos pais que, agora, revelara-se ao legislador e, consequentemente, ao povo. Deus não antagoniza com qualquer divindade, uma vez que elas não são reais, mas apenas produtos da mente humana.

Além do mais, o grande problema com "quem faz imagens e as utiliza na adoração" é que "inevitavelmente extrai delas sua teologia, incluindo a negligência de todos os pontos da vontade de Deus revelada", diz James Packer. Esse autor completa, comentando a respeito do segundo mandamento, que "Deus não lhes apresentou nenhum símbolo visível de si mesmo, mas falou com eles; portanto, agora eles não deveriam procurar símbolos visíveis de Deus, mas simplesmente obedecer à sua Palavra".[202] Não se trata de um preciosismo, mas de cuidado com o povo, pois "todas as imagens de Deus feitas pelos homens, sejam esculpidas ou mentais, são realmente emprestadas do mundo ímpio e pecador e com certeza não estão de acordo com a santa Palavra do próprio Deus", ou seja, erigir "uma imagem dele é buscar inspiração em recursos humanos, e não em Deus; este é realmente o erro da produção de imagens",[203] e esta era a verdade que Deus, desde os chamados de Abrão e Moisés, queria evidenciar e que também deixara clara com o segundo mandamento.

## O nome

No chamado de Moisés restava ainda mais um fator fundamental do processo de autorrevelação divina, especificamente israelita, que foi a enunciação do nome de Deus — dimensão imprescindível para a formação do monoteísmo judaico —, seguido da capacitação de Moisés para o exercício da missão de que o Senhor o incumbira. Como observa oportunamente Joseph Ratzinger, "a formação definitiva de um nome próprio para Deus e, juntamente com

---

201 JOYNER, Russel E. "O Deus único e verdadeiro", in: HORTON (ed.). *Teologia sistemática: uma perspectiva pentecostal*, p. 127.

202 PACKER. *O conhecimento de Deus*, p. 58.

203 Ibid.

ele, também de uma imagem própria de Deus, parece ter sido o ponto de partida da transformação de Israel em um povo".[204] Mas precisamos atentar para a verdade de que a revelação do nome só se deu por conta do chamado de Moisés e por um pedido deste (Êxodo 3:1-22). Aqui, uma vez mais, lembramo-nos de uma marca inconfundível do processo revelacional, destacado por H. H. Rowley, que é o binômio "acontecimento e pessoa", isto é, a combinação de história geral e experiência pessoal que, para as tradições bíblicas, judaica e cristã, é de importância capital, pois certifica a verdade de que cremos em um Deus vivo e real que não é "apenas" relatado na Bíblia, como se tivesse ficado no passado, mas que continua presente em qualquer época, lugar e manifesta-se a qualquer pessoa, tal como as Escrituras abundantemente mostram do início ao fim.

O diálogo de Moisés com Deus é surpreendente, pois o hebreu, que posteriormente vai pedir a Deus para vê-lo (Êxodo 33:18), nessa primeira oportunidade, esconde o rosto entre as mãos com medo de contemplá-lo (Êxodo 3:6). Moisés está perplexo, pois uma coisa é ouvir falar de Deus e outra, bem diferente, é ficar frente a frente com sua manifestação. Lembramonos aqui da experiência de Jó, já mencionada várias vezes (Jó 42:1-6). Que havia algo incomum e que a presença alterara toda a ordinariedade do cenário pastoril, já eram sinais evidentes de que Moisés estava diante do sobrenatural. Contudo, como convencer seus compatriotas de que Deus, de fato, havia aparecido a ele e lhe ordenado que tirasse o povo do Egito, libertando uma multidão? Este era o ponto. Como fazer que aquela experiência surpreendente e, até onde sabemos, inédita na história da humanidade fosse relatada e crida, a ponto de levar uma multidão a desafiar as intempéries e sair em direção a uma terra desconhecida? (cf. Êxodo 3:10-11).

Tais pensamentos ocorriam a Moisés, não por ser ele incrédulo, mas por ser alguém "normal", isto é, um homem natural que sabia de uma promessa que atravessara séculos nutrindo seu povo, mas cujas implicações não são pensadas nem sua razoabilidade é questionada até que haja a cobrança de um posicionamento como o de que chegara o momento de ela ser cumprida e ele, um ancião, fugitivo do Egito, ser pessoa comissionada para levar a efeito tal empresa. Como parte da normalidade e de seu modo natural de pensar, ele está ciente de que por suas próprias forças não poderá levá-la a efeito, isto é, em

---

204 Ratzinger. *Introdução ao cristianismo*, p. 90-1.

termos práticos a promessa não pode ser eficaz caso fique no nível de mote, ou ideologia, pois isso poderá até ser suficiente para encorajar uma rebelião dos escravos contra o faraó, mas não produzirá nada senão represália e castigo.

Tudo isso era não somente lógico e correto, mas até mesmo sensato que Moisés ponderasse. Tal quadro mostra, uma vez mais, quão equivocada e preconceituosa é a ideia de David Hume a respeito de sua suspeita quanto à veracidade dos testemunhos dos discípulos de Jesus, já em nossa era cristã, ou seja, bem mais "recente" que Moisés, de que eles eram homens ignorantes que acreditavam em qualquer coisa.[205] Não, a lógica intuitiva não nasceu na Grécia, mas apenas seu desenvolvimento formal. Pensando logicamente, tal ação seria não apenas irrazoável, mas até suicida. Conhecedor das práticas religiosas do Egito, Moisés certamente sabia da crença de que o faraó, considerado "filho do Sol", era visto como aquele "que assegura o retorno do sol a cada manhã e comanda as cheias do Nilo".[206] Como alguém autoexilado, afastado há quatro décadas e já com as limitações da idade, poderia desafiar uma divindade com os poderes do faraó?

A essa altura, vivenciando aquela experiência que parece não ter sido assim tão breve, há outro aspecto da religião egípcia, especificamente em relação ao faraó, que certamente chamou a atenção de Moisés. Como já dissemos, uma vez que o faraó alegava ser "filho de Rá, o deus-Sol", somente o monarca egípcio poderia ficar "face a face com os deuses".[207] Sendo Moisés um simples

---

205 HUME, David. *Investigação acerca do entendimento humano* (São Paulo: Nova Cultural, 2000), p. 116.

206 LAMBERT. *O nascimento das religiões*, p. 260.

207 Ibid., p. 275. "Não se conhece bem a origem da qualificação divina do faraó. Pode-se supor que o rei é assimilado a seu deus protetor a partir do momento em que seu poder o elevou acima de todos. É em todo caso o que faz Menes, o unificador dos dois reinos, ligando-se a Hórus (filho de Osíris), suposto fundador mítico da realeza. Sob a IV dinastia (c. 2600-2480), o clero de Heliópolis, no baixo Egito (ao norte), cujo deus local é o deus-Sol, Rá, um deus, aliás, venerado em todo o Egito, assume ascendência e liga-se ao faraó, que toma o título 'filho de Rá'. Rá torna-se o deus supremo do reino do baixo Egito, e Amon, deus local de Tebas, capital do reino do alto Egito (ao sul), é tido como deus supremo desse reino. Tendo o faraó reconquistado por duas vezes seu poder sobre todo o Egito a partir de Tebas com o apoio do clero de Amon, esse deus funde-se com Rá para formar Amon-Rá, enquanto seu clero torna-se o mais poderoso e o faraó torna-se o 'filho de Amon-Rá' (médio império)" (ibid., p. 281). É importante observar que tais acontecimentos se deram sob o faraó Amenófis IV, chamado de Akhenaton, que reinou de 1372 a 1353 a.C., ou seja, cerca de cem anos antes do nascimento de Moisés, ocorrido no período dos Ramsés (1304-1186), sendo considerada a primeira forma de monoteísmo de que se tem notícia. Todavia, como bem destaca Yves Lambert: "Isso não impede que eventualmente se invoquem deuses secundários (como os cristãos falam dos anjos, segundo J. Daumas), pois os egípcios gostam de conservar as tradições anteriores" (ibid., p. 287).

# 264 | TEOLOGIA SISTEMÁTICO-CARISMÁTICA

pastor, distante até mesmo da magnitude de um patriarca como Abraão, como poderia ele ter aquela experiência direta com Deus? Como ele, um humilde pastor, que cometera um homicídio, vivendo há quatro décadas incrustado naquelas terras arábicas, poderia ter tal privilégio e responsabilidade?

Há mais, contudo, para se pensar na ocasião desse chamamento de Moisés. A despeito de o faraó ser considerado como uma divindade, isso não significa que não havia coexistência com outros deuses que, na verdade, legitimavam a divindade faraônica, sendo quase sempre um henoteísmo, pois quando determinada dinastia destronava a outra, com a ascensão de um novo faraó, era atribuída tal vitória à divindade que o faraó vitorioso adorava. Justamente por isso, a religiosidade egípcia é bastante complexa, tendo basicamente três fases que correspondem ao processo político do antigo império (c. 2660-2180), o médio império (c. 1990-1780) e o novo império (1522-1070). Foi sob esse último período imperial que viveu o povo hebreu na maior potência do mundo antigo. Uma época desfavorável para eles, pois

> Sob o novo império, os faraós criam um exército profissional e só utilizam escravos para os grandes trabalhos, o que despe o povo de todo o poder. As desigualdades aumentam e a evolução precedente se acentua. Por outro lado, a "democratização" do acesso ao além se realiza por práticas mágico-religiosas. O clero chega a vender amuletos e textos que supostamente facilitam a passagem (colocados na tumba), especialmente o Livro dos mortos, que se constitui então a partir de excertos de livros precedentes, de declarações de inocência etc. Os ricos compram o livro inteiro, os pobres um fragmento — isso faz pensar no futuro comércio de indulgências no cristianismo.[208]

Quando Deus diz a Moisés: "Tenho visto atentamente a aflição do meu povo, que está no Egito, e tenho ouvido o seu clamor por causa dos seus exatores, porque conheci as suas dores. Portanto, desci para livrá-lo da mão dos egípcios, e para fazê-lo subir daquela terra a uma terra boa e larga, a uma terra que mana leite e mel" (Êxodo 3:6-7a), ele se coloca em rota diametralmente oposta à das divindades egípcias. Evidentemente que tal se dá em cumprimento à promessa feita por Deus na aliança abraâmica. Contudo, não podemos esquecer que Moisés não tinha experiência com Deus e acostumou-se, no

---

208 Ibid., p. 286.

período em que viveu no palácio, a ver quanto os egípcios escarneciam do povo hebreu. Além disso, aparentemente, tinha-se a impressão de que o Deus de seu povo era apenas uma lenda, pois não se importava com seu sofrimento. Voltando à experiência de Abrão, verificamos que havia um motivo para tal espera divina, ou seja, "a medida da injustiça dos amorreus não está ainda cheia" (Gênesis 15:16b), disse Deus ao patriarca.

Assim, Moisés descobre que Deus não é caprichoso e/ou parcial, que não apenas fala com um simples pastor, mas também se importa com escravos e, ainda mais, não trata de forma injusta a nenhum povo, pois o tempo da libertação dos descendentes de Abraão "dependeu" de sua longanimidade em esperar que "a medida da injustiça" dos povos da terra que seria ocupada pelos hebreus se completasse! Em poucos minutos de "apresentação", Moisés obtém a prova do caráter que Abraão atestou em uma de suas experiências com Deus, isto é, o futuro libertador de Israel não está diante de uma divindade tribal ou étnica, mas na presença do "Juiz de toda a terra" (Gênesis 18:25). Todavia, restava uma questão muito importante e que, obviamente, seria questionada: "Quem é esse Deus? Qual é o seu nome?"

Habituado com as teogonias egípcias, Moisés sabia que as divindades possuíam nomes e que sua "história", incluindo o nascimento de cada uma, era conhecida de todos, tendo, inclusive, os nomes dados pelos sacerdotes responsáveis por oficiar o seu culto pagão. Uma vez que a informação que os hebreus tinham a respeito de seu Deus era que ele fora "o Deus de Abraão, o Deus de Isaque e o Deus de Jacó", seria muito lógico que lhe cobrassem o nome do Deus que se revelara a ele e o comissionara a ir ao Egito e reclamar a saída do povo. Com essa conclusão, Moisés não pergunta a Deus o seu nome, mas diz que "quando vier os filhos de Israel e lhes disser: O Deus de vossos pais me enviou a vós; e eles me disserem: Qual é o seu nome? O que lhes direi?" (Êxodo 3:13). Deus, sem rodeios, apresenta-lhe o "nome". Todavia, o nome de Deus não foi dado por alguém, nem possui uma etimologia possível de ser acessada e, por conseguinte, não é possível dissecá-lo e entendê-lo, pois o seu nome, longe de revelar algo que pudesse torná-lo manipulável, aumentou seu mistério.

Parece incongruente falar em "aumento do mistério" justamente quando Deus se revela a Moisés. A fim de não soarmos contraditórios, é de bom alvitre explicar o porquê desse adensamento do mistério. Em primeiro lugar, registramos a importância dos inúmeros tratados cujas pesquisas filológicas se debruçam, há séculos, sobre o desvendamento do nome divino revelado a

## 266 | TEOLOGIA SISTEMÁTICO-CARISMÁTICA

Moisés. Muitas e variadas obras, algumas volumosas, encontram-se disponíveis, podendo o pesquisador fazer uma incursão aos escaninhos dos nomes divinos.[209] Isso significa que não vamos, por motivos de espaço e objetivo, trabalhar essas questões neste último subtópico, pois isso faria que nos afastássemos demasiadamente dos propósitos deste capítulo e até do livro como um todo. Dito isso, vale a pena, todavia, conhecer alguns "detalhes" apresentados por especialistas da área, antes de falarmos, seguindo a linha da forma apofática (negativa) de concepção e produção teológica, conforme explicamos na primeira parte da obra.

O biblista sueco Tryggve Mettinger diz que durante o "período patriarcal Deus se havia apresentado como El Shaddai; mas desde o tempo de Moisés seu nome era Yahweh".[210] Isso, todavia, não significa que *El Shaddai*, comumente traduzido por Todo-poderoso, não tenha importância, pois é utilizado 48 vezes no Antigo Testamento e, provavelmente, trata-se do mais antigo nome divino registrado na Bíblia. Em razão do fato de tal nome estar visceralmente relacionado aos cuidados divinos com o clã e a família, e haver uma divindade entre os amorreus cuja concepção era análoga,[211] a opinião do biblista é que, combinando as duas concepções, ou seja, "o Deus dos pais e YHWH demonstra que a ideia israelita da divindade está longe de ter sido estática, e que a viagem junto de Deus está cheia de surpresas", pois, arremata o mesmo autor, "não devemos nos esquecer de que os textos sagrados ressaltam que foi um e o mesmo Deus que falou com Abraão e Moisés (Êx 3.6 e 6.2-3)".[212] Por isso, em Êxodo 3, "que é o texto-chave do Antigo Testamento para o nome YHWH", diz o mesmo autor, "Deus revela seu nome novo a Moisés (YHWH) nos vv. 14-15 e ressalta o nexo nunca rompido com os dias dos patriarcas".[213]

---

209 Somente para exemplificar, apresentamos três obras: TERRA. *O Deus dos semitas*; METTINGER. *O significado e a mensagem dos nomes de Deus na Bíblia*; RÖMER, Thomas. *A origem de Javé: o Deus de Israel e seu nome* (São Paulo: Paulus, 2016).

210 METTINGER. *O significado e a mensagem dos nomes de Deus na Bíblia*, p. 43.

211 Russel Joyner, teólogo pentecostal, diz que "Shaddai provém de uma palavra antiga que significava 'montanha'" (JOYNER, Russel E. "O Deus único e verdadeiro", in: HORTON [ed.]. *Teologia sistemática: uma perspectiva pentecostal*, p. 672). Daí a explicação de alguns biblistas de que a "etimologia mais aceita não busca a raiz do nome no hebraico, mas sim no acádio, concretamente numa palavra dos textos babilônicos — *šadû* — a palavra acádia comum para 'montanha'. Segundo esta teoria, o nome 'El Shaddai' equivaleria a algo como 'El, o da Montanha'" (METTINGER. *O significado e a mensagem dos nomes de Deus na Bíblia*, p. 111).

212 Ibid., p. 115.

213 Ibid., p. 44.

CAPÍTULO 3 – Teologia | 267

Esse é o aspecto mais importante a ser ressaltado, pois para nós, os que cremos, tais questões não suscitam quaisquer incômodos, pois sabemos que se trata do mesmo Deus, mas os detratores levantam suspeitas quanto ao fato dos nomes, títulos etc., principalmente pelo fato de Deus ter, posteriormente, dito a Moisés que, não obstante ter aparecido "a Abraão, e a Isaque, e a Jacó, como o Deus Todo-Poderoso, pelo meu nome, o SENHOR, não lhes fui perfeitamente conhecido" (Êxodo 6:3), sendo que em passagens como Gênesis 12:8 e 14:18,22, por exemplo, a tradução do tetragrama YHWH, SENHOR, aparece. A explicação da nota desse texto na *Bíblia de estudo Palavras-chave* é que os acadêmicos sugerem "que Moisés, por causa de seu conhecimento pessoal do Senhor nesta época, inseriu o nome nas passagens do livro de Gênesis, quando o escreveu, em uma época posterior", por causa de uma não "compreensão apropriada da palavra hebraica *yādhāh*", que aparece em nosso texto como "conhecido". De acordo com a nota e, como já vimos a respeito da expressão no subtópico acerca das experiências-limite de fé, um dos significados dessa expressão é justamente "conhecer por experiência". Assim, a conclusão da nota é que o povo de "Israel estava prestes a testemunhar os eventos do seu êxodo do Egito, uma demonstração muito mais vívida do poder de Deus do que os seus antepassados jamais tinham visto", ou seja, "Israel conheceria, por experiência, o significado completo do seu nome", visto que, "embora soubessem que ele se chamava 'Senhor', os patriarcas não tinham visto tal demonstração de poder" e, por isso mesmo, "não tinham conhecido todas as implicações desse nome".[214]

Portanto, a respeito do sentido do nome revelado a Moisés, há tantas e diversas explicações que seria impossível elencá-las. A opinião do teólogo pentecostal Russel Joyner é que a "forma que sua pergunta assume é realmente uma busca da descrição do caráter, e não de um título (Êx 3.11-15)", isto é, "Moisés não estava perguntando: 'Como te chamarei?' mas: 'Qual é o teu caráter; como és tu?'" e "Deus respondeu: 'EU SOU O QUE SOU' ou 'SEREI O QUE SEREI' (v. 14)", cuja tradução em hebraico é "*'ehyeh 'asher 'ehyeh*

---

214 *Bíblia de estudo palavras-chave: hebraico e grego*, 4. ed. (Rio de Janeiro: CPAD, 2015), p. 74. Conquanto sejamos simpáticos à experiência por ser um *leitmotiv*, ou fio condutor, desta *Teologia sistemático-carismática*, somos cientes de que a teoria apresentada na *Bíblia de estudo Palavras-chave* não é a última palavra, sendo uma possibilidade dentre as várias opiniões, mas que, assim como muitas outras, enfrenta algumas dificuldades.

268 | TEOLOGIA SISTEMÁTICO-CARISMÁTICA

[que] indica a existência em ação".[215] A opinião acorde é que essa é a "única passagem que oferece uma explicação do significado do nome de Deus", diz o biblista Tryggve Mettinger, pois "dele se infere que a raiz do nome deriva do verbo 'ser'", que acaba aparecendo como "resposta à pergunta (v. 13) sobre o nome de seu interlocutor", ou seja, o "nome de Deus é YHWH, isto é, 'Ele é'; quando ele fala de si mesmo não o faz na terceira pessoa, mas diz naturalmente 'Eu sou' (v. 14); mas quando Moisés deve se referir a ele, o próprio é que deverá dizer 'Ele é' (v. 15)".[216]

Converge com essa mesma opinião o teólogo alemão Joseph Ratzinger, dizendo que a "intenção do texto consiste obviamente em justificar o nome 'Javé' como o nome certo de Deus em Israel". Justamente por isso, é decisivo que, por um lado, o nome apareça "historicamente nos primórdios da formação do povo de Israel e do estabelecimento da aliança, e, por outro lado, con[fira-lhe] um conteúdo significante", e tal "se dá pela explicação de que a palavra incompreensível 'Javé' remete à raiz *haia* = ser". Ele diz ainda que, se "olharmos as consoantes da palavra hebraica, essa explicação parece até possível", embora, acrescente, convergindo com o que já dissemos, que, "em termos filológicos, explicar assim a origem do nome de Javé é, no mínimo, uma questão problemática", pois, "como se costuma ocorrer tantas vezes no Antigo Testamento, trata-se de uma etimologia teológica, e não filológica".[217]

Em outros termos, não é possível desvendar coisa alguma a respeito de Deus, que dirá "dominá-lo", por sabermos seu nome, ou seja, tudo que sabemos só é possível por ele mesmo se revelar, e Deus, óbvio como é, não se exaure em sua autorrevelação (Jó 38—41). Para termos uma noção dessa problemática do nome de Deus, as teorias são várias, mas vale a pena ver o que diz H. H. Rowley:

> Afirmou-se que esse nome foi conhecido em Ras-Shamra, onde figurava sob a forma *Yw o filho de El*. Tal opinião não é unânime, e é sumamente improvável que tenhamos aí o nome do Deus de Israel. Em todo caso, esse Deus não desempenha nenhum papel de destaque na mitologia de Ras-Shamra, e dificilmente poderia ter sido

---

215 JOYNER, Russel E. "O Deus único e verdadeiro", in: HORTON (ed.). *Teologia sistemática: uma perspectiva pentecostal*, p. 144.

216 METTINGER. *O significado e a mensagem dos nomes de Deus na Bíblia*, p. 59-60.

217 RATZINGER. *Introdução ao cristianismo*, p. 88.

CAPÍTULO 3 – Teologia | 269

sob a influência dessa religião que os israelitas constituíram Yahweh o único Deus cuja adoração fosse considerada legítima para eles. O que se sustenta mais comumente é, com prova encontrada no próprio AT, que Yahweh era adorado pelos quenitas antes de ser adorado por Israel.[218] A prova não é irresistível, e muitos eruditos a contestam, mas no conjunto parece plausível. Há prova de uma conexão entre o sogro de Moisés e os quenitas, e afirma-se que ele era sacerdote. Se era, como essa teoria acredita, um sacerdote de Yahweh, isso não quer dizer que a religião de Israel deve ser equiparada à religião dos quenitas e tratada como um desdobramento dela. O que importa não é tanto o nome da divindade, quanto o caráter da religião do Iahwismo estabelecida por Moisés, que com ele se associava, e o caráter da religião do Iahwismo estabelecida por Moisés diferia de todo e qualquer Iahwismo quenita. Assim como o cristianismo na China adotou o nome Shang Ti, mas infundiu-lhe um conteúdo que jamais tivera na China antes da introdução do evangelho, assim o nome de Yahweh, se fosse um nome divino quenita, foi provido de um novo significado. Este, contudo, não era um sentido que Moisés ou os israelitas lhe impuseram, mas um sentido que lhe foi dado no contexto da revelação que está associada a Moisés. Se o nome de Deus era partilhado com os quenitas, a concepção do caráter de Deus dificilmente poderia ter sido partilhada com eles, uma vez que a concepção israelita nascera da sua própria experiência de Deus, na libertação do cativeiro do Egito. Por esse motivo não precisamos discutir o problema do sentido do nome de Yahweh. Foi esse nome muito discutido, e apresentada uma variedade de teorias. Mas a etimologia não é de decisiva importância para a teologia veterotestamentária, uma vez que não foi a etimologia, e sim a experiência, que deu sentido ao termo.[219]

Por esse fato, diz o teólogo alemão Ratzinger, "não importa estudar o sentido original segundo a formação histórica das palavras, e sim dar-lhes aqui e agora um sentido". Assim, a "etimologia é, na verdade, apenas instrumento de uma relação do sentido" e, por isso mesmo, a "essa associação do nome 'Javé' com a palavrinha 'ser' segue-se uma segunda tentativa de explicação quando se diz que Javé é o Deus dos pais, o Deus de Abraão, de Isaac e de Jacó", cujo

---

218 "É chamado madianita em Êx 3:1; 18:1, mas um quenita em Jz 4:11. É provável que os quenitas fossem um clã madianita" (ROWLEY. *A fé em Israel*, p. 78).

219 ROWLEY. *A fé em Israel*, p. 77-9.

objetivo não é outro senão "ampliar e aprofundar a concepção de 'Javé' equiparando o Deus que leva esse nome ao Deus dos patriarcas de Israel; que deve ter sido invocado sobretudo sob os nomes de El ou Eloim".[220] Apesar de reconhecermos a importância dos trabalhos filológicos, já está mais do que claro que as pesquisas exegéticas não chegam a um consenso acerca do significado do principal nome divino (para muitos, o único), de forma que Ratzinger pergunta retoricamente: "Podemos descobrir algo sobre o significado original do nome Javé sob o ponto de vista linguístico?" Então, responde: "Trata-se de uma tarefa praticamente impossível, porque é justamente a origem da palavra que continua obscura".[221] O importante é que, diz ele, na "raiz linguística e mental do nome de Javé que, a nosso ver, está presente no 'Deus pessoal' sugerido pela sílaba *yau*, tornam-se visíveis tanto a escolha quanto a diferenciação feitas por Israel dentro do contexto histórico-religioso em que vivia".[222] Portanto, "Javé é interpretado como o Deus dos pais" e, por conseguinte, "associam-se à fé em Javé todos os conteúdos que estavam implícitos na fé dos pais e que, agora, se veem inseridos num novo contexto que lhes confere uma nova forma".[223] Em uma palavra:

> Mas qual é o elemento novo, específico, que encontra a sua expressão em "Javé"? São muitas as respostas; já não parece ser possível descobrir o sentido exato das fórmulas que aparecem em Êx 3. Mas pelo menos dois aspectos destacam-se com nitidez. Tínhamos constatado que, para o nosso pensamento, já é um escândalo o simples fato de Deus ter um nome, aparecendo, portanto, como uma espécie de indivíduo. Mas, analisando mais detalhadamente o texto em questão, surge uma pergunta: Trata-se realmente de um nome? A princípio parece absurdo formular tal pergunta, porque ninguém duvidará que Israel considerava a palavra Javé um nome de Deus. Uma leitura atenta mostra, no entanto, que a cena da sarça ardente interpreta esse nome de tal maneira que esse praticamente deixa de ser um nome; pelo menos deixa de pertencer ao rol das denominações de divindades ao qual parecia pertencer à primeira vista. Prestemos atenção ao diálogo! Moisés pergunta: Os filhos de Israel, aos quais tu me envias, dirão:

---

220 RATZINGER. *Introdução ao cristianismo*, p. 88.
221 Ibid., p. 90.
222 Ibid., p. 91.
223 Ibid., p. 94-5.

CAPÍTULO 3 – Teologia | 271

Quem é o Deus que te envia? Como ele se chama? Que resposta devo dar-lhes? Diz-se, então, que Deus respondeu assim a Moisés: "Eu sou o que sou". Poderíamos traduzir também: "Sou o que sou". Essa resposta se parece mais com uma recusa; tem-se a impressão de que a intenção de Deus é mais a de negar a comunicação de seu nome do que de revelá-lo. A cena toda transmite um ar de indisposição causada pelo molestamento irritante: Ora, sou quem sou! A ideia de que, nessa cena, não se trata propriamente da revelação de um nome, e sim da rejeição da pergunta, torna-se ainda mais provável se compararmos essa passagem com os dois textos que mais poderiam ser considerados paralelos ao nosso texto: Jz 13:18 e Gn 32:30. Em Jz 13:18, um certo Manôah pergunta ao Deus que está à sua frente qual é o seu nome. A resposta que ele recebe é esta: "Por que indagas o meu nome, se ele é um mistério (a tradução poderia ser também: 'Se ele é maravilhoso')?". Não se menciona nome algum. Em Gn 32:30 é Jacó quem pergunta pelo nome do desconhecido, depois de ter lutado com ele durante a noite, e também ele recebe apenas uma resposta evasiva: "Por que perguntas por meu nome?". Tanto a linguagem quanto a estrutura das duas passagens são muito semelhantes ao nosso texto, de modo que é impossível negar que existe entre eles um ponto de contato no modo de pensar. Neles também se verifica o gesto da recusa. O Deus com o qual Moisés se comunica na sarça ardente não pode revelar o seu nome do mesmo modo que o fazem os deuses ao redor que são deuses--indivíduos ao lado de outros do mesmo tipo e que, por isso mesmo, precisam de um nome. O Deus da sarça não se mistura com eles.[224]

Na linha apofática que temos desenvolvido, o teólogo pentecostal Russel Joyner diz que "da mesma forma que [Deus] se revela, também se oculta: 'Verdadeiramente, tu és o Deus que te ocultas, o Deus de Israel, o Salvador' (Is 45.15)".[225] Paradoxalmente, o "Deus que se revela permanece misterioso, e ainda ao ser conhecido e afirmado em sua realidade permanece incompreensível em seu ser e em sua liberdade".[226] É assim que "a interpretação do

---

224 Ibid., p. 95.

225 JOYNER, Russel E. "O Deus único e verdadeiro", in: HORTON (ed.). *Teologia sistemática: uma perspectiva pentecostal*, p. 129. "A teologia da Reforma acentua que Deus continua oculto também na revelação. Deus não se revela nunca imediatamente na sua essência, senão sempre apenas na sua ação ou na sua palavra. O Deus revelado sempre também é o Deus oculto." (SCHELKLE, Karl Hermann. *Teologia do Novo Testamento: Deus estava em Cristo*, vol. 3, [São Paulo: Loyola, 1977], p. 19).

226 PASTOR. *A lógica do Inefável*, p. 45.

nome de 'Javé' pela palavra 'ser' tem a função de fazer uma espécie de teologia negativa", e tal teologia apofática "anula o nome enquanto nome, levando, por assim dizer, a um recuo do excessivamente conhecido, expresso no nome, para o desconhecido ou oculto", ou seja, o "nome é dissolvido e transformado em mistério, de modo que nele estão presentes simultaneamente vários aspectos de Deus: ele é conhecido e desconhecido, oculto e revelado". Dessa forma, o "nome, sinal de conhecimento, torna-se símbolo do Deus desconhecido e inominado", isto é, em lugar "da ideia de que aqui se encontra a possibilidade de apreender Deus, é realçada, na verdade, a manutenção da distância infinita".

É nesse contexto que certamente se pode considerar "perfeitamente legítima a prática posterior de não mais pronunciar esse nome em Israel, dando preferência a circunlocuções, a ponto de o nome nem aparecer na versão grega, onde foi simplesmente substituído pela palavra 'Senhor'". Alinhamonos à opinião de Ratzinger de que, nesse aspecto, e sob "muitos pontos de vista, essa prática revela uma compreensão mais exata do mistério da cena da sarça do que numerosas explicações filológicas cheias de erudição".[227] Admitir a incompreensibilidade, por nossas limitações humanas, é mais nobre e teologicamente fiel às Escrituras do que embrenhar-se em explicações filológicas que apenas especulam e divagam.

Tal se dá pelo fato de que "Yahweh é o Deus vivo, e não somente o Deus da vida, como os outros deuses podem ser da guerra ou da morte" e, por isso mesmo, "ele não é a Vida deificada, a força vital elevada ao máximo, um poder cego e brutal, uma realidade impessoal cuja vitalidade se expressa de forma desordenada".[228] E a prova de que o Deus verdadeiro não é assim reside no fato de que seu "dinamismo incansável, seu poder criador, sua atividade incessante se manifestam em atos sujeitos a um plano", ou seja, "Yahweh produz a vida, a conserva, a restabelece mediante atos criadores e redentores que se inscrevem em uma história da salvação do universo".[229] Portanto, quando o texto veterotestamentário o "chama de o Deus vivo", assim o faz porque "Ele se revela como uma pessoa viva, que fala, atua, vê, ouve, o que é totalmente oposto de um ídolo mudo e inerte".[230]

---

227 Ratzinger. *Introdução ao cristianismo*, p. 96.

228 Martin-Achard, Robert. *Da morte à ressurreição segundo o Antigo Testamento* (Santo André: Academia Cristã, 2015), p. 28.

229 Ibid.

230 Ibid., p. 28-9.

CAPÍTULO 3 – Teologia | 273

Esse entendimento é vital para compreender o porquê de a "expressão 'Vive Yahweh', *ḥay-y.hōvāh*" ser, além de "uma forma característica, utilizada, sem dúvida, nos juramentos e cujo abuso, explica o terceiro mandamento, marca um traço fundamental do Deus de Israel", algo equivalente ou com o mesmo teor das palavras do Decálogo: "'Vivo Eu', *ḥay-'āni*, que vem reforçar as declarações feitas pelo profeta em nome de Yahweh".[231] Assim:

> O nome próprio do Deus de Israel revelado a Moisés (Êx 3.1ss) cuja exata pronúncia e precisa interpretação, apesar dos numerosos trabalhos, nos escapam, indicam que Yahweh não é o Eterno no sentido filosófico do termo, um ser puro, tão caro aos pensadores aristotélicos, uma essência estática e atemporal, mas, pelo contrário, o Deus vivo que intervém sem cessar na natureza e na história, um Deus em movimento, em atividade transbordante e cuja constante ação dirige o universo, um Deus em marcha, que caminha para guiar os homens e do qual cada ser depende em cada momento e de um modo absoluto.[232]

Talvez essa seja a diferença mais fundamental entre as divindades gregas e o Deus revelado na Bíblia. É justamente sobre essa questão que vamos nos debruçar no próximo e último tópico deste capítulo. Ultimando este subtópico, é oportuno mostrar ainda que, em sua lógica, a fim de garantir minimamente a razoabilidade de sua missão, mas talvez como uma forma de se certificar que estava, de fato, falando com o Deus dos patriarcas, Moisés pergunta pelo nome de quem lhe falava. Mais do que ninguém, o futuro libertador dos hebreus estava familiarizado com as ideias do antigo Oriente de que "uma pessoa ou coisa se torna disponível para aquele que conhece seu nome",[233] esclarece o teólogo alemão Wolfhart Pannenberg. Assim, possivelmente o nome de uma divindade verdadeira, ou seja, um Deus real, vivo e de verdade, talvez lhe fosse negado saber. Justamente por isso, alinhamo-nos aos teólogos que dizem que o "nome de Deus", revelado a Moisés, na verdade não é propriamente um nome, mas um adensamento do mistério, isto é, "não se trata de uma *autorrevelação* no sentido de uma comunicação que visa patentear o próprio ser, menos ainda no sentido de uma autorrevelação definitiva".[234]

---

231 Ibid., p. 29.
232 Ibid.
233 Pannenberg. *Teologia sistemática*, vol. 1, p. 283.
234 Ibid., p. 287.

## 274 | TEOLOGIA SISTEMÁTICO-CARISMÁTICA

Portanto, a proibição do terceiro mandamento não era simplesmente em relação ao nome, isto é, à simples pronúncia das letras, como se elas, em si mesmas, fossem sagradas ou contivessem alguma força ou algum poder, mas à manipulação das pessoas evocando o que representa o nome divino, ou seja, o Ser-em-si de Deus.

É assim que, mesmo tendo se certificado e que, de fato, era Deus que lhe falava, Moisés sabe que o povo não acreditará em suas palavras (Êxodo 4:1). O Senhor, por sua vez, ciente de que seria exatamente desse jeito que se comportariam, pois eles realmente não creriam, concedeu "poderes" a Moisés e o tornou alguém que não precisaria se apoiar em sua capacidade de persuadir para convencer, nem em sua criação principesca ou no costume de apascentar ovelhas, para liderar. Moisés deveria se apoiar totalmente no "poder de Deus" (Êxodo 4:2-9,11-12). Usando um anacronismo e, com base nas experiências que se seguem a esta, podemos dizer que Moisés foi "revestido de poder", isto é, capacitado e habilitado para o exercício do ministério que Deus lhe outorgara, pois não é possível executar uma missão para Deus sem antes ser habilitado para tal.

Nada a estranhar, pois na verdade, conforme observa o teólogo presbiteriano Don Codling, "antes de Hume, a visão geral era de que os milagres e outros dons de revelação eram evidências de que determinada mensagem provinha de Deus".[235] Não obstante, como é possível verificar, não se trata de um "poder residente" que Moisés poderia dele dispor quando e como lhe conviesse, quase arbitrariamente ou ao seu bel-prazer; antes, todas as ações miraculosas tinham por finalidade a glória de Deus e o socorro ao povo (e.g., Êxodo 6:1-13,28-30; 7—17:7). A despeito da importância do monoteísmo, este não fora "a expressão do orgulho nacional, uma vez que os profetas eram porta-vozes dos juízos de Deus antes que de um patriotismo superficial", diz H. H. Rowley, que completa, afirmando que é "o dom da revelação, começado em Moisés e continuado nos profetas, mediante o qual Deus se ia dando a conhecer, primeiramente para o povo de sua eleição, e depois, por meio dele, a todas as suas criaturas".[236]

É assim que, na linha da história da salvação, desde a chamada de Abrão, vemos que Deus chama um representante, seja um indivíduo, seja um povo,

---

235 CODLING, Don. *Sola Scriptura e os dons de revelação: como lidar com a atual manifestação do dom de profecia?*, 3. ed. (Natal: Carisma, 2020), p. 43.

236 ROWLEY. *A fé em Israel*, p. 105-6.

como o de Israel, para viver exclusivamente a fim de iluminar e abençoar todas as nações (Gênesis 12:3; Êxodo 19:3). Com o fracasso de Israel, assim como os outros povos chamados antes para representá-lo (Amós 9:7), Deus, então, envia Jesus, para, por intermédio dele, formar um povo dentre todos os povos da terra, com base não mais na etnia, mas unicamente na fé, formando então a igreja, pois o seu reino tem de ser conhecido, e ele conta com os seres humanos, destinatários originais desse projeto. Na verdade, sua autorrevelação tem justamente esta finalidade: fazer os seres humanos cientes de que não devem ser desesperançados e levá-los a acreditar que o futuro pode ser diferente — e melhor. Esse é um dos propósitos da autorrevelação divina, conforme instruiu Paulo a Tito: "Porque a graça de Deus se há manifestado, trazendo salvação a todos os homens, ensinando-nos que, renunciando à impiedade e às concupiscências mundanas, vivamos neste presente século sóbria, justa e piamente, aguardando a bem-aventurada esperança e o aparecimento da glória do grande Deus e nosso Senhor Jesus Cristo, o qual se deu a si mesmo por nós, para nos remir de toda iniquidade e purificar para si um povo seu especial, zeloso de boas obras" (Tito 2:11-14).

## A NATUREZA DE DEUS

Uma das maiores dificuldades a respeito do estudo da doutrina de Deus — a teologia — é certamente o fato de que "sabemos muito sobre Deus". Mas quanto tal conhecimento condiz com as Escrituras? O fato de textos-prova serem salpicados como orégano sobre *pizza* não significa que uma teologia é bíblica, pois, nesse caso, a Bíblia acaba sendo, literalmente, "usada" como pretexto para fundamentar ideias que são, não apenas extrabíblicas, mas até antibíblicas! Reconhecemos que muitas pessoas podem cometer esse erro de forma inconsciente e até na simplicidade. Por outro lado, é preciso também atentar para a verdade de que a teologia, não estritamente como "doutrina de Deus", mas como exercício de elaboração teórica geral, é produto humano e pode ser adequada a uma maior luz acerca da revelação escriturística. Todavia, os que se beneficiam do que já está definido e cristalizado, mesmo sendo contrário às Escrituras, obviamente não se interessam por tal adequação e geralmente passam a perseguir quem assim procede (João 11:47-48; 12:34,37-43).

De certa forma, parece até contraditório, após ter insistido em falar sobre Deus numa linha negativa, ou apofática, denominar este último tópico

## 276 | TEOLOGIA SISTEMÁTICO-CARISMÁTICA

como "a natureza de Deus". Todavia, este ponto não sugere uma discussão do seu Ser-em-si, longe disso, mas objetiva abordar o que as Escrituras dizem sobre Deus, sobretudo em sua relação com a criação, especialmente com o ser humano. Uma vez que a criação não é contingente, ou seja, acidental, mas planejada, visto que Deus não é desorganizado, e que, de igual forma, a criação não é necessária, isto é, obrigatória, pois Deus de nada tem falta, a teologia afirma desde sempre que ela existe por um ato de amor. Tal proposição coaduna-se com as Escrituras? Há duas maneiras de responder a essa pergunta. Uma delas é forçar um texto bíblico a dizer o que ele não diz. A outra é admitir não haver uma referência direta a respeito do assunto na Palavra de Deus, mas, não obstante, a ideia de que ele criou por amor revela algo da natureza divina, pois "Deus é amor", diz o apóstolo João (1João 4:8). Portanto, falamos de "natureza de Deus" aqui no sentido de "como é", não de "o que é". Vamos falar do que foi revelado por permissão divina, sem pretender com isso decodificar a fonte, ou seja, vamos dissertar do que apreendemos pelos sentidos, não do que permitiu que existissem os sentidos e o que apreender.

Com a imensa quantidade de produção teológica ao longo de tantos séculos, alguém pode pensar ser desnecessário refletir sobre o tema, todavia a "escolha realizada na imagem bíblica de Deus precisou ser repetida no início do cristianismo e da igreja"; justamente por isso, alinhamo-nos ao teólogo Joseph Ratzinger, na verdade de que "ela precisa ser renovada a cada nova situação espiritual, pois, além de ser um dom, é também tarefa".[237] Note que a ideia é "renovar", não repensar ou reinventar. O propósito é justamente resgatar a imagem divina revelada nas Escrituras, visto que, com o passar do tempo, tal imagem vai sendo ofuscada e até substituída por conceitos filosóficos de divindade, violando claramente o segundo mandamento. Justamente por isso, tal exercício é não somente recomendável, mas obrigatório, pois se trata de fidelidade a um dos princípios reformistas mais caros, o *sola Scriptura*, visto que este, corretamente, reconhece como fonte autoritativa apenas a Escritura, não qualquer manual de teologia sistemática.

Uma vez que a tradição carismático-pentecostal não é fruto de qualquer revolução, mas emerge como um movimento de renovação — seja em seu sentido moderno (1901), seja em seu sentido prático-histórico (tendo sempre existido) —, não há problema algum em perscrutar a teologia a fim de

---

237 RATZINGER. *Introdução ao cristianismo*, p. 103.

certificar-se da imagem divina ora postulada. Tal necessidade se dá pelo fato de que a formação teológica dos que são renovados pelo Espírito segue geralmente os ditames teológicos das denominações a que pertenciam, independentemente de suas experiências. Conquanto em um primeiro momento isso não cause grandes dificuldades, posteriormente, no movimento pendular da história, em outro período, elas surgem, pois as novas gerações acabam se defrontando com questionamentos absolutamente normais, mas que se chocam com a realidade e a visão de Deus postulada teologicamente em suas igrejas.

Como já foi devidamente visto, não é novidade o fato de que os seres humanos são capazes de construir imagens de Deus. Todavia, como entendemos que as Escrituras são a única regra de fé e prática, não podemos claudicar diante da obrigatoriedade de verificar tais imagens à luz da Palavra de Deus e compatibilizá-las com o que foi revelado. Em não se verificando correspondência, não deveria haver nenhuma hesitação a respeito de se devemos ou não abandoná-las. Reconhecemos, sim, que as Escrituras devem ser interpretadas, e esse exercício, de certa forma, acaba sendo condicionado por pressupostos do intérprete, pois, conforme já observamos, com o teólogo Jack Deere, ex-cessacionista, a "ideia de que se pode chegar a uma pura objetividade bíblica na determinação de todas as práticas e crenças é uma ilusão".[238] Lembramos ainda que partilha da mesma opinião o teólogo anglicano John Stott, ao reprovar a ideia de "pretensão de infalibilidade" no exercício da interpretação bíblica, uma vez que, conquanto reconheçamos que a "Palavra de Deus [seja] infalível, pois o que ele [Deus] diz é verdade", continua o mesmo autor, "nenhum indivíduo, grupo ou igreja já foi ou será intérprete infalível da Palavra de Deus".[239]

Não precisamos repisar esse ponto, tão exaustivamente trabalhado no capítulo anterior, mas apenas lembramos que a interpretação do texto bíblico deve, tanto quanto possível, obedecer à dinâmica revelacional, e esta nem de longe é racionalista e antissobrenatural, como pretende a maioria esmagadora dos manuais de teologia sistemática. Diante disso, faz-se necessário recordar, uma vez mais, o porquê de não nos enveredarmos pelo caminho da "delineação divina", como se pudéssemos açambarcar a realidade, ir além da

---

238 DEERE, Jack. *Surpreendido pelo poder do Espírito* (Rio de Janeiro: CPAD, 1995), p. 48.
239 STOTT, John. *Entenda a Bíblia* (São Paulo: Mundo Cristão, 2005), p. 209-10.

## 278 | TEOLOGIA SISTEMÁTICO-CARISMÁTICA

linha do horizonte e, de "lá", voltarmo-nos para Deus, a fim de observá-lo, a distância, e então o descrevermos. Já não se trata nem de usarmos essa metáfora a fim de mostrar o absurdo e a pretensão das teologias sistemáticas racionalistas, e sim, com o teólogo alemão Wolfhart Pannenberg, entender, de uma vez por todas e, mais importante biblicamente, o porquê da impossibilidade de ser de qualquer empreendimento teológico que ostente essa ideia ou finalidade:

> A finitude do conhecimento teológico não se deve apenas à limitação da informação sobre um "objeto" infinito, segundo afirma toda a tradição, bem como à limitação de seu aproveitamento, mas muito especialmente ao fato de que tal saber está condicionado a seu tempo: segundo o testemunho da Bíblia, a deidade de Deus estará revelada definitiva e insofismavelmente somente no fim de todo tempo e história. Pois para cada posição dentro do tempo vale que somente no futuro se verificará o que de fato é permanente e por isso também confiável, e, nesse sentido, "verdadeiro". A compreensão bíblica de verdade, do mesmo modo como o pensamento grego, concebeu o verdadeiro como o permanente e confiável, porque idêntico consigo mesmo. Mas não procurou compreender a autoidentidade do verdadeiro como eterna presença atrás do curso do tempo, mas como aquilo que, na própria progressão do tempo, se comprova e se revela como o permanente. O tempo não está isolado da experiência do ente e de sua verdade. Tal enfoque deverá corresponder também à experiência da orientação do pensamento pós-idealista da modernidade, especialmente no tocante à relatividade de toda experiência ligada com a consciência da historicidade com base no lugar histórico no qual ela é obtida. Tal relatividade não precisa significar que não existe nada absoluto e, por isso, também nenhuma verdade que, como tal, sempre é absoluta. A relatividade como tal é relativa à ideia do absoluto, de modo que com ela também a verdade desapareceria. Mas, pelo menos para nós, o caráter absoluto da verdade somente é acessível na relatividade de nossa experiência e reflexão. Com vistas à historicidade da experiência, como mostrou Dilthey, isso significa que não somos capazes de determinar definitivamente o significado das coisas e dos acontecimentos de nosso mundo, enquanto o curso da história continua. Mesmo assim determinamos de fato o significado de coisas e acontecimentos ao fazermos afirmações a seu respeito. No entanto, tais atribuições de significado

e afirmações se baseiam em antecipação. Isso vale inclusive para a área de acontecimentos naturais que se repetem de forma mais ou menos uniforme. Sem antecipar a uniformidade dos movimentos celestiais, não faria sentido contar dias e anos, e até mesmo essas palavras perderiam seu sentido. Mais ainda, o significado que atribuímos aos acontecimentos de nossa biografia e aos acontecimentos da história da sociedade depende de uma antecipação do todo dessas formações que se desenvolve na história, portanto a seu futuro. Tais antecipações são modificadas constantemente na continuidade da experiência, porque na progressão se deslocam os horizontes da experiência. E, assim, na progressão do tempo se verá o que se revela como constante e "verdadeiro" no mundo de nossos começos, e o que, por outro lado, se mostra inconfiável, por mais sólido e consistente que tenha parecido. Para a experiência de Deus, os limites dados com a historicidade da experiência humana valem de modo especial, porque Deus não é um objeto identificável a qualquer hora no mundo habitado por homens em comum, e porque sua realidade está ligada do modo mais íntimo com a experiência do poder sobre mundo e história a ele atribuível, e isso sobre o todo do mundo em sua história. Por isso somente o futuro derradeiro do mundo e de sua história pode revelar a realidade de Deus de modo definitivo e incontestável. Isso não exclui a possibilidade de experiências provisórias da realidade de Deus e de sua constância na história, mas todas as afirmações a isso concernentes, de modo específico para todo discurso humano de Deus, baseiam-se em antecipações do todo do mundo, e, portanto, do futuro ainda não ocorrido de sua história ainda não encerrada. A historicidade da experiência e reflexão humana constitui a barreira mais importante justamente também para nosso conhecimento humano de Deus. Por sua historicidade, todo conhecimento de Deus já fica atrás de um conhecimento pleno e definitivo da verdade de Deus. Isso também vale para o conhecimento de Deus com base em sua revelação histórica [...]. Justamente também o saber da teologia cristã permanece "parcial" em comparação com a revelação definitiva de Deus no futuro de seu reino (1Co 13.12). Na verdade, o cristão, para ter consciência da finitude do saber teológico, não deveria ter a necessidade de ser instruído por modernas reflexões sobre a finitude de nosso saber, a qual é dada com a historicidade da experiência. Ele já pode obter essa instrução da descrição bíblica sobre a situação do ser humano perante Deus, e justamente também do ser humano crente. O saber da finitude e a impropriedade de todo discurso humano a respeito de Deus fazem parte da sobriedade da teologia. Isso de modo algum leva ao indiferentismo perante o conteúdo dessas afirmações a respeito de Deus, mas é justamente uma condição da verdade de tais afirmações. Nesse saber, o discurso a respeito de Deus se torna doxologia, na qual o orador se eleva acima das barreiras da própria finitude ao pensamento do Deus infinito. Também nisso de modo algum os contornos do pensamento precisam terminar difusos. Doxologia pode perfeitamente ter a forma de reflexão sistemática.[240]

Impressiona que um teólogo sistemático, do porte de Pannenberg, reconheça a possibilidade de fazer teologia sistemática de forma doxológica, prática, devocional e glorificando a Deus, ou seja, sem romper com a experiência espiritual, tal como sempre se praticou nas trajetórias místicas, enquanto teólogos carismáticos e pentecostais, por causa da influência da teologia escolástica, ou racionalista, protestante, tenham dificuldade de produzir conhecimento teológico condizente com nossa perspectiva e com base em nossos pressupostos. Não é novidade que uma das marcas da tradição carismático-pentecostal seja sua forma de cultuar etc., tendo alguém inclusive sugerido que deveria se unir o fervor da tradição com a teologia reformada, isto é, unir o que entendem, grosseiramente, como "prática" e "teoria". Tal sugestão, conquanto possa ter boas intenções e também motivações legítimas, revela um dado interessantíssimo a respeito do que se entende por teologia nos círculos protestantes. A concepção é que a única forma de fazer teologia é a maneira escolástica, mas não a escolástica clássica, e sim a protestante, nascida no século 17, e essencialmente racionalista. Todavia, seja por desconhecimento, seja por preconceito, o fato é que Pannenberg nos lembra do óbvio e que, muito antes de se pensar em uma teorização, a prática já é uma realidade. Por isso mesmo, a tradição carismático-pentecostal precisa apenas colocar no papel o que ela já crê e vive desde sempre. Assim era a fé de Israel, que, conforme diz H. H. Rowley, vai além de "uma teologia abstrata" ou "mera formulação de crença sobre Deus", pois era "uma teologia vital".[241] Nesse aspecto, como veremos, a teologia carismático-pentecostal e a judaica se encontram e convergem.

---

240 PANNENBERG. *Teologia sistemática,* vol. 1, p. 89-91.
241 ROWLEY. *A fé em Israel,* p. 86.

## — O Deus da teologia sistemática racionalista é o Deus da Bíblia? —

Após todo esse percurso, é óbvio que, sem nenhum esforço adicional, já é possível antecipar a resposta. Todavia, é preciso não perder de vista o fato de que o nosso problema não é que saibamos pouco sobre Deus, e sim o contrário, pois sabemos muito sobre ele. Outra questão importante, e que temos procurado deixar claro, é que estamos abordando a doutrina de Deus, ou seja, a teologia, de forma propositadamente seccionada para fins didáticos e obedecendo às divisões técnicas da sistemática. Evidentemente que somente em o Novo Testamento temos mais luz e clareza em relação a Deus, mas, mesmo se tratando de Antigo Testamento, é fato que, "embora seja verdade que conhecemos Deus só no reflexo do pensamento humano, a fé cristã manteve sempre a convicção de que, nesse reflexo, reconhecemos a *ele* próprio", diz Ratzinger, sem, contudo, esquecer o fato inegável de que "somos incapazes de *sair* da estreiteza da nossa consciência, mas Deus é capaz de *entrar* nessa consciência, para mostrar-se a si mesmo a ela".[242] E o avanço para o próximo Testamento, que, consequentemente, insere-nos no contexto da Nova Aliança, tem, teologicamente, a função precípua de mostrar-nos que a "expansão dos limites do pensamento humano, necessária para a elaboração mental da experiência cristã de Deus, não aconteceu automaticamente", diz o mesmo autor, antes só foi possível com "muita luta, em que até mesmo o erro se tornou fecundo".[243]

Por ser um trabalho teórico, é óbvio que, ao longo da história da formação do edifício teológico, muitos erros foram cometidos, os quais ainda ocorrem, pois a teologia está sempre a caminho e é uma tarefa inacabada. O problema não reside em errar, mas em não corrigir o erro diante do escrutínio bíblico. Na verdade, os erros podem e devem ser pedagógicos, auxiliando-nos em um melhor entendimento e habilidade no exercício teologal. Por menos que se queira admitir, falta humildade nos teólogos, pois a maioria não reconhece seus equívocos e tenta tergiversar sobre o seu erro, demonstrando, no mínimo, vaidade e, no máximo, autolatria e idolatria das próprias ideias. O exercício teológico é fascinante, mas extremamente responsável e passível de erros. Por isso, ele deve sempre ser realizado em oração e temor, visto que, no afã de sermos originais, desencaminhamos.

---

242 RATZINGER. *Introdução ao cristianismo*, p. 124-5.
243 Ibid., p. 125.

No ineditismo, frise-se, que é possível, reside o perigo de se desconsiderar o que existe e que já está consolidado de maneira bem fundamentada e resistiu ao tempo. Por outro lado, uma vez tomadas as devidas precauções, e respeitando-se, acima de tudo, as Escrituras, contando com seu respaldo, é imperioso que cada segmento tenha o direito de pensar e produzir sua teologia, de acordo com a sua prática de fé e em total sintonia com as doutrinas basilares da religião cristã, conforme definidas nos concílios ecumênicos. Evidentemente que uma tradição tão plural e diversificada quanto a carismático-pentecostal não permite que um grupo de teólogos fale por ela toda, nem mesmo uma denominação defina teologicamente tudo que essa expressão da fé cristã representa.

Justamente por isso, o que tratamos nesta obra não tem a pretensão de falar oficialmente pela tradição carismático-pentecostal, todavia é produto de quem pertence há três décadas a essa tradição, a ama e vivencia sua realidade em diversos contextos: no da igreja — como membro e no serviço ministerial, da palavra; no acadêmico — do ponto de vista da discência e também da docência. Portanto, não se trata de um material produzido em laboratório, ou em uma torre de marfim, mas pensado e analisado no chão da realidade dos que professam a fé cristã nessa perspectiva e que, infelizmente, veem-se teologicamente minados em sua forma de crer em Deus. Tudo por causa do fato de que, conquanto saibamos que Deus continua comunicando-se conosco por meio das experiências, somos criticados e vistos como pessoas que não creem na suficiência das Escrituras e que, por isso, precisamos de "novas revelações". Tal acusação não é apenas desonesta, mas tem um propósito muito claro de interditar-nos, e esse é o ponto para o qual, parece, a tradição carismático--pentecostal ainda não atentou. O que a tradição carismático-pentecostal precisa entender é que, longe de tal interdição ser uma defesa das Escrituras, na verdade ela é uma autodefesa, ou seja, uma apologética rasteira da teologia cessacionista, que, com essa atitude, coloca-se como a única correta e ortodoxa, e nisso acaba tendo êxito e sendo eficaz em razão de supostamente estar "defendendo a suficiência das Escrituras".

Dito isso, voltamos à pergunta que encima este subtópico: "O Deus da teologia sistemática racionalista é o Deus da Bíblia?" Na realidade, em termos atuais reiteramos uma questão que foi formulada pelo filósofo francês Blaise Pascal, que, conta-se, em uma noite escreveu um bilhete que passou a carregar em seu bolso, ou costurado ao forro de sua roupa, no qual esse pensador

CAPÍTULO 3 – Teologia | 283

cristão escreveu, num pensamento intitulado "Fogo": "Deus de Abraão, Deus de Isaac, Deus de Jacó, não dos filósofos e dos sábios".[244] Habituado "com a ideia de um Deus totalmente identificado com o pensamento matemático" — visão predominante no período dos séculos 17 e 18 —, "Pascal teve a sua própria experiência da sarça ardente, que o fez compreender que o Deus que é a geometria eterna do universo só pode sê-lo por ser amor criador e sarça ardente da qual se faz ouvir um nome pelo qual entra no mundo do ser humano".[245]

Já absolutamente teístas, olhamos estranhamente para qualquer possibilidade ao contrário; todavia, nesse período, a visão majoritária acerca de Deus que começava a florescer era o deísmo, e uma opinião como a de Pascal colidia com tal imagem ou concepção de Deus, visto que em tal perspectiva não há revelação, muito menos experiência pessoal direta com Deus. Os deístas franceses, especialmente, defendiam a ideia de que Deus era completamente indiferente a tudo que diz respeito ao ser humano. Mas o filósofo deixa escapar que o deus indiferente concebido pela mentalidade racionalista não é o mesmo Deus que as Escrituras apresentam nos relatos patriarcais.

Na linha do que temos procurado seguir, não vamos discutir "o que Deus é" — pelas razões já amplamente expostas —, mas "como ele é", e, neste particular, o fato mais importante a ser destacado da experiência de Pascal é bastante óbvio: Deus não corresponde, nem de longe, à forma concebida filosoficamente pelo deísmo. Justamente por ser como ele é, Deus comunica-se conosco. Ele escolheu, decidiu, optou por isso. Não foi acidente, muito menos necessidade. Assim mostram amplamente as Escrituras, e, como evidencia a experiência do filósofo francês e a tradição carismático-pentecostal atesta, Deus continua se revelando. Assim, por mais que teólogos modernos defendam, na linha racionalista, a coerência do trabalho de identificação do Deus da Bíblia, dos judeus e cristãos, Criador de todas as coisas, com o deus dos filósofos, é igualmente verdade que "o Deus dos filósofos é totalmente diferente do que pensaram dele os filósofos, sem deixar de ser, no entanto, aquilo que estes constataram a respeito dele, e que esse Deus só é realmente conhecido", defende Ratzinger, "quando se compreende que ele, a verdade

---

244 PASCAL, Blaise. *Pensamentos*. Quarta Seção, Fragmento 913 (São Paulo: Martins Fontes, 2005), p. 370.
245 RATZINGER. *Introdução ao cristianismo*, p. 108.

por excelência e o fundamento de todo o ser, é também indistintamente o Deus da fé e dos homens".[246]

O raciocínio do teólogo alemão lembra a frase irônica, mas emblemática, de Charles Williams, de que os "deuses e a natureza dos deuses são provavelmente mais bem entendidos por pecadores que pela mente dos estoicos".[247] Nessa linha, Ratzinger, então, diz:

> Para constatar a mudança que o conceito filosófico de Deus experimenta quando é equiparado ao Deus da fé, basta citar qualquer texto bíblico que fala de Deus. Vejamos, por exemplo, Lc 15:1-10, ou seja, a parábola da ovelha extraviada e da moeda perdida. O ponto de partida são as reclamações dos escribas e fariseus escandalizados com o fato de Jesus sentar-se à mesa com os pecadores. Como resposta, Jesus conta a parábola do homem que tem cem ovelhas; quando perde uma delas, vai à procura dela e, depois de reencontrá-la, se sente mais feliz com esse fato do que com as noventa e nove ovelhas que não precisou procurar. A história da moeda perdida que, uma vez reencontrada, causa mais alegria do que tudo o que nunca se perdeu, tende na mesma direção da parábola anterior: "Assim haverá mais alegria no céu por um só pecador que se converta do que por noventa e nove justos que não precisam de conversão" (Lc 15:7). Nessa parábola, em que Jesus justifica e descreve a sua atuação e a sua missão como enviado de Deus, é abordada, ao lado da história da relação entre Deus e o ser humano, também a questão de saber quem é o próprio Deus.[248]

É praticamente impossível harmonizar essa descrição de Deus, revelado na parábola, com o dos filósofos, ou seja, "o Deus que encontramos nessa parábola é um Deus extremamente antropomorfo, como, aliás, o Deus de numerosos textos do Antigo Testamento", diz o mesmo autor, e completa, pois "ele tem as paixões de um ser humano, ele se alegra, procura, espera, vai ao encontro" e nada tem que ver com a ideia de "geometria insensível do universo", ou seja, ele "não é a justiça neutra que paira acima de todas as coisas, insensível ao coração e seus afetos".[249] Em uma palavra, tal "Deus

---

246 Ibid.

247 WILLIAMS, Charles. *A descida da pomba: uma breve história do Espírito Santo na igreja* (São Paulo: Mundo Cristão, 2019), p. 49.

248 RATZINGER. *Introdução ao cristianismo*, p. 108.

249 Ibid., p. 108-9.

*tem* um coração, ele ama com toda a excentricidade típica de uma pessoa que ama".[250] É praticamente impossível compatibilizar essa imagem divina revelada na parábola e, como disse Ratzinger, em inúmeros textos vetero-testamentários, tão antropomórfica (formas humanas atribuídas a Deus) e por demais antropopática (sentimentos humanos atribuídos a Deus), com a visão racionalista demonstrada na *Confissão de Fé de Westminster*, quando esta afirma, em seu capítulo 2, por exemplo, que Deus, entre outras características, não é sujeito a "paixões",[251] ou seja, ele tem o atributo da impassibilidade. A pergunta, porém, que deve ser feita é: Deus é assim? Nem é preciso dizer que, de acordo com a Bíblia, a resposta é um retumbante "não".

A questão é que as teologias sistemáticas provenientes desse período do positivismo lógico e do seu corolário, o racionalismo, como todo empreendimento teológico, são produtos de seu tempo e seguem a doutrina oficial reformada, esposada na *Confissão de Fé de Westminster*, não derivada diretamente das Escrituras, pois se entende que o documento expressa e reflete fielmente o que o texto sagrado diz. Não temos dúvida alguma de que tal trabalho foi desenvolvido com todo o rigor e cuidado para refletir fielmente o conteúdo escriturístico; todavia, há que se entender que, mesmo involuntariamente, como um documento elaborado por seres humanos situados em determinada época, ele pode conter erros e lapsos, os quais, com mais luz bíblica, precisam ser corrigidos. Todavia, isso é inadmissível por parte dos que comungam da referida Confissão. E é neste ponto que Charles Finney, conforme citamos no primeiro capítulo, se opôs dizendo que adotar um

---

250 Ibid., p. 109.

251 "I. Há um só Deus vivo e verdadeiro, o qual é infinito em seu ser e perfeições. Ele é um espírito puríssimo, invisível, sem corpo, membros ou paixões; é imutável, imenso, eterno, incompreensível, onipotente, onisciente, santíssimo, completamente livre e absoluto, fazendo tudo para a sua glória e segundo o conselho da sua própria vontade, que é reta e imutável. É cheio de amor, é gracioso, misericordioso, longânimo, muito bondoso e verdadeiro remunerador dos que o buscam e, contudo, justíssimo e terrível em seus juízos, pois odeia todo o pecado; de modo algum terá por inocente o culpado" (*A Confissão de Fé de Westminster*, 18. ed. [São Paulo: Cultura Cristã, 2019], p. 21). A despeito de assim a entendermos, Don Codling cita dois importantes delegados da Assembleia de Westminster — George Gillespie e Samuel Rutherford —, os quais, segundo ele, "claramente criam na revelação contínua", e, por isso, conclui: "Quando dois ilustres líderes da Assembleia de Westminster mantiveram a visão de que a revelação especial continua, devemos ser bastante cautelosos sobre qualquer interpretação da Confissão que negue essa visão" (CODLING, Don. *Sola Scriptura e os dons de revelação: como lidar com a atual manifestação do dom de profecia?*, 3. ed. [Natal: Carisma, 2020], p. 198, 199-200).

## 286 | TEOLOGIA SISTEMÁTICO-CARISMÁTICA

documento teológico, não as Escrituras, como infalível é admitir a "infalibilidade papal", o mais detestável dos dogmas de que se tem notícia.

Justamente por isso, ao falar da *Declaração das Verdades Fundamentais*, documento oficial das Assembleias de Deus nos EUA, o teólogo pentecostal Gary McGee diz que, desde o início, ainda em 1916, o Concílio Geral da denominação americana esclareceu que o documento "não pretende ser um credo para a Igreja, nem uma base para a comunhão entre os cristãos, mas somente uma base de união para o ministério",[252] ou seja, as demais tradições ou expressões não serão avaliadas com um documento particular, de construção local. Até porque não há ruptura com nenhuma das doutrinas basilares da fé cristã que foram definidas nos concílios. Todavia, o mais importante observado por McGee é o fato de que, desde sempre, o Concílio Geral das Assembleias de Deus norte-americanas estava cônscio de que a "fraseologia empregada numa declaração como esta não é inspirada, nem reivindica tal".[253] A Convenção Geral das Assembleias de Deus no Brasil (CGADB), por meio de uma comissão especial presidida pelo biblista e teólogo pentecostal Esequias Soares, foi responsável pela preparação da *Declaração de Fé das Assembleias de Deus*, lançada em 2017, quando a denominação já contava com 106 anos de fundação. Todavia, como ele corretamente observa, o que ficou registrado não foi decisão particular, mas simplesmente o registro do que a denominação já crê e pratica há mais de um século. Não obstante, acrescentou que "a Palavra final é a Bíblia", ao passo que "a *Declaração de Fé* expressa a doutrina oficial da igreja".[254]

Isso significa que, óbvio como é, a tradição carismático-pentecostal não apenas não é homogênea, como não possui documento algum que fala pela tradição inteira; mais importante ainda, os documentos das denominações não têm caráter inquestionável nem reivindicam *status* de infalibilidade. É imperioso entender, em consonância com os princípios reformistas, que só as Escrituras Sagradas possuem tal autoridade. Assim, todo empreendimento teológico é terciário em relação aos documentos oficiais, que são secundários; somente a Bíblia é a fonte primária de ambos. Há, contudo, um aspecto

---

252 McGee, Gary B. "Panorama histórico", in: Horton (ed.). *Teologia sistemática: uma perspectiva pentecostal*, p. 22.

253 Ibid.

254 Soares, Esequias. *Revista Lições Bíblicas* (Professor/Adultos). O verdadeiro pentecostalismo: a atualidade da doutrina bíblica sobre a atuação do Espírito Santo (Rio de Janeiro: CPAD, 1º trimestre de 2021), p. 57.

CAPÍTULO 3 – Teologia | 287

partilhado de forma comum nas mais diversas expressões de fé da tradição carismático-pentecostal: o fato de que Deus continua falando conosco, nos dias atuais, mesmo que tenhamos as Escrituras. Obviamente, jamais ele falará contrariamente à sua Palavra, mas, de acordo com sua soberania e vontade, Deus pode falar diretamente a uma pessoa sem que a respectiva mensagem que ele comunique se transforme em cânone. Tal crença é uniforme em todo o espectro carismático-pentecostal. E tal, incrivelmente, não se dá por não crermos na suficiência das Escrituras, mas exatamente o contrário! Apesar de já termos falado anteriormente desse aspecto, vamos abordá-lo após uma rápida explicação histórica do deísmo e a sua manifestação atual que chamamos de deísmo teísta.

## — O moderno deísmo teísta —

É possível aquilatar praticamente quaisquer crenças e/ou elaborações teológicas de forma histórica. Ambas nascem em determinado ponto da história e, posteriormente, amalgamadas à prática e realidade, tornam-se tão orgânicas e comuns que nem parecem que tiveram um início.[255] Nesse sentido, é possível entender o surgimento e a ascensão do deísmo, isto é, "a ideia de que Deus havia criado o mundo, dotando-o com a capacidade de evoluir e funcionar sem que houvesse a necessidade da contínua presença e interferência de Deus".[256] Nessa perspectiva, o universo era plenamente inteligível e racionalizável, sendo perfeitamente explicável pela razão e, especificamente, pela física. Uma vez que Deus era indevidamente utilizado como "tapa-buracos",[257] não havia mais necessidade de sua imagem em um universo plenamente explicável

---

255 Apesar das críticas a respeito deste ponto, o teólogo escocês, de formação pentecostal, Larry Hurtado, diz que "não existe nenhuma razão óbvia pela qual, em princípio, revelações divinas não poderiam vir através de processos inteiramente históricos e envolver eventos e pessoas de épocas e locais particulares, condicionadas por culturas particulares" (HURTADO, Larry. *Senhor Jesus Cristo: devoção a Jesus no cristianismo primitivo* [Santo André: Academia Cristã; São Paulo: Paulus, 2012], p. 32).

256 McGRATH. *Teologia sistemática, histórica e filosófica*, p. 337.

257 Temos em mente a expressão utilizada por Bonhoeffer, ao relatar o seguinte ao seu amigo Eberhard Bethge: "O livro de Weizsäcker sobre a 'cosmovisão da física' ainda está me dando o que fazer. Mais uma vez ficou bem claro para mim que não devemos fazer com que Deus figure como o tapa-furos do nosso conhecimento imperfeito; quando então — e isto aconteceu forçosamente — os limites do conhecimento deslocam-se cada vez mais para fora, também Deus é deslocado junto com eles e encontra-se assim num movimento de constante retirada" (BONHOEFFER, Dietrich. *Resistência e submissão: cartas e anotações escritas na prisão* [São Leopoldo: Sinodal/EST, 2003], p. 414-5).

e desvendado. "Quando os teólogos tentaram pela primeira vez enfrentar a revolução científica do século 17, isso aconteceu no contexto da visão newtoniana da realidade física, da maneira contida por uma moldura euclidiana estática", diz o filósofo Roger Scruton, explicando que o "espaço e o tempo eram concebidos como absolutos, imutáveis, o pano de fundo contra a qual se desenrola o drama do 'movimento e repouso'".[258] A solidez dessa forma de pensar o universo e a física parecia inabalável. E por cerca de dois séculos realmente ela deu as cartas, até que o século 20 trouxe dois alemães, Max Planck e Albert Einstein, e tudo mudou. O primeiro com a física quântica, e o segundo com a teoria da relatividade geral.[259]

A ideia era que, sendo tudo explicado por meio de causa e efeito, a forma mecânica como se pensava o universo "requeria" uma concepção, ou imagem, de um deus não interventor. Não havia espaço para o sobrenatural, pois o racionalismo não permitia, e realmente acreditou-se que não havia mais limite algum para a capacidade da razão. A revelação que para o crente não necessita ser submetida ao crivo científico e para o cientista não pode ser objeto de investigação foi lamentalvelmente "evidenciada" de forma apologética e racionalista pelo protestantismo no período do século 17. Em sua expressão "especial" — tal como definiu a tradição protestante —, a Bíblia foi, de forma "concordista", combinada à física newtoniana. Assim, quando, no início do século 20, tal física estática cambaleou sob a física quântica e, posteriormente, com o modelo einsteiniano, tudo o que havia se baseado naquele paradigma sofreu revisões. E a teologia produzida naquela época? Em uma nova postura epistemológica ou, conforme diria Thomas Kuhn, em uma mudança de paradigma ou "revolução científica", cuja valorização não está unicamente sobre a razão, mas também na experiência, é urgente repensar uma teologia que dê conta de responder aos anseios deste tempo. Tal não significa seguir algum modismo, mas, sim, não perder o contato ou conexão com a sociedade para a qual a "ciência da fé" se destina.

Tal paradigma, que distendeu a física mecanicista e demonstrou que o universo está em expansão e, no nível micro, tudo está em movimento, requereu novas considerações que, indiscutivelmente, não foram de todo revistas

---

258 SCRUTON, Roger. *O rosto de Deus* (São Paulo: É Realizações, 2015), p. 25-6.

259 EINSTEIN, Albert. *A teoria da relatividade especial e geral,* 7. reimpr. (Rio de Janeiro: Contraponto, 2009); PLANCK, Max. *Autobiografia científica e outros ensaios* (Rio de Janeiro: Contraponto, 2012).

na física, nem na filosofia, muito menos na teologia. Contudo, o deísmo como concepção divina há muito sucumbiu no cristianismo. Mas será que seus efeitos foram completamente extintos? Em um mundo que já sabe, até popularmente, que a realidade não é estática e que não vivemos em um universo fechado de causa e efeito, um discurso teológico racionalista está mais próximo de um ateísmo moderado do que da imagem de Deus que as Escrituras revelam. O melhor e mais didático exemplo dessa realidade pode ser claramente visto em uma explicação dada por um dos mais famosos entomologistas do mundo, autoridade no estudo de formigas. Em entrevista à revista *Veja*, o biólogo americano ateu Edward Wilson afirmou que a "ciência e a religião são as duas forças mais poderosas do mundo"[260] e, como forma de mostrar-se diferente dos ateus fundamentalistas, conhecidos como "cavaleiros do Apocalipse" — Richard Dawkins, Sam Harris, Daniel Dennett e Christopher Hitchens —, explicou sua afirmação do que quis dizer quando referiu a si mesmo como um "deísta provisório", traçando a diferença fundamental entre deísmo e teísmo:

> O teísmo é a crença de que Deus intervém nos assuntos humanos. Deus seria capaz de fazer milagres e está diretamente ligado ao discurso humano. Já o deísta é aquele que aceita a possibilidade de existir uma força superior que estabeleceu as leis responsáveis pela criação do universo. O deísta, no entanto, não acredita que Deus esteja envolvido nos assuntos diários dos seres humanos. Enquanto não soubermos dar uma melhor explicação para o início do universo, considero-me um deísta provisório.[261]

Tal distinção é produto filosófico e teológico que floresceu no protestantismo europeu. E, a despeito de um sem-número de autores reformados combater o secularismo, diz Alister McGrath, "a ênfase do protestantismo tradicional no conhecimento indireto de Deus, mediado por intermédio da leitura da Bíblia, levou à 'dessacralização'", ou seja, "à criação de uma cultura sem senso nem expectativa de ter a presença de Deus em seu meio".[262] Essa observação é

---

260 WILSON, Edward, in: SCHELP, Diogo. "Entrevista: Salvem o Planeta", *Veja*, edição 1956, n. 19 (São Paulo: Abril, 2006), p. 11.

261 Ibid., p. 14.

262 McGRATH, Alister. *A revolução protestante: uma provocante história do protestantismo contada desde o século 16 até os dias de hoje* (Brasília: Palavra, 2012), p. 422.

digna de atenção para nossa realidade latino-americana, visto que ainda não tivemos um *Aufklärung*, ou seja, nosso Iluminismo, e, por isso mesmo, esse ponto, que tem sido "enfatizado por uma série de sociólogos — entre eles, Max Weber, Charles Taylor e Stephen Toulmin — que", completa o mesmo autor, "de diferentes maneiras, mostram que o protestantismo foi o meio pelo qual uma sociedade que originariamente possuía um forte senso do sagrado ficou 'desencantada'", deveria nos chamar a atenção. Surpreendentemente, McGrath conclui dizendo que o "resultado inevitável disso foi a secularização — a eliminação final de Deus do mundo".[263] Sim, o resultado óbvio de um cristianismo que se pretende intelectualista, antissobrenatural e racionalista é a perda de sua função e utilidade, dando lugar ao indiferentismo religioso.

É assim que o corolário da observação feita por McGrath revela que em decorrência do "desencantamento do mundo", na expressão weberiana, provocado não apenas pelo racionalismo filosófico, mas também teológico, surgiu o ateísmo com toda a força "como uma séria força cultural". Na verdade, diz McGrath, a "ausência de toda expectativa de encontro direto com o divino por meio da natureza ou da experiência pessoal encoraja inevitavelmente a crença em um mundo sem Deus", isto é, produziu, ou favoreceu, o surgimento de um "tipo de cultura que vive *etsi Deus non daretur* ('como se Deus não existisse')". Ainda que de maneira indireta, o teólogo anglicano está afirmando que o racionalismo teológico, ou o "escolasticismo protestante", para usar uma expressão de Battista Mondin,[264] proporcionou as condições para o ateísmo. Ao pregar a impossibilidade de se ter uma experiência direta com Deus, e limitar o conhecimento dele à letra da Bíblia, algumas formas clássicas de protestantismo fizeram um grande desserviço à fé. Nas palavras do teólogo anglicano:

> Na verdade, algumas seções do protestantismo, muitas vezes muitíssimo influenciadas pelo racionalismo do Iluminismo, continuam até hoje a enfatizar a "correção teológica", ressaltando a abrangente importância de ter as ideias corretas sobre Deus. Essas noções corretas sobre Deus têm de ser determinadas pela leitura da Bíblia, entendida principalmente como um livro de estudo doutrinal. Assim, a fé torna-se um conhecimento *indireto* de Deus, declarado em termos de crenças

---

263 Ibid.
264 Mondin, Battista. *Os grandes teólogos do século vinte* (São Paulo: Teológica, 2003), p. 20-1.

CAPÍTULO 3 – Teologia | 291

a respeito de Deus que, por mais corretas que possam ser até o ponto em que alcançam, transmitem a impressão de que o cristianismo é um pouco mais que teorização abstrata sobre um Deus cuja vontade é revelada na Bíblia.[265]

Por mais arrepios que não apenas cessacionistas possam ter ao ler esse trecho, mas também e, até mesmo, carismático-pentecostais, McGrath cita como exemplo o escritor presbiteriano norte-americano Henley Thornwell (1812-1862), que, segundo o referido autor, "não tinha dúvida sobre o perigo das abordagens excessivamente racionalistas ou intelectualistas da Bíblia", pois essa atitude de expor "a verdade, nua e crua, em sua realidade objetiva sem nenhuma referência às condições subjetivas as quais, sob a influência do Espírito, essa verdade foi calculada para produzir",[266] faz crer que a revelação aconteceu sem mediação cultural e humana, e passa a falsa impressão de que a Bíblia caiu, literalmente, do céu, nas versões mais populares em português, com zíper e tudo!

Além do absurdo representado por essa crença, tal postura impossibilita às pessoas do futuro terem a sua vida nutrida por uma autêntica e necessária experiência que, a despeito de sua subjetividade e pessoalidade, são mais eficazes que a fria e impessoal letra de uma teologia produzida há séculos. Além do mais, priva as pessoas de entender que o texto bíblico (fonte principal da teologia) é, em sua maior parte, fruto de experiências dos seus hagiógrafos com Deus, ou seja, a Bíblia, quase em sua totalidade, é o registro das experiências da revelação. Ao desconsiderar isso, privilegia-se uma única forma de interpretação do texto e o crente se fecha ao conhecimento experiencial, limitando-se à leitura da Bíblia, sob aquela ótica, ou perspectiva que, diga-se de passagem, condiciona o seu entendimento em uma única direção.

Daí o drama de muitos com as descobertas científicas. Todas as vezes que os cientistas descobrem algo que venha conflitar com a interpretação que se acredita ser a única, vive-se um drama e surge uma enxurrada de obras "apologéticas". Mais uma vez, convergimos com McGrath, que diz:

---

265 McGrath, Alister. *A revolução protestante: uma provocante história do protestantismo contada desde o século 16 até os dias de hoje* (Brasília: Palavra, 2012), p. 423. Todas as citações, desde a última referência, são dessa mesma página.

266 Ibid.

É exatamente isso que Harvey Cox descreve como "crentes orientados pelo texto" — ou seja, os protestantes que acreditam que Deus só pode ser acessado (e, assim, em limitada extensão, na forma de ideias religiosas abstratas) por meio da leitura da Bíblia ou do ouvir sermão expositivo. Para Cox, o pentecostalismo celebra o ressurgimento da "espiritualidade primitiva" e recusa-se totalmente a permitir que a experiência de Deus fique limitada ao mundo rarefeito das ideias. Deus é vivenciado e conhecido como uma realidade pessoal, transformadora e viva.[267]

A conclusão do teólogo de Oxford é que o grande serviço prestado pela tradição carismático-pentecostal, não apenas ao protestantismo, mas à própria religião cristã e ao Ocidente, é justamente possibilitar a "ressacralização da vida diária" e, dessa forma, conter o avanço do ateísmo, afastando a ideia de um Deus que não se comunica hoje e que, completa ele, acaba ensejando a ideia de um "Deus permanentemente ausente [que] logo pode se tornar um Deus morto". Assim, a tradição carismático-pentecostal pode mudar a realidade em vários sentidos, pois ela abre "de novo a possibilidade de uma realidade transcendente, praticamente isolada pelo modernismo, injeta[ndo] a presença de Deus na vida diária — por meio da ação social, política e do evangelismo".[268]

Não tendo *uma* única teologia, a tradição carismático-pentecostal é uma opção desejável, "por sua orientação dinâmica e capacidade de preservação doutrinária em ambientes distintos, se não permitir-se ser outra coisa além dele mesmo, ou seja, um movimento dirigido pelo Espírito Santo que tem como missão anunciar o evangelho pode", acreditamos, "como tem demonstrado ser, uma alternativa para o processo de desilusão institucional e religiosa em um mundo novo que valoriza a espiritualidade".[269] Como afirma McGrath, isso se deu com a tradição carismático-pentecostal pelo fato de que, "sem ter suas ideias e expectativas modeladas pela noção de cristandade e pela resposta protestante tradicional a ela, estava livre para desenvolver seus

---

267 Ibid., p. 424. O próprio McGrath observa que, não obstante as diferenças, o "movimento [pentecostal] inquestionavelmente é uma forma de protestantismo: ele emergiu historicamente da tradição de santidade norte-americana e enfatiza o lugar da Bíblia na vida e na tradição cristãs. O pentecostalismo, como uma forma distintiva e específica de interpretação do texto que confere particular importância ao papel do Espírito Santo na interpretação da Bíblia e na orientação e capacitação do indivíduo" (ibid., p. 426).

268 Ibid., p. 425.

269 CARVALHO, César Moisés. *Pentecostalismo e pós-modernidade: quando a experiência sobrepõe-se à teologia*, 2. reimpr. (Rio de Janeiro: CPAD, 2017), p. 299.

próprios paradigmas pós-cristandade e, com frequência", completa o autor, "retomou estratégias pré-cristandade sem nem mesmo perceber isso".[270]

Na verdade, conforme explica o biblista e teólogo pentecostal Esequias Soares, os "grupos pentecostais das diversas partes dos Estados Unidos e Europa não se viam como uma denominação, mas como o Movimento do Espírito, Movimento Pentecostal", e completa, dizendo que os pioneiros do pentecostalismo no Brasil "jamais pretendiam fundar uma Assembleia de Deus institucional, [pois] eles eram contra institucionalizar o movimento".[271] E eles assim procediam por saber dos perigos de uma fé intelectualista.

---

270 McGRATH, Alister. *A revolução protestante: uma provocante história do protestantismo contada desde o século 16 até os dias de hoje* (Brasília: Palavra, 2012), p. 430. Lembramos aqui do que observa Peter Berger, ao dizer que "é especialmente importante ter em mente que a religião não é, originalmente, uma questão de reflexão ou teorização. No âmago do fenômeno religioso está a experiência pré-reflexiva e pré-teorética" (BERGER, Peter L. *O imperativo herético: possibilidades contemporâneas da afirmação religiosa* [Petrópolis: Vozes, 2017], p. 54). É praticamente nesse sentido que McGrath fala da tradição carismático-pentecostal. Considerando a definição de Berger para a religião nesta sua obra, essa é "uma atitude humana que concebe o cosmos (incluindo o sobrenatural) como uma ordem sobrenatural" (p. 63). É justamente por esse aspecto, não apesar dele, que a tradição carismático-pentecostal foi, por muitas décadas, hostilizada pelo protestantismo, visto que este, não apenas por ter praticamente surgido no fim da Idade Média, acabou sendo, mais que o catolicismo, moldado pela modernidade e sua filosofia racionalista.

271 SOARES. *O verdadeiro pentecostalismo*, p. 109. Não acreditamos que isso tenha sido algo analisado minuciosamente para então decidirem, uma vez que, a quase inevitável institucionalização traz muitos males, e disso eles certamente estavam seguros, pois viram o que aconteceu às denominações históricas às quais antes pertenciam. Contudo, "nunca é demais enfatizar que no centro do fenômeno religioso está um conjunto de experiências altamente distintas. Subsumindo o que antes foi dito acerca do sobrenatural e do sagrado sob o termo comum 'experiência religiosa', é desta que todas as religiões derivam. A experiência religiosa, contudo, não é universal e igualitariamente distribuída entre os seres humanos. Além do mais, mesmo aqueles indivíduos que viveram a experiência, com seu senso de imperiosa certeza, têm dificuldades de manter a sua realidade subjetiva ao longo do tempo. Por consequência, a experiência religiosa costuma vir corporificada em tradições, que fazem a mediação com aqueles que não experimentaram por si próprios e que a institucionalizam para todos" (BERGER, Peter L. *O imperativo herético: possibilidades contemporâneas da afirmação religiosa* [Petrópolis: Vozes, 2017], p. 66-7). Tal "controle" mecânico que, no início, parece garantir a estabilidade do grupo, posteriormente o estrangula. Assim, mesmo reconhecendo que a "corporificação das experiências humanas em tradições e instituições não é, decerto, peculiar à religião", por tratar-se "de um aspecto geral da existência humana, sem o qual a vida social não seria possível", o mesmo autor aponta corretamente que, para o "caráter especial da experiência religiosa, todavia, [tal institucionalização] cria um bocado de problemas" (ibid., p. 67). Na sequência, Berger os enumera: "O primeiro deles é o fato básico de que a experiência religiosa rompe a realidade da vida ordinária, ao passo que todas as tradições e instituições são estruturas *dentro* da realidade da vida ordinária. Inevitavelmente, essa tradução dos conteúdos experimentados de uma realidade a outra tende à distorção. O tradutor começa a gaguejar, parafrasear, excluir ou acrescentar coisas. O seu dilema é o do poeta entre burocratas, ou de quem queira falar sobre o seu amor em uma reunião de negócios. Esse problema estaria lá mesmo se o tradutor

# 294 | TEOLOGIA SISTEMÁTICO-CARISMÁTICA

Portanto, o problema da concepção teísta do cessacionismo é que ela parece ter mantido os pressupostos do deísmo. É o que alerta Alister McGrath, ao afirmar que um Deus estático comprometeria todo o futuro da cristandade, como foi no caso da concepção deísta. Na verdade, como vimos, o teólogo anglicano diz que o protestantismo, obviamente cessacionista, proporcionou as condições para a ascensão do ateísmo. Justamente por isso, o já citado Esequias Soares afirmou com todas as letras em seu comentário da revista *Lições Bíblicas*, cujo caráter doutrinário reflete o pensamento oficial das Assembleias de Deus no Brasil, que, não obstante o fato de "alguns não pentecostais e cessacionistas" ainda verem o pentecostalismo "como um movimento que baseia suas crenças e práticas nas emoções e [que] ensina a crença no cânon aberto",[272] tal obviamente não procede, visto que os pentecostais têm as Escrituras como autoridade final. Todavia, o biblista e teólogo pentecostal faz questão de ressaltar e esclarecer que:

> **Não somos deístas.** Deísmo é a doutrina que afirma a existência de Deus, mas que Ele está muito longe de nós e não se envolve com os assuntos humanos. É como um relojoeiro que dá corda a um relógio e esquece-se dele. Nós somos teístas, isto é, cremos que Deus "não está longe de cada um de nós" (At 17:27). Ele está interessado no ser humano (Hb 11:6). O fechamento do Cânon Sagrado não significa que Deus abandonou suas criaturas e o seu povo. Nós cremos que Deus continua a se comunicar com seu povo por meio dos dons espirituais (At 2:14-21). Entretanto, essa revelação não se reveste de autoridade canônica para a igreja. Deus se comunica conosco pela leitura de sua Palavra, pelos dons espirituais, sonhos, visões e até pelas coisas simples do dia a dia (At 2:17,18).[273]

A tradição carismático-pentecostal sempre foi conhecida por seu apego e amor à Bíblia. Mas é simplesmente impossível compatibilizar sua perspectiva com a forma cessacionista de entender a "suficiência das Escrituras". Cremos

---

não tivesse outra motivação além do desejo de contar a sua experiência para aqueles que não a tiveram. Nesse caso, entretanto, há razões ulteriores de um tipo bem específico — notadamente, os motivos daqueles que adquiriram um interesse próprio na credibilidade e na autoridade da tradição incorporada à tradução" (ibid.).

272 Soares, Esequias. *Revista Lições Bíblicas* (Professor/Adultos). *O verdadeiro pentecostalismo: a atualidade da doutrina bíblica sobre a atuação do Espírito Santo* (Rio de Janeiro: CPAD, 1º trimestre de 2021), p. 55.

273 Ibid., p. 55-6.

na suficiência da Bíblia para o que a própria Palavra de Deus se propõe: 1) mostrar nossa origem e 2) que somos pecadores, mas que 3) Deus providenciou um meio de nos salvar (Gênesis 1:1—3:15).[274] A Bíblia é a única regra de fé e prática e autoridade absoluta para a tradição carismático-pentecostal. Todavia, para nós esse princípio não significa, absolutamente, pensar que Deus nos "abandonou", conforme disse o teólogo Esequias Soares. Sim, achar que, pelo fato de termos a Bíblia, Deus não fala mais nada hoje, equivale a dizer que ele nos abandonou, mas sabemos que isso não é verdade, pois Deus continua falando nos dias atuais, seja por meio das Escrituras, seja por profecias, sonhos, revelações e, como foi dito, até pelas coisas simples do dia a dia. Quem diz que, por já termos a Bíblia, não precisamos de qualquer outra mensagem de Deus, querendo fazer isso parecer piedoso, na verdade mostra sua incredulidade e cessacionismo.

Nos termos fortes do teólogo carismático Michael Brown, "Deus não nos chamou para um relacionamento com um Livro, mas com ele mesmo"; e, como um ex-cessacionista, observou que "a Trindade não é composta de Pai, Filho e Bíblia Sagrada, mas sim Pai, Filho e Espírito Santo"[275]. Assim é que, na própria Bíblia, sabemos de inúmeras experiências, revelações e profecias que foram personalizadas e não se tornaram canônicas.[276] Nem todos os profetas

---

274 Em importante apêndice da obra *Fogo autêntico*, o teólogo carismático, ex-cessacionista, Sam Storms, responde à questão da suficiência da Bíblia dizendo que ela "é suficiente para nos dizer todos os princípios éticos e verdades teológicas necessários para uma vida de santidade"; por outro lado, completa o mesmo autor, a "Escritura não afirma que pode nos fornecer todas as informações necessárias para tomar todas as decisões que se pode imaginar. Por exemplo, ela diz que devemos pregar o evangelho a todas as pessoas, mas não diz a um novo missionário em 2013 que Deus deseja que ele vá para a Albânia em vez de para a Austrália. As possibilidades de comunicação divina vão além das Escrituras, seja para orientação, exortação, encorajamento ou convicção dos pecados, não são ameaça alguma à suficiência que a Palavra reivindica para si" (STORMS, Sam. "Apêndice B: Por que a profecia do Novo Testamento não resulta em palavras reveladas com "*status* de Escritura" [Uma resposta ao mais citado argumento cessacionista contra a validade contemporânea dos dons espirituais], in: BROWN, Michael L. *Fogo autêntico: uma resposta aos críticos do cristianismo pentecostal-carismático* [Cuiabá: Palavra Fiel, 2020], p. 377-8).

275 BROWN, Michael L. *Fogo autêntico: uma resposta aos críticos do cristianismo pentecostal-carismático* (Cuiabá: Palavra Fiel, 2020), p. 273.

276 É o que também explica o teólogo presbiteriano Don Codling, ao dizer que "se houver uma revelação especial para nossos dias, teria o mesmo *status* que foi conferido à revelação especial extracanônica do período bíblico" (CODLING, Don. *Sola Scriptura e os dons de revelação: como lidar com a atual manifestação do dom de profecia?*, 3. ed. [Natal: Carisma, 2020], p. 74). Isso por entendermos o cânon como formado pelos 66 livros da Bíblia cristã protestante. "Dada essa definição do cânon como sendo a lista fechada dos livros autoritativos que formam a Bíblia, a primeira questão a ser encarada é a relação entre os dons revelacionais contínuos e

do Antigo Testamento escreveram. Elias, um dos mais importantes profetas, não tem livro algum escrito. Eliseu, Natã, Hulda e muitos outros também não. Em o Novo Testamento acontece o mesmo. João Batista, o último profeta veterotestamentário, não escreveu, mas era considerado o maior dentre os filhos dos homens (Lucas 7:28).

Em suma, que Deus continua falando hoje, a despeito do "medo" de alguns teólogos, inclusive carismáticos e até pentecostais, é algo admitido tanto pelo teólogo pentecostal, ex-cessacionista, Jack Deere, que afirma, de forma peremptória, "após anos de experiência e intenso estudo", estar "convencido de que Deus realmente fala-nos pela Bíblia e fora da Bíblia" e que "não há nenhuma contradição com as Escrituras"[277] na aceitação dessa verdade, quanto por um teólogo calvinista como Gerald Bray, que diz que o "cristão acredita que Deus pode falar, e de fato fala, fora do contexto bíblico, mas que a Bíblia é o único crivo autêntico da fé cristã"; ou seja, algo que também ensinamos, uma vez que o que "Deus diz a um indivíduo deve ser aceito por este, mas não faz parte do ensino cristão em geral, a menos que esteja de acordo com o que a Bíblia diz e seja recebido pela igreja por ter um significado que vá além das circunstâncias particulares da pessoa em questão".[278]

O fato é que ninguém realmente sério e minimamente responsável nega que há perigos em revelações pessoais e extrabíblicas, pois há erros de percepção, distorções de caráter e manipulações que cercam tais experiências. Por outro lado, Michael Brow, citando o biblista cessacionista Daniel B. Wallace, diz que este compartilhou sua própria história e experiência pessoal na obra *Who's Afraid of the Holy Spirit?* [Quem tem medo do Espírito Santo?], confessando, após o drama de ter um filho acometido pelo câncer, que "precisava

---

a Escritura. A relação não pode ser competitiva, mas de complementaridade. Em ambos os casos, as revelações vêm da parte de um Deus verdadeiro, que não contradiz a si mesmo, e que estabeleceu seu pacto com o homem de forma fixa na Bíblia. Em vista da discussão do cânon da Escritura [...], fica claro que qualquer revelação recebida hoje não deve fazer parte da revelação canônica. Uma nova revelação seria limitada à situação na qual esta foi dada. Isso não significa negar que esta seja autoritativa, de fato são igualmente autênticas com alguma outra revelação. No entanto, autoridade e canonicidade não são coisas idênticas. Nada deve ser adicionado à revelação normativa do pacto que forma as Escrituras canônicas; mas dentro dos limites estabelecidos por essa revelação, a Palavra de Deus para os homens deve ainda vir por meio de dons revelacionais. Se assim vem, deve ser obedecido" (ibid., p. 201-202).

277 Deere, Jack. *Surpreendido pelo poder do Espírito* (Rio de Janeiro: CPAD, 1995), p. 206.

278 Bray, Gerald. Deus, in: McGrath; Packer (orgs.). *Fundamentos da fé cristã*, p. 82-3. Ele observa, porém, que "é preciso deixar claro que não há consenso entre os cristãos no que se refere a quando isso efetivamente ocorre" (p. 83).

de experiências existenciais com Deus", pois admitira que sua "vida espiritual tinha saído dos trilhos", considerando "que, de alguma forma [...] juntamente com muitos outros [de sua] tradição teológica", tinha aprendido "a viver sem a terceira pessoa da Trindade". Todavia, como ele mesmo diz, "isso não atrapalhou [sua] atividade acadêmica", visto que sua "fé se tornou uma fé cognitiva — um cristianismo do pescoço para cima", pois, enquanto "pudesse controlar o texto, estava feliz". Daí sua advertência de que tal "ênfase na letra em detrimento da comunhão pode gerar em nós uma certa bibliolatria" e que o "efeito dominó de tal bibliolatria é a despersonalização de Deus".[279]

Lembramo-nos aqui de John Stott, igualmente teólogo anglicano não carismático, dizendo que diz que "Jesus Cristo exaltou muito a Escritura" e "afirmou claramente suas origem e autoridade divinas", contudo o Mestre "alertou para a possibilidade de exaltá-la de forma exagerada (como os judeus estavam fazendo) ao torná-la um fim em si mesma", pois "Deus nunca intentou que ela bastasse por si só, mas queria que fosse um meio para um fim",[280] ou seja, levar-nos a ele, a Cristo e ao Espírito Santo. Assim é que, dizia ele, devemos evitar o exagero e o desequilíbrio, pois se, por um lado, muitas "pessoas têm uma visão 'inferior' da Escritura, pois não a aceitam (diferente de Jesus) como a Palavra escrita de Deus", por outro, "há outras cuja visão da Escritura é muito 'elevada'". Tais pessoas são levadas a considerá-la "com uma reverência quase supersticiosa", ficando "tão absortas nela que perdem de vista seu propósito: revelar-lhes Cristo" e, finalmente, "tornam-se, na verdade, 'bibliólatras' ou 'adoradores da Bíblia', agindo como se a Escritura, não Cristo, fosse o objeto de sua devoção".[281] Tal raciocínio é seguido ainda por outros teólogos não carismáticos, como por exemplo Timothy Ward, que diz que, no afã de hipervalorizar a Bíblia, "talvez prestemos tanta atenção à Escritura que acabemos por não dar a Cristo toda a atenção que ele merece" e incidimos em "um grande erro comparável ao pecado da idolatria (ou, conforme é chamado nesse caso, 'bibliolatria': adoração do livro)".[282]

Em importante apêndice da obra *Fogo autêntico*, do anteriormente já citado Michael Brown, o também teólogo carismático e ex-cessacionista Sam

---

279 BROWN, Michael L. *Fogo autêntico: uma resposta aos críticos do cristianismo pentecostal-carismático* (Cuiabá: Palavra Fiel, 2020), p. 273-4.

280 STOTT, John. *As controvérsias de Jesus* (Viçosa: Ultimato, 2015), p. 73.

281 Ibid., p. 73-4.

282 WARD. *Teologia da revelação*, p. 12.

Storms diz que o próprio "fato de Deus acreditar ser importante e útil revelar a Si mesmo a Seus filhos de formas pessoais e intimistas reforça a ideia de que a suficiência da Bíblia não tem o objetivo de sugerir que já não precisamos mais ouvir nosso Pai celestial falar, ou receber orientação especial em áreas sobre as quais a Bíblia não fala".[283] Portanto, se desde os tempos dos eventos bíblicos, em plena época das revelações canônicas, já havia uma profusão de profecias, e experiências com Deus desde o Antigo Testamento, passando pelo período intertestamentário, chegando aos dias do Novo Testamento, que não entraram no cânon nem se tornaram regras para todos, antes foram específicas, nem por isso elas se tornaram empecilho para a autoridade da porção escriturística que já existia e era utilizada, ou seja, isso não foi visto como "inconsistente com a autoridade da Palavra naquela época, então por que seria agora?",[284] pergunta Storms.

Sua conclusão é que, "se a revelação não canônica não era uma ameaça à autoridade suprema da Escritura no estágio inicial de formação desta, por que seria em sua versão final?", e conclui que "as revelações proféticas contemporâneas tecnicamente são mais fáceis de se avaliar e responder do que as do primeiro século".[285] Óbvio, pois temos o cânon todo para usarmos como parâmetro de verificação e assim escrutinar o conteúdo e a finalidade de toda profecia e quaisquer experiências pessoais com Deus. Tal exercício é não só legítimo, mas necessário (Deuteronômio 13:1-3; 1João 4:1-3). Mas será que apenas os dons de revelação ameaçam a autoridade bíblica? O ensino, muito praticado entre os cessacionistas, não é igualmente perigoso e vetor de heresias e desvios? O que se percebe sendo sutilmente denunciado no testemunho de Daniel B. Wallace, anteriormente citado, é que a vaidade intelectual derivada do estudo e da produção teológica pode tornar-se uma fonte perigosa de desvio, ainda que a teologia produzida seja "conservadora" e/ou "ortodoxa".[286]

"Você pode ter uma ortodoxia morta, bem como uma formalidade morta", disse o grande expositor bíblico calvinista Martyn Lloyd-Jones, que emenda

---

283 STORMS, Sam. "Apêndice B: Por que a profecia do Novo Testamento não resulta em palavras reveladas com "*status* de Escritura" (Uma resposta ao mais citado argumento cessacionista contra a validade contemporânea dos dons espirituais), in: BROWN, Michael L. *Fogo autêntico: uma resposta aos críticos do cristianismo pentecostal-carismático* (Cuiabá: Palavra Fiel, 2020), p. 377.

284 Ibid., p. 376.

285 Ibid.

286 "Teologia pode ser, naturalmente, pura vaidade" (BARTH, Karl. *Dogmática eclesiástica* [São Paulo: Fonte Editorial, 2017], p. 138).

que o "grande perigo enfrentado pela maioria é o de apagar e resistir ao Espírito, permanecendo assim contra sua soberania".[287] Justamente por isso, diz o biblista pentecostal Esequias Soares, os "primeiros educadores preocupavam-se com o crescimento espiritual dos santos e incentivavam o estudo da Bíblia, porém temiam que cursos formais de teologia viessem intelectualizar demais a fé pentecostal".[288] Dizer que tal cuidado era meramente desejo de abraçar o obscurantismo não é só simplista, mas tendenciosamente desonesto.

## — Como é o Deus da Bíblia —

Ao passo que dissemos que o deus da teologia sistemática racionalista não corresponde ao apresentado nas Escrituras, é quase inevitável não perguntar agora por *como é* o Deus da Bíblia. Em primeiríssimo lugar, devemos reafirmar que Deus, não obstante sua acessibilidade, não se exaure em sua autorrevelação, pois a "mente de Deus é essencialmente incognoscível, e o que ele revelou à humanidade é apenas uma parte do seu propósito eterno", pois ele revelou-se à medida que pudéssemos suportar e na quantidade necessária, mas "há muitos outros fatos a respeito de Deus que os crentes não compreendem",[289] e, acrescentamos, nem podemos compreender, pois não temos capacidade e suporte para isso, a não ser que ele, como faz ao se autorrevelar, "amolde-se" às nossas condições. Mas isso, novamente ressaltamos, não quer dizer que o exaurimos, absorvemos e esgotamos; antes, que entendemos o que ele queria nos dizer.

Portanto, o "ponto inicial para qualquer reflexão sobre Deus é compreender que a mente humana não é grande o bastante para competir em igualdade de condições com tal conceito". Achar que tal é possível equivale a "tentar colocar os Alpes numa valise ou as cataratas do Niágara numa cafeteira",[290] diz McGrath. Ele conclui, pronunciando-se "em termos mais formais" e honestos, que "não *compreendemos* Deus", pois "a razão humana é simplesmente incapaz de compreendê-lo integralmente"; por isso, "conquanto seja um prazer explorar ideias humanas sobre Deus, no fim nós temos de render-lhe

---

287 LLOYDE-JONES, Martyn. *O batismo e os dons do Espírito: poder e renovação segundo as Escrituras* (Natal: Carisma, 2018), p. 189.

288 SOARES. *O verdadeiro pentecostalismo*, p. 110.

289 BRAY, Gerald. Deus, in: MCGRATH; PACKER (orgs.). *Fundamentos da fé cristã*, p. 80.

290 MCGRATH, Alister. *O Deus vivo: cristianismo para todos,* livro 2 (São Paulo: Cultura Cristã, 2017), p. 14.

louvores".[291] Aqui, o teólogo anglicano irlandês converge com o que disse Pannenberg, quando este afirma que "o discurso a respeito de Deus se torna doxologia" — citado no início deste último ponto —, e nessa doxologia "o orador se eleva acima das barreiras da própria finitude ao pensamento do Deus infinito";[292] isto é, diante da majestade e do mistério divinos, resta apenas essa alternativa, tal como aconteceu com Jó e Paulo, ao prorromperem em louvor, e assim o fizeram em reconhecimento de que não podiam entender e sequer dizer algo propositivo sobre Deus, sendo mais sensato louvá-lo (Jó 40:3-5; 42:1-6; Romanos 11:33-36).[293] Como já dissemos, tal exercício não apenas é teológico, mas o seu resultado é teologia.[294]

No reconhecimento desse aspecto, evidenciado pelo título do livro do teólogo irlandês, *O Deus vivo*, e em sua argumentação de que Deus "não é uma entidade abstrata qualquer, mas uma realidade viva que nos atrai, chama e ama e a quem nós somos convidados a conhecer e a confiar", entendemos que Deus "pode muito bem ser *mais* do que pessoal, mas com certeza não é menos que isso". Portanto, podemos dizer que não se trata de uma força impessoal, muito menos "um déspota divino", cujo comportamento assemelha-se ao de "um ditador norte-coreano",[295] para usar a expressão do falecido ateu Christopher Hitchens. Justamente por isso, optamos por pensar teologicamente de maneira apofática, reconhecendo que estamos aquém de pronunciar algo sobre o ser de Deus. E é nesse sentido que a observação de Pannenberg, de que o reconhecimento da impossibilidade de falar racionalisticamente de Deus, culminando em louvor, "de modo algum" significa que

---

291 Ibid., p. 15.

292 PANNENBERG, Wolfhart. *Teologias*, vol. 1 (Santo André: Academia Cristã; São Paulo: Paulus, 2009), p. 91.

293 "Nosso conhecimento de Deus é sempre compelido a ser uma oração de ações de graças, penitências e intercessões. É somente desta forma que existe o conhecimento de Deus em participação na veracidade da revelação de Deus" (BARTH, Karl. *Dogmática eclesiástica* [São Paulo: Fonte Editorial, 2017], p. 138).

294 Não há uma "real contradição entre teologia e experiência espiritual", dizem os teólogos João Libanio e Afonso Murad; ao "contrário, elas se alimentam mutuamente". Eles explicam que, na realidade, "em dado momento da história passada da teologia aconteceu dolorosa ruptura entre teologia escolástica e espiritualidade, de modo que muitas vezes a reflexão teológica soava pouco espiritual e a espiritualidade, pouco teológica. H. von Balthasar atribui à entrada do aristotelismo na teologia a causa de tal estranhamento mútuo" (LIBANIO, João Batista; MURAD, Afonso. *Introdução à teologia: perfil, enfoques, tarefas*, 8. ed. [São Paulo: Loyola, 2011], p. 41).

295 MCGRATH, Alister. *O Deus vivo: cristianismo para todos*, livro 2 (São Paulo: Cultura Cristã, 2017), p. 16.

"os contornos do pensamento precisam terminar difusos", pois a doxologia, diz ele, "pode perfeitamente ter a forma de reflexão sistemática".[296]

É por essa conclusão de um teólogo não carismático da envergadura desse alemão que vemos a urgência e a legitimidade de uma teologia sistemático-carismática. Isso a despeito de ela não ser primordialmente "teórica", conforme diz Esequias Soares, e justamente por essa razão durante anos ser desconsiderada pela teologia protestante. Mas, conforme disse Pannenberg, e como estamos mostrando, podemos ter/fazer reflexão sistemática, ainda que não nos moldes da sistemática racionalista ou manualística. Esequias Soares explica que, assim como as demais teologias protestantes, a doutrina da tradição carismático-pentecostal "se baseia nas Escrituras Sagradas, única regra de fé e prática para a vida cristã", todavia o nosso diferencial é que "a experiência pentecostal torna Deus mais real", ou seja, mostra que "Ele não está longe de cada um de nós (At 17.27)".[297] Assim, reiteramos, até mesmo nas palavras de um teólogo não carismático, como Gerald Bray, que "Deus é um ser pessoal, e a única maneira de conhecê-lo adequadamente é mediante um encontro pessoal com ele, encontro esse que só será possível se Deus tomar a iniciativa".[298]

Não obstante, temos de sempre recordar que tal experiência não proporciona um conhecimento completo de Deus. Mesmo porque, diz o mesmo autor, a despeito de o conhecimento pessoal ser real, ao mesmo tempo "traz consigo um elemento de mistério que não podemos compreender inteiramente".[299] Isso se dá pelo simples fato de que não lidamos com um objeto acerca do qual podemos falar e manipular, por causa de sua inércia e comportamento estático. Conhecer Deus de maneira pessoal significa uma experiência única para cada pessoa que faz essa jornada, daí a impossibilidade de matriciar a experiência, sendo possível apenas 1) vivenciá-la ou 2) ouvir o testemunho e crer ou não. Nessa perspectiva, o conhecimento de Deus não vem da leitura de um manual teológico que elenca os "atributos incomunicáveis e comunicáveis de Deus", muitas vezes pretendendo com isso delimitá-lo e esgotá-lo, invariavelmente degenerando-se em manipulações, seja das pessoas por Deus, ao modo esotérico, seja de Deus pelas pessoas, ao modo racionalista.

---

296 Pannenberg. *Teologia sistemática*, vol. 1, p. 91.

297 Soares. *O verdadeiro pentecostalismo*, p. 13.

298 Bray, Gerald. Deus, in: McGrath; Packer (orgs.). *Fundamentos da fé cristã*, p. 82.

299 Ibid., p. 94.

## 302 | TEOLOGIA SISTEMÁTICO-CARISMÁTICA

Contudo, que não se entenda que defendemos que a forma carismático-pentecostal de experienciar e conhecer Deus é a única possível. De forma alguma. Somos conscientes de que Deus não se esgota, mesmo se revelando e havendo uma experiência com ele. Isso fica claro pelo fato de ele falar com Moisés e, mesmo assim, o legislador dizer que queria "vê-lo" (Êxodo 33:18). Ora, se ao falar com Deus Moisés ficasse satisfeito e não tivesse mais nada que conhecer, não pediria para "vê-lo", e, se o fato de falar com o Senhor e ele revelar-se significasse um desvelamento completo e um esgotamento total, Deus não diria a Moisés que, se alguém o visse, morreria (Êxodo 33:20). Assim, as experiências com Deus, ao mesmo tempo que mostram seu amor e revelam-nos seu caráter, evidenciam quanto não somos capazes de, por nós mesmos, compreender as coisas do Senhor, pois, conquanto o cristão esteja certo do "que esperar de Deus na medida do que lhe foi revelado", diz Gerald Bray, é preciso estar ciente de que "Deus não pode ser confinado nos limites do entendimento humano".[300]

Não obstante, diz Roger Scruton, Deus colocou-se "diante de Moisés com um ponto de vista, uma perspectiva em primeira pessoa, o 'eu sou' transcendental que não pode ser conhecido como objeto, mas apenas como sujeito";[301] ou seja, o legislador não estava diante de "algo" a ser examinado, mas viu-se frente a frente com "Alguém" que respondia-lhe e lhe objetava. Justamente por isso, a mesma Escritura que conta que Moisés não poderia fitar o rosto de Deus registra, paradoxalmente, que "nunca mais se levantou em Israel profeta algum como Moisés, a quem o Senhor conhecera face a face" (Deuteronômio 34:10).[302] "Como ele pôde estar diante de Deus, face a face,

---

300 Ibid.

301 Scruton, Roger. *O rosto de Deus* (São Paulo: É Realizações, 2015), p. 225.

302 "Em oposição ao que temos sustentado", isto é, de conhecermos Deus assim como conhecemos um objeto, diz Barth, "primeiro vejamos Êx 33.11-23. Quase não podemos entender isto, exceto como uma confirmação da regra geral de Lutero, que por sua vez forma um pano de fundo para o entendimento de todo o resto. Diz aqui de Moisés que o Senhor falou com ele face a face, como um homem fala com seu amigo (v. 11). O que isto significa? Lemos em seguida que Moisés chamou a Deus como consequência de Deus ter-lhe dito: 'Eu te conheço pelo meu nome, e tens achado graça à minha vista'. Logo em seguida, Moisés desejou conhecer os 'caminhos' de Deus, isto é, 'conhecê-Lo' (v. 13) como o Único que 'subiria com eles' na mudança do Sinai à Canaã conforme havia ordenado. 'Se a tua presença não vai comigo, não nos faça subir aqui. Pois se há de saber que eu e o teu povo temos achado graças à tua vista? Não é porque tu andas conosco? Assim seremos separados, eu e o teu povo, de todos os povos que estão sobre a face da terra' (v. 15s). Deus respondeu que muito destas coisas tomaria o lugar. Moisés insistiu que deveria ver a glória de Deus (v. 8). E nem mesmo este pedido encontrou recusa em branco. Não; Deus fará passar diante dele 'toda a sua glória', e ele ouvirá

CAPÍTULO 3 – Teologia | 303

sem vê-lo, pois se o visse morreria?", pergunta o leitor de mente racionalista e linear, desacostumado com uma função imprescindível da linguagem que logo mais será mencionada.

Em segundo lugar, só existe uma forma de nos aproximarmos de Deus, que é pela fé. Devemos, entretanto, novamente lembrar que tal aproximação não se dá nos moldes do esquema sujeito-objeto, pois, se "você olhar o mundo com os olhos da ciência, é impossível encontrar o lugar, o momento ou a sequência particular de acontecimentos que podem ser interpretados como mostras da presença divina"; ou seja, "Deus desaparece do mundo assim que nos dirigimos a ele com o 'por quê?' da explicação", diz Roger Scruton, "assim como a pessoa humana desaparece do mundo quando procuramos a explicação neurológica de seus atos", pois "talvez Deus seja uma pessoa como nós, cujas identidade e vontade estão atadas à sua natureza de sujeito".[303] Em outros termos, pode ser que "só o encontremos no mundo em que estamos se pararmos de invocá-lo com o 'por quê?' da razão", visto que "o 'por quê?' da razão precisa ser dirigido do eu para você". Por fim, Scruton diz

---

o nome do Senhor: 'Serei gracioso para quem Eu for gracioso, e demonstrarei misericórdia sobre quem Eu demonstrar misericórdia' (v. 19). Mas é precisamente no passar diante de Deus que Moisés ouve Seu nome: 'Tu não podes ver a minha face, pois nenhum homem me verá e viverá' (v. 20). Este 'passar diante de' obviamente significa que Sua súplica e expectativa, indo com eles, tinha começado, que Deus, de fato, iria diante dele e do povo. E neste 'passar adiante' Deus o colocará na brecha de uma rocha e estenderá Sua mão sobre ele de forma que ele O possa ver detrás (e consequentemente no processo desse passar adiante, indo com e indo depois). É desta [forma], e não de outra qualquer, que ele pode e verá a glória de Deus. É desta forma que Deus fala com Moisés face a face, 'como um homem fala com seu amigo'. Deus realmente fala com ele. Moisés ouve o nome de Deus. Ele é realmente encorajado e direções são dadas pelo próprio Deus. Ele conhece Deus, como ele tinha suplicado — Deus em Sua objetividade extrema. Mas tudo isso acontece no passar adiante e ir depois efetuado por Deus, por meio da ação e obra de Deus, nas quais ele não vê a face de Deus, podendo apenas seguir Deus com seus olhos. Neste caso, mais do que isso só somente seria menos, mas até mesmo nada — realmente, algo negativo. O homem não pode ver a face de Deus, a objetividade nua de Deus, sem expor a si mesmo à ira destruidora de Deus. Para isto, teria de ser um segundo Deus que veria Deus diretamente. Como o homem poderia escapar da destruição de Deus? Neste momento, Deus mostra a Moisés uma misericórdia dupla: de fato, Ele somente o recebe segundo a Sua promessa; mas, também, Ele faz isto de forma que se adapta como criatura, e lhe fala por meio do sinal de Sua obra. Quase não podemos pressupor que quaisquer outras passagens e referências escriturísticas, que sejam consideradas neste contexto, ensinem qualquer coisa em oposição a este conhecimento indireto de Deus. Antes teremos que assumir que, até mesmo nestas passagens onde meios e sinais da manifestação ou fala de Deus não são expressamente mencionados, elas são recebidas, não obstante, como admissão dos autores bíblicos. Eles procuram dizer, sempre, que Deus é presente e revelado ao homem em Sua objetividade secundária, em Sua obra..." (BARTH, Karl. *Dogmática eclesiástica* [São Paulo: Fonte Editorial, 2017], p. 75-7).

303 SCRUTON, Roger. *O rosto de Deus* (São Paulo: É Realizações, 2015), p. 71.

## 304 | TEOLOGIA SISTEMÁTICO-CARISMÁTICA

que o "Deus dos filósofos desapareceu atrás do mundo, porque era descrito na terceira pessoa e não tratado pela segunda".[304]

Sim, Deus é o Totalmente Outro, mas, paradoxalmente e, como mostra-nos a "Torá", ela também "integralmente associada à identidade de Deus como pessoa e, nos Salmos e no Livro de Jó, Deus é chamado a prestar contas a seus servos fiéis e dar explicações", isto é, por meio da "lei, Deus coloca as relações com suas criaturas num pé interpessoal" (pense em um deus pagão submetendo-se a isso) e assim ele deixa "claro que sua lei, no fim das contas, estabelece a vida justa — a vida sem culpa, na qual estamos unidos uns com os outros e com o nosso próprio estar no mundo".[305] Apesar dessa sua abertura e "condescendência" para conosco, ao se pensar em fazer teologia, devemos sempre nos lembrar do que nos diz Ratzinger, ao falar sobre a impossibilidade de "exatidão teológica" com base no exemplo da física moderna:

> Isso significa que a objetividade pura e simples não existe nem mesmo na física, uma vez que o resultado do experimento e a resposta da natureza dependem da pergunta que lhes é feita. Na resposta está sempre presente uma parceria da própria pergunta e de quem formula a pergunta, pois ela não espelha só a natureza em si, em sua objetividade pura, mas reflete também algo do homem, de nossa peculiaridade, uma parte do sujeito humano. Feitas as devidas ressalvas, essa afirmação se aplica também à questão de Deus. Não existe o mero observador. Não há objetividade pura. Podemos até dizer que, quanto mais importante for um objeto para o ser humano, quanto mais esse objeto entrar no centro do próprio ser, atingindo o observador em seu íntimo, tanto menos pode haver distanciamento completo e objetividade pura. Onde quer que se declare, portanto, que uma resposta é objetiva e desapaixonada, afirmando que ela ultrapassa, finalmente, os preconceitos dos religiosos, esclarecendo tudo com objetividade científica, será necessário dizer que o orador se tornou vítima de um autoengano. Esse tipo de objetividade não existe para o ser humano. Ele simplesmente não é capaz de perguntar e de existir como um mero observador. Quem tentar ser um mero observador não há de descobrir nada. Até mesmo a realidade chamada "Deus" só pode ser focalizada

---

304 Ibid.
305 Ibid., p. 152.

por aquele que entra na experiência com Deus — na experiência que chamamos de fé. Só quem entra nela consegue descobrir algo; só quem participa da experiência formula perguntas, e só quem pergunta recebe respostas.[306]

Assim, a preocupação moderna de provar a existência de Deus, diferentemente do que se pode imaginar, só veio surgir muito tardiamente na história ocidental e está relacionada à especulação filosófica e à escassez de experiência com Deus. No Antigo Testamento, não se vê uma preocupação como essa, pois "o Deus do AT é, efetivamente, o Deus da experiência e não o da especulação".[307] Não apenas o Antigo Testamento, mas também as Escrituras como um todo desconhecem essa preocupação. Contudo, a fé especificamente veterotestamentária fundamenta-se no fato de que "Deus desempenhou um papel na história de Israel e escolheu para si essa nação, manifestando-lhe a sua vontade", ou seja, trata-se de "um postulado da experiência mais que do pensamento".[308] Mesmo porque, para os antigos, "a prova da existência de Deus não estava no raciocínio do homem, mas na própria atividade de Deus" e, por isso mesmo, o "fato de Deus é menos importante que o caráter que se lhe percebe".[309] Para o povo eleito, "Deus era pessoal, e a sua personalidade se exprimia em vontade",[310] portanto a "nota distintiva da fé israelita, é a crença de que Deus revelou o seu caráter na sua atividade, e que por cima disso havia um objetivo moral".[311]

Em termos diretos, reiterando essa colocação, o que os nutria era "algo de mais profundo que uma teologia abstrata, mera formulação de crença sobre Deus", por isso requeria-se do povo que se comportasse de forma que eles "refletissem o caráter que se percebia ser o de Deus". O mesmo autor completa que tal "caráter era o caráter que ele revelava nos seus atos".[312] É justamente por causa de sua acessibilidade revelacional, mostrando seu caráter, que a Bíblia, em seu nível mais alto de exigência, ordena que imitemos a Deus (Efésios 5:1; 1Pedro 1:16). Mas é imprescindível que se entenda:

---

306 RATZINGER. *Introdução ao cristianismo*, p. 131.
307 ROWLEY. *A fé em Israel*, p. 69.
308 Ibid., p. 70.
309 Ibid., p. 72.
310 Ibid., p. 82.
311 Ibid., p. 85.
312 Ibid., p. 87.

## 306 | TEOLOGIA SISTEMÁTICO-CARISMÁTICA

> Verdade é que em muitas passagens se afirma que Deus se arrepende de ter feito determinada coisa. Esse termo não é, contudo, usado em um sentido moral, implicando em que Deus reconhecesse ter incorrido em falta. Há nesse termo, por certo, um elemento antropomórfico, e emprega-se níveis de significado no AT. Em termos gerais, se pode dizer que significa haver Deus mudado de parecer, não por volubilidade em si mesmo, mas devido à falha ou arrependimento humano. Da mesma forma que havia um elemento contingente da profecia,[313] de sorte que, se os homens aproveitassem o aviso, ele poderia servir à sua finalidade sem necessidade do juízo anunciado, assim também na graça havia um elemento contingente, de modo que, se os homens deixassem de corresponder à graça de Deus, perderiam os seus frutos. Representar ambos os processos antropomorficamente como mudança de parecer da mente divina, como se ele tivesse remorso do juízo ou do favor em vista, não é ocultar o fato de que em ambos os casos o motivo real deve ser procurado no homem e não em Deus.[314]

Por essa dinâmica, já se percebe o caráter não estático de Deus, contrariando o que postulam as teologias sistemáticas racionalistas. E esse caráter pode ser visto desde o chamado de Moisés, diz o teólogo alemão Christoph Böttigheimer, observando que o "'ser/estar' hebraico tem em si elementos dinâmicos e não estáticos".[315] Algo que também é reconhecido por Gerald Bray, ao afirmar, depois de dizer que, a despeito de não haver "vocabulário capaz de explicar Deus completamente", a adaptação e conciliação do Deus revelado na Bíblia com o deus dos filósofos, em seu entendimento, não se deram de forma que os termos atribuídos à divindade filosófica criada tenham os mesmos sentidos quando usados para falar do Deus revelado na Bíblia. Por isso, diz o mesmo autor, "se Deus é o ser supremo, a palavra 'ser' deve ser redefinida para adaptar-se ao que sabemos de Deus, uma vez que ele não pode ser reduzido aos limites impostos pelo 'ser'".[316] Corretíssimo, mas essa ponderação foi feita na elaboração teológica?

Bray diz que "quanto mais os primeiros cristãos se debatiam com isso, tanto mais passaram a compreender as limitações da linguagem humana e

---

313 "Cf. Jr 18.7s; Jl 2.12ss" (ibid., p. 97).

314 Ibid., p. 96-7. Por ora, adiantamos o assunto da teodiceia, isto é, o problema do mal, que será efetivamente estudado no capítulo 6.

315 Böttigheimer. *Manual de teologia fundamental*, p. 202.

316 Bray, Gerald. Deus, in: McGrath; Packer (orgs.). *Fundamentos da fé cristã*, p. 104-5.

tanto mais insistiam em que o verdadeiro conhecimento de Deus deve ir além das categorias humanas".[317] Contudo, aqui parece haver uma aporia, pois como fazer isso, visto que a linguagem, com suas expressões, é criação humana? "Alguns", diz Bray, "acabaram por desenvolver uma teologia mística do 'não ser' para fazer justiça à eterna 'alteridade' de Deus", pois, conforme "essa teologia, até os conceitos mais elevados que possamos imaginar são inadequados para descrever Deus, e devemos procurar transcendê-los para ter dele uma experiência genuína".[318] Tal forma de fazer teologia, como já dissertado desde o primeiro capítulo, é apofática, ou negativa (no sentido de não ser propositiva e racionalista), e, conforme defendemos, mais apropriada para a tradição carismático-pentecostal.

De fato, na prática, os conceitos filosóficos, mesmo após serem adaptados, conforme dito por Bray, inseridos nos tratados teológicos e após terem se tornado parte do vocabulário cristão, raramente sofrem modificações. Dificilmente se admite o papel desempenhado pela espiritualidade carismática, ou seja, que foram os carismático-pentecostais os responsáveis por reintroduzirem o sobrenatural na realidade, mediante a experiência com Deus, e que tal prática preservou a fé cristã, mas evidenciou igualmente a necessidade de se repensar categorias filosóficas, antes acriticamente atribuídas a Deus, como, por exemplo, a impassibilidade:

> A ideia de impassibilidade é intimamente relacionada à de imutabilidade (a ideia de que Deus jamais muda de modo algum), que é outra característica tradicionalmente atribuída à natureza divina. Durante muitos séculos, a imutabilidade foi aceita sem discussão. Nos últimos cem anos, entretanto, passou a ser contestada, porque parece dar a entender que Deus é um ser estático, e não dinâmico. Já se ressaltou, por exemplo, que seu nome YHWH pode ser lido não somente como "ele é", mas também como "ele está se tornando"; e que este verbo, mais dinâmico, nos dá uma impressão melhor de como a Bíblia compreende a natureza divina. Todavia, trata-se de um falso problema. Dizer que Deus não muda não significa que ele seja estático ou inerte, mas que seu caráter e seus propósitos permanecem sempre os mesmos. O que quer que nos suceda, ele continua sendo o mesmo Criador e Salvador amoroso e protetor que sempre foi (Ml 3.6). Sua imutabilidade é,

317 Ibid., p. 105.
318 Ibid.

## 308 | TEOLOGIA SISTEMÁTICO-CARISMÁTICA

portanto, garantia da sua fidelidade, e não uma declaração de que na prática ele está morto![319]

Nesse sentido, é preciso reconhecer a revolução que essa forma de pensar Deus e fazer teologia prático-espiritual representa para o protestantismo no século 20, impulsionando seu crescimento numérico de forma exponencial, ainda que ela não tenha recebido a devida atenção nem tenha sido teoricamente articulada, por isso mesmo acabando não sendo escrita. Isso provavelmente aconteceu por causa do não reconhecimento do uso distinto da linguagem, pois, como ficou claro no argumento de Gerald Bray, quando se trata de "falar de Deus", ela torna-se equívoca, não unívoca, ou seja, aqui já não se pode pensar que o "ser" significa, para o teólogo, o mesmo que quer dizer para o filósofo. E, ao se falar da "equivocidade" da linguagem, é preciso resgatar o significado positivo da expressão, pois não estamos utilizando o termo com o sentido de "erro". Conforme instrui Guilherme de Ockham, "equívoco", nessa acepção, refere-se a algo que, "significando várias coisas, não está subordinado a um único conceito, mas é o único signo de vários conceitos ou intenções da alma".[320] Infelizmente, a teologia, que deveria valer-se da linguagem simbólica, que não se situa nem no lado da "linguagem comum, corrente, diária", dizem os teólogos João Libanio e Afonso Murad, nem no lado da "linguagem científica, pautada por regras decididas pela comunidade científica",[321] acabou adotando a última.

Tal uso do aporte "racionalista" começou muito cedo na religião cristã, conforme já dissemos nos primeiros dois capítulos, sendo utilizado primeiramente pelos adeptos de tais filosofias que se converteram e escreviam suas apologias da fé cristã. Posteriormente, foi adotada pelos teólogos, desde a escolástica, vindo a tornar-se a regra segundo a qual o discurso teológico deve se pautar.[322] No processo de inserção na teologia, como doutrina de Deus, prevaleceu a perspectiva filosófica de Aristóteles, que, de acordo com Nicola Abbagnano, atribuiu aos objetos a expressão "unívocos (ou sinônimos)", dizendo que assim devem ser classificados "os objetos que têm em comum

---

319 Ibid., p. 89.

320 ABBAGNANO, Nicola. *Dicionário de filosofia*, 4. ed. (São Paulo: Martins Fontes, 2000), p. 985.

321 LIBANIO, João Batista; MURAD, Afonso. *Introdução à teologia: perfil, enfoques, tarefas*, 8. ed. (São Paulo: Loyola, 2011), p. 79.

322 ABBAGNANO, Nicola. *Dicionário de filosofia*, 4. ed. (São Paulo: Martins Fontes, 2000), p. 985.

tanto o nome quanto a definição do nome",[323] ou seja, uma correspondência automática e absoluta do objeto à coisa, tal como a ciência, no esquema cartesiano prevalente no período da modernidade, entende até hoje. Além desse aspecto, o teólogo batista Richard Sturz, cuja perspectiva acerca dos paradoxos bíblicos é de que as verdades escriturísticas são dialéticas, diz que é "fato que, ao longo dos séculos, a maioria das heresias na Igreja surgiu da tentativa de aplicar a lei da não contradição de Aristóteles à revelação bíblica".[324] Isso, com certeza, se deu em virtude de não se entender que a linguagem, ainda que usando as mesmas expressões, deveria ser distinguida.

Portanto, não obstante as modificações dos usos de unívoco e equívoco, do modelo aristotélico pela lógica terminista, entendendo que eles não deveriam ser aplicados aos objetos, e sim "apenas aos signos, ou seja, aos conceitos ou nomes",[325] Nicola Abbagnano explica que Duns Scotus, "reportando-se exatamente a Aristóteles, considerou que a noção de ser é comum a todas as coisas existentes, logo tanto às criaturas quanto a Deus". Em outras palavras, ele considerou a "substância", isto é, o ser de Deus e o ser das criaturas como "*unívoca* pelo motivo fundamental de que, se assim não fora, seria impossível conhecer algo de Deus e determinar qualquer atributo Seu, remontando por via causal, das criaturas".[326]

Aqui, como pode ser depreendido, está se aludindo ao método que ficou conhecido como *analogia entis* (analogia do ser), muito utilizado pela teologia católica, ao qual se contrapôs Karl Barth, que, em consonância com a Reforma, propôs a *analogia fidei* (analogia da fé).[327] "Na filosofia escolástica, a assim chamada 'analogia do ser' (*analogia entis*) frequentemente se apresenta como se constituísse algo de intermédio e subsequente entre univocidade e equivocidade", diz Karl Rahner, explicando que seria como "se alguém tivesse de falar sobre Deus, mas a seguir percebesse que realmente não o pode dizer porque o conteúdo da afirmação procede de outra fonte, de algo que nada tenha muito que ver com Deus" e, justamente por isso, "deveríamos formar conceitos análogos, que constituiriam uma coisa intermédia entre o unívoco e o equívoco".[328] E completa:

---

323 Ibid., p. 984.
324 Sturz, Richard J. *Teologia sistemática* (São Paulo: Vida Nova, 2012), p. 16.
325 Ibid., p. 985.
326 Ibid., p. 56.
327 Barth, Karl. *Dogmática eclesiástica* (São Paulo: Fonte Editorial, 2017), p. 149.
328 Rahner. *Curso fundamental da fé*, p. 93.

Mas a coisa não se passa assim. A transcendência é algo de mais originário do que os conceitos singulares, que são categoriais e unívocos. Pois a transcendência — essa ultrapassagem do horizonte ilimitado de todo o movimento de nosso espírito — é precisamente a condição, o horizonte, a base e fundamento que nos possibilitam comparar e classificar entre si os objetos singulares da experiência. Esse movimento transcendental do espírito é o elemento originário, e é precisamente isso que designamos de outra maneira com o termo "analogia". Por isso a analogia nada tem a ver com a ideia de posição intermédia posterior e inexata entre conceitos claros [unívocos] e conceitos que indicam duas coisas totalmente diversas [equívocos] mediante o mesmo som fonético.[329]

Em nosso entendimento, nenhuma dessas vias está habilitada a falar de Deus como "Ser-em-si", mas como "uma das tarefas da teologia consiste em nos estimular a empregar a linguagem de maneira crítica", diz Alister McGrath, "fazendo-nos pensar sobre o que realmente entendemos ao falar de Deus".[330] Precisamos "aprofundar a natureza da linguagem teológica a partir de seu objeto: o Mistério", dizem João Libanio e Afonso Murad, afirmando que, ao final, "está em jogo uma linguagem que se faz necessária, mas impossível", instaurando assim um paradoxo que, explicam os mesmos autores: "Necessária porque sem linguagem não temos acesso à realidade. Por mais misterioso que seja, Deus é realidade. Impossível porque nossa linguagem se forja a partir de experiências humanas, criaturais, históricas, e Deus é Deus para além de toda criatura, toda história". E é justamente por isso que "a linguagem teológica não pode situar-se na ordem da objetividade expositiva", como tem feito ao longo dos séculos, pois seu "pressuposto último é uma atitude de fé diante da Palavra reveladora de Deus no interior de uma comunidade", portanto a "linguagem simbólica responde-lhe melhor à natureza", pois utiliza "outra lógica, própria das imagens e diferente da dos conceitos".[331] Incrivelmente, completam os autores:

> A linguagem simbólica aproxima-se mais dessa vida que a conceitual e por isso responde melhor ao mistério em jogo. Ela consegue percepção

---

329 Ibid.

330 McGrath. *Teologia: os fundamentos*, p. 66.

331 Libanio, João Batista; Murad, Afonso. *Introdução à teologia: perfil, enfoques, tarefas*, 8. ed. (São Paulo: Loyola, 2011), p. 80.

unitária. Capta-o em maior profundidade intuitiva por meio de comunhão interior. A unidade e a totalidade profundas identificam-se. A linguagem simbólica, sendo unitária, é também totalizante. E neste momento de extrema fragmentação vem em socorro das mentes dilaceradas. Além disso, goza de enorme força evocativa. Desperta no leitor o mistério interior já presente, mas que dormia na inconsciência. E permite, além do mais, maior movimento, mais flexibilidade. As ressonâncias dos mesmos símbolos diferenciam-se segundo as épocas, as pessoas. Consegue-se alcançar tempo e espaço sem ter de fazer o gigantesco esforço hermenêutico. A hermenêutica simbólica parece, portanto, responder melhor à natureza da linguagem teológica que pretende aproximar-se do mistério por excelência: a Santíssima Trindade.[332]

Sim, ao final do processo de análise doutrinária do primeiro capítulo dessa segunda parte, precisamos dizer que, mesmo chegando até aqui sem mencionar a Trindade, é nela que a teologia, como doutrina de Deus, vai aportar, e, como sabemos, toda tentativa de explicá-la, mostra-nos a história, no melhor dos casos, fracassou e, no pior deles, descambou para a heresia. Cabe aqui lembrar o que disse Ratzinger: o que ocorre "na esfera da física em decorrência da limitação de nossa capacidade de enxergar aplica-se em medida incomparavelmente maior às realidades espirituais".[333] Isso não se aplica apenas à Trindade, mas, sim, à teologia como doutrina de Deus, pois nela a impassibilidade, isto é, a ideia de perfeição emprestada da filosofia, já traz muitos problemas e dificuldades, visto parecer postular a ingênua, mas também a audaciosa pretensão de "aprisionar" Deus em um conceito, enquanto ele, em sua soberania e dinamismo, comunica-se com os seres humanos, pois quer resgatá-los (Mateus 2:12; Lucas 1:1-80; 2:8-38 etc.).

Portanto, se há sérias dificuldades para se compreender Deus, "isolando-o", ainda que artificialmente, o que dizer do estudo da revelação trinitária, isto é, da "deidade completa", sem com isso afirmarmos que ele tem falta de algo, pois a Trindade é o que é desde sempre, mas nós, do lado de cá, não pudemos vislumbrá-la até que o Senhor permitisse que tivéssemos a revelação neotestamentária. "A revelação de Deus, na qual a satisfação humana

---

332 Ibid., p. 81.
333 Ratzinger. *Introdução ao cristianismo*, p. 129.

do verdadeiro conhecimento de Deus toma lugar, é a disposição de Deus pela qual Ele age em direção a nós como o mesmo Deus triúno que Ele é em si mesmo", diz o teólogo suíço Karl Barth, "de um modo tal que, embora sejamos homens, e não Deus, recebemos uma parte da verdade de Seu conhecimento próprio", isto é, "a parte que Ele próprio concebe e que é, portanto, satisfatória a nós". Por mais incompreensível que seja, "nesta parte temos a realidade do verdadeiro conhecimento dEle", conhecimento que nos é dado "como Deus desvelando a Si mesmo", visto que, por nós mesmos, conclui o mesmo autor, somos "totalmente incapazes de conhecê-Lo".[334] Assim é que, voltando ao que nos diz Joseph Ratzinger acerca do mistério da fé trinitária:

> Lançando um olhar de conjunto sobre o tema, podemos constatar que a forma da doutrina trinitária aceita na Igreja pode ser justificada, em primeiro lugar, de modo negativo, ou seja, como prova da inviabilidade de todos os demais caminhos. Talvez seja isto a única alternativa que aqui nos resta realmente. Nesse caso, a doutrina trinitária deveria ser vista, essencialmente, como negativa, isto é, como a única forma permanente de recusar qualquer pretensão de querer entender o mistério, como sinal da indecifrabilidade do mistério de Deus. Ela se tornaria questionável se passasse a ser, por sua vez, um simples querer saber positivo. A história laboriosa da luta humana e cristã por Deus prova pelo menos *isso*, que qualquer tentativa de compreender Deus dentro de nossos conceitos conduz ao absurdo. Só podemos falar corretamente dele quando renunciamos à vontade de compreender, vendo nele o incompreensível. Por isso, a doutrina trinitária não pode querer ser um ato de compreender Deus. Ela é apenas um pronunciamento extremo, um gesto indicativo que aponta para o inominável, não uma definição que encaixa um objeto nos escaninhos do conhecimento humano; não se trata de um conceito que coloca o objeto ao alcance do espírito humano.[335]

Assim, ao passo que reconhecemos ser a linguagem simbólica mais apropriada para falar de Deus, pois "o símbolo amplia o horizonte de compreensão do mistério", explicam ainda João Libanio e Afonso Murad, dizendo que atrelada

---

334 BARTH, Karl. *Dogmática eclesiástica* (São Paulo: Fonte Editorial, 2017), p. 72.
335 RATZINGER. *Introdução ao cristianismo*, p. 127-8.

a "essa linguagem simbólica soma-se a teologia narrativa, que também corrige a estreiteza do discurso predominantemente conceitual", pois a "narração cumpre a função de oferecer inteligência do real sem cair no reducionismo cartesiano das ideias claras e distintas", constituindo-se em um "novo modo de entender, interpretar e captar a realidade".[336] Tal exercício teológico de narração, mesmo em sua forma prática, oralizada e não teórica ou escrita, já é uma realidade consolidada desde sempre na tradição carismático-pentecostal. A diferença é que, antes, tal maneira não era considerada como teologicamente legítima e possível de ser sistematizada. Além disso, do ponto de vista da dinâmica revelacional, ela é mais bíblica que a forma racionalista. Mesmo porque, na revelação, Deus "desvela a Si mesmo como o Único", mas paradoxalmente, ao fazê-lo, "Ele se mostra numa forma que não é Ele", ou seja, "Ele usa essa forma distinta de Si mesmo, usa Sua obra e sinal, com o propósito de ser objetivo, com e sob esta forma", isto é, "física" ou materializada, a fim de "dar-Se a conhecer a nós", pois "revelação significa, simplesmente [...] o autotestemunho de Deus, a representação de Sua verdade e, portanto, da verdade qual Ele se conhece", finaliza Barth, dizendo que tal verdade se dá "na forma da objetividade humana e, consequentemente, na forma que é adaptada ao nosso conhecimento humano".[337]

Todavia, ao não se entender a dinâmica revelacional nem a importância da clareza da revelação, pois seu objetivo é comunicar, instaura-se um problema. Um exemplo do comentário do teólogo reformado Alexander Hodge, acerca do segundo capítulo da *Confissão de Westminster*,[338] que trata de Deus, ilustra o ponto:

> Quando as Escrituras, em condescendência com nossa debilidade, expressam o fato de que Deus ouve, dizendo que ele possui ouvidos, ou que exerce poder, atribuindo-lhes mãos, evidentemente falam metaforicamente, porque, no caso dos homens, as faculdades espirituais são exercidas através dos órgãos físicos. E quando mencionam seu arrependimento, tristeza ou zelo, elas usam também linguagem metafórica, nos ensinando que ele age em relação a nós como uma pessoa agitada com tais emoções. Tais metáforas são característico mais do

---

336 LIBANIO, João Batista; MURAD, Afonso. *Introdução à teologia: perfil, enfoques, tarefas*, 8. ed. (São Paulo: Loyola, 2011), p. 82.

337 BARTH, Karl. *Dogmática eclesiástica* (São Paulo: Fonte Editorial, 2017), p. 74.

338 Cf. nota 251.

> Velho do que do Novo Testamento, e ocorrem na maioria dos casos em passagens altamente retóricas dos livros poéticos e proféticos.[339]

Tal argumento parece ser falho, pois o raciocínio de Alexander Hodge, quando defende que a ênfase veterotestamentária sobre uma visão de Deus demasiadamente passional que, segundo ele é totalmente rompida em o Novo Testamento, desconsidera um aspecto crucial da revelação. Ele acerta, obviamente, ao dizer que Deus não tem membros humanos (antropomorfismo) nem, estritamente, os sentimentos humanos (antropopatismo). Todavia, mesmo no Segundo Testamento tal raciocínio não se aplica, pois é nessa porção escriturística que temos a maior revelação de Deus, que é a encarnação de Cristo, e, ao encarnar-se, Cristo, por sua vez, apresenta um Deus plena e totalmente idêntico ao que se vê no Primeiro Testamento. Não só isso, mas em muitas ocasiões a imagem é até mais humana que as utilizadas no Antigo Testamento (Lucas 15:1-32; 20:9-19 etc.). Isso implica dizer que a visão de Hodge não apenas não procede, como distorce o que Jesus Cristo revela do Pai.

Todavia, esses aspectos serão mais bem explorados no capítulo 5, ao tratarmos da cristologia. No momento, o que interessa é perceber que a dificuldade dele decorre claramente do fato de que parece querer tomar a linguagem em seu sentido literal, como se fosse possível traduzir o transcendente em palavras que coincidam com tal realidade, ou seja, espelhando-a e fazendo que os textos que falam de "como é Deus" distorcessem o que "Deus é em Si" — conforme definido nos manuais racionalistas de teologia sistemática —, levando-o a quase dizer que tais passagens bíblicas não são inspiradas como as demais, mas "altamente retóricas" e, por isso, não devem ser levadas em conta na elaboração da doutrina de Deus.

O que tais teólogos esquecem é que até mesmo a citação de Paulo no discurso no Areópago, referindo-se a Deus de forma mais "impessoal", é feita estrategicamente como "ponto de contato" com os atenienses, ou seja, os gregos, por isso o apóstolo utiliza alguns argumentos não estritamente escriturísticos, isto é, revelados, usando, como foi dito logo na introdução deste capítulo, até mesmo o raciocínio e parte do texto de dois poetas, na verdade filósofos estoicos, para falar de Deus (Atos 17:28). Portanto, diz Barth, o que precisa ficar claro é:

---

339 Hodge, Alexander A. *Confissão de Fé de Westminster comentada*, 2. ed. (São Paulo: Os Puritanos, 1999), p. 79.

Em sua realidade subjetiva, a revelação de Deus consiste de sinais definidos de sua realidade objetiva que são dados por Deus. Entre os sinais da realidade objetiva da revelação, precisamos entender, certamente, eventos definidos, relações e ordens dentro do mundo no qual a revelação é uma realidade objetiva, e portanto dentro do mundo que também é o nosso mundo, o mundo de nossa natureza e história. A determinação especial destes eventos, relações e ordens é que junto com o que são e significam dentro deste mundo, neles mesmos, e a partir do ponto de vista de imanência, eles têm também outra natureza e significado do lado da realidade objetiva da revelação, i.e., do lado da encarnação da Palavra. Sua natureza e significado a partir deste ponto de vista transcendente é que por eles a Palavra que entrou no mundo objetivamente através da revelação, que foi falada de uma vez por todas dentro do mundo, agora falará adiante no mundo, i.e., será recebida e ouvida em locais e épocas mais distantes deste mundo. Por eles, ela terá "livre curso" no mundo. Eles são instrumentos pelos quais ela se torna uma Palavra que é apreendida pelos homens e, portanto, uma Palavra que justifica e santifica aos homens; pelos quais ela realiza sobre os homens a graça de Deus, a qual é o seu conteúdo. Sua função instrumental é cobrir o objetivo da revelação sob uma realidade humana; e ainda descobri-la, i.e., na forma atual de tal realidade humana trazê-la encerrada aos homens, sendo eles, igualmente, uma realidade humana. Eles apontam a revelação. Eles a atestam. Não, a Palavra de Deus que se fez carne atesta por eles que não se fez carne em vão, que foi falada de uma vez por todas, e que é a válida e efetiva Palavra.[340]

Assim é que, conforme diz o texto de Hebreus: "Havendo Deus antigamente falado, muitas vezes e de muitas maneiras, aos pais, pelos profetas, a nós falou-nos, nestes últimos dias, pelo Filho, a quem constituiu herdeiro de tudo, por quem fez também o mundo" (1:1-2), ou seja, depois de falar inúmeras vezes e de diversas formas, fez o impensável do ponto de vista racionalista: o imortal tornou-se mortal, o incorpóreo encarnou-se.

Contudo, por que Alexander Hodge e todos os teólogos racionalistas enfrentam problema com a linguagem simbólica, que, por sua própria natureza, é paradoxal? Por causa da ideia de "perfeição", subjacente no conceito de impassibilidade, pois a fim de "ser perfeito é necessário ser imutável e

---

340 BARTH, Karl. *Dogmática eclesiástica* (São Paulo: Fonte Editorial, 2017), p. 73-4.

autossuficiente", diz Alister McGrath, sendo, por isso, "impossível para esse ser tão perfeito ser afetado ou transformado por qualquer causa que lhe seja exterior", ou seja, "a perfeição era entendida em termos bastante estáticos",[341] completa o mesmo autor. Assim, a conclusão é que, se "Deus é perfeito, logo qualquer tipo de mudança em qualquer direção torna-se uma impossibilidade", pois, se "Deus muda, isso tanto representa um movimento que o *afasta* da perfeição (e nesse caso Deus deixa de ser perfeito) ou ainda um movimento em *direção* à perfeição (o que significa, nessa hipótese, que Deus não era perfeito antes da mudança)".[342]

Não foi ninguém menos que Aristóteles o responsável pela concepção dessa ideia acerca do deus estático da filosofia, e o problema é que tal "entendimento foi incorporado aos estágios iniciais da teologia cristã", que, como já vimos, nasceu como estudo de Deus, para só posteriormente tornar-se o nome de toda a reflexão teórica do edifício teológico. "Filo, um judeu helênico, cujos estudos eram muito admirados pelos primeiros escritores cristãos, escreveu um tratado intitulado *Quod Deus immutabilis sit* [*Este Deus é imutável*]", diz McGrath, em "que defendia veementemente a ideia de impassibilidade de Deus em face do sofrimento".[343] Mas, se por um lado tais ideias resguardavam a imagem filosófica de Deus, por outro, fazia que textos dramáticos e decisivos do Antigo Testamento, como o do profeta Oseias (1—11), por exemplo, não passassem de desfaçatez, visto que Anselmo de Cantuária, "influenciado por essa ideia, argumentava que Deus era compassivo de acordo com nossa experiência, mas não em termos de seu próprio ser", ou seja, ele ensinava que, provavelmente, "de acordo com a nossa *experiência*, vejamos Deus como alguém compassivo; isso, no entanto, não quer dizer que Deus *seja* de fato compassivo".[344] E esse pensamento não é um exemplo isolado, diz McGrath, pois "a maioria dos escritores patrísticos [foi] profundamente influenciada pela ideia pagã acerca da impassibilidade divina".[345]

Não é preciso muito esforço para perceber que o problema todo se refere ao fato de que não se considerou a linguagem simbólica do texto e, ao mesmo tempo, a inegável verdade de que tais narrativas bíblicas não são revelações

---

341 McGrath. *Teologia sistemática, histórica e filosófica*, p. 325.
342 Ibid.
343 Ibid.
344 Ibid., p. 326.
345 Ibid.

*do que* Deus *é* ou *do que é* Deus, mas mostra-nos *como é* Deus ou *como* Deus *é*. Nada mais. É bem verdade que alguém pode objetar que, nesse caso, parece haver uma ruptura entre Deus e suas ações, ou seja, unidade que revela seu caráter. Aqui, lembramo-nos da importante observação, do que "coloca Yahweh à parte dos deuses do antigo Oriente Médio", que são "dois fatos especiais", diz o biblista Georg Fohrer, enumerando-os: "Primeiro, Yahweh não age dentro do ciclo da natureza a fim de se tornar indistinguível dela", ou seja, os atos divinos "estão relacionados diretamente com o destino dos homens e das nações", isto é, "ele pode agir sempre, não exatamente em certas estações do ano; assim, ele interrompe o ciclo da natureza", mostrando que ele a controla; e o segundo fato especial, diz o mesmo autor, é que "Yahweh é um Deus de exigências éticas", por isso o "homem não pode satisfazê-lo com um culto ou aproveitar-se cultualmente do poder de Deus". O biblista completa: "Yahweh exige confiança e obediência, que fazem deste modo sua reivindicação e exigência uma decisão pessoal".[346] Embora Deus saiba qual será a escolha do ser humano e já tenha as opções para cada decisão humana, a pessoa não tem a mesma perspectiva nem sabe quais serão os resultados caso ela opte por uma ou outra escolha.

O fato é que, diz Joseph Ratzinger, o "experimento com Deus não se realiza sem o ser humano",[347] e isso, por si só, é um ato de misteriosa abdicação divina e só se faz por amor, visto que Deus de nada necessita, muito menos é desorganizado ou sem propósito. Justamente por isso, nas palavras de Barth:

> De forma básica, o conhecimento de Deus por meio da fé é sempre um conhecimento indireto de Deus, conhecimento de Deus em Suas obras, e nestas obras em particular — na determinação e uso de certas realidades humanas que sustentam o testemunho da objetividade divina. O que distingue a fé do descrente, fé errada e supersticiosa, é que ela contenta-se com este conhecimento indireto de Deus. Isto não faz pensar que o conhecimento de Deus em Suas obras é insuficiente. Ao contrário, é realmente agradável conhecer o Deus real por meio de Suas obras. Isto realmente permite mostrar a objetividade de Deus através de Suas obras objetivas. Mas também, de forma segura, a particularidade destas obras. Não escolhe objetos arbitrariamente

---

346 FOHRER, Georg. *História da religião de Israel* (Santo André: Academia Cristã; São Paulo: Paulus, 2012), p. 99.

347 RATZINGER. *Introdução ao cristianismo*, p. 132.

para servir como sinais, inventando um conhecimento de Deus a seu próprio bel-prazer. Deus é conhecido pelo significado dos objetos escolhidos por Ele mesmo. Isto confessa e reconhece a escolha e santificação de Deus na operação deste conhecimento. E, por sua vez, usa estas obras especiais de Deus como devem ser usadas — como meio do conhecimento de Deus. Isto torna Sua objetividade um testemunho — ainda somente um testemunho — a objetividade de Deus. Onde a adoração a Deus se torna possível e necessária pelo próprio Deus, não há adoração idólatra. A fé, e portanto o conhecimento de Deus, permanece ou cai com todas estas determinações da objetividade coberta de Deus. Está sob estas determinações que Deus seja falado e ouvido na Igreja de Jesus Cristo. Nenhuma única delas pode ser colocada de lado ou alterada sem que prejudique radicalmente a vida da Igreja.[348]

Diferentemente do que alguém imagina, é em sua multiforme maneira de comunicar-se conosco que o amor de Deus fica mais que evidenciado, e "é justamente nesse ponto que a mensagem do evangelho e a imagem cristã de Deus corrigem a filosofia, ensinando-nos que o amor é mais sublime do que o mero pensamento";[349] portanto, quando no Credo Apostólico Deus é chamado, "ao mesmo tempo de 'Pai' e de 'todo-poderoso', o Credo juntou, na descrição do Deus único, um conceito familiar e um conceito que exprime poder cósmico", externando dessa forma "o conteúdo essencial da imagem cristã de Deus", afirma Ratzinger, que é "a tensão entre o poder absoluto e o amor absoluto, entre distância absoluta e a proximidade absoluta, entre o ser por excelência e a atenção direta que ele dá ao que há de mais humano no ser humano", ou seja, "a integração do máximo com o mínimo".[350]

Assim é que, na junção humanamente improvável dessas duas imagens, a do Pai e do Todo-poderoso, a primeira revelada explicitamente a nós por Jesus e a segunda, pelo Criador a Abraão, que descobrimos outro aspecto importantíssimo para uma teologia sistemático-carismática, que, como vimos, é sinergista, ou seja, precisa do espaço para a liberdade humana de aceitar ou rejeitar o chamado divino:

---

348 Barth, Karl. *Dogmática eclesiástica* (São Paulo: Fonte Editorial, 2017), p. 74-5.
349 Ratzinger. *Introdução ao cristianismo*, p. 110.
350 Ibid., p. 111-2.

A palavra "Pai", que permanece totalmente aberta quanto ao seu elemento de relação, liga, ao mesmo tempo, o primeiro artigo do Credo ao segundo; remetendo à cristologia, entretece de tal maneira as duas peças que aquilo que deve ser afirmado de Deus só se torna totalmente claro quando se lança um olhar também sobre o Filho. Só fica claro, por exemplo, o que quer dizer "onipotência" ou "domínio total" na perspectiva cristã, quando se chega às condições do presépio e da cruz. Só aí, quando o Deus professado como o Senhor do Universo assume a impotência extrema da entrega à menor de suas criaturas, pode ser formulado, na verdade, o conceito cristão do Deus que é o senhor de tudo. Nesse momento nascem também uma nova ideia de poder e um novo conceito de senhorio e domínio. O poder supremo revela-se no fato de ser impassível a tal ponto que é até capaz de dispensar qualquer tipo de poder, pois o seu poder não reside no uso da violência, e sim, exclusivamente, na liberdade do amor que, mesmo quando é rejeitado, ainda é mais forte do que os poderes prepotentes do mundo.[351]

Considerando esse entendimento acerca da impassibilidade, analisando a argumentação dos teólogos Gerald Bray e Joseph Ratzinger, reformado e católico, respectivamente, vê-se que já não se pode pensar na expressão no mesmo sentido em que a filosofia grega o concebeu, pois o que Deus revela, nas Escrituras e nas experiências atuais, é muito distinto da visão filosófica. Portanto, entre os extremos, dos "deuses das religiões do Oriente Próximo", os quais "eram volúveis e caprichosos",[352] e os da "filosofia grega", cujos "seres divinos eram descritos como 'motor imóvel', 'a causa de toda existência', 'a existência pura', 'a alma universal' e por outras expressões impessoais",[353] diz o teólogo pentecostal Russel Joyner, "Deus permanece estável quanto à sua natureza, ao passo que se mostra flexível em suas ações".[354] Assim, querer transformar Deus em prisioneiro de uma concepção filosófica, fazendo-o refém do poder que os próprios homens lhe atribuíram, não só não é algo piedoso, como parece querer justificar a própria grandiloquência de muitos teólogos e sacerdotes atuais. Assim foi quando transformaram a imagem do servo sofredor de Isaías 53 na imagem messiânica dos reis conquistadores das

---

351 Ibid., p. 112.
352 Joyner, Russel E. "O Deus único e verdadeiro", in: Horton (ed.). *Teologia sistemática: uma perspectiva pentecostal*, p. 134.
353 Ibid., p. 150.
354 Ibid., p. 135.

nações pagãs e que se repetiu na criação do *Pantocrator*, que em nada se parece com o Cristo dos Evangelhos (Zacarias 9:9; cf. 21:5). Aspectos que, conforme já temos dito, serão devidamente trabalhados no capítulo 5.

Finalizando este nosso primeiro capítulo das análises doutrinárias desta segunda parte de nossa sistemático-carismática, é preciso lembrar que, para além de toda discussão acerca deste tema da teologia, como doutrina de Deus, é oportuno lembrar que Deus é mais bem revelado em Jesus Cristo, e o Filho de Deus foi bem claro ao dizer que "Deus é Espírito" (João 4:24). "A Bíblia não define 'espírito'; limita-se a oferecer algumas descrições", quais sejam: "Deus como espírito, é imortal, invisível e eterno, digno de nossa honra e glória para sempre (1 Tm 1.17)", elenca o teólogo pentecostal Russell Joyner, "Ele habita na luz, da qual os seres humanos são incapazes de aproximar-se: 'A quem nenhum dos homens viu nem pode ver' (1 Tm 6.16)". Portanto, sua "natureza espiritual é-nos de difícil entendimento, pois ainda não o temos visto conforme Ele é", ou seja, "à parte da fé", como já foi dito, "somos incapazes de compreender o que não experimentamos" e, neste caso, nossa "percepção sensorial não nos oferece nenhuma ajuda para discernirmos a natureza espiritual de Deus".[355]

Esse tema que será discutido no próximo capítulo remete-nos a uma questão que está na ordem do dia. Trata-se da discussão sobre gênero. Gerald Bray diz que os judeus eram conscientes de que, apesar de Deus ser retratado com termos que remetem a "uma espécie de homem celestial", tal "linguagem deveria ser interpretada de modo figurado" e, de igual modo, "é preciso deixar claro que Deus não é 'masculino' no sentido humano, apesar de ser essa a maneira pela qual quase sempre é retratado na Bíblia". Portanto, óbvio como é, os "termos referentes à sexualidade humana são figurados quando aplicados a Deus, conquanto isso não signifique que as figuras usadas sejam arbitrárias".[356] Assim, os "cristãos acrescentam que, quando Deus se tornou um ser humano, ele veio na forma de um homem, Jesus Cristo, fato que torna necessário o uso do masculino quando se faz referência a Deus". Isso, porém, acrescenta o mesmo teólogo reformado, não significa "supor que esse uso exclua o feminino, pois, na maior parte das línguas, entre elas o hebraico e o grego, o gênero masculino abrange homens e mulheres, ao passo que o mesmo não ocorre com o gênero feminino".[357]

---

355 Ibid., p. 129.
356 BRAY, Gerald. Deus, in: McGRATH; PACKER (orgs.). *Fundamentos da fé cristã*, p. 76.
357 Ibid.

CAPÍTULO 3 – Teologia | 321

Em resposta à pergunta "Deus pertence ao gênero masculino?", Alister McGrath considera "a natureza analógica pela qual as pessoas e os papéis sociais, retirados em grande parte do mundo rural do antigo Oriente Próximo, eram vistos como modelos adequados para representar a atividade ou personalidade divina", acrescentando que justamente uma "dessas analogias é a analogia paterna". Todavia, o mesmo autor observa, oportunamente, que "afirmar que a 'figura do pai na antiga sociedade israelita é um bom modelo para representar Deus' não equivale a dizer que 'Deus pertença ao gênero masculino' ou que 'Deus esteja limitado aos parâmetros culturais do antigo povo de Israel'".[358] Em outros termos, ressaltar "Deus como pai é dizer que o papel do pai no antigo Israel permite que compreendemos melhor a natureza de Deus", contudo tal "não significa dizer que Deus *seja* do gênero masculino", pois "nem a sexualidade masculina nem a sexualidade feminina devem ser atribuídas a Deus", visto que "a sexualidade é um atributo que pertence à ordem da criação, sendo inadmissível aceitar uma correspondência direta entre esse tipo de polaridade (homem/mulher), conforme se observa na criação, e o Deus criador".[359]

Assim como Bray,[360] McGrath menciona o cuidado que havia com o uso de imagens divinas femininas por causa dos cultos às deusas da fertilidade dos povos pagãos no mundo antigo, "portanto, o Antigo Testamento recusa-se a endossar a ideia de que o gênero ou a sexualidade de Deus seja uma questão importante", e, de igual forma, dispensa-se a "necessidade de trazer de volta ideias pagãs dos deuses e deusas para resgatar a noção de que Deus não é nem masculino nem feminino", diz o teólogo anglicano, finalizando com a observação de que "essas ideias já estão potencialmente presentes, se não forem negligenciadas, na teologia cristã".[361] Dessa forma, a conclusão do mesmo teólogo anglicano de Oxford é que, não obstante, o fato de que "sejam muito mais abundantes as referências aos modelos paternos que aos maternos, não há dúvida de que tanto a função paterna quanto a materna servem como analogias que nos levam ao conhecimento de Deus na Bíblia".[362] Para exemplificar, ele cita o versículo 1 de Salmos 51, que fala a respeito da compaixão de Deus, e diz ser "interessante notar que a palavra hebraica correspondente a

---

358 McGrath. *Teologia sistemática, histórica e filosófica*, p. 315.
359 Ibid., p. 316.
360 Bray, Gerald. Deus, in: McGrath; Packer (orgs.). *Fundamentos da fé cristã*, p. 76.
361 McGrath. *Teologia sistemática, histórica e filosófica*, p. 316.
362 McGrath. *Teologia: os fundamentos*, p. 59.

## 322 | TEOLOGIA SISTEMÁTICO-CARISMÁTICA

'compaixão' (*rachmin*) deriva da raiz da palavra 'ventre' (*rechmen*)"; em outras palavras, a "compaixão que Deus tem por seu povo é a mesma que a mãe tem por seu filho — como em Isaías 66.12-13", ou seja, a "compaixão nasce do ventre materno",[363] finaliza McGrath.

No *Comentário bíblico pentecostal do Novo Testamento*, comentando o texto de Tiago 1:17-18, o biblista pentecostal Timothy Cargal apresenta raciocínio semelhante, dizendo que, "nos últimos anos, muito mais 'calor' do que 'luz' tem sido lançado sobre a questão dos nomes específicos dos gêneros e das metáforas de Deus; seria importante parar por um momento e analisar as imagens que Tiago emprega nos versos 17 e 18".[364] O autor diz que Tiago inicia "referindo-se a Deus como 'O Pai das luzes', usando a imagem masculina do pai que se tornou o nome cristão para a primeira pessoa da Trindade, Deus 'o Pai'"; todavia, sem grande "esforço, Tiago se transporta para uma imagem feminina de Deus, quando fala da escolha de Deus de 'nos gerar', usando uma palavra grega (*apokueo*) tipicamente empregada ao descrever o processo do parto e do nascimento (cf. 1.18)". Em outras palavras, "nesses versos a linguagem de Tiago representa Deus metaforicamente, tanto como pai quanto como mãe".[365] Seu argumento é que a "conclusão a ser tirada dessa passagem não é que a natureza de Deus seja uma espécie de mistura andrógena de homem e mulher, mas que ambas as imagens masculinas e femininas de Deus nas Escrituras (e existem inúmeras de ambas) representam metáforas que descrevem a pessoa de Deus de maneira que os homens sejam capazes de entendê-lo".[366]

Conquanto a "distinção dos gêneros tende a ser fundamental ao nosso conceito de 'pessoa', pelo menos nas culturas ocidentais", é preciso ressalvar "que, por exemplo, no idioma inglês (no português isso não ocorre), a discussão a respeito de se poder fazer referência ao Espírito Santo utilizando o gênero neutro [*it*], como se Ele não fosse uma pessoa, é recusada por muitos porque o pronome neutro tem uma nuança fortemente 'impessoal' e, definitivamente, o Espírito Santo é uma pessoa"; entretanto, "nem a 'masculinidade' nem a 'feminilidade' são propriedades de Deus, e as Escrituras nos lembram que Ele transcende essas qualidades da existência humana, empregando imagens

---

363 Ibid.

364 CARGAL, Timothy B. Tiago, in: ARRINGTON, French L.; STRONSTAD, Roger (eds.). *Comentário bíblico pentecostal: Novo Testamento*, 2. ed. (Rio de Janeiro: CPAD, 2004), p. 1667.

365 Ibid.

366 Ibid.

masculinas e femininas para revelar-se a nós".[367] Portanto, como criação de Deus, tanto homem quanto mulher têm valor intrínseco, e nenhum deve arrogar ser superior, ou inferior, em virtude de seu gênero ser tomado como símbolo para que Deus seja representado, didaticamente, à nossa realidade, a fim de o experienciarmos.

## Considerações finais

Chegamos ao final deste primeiro capítulo de nosso percurso de análises doutrinárias. É natural que até mesmo carismáticos e pentecostais, acostumados que estão com a leitura e o estudo de sistemáticas racionalistas, estranhem ver, teoricamente, o que praticam e creem em sua vivência de fé. Contudo, cremos piamente que este caminho precisa e deve ser palmilhado a fim de preservarmos nossas características e distintivos, pois somente assim poderemos garantir às novas gerações o conhecimento teológico necessário e basilar para que elas deem continuidade ao legado histórico e espiritual que recebemos dos nossos "pais na fé".

São 110 anos de implantação da tradição carismático-pentecostal em solo brasileiro. Muitas são as mudanças que as novas gerações estão experimentando e enfrentando. É natural que os desafios sejam, em algumas frentes, mais difíceis que os da nossa, e, no que diz respeito aos antigos meios de preparação espiritual — oração, jejum, leitura e meditação na Palavra de Deus —, não há absolutamente nada que mudar; todavia, no que se refere ao aspecto teológico-doutrinário, os tempos certamente mudaram, e há um proselitismo crescente e uma tentativa de descaracterizar o movimento, transformando-o em algo híbrido e, quiçá, até mesmo cessacionista.

A tão temida "intelectualização da fé" não veio por conta de a tradição carismático-pentecostal ter fundado seminários, mas, justamente o contrário, ela chegou-nos por não termos nossas casas de formação. Quando as temos, não há material da pena dos nossos teólogos e, quando há, parece que nos limitamos a reproduzir o que já está cristalizado nas sistemáticas racionalistas mais populares, que, a despeito de seu conservadorismo, com raras exceções apresentam-nos, teologicamente, o deus dos filósofos, mas não o de Abraão, Isaque e Jacó, Pai de Jesus Cristo, em quem cremos e que, mesmo tendo a Bíblia, sabemos que se comunica conosco até hoje.

---

367 Ibid.

CAPÍTULO

# 4

# PNEUMATOLOGIA

## INTRODUÇÃO

O senso de mistério com o qual iniciamos o capítulo anterior ainda é a metáfora mais apropriada para introduzirmos o presente capítulo de análises doutrinárias numa perspectiva carismático-pentecostal. Diferentemente do que se pode pensar, a percepção do mistério que, de forma indevassável, ultrapassa o ser humano não se dá por falta de saber, ignorância ou ausência de explicações dos fenômenos da natureza, como no mundo antigo, os quais, com o advento da ciência moderna, foram devidamente explicados. Mesmo hoje, no século 21, terceiro milênio, com o volume de descobertas científicas e as invenções tecnológicas, o senso de mistério persiste, mas não por causa da falta de conhecimento, e sim, paradoxalmente, pelo "excesso" dele. Em termos diretos, e como os cientistas e pensadores mais lúcidos reconhecem, a realidade é tão complexa e misteriosa que os instrumentos criados para apreendê-la estão sempre aquém e não podem açambarcá-la mentalmente, muito menos capturá-la objetivamente.[1] Isso em se tratando de física, que,

---

1   Um dos grandes proponentes dessa verdade é o físico brasileiro Marcelo Gleiser — primeiro latino-americano a ganhar o Prêmio Templeton, chamado informalmente de "Nobel da espiritualidade", em 2019 —, que, a despeito de ser agnóstico, não abre mão de reconhecer as limitações da ciência: "Uma coisa é buscar por respostas científicas sobre nossas origens, sobre nosso destino, sobre o que significa ser humano neste Universo, neste planeta, nesta geração. Isso devemos sempre fazer. É o que tenho feito durante minha carreira como cientista. Outra coisa é acreditar que a busca tenha um fim, que o Oceano do Desconhecido seja

# 326 | TEOLOGIA SISTEMÁTICO-CARISMÁTICA

invariavelmente, é algo concreto, tangível e estudado pelas "ciências exatas", sinônimo, para muitos, de exatidão, objetividade, certeza.

Por mais incrível que hoje possa parecer-nos, a grande esperança dos filósofos e pensadores da antiguidade, seguida igualmente pelos cientistas do período da modernidade, era que poderiam exaurir a realidade e desvendar o mistério, não restando mais lugar para a existência de qualquer coisa que fosse inexplicável.[2] Agarrados às ideias iluministas, os adeptos da filosofia da modernidade pensavam ser possível produzir o "mundo bom", a "vida boa", ou mesmo recriar o paraíso edênico. Foi sob esse prisma que a filosofia da modernidade animou desde lideranças políticas, cientistas e até clérigos, todos indistintamente, a reconhecer que qualquer pensamento ou ideia sobrenaturais não mais subsistiriam e/ou seriam possíveis de existir. O mundo foi "desencantado", para utilizar a expressão comumente atribuída a Max Weber, mas que, de acordo com Rubem Alves, pertence a outro alemão, Friedrich Schiller.[3]

---

limitado e que a ciência, sozinha, possa mapear seus confins. Seria muita arrogância de nossa parte imaginar que podemos decifrar todos os mistérios do mundo natural, como se fossem bonecas russas, uma dentro da outra, até chegarmos à última. Aceitar que o conhecimento é incompleto não é uma derrota do intelecto humano; não significa que estamos entregando o jogo, desistindo. Significa que estamos enquadrando a ciência como uma atividade humana, falível mesmo que poderosa, incompleta mesmo como melhor ferramenta para descrever o mundo. A ciência não reflete uma verdade divina, existente em um domínio platônico de perfeição e beleza. A ciência reflete a inquietude humana, nossa necessidade de ter algum controle sobre o tempo, sobre o misto de veneração e temor que sentimos quando confrontamos a imensidão do cosmos" (GLEISER, Marcelo. *A ilha do conhecimento: os limites da ciência e a busca por sentido* [Rio de Janeiro: Record, 2014], p. 327-8). Em sua metáfora de que o conhecimento pode ser comparado a uma "ilha", todas as vezes que chegamos ao que pensamos ser seu limiar, ela se expande e se afasta, extrapolando seus limites e os levando sempre para além de nós: "Não sabemos o que existe além do horizonte; não sabemos como pensar sobre o estado inicial do Universo ou como obter uma descrição determinística do mundo quântico. Esses desconhecidos não são apenas um reflexo de nossa ignorância atual ou dos limites dos nossos instrumentos de exploração. Eles expressam a própria essência da natureza, contida na velocidade da luz, na direção fixa do tempo, na aleatoriedade e não na localidade intrínsecas ao mundo do muito pequeno. Existe uma diferença essencial entre 'não saber' e 'não poder saber'. Mesmo se encontradas, explicações para esses desconhecidos teriam um alcance limitado. A menos que seja possível viajar mais rápido do que a luz, não poderemos explorar o que existe além do horizonte. Qualquer resposta científica sobre o estado inicial do Universo depende necessariamente do arcabouço conceitual que define o funcionamento da física — campos, leis de conservação, incertezas, a natureza do espaço, do tempo e da gravidade. De forma mais geral, *qualquer* explicação científica é necessariamente limitada" (Ibid., p. 328).

2    "Esse tipo de atitude, porém, baseia-se em uma visão antiquada, segundo a qual a ciência é o herói que conquistará todos os mistérios; uma visão inspirada em um objetivo falso, que nos permite compreender o mundo por completo, onde todas as perguntas têm respostas" (GLEISER. *A ilha do conhecimento*, p. 328).

3    Apesar de comumente se atribuir a expressão ao sociólogo alemão, Rubem Alves informa que

CAPÍTULO 4 – Pneumatologia | 327

Todavia, o projeto da modernidade começou a sucumbir após as duas grandes guerras mundiais, quando, então, ficou claro que não apenas o suposto obscurantismo religioso é capaz de produzir morticínios, conforme se dizia da Idade Média, mas a razão instrumental, desprovida de ética, pode igualmente servir ao mal, levando a horrores como os que foram perpetrados em Auschwitz ou os que promoveram a destruição de Hiroshima e Nagasaki, ambas atingidas por bombas atômicas. Apesar desses exemplos extremos, não nos referimos a esses aspectos, os quais demonstram que a religião em si não é um mal e, de igual maneira, para sermos justos, também denotam que a razão, *per si*, não é o problema. Falamos da dificuldade noética, intrínseca às nossas limitações de seres humanos, que, caídos, não podem ir além do que o permitido pelo Criador para nossa subsistência. Evidentemente que os cientistas não conhecem a origem das limitações, mas o que cada vez mais os faz conscientes é o fato de que, desde a última "revolução da física" — mencionada no capítulo anterior quando citamos Max Planck e Albert Einstein —, por mais que acreditemos na capacidade da razão, ela é só uma das muitas e importantes capacidades humanas, e, ainda que possamos avançar e cheguemos muito longe, somos limitados.[4]

Em termos diretos, a confiança na razão — um dos pilares do Iluminismo — sofreu um grande abalo com a teoria da relatividade e da física quântica. Nada mais era fixo ou estático, o universo se expandia e tudo estava se movendo. Richard Feynman, prêmio Nobel em 1965 e conhecido como o mais

---

Weber tomou emprestada a "expressão 'desencantamento do mundo'" de Friedrich Schiller e refere-se à ideia de que, "para o homem moderno, a realidade é autoexplicativa e não admite a intrusão de hipóteses mágicas" (ALVES, Rubem. *O enigma da religião*, 7. ed., 4. reimpr. [Campinas: Papirus, 2008], p. 36).

4    "Ao explorarmos a cosmologia moderna, encontramos novos desafios inexistentes no antigo universo estático. Como veremos, a combinação de um Universo com idade finita — o tempo passado desde o *big bang* — e a velocidade da luz limita de forma insuperável o quanto podemos conhecer do cosmos. É um novo tipo de limitação, diferente das que encontramos até agora, pois não depende da precisão de instrumentos, tampouco é consequência da nossa visão míope da realidade. É uma limitação absoluta do quanto podemos conhecer do mundo físico. O Universo pode ter extensão infinita, mas nunca saberemos ao certo. Vivemos dentro de uma bolha de informação, prisioneiros como peixes em um aquário. Existe um além, podemos vislumbrá-lo à distância, mas não sabemos ou não podemos saber o que existe lá. O pensador francês do século 17 Bernard de Fontenelle sabia já que muito da agonia e do êxtase da existência vem da sede de querermos saber sempre mais, além do que nossa visão nos permite. Tal como nossos antecessores, queremos avançar em direção ao desconhecido, enfrentando os mistérios um a um até resolvê-los todos. Só que, ao contrário deles, sabemos agora que essa é uma missão impossível. À nossa frente, existe não só o que desconhecemos, mas o que não podemos conhecer" (GLEISER. *A ilha do conhecimento*, p. 109).

## 328 | TEOLOGIA SISTEMÁTICO-CARISMÁTICA

importante físico norte-americano da história, afirmou certa vez que, "segundo a teoria da relatividade, dizer que duas coisas aconteceram ao mesmo tempo expressa a nossa opinião; outra pessoa pode concluir que um evento aconteceu antes do outro", ou seja, "a simultaneidade é uma impressão subjetiva".[5] Segundo ele, isso não deve surpreender, pois "os fenômenos cotidianos representam uma experiência limitada da natureza; sempre envolvem um grande número de partículas e objetos que se movem muito devagar, ou então outras condições especiais". Assim, finaliza, "só temos acesso direto a uma pequena fatia dos fenômenos naturais".[6] E mesmo essa pequena fatia a que o físico teórico tem acesso, escreve Einstein, são os processos "mais simples que se apresentam à nossa experiência sensorial, pois os processos mais complexos não podem ser representados pela mente humana com a sutil exatidão e a sequência lógica que são indispensáveis ao físico teórico".[7] Como dissemos, é uma questão noética.

É justamente por isso que alguns autores têm insistido em que a teologia é uma ciência atrasada, que parece estar sempre fora de época, seja correndo atrás de discussões e temas que há muito já foram superados, seja utilizando um aporte filosófico já prescrito e/ou inadequado para o seu exercício e produção, pois, enquanto a ciência percebe-se e torna-se cada vez mais consciente do quanto desconhece,[8] visto que o que se descobriu varia entre quatro e

---

5   FEYNMAN, Richard. *Sobre as leis da física* (Rio de Janeiro: Contraponto/PUC Rio, 2012), p. 133.

6   Ibid.

7   "Albert Eintein" in: PLANCK, Max. *Autobiografia científica e outros ensaios* (Rio de Janeiro: Contraponto, 2012), p. 12.

8   "O que vemos do mundo é uma ínfima fração do que existe. Muito do que existe é invisível aos olhos, mesmo quando aumentamos nossa percepção sensorial com telescópios, microscópios e outros instrumentos de exploração. Tal como nossos sentidos, todo instrumento tem um alcance limitado. Como muito da natureza permanece oculto, nossa visão de mundo é baseada apenas na fração da realidade que podemos medir e analisar. A ciência, nossa narrativa descrevendo aquilo que vemos e que conjecturamos existir no mundo natural, é, portanto, necessariamente limitada, contando-nos apenas parte da história" (GLEISER. *A ilha do conhecimento*, p. 13-4.) Algo parecido já dizia o jornalista Emílio Conde, considerado o "apóstolo da imprensa pentecostal no Brasil", ao afirmar, de acordo com o conhecimento de que dispunha em sua época, "que, apesar das maravilhas dos raios gama que o rádium nos proporciona, apenas 2% são perceptíveis ao cérebro humano, restando, portanto, 98% que ocultam aos nossos sentidos e à nossa visão mistérios indevassáveis de indescritível beleza e de força não calculável" (CONDE, Emílio. *Nos domínios da fé* [Rio de Janeiro: CPAD, 1962], p. 32). Conforme defende o ganhador do Prêmio Nobel de Química de 1977, Ilya Prigogine, "tanto na dinâmica clássica quanto na física quântica, as leis fundamentais exprimem agora possibilidades e não mais certezas. Temos não só leis, mas também eventos que não são dedutíveis das leis, mas atualizam suas possibilidades". Na prática, diz o mesmo autor,

CAPÍTULO 4 – Pneumatologia | 329

cinco por cento do Universo (os 96% restantes são divididos entre 23% de matéria escura e 73% de energia escura, coisas que os físicos não sabem ao certo o que são nem para o que servem[9]), e os ateus mais virulentos e combativos sucumbem ao inevitável reconhecimento da intrínseca dimensão espiritual de nossa humanidade,[10] os teólogos, isto é, aqueles que devem hastear a bandeira do mistério da espiritualidade, condescendem com um racionalismo ultrapassado e sem nenhuma ressonância com a nossa realidade quântica.[11] A aleatoriedade substituiu o mecanicismo. A ideia de um universo estático sucumbiu perante a descoberta de que a realidade é dinâmica e tudo

---

"Chegamos [...] às fronteiras de nossos conhecimentos, mas numa área em que o raciocínio físico e especulação dificilmente se demarcam. Sem dúvida, é prematuro falar de demonstração ou de prova, mas é interessante analisar as possibilidades conceituais" (PRIGOGINE, Ilya. *O fim das certezas: tempo, caos e as leis da natureza*, 2. ed. [São Paulo: Unesp, 2011], p. 13).

9   "Mesmo à nossa volta, no nosso território imediato, vemos apenas uma fração do que existe. Estamos cercados de matéria escura, de energia escura; a matéria da qual somos compostos é apenas 5% da matéria total no Universo. Neste momento na história do pensamento, estamos mais uma vez cercados por materiais indefinidos e etéreos. Mesmo que nossos instrumentos continuem a evoluir (o que certamente ocorrerá), mesmo que finalmente sejamos capazes de desvendar o mistério da matéria escura e da energia escura (o que imagino que ocorrerá), ainda assim estaremos limitados pela informação que podemos detectar. O inesperado existe à nossa frente, invisível, com o potencial de transformar nossa visão de mundo" (GLEISER. *A ilha do conhecimento* [Rio de Janeiro: Record, 2014], p. 329).

10   O conhecido ateu Sam Harris escreveu a obra *Despertar: um guia para a espiritualidade sem religião* (São Paulo: Companhia das Letras, 2015).

11   "Já que a representação clássica do mundo fracassou, outra devia tomar seu lugar", escreve o proponente da teoria quântica Max Planck, falando acerca da mudança da física newtoniana, dizendo que a "nova representação do mundo, trazida pela física quântica, brotou diretamente da necessidade de encontrar um meio de conciliar o *quantum* de ação com o princípio de um determinismo rigoroso. O elemento tradicional e primordial da representação do mundo — o ponto material — teve de ser despojado de seu caráter elementar, dissolvendo-se em um sistema de ondas materiais. Essas ondas de matéria constituem os elementos da nova imagem do Universo" (PLANCK. *Autobiografia científica e outros ensaios*, p. 49). Falando acerca de revolução física, Ilya Prigogine diz que a "questão do tempo e do determinismo não se limita às ciências, mas está no centro do pensamento ocidental desde a origem do que chamamos de racionalidade e que situamos na época pré-socrática. Como conceber a criatividade humana ou como pensar a ética num mundo determinista? Esta questão traduz uma tensão profunda no interior de nossa tradição, que se pretende, ao mesmo tempo, promotora de um saber objetivo e afirmação do ideal humanista de responsabilidade e de liberdade. A democracia e as ciências modernas são ambas herdeiras da mesma história, mas essa história levaria a uma contradição se as ciências fizessem triunfar uma concepção determinista da natureza, ao passo que a democracia encarna o ideal de uma sociedade livre. Considerarmo-nos estrangeiros à natureza implica um dualismo estranho à aventura das ciências, bem como à paixão de inteligibilidade própria do mundo ocidental. Esta paixão consiste, segundo Richard Tarnas, em 'reencontrar sua unidade com as raízes de seu ser'. Pensamos situar-nos hoje num ponto crucial dessa aventura, no ponto de partida de uma nova racionalidade que não mais identifica ciência e certeza, probabilidade e ignorância" (PRIGOGINE. *O fim das certezas*, p. 14).

## 330 | TEOLOGIA SISTEMÁTICO-CARISMÁTICA

no universo se move. Isso não significa que ele seja desordenado, e sim que a nossa percepção do que seja "ordem", imposta ao funcionamento do universo, é que não corresponde à realidade.[12]

De forma análoga, se tomarmos como exemplo o que Jesus disse a Nicodemos (João 3:1-10) — assunto que já abordamos no primeiro capítulo da primeira parte da nossa *Teologia sistemático-carismática* —, podemos falar da doutrina do Espírito Santo. Quem é nascido, ou gerado, e, consequentemente, dirigido pelo Espírito Santo, disse Jesus, não sabe de onde veio nem para onde vai, assim como o universo, pois quem move a ambos está habilitado para determinar a melhor maneira de fazê-los funcionar e existir,[13] ainda

---

12  "Em menos de uma década, as teorias da relatividade especial e dos *quanta* de luz do jovem Einstein haviam virado a física de cabeça para baixo. De uma onda plácida, cruzando o éter, a luz passou a ser uma entidade profundamente misteriosa: não apenas tendo a velocidade-limite na Natureza, mas uma velocidade absoluta, independente do movimento de sua fonte ou do observador; uma onda que, ao contrário de qualquer outra, viaja no vazio; uma entidade que é tanto partícula quanto onda, contrariando assim a intuição de que entidades tinham que ser uma coisa ou outra. Nenhum sinal podia viajar mais rápido do que a luz; nenhuma informação podia chegar antes dela. Coletando radiação eletromagnética vinda de fontes espalhadas pelo Universo, físicos e astrônomos entenderam que a luz *era* informação. Informação que definia um horizonte cósmico, além do qual nada nos atinge" (GLEISER. *A ilha do conhecimento*, p. 209). O mesmo autor diz que os "25 anos seguintes foram absolutamente explosivos. A revolução quântica foi uma revolução de fato, não só em como vemos o mundo, mas também em como vivemos no mundo. Seus efeitos continuam sendo sentidos até hoje e continuarão a sê-lo por muito tempo. Aqui, estamos interessados principalmente nos aspectos mais fundamentais da revolução quântica e seu impacto na nossa concepção da realidade. O aspecto mais pragmático, envolvendo as tecnologias digitais indispensáveis hoje em dia, é um assunto relacionado, mas que citaremos apenas de passagem, ao considerarmos sua importância na análise e aquisição de dados" (Ibid., p. 210). Gleiser explica que a "primeira lição fundamental da física quântica é que a visão que temos do mundo, baseada na percepção sensorial da realidade (a visão 'clássica' do mundo), é uma aproximação. A essência da realidade é quântica — do pequeno ao grande. Descrições clássicas, como as leis de movimento de Newton ou o eletromagnetismo de Maxwell, funcionam para objetos macroscópicos porque, nesse caso, os efeitos quânticos são muito pequenos. Mas não devemos nos iludir: como o elétron, somos entidades quânticas. Nossa essência quântica, porém, é tão sutil que podemos considerá-la essencialmente irrelevante. O mesmo para árvores, carros, sapos e amebas, se bem que, ao considerarmos objetos cada vez menores, a distinção entre o que é clássico e o que é quântico começa a tornar-se menos clara. A lição, no entanto, é inevitável: no domínio do *quantum*, devemos considerar uma realidade profundamente distinta da nossa" (Ibid., p. 210-1).

13  Lembramo-nos aqui de Karl Barth, ao questionar "o que é espírito" e responder, retoricamente, que "Aquilo que designamos como 'espírito' não é mais do que algo comparável à neblina sobre terreno alagadiço. Donde vem a névoa? E o que sobra quando o vento a espalha? O que permanece visível, consistente, material?". Então, completa sua analogia: "Semelhantemente, o homem, vindo da invisibilidade do Espírito de Deus, entra visivelmente na ambiguidade, de forma total e absoluta; de maneira alguma escapamos dela; sua

CAPÍTULO 4 – Pneumatologia | 331

que, olhando de forma parcial, deste lado da existência, não concordemos que tal seja correto ou a maneira mais indicada de as coisas serem feitas e organizadas. Além disso, considerando o tempo de desenvolvimento teológico da fé cristã, e o volume do que foi produzido em suas múltiplas tradições, tanto ocidentais quanto orientais, teólogos concordam que a doutrina do Espírito Santo foi uma das menos desenvolvidas e trabalhadas. Portanto, é justamente por isso que este trabalho sistemático-carismático se mostra urgente e justifica sua publicação. Quanto à organização do material, disposição dos capítulos e metodologia escolhida, caso ainda não esteja clara ao leitor a razão de serem assim, e quais os critérios adotados para tal, temos certeza de que, a partir deste capítulo, isso será explicitado.

## DEFINIÇÕES E OBJETIVOS DA PNEUMATOLOGIA

Uma das dúvidas de muitos estudiosos de teologia, em início de sua trajetória, é o porquê de a doutrina do Espírito Santo chamar-se pneumatologia e, às vezes, paracletologia. Embora a última terminologia seja hoje menos pronunciada, ela é mais "óbvia", por causa da popularização do termo grego παράκλητον, *paráclito* ou *paracleto*, utilizado por Jesus Cristo em João 14:16 e muito citado em pregações, estudos e textos da tradição carismático-pentecostal, cuja tradução é "valedor", "ajudador", "consolador". Uma vez que o Senhor fez uso da expressão referindo-se ao Espírito Santo, temos, então, as partes *Paracleto* (Espírito Santo) e *logia* (estudo), como sinônimo de "doutrina do Espírito Santo". Mas atualmente a expressão pneumatologia, proveniente do grego πνευμα, *pneuma*, muito popularizada por causa da visibilidade do movimento carismático-pentecostal mundial, é mais amplamente utilizada, e dela deriva-se a diversidade de estudos que envolvem não apenas, ou estritamente, a Pessoa e a ação do Espírito Santo, mas também a espiritualidade e o exercício dos dons do Espírito, por exemplo.

A despeito disso, e de a expressão mais conhecida para falar da doutrina do Espírito Santo ser pneumatologia, é no mínimo curioso e interessante verificar que, dos grandes dicionários e enciclopédias teológicos disponíveis

---

realidade é inequivocadamente clara e se manifesta amplamente" (BARTH, Karl. *Carta aos Romanos*, 5. ed. [São Paulo: Fonte, 2009], p. 482). Sobretudo a última parte da frase do teólogo suíço muito nos interessa e será nossa abordagem em todo este capítulo.

## 332 | TEOLOGIA SISTEMÁTICO-CARISMÁTICA

em português, praticamente nenhum possui o verbete "pneumatologia".[14] Conquanto o conheçamos e sejamos familiarizados com o termo na teologia, ele é igualmente utilizado na filosofia e também na antropologia, particularmente na antropologia filosófica, para referir-se ao estudo do "espírito ou da alma humana", conforme informa-nos Justo González, em seu *Breve dicionário de teologia*, que, mesmo de forma muito sucinta, contempla o verbete e diz que é derivado do "grego *pneuma* (espírito, vento, alento) e *logos* (discurso, estudo, palavra, tratado)", isto é, "a pneumatologia é a parte da teologia que se dedica à doutrina do Espírito Santo", acrescentando ainda que a "pneumatologia tem sido descuidada, em boa parte, pela teologia tradicional, recebendo especial atenção no século 21, em parte, como resultado do enorme crescimento e impacto do pentecostalismo".[15] É oportuno que essa observação do teólogo e historiador cubano, que é metodista de tradição não carismática ou pentecostal, aponte algo que diversos outros autores já disseram há muito tempo.

Para além da negligência generalizada com a doutrina do Espírito Santo — em termos ocidentais, registre-se, tal negligência não é exclusividade da tradição católica nem das tradições protestantes —, é oportuno perguntar que tipo de reflexão teológica a respeito do Espírito Santo tem sido produzida, a partir do século 21, na perspectiva carismático-pentecostal. Falando em nosso vernáculo, por exemplo, as principais obras sobre o Espírito Santo são de autoria de teólogos católicos, luteranos, anglicanos, batistas e presbiterianos, sendo praticamente nula a produção pneumatológica por parte

---

14   Incrivelmente, a exceção é um dicionário de filosofia, que tem o verbete com a seguinte explicação: "Pneumatologia: (in: Pneumatology; fr. *Pneumatologie*, *Pneumatique*; al. *Pneumatologie*, *Pneumatik*; it. *Pneumatologia*). Leibniz introduziu o termo P. para indicar 'o conhecimento de Deus, das almas e das substâncias simples em geral' (*Nouv. ess.*, Avant-propos, *Op.* ed. Erdmann, p. 199). Este termo pretendia significar 'ciência dos espíritos' e foi retomado por Wolff para indicar o conjunto da psicologia e da teologia natural (Log., 1728, Disc. Pref., § 79). Crusius adotava o termo P. para indicar 'a ciência da essência necessária de um espírito e das distinções e qualidades que podem ser atribuídas *a priori*' (*Entwurf der notwendigen Vernunftwahrheiten*, § 424). Rosmini excluía da P. a consideração de Deus e a restringia ao estudo dos 'espíritos criados', isto é, da alma humana e dos anjos (Psicol., 1850, § 27). D'Alembert restringia o termo à significação 'da primeira parte da ciência e do homem', que é 'o conhecimento especulativo da alma humana', que ele indicava também com o nome de *metafísica particular*. Para D'Alembert, o conhecimento das *operações* da alma constituía o objeto da lógica e da moral (*Discours préliminaire de l'Encyclopédie*, em *Œuvres*, ed. Condorcet, 1853, p. 116). Kant observava a respeito que a psicologia racional nunca poderá tornar-se pneumatologia, ou seja, ciência propriamente dita, da mesma maneira como a teologia não pode tornar-se teosofia (Crít. do Juízo, § 89). Esse termo hoje está completamente em desuso" (ABBAGNANO, Nicola. *Dicionário de filosofia*, 4. ed. [São Paulo: Martins Fontes, 2000], p. 766).

15   GONZÁLEZ, Justo. *Breve dicionário de teologia* (São Paulo: Hagnos, 2009), p. 255.

CAPÍTULO 4 – Pneumatologia | 333

de teólogos carismático-pentecostais. Assim, a acusação de que a tradição carismático-pentecostal valoriza "mais" e/ou coloca o Espírito Santo "acima de Jesus" é não somente despropositada, como também irreal. Isso sem falar em termos "teóricos", ou seja, tanto bíblico-teológicos quanto teológico-doutrinários, mas referindo-se à prática litúrgica e às crenças básicas da tradição carismático-pentecostal, pois, em qualquer culto frequentado pelo mais simples observador, pode-se verificar tal realidade. Isto é, a "ênfase" é em Jesus Cristo, conforme o conhecido quadrilátero: "Jesus Cristo salva, Jesus Cristo cura, Jesus Cristo batiza no Espírito Santo e Jesus Cristo breve voltará", ou, em outra versão, "é o Rei que breve vem". Tudo, absolutamente tudo, em termos de teologia prática, orbita em torno dessa centenária mensagem. Em outras palavras, é justamente o contrário, a tradição carismático-pentecostal praticamente invisibiliza o Espírito Santo, não apenas em sua produção teológica, mas também em sua liturgia. Isso é tão importante e sintomático que não pode passar despercebido.

Para essa problemática, em termos de tradição carismático-pentecostal, temos algumas hipóteses que talvez possam explicá-la. A primeira delas é decorrente da segunda. Explicamos. Sempre que se registraram na história avivamentos, reavivamentos, despertamentos etc., todos aconteceram no interior das tradições, sobretudo das que eram oficiais e que, justamente por isso, dado o alto grau de institucionalização, acabaram por ser "reformadas". Ocorre que os hábitos teológicos são muito fortes e condicionantes, e acabam sendo transmitidos e perpetuados, podendo a prática existir completamente dissociada da "teoria". Um exemplo prosaico pode ser tomado da oração por cura divina, uma das práticas mais presentes na tradição carismático-pentecostal. Falando acerca dos "impedimentos teológicos" para a cura divina, depois de apontar os males da teologia liberal, o teólogo pentecostal Vernon Purdy, citando Ken Blue — cujo estudo "aponta várias doutrinas errôneas nos círculos evangélicos[16] que corrompem a doutrina bíblica da cura divina" —,

---

16 Uma importante distinção ao utilizar essa expressão quando traduzida do inglês, particularmente na obra citada, é que os autores falam, na verdade, de "evangelicais", termo raro e incomum para nós e que foi traduzido por "evangélicos". Contudo, na realidade estadunidense, "evangelicais" é sinônimo de "reformados". Nos EUA, quando se menciona "protestantes", refere-se às igrejas mais progressistas, ao passo que os evangelicais, ou reformados, são mais conservadores, podendo ser moderados ou "fundamentalistas". Já em nossa realidade, "evangélico" é termo generalizante, atualmente utilizado para referir-se a todas as igrejas não pertencentes à tradição católica, portanto englobando reformados, batistas, metodistas, luteranos, neopentecostais, pentecostais etc.

## 334 | TEOLOGIA SISTEMÁTICO-CARISMÁTICA

diz que "o determinismo divino calvinista, pelo qual Deus tem determinado todas as coisas, até mesmo os sofrimentos físicos de seus filhos obedientes", é na verdade uma opinião problemática, pois torna "absurdas as orações pelos enfermos, pois, se Deus controla diretamente todas as coisas, ninguém precisa orar", ou seja, "Deus nos curará se ele desejar que tenhamos saúde" e, nesse caso, "orar não surtirá o mínimo efeito".[17] Ele chega a dizer que, na verdade, quando muitos parafraseiam a expressão do Senhor Jesus Cristo no Getsêmani — "Se for da tua vontade, Senhor!" —, invariavelmente, "não são orações de submissão à vontade de Deus, mas confissões de dúvida quanto à sobrenatural intervenção de Deus na vida do enfermo para restaurar-lhe a saúde".[18]

Por menos que se deem conta e ainda que os teólogos da tradição carismático-pentecostal não reflitam a respeito, a concepção do "determinismo divino calvinista" é simplesmente incompatível com a prática da oração por cura divina (mas não só, como veremos adiante), e não podem ser harmonizadas. *Paradoxalmente* — por isso a insistência nesse termo/conceito —, na prática real do fiel carismático-pentecostal, afirma-se tanto a soberania divina quanto a liberdade humana. Tal tensão permanente, no plano teórico, indica que a concepção de "controle" ou "determinismo divino", para a tradição carismático-pentecostal, converge com o que já falamos no capítulo anterior, ao citarmos o teólogo católico alemão Joseph Ratzinger, quando este diz que Deus, a fim de abrir espaço para o ser humano, abdica até mesmo da noção de poder que comumente se tem, ou seja, como algo despótico ou tirânico.[19] Apesar de já termos explicado tudo isso no capítulo anterior, ou seja, que

---

17  Purdy; Horton; *Teologia sistemática*, p. 525.

18  Ibid.

19  "Este elemento novo nós reconhecemos em Cristo. É verdade que Deus permanece o Todo-Poderoso, o Senhor dos exércitos. Mas ele sabe que precisamos mais urgentemente da impotência do amor do que da vontade do poder. Não mais com seu poder — com seu amor ele interfere em nosso mundo — por nossa causa, por causa do mundo. Cristo representa esta renúncia do poder por parte de Deus, renúncia esta motivada por seu amor por nós. O Messias nascido do Espírito de Deus (Mt 1:18) desiste da espada como forma de proclamar o poder divino. Ele desiste, frente a frente com a morte, de pedir ao Pai que lhe 'mande neste momento mais de doze legiões de anjos' (Mt 26:53). E ele decepciona as esperanças de seus discípulos que esperavam e esperam dele a libertação de seu povo (Lc 24:21). Pois, com ele, o carismático torturado e morto, o servo desprezado e abandonado, Deus identificou-se. Aquele 'do qual não fizemos caso', a este Deus ressuscitou e colocou à sua direita. Nele, que como ressuscitado ainda traz as cicatrizes da crucificação, vemos o que jamais foi contado e reconhecemos o inaudito" (Brandt, Hermann. *O Espírito Santo*, 2. ed. [São Leopoldo: Sinodal, 1985], p. 180).

a concepção bíblica de Deus é dinâmica, e que tal ideia é diametralmente oposta à concepção estática do deus dos filósofos que acabou entrando na teologia, especialmente na teologia tradicional, ao expor agora as implicações práticas dessa verdade para, a partir daí, teologizarmos, muitos devem entrar em conflito. Quanto a isso, porém, insistimos: se realmente as Escrituras são nossa autoridade final, devemos aceitar a visão de Deus que elas apresentam para moldarmos nossa teologia de acordo com tal revelação e jamais as forçarmos para que se encaixem na idealização racionalista e filosófica de Deus que geralmente é apresentada nas sistemáticas tradicionais.

Por que, a despeito de sermos carismático-pentecostais, esse choque acontece? Pelo simples fato de que a teologia da tradição carismático-pentecostal não foi elaborada e pensada por teólogos carismático-pentecostais, mas por teólogos tradicionais, que, por terem tido a experiência do Espírito Santo, fizeram acomodações teóricas em seus sistemas teológicos provenientes da tradição reformada, inserindo de alguma forma a experiência, sem, contudo, verificar que tal emenda é insuficiente para a sustentação dos demais pontos em que a perspectiva teológica da tradição carismático-pentecostal necessita igualmente de tratamento colimado à mesma experiência do Espírito.[20] Assim, a razão pela qual não há, nem por parte da tradição carismático-pentecostal, uma maior atenção à doutrina do Espírito Santo explica-se justamente por essa questão histórica. Muitas denominações se "renovaram", mas suas respectivas teologias foram mantidas, pois é possível teoria divorciada da prática. Quando isso não ocorreu, lideranças, e até mesmo pessoas leigas, romperam com suas denominações e fundaram as próprias, mas, teoricamente falando, não houve uma revisão teológica que fizesse jus à nova forma de ler as Escrituras, de relacionar-se com Deus e de ver o mundo. Portanto, os hábitos teológicos antigos foram, nesse aspecto, mantidos. Tendo passado o momento inicial de efervescência dos movimentos que eclodiram no mundo todo a partir do final do século 19 e início do 20, ou seja, quando passaram a se formalizar, cada vez mais tornando-se institucionalizados e denominacionais, pediu-se conta da fundamentação bíblico-teológica de sua espiritualidade, então os problemas teóricos começaram a surgir. É nesse

---

20  Os interessados em aprofundar-se nesse aspecto histórico-teológico podem consultar o texto "As matrizes teológicas do pentecostalismo clássico" in: CARVALHO, César Moisés. *Pentecostalismo e pós-modernidade: quando a experiência sobrepõe-se à teologia*, 2. reimpr. (Rio de Janeiro: CPAD, 2017), p. 303-33.

sentido que o fato de a agora tradição carismático-pentecostal não haver elaborado sua teologia provoca o choque ao se defrontar com a objeção apontada acima pelo teólogo pentecostal Vernon Purdy, de que a doutrina bíblica da cura divina não pode coexistir com o "determinismo divino" proveniente da teologia protestante tradicional. Se na prática isso acontece, pois ora-se pelos enfermos, na teoria, ou seja, teologicamente falando, é uma contradição, e instaura-se uma aporia.

Tal aporia, que do ponto de vista estritamente teológico existe por conta de as perspectivas serem literalmente opostas — pois uma é dinâmica e a outra, estática —, só acabou percebida com a busca por conteúdo teológico da parte dos carismático-pentecostais. Em se tratando do Brasil, tal busca por material teológico, lamentavelmente, contou com pouquíssimas opções que fossem consentâneas com o que se vivia na prática da tradição carismático-pentecostal. Mas mesmo as que foram encontradas, por causa da falta de um *background* acerca da discussão que já ocorria havia mais de uma década e meia, por exemplo, nos EUA, não foram suficientes para mostrar esse ponto apresentado pelo teólogo pentecostal Vernon Purdy, que, inclusive, é autor de um capítulo de uma das únicas obras teológicas em português que pode ser considerada genuinamente de perspectiva pentecostal, no Brasil. Ocorre que mesmo essa obra, que já passou por revisões e atualizações nos EUA, mas continua sendo reimpressa no Brasil com a tradução de sua primeira edição, em alguns capítulos não trata de forma mais explícita as sutilezas que se escondem nesses aspectos doutrinários da mesma maneira como aqui estamos considerando, tendo, todavia, além de uma excelente exposição de todas as doutrinas do edifício da teologia sistemática, um tratamento sobre particularidades dos pilares doutrinários da tradição carismático-pentecostal, tais como o processo de santificação, o batismo no Espírito Santo, os dons espirituais e a cura divina. Inclusive, é perceptível, em muitas partes do texto, certo receio em mostrar que a tradição carismático-pentecostal é diferente da tradição protestante reformada. E é mais que claro que tal ponderação resulta do medo dos ataques sofridos.[21] Assim, por um lado, a falta de uma produção

---

21 Frederick Dale Bruner, teólogo reformado, dedica 432 páginas da terceira edição brasileira de sua obra para confrontar o pentecostalismo com o "testemunho do Novo Testamento" (lido pela perspectiva cessacionista) e deixa claro o porquê de assim fazê-lo, ou seja, em suas palavras, o "pentecostalismo quer ser levado a sério como movimento cristão. Está na hora de avaliá-lo" (*Teologia do Espírito Santo*, 3. ed. [São Paulo: Cultura Cristã, 2012], p. 19). Ele é um dos autores mais citados na *Teologia sistemática* editada por Stanley Horton e o que

CAPÍTULO 4 – Pneumatologia | 337

numa perspectiva carismático-pentecostal acabou favorecendo a formação do pensamento de que "nossas diferenças são *apenas* pneumatológicas" e, por outro, os movimentos carismáticos e pentecostais foram acusados de "não ter uma teologia", pois sua prática não se encaixa na teologia protestante tradicional. Acabamos cerceados, de um lado, pelo comodismo e, de outro, por uma autoanulação condescendente.

Voltando à colocação de González, de que a "pneumatologia tem sido descuidada, em boa parte, pela teologia tradicional, recebendo especial atenção no século 21, em parte, como resultado do enorme crescimento e impacto do pentecostalismo", cabe agora, fundamentado nos exemplos históricos que serão apresentados, refletir sobre as implicações dessa "atenção" que tem sido dada à doutrina do Espírito Santo. As obras sobre o Espírito Santo que têm sido produzidas por autores cessacionistas passaram a servir como uma espécie de interdição do desenvolvimento teológico da tradição carismático-pentecostal. Basta verificar o que elas dizem sobre a terceira Pessoa da Trindade. O grande problema é que tais obras acabam inibindo qualquer produção teológica que diga algo diferente.[22] O exemplo mais emblemático

---

mais suscita as reações defensivas dos autores. Vale, porém, lembrar que a primeira edição da obra de Bruner é de 1970, ou seja, quando o movimento pentecostal já estava devidamente institucionalizado e já tinha quase três décadas de filiação à NAE (Associação Nacional dos Evangélicos), entidade estadunidense. Apesar de esta ter aceitado a presença pentecostal em seus quadros, "Às vezes, o relacionamento ficava tênue, por causa das suspeitas que ainda perduravam quanto à pneumatologia das Assembleias de Deus, e quanto à natureza geralmente arminiana de sua teologia. Nem por isso o impacto do evangelicalismo sobre a teologia pentecostal deixou de ser considerável" (McGee, Gary B. "Panorama histórico" in: Horton, Stanley [org.]. *Teologia sistemática: uma perspectiva pentecostal*, 4. ed. [Rio de Janeiro: CPAD, 1997], p. 31). Vamos considerar tal "impacto" na sequência.

22 Apenas para exemplificar, citamos o trabalho do teólogo reformado cessacionista Augustus Nicodemus Lopes, em sua obra *Cheios do Espírito*, que foi muito lida por carismático-pentecostais no fim do século 20, quando de sua primeira edição em 1998, e que continuou fazendo escola na primeira década deste novo século. Trata-se de um livro com a clara intenção de contemplar um grupo específico de pessoas, pois tem apenas 86 páginas, o que significa baixo custo e estímulo à leitura, com uma linguagem muito acessível, de fácil entendimento, a qualquer leitor. Como em sua tradição esse assunto é entendido claramente como ele o expõe, o texto obviamente não se dirige a ela, pois é feito o contraponto com o entendimento pentecostal do significado bíblico-doutrinário consignado na expressão "cheio do Espírito". Ocorre que a temática abordada é extremamente complexa e está muito longe de ser um ponto pacífico entre os intérpretes conservadores, tanto cessacionistas como continuístas. Contudo, o leitor não especializado (incluindo até lideranças carismático-pentecostais leigas, que, ainda hoje, são maioria), menos afeito às discussões exegéticas que incluem a abordagem metodológica, considerando sempre que por trás de todo método há pressupostos que o originaram, não percebe a regra implícita no exercício, ou seja, o uso dos textos paulinos como padrão interpretativo dos demais documentos da Bíblia e, nesse caso específico, dos

## 338 | TEOLOGIA SISTEMÁTICO-CARISMÁTICA

é a subordinação do Espírito Santo não apenas a Jesus, mas também à Bíblia. Acerca da primeira parte do exemplo, afirma-se que o Espírito Santo é o Espírito de Cristo, e sua obra, ou função, consiste apenas em "glorificar a Jesus", jamais podendo receber qualquer glória. Quanto à segunda, afirma--se que os "evangélicos [...] consideram a Escritura como a Palavra escrita e objetiva de Deus, inspirada pelo Espírito na ocasião em que foi escrita", e, por isso mesmo, a "comunicação verdadeira a respeito de Deus está presente na forma proposicional, quer a reconheçamos, quer a rejeitemos", ou seja, a "autoridade da Escritura é intrínseca devido à inspiração, e não depende da iluminação", isto é, ela não depende da iluminação do Espírito, como creem os carismático-pentecostais, e "independe do testemunho do Espírito Santo, e antecede a este", cabendo ao "Espírito Santo ilumina[r] o que ele já tem inspirado, e a sua iluminação encontra-se vinculada exclusivamente com a Palavra escrita",[23] diz o teólogo pentecostal John Higgins. Ambas as questões serão posteriormente desdobradas, visto serem importantíssimas para a pneumatologia.

Mas por que estamos mencionando esse assunto no capítulo sobre a doutrina do Espírito Santo? Pelo simples fato de que, invariavelmente, a operação dinâmica divina, tanto no Antigo quanto no Novo Testamentos, é levada a efeito pelo Espírito Santo. E é justamente esse ponto que, de forma quase generalizada, parece ser esquecido no momento de se fazer teologia, pois "procura-se" o Espírito Santo esperando algo diferente do que ele realmente faz.

---

textos lucanos (cf. p. 19, 24, 36-41, 42-3, 50 etc. *Cheios do Espírito*, 2. ed., 3. reimpr. [São Paulo: Vida, 2013]). Assim, o autor toma Efésios 5:18 e o interpreta da mesma forma que um exegeta carismático-pentecostal interpretaria (não o fiel mediano), não havendo divergência alguma na interpretação dessa passagem em particular entre cessacionistas e continuístas. Mas o exercício contém um propósito que vai além deste da exegese de Efésios 5:18. Na verdade, o autor, depois de explicar o possível sentido do texto, o toma como "chave hermenêutica" para interpretar os demais textos bíblicos em que ocorre fraseologia similar, no caso os textos lucanos (At 2:4; 4:8,31; 6:3,5; 7:55; 11:24; 13:9,52). Assim, quando uma obra, igualmente pequena (127 páginas), porém densa e não simplista, produzida por um teólogo pentecostal estadunidense, Anthony Palma, chegou ao Brasil quatro anos depois, mostrando o erro desse tipo de abordagem, ela simplesmente passou despercebida ao afirmar, entre outras coisas, que, em o "Novo Testamento, 'receber o Espírito' é um termo flexível cujo significado depende da intenção particular do escritor e do contexto em que ocorre", ou seja, "não é apropriado, por exemplo, tentar forçar o significado do termo de Lucas sobre Paulo, ou o significado de Paulo sobre Lucas" (p. 73), dedicando o mesmo autor as últimas páginas de seu livro à análise da expressão "cheio com o/do Espírito" (*O batismo no Espírito Santo e com fogo: os fundamentos bíblicos e a atualidade da doutrina pentecostal* [Rio de Janeiro: CPAD, 2002]).

23 HIGGINS, John R. "A Palavra inspirada de Deus" in: HORTON (org.). *Teologia sistemática*, p. 120.

Mas a grande verdade é que, em praticamente todo o processo da dinâmica revelacional, o Espírito Santo está presente. O problema, sem dúvida, está em nossa percepção ocidental cartesiana, viciada em métodos de "captação do objeto", que não consegue perceber o que ele realmente faz e quanto a própria "atmosfera" em que se desenvolvem os acontecimentos, ou seja, as experiências, está saturada dele, seja atuando perceptivelmente, seja fornecendo, *pericoreticamente*, o espaço do palco da história para que outro atue, tanto uma das Pessoas da Trindade, quanto nós. Ele, contudo, mesmo sem "aparecer", está presente. Essa discrição lembra um dos símbolos, mas também expressões, que o identificam: vento. Dessa forma, "voltamos à função do Espírito Santo como agente ativo da Deidade na criação", pois, se não fosse "a atividade contínua de Deus, mediante o Espírito Santo, seria impossível conhecermos a Deus".[24] Conduzir o processo da dinâmica revelacional não significa, porém, considerar o Espírito Santo como um "meio", ou vetor, divino sem que ele mesmo seja Deus. Este, como veremos, talvez constitua um engano muito recorrente na justificativa para se dizer que não se tem como muito certa a presença do Espírito Santo, conforme diz, por exemplo, o teólogo calvinista holandês Abraham Kuyper, ao afirmar que "as Escrituras lançam escassa luz sobre a obra do Espírito Santo".[25]

Para o teólogo católico alemão Gerhard Ludwig Müller, à semelhança do vocábulo Deus, o "conceito teológico 'Espírito Santo' tem origem no uso bíblico: hebraico *ruach*; grego πνευμα; latino *spiritus sanctus*",[26] ou seja, não se trata de um nome, mas de um conceito teológico. Como informa o biblista estadunidense, também católico, Raymond Brown, nas "primeiras Bíblias protestantes não se escrevia nem 'espírito' nem 'santo' com maiúsculas", e foram as Bíblias de edição católica que iniciaram o costume de grafá-lo com iniciais maiúsculas, ou seja, "a edição católica de Reims trouxe as duas palavras com maiúsculas". Ele ainda informa que "até o século 18, a versão autorizada (do rei Jaime) só apresentava com maiúscula a palavra 'Espírito'".[27] Caso alguém pense tratar-se de explicações que "interessam"

---

24  McLean, Mark D. "O Espírito Santo" in: Horton (org.). *Teologia sistemática*, p. 385.

25  Kuyper, Abraham. *A obra do Espírito Santo: o Espírito Santo em ação na igreja e no indivíduo* (São Paulo: Cultura Cristã, 2010), p. 45.

26  Müller, Gerhard Ludwig. *Dogmática católica: teoria e prática da teologia* (Petrópolis: Vozes, 2015), p. 281.

27  Brown, Raymond E. *O nascimento do Messias: comentário das narrativas da infância nos Evangelhos de Mateus e Lucas* (São Paulo: Paulinas, 2005), p. 148.

## 340 | TEOLOGIA SISTEMÁTICO-CARISMÁTICA

a tais autores pelo fato de ambos serem de tradição católica, a denúncia do teólogo pentecostal Mark McLean, sobre a edição protestante *The New English Bible*, revela-se ainda mais grave, pois a referida versão traduz o texto de Gênesis 1:2 por "um vento *poderoso* que varria a superfície das águas" e, para piorar, a "nota de rodapé diz que outros o interpretam como 'o Espírito de Deus'", ou seja, os "tradutores, tendo resolvido que o Antigo Testamento não contém o mínimo vestígio do Espírito Santo como agente na criação, conforme se acha no Novo Testamento, simplesmente mudaram 'espírito'", note o minúsculo no original, "para 'vento', e 'Deus' para 'forte'". Todavia, óbvio como é, McLean observa não encontrar "nenhum texto paralelo às Escrituras canônicas que justifique semelhante tradução".[28] É imperioso, contudo, que fique claro, desde o início, que à "impossibilidade de dispor do espírito correspondem elementos que provavelmente fazem parte da constituição etimológica originária (controvertida nos detalhes) do termo", diz o teólogo alemão Bernd Jochen Hilberath, elencando os elementos: "invisível, inapreensível, dinâmico-movimentado, extasiante, desconcertante, assustador". E, completando seu argumento, diz que, de acordo com "a pesquisa mais recente, o termo alemão *Geist* designa originalmente 'uma força divina sobre-humana e vivificante, que mostra sua atuação ou os seus efeitos no êxtase religioso'".[29] Portanto, não se trata de termo, ou conceito, com que se lida facilmente, por isso é bom não perder de vista a verdade de que

> Ao passo que a associação dominante "espírito-consciência" tem suas raízes histórico-conceituais preponderantemente no termo grego νους (*nous*), o termo alemão mostra, a partir de sua raiz, uma capacidade de absorção do teor semântico ligado aos termos bíblicos *ruach* e πνευμα (*pneuma*), que foi mediado pelo termo *spiritus*. A acepção originária subjacente a todos os três termos é "ar movido = vento, hálito, sopro, respiração". Neste sentido, a passagem do uso profano para o religioso, do antropológico para o teológico, é fluida. Pelo visto, o termo teológico "Espírito Santo" só foi conformado como termo fixo no protocristianismo: πνευμα αγιον (*pneuma hagion*) é estranho ao grego profano; na LXX esse termo composto só se encontra em Sl 51:13 e Is 63:10s como tradução de *ruah hakkodesh* (espírito de santidade).

---

28  McLean. "O Espírito Santo" in: Horton (org.). *Teologia sistemática*, p. 384.

29  Hilberath, Bernd Jochen. "Pneumatologia" in: Schneider, Theodor (org.). *Manual de dogmática*, 3. ed. (Petrópolis: Vozes, 2008), vol. I, p. 408.

O aspecto intrínseco ou específico da experiência cristã do Espírito compeliu, também em latim, a uma inovação linguística: distanciando-se da expressão *spiritus sacer* do estoicismo, que tendia a identificar o espírito humano e o divino, os cristãos criaram o termo composto *spiritus sanctus*.[30]

Assim, a criação do conceito tem uma razão muito clara de ser, mas, apesar de reconhecer "que, na fé, o principal é o *intendere*, a orientação ou o elã em direção àquilo que ela visa", diz Yves Congar, "não há *fides qua*, abertura e elã do sujeito, sem *fides quae*, sem conteúdo determinado, mas este último, o revelado crido e confessado na Igreja, permanece aberto a percepções múltiplas".[31] Se tal observação é verdadeira para a reflexão teológica como um todo, muito mais quando se refere ao Espírito Santo, e vai muito além se tal análise é feita na perspectiva carismático-pentecostal. Reafirmamos, contudo, que essa impossibilidade não decorre do estereótipo teológico que se tem acerca do Espírito Santo (assunto ao qual retornaremos). Não se trata igualmente de ver tal tarefa como um exercício irresponsável e que nunca tem fim por ser especulativo, mas justamente o oposto, isto é, reconhecemos que não há possibilidade de, por nossa parte, apreendermos o mistério e compreendê-lo com tal precisão que não haja mais o que descobrir e elaborar teologicamente. E não apenas isso, mas também por conta da nossa condição de seres caídos, esse condicionamento *a priori* "antrópico" — para continuarmos com a metáfora da física — que não permite conhecermos absolutamente nada de forma exata e inquestionável. "Embora muitos teólogos tenham procurado descrever os atributos — ou propósitos — com base na teologia natural ou teologia escolástica, não têm conseguido descrevê-los corretamente", diz o teólogo pentecostal, já anteriormente citado, Mark McLean, pois a "única maneira de se conhecer uma pessoa, inclusive o próprio Deus, é saber o que ela tem dito e feito", por isso "a obra contínua do Espírito Santo nos revela o que ele continua a dizer e fazer hoje".[32] Refletir sobre essa missão é o objetivo da pneumatologia, e hoje mais do que nunca, porque, conforme Bernd Jochen Hilberath, a "*tarefa que se nos coloca é abrangente, pois não estão em pauta apenas a elaboração de um tratado sobre o assunto e o rastreamento*

---

30  Ibid., p. 408-9.

31  CONGAR, Yves. *A Palavra e o Espírito* (São Paulo: Loyola, 1989), p. 17.

32  MCLEAN. "O Espírito Santo" in: HORTON (org.). *Teologia sistemática*, p. 385.

## 342 | TEOLOGIA SISTEMÁTICO-CARISMÁTICA

*da dimensão pneumatológica de temas dogmáticos, mas também uma renovação pneumatológica da teologia como tal".*[33]

Tal percepção é mundial. Seja defendendo, seja detratando, a pneumatologia, ou melhor, a renovação pneumatológica da teologia e, consequentemente, de todo o edifício teológico, é inevitável e tornou-se um tema premente e obrigatório. As sistemáticas produzidas há séculos, e suas congêneres mais recentes, que são forçadas a repeti-las, estão cada vez mais obsoletas e fadadas ao radicalismo, pois, ao atribuírem a si mesmas o *status* de imutáveis, incorrigíveis, inerrantes e infalíveis, só lhes resta perseguir toda e qualquer reflexão teológica que não for escolástica, isto é, racionalista, nem monergista, ou seja, estática. Os dados, entretanto, confirmam inequivocamente o que foi dito pelos teólogos católicos Karl Rahner e David Tracy, que citamos logo no início do primeiro capítulo da nossa *Teologia sistemático-carismática*, falando acerca da forma de se produzir teologia e, consequentemente, do perfil do cristão do mundo hodierno. A reflexão pneumatológica tem a potência de renovar todas as temáticas e doutrinas do edifício teológico, pois, não coincidentemente, trata-se de uma das atividades principais do Espírito Santo. A questão é: Estamos interessados e dispostos a renovar nossa teologia? Não se propõe de forma alguma o mudar por mudar ou meramente seguir tendências, que, não raras vezes, arrasta junto consigo o seu corolário principal, a superficialidade. Também não significa dizer que, ao tomar tal decisão e proceder dessa forma, teremos finalmente um tratado teológico irrevisável, perfeito e que jamais precisará de ajustes. Longe disso! O que está sendo produzido pode ter unicamente a missão de suprir uma lacuna situacional que, em pouco tempo, desaparecerá, mas terá valido a pena se ajudar as pessoas a servirem melhor a Deus e, por conseguinte, transformar a realidade. No momento em que produzimos este texto, por exemplo, o mundo enfrenta a maior crise sanitária de que se tem notícia. Qual a importância de uma teologia sistemático-carismática diante de tal situação? Essa é uma indagação pertinente que deve receber toda a nossa atenção, pois a vida não acontece em um vácuo etéreo, e as pessoas buscam ajuda e respostas. Uma reflexão pneumatológica precisa encarar essas questões caso queira ter relevância e não ser apenas um exercício diletante de exibicionismo racionalista ou filosófico-argumentativo.

---

33  HILBERATH. "Pneumatologia" in: SCHNEIDER (org.). *Manual de dogmática*, vol. I, p. 407 (grifos do original).

## O Espírito Santo nas Escrituras

Como já temos insistido, nossa fonte primária de teologia são as Escrituras. Assim, iniciamos perguntando: o que elas têm a dizer sobre o Espírito Santo? A pergunta se faz necessária em razão das escusas para não se teologizar sobre a terceira Pessoa da Trindade. Vamos verificar o que a Bíblia diz e, então, será possível concluir se tais desculpas procedem. Talvez alguém pense que não vale a pena o exercício, pois, caso houvesse mesmo fundamentos bíblicos sólidos, teríamos uma pneumatologia robusta. Quando se trata de teologia, tal postura é equivocada e abre espaço para o engano, pois a "maioria das pessoas supõe que as coisas nas quais acredita estão certas (é claro que fazemos isso — é por essa razão que cremos no que cremos)", mas quase nunca se preocupa "em pesquisar para confirmar a veracidade dessas coisas", ou seja, apoiamo-nos, às vezes de forma omissa, no que nos foi dito ou ensinado, sem o cuidado de verificar. Nisso reside o problema, pois "muitas das coisas em que acreditamos são, com frequência, baseadas mais em acomodação ou na tradição cultural do que na Bíblia".[34] Em se tratando de pneumatologia, não temos receio de dizer que esse tem sido o caso. Assim, as questões que nos interessam são duas, sendo a segunda delas a mais importante e uma consequência da primeira: 1) "Será que minha mente está ao menos *aberta* à possibilidade de que eu possa estar errado em minhas crenças?" e 2) "Se isso estiver acontecendo, será que eu teria coragem de mudar minha postura se alguém me mostrasse que minha interpretação das Escrituras está equivocada?".[35]

As indagações são básicas, e certamente poderíamos fazê-las sem necessidade de referenciá-las, mas optamos por citá-las justamente pelo fato de o autor em questão, Francis Chan, ter escrito essa pequena obra reflexiva sobre o Espírito Santo. Ela, contudo, passa longe de ser um produto de exercício especulativo; antes, é resultado da experiência do autor, que diz claramente que sua opinião sobre o Espírito Santo era decorrente do fato de ter sido criado "em uma igreja bem conservadora que ignorava quase totalmente a atividade do Espírito Santo e sua presença na vida cotidiana" e também fruto de cuidado com sua reputação, ou seja, ele não queria se tornar uma pessoa

---

34 Chan, Francis. *O Deus esquecido: revertendo nossa trágica negligência para com o Espírito Santo*, 12. reimpr. (São Paulo: Mundo Cristão, 2019), p. 19.

35 Ibid., p. 41.

## 344 | TEOLOGIA SISTEMÁTICO-CARISMÁTICA

"'como as outras' — aquelas que moravam no fim da rua, que ignoravam as Escrituras e exageravam em suas manifestações emocionais. Ou seja, ele rejeitava o Espírito Santo e o impedia de atuar em sua vida por vergonha de ser identificado com as pessoas do "fim da rua",[36] leia-se periféricas. Mais adiante, voltaremos a este ponto, mas é interessante verificar a informação de Chan de que "Denominações inteiras se estruturaram em torno de crenças específicas a respeito do Espírito Santo" — nesse caso, crenças negativas —, e estas definem as instituições de tal modo que ele diz conhecer "pessoas que perderam o emprego em igrejas e faculdades cristãs por causa de suas crenças sobre o Espírito",[37] isto é, por terem mudado sua opinião cessacionista e, em muitos casos, até "higienista" a respeito da terceira Pessoa da Trindade e se tornado como as pessoas emotivas do "fim da rua". O que o transformou? O que fez com que sua visão mudasse?

Francis Chan deixa claro que ele havia recebido formação e treinamento teológicos para o exercício exegético do texto bíblico, sendo consciente dos perigos de se projetarem as próprias ideias no texto, ideias essas que, muitas vezes, são colocadas lá pela tradição ou denominação a que pertencemos. Por isso, ele diz que não devemos permitir que nossas "visões sejam determinadas por uma denominação em particular, ou por aquilo que sempre [nos] disseram", mas que no "contexto do relacionamento com outros cristãos" devemos procurar "descobrir o que Deus disse a respeito do Espírito Santo".[38] Sua mudança, ironicamente, veio depois de ele desafiar alguns proselitistas a lerem a Bíblia desprovidos dos óculos denominacionais. Foi então que se perguntou se já tinha feito o que acabara de recomendar aos outros que fizessem. E se sua interpretação exegética "objetiva" lhe tivesse feito exatamente o que ele disse que a tendência teológica dos proselitistas fez a eles? Chan, então, diz que começou a ler as Escrituras como jamais havia lido e que, embora as conhecesse havia tantos anos, suplicou ao "Espírito Santo que as tornasse 'vivas e ativas'" para ele, pedindo, inclusive, que Deus "'penetrasse' nas noções equivocadas e mal elaboradas que [ele] reuniu ao longo da vida (cf. Hb 4:12)" a fim de que estas fossem extintas. Ele acrescenta que esse é um "ótimo exercício para as pessoas que passaram muitos anos imersas na cultura da igreja".[39]

---

36  Ibid., p. 41-2.
37  Ibid., p. 34.
38  Ibid., p. 35.
39  Ibid., p. 19.

O mesmo autor, oportunamente, observa que "essa postura envolve alguns perigos, considerando que a Bíblia deve ser interpretada dentro do contexto e da responsabilidade de uma comunidade de fiéis", conforme dito anteriormente. Mas, não obstante esse risco, ele acrescenta que todos "aqueles que foram criados dentro da *bolha* da igreja precisam olhar além do *status quo* e avaliar, de maneira crítica, o grau de adequação à Bíblia em que estão vivendo".[40] Se as Escrituras afirmam o que a tradição teológica denominacional ensina, tudo certo, mas se elas não dizem o que qualquer tradição apregoa, e realmente são elas a autoridade final, então devemos mudar.

Além desse perigo condicionante, mesmo supostamente partindo das Escrituras, é preciso tomar cuidado com duas outras ameaças. A primeira delas é achar que é possível interpretar objetivamente o texto, isto é, ver-se como intérprete infalível da Bíblia, quando sabemos que "nenhum indivíduo, grupo ou igreja já foi ou será intérprete infalível da Palavra de Deus", como diz o teólogo anglicano John Stott, o qual explica na sequência o porquê de tal ser assim, ou seja, as "interpretações humanas pertencem à esfera da tradição, e contra a tradição pode-se sempre apelar-se para a própria Escritura que a tradição alega estar interpretando".[41] A segunda ameaça é achar que temos possibilidade de saber tudo sobre Deus e, consequentemente, sobre o Espírito Santo, engano que o teólogo alemão Dietrich Bonhoeffer chamava de "positivismo da revelação",[42] algo que, conforme já temos insistido desde o primeiro capítulo, tanto no aspecto metodológico quanto no doutrinário, é simplesmente absurdo, pois "é impossível para nós, como seres humanos e finitos, entender por completo um Deus infinito".[43] Foi justamente por entender isso que Francis Chan diz que, enquanto escrevia o capítulo sobre "a teologia fundamental do Espírito Santo", cada vez mais crescia sua consciência de "quão ridículo pode ser para uma pessoa, seja ela quem for, dizer que pretende explicar o que é o Espírito Santo". Por isso, ele optou por não "abordar cada versículo da Bíblia que se refere ao Espírito Santo, porque, mesmo que o fizesse, o Espírito de Deus é infinito e não pode ser completamente compreendido pelos seres humanos", ou seja, precisamos nos convencer de

---

40  Ibid.

41  STOTT, John. *Para entender a Bíblia* (Viçosa: Ultimato, 2014), p. 178.

42  BONHOEFFER, Dietrich. *Resistência e submissão: cartas e anotações escritas na prisão* (São Leopoldo: Sinodal, 2003), p. 371, 380. Veja as cartas 137 (nota 16) e 139.

43  CHAN, Francis. *O Deus esquecido*, p. 27.

## 346 | TEOLOGIA SISTEMÁTICO-CARISMÁTICA

que, "mesmo buscando entender mais e mais o Espírito, ele é muito maior do que você jamais seria capaz de assimilar".[44]

É com essa mentalidade que abordamos a doutrina do Espírito Santo, partindo, como não poderia deixar de ser, das Escrituras Sagradas. Mas tal consciência não irrompe sem que haja uma intercorrência que nos coloque no lugar, e é esse o aspecto que divide os teólogos e, respectivamente, sua forma de pensar entre *um antes* e *um depois*. Francis Chan não é exceção e vai ao ponto ao afirmar que muita gente até possui "um conhecimento básico *sobre* o Espírito Santo", todavia, "quando se trata de ter uma experiência com ele na própria vida, aí a história é outra". Por isso, na linha que temos desenvolvido, o autor diz que há muito "conhecimento racional a respeito do Espírito, mas não exatamente um relacionamento com ele", e chega a afirmar "que a igreja primitiva sabia menos sobre o Espírito Santo do que a maioria de nós na igreja de hoje, pelo menos no sentido intelectual", contudo "ela passou a conhecê-lo de um modo íntimo e poderoso à medida que ele operava na vida das pessoas e por intermédio delas".[45] Assim, sua ponderação é que "muitos de nós não precisamos de mais conhecimento sobre o Espírito em termos de bagagem intelectual; o que precisamos é experimentar sua presença".[46] Ao mesmo tempo, observa corretamente que tal impossibilidade de compreensão não deve ser uma "desculpa para deixar de buscar um conhecimento maior do Espírito Santo", isto é, o conhecimento teórico não é "o limite ao que você pode aprender sobre ele", mesmo porque o "objetivo não é compreender Deus totalmente, mas [sim saber] como adorá-lo". Portanto, "o próprio fato de *não poder* entender Deus em sua totalidade" deve levar-nos "a louvá-lo por sua infinita grandeza".[47] É o desaguar da teologia em doxologia, como já dissemos anteriormente.

O que fez Francis Chan mudar sua forma de pensar e, consequentemente, ler e interpretar as Escrituras foi uma experiência profunda com o Espírito Santo. É por isso que ele expõe seu temor ao falar da terceira Pessoa da Trindade, advertindo-nos de que "não devemos nos esquecer de que estamos pisando em solo sagrado", pois o "Espírito Santo trouxe vida à criação e continua sustentando-a", e, por ser Deus, não podemos perder de vista que "Deus não é *igual* a coisa alguma". Em termos diretos, "Ele é

---

44  Ibid., p. 53.

45  Ibid., p. 26.

46  Ibid., p. 27.

47  Ibid., p. 53-4.

CAPÍTULO 4 – Pneumatologia | 347

incompreensível, incomparável e completamente diferente de qualquer outro ser", portanto "está além de nossa dimensão de existência e, por essa razão, além de nossa capacidade de classificá-lo". Ou seja, as "analogias podem até ser úteis na compreensão de determinados aspectos de Deus, mas devemos tomar cuidado para não achar que elas podem, de alguma maneira, esgotar a explicação sobre a natureza divina".[48] Portanto, reiteramos o que foi exaustivamente dito no capítulo anterior, a linguagem bíblica não "desceu do céu"; é criação humana. Não obstante tudo isso, mesmo o Espírito Santo sabendo que as palavras não podem descrever a realidade divina, inspirou os mais de quarenta autores para que a Bíblia fosse escrita, bem como igualmente utiliza categorias humanas e até se vale da própria criação inanimada como meios de nos transmitir a mensagem de Deus. Mas não podemos esquecer que tal expediente se dá para que possamos recepcionar a mensagem, pois, como diz o teólogo pentecostal Antonio Gilberto, por meio da "Bíblia, Deus fala em linguagem humana para que o homem possa entendê-lo", pois, caso "Deus usasse sua linguagem, ninguém o entenderia". Por isso, "Ele, para revelar-se ao homem, adaptou a Bíblia ao modo humano de perceber as coisas".[49] Nesse sentido, é importante relembrar o que também já foi dito: que a linguagem simbólica, amplamente utilizada em diversos momentos da dinâmica revelacional, tem a potência de revelar o que jamais poderia ser pensado com a linguagem comum (unívoca e até mesmo equívoca) e, justamente por isso, deve ser mais aproveitada na produção teológica.

Essa linguagem, de certa forma, já é utilizada na tradição carismático--pentecostal, mas com a influência cada vez maior da teologia reformada, cuja metodologia é escolástica e, consequentemente, racionalista, os teólogos carismático-pentecostais foram se intimidando e, no afã de serem aceitos, abandonaram a linguagem simbólica, pois esta é, invariavelmente, relacionada ao método alegórico de interpretação da Bíblia, que, como sabemos, ainda é muito utilizado por pregadores carismático-pentecostais para expor o texto bíblico. O método alegórico, tão incompreendido e rechaçado por intérpretes conservadores excessivamente influenciados e dependentes do racionalismo, foi usado por Paulo, quando escreveu aos Gálatas e valeu-se da narrativa de Sara e Agar (Gálatas 4:21-31; Gênesis 16:1-16), alegam os

---

48  Ibid., p. 54.

49  Silva, Antonio Gilberto da. *A Bíblia através dos séculos: a história e formação do Livro dos livros*, 7. ed. (Rio de Janeiro: CPAD, 1998), p. 9-10.

## 348 | TEOLOGIA SISTEMÁTICO-CARISMÁTICA

defensores de tal método, enquanto os críticos dizem que não foi uma alegoria, e sim uma "tipologia". Ocorre, porém, que, conforme diz o teólogo batista David Starling, no tempo de Paulo, o verbo grego *allēgoreō*, utilizado por ele, "ainda não havia sido usado como termo técnico para determinada forma de interpretação que encontra significados mais profundos e intemporais escondidos por trás dos detalhes de uma narrativa antiga", ou seja, de forma mais precisa, "o verbo (e o substantivo cognato grego *allēgoria*) podia ser usado para referir-se a qualquer estratégia interpretativa que encontrasse elementos figurativos em um texto" ou, mais comumente, "a qualquer tipo de discurso ou escrita que usasse expressão figurativa".[50] Em outros termos, no próprio período da revelação canônica, um homem de grande cultura como Paulo, a fim de falar de verdades espirituais profundas (a relação religiosidade/garantismo da Lei *versus* liberdade/voluntarismo do Espírito), teve de lançar mão de uma narrativa veterotestamentária, isto é, um acontecimento histórico, a fim de comunicar a mensagem divina aos cristãos da Galácia. O recurso adotado por Paulo, nessa passagem em particular, foi precursor do que encontramos ainda hoje em muitas mensagens de pregadores, e até autores, da tradição carismático-pentecostal. Numa palavra:

> Mais interessante e mais complicado do que o debate sobre se a palavra "alegoria" pode ser usada apropriadamente para descrever a interpretação e aplicação de Paulo da história de Gênesis é a questão de como ele constrói a alegoria (ou o que quer que a chamemos) que ele oferece nestes versículos e como ele justifica-a para os leitores. Ao formular a questão desta maneira, não pretendemos defender o indefensável, a saber, pressionar o uso que Paulo faz da palavra "alegoria" como se a presença da mera palavra no Novo Testamento oferecesse um cheque em branco para bancar toda aventura alegórica dos séculos subsequentes. Por outro lado, tampouco pretendemos explicar o uso que Paulo faz da palavra como se não nos dissesse nada, reforçando o pressuposto vigente e racional de que o único tipo de leitura bíblica que importa é a exegese científica e histórico-crítica.[51]

---

50  STARLING, David I. *Hermenêutica: a arte da interpretação ensinada pelos próprios escritores bíblicos* (Rio de Janeiro: CPAD, 2019), p. 146. A respeito do debate alegoria *versus* tipologia, o mesmo autor diz que, como recurso usado por Paulo, ou seja, "essa definição mais ampla de alegoria como leitura ou escrita figural, a 'tipologia' é mais bem considerada não como o oposto da alegoria, mas como uma subespécie dela" (ibid.).

51  Ibid., p. 146-7.

CAPÍTULO 4 – Pneumatologia | 349

O que nos interessa do argumento de Starling é fundamentalmente sua explicação de que, se, por um lado, a atitude de Paulo não justifica o atual uso indiscriminado da alegorização bíblica, por outro, independentemente do sentido do exercício alegórico paulino, ele nada tem a ver com a pretensão de objetividade interpretativa, expressada quer pelo "lado conservador", com a nomenclatura "exegese científica", quer pelo "lado liberal", com a exegese "histórico-crítica". Em termos diretos, havia a impossibilidade de um "positivismo da revelação" até para os escritores do período canônico que escreviam sob a inspiração do Espírito Santo, pois falavam de verdades profundas que não são facilmente expressáveis. Nesse sentido, voltamo-nos para a análise lúcida de John Haught, de que o reducionismo e a "atitude geral de suspeita, alimentada por nossas universidades, de que a expressão simbólica ou metafórica, a linguagem primária da fé, é incapaz de colocar-nos em contato com um mundo transcendente" pertencem à modernidade, que, por sua vez, "deu origem à convicção generalizada de que o simbolismo religioso na verdade não pode revelar ou manifestar nada mais que nossos próprios desejos secretos".[52] Tal problema pertence à modernidade e sua filosofia, ou seja, o "racionalismo e o cientificismo (crença na supremacia epistemológica da razão e especificamente do método científico) produziram a conjetura, pelo menos em alguns campos, de que os modos de expressão simbólica/mítica/poética/narrativa", diz o mesmo autor, comumente "empregados por todas as religiões talvez não sejam nada mais que nossas próprias projeções ou construções, e não representações de uma realidade sacral independente".[53] Trata-se de um problema originado na modernidade e que a escolástica protestante absorveu, gerando uma pretensão teológica racionalista, tanto do lado conservador (com o cessacionismo) quanto do lado crítico (com o liberalismo teológico).

Felizmente, uma teologia sistemático-carismática não precisa sequer hesitar diante desse impasse, pois não é instada a fazer uma opção por nenhum desses extremos, visto valorizar a dinâmica da revelação e por estar ciente de que esta desenvolveu-se na realidade. Contudo, não pode também perder de vista o fato de que, para que isso fosse possível, o Espírito Santo procedeu a uma abdicação e, a fim de alcançar a humanidade, adaptou-se à percepção humana ou ao

---

52  HAUGHT, John F. *Mistério e promessa: teologia da revelação* (São Paulo: Paulus, 1998), p. 16.
53  Ibid., p. 17.

"modo humano de perceber as coisas", na expressão do teólogo pentecostal Antonio Gilberto, já anteriormente citado. Essa é a grande questão quando se trata de falar sobre o Espírito Santo e produzir teologia pneumatológica. O amplo uso da linguagem simbólica nas Escrituras, especialmente quando se refere ao Espírito Santo, traz grandes dificuldades a uma abordagem estranha ao mundo dos tempos bíblicos. Todavia, para uma perspectiva teológica despretensiosa, que valoriza a dinâmica da revelação e a lógica da fé, ambas paradoxais em relação ao racionalismo, não há problema algum em reconhecer que sua capacidade e missão é postular a obra do Espírito Santo, não "explicá-lo". É exatamente isso que estamos fazendo, conforme deixamos claro já no primeiro capítulo de nossa obra, desde quando explicamos o porquê de termos optado pela via apofática e de igualmente termos feito a opção pelas trajetórias teológicas místicas. Ambas as abordagens são legítimas, honram as Escrituras e, como já demonstramos, possuem raízes históricas profundas, visto serem devidamente praticadas durante a longa trajetória da tradição cristã por, pelo menos, dezesseis séculos.

## O Espírito Santo no Antigo Testamento

Conforme já dissemos, é lugar-comum os teólogos se desculparem pela pífia importância dada ao Espírito Santo de Deus no edifício teológico. Uma dessas conhecidas escusas é que no Antigo Testamento não se vê claramente a Pessoa do Espírito Santo, a ponto de Abraham Kuyper dizer, por exemplo, fazendo um contraste entre Jesus e o Espírito, que é notória "a abundância de referências que o Antigo Testamento faz ao Messias e quão comparativamente pouco ao Espírito Santo".[54] Como já temos insistido, se a falta de teologização envolvendo o Espírito Santo se desse realmente pelo fato de ele não se permitir ser aprisionado pelas teias pretensiosas da teorização racionalista, tudo bem. Todavia, nossa tese, como já deixamos intuído, não parte dessa constatação. Não é por falta de material bíblico que tal acontece, pois na "origem veterotestamentária estão a experiência e a doutrina do Espírito de Deus".[55] Portanto, se temos um Antigo Testamento, isto é, os 39 documentos que formam o nosso Primeiro Testamento, isso não se dá "simplesmente"

---

54 KUYPER. *A obra do Espírito Santo*, p. 45.
55 SUDBRACK, Josef. "Piedade/espiritualidade" in: EICHER, Peter (org.). *Dicionário de conceitos fundamentais de teologia*, 2. ed. (São Paulo: Paulus, 2005), p. 684.

pelo fato de o Espírito Santo ter inspirado os hagiógrafos — o que já seria muito —, e sim por ele ser o grande protagonista dos eventos que deram origem ao cânon veterotestamentário. Muito antes de o Antigo Testamento ser texto, foi experiência, história e narrativa.[56] Nesse ciclo, o Espírito não é coadjuvante, mas ator principal. A questão é que, estando deste lado dos acontecimentos e com todo o volume de revelação que possuímos, tendemos a ler as Escrituras com categorias teológicas que desconsideram os modos e termos da revelação veterotestamentária. Justamente por isso, algumas teologias pensam prescindir do Antigo Testamento e, ao assim fazerem, acabam superficiais e por demais filosóficas, e, em alguns casos, até antibíblicas, pois, conforme informa o teólogo alemão Bernd Jochen Hilberath, um "exame do AT abre os olhos para a riqueza da pneumatologia bíblica e revela as tradições nas quais se radica a confissão cristã".[57]

O Segundo, ou Novo, Testamento não surge num vácuo atemporal, antes ilumina-se com o estudo do Primeiro e vice-versa, pois cada "Testamento complementa o outro, e cada época, com seu conteúdo revelatório, se inter-relaciona e contribui para as outras",[58] conforme o mais tradicional ensino protestante. Mas esse reconhecimento implica entender que, pelo fato de a revelação acontecer na história, tanto a experiência quanto o seu registro se deram em categorias humanas para que pudessem ser apreendidos. Conforme explica o teólogo pentecostal Antonio Gilberto, mesmo "sendo a Bíblia um livro divino, veio a nós por canais humanos, tornando-se, assim, divino-humana".[59] Isso significa que, de acordo com o mesmo teólogo, houve "lugar para a atividade e estilo do escritor, o que é patente em cada livro", pois "Deus não falou pelos escritores como quem fala através de um alto-falante", ou seja, "Deus usou as faculdades mentais deles".[60] Além disso, conforme informa o teólogo pentecostal, a "Bíblia foi escrita em lugares de três continentes (Europa, Ásia e África), contendo portanto expressões, imagens mentais e pensamentos bem diferentes entre si".[61] A negligência proposital

---

56  Esse aspecto é detalhadamente apresentado no texto "Revelação, experiência e teologia" in: CARVALHO. *Pentecostalismo e pós-modernidade*, p. 335-70.

57  HILBERATH. "Pneumatologia" in: SCHNEIDER (org.). *Manual de dogmática*, vol. I, p. 409.

58  HULSE, Erroll. *O batismo do Espírito Santo*, 2. ed. (São José dos Campos: Fiel, 2018), p. 137.

59  SILVA. *A Bíblia através dos séculos*, p. 9.

60  Ibid., p. 34.

61  Ibid., p. 189.

## 352 | TEOLOGIA SISTEMÁTICO-CARISMÁTICA

desses aspectos e particularidades, adotada pela metodologia tradicional para a produção teológica que domina o campo da teologia sistemática, traz grandes dificuldades, pois, conforme já mencionamos no primeiro capítulo, ela consiste em tomar "versículos individuais da Bíblia inteira", diz o biblista pentecostal Esequias Soares, e agrupá-los como se tivessem sido escritos "pelo mesmo autor humano, ao mesmo tempo, para um mesmo público". Todavia, todos "sabemos que os livros da Bíblia não foram produzidos assim".[62] Por isso, optamos por seguir, metodologicamente, em nossa teologia sistemático--carismática, a própria dinâmica revelacional, respeitando a individualidade dos escritores e o público para o qual se destinava, pois tais características apresentam uma teologia subjacente ao texto que, geralmente, corresponde às necessidades que Deus visava suprir, seja corrigindo, seja consolando, seja intentando qualquer outro propósito. O único aspecto invariável de todos os documentos da Bíblia, desde o Gênesis até o Apocalipse, é a inspiração e a atividade contínua do Espírito, daí por que nossa opção em eleger a experiência com o Espírito como *leitmotiv* — fio condutor — e *locus* — lugar teológico para produzirmos teologia.

Foi no decurso de cerca de mil anos que os eventos, que resultaram nos 39 documentos do Antigo Testamento, se sucederam. Isso significa que as sucessivas "épocas do Velho Testamento são distintas umas das outras", diz o teólogo reformado Erroll Hulse, explicando que o "tempo de Abraão não é o mesmo de Moisés, e o tempo de Moisés é diferente da época de Samuel". Ele acrescenta que ainda "uma distinção pode ser feita entre os profetas pré-exílio e pós-exílio"[63] e assim sucessivamente. Justamente por isso, encontramos a explicação, muito provavelmente uma glosa, no próprio texto bíblico, no relato sobre o encontro de Saul, que foi o primeiro rei de Israel, com o profeta Samuel, último juiz da nação: "Antigamente, em Israel, indo qualquer consultar a Deus, dizia assim: Vinde, e vamos ao vidente; porque ao profeta de hoje antigamente se chamava vidente" (1Samuel 9:9), mostrando de forma muito clara que há evolução e mudança no vocabulário adotado na cultura israelita. Tal é verdade não apenas no que diz respeito às expressões do campo religioso referentes aos seres humanos, mas até mesmo em relação a Deus, conforme podemos ver, por exemplo, em Oseias 2:16: "E acontecerá naquele dia, diz o

---

62 SOARES, Esequias. "A natureza das línguas", *Obreiro Aprovado* (ano 44, n. 91, Rio de Janeiro: CPAD, out-nov-dez de 2020), p. 14.

63 HULSE. *O batismo do Espírito Santo*, p. 136.

CAPÍTULO 4 – Pneumatologia | 353

SENHOR, que me chamarás: Meu marido e não me chamarás mais: Meu Baal". O *Dicionário Vine* informa que o substantivo hebraico *"ba'al"*, proveniente da cultura cananeia, cujo significado é "mestre, baal", pode ser entendido ao vermos que, no "acadiano, o substantivo *belu* ('senhor') deu origem ao verbo *belu* ('assenhorear')" e, em "outros idiomas semíticos do noroeste", o mesmo "substantivo *ba'al* difere um pouco de significado quando outras palavras assumiam o significado de 'senhor'", concluindo, então, que a "palavra hebraica parece ter sido relacionada com estes homônimos".[64] Quando o substantivo tornou-se um nome muito conhecido entre o povo escolhido por este abandonar a Deus e voltar-se para as divindades pagãs, Oseias então "diz que o nome *ba'al* já não será usado, nem mesmo com o significado de 'senhor' ou 'mestre', pois a associação foi contaminada pelas práticas idólatras".[65]

Depois de expor esses dois exemplos bíblicos antecedidos da argumentação sobre o processo da revelação progressiva, quando apresentamos os argumentos de dois teólogos conservadores, mas de tradições diferentes, queremos, de forma análoga, demonstrar que, considerando as muitas, distintas e até "estranhas" expressões utilizadas no Antigo Testamento para referir-se ao Espírito Santo, não havendo ainda o entendimento trinitário por parte dos atores — os que não necessariamente escreveram, mas tiveram experiências com ele — e autores, é mais que óbvio que haja estranhamentos de nossa parte, que já temos o Novo Testamento e dois mil anos de tradição teológica cristã. Portanto, é preciso que tenhamos em mente que os escritores foram inspirados, mas não atuaram como autômatos, de forma mecânica; antes, valeram-se do seu universo vocabular e utilizaram termos que pudessem ser compreendidos pelos destinatários da mensagem. Evidentemente que as expressões daquela cultura, que, *a priori*, não era necessariamente sacra, possuem conceitos que se chocam, sobretudo, com as definições atuais, que são provenientes de uma mentalidade linear, antissobrenatural e racionalista. Portanto, não é correto, muito menos justo, deixar de empreender um esforço no sentido de fazer uma incursão na literatura especializada, objetivando o entendimento mais aproximado possível do uso na época, a fim de aumentar a capacidade de transposição teológica, sem ferir o que foi definido nos concílios. Tal deve ser feito pelo fato de que uma "teologia sistemática

---

64  UNGER, Merril F.; VINE, W. E.; WHITE JR., William. *Dicionário Vine: o significado exegético e expositivo das palavras do Antigo e do Novo Testamento* (Rio de Janeiro: CPAD, 2002), p. 50.

65  Ibid., p. 51.

## 354 | TEOLOGIA SISTEMÁTICO-CARISMÁTICA

deve fazer mais do que apenas recontar as histórias bíblicas" e, ao mesmo tempo, não "deve simplesmente repetir doutrinas do passado nas suas formulações costumeiras", pois, se ela "realmente quiser falar aos homens nas suas vidas reais, deve continuamente buscar novos modos de apresentar as percepções da fé tradicional".[66] Essa é a nossa missão com esta *Teologia sistemático-carismática*. Contudo, justamente por conta de sua elaboração visar às necessidades atuais da tradição carismático-pentecostal, é "que a teologia sistemática sempre terá caráter provisório, seletivo e um tanto especulativo", pois, óbvio como é, ela "sofrerá consideravelmente as limitações de cada teólogo particular em questão".[67]

Essa percepção das limitações vale até mesmo para os hagiógrafos, obviamente que somente do ponto de vista do conceito de revelação progressiva, pois, se Deus tivesse revelado tudo para um único autor e de uma única vez, não seriam necessárias cerca de quatro dezenas de escritores, vivendo num espaço de, mais ou menos, 1500 anos, tendo, claro, a substancial diferença de que seus escritos foram produzidos sob a inspiração do Espírito Santo, por isso inquestionáveis e absolutamente autoritativos. Se tal limitação foi imposta por Deus ao processo da dinâmica revelacional que se deu de maneira progressiva, é de bom tom que os teólogos não se vejam como inquestionáveis, insubstituíveis e irrevisáveis, achando que seus tratados não podem sofrer atualizações, possuir lacunas, tornar-se obsoletos ou até estar realmente equivocados. Manter essa consciência é fundamental para que a teologia seja, de fato, útil, edificante e não usurpe o lugar de autoridade que pertence apenas e exclusivamente às Escrituras. Portanto, o que já apresentamos, bem como o que segue, não tem a pretensão de ser a última palavra sobre qualquer assunto. No entanto, com todo o respeito, nenhum tratado de qualquer tradição está isento do que acabamos de pontuar e todos devem ser avaliados, visto serem produtos humanos. Mesmo tendo sido escritos por pessoas piedosas e capazes, são passíveis de erros, insuficiência e provisoriedade. O que oferecemos não tem o objetivo de depreciar o trabalho de quem quer que seja, mas representa o nosso esforço no labor teológico, com base em nossa vivência e confissão, que, assim entendemos, possui o direito, mas também o dever, de refletir sobre sua prática de fé, avaliando as doutrinas

---

66  HAUGHT. *Mistério e promessa*, p. 34.

67  Ibid., p. 35.

CAPÍTULO 4 – Pneumatologia | 355

centrais da fé cristã numa perspectiva carismático-pentecostal. Isso significa que, por uma questão de coerência, este é o capítulo central da nossa sistemá-tico-carismática e, à luz dele, o capítulo anterior fica mais claro e os demais deverão ser lidos. Como será visto, tal opção não se trata de um capricho; antes, está fundamentada na revelação bíblica e acompanha sua dinâmica.

É no mínimo curioso e irônico que, a despeito do tanto que se alega não ser muito clara a presença do Espírito Santo no Antigo Testamento, ele seja mencionado logo no segundo versículo das Escrituras (Gênesis 1:2), no ar-ranjo canônico, e igualmente no capítulo de encerramento do último livro do Novo Testamento (Apocalipse 22:17). Ocorre, entretanto, que não se trata de simples menções. São textos-chave que retratam a criação e a consu-mação. E o Espírito Santo não está, em ambas as narrativas e extremidades, como "figurante" nem como coadjuvante, e sim como protagonista. Acerca do primeiro texto — "E a terra era sem forma e vazia; e havia trevas sobre a face do abismo; e o Espírito de Deus se movia sobre a face das águas" —, destaca-se o substantivo hebraico *rûaḥ*, cuja tradução em nossas Bíblias é Espírito, tendo múltiplas possibilidades de significados e usos — conforme o *Dicionário hebraico do Antigo Testamento,* de James Strong, anotado pela AMG Editorial Division, recurso anexo da *Bíblia de estudo: palavras-chave* —, tais como "*vento*; (por semelhança) respiração, i.e., uma exalação sensível (ou mesmo violenta); (figurado) *vida, ira, insolidez*; (por extensão) uma *região* do céu; (por semelhança) espírito, mas somente de um ser racional (incluindo sua expressão e funções): — ar, ira, sopro, resfolegar, vento, respiração, so-pro, x frio, coragem, mente, x lado, espírito, espiritual, tempestade, x vão + redemoinho".[68] Em algumas ocorrências, *rûaḥ* também pode ser verbo, isto é, "raiz primitiva; (propriamente) *soprar*, i.e., *respirar*; somente (literal) *cheirar*; (por implicação) *perceber*; (figurado) *antecipar, desfrutar*: — aceitar, receber, cheirar, x cheiro, + chamuscado, deleitar-se", significando, portanto, "sentir alívio, ser espaçoso, cheirar", e neste caso, ou seja, como verbo, "raramente é usado na Bíblia hebraica".[69] Mas *rûaḥ* também era utilizado no aramaico, na acepção "correspondente", já exposta nas possibilidades do substantivo he-braico, como "mente, espírito, vento", isto é, a mesma expressão é igualmente um "substantivo aramaico que significa vento; espírito de uma pessoa, mente;

---

68 *Bíblia de estudo: palavras-chave hebraico e grego*, 4. ed. (Rio de Janeiro: CPAD, 2015), p. 1922-3.
69 Ibid., p. 1922.

## 356 | TEOLOGIA SISTEMÁTICO-CARISMÁTICA

espírito divino", e suas ocorrências na Bíblia são todas no livro do profeta Daniel, pois, para a mentalidade hebraica, a expressão "em seu âmago condensava a experiência de algum poder misterioso, invisível, impressionante, vivo". E tal ideia "incluía forças como o vento (Dn 2:35; 7:2); o ser interior ativo de uma pessoa onde residiam as atitudes, os sentimentos e o intelecto (Dn 5:12,20; 6:3[4]; 7:15)".[70] Como não poderia deixar de ser, o substantivo aramaico *rûaḥ* igualmente refere-se ao "Espírito divino que podia descer de Deus e habitar pessoas dando-lhes frequentemente habilidades sobrenaturais, como a habilidade de Daniel de interpretar sonhos (Dn 4:8[5],9[6],18[15]; 5:11,14)" e, nesse sentido e nessa acepção, tal "palavra é idêntica, em forma e significado, ao substantivo hebraico *rûaḥ*",[71] sobre o qual diz o mesmo dicionário de Strong:

> Substantivo feminino que significa espírito, vento, sopro. A palavra é usada para se referir ao Espírito de Deus ou do Senhor. O Espírito do Senhor inspirou os profetas para proferirem suas profecias (Nm 11:17,25; 1Sm 10:6; 19:20); o Espírito do Senhor moveu os profetas no tempo e no espaço, como no caso de Elias (1Rs 18:12; Ez 2:2). A palavra podia ser modificada por um adjetivo para se referir a um espírito mau da parte do Senhor (1Sm 16:15,16; 1Rs 22:22,23). O Espírito de Deus é mencionado apropriadamente como o Espírito Santo (Sl 51:11[13]; 106:33; Is 63:10,11). O Espírito produziu e controlou a mensagem dos profetas, mesmo de um profeta mesopotâmio como Balaão (Nm 24:2). Davi foi inspirado pelo Espírito a falar como um profeta (2Sm 23:2). O Espírito esteve presente entre os exilados que retornaram a Jerusalém (Ag 2:5; Zc 4:6), e seria derramado nos últimos dias, sobre toda carne, concedendo profecias, sonhos e visões (Jl 2:28[3.31]). O Espírito de Deus contristou-se por causa da rebelião do povo de Deus (Is 63:10).[72]

O dicionário, porém, não se limita a esses exemplos do uso do substantivo hebraico *rûaḥ*; antes, informa que o "Espírito do Senhor distribuiu outros dons", pois outorgou, por exemplo, a "Bezalel perícia e habilidade em todo artifício (Êx 31:3; 35:31)", concede a "habilidade de ensinar outras pessoas (veja Êx 35:34)" e, por conseguinte, "dá também entendimento (Jó 32:8)".

---

70 Ibid., p. 1923.
71 Ibid., p. 1923-4.
72 Ibid., p. 1923.

CAPÍTULO 4 – Pneumatologia | 357

O "Espírito do Senhor tomou parte na criação do universo", pois o texto informa que o "Espírito de Deus se moveu sobre a face das águas e deu vida às pessoas (Gn 1:2; Jó 33:4), e fez até mesmo reviver os mortos (Ez 37:5,10; 39:29)".[73] Nesse aspecto, encontramos, então, a ligação decisiva entre o "espírito humano e o Espírito de Deus", uma vez que, em primeiro lugar, estão "intimamente relacionados com o caráter moral e os atributos morais", pois o texto veterotestamentário diz que "Deus dará a seu povo um novo espírito para que eles sigam os seus decretos e leis (Ez 11:19; 36:26)", o "Espírito de Deus estará sobre o seu povo para transformá-lo (Is 59:21)" e, finalmente, que o "Senhor preserva os que possuem espírito contrito e coração quebrantado (Sl 34:18[19]; Is 65:14)". Em segundo lugar, o "espírito humano por vezes é retratado como a sede da emoção, da mente e da vontade", pois encontramos em um cântico de louvor do profeta Isaías a declaração de "que o espírito deseja o Senhor (Is 26:9; Jó 7:11)", mas as Escrituras hebraicas ainda dizem mais sobre essa parte constitutiva do ser humano, afirmando que o "espírito propicia sabedoria para entendimento (Êx 28:3; Dt 34:9)", bem como "para que cada um execute suas responsabilidades", finalizando esse ponto com o exemplo de Davi, que "orou por um espírito voluntário para ser ajudado (Êx 35:21; Sl 51:10[12])".[74] Finalmente, a última, e talvez mais importante, observação dessa acepção do substantivo em seu uso antropológico, feita pelo dicionário de Strong, seja a de que

> O espírito deu vida à carne e é a força vital de seres humanos e animais. O Senhor forma o espírito das pessoas, o espírito que lhes dá vida (Zc 12:1). Este espírito vem de Deus e se afasta na morte (Gn 6:3; Sl 78:39; Ec 3:21). O espírito é retratado como dando animação, agitação ou vivacidade. A rainha de Sabá se viu arrebatada em seu espírito ao ver os esplendores do mundo de Salomão (1Rs 10:5). Não ter nenhum espírito é perder toda a coragem; os reis amorreus não tinham em si nenhum espírito quando souberam como Israel havia cruzado o Jordão. Ter pouco espírito é estar desesperado ou impaciente (Ec 6:9).

Antes de iniciar as considerações sobre o substantivo hebraico *rûaḥ*, é bom ter em mente que, conforme informa o teólogo pentecostal Russell Joyner, "as Escrituras hebraicas não fazem distinção entre letras maiúsculas

---

73  Ibid.
74  Ibid.

# 358 | TEOLOGIA SISTEMÁTICO-CARISMÁTICA

e minúsculas",[75] sendo tal diferenciação um trabalho posterior, quando das traduções para as centenas de línguas nas quais as Escrituras são traduzidas. Tendo *rûaḥ* tantas e amplas acepções, mesmo que não sejam como verbo nem no aramaico, mas, como vimos, no próprio uso como substantivo (os autores variam em sua contagem, mas a maioria afirma serem 378 ocorrências no Antigo Testamento[76]), os tradutores decidem, pelo contexto, quando se trata do Espírito do Senhor ou de Deus, isto é, do Espírito Santo, para então grafá-lo em caixa-alta, mas originalmente, reiteramos, a expressão hebraica, mesmo composta, aparece como *rûaḥ 'ělōhîm*,[77] ou seja, todas em minúsculas. A fim de que não haja estranhamentos, algumas das referências citadas na sequência obedecem à grafia original do autor, que faz distinções conceituais entre esses diversos usos, mesmo quando se referem ao substantivo *rûaḥ* composto com Deus, ou com Cristo, pois seguem o entendimento, por exemplo, de que, ao encarnar-se, antropologicamente falando, Jesus passou, em sua forma humana, a ter, como todos nós, um "espírito" (Lucas 23:46; João 11:33). Evidentemente que em alguns textos isso pode ser mais complexo, como no caso da expressão *rûaḥ pîw* do versículo 6 do salmo 33, traduzida por "espírito da sua boca", referindo-se a Deus, mas, se realmente queremos produzir uma pneumatologia, há que se ter coragem e paciência para considerar tais ocorrências bíblicas e os argumentos que as discutem. Ao fazermos as citações, isso não significa, obviamente, que endossamos todo o raciocínio empregado, mas que respeitamos a grafia conforme o texto apresentado pelo autor, pois compreendemos que a complexidade do assunto não

---

75  JOYNER, Russell E. "O Deus único e verdadeiro" in: HORTON (org.). *Teologia sistemática*, p. 141.

76  CONGAR, Yves. *Revelação e experiência do Espírito*, 2. ed., Creio no Espírito (São Paulo: Paulinas, 2009), vol. 1, p. 17. SOARES, Esequias. *O verdadeiro pentecostalismo: a atualidade da doutrina bíblica sobre a atuação do Espírito Santo* (Rio de Janeiro: CPAD, 2020), p. 16-7. Timothy Munyon e J. Barton Payne afirmam ser 387 ocorrências, cf. HORTON (org.). *Teologia sistemática*, p. 247; ARCHER JR., Gleason L.; HARRIS, R. Laird; WALTKE, Bruce (orgs.). *Dicionário internacional de teologia do Antigo Testamento* (São Paulo: Vida Nova, 1998), p. 1407. Hermann Brandt, Wilf Hildebrandt e Hans Walter Wolff afirmam que no Antigo Testamento há 389 ocorrências desse termo (cf. *O Espírito Santo*, p. 124; *Teologia do Espírito de Deus no Antigo Testamento* [Santo André: Academia Cristã, 2004], p. 17; *Antropologia do Antigo Testamento*, 1. ed. rev. e atual. [São Paulo: Hagnos, 2007], p. 67; respectivamente).

77  "A expressão hebraica *rûaḥ 'ělōhîm*, 'Espírito de Deus', aparece onze vezes no Antigo Testamento [(Gn 1:2; Êx 31:3; 35:31; Nm 24:2; 1Sm 10:10; 11:6; 19:20, 23; 2Cr 15:1; 24:20; Ez 11:24)]; 'Espírito do SENHOR', 25 vezes [(Jz 3:10; 6:34; 11:29; 13:25; 14:6, 19; 15:14; 1Sm 10:6; 16:13, 14; 2Sm 23:2; 1Rs 18:12; 22:24; 2Rs 2:16; 2Cr 18:23; 20:14; Is 11:2; 40:13; 59:19; 61:1; 63:14; Ez 11:5; 37:1; Mq 2:7; 3:8)] e 'Espírito Santo', três vezes (Sl 51:11 [13]; Is 63:10, 11)" (SOARES. *O verdadeiro pentecostalismo*, p. 16).

CAPÍTULO 4 – Pneumatologia | 359

permite soluções simplistas e apressadas. Essa ponderação, inclusive, está em consonância com o reconhecimento do biblista pentecostal Esequias Soares, de que a "compreensão da pessoa do Espírito Santo, sua natureza e obras é ainda incompleta e até certo ponto confusa em relação às outras doutrinas".[78] É importante também manter a atenção para se perceber e captar quando os autores, bíblicos ou não, empregam "espírito com 'e' minúsculo", diz Paul Tillich, por designar "uma dimensão da vida",[79] onde certamente atua o Espírito Santo, mas não refere-se a ele (cf. João 4:23-24).

Na verdade, esse problema é histórico, conforme veremos mais adiante, mas acabou sendo potencializado no Ocidente com a modernidade e, especificamente, no lado protestante, que absorveu, muito mais que o catolicismo, a filosofia cartesiana, com seu racionalismo. Justamente por isso, o não entendimento e a impossibilidade de apreensão do Espírito, nos termos em que se encontram as narrativas veterotestamentárias, causam um incômodo constrangedor sobre a pretensão racionalista que domina a escolástica e, por conseguinte, sobre a forma convencional de se fazer teologia sistemática. Dificuldade que, devidamente entendida pelos teólogos carismático-pentecostais, isto é, continuístas, jamais deveria ser um problema, mas sim uma confirmação da expressão de fé e prática da tradição carismático-pentecostal. Sentir-se emulado pela forma tradicional e cessacionista de se fazer teologia protestante no Ocidente e entrar no "jogo" é perda de tempo e desvantajoso. Daí por que os teólogos carismático-pentecostais jamais devem se sentir ofendidos com a afirmação preconceituosa de que somos "um movimento à procura de uma teologia",[80] conforme nos lembra o teólogo pentecostal Gary McGee. Não ter uma teologia como sistema teológico datado, ou seja, algo criado em uma época, com todos os condicionamentos normais de um processo historicamente enraizado e, por isso mesmo, com prazo de validade, é algo mais que vantajoso, pois o que se observa hoje em dia é a postura belicosa de quem precisa defender, ironicamente, à custa do suicídio da razão, formulações teológicas que, na época de sua elaboração, eram racionais, mas que, com o passar do tempo e pelo caráter deveniente da própria ciência a que se atrelaram, trouxeram inúmeras dificuldades que jamais serão solucionadas, uma vez que para isso seria necessário que seus teólogos assumissem o

---

78  Soares. *O verdadeiro pentecostalismo*, p. 14.
79  Tillich, Paul. *Teologia sistemática*, 5. ed. (São Leopoldo: Sinodal, 2005), p. 564.
80  McGee. "Panorama histórico" in: Horton (org.). *Teologia sistemática*, p. 11.

controle da ciência, da técnica, da arte, do trabalho, da economia, da política e da religião, enfim, de toda a cultura, anulassem todas as descobertas e mudanças, e obrigassem todos a retroceder aos séculos 17 e 18, no tempo em que seus sistemas teológicos foram produzidos, para assim poderem manter o *status* de infalíveis, irrevisáveis e inerrantes. Não podendo, obviamente, fazer isso, empreendem-se, então, ataques a todo desenvolvimento teológico que não segue essa linha que tenta a todo custo estabelecer-se como "padrão de ortodoxia" e "única forma correta" de teologia.

O problema de não se lidar com a pneumatologia veterostestamentária e, por isso mesmo, hebraica, é que ela não ficou no "passado". Ações do Espírito no Antigo Testamento repetem-se no Novo Testamento. E o detalhe é que, ao tempo que os eventos do período da revelação canônica neotestamentária estão acontecendo, ainda não se têm em mãos os 27 documentos que formam o Segundo Testamento, completando nossa Bíblia Sagrada. A implicação óbvia disso é que, de forma muito clara, a visão teológica paulina do Espírito Santo, por exemplo, depende — a não ser em casos de revelação direta da parte de Deus, que, como sabemos, invariavelmente o faz sob a instrumentalidade do próprio Espírito Santo — do Antigo Testamento, única porção escriturística e, portanto, autoritativa de que dispõe o apóstolo. Na prática, quais são as implicações desse fato? Não podemos nos esquecer de que, como judeu zeloso que era, Paulo prezava o monoteísmo, e este cuidado, inclusive, foi o que o motivou a perseguir os seguidores do Caminho (Atos 7:54—8:3; 9:1-2), pois era inadmissível que judeus adorassem um homem, que havia morrido menos de duas décadas atrás.[81] Como estudioso das Escrituras he-

---

81   Não é sem razão que Deus, por meio de Paulo, revelou teologicamente a ação da Trindade no processo de salvação já em um dos primeiros documentos neotestamentários, escrito em aproximadamente 49 d.C. (2Ts 2:13), e fez o mesmo em outro documento mais tardio, escrito por volta de 65 d.C. (Tt 3:4-7). Tais textos, diz Gordon Fee, "Além de levar ao desenvolvimento da doutrina trinitária, a formulação triádica da igreja primitiva para a salvação, provavelmente, também aliment[aram] a antipatia — por vezes hostil, em especial no caso de Saulo de Tarso — da comunidade judaica para com os primeiros discípulos de Jesus. Junto com o uso de *Kyrios* [SENHOR] para Jesus, essa formulação triádica ajuda a explicar o ódio fervoroso que Saulo tinha dos cristãos nascentes, pois todos eram, inicialmente, judeus que haviam se tornado discípulos de Cristo. Para Saulo, a crucificação de Jesus servia como a principal evidência de que o Deus único teria entregue a Jesus de Nazaré o que lhe era justo. Porém, era sabedoria do próprio Deus que o brilhante e totalmente enfurecido Saulo de Tarso acabasse sendo escolhido — não por escolha própria, para sermos francos — como o desbravador que, com o nome de Paulo, guiaria a nascente fé cristã para alcançar o mundo conhecido de modo a incluir também os gentios" (*Jesus o Senhor segundo o apóstolo Paulo: uma síntese teológica* [Rio de Janeiro: CPAD, 2019], p. 28).

braicas, certamente Paulo sabia da *rûaḥ 'ělōhîm*. Pode ser que alguém esteja questionando: "Mas como ele não percebeu a Trindade na própria expressão *'ělōhîm*?". É justamente nesse particular que a ideia de revelação progressiva, vista anteriormente, auxilia. Para nós é fácil olhar para os 66 documentos da nossa Bíblia Sagrada e lê-los com toda a facilidade do conjunto da revelação e com o auxílio teológico das doutrinas mestras da fé cristã. Mas devemos nos lembrar de que, para quem estava vivendo os acontecimentos do período canônico veterotestamentário, o "Espírito Santo", como conceito teológico de Pessoa distinta, não poderia ser visto naquela porção escriturística, pois tal conceito nem sequer existia.

O teólogo pentecostal Russell Joyner diz que a "forma plural, *'elohim*, acha-se quase 3.000 vezes no Antigo Testamento, e pelo menos 2.300 dessas referências falam do Deus de Israel (Gn 1.1; Sl 68.1)". Ele emenda explicando o que certamente já percebemos em relação ao hebraico, que a expressão *'elohim* não se refere unicamente a Deus, mas "tinha uma gama suficientemente ampla de significados, podendo referir-se também aos ídolos (Êx 34.17), aos juízes (Êx 22.8), aos anjos (Sl 8.5) ou aos deuses de outras nações (Is 36.18; Jr 5.7)". Contudo, ao referir-se ao Criador, isto é, mesmo que em sua "forma plural, ao ser aplicada ao Deus de Israel", diz o mesmo autor, certamente era "entendida como a maneira de significar que a plenitude da deidade acha-se dentro do único Deus verdadeiro, com todos os atributos, virtudes e poderes",[82] jamais sendo possível ao hagiógrafo imaginar o conceito milenarmente posterior de Trindade. Assim, temos confirmada a visão judaica do *rûaḥ 'ělōhîm* pelo exegeta pentecostal Gordon Fee, ao informar que a grande "dificuldade que as pessoas enfrentam ao lidar com o Espírito Santo é com a 'pessoalidade'" dele, motivo pelo qual há uma corrente de intérpretes da erudição neotestamentária que defende que, "para entender o Espírito, Paulo é dependente do Antigo Testamento, onde o Espírito parece não muito mais que uma extensão ou emanação de Deus ou de um poder que vem de Deus".[83] Por ora, o que nos interessa não é a suposição da referida corrente de intérpretes acerca do pensamento paulino, mas a visão judaica a respeito do Espírito Santo que acabou de ser apresentada. Sabemos, obviamente, que o Espírito Santo não é uma emanação ou um poder saído

---

82  JOYNER. "O Deus único e verdadeiro" in: HORTON (org.). *Teologia sistemática*, p. 142.

83  FEE, Gordon D. *Exegese? Para quê?: 21 estudos textuais, exegéticos e teológicos do Novo Testamento* (Rio de Janeiro: CPAD, 2019), p. 376.

## 362 | TEOLOGIA SISTEMÁTICO-CARISMÁTICA

de Deus, mas que, semelhantemente ao Senhor, ele é Deus. Mas este não é o ponto a ser discutido. Não é o nosso conhecimento bíblico-doutrinário sobre o Espírito Santo que está sendo analisado aqui, mas a visão veterotestamentária do Espírito Santo, independentemente de concordarmos ou não com ela. Como já temos enfatizado, é interessante relembrar a abdicação divina em comunicar-se com a humanidade, em nossa língua e de forma que possamos entender. Em um mundo politeísta, em que o povo precisava cristalizar sua crença, teologicamente, em um único Deus, qual não seria a confusão pensar que, na verdade, o Deus de Israel é um em três Pessoas? Inimaginável e totalmente desnecessário! Daí por que a importância do entendimento da revelação progressiva e da linguagem simbólica na elaboração teológica. Tal entendimento é igualmente compartilhado pelo teólogo pentecostal Stanley Horton:

> No Antigo Testamento, a principal ênfase recaía sobre o único Deus verdadeiro. Israel vivia no meio de povos politeístas. Era necessário prevenir-se contra o paganismo. Enquanto ídolos eram adorados "debaixo de cada árvore frondosa", conforme acontecia nos dias de Jeremias e de Ezequiel, Israel não estava pronto para a plena revelação da divindade do Messias e da pessoa do Espírito Santo. Esses assuntos, portanto, recebem mera alusão no Antigo Testamento.[84]

É fato que não podemos manter tais percepções veterotestamentárias, digamos, "equivocadas" e limitadoras acerca do Espírito Santo, pois sabemos que ele é Deus. Todavia, um maior conhecimento bíblico-doutrinário e igualmente histórico-teológico sobre a Pessoa do Espírito Santo não deveria nos levar a diminuí-lo em sua importância, pois, como vimos nas definições de Strong para *rûaḥ*, a presença e a atuação do Espírito Santo eram perceptíveis em todos os lugares, nas mais distintas situações e com diversos tipos de pessoas. Se a linguagem simbólica do Antigo Testamento para falar do Espírito não nos parece correta, à luz do que conhecemos dele pela revelação neotestamentária, devemos entender que tal linguagem, definitivamente, não é ontológica, ou seja, não se refere ao seu Ser, mas, por lidar com suas ações e obras, diz respeito à nossa percepção, isto é, ela é primordialmente epistemológica, pois tem em mira a nossa recepção dos feitos sobrenaturais nas

---

84  HORTON, Stanley M. *O que a Bíblia diz sobre o Espírito Santo* (Rio de Janeiro: CPAD, 1993), p. 13-4.

CAPÍTULO 4 – Pneumatologia | 363

intervenções divinas na história, não pretendendo de forma alguma referir-se ao Ser do Espírito e explicá-lo. Questão, aliás, do mundo que nasce na modernidade, cuja pretensão é explicar tudo e exaurir o mistério. Assim é que um autor do século 19, como John Davis, afirma que o "Espírito de Deus é um princípio ativo, operando no mundo, executando a vontade de Deus",[85] e isso sem deixar de reconhecer a divindade do Espírito Santo. Esse autor assim se pronuncia pelo simples fato de que tal colocação fundamenta-se nas Escrituras hebraicas, mas não só, ou seja, o "Novo Testamento ocupa-se do reino do Messias e da dispensação do Espírito; por consequência, o Novo Testamento menciona este nome mais frequentemente do que o Antigo". Contudo, completa o teólogo batista, "Todos os atributos do Espírito revelados no Antigo Testamento aparecem em atividade em o Novo".[86] Em outras palavras, um maior conhecimento sobre a terceira Pessoa da Trindade não pode alterar quem ele é e como age, isso caso se queira, de fato, ser fiel às Escrituras, as quais, conforme um dos mais importantes princípios reformistas, são a autoridade final. Em termos diretos, a revelação da Trindade imanente não pode alterar a Trindade econômica, de acordo com a célebre definição de Karl Rahner.[87] Nas palavras do teólogo protestante John Payne, especialista do Antigo Testamento,

> A obra do Espírito de Deus pode ser: cósmica, quer na criação (Jó 26.13), quer na providência constante (Jó 33.4; Sl 104.30); redentora, na regeneração (Ez 11.19; 36.26-27); na sua presença, habitando no fiel, sustentando-o e guiando-o (Ne 9.20; Sl 143.10; Ag 11.17; Mq 3.8; Zc 7.12) ou para a futura capacitação do Messias (Is 11.2; 42.1; 61.1) e de seu povo (Jl 2.28 [3.1]; Is 32.15).[88]

A atuação do Espírito Santo nas esferas 1) cósmica (física), 2) redentora (soteriológica), 3) humana (antropológica) e 4) capacitadora (messiânica e

---

85  DAVIS, John D. *Dicionário da Bíblia*, 16. ed. (Rio de Janeiro: Juerp, 1990), p. 195.

86  Ibid., p. 196.

87  Conforme "a formulação de K. Rahner do chamado 'axioma fundamental' da teologia trinitária: 'a Trindade econômica é a Trindade imanente, e vice-versa'" (RAHNER, Karl. *El Dios trino como principio y fundamento transcendente de la historia de la salvación* [MySal: Madrid, 1969], vol. II/I, p. 370, citado por LADARIA, Luis F. *O Deus vivo e verdadeiro: o mistério da Trindade* [São Paulo: Loyola, 2005], p. 37).

88  PAYNE, John Barton. "*Rûaḥ*. Vento, sopro, mente, espírito" in: ARCHER JR.; HARRIS; WALTKE (orgs.). *Dicionário internacional de teologia do Antigo Testamento*, p. 1409.

## 364 | TEOLOGIA SISTEMÁTICO-CARISMÁTICA

eclesiológica) evidencia um liame de continuidade não apenas entre o Antigo e o Novo Testamentos, mas, sobretudo, entre as distintas áreas da realidade, mostrando a interligação e interdependência da criação entre seus elementos e desta com o Criador, fonte sustentadora de todas as coisas. Os textos bíblicos elencados por Payne revelam uma presença não só onipresente, mas, sobretudo, atuante e protagonista. Não há qualquer sombra ou resquício de passividade ou apatia, mas justamente o contrário, pois o Espírito participa de todas as esferas decisivas da existência. Assim, é normal que cause um estranhamento por parte de qualquer estudioso mediano da Bíblia o silêncio, a omissão e a falta de interesse teológico sobre o Espírito Santo, pois ele "é o poder de Deus na criação e na história", diz o teólogo católico Walter Kasper. Este acrescenta que o Espírito Santo "é, ao mesmo tempo, o sopro de Deus que anima e dá vida, que atravessa toda a criação e, desde o princípio dos tempos (cf. Gn 1:2), tudo ordena, dirige e vivifica", verdade esta sobre a eficácia do Espírito na criação que a "teologia dos Padres do Oriente e do Ocidente acentua permanentemente",[89] ou seja, não se trata de nenhuma inovação proveniente de reflexões influenciadas por qualquer tipo de filosofia política moderna, conforme alguns erroneamente pensam. Em resumo:

> Deus atua por intermédio de seu espírito sobretudo na história; o Espírito suscita e capacita carismaticamente alguns homens para praticarem ações extraordinárias. *Qui locutus est per prophetas!* O esperado Messias é considerado aquele que possui o espírito por excelência (Is 11:2). Em geral, espera-se uma infusão do Espírito Santo para o fim dos tempos (Jl 2:28s; At 2:17s). O Espírito Santo é a força e o poder que faz brotar a nova criação, o novo coração e o novo homem (Ez 36:26s; Sl 51:12). Por meio dele se realiza, no meio de soluços, a expectativa e o anelo da criatura que se manifesta em relação à vinda do reino da liberdade (Rm 8:19-28).[90]

O que se percebe de maneira muito nítida é que os autores que falam sobre o Espírito Santo, ainda que resumidamente, são acordes a respeito da atuação dele. Logo, a alegação de falta de material escriturístico não se sustenta como justificativa para não se considerar o Espírito Santo na produção teológica.

---

89  Kasper, Walter. "Espírito — Cristo — igreja" in: Congar, Yves; Küng, Hans; Rahner, Karl et al. *A experiência do Espírito Santo* (Petrópolis: Vozes, 1979), p. 79.

90  Ibid.

CAPÍTULO 4 – Pneumatologia | 365

Mas não é estranho que teólogos católicos sejam impulsionados a fazer essas reflexões, há quase cinquenta anos, ao passo que teólogos carismático-pentecostais se autointerditem de fazê-las por medo de romper com o minimalismo pneumatológico reinante no protestantismo? Basta uma reflexão pneumatológica, com base nos termos em que o Antigo Testamento apresenta a atuação do Espírito Santo, para começar os gritos de "isso é monismo", "panteísmo", "panenteísmo" e outras acusações que muitas vezes são apenas ecos de uma negligência proposital que pode ser vantajosa para a blindagem de determinado sistema teológico, mas que não tem razão alguma de ser para a tradição carismático-pentecostal. O que mais impressiona é o fato de que algumas dessas objeções partem de teólogos carismático-pentecostais que parecem desconhecer a prática de fé da própria tradição e, por isso mesmo, acabam confundindo a falta de um vocabulário pertinente ao Espírito com a inexistência de fundamentos bíblicos, para, com base nestes, produzirmos uma pneumatologia. Dependentes da pneumatologia minimalista da escolástica protestante, que praticamente desconsidera o Antigo Testamento, voltando-se apenas para o Novo, porção escriturística de onde "pinçam" unicamente o que se coaduna com os "meios da graça", reduzem significativamente a atividade do Espírito, quando deveria ser o oposto, pois os documentos neotestamentários evidenciam ainda mais a terceira Pessoa da Trindade e não rompem em nada com tudo o que as Escrituras hebraicas mostram da ação do Espírito. Na verdade, as ações e feitos do Espírito no Antigo Testamento revelam a *Trindade econômica*, que, por sua vez, com a manifestação ainda mais explícita do Espírito no Novo Testamento, demonstra a *Trindade imanente*. Portanto, há mais luz, não menos. Melhor ainda é o fato de que, com essa iluminação, podemos ler o Antigo Testamento e a própria realidade, podendo-se articular de forma mais segura uma pneumatologia que faça jus ao importantíssimo papel do Espírito Santo de Deus. Mas por que isso não foi feito ou, mesmo hoje, com tudo que já sabemos da omissão proposital dos manuais de história do cristianismo acerca das expressões carismáticas da fé[91] ao longo dos últimos 2 mil anos, continua sendo realizado de maneira tímida?

---

91  McGrath, Alister. *A revolução protestante: uma provocativa história do protestantismo contada desde o século 16 até os dias de hoje* (Brasília: Palavra, 2012), p. 416. Para conhecer detalhadamente essa revisão histórica, consulte Anderson, Allan Heaton. *Uma introdução ao pentecostalismo: cristianismo carismático mundial* (São Paulo: Loyola, 2019), p. 13-195.

## 366 | TEOLOGIA SISTEMÁTICO-CARISMÁTICA

Parece-nos equivocada a conclusão teológica do protestantismo, tanto cessacionista quanto continuísta, de que o Espírito Santo se manifestava "esporadicamente no Antigo Testamento", pois ele "vinha e voltava", dado que não combina com o que os documentos veterotestamentários revelam, logo em seu início, sendo repetido em muitos outros textos, acerca de sua atuação permanente na realidade (Gênesis 1:2; Salmos 33:6). A fim de realmente desenvolver uma pneumatologia que valorize o lugar do Espírito Santo, sem que a menção a ele seja meramente protocolar, desconsiderando sua presença nas Escrituras hebraicas, torna-se urgente reconhecer que há diferença entre *manifestações extraordinárias* e *atividade contínua*. Condicionados pelo esquema "sujeito-objeto", achamos que o modo racionalista e cartesiano de apreensão, ou captação, do "objeto" é o único caminho para obter informações e produzir conhecimento teológico. Contudo, acabamos por esquecer que, de acordo com o que os documentos veterotestamentários dizem, estamos envoltos numa realidade sustentada pelo Espírito e não podemos "sair" dela, nos afastar e de "lá", de um vácuo inexistente, observá-lo apenas de maneira pontual, ou seja, nossa percepção está errada. É preciso voltar ao exposto no segundo capítulo, quando tratamos a respeito do fato de que, após o chamado de Abrão, o nascimento de Isaque, a formação da família de Jacó, tornado Israel, e mais os séculos da presença do povo no Egito, sem uma única linha de Escritura, a cultura dos hebreus era a cultura de povos mais antigos. Como não poderia deixar de ser, isso é uma realidade em termos de linguagem e universo vocabular. Por isso, a erudição reconhece ser "quase impossível traduzir a noção hebraica contida em *ruah* por um único termo, uma vez que ele traz em si uma forte carga semântica e uma gama de significados que só podem exprimir com o auxílio de várias noções que abracem o seu sentido fundamental", diz o teólogo Luiz Fernando Ribeiro Santana, acrescentando que os "textos mais antigos da Escritura supõem uma língua falada, uma língua viva, a de Canaã (da qual fala Is 19:18), que mais tarde haveria de se tornar o hebraico; essa língua já incluía o termo *ruah*".[92]

Uma expressão como o tetragrama revelado por Deus a Moisés não se enquadra no exemplo que estamos aqui considerando. Todavia, expressões como *rûaḥ* ou *ĕlōhîm*, conforme já vimos, não foram reveladas por Deus,

---

92 SANTANA, Luiz Fernando Ribeiro. *Liturgia no Espírito: o culto como experiência do Espírito Santo na fé e na vida* (Rio de Janeiro/São Paulo: PUC Rio/Reflexão, 2015), p. 20.

CAPÍTULO 4 – Pneumatologia | 367

mas tomadas do universo vocabular onde o seu uso já era amplo e então utilizadas no contexto da nascente fé judaica. Quem explica de forma muito detalhada e lúcida a importância da utilização das mesmas expressões cujos conceitos já estavam cristalizados, social e religiosamente, é o teólogo protestante alemão Walther Eichrodt, que diz que o "Antigo Testamento apresenta concepções bem diferentes sobre o modo e a maneira como Deus realiza sua vontade no mundo" e que, entre os diversos relatos antropomórficos em que o Criador parece ser como um de nós, ele diz que "há outras concepções mais complexas de como se realiza a vontade divina" e nessas "manifesta-se um pensamento mais evoluído, que procura dar conta do caráter peculiar dos diferentes processos aí implicados, ainda que, sem se ver livre totalmente de elementos conceituais arcaicos".[93] Ou seja, a forma e a experiência, como vamos ver, são diferentes; não obstante, a linguagem e o conceito, mesmo sendo já antigos e utilizados por outros povos e religiões pagãos, são adotados nas Escrituras hebraicas. Essa particularidade já foi antecipada quando falamos sobre a revelação progressiva e explicamos a obviedade de os escritores serem humanos e, por isso mesmo, provenientes de diferentes locais e épocas. Por conseguinte, isso implica o fato de que eles naturalmente utilizaram, de acordo com a inspiração divina, as palavras de seu universo vocabular, a fim de exprimirem a mensagem que Deus intentava que fosse transmitida. Ocorre que, afastados histórica e culturalmente dos eventos, precisamos interpretar o texto na intenção de compreendê-lo. Por mais que sejamos cuidadosos e respeitemos o texto sagrado, podemos incorrer em erros involuntários por conta de 1) inabilidade exegética, 2) condicionamento teológico e 3) pressupostos incorretos. Portanto, a fim de evitar esses erros, devemos aquilatar nossos dados, tendo a coragem de confrontar nossa teologia sistemática com 1) exegese adequada (cujos resultados estejam de acordo com a teologia bíblica do livro em questão), 2) leitura de teólogos, ou biblistas, que sejam especialistas e respeitem o texto como autoritativo e, por último, 3) desconfiar dos próprios pressupostos e ler, quanto for possível, através das lentes dos destinatários originais e com o conhecimento dos seus pressupostos. Só assim poderemos confirmar e fortalecer, ou modificar, nossos arrazoados teológicos. Sobre o conceito de *rûaḥ*, que, por tudo o que já foi dito, era corrente nas culturas arcaicas do mundo antigo, assim disserta o já citado Eichrodt:

---

93 EICHRODT, Walther. *Teologia do Antigo Testamento* (São Paulo: Hagnos, 2004), p. 511.

# 368 | TEOLOGIA SISTEMÁTICO-CARISMÁTICA

A nossa compreensão desse conceito torna-se muito mais facilitada pelo fato de que ainda podemos captar o sentido literal que está em sua base, efetivamente, *rûaḥ*, sempre conservou — semelhante a isto o πνευμα grego — a significação de "vento", incluindo em seu campo semântico tanto o ar que se move fora, na natureza, quanto no homem, sua respiração. Dessa maneira, como na fé popular dos antigos, os ventos eram algo misterioso, portador da vida e da fecundidade, assim também ao homem primitivo a respiração precedia-lhe como transmissora imprescindível da vida, cuja origem era inexplicável. Não é de estranhar, portanto, que o homem antigo entrevisse no sopro do vento ou no ritmo da respiração humana um mistério divino e reconhecesse nessas realidades da natureza, tão inacessíveis quanto familiares, um símbolo da presença e da misteriosa obra de Deus. Por isso, nas religiões teístas, o vento, por ser portador de vida, se converte facilmente em sopro de vida que é exalado por Deus para animar a natureza e transmitir a vida também ao homem. A respiração de cada homem pode assim se considerar efeito desse sopro vital divino, como no Egito e em Israel, onde a divindade insufla no homem o sopro de vida e o converte, com esse ato, num ser vivente. Ou pode ser também que esse sopro vital divino dote o homem de energias vitais acima de toda medida humana, concretamente de uma vida longa, de capacidade para superar a enfermidade ou de um saber superior para dominar presságios e oráculos: tal é a orientação das concepções, especialmente, babilônicas.[94]

Sendo a tribo hebreia um povo novo, que só recepcionou a revelação, a partir de Abrão, que era caldeu, ou seja, babilônio, e que só vários séculos depois teve sua primeira obra (Jó), e ela nada aponta sobre os protagonistas, por exemplo, saberem da existência ou crença em Satanás (obviamente que quem narra sabe, cf. Jó 1:6-12; 2:1-7), mas fala tanto do *rûaḥ* em Jó 32:8 — "Na verdade há um espírito no homem, e a inspiração do Todo-Poderoso os faz sábios" —, como espírito do homem, quanto do *rûaḥ 'ēl* em Jó 33:4 — "O Espírito de Deus me fez; e a inspiração do Todo-Poderoso me deu vida" —, como Espírito de Deus, vemos claramente que o conceito é antiquíssimo. Em ambos os textos, ocorre também o substantivo hebraico feminino *neshāmāh*, traduzido por "inspiração", com o sentido de "a fonte de

---

94  Ibid., p. 511-2.

CAPÍTULO 4 – Pneumatologia | 369

vida que vitaliza a humanidade", pois, conforme apontado pelo dicionário de Strong, "o hálito é a fonte de vida; por extensão, esta palavra também é usada para representar a vida e tudo o que está vivo (Dt 20:16; Js 10:40; 11:11,14; Is 57:16)".[95] Esse tema será mais explorado do ponto de vista antropológico no capítulo 6, mas, para o que queremos exemplificar neste momento, isso demonstra que em "Israel essas duas maneiras de se conceber o sopro da vida", seja inspirando para "fazer os homens sábios", seja como a "inspiração" que dá vida, isto é, "uma num sentido mais restrito e outra num mais amplo, que fazem lembrar as correspondentes concepções dos primitivos sobre o *mana*, fundiram-se até se tornar impossível determinar se a princípio somente a concepção babilônica era conhecida e, então, em Canaã, foi ampliada pela egípcia, ou se esse complexo conceitual seguiu outro desenvolvimento diferente", informa o teólogo alemão Eichrodt. Este ainda diz que, dessa forma, tal "como o homem só alcança a vida porque Deus o enche com seu sopro de vida, sua persistência na vida depende de que nele o *rûaḥ* não se ache diminuído ou desapareça de todo, como também, no caso de se esvair, volte outra vez".[96] É o que indicam diversos textos bíblicos (Gênesis 2:7; 6:3,17; 7:15,22; Josué 5:1; 2Samuel 13:39; Isaías 65:14; Jó 10:12; 11:1; 17:1; 33:4; 34:14; Salmos 104:29; 143:7; 146:4; Provérbios 15:4; Eclesiastes 3:19,21; 12:7). Muitos textos envolvem a vida como um todo, não somente a humana, pois por conta desse "mesmo princípio vital o mundo animal também foi chamado à existência". Justamente por isso, diz o mesmo teólogo alemão, "toda a vida que há no mundo depende do fato de que Deus deixe sair constantemente seu sopro de vida para que o mundo do criador se renove", pois toda a "criação se vê condenada a uma morte sem solução enquanto Deus lhe negar seu espírito de vida".[97] Tal demonstra igualmente que "esse *rûaḥ* é sempre muito superior ao homem, como um poder divino embutido em sua carne mortal e cujo dono e senhor é unicamente Deus"[98] (cf. Jó 12:10; Ezequiel 2:2; 3:14; 11:5a; 37:1,5,8-10; Zacarias 12:1). Mas, a despeito de o substantivo *rûaḥ* ser o mesmo, o uso entre o povo de Deus, por causa da manifestação divina, deu-lhe sentidos muito distintos:

---

95   *Bíblia de estudo*, p. 1810.
96   EICHRODT. *Teologia do Antigo Testamento*, p. 512.
97   Ibid., p. 512-3.
98   Ibid., p. 513.

## 370 | TEOLOGIA SISTEMÁTICO-CARISMÁTICA

Na palavra "espírito" fica, também, encerrado todo o mistério da vida que na natureza supera a morte de mil maneiras, que dentro do gênero humano está intermitentemente lhe suscitando novas gerações e que, no caso do indivíduo, o livra da enfermidade e do perigo da morte para devolvê-lo constantemente a uma existência de forças e energias renovadas. É evidente a importância que essa crença no sopro divino de vida, compartilhada por Israel com os demais povos, devia requerer ao se encontrar vinculada com o Deus da aliança, um Deus concebido como zeloso e plenamente pessoal. Por não existir uma multidão de deuses, a concepção do espírito de vida facilitou grandemente a manutenção de uma interpretação unitária do cosmo, no qual o paganismo vê toda uma série de espíritos e potências vitais diferentes, ao israelita apenas o poder universal de um só Deus é revelado, o qual, graças a seu sopro de vida, faz depender de sua pessoa toda a variedade do universo e refere-se a ela sem arrebatar-lhe por isso sua própria vitalidade polimórfica nem convencê-la em um mecanismo morto. E se a *rejeição de uma cosmovisão politeísta* evitou a queda num deísmo bizarro, a vigorosa personalidade incontestável de Yahweh impediu que se abusasse do termo "Espírito" para uma *interpretação panteístico-mística do mundo*, que aproveitara o dom dado por Deus à criatura, de participar do espírito de vida divina, para atrever-se a afirmar uma unidade natural entre Criador e criatura. Se não se chega a essa divinização da natureza, é porque a intepretação que dela se faz, como de outras coisas, está também presidida pela experiência histórica da soberania de Yahweh, à qual só resta responder com o reconhecimento da absoluta autoridade de Deus sobre o espírito de vida, como prova de que a cada instante a criatura depende do Criador.[99]

Conforme já dissemos anteriormente, naquele momento histórico, o povo não estava apto para o conhecimento teórico de um Deus triúno, pois, como podemos entrever, era um mundo povoado de divindades e cujo politeísmo precisava ser desmascarado e combatido, portanto qualquer formulação triádica confundiria. Evidentemente que a Trindade imanente estava durante todo o tempo no contexto veterotestamentário, pois as ações da Trindade econômica são perceptíveis, e justamente os efeitos delas, com a revelação neotestamentária, ajudaram a evidenciar claramente que as obras miraculosas não

---

99  Ibid.

CAPÍTULO 4 – Pneumatologia | 371

consistiam em emanações de Deus, pensamento que, conforme diz o exegeta pentecostal Gordon Fee, já anteriormente citado, é proveniente da "dificuldade que as pessoas enfrentam ao lidar com [a pessoalidade do] Espírito Santo", visto que no "Antigo Testamento, [...] o Espírito parece não muito mais que uma extensão ou emanação de Deus ou de um poder que vem de Deus".[100] Tal conclusão é desmontada com as experiências relatadas no Novo Testamento, incluindo a do batismo nas águas do Senhor Jesus Cristo e em seu próprio nascimento. Neste, o Espírito, à semelhança dos relatos da criação em Gênesis, inicia a nova criação, referida por Paulo, ao participar ativamente da encarnação do Filho de Deus, gerando-o no ventre da virgem Maria (Lucas 1:26-38). Assim, não foi, e não é, de maneira teórica que a Trindade pode ser crida (entendida jamais!); antes, sua revelação acontece na prática, por meio das experiências das pessoas com Deus e com o Espírito, com teofanias de que se afirma terem sido aparições de Jesus antes de sua encarnação e, muito mais, no período das experiências canônicas neotestamentárias, que se transformaram em textos autoritativos, os quais estabelecem definitivamente um monoteísmo trinitário, questão que será ventilada um pouco adiante e de forma mais detida no próximo capítulo. Por ora, é importante verificar ainda, na esteira da atuação do Espírito na criação, "a associação do espírito de vida com a palavra criadora", diz o teólogo alemão Eichrodt, que "foi outra maneira de declarar a soberania do Senhor divino sobre as forças que dominam a natureza", visto que a "intrínseca homogeneidade de ambos os conceitos já está indicada pelo primeiro significado, material, dos termos que permitia designar com uma mesma expressão o Espírito de Deus, concebido como sopro de vida que ele respira, e a palavra enquanto hálito de sua boca".[101] Portanto,

> Se no paganismo já se podia falar da palavra divina como de um "sopro de vida",[102] essa associação primitiva somente se tornaria efetiva quando Deus se fizesse conhecido, não como uma força da natureza, mas como uma vontade pessoal. Assim, o salmista, em dependência

---

100 Fee. *Exegese? Para quê?*, p. 376.

101 Eichrodt. *Teologia do Antigo Testamento*, p. 514.

102 "Os egípcios dizem de Ísis: 'Sua conversação é sopro de vida; suas palavras afastam a enfermidade'. E os babilônios podem louvar a Marduque com os termos: 'O abrir de tua boca (quer dizer, tua palavra) é brisa benfeitora, a vida do país'" (Hehn, J. *Zum Problem des Geistes im Alten Orient und im Alten Testament*, ZAW [1925], p. 218s.). Nota do autor da citação. (Eichrodt. *Teologia do Antigo Testamento*, p. 514.)

## 372 | TEOLOGIA SISTEMÁTICO-CARISMÁTICA

> do relato [...] da criação, pôde formular esta breve confissão de fé: "A palavra do Senhor fez o céu; o sopro de sua boca, seus exércitos" [(Sl 33.6)]. Enquanto possuidor do Espírito de vida, Deus pronuncia a palavra da criação. Da mesma maneira, o profeta Ezequiel, enquanto comissionado por esse Deus, amparado somente pela força do Espírito divino que empresta a seu frágil corpo energias sobrenaturais para cumprir seu ministério profético, pronuncia essa sua ordem que, como veículo do sopro visualizador de Deus, faz com que os ossos dos mortos se levantem novamente como homens viventes.[103]

Nenhum cristão se impressiona com qualquer uma dessas coisas, pois temos todas essas informações muito claras hoje por causa da revelação e sua transmissão que nos chegou por meio das Escrituras, por isso elas nos parecem óbvias, e, justamente por conta disso, muitos foram levados a negligenciar o estudo do Espírito Santo no contexto veterotestamentário. Todavia, basta entender minimamente que tipo de cultura era aquela, quais eram suas concepções a respeito desses aspectos fundamentais, que tudo fica mais claro, e podemos, finalmente, distinguir as limitações inerentes à linguagem da realidade que essa mesma linguagem quer transmitir. Assim, como temos insistido, em um mundo completamente distinto do nosso, em uma cultura cercada pelo paganismo, imagine-se o impacto sentido pelo entendimento de que houve propósito na criação, ou seja, ela não foi acidental ou consequência de uma maldição; Deus é não somente distinto da criação, mas a trouxe à existência "do nada" e a sustenta, sem, contudo, com ela ser confundido; não são diversos espíritos que controlam a natureza e dão vida a tudo que existe, mas um único e mesmo Espírito que insufla vida etc. Com mentes modernas e condicionadas pelos séculos de teologia e descobertas científicas, não é possível mensurar o valor desses aspectos e avaliar o impacto na formação da mentalidade do povo no mundo antigo. Em um só ato, debelava-se o politeísmo e protegia-se o povo de um panteísmo mais que absoluto naquele período. É o filósofo alemão Eric Voegelin, em sua coleção *Ordem e história*, dividida em cinco volumes, quem explica detalhadamente a concepção das chamadas "civilizações cosmológicas" do antigo Oriente Próximo, cuja existência e funcionamento pressupunham um espelhamento terrenal "cósmico-divino da ordem", entendendo-se por "ordem" a "ordem do ser" transcendental que

---

103 Ibid., p. 514-5.

essas civilizações imaginam e com a qual acreditam entrar em sintonia para viver a história terrenal, pois "Toda sociedade vê-se encarregada da tarefa de, sob suas condições concretas, criar uma ordem que dote de significado o fato de sua existência em termos dos fins divinos e humanos".[104]

A questão de como pensavam essas sociedades pode ser estudada por meio de um método que prioriza três características que originaram tais culturas cosmológicas apresentadas por Voegelin. Essas características serão mencionadas, porém não podemos trabalhá-las, limitando-nos a elencá-las. "A primeira dessas características típicas é a predominância da experiência de participação", diz o autor alemão, explicando que, independentemente do que seja o homem, "ele sabe que é uma parte do ser" e, justamente por isso, a "segunda característica típica" dessas civilizações "é a preocupação com a duração e a passagem (isto é, a durabilidade e a transitoriedade) dos parceiros na comunidade do ser".[105] Já a "terceira e última característica típica do processo de simbolização" que fundava essas civilizações, e a que mais nos interessa para entendermos quanto a revelação distancia o povo escolhido das demais culturas cosmológicas, "é a tentativa de tornar a ordem essencialmente incognoscível do ser o mais inteligível possível por meio da criação de símbolos que interpretem o desconhecido por analogia com o realmente, ou supostamente, conhecido", pois tais "tentativas têm uma história na medida em que a análise reflexiva, respondendo à pressão da experiência, gerará símbolos cada vez mais adequados à sua tarefa".[106] Resumidamente, podemos dizer que tal história da simbolização é mais bem entendida com a proposta do autor em dividi-la em "blocos", compactando o cognoscível, e diferenciando-os "em suas partes componentes, e o próprio cognoscível será gradualmente distinguido do essencialmente incognoscível", pois, dessa forma, "a história da simbolização é uma progressão de experiência de símbolos compactos para diferenciados". São apresentadas, inicialmente, pelo autor duas formas básicas, mas principais, "de simbolização que caracterizam grandes períodos da história".[107] A primeira "delas é a simbolização da sociedade e de sua ordem como um análogo do cosmos e de sua ordem"; a segunda "é a simbolização da ordem social por analogia com a ordem de uma existência humana bem

---

104 VOEGELIN, Eric. *Ordem e história: Israel e a revelação* (São Paulo: Loyola, 2009), vol. 1, p. 45.

105 Ibid., p. 47.

106 Ibid., p. 49.

107 Ibid.

# 374 | TEOLOGIA SISTEMÁTICO-CARISMÁTICA

sintonizada com o ser". Assim, Voegelin finaliza a explicação, dizendo que, em sua "primeira forma, a sociedade será simbolizada como um microcosmo" e, na outra, "como um macroantropo".[108]

A escolha desses dois símbolos por Voegelin explica-se pelo simples fato de que o funcionamento dessas civilizações, obviamente que em seu nascedouro, obedecia a tal lógica. Inclusive, as duas grandes "civilizações cosmológicas" do antigo Oriente Próximo, analisadas por ele, Mesopotâmia e Egito, são extremamente imprescindíveis para se entender a cosmovisão hebraica, visto que Israel se originou no chamado do mesopotâmio Abrão e desenvolveu-se, por longos quatro séculos, no "útero" do Egito. Sobre a importância da simbolização cosmológica para esses povos, visto nossa cultura ser volúvel e raramente valorizar suas origens, é importante entender, como explica Voegelin, que ela "não é nem uma teoria, nem uma alegoria", ou seja, trata-se da "expressão mítica da participação, experimentada como real, da ordem da sociedade no ser divino que também dá ordem ao cosmo".[109] Em outros termos, funde-se a divindade com a humanidade e acredita-se, de fato, que o funcionamento terreno espelha a realidade transcendente, legitimando as ações dos líderes pelo fato de serem os representantes oficiais das divindades.[110] Mas tal não é simplista como se pode presumir inicialmente. "A natureza do *Enuma elish* não pode ser facilmente descrita, porque nosso vocabulário diferenciado não é adequado para a sua compacidade", diz Voegelin, explicando que a "obra é uma cosmogonia na medida em que conta a história da criação do mundo", todavia "uma comparação com o Gênesis bíblico criaria uma impressão inteiramente falsa, porque no *Enuma elish* não é Deus que cria o mundo", ou seja, nesse poema os "deuses *são* o mundo, e a diferenciação estrutural progressiva do universo é, portanto, uma história da criação dos deuses", pois a "cosmogonia é, ao mesmo tempo, uma teogonia".[111] Assim, o mais famoso mito de criação da antiguidade é mesopotâmio e já mostra que as

---

108 Ibid.

109 Ibid., p. 74.

110 É imperioso que se entenda que não se tratava de algo homogêneo, pois óbvio como é, "Experiências e símbolos estão expostos à pressão da análise reflexiva, de modo que, mesmo em culturas politeístas e cosmológicas, tornam-se visíveis as linhas de racionalização que levarão, por meio do sumodeísmo político e da especulação teogônica, a um entendimento da transcendência radical do ser divino e, concomitantemente, a um entendimento da natureza da realidade mundana" (VOEGELIN. *Ordem e história*, p. 82).

111 VOEGELIN. *Ordem e história*, p. 88.

similaridades alegadas por muitos teólogos entre o referido poema e os capítulos iniciais de Gênesis são superficiais e não passam do nível da linguagem e da estrutura literária, porém diferem substancialmente em termos de conteúdo e sentido. Nas epopeias cosmogônicas das civilizações cosmológicas, o protagonismo é humano, ao passo que Gênesis mostra que o protagonismo é divino. Portanto,

> Pelos exemplos vistos, e em razão de sua imagem geral de Deus, podemos observar que Israel desvia-se daquela maneira característica da concepção de Espírito, comum a todo o Oriente; no entanto, a concepção veterotestamentária do Espírito só alcança sua plena peculiaridade por uma conexão com a experiência histórica. A atividade de Deus na história, que tinha como objetivo criar um povo santo, não se descobria somente em acontecimentos maravilhosos isolados, mas também na aparição de homens e mulheres especialmente dotados. Essas pessoas, demonstrando sua liderança de palavras e obras, promovendo guerras de libertação contra o inimigo exterior e instaurando no interior uma ordem social e moral conforme a vontade divina, atraíam para si a grande massa do povo e destruíam todos os obstáculos suscitados contra sua obra pela incursão de ideias e costumes pagãos. E foi na atividade desses mediadores e órgãos do desígnio divino de aliança e salvação, na qual o povo israelita reconheceu a presença, dentro da triste história terrena, da vida divina transcendente; o admirável poder que irradiava desses líderes e os capacitava para cumprirem suas façanhas não foi possível de ser explicado senão por ser designado como sopro de vida do Espírito de Deus (o procedimento pôde estar favorecido pelo conhecimento de uma linguagem babilônica semelhante). Novamente, o que agora é mais ressaltado é *o mistério da vida divina*. Se, em situações de miséria nacional, surgem pessoas anteriormente desconhecidas e insignificantes (como Gideão ou Jefté) que estimulam e lideram um povo oprimido em meio à guerra; se o nazireu Sansão ostenta as forças de um gigante; se um jovenzinho como Saul é capaz de obrigar todo o povo a aceitar seu comando e de forma decisiva derrotar o insolente rei dos amonitas, em todos esses feitos, descobria-se uma comunicação de vida divina, exatamente como sucedia no êxtase dos grupos de profetas. Os cantos e danças de louvor generoso ao Deus de Israel arrebatavam a todos os participantes, cujos olhos carnais se perdiam na noite da inconsciência, permitindo assim que olhos internos fossem abertos a fim de contemplar e anunciar, em um

oráculo, os mistérios do mundo divino. Quando forças taumatúrgicas surpreendentes eram liberadas, o enfermo ficava curado, o faminto satisfeito e o morto voltava à vida. Um desaparecimento repentino, a milagrosa divisão das águas do Jordão ou a espetacular interpretação de um sonho são outros tantos feitos que se atribuem ao poder milagroso do Espírito. O que estes fenômenos, tão diferentes, têm em comum é que em todos eles se vê brilhar uma vida superior que põe o homem em relação imediata com o mundo divino e, também, que todos estão a serviço da instauração do reino de Deus em Israel. Por isso, pontos de vista estranhos seriam adotados, se supuséssemos uma concepção de Espírito diferente segundo a qual os efeitos atribuídos ao mesmo fossem políticos e religiosos. Desde o início da vida de Israel, não foi pouca a influência do nebiísmo no conceito do Espírito, porém, tanto no espírito heroico quanto no profético, primordialmente o *rûaḥ* não é outra coisa que a causa suprassensível do milagroso. O qual está de acordo com o fato de que o poder do Espírito surge como as erupções vulcânicas súbitas e, aqui ou ali, conforme Deus vai chamando os seus para que operem prodígios especiais. A mesma coisa refletem as fórmulas com as quais se expressa a vinda do Espírito, como quando se fala do "golpear", do "arremeter impetuoso" ou da "atração" do Espírito. Dado que, em muitas passagens, assume riscos quase pessoais e aparece atuando de forma independente, e até mesmo castigando por incumbência de Yahweh, o *rûaḥ* poderia fazer-nos pensar em um demônio; mas esse tipo vivo e personificante de narração não nos permite concluir que o conceito de Espírito conhecesse um estado primitivo demonístico. Em tais ocasiões, o que mais claramente ressalta-se é o aspecto alienante e coativo; o Espírito surge como uma força divina intermitente, que, estando fora do alcance do homem, repentinamente se apossa dele. E precisamente por isso, quando sofre tais experiências, o homem percebe-se defrontando diretamente o Deus soberano cuja majestade provoca nele não só felicidade, mas também medo e temor.[112]

Antes de comentarmos os muitos desdobramentos, para a pneumatologia, do núcleo da longa citação de Walther Eichrodt, é preciso considerar o abismo que separa a cosmovisão hebraica, que acabou de ser exposta, em relação ao que Voegelin disse das "culturas cosmológicas". A distância que as separa é

---

112 EICHRODT. *Teologia do Antigo Testamento*, p. 515-7.

tão ampla e estabelece tantas diferenças que pode ser analisada, de acordo com Peter Berger, "em termos de três laços dominantes: transcendentalização, historicização e a racionalização da ética".[113] Nesse sentido, a nascente fé monoteísta rompe de tal maneira com a cultura cosmológica dominante do antigo Oriente Próximo que podemos até dizer que houve uma revolução, ou uma reforma, que alterou completamente a cosmovisão no mundo antigo. De certa forma, já falamos sobre isso no capítulo anterior, mas é interessante reiterar que o que rompeu com essa visão prevalente no mundo que deu origem ao povo de Israel não foi prioritariamente qualquer ensino teórico, ainda que sagrado, mas as experiências de chamado, tanto de Abrão, Isaque, Jacó, Moisés, como de tantos outros, que alteraram a maneira de cada um enxergar o mundo, sobretudo o primeiro e o último, e só muito posteriormente suas narrativas e demais códigos legislativos vieram a se cristalizar em forma de texto, algo fundamental para a consolidação da nação eleita, pois a "lei e a ética do Antigo Testamento também se localizam num quadro de referência histórico, na medida em que sempre se relacionam a obrigações que a aliança com Iahweh impõe a Israel e a cada israelita". Em termos diretos, "ao contrário do resto do Oriente Próximo antigo, a lei e a ética *não* estão fundadas numa ordem cósmica eterna (como no *ma'at* egípcio), mas nos mandamentos concretos e historicamente mediados do 'Deus vivo'",[114] isto é, o Deus que se revelara aos patriarcas e a Moisés, na história. Temos, então, os três laços dominantes acima citados, e, a despeito da acertada mudança de pensamento de Berger sobre a secularização,[115] podemos dizer, sem prejuízo algum de distorcê-lo, que os referidos laços provocaram sim um "desencantamento do mundo" antigo, não no sentido de erradicar a religião, mas de produzir uma religião distinta.

---

113 BERGER, Peter L. *O dossel sagrado: elementos para uma teoria sociológica do sagrado*, 8. reimpr. (São Paulo: Paulus, 2012), p. 128.

114 Ibid., p. 132.

115 Apesar de a edição brasileira ser de 1985, a publicação da primeira edição de sua obra se deu em 1969. Livro como *O imperativo herético*, por exemplo, publicado originalmente cerca de dez anos depois, ou seja, em 1979, evidencia uma mudança radical de pensamento. Algo que, incrivelmente, parece já ser uma realidade com a publicação de *Rumor de anjos*, obra publicada ainda em 1969. As referidas obras foram traduzidas e publicadas em português pela Editora Vozes em 2017 e 2018, respectivamente. Elas expressam, neste particular, a mudança de pensamento de Berger. Todavia, sua análise em *O dossel sagrado* ainda é valiosa, e o que ela apresenta a respeito da revolução que representou no antigo Oriente Próximo a visão hebreia, sem dúvida, é perfeitamente válida para o que consideramos acima, pois realmente a concepção dos hebreus marca uma profunda mudança naquele momento histórico, a ponto de ser considerada, com certo exagero, um "iluminismo" do mundo antigo.

## 378 | TEOLOGIA SISTEMÁTICO-CARISMÁTICA

Para fechar esse *background* sobre as ocorrências de *rûaḥ* no contexto bíblico do Antigo Testamento, é interessante apresentar a classificação semântica e/ou dimensões dos diferentes usos e aplicações desse substantivo hebraico, na perspectiva de quatro autores, formando os quadros a seguir que, didaticamente, podem ser resumidos da seguinte forma:

| Víctor Codina | Dimensões |
|---|---|
| | Criadora |
| | Profética |
| | Sapiencial |

| F. Lambiasi | Categorias | Linhas de influência |
|---|---|---|
| | Físico-cósmica | Carismática |
| | Antropológica | Real |
| | Teológica | Profética |
| | | Messiânico-escatológica |

| H. Cazelles | Categorias |
|---|---|
| | Cósmica |
| | Real |
| | Profética |
| | Comunitária |
| | Litúrgica |

| H. C. Matos | Categorias |
|---|---|
| | Intervenções carismáticas |
| | Comunicação permanente em vista de uma função |
| | Espírito de Iahweh como princípio de vida moral |
| | A *rûaḥ* e a expectativa messiânica |

CAPÍTULO 4 – Pneumatologia | 379

Sob essas categorias, dimensões e/ou também linhas de influência ou atuação, Víctor Codina[116] e os três teólogos referidos por Luiz Fernando Ribeiro Santana[117] acreditam que as quase quatrocentas ocorrências de *rûaḥ* no Antigo Testamento podem ser classificadas e mais bem compreendidas. É preciso observar, porém, que há diferenças de nomenclatura entre eles, e isso não é sem razão nem se dá apenas por serem teólogos diferentes, algo que seria mais do que óbvio. Tais classificações são teológicas e epistemológicas, não meramente filológicas. Isso significa que elas não são necessariamente exegéticas. Evidentemente que com isso não estamos minimizando as problemáticas relacionadas aos múltiplos usos dos conceitos, pois muitas de suas ocorrências não podem ser resolvidas exegeticamente. Tome-se como exemplo Gênesis 6:3, cuja melhor tradução seria "o meu espírito ['o fôlego de vida' que vem da parte de Deus] não habitará [tradução que segue a LXX] no homem para sempre, pois ele é carne [ou seja, é 'mortal'], mas seus dias [até o dilúvio] serão cento e vinte anos' (cf. Jó 34:14-15)". Todavia, "em outras passagens, a palavra *rûḥî*, quando dita por Deus, significa 'meu espírito', e a palavra traduzida por 'habitar' é objeto de intensos debates".[118] Portanto, a mesma expressão hebraica, em outros contextos, isto é, quando pronunciada por Deus na primeira pessoa, fala não de algo que dele emana, ou seja, o fôlego de vida, mas refere-se ao seu próprio Ser, pois, como diz o teólogo alemão Walther Eichrodt, esse "Espírito de Deus que dá vida e transcende o indivíduo deve ser distinguido claramente do espírito individual do homem, que às vezes designa-se com a mesma palavra *rûaḥ*". Óbvio como é, nessa última acepção, "enquanto órgão da vida psíquica, é o centro das ideias, das decisões e dos estados de ânimo", distingue o mesmo autor, e completa explicando que esse último "é, por conseguinte, um conceito psicológico que se opõe ao cosmológico do sopro da vida (cf., por exemplo, Is 57:16; Sl 31:6; Nm 14:24; Jz 8:3; Êx 6:9 etc.)".[119] Obviamente que tal distinção já ficou clara, mas acrescente-se à discussão que o "aspecto distintivo da vida humana não é, contudo, o físico, mas o espiritual, i.e., o mental e pessoal", que, inclusive,

---

116 CODINA, Víctor. *"Não extingais o Espírito" (1Ts 5,19): iniciação à pneumatologia* (São Paulo: Paulinas, 2010), p. 36.

117 SANTANA. *Liturgia no Espírito*, p. 21.

118 PAYNE. *"Rûaḥ*. Vento, sopro, mente, espírito" in: ARCHER JR.; HARRIS; WALTKE (orgs.). *Dicionário internacional de teologia do Antigo Testamento*, p. 1407-18.

119 EICHRODT. *Teologia do Antigo Testamento*, p. 513.

nos distingue dos demais seres vivos (conforme veremos no capítulo 6), pois o "'fôlego' do homem lhe foi outorgado mediante um ato criador especial de Deus (Gn 2:7; contraste-se com os animais em 1:24)", todavia é "o seu ser interior que reflete a imagem de Deus, formada pelo conselho da Trindade (o uso da primeira pessoa do plural em 1:26), e é soberano sobre todos os demais seres viventes (2:20)".[120]

Se, como esclarecem ambos os teólogos protestantes ao distinguir o substantivo *rûaḥ* — entre 1) fôlego de vida e 2) parte constitutiva do ser humano — de *rûaḥ* como Ser/Espírito de Deus, que, não somente outorga a vida a todos os seres vivos e à humanidade, mas acrescenta à última algo de seu próprio ser, ou seja, sua "imagem e semelhança", temos, então, uma questão crucial sobre a qual devemos debruçar e refletir. No sentido que podemos depreender da criação, o espírito, como uma das dimensões humanas, é, à semelhança do corpo, criação divina, e só veio a existir para que animasse o corpo, não havendo razão alguma para existir "à parte". Enquanto os seres espirituais são, em si, espíritos, nós somos seres compostos e, por isso mesmo, conforme será visto no capítulo 6, diferentes. No caso do Pai e do Filho, que são incriados, o que significa o "Espírito" de ambos? Que eles sejam compostos, assim como nós, de algo mais profundo que nossa aparência? Caso alguém responda que sim com base em textos como 1Coríntios 2:11 e Romanos 8:9, o mesmo princípio vale para o Espírito Santo? As questões são colocadas por conta de que, a despeito de Deus ser retratado com linguagem antropomórfica para que possamos concebê-lo, ele não é literalmente como um ser humano. Todavia, criou-nos à sua imagem e semelhança, que não pode ser o corpo, pois o Criador é Espírito. Isso leva-nos a pensar em que aspecto somos semelhantes a Deus. Mas, para que isso seja possível, é necessário antes saber como é Deus. Não em sua aparência, mas em sua essência, que, parece-nos, é o que nos foi transmitido. Tal é possível? Como seres humanos, temos condições de explicar Deus? Existe uma ciência ou exercício humano capaz de perscrutá-lo? Há, em nosso vocabulário, expressões capazes de descrever a essência divina, visto que as palavras são criações nossas e, por isso mesmo, limitadas? Ainda que disséssemos que ele é eterno, infinito, por exemplo, essas seriam palavras que usamos para falar de algo que não temos condição

---

120 PAYNE. "*Rûaḥ*. Vento, sopro, mente, espírito" in: ARCHER JR.; HARRIS; WALTKE (orgs.). *Dicionário internacional de teologia do Antigo Testamento*, p. 1408.

de mensurar. Em vez de dizer muito sobre o que nominamos, parecem revelar mais de nós mesmos que as cunhamos.

## — Deus é Espírito —

Ao mencionarmos, pela enésima vez, a precariedade de falarmos sobre Deus, o fazemos não só por sermos limitados, mas por ele estar além das nossas nomenclaturas e conceitos, visto estes serem criações nossas e, por isso mesmo, inadequados, indignos e sempre aquém,[121] mas também por ele *ser Espírito*. Não obstante, em qualquer sistemática há uma longa seção dedicada à teologia, como doutrina de Deus, mas não se verifica o mesmo tratamento quando se trata do Espírito Santo. Entre os motivos alegados, há um clássico, que é expresso, mais ou menos, assim: "O Espírito é intangível, não muito 'definido' e claro nas Escrituras". Pode ser que alguém esteja pensando: "Mas eles não defendem uma via apofática para fazer teologia? Não disseram que não iriam dizer o *que Deus é*, mas somente *como ele é*?". O que pode, inicialmente, parecer uma aporia em nosso desfavor é, na realidade, uma "confissão" da parte dos que têm muito a falar sobre Deus, mesmo sendo ele Espírito, mas nada sobre o Espírito Santo, alegando-se que, por este *ser Espírito*, não há muito o que dizer dele! Isso significa considerar impossível falar do último enquanto o primeiro, mesmo sendo igualmente Espírito, recebe um longo e detalhado tratamento nos manuais sistemáticos racionalistas. Não vamos, por enquanto, tratar acerca de uma hierarquização implícita ou, ao modo psicanalista, dizer que tal denota um "ato falho". Faremos melhor.

Ao abordar a teologia como doutrina de Deus no capítulo anterior, esclarecemos que a identificação do Deus revelado nas Escrituras com o deus dos filósofos, conquanto tivesse um propósito e uma necessidade inicial, como ponto de contato com a sociedade grega, trabalho realizado pelos apologistas logo nos primeiros anos do século 2 da era cristã, proporcionou um "casamento" e que, posteriormente, tal "união" trouxe sérios prejuízos. Assim, o fato de Deus *ser Espírito* não impossibilitou que se produzissem, e ainda se produzam, longas seções, ou volumes, acerca dele pelos teólogos sistemáticos,

---

121 "E, no entanto, é possível *falar Deus*. Do contrário, como poderia o próprio Deus ter falado uma linguagem de homem, e pela boca ou a escrita de homens? Isso justifica a possibilidade de uma teologia, na base da analogia. O fato de o uso desta última só poder ocorrer a partir da palavra humana de Deus — 'analogia da fé' — nada tira daquilo que de válido podemos afirmar sob a designação de analogia" (Congar. *A Palavra e o Espírito*, p. 13).

## 382 | TEOLOGIA SISTEMÁTICO-CARISMÁTICA

mas, estranhamente, alega-se que não há muito o que dizer do Espírito Santo, por ele não ser "definido" e claro na Bíblia. Tal, porém, não é verdade. O que realmente acontece é que a identificação teórica do Deus da Bíblia com o deus dos filósofos permitiu que ele obtivesse um "caráter definido", contornos que, a despeito de pretenderem exaltá-lo e demonstrarem sua grandeza e infinitude, paradoxalmente o limitaram.[122] Ao enumerar os seus atributos, tanto incomunicáveis quanto comunicáveis, e assim fazê-lo sem ressalvar que isso era o que poderia ser dito, mas que ele não se limita ao que revelou e, pior, ao produto teórico final do exercício de jungi-lo ao deus dos filósofos, obteve-se de forma analógico-filosófica o que hoje se tem como o ser-em-si de Deus de forma absoluta, sendo fácil objetificá-lo e assim dissecá-lo de maneira lógica e racionalista. Mas o fato é que Deus, disse Jesus, é Espírito (João 4:24). Os símbolos utilizados para aproximá-lo de nossa compreensão não têm a função de explicá-lo, delimitá-lo e muito menos circunscrevê-lo, mas apenas mostrar-nos quanto somos por ele amados e que ele está próximo. Nesse sentido, toda teologia, lembramos, deveria resumir-se à doxologia.[123]

Contudo, se Deus é Espírito e nesse aspecto, por isso mesmo, não podemos dizer nada dele, como falar algo sobre o Espírito Santo? Uma vez mais, lembramos que, a exemplo do capítulo anterior, não se trata de falar do ser-em-si do Espírito Santo, mas de suas obras e do quanto ele é imanente. De maneira inusitada, ele manifesta-se de forma clara no Antigo Testamento e muito mais no Novo. Essa talvez seja a grande surpresa deste capítulo e a justificativa de sua posição em nossa parte de análises doutrinárias. A despeito

---

122 Para repetir aqui os argumentos do capítulo anterior, especificamente ao citarmos Rudolf Otto, podemos dizer que, "Entre nossos conceitos ou nossos termos, há alguns que designam uma realidade que não comporta, como tal, nenhuma imperfeição. Exemplos: bondade, inteligência, (oni)potência, justiça, ser substância, pessoa, ação, vida etc. Sem dúvida, o modo segundo o qual realizamos essas coisas está carregado de imperfeição; ele deverá, portanto, ser negado, em se tratando de Deus. Correlativamente, o modo segundo o qual essas perfeições existem em Deus escapa à nossa compreensão. Por exemplo: de que maneira, nele, a justiça e a misericórdia são realmente idênticas? Mas alguma coisa podemos dizer. Deus é verdade e luz; Deus é amor. S. João afirma as duas coisas [1Jo 5:20; 1:5; 4:8]" (CONGAR. *A Palavra e o Espírito*, p. 13-4).

123 "Conhecer Deus significa estar silencioso, em adoração, perante ele — ele mesmo — que habita em luz, onde ninguém pode chegar; é estar [silente e em adoração] sempre e de novo exatamente ante a oculta profundidade de sua riqueza, sua possibilidade, sua vida, sua glória! É estar sempre e de novo ante a oculta profundidade de sua sabedoria, seus pensamentos, seus juízos e seus caminhos, da trajetória que vai daqui para o além! É estar sempre de novo ante a profundidade oculta do conhecimento pelo qual ele não nos abandona — a nós que estamos sempre sem ele" (BARTH. *Carta aos Romanos*, p. 650).

de tal ser assim, por que os tratados teológicos continuam renegando-o e quase não falando sobre ele? Se, como diz Karl Barth, "o Espírito Santo é o próprio Deus, como o é Jesus Cristo — que é Deus conosco — e o é Deus Pai, o criador dos céus e da terra",[124] o que justifica tal omissão? Como se pode verificar pelo que anteriormente foi dito, não se trata de falta de material escriturístico. Se esse não é o caso, e sendo eles igualmente Deus, não há gradação, subordinacionismo ou hierarquização entre si, ou seja, inexiste na Trindade ontológica, com base no que vemos nas Escrituras do relacionamento da Trindade econômica, uma Pessoa mais importante que as demais. Logo, tal descuido e apatia teológica só se estabeleceram por nossa parte, não pelas Escrituras! Falando a respeito do adjetivo "santo", que, ao ser composto na referência à terceira Pessoa da Trindade, torna-se "substantivo", mas também argumentando no mesmo espectro que nós, diz o teólogo luterano Hermann Brandt:

> Em relação à vida normal comum, o santo representa o "totalmente outro". Pois o santo é "totalmente outro" se comparado com a esfera do usual e do compreendido. Ele está em contraposição a esta esfera. Ele se impõe como algo totalmente diferente, de uma origem completamente diversa e de efeito inteiramente outro daquilo que nos é conhecido. O santo está separado de nós e de nosso mundo. Otto mostrou que nós reagimos de duas maneiras à manifestação do santo. O espanto que o santo suscita como o totalmente outro evoca, por seu turno, medo, horror, reverência. Nós nos reconhecemos frente ao santo como pequenos, sim, como nada. Neste sentido trata-se do "mysterium tremendum". Mas, ao mesmo tempo, nós nos sentimos exatamente atraídos para este santo superior; ele suscita alegre surpresa, sim, amor. Isto é o santo como "mysterium fascinans". O santo, portanto, repele e atrai. Ele nos torna conscientes de uma infinita distância e de uma proximidade jamais imaginada. Exatamente nisto, neste aspecto duplo, o santo é o totalmente outro: nada humano e nenhum fenômeno do universo lhe é comparável. O santo sempre se manifesta como uma realidade bem distinta das realidades "naturais". É verdade que ao designarmos o santo como o totalmente outro, como a antinomia de *tremendum* e *fascinans*, nós usamos palavras e concepções originárias da esfera da natureza ou da cultura profana. Mas

---

124 BARTH. *Carta aos Romanos*, p. 444.

> estas expressões analogizantes são devidas exatamente à incapacidade de denominar o "totalmente outro". A linguagem é forçada a colocar tudo que transcende as experiências humanas "normais" em palavras provenientes exatamente desta experiência normal.[125]

Devemos nos convencer de que, longe de ser algo ruim, o reconhecimento de que não podemos saber tudo, pois o mistério está sempre além de nós, aponta para o fato de que, caso "o Espírito não fosse o Espírito, se a Verdade não fosse a Verdade, e Deus não fosse Deus", diz Barth, "somente se eles fossem coisas observáveis, secundárias pseudo-aléns, ser-nos-ia impossível anunciar e formular em palavras o *FUTURUM ETERNUM* da ressurreição do corpo, que é a mais imprescindível interpretação do que o Espírito significa para a nossa vida".[126] Sim, pois caso os homens conhecessem e pudessem explicar, racionalmente, a realidade e nossa própria existência, há muito já teriam possibilitado a imortalidade e extinguido a finitude. No entanto, a exemplo do projeto de Babel, tal intento não evocaria bondade; antes, proporcionaria as condições de os seres humanos perpetrarem toda sorte de malignidade. A verdade é que o Espírito dá vida e é responsável por sua manutenção e, posteriormente, ressurreição. Logo, não reconhecer a importância e imprescindibilidade do Espírito no edifício teológico é não somente negligência como ingratidão e desrespeito. Isso sem contar a grande contraditoriedade do fato de os teólogos utilizarem as Escrituras — inspiradas pelo próprio Espírito Santo — para fazer teologia, enquanto o desprezam no exercício.

Se tal desculpa se dá por uma suposta falta de objetividade, ou melhor, da percepção dela em relação ao Espírito Santo, é importante ficarmos com o significado barthiano do que seja científico, isto é, do sentido de "objetividade, que, em teologia, se expressa em termos de respeito absoluto ao tema escolhido", sendo, portanto, mais uma atitude do caráter e da devoção do teólogo — bem como requer por parte dele um compromisso epistemológico com a lógica da fé —, que devem seguir a esteira da revelação, e não com qualquer estatuto científico racionalista que, não somente estranho ao que pretende a teologia, ainda não se autocompreendeu e desconhece seus limites. É preciso que o teólogo carismático-pentecostal entenda o mais rápido e intensamente possível essa verdade. Mesmo porque o que a "Teologia

---

125 Brandt. *O Espírito Santo*, p. 75.
126 Barth. *Carta aos Romanos*, p. 456.

objetiva é arrependimento; é inversão da maneira de pensar", em outras palavras, finaliza Barth, "é pensamento renovado".[127] Isso é entender teologia na perspectiva da lógica da fé, na esteira da dinâmica da revelação e, finalmente, obedecendo à orientação de uma epistemologia genuinamente bíblica. E essa forma de reflexão cabe muito bem no desenvolvimento de uma pneumatologia pensada e produzida não só *para a*, mas também *pela*, tradição carismático-pentecostal. É irônico pensar que, ao passo que se faz esse tipo de observação impeditiva da possibilidade de reflexão teológica acerca do Espírito Santo, pontua corretamente Yves Congar:

> Péguy dizia: na Bíblia não há uma única palavra abstrata. Muitas coisas sobre Deus, sobre a Igreja, nos foram comunicadas em imagens e relatos de ações. Sobre o próprio Espírito Santo, a Revelação nos fala em imagens; sopro, vento, água viva; fogo, línguas de fogo; dedo de Deus, pomba, unção, [...] nuvem. E por que a Bíblia nos diz que Deus é um rochedo — e um rochedo que se pede não seja surdo (Sl 28,1)? Mas Deus é também um leão, um esposo, e muitas outras coisas. Por que Cristo é pedra angular, mas também cordeiro, leão etc.? Por que Ele nos falou do Reino em parábolas: "O Reino de Deus é comparável a..."? São imagens, símbolos, metáforas. Em que condições epistemológicas e por quê?[128]

Essa é a pergunta que os teólogos carismático-pentecostais, particularmente brasileiros, raramente fazem e sobre a qual, sem exagero algum, muitos jamais pensaram e nunca ouviram falar. O questionamento incide exatamente no campo da produção teológica, e trata-se do que temos insistido sobre seguir a dinâmica da revelação — em seu caráter narrativo-experiencial —, adotando a lógica da fé, que passa pela ideia de paradoxo e não se enquadra no racionalismo de ampla coerência. Conforme observam os teólogos pentecostais Benny Aker e James Railey, há "séculos, a teologia sistemática no Ocidente tem sido disposta segundo um sistema coerente que reflete o idealismo racional (cf. a busca por parte dos teólogos de um centro unificante)". Todavia, apontam que o "uso de um único centro, no entanto, tem limitações; por exemplo, não leva em conta os paradoxos que tanto prevaleciam no mundo

---

127 Ibid., p. 810.
128 CONGAR. *A Palavra e o Espírito*, p. 14.

antigo". Algo que, completam, "agora está se tornando mais aceitável à maioria dos teólogos é ver um sistema disposto em volta de vários centros".[129] Tal mudança de paradigma, ou aporte teórico-filosófico, por parte dos teólogos carismático-pentecostais estadunidenses, se deu há cerca de pouco mais de três décadas. Em termos epistemológicos, eles registram ainda que, lamentavelmente, "os ocidentais, tanto os conservadores quanto os liberais, sustentam uma epistemologia primariamente racional, inadequada para os pentecostais", pois ambos se esquecem de que o "mundo da Bíblia não é aquele do racionalista, pois aquele reconhece o sobrenatural e as experiências sobrenaturais outorgadas por Deus".[130] Justamente por isso, Yves Congar explica que, para falar de Deus e de tudo que a revelação nos traz, caso "ficássemos na ordem racional, aí só poderíamos afirmar perfeições essenciais". Ocorre, porém, que "a revelação nos fala de hipóteses (sem usar essa palavra) e, em Deus, a essência só existe hipostasiada".[131] Isso para que recepcionemos a revelação, pois, se Deus se revelasse de forma essencialmente pura, quem poderia suportar?

Nesse aspecto, instrui-nos Congar, o "símbolo é o lugar e o meio de apreender realidades que o conceito disseca, para conseguir precisão", ou seja, o símbolo igualmente marca "a transcendência das realidades espirituais reveladas".[132] O teólogo não pode perder de vista a verdade de que o símbolo não é a realidade, mas apenas a expressa de forma adequada à nossa percepção para que se configure o processo da dinâmica revelacional e, consequentemente, ocorra o processo de comunicação. Algo que acontece normalmente, dada a epistemologia racionalista, é dar um tratamento filosófico-teológico ao símbolo, tornando-o menos transcendente e sobrenatural, trazendo com isso o "risco" de as gerações posteriores tomarem essa "expressão mais racional por um enunciado adequado".[133] O problema desse exercício é que o enunciado é fruto de determinada época e paradigma. Em termos diretos, passando aquele período, o enunciado que parecia tão lógico e racional, ao mudar o fundamento epistêmico no processo deveniente do saber, o que antes pareceu

---

129 Railey Jr., James H.; Aker, Benny C. "Fundamentos teológicos" in: Horton (org.). *Teologia sistemática*, p. 659-60.

130 Ibid., p. 663.

131 Congar. *A Palavra e o Espírito*, p. 14.

132 Ibid., p. 15.

133 Ibid.

ajudar, agora atrapalha e causa embaraços, tornando-se um empecilho. Tal acontece em razão de os teólogos se negarem a fazer a revisão do sistema teológico e do seu produto final, que é a teologia sistemática. Por sua vez, o símbolo, ou metáfora, como acabamos de dizer, "não define a realidade em si mesma" e, justamente por isso, "se pode aplicar várias metáforas à mesma realidade" e, de forma proporcionalmente igual e inversa, "a mesma metáfora pode ser aplicada a realidades diferentes".[134] Assim, o símbolo torna-se uma fonte permanente de comunicação revelacional, perpassando gerações e dezenas de séculos, sempre nutrindo o crente.

No entanto, é preciso não perder de vista que o "símbolo" somente "mantém-se fresco quando é indecifrável".[135] Pelo fato de essa tradução ser de edição lusitana, o predicado "fresco" foi utilizado com o sentido correspondente de "atual", "novo", para o nosso português nacional. Nesse aspecto da preservação do símbolo, entendemos claramente a importância de não convertê-lo em um enunciado pretensamente racional que pode até fazê-lo parecer lógico no momento, mas com o alto custo não apenas do seu empobrecimento, mas até da extinção do seu potencial semântico e interpretativo. Inoculados com o racionalismo, os teólogos se ressentem com a ideia de não ser possível trabalhar com a lógica do mito da exatidão matemática[136] quando se trata de teologia, sobretudo seguindo a esteira da dinâmica da revelação e a lógica da fé, pois parece haver apenas duas opções: ou a pretensa exatidão do idealismo ou a temida inexatidão do relativismo. Ambas as características são totalmente estranhas ao mundo bíblico. Não se trata de não podermos ter formulações teóricas, pois assim seria impossível qualquer teologia. O que não se pode perder de vista é o fato de que os conceitos teóricos, como já temos insistido desde o primeiro capítulo da primeira parte, são criações humanas e podem ser revisados sempre que não mais puderem auxiliar na interpretação das Escrituras e da realidade. As teorias científicas, que, teologicamente falando, equivalem às doutrinas, têm a proposta de explicar e, idealmente, são revisadas a cada nova descoberta que contraria os dados teóricos. Portanto, uma

---

134 Ibid., p. 14-5.

135 Eco, Umberto. *Semiótica e filosofia da linguagem* (Lisboa: Instituto Piaget, 2001), p. 239.

136 O famoso matemático austríaco Kurt Gödel, amigo de Einstein, com seu teorema da incompletude, mostrou que nem mesmo a matemática possui a capacidade positivista de exatidão que muitos de nós pensamos, ou seja, trata-se de um mito no moderno sentido da expressão. Para quem quiser se aprofundar no tema, veja NAGEL, Ernest; NEWMAN, James R. *A prova de Gödel*, 2. ed. 4. reimpr. (São Paulo: Perspectiva, 2017).

## 388 | TEOLOGIA SISTEMÁTICO-CARISMÁTICA

boa teoria cumpre um papel substancial, que é proporcionar as condições de trabalho para múltiplas interpretações dentro do admissível e aceitável àquela determinada ciência. Grandes revisões ocorrem apenas quando mudam o que o físico e filósofo da ciência Thomas Kuhn chama de "paradigmas", termo que, para ele, define "as realizações científicas universalmente reconhecidas que, durante algum tempo, fornecem problemas e soluções modelares para uma comunidade de praticantes de uma ciência".[137]

Somos da opinião de que tal não é o caso da doutrina do Espírito Santo, pois ela nem sequer foi desenvolvida e devidamente explorada. Não há mudança ou revolução alguma acontecendo na pneumatologia! O que se tem aqui e acolá é a tentativa de lidar com um tema que não sabemos bem como abordar, nem se é possível dar a ele alguma inteligibilidade teológica nos moldes ocidentais, pois ele não se enquadra no que aqui se definiu e elegeu como sendo "racional" na teologia. Aqui reside o verdadeiro problema. Os exercícios pneumatológicos que temos são tentativas de ou subordinar a Pessoa do Espírito Santo ou subutilizá-lo, com a ideia de que, se as Escrituras pouco dizem acerca dele, não somos nós que temos de falar. É interessante como elas igualmente não dizem praticamente nada sobre a natureza de Jesus, mas todos os anos tratados e mais tratados são produzidos na intenção de explicar esse mistério. Essa "humildade epistemológica seletiva" é uma das causas dos grandes problemas bíblico-teológicos que se arrastam na tradição carismático-pentecostal até hoje. Vale lembrar a oportuna observação feita por Juan Luis Segundo de que, na relação dialética "verdade e erro", o "caminho que a teologia pode (e provavelmente deve) tomar para desatar esse nó começa [...] 'situando' cada definição no seu próprio contexto".[138] Quando tal exercício é feito, "em geral", diz o mesmo autor, "a mudança de contexto prova, não que o anterior fosse falso, mas que estava sendo insuficiente", visto que "um (pelo menos) dos conceitos-chave da primeira fórmula era mais complexo ou ambíguo do que parecia à primeira vista". Juan Luis Segundo finaliza: "quando se compreendeu isso, foi necessário modificar a fórmula para preservar e fazer crescer sua verdade".[139] Não foi, e é até hoje, justamente assim

---

137 KUHN, Thomas S. *A estrutura das revoluções científicas*, 9. ed. (São Paulo: Perspectiva, 2006), p. 13.

138 SEGUNDO, Juan Luis. *O dogma que liberta: fé, revelação e magistério dogmático*, 2. ed. (São Paulo: Paulinas, 2000), p. 36.

139 Ibid., p. 39.

CAPÍTULO 4 – Pneumatologia | 389

com a cristologia? Por que não se adotou, ou melhor, se adota o mesmo procedimento em relação ao Espírito Santo? Por que tanto desinteresse travestido de insuficiência de dados escriturísticos ou preguiça epistêmico-teológica?

Para essas questões, temos uma hipótese. E é justamente essa hipótese que nos impulsiona, entre outras motivações, a priorizar a pneumatologia em nossa sistemático-carismática. Falamos de uma "cultura pneumatológica", que é a capacidade de valer-se do pensamento simbólico entre os membros de determinada comunidade, nesse caso, da tradição carismático-pentecostal. Evidentemente que, de início, essa cultura será organizada de acordo com as estruturas simbólicas mais amplas da tradição cristã, visto já ter um significado dentro dela, todavia é necessário sua explicitação e desenvolvimento para que se compreenda, por exemplo, o sentido de "batismo no Espírito Santo", que, como todos sabemos, existe em todas as expressões, sejam elas orientais ou ocidentais, e, nas últimas, católicas ou protestantes. Nossa tese é mostrar que essa "cultura pneumatológica" é o liame entre as demais doutrinas não apenas por uma questão de preferência pessoal dos autores, mas por ser assim mesmo, não só escrituristicamente falando, mas também na realidade, conforme iremos demonstrar. Proposta ousada, diríamos, mas necessária. Isso pelo simples fato de que, conforme o teólogo italiano Francesco Lambiasi,

> Diante do Espírito Santo, a teologia se vê numa tensão lancinante; dele, dizia Barth, é impossível falar, impossível calar (*L'epistola ai Romani. Milano*, 1974, 654). Impossível falar: ele não pode ser posto entre os objetos sobre os quais o homem inicia uma pesquisa, aí está a nos lembrar irresistivelmente que Deus é mistério. A respeito da palavra de Deus, é de uma clareza amarga: "o homem entregue unicamente à sua natureza não aceita o que vem do Espírito de Deus" (1Co 2:14). Nessa severa evocação, a experiência mística e a teologia apofática têm uma indicação sensibilíssima: ao Inefável, diz Santo Tomás, o homem deve o "casto silêncio" da adoração (*Venerantes indicibilia Dei casto silentio: De div. nom.* c. 1, lect. 2). Mas, depois da humilde e honesta confissão da própria insuficiência, a teologia reconhece que falar do Espírito é necessidade inevitável: sem ele, "Deus está distante; Cristo fica no passado; o Evangelho é letra morta; a Igreja, uma simples organização; a autoridade, uma dominação; a missão, uma propaganda; o culto, uma evocação; o agir cristão, uma moral de escravos" (I. HAZIM, in CONSEIL OECUMÊNIQUE DES ÊGLISES, *Rapport*

## 390 | TEOLOGIA SISTEMÁTICO-CARISMÁTICA

> *d'Uppsala 1968*, Genève, 1969, 297). De resto, o Espírito é inefável, mas não incognoscível; a Escritura fala dele abundantemente e garante que ele próprio vem em auxílio à nossa fraqueza (cf. Rm 8:26). Se para o homem natural o Espírito é incompreensível, para o homem espiritual ele é a grande luz da revelação: "recebemos o Espírito que vem de Deus a fim de conhecermos os dons da graça de Deus" (1Co 2:12). O Espírito faz conhecer tudo e, antes de tudo, dá a luz que permite conhecer: à sua luz nós vemos a luz (cf. Sl 36:10). Tentaremos, pois, falar dele, mas não segundo a sabedoria humana, e sim segundo "a linguagem ensinada pelo Espírito" (1Co 2:13), ou seja, segundo as Escrituras, porque "foi o próprio Espírito que ditou as Escrituras, foi ele mesmo que disse de si tudo o que quis e tudo o que nós somos capazes de entender" (Cirilo de Jerusalém, *Cat.* 16,2).[140]

Quando se fala em estudar o absoluto, o que transcende, o mistério, o inefável, é preciso redobrar o cuidado e estar sempre aberto a reconsiderar o que foi dito, ponderar sobre o que já foi produzido, sabendo que estamos em um terreno que não dominamos, mas apenas conhecemos, muito precariamente, o que nos foi revelado e permitido conhecer. Por isso, não existe e não pode existir uma teologia absoluta e irrevisável. Isso nada tem com relativismo ou não crer em verdades absolutas. Longe disso! Significa que, como produto humano, toda teologia é um constructo de uma época, com os condicionamentos, potencialidades e limitações dos teólogos do período, que podem estar sinceramente equivocados ou momentaneamente certos. Assim, é preciso dar atenção aos sistemas de significado, ou seja, aos modos pelos quais as tradições representam as ações do Espírito Santo, servem-se delas para articular, ou não, suas teologias e para construir o significado de suas experiências, pois, sem significado, não há experiência e, sem processo de significação, não há significado, sendo, portanto, um círculo hermenêutico. Daí a necessidade de a tradição carismático-pentecostal, sem qualquer pretensão, engajar-se em seu direito, mas também dever, de articular sua teologia, que, por sua vez, visa a dar inteligibilidade à sua prática de fé, que, antes de tudo, possui respaldo escriturístico. Todavia, em razão de resgatar os modos e práticas vivenciados, anteriormente, nos longos dezesseis séculos na tradição cristã — que

---

140 Lambiasi, Francesco. "Espírito Santo" in: Ancilli, Ermano; Pontifício Instituto de Espiritualidade Teresianum (orgs.). *Dicionário de espiritualidade* (São Paulo: Loyola/ Paulinas, 2012), vol. II, p. 886-7.

CAPÍTULO 4 – Pneumatologia | 391

terminaram sendo ignorados nos três séculos seguintes —, acaba acusada de ser "experiencialista", "revisionista" e irracional, quedando-se inibida ante os ataques ingentes que sofrera por cerca de cinquenta anos. Felizmente, novos tempos têm chegado e com eles o crescimento de uma erudição nas áreas das ciências bíblicas e na teologia sistemática entre as novas gerações de teólogos carismático-pentecostais. Isso tem alterado significativamente a produção teológica tradicional, pois alguns pontos cristalizados foram colocados à prova e mostraram ser, no mínimo, fruto de uma época de escassez espiritual e, no máximo, desonestidade e produção teológica pós-bíblica.

Assim, uma pneumatologia que quer ser fiel às Escrituras, não meramente uma projeção de determinado sistema teológico impondo um sentido ao texto, precisa olhar para as Escrituras hebraicas, com a consciência trinitária do Novo Testamento e da formação teológica, fazendo a distinção, que os próprios hagiógrafos veterotestamentários ainda não possuíam, entre Deus e o Espírito Santo, ainda que encontremos a expressão composta "Espírito de Deus" ao longo dos seus 39 documentos, pois, como já dissemos, o "traço original da pneumatologia veterotestamentária é a sua relação com a verdade central da religião hebraica: o monoteísmo". Por isso, "o Espírito é 'de Deus' para todos os efeitos" e, nesse sentido, obviamente, "o discurso veterotestamentário sobre o Espírito [está] estritamente engrenado com o discurso sobre Deus".[141] Francesco Lambiasi diz que os discursos sobre Deus no Antigo Testamento podem ser organizados em três temas principais, que são: 1) somente Deus é Deus; 2) somente Deus é o salvador e 3) somente Deus é santo. Sobre "esse radical monoteísmo bíblico que decide como interpretar a frequente locução 'Espírito de Deus'", diz o mesmo autor, é importante ter em mente que "ela não pode ser entendida no sentido forte de uma hipóstase divina, mas tampouco no enfraquecido de uma pura ficção literária, a partir do momento em que essa personificação se distingue — por qualidade e consistência de textos — de outras [...] muito esporádicas". Em termos diretos, o "'Espírito' é o poder pessoal do Deus vivo, que lhe pertence como a sua respiração".[142] Essa é a forma com que as Escrituras hebraicas nos apresentam Deus agindo, ou seja, não se trata de uma emanação, sem caráter e vontade, que poderia ser representada ficticiamente como um raio que sai da ponta do dedo de Deus e se dirige ao seu destino mirado, mas também não estamos

141 Ibid., p. 887.
142 Ibid.

## 392 | TEOLOGIA SISTEMÁTICO-CARISMÁTICA

falando que, à revelia de Deus, o Espírito age de maneira autônoma. Olhando por esse prisma, o "Espírito não está aí a separar Deus numa infinitude gélida e distante", pois ele é "'como uma torrente que transborda' (Is 30:28), uma força transbordante que procede de Deus e estabelece uma relação entre o infinito poder vivificante e a realidade dependente, vivificada", e isso de tal forma que, acrescenta o mesmo autor, "Santo Tomás gostava de ressaltar esse aspecto dinâmico e relacional do Espírito, lembrando que o próprio termo 'espírito' indica movimento, impulso".[143] Na verdade, diz Lambiasi, "na literatura hebraica, o Espírito não diz oposição ao corpo, como no dualismo grego ou no racionalismo cartesiano: nada tem a ver com realidade evanescente, imóvel".[144]

Esse é um ponto raramente ressaltado na discussão teológica. Toma-se a consciência e a linguagem modernas, e os significados das expressões completamente distantes de suas origens denotativas, e então simplesmente as atribuem ao texto forçando-o a dizer o que ele, por conta de sua tradução para as diversas línguas diferentes das de sua forma original, não está dizendo. Portanto, apesar de expressões correntes em nossas línguas pretenderem exprimir o sentido originário dos termos traduzidos com suas cargas semânticas e idiossincrasias, é preciso entender que isso não acontece em todos os casos e, mesmo naqueles em que tal é possível, uma ou outra dimensão mais profunda do significado acaba se perdendo.[145] Assim é que, citando Jean Daniélou, diz Yves Congar: "Quando falamos de 'espírito', quando dizemos 'Deus é espírito', o que queremos dizer? Falamos em grego ou hebraico? Se falamos grego, dizemos que Deus é imaterial etc. Se falamos hebraico, dizemos que Deus é um furacão, uma tempestade, um poder irresistível", e é justamente por isso que existem "todas as ambiguidades quando se fala de espiritualidade", fazendo-se necessário perguntar, ainda que retoricamente: "A espiritualidade consiste em se tornar imaterial ou em ser animado pelo Espírito Santo?".[146]

---

143 Ibid., p. 887-8.

144 Ibid., p. 888.

145 "Algumas pessoas valorizam uma leitura literal do texto bíblico e, embora isso seja um pouco traiçoeiro, podemos todos reconhecer o valor de se ler um texto por aquilo que ele intenciona dizer — nem mais, nem menos. Portanto, nós não podemos nos satisfazer com uma versão em inglês ou português como o foco final deste tipo de atenção, porque reconhecemos que essas versões já são interpretações falíveis de alguém. Toda tradução é uma interpretação. Não há traduções inspiradas. É preciso analisarmos os termos hebraicos e suas nuances o melhor que pudermos" (WALTON, John. *O mundo perdido de Adão e Eva: o debate sobre a origem da humanidade e a leitura de Gênesis* [Viçosa: Ultimato, 2016], p. 24-5).

146 CONGAR. *Revelação e experiência do Espírito*, p. 18.

Questão a que não se responde, obviamente, com um simples "sim" ou "não", pois tem matizes e gradientes que precisam ser considerados em uma pneumatologia. Na mesma linha de questionamento, Congar refere-se ainda a Elisabeth Germain, que, em sua obra *Langages de la foi à travers l'histoire*, "cita, por exemplo, o texto do bispo de Harlay, 1687: 'O que é Deus? — É um espírito [...]', e observa: 'Quando a Bíblia dizia: Deus é Espírito, ela entendia confessar que Deus é o único Vivente que não recebeu vida. Ele é. Contudo, atualmente — o idealismo de Descartes passou aí? — ser um espírito é não ter corpo'".[147] Assim, é óbvio que "o sentido puramente léxico da palavra não é suficiente para esclarecer o significado real".[148] E, mesmo quando nos aproximamos do sentido real que a expressão tinha, é preciso sempre reiterar, não se trata de uma descrição da "anatomia divina", mas simplesmente da forma simbólica como Deus, abdicando de sua glória, vem ao nosso encontro para revelar-se de um modo que possamos, ao menos, entender sua mensagem.

O teólogo Yves Congar chama a atenção para essa verdade ao dizer que, especialmente "quando se trata do Antigo Testamento, mas às vezes também do Novo Testamento, a tradução pelo termo 'sopro' dá aos fatos relatados e aos textos bíblicos um realismo, um destaque que nosso termo 'espírito' corre o risco de não sugerir com clareza", pois *rûaḥ* é "o vento, o sopro do ar; é a força viva no homem, princípio de vida (respiração), sede do conhecimento e dos sentimentos; é a força de vida de Deus, pela qual ele age e faz agir, tanto no plano físico como no plano 'espiritual'".[149] Ao passo que nós, ocidentais desacostumados ao sobrenatural, com uma mentalidade materialista que acha elegante parecer racionalista, tendemos a desprezar o que não pode ser claramente observável e estudado.[150] "É uma lamentável consequência do uso

---

147 Ibid.

148 Ibid.

149 Ibid., p. 17.

150 "Vivemos em uma cultura que atribui valor altíssimo àquilo que é material. Concedemos à ciência um lugar de proeminência em nosso ambiente cognitivo, considerando-a a fonte de verdade mais confiável, *a* autoridade quando o assunto é conhecimento. Consequentemente, quando pensamos sobre as origens do universo em geral — ou da humanidade, em particular —, nossa epistemologia (o que significa saber algo e como nós sabemos que sabemos) tem parâmetros científicos, e nossa ontologia (o que existir significa para algo e o que constitui a existência de algo) é decididamente material por natureza. Muitos em nossa cultura são rigorosos materialistas e/ou naturalistas, que reconhecem apenas aquilo que é empírico ou material" (WALTON. *O mundo perdido de Adão e Eva*, p. 23).

de concordâncias e léxicos de conceitos, tão úteis em outras circunstâncias, a opinião de que a ausência do conceito também faz com que esteja ausente a 'cousa' expressa pelo conceito",[151] diz o teólogo luterano Hermann Brandt. O fato mais do que claro é que, antes do conceito, temos a realidade, a prática, a experiência. "Neste sentido", diz o mesmo teólogo, o "caminho normal [é] partir do testemunho da Escritura e fazer então a pergunta pela experimentabilidade daquilo que a Escritura afirma sobre o espírito".[152] E é exatamente essa a proposta de uma pneumatologia numa perspectiva carismático-pentecostal. Uma pneumatologia que não fala com base no idealismo dos conceitos para "forçar" a realidade a adequar-se ao plano teórico, mas justamente o contrário. Ela parte dos dados bíblicos, cujo testemunho encontra respaldo em nossa própria realidade pela ação do Espírito, e então reavalia os conceitos e as expressões, verificando qual o significado destes para hoje. "A estatística mostra que a palavra 'espírito' — 'ruach' — aparece 389 vezes no Antigo Testamento", informa Brandt, dizendo que tal número é dividido da seguinte forma: "Em 113 vezes destes casos a palavra significa vento, em 136 vezes ela designa o espírito de Deus e em 116 casos ela significa o espírito do homem; 10 vezes *ruach* se refere a animais e 3 vezes a ídolos".[153] Por essa diversidade de aplicações da mesma expressão, o teólogo alemão protestante Hans Walter Wolff define *rûaḥ* "como um conceito teoantropológico".[154]

A conceituação de Wolff não se dá apenas por causa das múltiplas aplicabilidades, ou polifonia, da expressão *rûaḥ*, e sim por causa do fato de que esse termo encerra algo muito importante: a possibilidade de uma relação direta entre Deus e a humanidade. Uma vez que sua obra é uma exposição da antropologia do Antigo Testamento, Wolff mostra que o ser humano como *rûaḥ* "só pode ser compreendido devidamente a partir da comunicação de Deus com ele", mesmo porque *rûaḥ* "é empregado duas vezes mais no sentido de vento e da força vital de Deus do que de respiração do ânimo e vontade do ser humano". Ainda mais, em sua quase totalidade, os "textos que tratam da [*rûaḥ*] de Deus ou dos seres humanos mostra[m] Deus e o ser humano

---

151 BRANDT. *O Espírito Santo*, p. 122.

152 Ibid., p. 123.

153 Ibid., p. 124. Na soma das vezes em que a expressão aparece, temos uma diferença de onze ocorrências, ou seja, uma sobra que não foi elencada nesse número, pois trata-se dos casos em aramaico. Mesmo assim, temos divergências quanto a esse número, pois alguns autores afirmam ser nove ocorrências no aramaico.

154 WOLFF. *Antropologia do Antigo Testamento*, p. 68.

em relação dinâmica". Por isso, Wolff finaliza, o "fato de que um ser humano como [*rûaḥ*] é vivo, quer o bem e age com autoridade não vem dele mesmo".[155] Tal assunto será mais detalhadamente estudado no capítulo 6, mas vale lembrar que, mesmo como seres caídos, o texto bíblico é enfático em afirmar que *ainda* somos semelhança de Deus, conforme Tiago 3:9 ecoando Gênesis 1:26. E em qual sentido podemos dizer que somos semelhança de Deus, isto é, tornados semelhantes ou similares ao Criador? Após termos insistido na diferença entre o finito e Deus, reconhecendo nossa impossibilidade em falar dele, parece contraditório assumirmos que somos tão parecidos com o Criador. Evidentemente que estamos falando em termos simbólicos, pois Deus não é um ser humano, e nós, muito menos, somos deidades.[156] Considerando a verdade de que somos seres racionais, possuímos consciência e decidimos honrar tal semelhança ou vilipendiá-la, o fato de o texto hebraico nos designar como *rûaḥ* e usar a mesma expressão para designar Deus (João 4:24) não retrata obviamente "uma definição metafísica de Deus". O contexto assim o esclarece claramente pelo jogo de palavras do versículo, ou seja, ele não afirma que "Deus é espírito 'em e para si'", isto é, o que se encontra ali "é como Deus encontra o homem (o mesmo vale da afirmação 'Deus é amor' em 1Jo 4:8-16)".[157] Esse assunto será objeto de nossa análise agora no próximo tópico.

## — A história da salvação do universo —

Os temas mais prementes em uma pneumatologia perpassam, como já foi amplamente demonstrado acima, as Escrituras. Em todos os grandes e decisivos momentos, vemos o Espírito Santo explicitamente em ação, mas, como também foi dito, há uma atividade contínua da terceira Pessoa da Trindade, e tal discrição naturaliza sua presença a ponto de ela não ser percebida. "O *rûaḥ Yahweh*, no Antigo Testamento, não é uma entidade separada, distinta", nas palavras do sucinto, mas objetivo resumo do teólogo batista canadense George Ladd; antes, "é o poder de Deus — a atividade pessoal na vontade

---

155 Ibid., p. 77.

156 "A importante adição de 'semelhança' sublinha que a humanidade é apenas um fac-símile de Deus, e daí distinta dele. Enquanto no antigo Oriente Próximo a imagem da divindade é igualada à própria divindade, na visão bíblica a palavra *semelhança* serve para distinguir claramente Deus dos humanos" (WALTKE, Bruce K.; FREDERICKS, Cathi J. *Comentário do Antigo Testamento: Gênesis* [São Paulo: Cultura Cristã, 2010], p. 77).

157 BRANDT. *O Espírito Santo*, p. 127 (grifo no original).

de Deus para alcançar um objeto moral e religioso", pois o "*rûah* de Deus é a fonte de tudo que está vivo, de toda a física", isto é, o "Espírito de Deus é o princípio ativo que procede de Deus e dá vida ao mundo físico (Gn 2:7)". Ao mesmo tempo, ele é "também a fonte de todas as preocupações religiosas, despertando líderes carismáticos, como juízes, profetas ou reis".[158] A esfera de ação do Espírito Santo é, em termos diretos e simples, a realidade toda. Justamente por isso, causa-nos espécie o desprezo pela terceira Pessoa da Trindade no edifício teológico. Conforme muito bem citado por Ladd, o "*rûah Yahweh* é um termo usado para designar a ação histórica criadora do Deus único, a qual, muito embora desafie a análise lógica, é sempre a ação de Deus".[159] Este é o ponto. A ação divina do Espírito Santo humilha a lógica racionalista pretensiosa. Tal lógica, que acabou sendo o aporte da teologia escolástica protestante, ressente-se de não conseguir dominar conceitualmente o Espírito Santo e, então, prefere ignorar propositadamente a dimensão pneumatológica da Bíblia, e até mesmo da própria realidade, pois a vida, como princípio vital, é obra direta do Espírito. Felizmente, isso não impede que o Espírito esteja em ação constante, assim como vemos logo no início do texto canônico, e continue sustentando a realidade que possibilita a vida em nossa biosfera (Gênesis 1:2; Hebreus 11:3).

Tal pode-se ver, retomando o que já dissemos no capítulo anterior, no fato de que o Deus apresentado nas Escrituras hebraicas "não é a Vida deificada, a força vital elevada ao máximo, um poder cego e brutal, uma realidade impessoal cuja vitalidade se expressa de forma desordenada", como em outras civilizações do Antigo Oriente Médio, pois seu "dinamismo incansável, seu poder criador, sua atividade incessante se manifestam em atos sujeitos a um plano", ou seja, "Yahweh produz a vida, a conserva, a restabelece mediante atos criadores e redentores que se inscrevem em uma história da salvação do universo".[160] Não é novidade que a salvação — sobretudo nos círculos protestantes e, em especial, na tradição carismático-pentecostal — acabou adquirindo um caráter muito individualista e exclusivamente pessoal. Todavia, com a criação do universo, isto é, ao trazer o todo à existência e, particularmente, ao criar a Terra, e esta ser, até onde se tem notícia, o único dos planetas

---

158 Ladd, George Eldon. *Teologia do Novo Testamento*, ed. rev. (São Paulo: Hagnos, 2003), p. 416.
159 Ibid., p. 416-7.
160 Martin-Achard, Robert. *Da morte à ressurreição segundo o Antigo Testamento* (Santo André: Academia Cristã, 2015), p. 28.

da Via Láctea em que existe vida — não apenas inteligente —, não é difícil presumir que um dos propósitos dele ao criá-la foi proporcionar a vida e fazê-la habitável, conforme diz o texto de Isaías 45:18a: "Porque assim diz o Senhor, que criou os céus — e ele é o único Deus; que formou a terra e a fez — ele a estabeleceu; ele não a criou para ser um caos, mas para ser habitada". Perscrutar os motivos não nos cabe, e, conforme já intuímos, cremos ter sido por um ato de amor, uma vez que Deus de nada necessita nem age sem propósito. "Com o ser humano, todavia, também está dada a existência de um mundo, porque ele é a condição para a possibilidade [de existência] do homem."[161] A Terra não foi criada para ser um "caos" (*tōhû*), mas para ser habitada, dependendo por isso de vida em todas as suas formas e, sobretudo, vida inteligente para a manutenção da ordem. É exatamente nesse sentido que o especialista em Antigo Testamento John Walton diz que, a despeito de não acreditar que "exista um centro da teologia do Antigo Testamento que todos os livros abordem", afirma que crê "que há um tema que se estende por todo o escopo da Escritura (em vez de permear cada livro da Escritura) e proporciona cola que une o conjunto inteiro", ou seja, "desde o princípio, era a intenção de Deus habitar entre seu povo e estar em relação com ele: 'Serei seu Deus e eles serão meu povo' (por exemplo, Lv 26:12; Jr 31:33; Ez 37:27; 2Co 6:16; Ap 21:3)". Em outras palavras, a "Bíblia acompanha esse tema desde o primeiro capítulo de Gênesis até os últimos capítulos do Apocalipse, enquanto se move do Éden, passando pelo tabernáculo e pelo templo, até a encarnação, a morada no Pentecostes e, finalmente, a nova criação".[162]

Este ponto é importante pelo que diz como pelo que não diz. Pela maior parte do Antigo Testamento, esse tema se desenvolve em direção à redenção em Cristo sem se referir especificamente a isso. É comum que a Bíblia em geral e o Antigo Testamento em particular sejam chamados de "história da redenção" ou "história da salvação". Se no uso dessa terminologia estiver implícito que tudo o que Deus faz ao longo da história e da Escritura está focado em nossa salvação pessoal dos nossos pecados, a terminologia é muito reducionista. Podemos ser (e seremos) eternamente gratos a Deus por oferecer libertação do

---

161 Pannenberg, Wolfhart. *Teologia sistemática* (Santo André/São Paulo: Academia Cristã/Paulus, 2009), vol. 2, p. 53-4.

162 Walton, John H. *Teologia do Antigo Testamento para cristãos: do contexto antigo à crença duradoura* (São Paulo: Loyola, 2021), p. 6.

pecado e justificação diante do Pai por intermédio de Cristo. Não nos atrevemos a negligenciar esse ponto importante. Mas o que Deus está fazendo é maior do que nossa salvação pessoal, por isso também não nos atrevemos a interpretar a Escritura como se fosse toda sobre nós.[163]

Por isso, Walton diz que, "recentemente, alguns têm tentado esclarecer a 'história da redenção' acrescentando à sua definição o plano de Deus de redimir e restaurar o cosmo", e tal "descrição mais ampla é mais factível, porque tira o foco da salvação pessoal", ao mesmo tempo que "inclui o conceito de que Deus vem trabalhando para restaurar todo o cosmo (inclusive nós) à condição que ele sempre desejou". Tal "tarefa indica quais sempre foram as intenções de Deus", por isso devemos "nos concentrar nas ações que ele empreendeu (o que ele fez para restaurar toda a criação para si) ou no produto pretendido (Deus habitando entre seu povo em um relacionamento com ele)". Portanto, "mesmo com o foco maior em mente, também precisamos estar atentos ao que é o desejo supremo de Deus para sua criação". Assim, devidamente entendida, "a salvação inclui a restauração de toda a criação por intermédio de Cristo", e o "resultado é a nova criação".[164] Por que é necessária uma "nova criação"? Uma vez que jamais existiria vida sem a criação de um planeta com as condições exatas para tal possibilidade, é necessário entender esse ponto, pois, se tudo foi criado perfeito, por que a salvação se tornou necessária? O ser vivo inteligente, responsável pelos cuidados e manutenção do planeta, promoveu uma desordem ao optar seguir pela direção contrária à prescrita pelo Criador, e, com esse ato, alterou-se o funcionamento de todas as coisas, inclusive da própria vida, originando, então, a necessidade de salvação, isto é, a libertação da desordem a que a natureza — a realidade como um todo, incluindo a vida, quer inteligente, quer não — foi submetida, conforme registra o texto paulino de Romanos 8:19-21 (TEB): "Pois a criação espera com impaciência a revelação dos filhos de Deus: entregue ao poder do nada — não por vontade própria, mas pela autoridade daquele que lha entregou —, ela aguarda a esperança, pois também ela será libertada da escravidão da corrupção, para participar da liberdade e da glória dos filhos de Deus", ecoando o que foi dito em Gênesis 3:17, quando a terra, no caso o solo mesmo, foi amaldiçoada e, por isso, "a criação inteira geme ainda agora nas dores do parto" (cf. Romanos

---

163 Ibid., p. 6-7.
164 Ibid., p. 7.

8:22). Como podemos ver, não se trata de algo que afetou somente os seres humanos, mas toda a criação. E a promessa não fala apenas do fato de que os seres humanos serão redimidos, e sim de uma redenção cósmica que reordenará, ou melhor, produzirá novos céus e nova terra (Apocalipse 21:1-3). Portanto, adotamos como linha de interpretação, ou melhor, como estrutura de estudo[165] a chamada "história da salvação", mas mesmo na perspectiva dos dois principais autores utilizados — Oscar Cullmann e George Ladd —, nos permitimos fazer adaptações e não aderimos a todo o conjunto do pensamento dos referidos autores, pois entendemos, por exemplo, que "a própria história profana inteira acha-se sob o direcionamento do Deus libertador da criação". Justamente por isso, o "primeiro lugar, onde se realiza salvação ou não salvação, é, portanto, [na] nossa assim chamada 'história profana'".[166] A razão é óbvia, pois Deus criou todas as coisas, animadas e inanimadas. Quanto aos seres humanos, ele não fez apenas os que o reconhecem, e mesmo os "ímpios", de acordo com o texto bíblico, igualmente carregam a "semelhança" de Deus, pois foram criados por ele (Tiago 3:9). Evidentemente que, como veremos no capítulo 8, isso não anula a necessidade do novo nascimento para a salvação pessoal, pois "a absoluta presença salvífica de Deus como tal é apenas oferta e dom", ou seja, ninguém "é salvo contra a própria vontade".[167] Mas o que queremos destacar nesse primeiro momento é o fato de que, não obstante todas as ambiguidades, a existência e a vida continuam sendo possíveis. Nas palavras de Edward Schillebeeckx,

> Salvação-vinda-de-Deus realiza-se em primeiro lugar na realidade mundana da história e não primariamente na consciência dos crentes, que sabem dela. A consciência conhecedora deste fato é naturalmente ela mesma dom especial, cuja importância não devemos subestimar.

---

165 "As propostas de um tema unificador incluem: (1) a presença de Deus, em si, (2) a história da salvação, (3) a formação do povo de Deus (Israel; a igreja), (4) as alianças (Noé, Abraão, Moisés, Davi, Jesus), e (5) a Narrativa da Continuidade (promessa do Antigo Testamento; cumprimento do Novo Testamento). Cada um desses itens, e outros enfoques para encontrarmos um tema unificador, tem sua própria combinação de pontos fortes e fracos, e essa teologia encontra seu tema unificador em ciclos recorrentes de momentos decisivos na história e teologia bíblica, enfoque esse que também tem sua própria combinação de pontos fortes e fracos" (STRONSTAD, Roger. *Teologia bíblica pentecostal: de Gênesis a Apocalipse: momentos decisivos da história da redenção* [Natal: Carisma, 2020], p. 17).

166 SCHILLEBEECKX, Edward. *História humana: revelação de Deus*, 2. ed. (São Paulo: Paulus, 2003), p. 29.

167 Ibid.

> Mas onde ocorrem estímulo do bem e luta contra o mal em prol do melhor para os homens, confirma-se de fato, por meio dessa práxis histórica, o ser de Deus — Deus como salvação para os homens, como fundamento de esperanças universais —, e se apropria, portanto, também da salvação de Deus por amor operoso. A história dos homens, a vida dos homens em sua relação mútua, é o lugar em que se realiza o processo de salvação ou não salvação.[168]

Nesse sentido, é preciso diferenciar "história da salvação" de "história da revelação", pois "Deus e sua iniciativa salvífica são como tais uma realidade *independente* da consciência humana, independente de nossa experiência de linguagem sobre Deus". Todavia, "nossa linguagem sobre Deus e sua iniciativa salvífica são dependentes tanto desta iniciativa como também do contexto histórico em que os homens falam dele", pois é fato que nossas "imagens de Deus e nossas ideias de salvação estão, pois, inseridas em contexto que muda sócio-historicamente".[169] Essa questão foi devidamente discutida no capítulo anterior. O ponto relevante a ser destacado sobre a *história da salvação* em contraposição à *história da revelação* é que, de acordo com Schillebeeckx, "nesta última, a história da salvação chega à experiência consciente e articulada de fé", mas, ao mesmo tempo, "é impossível uma história da revelação especial, como a que se deu em Israel e em Jesus", completa o autor, prescindindo da "geral história da salvação".[170] Conquanto Deus permita a vida e a possibilite, pois faz que o sol nasça e brilhe sobre maus e bons, também envia a chuva sobre justos e injustos (Mateus 5:45-46), ele igualmente não quer que a humanidade se contente apenas com isso; antes, deseja que todas as pessoas cheguem ao conhecimento da verdade e sejam salvas (1Timóteo 2:4), pois somente assim completa-se o círculo de seu plano original com que concebera e criara o universo. Essa consciência de uma salvação que não se circunscreve apenas ao mundo nem somente ao além, mas se inicia aqui e se completa posteriormente, ou seja, "o descanso", ou "repouso" (gr. *katapausis*), faz parte da consciência da tribo nômade do povo escolhido. De acordo com a Epístola aos Hebreus, interpretando o que ocorreu durante a peregrinação no deserto e depois na posse da terra prometida, eles ainda não estavam no

---

168 Ibid., p. 30.
169 Ibid., p. 30-1.
170 Ibid., p. 30.

CAPÍTULO 4 – Pneumatologia | 401

lugar definitivo, ou seja, com a revelação progressiva, Israel soube que a ocupação da área geográfica prometida por Deus a Abrão não era sua habitação última (Hebreus 4:1-11; cf. Salmos 95:7-11). O motivo de praticamente a totalidade do povo de Deus que deixou o Egito, excetuando Josué e Calebe, não ter desfrutado da "salvação" terrenal e não ter entrado na Terra Prometida é apontado, duas vezes, em Hebreus: "Portanto, como diz o Espírito Santo, se ouvirdes hoje a sua voz" (3:7) e "Hoje, se ouvirdes a sua voz, não endureçais o vosso coração" (4:7).

A perspectiva da história da salvação pode ser mais bem compreendida com uma contextualização do surgimento e criação dessa abordagem, pois dessa forma ficará claro que nossa opção em utilizá-la não é meramente uma escolha baseada em nossa preferência pessoal, e sim o fato de ela ser coerente com a dinâmica da revelação. Seguimos o resumo de George Ladd, pois muito do que será apenas mencionado já foi considerado com mais detalhes nos primeiros dois capítulos iniciais, bem como no anterior. Ladd inicia sua "história da teologia do Novo Testamento" informando que, durante o longo período da Idade Média, o estudo das Escrituras ficou totalmente relegado e subserviente ao dogma eclesiástico, ou seja, a "teologia da Bíblia foi usada apenas para reforçar os ensinos dogmáticos da Igreja, os quais eram fundamentados na Bíblia e na tradição da Igreja". Sequencialmente, informa que os reformadores reagiram contra essa posição que institui o caráter não escriturístico da teologia dogmática, defendendo que a "teologia deveria estar fundamentada apenas na Bíblia".[171] Em face do desenvolvimento das ciências naturais, a controvérsia em torno da questão hermenêutica ocupou importante espaço nas discussões dos estudiosos da Idade Média, pois todos os textos precisavam ser interpretados. A Bíblia não escapou a essa regra, e o seu caso era ainda muito mais sério, visto que algumas passagens eram interpretadas de modo literal, e outras, de maneira alegórica ou não literal. Assim, era necessário definir qual deles era o mais "preciso". A discussão a esse respeito remonta à teologia patrística, pois nesse período dois locais marcaram a divisão entre os principais métodos interpretativos: Alexandria e Antioquia. Segundo Alister McGrath, a escola alexandrina baseava-se no que ensinava Fílon (c. 30 a.C.-c. 45 d.C.) acerca do método alegórico. Essa metodologia de interpretação bíblica foi adotada pelos teólogos Clemente, Orígenes e Dídimo, o Cego. Já a escola de

---

171 LADD. *Teologia do Novo Testamento*, p. 18.

# 402 | TEOLOGIA SISTEMÁTICO-CARISMÁTICA

Antioquia, representada por Deodoro de Tarso, João Crisóstomo e Teodoro de Mopsuéstia, enfatizava que cada "oráculo profético, ao ser interpretado, possuía apenas um sentido histórico consistente, o literal".[172] Dessa distinção nasceu o método *Quadriga*, ou do "sentido quádruplo das Escrituras".[173] Era a chamada "escola do Ocidente", cujos representantes foram Hilário, Ambrósio, Jerônimo e Agostinho, "que argumentava em favor de um sentido quádruplo das Escrituras: histórico, etiológico (uma investigação acerca das origens e causas), analógico e alegórico".[174] Além do ecletismo dessa escola, outro elemento foi introduzido e supervalorizado: "a autoridade da tradição na interpretação da Bíblia".[175] "Autoridade" que, infelizmente, prometendo auxiliar os leigos na interpretação, mais tarde transformou-se em obrigatoriedade de adaptação do texto bíblico às "tradições e doutrinas da igreja",[176] isto é, não era o dogma, a doutrina ou a teologia que deveriam se encaixar na Bíblia, mas o contrário!

Invertendo essa ordem, os reformadores defenderam que a "Dogmática deve ser a formulação sistemática dos ensinos da Bíblia" e, com tal "nova ênfase", provocaram a necessidade do "estudo das línguas originais da Escritura", criando também "uma conscientização quanto à importância do papel da história na teologia bíblica". Atrelado a isso, "insistiram que a Bíblia deveria ser interpretada literalmente, em vez de alegoricamente, e essa abordagem teve como consequência uma verdadeira teologia bíblica". Todavia, óbvio como é, diz Ladd, "a perspectiva histórica dos reformadores era imperfeita e, muitas vezes, o Antigo Testamento foi interpretado não em termos do seu próprio contexto histórico, mas em termos da verdade neotestamentária", pois o próprio "Calvino escreve como se os judeus conhecessem e compreendessem, embora de modo imperfeito, a doutrina da pessoa de Cristo encontrada no Novo Testamento".[177] A despeito de o reformador francês ser apontado por Philip Schaff como criador do método histórico-gramatical,[178] sabe-se que Calvino

---

172 MᴄGʀᴀᴛʜ, Alister. *Fundamentos do diálogo entre ciência e religião* (São Paulo: Loyola, 2005), p. 16.

173 Ibid., p. 17.

174 Kᴀɪsᴇʀ Jʀ., Walter C.; Sɪʟᴠᴀ, Moisés. *Introdução à hermenêutica bíblica: como ouvir a Palavra de Deus apesar dos ruídos de nossa época* (São Paulo: Cultura Cristã, 2002), p. 214.

175 Ibid.

176 Ibid., p. 215.

177 Lᴀᴅᴅ. *Teologia do Novo Testamento*, p. 18.

178 Citado por Hᴏsᴘᴇʀs, Gerrit Hendrick. *The principle of spiritualization hermeneutics* (East Williamson: Author, 1935), p. 12, in: Pᴇɴᴛᴇᴄᴏsᴛ, J. Dwight. *Manual de escatologia: uma análise detalhada dos eventos futuros* (São Paulo: Vida, 1998), p. 57.

CAPÍTULO 4 – Pneumatologia | 403

interpretava determinados textos das Escrituras de maneira alegórica,[179] ou seja, somente assim seria possível o reformador conceber tal pensamento. O problema foram as consequências dessa ruptura. "Os resultados alcançados pelos reformadores no estudo histórico da Bíblia foram esquecidos rapidamente, no período imediatamente posterior à Reforma, e a Bíblia foi mais uma vez utilizada [...] para servir de apoio à doutrina ortodoxa" e vista "como um livro sem desenvolvimento e progresso", ou seja, a "Bíblia, em seu todo, foi considerada como possuindo um único nível de valor teológico" e, nessa artificialidade metodológica desenvolvida pelo escolasticismo ortodoxo, completa Ladd, a "história foi completamente absorvida pelo dogma, e a filologia tornou-se um ramo da dogmática".[180] Ainda que os dogmas protestantes fossem diferentes, retornou-se ao que antes havia sido criticado no catolicismo, que era o uso da Bíblia para apoiar os dogmas em vez de utilizá-la para construí-los, avaliá-los, corrigi-los e criticá-los. Como não poderia deixar de ser, a reação veio nos séculos 18 e 19 com o racionalismo, que gerou o liberalismo teológico e os estudos das ciências da religião, respectivamente, lançando os teólogos que não concordaram e reagiram para o outro extremo. Felizmente, informa Ladd:

> Uma perspectiva mais histórica foi estruturada por J. C. K. Hofmann em uma série de escritos iniciados em 1841 (*Prophecy and Fulfillment*, [Profecias e seus cumprimentos]). Ele procurou vindicar a autoridade e a inspiração da Bíblia por meios históricos, desenvolvendo sua teologia da *Heilsgeschichte* (história da salvação). Hofmann encontrou na Bíblia um registro do processo da história santa ou salvífica, que tem como objetivo a redenção de toda a humanidade, o qual, porém, não será plenamente concluído senão por ocasião da consumação escatológica. Ele procurou colocar cada livro da Bíblia em seu lugar lógico no esquema da história da redenção. Esses estudiosos, que fazem parte da chamada "escola de Erlangen", não consideraram a Bíblia como basicamente uma coleção de textos-prova ou um repositório de doutrina, mas como o testemunho do que Deus havia realizado na história da salvação. Defendiam que as afirmações proposicionais na Escritura não foram feitas para serem um fim em si mesmas nem um objeto de fé;

---

179 BERKHOF, Louis. *Teologia sistemática*, 4. ed. (São Paulo: Cultura Cristã, 2012), p. 338.
180 LADD. *Teologia do Novo Testamento*, p. 18.

mas que foram designadas para serem as portadoras do testemunho dos atos redentores de Deus".[181]

George Ladd escreve em 1974 e diz que, naquele momento histórico, estava surgindo uma "nova forma da teologia da *Heilsgeschichte*" (da qual ele mesmo veio a se tornar um dos principais representantes), "pois há um amplo reconhecimento de que a revelação aconteceu na história redentora e que a *Heilsgeschichte* é a melhor maneira para se compreender a unidade da Bíblia".[182] Isso, obviamente, não significa que a perspectiva não tenha inconsistências e não necessite de correções e auxílio de outros métodos. Todavia, alinhamo-nos aos teólogos pentecostais como Paul Pomerville, Anthony Palma e Robert Menzies, por exemplo, que entendem que essa estrutura denominada *Heilsgeschichte*, em alemão, traduzida por "história da salvação", faz jus ao texto, à dinâmica da revelação, à lógica da fé e, por conseguinte, à tradição carismático-pentecostal, ao mostrar claramente que Deus se revelou na história, isto é, as pessoas viveram experiências com ele. Tal percepção, incrivelmente, trouxe grandes desafios, sendo um deles o próprio fato de que o "método crítico revelou, de modo bem claro", diz Ladd, "a unidade viva dos documentos do Novo Testamento", ou seja, o "historiador é compelido a afirmar que tanto a unidade como o caráter único dessa reivindicação são fatos históricos". Mas, *paradoxalmente*, tal "reivindicação, ainda que ocorra na história, transcende-a, pois exige do historiador o que ele não pode fornecer como historiador: um juízo teológico de significado supremo".[183] Justamente por isso, a perspectiva historicista racionalista, por mais contraditório que soe, revelava-se ingênua e inepta para uma abordagem não apenas da Bíblia, mas até mesmo da realidade. Assim, a partir de 1950, informa Ladd, inicia-se, no contexto da erudição bíblica estadunidense, "um debate entre uma abordagem teológica da interpretação do Novo Testamento e uma abordagem estritamente 'científica' que insiste que as considerações de fé pertencem à disciplina da Teologia Sistemática".[184] Apesar de tal pensamento não estar de todo certo, Ladd propõe uma saída para essa tensão entre as duas formas de teologia, dizendo que a "teologia bíblica é a disciplina que estrutura a

---

181 Ibid., p. 20-1.
182 Ibid., p. 21.
183 Ibid., p. 26.
184 Ibid., p. 30.

CAPÍTULO 4 – Pneumatologia | 405

mensagem dos livros da Bíblia em seu ambiente formativo histórico", ou seja, a "teologia bíblica é basicamente uma disciplina descritiva, cuja abrangência não busca primeiramente o significado final dos ensinos da Bíblia, ou sua relevância para os dias atuais", pois essa é "uma tarefa da teologia sistemática".[185] Numa palavra, a "tarefa da teologia bíblica é expor a teologia na Bíblia em seu contexto histórico, com seus principais termos, categorias e formas de pensamento", já que o *propósito* óbvio da Bíblia é contar a história a respeito de Deus e de seus atos na história para a salvação da humanidade".[186]

> A teologia bíblica não é [...] a história da busca humana com relação a Deus, [...] tampouco uma descrição de uma história da experiência religiosa. A teologia bíblica é *teo*logia: é primeiramente uma história a respeito de Deus e de seu interesse e do seu cuidado para com os seres humanos. Ela existe unicamente em virtude da iniciativa divina realizada em uma série de atos divinos cujo objetivo é a redenção humana. A teologia bíblica, por conseguinte, não é de modo exclusivo, ou mesmo primário, um sistema de verdades teológicas abstratas. Constitui-se basicamente na descrição e na interpretação da atividade divina no contexto do cenário da história humana, cujo objetivo é a redenção do homem.[187]

É justamente por causa dessa dinâmica que desde o início temos insistido em explicar que uma teologia sistemático-carismática é mais bíblica que escolástica, pois, em vez de preocupar-se com uma combinação filológica artificial dos diversos documentos das Escrituras, prioriza a coerência teológica com a dinâmica revelacional e a lógica da fé, ambas paradoxais ao pensamento cartesiano e pretensioso do racionalismo que instrui as teologias sistemáticas manualísticas. Em termos diretos, uma teologia sistemático-carismática é e tem de ser diferente da abordagem tradicional, visto que parte de uma perspectiva dinâmica, não estática, acompanhando o que é permanente nas Escrituras, isto é, a manifestação divina. Ela não segue a concepção reducionista que absurdamente instrui a perspectiva escolástica e racionalista, que toma, por exemplo, uma expressão de um autor sagrado e a utiliza para, erroneamente, interpretar os demais, forçando textos distintos, em momentos

---

185 Ibid., p. 38.
186 Ibid.
187 Ibid., p. 39 (grifo no original).

## 406 | TEOLOGIA SISTEMÁTICO-CARISMÁTICA

diferentes, a dizerem a mesma coisa.[188] Portanto, o caminho da nossa análise teológica, inevitavelmente, resultará em um produto final que difere das sistemáticas que acompanham outra tendência. Tendência que, traduzida num aporte teórico que faz a mediação para apresentá-la coerente como discurso final, observe-se, é totalmente oposta e estranha à realidade sobrenatural do conjunto dos feitos e atos redentores ao longo da história geral, ou profana, que é a história da salvação. Não há dúvida de que tal plataforma filosófica fazia sentido aos teólogos sistemáticos dentro do contexto em que eles traduziram os dados bíblicos para a realidade de sua época. Todavia, é necessário perceber quando o discurso não faz mais sentido algum em outra época, não por fatores externos, mas por conta de se ter mais luz em relação à própria Escritura, abrindo espaço para reconsiderá-lo e revisá-lo. O grande problema é que, ao elevar tais manuais e os sistemas teológicos que os fundamentam ao *status* de infalíveis e irrevisáveis, tem-se, então, uma dificuldade de proporções gravíssimas. De nossa parte, achamos coerente seguir a dinâmica revelacional e a lógica da fé, pois inclusive o "elo de ligação entre o Antigo e o Novo Testamento é esse sentido da atividade divina na história", diz Ladd, observando, porém, que a "teologia ortodoxa tem tradicionalmente subestimado, ou ao menos dado pouca ênfase ao papel dos atos redentores de Deus na revelação".[189] O mesmo autor aponta o reducionismo do "ensaio clássico de B. B. Warfield", pois, apesar de este reconhecer "o fato da revelação por intermédio da instrumentalidade dos atos históricos", completa Ladd, "subordina a revelação por meio de atos à revelação por meio de palavras". Tal posição acaba sendo reproduzida, pois, conforme "outro autor evangélico definiu a 'revelação no sentido bíblico do termo'", ela acaba sendo vista estritamente "como a comunicação da informação".[190] Ocorre, entretanto, que dessa forma a "história é alijada por esse ponto de vista que somente busca a comunicação por meio da fala", ignorando os próprios dados escriturísticos que mostram ser "mais acurado dizer que a 'revelação se movimenta na dimensão do encontro pessoal'", já que este "é de fato o fim de toda revelação", ou seja, "ver a face de Deus". Óbvio como é, o "que Deus revela não é somente informação

---

188 "Desde o início, os estudiosos têm buscado descobrir seus temas unificadores, e essa tentativa tem derrotado as melhores mentes, pois a Bíblia foi escrita, livro após livro, em diversos cenários históricos por um período de, provavelmente, 1.500 anos" (STRONSTAD. *Teologia bíblica pentecostal*, p. 17).

189 LADD. *Teologia do Novo Testamento*, p. 39.

190 Ibid.

acerca de si mesmo e do destino humano; ele revela sua *própria pessoa*, e esta revelação acontece por intermédio de uma série de eventos históricos".[191]

## — Eventos histórico-redentores e/ou histórico-salvíficos —

Tendo compreendido o contexto e o surgimento da perspectiva da história da salvação e verificado que se trata de uma posição que surge, justamente, por não se inscrever nem no liberalismo teológico nem no escolasticismo ortodoxo, ambos protestantes e racionalistas, podemos seguir mostrando que a perspectiva carismático-pentecostal é não apenas bíblica — o que já seria o máximo a que qualquer tradição possa aspirar —, mas também teológica, passando muito longe do simplismo de "não ser teologia". O que se tem é uma linha teológica que difere do *mainstream* sem, contudo, ser menos bíblica, racional, propositiva e conservadora. Sem esclarecer esses aspectos, é possível que teólogos carismático-pentecostais bem-intencionados, mas alheios à questão dos pressupostos de abordagem das Escrituras e suas implicações para a teologia, continuem tentando, em vão, adequar sua prática de fé a uma perspectiva teológica racionalista que desconsidera a experiência por supervalorizar a revelação proposicional, em detrimento da primeira e mais abrangente forma de Deus se autorrevelar, e ter todo o arcabouço do seu sistema teológico dependente e/ou fundamentado nas concepções teóricas do sistema de pensamento. Tal concessão gera enormes prejuízos e descaracterização, pois, a despeito de ambas as tradições partirem das Escrituras, possuem abordagens diametralmente opostas e díspares, não sendo possível conciliá-las nem metodologicamente nem, muito menos, em seu produto final. Isso, contudo, não significa que devamos nos desconsiderar, digladiando uns com os outros e acusando-nos mutuamente com classificações pejorativas e ofensivas, seja ao modo preconceituoso acadêmico, seja ao modo desprezível doutrinário, pois muitas injustiças e pecados acabam sendo cometidos em tais controvérsias. Não é preciso dizer do mau testemunho dessa postura e dos prejuízos institucionais e pessoais advindos desse tipo de comportamento. O que precisa ficar claro é que se trata de posições diferentes, e até divergentes em muitos temas, sem que isso configure heresia e extrapolação dos limites doutrinários da tradição cristã. Quanto ao estranhamento, é algo perfeitamente normal e aceitável que haja, pois o que não conhecemos, mesmo que

---

191 Ibid.

não seja necessariamente "novo" (a *Heilsgeschichte* é de 1841), gera esse tipo de reação. Todavia, insistimos, se de fato as Escrituras são nossa regra de fé e prática e a autoridade final e inquestionável para nossa vida e produção teológica, são elas, não os teólogos, a tradição ou o sistema teológico, quem decide a verdade.

Tendo claro que os eventos relatados no texto bíblico não são apenas acontecimentos históricos *per se*, mas eventos redentores, ou histórico-salvíficos, cujo propósito era conduzir a realidade, com seus distintos atores, sejam ímpios ou não, para o fim almejado pelo Criador, voltamo-nos ao texto bíblico, com o olhar sistemático-carismático, para analisar alguns episódios. Convém deixar claro, porém, que nada é fortuito nas Escrituras, já que, referindo-se ao Antigo Testamento, Paulo diz que "tudo o que no passado foi escrito, para o nosso ensino foi escrito, a fim de que, pela paciência e pela consolação das Escrituras, tenhamos esperança" (Romanos 15:4, NAA). Não temos espaço para analisar todos os documentos e, nestes, todos os acontecimentos, pois assim teríamos produzido um comentário bíblico, não uma teologia sistemático-carismática. Nossa tarefa é olhar alguns eventos redentores principais, obviamente de nossa perspectiva, na intenção de falar a respeito da atuação extraordinária do Espírito Santo, pois, como já dissemos, de forma contínua ele está em atividade, inclusive agora mesmo! Tal juízo teológico não é algo exclusivamente defendido pela tradição carismático-pentecostal, pois, como já citamos no capítulo anterior, o próprio apóstolo Paulo diz que "nele vivemos, nos movemos e existimos". Este, estabelecendo um "ponto de contato" com os atenienses no Areópago ao citar os poetas (filósofos-teólogos pagãos) Arato e Cleantes, completa seu discurso afirmando: "como alguns dos poetas de vocês disseram: 'Porque dele também somos geração'" (Atos 17:28, NAA). Portanto, é dado escriturístico que Deus, por meio do Espírito Santo, está em plena atuação contínua no universo. Portanto, uma vez que se trata da produção de uma pneumatologia sistemático-carismática, cabe-nos interpretar o sentido que tais eventos redentores possuem, já que essa missão extrapola, por exemplo, o campo de atuação do historiador. Nosso olhar, assim como os eventos, não é estritamente histórico, mas teológico. Não teológico racionalista e antissobrenatural, mas teológico carismático e sobrenatural, pressupostos inconciliáveis que, naturalmente, mudam radical e completamente não só o produto final, mas a forma de apreensão do que queremos captar e, então, refletir a respeito. Isso se deu com o apóstolo Paulo,

CAPÍTULO 4 – Pneumatologia | 409

nosso maior exemplo, pois, apesar de ser doutor da Lei (Atos 22:3; Filipenses 3:4-7), após passar pela experiência de conversão na estrada de Damasco, certamente teve uma transformação na forma de ler e interpretar as Escrituras hebraicas (Atos 9:1-9; Gálatas 1:11-17; Filipenses 3:8), ou seja, não foram elas que mudaram, pois eram justamente as mesmas; antes, o olhar exegético, histórico e teológico do futuro apóstolo foi que mudou.[192] É sob essas lentes que vamos considerar o tema.

## O Espírito Santo na Criação

Tomando como ponto de partida o fato de que a vida só foi possível em razão de haver um planeta preparado especialmente para possibilitá-la, e que a ordem do universo foi tornada possível com a separação do "caos" pelo Espírito Santo, percebemos um princípio que perpassa as Escrituras e que acaba sendo motivo de confusão em vez de esclarecimento. Trata-se da *economia divina*, ou seja, a administração do universo pela Trindade econômica, levando alguns teólogos a pensar, erroneamente, que as diferentes obras executadas pelas Pessoas da Trindade pressupõem uma gradação entre elas. Apesar da menção inicial aqui, retomaremos posteriormente esse aspecto em particular. O que basta para nossa análise, no momento, é entender que desde Gênesis 1:2 começa a história da salvação, pois ela consiste em proporcionar ao universo, e especialmente ao planeta azul, as condições para que a vida que seria criada fosse possível e também mantida.[193] Não vamos nos deter em discussões modernas a respeito de como o todo foi criado, muito

---

192 Os interessados em aprofundar-se nesse aspecto metodológico podem consultar o texto "A experiência religiosa e do Espírito como instrumentos de transformação da forma de crer e de pensar" em CARVALHO. *Pentecostalismo e pós-modernidade*, p. 371-405.

193 "É bem sabido que o primeiro versículo da Bíblia é problemático gramaticalmente e talvez não possa ser julgado em bases puramente gramaticais. Minha tendência é considerar Gênesis 1:1 como uma oração subordinada temporal, traduzida assim: 'quando Deus começou a criar...', o que faz do versículo 2 a oração principal da sentença inicial da Bíblia. Esse modo de compreender a gramática desse versículo sugere que aqui se diz que Deus está trabalhando em uma realidade existente (o caos), a qual ele ordena pela palavra e vivifica pelo sopro (espírito). Ao longo do restante do capítulo, Deus continua criando mediante a palavra e ação um mundo com ordem, vitalidade e fecundidade, o qual possibilita a vida e que, finalmente, é julgado por Deus como 'muito bom' (v. 31)", explica Walter Brueggemann, dizendo ainda que a "disposição dessa retórica é evidenciar que Deus está no controle de forma serena e suprema. Aqui não há luta, ansiedade ou riscos" (BRUEGGEMANN, Walter. *Teologia do Antigo Testamento: testemunho, disputa e defesa* [São Paulo/Santo André: Paulus/Academia Cristã, 2014], p. 222-3). Victor Hamilton apresenta um resumo interessante acerca das três principais visões do primeiro versículo da Bíblia (*Manual do Pentateuco*, 2. ed. [Rio de Janeiro: CPAD, 2006], p. 30-3).

## 410 | TEOLOGIA SISTEMÁTICO-CARISMÁTICA

menos enveredar-nos no caminho absurdo de querer tomar textos com propósitos tão distintos, como os dos relatos da criação em Gênesis 1 e 2, para discutir teorias cosmológicas, ou da física, como se tal objetivo estivesse sendo considerado, na época, pelo hagiógrafo.[194] O que nos importa aqui é, conforme já anteriormente dissemos, compreender o impacto dessa mensagem no ambiente em que ela foi proclamada, pois, antes de ser texto, o relato da criação foi narrativa oral revelada pelo Criador e repassada ao seu povo e, ainda mais importante, foi um evento histórico-redentor levado a efeito pelo Espírito Santo. Na verdade, esse é o nosso intento. Todavia, como já temos feito desde o primeiro capítulo, compreender o *background* do texto, além de ajudar na compreensão do seu sentido, faz que valorizemos ainda mais sua mensagem. Sobretudo o hebraico bíblico, cuja linguagem é pictórica, ou seja, "os termos são classificados, em termos de sintaxe, em estado construto ou estado absoluto".[195] É sabido que, em se tratando de antigo Oriente Próximo, Israel é um povo relativamente novo, formado e habitando entre civilizações politeístas que já possuíam sistemas religiosos consolidados e, por isso mesmo, tendo seus mitos de criação em torno dos quais se construía tudo o mais, pois o "mito cosmológico, até onde sabemos, é geralmente a primeira forma simbólica criada pelas sociedades quando elas ultrapassam o nível de organização tribal",[196] explica Eric Voegelin.

---

194 Assim como o matemático cristão John Lennox diz, nos dias de hoje, que a "declaração de Gênesis é uma declaração de fé, não uma declaração de ciência" (LENNOX, John C. *Por que a ciência não consegue enterrar Deus* [São Paulo: Mundo Cristão, 2011], p. 40), e autores contemporâneos como Bruce Waltke e Cathi Fredericks da mesma forma afirmam que o relato da Criação em Gênesis pode ser descrito "como uma representação artística e literária da Criação destinada a fortificar a aliança divina com a criação" (WALTKE; FREDERICKS. *Comentário do Antigo Testamento*, p. 92), igualmente, em 1909, em um dos textos de *Os fundamentos* que trata especificamente de Gênesis, o autor, James Orr, diz que a "Bíblia, em hipótese alguma, foi-nos concedida para que se antecipassem ou se preestabelecessem as descobertas da ciência do século 20" (ORR, James. "As primeiras narrativas do Gênesis" in: TORREY, R. A. [org.]. *Os fundamentos: a famosa coletânea de textos das verdades bíblicas fundamentais* [São Paulo: Hagnos, 2005], p. 86). Na mesma obra, outro autor, Dyson Hague, falando sobre o "valor doutrinal dos primeiros capítulos de Gênesis", afirma que "Gênesis definitivamente não é uma declaração de história científica" (ibid., p. 111). Mesmo porque, "se a intenção do primeiro capítulo de Gênesis realmente fosse nos dar a 'data' da criação da terra e dos céus", afirma James Orr em outro texto de *Os fundamentos*, "a objeção seria incontestável". Ele, porém, acrescenta que "as coisas, como no caso da astronomia, são agora mais bem entendidas, e poucos ficam perturbados ao ler suas Bíblias, porque sabemos que o mundo é imensamente mais velho que os seis mil anos que a antiga cronologia estimou que tivesse" (ORR, James. "Ciência e fé cristã" in: TORREY [org.]. *Os fundamentos*, p. 138).

195 HAMILTON. *Manual do Pentateuco*, p. 31.

196 VOEGELIN. *Ordem e história*, p. 60.

"Cada civilização antiga produziu seu próprio conjunto de literatura mitológica, em que os assuntos mais correntes eram as origens e o comportamento dos deuses (denominados mitos) ou as façanhas de heróis da antiguidade (denominadas lendas)", explica o teólogo Victor Hamilton, especialista em Antigo Testamento. Ele diz que, ao passo que nos mitos "os personagens são sempre deuses", nas "lendas, são principalmente pessoas, mas os deuses também possuem papéis de destaque". Justamente por isso, pergunta: "Em que essas histórias contribuem para o nosso conhecimento e compreensão do Antigo Testamento? Para que deveríamos estudá-las, que não por maiores informações e conhecimentos acerca de religiões e culturas antigas?". De contínuo responde estar "convencido de que as implicações de Gênesis tornam-se ainda mais dramáticas quando o comparamos a outros relatos da criação, como os da Mesopotâmia, por exemplo (seja suméria, seja assíria, seja babilônica)", ou seja, é "em comparação com relatos de temática idêntica que surge a singularidade da mensagem e fé bíblicas".[197] O mesmo autor converge com o que já havíamos dito anteriormente: comparando os relatos paralelos, vemos que a similaridade entre eles não vai além da estrutura textual e linguagem, pois o conteúdo difere abissalmente! Assim, ele destaca que devemos "lembrar que Gênesis 1-2 não foi produzido pela nação chamada Israel, no sentido de serem reflexões de um indivíduo (ou indivíduos) a respeito das origens", isto é, não foi produto da mentalidade arguta dos hebreus, assim como a dos outros povos, visto tratar-se "de revelações divinas: verdades que os seres humanos não podiam conhecer, a menos que lhes fossem reveladas do alto".[198] Essa é a primeira e mais importante questão. O povo escolhido precisava ter muito claro que o Deus de Abraão, de Isaque, de Jacó e de José não era produto da mentalidade mítica e religiosa, a exemplo dos deuses concebidos pelos demais povos, incluindo, o egípcio. Em virtude do longo período de incubação entre eles, certamente o povo hebreu absorveu muito da religiosidade daquela civilização, e tal cultura religiosa precisava ser descontruída.

Portanto, num contexto como esse, é fato que os hebreus precisavam ter o seu próprio relato da criação, e não é coincidência que Deus o revele em época que corresponda justamente à transição do período do cativeiro, ou seja, entre a peregrinação no deserto e a chegada do povo à Terra Prometida.

---

197 Hamilton. *Manual do Pentateuco*, p. 34.
198 Ibid., p. 34-5.

# 412 | TEOLOGIA SISTEMÁTICO-CARISMÁTICA

Seguindo a tradição judaica que afirma que Moisés escreveu o livro de Jó entre os midianitas, sendo por isso o livro mais antigo da Bíblia, é possível inferir que os relatos da criação vieram realmente em época análoga à mencionada por Voegelin, pois faz todo o sentido que eles sejam conhecidos a partir do êxodo, logo após a saída do povo. Por quê? O texto intui o objetivo por trás dos relatos? A interpretação que se tem da análise filológica do texto não consegue avançar muito sem o conhecimento da cultura ao redor do povo de Deus. Se, por um lado, desde o início deste segundo capítulo das análises doutrinárias das principais doutrinas da fé cristã em uma perspectiva carismático-pentecostal, já temos mostrado diversas vezes a participação do Espírito Santo na criação, por outro lado, chegamos a um ponto crucial em que tal conhecimento lança ainda mais luz sobre o que já sabemos dos acontecimentos que antecederam a saída dos hebreus do Egito. A permissão divina ao envio das pragas relacionadas ao desequilíbrio do funcionamento da natureza tinha vários objetivos, que muitos comentaristas e estudiosos se dedicaram a mostrar — punição, juízo, desconstrução das ideias de que as divindades egípcias controlavam cada área, ou parte, que sofrera transtornos etc. —, não sendo necessário relatá-los aqui. Mas sua lembrança, sobretudo a última, que fala sobre o controle, tem relação direta com o texto de Gênesis 1:2 e igualmente com a radical diferença que verificamos entre os relatos bíblicos da criação e os mitos dos povos pagãos do antigo Oriente Próximo. Até mesmo as longas e acaloradas discussões sobre se há de fato uma lacuna que separa duas criações uma da outra também poderiam ser menos fratricidas com a observação do contexto cultural, ou seja, a mentalidade do mundo antigo e a possível finalidade dos relatos da criação, que, como veremos, nada têm que ver com teorias da ciência moderna.

Que Deus criou todas as coisas e que as fez do nada, para os que realmente creem nas Escrituras, não há dúvida, e não há necessidade de "provar" isso. Tal fato nem sequer está sendo considerado aqui e, muito menos, nos relatos da criação, pois, para a mentalidade do hebreu, essa discussão moderna, naquele momento histórico, não teria sentido algum. O que realmente precisava ficar claro era que Deus, além de ter domínio sobre a natureza, é distinto dela. Este é o ponto. Por isso, no texto de Gênesis 1:2 "encontramos que o material já está presente (terra, mares) e que este mundo rudimentar está coberto com água e escuridão", diz o teólogo John Walton, especialista em cultura oriental e Antigo Testamento, acrescentando que "as cosmologias do Antigo Oriente

Médio compartilhavam dessa suposição", ou seja, de que mar e escuridão são sinônimos de "não ordem".[199] Todavia, o mesmo autor chama a atenção para a verdade de, logo adiante, os relatos da criação mencionarem as origens materiais do universo, mostrando claramente que Deus criou do nada. Ele acrescenta que este dado, para além das buscas de algum "enigma secreto", deveria aguçar nossa curiosidade. Para Walton, quando se trata do estudo de Gênesis 1:2, devemos nos concentrar "na combinação hebraica *tōhū* e *wābōhū*", que, em nossas traduções bíblicas, geralmente aparece como "sem forma e vazia", o que, segundo ele, "implica que a matéria está presente, mas sem forma, e que o palco está vazio de atores".[200] Comparando as duas outras ocorrências da combinação de *tōhū* e *bōhū* na Bíblia (Isaías 34:11; Jeremias 4:23), pois "*tōhū* nunca aparece sozinho", constata-se que tais usos não dão base para estabelecer definitivamente o significado de *tōhū* como "vazio", restando a busca pelo sentido dessa expressão hebraica em suas 27 ocorrências, sendo mais da metade delas em Isaías, acrescenta o mesmo autor, e "verifica-se que essa palavra descreve uma terra selvagem ou desolada".[201] A análise das demais ocorrências em contextos negativos fornece a base para a conclusão de que "a condição inicial em Gênesis 1.2, a pré-criação que descreve a não existência, é a condição em que há carência, não de matéria, mas de ordem e propósito". Por isso, Walton esclarece que a tradução "'Sem forma' não é uma boa escolha, porque ainda implica que o contorno material seja o foco", mas "não é", e tal "nos conduz à conclusão de que, para Israel, a criação resolve a ausência de ordem, não a ausência de matéria".[202] Assim, caso a "imagem de 'antes' retrat[e] a 'não existência' para o mundo antigo", concluímos que esta não quer expressar matéria, pois "a 'existência' também não é uma categoria material", ou seja, "é uma categoria funcional referindo-se a uma situação ordenada".[203]

> Neste ponto da discussão cabe uma palavra breve sobre o conceito de *ex nihilo* (do latim, "a partir do nada"). Uma interpretação de Gênesis 1 como a que proponho, que entende que o texto se preocupa com a introdução de ordem e funcionalidade ao invés de matéria reconhece que a atividade nos sete dias não é uma criação a partir do nada.

---

199 WALTON. *O mundo perdido de Adão e Eva*, p. 26.
200 Ibid.
201 Ibid.
202 Ibid., p. 27.
203 Ibid.

# 414 | TEOLOGIA SISTEMÁTICO-CARISMÁTICA

*Ex nihilo* é uma categoria material, embora nem sempre seja esse seu foco. Gênesis 1 não é um relato de origens materiais, portanto *ex nihilo* não se aplica. Por favor, note, entretanto, que, quando Deus criou o cosmos material (e foi ele quem o fez), ele o fez *ex nihilo*. Essa doutrina vem de João 1.3 e de Colossenses 1.16, não de Gênesis 1. Em ambas as passagens do Novo Testamento, a ênfase está na autoridade e no status do Filho de Deus, não nos objetos criados. Em outras palavras, a criação *ex nihilo* é correta teologicamente (de fato essencial, uma vez que Deus não é contingente), mas literalmente isso não está em discussão em Gênesis 1. A história das origens materiais não é a história que o texto relata aqui. Os autores, sob a condução do Espírito Santo, contaram a parte da história mais significativa para eles (as origens do cosmos ordenado, funcional) e, indiscutivelmente, também para a teologia. Deus não apenas construiu o cosmos, mas o fez funcionar de uma determinada maneira e por uma certa razão e o sustém momento a momento.[204]

Portanto, concordamos com o autor em que "o conceito de Gênesis 1 diz respeito ao estabelecimento da ordem", pois tal pensamento pressupõe que, "em termos bíblicos, a ordem é relacionada ao espaço sagrado". O "espaço sagrado é o centro da ordem, na medida em que Deus é a fonte da ordem" e, por isso mesmo, "quando falamos sobre o estabelecimento da ordem, estamos, de fato, falando sobre o estabelecimento de um espaço sagrado".[205] O que isso significa? "O cosmos foi preparado para nós com um propósito bem específico: que nós estivéssemos onde Deus está." Tal "sempre foi o plano divino", e, nesse entendimento, é "a presença de Deus no cosmos que se faz digna de nota", ou seja, por meio de "sua presença, ele tornou o cosmos um espaço sagrado".[206] E a questão inevitável é: Como devem viver os habitantes de um espaço sagrado? Para além de toda a linguagem simbólica que nos proporciona o entendimento da mensagem que Deus quer comunicar, tomando como analogia a ideia de um templo, que, conforme o Salmo 132, "era o centro do governo divino", pois, conforme vimos acima, na argumentação de Eric Voegelin, e agora nas palavras de John Walton, o templo, no "mundo antigo [...] era a base de comando do cosmos — a sala de controle a partir

---

204 Ibid., p. 31-2.
205 Ibid., p. 32.
206 Ibid., p. 42.

da qual o deus mantinha a ordem, estabelecia decretos e exercia soberania". Por isso, os "relatos de construção de templos eram geralmente acompanhados de cosmologias, pois, após estabelecer a ordem (o foco das cosmologias no mundo antigo), o deus assumia o controle daquele sistema ordenado". Conforme o mesmo autor, este é "o elemento que estamos, infelizmente, perdendo em nossa leitura do relato de Gênesis", pois nele "Deus ordenou o cosmos com o propósito de sua residência e governar sobre ela". Mas ele "não está fazendo um lar apenas para as pessoas", ou seja, Deus "está fazendo um lar para si mesmo, embora ele não precise disso". Seguindo a metáfora, o "cosmos não é apenas uma casa; ele é um lar".[207] Nesse caso, faz todo o sentido o texto de Gênesis 2:2, que diz que, no sétimo dia, "Deus descansou", pois, caso não admitamos a linguagem simbólica da fé, estaremos criando um problema sério que vai além da *antropomorfização* de Deus, conforme explica o filósofo holandês reformado Herman Dooyeweerd. Este diz que, ao se "desconsiderar o aspecto da fé da ordem temporal e utilizando-se de conceitos astronômicos e geológicos de tempo, a teologia foi emaranhada no seguinte dilema: se esses dias devem ser entendidos no sentido de dias astronômicos de 24 horas, eles devem ser interpretados como períodos geológicos". O mesmo autor observa ironicamente que se trata de um "dilema curioso", visto que "não ocorreu a qualquer teólogo aplicar essa alternativa ao sétimo dia, o dia em que Deus descansou de todo o trabalho que havia feito", pois tal "poderia ser corretamente considerado blasfêmia".[208] Podemos agora retornar à tese de Voegelin da necessidade de um relato:

> A ordem da história surge da história da ordem. Toda sociedade vê-se encarregada da tarefa de, sob suas condições concretas, criar uma ordem que dote de significado o fato de sua existência em termos dos fins divinos e humanos. E os esforços de encontrar as formas simbólicas que exprimam adequadamente esse significado, ainda que imperfeitos, não constituem uma série sem sentido de fracassos. Pois as grandes sociedades, a começar pelas civilizações do antigo Oriente Próximo, criaram uma sequência de ordens inteligivelmente vinculadas entre si como avanços na direção de, ou afastamentos de, uma simbolização adequada da verdade referente à ordem do ser de que a ordem da

---

207 Ibid., p. 46.
208 Dooyeweerd, Herman. *No crepúsculo do pensamento ocidental: estudos sobre a pretensa autonomia do pensamento filosófico* (São Paulo: Hagnos, 2010), p. 216.

# 416 | TEOLOGIA SISTEMÁTICO-CARISMÁTICA

sociedade é parte. Isso não quer dizer que cada ordem sucessiva seja inequivocamente marcada como progressiva ou regressiva com relação às precedentes. Pois novos discernimentos acerca da verdade da ordem podem ser alcançados em alguns aspectos, ao mesmo tempo que o próprio entusiasmo e a própria paixão do avanço lançam um manto de esquecimento sobre descobertas do passado. A amnésia com relação às realizações passadas é um dos mais importantes fenômenos sociais. No entanto, embora não haja um padrão simples e único de progressão ou ciclos percorrendo a história, seu processo é inteligível como um esforço na direção da ordem verdadeira. Mas não se descobre essa estrutura inteligível da história na ordem de qualquer uma das sociedades concretas que participam do processo. Não se trata de um projeto para a ação humana ou social, mas de uma realidade a ser discernida retrospectivamente num fluxo de eventos que se estende indefinidamente do presente do observador para o futuro. Os filósofos da história chamavam essa realidade de providência, quando ainda viviam na órbita do cristianismo, ou de *List der Vernunft* (astúcia da razão), quando atingidos pelo trauma do Iluminismo. Em ambos os casos, referiam-se a uma realidade além dos planos dos seres humanos concretos — uma realidade da qual a origem e o fim são desconhecidos e que, por essa razão, não pode ser trazida para o alcance da ação finita. O que é cognoscível é somente a parte do processo que se desenrolou no passado, e apenas na medida em que é acessível aos instrumentos de cognição que emergiram do próprio processo.[209]

Conquanto esse itinerário pareça óbvio, o próprio Voegelin admite que a questão da história para Israel não é a mesma para os outros povos e, por isso mesmo, não é tão simples a análise dos acontecimentos históricos do povo escolhido. Justamente por isso, os "principais problemas técnicos que surgem num estudo da ordem israelita têm sua origem comum na situação de Israel como um povo peculiar", pois "Israel pôde dar o salto em direção a uma sintonia mais perfeita com o ser transcendente", e a "consequência histórica [disso] foi um rompimento no padrão de cursos civilizacionais", ou seja, com "Israel, aparece um novo agente da história que não é nem uma civilização nem um povo dentro de uma civilização como as outras". Por isso, diz o mesmo autor, "podemos falar de uma civilização egípcia ou de

---

209 Voegelin. *Ordem e história*, p. 27-8.

uma civilização mesopotâmica, mas não de uma civilização israelita".[210] Sim, pois enquanto os outros povos nascem como famílias que evoluem para clãs, crescem e mudam para tribos, gerando, então, o seu mito de criação para estabelecer a ordem e arregimentar a futura civilização, em relação ao povo escolhido ocorre totalmente o oposto. Ele nasce da aliança feita por Deus com Abraão, numa experiência de revelação do Senhor ao patriarca (Gênesis 12:1-3). Para Voegelin, nasce uma "história sagrada" em contraposição a uma concepção historiográfica pragmática que se aplica nos casos das civilizações do antigo Oriente Médio. As decisões dos atores da história sagrada são, do ponto de vista pragmático, diametralmente opostas ao que normalmente seria feito por outros povos que fazem sua própria legislação e ética e as justificam e legitimam com a ideia da inexorabilidade da ordem cosmológica, ou seja, eles não têm vontade própria. No caso de Abraão, um convite lhe é feito, e o que lhe é prometido é algo paradoxal e contrário não somente à lógica, mas também aos seus projetos pessoais. Ainda assim, a decisão de obedecer ou não é do caldeu, e foi justamente essa decisão que o "justificou" (Gênesis 15:6; Romanos 4:1-22. Note que "obras" para Paulo é a prática da Lei em que se apoiava o judeu para sentir-se salvo. Não tem a ver com o passo decisivo de Abraão em obedecer sem conhecer a Deus previamente. Isso, sim, diz respeito à fé, que, por sua vez, na experiência abraâmica, não se refere a nenhum conteúdo credal, confissão de fé, sistema teológico etc., pois na época não havia sequer a Escritura). Nesse sentido, é preciso compreender que os "acontecimentos não são experimentados num contexto pragmático de meios e fins, como ações que levam a resultados no domínio intramundano do poder político, mas como atos de obediência ou de deserção a um desejo revelado de Deus", o que significa que "são experimentados por almas que lutam por sua sintonia com o ser transcendente, que encontram o significado das ações individuais e sociais em sua transfusão com os planos de Deus para o homem".[211] Numa palavra:

> Quando experimentado dessa maneira, o curso dos acontecimentos torna-se uma história sagrada, enquanto os acontecimentos individuais tornam-se paradigmas dos modos de Deus com o homem neste mundo. Ora, os critérios de verdade que se aplicam a acontecimentos

---

210 Ibid., p. 167.
211 Ibid., p. 172-3.

## 418 | TEOLOGIA SISTEMÁTICO-CARISMÁTICA

paradigmáticos nesse sentido não podem ser os mesmos que se aplicam a acontecimentos pragmáticos. Pois um evento, se experimentado em sua relação com a vontade de Deus, será verdadeiramente relacionado se a sua essência como um paradigma for cuidadosamente elaborada. A precisão quanto aos detalhes pragmáticos de tempo, localização, pessoas participantes, suas ações e falas será muito menos importante do que a precisão quanto à vontade de Deus na ocasião específica e aos pontos de concordância, ou discordância, da ação humana com a vontade divina.[212]

É justamente essa peculiaridade que formou a nação escolhida. Ainda que seja apenas uma menção a ser feita no momento, pois posteriormente retomaremos o assunto, a forma com que os teólogos cessacionistas encaram a história e, particularmente, aplicam suas categorias de análise ao livro de Atos, por exemplo, demonstra ser um grande equívoco e faz que uma análise da história sagrada de Israel, pelo viés filosófico de um historiador e filósofo alemão como Eric Voegelin, seja mais assertiva e teologicamente bíblica que a forma racionalista e secularizada do cessacionismo ao encarar as narrativas escriturísticas que, segundo entendem, não "favorecem" seu pensamento teológico. Infelizmente, tais pressupostos estão não somente na gênese dos tratados sistemáticos de teologia protestante, mas em suas confissões de fé e em seu *éthos* teológico. Por isso, quando teólogos carismático-pentecostais insistem em adequar nossa prática de fé e teologia, o resultado é desastroso para a tradição carismático-pentecostal. Não por causa de a tradição reformada ser inferior, herética ou por motivos pejorativos equivalentes. Não se trata disso. Estamos falando de descaracterização. Em outras palavras, assim como "há uma estreita conexão entre a narrativa paradigmática do Antigo Testamento e a própria existência de Israel", podemos tranquilamente dizer que existe uma estreita conexão entre o que o livro de Atos narra e a existência da tradição carismático-pentecostal. Mas o fato que ainda veremos à frente é que Atos não é nem de longe algo inédito, mas apenas a repetição paradigmática da atuação do Espírito Santo que vem desde o Antigo Testamento. Daí a importância que temos dado às Escrituras hebraicas, que foram, por muitos anos, subutilizadas para a reflexão pneumatológica. Ao dizer isso, é preciso esclarecer um aspecto interessante ressaltado por Voegelin, no que diz respeito

---

212 Ibid., p. 173.

à relevância do entendimento histórico de Israel. Que ninguém pense que o autor, já muito citado, esteja sugerindo que a criação de uma modalidade, ou categoria, historiográfica que ele chama de "história sagrada" insinue de alguma maneira que os acontecimentos bíblicos sejam metáforas ou "histórias". Nada disso. O autor diz que, a despeito de o texto bíblico não pretender, "de forma alguma, oferecer uma história pragmática, [...] em longos trechos, o núcleo pragmático [é] tão tangível e claro em detalhes que somos mais bem informados sobre certas fases da história israelita do que sobre nossa Idade Média Ocidental".[213] Portanto, está à disposição de qualquer historiador a observação dos acontecimentos históricos relatados no texto. Todavia, o que pode não parecer nada mais que algo excêntrico (temos em mente a hipótese de um observador, não necessariamente ímpio, mas até "menos crente", vendo Jacó "ungir", em consagração, a pedra que lhe serviu de travesseiro) tem muito sentido para quem está no curso da história sagrada, tornando-se, por sua vez, tão paradigmático a ponto de "criar" Israel, pois:

> Apenas Israel constitui-se registrando a sua própria gênese como povo como um evento com significado especial na história, enquanto as outras sociedades do Oriente Próximo constituíram-se como análogos da ordem cósmica. Apenas Israel teve a história como uma forma interior, enquanto as outras sociedades existiram na forma do mito cosmológico. A história, concluímos portanto, é uma forma simbólica de existência, da mesma classe que a forma cosmológica; e a narrativa paradigmática é, na forma histórica, o equivalente ao mito na forma cosmológica. Assim, será necessário distinguir sociedades políticas de acordo com a sua forma de existência: a sociedade egípcia existiu em forma cosmológica, a sociedade israelita, em forma histórica.[214]

Portanto, como já dissemos, os efeitos formativos gerados pela narrativa histórica de Israel, incluindo os relatos da criação, são os mesmos na formação do povo escolhido que os mitos de criação das nações do antigo Oriente Próximo. Contudo, novamente observamos, a similaridade entre eles é superficial, não indo além da linguagem e da estrutura. O conteúdo, porém, é completamente distinto e até contraditório, pois, enquanto os deuses são invenções e a natureza um acidente, ou divindades, na Bíblia a ordem é

---

213 Ibid., p. 174.
214 Ibid., p. 175.

420 | TEOLOGIA SISTEMÁTICO-CARISMÁTICA

estabelecida por Deus e experimentada em toda a realidade, para o próprio benefício da natureza inanimada, de todos os seres vivos e da humanidade. Falando a respeito do tema, C. S. Lewis diz desconhecer "uma teoria filosófica que seja um avanço radical comparável às palavras de Gênesis: 'No princípio criou Deus os céus e a terra'". Ele a considerava "'radical' porque a história de Gênesis, como disse Jerônimo, é contada em forma de 'poesia popular' ou, como diríamos hoje, em forma de lenda ou conto popular". Todavia, Lewis observa que, "se a compararmos com as lendas de outros povos sobre a Criação — com todos aqueles absurdos encantados sobre gigantes que precisam ser destruídos e dilúvios cujas águas precisam baixar, trazidos à existência *antes* da Criação —, a profundidade e a originalidade da lenda hebraica logo serão evidentes". Então, conclui dizendo que a "ideia de *criação*, no sentido estrito da palavra, é perfeitamente compreendida".[215] Na verdade, precisamos entender que os "atos criativos de Deus ultrapassam a ordem temporal porque não estão sujeitos a esta". Todavia, "como uma verdade da fé, Deus revelou esses atos criativos no aspecto de fé da ordem temporal, os quais apontam além de si mesmos para aquilo que é supratemporal", e quis "Deus que os crentes judeus pudessem referir seus seis dias de trabalho aos seis atos criativos divinos, e o dia de sábado ao descanso sabático eterno de Deus, o Criador", sendo tal "a exegese bíblica dada no decálogo", diz Herman Dooyeweerd. Para este, isso "elimina o dilema escolástico relacionado à exegese dos seis dias da criação, o qual se originou de uma desconsideração fundamental do aspecto da fé da ordem temporal", devendo essa "desconsideração também [...] ser observada na interpretação agostiniana dos seis dias como uma forma literária ou padrão de representação no qual está ausente qualquer sentido temporal, embora essa concepção seja, sem sombra de dúvidas, preferível àquelas que lançam mão de uma interpretação astronômica ou geológica".[216]

Vê-se claramente que todos esses autores, conservadores, convém observar, evitam problemas desnecessários criados por pretensões racionalistas modernas que querem transportar para o texto uma discussão que ele não contempla, e, ao fazerem isso, anula-se o mais importante dos relatos da criação, que é a demonstração de que Deus e, posteriormente seremos informados pelo Novo Testamento, Jesus criaram todas as coisas e o Espírito Santo é o responsável

---

215 LEWIS, C. S. *Milagres* (São Paulo: Vida, 2006), p. 57.
216 DOOYEWEERD. *No crepúsculo do pensamento ocidental*, p. 217-8.

pela separação da desordem em relação à ordem. Portanto, caso essa linha de interpretação de John Walton esteja correta (sempre lembramos que ninguém tem a última palavra quando se trata de interpretação bíblica e é preciso ponderar) e "o período de sete dias" diga respeito à "inauguração do cosmos como espaço sagrado", isso significa que "ele representa o período de transição do cosmos material que foi preparado ao longo das eras para ser o local onde Deus irá se relacionar com seu povo"; ou seja, houve uma modificação "de local a um espaço" e, nesse sentido, os "sete dias estão relacionados à história do lar — a ordenação e o estabelecimento de funções, não à produção de objetos materiais".[217] O mesmo autor diz que tal "conceito de espaço sagrado se desenvolve até Gênesis 2", e no primeiro capítulo de Gênesis "encontramos um relato de como Deus criou o espaço sagrado em favor dos humanos", mas nada é dito sobre "onde ele está", ou seja, somos informados "apenas que Deus ordenou um lugar para as pessoas chamarem de lar, mesmo que em última instância seja seu local". Todavia, no segundo capítulo, o texto "identifica o centro do espaço sagrado e fornece uma explicação sobre como os humanos funcionarão em seu favor", e aí, sim, "vemos Deus interagindo com as pessoas neste espaço sagrado".[218] A lição que extraímos dessa narrativa, conforme já falamos no segundo capítulo da primeira parte, é que, a despeito de Deus ter feito esse espaço para nós, "ele não é sobre nós", ou seja, o "cosmos não é nosso para fazer dele o que quisermos"; antes, ele "é o lugar de Deus no qual servimos como seus corregentes", e o nosso "domínio e governo são efetivados no pleno reconhecimento de que somos apenas cuidadores". Portanto, o "que quer que a humanidade faça deveria conduzir à introdução de ordem a partir da não ordem".[219] Em termos diretos, nossa relação e "uso do meio ambiente não deveria gerar desordem", pois essa "não é apenas uma casa que habitamos; é o nosso lar divinamente doado, e somos responsáveis por nosso uso e trabalho nele".[220] Isso por um simples motivo: Um Deus santo e perfeito só poderia fazer algo que lhe fosse condizente. Por isso,

> Podemos observar especialmente a caracterização de Javé como Santo quando a referência específica é ao Espírito de Javé (*rûaḥ*), produzindo

---

217 WALTON. *O mundo perdido de Adão e Eva*, p. 48.

218 Ibid.

219 Ibid.

220 Ibid.

assim a expressão "Espírito Santo". Fica evidente que, nos vários usos dessa expressão, o testemunho do Antigo Testamento não se inclina na direção do que se tornou, na formulação cristã, a terceira pessoa da Trindade. Mesmo assim, o testemunho do Antigo Testamento reconhece o poder (isto é, espírito) que origina a vida, que tem sua fonte e localização na pessoa de Javé. Como consequência, Israel fala da energia vital que Javé concede à criação. Em Isaías 63:10-11, a fórmula "seu Espírito Santo" (*rûaḥ qdšô*) é usada duas vezes. No v. 10, diz-se que eles "contristaram o seu Espírito Santo"; e no v. 11, diz-se que Javé "pôs nele o seu Espírito Santo" — seu poder de vida. No penitencial Salmo 51, usa-se a mesma linguagem: "nem me retires o teu Santo Espírito" (v. 11). O versículo paralelo usa o verbo criar (*bara*), sugerindo que essa referência alude à concessão do *rûaḥ* na criação (Gn 1:2).[221]

Vemos, portanto, que a *presença* do Espírito Santo — sublinhamos o substantivo para que nos habituemos ao seu uso daqui em diante —, independentemente de ser ou não sentida e, mais do que isso, ser ou não mencionada no texto, é algo certo e seguro, dispensando sua observação. Mas talvez seja exatamente aí que resida o problema do déficit pneumatológico na teologia. Por ser tão óbvio e um dado indiscutível, acharam por bem fazer de conta que não há o que "discutir", ou seja, falar a respeito dessa *presença*. Em lugar dela, usamos a popular "função", substantivo feminino que implica uma ação provocada por outrem, objetificando o ato, mas nunca lhe dando importância, pois nossa atenção se volta para *quem* está agindo. Assim, quando dissemos no início que na própria tradição carismático-pentecostal há igualmente um "esquecimento" do Espírito Santo não somente em termos teológicos, e por conseguinte "teóricos", mas também práticos, podendo se verificar tal déficit na própria liturgia de um culto tradicionalíssimo como o de domingo, isso pode agora ser mais bem exemplificado, pois não é verdade que nos círculos carismático-pentecostais o Espírito "toma" o lugar de Jesus. É justamente o contrário que acontece. Tanto que em uma reunião pública, como a do domingo, à qual acabamos de nos referir, qualquer observador que queira constatar quantas vezes se pronuncia "Espírito Santo" terá uma surpresa. Facilmente se ouve: "Deus está agindo" ou um tradicional "Jesus

---

221 BRUEGGEMANN. *Teologia do Antigo Testamento*, p. 400.

CAPÍTULO 4 – Pneumatologia | 423

está operando" e até "Têm anjos aqui", mas dificilmente se ouvirá algo como "o Espírito Santo é Deus, vamos adorá-lo, pois ele está aqui". Isso evidencia algo muito mais profundo que temos procurado mostrar com este nosso texto sistemático-pentecostal, embora reservando o momento certo para falar do que acreditamos ser o real problema desse "esquecimento" do Espírito Santo no Ocidente. No momento, voltamo-nos para a *presença* do Espírito Santo na criação, que é o tema deste subtópico da pneumatologia veterotestamentária, pois, em conformidade "com os testemunhos bíblicos, o Espírito já é atuante na criação do mundo (Gn 1:2), especialmente como origem da vida nas criaturas (Gn 2:7; cf. Sl 104:29s)", diz Pannenberg. Mas um aspecto que parece ser muito negligenciado nessa constatação é que, por "um lado, o Espírito é o princípio da presença criadora do Deus transcendente em suas criaturas, por outro lado, inversamente, é o meio da participação das criaturas na vida divina — e com isso na vida como tal".[222]

Há um cuidado, mais que justificável, de muitos teólogos em considerar a presença do Espírito Santo na natureza e acabar endossando um panenteísmo tácito ou até mesmo alguma forma de panteísmo. Mas há outro lado desse extremo que é igualmente perigoso. A despeito de muitos se ufanarem do papel fundamental do cristianismo para a construção da ciência moderna, com a radical diferenciação entre Deus e a natureza ou entre Criador e a criação, é bom lembrar igualmente que tal dissociação abriu as portas para a exploração irresponsável dos recursos naturais, gerando uma crise ambiental praticamente insustentável, e, ao mesmo tempo, levou a uma admissão tácita, teologicamente, de que a natureza é autônoma e independente, pois o Criador a fez no início de tudo, o Espírito lhe deu vida e agora ela segue o seu curso mecânico e cego. Não é preciso dizer que tal pensamento, além de não ser correto, é antibíblico e até cientificamente superado, pois o universo mecânico de causa e efeito, concebido no vórtice da revolução científica proporcionada pelo pensamento fundamental que diferenciou o Criador da sua criação, já sucumbiu há muito tempo. Mas que ninguém pense que vamos agora abraçar qualquer moderna teoria física, ou biológica, para falar a respeito de reverenciar a *presença* do Espírito Santo na criação, pois nossa autoridade aqui são as Escrituras. É justamente nelas que encontramos a base bíblico-teológica suficiente para reprovar totalmente qualquer forma de pensamento, seja do

---

222 PANNENBERG. *Teologia sistemática*, vol. 2, p. 65.

lado cessacionista, seja do lado continuísta, que despreze tal verdade sob a desculpa de isso ser um perigo que beira o animismo e a adoração à natureza em vez de ao Criador. Na realidade, justamente "Nisso a atuação do Espírito está intimamente ligada com a do Filho, mas, ao mesmo tempo, também é caracteristicamente diferente", explica Wolfhart Pannenberg. Este prossegue dizendo que, "enquanto a autonomia das criaturas em relação a Deus e sua subsistência distinta de Deus remonta à autodiferenciação do Filho em relação ao Pai, o Espírito é o elemento da comunhão das criaturas com Deus e da *participação* de sua vida sem prejuízo de sua diferenciação de Deus".[223]

O que intriga cientistas céticos e impressiona os maiores críticos da religião é a vida, o sopro vital, não os elementos físicos e químicos da natureza. Por mais que se afirme que "a ciência descobriu a origem da vida", sabemos que isso não é verdade. Há, sim, teorias que, hipoteticamente, afirmam como a vida teve início, mas o salto abiogênico da não vida para a vida é tão dependente de credulidade quanto nossa crença de que Deus criou todas as coisas e se relaciona conosco, ou seja, não se trata de um dado científico, mas de algo em que se crê. Talvez alguns se decepcionem por colocarmos as duas posições no mesmo nível, pois acham que a existência de Deus pode ser provada cientificamente. Não vamos nem mencionar o fato de que desde Kant tal discussão mostrou-se superada, tanto para os que querem provar a existência de Deus quanto para os que querem provar sua não existência. A razão e a ciência não servem, ou melhor, não possuem ferramentas epistemológicas capazes de auferir e provar nem uma nem outra posição. Estamos falando de algo muito mais profundo e que coloca todos os seres humanos, independentemente de serem ateus ou crentes, cientistas ou leigos, instruídos ou ignorantes, absortos diante da realidade que é a vida, a centelha que parece tão frágil e fugidia, mas que anima e coloca em movimento desde as batidas do coração do mais diminuto anfíbio do hemisfério sul, o sapo-pulga, menor que a unha do nosso polegar, até as de uma baleia-azul, o maior mamífero do mundo, que pode pesar 130 toneladas e atingir 33 metros de comprimento. Admiramos esses animais e com isso chegamos até a adorar ao Criador, mas dificilmente pensamos no fato de que, sem vida, o sopro vital, sem essa *presença* do Espírito Santo, ambos os animais citados poderiam não passar de réplicas artísticas empalhadas em qualquer museu de história natural. Isso

---

223 Ibid., p. 65-6.

seria o mesmo que achar que os bonecos de cera do Madame Tussauds sejam o mesmo que as personalidades que eles representam. Somos incapazes de reverenciar o que os anima, perdendo-nos em detalhes como tamanho, coloração, capacidade de locomoção e outras características, todos possíveis de ser facilmente reproduzidos artisticamente, não necessitando nem que eles de fato existam ou tenham existido. A analogia é inevitável. Teologizamos acerca do que é evidente (às vezes, dispensável), queremos sondar o que está além de nossa capacidade e condição (especular), mas ignoramos algo imprescindível que nos capacita, inclusive, a estar vivos para teorizarmos sobre tudo que existe. Reiteramos que, se tal esquecimento se desse por conta de nossa inegável incapacidade de apreendê-lo, tudo bem, mas tudo indica que esse não parece ser o caso. É importante destacar que, ao falarmos nesses termos, não queremos anular a atuação da Trindade econômica na criação, pois

> A implementação trinitária do conceito da criação possibilita [...] referir o enunciado da criação ao todo do mundo em sua abrangência temporal. Ela não se refere apenas ao princípio do mundo. Na restrição ao começo do mundo reside uma unilateralidade dos relatos veterotestamentários que determinam as formas de concepção, a qual, neste ponto, corresponde à orientação do pensamento mítico em um tempo primitivo fundante. Todavia, os dois relatos da criação no início do livro de Gênesis querem afirmar, na forma de uma descrição dos acontecimentos iniciais, a fundamentação da realidade criatural determinante para todo o tempo subsequente, a qual é permanentemente efetiva. Assim também faz parte da criação a preservação das criaturas na sua existência. A preservação, por sua vez, não deve ser compreendida apenas como manutenção invariável das formas de existência criatural inicialmente constituídas, mas como acontecimento vivo, como criação contínua, e assim, simultaneamente, também sempre como nova formação criativa para além do que foi posto na existência no início. Desse modo, criação, conservação e governo do mundo formam uma unidade [...]. Por meio da doutrina da Trindade, criação, conservação e governo do mundo são relacionados à economia salvífica do agir divino no mundo. Com isso o agir de Deus se apresenta como um ato único, que abrange tudo o que acontece no mundo, mas que, não obstante, envolve simultaneamente grande número de atos isolados e fases, e que, desse modo, também dá espaço a uma multiplicidade de criaturas. Inversamente, com isso também se tornou

## 426 | TEOLOGIA SISTEMÁTICO-CARISMÁTICA

possível que as criaturas em sua multiplicidade, como expressão de sua finitude, podem participar, cada qual em seu lugar, no movimento do agir divino que perpassa toda a criação, na conformação do Verbo de Deus no sopro de seu Espírito.[224]

Qualquer leitor cuidadoso sabe que o povo de Israel cultivava essas verdades, das quais, fingindo que cremos nas Escrituras, duvidamos, por conta da supressão do aspecto sobrenatural da realidade pela filosofia racionalista, que nos reduz ao orgânico e à materialidade, causando ignorância, pois delimita o saber ao que pode ser explicado cientificamente e, com isso, anula a dimensão simbólica da linguagem, que não tem pretensão alguma de explicar a realidade ao retratá-la precariamente, mas se satisfaz em admitir a própria insignificância diante da imensidão gloriosa do mistério. Reconhecemos que impressionar-se com o que é evidente, lógico e materialmente visível é algo normal e muito fácil de acontecer, pois não é incomum, por exemplo, diante da imensidão de um angelim-vermelho, um exemplar de 88 metros da espécie *Dinizia excelsa*, considerada a árvore mais alta do Brasil, cujo diâmetro de circunferência é de 5,5 metros, sendo até "pequena" comparada a uma sequoia-gigante (*Sequoiadendron gigantea*), de mais de 115 metros e cerca de 12 metros de diâmetro, esquecermo-nos de que cada uma delas já foi uma pequena semente cuja potência, a vida, escondia-se na pequenez da fragilidade possível de ser carregada na ponta do indicador e que, incrivelmente, foi o que possibilitou a ambas ser o que se tornaram no futuro. O que dizer da beleza de um jequitibá, exuberante em sua beleza? Sua circunferência mede 47 metros, são necessárias 60 pessoas para cercar a imensidão colossal do seu tronco de 22 metros de altura, e existiu primeiramente como uma semente que poderia, tranquilamente, ser levada no bico de um pequeno pássaro como um pintassilgo, por exemplo. O que todos esses seres vivos têm em comum? Além das diferenças que poderiam ser elencadas de forma taxionômica, segundo cada espécie e suas variações, todos os seres vivos, desde os irracionais até os seres humanos, racionais, partilham da vida, o sopro vital. Sem ela, nenhuma diferença, ou igualdade, haveria, já que a existência não seria possível. Como podemos nos esquecer de falar do que é tão comum a todos os seres vivos, algo tão fundamental, mas esquecido? Parte do problema talvez

---

224 Ibid., p. 68-9.

esteja no fato apontado por Abraham Kuyper, pois fomos condicionados a olhar a "obra do Espírito Santo", ou seja, sua "função" por um prisma que "se refere à vida da graça apenas, e está confinada à regeneração e à santificação". Isso, observa o mesmo teólogo reformado holandês, se deve "mais ou menos à bem conhecida divisão do Credo Apostólico pelo *Catecismo de Heidelberg*: 'Como se divide esse Credo?'", e a resposta, aponta Kuyper, é a seguinte: "Em três partes: a primeira trata de Deus Pai e da nossa criação; a segunda, de Deus Filho e da nossa salvação; a terceira, de Deus Espírito Santo e da nossa santificação".[225]

Além do reducionismo apontado por Kuyper, na esteira do que igualmente temos argumentado a respeito do déficit em relação à terceira Pessoa da Trindade, ele diz que o "Espírito Santo tomou parte na criação de *todas as coisas*, particularmente na criação do *homem*, e mais particularmente na concessão de *dons e talentos*". Kuyper acrescenta que "sua obra criativa afeta a manutenção das 'coisas', do 'homem' e dos 'talentos' por meio da providência de Deus e que, nessa dupla série de atividade tríplice, a obra do Espírito é intimamente ligada à do Pai e à do Filho, de modo que "em todas as coisas, todo homem e todos os talentos se originam do Pai, são dispostos em sua respectiva natureza e existência através do Filho e recebem a centelha de vida pelo Espírito Santo".[226] Kuyper acrescenta o que realmente nos interessa mostrar, que é a questão do erro de restringir a atuação do Espírito Santo à obra da regeneração, pois, além de ele atuar na vida de todas as pessoas indistintamente, o autor acrescenta exatamente o que Pannenberg disse acima, ou seja, o Espírito Santo atua em todos, e isso "Sem falar das plantas e animais, [pois] não há na terra vida, energia, lei, átomo, ou elemento que o Deus Todo-Poderoso e Onipresente não anime e sustente a todo momento, fazendo-os trabalhar, e aplique sua lei", ou seja, a "energia que procede de Deus deve, portanto, tocar a criatura bem no centro de seu ser, de onde toda a sua existência se origina", pois "não há sol, lua, nem estrela, nem material, planta ou animal e, em um sentido muito mais elevado, nem homem, habilidade, dom ou talento, a menos que Deus os toque e sustente a todos".[227] Para Kyuper, restringir a obra, ou função, do Espírito Santo, aos "eleitos", sem

---

225 Kuyper. *A obra do Espírito Santo*, p. 80.

226 Ibid., p. 79.

227 Ibid., p. 80.

relacioná-la ao "mover das águas", isto sim, acaba por levar "a uma negação da personalidade do Espírito, reduzindo-o a uma mera força". Portanto, na visão do teólogo reformado holandês, é necessário ensinar duas questões: "Primeira, *a obra do Espírito Santo não é confinada aos eleitos e não começa com a regeneração deles, mas ela toca toda criatura, animada e inanimada, e começa suas operações nos eleitos no exato momento de seu nascimento*" e, atrelada a esta, a "Segunda, *a obra própria do Espírito Santo em cada criatura consiste na vivificação e manutenção da vida com referência à sua existência e aos seus talentos, e, em seu sentido mais elevado, com referência à vida eterna, que é sua salvação*".[228]

Essa atividade contínua e discreta do Espírito Santo parece naturalizar o fato de que cada vida, quer inteligente, quer não, evidencia a continuidade da obra da criação que não subsiste sem vida, o sopro vital, e isso indica, ao mesmo tempo, uma excepcionalidade que acompanha a *presença* do Espírito. Cada vida individual, cada ser vivo, carrega a centelha dada por Deus para nascer e se desenvolver e, por mais óbvio ou mecânico que isso pareça, nada, absolutamente nada, existiria sem vida, pois, com todos os recursos e avanços maravilhosos no campo científico, a vida, como sopro vital, *ainda* não pôde ser criada, patenteada e comercializada. Sublinhamos o advérbio "ainda", deixando o benefício da dúvida, pois não conhecemos o futuro, e nada garante que as coisas não possam mudar. Mas certamente é improvável, à luz do volume de conhecimento e do domínio dos vários ramos e campos da realidade proporcionado pelo avanço científico, que isso aconteça, pois certamente, se estivesse ao alcance dos seres humanos, tal já teria sido feito. Isso por muitos motivos, desde a autossalvação até o acúmulo de capital, pois pode ser que a maldade pudesse motivar as lideranças mundiais a esterilizar a todos, fazendo que a vida passasse a depender unicamente deles. E aqui já adiantamos algo da nossa tese acerca do déficit da terceira Pessoa da Trindade no edifício teológico. Os seres humanos ainda não fizeram isso porque a vida está fora do seu domínio, não lhes pertence, e eles não podem controlá-la. Tão singelo, mas, ao mesmo tempo, tão forte. Não temos dúvida de que a impossibilidade de tal controle é uma de suas maiores frustrações. E é dessa forma porque Deus o projetou e designou que assim fosse, e é o Espírito Santo que demostra tal poder, pois ele "se mostra criando na natureza e recriando na graça",[229] diz

---

228 Ibid., p. 81.
229 Ibid., p. 83.

CAPÍTULO 4 – Pneumatologia | 429

Kuyper. Isso nos mostra de maneira bem clara que ele está tanto na origem da vida (*genesis*) quanto na recriação, primeiramente pessoal, e também cósmica (*palingenesis*). Por isso, o "*Ruah*-sopro não implica oposição ao corpo ou ao corpóreo", ou seja, a vida é sagrada, pois, até "no grego profano e em seu uso filosófico, *pneuma* expressa a substância viva e geradora difundida nos animais, nas plantas e em todas as coisas".[230] É assim que as Escrituras ensinam sobre o fato de sermos novas criaturas que, mesmo depois de "nascer de novo", ainda sofremos as intempéries e os efeitos deletérios da Queda, mas finalmente seremos transformados, e também diz que os "elementos em fogo ardendo se desfarão", mas promete que haverá novos céus e nova terra, ou seja, ainda não entramos no descanso, ou repouso, de Deus (Apocalipse 21—22).

Para que não reste dúvida acerca do entendimento, sentido e concepção do Espírito Santo no Antigo Testamento, o teólogo pentecostal estadunidense Stanley Horton diz que "Muitos escritores entendem que o sentido original da palavra usada para espírito (*ruach*) é vento, brisa, ar em movimento", outros "insistem que ela, tanto no grego como no hebraico, sempre conserva esse significado básico de vento ou fôlego; isto é, ar que se movimenta dentro ou fora do homem", e um terceiro grupo, diz o mesmo autor, entende "que, quer seja traduzida por 'espírito' quer por 'fôlego', quando se relaciona aos seres vivos, é sempre dádiva de Deus, que provém e volta para ele (Gênesis 6.3,17; 7.15,22; Jó 33.4; 27.3; Salmos 104.29,30; Eclesiastes 12.7)". Nesse aspecto, Horton completa, "'espírito' pode ser considerado uma energia vital, ou vivificante, que somente Deus possui de modo permanente, e isso pela sua própria natureza (Isaías 31.3; João 5.26)", sendo "aceito, portanto, que no Antigo Testamento a personalidade separada do Espírito Santo não é plenamente revelada" e o "Espírito Santo é comparado ao poder ou à presença pessoal de Deus em ação".[231] Todavia, mais uma vez reiteramos, isso não significa que devamos manter tais concepções e conceitos, reduzindo o Espírito Santo, que é Deus, a esse entendimento. Todavia, é preciso compreender que, se a linguagem e o conceito eram imprecisos à luz da revelação progressiva, a *presença* do Espírito Santo, isto é, o que ela causa, não mudou, e no Novo Testamento temos isso ainda mais claro. Daí o porquê de detalharmos o *background*

---

230 CONGAR. *Revelação e experiência do Espírito*, p. 17.
231 HORTON. *O que a Bíblia diz sobre o Espírito Santo*, p. 17.

do Antigo Testamento visando compreender a pneumatologia veterotesta-mentária, pois ela é instrutiva para a nossa compreensão da pneumatologia neotestamentária e, consequentemente, para a construção de uma pneuma-tologia carismático-pentecostal solidamente fundamentada nas Escrituras, não "um produto estadunidense de pouco mais de 120 anos", conforme argumen-tam alguns críticos da tradição. Portanto, é mais do que justo que utilizemos a expressão, ou conceito bíblico-teológico, "Espírito Santo" ao aludirmos à terceira Pessoa da Trindade, pois temos ciência de que ele não é uma emanação ou poder ativo de Deus. Não obstante, reafirmamos, isso não significa, em hipótese alguma, diminuir o reconhecimento da presença do Espírito Santo, ou seja, restringi-lo e circunscrevê-lo a um espaço ou a um grupo, pois ele é o doador da vida, e a vida continua sendo uma realidade em toda a face da terra.

## Movimento, vida e ordem

Tendo discorrido suficientemente acerca do que significa a *presença* do Espírito Santo na criação, é preciso agora refletir acerca das implicações dessa constatação que os dados veterotestamentários apresentam. Primeiramente, devemos falar da dificuldade que tivemos em colocar essas três expressões que encimam esse subtópico. Elas não estão em uma sequência, por assim dizer, visto ser impossível saber qual delas deve vir primeiro quando se trata de falar a respeito da *presença* do Espírito Santo antes da criação, e na realidade toda, pois parece mais correto entendê-las numa confluência e simultaneidade. Todavia, não temos como fazer isso, sobretudo em nossa língua, pois não há um termo que possa exprimir, num átimo, o significado dessas três palavras. Temos optado pelo substantivo feminino "presença", pois acreditamos que ele consegue, mesmo que de forma precária, aproximar-se e transmitir a ideia que temos em mente para denotar a ação do Espírito sem dissociá-la de sua Pessoa, já que é dessa maneira que as Escrituras hebraicas a transmitem, e, sem a iluminação posterior do Segundo Testamento, certamente concorda-ríamos com a percepção e a maneira de falar dos autores veterotestamentários acerca do fato de a expressão *rûaḥ* não significar nada mais que algo que emana de Deus, sendo mesmo uma das múltiplas "funções" do Criador. É imperioso recordar o que já temos insistido, e aqui o fazemos com o "livro dos começos". "Gênesis, naturalmente, não enfatiza o assunto da Trindade, porque o mundo ainda não estava pronto para sua revelação", justamente por conta da problemática "do politeísmo que cercava Israel". Nesse caso, dentro

CAPÍTULO 4 – Pneumatologia | 431

da revelação progressiva, "era mais importante demonstrar que a criação teve sua origem no único Deus verdadeiro, para não confundi-lo com os muitos deuses das nações daqueles dias".[232] Algo que muita gente interessada em origens materiais e em provar, ou rebater, teorias científicas usando os relatos da criação de Gênesis desconhece é que a obra foi escrita, originariamente, para o povo de Israel e tinha o objetivo de compor sua formação, visto que, enquanto as nações ao redor possuíam seus mitos de criação, ou seja, suas cosmologias, que na verdade eram cosmogonias, os hebreus conheciam apenas a promessa divina a Abraão de que um dia sairiam do Egito e habitariam em uma terra que Deus prometera ao patriarca. Justamente por isso, prossegue Stanley Horton em sua exposição, "Gênesis 1.2 não explica qual era a obra do Espírito de Deus", mas certamente "era uma preparação para a ordem e o propósito que Deus ressaltou nos seis dias da criação que se seguiram", ou seja, o texto revela-nos que, "embora tudo fossem trevas, Deus estava ativo",[233] não estático, como um "motor imóvel", o deus da filosofia.

Destacamos a *presença* do Espírito Santo antes da criação como um evento histórico-redentor, pois o movimento indica, para todos os efeitos, sua atividade em dominar as forças que pretendem sublevar e impedir a ordem, impondo o caos. O Espírito Santo domina o caos e, ao contrário do que se ensinava nas civilizações pagãs em derredor de Israel, impõe a ordem. Se hoje, por causa de nossa mentalidade formada pelo racionalismo ocidental, a discussão parece se centrar em aspectos completamente alheios aos propósitos da narrativa e que não estão em mira no texto, para o povo de Deus que estava se formando, tal narrativa era fundamental. E pode ser que alguém pense que é bem possível que algum hebreu mais "racionalista" pudesse duvidar do que estava sendo contado sobre um "tempo fora", ou "antes", do tempo. Mas tal não é possível, a não ser por decisão obstinada (já que a dúvida é uma característica humana intrínseca à nossa finitude e completamente distinta de incredulidade, que é uma decisão deliberada), pois as dez pragas no Egito e a travessia do mar Vermelho, logo após a saída do povo, não deixam margem alguma para isso, ou seja, Deus, mediante seu Espírito, domina a natureza, e a matéria está sob seu comando, isto é, ele não só não se confunde com a natureza, mas a criou e domina (Êxodo 7:19—14:31). Aqui, temos em

---

232 Ibid., p. 18.
233 Ibid., p. 18-9.

relevo uma característica imprescindível do "conhecimento de Deus", ou de como conhecemos Deus nas Escrituras, sobretudo veterotestamentárias: o conhecimento de Deus nunca é cognitivo, informacional e teórico; antes, ele é sempre sensitivo, experiencial e prático, sendo, portanto, necessário que o povo tenha as suas próprias experiências, não podendo apoiar-se apenas no que ouvira falar acerca dos patriarcas e/ou por tradição oral. Era imprescindível "ter uma experiência com Deus", na conhecida expressão da tradição carismático-pentecostal, e muito incentivada, ao menos no Brasil, desde os seus primórdios até o início da última década do século 20. É tão verdade que a experiência era algo imperioso que no início do livro de Juízes encontramos como uma das causas da rebeldia e desobediência do povo a falta de experiência com Deus por parte da nova geração, a qual, diz o texto, não conhecera o Senhor nem as grandes obras que ele fizera a Israel (Juízes 2:10). A esse estágio chega todo movimento que se institucionaliza e passa a viver de "tradicionalismo", algo muito diferente da tradição, conforme a conhecidíssima e oportuna frase de Jaroslav Pelikan: "A tradição é a fé viva dos mortos, o tradicionalismo é a fé morta dos vivos".[234] Mas não adiantemos as coisas, pois vamos seguir, por ora, ainda na esteira da "descrição bíblica", de acordo com o conceito de teologia bíblica de George Ladd.

Uma das questões fundamentais na interpretação bíblica e, consequentemente, na elaboração teológica é, tanto quanto possível, certificar-se acerca de "*quem* está falando, *para quem* está falando, *para que* tempo está falando, e *em que sentido* está falando",[235] visando com isso aproximar-se do contexto vivencial — *Sitz im Leben* — em que se deram não apenas os eventos relatados, mas também o conhecimento das condições do momento histórico em que o documento foi produzido, escrito e estudado, pois dessa forma poderemos nos apropriar do sentido do texto, pois as "dificuldades da Bíblia" situam-se nesse campo da interpretação, daí o propósito da hermenêutica, que, de acordo com o teólogo pentecostal Antonio Gilberto, é justamente estudar as "leis e princípios de interpretação das Sagradas Escrituras, para se chegar ao sentido do texto bíblico".[236] Nesse aspecto, em relação aos relatos da criação, temos de "nos lembrar de que o público desse relato é Israel, não Adão e Eva", portanto é possível "imaginar um cenário no qual Moisés fala

---

234 Pelikan, Jaroslav. *The vindication of tradition* (New Haven: Yale University Press, 1984), p. 65.
235 Silva. *A Bíblia através dos séculos*, p. 36.
236 Ibid., p. 183.

aos israelitas no deserto (hipoteticamente, reconhecendo que o livro não faz tais afirmações)", na intenção de ajudá-los no entendimento da "seriedade daquilo que está para acontecer". Dito de outro modo, eles estão prestes "a estabelecer o espaço sagrado definido pela presença interna de Deus, pela primeira vez, desde o Éden", e o legislador decide explicar-lhes que "Deus planejou o cosmos para ser um espaço sagrado, com ele habitando no meio de seu povo — ele estabeleceu um cosmos e o ordenou para este propósito", mas, lamentavelmente, "as pessoas escolheram seus próprios caminhos, e o espaço sagrado foi perdido".[237] Na esteira do entendimento do contexto, John Walton diz que, no "ambiente cognitivo geral do Antigo Oriente Próximo, o interesse de todos os relatos atualmente disponíveis a nós é o de elucidar o papel da humanidade por meio de descrições arquetípicas", e, como eles têm demonstrado, o "interesse mais comum na raça humana diz respeito a seu papel e função no cosmos (animado ou inanimado), e não à simples existência biológica".[238] Assim, uma vez que a "Bíblia foi tecida no tear da História", diz o já citado teólogo pentecostal Antonio Gilberto, ela "não pode ser realmente compreendida se o leitor ignorar os acontecimentos e as circunstâncias que a cercam".[239] Portanto, o texto não surgiu em um vácuo atemporal, mas veio a lume em um momento histórico e cultural devidamente incrustado e inserido numa realidade que, caso seja ignorada, impede sua compreensão. Por isso, objetivando entender a mentalidade, ou "ambiente cognitivo", do antigo Oriente Médio, John Walton oferece quatro propósitos desses documentos:

- Relatos das origens humanas focam seu papel no cosmos, em termos de posto ou função.
- Materiais mencionados na criação dos humanos têm importância arquetípica e são característicos de toda a humanidade.
- Similarmente, a imagem de Deus relaciona-se com o papel e é encontrada de forma mais presente na ideologia real no modelo político/burocrático, confirmando que o rei tem funções divinas.
- Pessoas e deuses trabalham conjuntamente para assegurar a preservação da ordem no cosmos e sua boa operação (Grande Simbiose).[240]

---

237 WALTON. *O mundo perdido de Adão e Eva*, p. 47.
238 Ibid., p. 84.
239 SILVA. *A Bíblia através dos séculos*, p. 184.
240 WALTON. *O mundo perdido de Adão e Eva*, p. 84.

434 | TEOLOGIA SISTEMÁTICO-CARISMÁTICA

Tais princípios, ou "descrições arquetípicas", observados nos mitos de criação das nações pagãs, são categorias paradigmáticas que compunham o "ambiente cognitivo" do mundo antigo e foram citados a fim de que cumpram o papel de nos ajudar "a apreciar as formas pelas quais a Bíblia se distancia do restante da literatura do Antigo Oriente Próximo permanecendo, ao mesmo tempo, enraizada no mesmo ambiente cognitivo".[241] É assim que Walton dedica praticamente 80% do seu livro para mostrar tais contrastes e, ao mesmo tempo, suas convergências, tendo em vista destacar o ambiente cognitivo do antigo Oriente Médio e o impacto dos relatos da criação para os seus destinatários originais que viviam nesse mesmo ambiente e, portanto, partilhavam de tal horizonte sociorreligioso. Para os propósitos que queremos destacar, vale a pena, por exemplo, saber que os "leitores do mundo antigo reconheceriam rapidamente o jardim no qual Adão foi colocado como um espaço sagrado", pois a "imagem de águas férteis fluindo do espaço sagrado na presença de Deus é uma das mais comuns na iconografia do Antigo Oriente Próximo". Justamente por conta desse "contexto", diz o mesmo autor, "podemos ver que o jardim do Éden não é simplesmente um espaço verde e belo (embora também o seja) para providenciar alimento às pessoas (o que também faz)", ou seja, "ele é um local sagrado que reflete o fato de que Deus habita ali (note que Ez 28.13 e 31.8 se referem ao Éden como o 'jardim de Deus')". Como já falamos, conforme "Gênesis 1, Deus estava vindo para habitar no cosmos, fazendo dele um espaço sagrado",[242] pois, como uma representação microcósmica do planeta, o Éden, ao mesmo tempo que era literal e geograficamente localizável (cf. Gênesis 2:8-14), também possuía um caráter representativo ou de uma sinédoque, fazendo que se pudesse entender o todo, o planeta, pela parte, o jardim. Nesse caso, o papel de "lavrar e guardar" não era somente ritualístico, mas de preservação desse espaço sagrado, pois, como já vimos, considerado no contexto do antigo Oriente Médio, descobrimos que o jardim do Éden, na mentalidade do hebreu, "é mais um *espaço sagrado* do que um *espaço verde*", ou seja, ele "é o centro da ordem, não da perfeição, e seu significado tem mais relação com a presença divina do que com um paraíso humano".[243] Isso pode ser claramente percebido pelo fato de que a

---

241 Ibid.
242 Ibid., p. 97.
243 Ibid., p. 109.

CAPÍTULO 4 – Pneumatologia | 435

ideia de paraíso que povoa o imaginário coletivo é de um local de desfrute meramente recreativo e contemplativo, muitas vezes irresponsável e até de luxúria, ao passo que Adão é colocado no jardim do Éden para "lavrar e guardar" (Gênesis 2:15). E por que Walton diz que o jardim não é perfeito? Nossa sugestão afasta-se da dele[244] e segue a direção de que existe a possibilidade do mal no "espaço sagrado".

É interessante mostrar que a perspectiva de Walton não constitui uma exclusividade desse autor, pois o teólogo pentecostal alemão Wilf Hildebrandt defende o mesmo ao dizer que a "narrativa da criação de Gênesis de 1 a 3 apresenta o Éden como um templo sagrado, um palácio ou um monte universal, onde Deus coroa o jardim com sua presença", isto é, tratava-se de um "solo sagrado, com a guarda desta santidade, destinada ao homem e aos querubins (Gn 2:15; 3:24)", ou seja, o "jardim-templo de Deus (Is 51:3; Ez 28:13,16; 31:9) era o local escolhido pelo Espírito/Glória que pairava sobre a criação desde o começo, para ser a residência de seu trono/presença entre os homens".[245] Tal verdade não é de pequena importância e precisa estar muito clara desde o início da análise teológica das Escrituras hebraicas, pois trata-se de um aspecto fundamental para se interpretarem corretamente os relatos da criação de Gênesis que mostram claramente que "Terra e céu são estabelecidos como a residência real ou templo para o Criador", diz Hildebrandt, citando ainda o teólogo Warren Austin Gage, que afirma que a "cosmologia do Antigo Testamento descreve a criação como o tabernáculo que Deus tem armado (cf. Sl 104; Jó 9:8; Is 40:22), ou uma casa que Deus tem estabelecido (com

---

244 É oportuno explicar que a obra de Walton segue outra direção nesse aspecto, pois ele explica que a "palavra hebraica traduzida por 'bom' (*tôb*) é traduzida de várias formas diferentes em qualquer tradução para o inglês. Ao longo dos anos, muitas interpretações das implicações dessa palavra em Gênesis foram identificadas, geralmente com um significado teológico proposto ou antecipado. Sendo assim, se a palavra descreve o estado da criação antes da Queda, talvez ela ofereça um vislumbre de como foi um mundo pré-Queda, ou qual teria sido a criação ideal. Intérpretes geralmente chegam à conclusão de que, para que o mundo fosse 'bom', não poderia haver dor, sofrimento, morte ou predação; tudo seria imaculado e perfeito. Às vezes, essa visão assume que a nova criação em Apocalipse 21 é um retorno a esse estado. Ela atribui a Adão e Eva um estado de justiça e sabedoria ultrapassado apenas em Cristo. A partir desse pensamento, pode-se inferir o que o 'bom' significa por meio de um contraste com o estado de pecado após a Queda. A conclusão é a de que tudo o que for negativo em nossa experiência não teria existido em um mundo primitivo. No entanto, por mais popular que essa visão seja, essa palavra em Gênesis, na realidade, não tem o sentido de perfeição imaculada, não adulterada" (WALTON. *O mundo perdido de Adão e Eva*, p. 49). Nesse aspecto, diferimos do autor e seguimos a visão tradicional.

245 HILDEBRANDT. *Teologia do Espírito de Deus no Antigo Testamento*, p. 63.

## 436 | TEOLOGIA SISTEMÁTICO-CARISMÁTICA

pilares, janelas e portas; Jó 26:11; Gn 7:11; Sl 78:23)".[246] Vê-se, portanto, que se trata de uma perspectiva conhecida e aceita por especialistas em Antigo Testamento, não sendo uma reflexão particular de um único autor nem a concepção de uma metáfora inadequada. Mesmo porque tal ideia é comum no antigo Oriente Médio. O que nos chama a atenção em seu uso é que, para Hildebrandt, "Éden, [...] é uma versão microcósmica de um santuário, um lugar santo onde Deus habita pelo Espírito (Gn 1:2)". Da mesma maneira que o "Espírito traz a palavra de Deus à realidade, assim artesãos capacitados pelo Espírito trazem o plano revelado do tabernáculo à realidade (Êx 31:1-11)", pois durante todo o desenrolar dos eventos histórico-redentores do "Antigo Testamento, o Espírito está presente, de alguma forma, durante todos os projetos sagrados de construção; está na criação do Éden, no tabernáculo mosaico, no templo de Salomão ou no exílio". Por isso mesmo, tanto na "construção do tabernáculo e do templo, motivos edênicos, tais como flores esculpidas, palmeiras e querubins, aparecem frequentemente (1Rs 6:18,29,32,35; 7:18ss; Ez 41:18ss)".[247] Não se pode igualmente deixar de observar que o Éden parece espelhar a nova terra, pois "Rios que fazem a terra frutificar, bem como a árvore da vida, são encontrados no jardim original e também no santuário escatológico (Ez 47; Ap 21—22; cf. Gn 2:10-14)".[248]

Seguindo o raciocínio que já temos antecipado, o "espaço sagrado existia em razão da presença manifesta de Deus", e "Adão recebeu acesso a esse local como um sacerdote, a fim de se envolver na preservação de sua santidade e na mediação de seus benefícios", lembrando ainda que o "espaço era também o centro da ordem, porque esta emana de Deus",[249] diz Walton. Aqui torna-se necessário refletir sobre a *presença* do Espírito Santo que é mostrada no versículo 2 de Gênesis 1, "separando o material",[250] ou seja, organizando. Dessa forma, "voltamos à função do Espírito Santo como agente ativo da Deidade na criação", diz o teólogo pentecostal Mark McLean, que, mesmo usando o substantivo "função", ao completar seu raciocínio, mostra que, na verdade,

---

246 GAGE, Warren Austin. *The Gospel of Genesis: studies in protology and eschatology* (Winona Lake: Carpenter, 1984), p. 54, in: HILDEBRANDT. *Teologia do Espírito de Deus no Antigo Testamento*, p. 63.

247 HILDEBRANDT. *Teologia do Espírito de Deus no Antigo Testamento*, p. 63.

248 Ibid., p. 63-4.

249 WALTON. *O mundo perdido de Adão e Eva*, p. 101.

250 ELLISON, H. L. "Gênesis (capítulos 1—11)" in: BRUCE, F. F. (org.). *Comentário bíblico NVI: Antigo e Novo Testamento* (São Paulo: Vida, 2009), p. 156.

como temos insistido, o substantivo "presença" reflete melhor a ideia, pois, caso inexistisse a "atividade contínua de Deus, mediante o Espírito Santo", ou seja, sem a presença da terceira Pessoa da Trindade, "seria impossível conhecermos a Deus". O mesmo autor diz que, a despeito de "muitos teólogos [terem] procurado descrever os atributos — ou propósitos — com base na teologia natural ou teologia escolástica, não têm conseguido descrevê-los corretamente", visto que a "única maneira de se conhecer uma pessoa, inclusive o próprio Deus, é saber o que ela tem dito e feito", algo que a Bíblia informa. Todavia, "a obra contínua do Espírito Santo nos revela o que ele continua a dizer e fazer hoje".[251] Sim, a existência da realidade, com tudo que a compõe, seja matéria inanimada, seja animada, com vida, não existe à parte de Deus, do Espírito, pois o sopro de vida não é impessoal, cego e autônomo, mas dependente direto da concessão divina. Novamente lembramo-nos da importante diferenciação entre *presença contínua* e *presença extraordinária*, ponto que trataremos mais detidamente à frente. No momento, sua menção torna-se necessária para que entendamos que não há ausência do Espírito Santo onde existe uma tal realidade observável com tudo que a compõe em toda a sua complexidade. Nesse sentido, é difícil decidir o que vem primeiro, pois "movimento" indica "vida", mas vida também fala de atividade, movimento, mobilidade, deslocamento, vontade etc., contudo não se trata de algo acidental e aleatório; antes, de algo ordenado. Tão ordenado que, desde quando a visão einsteiniana mostrou que o universo está se expandindo e a física quântica demonstrou que tudo se move, a cosmologia foi abalada, pois ainda olhamos para a realidade com a visão da física clássica newtoniana — de um universo estático de causa e efeito —, pois assim ele se nos apresenta, mas já sabemos tratar-se de nossa percepção, não do que, de fato, é a realidade nem o que está acontecendo.

Não há de nossa parte nenhum interesse em utilizar qualquer teoria, ou mesmo conclusões científicas, para corroborar nossa argumentação a respeito das coisas de Deus, pois, como já demonstramos, essa é uma estratégia perigosa e desnecessária. A referência feita à física, assim como na introdução deste capítulo, serviu apenas para fazer uma analogia e mostrar que, se há complexidade naquilo que é material e palpável, que dirá acerca do Espírito, mistério insondável sobre o qual só podemos ter qualquer noção ou conhecimento por autorrevelação. Mesmo assim, tal como na física, para continuar

---

251 McLean. "O Espírito Santo" in: Horton (org.). *Teologia sistemática*, p. 385.

## 438 | TEOLOGIA SISTEMÁTICO-CARISMÁTICA

com o mesmo exemplo, deveríamos aprender que, como disse o físico alemão Werner Heisenberg, a "linguagem da física clássica, na qual não concebemos as coisas do mundo senão com as palavras: matéria, força, movimento etc., parece muito pobre, quando se compara com a abundância infinita de fenômenos",[252] ou seja, se as palavras são pobres para descrever os fenômenos da física, seriam as expressões humanas, sejam elas do passado ou atuais, suficientes para descrever e assim esgotar as coisas de Deus e do Espírito? Obviamente que não. Por isso, da mesma forma não se pode requerer conceitos científicos com linguagem técnica por parte dos hagiógrafos, pois tais termos nem sequer existiam nem faziam parte do universo vocabular do antigo Oriente Médio. A esse respeito, a fim de compreender melhor o texto bíblico, como escreveu o teólogo pentecostal Antonio Gilberto, é preciso buscar a "compreensão da vida, das leis e dos usos e costumes antigos orientais, conforme vemos na Bíblia",[253] pois a "Bíblia não é um manual de ciência, mas o manual da salvação", razão pela qual, ao abordar "fatos científicos, [faço-o] não na linguagem técnica, especializada da ciência, mas na linguagem do povo comum".[254] Assim, no que se refere à atuação do Espírito Santo no período anterior à criação, é preciso não perder de vista o fato de que, além de não esperarmos qualquer descrição no estilo e linguagem científica do mundo moderno, diz o mesmo teólogo, "Houve, originalmente, transmissão oral como se vê em Jó 15.18", pois as "partes do Pentateuco anteriores a Moisés, como o relato da Criação, todo o livro de Gênesis e parte de Êxodo, ele escreveu, ou lançando mão de fontes existentes (ver 2.4; 5.1), ou por revelação divina".[255] Daí a razão de ser extremamente importante e esclarecedor o texto que encontramos em Jó, fazendo paralelo com Gênesis 1:2: "Pelo seu Espírito ornou os céus" (Jó 26:13). Mas isso, Jó reconhece, ainda é só o exterior do que pode ser contemplado, pois ninguém jamais poderia entender o seu poder (Jó 26:14). O texto do versículo 12 também é muito parecido com parte do versículo 2 de Gênesis 1.

É nesse mesmo livro que, repetimos, o primeiro e mais antigo das Escrituras hebraicas, encontramos Deus se revelando e inquirindo Jó sem

---

252 HEISENBERG, Werner. *A ordenação da realidade* (Rio de Janeiro: Forense Universitária, 2009), p. 52.

253 SILVA. *A Bíblia através dos séculos*, p. 181.

254 Ibid., p. 197.

255 Ibid., p. 55.

CAPÍTULO 4 – Pneumatologia | 439

que este possa responder uma só das suas indagações e sem que Deus igualmente responda a elas (Jó 38:1—41:34). Em outras palavras, mesmo Deus falando em uma linguagem que possamos entendê-lo, o conteúdo só pode ser conhecido se ele revelar, pois como saber, por exemplo, a que se referia o Criador ao questionar o patriarca e perguntar-lhe onde este estava "quando as estrelas da alva juntas alegremente cantavam, e todos os filhos de Deus rejubilavam?" (Jó 38:7). Para além de todas as discussões que se travam na atualidade acerca da linguagem figurada do texto — em que estrelas cantam —, pretendendo dar sentidos angélicos à referência, fazendo ligações com textos como o de Isaías 14:12, por exemplo, nosso interesse está voltado para o sentido que essas expressões tinham e, ainda mais, quais impressões causavam nos destinatários originais cuja mentalidade necessitava de formação exclusiva, substituindo o que haviam assimilado no Egito. Este é o ponto. Sendo o universo criação divina, ainda que sem conhecimento algum de física moderna, os hebreus, assim como os demais povos, sabiam que os astros, sobretudo sol e lua, cumpriam funções imprescindíveis no funcionamento físico-mecânico e tinham implicações sobre o plantio, colheita, pesca etc. Todavia, no tocante a esse campo, a grande e maior diferença entre eles era que, enquanto os povos pagãos do antigo Oriente Médio adoravam o sol, a lua e as estrelas, por exemplo, o povo de Deus, mesmo sem conhecimento de física moderna, os considerava, assim como eles, simplesmente como criações e "adoradores do Criador". Mais uma vez, nesse aspecto, a ênfase não está na área especificamente "material", e sim "funcional", coadunando-se com a perspectiva colocada por John Walton, de um espaço sagrado que agora tomamos emprestado para dizer que tal concepção não dizia respeito somente à Terra, representada pelo jardim do Éden, mas referia-se a todo o universo e à realidade, pois a "criação resolve a ausência da ordem, não a ausência de matéria", e a "imagem" evocada com a ideia de "caos" como sendo um "antes", diz o referido autor, "retrata a 'não existência' para o mundo antigo", fato que leva Walton a "deduzir que a 'existência' também não é uma categoria material", ou seja, ela "é uma categoria funcional referindo-se a uma situação ordenada".[256] É o que nos mostra claramente Salmos 148, na versão da *Bíblia de Jerusalém*, ao evocar toda a criação — animada e inanimada — para que louve a Deus:

---

256 WALTON. *O mundo perdido de Adão e Eva*, p. 27.

Aleluia!

Louvai a Iahweh no céu,
louvai-o nas alturas;
louvai-o todos os seus anjos,
louvai-o, seus exércitos todos!

Louvai-o sol e lua,
louvai-o, astros todos de luz
louvai-o, céus dos céus
e águas acima dos céus!

Louvem o nome de Iahweh,
pois ele mandou e foram criados;
fixou-os eternamente, para sempre,
deu-lhes uma lei que jamais passará.

Louvai a Iahweh na terra,
monstros marinhos e abismos todos,
raio e granizo, neve e bruma,
e furacão cumpridor de sua palavra;

montes e todas as colinas,
árvore frutífera e todos os cedros,
fera selvagem e o gado todo,
réptil e pássaro que voa,

reis da terra e todos os povos,
príncipes e juízes todos da terra,
jovens e também as donzelas,
os velhos com as crianças!

Louvem o nome de Iahweh:
é o único nome sublime,
sua majestade vai além da terra e do céu,
e ele reforça o vigor do seu povo!
Orgulho de todos os seus fiéis,
dos israelitas, seu povo íntimo.

Aleluia!

CAPÍTULO 4 – Pneumatologia | 441

Não está em pauta aqui o fato de que se trata de um hino, e existe a licença poética etc., mas, sim, a verdade que temos observado desde o início, isto é, o ambiente cognitivo do antigo Oriente Médio. Mais ainda, a despeito da linguagem e estrutura, como já temos recorrentemente explicado, o texto não coloca o universo como uma ou mais divindades; antes, retrata-o como uma criação "viva" que funciona e cumpre seu papel adorando o Criador. Isso passa ao largo do animismo, mas refere-se ao que Walton chamou de "imagístico", dizendo que o "pensamento e a representação imagística se posicionariam em contraste ao pensamento científico ou analítico", mas nem por isso deixa de ser verdade, pois os "antigos aplicam essa mesma concepção imagística a todos os gêneros literários, incluindo aqueles que só conseguimos pensar como científicos".[257] Tal desconhecimento, diz o teólogo pentecostal Antonio Gilberto, "tem se constituído numa das dificuldades da Bíblia".[258] Na verdade, diz Walton, quando situamos tais "elementos no contexto do Antigo Oriente Médio e reconhecemos a capacidade, e mesmo a propensão, israelita de pensar em termos imagísticos, descobrimos que alcançamos um entendimento mais profundo de realidades teológicas importantes" e, ao mesmo tempo, desconstruímos a falsa ideia de que Israel se apropriou de mitos de povos antigos e os converteu para si, criando uma versão alternativa. Ocorre que o "que às vezes é percebido como uma mitologia compartilhada é mais comumente uma propensão compartilhada de pensar imagisticamente sobre os mesmos temas, utilizando um vocabulário simbólico particular", ou seja, existem paradoxalmente pequenas similaridades na terminologia e na forma de estruturar o texto, mas com profundas diferenças, já que o "pensamento imagístico não é contrastado apenas com a análise causal", isto é, ele igualmente "se posiciona em contraste à metafísica, a qual, embora não seja uma ciência, é um produto de pensamento científico naquilo em que está interessada em uma causação e sistematização intermediária".[259] Para o povo de Deus que precisava formar sua consciência e estrutura de pensamento, tais problemáticas modernas nem sequer faziam parte de sua preocupação; antes, criados dentro de um ambiente cognitivo cujas questões prementes e formativas eram dessa natureza, o Espírito Santo

---

257 Ibid., p. 129.
258 SILVA. *A Bíblia através dos séculos*, p. 197.
259 WALTON. *O mundo perdido de Adão e Eva*, p. 130.

inspirou seus servos para escrever verdades inquestionáveis numa linguagem acessível aos destinatários, usando, na época, a forma comum de enxergar o mundo, mas fazendo mudanças que passam longe de serem sutis, pois estabeleciam uma diferença radical entre a concepção da realidade de Israel e a dos demais povos do antigo Oriente Médio.

A mudança radical passa pela verdade de que eles tinham consciência de que havia uma ordem estabelecida pelo Criador, e tal ordem, mesmo nos seres inanimados, era mantida pelo Espírito, ou seja, não eram os astros e demais fenômenos da natureza que agiam autônoma e mecanicamente, mas eles existiam sob a *presença* viva do Espírito. Tal questão é imprescindível para a consolidação do monoteísmo, bem como para a onipresença, pois indicava que não havia área alguma que escapasse à atuação de Deus. Observe-se, contudo, que, ao falarmos dos efeitos dessa *presença* do Espírito Santo, precisamos ressaltar que ela faz que cada elemento da realidade produza o efeito que lhe é peculiar ou natural, cumprindo o propósito para o qual foi criado por Deus. Assim, "quando Deus entra em contato direto com a criatura, é obra do Espírito Santo que efetua esse contato", diz o teólogo reformado holandês Abraham Kuyper, explicando que, no "mundo visível, essa ação consiste em acender e avivar a centelha de vida, sendo, portanto, bastante natural e completamente harmônica com o caráter geral do ensino das Escrituras que diz que o Espírito Santo de Deus se move sobre a face das águas e cria o exército do céu e da terra, ordenado, animado e resplandecente". Kuyper acrescenta que não falará acerca do "mundo animal", mas que isso também não se dará por conta de que "o Espírito Santo não tenha nada que ver com a criação deles", pois pelo "salmo 104.30 provamos o contrário".[260] Isso nada tem a ver com animismo, panteísmo ou panenteísmo, como comumente se diz na teologia protestante, apologética tradicional e cessacionista que, infelizmente, acabou influenciando a produção teológica carismático-pentecostal. Portanto, o que fica muito claro com o estudo das Escrituras acerca do Espírito Santo é que ainda falta uma pneumatologia robusta e que faça jus à importância dada, pela Bíblia, ao Espírito Santo. Tal lacuna, é preciso admitir, verifica-se sobretudo na carismático-pentecostal, pois, como estamos vendo, o fato é que a terceira Pessoa da Trindade "não é em absoluto apenas uma questão de revelação,

---

260 KUYPER. *A obra do Espírito Santo*, p. 70.

CAPÍTULO 4 – Pneumatologia | 443

mas também uma questão de vida e de fonte de vida".[261] Assim, restringi-lo à discussão teológica e, consequentemente, religiosa é empobrecer um dos maiores pontos de contato e diálogo com a cultura atual de que se tem notícia nos últimos tempos. Vale dizer que tal expediente foi utilizado, conforme já nos referimos neste capítulo e em outros, pelo apóstolo Paulo no Areópago, em Atenas (Atos 17:28). Tal pensamento nada tem, portanto, de moderno e inovador e já se apresenta nos pais apostólicos, conforme podemos ver em Clemente Romano, falando da *harmonia do cosmos*:

> Os céus, que se movem por sua disposição, lhe obedecem harmoniosamente. O dia e a noite realizam o curso que ele estabeleceu, sem tropeçar um no outro. O sol, a lua e os corpos dos astros giram harmoniosamente conforme sua ordem e, sem nenhuma transgressão, dentro dos limites que ele determinou. A terra, germinando conforme a vontade dele, produz, nos devidos tempos, abundantíssimo sustento para os homens, as feras e todos os seres que vivem sobre ela, sem nunca se rebelar, nem mudar nada do que por ele foi decretado. Com as mesmas ordens, se mantêm as regiões insondáveis dos abismos e as leis inescrutáveis que regem o mundo subterrâneo. A massa do mar imenso, que na sua criação foi recolhida em seus reservatórios, não ultrapassa os limites traçados, mas age conforme lhe foi ordenado. De fato, ele lhe disse: "Chegarás até aqui, e tuas ondas sobre ti se quebrarão". O oceano, sem fim para os homens, e os mundos que estão além, são dirigidos pelas mesmas leis do Senhor. As estações da primavera, do verão, do outono e do inverno sucedem-se harmoniosamente uma após a outra. Os reservatórios dos ventos realizam seu trabalho no tempo devido e sem perturbação. As fontes inesgotáveis, criadas para o prazer e a saúde, não cessam de estender aos homens suas mamas portadoras da vida. Os menores animais se reúnem na paz e na concórdia. O grande Criador e Senhor do universo ordenou que todas essas coisas se executem na paz e na concórdia. De fato, ele espalha seus benefícios sobre toda a criação, mas a nós ele os prodigaliza superabundantemente, quando recorremos à sua misericórdia por meio de nosso Senhor Jesus Cristo. A ele a glória e a majestade pelos séculos dos séculos. Amém.[262]

---

261 MOLTMANN, Jürgen. *O Espírito da vida: uma pneumatologia integral*, 2. ed. (Petrópolis: Vozes, 2010), p. 19.

262 ROMANO, Clemente. *Pais apostólicos*, 6. reimpr. (São Paulo: Paulus, 2014), p. 38-9.

## 444 | TEOLOGIA SISTEMÁTICO-CARISMÁTICA

Na verdade, tal questão é crucial para o surgimento do teísmo em relação ao deísmo, pois "Deus não é Rei se apenas originou a criação e, então, deixou-a para desenrolar-se como um relógio", ou seja, o "Criador está por trás de todos os processos físicos, de todas as capacidades reprodutoras, de todos os princípios de harmonia no universo". Em outras palavras, "a atividade de Deus não surge como um extra", diz James Houston.[263] Fazendo alusão a Gênesis 1:2, texto que temos trabalhado desde o início, o mesmo autor diz que "'o Espírito de Deus', que é sinônimo da 'Palavra de Deus', nos assegura que um poder ilimitado está presente, arrastando todo poder onipresente e criativo de Deus a todas as 'águas' (o que pode sugerir caos), porém mesmo o caos está sob o controle do Criador".[264] Essas são as variadas formas de se falar, indiretamente, do Espírito Santo. O teólogo pentecostal Timothy Munyon, citando Thomas Oden, diz que este defendia que a "verdadeira história da criação diz respeito ao relacionamento entre criaturas e Criador, não às criaturas por si sós, como se a criação devesse ser considerada por si mesma autônoma, independente e inderivada".[265] Tal pensamento diz respeito a toda a criação, sem qualquer distinção, isto é, incluindo tudo. Em toda a criação, podemos perceber a tríade movimento, vida e ordem. Isso por uma razão em que já temos insistido dentro da linha da história da salvação, alinhada com o teólogo Timothy Munyon: se "a totalidade da criação aponta para o propósito salvífico de Deus, é de se esperar que haja neste propósito provisão suficiente para toda a humanidade, inclusive uma chamada universal à salvação". Como não poderia deixar de ser, finaliza o mesmo autor, os "propósitos salvíficos de Deus também resultaram na criação de uma criatura com livre-arbítrio".[266] Tal se explica por um motivo muito simples: Deus não fez todas as coisas e as destinou para que dessem "errado". Só por essa percepção teológica que recebe uma interdição seriíssima, diga-se de passagem, é caríssima à tradição carismático-pentecostal e de sua crença depende a "prática" das experiências com Deus, temos uma diferença inconciliável em relação à teologia protestante. Na prática do dia a dia, cremos dessa forma, não por

---

263 HOUSTON, James. *O Criador: vivendo bem no mundo de Deus* (Brasília: Palavra, 2009), p. 57.

264 Ibid., p. 72.

265 ODEN, Thomas C. *The living God* (San Franscisco: Harper & Row, 1987), p. 198-9, 233, citado por MUNYON, Timothy. "A criação do Universo e da humanidade" in: HORTON (org.). *Teologia sistemática*, p. 229.

266 MUNYON. "A criação do Universo e da humanidade" in: HORTON (org.). *Teologia sistemática*, p. 229.

desconhecimento, mas por ser algo sobre o qual as Escrituras nos instruem claramente (cf. Hebreus 3:7; 4:7). Todavia, por conta do medo da acusação de pelagianismo, no máximo, ou semipelagianismo, no mínimo, não ousamos pronunciá-la e articulá-la. Voltaremos a esse ponto, e ele também será tratado no capítulo 6.

Há algo mais a dizer, porém, acerca do tema da criação e sua relação com o "propósito salvífico" de Deus, colocado pelo teólogo pentecostal Timothy Munyon, e que se parece com o raciocínio de "funcionalidade da criação", esposado por John Walton, mas também igualmente relacionado ao "livre-arbítrio", conforme defendido pela tradição carismático-pentecostal. Munyon diz que, como "corolário natural à 'muito boa' obra de Deus, a criação irresistivelmente o glorifica (Sl 8.1; 19.1)".[267] Em nota, Munyon explica que a expressão hebraica *ṭôb*, traduzida em Gênesis 1 por "bom", tem o "sentido de apropriado às intenções de Deus".[268] Nesse caso, ele corrobora com a tese de Walton de que o texto não se refere ao fato de a criação ser "boa" como sinônimo de perfeita no sentido que atribuímos ao conceito de perfeição. Não obstante, ela foi criada boa por corresponder às intenções, leia-se funções, para as quais foi criada e, nesse aspecto, glorifica a Deus, conforme o Salmo 148, citado anteriormente. No caso da criação, tanto animada quanto inanimada, mas não portadora da imagem e semelhança de Deus, "irresistivelmente" o glorifica, visto agir conforme a natureza com que cada coisa foi criada por ele e, por isso mesmo, cumprir suas funções. Nessa "parte" que, ressaltamos, é infinitamente maior que a humanidade, a *presença* do Espírito Santo, como responsável por tocar o cerne de cada elemento da realidade, produz movimento, vida e ordem. Mas o que explica as disfunções que encontramos mesmo nessa parte? A resposta, todos já sabemos, e está em Gênesis 3:15. Temos igualmente ciência de que não se trata de uma rivalidade entre a raça de répteis e a humanidade, mas entre as forças das trevas, lideradas por Satanás e seus demônios, contra os seres humanos. Contudo, uma vez mais o estudo dos costumes e do ambiente cognitivo do antigo Oriente Médio pode nos ajudar na compreensão do simbolismo da serpente naquela cultura, pois a "serpente tinha um vasto simbolismo no Antigo Oriente Próximo",[269] diz Walton. Obviamente que não podemos explorar tal simbolismo com o

---

267 Ibid.
268 Ibid., p. 694.
269 WALTON. *O mundo perdido de Adão e Eva*, p. 122.

## 446 | TEOLOGIA SISTEMÁTICO-CARISMÁTICA

paralelo apresentado pelo autor em algumas civilizações antigas, resumin-do-nos a dizer que, conforme o mesmo autor, pesquisas "recentes focaram a serpente como uma criatura do caos", mostrando que tal "tipo de criatura no mundo antigo era, tipicamente, composto, pertencendo à esfera do divino, ainda que não fossem deificadas", todavia suas "características compostas lhes davam uma combinação de atributos", ou seja, eram "amorais, mas poderiam ser maldosas ou destrutivas" e certamente "causariam problemas se deixa-das sem vigilância, mas poderiam ser domesticadas e tornar-se auxiliares dos deuses".[270]

Considerando o fato de que se tratava de um espaço sagrado, adminis-trado por Adão, é de se questionar o que esse tipo de "animal" fazia no jardim. Antes de seguirmos essa argumentação, é interessante conhecer o pensamento do antigo Oriente Médio acerca do tema do cuidado com locais sagrados envolvendo jardins. A ordem dada pelo Criador foi para que o homem "la-vrasse" e "guardasse" o jardim — movimento, vida e ordem —, conforme Gênesis 2:15, podendo ser entendidos tais termos como "cuidado" e "cul-tivo". "Informações importantes podem derivar do estudo semântico dessas palavras", diz Walton, explicando que os "verbos *'bd* e *šmr* (NVI: 'cultivar' e 'cuidar') são termos frequentemente encontrados em discussões relacionadas ao serviço humano a Deus, não a descrições de tarefas agrícolas", mas isso não quer dizer que não sejam, pois o "verbo *'bd* certamente pode se referir à atividade da agricultura (por exemplo, Gn 2:5; 3:23), mas nesses contextos a nuance do verbo é condicionada por seu objeto direto (o solo)". Contudo, "Quando o verbo se relaciona à vocação de alguém (por exemplo, Êx 20:9), o sentido mais amplo da palavra está geralmente conectado ao serviço reli-gioso que chamamos de adoração (Êx 3:12) ou aos funcionários sacerdotais servindo no recinto do santuário (Nm 3:7-10)". Nesses "casos, o objeto do verbo geralmente faz referência a algo ou a alguém que está sendo adorado (Êx 4:23; 23:33)".[271] Evidentemente que tal questão não é tão simples de decidir, e, pela via especificamente semântica, qualquer decisão torna-se arbi-trária, pois cada intérprete escolherá o sentido que for mais conveniente a seus argumentos teológicos. Dessa forma, Walton trabalha o outro verbo hebraico, *šmr*, dizendo que ele "é utilizado nos contextos da responsabilidade levítica de guardar o espaço sagrado, assim como no sentido de observar comandos e

---

270 Ibid., p. 125.
271 Ibid., p. 98.

responsabilidades religiosas". O mesmo autor explica ainda que tal "verbo só é utilizado em contextos agrícolas quando as plantações estão sendo guardadas daquelas pessoas e animais que as destruiriam ou roubariam".[272] Portanto, esclarece ainda Walton que, ao aplicar-se o verbo "à atividade levítica, ele pode envolver o controle do acesso ao recinto sagrado, embora seja comumente aplicado de forma mais geral à *performance* de deveres nos espaços".[273] Em síntese, ele oferece a seguinte linha de pensamento para seguir com a opção de serviço sagrado, não exclusivamente agrícola:

1. existem alguns contextos que empregam *šmr* juntamente com *'bd* para o serviço levítico (por exemplo, Nm 3:8-9),
2. e o contexto de *šmr* aqui favorece o serviço sagrado,
3. e *'bd* pode tanto se referir ao serviço sagrado como a tarefas agrícolas,
4. e existem outras indicações de que o jardim está sendo retratado como um espaço sagrado,

*então* é provável que as tarefas dadas a Adão sejam de natureza sacerdotal: cuidar do espaço sagrado. No pensamento antigo, cuidar do espaço sagrado era uma forma de sustentar a criação. Ao preservar a ordem, a não ordem era mantida distante.[274]

Pela expressão pronunciada pelo Criador acerca de a terra agora passar a ser maldita (Gênesis 3:17), a ideia de espaço sagrado está pressuposta, pois, se não podemos dizer que ela era "perfeita", certamente podemos assegurar que era "boa", ou seja, apropriada para os fins aos quais Deus a destinou e, igualmente, sagrada. Nesse contexto, qual era o papel do ser humano? "Se o vocabulário sacerdotal em Gênesis 2.15 indica o mesmo tipo de pensamento, o ponto relacionado a cuidar do espaço sagrado deveria ser visto como muito mais do que jardinagem ou deveres sacerdotais", isto é, garantir a ordem, no espaço sagrado que lhe cabia cuidar, "fazia de alguém um coparticipante de Deus na tarefa contínua de sustentar o equilíbrio divinamente estabelecido para o cosmos".[275] Nesse aspecto, há familiaridade com a civilização egípcia, pois, além de essa ideia ser também parte de sua cultura,

---

272 Ibid., p. 98-9.
273 Ibid., p. 99.
274 Ibid.
275 Ibid., p. 99-100.

os egípcios incluíram igualmente o faraó, "cuja tarefa era 'completar o que estava inacabado e preservar o existente, não como um *status quo*, mas em um processo contínuo dinâmico e, até mesmo, revolucionário de remodelamento e aperfeiçoamento'". Tal prática, continua o mesmo autor, "combina os termos submeter e dominar de Gênesis 1 com *'bd ešmr* de Gênesis 2".[276] Assim, analisando o possível impacto da narrativa dos relatos da criação na formação da tribo nômade, é possível que "Adão serviu como um arquétipo com toda a humanidade representada *nele*" e, em "seu papel sacerdotal, ele serve como agente representacional servindo a favor da humanidade". Em síntese, "todos os humanos são representados por ele", daí a importância de se "entender o papel adâmico à luz dos sacerdotes no mundo antigo", pois é mais que comum lermos as Escrituras e "pensarmos nos sacerdotes como especialistas em rituais e como instrutores nos caminhos do Senhor e da Lei", e tal realmente "é verdade, mas essas tarefas se encaixam em uma imagem mais ampla", pois a "principal tarefa do sacerdote era a preservação do espaço sagrado".[277] Após elencar algumas das muitas funções sacerdotais, John Walton diz, então, que o "espaço sagrado existia em razão da presença manifesta de Deus", pois "Adão recebeu acesso a esse local como um sacerdote, a fim de se envolver na preservação de sua santidade e na mediação de seus benefícios", e o referido "espaço era também o centro da ordem, porque essa emana de Deus".[278] Agora podemos compreender melhor o pensamento de "que as pessoas iriam 'subjugar' e 'dominar'", cientes de que ele "baseia-se na noção de que eles teriam um papel contínuo como vice-regentes de Deus (em sua imagem), para preservar a ordem e colocá-la sob Deus".[279]

Por mais que tal exposição pareça simplista e por demais simbólica, precisamos nos lembrar de que "pensamos bem diferentemente das pessoas do mundo antigo", e é imprescindível cuidarmos "para não impormos nossas categorias de pensamento na literatura que está mais em casa no mundo antigo do que no nosso".[280] Nossa cultura habituou-nos a pensar unilateralmente e apenas de forma racionalista. Dessa forma, somos "primariamente interessados com a causalidade, composição e sistematização", porém no "mundo

---

276 Ibid., p. 100.
277 Ibid.
278 Ibid., p. 101.
279 Ibid.
280 Ibid., p. 131.

antigo eles eram propensos a pensar em termos de símbolos e a expressar seu entendimento em termos de imagens", ou seja, "estamos primariamente interessados em eventos e *realia*, enquanto eles estavam mais interessados em ideias e suas representações".[281] Por isso, diz Walton, o "leitor israelita entenderia que o resultado da ação da serpente foi que o mal se enraizou na humanidade".[282] Como seres criados à imagem e semelhança divina, Adão e Eva eram responsáveis pelo cuidado do jardim e pela manutenção da ordem da qual eles mesmos eram parte. Uma vez que o "Antigo Testamento usa a expressão 'o espírito de Deus' para referir-se à presença e ao poder de Deus na criação", diz Alister McGrath, e a parte racional da criação e responsável pelas demais optou por rebelar-se contra o Criador, a ordem original foi transtornada. Contudo, como havia um projeto divino, e este, pelo fato de existir o universo até hoje, não foi revogado por Deus, o Espírito continua, com sua *presença*, sustentando a ordem e, "como agente de uma nova criação que surgirá quando a velha ordem finalmente se desfizer",[283] permanece mantendo o universo e concedendo o dom da vida. Como o universo, tanto animado quanto inanimado, não possui vontade própria, "submete-se" integralmente à divina *presença* do Espírito, e uma ordem mínima é mantida a fim de viabilizar a existência, motivo por que lemos no salmo 148 que a criação louva e/ou adora a Deus, isto é, faz aquilo que foi criada para fazer e dessa forma glorifica ao Criador. Mas, tendo sido a ordem transtornada, o que devemos fazer neste espaço de tempo entre nossa concepção, por criação direta do Espírito Santo, passando pelo novo nascimento, por chamado e convencimento dele, até chegar finalmente ao destino final, a nova criação, que só é possível estando acompanhado e assistido por ele? Antes de responder a essa questão, precisamos entender como criamos tal consciência e como foi possível entender tudo isso.

## O chamado sacerdotal da humanidade

O Espírito Santo, que primeiramente nos dá o dom da vida, indistintamente e a todos, isto é, a crentes ou não, demonstra que nunca existiu um tempo em que ele esteve ausente, ou seja, essa *atividade contínua* do Espírito desmonta a ideia comum de que no Antigo Testamento é difícil percebê-lo e

---

281 Ibid., p. 128.
282 Ibid., p. 127.
283 McGrath, Alister E. *Uma introdução à espiritualidade cristã* (São Paulo: Vida, 2008), p. 94.

## 450 | TEOLOGIA SISTEMÁTICO-CARISMÁTICA

que sua *presença* não é muito clara. Nesse ponto específico, pelo que o texto de Gênesis 1:2 deixa entrever, desde que temos notícia de algo, o Espírito Santo está em atividade (movimento), separando o caos da criação (ordem) e, posteriormente, dando vida, algo que até hoje ele faz, pois o universo está funcionando de maneira minimamente ordeira e favorável à existência. Quanto ao fato de não se perceber o Espírito Santo nas Escrituras hebraicas, tal ocorre, conforme já falamos, logo na introdução deste capítulo, por estarmos habituados com os métodos tradicionais e racionalistas de apreensão do objeto, e eles são inadequados para tal exercício de produção teológica. Tal fato se dá porque, na "teologia, frequentemente se considera a forma sistemática uma tentativa de racionalizar as experiências da revelação", diz Paul Tillich, explicando que isso, "porém, significa confundir a justificada exigência de ser coerente nas próprias afirmações com a tentativa injustificada de extrair asserções teológicas de fontes que são estranhas às experiências revelatórias".[284] Há grande diferença entre o exercício de articular de forma racional, não racionalista, os eventos histórico-redentores e/ou histórico-salvíficos e ainda revelatórios, produzindo uma teologia sistemática, e pretender racionalizar as experiências revelatórias, desconsiderando a sobrenaturalidade de tais experiências, desconsiderando a linguagem do mundo antigo, e querer explicá-las com ferramentas de fontes não só estranhas, mas antagônicas às revelações existenciais ocorridas ao longo do desenvolvimento do cânon. Tal erro metodológico é extremamente comum na elaboração teológica. E, por ter se tornado prática corrente, transformou-se em um padrão, e quem não segue essa cartilha tem seus trabalhos discriminados como "não teologia", "teologia devocional" ou "liberalismo teológico". Esse tipo de interdição inibe o desenvolvimento de qualquer elaboração teológica que não obedeça a tal fluxo. Isso explica, em parte, o atraso no avanço teológico carismático-pentecostal e, pior ainda, sua paulatina descaracterização quando os seus teólogos forçam a tradição a se adequar a um molde epistemológico que não a comporta. Portanto, seguimos sempre lembrando que partimos de uma elaboração teológica pela via apofática, bem como igualmente temos feito a opção pelas trajetórias teológicas místicas que seguem a esteira do processo revelacional e da lógica da fé.

Nessa perspectiva, que acompanha a estrutura da história da salvação, avançamos agora para mostrar como a *presença* do Espírito, não só de maneira

---

284 TILLICH. *Teologia sistemática*, p. 469.

*contínua*, mas *extraordinária*, é surpreendentemente um fato corriqueiro, e não raro, como também se apregoa, nas Escrituras hebraicas. Primeiramente, devemos recordar que o texto de Gênesis, não só os relatos da criação, mas todo o documento, não foi escrito para Adão e Eva, muito menos para algum dos patriarcas, mas para o povo que havia estado no Egito e precisava ser "formado". Porque, como dissemos no segundo capítulo, a cultura dos hebreus antes da Lei era a cultura egípcia, e isso precisava mudar, daí a necessidade e a importância das Escrituras hebraicas, sobretudo do Pentateuco, que, provavelmente, ao lado do livro de Jó, foi fundamental nesse processo. Todavia, como se verá, antes de elas virem a lume, as experiências de revelação, que se iniciaram ainda dentro do Egito, foram predecessoras e autenticadoras para o ministério de Moisés e a confirmação de que o Senhor realmente era o único e verdadeiro Deus em quem eles deviam acreditar e a quem servir. Portanto, ao lado da criação que glorifica ao Criador e é, como já dissemos, o primeiro evento histórico-redentor, ou seja, com propósito salvífico ou de uma "chamada universal à salvação", conforme disse o teólogo pentecostal Timothy Munyon, as "Escrituras afirmam também que, mediante a criação e o estabelecimento da nação de Israel, Deus receberia glória (Is 43.7; 60.21; 61.3)".[285] Sim, a glória não seria para a nação eleita, mas ela mesma e os demais povos, mediante o que Deus faria por intermédio dela, deveriam glorificar o nome do Senhor. Infelizmente, tal como na narrativa da Queda, verificamos que isso não se deu, e a derrocada não tardou para Israel. O que precisa ficar claro, desde já, é que a "história de Israel é diferente de qualquer outro tipo de história", diz George Ladd, esclarecendo ainda que, a despeito do fato de "Deus ser o Senhor de toda a história, ele, por intermédio de uma série especial de eventos, fez uma revelação de si mesmo a Israel que jamais fez em qualquer outra parte", ou seja, não há dúvida de que "Deus estava no comando do curso dos acontecimentos no Egito, Assíria, Babilônia e Pérsia", pois é fato que existe uma "providência geral na história, mas somente na história de Israel é que Deus comunicou aos homens um conhecimento pessoal de sua própria pessoa".[286] A redundância intencional de Ladd é justamente para enfatizar que, enquanto todos os povos podem ter a providência como certa e até mesmo uma revelação de caráter geral, no sentido de revelação

---

285 MUNYON. "A criação do Universo e da humanidade" in: HORTON (org.). *Teologia sistemática*, p. 229-30.
286 LADD. *Teologia do Novo Testamento*, p. 40.

# 452 | TEOLOGIA SISTEMÁTICO-CARISMÁTICA

especial, experiencial e direta, Israel parece ser um fenômeno *sui generis* em todo o mundo. É bom entender que o texto bíblico não antecede esse processo revelacional, mas é resultado dele, daí a importância da experiência com Deus, que, como já vimos, se dá pelo Espírito, que é responsável por tocar em cada ser.

Quando se fala de uma revelação especial e da forma de estudá-la historicamente, por meio da *Heilsgeschichte* (história da salvação), uma expressão alemã cunhada por teólogos germanos para designar esse fluxo específico da história geral, lembramo-nos de que, em português, podemos encontrá-la sob os nomes de "história da redenção" ou "história sagrada", como diz Ladd, explicando que tal perspectiva bíblica suscita, ao menos, "duas dificuldades para o pensador moderno", sendo a primeira delas resumida na questão: "Será que é concebível que a história possa receber uma revelação de Deus?". Ele diz que tal pergunta se dá pelo fato de que, desde Platão, que "considerava o reino do tempo e do espaço como fluxo de mudanças", a "história, por definição, envolve a relatividade, a particularidade, o capricho e a arbitrariedade, ao passo que a revelação deve comunicar o elemento universal, absoluto, supremo".[287] Assim, o corolário de tal questão pode ser traduzido na seguinte problemática: "De que modo o Infinito pode ser conhecido no finito, o Eterno no temporal, o Absoluto nas relatividades da história?". Do ponto de vista absolutamente humano, "isso parece impossível; mas é precisamente nesse ponto que talvez se encontre o maior de todos os milagres na fé bíblica", isso pelo simples fato de que "Deus é o Deus vivo, e ele — o Eterno, o Imutável — comunica conhecimento a respeito de si mesmo por intermédio do fluxo e refluxo da experiência histórica". Em outras palavras, é preciso deslocar a questão, pois o "assunto fundamental em consideração aqui não é a natureza da história, mas a natureza de Deus".[288] Tal aspecto já foi devidamente considerado no capítulo anterior quando falamos a respeito da "natureza de Deus" no sentido de "como é", não de "o que é". A segunda dificuldade mencionada por Ladd e que inquieta os pensadores modernos é que a "Bíblia não apenas está cônscia de que Deus tem estado ativo para nos redimir no fluxo da história de um modo particular, como não esteve na história geral; mas também demonstra estar cônscia de que em certos pontos

---

287 Ibid., p. 41.
288 Ibid.

CAPÍTULO 4 – Pneumatologia | 453

Deus atuou de modo que transcenda a experiência histórica comum". Em outras palavras, a forma leiga de encarar a história, explica Ladd, "como a totalidade dos eventos do passado", acaba confrontada, visto que "uma ligeira reflexão mostrará que não temos acesso algum a muitas áreas da experiência humana do passado", isto é, só "pode haver história, a menos que existam documentos que registrem os eventos passados", mas "os registros antigos não constituem 'história' em si mesmos".[289] Dito de outro modo, eles são interpretados na atualidade e, desde quando foram registrados, só apareceram por terem sido seletivamente elencados pelos historiadores. Mas este não é o real problema que se apresenta em relação à Bíblia.

A problemática toda reside no fato de que Deus age, muitas vezes, de forma que transcende a percepção histórica comum, incluindo a linguagem específica do antigo Oriente Médio, levando os estudiosos a classificar a Bíblia como um livro mitológico. Logo, torna-se impossível utilizar, sem nenhuma espécie de adaptação, os instrumentos historiográficos para uma análise das Escrituras, pois a "Bíblia frequentemente representa Deus agindo por meio dos eventos históricos 'comuns'". Assim, por exemplo, o "curso dos acontecimentos que levou Israel ao cativeiro na Babilônia e mais tarde efetuou sua restauração à Palestina foram eventos históricos naturais", e em muitos outros momentos que poderiam ser citados, mas o que sabemos é que, em todos eles, "Deus estava ativo na história, levando avante seus propósitos redentores através da nação de Israel". Por isso, tal "fluxo particular da história tem em si um significado que o põe à parte de todos os outros no correr da história", ou seja, nos "próprios eventos históricos, o olho da fé pode observar o trabalhar de Deus".[290] Acrescentaríamos que somente com a lógica da fé, ou, para tomar emprestada a expressão de Ladd, o "olho da fé", pode-se interpretar a história corrente e dela verter uma história da salvação. Isso pelo simples fato de que "Deus é muitas vezes retratado em modos de atuação inusitados", e isso significa entender que, em alguns momentos, o "evento de revelação assume um caráter que o historiador secular moderno chama de não histórico". Portanto, precisamos compreender que o "Deus que revela a si mesmo na história redentora é o Senhor da criação e o Senhor da história, e, consequentemente, é capaz não apenas de moldar o curso dos eventos

289 Ibid., p. 42.
290 Ibid.

# 454 | TEOLOGIA SISTEMÁTICO-CARISMÁTICA

históricos comuns, mas agir diretamente, de maneiras que transcendem a experiência histórica usual".[291] Nesse sentido, a "atenção à dimensão pneumatológica destrói toda a pura lógica e dialética sem a qual tudo desaparece num transporte de embriaguez dionisíaca",[292] diz Walter Kasper, falando do caráter pretensioso do racionalismo da teologia escolástica católica, uma pretensão que pode tranquilamente ser aplicada ao contexto protestante. Considere, por exemplo, a "mais vívida ilustração deste fato", e que é simplesmente central para a fé cristã: a "ressurreição de Cristo". Analisando da perspectiva da "crítica histórica científica, a ressurreição não pode ser 'histórica', pois trata-se de um evento que não foi causado por qualquer outro evento histórico e, portanto, não tem analogia", em outras palavras, "Deus e somente Deus é a causa da ressurreição".[293] Assim, a "ressurreição não tem relação causal com outros eventos históricos", e, acrescente-se, trata-se de algo inimaginável, pois "jamais aconteceu algo semelhante em qualquer outro lugar".[294] Uma vez que a "ressurreição de Cristo não é a restauração de um indivíduo morto à vida, mas o surgimento de um novo tipo de vida — a vida da ressurreição" —, prossegue George Ladd, tomando "o registro bíblico" como autoritativo e "correto, não pode haver nem explicação 'histórica' nem analogia para a ressurreição de Cristo", e não pode pela verdade de que "sua própria ofensa à crítica histórica científica é uma espécie de apoio negativo para o seu caráter sobrenatural".[295] Assim, um exemplo do que *não deve ser feito* ilustra o ponto:

> John Knox, um teólogo liberal norte-americano, alegou certa vez que a erudição histórica não poderia prejudicar a fé. Há uma falácia aqui, penso eu. Uma fé que continua crendo independentemente das evidências históricas não é uma fé que valha a pena ter. A ideia bíblica de fé é a confiança em Deus por causa daquilo que Deus tem feito e dito. Se alguém pudesse demonstrar que não há boas razões para acreditarmos que Deus tivesse dito ou feito todas essas coisas, a fé seria vazia e vã. Ao dizer isto, não estamos vinculando a fé à obra mais recente de algum erudito que porventura esteja em alta no momento.

---

291 Ibid.

292 Kasper. "Espírito — Cristo — igreja" in: Congar; Küng; Rahner et al. *A experiência do Espírito Santo*, p. 82.

293 Ladd. *Teologia do Novo Testamento*, p. 42.

294 Ibid., p. 42-3.

295 Ibid., p. 43.

Mas estamos dizendo que a erudição tem um lugar apropriado. Seu trabalho é fortalecer a fé mediante sua demonstração da verdade (ou, se não puder fazer isto, deve dizê-lo abertamente e abandonar a fé). Ao dizer isto, estamos meramente dando continuidade ao que os próprios escritores bíblicos estavam fazendo. A Bíblia não é uma caixa de promessa repleta de pensamentos benditos. Grande porção dela é voltada para argumentos, demonstrações e apelos à história. Para entendermos esta lição, não precisamos ir além das epístolas do Novo Testamento ou das palavras de abertura do Evangelho segundo Lucas, que ressaltam a historicidade da história de Jesus como base da fé. É da veracidade de tais argumentos que depende a devoção cristã. O crente comum não tem obrigação de elaborar todos os argumentos. Mas alguém, em algum lugar, deve fazê-lo por amor à fé.[296]

Tal interpretação catafática, antissobrenatural e, portanto, racionalista dos registros escriturísticos é totalmente inadequada para a fé, por todas as razões já expostas desde o primeiro capítulo, e ainda menos apropriada para uma perspectiva teológica carismático-pentecostal, uma vez que parece desconhecer o caráter deveniente e provisório dos dados científicos, que, justamente por tal especificidade, estão sempre a caminho e jamais são conclusivos, podendo provar hoje algo que brevemente será total ou parcialmente descartado.[297] Por tais posturas é que um autor como o teólogo irlandês anglicano Alister McGrath adverte de que "existe um sério perigo de que o evangelicalismo possa simplesmente prolongar a influência do Iluminismo por um endosso continuado e não crítico de algumas de suas pressuposições e valores principais, dos quais pelo menos alguns são potencialmente hostis ao etos evangélico".[298] Para a tradição carismático-pentecostal, tais pressuposições são mais do que hostis; são mortais e asfixiantes. Enquanto, por exemplo, nos círculos carismático-pentecostais a conversão sempre foi vista como um

---

296 BROWN, Colin. *Filosofia e fé cristã* (São Paulo: Vida Nova, 2007), p. 241.

297 "O espírito científico é estimulado pelo fracasso de seus métodos, uma vez que de tal fracasso emerge um espaço novo de prospecção ou de investigação. É preciso lembrar que a constatação do fracasso resulta da confrontação entre as proposições, hipóteses e experiências, por um lado, e o objeto real, por outro, através dos processos de verificação e retificação. O real resiste sempre, daí a relação e o combate permanente entre o dado e o construído" (TORRES, Jesús Vázquez. *Ciência & realidade: G. Bachelard e N. Hartmann: por uma superação do realismo e do idealismo* [São Paulo/Recife: Loyola/Unicamp, 2017], p. 114).

298 McGRATH, Alister. *Paixão pela verdade: a coerência intelectual do evangelicalismo* (São Paulo: Shedd, 2007), p. 148.

## 456 | TEOLOGIA SISTEMÁTICO-CARISMÁTICA

trabalho sinergista, ou seja, uma parceria divino-humana, na qual falamos do evangelho para alguém, mas quem a convence é o Espírito Santo, no tocante ao "evangelismo, o evangelicalismo já se mostrou vulnerável a uma forma de racionalismo", visto fundamentar-se "numa visão iluminista de mundo. O evangelicalismo se interessa em persuadir as pessoas da verdade do evangelho — com a palavra 'verdade' sendo entendida de modo fortemente racional como 'correção proposicional'".[299] O exemplo prosaico foi "escolhido a dedo" pelo fato de que a tradição carismático-pentecostal sempre foi engajada no evangelismo pessoal. Para o protestantismo reformado, o "evangelismo diz respeito à proclamação da verdade cognitiva do evangelho, com uma exigência por sua aceitação", sem refletir que existe "um grande número de dificuldades nessa abordagem, mais significativamente em relação ao próprio conceito de verdade", pois um "conceito não bíblico de 'verdade', definido por considerações cartesianas em vez de cristãs, vem a exercer uma função controladora".[300] Todavia, parece que a escolástica protestante não percebe quão problemático e complicador se torna esse concordismo, vantajoso momentaneamente, mas letal e descredibilizador futuramente. "Quando o Novo Testamento", por exemplo, "afirma que Jesus Cristo é a 'verdade' (Jo 14.6)", diz McGrath, "não pretende que nós entendamos meramente que Cristo é proposicionalmente correto", isto é, nessa realidade, "'verdade' apresenta claramente aspectos pessoais e cognitivos".[301] Por isso, a recomendação do autor é que

> O evangelicalismo precisa redescobrir a riqueza e a distinguibilidade dos conceitos bíblicos de verdade. A associação fundamental da raiz hebraica normalmente traduzida por "verdade" ou "verdadeiro" (como em "o Deus verdadeiro") é "algo ou alguém em quem se pode confiar". Há claros paralelos aqui com a noção bíblica de "retidão", que pouco têm a ver com noções iluministas de moralidade pessoal, mas que se relacionam essencialmente com fidelidade pactual. A noção de confiabilidade pessoal, tão magnificamente articulada no conceito de fé expresso por Martinho Lutero como *fiducia* (confiança), precisa ser vista como fundamental para qualquer conceito de verdade

---

299 Ibid., p. 148-9.
300 Ibid., p. 149.
301 Ibid.

autenticamente bíblica. O evangelismo é a proclamação e recomendação da confiabilidade de Deus e do evangelho. É uma caricatura da ideia bíblica de "verdade" igualá-la com a noção iluminista da correspondência conceitual ou proposicional, ou a visão derivada de evangelismo como a proclamação da correção proposicional da doutrina cristã.[302]

O desconhecimento de tais nuances epistemológicas e filosóficas tem trazido não poucos prejuízos à teologia ao longo da história, sobretudo a partir da especialização do "saber acerca de Deus", ou seja, quando transformaram o conhecimento de Deus em leitura teológica especializada sobre ele. Como a teologia, temos insistido, é produto humano e pode desconsiderar o entendimento de determinado contexto em que se deram os eventos histórico-redentores e revelacionais, intentando explicá-los com ferramentas conceituais totalmente estranhas e até contrárias ao caráter sobrenatural da realidade, tem-se um grave problema instaurado. Uma vez alçada ao *status* de inquestionabilidade, tal teologia ou manual, juntamente com o seu sistema teológico, mesmo sendo produto de uma época, como os demais, acaba se tornando a régua para aferir, ou não, a veracidade das demais propostas teológicas e seus sistemas, provocando crises desnecessárias. Assim é que, explica Alister McGrath, o conceito de evangelismo esposado nos círculos protestantes tradicionais acaba mostrando-se deficitário, pois "abre caminho para os tipos de racionalismo e formalismo que têm destruído a vitalidade da fé cristã no passado", fazendo que a fé, prossegue McGrath, chegue a "significar pouco mais que consentimento intelectual a proposições, perdendo a ligação vital e dinâmica com a pessoa de Jesus Cristo, que, para os cristãos, *é* — só ele — a verdade". Em síntese, "Jesus não apenas nos mostra a verdade, ou nos diz a verdade; *ele é* a verdade — e qualquer conceito de 'verdade' incapaz de compreender o fato de a verdade ser pessoal deve ser tratado com intensa desconfiança pelos evangélicos".[303] Se tal é visto assim por um teólogo anglicano, ou seja, de uma tradição não carismática, o que pensar da tradição carismático-pentecostal? É fatalmente mortal seguir por essa senda. E, é bom que se registre, McGrath não está se referindo ao liberalismo teológico, e sim à teologia conservadora e cessacionista, cuja metodologia racionalista é

---

302 Ibid.
303 Ibid.

## 458 | TEOLOGIA SISTEMÁTICO-CARISMÁTICA

completamente inadequada para nós. Não por sermos melhores ou piores, mas por sermos diferentes, ou seja, enquanto eles são monergistas, nós somos sinergistas. Perspectivas inconciliáveis. Assim, "'Verdade', no sentido neotestamentário do termo, não é algo abstrato nem puramente objetivo: é pessoal, e envolve a transformação inteira de quem apreende e é apreendido por ela". Assim, a pretensa neutralidade positivista da verdade proveniente do racionalismo é completamente estranha ao conceito bíblico, de modo que "é necessário redescobrir a completa riqueza do conceito bíblico de verdade", e particularmente "as dimensões *pactuais* do conceito bíblico de verdade devem ser apreciadas".[304] Voltaremos ao assunto mais à frente, mas, para ficar claro do que se trata quando se usa a abordagem história da salvação, George Ladd esclarece:

> A questão subjacente é teológica. Será que o alegado evento sobrenatural é consistente com o caráter e os objetivos do Deus que se revelou na história sagrada? Será que a história é a medida de todas as coisas, ou será que o Deus vivo é de fato o Senhor da história? A resposta bíblica a esta pergunta não admite dúvidas. O Senhor da história transcende a história, embora não esteja ausente dela. Portanto, ele tem condições de trazer à dimensão do tempo e do espaço eventos que podem ser chamados de eventos genuínos e que, ainda assim, são "supra-históricos" em seu caráter. Isto significa simplesmente que tais eventos de revelação não são produzidos pela história, mas que o Senhor da história, que está acima da história, age dentro da história, para a redenção das criaturas históricas. A redenção da história deve vir de fora da história, ou seja, do próprio Deus. Isto não significa que devemos abandonar o método histórico no estudo da Bíblia. Significa somente que em certos pontos o caráter dos atos de Deus é tal que transcende o método histórico, e que o historiador na qualidade de historiador não pode dizer nada sobre os mesmos.[305]

Precisa, definitivamente, ficar claro para os teólogos carismático-pentecostais que o estudo do texto bíblico deve acompanhar a dinâmica da revelação, pois nenhuma ferramenta epistemológica, forjada por seres humanos, é capaz de desvendar os mistérios divinos, ou seja, o próprio Deus é quem revela

---

304 Ibid.
305 LADD. *Teologia do Novo Testamento*, p. 43.

e diz, em nossos termos e para que possamos compreender, o que ele quer comunicar. Isso, todavia, não pode nos tirar a lucidez e a consciência de que, conforme diz o teólogo pentecostal Mark D. McLean, "Ninguém compreende plenamente o Deus infinito ou seu infinito Universo, nem conhece ou entende com perfeição cada palavra da Bíblia". Isso quer dizer que permanecemos "todos discípulos (lit., 'aprendizes')", pois somos "criaturas finitas" e, por isso mesmo, "não devemos ter dificuldades para reconhecer que é rematada loucura alegar que compreendemos totalmente o Deus infinito".[306] Isso já foi devidamente explorado no capítulo anterior, mas parece ser ofensivo à escolástica protestante, que arroga tal capacidade teórica. Dessa forma, por maior boa vontade que possa haver por parte dos teólogos que adotam a linha catafática, isto é, positivista, cartesiana e ciosa de si, é preciso entender que, ao longo dos anos, ela tem provocado um distanciamento do Deus vivo das Escrituras, que se manifesta por meio do Espírito Santo, chegando, em muitos casos, conforme disse J. I. Packer, a transgredir o segundo mandamento do Decálogo. Além disso, e ainda pior, é o fato de que, uma vez que tais teologias se tornam paradigmáticas, acabam não permitindo que o texto bíblico seja lido por si e diretamente, impossibilitando o desenvolvimento de qualquer tratado teológico que siga outro caminho e perspectiva, mesmo que este seja mais aproximado do sentido do texto e fiel às Escrituras. Por isso, em nosso entendimento, tal caminho é totalmente inadequado para a tradição carismático-pentecostal, visto que, conforme já temos insistido e reiterado diversas vezes, a revelação ocorre na história e de forma experiencial, não prioritariamente cognitiva, pois foi dessa maneira que se deu a comunicação divina com a humanidade. Assim, entendemos que, dado o alto valor atribuído à experiência com Deus na tradição carismático-pentecostal, tal percepção precisa estar presente no momento da produção teológica sistemática, obedecendo à dinâmica bíblica. Ao assim fazermos, pelas razões já expostas, esse "método" necessariamente nos remete a caminhar pela via apofática e mostra igualmente o porquê de termos feito a opção pelas trajetórias teológicas místicas que seguem a esteira do processo revelacional e da lógica da fé. Mais uma vez, lembramos que tal opção nada tem a ver, como erroneamente dizem alguns, com uma "diminuição" de Deus por não se aventurar a falar do seu Ser-em-si; antes, diz respeito à nossa incapacidade de fazê-lo.

---

306 McLean. "O Espírito Santo" in: Horton (org.). *Teologia sistemática*, p. 390.

Portanto, o movimento e a organização da matéria dominando o caos, além da vida doada pelo Espírito, são, como disse o teólogo pentecostal Timothy Munyon, parte dos propósitos salvíficos de Deus e de sua chamada universal à salvação. É necessário pensar, por exemplo, que a humanidade não era perfeita, pelo fato de que Adão não tinha um corpo como o de Jesus ressurreto. Por isso, o Senhor é colocado como o "segundo Adão", pois sua encarnação nas mesmas condições do nosso progenitor foi para mostrar que era possível resistir à tentação e ser obediente ao Criador. É nesse sentido que as Escrituras dizem que devemos imitar Deus, ou seja, Jesus, pois, enquanto Deus em si, obviamente que não temos condição de fazê-lo, muito menos como ressurreto, pois tal acontecimento inicia uma nova criação, diferente da original, mais plena, sendo o ápice, ou *pleroma*, daquilo em que todo o universo finalmente será transformado, incluindo os seres humanos. Neste tempo, somos instados a imitar Jesus, ou seja, vivermos como ele viveu em seu período do ministério terreno. Sabemos que ele conseguiu viver no estilo de vida que o caracterizou não por ser Deus, como veremos no próximo capítulo, mas por ter encarnado e vindo ao mundo em forma humana, em condições como as de Adão. Contudo, seu desafio foi infinitamente maior, pois o mundo do primeiro século não era o mesmo em que viveu o primeiro casal. Em outras palavras, na economia divina, certamente a encarnação de Cristo em condições semelhantes às de um "segundo Adão" refere-se ao livre-arbítrio, isto é, ele realmente tinha a possibilidade de pecar, assim como Adão, mas, diferentemente deste, não pecou, mostrando que Adão poderia ter resistido. Em nosso caso, torna-se completamente distinto, pois desde a Queda essa nossa capacidade humana que reflete a semelhança divina, de agência da vontade própria, foi transtornada. Consequentemente, nossa inclinação "natural" é má (cf. Gênesis 6:5), não havendo, portanto, possibilidade alguma de, por nós mesmos, resistirmos ao mal. Por isso, precisamos de um auxílio exterior que possa nos impelir interiormente, ajudando-nos a decidir pelo bem. Nada consta sobre Adão ser alguém com superpoderes ou qualquer outra coisa sobre-humana. Por isso, mesmo Jesus tendo se encarnado e vindo ao mundo dos homens como o "segundo Adão", a fim de cumprir o propósito sacerdotal de toda a humanidade, ou seja, "servir" (Marcos 10:45; Filipenses 2:5-11), precisou do auxílio do Espírito Santo, e esse é um padrão que perpassa as Escrituras, de Gênesis a Apocalipse.

CAPÍTULO 4 – Pneumatologia | 461

Nesse sentido, além da *presença contínua* do Espírito, temos também sua *presença extraordinária*, que, mesmo não aparecendo explicitamente elencada nos relatos dos documentos escriturísticos, pode tranquilamente ser pressuposta, desde Gênesis, pois nosso propósito maior — o chamado sacerdotal da humanidade — permanece. No entanto, não é possível cumpri-lo somente com a *presença contínua* do Espírito, ou seja, apenas existindo por recebermos dele o dom do fôlego de vida. Precisamos de uma dotação especial, e esta, como não poderia deixar de ser, vem diretamente dele também, sendo, por isso, equivocada a ideia prevalente de que o Espírito "vem e volta" nas Escrituras veterotestamentárias. Nesse aspecto reside a importância de romper com o modelo sujeito-objeto, que, infelizmente, ainda predomina na produção teológica protestante. No caso da pneumatologia, tal necessidade é premente, considerando que, como temos insistido, "existe uma *realidade do Espírito*", e tal "realidade identificável do Espírito [...] transmite a presença de Deus de forma clara, que consegue nos dar uma orientação das nossas dificuldades de conhecimento e nos conflitos efetivos de vida". Portanto, as questões são as seguintes: "Como podemos apreender essa realidade do Espírito teologicamente? Que consequências traz tal apreensão para a certeza sobre a presença de Deus, para nosso pensar teológico e nossa vida secular e eclesial?", questiona o teólogo protestante alemão Michael Welker, que com sua "*teologia realista* tenta oferecer uma determinada resposta a tais perguntas sem recair em outras formas de pensamento".[307] Na sequência, o referido teólogo explica o que seria tal "teologia realista", dizendo que, "em primeiro lugar", trata-se de "uma teologia que leva conscientemente a sério as mais diferentes tradições bíblicas, com seus 'lugares vivenciais' diferenciados — tradições que têm experiências de Deus e esperanças em Deus contínuas e descontínuas, mutuamente compatíveis e mutuamente não transmissíveis de forma direta".[308] Em razão da respeitabilidade dos variados documentos bíblicos que falam de tais experiências, mas consciente de sua diversidade, a "teologia realista pressupõe que nenhuma experiência dispõe de 'Deus em si', mas que Deus transmite a revelação divina em diferentes testemunhos humanos sobre sua presença".[309] É justamente isso que as Escrituras mostram

---

307 WELKER, Michael. *O Espírito de Deus: teologia do Espírito Santo* (São Leopoldo: Sinodal/EST, 2010), p. 47.

308 Ibid., p. 47-8.

309 Ibid., p. 48.

## 462 | TEOLOGIA SISTEMÁTICO-CARISMÁTICA

de forma clara, mas, como afirmam os teólogos pentecostais Benny Aker e James Railey, por muitos séculos a "teologia sistemática no Ocidente tem sido disposta segundo um sistema coerente que reflete o idealismo racional (cf. a busca por parte dos teólogos de um centro unificante)". Tal "disposição também tem controlado a teologia bíblica, com poucas exceções", fazendo que se perca de vista o fato inegável de que o "uso de um único centro, no entanto, tem limitações; por exemplo, não leva em conta os paradoxos que tanto prevaleciam no mundo antigo".[310]

Como já dissemos, fazendo referência à explicação do biblista pentecostal Esequias Soares, o método adotado pela teologia sistemática, que consiste em tomar um versículo, retirá-lo do contexto e então encadeá-lo a outros textos afirmando que eles dizem exatamente a mesma coisa, não serve para a teologia bíblica, que, idealmente, respeita a individualidade do documento de cada autor com sua singularidade e mensagem específica, valorizando o ensinamento tradicional de teólogos pentecostais como Antonio Gilberto, por exemplo, que dizia "que a revelação divina através da Bíblia é progressiva. Isto é, nada é dito de uma vez, nem uma vez por todas", portanto é preciso "considerar *sempre* o contexto do que se estiver lendo".[311] Tal ensinamento parece não ter sido observado e levado a sério, pois determinados temas foram completamente invisibilizados no edifício teológico sistemático. Um deles foi justamente a dimensão pneumatológica que permeia a Bíblia inteira, ou seja, a atuação do Espírito Santo foi propositadamente negligenciada. Um ponto importantíssimo a ser destacado é que o procedimento tradicional adotado, por séculos, pelos teólogos escolásticos, continuado pelos teólogos racionalistas e seguido pela replicação acrítica de teólogos de outras tradições nada tem que ver com a defesa da infalibilidade da Bíblia, repudiando a obviedade de que nela não existe contradição. O que faz tal método sistemático de tomar uma expressão de um autor e impô-la a outros autores, desconsiderando que estes também foram igualmente inspirados pelo Espírito Santo e receberam de Deus o chamado para registrar a experiência revelacional, é a adoção de um princípio racionalista externo, produto da modernidade, que corrobore sua teologia sistemática racionalista, que, por sua vez, cristaliza determinado sistema teológico. Tal procedimento, longe de ser piedoso, acaba escamoteando

---

310 RAILEY JR.; AKER. "Fundamentos teológicos" in: HORTON (org.). *Teologia sistemática*, p. 659-60.

311 SILVA. *A Bíblia através dos séculos*, p. 185.

os paradoxos tão comuns no antigo Oriente Médio, por causa de seu princípio orientador — o "idealismo racional" de ampla coerência —, fazendo que aspectos completamente estranhos e contrários à dimensão sobrenatural subjacente a toda a Bíblia sejam artificialmente inseridos na mente das pessoas, que leem as Escrituras condicionadas, não podendo ver a si mesmas, em sua experiência diária, como alguém que, à semelhança das personagens bíblicas, tem uma experiência com Deus. Justamente por isso, os já citados teólogos pentecostais Benny Aker e James Railey dizem que "agora", referindo-se a 1990, "está se tornando mais aceitável à maioria dos teólogos ver um sistema disposto em volta de vários centros",[312] ou seja, tendo igualmente possibilidade de eleger outros *loci* teológicos para, com base neles, se ler o texto e construir uma teologia sistemática. Um desses lugares é justamente a experiência com o Espírito Santo.

Nessa perspectiva, é no mínimo curioso que venha dos teólogos alemães, geralmente conhecidos por seu temperamento mais "frio" e racional em relação aos latino-americanos, que têm fama de espirituosos e menos racionais, a possibilidade de nos auxiliar no desenvolvimento de ferramentas filosóficas e epistemológicas para a construção de uma teologia de caráter genuinamente carismático-pentecostal. Ao se buscarem as razões dessa contraditoriedade, chegamos facilmente à conclusão de que são três as causas principais desse fenômeno: 1) por causa dos séculos de discriminação e preconceito em relação ao Terceiro Mundo, no afã de serem aceitos, os pensadores do Novo Mundo querem demonstrar que são tão ou mais racionalistas que os europeus, que, por sua vez, já abandonaram a pretensão racionalista juntamente com o projeto da modernidade; 2) em termos de Brasil, o processo de importação teológica de obras de cunho reformado e cessacionista, levemente maquiadas na edição para serem lidas sem provocar espécie e estranhamento no público carismático-pentecostal; 3) a interdição tradicionalista na produção teológica que siga linhas diferentes do *mainstream* provocou a mentalidade inquisitória que agora vemos *pari passu* agindo entre nós, mesmo quando o propósito seja defender o direito de a tradição carismático-pentecostal ter sua própria teologia, pois ela não é igual à teologia protestante, tanto de caráter liberal quanto conservador, visto serem ambas antissobrenaturalistas. Não se trata apenas de diferenças superficiais, conforme se costuma afirmar, em expressões simplistas, como, por exemplo, de que nossas "diferenças são apenas na

---

312 Ibid., p. 660.

soteriologia e na pneumatologia", como alguns teimam em dizer de maneira condescendente. As diferenças são muito maiores e profundas, fazendo que toda tentativa de simbiose entre "teoria" (teologia protestante tradicional) e "prática" (espiritualidade pentecostal) resulte em prejuízo para a última, que, uma vez fazendo tal concessão, abre um precedente para que se institua como padrão de ortodoxia uma perspectiva cessacionista. Visando, portanto, à construção de outro caminho, prosseguimos no diálogo com o teólogo alemão Michael Welker, ao verificarmos ainda que uma "teologia realista significa, em segundo lugar, uma teologia que sempre de novo examina as experiências e esperanças em Deus passadas, e possíveis no presente, bem como no futuro, no tocante às suas relações e diferenças", visto que, na análise de tal "processo, o desenvolvimento da sensibilidade para diferenças e descontinuidades dificilmente é menos importante que o interesse em continuidades e formas de unidade".[313] Isso por um motivo muito simples, apontado pelo mesmo teólogo, ao dizer que a "orientação nas tradições bíblicas tem aqui seu fundamento objetivo na medida em que essas representam uma relação altamente diferenciada e complexa de testemunhos do presente e da atuação de Deus, que já foi examinada por diversas vezes quanto ao grau de autenticidade, continuidade e fecundidade das diferenças".[314]

Tomando-se como *leitmotiv* as experiências com Deus relatadas e, literalmente, presentes nas Escrituras de Gênesis a Apocalipse, na linha da história da salvação, verificamos que não é possível padronizá-las, pois não existe linearidade ou repetição em tais ocorrências, pois experiências — por mais óbvio que isso soe, precisamos afirmá-lo — são únicas e individuais, provocando diferentes reações e comportamentos em distintos atores. No caso da "teologia realista", a análise das experiências pregressas, atuais e futuras se dá justamente por sermos seres portadores de inteligência e racionalidade. Portanto, "normalmente experimentamos o presente em relação tanto com o passado quanto com o futuro", visto que recordação "e antecipação dão cor à nossa consciência presente" e, a despeito de o "futuro não existir ainda, psicologicamente ele é tão real e importante quanto o passado", e é "essa dimensão temporal que abre o nível distintamente humano de significado".[315]

---

313 WELKER. *O Espírito de Deus*, p. 48.

314 Ibid.

315 HICK, John. *Uma interpretação da religião: respostas humanas ao transcendente* (Petrópolis: Vozes/ABFR, 2018), p. 95.

É justamente esse processo de formação de memória vinculada a experiências passadas (patriarcais), presentes (libertação) e futuras (o descanso) que Deus quer que o povo de Israel construa, pois as do passado eles já tinham, mas as do presente eram desfavoráveis e as futuras, utópicas (Deuteronômio 6:1-25). Portanto, uma "teologia realista significa, em terceiro lugar, uma teologia que, atenta a essas relações e diferenças de experiências de Deus e esperanças em Deus, tem por objetivo, por meio da concentração nos 'testemunhos primários' das tradições bíblicas e nos testemunhos secundários em nossas culturas", diz Welker, "fazer com que a *realidade* experimentada ou aguardada de Deus seja colocada em evidência de forma sempre renovada".[316] Qualquer pessoa sabe quanto é necessária tal renovação de promessas. Mesmo o chamado "pai da fé", Abraão, de dez em dez anos de caminhada com Deus, precisava de uma renovação da promessa, visto que, vez por outra, certamente tinha suas recaídas (Gênesis 12:1-4; cf. 15:1-21; 16:1-16). Temos, então, algumas implicações trazidas pela "teologia realista" que repercutirão, ao menos, em duas frentes, ou abordagens, apresentadas por Welker, que são, de um lado, metafísica e, do outro, dialogística. Tais implicações resultam do simples fato de que a proposta programática da "teologia realista" é encarar a existência de forma verdadeira, não idealizada, na "vivência da vida real", não em uma pretensa realidade feita de essência, que, como seres caídos, não temos condições de acessá-la e, muito menos, a ela nos adequar, a não ser que o Criador nos desvele e nos dê condições para vivê-la.

"Em relação à 'totalidade' metafísica, isso significa", diz o mesmo teólogo alemão, que "uma teologia realista dá adeus à ilusão de poder dispor sobre Deus e poder de Deus partindo de um único sistema referencial". Em termos diretos, significa compreender que "Deus não atua somente nos 'nossos' diferentes contextos de vida, e também não somente em generalizações abstratas desses contextos de vida". Isso se dá por uma razão muito simples: "Deus não se deixa enquadrar em constructos metafísicos por nós adaptados a aspectos de nossos contextos de vida e que nos pareçam importantes". Em outras palavras, a "vivacidade de Deus e a liberdade de Deus são expressas, ao contrário, por uma multiplicidade de contextos e relacionamentos de vida, não sem mais nem menos conciliáveis entre si", pois a "teologia do Espírito Santo trata dos critérios da relacionalidade e clareza desse conhecimento de

---

316 WELKER. *O Espírito de Deus*, p. 48.

Deus".[317] A "teologia realista" de Welker converge com o exposto pelo teólogo pentecostal Mark McLean, já citado no capítulo anterior, quando este diz que acerca do "conhecimento de Deus", isto é, do processo humano de conhecer o transcendente, que o "conhecimento da Bíblia não é *o conhecer a Deus*",[318] pois a própria "palavra hebraica que representa 'saber' é *yadda*, e frequentemente significa conhecer pela experiência, por contraste com o saber fatos históricos". Por isso, "Revelar Yahweh mediante a experiência pessoal era obra do Espírito Santo na vida dos santos do Antigo Testamento, bem como na vida dos do Novo Testamento" e, de acordo com o que "Hebreus 11 deixa claro, todo aquele que já foi salvo, foi salvo pela fé, quer olhando para promessas futuras, ainda não vistas, quer olhando para trás, para a ressurreição de Jesus".[319] A respeito da segunda abordagem, no caso a dialogística, Welker diz que "uma teologia realista desiste da ilusão de poder esgotar a realidade de Deus segundo o critério das concepções de intimidade concretizadas de cada indivíduo e das abstrações (modelo eu-tu) daí decorrentes".[320] Em outros termos, mesmo que essa forma de teologizar seja mais apropriada, conforme vimos no capítulo anterior ao falarmos da referida abordagem de Martin Buber, sugerida por Alister McGrath, todavia isso não significa que ela possa esgotar Deus. Em termos diretos, mesmo a teologia realista achando a abordagem dialogística mais apropriada, ela reconhece a forma dialogística incapaz de esgotar, pois igualmente "critica a tentativa infundada de aumentar o modelo eu-tu por meio de contraste e mediação dialética, com concepções de objetividade ingênuas (modelo sujeito-objeto)", ou seja, o "modelo sujeito-objeto não serve sequer para uma reconstrução de apreensão não religiosa de realidade, uma vez que determina de forma insuficiente realidade e objetividade".[321] Mas por que os teólogos insistem neste modelo?

> Não há dúvida de que a carreira dos modelos eu-tu e sujeito-objeto, que simplificam muitas coisas, se deve ao entendimento de que a teologia tenha que falar de tal forma sobre Deus que esse discurso possa englobar também os mais simples nexos de experiência de vidas realmente vividas. Mesmo assim, especialmente nas assim denominações

---

317 Ibid.
318 McLean. "O Espírito Santo" in: Horton (org.). *Teologia sistemática*, p. 402.
319 Ibid., p. 392.
320 Welker. *O Espírito de Deus*, 2010, p. 48.
321 Ibid., p. 48-9.

CAPÍTULO 4 – Pneumatologia | 467

e desfalecentes igrejas maiores, está mais do que na hora de reconhecer que até a mais elementar percepção do mundo não pode ser apreendida e reconstruída com a ajuda de relações pessoa a pessoa, ou do contraste de tais "relações" a relações de apreensão em que o objeto é uma pessoa. É um erro pensar que toda boa teologia tenha que permanecer confinada à figura de dois composta por "Deus" e "o ser humano".[322]

Tal reducionismo metodológico não é feito tendo Deus como "tu" ou "objeto", segundo as Escrituras, mas, sim, o deus dos filósofos, que acabou se tornando também o da teologia escolástica protestante, ou seja, uma idealização de Deus, depurada com o racionalismo, que, estranhamente, reivindicando uma "autoridade bíblica" que não tolera o "subjetivismo" da experiência, transformou Deus em um objeto. Então, para que tal imagem divina fosse "protegida", imobilizou Deus, "amordaçando-o" com a ideia de que absolutamente tudo que ele tinha de falar já está escrito na Bíblia e, confinando-o aos limites dos atributos incomunicáveis, o mantém *sub judice*, para que ninguém diga que teve algum contato ou experiência com ele atualmente, pois isso poderia contrariar e subverter os tratados teológicos manualistas e, consequentemente, subverteria o controle exercido teologicamente, já que a experiência é imprevisível. Não é preciso ir muito longe para entender que um Deus que se transformou em um constructo teológico tão rigidamente concebido teve consequências desastrosas para a fé cristã de expressão protestante, pois tal "ênfase no conhecimento indireto de Deus, mediado por intermédio da leitura da Bíblia, levou à 'dessacralização' e à criação de uma cultura sem senso nem expectativa de ter a presença de Deus em seu meio". Por isso, inúmeros sociólogos afirmam que, "de diferentes maneiras [...] o protestantismo foi o meio pelo qual uma sociedade que, originalmente, possuía um forte senso do sagrado ficou 'desencantada'". Em virtude disso, finaliza Alister McGrath, o "resultado inevitável foi a secularização — a eliminação final de Deus do mundo".[323] Havendo, porém, interesse de "recuperar a sensibilidade para a força libertadora, mas também a alegria pela abundância e riqueza da presença de Deus", diz Michael Welker, "isso demandará a desistência de um reducionismo teológico, ávido por controle, que se serve de concepções

---

322 Ibid., p. 49.
323 McGrath. *A revolução protestante*, p. 422.

## 468 | TEOLOGIA SISTEMÁTICO-CARISMÁTICA

metafísicas totalitárias, de concepções dialogísticas de intimidade e do poder sugestivo do mercado moral", mas tal "renúncia, contudo, não se pode exigir ou reclamar de forma abstrata", pois isso seria contraditório e incoerente. Portanto, as "formas do cativeiro babilônico do pensamento teológico e da piedade só deixarão de existir quando o conteúdo que procuram apreender as revogar e renovar o conhecimento e a linguagem em nova abertura para a realidade de Deus".[324] A tradição carismático-pentecostal possui em sua prática de fé tal potencial para a renovação teológica, pois a ressacralização da realidade ela já realizou ou tornou a sociedade consciente de que, assim como não se pode existir sem fôlego de vida, não há possibilidade alguma de se eliminar o aspecto sobrenatural da realidade por qualquer suposto estatuto racionalista.

Nesse sentido, torna-se importantíssimo voltar-se para a reflexão do teólogo luterano Hermann Brandt, que advoga a ideia de que, sem "a relação vivencial, todo o falar sobre o Espírito, toda pneumatologia, permanece sendo especulação abstrata e vazia que leva a falsos caminhos teológicos",[325] pois é especulativo tudo que se diz teoricamente sobre o Espírito. Daí por que Lutero, diz o mesmo teólogo, "não fala do Espírito a partir da tradição dogmática ou eclesiástica, nem a partir de uma teologia bíblica impessoal — esta não existe para ele —, mas unicamente a partir da *experiência* própria", pois ela "é o polo contrário de qualquer falar especulativo e teórico sobre o Espírito".[326] É preciso, porém, entender que Lutero fala de experiência, ou presença, do Espírito Santo, referindo-se à mística clássica, isto é, da união do ser humano com Deus, realizada pelo Espírito, ou seja, não tem o caráter carismático-pentecostal que comumente entendemos. Lutero dizia que tais acontecimentos, importantes para aquela época ou período da igreja, não mais se apresentam nem são necessários, pois "agora o Espírito Santo é enviado *sem qualquer forma e sinal visível*". Em súmula, "Deus envia o espírito de seu Filho de uma forma invisível para nossos corações" e tal "acontece quando lemos e ouvimos a Palavra, fazendo de nós novas pessoas que veem todas as coisas de forma diferente e que recebem mentalidade, ideias e vontade novas".[327] Algo que precisa ser lembrado é que a controvérsia de

---

324 WELKER. *O Espírito de Deus*, p. 50.
325 BRANDT. *O Espírito Santo*, p. 101.
326 Ibid., p. 111 (grifo no original).
327 Ibid., p. 102-3 (grifo no original).

Lutero com a Igreja Católica deu-se justamente por causa de sua oposição à doutrina da salvação por méritos próprios, ou realização de obras, que eram mediados pela Igreja por meio da venda de indulgências. Como nada bom pode vir da parte de Satanás e mesmo as pessoas que não são cristãs fazem o bem, de forma exterior ou socialmente, acabam se parecendo muito com os cristãos, o calvinismo "resolveu" essa questão ao propor o conceito de "graça comum". E o luteranismo, como resolveu isso? "Naturalmente, quando se olha para a vida externa do cristão, para as suas 'obras', então quase não existe diferença entre esta e a honestidade do cidadão comum", mas, na verdade, as "obras de um cristão têm exteriormente pouca consideração; ele faz aquilo que também um pagão poderia fazer quando exerce a sua profissão, quando cuida de sua família e aconselha, ajuda e serve o seu próximo". Contudo, como Satanás não pode fazer o bem, o surpreendente é que tais "obras comuns são frutos do Espírito Santo, isto é algo incompreensível para o mundo", justamente por ele achar que o Espírito só pode "manifestar-se em obras extraordinariamente singulares, ou seja, visíveis". Tal "'compreensão errada' da atuação do Espírito se revela na exigência por 'cultos especiais' (jejum, por exemplo)". Não obstante, continua Lutero, citado por Brandt, "as obras 'vulgares' e 'insignificantes' e 'vis' são 'obras verdadeiramente boas e são aceitas por Deus na medida em que forem feitas em fé, com um coração alegre, em obediência e em gratidão para com Deus'".[328] Assim, a visão de Lutero é a seguinte:

> "Visto o Espírito Santo poder ser antes subcontrário: não como uma manifestação brilhante, mas na cruz e na tribulação dos cristãos. Quando são forçados a negar a Cristo ou a abandonar esposa, filhos, bens e vida, então ocorre nossa confissão de fé, nosso testemunho de Cristo e de sua palavra em virtude do Espírito Santo (*virtute Spiritus Sancti*)." Tanto nas obras externas dos cristãos como na primeira obra propriamente dita, ou seja, no testemunho público do crente durante a perseguição — em ambos os casos o Espírito Santo permanece invisível. E exatamente isto conduz à pergunta: Como se pode estar seguro, sob estas circunstâncias, da presença do Espírito Santo? Isto significa que para Lutero a *pergunta pneumatológica se torna a pergunta pela certeza da salvação.*[329]

---

328 Ibid., p. 103.
329 Ibid. (grifo no original).

## 470 | TEOLOGIA SISTEMÁTICO-CARISMÁTICA

Mesmo não tendo relação com a perspectiva carismático-pentecostal, o conceito luterano nos serve na medida em que se inscreve dentro da perspectiva da linha da história da salvação, no sentido em que comporta todos os seres humanos, sendo um chamado universal à salvação, mas também, e mais particularmente, ela mostra que, mesmo o reformador alemão não tendo desenvolvido um tratado sistemático sobre o Espírito Santo, ao relacionar a doutrina do Espírito com o projeto salvífico na economia divina, acabou elevando a "experiência ao critério propriamente dito para um 'testemunho'", já que "Lutero, juntamente com Paulo, fala do inegável gemido da criatura em geral, mas este gemido de todas as criaturas se torna compreensível e passível de interpretação apenas a partir da experiência cristã da provação".[330] Para o reformador, não há nada a ser considerado, concretamente, sobre o Espírito Santo, a não ser o "discreto gemido" do Espírito, pois sua *theologia crucis* — teologia da cruz — gira em torno do sofrimento de Cristo e, portanto, a vivência cristã consiste em ser modelado por Cristo e, por conseguinte, tudo o que os nossos sentidos podem captar é o sofrimento. Mas "esta fé é 'um reconhecimento que está completamente no escuro e que nada vê'". Contudo, é "exatamente nesta escuridão", diz Brandt interpretando o monge agostiniano, "que a fé capta Cristo como seu 'objeto', sim, diz Lutero, 'nesta fé Cristo está presente'".[331] Tal "compreensão de fé influenciou decisivamente as afirmações de Lutero sobre o Espírito Santo", pois para ele é justamente na "'escuridão' [que] o Espírito Santo clama em nossos corações e fortalece nosso fraco gemido diante de Deus — para nossa salvação por causa de Cristo". E, visto que para "Lutero tudo se concentra nisso, ele é forçado a considerar como insignificante e, consequentemente, como enganador tudo o mais que possa ser dito sobre o Espírito Santo".[332] A radicalidade de Lutero em termos cristocêntricos era tão extrema que, para antagonizar a doutrina católica romana, ele acabou até rejeitando textos das Escrituras que pareciam dar base para a doutrina dela. Este, porém, não é nosso foco por enquanto, mas, sim, a questão colocada por Hermann Brandt, de que, após vermos essas considerações do reformador alemão, é possível que elas suscitem um questionamento — "falar **assim** do espírito de Cristo, não significa uma enorme

---

330 Ibid., p. 111.

331 Ibid., p. 112.

332 Ibid., p. 112-3.

CAPÍTULO 4 – Pneumatologia | 471

limitação da problemática pneumatológica?". Alguém poderia questionar: "Por acaso, a forma como Lutero falou do Espírito Santo "não representa[ria] nada menos do que uma profunda redução da pneumatologia?".[333] Falando honestamente, sim.

> Mas — e este é o grande MAS — representa isto realmente uma redução, uma limitação? Certamente — do ponto de vista da teoria abstrata, da "especulação", isto não parece ser outra cousa senão uma grande limitação do problema. Mas a pergunta é se o ponto de vista da teoria teológica abstrata é efetivamente "científica" no sentido de ser adequada a seu objeto, ao Espírito Santo! Esta pergunta é irritante para os teólogos (nós) que gostam de ter um sistema de ideias em que todos os aspectos de um tema são considerados e em que as diversas relações de todos os aspectos do problema constituem o objeto da exposição. E isto vale especialmente para os representantes da teologia "sistemática". Deixemos claro: irritante não é que Lutero, por exemplo, tenha se expressado de uma forma pouco clara ou sistemática sobre o Espírito Santo — este não é o caso de forma alguma, se bem que Lutero não tenha escrito um sistema dogmático. Irritante é muito mais *a inclusão da experiência entre os critérios da pneumatologia.*[334]

É exatamente este ponto que nos interessa, em particular, ao destacarmos a visão luterana do Espírito: a inserção da *experiência* como um dos critérios ou pilares da pneumatologia. "Levado a sério, isto significa: A pneumatologia é o lugar na teologia em que irrompe o subjetivo, o existencial, o vivencial",[335] diz o teólogo luterano Hermann Brandt, tocando diretamente no ponto arquimediano, que, por incrível que pareça, até mesmo os carismático-pentecostais contornam e dele se desviam, pois vivem a experiência do Espírito na prática de fé, mas parecem não suportar quando se trata de considerá-la nesses termos e encarar os problemas e as implicações de se assumir esse fato inegável. Sem dúvida alguma, a questão central dessa rejeição irrefletida para a consideração teológica e imprescindível refere-se à conotação pejorativa dada ao substantivo feminino "subjetividade" ou ao adjetivo, utilizado por Brandt, "subjetivo". Esse é um dos aspectos centrais de nossa discussão neste capítulo

---

333 Ibid., p. 113 (grifo no original).
334 Ibid. (grifo no original).
335 Ibid.

## 472 | TEOLOGIA SISTEMÁTICO-CARISMÁTICA

e será retomado no devido momento. O que importa agora é considerar o que Brandt diz ao afirmar, corretamente, "que a teologia, como toda ciência, precisa descrever 'objetivamente' e analisar criticamente os seus conteúdos, se bem que ela precisa de todos os necessários instrumentos científicos para interpretar a Bíblia, compreender a história da Igreja e de seus dogmas, e as exigências resultantes do contexto". Todavia, deve ficar claro que "tudo isto ainda não é o suficiente enquanto não for adicionado o elemento da experiência pessoal".[336] Isso por um motivo muito simples, e até óbvio demais, que destacamos no segundo capítulo, ao mostrar como passamos da experiência para a teologia sistemática e destacar que a vivência e a prática antecedem em muito a teorização sobre ambas, conquanto entendamos que a teorização cumpre um papel importante, pois ajuda retornar à prática e à vivência, tendo em vista 1) mantê-las por meio do registro para gerações posteriores, 2) instruí-las, 3) reposicioná-las ou 4) corrigi-las. Temos, porém, de deixar mais uma vez "claro que a teologia e seus princípios não são tirados do ar", afirma Brandt; antes, "refletem a vivência da fé".[337] Sim, do ponto de vista judaico, mas também cristão, a vivência, ou a experiência, antecede em muito a teorização teológica sobre a religião. Na verdade, em termos escriturísticos, pensando em Antigo Testamento, considerando o espaço de tempo entre a criação do casal progenitor e os relatos da criação em Gênesis, certamente há um lapso, no mínimo, milenar, e, em termos de Novo Testamento, o hiato decorrido é de, no mínimo, cinquenta anos entre os eventos e a aparição do primeiro documento produzido. Dessa forma, é inconcebível que a fé se resuma a subscrever doutrinas e assimilar pontos teológicos. Mesmo porque há várias tradições cristãs, e ainda mais protestantes, que suscitam a pergunta óbvia: Qual dessas tradições, com seus sistemas teológicos, deve ser o critério para avaliar as demais? Aliás, alguma tem esse direito?

> Esta tese traz, em todos os casos, implícita também uma crítica a toda ciência que se considera especialmente científica quando se mantém fundamentalmente a distância e neutra quando ela exclui o elemento da experiência pessoal. Pois o que se exclui então da reflexão científica é um elemento decisivo da realidade! Trata-se da dimensão daquela realidade que apenas se revela como tal no risco pessoal. Sem esta

336 Ibid., p. 113-4.
337 Ibid., p. 102.

CAPÍTULO 4 – Pneumatologia | 473

> sua apreensibilidade através do risco nem é possível falar desta realidade. Vimos isto no exemplo da vocação dos discípulos de Jesus. O que significa em termos de conteúdo viver o discipulado de Jesus Cristo é algo apenas compreensível, em última análise, para aquele que correu, contra todas as evidências, o risco existencial baseado "em sua palavra" e tomou o caminho para o incerto. Que este caminho não tenha levado para o incerto, mas para a certeza da maravilhosa liberdade dos filhos de Deus, para isso não existe, como já afirmamos anteriormente, uma garantia *a priori*. Que efetivamente se tratava de um passo para a certeza, isto é reconhecido, como o diz Lutero, apenas *a posteriori*, e o fenômeno não pode ser descrito de outra forma senão como testemunho desta experiência. Em uma palavra: essa nova visão da realidade só pode ser adequadamente expressa com a categoria do testemunho. Testemunha-se a experiência de fé.[338]

É incompreensível quanto muitos hoje desconhecem a importância do "testemunho". Não primariamente testemunho no sentido em que a tradição carismático-pentecostal valorizava até o fim da década de 1990, mas testemunho no sentido cristão da palavra. O Senhor Jesus Cristo, momentos antes de ascender ao céu, disse que seus discípulos passariam a ser "testemunhas", isto é, "mártires", de acordo com o sentido da expressão grega "μάρτυς (*martys*), "de origem incerta, uma *testemunha* (literal [judicialmente] ou figurado [genitivo])" e "(por analogia) um *'mártir'*: — mártir, registro, testemunha"[339] (cf. Atos 1:8). Particularmente, tal termo remete a uma aplicação judicial, com amplas implicações, pois quem vai a um tribunal testemunhar e mente comete crime de perjúrio e é passível de receber voz de prisão imediatamente, pois não pode falar nada do que não viu ou ouviu, mas somente do que sabe por experiência própria, não de outrem. Em outras palavras, a testemunha conta o que sabe por ter visto, ouvido ou experimentado. Em relação à fé, o termo diz respeito àquele "que testemunha ou pode testemunhar sobre a verdade do que viu, ouviu ou conhece (Rm 1.9; 2Co 1.23; Fp 1.8; 1Ts 2.10; 1Tm 6.12); assim em alusão aos que testemunham um jogo público (Hb 12.1)". Mas, em relação ao texto de Atos 1:8, a expressão grega *martys* refere-se, especialmente, "aos que testemunharam a vida, morte e ressurreição de

---

338 Ibid., p. 114.
339 *Bíblia de estudo*, p. 2293.

Jesus, que testemunharam a verdade como é exibida em Jesus (Lc 24.48; At 1.8,22; 2.32; 5.32; 26.16; 2Tm 2.2)", mas também "com referência àquele que apresenta um testemunho a favor de Deus, e testemunha ao mundo o que Deus revela por seu intermédio, i.e., um professor, profeta (Ap 1.5; 3.14; 11.3)".[340] O Senhor disse que os discípulos seriam testemunhas, mas isso não ocorreria em razão da passagem do tempo ou pelo fato de os discípulos terem visto o Mestre ressurreto ou ainda aprendido com ele pelos quarenta dias em que permaneceu com o grupo após a ressurreição. Antes, eles se tornariam testemunhas somente após receberem a virtude, isto é, do grego δύναμις, *dynamis*, "*força* (literal ou figurado); especialmente em referência a um poder miraculoso (normalmente, por implicação, como a descrição do milagre em si): — capacidade, abundância, com o sentimento de ato poderoso, (operador de) milagre, poder, força, violência, obra de poder (maravilhosa)".[341] Diante de um texto dessa natureza, são cinco as perguntas às quais uma pneumatologia precisa responder: 1) O que compreende ser "testemunha"? 2) O que é essa "virtude do Espírito Santo"? O que significa "vir sobre os discípulos", ou seja, o recebimento de tal virtude? 4) Qual o sinal de que os discípulos receberam tal virtude e que, daí em diante, não seriam mais apenas seguidores, e sim "testemunhas"? 5) O que evidencia que eles se tornaram "testemunhas", ou seja, passaram de uma condição à outra?

Antes de responder a tais questões, seguindo a linha da história da salvação, com as adaptações que temos feito, como já foi dito, voltamo-nos agora para os efeitos provocados pela *presença extraordinária* do Espírito Santo. Para isso, precisamos compreender que o *start* da história da salvação foi dado em Gênesis 1:2, mas a queda do homem em Gênesis 3 interrompeu o ciclo da ordem, provocando a necessidade da *presença extraordinária* do Espírito. Isso se deu pelo fato de que as obrigações dadas pelo Criador aos seres humanos, em relação à terra como "espaço sagrado", não foram revogadas, isto é, as funções sacerdotais continuam. Mas como o ser humano pode cumprir tal propósito se agora ele não possui mais o livre-arbítrio? Isto é, como fazer o que é certo sem a faculdade de decidir pelo bem e assim glorificar o Criador, fazendo aquilo que foi criado para fazer, se sua inclinação é naturalmente para o mal? A *presença contínua* do Espírito, que lhe dá o fôlego de vida,

---

340 Ibid.
341 Ibid., p. 2157.

CAPÍTULO 4 – Pneumatologia | 475

permanece. Contudo seus efeitos não são mais os mesmos suscitados em uma realidade de natureza inalterada, pois, como portadores de vontade própria, mas com o livre-arbítrio transtornado, os seres humanos optam pela rebelião ao Criador e passam a subjugar o semelhante, violando a imagem e a semelhança com Deus, como se pudessem atingi-lo e assim se vingar por terem sido expulsos do paraíso edênico (Gênesis 6:11). De forma sucinta e panorâmica, é possível ver no fluxo histórico das Escrituras a *presença extraordinária* do Espírito Santo pelas reações de algumas pessoas, mas, como temos feito, não seguimos uma cronologia linear, pois eventos histórico-redentores futuros lançam luz sobre eventos histórico-salvíficos que aconteceram antes. Um deles, na opinião de muitos biblistas e teólogos, incluindo George Ladd, é a saída do povo do Egito, o êxodo. Na verdade, Ladd diz que o "maior ato de revelação de Deus no Antigo Testamento foi a libertação do povo de Israel da escravidão do Egito", mas observa que tal acontecimento "não foi um evento histórico ordinário como os eventos que sucederam a outras nações, pois não foi uma realização dos israelitas e tampouco foi atribuída à inteligência e à habilidade de liderança de Moisés", ou seja, tal "libertação foi um ato de Deus", mas não só, como explica o mesmo autor. Ele diz que o referido "livramento não foi apenas um ato de Deus; foi um ato por meio do qual Deus tornou-se conhecido e por meio do qual Israel deveria conhecer e servir a Deus".[342] Justamente por isso, diz Ladd, ao longo da "história de Israel, o Êxodo é citado repetidas vezes como o ato redentor pelo qual Deus tornou-se conhecido ao seu povo".[343] Mas por que Deus formou um povo por meio de um casal? Há algum propósito?

As perguntas, obviamente, são retóricas, porém cumprem o importante papel de nos corrigir o olhar para enxergarmos o que está no texto, mas que séculos de interpretação e condicionamentos teológicos acabam invisibilizando, não permitindo que a Bíblia fale por si mesma. Como o subtítulo deste tópico deixa entrever, há um chamado, ou vocação, de caráter sacerdotal para a humanidade. Mas aqui, já de início, precisamos admitir que os "relatos evangélicos que falavam pouco dos sacerdotes judeus e muito dos sumos sacerdotes levaram uma imagem desfavorável do sacerdócio". Todavia, "não se pode negar que o sacerdócio constituía uma das instituições fundamentais

---

342 LADD. *Teologia do Novo Testamento*, p. 39.
343 Ibid., p. 40.

do Antigo Testamento". Justamente por isso, impõe-se a questão, colocada pelo biblista francês Albert Vanhoye: "Como poderia a Igreja cristã pretender seguir sendo fiel à totalidade da revelação bíblica e possuir, em Cristo, seu cumprimento definitivo, encontrando-se em uma relação negativa diante desta instituição fundamental do povo de Deus?".[344] Primeiramente, é importante entender que tal como as demais culturas do antigo Oriente Médio, "toda a vida social de Israel era permeada pela religião",[345] ou seja, não havia uma esfera sagrada e outra secular, como em nosso mundo ocidental. Evidentemente que acabou sendo instituído o culto em Israel, mas, ainda assim, "é o culto de um Deus pessoal que age na história", diz Roland de Vaux, e prossegue: "Iahvé é o Deus da Aliança" e, por isso mesmo, o "culto israelita não é a atualização de mitos das origens, como na Mesopotâmia, ou de mitos da natureza, como em Canaã", pois "comemora, reforça ou restabelece a Aliança que Iahvé concluiu com seu povo em um momento da história". Assim é que, continua o mesmo autor, esse ato de "substituição de mitos extratemporais por uma história da salvação é uma originalidade de Israel, que não pode ser diminuída por ecos de antigos mitos que se percebem em algumas passagens do Antigo Testamento".[346] Essa colocação do arqueólogo e biblista francês Roland de Vaux não deve surpreender, pois, conforme já temos insistido, a linguagem das Escrituras hebraicas faz parte do universo vocabular e do ambiente cognitivo do antigo Oriente Médio e, portanto, quando necessário, se vale do imagístico para comunicar a mensagem divina por meio dos símbolos comuns aos povos (Números 23:22; Deuteronômio 33:17; Jó 39:9,10; 41:1-34; Salmos 22:21; 29:6; 92:10; Isaías 34:7), não significando com isso que o texto inspirado esteja endossando qualquer mitologia, sendo também verdade que algumas expressões se perderam no tempo e que seu sentido é indeterminado.[347]

É o caso, por exemplo, de "sacerdote", pois o "único nome que é dado aos sacerdotes de Iahvé no Antigo Testamento é *kohen*" e, não coincidentemente,

---

344 Vanhoye, Albert. *Sacerdotes antigos e sacerdote novo: segundo o Novo Testamento* (Santo André: Academia Cristã, 2007), p. 47.

345 Vaux, Roland de. *Instituições de Israel no Antigo Testamento* (São Paulo: Vida Nova, 2004), p. 309.

346 Ibid., p. 310.

347 Algumas expressões se perderam no tempo, e a tradução é aproximada, não exata, como nos casos dos textos acima em que as expressões hebraicas *rᵉêm*, *rᵉêm*, *rêm* ou *rēm* podem ser traduzidas por "um touro selvagem (notabilidade): — unicórnio, boi selvagem, búfalo" (*Bíblia de estudo*, p. 1916).

"este nome designa também os sacerdotes dos deuses estrangeiros: egípcios, Gn 41.45; 47.22; fenícios, 2Rs 10.19; 11.18; filisteus, 1Sm 5.5; 6.2; moabitas, Jr 48.7; e amonitas, Jr 49.3", pois trata-se de expressão "comum ao hebraico e ao fenício e é frequente em nabateu". Todavia, "um outro substantivo, derivado da raiz *kmr*, é empregado desde o princípio do segundo milênio a.C. nas colônias assírias da Capadócia, depois em aramaico antigo, mais tarde em palmireano e em siríaco", conquanto seu "equivalente hebraico, sempre no plural *kᵉmarim*, só apare[ça] na Bíblia três vezes e design[e] sempre sacerdotes de deuses falsos, 2Rs 23.5; Os 10.5; Sf 1.4".[348] Na verdade, a "etimologia de *kohen* é desconhecida", pois a expressão "tem sido relacionada ao verbo acádio *kanu* (raiz *kᵉn*), que, na forma shafel, significa 'inclinar-se, render homenagem'", informa Roland de Vaux, dizendo que mais frequentemente "ela tem sido derivada da raiz *kwn,* 'ficar de pé'", pois "o sacerdote seria então aquele que fica diante de Deus, cf. Dt 10.8, como um serviçal", contudo "tudo isso continua incerto".[349] Aelred Cody, citado por Albert Vanhoye, propõe uma "etimologia baseada em uma raiz siríaca que expressa a ideia de prosperidade", ou seja, "o *kohén*, o sacerdote antigo, é aquele que procura a prosperidade, é o homem 'das bênçãos'". Para Vanhoye a "última perspectiva, muito positiva e atrativa", deve ser reconhecida como "perfeitamente bíblica",[350] ao se compará-la, por exemplo, com o texto de Deuteronômio 28:3-12. A conhecida bênção sacerdotal de Números 6:22-27 é ainda mais elucidativa para essa perspectiva de Cody, pois, conforme Vanhoye explica, "Invocar sobre uma pessoa o nome de Deus é estabelecer uma relação pessoal entre Deus e essa pessoa", pois "a bênção não é outra coisa que uma relação viva com Deus", por isso o "povo de Israel compreendia que a bênção divina era uma condição necessária e fundamental da qual depende o verdadeiro êxito da existência". Dito de outra forma, não havendo "uma relação harmoniosa com Deus, a vida humana não pode encontrar seu sentido autêntico, nem alcançar seu pleno desenvolvimento". Portanto, a "bênção divina esparge, por toda parte, a paz e a fecundidade, já que a relação com Deus é o elemento mais decisivo em toda a situação e em toda a realidade".[351] Como se pode ver, tratava-se, então, de muito mais que prosperidade nos termos essencialmente materialistas

---

348 Vaux. *Instituições de Israel no Antigo Testamento*, p. 384.

349 Ibid., p. 384-5.

350 Vanhoye. *Sacerdotes antigos e sacerdote novo*, p. 51.

351 Ibid., p. 61.

## 478 | TEOLOGIA SISTEMÁTICO-CARISMÁTICA

com que se pensa atualmente. Conforme veremos, a formação do povo escolhido teve como propósito justamente isso, pois

> O sacerdote representa toda a comunidade e é em nome da comunidade que se põe em relação com Deus. As diversas funções que são atribuídas a ele no AT demonstram claramente que a relação com Deus é sentida em toda a sua extensão, como a base de toda a existência. Ao colocar nas mãos do sacerdote suas ofertas e sacrifícios, o povo reconhece que tudo lhe vem de Deus e que deve voltar a Deus [cf. Dt 26:9,10]. Ao pedir ao sacerdote oráculos e instruções, o povo reconhece que a luz de Deus lhe é necessária para seguir no caminho justo em meio às perplexidades da existência e se dispõe a seguir, então, "os caminhos do Senhor". Ao receber a bênção sacerdotal, abre-se à irradiação universal da relação positiva com Deus e reconhece que, fora dela, a realidade não pode encontrar sua plena consistência. E, tudo isso, socialmente, constituindo-se em comunidade.[352]

Três meses após libertar o povo do Egito, cumprindo o que havia prometido em sua *Bᵉrit*, aliança, com Abrão (Gênesis 15:13,14), Deus agora diz a Moisés que este transmita ao povo o que Deus quer que eles sejam: "um reino sacerdotal" (Êxodo 19:6). É de especial relevância entender que, ao lidar com esses documentos, assim como já o fizemos com os relatos da criação, obviamente estamos diante de um material cujo conteúdo é, indiscutivelmente, histórico. Todavia, ao insistir nessa característica, a exegese protestante conservadora errou a mão e deixou escapar o principal e mais relevante papel de um documento como o de Êxodo, por exemplo, pois, além de histórico, "podemos dizer que na verdade é muito mais do que isso", diz o teólogo Eugene Merrill, especialista em Antigo Testamento. Merrill acrescenta que, ao estudar o livro de Êxodo, "estamos diante de um tratado de teologia cujo propósito é mostrar que o Deus Criador, por meio da nação escolhida Israel, soberanamente realizará seu propósito redentor para toda a humanidade".[353] Na verdade, o êxodo, enquanto evento, diz o mesmo autor, "é muito mais do que um episódio emocionante que lançou as bases para a nacionalidade de Israel"; trata-se de "um evento simbólico que tipifica a ação salvífica do

---

352 Ibid., p. 75.

353 MERRILL, Eugene H. *História de Israel no Antigo Testamento: o reino de sacerdotes que Deus colocou entre as nações* (Rio de Janeiro: CPAD, 2001), p. 11.

CAPÍTULO 4 – Pneumatologia | 479

Senhor com respeito a Israel e também a todo o mundo". Segundo Merrill, ler "os fatos desta maneira não interfere na historicidade literal", todavia o referido autor observa com tenacidade que "deixar de enxergar assim é falhar em ver o Antigo Testamento como uma obra de história que transcende infinitamente os limites da historiografia comum".[354] Na realidade, a "'experiência da História' feita pelos israelitas foi possibilitada pela *fé da promessa*", pois, como dissemos anteriormente, tal "experiência da realidade como História já começou com o *êxodo de Abraão* de sua pátria", pois o patriarca "aceitou o chamado da promessa e, peregrinando, experimentou a realidade como História". Nesse sentido, a "promessa de Deus é como um horizonte que nos acompanha na peregrinação e para dentro do qual peregrinamos".[355] Óbvio como é, "Promessa visa cumprimento", e, justamente por isso, "a pessoa que espera começa a ir em busca dele" e "somente encontra descanso na realidade da promessa cumprida". No "êxodo do Egito, Israel experimentou coletivamente o que em Abraão foi apresentado de modo individual, e o passou de geração em geração".[356] Assim, "'Êxodo' significa abandonar uma velha realidade que foi experimentada como cativeiro e buscar a terra da promissão", ou seja, transposto "para a experiência do tempo" e da vida pessoal de cada um, "'êxodo' significa abandonar o que ficou para trás e avançar para o que está diante de mim (Fp 3:13)", pois, dessa forma, "Passado e futuro se tornam discerníveis na transição do presente".[357] Isso é fazer teologia a partir da "experiência de fé".

Uma vez que a natureza humana caída dos hebreus é exatamente igual à de qualquer outro povo, pois o altruísmo não é inerente à humanidade, e sim o egoísmo e o individualismo, como convencê-los a não viver para si, mas para os outros, em profundo compromisso diaconal? Como adequar-se a esse ideal que, em virtude da Queda, fez que tudo que é bom *per se* fosse contrário à natureza caída, dando a impressão de que agir dessa forma, como prescrevia o Criador, era uma negação do amor-próprio? Se essas questões, não do ponto de vista teórico, mas prático, ainda hoje desafiam o mais fervoroso cristão, o que dizer de um contingente gigantesco de pessoas, formado

---

354 Ibid., p. 5.

355 MOLTMANN, Jürgen. *O caminho de Jesus Cristo: cristologia em dimensões messiânicas* (Santo André: Academia Cristã, 2009), p. 356-7.

356 Ibid., p. 357.

357 Ibid.

de todas as faixas etárias, antes escravizado, mas que agora, livre, deve servir às outras nações e não usar o Deus que acabara de libertá-lo para vingar-se ou escravizar outros povos? Parece algo inatingível de qualquer perspectiva que se analisar. Em um mundo caído, sem dúvida alguma é algo, humanamente falando, impossível. Obviamente que o Senhor, melhor que qualquer pessoa sensata, sabe disso e, justamente por tal conhecimento, não iria requerer o cumprimento de uma missão dessa envergadura sem fornecer as condições e as possibilidades necessárias para que aquela imensa massa humana, antes escravizada, mas agora nômade, pudesse cumprir tal responsabilidade. A propósito, ele os faria cientes de que já havia providenciado todo o necessário para que o povo escolhido levasse a efeito seu propósito. Como já é possível entrever, assim como temos feito desde o início, será necessário fazer uma pequena digressão no intuito de evidenciar, biblicamente, como acontecem os eventos histórico-redentores no desenrolar da história da salvação. Tais eventos histórico-salvíficos não foram produzidos, muito menos inventados, pelos autores, mas simplesmente "percebidos" nas Escrituras, com o "olho da fé", para usar a expressão de George Ladd, seguindo a esteira da dinâmica da revelação e a lógica da fé. Ressalte-se especificamente a *presença extraordinária* do Espírito Santo, ainda que reconhecendo que nas Escrituras hebraicas, diz o exegeta, biblista e teólogo carismático-pentecostal Gordon Fee, "o Espírito [seja] mencionado mais da perspectiva da *instrumentalidade* — ou seja, ele é o *agente* da atividade de Deus".[358] Já falamos consideravelmente acerca dessa perspectiva veterotestamentária e também dissemos da não obrigatoriedade de continuar considerando o Espírito Santo como uma emanação ou "função" de Deus, visto já termos a revelação dos documentos neotestamentários e a clareza meridiana da teologia cristã, que nos mostrou, fundamentada nos dados escriturísticos, desde o século 4, no Concílio de Niceia, o dogma trinitário, ou seja, o Espírito Santo é Deus e é imprescindível na economia divina.

## — A capacitação carismática para o cumprimento — do chamado sacerdotal da humanidade

Das coisas mais surpreendentes em nossa pesquisa pneumatológica, seguramente está o fato de que teólogos europeus, particularmente alemães e

---

358 FEE, Gordon D. *Paulo, o Espírito e o povo de Deus* (São Paulo: Vida Nova, 2015), p. 49 (grifo no original).

não carismáticos, sejam os que mais auxiliam com textos densos, exegeticamente profundos e que apresentam pesquisas robustas, gerando *insights* para a construção de uma pneumatologia verdadeiramente carismático-pentecostal. Apesar de já termos abordado no capítulo anterior o tema da teologia enquanto doutrina de Deus, é interessante observar que Walther Eichrodt, o mais "sistemático dos biblistas", ao abordar o tema da natureza de Deus, diz bastar uma simples "olhada na história das religiões" para compreender a "razão por que o Antigo Testamento não tinha motivo para se sentir obrigado a falar da natureza espiritual de Deus" e constatar que, na verdade, "onde quer que encontremos essa conceitualização de origem acadêmica vemos como perde a imediatez a relação religiosa e oscila a autêntica comunhão com Deus", pois a "religião se confunde com um frio deísmo ou com uma filosofia moral racional ou ainda cai em especulações panteístas e busca saciar a necessidade religiosa mediante uma mística sentimentalista".[359] Para o mesmo teólogo alemão, apenas "a fé cristã é capaz de reconhecer o caráter espiritual de Deus sem que sofra em nada sua imediatez na religião, precisamente porque tem seu centro na pessoa de Jesus e encontra nela", por conseguinte, "o testemunho infalível do Deus pessoal; contudo, os perigos que essa questão encerra mais de uma vez tornaram as coisas difíceis para o próprio cristianismo".[360] Portanto, Eichrodt afirma considerar um "sábio método que Deus se manifeste primeiro como pessoa e faça o que bem entender, ficando, entretanto, sua natureza espiritual como encoberta por um véu". Não obstante, "em todo caso, cuidou muito de que existissem *certos contrapesos* que não permitissem uma excessiva aberração pelos caminhos limitados do humano". Em outras palavras, esta foi a maneira principal com que "em todos os encontros com Deus no Antigo Testamento se fizera a íntima experiência da *infinita superioridade* do ser divino sobre todas as propriedades e capacidades humanas".[361] Surpreende ver que não foi nenhuma "teologia", e sim as "experiências de Deus", diz Eichrodt, que "precisamente pela profunda impressão que deixam — para cuja descrição se deve recorrer a imagens — são reproduzidas de tal forma que remetem a uma personalidade *supra-humana*".[362] Em uma palavra:

---

359 EICHRODT. *Teologia do Antigo Testamento*, p. 186-7.
360 Ibid., p. 187.
361 Ibid. (grifo no original).
362 Ibid. (grifo no original).

# 482 | TEOLOGIA SISTEMÁTICO-CARISMÁTICA

Conhece-se a Deus como o Altíssimo, El Shadai, Elohim, Yahweh Sebaot e, precisamente por isso, como livre de toda necessidade física, já que possui uma vida inesgotável que não necessita de nenhum tipo de serviço humano. Neste sentido, é interessante notar com que força é sentida a divindade como *vivente*. O mesmo nome de Yahweh põe o acento numa operação e atividade divina diretas e sempre experimentáveis. E quando se recorre a Yahweh como testemunho da verdade do que se diz, então, mediante a fórmula *hay yhwh*, o que se faz recordar é sua presença viva. Por isso mesmo, desde logo Yahweh é chamado ' *l hay* de forma enfática e a cada momento é honrado assim em sua absoluta superioridade. Enquanto vivente, ele é a fonte de toda a vida, e com seu inalcançável e grandioso operar demonstra a realidade de sua existência frente à nulidade dos inertes pagãos. Esta contraposição entre a vida divina duradoura e vigorosa e a vida aparente terrena encontrou sua formulação conceptual em Isaías, quando este opõe o poder ameaçador do mundo, ao que chama *'ādām* e *bāśār*, a Deus, que é *ēl* e *rûah*. Naturalmente, esse detentor do grau supremo de vida não pode se achar aprisionado no limite que demarcam à pessoa humana. Já a ridicularização que faz um Elias de Baal, que dorme ou que se acha em viagem ou tem a cabeça cheia de outras ideias, demonstra o esforço para entender ao Deus de Israel como o único *ser perfeito*. E o mesmo se expressa mais tarde em formulações apodíticas, Deus não dorme (Salmo 121:4), não tem olhos como os do homem (Jó 10:4s), pois ele penetra os corações e não tem necessidade de impressões externas (1Samuel 16:7; Salmos 44:22; 139:23s.). Até nos relatos primitivos de Gênesis 1—11, que conduzem a um nível tão popular, traz um Deus que passeia pelo jardim, cerra as portas da arca ou sobe à torre de Babel, vislumbra o juiz supremo e senhor da humanidade que, ainda quando toma forma humana, está livre de todas as deficiências e limitações próprias do homem.[363]

Esse contraste entre o humano e o divino, claramente demonstrado nos eventos revelacionais, tinha a finalidade de estabelecer, definitivamente, que se tratava de um relacionamento entre diferentes, jamais passando próximo de algo como o modelo do *cogito* cartesiano, ou seja, de um "sujeito" que perscruta um "objeto". Tampouco se tratava, como já foi dito anteriormente, de uma simplificação que pudesse diluir-se numa relação "eu-tu", pois tratava-se

---

363 Ibid., p. 187-8 (grifo no original).

do "totalmente Outro", ou seja, sem qualquer possibilidade de comparação com sua criatura, ainda que esta fosse portadora de sua imagem e semelhança. Contudo, não obstante tal objetivo, ao mesmo tempo, permitia-se uma antropomorfização com seus antropopatismos, gerando uma relação dialética que pode ser traduzida, na opinião de Eichrodt, pelo uso do nome divino *Elohim*, ocorrido no relato da criação, cuja utilização demonstra, *per se*, uma "clara intenção teológica de designar Yahweh como o único ocupante da esfera divina". A mesma "ideia", completa o autor, "está expressa, com uma vigorosa carga de sentido, na oposição de Isaías [...] entre carne e espírito", mas "tampouco neste caso se trata de Deus considerado como espírito frente à matéria como princípio do físico e finito", pois o "espírito é a divina força inesgotável de vida que dá origem a toda a vida, enquanto *bāšār* é a vida terrena que perece, que, como tudo que é criado e terreno, nada produz de vida". Por isso, tal "antinomia aparece sob uma nova luz quando *rūah* se relaciona com o aspecto ético, a vida divina de Yahweh, acima de tudo o que foi criado, tem sua razão mais profunda na perfeição moral", pois "a oposição entre mundo perecível e mundo perdurável requer suas ressonâncias mais profundas quando se convertem em oposição entre a vontade moral que tudo governa e a que se submete a fins egoístas e materiais".[364] Desordem que, certamente, ficou explicada aos hebreus, com os relatos da criação, e que nós só conseguimos compreender com a revelação neotestamentária, tanto com a vida de entrega de nosso Senhor Jesus Cristo, que poderia ter pecado, mas não pecou, antes veio para servir e assim cumpriu sua missão (Lucas 4:1-44; cf. Mateus 20:28), quanto pelas instruções paulinas acerca do viver dialético do cristão (Gálatas 5:16-26). Além desse entendimento imprescindível do nosso ideal, Eichrodt diz que, a fim de "que surgisse um monoteísmo vivo e ético — assim o demonstra o desenvolvimento da fé veterotestamentária —, o fator fundamental foi não a especulação filosófica, mas sim, ao contrário, a experiência do Deus vivo e realmente próximo", ou seja, caso tal "processo tivesse começado em Israel pela especulação, o monoteísmo não teria passado por ser uma abstração sem força interior".[365] E isso por quê? Pelo simples fato de que um Deus que existe meramente como abstração pode se tornar dispensável, pois o ser humano precisa de algo que vá além do discurso teórico.

---

364 Ibid., p. 189.
365 Ibid., p. 199.

# 484 | TEOLOGIA SISTEMÁTICO-CARISMÁTICA

Isso não se refere apenas aos povos do antigo Oriente Médio, mas é igualmente necessário às pessoas do século 21, desde as grandes metrópoles até os rincões mais longínquos, que vivem em condições muito diferentes, pois todas, indistintamente, ainda têm as mesmas necessidades provenientes da Queda relatada em Gênesis 3:1-24. Portanto, ao se interpretarem tais documentos, esse aspecto precisa ser mantido em mente, pois os textos de Gênesis, bem como todo o Antigo Testamento, possuem uma finalidade que vai muito além de contar a história, não tendo a preocupação de comprovar o que realmente aconteceu, e sim instruir o povo escolhido. Nas palavras de Eugene Merrill, o "Antigo Testamento é, acima de tudo, teológico, e não literatura meramente histórica", esclarecendo que, a fim de estudá-lo, tornam-se necessárias "abordagens teológicas e não históricas para conduzir ao propósito fundamental da mensagem a ser discernida".[366] Talvez a prova mais óbvia desse fato seja justamente o que um autor neotestamentário da envergadura de Paulo afirma sobre as Escrituras hebraicas: "Porque tudo que dantes foi escrito para nosso ensino foi escrito, para que, pela paciência e consolação das Escrituras, tenhamos esperança" (Romanos 15:4). E os modos diferenciados de o apóstolo passar a ler e interpretar as Escrituras hebraicas deixam clara a necessidade de abordá-las teologicamente, conforme já referimos anteriormente, ao citar as considerações de David Starling. E o que mudou a forma de Paulo ler e interpretar o texto? Voltaremos a esse ponto mais à frente. Quanto à interpretação do Antigo Testamento, é mais do que óbvio que vai muito além dos propósitos históricos de se interpretar, e isso simplesmente pelo fato de que a "forma literária encontrada com mais frequência na Bíblia é a narrativa", diz Robert H. Stein, pois, na "tradição judaico-cristã, esse gênero literário possui uma importância única".[367] Nem poderia ser diferente, já que a "Bíblia, na sua maior parte, constitui-se dessa forma literária", diz o mesmo autor, informando que "Mais de quarenta por cento do Antigo Testamento e, aproximadamente, sessenta por cento do Novo Testamento consistem em narrativas",[368] ou seja, quase a metade das Escrituras hebraicas e mais da metade das Escrituras cristãs são compostas desse gênero literário. Seria incoerente e absurdo que o Espírito Santo inspirasse os hagiógrafos a produzir

---

366 MERRILL. *História de Israel no Antigo Testamento*, p. v.

367 STEIN, Robert H. *Guia básico para a interpretação da Bíblia: interpretando conforme as regras* (Rio de Janeiro: CPAD, 1999), p. 159.

368 Ibid.

tal volume de texto numa categoria que não tem valor autoritativo para a instrução doutrinária. Ler esse absurdo que controla a exegese conservadora pode parecer chocante para a tradição carismático-pentecostal, que tem a Bíblia em alta conta, como Palavra de Deus e texto autoritativo. Todavia, tal regra aparece de forma sutil em materiais breves, de fácil assimilação, cujos efeitos são danosos para a espiritualidade:

> Ao ler a Bíblia, é preciso distinguir o narrativo do normativo. Há muitas passagens que apenas descrevem o que Deus fez com determinada pessoa, em determinado lugar e de determinada maneira. São narrativas que mostram que ele não vai lidar com todas as pessoas, em todos os lugares, necessariamente da mesma maneira. Há também as passagens consideradas normativas, em que princípios são estabelecidos e preceitos são dados, e a esses a igreja e todos os cristãos devem obedecer, em todo tempo e em todo lugar.[369]

Evidentemente que nem tudo que está escrito é normativo, pois os erros, por exemplo, não devem ser repetidos e copiados, mas obviamente não é este o ponto. Não é disso que a teologia protestante tradicional, geralmente cessacionista, está falando. A ideia é anular a autoridade dos textos narrativos, sobretudo os que fundamentam a experiência com o Espírito Santo, interditando a espiritualidade carismático-pentecostal e, consequentemente, seu desenvolvimento teológico. A desculpa para assim proceder reside numa suposta defesa das Escrituras e da "autoridade bíblica", pois diz-se que a experiência ameaça esses pilares. Conquanto também sejamos defensores desses pilares imprescindíveis, por tudo que já estudamos aqui, percebemos que a forma com que ela é "defendida" pelo protestantismo tradicional recai justamente no inverso do que se defende, pois, como diz Robert Stein, o "propósito da narrativa não é simplesmente contar o que aconteceu no passado"; diferentemente, "seu objetivo é relacionar esses eventos com a fé bíblica", visto que "o significado de tais textos não envolve simplesmente 'o que aconteceu', mas a interpretação do que aconteceu".[370] Portanto, de forma diferente "dos materiais legais ou cartas, porém, o significado de uma narrativa é ensinado

---

369 NICODEMUS, Augustus. *O Pentecostes e o crescimento da igreja: a extraordinária ação do Espírito Santo* (São Paulo: Vida Nova, 2017), p. 15.

370 STEIN, Robert H. *Guia básico para a interpretação da Bíblia*, p. 166.

de maneira implícita em vez de explícita", ou seja, os "escritores das narrativas bíblicas raramente dizem: 'O ponto ao qual quero chegar com essa história é...'".[371] Em outras palavras, é necessário buscar tal intenção teológica, ou lição, que o texto quer transmitir, e não partir do princípio, antibíblico, não apenas extrabíblico, de que o texto não tem nada a comunicar. "Considerar que o Antigo Testamento é a Palavra de Deus alterará radicalmente a tarefa de escrever uma história de Israel, pois tal atividade estará em um nível teológico", diz Eugene Merrill, esclarecendo ainda que "Escrever a história de Israel e escrever a história de um outro povo envolvem perspectivas completamente diferentes, pois, no caso de Israel, história e teologia não podem ser separadas".[372] Justamente por isso, David Starling diz que, não obstante as Escrituras desempenharem "papel crucial nos argumentos e apelos de Paulo aos gálatas, ele não tenciona interpretar a história escritural de Israel sem referência ao clímax na vinda de Cristo e o subsequente derramamento do Espírito".[373] Em outros termos, para o apóstolo, esses eventos salvíficos — primeiro advento do Senhor em seu ministério terreno e o derramamento do Espírito —, que agora foram aceitos como verídicos por ele, são partes imprescindíveis do processo de interpretação das Escrituras hebraicas e as iluminam, isto é, sem esses eventos, aqueles textos permanecem "sem cumprimento" ou apenas "históricos". Podemos aprender com a interpretação do apóstolo dos gentios?

> As justificativas múltiplas e inter-relacionadas da interpretação alegórica de Paulo mostram o caminho para um modo de leitura figural, que está fundamentado nos fenômenos e temas do texto-fonte original, atento às relações intertextuais com o restante da Escritura canônica e dirigido pela forma da história escritural da história da salvação. Comovida e coagida por essas forças interiormente bíblicas, a leitura figural desse tipo estabelece padrões de correspondência entre os episódios da história bíblica, o clímax em Cristo e as circunstâncias compartilhadas, nas quais nos encontramos como membros da igreja de Cristo e portadores do seu Espírito. Assim, a leitura figural ilumina o momento particular de nossa situação de maneira a facilitar a participação fiel e imaginativa no drama ao qual fomos escalados.[374]

---

371 Ibid., p. 167.
372 MERRILL. *História de Israel no Antigo Testamento*, p. 2.
373 STARLING. *Hermenêutica*, p. 153.
374 Ibid., p. 156.

O apóstolo utiliza textos narrativos e históricos para construir doutrina e assim ensinar os crentes da Galácia, e o faz por serem as Escrituras hebraicas não só autoritativas, mas justamente aptas para isso. O "fato de que a leitura figural desse tipo funciona assim para tão ampla variedade de leitores em tão imensa diversidade de situações depende de certa pluripotência no texto bíblico", diz Starling, acrescentando que o texto pode ser "ampliado, em muitos casos, por múltiplas formas nas quais determinado texto ou tema bíblico é ecoado e apropriado em outras partes da Escritura".[375] Trata-se de um recurso, que os judeus utilizam milenarmente, chamado *midrash*. A despeito dessa desconfiança da forma tipicamente bíblica de valorização dos textos narrativos, é interessante reconhecer o papel "da posição primária do gênero narrativo dentro da Escritura" e perguntar como a "narração serve como base da teologia" e, ainda, como é possível falar de uma narrativa reter 'autoridade'". O teólogo polonês Hans Wilhelm Frei, especialista em hermenêutica, em "seu estudo clássico de interpretação bíblica desde a Reforma", diz Alister McGrath, "mostra como o surgimento do racionalismo levou a uma gradativa rejeição do caráter 'narrativo' da Escritura", pois, para "escritores 'pré-críticos', a interpretação da Escritura dizia respeito a 'uma interpretação de histórias e seus significados, tecendo-os juntos em uma narrativa comum que se reflete a uma história única e seus modelos de sentido'".[376] O mesmo autor diz que, na realidade, o Iluminismo "adotou uma rede de abordagens à interpretação bíblica que reflete o racionalismo e o antissupernaturalismo do movimento", e a admissão indiscriminada dessa rede, ou seja, "'a resultante aplicação de ferramentas críticas históricas comuns' deixou de fazer 'justiça plena à matéria teológica ímpar da Escritura como autorrevelação de Deus'". O resultado, que ficou "evidente do século 18 em diante, foi uma rejeição do caráter 'narrativo' da Escritura", algo totalmente estranho, pois o "evangelicalismo anterior estava plenamente apercebido da importância da narrativa".[377] Assim, contraditoriamente e, por mais incrível que pareça, não obstante "todas as críticas dos programas teológicos e exegéticos do Iluminismo, [...] o evangelicalismo parece ter escolhido segui-lo nesse respeito", pois o "caráter narrativo da Escritura fora marginalizado sutilmente, a fim de facilitar sua

---

375 Ibid.
376 McGrath. *Paixão pela verdade*, p. 89.
377 Ibid.

# 488 | TEOLOGIA SISTEMÁTICO-CARISMÁTICA

análise puramente como repositório de declarações proposicionais, capazes de resistir aos critérios epistemológicos do Iluminismo". De acordo com o que Hans Frei, citado por McGrath, "aponta, o tema da 'narrativa' continuou presente dentro do evangelicalismo, mas foi transferido da Escritura para a jornada espiritual pessoal do crente", ou seja, foi "admitido como apropriado aos evangélicos falarem de 'sua história' (significando 'o relato de como chegaram à fé, e estão progredindo na vida cristã pessoal')", exatamente como a tradição carismático-pentecostal lê o texto bíblico, contudo "o fato de muito da própria Escritura fazer uma narrativa tem sido omitido", valendo perguntar: "Por quê?".[378]

> As razões para isso são complexas, e não tão bem entendidas assim. Um fator que parece ser de especial importância nesse respeito é a maneira em que o evangelicalismo é responsivo diante de seu contexto intelectual. Através de sua história, o evangelicalismo tem se mostrado inclinado a cair numa forma de racionalismo. Há ampla evidência de que isso ocorreu na Holanda durante a parte final do século 16, à medida que os evangélicos se tornaram cada vez mais influenciados pela prevalência da visão de mundo dos racionalistas. Nos Estados Unidos, a tendência para aderir ao racionalismo dentro dos círculos evangélicos foi acelerada durante fins do século 18 e começo do século 19 pela ampla adoção do que se tornou conhecido como o "realismo escocês" ou filosofia do "senso comum" [assunto que já abordamos no primeiro capítulo de nossa *Teologia sistemático-carismática*]. Em particular, o evangelicalismo tem respondido aos tipos de teologia de revelação associados com a neo-ortodoxia, especialmente a de Emil Brunner, que tratou a revelação puramente como uma "presença pessoal", ao enfatizar o conteúdo de informações da revelação. Contudo, pensando bem, isso tem sido uma reação exagerada; a resposta apropriada a Brunner é afirmar o conteúdo informacional da revelação, não negar seus aspectos pessoais. O resultado é que formas do evangelicalismo estadunidense que têm sido especialmente influenciadas por racionalismo, como aquela associada com Carl Henry, têm colocado ênfase demais na noção de uma revelação bíblica puramente proposicional.[379]

---

378 Ibid., p. 90.
379 Ibid.

CAPÍTULO 4 – Pneumatologia | 489

Enquanto essas questões nem sequer são debatidas entre a gigantesca massa da tradição carismático-pentecostal, elas agora ocupam a mente de jovens estudantes de teologia e de muitos novos líderes que, por consumirem muito material teológico protestante tradicional, acabam ficando em crise por desconhecerem esse *background* mostrado por McGrath. Felizmente, nos últimos anos temos reagido e evidenciado que tal não é preciso. "Efetivamente, à medida que a pressão para defender o evangelicalismo roubando os trajes do Iluminismo diminui, os evangélicos são livres outra vez para redescobrir e recuperar as características distintivas de uma abordagem mais bíblica à teologia, que põe ênfase em que as ações de Deus na história, recontadas e interpretadas na Escritura, formam uma narrativa",[380] diz o mesmo teólogo anglicano. Ele ainda adverte que qualquer "visão da revelação que vê a automanifestação de Deus como a mera transmissão de feitos concernentes a Deus é seriamente deficiente, e arrisca fazer de Deus análogo a um executivo corporativo que espalha memorandos a subalternos", pois "Revelação é a automanifestação de Deus e autoenvolvimento na história e, acima de tudo, supremamente, a decisão de Deus de se tornar encarnado em Jesus Cristo, de maneira que quem vê Jesus Cristo vê o Pai"; portanto, óbvio como é, "Revelação diz respeito aos *oráculos* de Deus, aos *atos* de Deus e à *pessoa* e *presença* de Deus".[381] Assim, restringir "a revelação a princípios ou conceitos é suprimir o elemento de mistério, santidade e maravilha na automanifestação de Deus", de modo que, por causas que "podem ser compreendidas, o evangelicalismo tem no passado escolhido ser enfocado no elemento proposicional ou cognitivo da complexa rede da revelação divina — um elemento que permitia ao evangelicalismo manter sua integridade durante um período de assalto racionalista". Todavia, como esclarece Alister McGrath, curiosamente, o "entendimento decorrente de 'revelação', porém, estava em si perigosamente deficiente, beirando a aridez e esterilidade, que eram as marcas da mesma racionalidade à qual o evangelicalismo estava buscando se opor".[382] Se tal foi assim naquele período histórico, hoje, longe de representar qualquer defesa da autoridade bíblica, esse posicionamento prejudica as Escrituras, pois valorizar "a qualidade narrativa da Escritura permite que seja recuperada a

380 Ibid.
381 Ibid., p. 90-1 (grifo no original).
382 Ibid., p. 91.

# 490 | TEOLOGIA SISTEMÁTICO-CARISMÁTICA

plenitude da revelação bíblica" e, como o mesmo autor esclarece, de forma alguma "essa estratégia envolve abandono ou enfraquecimento de um compromisso evangélico com a verdade cognitiva objetiva da revelação divina", mas se trata de "simplesmente reconhecer que a revelação envolve mais do que isso, e recomendar a sabedoria de se evitarem abordagens reducionistas à questão".[383] Portanto, precisa ficar claro que

> O evangelicalismo sempre esteve preocupado em demonstrar a ligação próxima entre Escritura e doutrina. Por razões que em último caso refletem a dominância das ideias do Iluminismo em Princeton durante o século 19, o evangelicalismo era inclinado a minimizar os elementos narrativos na Escritura, a fim de assegurar o relacionamento íntimo entre Escritura e doutrina, muitas vezes vendo a primeira como livro de fonte de doutrinas. Contudo, corretamente entendido, há uma ligação igualmente íntima e interativa entre a narrativa da Escritura e as afirmações doutrinárias.[384]

Se, por um lado, é legítima a preocupação do protestantismo tradicional com a doutrina, desde que, claro, ela seja bíblica, por outro, a preocupação não era motivada por questões essencialmente escriturísticas, mas por causa da influência das ideias da filosofia do "senso comum", que já foram devidamente explicadas no primeiro capítulo desta obra. O que precisa ficar definitivamente claro é que a "Escritura não tem primariamente a forma de afirmações do credo e da doutrina, embora estes indubitavelmente estejam como que tecidos dentro de sua estrutura". Sua "preocupação primária — embora de forma nenhuma *exclusiva* — é narrar o que aconteceu em momentos tidos como de particular importância para a autodefinição da comunidade de fé — momentos tais como o êxodo do Egito ou a ressurreição de Jesus de Nazaré", ou seja, a "Bíblia nos apresenta uma narrativa, cujo propósito é contar as maneiras que Deus usou para se relacionar com a humanidade, culminando em — mas não terminando com — a história de Jesus de Nazaré". Por isso, enquanto a "doutrina trata do que deve ser (ou é) acreditado, a Escritura parece preocupada primariamente em narrar o que aconteceu".[385] Não apenas

---

383 Ibid.
384 Ibid.
385 Ibid., p. 92.

CAPÍTULO 4 – Pneumatologia | 491

para satisfazer alguma curiosidade ou simplesmente para informar, mas, citando novamente Paulo, as Escrituras hebraicas, com suas narrativas, foram produzidas para o "nosso ensino" e "para que, pela paciência e consolação das Escrituras, tenhamos esperança" (Romanos 15:4). Se as narrativas têm esse objetivo e impacto nos dias de Paulo, após o primeiro advento, isto é, compreendendo o ministério terreno de nosso Senhor Jesus Cristo, qual não foi o impacto para um grupo gigantesco de ex-escravos que, sem lei alguma, sai agora para uma terra que o Deus de Abraão, de Isaque, de Jacó e de José havia prometido, mas que eles não conhecem nem sabem onde se situa? Era-lhes necessário compreender que havia uma aliança, mas que existia a necessidade de uma resposta, um compromisso de fé, por parte deles, que faria que se tornasse realidade aquilo que ainda era somente uma promessa. Mesmo diante de tudo que viram nos dias que antecederam o êxodo, com as dez pragas, ainda era preciso saber mais sobre esse Deus de seus pais. Nesse sentido, qual não foi o impacto de um texto poético como o de Jó ou de um narrativo como o de Gênesis? Para um povo que não tinha uma memória de seu surgimento e de como o mundo veio a existir, tais textos, mesmo que não estivessem registrados em um pergaminho a que todos poderiam acessar, assim como temos nossas Bíblias hoje, em suas leitura e exposição certamente produziam um impacto significativo na formação da mentalidade da gigantesca tribo nômade. Daí nossa adaptação da história da salvação, pois

> Diversamente do horizonte restrito da história da salvação, o Antigo Testamento não se circunscreve a ações salvíficas sucessivas, mas se interessa por tudo quanto sucedeu entre Deus e o homem. A história peculiar de Israel foi inaugurada por uma ação salvadora de Deus e a fé no Deus-redentor caracteriza a religião israelita até para dentro do Novo Testamento; todavia, Deus é mais do que redentor: ele é juiz, ele é aquele que derrama seus benefícios, não podendo ser enquadrado ou subordinado a um tipo de atuação sob o outro. O fato recebe sua confirmação na estrutura geral do Pentateuco, cujo cerne (Êx-Nm) versa sobre a salvação divina, ao passo que a moldura (Gn e Dt) descreve os benefícios divinos. A hermenêutica da história da salvação pressupõe a homogeneidade inalterada da atuação do Deus como salvador em relação a Israel tomado como constante, quando, na realidade, uma das características do Antigo Testamento é justamente essa de abranger universalmente toda a humanidade agrupada

## 492 | TEOLOGIA SISTEMÁTICO-CARISMÁTICA

em torno de Israel. Todas as áreas da atividade humana participam do interesse de Deus: economia, cultura, costumes, vida social, política, existindo necessariamente as diferenciações quanto às famílias da tribo em vias de estabelecimento fixo, quanto a uma comunidade dedicada à agricultura ou vivendo numa corte real. Tudo tem a sua razão de ser e o seu determinismo congênere: as experiências dos patriarcas nômades, dos que saíram do Egito, no mar dos Juncos, no deserto, no Sinai, na invasão de Canaã e na sua vivência no país conquistado. Tempos depois, ao elegerem seus chefes, ao depararem com os santuários e cultos dos povos nàtivos, ao se certificarem das bênçãos divinas na agricultura com as novas formas de solenidades anuais, na introdução da monarquia com suas expectativas favoráveis e fatais, até a catástrofe final anunciada com antecedência pelos profetas, as humilhações do exílio e o começo da nova comunidade como província do império persa. A realidade polimorfa, descrita em estilo dos mais diversificados, significa a ação divina, é acionada pelas mensagens de Deus, brotando logicamente, do meio dela, a resposta adequada.[386]

Essa abordagem apresentada por Claus Westermann, ao falar do caráter abrangente das Escrituras hebraicas, relatando a busca divina para salvar o ser humano, não apenas restrita a Israel, como tradicionalmente se diz na história da salvação, coaduna-se com a nossa perspectiva soteriológica e pneumatológica do chamado universal à salvação, sem, contudo, deixar de perceber o papel do povo escolhido como "reino sacerdotal" (Êxodo 19:6). Evidentemente que esse chamado foi, originariamente, universal, mas por conta da Queda teve de ser particularizado. Conforme os textos de Amós 9:7, Gênesis 15:13-16 e Deuteronômio 7:6-8 deixam entrever, muito provavelmente outros povos receberam o chamado específico para representar o Senhor e liderar o processo sacerdotal de servir ao mundo muito antes de Israel existir. Tal pode ser atestado com uma simples análise das Escrituras, pois a "fala divina, em ambos os Testamentos, é essencialmente palavra promissora pronunciada por ocasião de angústia, medo, desespero, dor e aviltamento". Além disso, por causa da "aparência múltipla distinguimos três tipos: o compromisso, o anúncio e a narrativa", que podem ser claramente vistos já nas Escrituras hebraicas, pois o "compromisso ou o atendimento

---

386 WESTERMANN, Claus. *Fundamentos da teologia do Antigo Testamento* (Santo André: Academia Cristã, 2011), p. 22-3.

CAPÍTULO 4 – Pneumatologia | 493

indica a permuta da tribulação, como em Êx 3.7s e Is 40.1ss", ao passo que o "anúncio proclama acontecimento futuro" e, por sua vez, a "narrativa descreve os pormenores da salvação que há de vir (Is 11.1-10)".[387] Na verdade, os "três tipos refletem três situações diferentes: o compromisso pressupõe a súplica e é realizado pelo mediador (Êx 3; Is 40), ou pelo sacerdote em benefício de suplicante individual e durante o culto divino (oráculo sacerdotal)", enquanto o "anúncio representa o vaticínio salvador dos profetas (Jr 32.14s; 28,2-4; 1 Rs 22.11); fora das profecias, nas promessas feitas aos patriarcas". Finalmente, a "narrativa compete aos videntes (Gn 49.11,12; Nm 24.5-7a); às vezes ligada à profecia (Is 2.1-4; 11.1-10), florescendo finalmente na literatura apocalíptica".[388] Westermann ainda diz que há outro "critério de classificação" para o plano salvífico, que "são os destinatários: Israel, o homem individual, o gênero humano, o mundo", e que do primeiro, ou seja, o povo de Israel, a "promessa da terra é o elo de ligação entre os patriarcas e a história nacional de Israel".[389] É digno de nota que, diferentemente do que algumas correntes teológicas ensinam, no "Antigo Testamento o indivíduo goza do mesmo valor da coletividade ou do povo", ou seja, o "homem individual é objeto do interesse divino, não só por ser membro do povo eleito; as provas estão na história da criação e do ser humano, no livro de Jó, nos livros sapienciais e nos numerosos salmos individuais", sendo digno de nota ainda, de acordo com o mesmo autor, que a "história primeva contempla o homem *antes* da distinção dos povos e religiões (Gn 1—11)".[390] Portanto, nas palavras de John Walton,

> a variedade de gêneros no Antigo Testamento nos dá conteúdos embalados em muitas formas literárias diferentes. Precisamos prestar atenção nessas formas e compreendê-las o melhor que pudermos em sua roupagem antiga, mas também reconhecemos que o gênero é apenas a embalagem, não o produto. Quer estejamos lidando com narrativas, provérbios, profecias, leis ou hinos, as formas e os gêneros do Antigo Testamento estão sendo utilizados para fins teológicos. Quando eventos históricos são retratados, as perspectivas teológicas

---

387 Ibid., p. 74.
388 Ibid., p. 74-5.
389 Ibid., p. 75.
390 Ibid., p. 78 (grifo no original).

oferecem a lente mais importante para a interpretação. Os eventos não são apenas *relatados* pelos autores; eles são *interpretados* — e a teologia é a meta. Quando enunciações legais estão sendo compiladas, não é a estrutura da sociedade que é o foco, mas a percepção de como Israel deveria se identificar com os planos e propósitos de Javé, seu sábio e santo Deus da Aliança. Essa literatura, portanto, ajudava Israel a saber como viver na presença dele.[391]

Como já temos enfatizado, torna-se necessário recapitular alguns pontos que precisam estar claros para a especificação que estamos propondo, seguindo a esteira da dinâmica revelacional e a lógica da fé no que diz respeito à construção de uma pneumatologia genuinamente carismático-pentecostal, que, diferentemente do que se apregoa na teologia protestante tradicional, não é produto estadunidense e muito menos carece de respaldo bíblico, pois o que tem ocorrido em mais de um século é, como também falamos no início, a interdição epistêmica de um lado e o comodismo teológico do outro. Primeiramente, é preciso recordar que o chamado universal à salvação, que abrange não apenas o gênero humano, mas também o universo, nas palavras de Schillebeeckx, compõe a história da salvação, e tomamos consciência dessa promessa de redenção cósmica, não somente pessoal, pela revelação, ou seja, a revelação, que ocorre na história "mundana", ou geral, nos conscientiza de que Deus criou todas as coisas, e a plenificação dessa criação é seu projeto original. Assim, tomamos conhecimento de que existe uma história da salvação, em nossa perspectiva iniciada com o domínio do caos — portanto, anterior à Queda —, pelo Espírito Santo, que impõe a ordem, auxilia na criação do "espaço sagrado" apropriado à vida e, posteriormente, dá o fôlego de vida a todos os seres vivos. Mas não "somente" isso. A *presença contínua* do Espírito Santo concede o fôlego de vida, mas também faz que cada elemento existente no universo, inclusive seres inanimados, "funcionem corretamente", isto é, os coloca em "movimento", gerando a condição para que cada coisa que fora criada execute aquilo para o qual veio a existir e, assim, de acordo com Salmos 148, louve e glorifique o Criador. No centro dessa criação, Deus criou um planeta, a sede do "espaço sagrado", colocou nele um casal com funções sacerdotais de gerir todo o ecossistema e, ao assim proceder, glorificar o Criador. Esse casal, porém, foi criado à imagem e semelhança

---

391 WALTON. *Teologia do Antigo Testamento para cristãos*, p. 5 (grifo no original).

divina, possuindo, justamente por isso, atributos que os demais seres vivos não possuem, entre eles, o principal: o livre-arbítrio. Por possuir tal importância e tão relevantes papéis, John Walton denomina essa organicidade e sincronicidade, entre seres humanos e natureza, de "Grande Simbiose". Um dado relevante, visto que o "fundamento da religião na Mesopotâmia é que a humanidade foi criada para servir aos deuses, provendo suas necessidades por alimento (sacrifícios), moradia (templos), vestimenta e, geralmente, oferecendo adoração e privacidade para que estes deuses pudessem fazer o trabalho de gerenciar o cosmos". A par disso, outro lado dessa "simbiose" era o cuidado e a proteção dos deuses aos seres humanos, que, "assim, encontram dignidade no papel que têm nessa simbiose de auxiliar os deuses (por meio de seus rituais) a gerenciar o cosmos".[392]

Com o conhecimento dessa peculiaridade da religião mesopotâmica, ambiente dos patriarcas, isto é, cientes de que, entre outras coisas, seres humanos "e deuses trabalham conjuntamente para assegurar a preservação da ordem no cosmos e sua operação (Grande Simbiose)",[393] podemos conhecer o pensamento do antigo Oriente Médio e, ao mesmo tempo, perceber quanto a suposta similaridade entre tais culturas e a judaica são apenas superficiais. A discussão acerca do pecado, por exemplo, diz Walton, é "problemática em um contexto do Antigo Oriente Próximo", pois, se por um lado, eles "entendiam o conceito de ofensa a uma deidade e de sofrer em razão disso", por outro, os "deuses não tinham feito com que suas expectativas fossem conhecidas" e, portanto, não há um conceito de Queda, justamente por não existir um "cenário primevo idealizado". Portanto, "a Grande Simbiose no mundo antigo significava que a responsabilidade dos humanos era suprir as necessidades dos deuses",[394] ao passo que, da parte dos relatos da criação, e em toda a Bíblia, Deus de nada necessita; antes, sustenta todas as coisas. Conquanto houvesse a exigência de um comportamento ético por parte de outros povos no antigo Oriente Médio, o ideal ético nem de longe se parecia com o requerido por parte dos textos de Gênesis e, consequentemente, do Êxodo. E, conquanto em todas as culturas o pecado fosse algo tão palpável, quase como se fosse material, "um

---

392 WALTON. *O mundo perdido de Adão e Eva*, p. 82.
393 Ibid., p. 84.
394 Ibid., p. 138.

# 496 | TEOLOGIA SISTEMÁTICO-CARISMÁTICA

imperativo moral baseado em um discernimento da natureza de Deus, como encontrado em Israel, era ausente" nas civilizações do antigo Oriente Próximo, pois os "deuses não haviam se revelado". A despeito de encontrarmos expectativas em todas aquelas culturas, não há nada que se iguale a Israel, visto que a "fonte das normas do pensamento israelita (Deus em vez da sociedade), o raciocínio por trás delas (santidade para reter a presença de Deus) e seus objetivos (ser como deus) são todos bastante diferentes", ou seja, enquanto as "normas éticas do Antigo Oriente Próximo estão mais interessadas com a ordem contra a desordem na sociedade", diz o mesmo autor, "em Israel o principal foco é sobre o relacionamento com a deidade e o que é correto e errado na medida em que alguém tenta viver de acordo com a santidade de Deus".[395] Em outras palavras, não havia uma espécie de pragmatismo no relacionamento esperado da parte do Criador, mas, sim, o desejo de manter a comunhão com ele, que, por conseguinte, resultava em harmonia — "Grande Simbiose" —, na expressão de Walton. Portanto, o que "encontramos no Antigo Testamento é um reflexo da revelação de Deus que resultou em uma teologia unicamente israelita".[396] Assim,

> Concluindo, Gênesis 3 fala mais sobre a invasão da desordem (trazida pelo pecado) em um mundo que está sendo ordenado do que sobre o primeiro pecado. É sobre como a humanidade perdeu o acesso à presença de Deus quando seus representantes tragicamente declararam sua independência de seu Criador. Ele é mais orientado literal e teologicamente a como a humanidade corporativa é, portanto, distanciada de Deus — alienação — do que ao estado pecaminoso de cada ser humano (sem a intenção de diminuir o último fato).[397]

Walton diz que, a fim de devidamente valorizar os documentos veterotestamentários, é preciso conhecê-los sob a perspectiva dos seus destinatários originais sem, inicialmente, lê-los com as lentes e a iluminação do Novo Testamento e do volume teológico produzido ao longo dos dois mil anos de caminhada da teologia cristã. Procuramos entender, com o auxílio do conhecimento da cultura do antigo Oriente Médio, como os hebreus

---

395 Ibid., p. 139.
396 Ibid.
397 Ibid., p. 139-40.

recepcionaram esses documentos e o papel que estes desempenharam na formação de sua mentalidade. Um exemplo ilustra bem esse ponto, visto ser um aspecto particularmente interessante para essa reflexão. Trata-se da antropologia teológica, pois "estamos acostumados a falar sobre o corpo, a alma e o espírito na medida em que discutimos quem somos como indivíduos, e quais partes continuarão a nos definir pela eternidade".[398] Segundo informa John Walton, os "egípcios falavam sobre a pessoa humana em termos teológicos, também demonstrando um interesse pela vida após a morte", ao passo que, de forma contrastante, "os babilônios eram mais inclinados a pensar sobre a humanidade em termos de protologia — ou seja, os inícios humanos nos definindo", enquanto, no pensamento de Israel, como veremos mais detidamente no capítulo 6, "os termos que eles utilizavam (*nepeš*, *rûaḥ*, comumente traduzidos, respectivamente, por 'alma' e 'espírito') são termos que ajudam a definir nosso relacionamento com Deus".[399] E ajudam, justamente por serem o que nos distingue dos demais seres vivos, que, não obstante, também possuem fôlego de vida, não têm vontade própria, pois vivem de acordo com sua natureza intrínseca, não podendo ser outra coisa senão o que foram criados para ser. Assim, é importante ter em mente que "*Nepeš* é dado por Deus (Gn 2.7) e se vai quando um ser humano morre (Gn 35.18)". Mas, de forma curiosa, "Deus também é caracterizado por um *nepeš*", pois não se trata de "algo que as pessoas têm", diz Walton, e completa ao dizer que *nepeš* "é algo que elas são" e, portanto, refere-se à "vida, e está associada ao sangue (Lv 17.11)".[400] De forma contrastante, "*rûaḥ* energiza e está relacionado com a consciência da vitalidade", ou seja, toda "pessoa tem o *rûaḥ* de Deus, que retorna a ele quando a pessoa morre", pois o "*rûaḥ* de Deus sustenta a vida humana". Assim, "podemos entender seu ponto de vista como relacional e teológico ao invés de psicológico", pois, finaliza o mesmo autor, "Nem *nepeš* nem *rûaḥ* são considerados existentes na vida futura",[401] algo que, conforme depreendemos da argumentação de Jesus, realmente se confirma (Mateus 22:30). Considerando que é justamente por meio dessa parte imaterial que temos comunhão ou nos relacionamos com Deus, a obediência à ordem divina é para o bem do próprio ser humano, ou seja, a "obediência a Deus não

---

398 Ibid., p. 140.
399 Ibid.
400 Ibid.
401 Ibid.

# 498 | TEOLOGIA SISTEMÁTICO-CARISMÁTICA

é apenas dever do homem", diz H. H. Rowley; "é também seu privilégio, e lhe atrai bênçãos".[402] Numa palavra:

> No paraíso terrestre a bênção da obediência era o convívio com Deus, que foi interrompido pela desobediência. Muitas passagens dão, no entanto, claramente a entender que se acreditava continuar franqueado aos homens o gozo da companhia de Deus, e daí dependia o alcançar-se ou não a meta do amadurecimento humano. Quando nos sentimos inclinados a rejeitar a simplicidade ingênua da narração do Paraíso, não nos devemos esquecer que ela encerrava ideias que podiam ser expressas menos ingenuamente, e que assim se exprimem alhures na Bíblia, e que essas ideias não se devem arredar para o lado só pela forma da narrativa através da qual são apresentadas. A calamidade que se abateu sobre o homem naquela história consistiu em ter ele sido expulso da presença de Deus e em não mais desfrutar daquele livre intercâmbio com o seu criador, de que antes desfrutara. O fato de que isso esteja expresso em termos de companhia física não nos deveria tornar cegos ao ensinamento perenemente válido de que o convívio de Deus é o mais alto privilégio do homem. Escritores posteriores, que não partilhavam da impressão de crueza que produz em nós o autor da narração do Paraíso, usam ainda a metáfora do convívio físico para exprimirem a profunda convivência espiritual à qual conclamavam os homens. Quando Amós pergunta se dois podem andar juntos, a não ser que se entendam entre si, é claro que ele não só acha que os homens podem andar com Deus, mas que é importante para sua felicidade que o façam. "Dirigi-vos ao Senhor e vivereis", brada ele algures. A convivência com Deus foi outorgada a José numa prisão. "Mas Deus estava com José e lhe atraiu benevolência." São-nos familiares aquelas grandiosas palavras: "Porque isto diz aquele que é o Sumo, o Excelso, o Assentado eternamente, o Santo se chama. Excelso e Santo, estou assentado, mas estou também ao lado do oprimido, e do humilhado, para reavivar o espírito dos humildes, e reanimar o coração dos oprimidos". O mesmo se diga do apelo de Jeremias, lançado em nome do Senhor: "Aquele, porém, que se quiser gloriar, glorie-se nisto: em ser sensato e conhecer a mim". Em nenhuma dessas passagens o pensamento versa sobre uma associação física do homem com Deus, mas

---

402 ROWLEY, H. H. *A fé em Israel: aspectos do pensamento do Antigo Testamento* (São Paulo: Teológica, 2003), p. 118.

CAPÍTULO 4 – Pneumatologia | 499

sobre uma experiência espiritual que lhe é franqueada. Acredita-se que alguns conheceram essa experiência em um grau especial. O profeta é descrito como o homem que ingressou no conselho de Deus, e que aprendeu aí o segredo de Deus, penetrando nos seus pensamentos e desígnios. Mas o conhecimento do Senhor não ficava reservado aos profetas. Quando lemos as exigências preliminares feitas por Deus na memorável passagem do livro de Miqueias, achamo-las expressas em termos de reflexão da vontade de Deus, baseada no humilde convívio com ele. Sem companhia não pode haver obediência; sem obediência não pode haver companhia. Não se trata de uma situação irremediável e sem saída. Esse convívio com Deus, à cuja imagem foi criado, é franqueado ao homem de espírito submisso, cujo coração se inclina à obediência.[403]

Quando Hermann Brandt, teólogo luterano, disse acima que a pneumatologia é o lugar na teologia onde irrompe o "subjetivo, o existencial e o vivencial", é exatamente nesse sentido que estamos refletindo e que foi dito por Rowley. Antes de haver qualquer doutrina, pregação, ensino, instituição ou liturgia, a Epístola aos Hebreus diz que foi, pela fé, que Abel ofereceu melhor sacrifício ao Senhor do que Caim, seu irmão (Hebreus 11:4). Mas que ninguém pense que a busca de Abel em agradar ao Senhor era fruto de um tempo de ignorância, como o racionalismo quer demonstrar. Na verdade, trata-se do senso de criaturalidade, de mistério, e a percepção de que falta algo que acossavam a humanidade no antigo Oriente Médio. Como já dissemos, em meio a tanta tecnologia e religiosidade, ainda somos tomados de assalto, pois continuamos buscando suprir tal carência e vazio. Tal desejo e aspiração pela paz só são supridos quando encontramos a fonte da qual nos apartamos pela rebelião do pecado. Essa percepção só pode ser sentida por causa da *presença contínua* do Espírito Santo, cuja ação na economia divina é imprescindível, tanto na manutenção da vida quanto no despertamento, especificamente espiritual. Por isso, "subjetivo", "existencial" e "vivencial", de modo individualizado e pessoal, nada têm com algo amorfo, sem direção ou não objetivo. Portanto, a leitura e a interpretação das Escrituras, na perspectiva da história da salvação, juntamente com os pressupostos da dinâmica da revelação e da lógica da fé, conforme optamos para a elaboração desta nossa

---

403 Ibid., p. 118-20.

# 500 | TEOLOGIA SISTEMÁTICO-CARISMÁTICA

*Teologia sistemático-carismática*, certamente não se enquadram nas concepções tradicionais da escolástica protestante, pois esta, por conta da dependência do racionalismo, é antissobrenaturalista, estática e comprometida epistemologicamente com o idealismo racional de "ampla coerência", proveniente da época em que ela foi pensada, nos séculos 17 e 18. Contudo, que fique claro: não se trata de submissão a um pressuposto bíblico, mas exatamente o oposto, pois não considera os paradoxos que um texto como o de Hebreus 11, por exemplo, revela de forma muito clara em meio a inúmeros outros que poderíamos elencar. Ao descobrir esse aspecto importante, a tradição carismático-pentecostal pode finalmente produzir sua teologia, sem medo ou receio de estar sendo heterodoxa, pois, se a Bíblia é a única autoridade no protestantismo, essa forma de teologizar, acima de tudo, coaduna-se com as Escrituras e, além disso, resgata o valor da narrativa que sempre pautou a religião cristã, mas que foi descartado em razão da irrupção do racionalismo, que acabou influenciando o protestantismo. Mais à frente, vamos verificar que, na realidade, o cristianismo ocidental, em termos pneumatológicos, sempre teve uma tendência minimalista.

O fato de destacarmos essa possibilidade de contato da humanidade com Deus por meio de nossa parte imaterial, que, desde sempre, é tocada pelo Espírito Santo, não significa que "o homem possa ter uma familiaridade com Deus", muito menos quer dizer que podemos "tratá-lo de igual para igual", pois um "abismo imenso separa o homem de Deus, e na sua presença deve ele penetrar-se de respeito", pois, se "sobre esse abismo se lança a ponte da amizade, é pela graça de Deus que é lançada, e o homem é invadido pelo sentimento do inefável privilégio de gozá-la".[404] Tendemos a pensar que essa dádiva é algo exclusivo do período pós-encarnação de nosso Senhor Jesus Cristo, pois nosso déficit pneumatológico nos turva a percepção e a sensibilidade hermenêutica. Falta-nos o "que poderia ser chamado de 'exegese carismática' dos textos bíblicos (veterotestamentários)", diz Larry Hurtado, pois esse exercício, na igreja do primeiro século, era não apenas praticado, mas um "meio importante para novas intelecções".[405] É impressionante que a erudição da tradição carismático-pentecostal tenha demorado tanto tempo para descobrir que, diferentemente do que se diz por aí, a exegese do mundo antigo

---

404 Ibid., p. 121.

405 HURTADO, Larry W. *Senhor Jesus Cristo: devoção a Jesus no cristianismo primitivo* (Santo André/ São Paulo: Academia Cristã/Paulus, 2012), p. 114.

CAPÍTULO 4 – Pneumatologia | 501

não se resumia a duas únicas posições que, de forma simplista, são colocadas como sendo representantes das escolas de Alexandria (método alegórico) e de Antioquia (método literal), pois a "exegese carismática", conforme Hurtado, era prática corrente em uma comunidade de crentes que antes eram judeus e, por isso mesmo, acostumados às interpretações tradicionais das Escrituras hebraicas, mas que agora, por conta do Evangelho e de sua experiência, reliam o mesmo texto, mas sob outros pressupostos. Portanto, mesmo no Antigo Testamento, a "dignidade do homem é dele porque Deus lha conferiu, e a mais alta dignidade não é alguma coisa de alienavelmente conferido a ele na sua maturidade, e agora inerente a ele, mas algo que só lhe pertencerá enquanto aceitar as condições nele implicadas", ou seja, "embora seja muitas vezes representado como superior à criação animal, encarregado de exercer domínio sobre as criaturas inferiores, é antes na sua relação potencial com Deus que reside a sua dignidade real", diz Rowley. Este ainda explica que certamente será possível à humanidade restabelecer a "amizade e companhia de Deus, mas só enquanto se prostar diante de Deus em adoração e refletir a vontade de Deus na sua vida".[406] É imprescindível lembrar que H. H. Rowley está dissertando acerca da fé em Israel e sobre os aspectos do pensamento veterotestamentário, não abordando o Novo Testamento nem a fé cristã. Mas articula de forma tão similar ao desenvolvimento bíblico-doutrinário e, de igual forma, teológico, nos termos neotestamentários, que temos a impressão de que sua abordagem é dessa perspectiva. Contudo, o que provoca essa percepção, que elimina qualquer descontinuidade entre o Antigo e o Novo Testamentos?

> É esse parentesco espiritual com Deus, que viabiliza uma real convivência com o seu criador, que está por trás do pensamento de que o homem foi criado à imagem de Deus. Viabiliza também a divina inspiração do homem. Que o homem se distinga de Deus é o que nunca se perde de vista na Bíblia, que jamais poderia ser acusada de falar em divindade do homem; e que o homem seja totalmente segregado de Deus é igualmente alheio ao pensamento bíblico, e dificilmente poderia ser aceito por quem acredita na Encarnação. É importante lembrar que, embora os homens sejam, frequentemente, considerados como veículos da divina autorrevelação, isso nunca é concebido em

---

406 Rowley. *A fé em Israel*, p. 121.

## 502 | TEOLOGIA SISTEMÁTICO-CARISMÁTICA

termos físicos. Na época dos macabeus, o monarca selêucida Antíoco IV tinha o título de Theos Epiphanes, Deus Manifesto, em razão de alguma imaginária semelhança entre ele e a tradicional representação de Júpiter. De todo alheia ao pensamento bíblico é semelhante ideia. Onde quer que o homem se nos depare como veículo da revelação divina, é de uma revelação divina que se trata sempre, e nunca de uma revelação física, como se poderia esperar se o conceito da semelhança do homem com Deus fosse primordialmente em termos físicos. Fato particularmente notável, porque, como frequentemente nos relembram, o pensamento hebreu era caracteristicamente concreto. A essência da revelação divina pairava invariavelmente nos domínios intangíveis do espírito. Mesmo na fonte primitiva, em que Deus vem aos patriarcas na forma humana, o que se acentua na revelação não é nunca a forma física de Deus, mas a sua mensagem. Da mesma forma, quando os homens se tornaram o veículo da revelação, não era neles, mas na sua mensagem, que se insistia. Assim, novamente, quando se diz, no NT, que Cristo é a imagem de Deus ou quando Paulo fala da "luz do conhecimento da glória de Deus na face de Jesus Cristo", a ninguém ocorreria que a ideia era a da revelação perfeita da forma de Deus no corpo de Cristo. Concebe-se espiritualmente a imagem de Deus. É isso tão manifestamente verdadeiro, quer quanto ao AT como um todo, quer quanto ao NT, que é sumamente improvável que a última fonte do Pentateuco, em que se acentua particularmente a transcendência de Deus, caiu para o nível de concebê-lo em termos essencialmente físicos, e é virtualmente certo que Gn 1.26s deve ser interpretado espiritualmente.[407]

A argumentação de Rowley lembra o que foi dito por John Walton acerca da antropologia teológica veterotestamentária. Minimizar a importância do Espírito Santo faz que não valorizemos tais aspectos que são fundamentais para a construção de uma pneumatologia, seja em que perspectiva for, mas não resta dúvida de que a carismático-pentecostal é a mais prejudicada com o minimalismo pneumatológico na teologia. Mas se biblistas e teólogos, não carismáticos, registre-se, como o batista que estamos utilizando, fornecem tais insumos, seria no mínimo prevaricação não construir uma pneumatologia que faça jus à nossa prática de fé. Pela exposição de Rowley, constatamos que

---

407 Ibid., p. 121-2.

"o corpo do homem é habitado por mais alguma coisa além da respiração", ou seja, ele, de igual forma, "tem um espírito", mas não se pode deixar de perceber que "a palavra traduzida por espírito também pode significar sopro ou vento, mas é igualmente claro que em muitos dos seus usos denota um atributo de personalidade".[408] Assim, explica o mesmo autor, ao lermos "que Deus habita no homem que é de um *rûah* contrito e humilde, é claro que pensamos em caráter e personalidade". De igual forma, "quando o salmista exclama: 'Forma em mim, ó Deus, um coração puro, e infunde em mim um novo espírito constante', o seu pensamento verdadeiro não é sobre o coração e a respiração, mas sobre o caráter".[409] Os exemplos são abundantes nessa questão, por isso constantemente nos "deparamos com um julgamento baixado sobre esse *rûah* dos homens", como o do "salmista [que] se referirá ao homem 'cujo espírito não há dobrez!'". Mas existem também "passagens que falam de certa mudança de espírito dentro de um mesmo corpo", como é o caso de Saul, que fora "avisado de que poderia verificar que o Espírito de Deus baixara sobre ele, de modo a se tornar outro homem, e alhures lemos que um mau espírito se precipitou sobre ele, e o transformou novamente". Finalmente, o mesmo autor cita o profeta Ezequiel, que "diz que o coração de pedra dos homens é substituído por um de carne, e que um novo espírito é infundido neles".[410] Mas, como já vimos anteriormente, a expressão *rûah* tem uma ampla variedade de aplicações no texto. Assim, igualmente "se pensa em Deus em termos de *rûah*, ou espírito, e da sua aptidão para comunicar aos homens o seu próprio espírito". Por isso, muitas vezes encontramos "que o Espírito de Deus revestiu Gideão, e certa passagem profética principia com estas palavras: 'O Espírito de Deus está sobre mim'",[411] conforme o texto de Isaías 61:1. Numa palavra:

> É este um grande e importante elemento do pensamento veterotes-tamentário sobre o homem, o de que ele pode se tornar o veículo do desígnio divino. Não tem ele apenas a ordem de Deus sobre si. Pode, até certo ponto, ser elevado à própria personalidade de Deus, mormente no caso dos profetas. Sem deixarem de ser eles próprios e

---

408 Ibid., p. 123.
409 Ibid., p. 123-4.
410 Ibid., p. 124.
411 Ibid.

continuando a refletir no estilo e na metáfora a sua própria individualidade, modo pessoal de ver as coisas e experiência, tinham consciência de serem porta-vozes de Deus, veículos de sua mensagem, e podiam, consequentemente, dirigir-se aos homens na primeira pessoa, como se eles próprios fossem a personificação de Deus. Para o efeito da sua mensagem eram Deus, uma extensão de sua personalidade. Nunca esqueciam de que não eram Deus, e lhes era habitual passarem de falar a mensagem de Deus na primeira pessoa para falar dele na terceira pessoa. Não que o profeta em si mesmo se identificasse com Deus, mas, na medida em que era o mensageiro de Deus, era uma extensão da personalidade de Deus enquanto transmitia e comunicava a sua mensagem. O estudo das suas profecias nos revela, no entanto, com clareza que, se os seus oráculos eram os de Deus, traziam a marca da personalidade dos homens através dos quais eram proferidos. Em consequência, assim como achamos fatores subjetivos e objetivos na revelação, o humano e o sobre-humano entremeados, assim aqui, na inspiração, que é o órgão de uma das formas da revelação, achamos os fatores divinos e humanos inextrincavelmente entretecidos, de um modo que rende testemunho à experiência veterotestamentária do parentesco do homem com Deus, e da alteridade de Deus em relação ao homem.[412]

Evidentemente que para nós, que temos uma visão de altíssimo apreço no que diz respeito à inspiração das Escrituras, ler que na profecia, referindo-se à atividade canônica, havia "fatores subjetivos e objetivos" certamente pode incomodar. Contudo, não se trata de Rowley estar relativizando nada. Mais uma vez, o problema é nossa dificuldade com a expressão "subjetivo", que ele chama de "humano", e "objetivo", classificado como "sobre-humano". Existe ainda outra questão que nos favorece, mas, ao mesmo tempo, prejudica. Ter os 39 documentos das Escrituras hebraicas em mão leva-nos a esquecer o fato de Moisés ter fornecido ferramentas para averiguar se alguém realmente era profeta de Deus (Deuteronômio 13:1-5; 18:21-22), sem fazer qualquer distinção entre este ser canônico ou literário, mesmo porque tais categorias inexistiam e pertencem à nossa realidade histórico-teológica. É preciso lembrar que até um profeta autêntico poderia parecer, no mínimo, excêntrico, despertando, mesmo para os padrões do antigo Oriente Médio, e até tardiamente, toda

---

412 Ibid., p. 124-5.

sorte de dúvidas a respeito de sua lucidez ou se o espírito nele era mesmo de Deus (Lucas 7:33). É importante ressaltar que, para a mentalidade do Antigo Testamento, em relação a "espírito", seja bom, seja mau, todos indistintamente vinham de Deus (1Samuel 16:14-23; 1Reis 22:20-23), pois ainda não havia o conhecimento que apenas no Novo Testamento obtemos. Por isso, assim como lendo apenas as Escrituras hebraicas não seríamos capazes de distinguir a Pessoa do Espírito Santo da Pessoa de Deus, antes pensaríamos naquele como uma emanação de Deus ou uma de suas funções, assim também se pensava, por exemplo, sobre videntes e profetas. Não apenas isso. Devemos admitir que tal assunto é de difícil reflexão, pois, apesar de a discussão ser contornada, a dúvida a respeito dos espíritos malignos, ou demônios, ainda persiste: "Quem ou o que são eles?". Essa é uma questão, como muitas outras, para a qual as Escrituras não nos fornecem resposta alguma. O "consenso" de que se trata dos "anjos caídos" é inferido, e, embora não seja mencionada, tal ideia, com algumas variações, encontra-se no livro de Enoque, não em nosso texto canônico.[413] Esse, entretanto, não é o foco de nossa discussão, e sim a

---

413 Na edição brasileira, lemos em Enoque 15:2-6: "Por que motivo abandonastes o alto do céu, santo e eterno, dormistes com as mulheres, vos contaminastes com as filhas dos homens, tomastes a elas por esposas, comportando-vos como filhos da terra e gerando filhos gigantes? Vós éreis santos, seres espirituais detentores de uma vida eterna, mas depois vos deixastes corromper pelo sangue das mulheres e gerastes filhos com o sangue carnal, e com isso, desejando o sangue humano, e produzindo carne e sangue, vos igualastes àqueles que são mortais e transitórios. Por isso, eu concedi a essas mulheres, que com eles coabitaram, e que com eles geraram filhos, que nada lhes falte sobre a terra. Vós, porém, fostes anteriormente espíritos eternos, destinados a serdes imortais ao longo de todas as gerações do mundo. Por isso eu não criei para vós mulheres, pois os espíritos do céu possuem no céu sua morada. Os gigantes, porém, que foram gerados do espírito e da carne, serão chamados na terra de espíritos maus; eles também terão a sua morada na terra. Do corpo delas procederam espíritos maus; pois, embora nascidos de humanos, é dos guardiões santos seu princípio e origem primeira. Eles serão espíritos corruptos sobre a terra, e assim chamar-se-ão. Os espíritos do céu, no céu, têm sua a sua morada: mas os espíritos da terra, que na terra foram nascidos, nesta terra terão a sua morada. Os espíritos dos gigantes são cheios de maldade, cometem atos de violência, destroem, agridem, brigam, promovem a devastação sobre a terra e instauram por toda a parte a confusão. Pois, embora famintos, não comem; bebem, e continuam a ter sede. E esses espíritos levantam-se contra os filhos dos homens e contra as mulheres, pois destas procederam" (PROENÇA, Eduardo [org.]. *Apócrifos e pseudoepígrafos da Bíblia*, 6. ed. [São Paulo: Fonte, 2010], p. 267). O teólogo pentecostal canadense Roger Stronstad, não obstante reconhecer que, por não ter inspiração profética, este e os demais livros que foram produzidos no período intertestamentário não poderiam ser bíblicos, destaca que os conceitos gregos criados nesse período contribuíram muito para a teologia, ou seja, "Verdades bíblicas latentes desenvolveram-se em doutrinas de pleno direito, como, por exemplo, o dualismo, a angelologia, a demonologia e a ressureição" (STRONSTAD, Roger. *A teologia carismática de Lucas-Atos: trajetórias do Antigo Testamento a Lucas-Atos* [Rio de Janeiro: CPAD, 2018], p. 50).

## 506 | TEOLOGIA SISTEMÁTICO-CARISMÁTICA

consideração de que tal relacionamento íntimo com "Deus era reservado somente aos profetas", ou seja, o "profeta podia estar cheio do Espírito de Deus para transmitir sua palavra, mas também outras pessoas podiam estar cheias do mesmo Espírito para realizar os planos de Deus ou conduzir seu povo".[414] Não era uma exclusividade dos profetas, embora lhes fosse característico e peculiar. O que precisa ficar claro é o fato de que essa "portabilidade" se refere à *presença extraordinária* do Espírito Santo, ou seja, não mais apenas *contínua*, e, com isso, passamos a outro nível de análise.

Antes de prosseguir, é importante observar que não há nenhuma espécie de projeção teológica externa ao texto, mas justamente o contrário. Os dados estão lá presentes na narrativa, cumprindo funções instrutivas desde sempre, mas o método e os critérios adotados há séculos pelo protestantismo tradicional impõem uma metodologia alheia à dinâmica da revelação e da lógica da fé, impossibilitando uma visão mais holística das Escrituras, inclusive incorrendo em um equívoco apontado por Paul Tillich, que é a "tentativa de racionalizar as experiências da revelação". Tillich, porém, explica que isso "significa confundir a justificada exigência de ser coerente nas próprias afirmações com a tentativa injustificada de extrair asserções teológicas de fontes que são estranhas às experiências revelatórias".[415] Como já dissemos, existe uma grande diferença entre o exercício de articular, de forma racional, não necessariamente racionalista, as múltiplas experiências revelatórias com seus eventos histórico-redentores e/ou histórico-salvíficos e a pretensão de racionalizar as experiências revelatórias, analisando-as com a mentalidade do período moderno, desconsiderando a sobrenaturalidade de tais experiências, ignorando a linguagem do mundo antigo e querer explicá-las com ferramentas de fontes não só estranhas, mas antagônicas às revelações existenciais ocorridas ao longo do desenvolvimento do cânon. Tal exercício foi feito pela teologia protestante, tanto liberal quanto conservadora, resultando no esvaziamento da dimensão sobrenatural do texto, seja negando o caráter miraculoso de tais narrativas, seja isolando-as como produtos do passado por não acreditar que tais coisas sejam possíveis hoje. A tradição carismático-pentecostal reage a esses extremos, tanto crítico (liberal) quanto conservador (cessacionista), pois crê, tal como diz a Bíblia, não apenas que essas experiências ocorreram,

---

414 ROWLEY. *A fé em Israel*, p. 125-6.
415 TILLICH. *Teologia sistemática*, p. 469.

mas defende a contemporaneidade de tais ocorrências, pois compreende que o texto não apenas relata o que aconteceu, mas fornece um "padrão" que, longe de querer se colocar como limitador, apresenta múltiplas formas de como Deus, por meio do Espírito Santo, pode se manifestar, levando quem serve a Deus a não duvidar, pois ele pode, e certamente o faz, se manifestar em qualquer lugar e nas mais surpreendentes e inusitadas situações. Tal característica da tradição carismático-pentecostal nunca teve caráter, ou pretensão, de substituir as Escrituras, ou de colocar as experiências em "pé de igualdade" com o texto. Antes, estas sempre foram confirmação de que o que o texto diz não ficou no passado, pois Deus continua falando e agindo, na realidade, nos dias hodiernos, assim como fez nos tempos bíblicos. A "apologética" carismático-pentecostal não é racionalista, pressuposicionalista e evidencialista, mas experiencial.

Uma vez que Hebreus menciona Abel como alguém que, pela "fé, ofereceu a Deus maior sacrifício do que Caim, pelo qual alcançou testemunho de que era justo, dando Deus testemunho dos seus dons, e, por ela, depois de morto ainda fala" (Hebreus 11:4), é preciso reconhecer que tal feito não aconteceu por suas próprias forças e méritos, mas por ação e obra do Espírito Santo, pois mesmo no período veterotestamentário, diz Rowley, "o homem podia estar cheio do Espírito Santo para viver de acordo com a vontade de Deus". No entanto, como sabemos, e também não podemos perder de vista, "no pensamento veterotestamentário o homem é dotado de liberdade moral e pode, por conseguinte, usar aquela liberdade para resistir à vontade de Deus".[416] Aquiescer ou não ao chamado do Espírito Santo e obedecer-lhe é algo que depende do ser humano, mas o chamado é sempre divino e, conforme vemos ao longo das Escrituras, estende-se a todos indistintamente. Nossa luta, conforme disse Deus a Caim (Gênesis 4:7), é dominar a vontade própria, que, desde a Queda, foi transtornada por causa do uso equivocado do livre-arbítrio e passou a ser inclinada, "naturalmente", para o mal. O relato do pecado de Caim, longe de ser apenas uma informação de como ocorreu o primeiro homicídio, tem um caráter importantíssimo para a reflexão que fizemos desde o início, mostrando a terra dentro do universo como espaço sagrado, proporcionado pela imposição da ordem sobre o caos, e o jardim do Éden como sua sede, onde ocorreu a Queda, e os filhos do casal progenitor se

---

416 ROWLEY. *A fé em Israel*, p. 126.

dividiram em seu cuidado, havendo entre eles a primeira disputa por atenção e visibilidade (Gênesis 4:1-6). É necessário perceber que a disputa teve motivação "religiosa", pois, sem que houvesse qualquer mandamento nesse sentido, ambos ofereceram sacrifícios ao Criador. O que os levou a fazer isso? Certamente uma "motivação fundamental" ou "força direcionadora", isto é, um "motivo básico religioso", na expressão do filósofo e teólogo reformado holandês Herman Dooyeweerd, que, com esse conceito, auxilia-nos no entendimento dessa propensão instintiva dos seres humanos, dizendo que o "motivo básico religioso" atua de forma operativa no "ego como centro de nosso horizonte temporal da experiência", pois apenas "ele dá ao ego seu caráter dinâmico positivo, refletindo-se também em sua relação central interpessoal com os outros egos e com seu mundo temporal".[417] O que é esse "motivo básico religioso"? Antes de qualquer coisa, é interessante compreender que o referido conceito, ou seja, o "motivo básico religioso é sempre de caráter comunal central e dá expressão a um espírito comum que une aqueles que por ele são governados".[418] Para melhor compreender o papel do motivo básico religioso para a humanidade, é imprescindível entender sua relação com o nosso ego, para só então perguntar se ele é construído ou inerente à nossa natureza.

A primeira questão com que deparamos ao discutir esse assunto, que, como falamos logo no início, deixará definitivamente claro o porquê de não ser possível à tradição carismático-pentecostal acompanhar o método escolástico e, consequentemente, racionalista de elaborar teologia, é o fato de que a realidade não pode ser definitivamente explicada, visto que sua complexidade sempre está além do que nossas concepções teóricas — teológicas, filosóficas e ideológicas — e conceitos elaborados racionalmente possam abarcar e conceber, pois "a separação da função lógica do próprio pensamento de todos os outros aspectos de nossa existência é apenas resultado da abstração teórica, não podendo por essa razão corresponder à realidade integral".[419] Em termos diretos, o racionalismo não é capaz de criticar, averiguar e provar, conforme apregoa, sua própria racionalidade, pois não existe possibilidade de ele transcender a finitude humana, ôntica e cognitivamente, e assim analisá-la de

---

417 DOOYEWEERD. *No crepúsculo do pensamento ocidental*, p. 84.
418 Ibid., p. 85.
419 Ibid., p. 62.

forma isonômica e isenta, pois a própria maneira lógica de distinguirmos os diversos aspectos da realidade para transformá-los em objetos está imersa na "experiência integral". Em outras palavras, os próprios "conceitos lógicos pré-teóricos estão apenas relacionados com coisas e eventos enquanto todos individuais, e não aos aspectos modais abstratos de sua realidade empírica", pois tais "aspectos são experimentados apenas implicitamente nas próprias coisas e eventos, e não explicitamente na dissociação analítica e oposição à função lógica do pensamento".[420] Portanto, precisa ficar definitivamente claro, de uma vez por todas, que é ilusória e "falsa [a] ideia dogmática de que o pensamento teórico seria capaz de penetrar a realidade empírica como esta realmente é, ou mesmo um campo metafísico do ser, que seria independente de possíveis experiências humanas".[421] Portanto, a chamada "atitude teórica do pensamento", característica essencialmente humana, "apresenta uma estrutura antitética na qual o aspecto lógico de nosso pensamento é oposto aos aspectos não lógicos de nossa experiência temporal", mas a fim de "compreender essa relação antitética é necessário ter em mente que nosso pensamento teórico é limitado ao horizonte temporal da experiência humana e se move nesse horizonte". Por essa razão, diz ainda o teólogo e filósofo Herman Dooyeweerd, a fim de compreender, na "ordem temporal, essa experiência apresenta uma grande diversidade de aspectos modais fundamentais, ou *modalidades*, os quais são, em primeiro lugar, aspectos do próprio tempo", ou seja, tais "aspectos não se referem, como tais, a um concreto *que*, i.e., a coisas ou eventos concretos, mas apenas a um *como*, i.e, o modo particular e fundamental, ou a maneira pela qual os experimentamos". Por isso, completa esse autor, "falamos dos aspectos modais de uma experiência para sublinhar que eles são apenas *modos* fundamentais da experiência".[422] Numa palavra:

> Nosso horizonte empírico temporal tem um aspecto numérico, um aspecto espacial, um aspecto de movimento extensivo, um aspecto de energia no qual experimentamos as relações físico-químicas da realidade, um aspecto biótico, ou da vida orgânica, um aspecto de sentimento e sensação e um aspecto lógico, i.e., a forma analítica de distinção em nossa experiência temporal que se localiza no fundamento

---

420 Ibid., p. 63.
421 Ibid., p. 61.
422 Ibid., p. 54.

510 | TEOLOGIA SISTEMÁTICO-CARISMÁTICA

de todos os nossos conceitos e julgamentos lógicos. Em seguida, temos um aspecto histórico, no qual experimentamos o modo cultural de desenvolvimento de nossa vida social. Esse é seguido pelo aspecto de significação simbólica localizado no fundamento de todo fenômeno linguístico empírico. Temos ainda o aspecto de intercurso social com suas regras de cortesia, bons modos, boa postura, moda e assim por diante. Esse modo experiencial é seguido pelos aspectos econômico, estético, jurídico, moral e, finalmente, pelo aspecto da fé ou crença.[423]

A realidade é um todo para quem existe. Não há compartimentos em nossa experiência dela, ou seja, os aspectos modais não podem "ser identificados com os fenômenos concretos da realidade empírica, os quais funcionam, em princípio, em todos esses aspectos".[424] Isso por uma razão muito simples: "Toda essa diversidade de aspectos modais em nossa experiência tem significado apenas na ordem do tempo",[425] ou seja, não se trata de como é a realidade, mas como a classificamos para apreendê-la. Portanto, "refere-se a uma unidade central supratemporal — a plenitude de sentido em nosso mundo experiencial, a qual é refratada na ordem do tempo em uma rica diversidade de *modi*, ou modalidades de sentido, exatamente como a luz do sol é refratada por um prisma em uma rica diversidade de cores", explica o mesmo autor. Este ainda diz que, na referida "ordem do tempo, a existência e a experiência humanas apresentam uma grande diversidade de aspectos modais". Todavia, "essa diversidade está relacionada à unidade central do ego humano que, como tal, ultrapassa toda a diversidade modal de nossa existência temporal",[426] pois não atua de forma compartimentada. Dessa forma, insistimos nesse ponto pelo fato de falarmos, desde o início desta obra, acerca da *dimensão sobrenatural da realidade*, que só pode ser postulada com uma consciência da dinâmica revelacional e da lógica da fé, ou seja, sua apreensão não se dá na modalidade teórica do pensamento, mas na prática. Assim, não obstante, a "ordem do tempo, a lei divina para a criação apresentar[-se] [n]uma grande diversidade de modalidades", esclarece Dooyeweerd, "toda essa diversidade modal de leis está relacionada à unidade central da lei divina, ou seja, o

---

423 Ibid., p. 55.
424 Ibid., p. 54-5.
425 Ibid., p. 55.
426 Ibid., p. 56.

CAPÍTULO 4 – Pneumatologia | 511

mandamento de amar a Deus e ao nosso próximo".[427] Este é o "motivo básico religioso" que move o nosso ego, e nem poderia ser diferente, pois na "atitude ordinária da experiência, as coisas são sempre concebidas na coerência integral de todos os seus aspectos modais".[428] Assim, "não podemos capturá-los em conceitos lógicos sem separá-los de todos os outros aspectos em uma descontinuidade lógica abstrata".[429] Mas, que fique claro, não há uma "realidade sobrenatural" separada e à parte da realidade geral. As Escrituras não fazem essa distinção, a não ser quando se trata da realidade divina transcendental e supratemporal do reino de Deus (Mateus 22:29-30), mas, em se tratando da *presença extraordinária* do Espírito Santo, o sobrenatural passa a fazer parte da realidade histórica ordinária, mesmo que não sejamos capazes de explicar teologicamente tal atuação e, muito menos provável, analisá-la de forma racionalística, pois não há possibilidade de fazê-lo senão com a lógica da fé na esteira da dinâmica da revelação. Isso indica a necessidade de outra forma de teologizar, pois

> A experiência ordinária definitivamente não é uma teoria que possa ser refutada por argumentos científicos e epistemológicos. Ela não identifica a realidade com seu aspecto sensório, e está ausente nela a noção metafísica de um mundo objetivo de coisas em si mesmas além do mundo da experiência. A experiência ordinária é, contrariamente a essa concepção, um dado pré-teórico, correspondendo à estrutura integral de nosso horizonte experiencial na ordem temporal. Qualquer teoria filosófica da experiência humana que não dê conta desse dado de uma forma satisfatória deve, necessariamente, estar errada em seus fundamentos.[430]

Como já falamos nos primeiros dois capítulos de nossa sistemático-carismática, teologia é filosofia ou, no mínimo, precisa de uma para organizar e sistematizar seus argumentos. Uma teologia que se fundamenta em uma filosofia que elege, ou absolutiza, a "atitude teórica do pensamento" e a confunde com a própria realidade perde completamente a capacidade de fundamentar a fé em alicerces verdadeiros, conforme apresentado no texto de Hebreus

---

427 Ibid.
428 Ibid., p. 64.
429 Ibid., p. 60.
430 Ibid., p. 67.

## 512 | TEOLOGIA SISTEMÁTICO-CARISMÁTICA

11:1-2. Neste, definitivamente, *pistis* (gr. πίστις) não se refere a um credo, a um conjunto de doutrinas ou algo que equivalha a qualquer nível teórico; antes, trata-se de uma confiança que igualmente não se inscreve nem mesmo no nível pré-teórico, e sim situa-se na dimensão *suprateórica*, portanto acima de qualquer possibilidade de explicação ou de qualquer razoabilidade humana. Daí nossa opção de teologizar pela via apofática, percorrendo as trajetórias teológicas místicas, seguindo a dinâmica revelacional e analisando a realidade com a lógica da fé. É nesse aspecto que chegamos ao ponto de partida da teologia como sendo a experiência de existir, ou seja, a partir da doação do fôlego da vida, por conta da *presença contínua* do Espírito Santo, isto é, o nosso *eu* ou ego, visto este ter se tornado "o ponto de referência central da totalidade de nosso horizonte de experiência temporal com sua diversidade de aspectos modais".[431] Uma vez que o "mistério do ego humano central é o fato de que ele não é nada em si mesmo, i.e., olhado à parte das relações centrais nas quais se apresenta",[432] é preciso compreender que a "própria experiência [de existir] implica um relacionamento interpessoal entre um ego e outro", isto é, tal "relação pertence à esfera central de nosso horizonte experiencial e eliminá-la corresponde à aniquilação da autoconsciência". Portanto, "Meu *eu* não é nada sem o seu e aquele do meu semelhante", pois "existe uma relação comunal central entre o centro individual da experiência encontrado também na fundação de qualquer relação comunal no pensamento teórico".[433] Mas essa relação "eu-tu", que nos faz lembrar do pensador judeu Martin Buber, pode explicar a origem do nosso eu ou do nosso ego? Se dissermos que tal relação interpessoal deve se dar em amor, resta a questão de qual tipo de amor estamos falando, pois o "amor-próprio", por exemplo, pode muito bem ser confundido com egoísmo e individualismo, não apenas por terceiros, mas por cada um de nós, ao pensarmos primeiro, às vezes, apenas em nós, como fez Caim. Desorientado por causa da Queda, Caim não soube lidar com a rejeição de seu sacrifício e tratou de canalizar, erroneamente, sua frustração odiando a quem foi aceito, a ponto de matá-lo. Em outros termos, o amor autorreferenciado distorcido, sem que Caim atendesse às reações da *presença extraordinária* do Espírito Santo e "dominasse" sua

---

431 Ibid., p. 77.
432 Ibid., p. 78.
433 Ibid., p. 79 (grifo no original).

CAPÍTULO 4 – Pneumatologia | 513

propensão pecaminosa, fez desaparecer no horizonte da experiência qualquer possibilidade do exercício de amor interpessoal, que, por sua vez, é reflexo de um amor maior.

Nas relações intra ou interpessoais, o ego humano desprovido de qualquer sensibilidade não sabe distinguir amor ágape e altruísta, nem amor-próprio, do individualismo autocentrado, por isso precisa encontrar "uma terceira relação central que aponta para além do ego humano até sua origem divina". Tal "relação religiosa central entre o ego humano e Deus, à imagem do qual o homem foi criado",[434] é a única forma de corrigir o individualismo e o egoísmo humano nascidos da Queda. Se todo "pecado é pecado contra Deus", e essa "verdade é continuamente posta em evidência na Bíblia", uma vez que, ao assassinar Abel, Caim "pecou contra Deus, e o sangue de seu irmão clamava a Deus", é preciso igualmente entender que, diz Rowley, "Quando os homens se oprimiam mutuamente, e defraudavam-se uns aos outros, e pervertiam o julgamento das cortes, pecavam contra Deus, como Amós e outros profetas porfiavam em declarar", pois "todo pecado é pecado contra o homem" e, de igual forma, é "pecado contra os próprios semelhantes".[435] Obviamente "que Caim pecou contra Abel", contudo "não é só um pecado contra a vítima do ato", mas "também um pecado contra a sociedade, da qual o pecador faz parte", ou seja, por meio do "seu pecado reduz ele o seu nível de bondade, e de diversas maneiras envolve a outros, além de si próprio, nas consequências do seu ato".[436] Assim, temos uma noção de que "todo pecado é pecado contra si mesmo" e, completa o mesmo teólogo, "sua primeira consequência é, justamente, a ruptura daquela amizade com Deus que é o fundamento da felicidade do homem", tendo como consequência o triste e inegável fato de que, "em vez de ser guiado e sustentado por aquela amizade, tropeça e cai no desvario, magoando-se a si próprio".[437] É por isso que toda e qualquer teologia precisa partir de uma filosofia que considera seriamente essa distorção da natureza humana, ou do ego, visto tal transtorno influenciar todas as decisões humanas, sejam estas pessoais ou comunitárias. É justamente com essa consciência, ou seja, dessa "relação religiosa central com a sua origem divina que o ego pensante pode colocar a si mesmo, e a diversidade modal

---

434 Ibid., p. 81.
435 ROWLEY. *A fé em Israel*, p. 130.
436 Ibid.
437 Ibid., p. 130-1.

# 514 | TEOLOGIA SISTEMÁTICO-CARISMÁTICA

de seu mundo temporal, na direção do absoluto", diz Herman Dooyeweerd, pois a "tendência interna de fazê-lo é um impulso religioso inato do ego".[438] É assim que, "sendo o ponto de concentração da totalidade do sentido, que ele encontra disperso na diversidade modal de seu horizonte de experiência temporal, o ego humano aponta além de si mesmo para a origem de todo o sentido, cuja absolutidade", afirma o mesmo autor, "reflete-se no ego humano como o assento central da imagem de Deus". Em outras palavras, tal "ego, que é vazio em si mesmo, é determinado em um sentido positivo apenas por sua relação concêntrica com a origem divina", devendo ainda ficar claro que é justamente "dessa relação central que a relação de nosso ego com nosso horizonte temporal e sua relação comunal central com o ego de nossos semelhantes podem adquirir um conteúdo positivo".[439] Portanto, o "motivo básico religioso" ou

> O impulso religioso inato do ego, no qual a relação em direção à origem divina encontra expressão, toma seu conteúdo de um motivo-base religioso como o poder espiritual central de nosso pensamento e ação. Se esse motivo é de caráter apóstata, ele distanciará o ego de sua origem verdadeira e direcionará seu impulso religioso para o nosso horizonte temporal de experiência, buscando nesse tanto a si mesmo quanto à sua origem. Isto fará com que surjam ídolos originados da absolutização daquilo que tem um significado apenas relativo. Mas mesmo nessa manifestação apóstata, o caráter religioso do ego, como o ponto de concentração da natureza humana, continua a revelar-se. Mesmo nessa absolutização do relativo, o ego pensante e atuante transcende seu horizonte temporal. Ele está sujeito a uma lei central que podemos denominar a lei da concentração religiosa da nossa consciência, pela qual ele é obrigado a transcender a si mesmo para encontrar o seu significado positivo.[440]

Justamente por tal consciência, Dooyeweerd, mesmo sendo filósofo e teólogo não carismático, de tradição reformada, defende que "o verdadeiro conhecimento de Deus e de nós mesmos (*Deum et animam scire* no sentido agostiniano) ultrapassa todo pensamento teórico", ou seja, o conhecimento

---

438 DOOYEWEERD. *No crepúsculo do pensamento ocidental*, p. 82.
439 Ibid., p. 82-3.
440 Ibid., p. 83-4.

de Deus, por não ser de caráter teórico, "não pode ser objeto teórico, seja de uma teologia dogmática [sistemática], seja de uma filosofia cristã", pois tal conhecimento "pode apenas ser adquirido pela operação da palavra de Deus e do Espírito Santo no coração, ou seja, na raiz e centro religioso de nossa existência e experiência humanas em sua inteireza".[441] Isso pelo simples fato de que o "verdadeiro conhecimento de Deus e o verdadeiro autoconhecimento são as pressuposições centrais, seja de uma teologia bíblica (em seu sentido teórico, científico), seja de uma filosofia cristã, se essa última realmente possuir um ponto de partida bíblico".[442] A experiência com Deus, por meio da *presença extraordinária* do Espírito Santo, e o reconhecimento de que não podemos alcançar a salvação a não ser pela graça, e que, ao alcançá-la, estamos reconduzidos à nossa fonte originária e, portanto, passamos a amar a Deus e também as pessoas implicam "que o *princípio central* de conhecimento da teologia dogmática [sistemática] e o da filosofia cristã devem ser o mesmo".[443] Isso significa que uma teologia sistemática só pode fazer jus à dinâmica da revelação se for instruída por uma filosofia cristã que parta da lógica da fé, sem nenhuma pretensão teórica, optando pelas trajetórias teológicas místicas e seguindo a via apofática. Com o entendimento de que fomos criados à imagem e semelhança de Deus e que, no "ego humano, como o assento central da *imago Dei*, Deus concentrou o sentido total do mundo temporal em uma unidade religiosa radical", ou seja, compreendendo que o ser humano, "criado à imagem de Deus, deveria direcionar todas as funções temporais e poderes de sua existência e do mundo temporal integral ao serviço de Deus", e tal "deveria ser efetivado por ele na unidade central do seu ego, amando a Deus acima de todas as coisas", ficamos, então, conscientes de que, "na ordem da criação, cada ego humano, nesse sentido religioso central, foi unido a todos os outros egos humanos numa comunhão central de serviço a Deus". Por isso, "o amor ao próximo foi incluído no amor a Deus".[444] Em termos diretos, "Não podemos amar a Deus sem amar sua imagem, expressa em nosso próprio ego e naquele de nossos semelhantes", e é dessa forma, diz o mesmo autor, que "a totalidade da lei divina para a criação apresenta a sua radical unidade no mandamento central do amor, endereçado ao coração, i.e., o centro religioso

---

441 Ibid., p. 183.
442 Ibid., p. 183-4.
443 Ibid., p. 184.
444 Ibid., p. 186.

## 516 | TEOLOGIA SISTEMÁTICO-CARISMÁTICA

da vida humana".[445] Chegamos ao ponto de onde partimos no primeiro capítulo, mas, antes de falarmos mais sobre isso, é importante deixar claro que

> Não podemos entender o sentido radical e central desse mandamento enquanto o relacionarmos apenas ao aspecto moral de nossa existência temporal. Assim como, no ego humano, *todos* os aspectos de nossa existência e experiência encontram seu ponto de referência central, da mesma forma o mandamento do amor é a unidade central de todas as diferentes ordenanças de Deus para o mundo temporal. Pois não é apenas a existência temporal individual do homem que é centrada em uma unidade radical, mas todo o nosso mundo temporal, ou a "terra", como ele é chamado nas palavras iniciais do livro de Gênesis. A terra, de acordo com a ordem da criação, encontra seu centro na raiz religiosa da humanidade, i.e., na comunidade espiritual do coração dos homens em sua comunhão central com Deus, o Criador.[446]

Dooyeweerd diz que este "é o sentido integral e radical da *criação*, de acordo com a palavra de Deus", e, "ao mesmo tempo, a autorrevelação de Deus como Criador, e a revelação do homem a si mesmo como criado à imagem de Deus", pois tal revela e "mostra-nos que, mesmo em sua posição central em relação ao mundo temporal, o homem nada é em si mesmo, uma vez que a plenitude do sentido de sua existência consiste unicamente na reflexão da imagem divina de seu Criador".[447] Tal "fato também determina o sentido radical e central da *queda no pecado*", esclarece o mesmo autor, ao dizer que essa "apostasia diz respeito à raiz, ou centro religioso, da existência humana", pois a "vida espiritual do homem dependia do ouvir a palavra de Deus com todo o seu coração". Isto é, o casal progenitor deveria obedecer à ordem divina, mas, ao não fazê-lo, "o homem fechou seu coração e se desviou da palavra de Deus, dando ouvidos à falsa ilusão de ser algo além de si mesmo, i.e., de ser igual a Deus". Por causa disso, "a *imago Dei* nele foi radicalmente obscurecida, e ele caiu de morte espiritual".[448] Tal "apostasia implicou", diz o teólogo reformado holandês, "por sua vez, a apostasia de todo o mundo temporal que estava concentrado no ego humano", e, justamente por isso, "a terra foi amaldiçoada,

---

445 Ibid.
446 Ibid., p. 186-7.
447 Ibid., p. 187.
448 Ibid.

pois não tinha raiz religiosa própria, estando relacionada à raiz religiosa ou centro da existência humana". Todavia, pela mesmíssima razão, completa o autor, a "redenção por Jesus Cristo e a comunhão do Espírito Santo, a qual nos faz membros de seu corpo, tem um sentido central e radical".[449] Em outras palavras, em Jesus Cristo, a "humanidade e a totalidade do mundo temporal receberam uma nova raiz religiosa, na qual a *imago Dei* é revelada na plenitude de seu sentido". Por esse motivo, afirma o autor, "o tema central das Escrituras sagradas, ou seja, a criação, queda no pecado e redenção por Jesus Cristo na comunhão do Espírito Santo, tem uma unidade radical de sentido que está relacionada à unidade central da existência humana".[450] A implicação desse saber é que, ao passo "que esse sentido central da palavra-revelação estiver em questão, encontrar-nos-emos além dos problemas científicos, tanto da teologia como da filosofia", ou seja, sua "aceitação ou rejeição é uma questão de vida ou morte para nós, e não uma questão de reflexão teórica". Por isso, "o motivo central das Escrituras é o ponto de partida comum, supracientífico, tanto de uma teologia bíblica quanto de uma filosofia cristã", mas não apesar disso; antes, justamente por causa disso, "ele nunca poderá se tornar o objeto teórico da teologia", ou seja, "assim como Deus e o *eu* humano não podem se tornar esse objeto".[451] Tal não se dá por causa de preguiça epistemológica, mas simplesmente porque "o pensamento teológico", diz o mesmo autor, bem "como o pensamento filosófico movem-se nos limites da ordem temporal de nossa experiência com sua diversidade de aspectos modais", ou seja, seguindo estritamente essa "ordem temporal, a unidade central e radical do sentido da criação se apresenta como se fosse refratada em uma rica diversidade de modalidades, assim como a luz do sol é refratada por um prisma em uma rica diversidade de cores".[452] Portanto,

> os diferentes aspectos modais de nosso horizonte temporal, que enunciamos brevemente, determinam, em princípio, os diferentes pontos de vista sob os quais a realidade empírica é considerada e investigada pelas ciências especiais. Essa dissociação analítica de nossa experiência em seus distintos aspectos modais, que estão, em princípio, ausentes

---

449 Ibid.
450 Ibid., p. 187-8.
451 Ibid., p. 188.
452 Ibid., p. 188-9.

## 518 | TEOLOGIA SISTEMÁTICO-CARISMÁTICA

na atitude experiencial pré-científica, é característica da atitude teórica de pensamento. A atitude teórica surge tão logo comecemos a opor o aspecto lógico de nosso pensamento aos modos não lógicos da experiência a fim de ganharmos um *insight* lógico-teórico em relação ao último, dissociando analiticamente os elementos de sua estrutura modal. Mas esses aspectos não lógicos oferecem resistência à tentativa de concebê-los de uma forma lógica como objetos teóricos de nosso pensamento lógico. Essa resistência teórica do objeto faz surgir, assim, os problemas teóricos fundamentais das ciências especiais.[453]

Entre as "ciências especiais", Dooyeweerd inclui a teologia. Ele o faz com propósitos distintos dos nossos, pois seu interesse é propor a criação de uma filosofia radicalmente cristã para então fundamentar a teologia. Contudo, chegamos às mesmas conclusões. Em um exemplo prosaico sobre as propriedades da água, que podem ser estudadas pelas várias ciências especiais, ele destaca, "por exemplo, do que é dito na Bíblia sobre o domínio de Deus sobre as águas" e oportunamente observa que tal poder só "pode ser experimentado pela fé".[454] Isso converge com o que já temos dito desde o início, pois é a proposta desta sistemático-carismática, como reiterado por George Ladd: eventos histórico-redentores ou histórico-salvíficos não podem ser estudados nem analisados com as categorias teóricas de análise, visto que estamos lidando com algo que está além das nossas possibilidades. Se os resultados, óbvios como são, podem ser observados e percebidos, o processo em si é totalmente miraculoso e, por isso mesmo, inexplicável. Justamente por isso, "a palavra-revelação, como princípio central do conhecimento, deve se tornar o fundamento de toda a vida cristã, tanto em sua atividade prática quanto científica". Convém lembrar, todavia, que, nesse aspecto "central, ela não pode ser o objeto teórico de qualquer ciência, funcionando apenas como seu ponto de partida central, ou motivo básico religioso".[455] Tal observação, para escândalo dos teólogos racionalistas, inclui até mesmo a teologia, considerando que, "sendo uma ciência, a teologia dogmática está limitada à atitude teórica do pensamento" e, por isso mesmo, "não pode nos fornecer uma visão filosófica total da relação e da coerência mútua entre os diferentes aspectos

---

453 Ibid., p. 189.
454 Ibid., p. 191.
455 Ibid., p. 195.

de nossa experiência na ordem temporal", ou seja, "ela deve ser uma ciência especial".[456] Assim, "o objeto científico apropriado da teologia dogmática [sistemática] pode ser delimitado unicamente por meio de um aspecto modal especial de nosso horizonte temporal da experiência", ou seja, "ele deve ser passível de ser oposto ao aspecto lógico de nosso pensamento, como um campo de problemas teóricos".[457] Lembramos aqui do que o teólogo reformado holandês disse acima sobre o fato de a ciência opor, teoricamente, os aspectos lógicos do nosso pensamento aos modos não lógicos da experiência, ou seja, ao que é paradoxal ou até contraditório, visando isolar tal fenômeno a fim de obter um "*insight* lógico-teórico", criando assim um "problema". "Entretanto, só podemos adquirir um *insight* teórico sobre esse campo se juntarmos à nossa função de pensamento lógico esse aspecto especial de nossa experiência temporal que delimita o ponto de vista científico teológico", ou seja, o "aspecto modal experiencial que delimita o ponto de vista teológico específico não pode ser outro senão o aspecto da fé".[458]

Observemos que Dooyeweerd utiliza "fé" aqui no mesmíssimo sentido colocado por Hebreus 11:1-2, não em termos credais. O mesmo autor explica que as "dificuldades e questões que [a teologia] levanta não se relacionam à palavra-revelação divina, mas exclusivamente ao caráter científico e aos limites de uma dogmática e de uma exegese teológica". Diz ainda que "a teologia dogmática é uma ciência muito perigosa" e que a "sua elevação a um mediador necessário entre a palavra de Deus e o crente constitui-se em uma idolatria e demonstra uma incompreensão fundamental em relação à sua posição real".[459] Isso por um motivo muito simples, enunciado em tons muito graves pelo teólogo holandês: "Se a nossa salvação é dependente da teologia dogmática e da exegese, estamos perdidos".[460] Trata-se de algo que a tradição carismático-pentecostal precisa urgentemente voltar a perceber, considerando que isso nunca foi um problema para ela. Todavia, à medida que decresce a experiência com o Espírito Santo como uma de suas principais características e, concomitantemente, aumenta a influência do pensamento cessacionista em seus círculos e, por conseguinte, ela submete-se à ortodoxia reformada, a fé

---

456 Ibid., p. 196.
457 Ibid., p. 196-7.
458 Ibid., p. 197.
459 Ibid., p. 198.
460 Ibid.

deixa de ser uma experiência viva e se torna mero assentimento intelectual a um conjunto de doutrinas que, conforme já foi demonstrado, não caíram do céu, mas têm uma história e dependência de um sistema teológico, o que, finalmente, leva a tradição carismático-pentecostal a se descaracterizar. Portanto, não podemos retirar o fundamento que a própria Bíblia estabeleceu e lançou, ou seja, a fé como experiência com Deus por meio do Espírito Santo (Hebreus 11:1-2), e substituí-lo por teologia sistemática e exegese, pois, como afirma Dooyeweerd, "ambas são o trabalho humano, susceptíveis a todos os tipos de erros, discordâncias de opinião e heresias", pois, como sabemos, e acrescenta o autor, é possível "até mesmo dizer que todas as heresias são de origem teológica".[461] Justamente por isso, o teólogo reformado holandês diz que "a confusão tradicional entre a palavra de Deus como princípio central de conhecimento e o objeto científico da teologia dogmática e da exegese deve estar errada em seus fundamentos", visto que "é essa mesma confusão que deu origem à falsa identificação da teologia dogmática com a doutrina das Sagradas Escrituras, e à falsa concepção da teologia como um mediador necessário entre a palavra de Deus e os crentes".[462] Tal se dá pelo simples motivo de que o "objeto teórico do pensamento científico não pode corresponder à realidade integral em sua plenitude",[463] isto é, qualquer que seja a doutrina, mas principalmente se diz respeito à Trindade, quer imanente, quer econômica, ou cada uma das Pessoas separadamente, conforme temos feito até aqui, sempre estaremos aquém e incapazes de dizer algo que seja absoluto e definitivo. Isso pelo fato de que

> Para a teologia, isso significa que a palavra-revelação divina nunca poderá se tornar o objeto teórico da pesquisa teológica na plenitude de realidade com que ela se apresenta a nós. Em seu sentido religioso central, ela é endereçada ao coração, ao centro religioso de nossa existência como um poder divino espiritual, e não como um objeto de reflexão teológica. Assim, o tema básico das Sagradas Escrituras, ou seja, aquele da criação, da queda no pecado e da redenção por Jesus Cristo no poder do Espírito Santo, não pode ser convertido em um objeto científico da teologia em seu sentido religioso central. Como tal, ele

---

461 Ibid., p. 198-9.
462 Ibid., p. 199.
463 Ibid.

CAPÍTULO 4 – Pneumatologia | 521

constitui, antes, o ponto de partida suprateológico de todo o pensamento cristão realmente bíblico, a chave para o conhecimento de Deus e de nós mesmos. Contudo, na ordem temporal de nossa experiência, essa palavra-revelação manifesta-se na mesma diversidade modal dos aspectos que encontramos em nossa própria existência humana temporal. A palavra de Deus entrou em nosso horizonte temporal, assim como ela se tornou carne em Jesus Cristo, nosso Salvador. E é apenas na diversidade temporal dos aspectos experienciais que a revelação divina pode se tornar um objeto do pensamento teológico.[464]

Evidentemente que "o aspecto modal da fé não pode ser identificado com o ato real de crer, o qual em sua realidade plena nasce do coração e, embora *qualificado* por seu aspecto de fé, apresenta também outros aspectos na ordem temporal da experiência",[465] conforme pontua Dooyeweerd. Até mesmo a experiência de fé, por sua vez, ocorre dentro da modalidade correspondente e, por isso mesmo, não tem caráter absoluto, mas pessoal e, por isso mesmo, subjetivo. Isso, porém, não quer dizer que seja inverídica ou fantasiosa (apesar de que também pode sê-lo), mas que em nossa realidade experimentada como um todo tudo é passível de acertos e erros. O que deve ficar claro é o fato de que "o verdadeiro conhecimento de Deus em Cristo Jesus e o verdadeiro autoconhecimento não são de natureza teológico-dogmática, nem filosófica, mas tem uma significância religiosa absolutamente central", pois tal "conhecimento é uma questão de vida ou morte espiritual". Além disso, adverte corretamente o teólogo reformado holandês que "uma ortodoxia teológica dogmática, embora esplendidamente elaborada, não pode garantir esse conhecimento espiritual central".[466] Dessa forma, o próprio "termo escolástico *sacra theologia* revela uma superestimação não bíblica da teologia",[467] pois pressupõe uma autoridade e um *status* que devem ser atribuídos apenas às Escrituras. Evidentemente que "os problemas teológicos, tais como a significância da *imago Dei* antes e após a queda, a relação entre criação e pecado e entre graça comum e particular, a união das duas naturezas de Cristo etc.", elenca o mesmo autor, "podem apenas surgir em

---

464 Ibid., p. 200.
465 Ibid., p. 201 (grifo no original).
466 Ibid., p. 211-2.
467 Ibid., p. 212.

oposição teórica do aspecto da fé ao aspecto lógico de nosso pensamento", tendo seu merecido espaço de discussão no edifício da teologia, pois são "certamente problemas legítimos da teologia dogmática. Contudo, como problemas especificamente teológicos, eles não se relacionam ao motivo básico central das Escrituras Sagradas em sua forma operativa no centro religioso de nossa consciência e existência".[468] Trata-se de uma questão de contraste entre realidade e tentativa de falar a respeito dessa mesma realidade, mas não só isso, pois o problema maior da pretensão teológica é que ela acaba interpondo-se entre a pessoa e Deus, querendo substituir a experiência com Deus por meio do Espírito Santo. Contudo, de acordo com Dooyeweerd, o "motivo espiritual básico se eleva sobre todas as controvérsias teológicas e não necessita de uma exegese teológica, uma vez que seu sentido radical é explicado exclusivamente pelo Espírito Santo operando em nosso coração aberto na comunhão desse Espírito".[469] Essa experiência nada mais é que a chamada *unio mystica* tão almejada por todos os cristãos dos primeiros dezesseis séculos da nossa era.

Contudo, podemos dizer que tal união com Deus era o que buscava a humanidade antediluviana e posterior, ao responder ao chamado da *presença extraordinária* do Espírito Santo, pois nenhum desses encontros e experiências com o Criador aconteceu como fruto de esforço ou mérito pessoal. Desde Abel, chegando ao seu sobrinho Enos, passando por Enoque, que viveu 365 anos, dos quais trezentos deles "andou" na companhia de Deus, até Noé, pregoeiro da justiça, todos indistintamente aquiesceram ao chamado do Espírito (cf. Hebreus 11). Cada um deles foi chamado para dar continuidade ao projeto divino de ser sacerdote, e isso não aconteceu como fruto de altruísmo. Nossa tese caminha no sentido de demonstrar que havia uma capacitação carismática para que tais pessoas se dispusessem a servir. Tendo o ego distorcido, é fato que ninguém se inclina natural e altruisticamente para o bem do próximo. A história da salvação, que, em nossa perspectiva, teve início com a ordem imposta ao caos e desde o casal progenitor contou com diversos atores, é algo que precisa ser visto "por detrás da história dos patriarcas", diz Gerhard von Rad, e analisada teologicamente, prestando atenção nos "preparativos histórico-salvíficos muito abrangentes, que Javé havia feito, a fim de provocar

---

468 Ibid.
469 Ibid.

o surgimento de Israel".[470] Na verdade, "por detrás das narrativas de Abraão está o problema da fé, apesar de o conceito aparecer somente uma única vez",[471] afirma o mesmo autor, proposição com a qual concordamos, pois o fato de o conceito ou expressão ocorrer apenas uma única vez não anula a verdade de que ela está pressuposta e evidente em toda a narrativa, conforme deixa entrever o texto de Hebreus 11:1-40. "Crer, ter fé, em hebraico, é 'firmar-se em Javé', daí o emprego da preposição *be* depois de *he'emin*", ou seja, "o objeto para o qual Abraão dirigiu a sua fé, segundo Gn 15.6, é algo vindouro, como quase sempre ocorre no Antigo Testamento". Portanto, "Javé fez referência ao seu projeto histórico diante de Abraão (Gn 15.5)", isto é, o chamou, "e Abraão, por sua vez, tomou esse plano como algo real e 'se firmou' nele", ou, em termos diretos, aquiesceu e aceitou o desafio, e "Isso é que foi a sua fé",[472] complementa Von Rad. Se as experiências são distintas e há muito mais silêncio e obscuridade do que gostaríamos, certamente não falta fé em cada experiência dos diversos atores de Gênesis. O fato de ela não ser mencionada nas narrativas, mas devidamente colocada como "o firme fundamento das coisas que se esperam e a prova das coisas que se não veem", pois, "por ela, os antigos alcançaram testemunho", conforme Hebreus 11:1-2, demonstra que Abel, Enoque e Noé, referidos no texto da "galeria dos heróis da fé" (v. 4-7), chegaram, mesmo sem ter alcançado a "promessa" (Hebreus 11:39), à condição de "testemunhas", que, como já vimos, é a mesma prometida por nosso Senhor Jesus Cristo aos seus discípulos depois de eles receberem a virtude do Espírito (Atos 1:8; cf. 2:1-47).

Pode ser que alguém pense tratar-se de uma conexão forçada entre as narrativas, todavia é preciso lembrar que estamos seguindo a linha de estruturação das Escrituras da história da salvação, de acordo com os modelos de Ladd e Cullmann, mas sem rigidez, fazendo adaptações e adotando outro *leitmotiv*, a experiência com o Espírito Santo, por conta de nossa perspectiva carismático-pentecostal. Mas não há nenhuma arbitrariedade ou imposição de tais experiências ao texto; antes, estamos apenas ressaltando os efeitos decisivos da *presença extraordinária* do Espírito Santo na promoção dos eventos histórico-salvíficos ou histórico-redentores, pois cada um dos atores, mesmo

---

470 RAD, Gerhard von. *Teologia do Antigo Testamento*, 2. ed. (São Paulo: Aste/Targumim, 2006), p. 168.
471 Ibid., p. 169.
472 Ibid.

os não mencionados na galeria de Hebreus, teve sua importância ao desempenhar o seu papel no desenvolvimento da história da salvação. Um exemplo ilustra o ponto. A questão a ser ressaltada não é o período histórico em que se deu, no caso, na monarquia no período do reino dividido, pois, conforme temos insistentemente lembrado, o que nos interessa é a *presença* do Espírito Santo em suas manifestações *contínua* e *extraordinária*, independentemente da época em que aconteceu. Estamos nos referindo à narrativa do reinado de Josias, que, definitivamente é o protagonista, mas, por causa de um "detalhe", o narrador deixou "escapar" que havia mais atores envolvidos na "trama" e no sucesso do reinado do homem que realizou a maior Páscoa de que se tem notícia no Antigo Testamento, ainda que estes não apareçam no texto e fiquem no anonimato da história (2Reis 22—23; 2Crônicas 34—35). Em especial, referimo-nos, uma vez mais, à profetisa Hulda, que, sem ser canônica ou conhecida, acabou aparecendo na narrativa pelo fato, certamente, de ser uma figura popular em Jerusalém. Mas, não fosse o pedido da consulta a Deus, por parte do rei, não saberíamos que havia uma mulher que vivia na parte mais humilde da cidade de Jerusalém, esposa de um funcionário estatal, que, entre outras funções e tarefas que cabiam às mulheres no antigo Oriente Médio, tinha a missão de representar Deus. Isso não é de pouca relevância, sobretudo quando verificamos que ela é contemporânea do profeta maior Jeremias, que, estranhamente, não fora o porta-voz divino escolhido pelo rei Josias para dizer o que Deus queria especificamente para o reino do Sul naquele importante momento histórico. Assim, de forma análoga, e sem nenhuma arbitrariedade, os "atores-relâmpago" do período antediluviano — Abel, Sete, Enos, Enoque e Noé, para citar alguns —, sem contar os inúmeros anônimos, tanto homens quanto mulheres, mencionados ou não (Gênesis 4:17—7:16), desempenharam seu papel contribuindo para a continuidade ou sequência da história da salvação.

É possível que se questionem as evidências de que tais personagens tenham sido carismáticos, pois geralmente se requerem textos explícitos sobre questões óbvias, pressupostas e subjacentes à realidade em que os eventos ocorreram com uma "atmosfera" já posta, ou seja, não há necessidade alguma de o narrador de um texto mencioná-las explicitamente, assim como tais narrativas não se importam em provar a existência de Deus, mas já partem do princípio de que os destinatários creem nele. Como já vimos, a fé em Deus, não somente no Novo Testamento, mas igualmente no Antigo, sempre teve

CAPÍTULO 4 – Pneumatologia | 525

um caráter pessoal, pois em uma época em que não havia uma única linha de texto escriturístico, muito menos a revelação da Lei, a demonstração de fé dessas personagens, conforme o texto deixa entrever, evidencia que não lhes poderia faltar o "carisma", uma vez que este é um dos elementos constitutivos da fé em Javé, conforme diz o teólogo alemão Von Rad, considerado o criador da "teologia do Antigo Testamento".[473] Qual não deveria ser a espiritualidade de alguém como Enoque, que "andou" com Deus e este o tomou para si, algo inexplicável, visto que o texto não informa como isso se deu, pois um corpo físico parece não estar apto ao ambiente da glória de Deus (Gênesis 5:21-24; cf. Hebreus 11:5; 1Coríntios 15:50-51)? A Escritura hebraica apenas relata da forma mais natural possível, sem preocupação alguma em explicar absolutamente nada, ou seja, trata-se de uma narrativa em que o sobrenatural é parte da realidade cotidiana e pressuposto básico para ler o texto. O problema surge quando o leitor de hoje quer projetar na narrativa questões teóricas do mundo moderno e tenta explicar o texto com tais concepções. O resultado, do ponto de vista teológico protestante, é incredulidade total (liberalismo) ou incredulidade datada (cessacionismo). Mas "andar com Deus" é algo não apenas característico de Enoque, pois o texto também afirma isso de Noé, "pregoeiro da justiça" e bisneto de Enoque (Gênesis 6:9; 2Pedro 2:5). Noé, inclusive, teve sua trajetória profetizada por Lameque, seu pai, quando nasceu: "Este nos consolará acerca de nossas obras e do trabalho de nossas mãos, por causa da terra que o SENHOR amaldiçoou" (Gênesis 5:29b). Percebe-se claramente, por essas poucas informações, que havia uma realidade sobrenatural, uma atmosfera espiritual e os que atenderam e foram sensíveis à *presença extraordinária* do Espírito Santo, ou seja, em vez de "contenderem" com Deus e o rejeitarem (Gênesis 6:3), tornaram-se poderosas testemunhas da atuação divina e foram eles fundamentais na corrente da história da salvação. Afinal, as experiências que tais pessoas tiveram com Deus evidenciam algo que não pode ser nada menos que capacitação carismática, pois pregar uma mensagem de juízo por mais de um século requer muito mais do que obediência; demanda virtude do Espírito.

Não se pode perder de vista o fato de que o texto bíblico relata a história da salvação, e cada pessoa que recebe uma missão, seja a de liderar um grupo,

---

473 Ibid., p. 104.

## 526 | TEOLOGIA SISTEMÁTICO-CARISMÁTICA

seja a de promover um movimento, revelando-se, posteriormente, como um evento histórico-redentor e histórico-salvífico, não pode executar tal obra por si mesma ou com suas próprias forças. O próprio Senhor Jesus Cristo, conforme veremos no próximo capítulo, necessitou de tal capacitação (Atos 10:38). Por que não seria necessária nos tempos veterotestamentários? Não há possibilidade, nem necessidade, de analisar cada um dos exemplos que poderíamos elencar, mas o próprio Abraão, de quem já falamos muito no capítulo anterior, certamente fora um carismático, visto Deus mesmo, em sonho, ter dito a Abimeleque, rei de Gerar, que Abraão era profeta (Gênesis 20:7). É interessante que, desde agora, entendamos que a expressão pode até ser anacrônica, pois se chamava vidente ao profeta na época patriarcal, mas este ponto não é tão importante, e sim o que observa o teólogo pentecostal Antonio Gilberto: "Devemos banir do nosso pensamento a ideia popular de que o principal serviço do profeta era *predizer*", pois, de acordo com o "original", completa ele, "*profeta* não significa 'aquele que prediz', mas 'aquele que fala em lugar de outro, por outro'".[474] Assim é que profeta, seja vaticinando e bradando, seja liderando e julgando, só pode fazê-lo se for chamado por Deus e capacitado por ele com o seu Espírito Santo. Reiteramos que, se o próprio Cristo precisou de tal unção, seria muita presunção achar que os demais poderiam prescindir do recebimento de tal virtude. É preciso entender que a atividade de cada pessoa chamada por Deus inscreve-se em seu plano salvífico, que tem como meta promover a ordem que foi imposta desde o caos. Por isso, "surgiram homens que reivindicaram seriamente a dignidade de uma iluminação inspirada", diz Gerhard von Rad, fazendo alusão aos "Sábios (Pv 1.23)", tanto quanto a "Eliú, amigo de Jó", que, ao longo de seu discurso, apresentou-se "como um inspirado [e] invocou 'o sopro do Todo-Poderoso' (Jó 32.8), que leva os homens ao conhecimento, o qual é descrito como um vinho que fermenta e arrebenta odres até que possa ser expresso em palavras (Jó 32.18-20)".[475] O mesmo autor ainda refere-se a Elifaz, dizendo que este igualmente quer que o seu discurso ou "palavras sejam consideradas como uma inspiração imediata e descreveu todo o processo de recepção de uma revelação profética, com os fenômenos psicológicos que a acompanham, como lemos no Antigo Testamento", ou seja, a "própria palavra, que ele introduziu

---

474 SILVA. *A Bíblia através dos séculos*, p. 157 (grifo no original).
475 RAD. *Teologia do Antigo Testamento*, p. 105.

com tantas minúcias, não era uma palavra profética, mas uma verdade inerente à sabedoria (Jó 4.17)".[476]

O que chama a nossa atenção é um teólogo como Gerhard von Rad, não carismático, referindo-se à inspiração carismática do Espírito Santo no período patriarcal, mas narrada em época muito posterior, defender que "tudo isto era a herança intelectual de um grande passado com a conceituação que lhe é própria", pois, por um lado, "a apresentação dessas doutrinas em termos proféticos criou um gênero híbrido, pois essa sabedoria nada tem de profético no seu sentido próprio", isto é, de predizer, todavia, por outro lado, é "muito simplista julgar que a referência à inspiração divina é uma simples questão de estilo, puro processo literário, pois a sabedoria que pretende originar-se da revelação divina é um fenômeno muito antigo".[477] Em termos diretos, "Nem o ensino teológico, nem a profissão de fé em Javé, nem o sábio em suas orações e em seus hinos livremente compostos poderiam existir sem uma força carismática",[478] diz o mesmo autor. É simplesmente impossível interpretar de forma minimamente séria as Escrituras sem considerar a *presença*, tanto *contínua* quanto *extraordinária*, do Espírito Santo. Isso pelo simples fato de que ele nunca se ausentou. Não há ausência alguma, mas justamente o contrário: a *presença* do Espírito Santo inunda e preenche a realidade de tal forma que absolutamente nada foge a ela ou lhe escapa. Talvez seja exatamente isso que o torna "imperceptível", pois sua discrição e imprescindibilidade o tornam tão óbvio que até parece que o universo funciona mecanicamente e sozinho. A *presença extraordinária* do Espírito Santo na condução do povo e na capacitação dos que recebiam a incumbência de liderar era tão fundamental que o terceiro rei de Israel, Salomão, afirma: "Não havendo profecia, o povo se corrompe, mas o que guarda a lei, esse é bem-aventurado" (Provérbios 20:18). O substantivo hebraico masculino *ḥāzôn*, traduzido por "profecia", significa "*visão* (mentalmente), i.e., *sonho*, *revelação*, ou *oráculo*: — visão", e, de acordo com o *Dicionário hebraico do Antigo Testamento de James Strong*, tem igualmente o significado de "revelação por meio de visão, oráculo ou comunicação divina". A "essência primária desta palavra não é tanto a visão ou o sonho em si, mas a mensagem comunicada", pois "significa a comunicação direta

---

476 Ibid.
477 Ibid., p. 105-6.
478 Ibid., p. 106.

e específica entre Deus e o povo mediante o ofício profético (1Sm 3.1; 1Cr 17.15; Sl 89.19[20]) ou o conjunto dessas mensagens (2Cr 32.32; Is 1.1; Ob 1.1; Na 1.1; Hc 2.2,3)".[479] Salomão, mesmo sendo o homem mais sábio do antigo Oriente Médio, ao falar da profecia como algo fundamental, mostra que "Israel preservou e integrou na sua concepção de monarquia um fato da sua tradição, algo que lhe é próprio e que remonta aos seus primórdios", diz Von Rad, e completa, "pois justamente nos primeiros tempos qualquer vocação ou introdução em função pública especial, conferida por Javé, estava indissoluvelmente ligada ao dom do Espírito de Javé", por isso "Moisés e, principalmente, os juízes eram carismáticos".[480]

Na linha de desenvolvimento da história da salvação, o universo não é um acidente, mas um projeto divino. A Queda transtornou, mas não anulou o plano do Criador. Como um local sagrado, a terra necessita de nosso exercício sacerdotal. Todavia, os seres humanos possuem vontade própria e, com o seu livre-arbítrio transtornado, rebelam-se contra Deus e insurgem-se uns contra os outros, pois o amor-próprio distorcido e direcionado erroneamente transforma-se em egoísmo. Somente uma mudança radical pode mudar esse quadro. Tal mudança é o que conhecemos como "conversão", que, além de nos salvar da perdição eterna, salva-nos de nós mesmos, do nosso *eu*, ou ego, egoísta e pervertido. Caso isso não aconteça, nossa "vontade de poder",[481] ou de potência, para usar uma expressão filosófica de Nietzsche, ou o "motivo básico religioso", de Dooyeweerd, nos direciona para campos e elementos que jamais poderão satisfazer nossa necessidade, ou carência, mais intrínseca, fazendo que nos chafurdemos cada vez mais em direções que nunca poderão nos proporcionar a paz e a felicidade de quem deseja voltar para o paraíso de onde foi expulso. É nesse sentido que tantos autores por nós aqui referidos, e que foram trabalhados desde o início, convergem com a ideia de que as "fórmulas teológicas", conforme diz William James, são "produtos secundários", pois, "num mundo em que jamais existisse o sentimento religioso, duvido que pudesse ter sido estruturada alguma vez qualquer teologia filosófica". Isso significa dizer que a "contemplação intelectual desapaixonada

---

479 *Bíblia de estudo*, p. 1630.

480 RAD. *Teologia do Antigo Testamento*, p. 316.

481 "[Minha teoria seria: —] a *vontade de poder* é a forma de afeto primitiva, todos os outros afetos são apenas configurações suas" (NIETZSCHE, Friedrich. *A vontade de poder* [Rio de Janeiro: Contraponto, 2011], p. 348).

CAPÍTULO 4 – Pneumatologia | 529

do universo, independentemente da infelicidade interior e da necessidade de libertação, de um lado, e da emoção mística, de outro", leva desde a formação das cosmogonias do mundo do antigo Oriente Médio até as "filosofias religiosas tais como as que ora possuímos".[482] Se não houvesse essa aspiração por algo que nos transcende e ultrapassa, para alguma coisa que está além de nosso alcance humano, e fossem as respostas científicas suficientes, pode ser que os "homens", diz James, realmente tivessem "começado com explicações animísticas do fato natural", tal como foi e já vimos, "depois as teriam eliminado à força de críticas, substituindo-as por explicações científicas, como realmente fizeram".[483] Todavia, o homem, sem o conhecimento divino, sem reencontrar-se com seu Criador, continua com sua "vontade de poder", ou com seu "motivo básico religioso", erroneamente direcionado para o que jamais poderá satisfazê-lo. E é nesse sentido que a teologia desenvolvida *por* e *em* Israel é singular e única, pois ela não nasce exclusivamente desse desejo humano comum, mas da resposta pela autorrevelação divina.

Contudo, como as pessoas poderiam crer que essa revelação realmente tinha acontecido? Conforme já abordamos no capítulo anterior ao tratar da teologia como doutrina de Deus, ao mostrarmos a importância fundamental da capacitação carismática que se deu no chamado de Moisés, especificamente na concessão divina de poderes que o habilitou para exercer a liderança sobre milhões de hebreus em pleno deserto. Tal aspecto é tão representativo e necessário que uma situação ocorrida com o legislador antes de deixar o Egito, por quatro décadas, ilustra perfeitamente o que estamos explicando. Como príncipe egípcio, mas criado por sua mãe hebreia, Moisés era contra o regime imposto ao seu povo e foi assim que ele matou um capataz que maltratava um hebreu (Êxodo 2:11-12). Todavia, o futuro legislador de Israel iria descobrir, no outro dia, que a justiça não pode ser estabelecida com violência ou vingança, pois, ao ver dois hebreus se desentendendo, Moisés procura intervir para contê-los e ajudá-los, fazendo um apelo humanamente razoável: "Por que feres o teu próximo?", mas descobre da pior maneira que homem algum pode estabelecer a justiça pelo bom senso, pela lei e, muito menos, por si mesmo, pois o hebreu agressor lhe respondeu: "Quem te tem posto a ti por maioral e juiz sobre nós?" (Êxodo 2:13-14). Justamente por isso, em

---

482 JAMES, William. *As variedades da experiência religiosa: um estudo sobre a natureza humana* (São Paulo: Cultrix, 1991), p. 268.

483 Ibid., p. 268-9.

## 530 | TEOLOGIA SISTEMÁTICO-CARISMÁTICA

Israel o "direito era eminentemente pessoal, era uma expressão da vontade de Deus, que não podia ser reduzida a alguma coisa fixa e inteiramente objetiva". Por esse motivo, sua "interpretação e sua aplicação, por conseguinte, dependiam diretamente de uma delegação de poderes",[484] explica o teólogo alemão Gerhard von Rad. Este informa ainda que os "julgamentos da 'profetisa' Débora, por exemplo, eram incontestavelmente carismáticos (Jz 4.4s)" e que "a própria jurisdição habitual, exercida à porta das cidades, era dotada de uma certa autoridade carismática", pois, segundo Von Rad, a "vontade jurídica de Javé, segundo o Deuteronômio, era objeto de pregação, um apelo inteiramente pessoal de Javé que devia ser totalmente acolhido pela consciência de Israel".[485] Mas, mesmo antes de chegar a este período, é importante reafirmar, tal capacitação carismática, por meio de experiências revelacionais, vai delineando os trilhos percorridos pela história da salvação e demonstrando que a humanidade, da forma em que está, isto é, mesmo com a *presença contínua* do Espírito Santo concedendo o dom da vida, não reúne condições suficientes para levar a efeito o projeto da economia divina e, muito menos, exercer o seu sacerdócio, de modo que é imprescindível a ação da *presença extraordinária* do Espírito Santo, capacitando, carismaticamente, as pessoas.

Portanto, quando Jacó foge para Padã-Arã, ao pernoitar, sonha com a escada que vai do céu à terra. Duas décadas depois, é visitado por miríades de anjos, e encontra-se com o "anjo do Senhor" no vau de Jaboque e tem o nome mudado para Israel (Gênesis 28:10-22; 32:1-2,22-32). Tais experiências revelacionais e, de certa forma, histórico-redentoras demonstram que é simplesmente impossível a qualquer pessoa que tenha tido alguma responsabilidade, além das que lhe eram inerentes, isto é, pessoais, realizar ou cumprir a missão que Deus lhe designara sem uma capacitação carismática do Espírito Santo. Quanto ao seu filho José, a quem Deus concedera sonhos revelacionais,

---

484 RAD. *Teologia do Antigo Testamento*, p. 99-100.

485 Ibid., p. 100. Pode-se ver tal verdade em período bem mais tardio, já na monarquia, com Davi, quando este pecou (2Sm 11:1-27). O que prescrevia a Lei para sua transgressão não foi aplicado (Lv 20:10); antes, Deus, por intermédio do Espírito Santo, inspirou o profeta Natã e assim tratou diretamente com o segundo rei de Israel (2Sm 12:1-25). A Lei não foi executada, o que não significa que Davi não tenha sofrido duras consequências por seu crime e pecado (2Sm 13—24). Evidentemente que este não é o foco do capítulo, mas poderia se pensar em como a Lei, nos anos de peregrinação, foi sofrendo alterações (Êx 20:14; cf. Lv 20:10). Tal verdade pode igualmente ser vista se comparando a diferença entre as consequências das transgressões no período da promulgação do Decálogo e na época da atuação dos profetas, ou seja, o tratamento é sempre pessoal e caso a caso (Êx 20:5; cf. Ez 18:18-20).

uma espécie de "dom de revelação" (Gênesis 37:1-11), posteriormente, ao ser vendido por seus irmãos (Gênesis 37:12-36) e, por uma calúnia, acabar encarcerado (Gênesis 39:1-23), a narrativa mostra que ele recebeu ainda um dom espiritual de interpretação (Gênesis 40:1-23). Assim, quando finalmente estava para se cumprir o que o Senhor lhe mostrara (Gênesis 41:1-37), o próprio faraó reconheceu que em José havia o Espírito de Deus (Gênesis 41:38-57). O fato de José, sempre que os egípcios destacavam sua capacidade, tributar a Deus os seus dons não é simplesmente uma questão de modéstia e maturidade adquiridas com os anos, mas de plena consciência de que não eram dele tais capacidades. Assim, uma particularidade desse caso deve ser ressaltada, visto ser um dom comum na tradição carismático-pentecostal. Por causa de variações ou do não cumprimento cartesiano, exato, em todos os detalhes, de tais revelações, acaba sendo muito questionado, desqualificando-se o dom. Ao se analisarem, por exemplo, os elementos dos sonhos que José teve quando ainda na casa de seu pai, vemos que, em ao menos um dos dois relatados, o na época filho mais novo e predileto de Jacó sonhou com o sol, a lua e onze estrelas curvando-se diante dele (Gênesis 37:9). A interpretação, mais do que óbvia, foi objetada por seu pai: "Que sonho é este que sonhaste? Porventura viremos eu, e tua mãe, e teus irmãos a inclinar-nos perante ti em terra?" (Gênesis 37:10). A narrativa da morte de Raquel consta em 35:16-20, portanto fora da ordem cronológica, portanto antes do relato dos sonhos de José e de ele ser vendido por seus irmãos por parte de pai. Somente aí ouvimos falar de seu irmão Benjamim, seu irmão caçula, filho também de Raquel, sua mãe. Esta faleceu ao dá-lo à luz. Portanto, não esteve no Egito nem se curvou diante de José, faltando a "lua" no cumprimento do sonho (Gênesis 43:15-34; 44:16-34). É extremamente importante que se entenda que tal revelação divina por meio dos sonhos é canônica, por assim dizer, uma vez que se trata de um evento histórico-redentor fundamental na linha da história da salvação. Tal flexibilidade em seu cumprimento não é um problema para teólogos carismático-pentecostais, mas para teólogos de tradições cuja fé é cognitiva torna-se uma aporia difícil de ser resolvida.

Salmos 105:7-15, elencando os patriarcas Abraão, Isaque e Jacó, chama-os de "ungidos" e "profetas". Portanto, cumpre destacar o fato, mais que evidente nas Escrituras hebraicas, de que eles eram carismáticos de uma época de que não temos tantos detalhes. Contudo, podemos vislumbrar claramente, por textos mais tardios, que, em virtude de uma necessidade imperiosa, havia

## 532 | TEOLOGIA SISTEMÁTICO-CARISMÁTICA

profusão carismática nesse período. Nem poderia ser diferente, pois estava se formando, a partir desse núcleo, o povo sacerdotal ou o reino de sacerdotes que seria responsável por representar Deus e servir como microcosmo de sua atuação, a fim de que todas as nações da terra fossem abençoadas ao crer neste mesmo Deus (Gênesis 12:1-3; cf. Êxodo 19:6; Deuteronômio 4:5-8). Essa tarefa não poderia ser executada sem a capacitação carismática do Espírito Santo, conforme vemos de forma explícita no Novo Testamento. Então, em retrospecto, podemos ler o Antigo Testamento e perceber que se requeria exatamente o mesmo naquele período. Até porque, diz Von Rad, a "verdadeira proteção de Israel era o carisma de seus profetas, que deve ser interpretado provavelmente como sendo o segredo dos seus milagres", ou seja, a "função suprema em que se verifica a relação vital autêntica entre Javé e Israel é a do profeta, que não pode faltar em Israel (Dt 18.18)". Em outros termos, conforme deixa claro o livro de Deuteronômio, "Israel, para quem o compreende, era o povo expressamente conduzido por inspirações carismáticas".[486] Conforme já vimos acima, sem "profecia o povo se corrompe" (Provérbios 20:18). Isso foi dito em um período em que já havia a porção mais significativa das Escrituras hebraicas para um judeu, o Pentateuco. Por isso, o texto fala ainda da bem-aventurança de quem guarda a Lei. Mas é imprescindível observar: guardar a Lei é algo pessoal, posto não depender da coletividade, liderar e dirigir a coletividade exige autoridade espiritual para conduzir o grupo a ser o que Deus planejou que Israel fosse, o povo sacerdotal a serviço do mundo. Trata-se de um propósito que vai além do compromisso pessoal de cada um em ter uma vida de comunhão com Deus, visto que se refere às obrigações como sacerdotes do espaço sagrado. Tal propósito permanece intacto no Novo Testamento, pois o dom da vida, ou seja, a concessão do fôlego vital, permanece como ação da *presença contínua* do Espírito Santo, mas a humanidade, de igual maneira, está tão ou até mais obstinada que nos primórdios, necessitando de conhecimento de Deus, e este não pode vir senão pela exposição doutrinária. É preciso convencimento do Espírito Santo, que ilumina o coração da humanidade pecadora quando esta ouve sobre as *virtudes* daquele povo sacerdotal que atua como testemunha (1Pedro 2:9-10). Mas não qualquer testemunha, conforme veremos mais à frente.

---

486 RAD. *Teologia do Antigo Testamento*, p. 99-103.

CAPÍTULO 4 – Pneumatologia | 533

Assim como Moisés foi comissionado para retirar o povo, e este foi eleito como um reino de sacerdotes, de igual maneira Jesus retira-nos das trevas e transporta-nos para o reino da luz, a fim de que, como sacerdócio real, façamos o mesmo que cabia a Israel. Não queremos ainda nos antecipar tanto em relação ao Novo Testamento, mas, sim, explorar um pouco mais a base veterotestamentária a respeito da capacitação carismática, pois, conforme Walther Eichrodt, com toda a grandeza de Moisés, às vezes "designado como intercessor, outras como taumaturgo e outras como legislador, e somente quando a reflexão tem oportunidade para estabelecer uma analogia entre ele e o profetismo, aparece expressamente como um pregador da vontade de Deus, superior a todos os profetas posteriores (cf. Êxodo 4:16; 7:1; 33:11, e Números 11:24-30; 12:1-8)",[487] falta o que pode ser considerado o aspecto mais fundamental da chamada mosaica. Isto é, não obstante tudo o que foi dito e que ainda é possível dizer acerca de Moisés, caso "nos fosse perguntado agora qual foi o *ponto unificante da obra* dessa personalidade, extraordinariamente dotada, e graças à qual livre de ser uma confusão de elementos associados, a resposta não poderá ser outra que a da tarefa histórica concreta que se lhe encomendou no mesmo momento em que tomava posse de todo o seu ser um conhecimento novo de Deus", capacitando-o a fim de que ele estivesse apto a depositar "nas mãos da onipotência de Yahweh um povo sobre o qual pudesse implantar seu senhorio e deixar estampado seu próprio ser, um povo a se forjar como instrumento para realizar seu juízo entre as nações e implantar uma nova ordem universal",[488] diz o mesmo teólogo alemão. Isso porque ainda não teríamos tocado no elemento mais decisivo para que o grande legislador e libertador de Israel executasse sua missão e figurasse como o maior profeta que o povo escolhido conheceu. Na verdade, afirma Eichrodt, esse "organizador sem poder político autêntico, esse chefe popular sem força militar, esse ordenador da liturgia sem caráter sacerdotal, esse fundador e transmissor de um novo conhecimento de Deus sem a legitimação de profecias, nos enfrenta desde o primeiro momento com uma realidade".[489] O teólogo alemão não carismático está se referindo à realidade sobrenatural subjacente às narrativas que temos destacado desde o início em nossa *Teologia*

487 EICHRODT. *Teologia do Antigo Testamento*, p. 258.
488 Ibid. (grifo no original).
489 Ibid., p. 259.

## 534 | TEOLOGIA SISTEMÁTICO-CARISMÁTICA

*sistemático-carismática*, sem a qual, como pressuposto básico, toda e qualquer exegese e posterior elaboração teológica estão fadadas a resultados que podem até se harmonizar com ideias racionalistas e, ao custo de violentá-las, fazê-las caber em um sistema antissobrenatural. Contudo, tal feito terá desrespeitado a dinâmica revelacional e desprezado a lógica da fé, fazendo que a pretensa autoridade bíblica seja nada mais que um eufemismo para se sacralizar a própria tradição. Numa palavra:

> É que a religião israelita não é fruto de uma tradição bem cuidada e aumentada por tradições históricas, nem se apoia tampouco em cargos sabiamente organizados; é *criação do espírito* que sopra quando quer e depreciando nossos cânones, da riqueza de personagens extraordinariamente dotadas, reúne o aparentemente díspar para prosseguir sua obra cheia de força e de vida. Em outras palavras: *nos primórdios da religião israelita encontramo-nos com o carisma*, o conjunto de dotes individuais e especiais de uma pessoa; nele está apoiada toda essa estrutura a tal ponto que sem ele seria impensável.[490]

Constatar que essa experiência com o Espírito — a capacitação carismática — perpassa o texto bíblico de Gênesis a Apocalipse, e que tal reconhecimento não se dá por parte de pessoas que sejam particularmente interessadas no assunto, visto não serem de tradição carismática, muito menos pentecostal, dá-nos relativa tranquilidade e isenção, sobretudo textos de autores críticos, como estes dos teólogos alemães Gerhard von Rad e Walther Eichrodt, sendo o último do final do século 19 e o primeiro do início do século 20, cujos objetivos não se confundem com os nossos, mas certamente convergem quando estão levantando dados escriturísticos que não dependem da predileção dos intérpretes ou exegetas, muito menos de teólogos sistemáticos; antes, dizem respeito, no mínimo, à honestidade intelectual com que temos de lidar com o conhecimento e à piedade e reverência que devemos manter ao estudar as Escrituras. Tal experiência, referida pelos autores, é fruto da *presença extraordinária* do Espírito Santo. Contudo, sendo a experiência individual, ou seja, não padronizada e imprevisível, resulta impossível ser ela controlada ou matriciada e, por isso mesmo, capturada e sistematizada em um sistema teológico que precisa ter controle absoluto dos dados e que parece confundir

---

490 Ibid. (grifo no original).

tal controle discursivo com a possibilidade de realmente dominar a atuação divina e dizer onde e quando o Espírito Santo, por exemplo, pode e deve se manifestar, pois em "muitos dos conceitos nos quais a presença de Deus é manifesta", diz o teólogo pentecostal alemão Wilf Hildebrandt, é "o Espírito de Deus [que] está em foco (Êx 40:34ss; cf. Nm 11:16-17,25; 1Rs 8:10-11; Ez 43:4-5; Ag 2:5-9)".[491] Na verdade, "o Espírito de Deus", explica Eichrodt, "tornou-se mais próximo do próprio Deus, sendo concebido com mais profundidade, como *o poder, próprio da natureza divina*, não como uma simples força que emana dela".[492] É preciso entender que, a despeito de promotor da ordem, o Espírito Santo igualmente é doador da vida e coloca em movimento tudo e todos. Seria irônico acreditar que sua *presença* promotora de todas essas ações, com diferentes efeitos de acordo com os propósitos do Criador para cada elemento inanimado e para cada ser vivo — inteligente ou não —, fosse algo estático e imóvel, mesmo porque não é apenas "a humanidade que recebe o sopro de vida de Deus, mas 'cada criatura viva' (Gn 6:17; 7:15,22)", conforme já dissemos anteriormente. Ressalte-se que a "distinção entre humanos e animais é afirmada em que os humanos têm o sopro divino soprado diretamente neles" e, por isso mesmo, "Adão mostra então sua superioridade sobre os animais nomeando-os". Portanto, mesmo "que os animais tenham o *nišmāt ḥayyîm* ou o *rûaḥ ḥayyîm* neles, a diferença principal entre o ser humano e Deus é espiritual em natureza (cf. Is 42:5; Jó 26:4; 26:4; 27:3)", ou seja, "a humanidade e os animais compartilham do fôlego de vida, [mas] eles são diferentes em função e natureza (cf. Êx 11:7; 19:13; Lv 20:15)".[493]

Tudo isso já sabemos, mas nunca é demais relembrar que a presença contínua do Espírito Santo é uma realidade em todo o Antigo Testamento, não sendo mais cabível a escusa tradicionalmente apresentada de que não há possibilidade de falar dele com base nas Escrituras hebraicas, pois não são claras a respeito da terceira Pessoa da Trindade. Muito embora seja preciso admitir que "a deidade do Espírito de Deus no Antigo Testamento geralmente não seja negada, a personalidade do Espírito geralmente é posta em dúvida", pois o "Espírito de Deus, em ambos os Testamentos, parece preferir um papel velado". Contudo, "a principal dificuldade em apresentar a personalidade

---

491 HILDEBRANDT. *Teologia do Espírito de Deus no Antigo Testamento*, p. 63.
492 EICHRODT. *Teologia do Antigo Testamento*, p. 521 (grifo no original).
493 HILDEBRANDT. *Teologia do Espírito de Deus no Antigo Testamento*, p. 76.

do Espírito Santo é devida ao foco do mesmo sobre os atos do Espírito em relação à humanidade", pois "palavras e frases não pessoais são usadas para descrever o Espírito como a energia divina, como vento e fogo, como luz e espaço".[494] De nossa parte, o estranhamento se dá em razão de que é sempre requisitado o uso cuidadoso de antropopatismos e antropomorfismos para nos referirmos a Deus, apesar do fato de que a própria Bíblia faz uso abundante desse recurso linguístico. Mas, se essa opção não é recomendável, no caso do Espírito Santo, a linguagem simbólica parece não ser somente a mais apropriada, mas a única possível, e são as Escrituras, inspiradas pelo próprio Espírito Santo, que lançam mão de tal expediente para aludir à sua obra e Pessoa, como, por exemplo, o profeta Joel, em um dos textos mais ricos e promissores do Antigo Testamento, não apenas para Israel, nem somente para a tradição carismático-pentecostal, mas para toda a religião cristã e até para o mundo inteiro: "E há de ser que, depois, derramarei o meu Espírito sobre toda a carne, e vossos filhos e vossas filhas profetizarão, os vossos velhos terão sonhos, os vossos jovens terão visões" (Joel 2:8). Foi assim que as ocorrências de "*rûaḥ* em relação a Deus, na concepção hebraica, são entendidas como a extensão da personalidade de Deus, por meio da qual os planos divinos são efetuados" e, por isso mesmo, "o pensamento hebreu normalmente associou o *rûaḥ* com poder, habilidade, criatividade e o viu como uma extensão da presença de Deus", e podemos verificar que "*rûaḥ* foi entendido descritivamente para indicar a atividade de Deus e sua presença de alguma forma".[495] O fato de o "termo *rûaḥ*, em suas várias traduções [bíblicas], [ser] concebido como uma força impessoal"[496] e, mesmo com a revelação neotestamentária, o termo grego *pneuma*, usado em relação ao Espírito Santo, igualmente manter, em algumas de suas acepções e contextos, certa impessoalidade, não significa em hipótese alguma que os autores não tinham consciência de que se tratava ontologicamente de outra "Pessoa", ainda que a expressão e o entendimento fossem inexistentes na época (João 1:33; Atos 2:4; 4:31; Efésios 5:18).

A fim de explicar o texto de Efésios 5:18, e o que Paulo estaria dizendo com "enchei-vos do Espírito", um expoente cessacionista inicia sua exposição falando da pessoalidade do Espírito Santo, pois, segundo sua avaliação,

---

494 Ibid., p. 106.
495 Ibid., p. 106-7.
496 Ibid., p. 107.

a linguagem bíblica, observe-se, repetida por "alguns evangelistas, pastores e obreiros", passa "a impressão de que, para eles, o Espírito Santo é uma espécie de gás celestial que desce do céu e enche as pessoas ou um determinado ambiente", diz ele, referindo-se claramente ao texto de Atos 2:2, em que Lucas fala do som que encheu o cenáculo e que é repetido na tradição carismático-pentecostal, afirmando ainda o autor que a linguagem utilizada por esses "evangelistas, pastores e obreiros", que obviamente não são reformados, também refere-se ao Espírito Santo como um "líquido divino, que é derramado sobre as almas, vistas como uma espécie de recipiente vazio".[497] O autor intenta transmitir uma preocupação com a pessoalidade do Espírito Santo que supostamente parece não haver por parte de quem repete a linguagem da própria Bíblia para se referir à ação da *presença extraordinária* do Espírito Santo, demonstrando claramente o que temos insistido desde o início, isto é, teólogos que adotam expressões e modos de pensar da modernidade se incomodam com a sobrenaturalidade demonstrada por tradições que seguem *ipis litteris* o texto bíblico, mas o fazem de forma que escamoteiam tal incredulidade, passando a impressão de que estão preocupados com a ortodoxia, quando na verdade o incômodo se dá por causa do uso cartesiano da linguagem de sua teologia escolástica. Não é nosso foco, mas, apenas para exemplificar, o verbo grego "*pleroō* (πληρόω) denota: (I) 'tornar cheio, encher ao máximo'; na voz passiva, 'ser enchido, tornado cheio'; é usado acerca de: (1) coisas", entre elas, "um edifício (Jo 12.3; At 2.2)" e "metaforicamente [...] os crentes: com o Espírito (Ef 5.18)".[498] Em outras palavras, foi o Espírito Santo quem inspirou os autores — João, Lucas e Paulo — a utilizarem o verbo "encher" para falar da ação da presença do Espírito Santo ou mesmo da própria Pessoa dele, não sendo uma invenção ou inovação dos "evangelistas, pastores e obreiros" da tradição carismático-pentecostal. Evidentemente que isso não exime a tradição ou mesmo pessoas e grupos que não se identificam completamente, mas se "parecem" conosco, de erros e excessos, conforme o mesmo autor exemplifica ao falar de pregadores que sopram e dizem ou fazem outras excentricidades que, obviamente, não são respaldas por qualquer um de nós, muito menos pelas Escrituras. Isso, todavia, não anula o fato de que sua linha de pensamento, na realidade, não condena apenas os excessos,

---

497 Nicodemus. *Cheios do Espírito*, p. 20.
498 Unger; Vine; White Jr. *Dicionário Vine*, p. 589.

## 538 | TEOLOGIA SISTEMÁTICO-CARISMÁTICA

mas a simples pronúncia de qualquer um de nós que aspira a ser "cheio do Espírito Santo", pois parte de um pressuposto racionalista e escolástico, portanto antissobrenatural e cessacionista, não podendo servir de parâmetro para nortear nossa linguagem, prática e, muito menos, produção teológica. Assim, é melhor ficar com nossa "teologia do púlpito", conforme diz o teólogo pentecostal Mark McLean, do que com tal "teologia escolástica".

> Emprego o termo "teologia escolástica" com referência às teologias tradicionais que ressaltam a transcendência de Deus a ponto de quase excluir a sua imanência. Depende muito de Agostinho, assim como o escolasticismo católico e protestante em geral dependem dele. Por contraste, a "teologia do púlpito", conforme a chamo, refere-se ao conceito de Emanuel, do Espírito Santo que habita em cada crente, da mensagem de que Deus se importa com o indivíduo e está ativo na história em favor do seu povo.[499]

É claramente perceptível que parte do problema da teologia tradicional protestante, em relação à pneumatologia, reside no fato de que, apesar de concordarmos e de também ensinarmos que "experiências pessoais, sejam de quem forem, não podem se constituir em um padrão para os demais crentes",[500] isto é, pensarmos exatamente da mesma forma, isso não significa que rejeitamos as experiências autênticas com o Espírito Santo, pois desde os tempos bíblicos, ou canônicos, nenhuma experiência espiritual se deu de igual maneira. A experiência tem um "quê" de individualidade, pois cada pessoa, até mesmo os hagiógrafos, experimentaram as mais diversas situações, ou seja, as "circunstâncias em que os 66 livros foram escritos também são as mais diversas", diz o teólogo pentecostal Antonio Gilberto, citando "Davi" e dizendo que ele, "por exemplo, escreveu certas partes de seus trabalhos no calor das batalhas; Salomão, na calma da paz [...]. Há profetas que escreveram em meio a profunda tristeza, ao passo que Josué escreveu durante a alegria da vitória".[501] Evidentemente que, estando todos eles sob a supervisão e inspiração do Espírito Santo, a situação em que se encontravam não comprometeu em nada o que Deus queria comunicar; antes,

---

499 McLEAN. "O Espírito Santo" in: HORTON (org.). *Teologia sistemática*, p. 730.
500 NICODEMUS. *Cheios do Espírito*, p. 21.
501 SILVA. *A Bíblia através dos séculos*, p. 37-8.

muitas dessas experiências serviram igualmente para transmitir a mensagem divina de forma contundente, conforme o salmo 51, por exemplo, em que vemos a angústia de Davi após o crime e o pecado com Bate-Seba. A dramática experiência de Davi, conhecida como o *background* do salmo 51, torna-se fundamental para compreender esse hino, mas de forma alguma se tornou um padrão para os seus súditos, muito menos para as gerações futuras. Todavia, o salmo 51, lido por quem está passando por uma situação de crise e queda, certamente pode ser um alento, sobretudo se o cotejarmos com o texto de 1João 2:1-2. Salvo raríssimas exceções, dificilmente as experiências se tornam padrão, mesmo as autênticas e canônicas! Portanto, tal argumento cessacionista no que diz respeito à experiência é, no mínimo, um truísmo e, no máximo, interdição ao se criar um espantalho teórico. O que nos importa agora é entender a importância da ação carismática do Espírito com sua *presença extraordinária*. Wilf Hildebrandt diz que o "termo 'carismático' refere-se ao dom divino do *rûaḥ* que vem sobre um indivíduo escolhido, e garante à pessoa o Espírito, que é responsável pelo poder sobrenatural e a habilidade requerida para cumprir os deveres administrativos".[502] Este parece ser o propósito primacial nas Escrituras hebraicas, a fim de garantir a ordem social, pois sem tal capacitação, por suas próprias forças, conforme já dissemos, as pessoas não são capazes de se colocar a serviço de Deus para servir-lhe ao servir ao próximo e cuidar da terra. É exatamente isso que nos dedicaremos a examinar de agora em diante.

## — A capacitação carismática do Espírito Santo — é paradigmática e programática

Com todo o pano de fundo da cultura do antigo Oriente Médio, bem como o entendimento da narrativa como forma de comunicar conhecimento teológico e não apenas descrever situações, compreendemos que, na linha da história da salvação, a criação do universo e a função sacerdotal da humanidade, na economia divina, não foram alteradas por causa da Queda. Contudo, caímos e não temos possibilidade de, por nós mesmos, cumprir, de maneira comunitária e solidária, tal missão, nem em relação ao ecossistema, que dirá no cuidado para com o próximo. Justamente por isso, desde Abel até Abraão, por meio de quem Deus escolheu formar um povo para que, por

---

502 HILDEBRANDT. *Teologia do Espírito de Deus no Antigo Testamento*, p. 129.

intermédio deste, abençoasse toda a terra, a experiência com Deus se dá por meio do Espírito Santo, por isso a chamamos carismática. Tal experiência é imprescindível e tem um caráter capacitador, pois, em muitas situações, o que ocorre tem implicações abrangentes, por isso os denominamos eventos histórico-redentores ou histórico-salvíficos. Dentre esses acontecimentos, em se tratando de Antigo Testamento, vemos que o "êxodo de Abraão" torna-se referencial para as gerações posteriores. Como vimos, o patriarca é profeta e, por inferência, um carismático, pois de outra forma teríamos de reconhecer que os méritos de sua fé são exclusivamente dele, e isso, sabemos, é antibíblico, pois nossa inclinação, desde a Queda, pende para o mal. É assim que, à *presença contínua* do Espírito Santo, gerando vida, ordem e movimento, acrescentamos a ação de sua *presença extraordinária*, vendo-a como fundamental para que a humanidade cumpra sua missão. Tal imprescindibilidade, diferentemente do que se apregoa no racionalismo teológico cessacionista, não se torna dispensável com a passagem do tempo, mas justamente o oposto, pois nossa missão sacerdotal permanece e, quanto mais nos afastamos do epicentro dos eventos histórico-redentores, mais necessidade temos da atuação do Espírito Santo em nossa vida. Portanto, quanto mais os descendentes do patriarca caldeu são destacados, mais carismáticos os vemos nas narrativas, conforme o seu bisneto José, por exemplo, responsável pela inserção da família nuclear que causou a explosão demográfica no Egito. Quando se cumpriu o tempo determinado para de lá saírem, um hebreu, adotado pela filha do faraó, com todos os seus conhecimentos, precisou da capacitação carismática com concessão de dons, ocorrida no Horebe, pois somente assim estaria apto a cumprir a missão que Deus lhe outorgara. A pergunta é: Tal capacitação é regra ou exceção, ou seja, ela é para todos? Deixemos que as Escrituras respondam.

Quando George Ladd disse que o êxodo é um dos eventos histórico-redentores, ou histórico-salvíficos, mais importantes do Antigo Testamento, sendo o maior ato de revelação de Deus dessa porção escriturística, ele não estava exagerando nem apenas externalizando uma predileção particular, mas sendo fiel à importância do evento que a própria Escritura lhe atribui, pois não se trata apenas de mais um acontecimento, mas de um evento com caráter paradigmático e programático. Primeiramente, é preciso compreender que o êxodo, como evento histórico-redentor, não era simplesmente a saída do povo do Egito, mas, muito mais importante, era tirar o Egito de dentro do povo. Para que isso pudesse ser feito, não bastava apenas sair fisicamente do Egito, mas converter a memória do povo, formada pela cultura egípcia, para que outros valores pudessem orientar a consciência e a prática dos hebreus. Nesse sentido, os sinais portentosos, desde a chamada de Moisés — ele mesmo hebreu e necessitado de uma transformação — até as dez pragas infligidas por Deus ao Egito (Êxodo 3:1—4:17; 7:1—12:51), tinham um objetivo teológico e pedagógico, pois aquele grande povo que ali se formara só tinha ouvido falar no Deus de seus pais. A Páscoa, instituída no dia em que os hebreus partiram, não se tratava de um ritual, mas de um memorial, que deveria evocar uma lembrança, todas as vezes que fosse realizada, para que o povo se recordasse de que fora liberto do Egito (Êxodo 13:1-16). É tão verdadeiro o processo catártico em relação ao Egito que até a rota migratória fora designada por Deus a Moisés. O mesmo texto ainda informa que uma coluna de fogo, à noite, e uma nuvem, durante o dia, nunca deixaram de acompanhar o povo desde o dia em que saíram do Egito até o dia em que chegaram à Terra Prometida (Êxodo 13:17-22). Tal foi assim não apenas no início, pois, ao longo de "toda a história de Israel, o Espírito estava ativamente envolvido nas fases específicas da experiência da nação", e, na verdade, o próprio "estabelecimento de Israel como uma nação, por Yahweh, é realizado pela intervenção do *rûaḥ* no evento do êxodo".[503] As Escrituras hebraicas, em sua porção majoritária, é dedicada "ao registro do lidar de Deus com Israel", pois o próprio "Deus estabeleceu Israel como uma nação, libertando-os da escravidão dos egípcios" e, por isso mesmo, a "cada geração subsequente, os israelitas relembravam o êxodo como evento fundamental que os constituiu como uma nação".[504] Assim, a relevância do "evento do êxodo é enfatizada no livro do Êxodo por suas repetições", isto é, primeiramente "ele é registrado na forma de narrativa (Êx 14), e, então, é apresentado poeticamente (Êx 15)". Este último texto, chamado de o "'cântico do mar', é uma daquelas fontes principais para o evento de libertação central da nação, bem como um dos mais arcaicos relatos no Antigo Testamento".[505] A importância do êxodo é vista ainda nos argumentos apresentados pelo teólogo pentecostal alemão Wilf Hildebrandt:

---

503 Ibid., p. 85.
504 Ibid., p. 85-6.
505 Ibid., p. 86.

A libertação de Israel através do Mar Vermelho é enfatizada não somente no livro do Êxodo, mas ao longo de todo o cânon hebraico. Os israelitas consideravam o evento do êxodo como a intervenção sobrenatural de Deus em seu favor (cf. Sl 78:13; 136:13ss; 114:1s; Ne 9:11). Os profetas encontraram nos relatos do Êxodo as imagens e termos que poderiam descrever sua liberdade do cativeiro que viria. Uma variedade de descrições da ação de Deus no evento do êxodo também é empregada no Antigo Testamento. Isaías usa a tipologia do êxodo em aproximadamente dez passagens nos capítulos 40—55. Em 51:9-11, o profeta encoraja Israel a refletir sobre a ação de Deus no evento do êxodo e caracteriza o "braço do Senhor" como a força poderosa atrás de sua redenção: "Desperta! Desperta! Veste de força o teu braço, ó Senhor; acorda, como em dias passados, como em gerações de outrora. Não fostes tu que despedaçastes o monstro dos Mares, que transpassaste aquela serpente aquática? Não foste tu que secaste o mar, as águas do grande abismo, que fizeste uma estrada nas profundezas do mar para que os redimidos pudessem atravessar? Os resgatados do Senhor voltarão. Entrarão em Sião com cântico; alegria eterna coroará sua cabeça. Júbilo e alegria se apossarão deles, tristeza e suspiro deles fugirão". O tema do êxodo também permeia hinos, narrativas e até documentos legais ao longo da história de Israel. O êxodo tornou-se o paradigma da salvação para Israel e um símbolo de juízo para os inimigos da nação. Por esta razão, a presença do *rûaḥ* no evento do êxodo é vital para expor como Yahweh expressou o poder divino em benefício do povo de Deus.[506]

Que a travessia do mar dos juncos é um milagre, ninguém questiona (Êxodo 14:15-31), todavia há algo mais na narrativa, pois, como acabou de ser dito, há dois relatos, e, assim que o milagre acontece, passamos a outra cena e um gênero literário irrompe: um cântico espiritual que nos permite vislumbrar o verdadeiro "agente" por trás do milagre, ou seja, em "Êxodo 15, os versículos que indicam a intervenção divina de Yahweh afirmam que a vitória é alcançada quando o *rûaḥ* de Yahweh é 'soprado'".[507] Em termos diretos, para o teólogo pentecostal alemão Wilf Hildebrandt, a "intervenção de Yahweh pelo seu Espírito é sublinhada pela descrição no versículo 10, 'Mas enviastes o teu sopro [*rûaḥ*]'", pois sublinha o poder de Deus, mostrando que o "inimigo

---

506 Ibid., p. 86-7.
507 Ibid., p. 87.

é conquistado com o 'sopro' por meio do qual o *rûaḥ* de Yahweh é liberado para libertar Israel", ou seja, o "*rûaḥ* faz com que as águas tornem-se turbulentas, as quais derrubam o inimigo". Portanto, nos textos dos "versículos 8 e 10, *rûaḥ* não deveria ser traduzido pelo termo vento", pois, não obstante ao longo da Bíblia "o vento se[r] frequentemente usado por Deus, ele é somente soprado ou suspirado por Deus em um sentido metafórico".[508] Mesmo porque o texto fala acerca do "sopro" das narinas de Deus, e, como sabemos, Deus é espírito, não tem nariz. Não apenas nesse "relato, [mas] na maioria dos resumos do Antigo Testamento que refletem sobre o êxodo, a divisão do mar torna-se uma importante característica da libertação". Justamente por isso, diz o mesmo autor, o "relato poético do evento do êxodo tem poucos detalhes diferentes daquele de Êx 14 concernente à maneira pela qual Yahweh interveio", e algumas dessas "diferenças [se devem], em parte, aos gêneros dos relatos, mas outras variações têm a ver com o entendimento teológico da intervenção de Yahweh a favor de Israel". Tal pode ser "particularmente visto em passagens que usam o *rûaḥ* para descrever a mediação de Yahweh no relato". Portanto, "o *rûaḥ* na narrativa é o vento de Yahweh, mas [o relato poético] descreve a presença ativa do *rûaḥ* no evento do êxodo, por meio de quem a nação é estabelecida como povo de Deus".[509] Em outras palavras, em "Êxodo 15, os versículos que indicam a intervenção divina de Yahweh afirmam que a vitória é alcançada quando o *rûaḥ* de Yahweh é 'soprado'".[510] Em uma palavra, assim como a "criação é trazida à realidade pelo Espírito para toda a humanidade, assim, no evento do êxodo, o Espírito traz Israel através do mar e estabelece o povo de Deus em Canaã", ou seja, por intermédio do "*rûaḥ*, Israel é nascido, libertado, estabelecido, nutrido e sustentado (cf. Is 42:5)".[511] O episódio é tão importante que ecoa no Novo Testamento como um "batismo", embora com a finalidade de contrastá-lo com a nova aliança (1Coríntios 10:1-2). É assim que

> O resultado da intervenção de Yahweh pelo seu *rûaḥ* traz a derrota dos egípcios. A jornada do êxodo marca o início da liderança e direção de Yahweh para com Israel. Yahweh dirige o povo de Deus para o

---

508 Ibid., p. 89.
509 Ibid., p. 87.
510 Ibid.
511 Ibid., p. 89-90.

monte Sinai, onde eles formalmente entram em um relacionamento de aliança (Êx 15:13,17; 19:1ss). Yahweh os redime a fim de "plantá-los" sobre o "monte santo" e para estabelecê-los como o povo de Deus. Assim, o cântico do mar focaliza sobre a vitória que é obtida pela intervenção direta de Yahweh e do *rûah*.[512]

Antes de prosseguirmos para a consideração do próximo evento mais importante desse período histórico com vistas à finalidade de uma pneumatologia carismático-pentecostal, é importante observar que, logo após o cântico de Moisés, sua irmã "Miriã, a profetisa, a irmã de Arão, tomou o tamboril na sua mão, e todas as mulheres saíram atrás dela com tamboris e com danças". Ela, então, disse: "Cantai ao SENHOR, porque sumamente se exaltou e lançou no mar o cavalo com o seu cavaleiro" (Êxodo 15:20-21). Novamente, por causa de uma rápida menção, vemos uma mulher carismática, em um período muito anterior à instituição do profetismo, exercendo um papel de influência feminina dentro daquela realidade. Esse gesto fora espontâneo ou reflexo de que já havia uma relação entre ela e essas mulheres, não apenas de amizade, mas de influência? A coreografia surgiu no momento ou já era algo costumeiro que muito antes elas praticavam? Tais questões são complexas e difíceis de ser respondidas. Certamente a atribuição de "profetisa" não é sem razão, ou seja, ela com certeza era uma liderança. Mas tal "liderança" não é fruto de inclinação natural ou por Miriã ter "espírito de liderança", como modernamente se diz; antes, indica o fato de ela ser uma profetisa, isto é, uma carismática, entendendo a expressão como derivativa do "termo 'carisma'", que, por sua vez, diz Wilf Hildebrandt, trata-se de um conceito teológico "que 'comunica a ideia dos dons espirituais de Deus, conferidos ao povo que funciona como seus emissários e leva sua missão sobre a terra'".[513] Chama a atenção o período do exercício do ministério profético de Miriã. Quando ele se deu? Da saída do Egito em diante? Já no Egito? Conquanto não tenhamos como responder a todas essas questões, elas não são o mais importante, porém sinalizam para uma realidade, ou indicador, de que a *presença extraordinária* do Espírito Santo não era rara nem incomum como comumente ouvimos e fomos acostumados a repetir acriticamente. Esse aspecto é extremamente importante para uma reflexão pneumatológica, pois indica claramente que

512 Ibid., p. 89.
513 Ibid., p. 132.

a negligência para com o Espírito Santo e, consequentemente, a respeito da pneumatologia, sem dúvida alguma, tem a experiência como um de seus motivos, conforme oportunamente observou o teólogo luterano alemão Hermann Brandt, citado anteriormente. Por causa dessa dimensão prático--experiencial, os "carismas do Espírito", diz Víctor Codina, "precisam ser discernidos, pois o florescimento carismático comporta seus riscos, tal como acontecia ao profetismo do Antigo Testamento",[514] podendo ser visualizado na instrução mosaica (Deuteronômio 13:1-5; 18:20), algo a ser refletido mais detidamente. Contudo, vale a pena atentar para o seguinte agora:

> Os testemunhos antigos da ação do Espírito mostram um curioso nexo entre *outorga de poder e impotência de pessoas acometidas pelo Espírito*. Por um lado, a pessoa acometida pelo Espírito cresce "para além de si mesma". Ela recebe forças e capacitações especiais; consegue despertar a atenção pública, ganha poder sobre outras pessoas, estimula lealdade e realiza feitos surpreendentes. Por outro lado, essa ampliação de sua pessoa ocorre paralelamente à vivência de insegurança e desamparo pessoais, com a experiência de ser impulsionada e de encontrar-se à mercê de outras pessoas. Ser acometido pelo Espírito — isso uma determinada pessoa não pode realizar por vontade própria. Seria absurdo afirmar que uma determinada pessoa ou grupo de pessoas resolveram ser portadores do Espírito. A pessoa acometida pelo Espírito não é tornada totalmente impotente, apesar de que sua vontade própria esteja submissa e em um segundo plano. Ela apresenta, outrossim, uma forte irradiação pública. Por essa razão, tão impensável como a afirmação: Essa pessoa decidiu ser portadora do Espírito, seria a constatação: aquela pessoa foi acometida pelo Espírito, mas ninguém o percebeu, ou: só ela própria o percebeu. Em nenhum dos casos a descida do Espírito é uma questão meramente privada ou leva a que haja só uma mudança privada da pessoa atingida. Quando o Espírito de Deus age, sempre há participação de um *público* ou mesmo de mais públicos, direta ou indiretamente envolvidos. Isso que ocorre quando desce o Espírito, entretanto, não é somente uma percepção pública, uma mera impressão pública [...]: e o povo juntou-se e exclamou: "Vide, essa pessoa tornou-se outra pessoa, essa pessoa é um portador do Espírito!".[515]

---

514 CODINA. *"Não extingais o Espírito" (1Ts 5,19)*, p. 57.
515 WELKER. *O Espírito de Deus*, p. 70-1.

# TEOLOGIA SISTEMÁTICO-CARISMÁTICA

O que é dito pelo teólogo protestante alemão Michael Welker é que a pessoa carismática não se torna um "superser", mas igualmente não é um cripto--carismático, alguém que recebeu um dom, ou mais, do Espírito Santo, sem nenhum sinal "externo" que caracterize tal capacitação carismática. Portanto, Miriã, ao ser chamada de profetisa, não é assim denominada por diplomacia ou qualquer questão protocolar ou um inimaginável "confete" de seu irmão, mas por ela ser uma carismática, e isso em uma época, repetimos, anterior à instituição do movimento do profetismo. Outra questão importantíssima que não pode deixar de ser ressaltada é que se trata de uma mulher. Embora saibamos das polarizações e das politizações existentes hoje em dia em torno de discussões envolvendo gênero, insistimos no que temos dito desde o início: é preciso, tanto quanto possível, procurar compreender o texto em sua situação original e vivencial, conforme os destinatários originais o entenderam. Assim, uma das maiores surpresas por parte dos que repetem o mote "sociedade patriarcal", como sinônimo de preconceito para com as mulheres, é que no antigo Oriente Médio justamente o gênero feminino era proeminente em termos de divindade e mediação, e isso não foi diferente no meio povo de Deus. Atente-se para o fato de que, enquanto Isaque ainda não sabia o sexo do filho, Rebeca foi divinamente informada de que havia dois filhos em seu ventre que "lutavam", pois se tratava de duas nações (Gênesis 25:22-23). Considerando o que foi dito por Welker, de que se ninguém pode reivindicar um enchimento (ou visitação) do Espírito com vistas à capacitação carismática, pois tal seria inconcebível, é preciso entender que trata-se de uma decisão intencional e diretiva da parte do Espírito Santo, indicando que não era "apenas" uma escolha "soberana" de Deus e, portanto, "permissiva" ou "impessoal", mas uma escolha que comunicava uma mensagem divina. Deus não faz acepção de pessoas: para ele, não há distinção de gênero e classe social. Por isso, o Espírito Santo capacita até mesmo "escravos", pois, enquanto Moisés, príncipe no Egito, encontrava-se fugitivo por causa de um crime que cometera, Miriã permaneceu durante toda a sua vida no Egito como escrava, mas ainda assim foi contemplada pelo Senhor com o dom carismático, exercendo um ministério profético. O fato de não haver registro sobre o real papel e a atuação da irmã mais velha de Moisés, longe de ser algo sem importância, consiste em caso análogo ao de Hulda, de cuja existência, se não fosse mencionada pelo rei Josias, jamais teríamos sabido, conhecendo a verdade de que, como qualquer outro profeta, ela "representava" Deus. O fato de trajetórias

CAPÍTULO 4 – Pneumatologia | 547

e profecias não terem se tornado Escritura não significa de modo algum que não sejam inspiradas pelo Espírito Santo ou que suas atuações não eram importantes para as pessoas a quem o Senhor as impelia a falar (cf. Números 12:2). Oportunamente, retomaremos esse ponto.

Dos próximos lances do recém-saído grupo de escravos, até chegar ao Sinai, seguindo os propósitos de fundamentar uma pneumatologia carismático-pentecostal, o destaque recai sobre o capítulo 18 de Êxodo, que relata a chegada de Jetro, sogro de Moisés, que veio trazer Zípora, ou Séfora, juntamente com os dois filhos do casal, Gérson e Eliézer. Ao observar o expediente do legislador, Jetro resolveu aconselhá-lo a compartilhar sua liderança. O conhecido "conselho de Jetro", até hoje, é citado positivamente até mesmo por corporações não religiosas. Vendo que Moisés fazia tudo sozinho e ficava desde a manhã até o final do dia atendendo os mais diversos problemas do povo, que formava uma fila imensa, o sacerdote de Midiã recomenda ao seu genro que ele procurasse dentre o povo homens com quatro qualidades — 1) capazes, 2) tementes a Deus, 3) verdadeiros e 4) que odeiem a avareza (que não sejam corruptíveis) — e os nomeasse líderes sobre grupos de mil, cem, cinquenta e dez pessoas, de acordo com a capacidade de cada um. Moisés aquiesceu ao conselho e fez tal como foi orientado por Jetro. É importante compreender que, assim como os livros do cânon, tanto do Antigo quanto do Novo Testamento, não estão arranjados em ordem cronológica, de igual maneira os capítulos não estão necessariamente dispostos em ordem sequencial, cronologicamente falando. A lógica seguida pelos hagiógrafos não era histórica, mas teológica. Podemos exemplificar tal estrutura lembrando que, anteriormente, ao falarmos de José, ressaltamos que a morte de sua mãe é relatada no capítulo 36 de Gênesis, quando esse fato efetivamente só pode ter ocorrido entre os capítulos 37 e 41, ou seja, cerca de vinte anos mais tarde. Portanto, apesar de esse fato ter acontecido posteriormente, temos a impressão, em razão da narrativa e do capítulo constarem logo no início da trajetória do povo e da liderança de Moisés, que ele não tenha relação com outro evento fundamental que veremos tão logo analisarmos o acontecido no capítulo 19. É necessário pontuar que todos os assuntos constantes das Escrituras hebraicas são importantes. Contudo, seguindo o *leitmotiv* que temos escolhido para analisar a história da salvação, ou seja, a experiência com o Espírito Santo, não poderemos considerar outros eventos e situações sem, contudo, deixar de reconhecer que todos eles são dignos de ser estudados.

## 548 | TEOLOGIA SISTEMÁTICO-CARISMÁTICA

Mesmo porque, conforme já falamos, o próprio apóstolo Paulo disse, referindo-se às Escrituras veterotestamentárias, que elas foram escritas para o ensino dos que servem a Deus. Portanto, não há nenhuma restrição, por parte da própria Bíblia, acerca de partes mais ou menos importantes, sendo uma visão particular de alguns teólogos e seus respectivos sistemas.

Antes de retornar a esse assunto das lideranças auxiliares de Moisés, nossa questão basilar deste subtópico referente à atuação da *presença extraordinária* do Espírito, isto é, se ela é restrita ou abrangente, precisará deter-se no episódio do capítulo 19 de Êxodo. Nossa análise, como não poderia deixar de ser, centra-se nesse evento histórico-redentor do Sinai, segundo a nossa perspectiva carismático-pentecostal, pois somente com pressupostos sobrenaturalistas é possível captar o significado do que acontece nessa ocasião. Na linha que temos seguido, tal evento marca o vórtice que muda completamente a direção que, tudo indica, a capacitação carismática estava seguindo, desde o período patriarcal. Inicialmente, é preciso considerar "que uma das intenções da narrativa do êxodo e da aliança é provar que todo o Israel tomou parte no êxodo e encontrou-se com Jeová no Sinai",[516] diz Eugene Merrill. Portanto, qualquer tentativa de dizer que apenas uma parte representante estava ali, ou seja, os líderes escolhidos conforme o relato do capítulo 18, não faz jus ao que o próprio texto diz, pois, se inicialmente Moisés "chamou os anciãos do povo, e expôs diante deles todas estas palavras que o SENHOR lhe tinha ordenado", na sequência "todo o povo respondeu a uma voz e disse: Tudo o que o SENHOR tem falado faremos. E relatou Moisés ao SENHOR as palavras do povo" (19:7-8). Mas esse foi apenas o preâmbulo, pois Deus ordenou que Moisés avisasse o povo para que este se santificasse, pois três dias depois ele "desceria" sobre o monte Sinai "diante dos olhos de todo o povo" (v. 17). É preciso, entretanto, lembrar que, antes disso, Moisés havia subido ao Sinai. Nessa ocasião, Deus lhe falou, particularmente, mandando que o legislador dissesse as seguintes palavras ao povo escolhido: "Vós tendes visto o que fiz aos egípcios, como vos levei sobre asas de águias, e vos trouxe a mim; agora, pois, se diligentemente ouvirdes a minha voz e guardardes o meu concerto, então, sereis a minha propriedade peculiar dentre todos os povos; porque a terra é minha. E vós me sereis reino sacerdotal e povo santo" (v. 4-6a). Esse era o grande anúncio que Deus iria fazer dentro de três dias. Três

---

516 MERRILL. *História de Israel no Antigo Testamento*, p. 75.

CAPÍTULO 4 – Pneumatologia | 549

meses haviam se passado desde a saída do povo do Egito, e o Senhor que os libertara queria agora mostrar ao povo a razão de ele ter, por meio de Abraão, o formado e, consequentemente, a razão de ser de Israel. O reino sacerdotal estaria assumindo, como representante de Deus, uma missão de integrar toda a humanidade por meio dos diversos povos da terra. No entanto, o povo não poderia assumir tão grande responsabilidade sem a capacitação carismática que, no plano individual, sempre foi obrigatória e necessária para que os diferentes atores pudessem cumprir seus papéis.

A *b<sup>e</sup>rith* com Israel era condicional, pois Israel tinha de cumprir sua parte no concerto, ou aliança, com Deus (v. 5). A referida aliança, conforme o texto de Êxodo 20:1-17, consistia na observação das "dez palavras", o Decálogo, ou Dez Mandamentos, como comumente chamamos. Trata-se de um código legislativo sucinto e muito objetivo, que normatiza a relação com Deus (vertical) e as relações interpessoais ou sociais (horizontal). Todavia, o ser humano, *per se*, não poderia cumpri-lo, pois trata-se de um padrão de altíssimo nível para o mundo do antigo Oriente Médio. Por isso, exigia-se da parte dos hebreus não apenas disposição, mas capacitação, transformando-lhes a natureza para que pudessem perseguir esse ideal e, mesmo diante dos inevitáveis fracassos, continuassem a olhar para esse código entendendo que ele garantia o adensamento da libertação promovida por Deus ao tirá-los do Egito, pois não faria sentido que fossem libertos do cativeiro para, na sequência imediata, tornarem-se escravos novamente (Êxodo 20:2). Portanto, o Decálogo não era uma privação reducionista da vida, mas um reposicionamento que não os mudaria ontologicamente. Em outras palavras, eles não se tornariam perfeitos; antes, permaneceriam na condição de "caídos", mas, existencialmente, se tornariam "santos" e, por conseguinte, referências para o mundo inteiro, pois esse era o propósito da economia divina (Deuteronômio 4:5-40). Isso, porém, não poderia ser experimentado, muito menos eles serem sacerdotes, sem capacitação carismática, pois, em vez de servirem, era possível que se entumecessem e, cheios de si, passassem a se achar os "donos da terra", que, disse o Senhor, é dele. O que cabia a Israel era ser um reino de sacerdotes, ou seja, o fato de ser escolhido não lhe dava o direito de dominar os outros, mas tão somente servi-los. Infelizmente, ao não receberem a capacitação carismática, tornaram-se incompatíveis e inábeis para se adequarem aos ditames do alto padrão divino (cf. Deuteronômio 5:1-33). O resultado foi o endurecimento do coração e, finalmente, a rejeição ao convite do *rûaḥ*,

## 550 | TEOLOGIA SISTEMÁTICO-CARISMÁTICA

conforme dizem os textos de Hebreus 3:7,15 e 4:7.[517] Tal resultado foi tão óbvio quanto inevitável. A obstinação cresceu, e aquele núcleo legislativo teve de ser ampliado, e mais e mais leis se tornaram necessárias para coibir a maldade do coração que se inclinava para o mal. Uma vez que "Deus é o maior interessado no bem-estar de todas as suas criaturas, suas leis são também de caráter social, e não apenas espiritual", diz o biblista pentecostal Esequias Soares. Este esclarece ainda que a "Lei de Moisés não consiste apenas num compêndio religioso". Ela "trata de profecias, histórias, registros genealógicos e cronológicos, regulamentos, ritos, cerimônias, exortações, leis morais, civis e cerimoniais, sacerdotes, sacrifícios, ofertas, festa e o tabernáculo", ou seja, lida com tudo. Por isso, outro tema latente é o da "justiça social [que] está presente em toda a Bíblia", sendo "esse assunto" algo que "envolve religião, política e economia".[518] Assim é a realidade, complexa.

Uma vez que a "teofania", isto é, a "manifestação de Deus de forma visível ou audível, ou ambas juntas",[519] assustou o povo, habituado com a mediação sacerdotal da religião egípcia — e isso impedia qualquer tipo de contato com as divindades pagãs —, o povo acabou não suportando, ou não se sentindo à vontade com a experiência de contato direto com Deus, tendo uma reação, infelizmente, de não acolhimento, medo e pavor. Isso acabou instituindo a mediação especial em Israel como regra (Êxodo 20:18-21). Mas a "ideia não era que houvesse uma casta sacerdotal entre o povo", diz o teólogo Robert Patterson Gordon, especialista em Antigo Testamento. Ele explica que, "em vez disso, todo o povo deveria usufruir de privilégios sacerdotais e ao mesmo tempo cumprir uma função sacerdotal em relação aos outros povos"[520] (Is 61:6). De certa forma, tal colocação antecipa a resposta à questão que apresentamos neste tópico e confirma igualmente seu título. Assim, a menção de "sacerdotes", antes de efetivamente ter havido a instituição sacerdotal que, sabemos, foi aarônica, aplica-se também aos anacronismos de Jetro ter oferecido sacrifícios a Deus e depois participar de uma refeição com Arão e os "anciãos de Israel", ainda antes de dar o seu conselho a Moisés para que

---

517 Muito embora, de acordo com Neemias 9:20, o "espírito", grafado pelos tradutores com "e" minúsculo, os instruísse durante a peregrinação e, segundo Neemias 9:30, o "Espírito", com "E" maiúsculo, por meio dos profetas, os repreendesse.

518 SILVA, Esequias Soares da. *O ministério profético na Bíblia: a voz de Deus na terra* (Rio de Janeiro: CPAD, 2010), p. 50.

519 Ibid., p. 35.

520 GORDON, Robert P. "Êxodo" in: BRUCE, F. F. (org.). *Comentário bíblico NVI*, p. 233.

este os instituísse (Êxodo 18:12), bem como quando o sacerdote de Midiã menciona a obrigatoriedade de Moisés expor ao povo os "estatutos de Deus e suas leis", antes mesmo de tais documentos existirem (Êxodo 18:16,20). Temos de entender que estamos lendo as Escrituras hebraicas do ponto de vista de um narrador onipresente que já sabe todas essas coisas e as usa antes mesmo de elas serem efetivamente uma realidade na época em que se deu a visita de Jetro, por exemplo, pois sabe que isso será efetivamente realizado (Êxodo 24:1-18; 28:1-43). Possivelmente o lapso de tempo entre o conselho, a ordenação e a capacitação carismática desses anciãos não foi longo, cerca de dois anos apenas, podendo até mesmo não ter havido tal tempo decorrido, comparando-se Êxodo 16:1—18:27 com Números 10:1—11:15. Contudo, antes de verificarmos o revestimento do Espírito que capacitou os anciãos, precisamos mencionar que o fato de o povo não ter suportado a experiência com Deus e solicitado a Moisés que o Senhor não lhes falasse diretamente, e sim por intermédio do legislador, trouxe uma mudança significativa. Já Moisés, por sua vez, não caminharia, ou melhor, não conduziria o povo sem a *presença* de Deus (Êxodo 33:15). Parte da solução desse impasse está em Êxodo — quando o Senhor instrui que se construa o tabernáculo, com vários utensílios, e, entre estes, a arca da aliança, ou do testemunho, pois de cima dela Deus falaria a Moisés (cf. Êxodo 25—26) —, mas sua explicação pormenorizada encontra-se em Êxodo 32:30—34:35, juntamente com Números 10:29—12:16.

Antes de considerar a capacitação carismática dos líderes no texto de Números 11:16-30, é imperioso verificar as implicações das experiências referentes à *presença extraordinária* do Espírito Santo no que refere aos efeitos gerados ou decorrentes desses episódios. A questão que se impõe, e que é muitíssimo utilizada como forma de objetar a importância da experiência com o Espírito, é que não se pode fazer de nenhuma experiência específica e, por isso mesmo, particular um padrão para a igreja. Em outras palavras, não há como padronizar as experiências. Temos duas proposições aqui, e apenas uma delas é biblicamente correta. Tomando-se, como exemplo, a narrativa de Êxodo 35:30—36:2, encontramos uma experiência que, sem dúvida, é única. Trata-se da capacitação carismática, isto é, sobrenatural, a Bezalel e Aoliabe, tornando-os artesãos capazes de não apenas manejar, habilidosamente, os materiais e as ferramentas para construírem o tabernáculo conforme o modelo dado por Deus a Moisés, mas também criar, ou seja, "inventar invenções".

## 552 | TEOLOGIA SISTEMÁTICO-CARISMÁTICA

Não apenas isso, mas o Espírito ainda os capacitou a ensinar a outros que Deus havia agraciado com sabedoria, ou predisposição, para aquele mesmo tipo de atividade ou mão de obra. Assim, fazer dessa experiência deles uma "doutrina", ou seja, desaconselhar o estudo e a especialização técnica, por exemplo, sob o pretexto de que ninguém precisa de formação, pois o Espírito capacita sobrenaturalmente as pessoas a fim de desempenhar uma profissão, é uma posição que nenhum carismático-pentecostal endossaria, por ser incorreta. Nesse exemplo, está, então, a primeira parte da objeção que normalmente é apresentada para desaconselhar as experiências e com a qual igualmente convergimos. Todavia, não se pode fechar os olhos para a verdade de que o Espírito Santo, com propósitos que não podemos sondar, pode decidir capacitar alguém para o exercício profissional, seja nessa mesma área, seja em outra, e que esse mesmo Espírito Santo, com sua *presença extraordinária*, levante alguém com um dom para atuar no campo especificamente religioso e outro, sobrenaturalmente, para servir numa área específica da sociedade e assim por diante. Nenhuma dessas experiências poderá ser transformada em "doutrina" ou regra para os demais, pois não há necessidade alguma de os efeitos, ou resultados finais, de sua *presença extraordinária* serem os mesmos em todas as pessoas, pois, caso fossem, teríamos um mundo formado apenas por artesãos ou professores de como fabricar um tabernáculo! Portanto, o "dom do Espírito aos juízes", por exemplo, "concede perícia militar, em vez de habilidade artesanal ou liderança".[521] Isso quer dizer que a *presença extraordinária* do Espírito Santo gera os resultados finais que estejam de acordo com a economia divina e o papel individual que cabe a cada pessoa, ou ator, na história da salvação, razão pela qual a experiência carismática é um fato. Contudo, como ela se dará, realmente não é possível prever, pois assim estaríamos no lugar de Deus. Nas palavras do teólogo pentecostal Roger Stronstad,

> O dom do Espírito é sinal para confirmar o chamado de Deus e, de igual forma, para dotar o recebedor das habilidades apropriadas ao chamado à liderança. Por exemplo, Deus enche os artesãos, que fazem as vestes sacerdotais de Arão, ou quem trabalha no tabernáculo "do espírito de sabedoria" (Êx 28.3) ou "do Espírito de Deus [...] em *todo* artifício" (Êx 31.3, grifo meu; veja também Êx 35.31).

---

521 STRONSTAD. *A teologia carismática de Lucas-Atos*, p. 45.

CAPÍTULO 4 – Pneumatologia | 553

Para artesãos, o espírito de sabedoria é o Espírito que dá sabedoria, a sabedoria que é a habilidade manual ou artesanal (artifício). Semelhantemente, como sucessor de Moisés, Josué "foi cheio do espírito de sabedoria" (Dt 34.9). Em contraposição ao espírito de sabedoria e de entendimento como artesanal, o espírito de entendimento é, para Josué, a capacidade de liderar uma nação tipicamente rebelde e desobediente até a Terra Prometida.[522]

Em outras palavras, como podemos antecipar sobre a posição paulina a esse respeito, que, *a priori*, não era dele, visto estar debaixo da inspiração e supervisão do Espírito Santo, "a manifestação do Espírito é dada a cada um para o que for útil" (1Coríntios 12:7). Logo, o fato de a experiência expor a diversidade e a pluralidade de operações possíveis, mas também inimagináveis, não deveria causar nenhuma espécie de desconfiança que ultrapassasse o limiar do cuidado bíblico, mas não preconceituoso, que devemos ter, pois, se os efeitos são provenientes da *presença extraordinária* do Espírito Santo, por mais "estranho" que os achemos, eles são úteis e possuem um propósito. Com o racionalismo pretensioso que se acha capaz de explicar e exaurir tudo, pode ser que alguém ache estranho que, atualmente, o Espírito Santo capacite, carismática e sobrenaturalmente falando, uma pessoa para, à semelhança do que fez com Bezalel e Aoliabe, desempenhar determinada habilidade profissional, pois hoje já há toda uma tecnologia disponível, sem que alguém precise de tal milagre. Cientes da arquitetura e dos rituais funerários egípcios, para ficar apenas com esses dois exemplos, é possível entender que, a despeito de os hebreus terem sido escravos, tiveram certamente algum contato com o desenvolvimento dessas técnicas. Portanto, pretender explicar tal milagre dizendo que a sua operacionalidade se fez necessária apenas por ser uma "época de ignorância" revela quanto determinados pressupostos tornam teólogos conservadores céticos, ainda que seu ceticismo se escuse em um pretenso zelo escriturístico, ao afirmarem que creem na inerrância e na infalibilidade da Bíblia e, portanto, em sua "objetividade", cuja segurança é ameaçada pela crença na continuidade dos dons e da experiência, pois são "subjetivos". O fato é que a capacitação carismática se refere ao "dom de Deus do seu Espírito para os seus servos, individual ou coletivamente, para ungir, capacitar ou os inspirar para o serviço divino", pois, de acordo com o

---

522 Ibid., p. 44-5.

## 554 | TEOLOGIA SISTEMÁTICO-CARISMÁTICA

que "está registrado nas Escrituras", diz Stronstad, "a atividade carismática é, necessariamente, um fenômeno experiencial".[523] Acreditamos já ter ficado claro, mas é importante ressaltar, neste ponto, que, ao falarmos sobre a visão luterana, conforme explicada pelo teólogo alemão Hermann Brandt, de como Lutero encarava o "papel" do Espírito Santo e que tal perspectiva fatalmente implica a "inclusão da experiência entre os critérios da pneumatologia", é necessário relembrar que nosso destaque tende a ser sobre o aspecto carismático, enquanto o luterano é soteriológico. Contudo, convergimos, pois nossa missão como sacerdotes reais é cooperar, no que nos cabe, na economia divina, com o desenvolvimento da história da salvação. Desde sempre, tal missão vem sendo cumprida com a capacitação carismática, do período patriarcal, passando pelos artesãos do tabernáculo, até Moisés e seus líderes auxiliares. É preciso entender, porém, que

> os textos raramente têm o ser humano como sujeito. Quando têm, os textos dizem que o ser humano tem (ἔχω) o Espírito. Os textos dizem que José e Josué têm o Espírito neles (em ἐν + eles, Gn 41.38; Nm 27.18). É um estado ou condição característica, pois o verbo "ter" está normalmente no tempo presente. Os textos nos quais Deus é o sujeito são mais numerosos do que os textos nos quais o ser humano é o sujeito. Deus é o sujeito de vários verbos diferentes. Por exemplo, ele encheu (ἐμπίμπλημι, aoristo, quatro vezes) os artesãos com o espírito de sabedoria (ou "Espírito de Deus, em sabedoria") e Josué com o espírito de conhecimento (Êx 28.3; 31.3; 35.31; Dt 34.9). O Senhor promete tirar (ἀφαιρέω) o Espírito de sobre (ἐπί) Moisés e pô-lo (ἐπιτίθημι) sobre (ἐπί) os anciãos (Nm 11.17), evento que é posteriormente descrito por verbos no tempo aoristo (Nm 11.25). O Senhor deu/pôs (δίδωμι, aoristo) o espírito sobre (ἐπί) os anciãos, para Israel, e sobre o seu servo Jacó/Israel (Nm 11.29; Ne 9.20; Is 42.1). Os textos nos quais o Espírito é o sujeito usam a maior variedade de verbos para descrever a atividade carismática do Espírito. O Espírito repousou sobre (ἐπ/αναπαύω... ἐπί) os anciãos, Eliseu e o descendente de Davi (Nm 11.25,26; 2Rs 2.15; Is 11.2). O Espírito também veio sobre (γίνομαι... ἐπί/ἐν, aoristo) Balaão, Otniel, Jefté, os mensageiros que Saul enviou a Davi, o próprio Saul, Eliseu, Azarias e Jaaziel (Nm 24.2; Jz 3.10; 11.29; 1Sm 19.20,23; 2Rs 2.9; 2Cr 15.1; 20.14). Além

---

523 Ibid., p. 32.

disso, o Espírito revestiu (ἐδύω, aoristo) Gideão, Amasai e Zacarias, filho de Joiada (Jz 6.34; 1Cr 12.18; 2Cr 24.20). O Espírito do Senhor veio poderosamente sobre (ἐφ/ἅλλομαι... ἐπί) Sansão, Saul e Davi (Jz 14.6,19; 15.14; 1Sm 10.6,10; 11.6; 16.13). E, por fim, o Espírito do Senhor falou (λαλέω; λέγω) por Davi e para Ezequiel (2Sm 23.2; Ez 2.2; 3.24).[524]

A questão que nos interessa aqui não é "provar" que era o Espírito Santo o sujeito de tais experiências de capacitação carismática. Isso é mais do que claro, e, como vimos acima, além desses exemplos, Stronstad elenca 23 verbos gregos que constam da Septuaginta que, para ele, merecem "estudo especial". Tais verbos não apenas mostram que o sujeito de todas as experiências é o Espírito Santo, mas igualmente confirmam o próprio sentido básico das expressões para Espírito, tanto a hebraica *rûaḥ* quanto a grega *pneuma*, reforçando a "ideia de 'Deus em ação' que está por trás do registro bíblico da atividade carismática do Espírito de Deus".[525] Portanto, a questão mais importante desse apanhado do teólogo pentecostal canadense reside justamente na pergunta: Em que consiste tal capacitação carismática? E, ainda mais, em sua resposta: Não há um "padrão", ou seja, a capacitação carismática só pode ser sentida em seus "efeitos" sobre as pessoas que recebem os carismas do Espírito Santo. Tal "levantamento da atividade carismática do Espírito de Deus ilustra três temas ou motivos estreitamente relacionados", os quais aparecem claramente em "períodos-chave da história de Israel", explica o mesmo teólogo pentecostal. Ele elenca tais momentos histórico-redentores como sendo caracterizados pela 1) "transferência de liderança, ou mesmo o chamado independente à liderança", que, regra geral, "é tipicamente acompanhado por uma transferência complementar ou dom do Espírito"; tal recebimento do 2) "dom do Espírito para os líderes de Israel tem [ainda] uma dimensão experiencial, como a manifestação da profecia, para servir de sinal confirmatório da chamada de Deus" e, finalmente, a 3) "atividade carismática é experiencial e também funcional, pois concede as habilidades adequadas para o chamado à liderança e serviço".[526] Essas características, ou sinais, podem ser percebidos nas experiências de capacitação carismática, que,

---

524 Ibid., p. 39-40.
525 Ibid., p. 32.
526 Ibid., p. 45-6.

por sua vez, evidenciam a *presença extraordinária* do Espírito Santo. Em outros termos, a capacitação carismática, de alguma maneira, tornava notória sua ocorrência, não sendo algo explicável, mas, sem dúvida alguma, notável e pública. Contudo, o mais importante, conforme diz Roger Stronstad, é que os "temas carismáticos descrevem o dom do Espírito de Deus para o seu povo com vistas ao serviço ou vocação divina".[527] Este é o real propósito da capacitação carismática: revestir a humanidade para que ela cumpra o papel sacerdotal, tanto em relação à terra quanto ao próximo, ou semelhante, cumprindo a missão designada pelo Criador aos seres humanos, pois caídos perderam tal capacidade natural. Para isso, inicialmente, Deus chamou um homem e, por meio dele, formou um povo que deveria servir e, ao assim fazer, levar o conhecimento a todos os povos da terra, incluindo-nos no plano.

São dois os aspectos que queremos destacar nessa narrativa que reforçam nossa perspectiva de que a capacitação carismática é paradigmática e programática. O primeiro é o fato de que esses líderes auxiliares necessitaram de capacitação carismática para que pudessem exercer sua liderança junto a Moisés, conforme consta no texto em Números 11:16-30, e esse evento histórico-redentor, dentro da nossa perspectiva da história da salvação, é chamado por muitos teólogos, até mesmo não carismáticos, de "protopentecostalismo". Sobre esse texto, os teólogos protestantes não carismáticos John Walton, Victor Matthews e Mark Chavalas, em seu *Comentário histórico-cultural da Bíblia*, abordando, especificamente, o Antigo Testamento, informam que a "profecia por êxtase ou proveniente de alguém 'possuído' ou num estado de transe era bem conhecida tanto em Israel quanto no antigo Oriente Próximo". Eles acrescentam que, na "Mesopotâmia, o profeta que ficava em êxtase recebia o nome de *muhhu* e, em Israel, os profetas deste tipo geralmente eram considerados loucos (veja, p. ex., 1Sm 19:19-24)". Contudo, os autores ressalvam que, em relação ao episódio de Números 11:16-30, "o acontecimento não resultou em mensagens proféticas do Senhor, mas serviu como um sinal de que o poder de Deus estava sobre as autoridades", podendo, por isso mesmo, "ser comparado ao fenômeno das línguas de fogo que desceram sobre os apóstolos em Atos 2".[528] Conquanto haja dimensões da abordagem dos autores que merecem ser desdobradas, no momento duas questões precisam ser

---

527 Ibid., p. 46.

528 Chavalas, Mark W.; Matthews, Victor H.; Walton, John H. *Comentário histórico-cultural da Bíblia: Antigo Testamento* (São Paulo: Vida Nova, 2018), p. 192.

CAPÍTULO 4 – Pneumatologia | 557

observadas nesse comentário deles: a inexistência do êxtase e o fato de que a experiência não consiste em mensagens proféticas, podendo ser vista como um perfeito paralelo do que ocorreu mil anos depois. De fato, o verbo hebraico utilizado no versículo 25 é *nābhâ*, "raiz primitiva; profetizar, i.e., falar (ou cantar) por inspiração (em predição ou simples discurso): — profetizar", ou seja, tal verbo "significa profetizar, falar por inspiração, predizer", e muito habitualmente refere-se "ao modo pelo qual a palavra do Senhor chegava às pessoas (Jr 19.14; Ez 11.13)", pois existiam "várias maneiras pelas quais as pessoas profetizavam".[529] Contrariamente ao que os autores deixam implícito acerca do êxtase, o *Dicionário hebraico do Antigo Testamento de James Strong* afirma, sem meias palavras, que "Eldade e Medade entraram em êxtase ao profetizarem (Nm 11.25-27); ao passo que os filhos de Asafe usaram cânticos e instrumentos quando profetizaram (1Cr 25.1)", mas ressalta que "os falsos profetas também profetizavam (Zc 13.3)".[530] Nesse breve exemplo, temos duas posições a respeito do texto e certamente muitas outras poderiam ser elencadas, mas não será feito, pois já temos dados suficientes para discutir.

O segundo aspecto é o fato de que as experiências carismáticas dessas pessoas não se tornaram "canônicas", mas ainda assim são necessárias, tanto para o cumprimento de sua missão quanto para o desenvolvimento da história da salvação, sendo, portanto, verídicas. É algo relevante reconhecer que setenta pessoas — podendo ser 68 ou 72 também —, já devidamente reconhecidas como lideranças tribais, necessitem de uma capacitação carismática para que estejam à altura de auxiliar Moisés, e que o sinal de tal capacitação seja "profetizar", ainda que uma única vez e nunca mais, gerando até mesmo ciúmes em Josué. O que fez que todos soubessem que eles "profetizavam"? Qual ou quais indícios poderiam comprovar que eles profetizavam? Nesse contexto específico, o que vem a ser a "profecia", pois sete dezenas de pessoas falando ao mesmo tempo não era, com certeza, algo que tivesse como objetivo comunicar palavras inteligíveis a destinatários que tinham de prestar atenção em todos ou em um profeta em particular? Seria um êxtase glossolálico, sem nenhum objetivo de comunicar uma mensagem em palavras, mas sinalizar, para si e para os outros, que houve uma experiência carismática? Certamente havia algo que caracterizava o fenômeno, levando as pessoas a reconhecerem

---

529 *Bíblia de estudo*, p. 1782-83.
530 Ibid., p. 1783.

# 558 | TEOLOGIA SISTEMÁTICO-CARISMÁTICA

um profeta, mas, nesse caso, eles "profetizaram" apenas essa única vez, dando a entender que se tratava apenas de um sinal, não de um ministério profético. Nesse sentido, parece realmente haver um grande paralelo com o evento de Atos 2, conforme disseram os três teólogos citados e, por isso mesmo, chamado por alguns teólogos de "protopentecostalismo". São justamente tais questões que ensejaram a busca de uma hermenêutica pentecostal, a partir do final de 1970 e início dos anos 1980, por teólogos estrangeiros, e que em 2013 foi proposta em artigo para uma revista especificamente dirigida a lideranças pentecostais brasileiras, sendo o primeiro texto escrito, com essa temática específica, por um autor pentecostal nacional.[531] Hoje todos os intérpretes, exegetas e estudiosos reconhecem que os seus pressupostos exercem muito mais influências do que gostariam no momento de ler e estudar as Escrituras, pois não somos seres a-históricos, vivendo em um vácuo e tendo capacidade para acessar o texto bíblico de forma completamente neutra.

---

531 O referido artigo foi publicado na edição nº 62, ano 36, de julho-agosto-setembro de 2013, da revista *Obreiro Aprovado*, sob o título "Hermenêutica pentecostal" (p. 78-84). O leitor interessado pode ler a versão estendida desse texto em CARVALHO. *Pentecostalismo e pós-modernidade*, p. 209-80. Contudo, as controvérsias em torno dessa proposta só vieram posteriormente, ou seja, dois anos depois, tendo como estopim a publicação da obra *Hermenêutica e experiência pentecostal*, de autoria de David Mesquiati e Kenner Terra, publicada pela CPAD no fim de 2018. Desde então, o tema vem se tornando objeto de debates e discussões, tanto no âmbito acadêmico quanto no âmbito eclesiástico, mas, sobretudo, nas redes sociais. Por isso, algumas editoras lançaram obras de autores estrangeiros com a temática, enquanto outras optaram por publicar autores nacionais, a exemplo da Thomas Nelson Brasil, que, em 2020, publicou a obra *Autoridade bíblica e experiência no Espírito*, de Gutierres Siqueira e Kenner Terra. Foi assim que, de 2019 a 2021, as tantas controvérsias — que lamentavelmente se revelaram nada éticas e marcadas por muita desinformação, desconhecimento, mas também desonestidade intelectual e distorção proposital, utilizadas pelos detratores para se autopromoverem, seja com acusações diretas, seja com insinuações levianas que produziram linchamentos virtuais e boatos, trazendo sérios prejuízos a algumas pessoas, entre elas um dos autores desta *Teologia* — acabaram também atingindo lideranças proeminentes das Assembleias de Deus no Brasil. Por isso mesmo, a denominação, por meio do seu Conselho de Doutrina e Comissão de Apologética, resolveu deliberar sobre o assunto e emitir um parecer, o qual foi publicado no jornal *Mensageiro da Paz*, órgão oficial das Assembleias de Deus no Brasil, em sua edição de maio de 2021 (a. 91, n. 1.632, p. 14), sob o título "Manifesto sobre hermenêutica pentecostal", terminando por reconhecer a legitimidade da expressão "hermenêutica pentecostal", entendendo que se trata de uma discussão legítima e necessária, visto que a tradição carismáti-co-pentecostal tem pressupostos pneumatológicos que diferem dos que a tradição protestante possui, e também por coibir ataques gratuitos que se repetiam nas redes sociais, manchando a reputação dos que, longe de serem "liberais", apenas defendem o direito de nossa tradição ter sua teologia própria. Retomaremos esse assunto mais à frente e apresentaremos exemplos bíblicos de "exegese carismática", na expressão de Larry Hurtado, ou "interpretação carismática", na expressão de Gerhard von Rad. Como veremos, uma "hermenêutica pentecostal", devidamente utilizada, não é algo tão recente, muito menos inovador.

CAPÍTULO 4 – Pneumatologia | 559

Portanto, a fim de regular os abusos interpretativos, seja pelos excessos de subjetividade, seja de autoconfiança numa pretensa objetividade, que procuremos ler o texto com o máximo de conhecimento do público destinatário original para somente depois fazermos a conversão teológica para fundamentação doutrinária. É justamente por isso que temos insistido em seguir a esteira do processo revelacional e nos orientar pela lógica da fé, pois qualquer intérprete que ignorar a dimensão sobrenatural do ambiente em que se desenvolveram as Escrituras terá, certamente, comprometido sua interpretação ao esvaziar o aspecto declaradamente carismático de um texto como este de Números 11, em que vemos que

> A consequência imediata do *rûaḥ*, descansando sobre os setenta anciãos, é a expressão espontânea deles de "profetizar" [*wayyiṯnabb'û*] (Nm 11:25). Os anciãos não somente "profetizam" na tenda do encontro, mas Eldade e Medade, que estão no acampamento, também "profetizam" (Nm 11:27). A natureza dessa atividade extática e no que ela consiste é difícil de determinar. Mas a manifestação externa de um comportamento extático serve para indicar a recepção interna do Espírito. O profetizar sobrenaturalmente influenciado é um indicador da capacitação e comissão divina para o ofício público. A vinda do *rûaḥ* e o subsequente profetizar é um evento público e tangível indicando a ambos, os anciãos e o povo, que os setenta são separados e equipados para um papel vital de liderança na comunidade. Por meio desta experiência, os anciãos são assegurados da recepção do Espírito. A natureza extática do profetizar não é descontrolada e nem vista de forma negativa nesta passagem. Embora seja evidente em algumas passagens do Antigo Testamento que delirar e entrar em transe estejam associados com o "profetizar" (1Sm 18:10; 19:20), esta espécie de expressão não é evidente na atividade dos setenta anciãos. Uma manifestação pública similar ocorre no dia de Pentecostes (At 2:1ss.).[532]

O que temos de informação para uma pneumatologia carismático-pentecostal, sem qualquer tipo de projeção teológica sobre a narrativa, tomando como base apenas os dados estritamente apresentados nesse texto de Números 11:16-30, mostra claramente o seguinte: 1) as qualidades éticas requeridas para o exercício da liderança, conforme Êxodo 18:21, são imprescindíveis,

---

532 HILDEBRANDT. *Teologia do Espírito de Deus no Antigo Testamento*, p. 175-6.

mas não suficientes, ou seja, é preciso capacitação carismática; 2) a capacitação carismática é caracterizada por sinais miraculosos, ou sobrenaturais, tal como se deu com os artesãos ou com os setenta líderes auxiliares, isto é, trata-se de uma experiência distinta, mas evidente e de notoriedade pública, cujos efeitos serão os determinados pela *presença extraordinária* do Espírito Santo para que se cumpram os propósitos da economia divina; finalmente, 3) a capacitação sempre ocorre visando à predisposição diaconal, ou sacerdotal, a fim de servir primeiramente a Deus, mas também ao outro que, invariavelmente, precisa de socorro, seja um indivíduo, seja um grupo ou povo. Mas persiste a questão que pode ser desdobrada de duas maneiras e a que precisamos responder: A capacitação carismática é para todos ou somente para alguns? Tem ela um caráter individual e restrito, ou paradigmático e programático? A resposta passa por tudo que já dissertamos acima, ou seja, a história da salvação inicia com a *presença contínua* do Espírito Santo, que 1) domina o caos impondo a ordem, adentrando a criação de todo o universo, com sua composição de galáxias, seres inanimados, 2) colocando-os em movimento e 3) doando a vida aos seres vivos, sejam portadores de livre-arbítrio ou não. Vimos que todas as coisas criadas possuem um propósito. A Queda, porém, transtornou o universo, contudo assim Deus sustenta a realidade por meio do Espírito Santo. Apesar de tudo, o propósito sacerdotal da humanidade não foi anulado, mas tornou-se mais difícil. Fez-se, então, necessária uma atuação especial ou *presença extraordinária* do Espírito Santo, que, desde essa ruptura, tem gerado os mais diversos resultados, ou efeitos, em muitos e diferentes atores, para que os propósitos da criação, dentro do plano de Deus conhecido como "economia divina", sejam cumpridos. Finalmente, Deus decidiu formar um povo para que cumprisse o papel sacerdotal diante de todo o mundo (Gênesis 12:1-3; Êxodo 19:6), mas, como esse povo mostrou-se inapto para tal missão, o homem que foi chamado para conduzi-lo, mesmo tendo recebido capacitação carismática (Êxodo 3:1—4:17), reconheceu que não tinha condições de levar avante tal empreitada e, então, reclamou com Deus, que, melhor que ninguém, sabia que, sozinho, Moisés não poderia fazê-lo (Números 11:11-15). Foi então que Deus resolveu capacitar carismaticamente os setenta líderes que auxiliaram o maior profeta que Israel já teve (Números 11:16-30).

Foi nesse contexto que, diante da objeção de Josué acerca do fato de dois homens que não estavam no local designado por Deus a Moisés, Eldade e Medade, mesmo assim terem sido cheios do Espírito e "profetizarem", que o legislador e maior profeta de Israel expressa um "desejo": "Tens tu ciúmes por mim? Tomara que todo o povo do Senhor fosse profeta, que o Senhor lhes desse o seu Espírito!". Séculos depois, tal se confirma, como parte da economia divina, como um grande evento histórico-redentor da história da salvação, profetizado de forma diretiva pelo ministério do profeta Joel (2:28). Apesar de muitos teólogos, que se "preocupam" com o fato de a tradição carismático-pentecostal valorizar e acolher a experiência com o Espírito Santo, dizerem que isso subverte a autoridade das Escrituras, ao depararem com um texto como esse, classificam-no como um "desejo" de Moisés e, "portanto", dizem que ele "apenas expressa o pensamento do legislador, não sendo uma 'profecia'". Justamente por essa razão, argumentam, "não pode servir como um fundamento bíblico-doutrinário, pois não é um texto 'prescritivo', mas apenas 'descritivo'". É imperioso, entretanto, observar as implicações desse evento, que, longe de ser fortuito, evidencia e estabelece um paradigma e um programa. Primeiramente, é necessário compreender que foi Deus quem determinou que Moisés reunisse em volta da tenda as lideranças, isto é, essa não foi uma decisão do legislador: "E disse o Senhor a Moisés: Ajunta-me setenta homens dos anciãos de Israel, de quem sabe que são anciãos do povo e seus oficiais; e os trará perante a tenda da congregação, e ali se porão contigo. Então, eu descerei, e ali falarei contigo, e tirarei do Espírito que está sobre ti, e o porei sobre eles; e contigo levarão a carga do povo, para que tu sozinho o não leves" (Números 11:16-17). O fato de Eldade e Medade serem contemplados com a capacitação carismática é tão significativo que apavorou o rapaz que veio notificar Moisés e despertou ciúmes em Josué (Números 11:27-28). A reação de Moisés não expressa somente um desejo, mas mostra que o legislador ficou feliz por tal ter acontecido e certamente esperava que pudesse acontecer em todo o arraial. Finalmente, o último e mais fundamental aspecto, que é, na verdade, o que desde sempre foi o motivo de se não valorizar devidamente o Espírito Santo: sua ação imprevisível — do nosso ponto de vista, é claro — e o fato de que ele não se prende a formalidades, sejam elas de quais ordens forem (étnicas, sociais, litúrgicas, doutrinárias, teológicas, ideológicas etc.), conforme o texto da profecia de Joel deixa explícito, pois o Espírito será derramado não apenas sobre os filhos e filhas, nobres e senhores (que vivem dentro de casa), mas também sobre os escravos e escravas (que vivem fora da casa). Isso, no momento em que o profeta Joel profere essas palavras, é extremamente denunciador, pois indica a

## 562 | TEOLOGIA SISTEMÁTICO-CARISMÁTICA

forma contrária à Lei com que o povo agia em relação ao próximo, inclusive com os seus próprios irmãos, tratando-os de forma injusta. Nas palavras do teólogo alemão Michael Welker,

> A coletânea, provavelmente, mais antiga de leis do Antigo Testamento a que temos acesso, o assim denominado livro da aliança (Êx 20.22— 23.19), além de oferecer as prescrições relativas aos casos de direito e as leis relativas ao culto, que emolduram a coletânea — isto é, à relação pública, regulamentada e aberta para a adesão a Deus —, oferece estatutos que não se podem vincular nem às prescrições cultuais nem às legais. Trata-se de leis que têm como objetivo renunciar à otimização das próprias condições de vida às custas de outros, sim, inclusive renunciar a fazer valer os próprios direitos e reivindicações legalmente fundamentadas. Essa renúncia a cuidar dos próprios interesses e direitos deve, segundo o estipulado pela lei, reverter em benefício dos próximos mais fracos e desfavorecidos. São citados *escravos e escravas* (Êx 21.2ss), *estrangeiros* (Êx 22.20; 23.9), *viúvas e órfãos* (Êx 22.21ss), *pobres* (Êx 22.24ss; 23.6), bem como os próximos *destituídos de influência e de poder* (Êx 23.1ss).[533]

Certamente que por causa do altíssimo nível de eticidade, humanidade, responsabilidade e espiritualidade, Moisés queria que todo o povo de Deus fosse "profeta", ou seja, capacitado carismaticamente para que vivesse da forma que Deus quer que os seres humanos vivam, cuidando do mundo como espaço sagrado, exercendo o sacerdócio em relação ao ecossistema, bem como em relação a todos os povos da terra. Já que a Lei, conforme disse o biblista pentecostal Esequias Soares, citado anteriormente, tem como tema principal e finalidade a justiça social. Foi justamente por isso não acontecer que durante toda a trajetória veterotestamentária a presença extraordinária do Espírito Santo capacitou carismaticamente muitas lideranças até que chegasse o tempo de se cumprir a profecia de Joel. São essas lideranças carismáticas que veremos brevemente antes de adentrarmos nas considerações acerca do Espírito Santo no Novo Testamento, pois, até que chegasse tal tempo, cada vez mais se fazia necessário que Deus, por meio do Espírito Santo, promovesse ordem, movimento e vida. Nesse sentido, não temos dúvida e não vamos tergiversar com

---

533 WELKER. *O Espírito de Deus*, p. 100.

falsa modéstia, um leitor que tem experiência carismática ou, no mínimo, acredita em sua possibilidade e legitimidade estará mais apto a entender o texto e não será tentado a racionalizá-lo para que se enquadre em algum sistema teológico que é orientado pelo racionalismo antissobrenaturalista e dependente dele. É justamente essa peculiaridade hermenêutica que precisa ser assumida pelos teólogos da tradição carismático-pentecostal, sem nenhum constrangimento ou medo, pois a autoridade bíblica não é subvertida por causa disso, mas exatamente o oposto. Transportar para o mundo do antigo Oriente Médio pressupostos antagônicos àquela cultura pode parecer algo "piedoso", mas na verdade é, no mínimo, autodefesa do sistema teológico cessacionista e, infelizmente, no máximo, preconceito racionalista contra o sobrenatural. O minimalismo pneumatológico protestante reduz as intelecções e potencialidades do texto, fazendo que um evento como esse da narrativa de Números 11:16-30 passe completamente despercebido e não comunique absolutamente nada, quando, na realidade, como pôde ser visto, ele transmite muito mais do que aquilo que está na superfície. Além do mais, a postura exemplar de Moisés denota que a "tensão entre as funções eclesiásticas e o poder carismático, entre o exercício impessoal de um cargo e o carisma estritamente pessoal, por isso mesmo imprevisível, tão característica dos três primeiros séculos do cristianismo", diz Von Rad, "existiu também no antigo Israel, onde aliás, inicialmente, tanto um como outro estavam resguardados contra sua pretensão ao absoluto, pois eram ambos encarados como prolongamento da ajuda de Javé pessoalmente presente, decidindo tudo em sua benignidade".[534] É o que veremos agora de forma panorâmica.

## Teocracia, monarquia e cativeiro

Esta última seção acerca da atuação da *presença extraordinária* do Espírito Santo no Antigo Testamento mostrará claramente que Deus, a despeito de Criador e absoluto, respeita a liberdade de escolha, ou vontade própria, dos seres humanos, embora procure, em todo o transcurso da história da salvação, alertar a humanidade para que se converta e volte para ele. Uma vez que Israel foi eleito para representá-lo como um "reino de sacerdotes", durante a peregrinação de quarenta anos no deserto, como vimos, a liderança foi feita sob capacitação carismática. A partir do momento em que Israel deixa de ser

---

534 RAD. *Teologia do Antigo Testamento*, p. 98.

## 564 | TEOLOGIA SISTEMÁTICO-CARISMÁTICA

nômade e torna-se sedentário, há uma mudança na dinâmica de sua liderança. Todavia, foi justamente nesse período que se tornou ainda mais necessária e importante a Lei mosaica, ou seja, a regulamentação das "questões sociais [que] envolviam a administração da justiça, a prática do comércio, a questão da escravidão, o latifundiarismo, o salário e a extravagância na riqueza e no luxo"[535] por parte da liderança israelita, diz o biblista pentecostal Esequias Soares, referindo-se à monarquia.

Antes, contudo, de considerarmos essa forma de governo, temos de nos voltar a uma forma específica e única em todo o mundo, chamada pelo historiador judeu Flávio Josefo de "teocracia".[536] Antes um pouco do referido regime ter início "oficialmente", é preciso considerar que, após a peregrinação no deserto, deparamos com o período da conquista e ocupação da Terra Prometida (Josué 1—11), o que, em parte, constitui o cumprimento da promessa patriarcal (Josué 2:23—3:8). Tal ocupação se dá em suas primeiras quatro décadas sob a liderança de Josué, assistente de Moisés, espia e soldado que é escolhido por Deus para substituir o legislador, o qual tem a dura incumbência de levar a efeito o genocídio cananeu (Gênesis 12:7-24). Tudo isso foi feito não apenas com habilidades adquiridas com a prática bélica, mas, conforme revela o texto de Deuteronômio na NVI, "Josué, filho de Num, estava cheio do Espírito de sabedoria, porque Moisés tinha imposto as suas mãos sobre ele" (Deuteronômio 34:9a; cf. Números 27:18). Apesar de ser uma especialidade da "literatura sapiencial do judaísmo helenizado [a] notável reflexão sobre a Sabedoria, que a aproxima do Espírito, quase identifica as duas realidades, ao menos consideradas em sua ação",[537] diz Yves Congar. Esse autor explica que é necessário atentar para dois aspectos "que interessam a uma posterior teologia do Espírito Santo", sendo o primeiro deles "certa personalização do Espírito", que, referindo-se à "Sabedoria, [...] se afirma progressivamente a partir de" Provérbios 8 e 9, lembrando-se que tal

---

535 SILVA. *O ministério profético na Bíblia*, p. 55.

536 No "Livro segundo" da *Resposta de Flávio a Ápio* (texto conhecido também pelo título de *Contra Apião*), lê-se: "As diversas nações que existem no mundo se governam de maneiras diferentes: umas abraçam a monarquia; outras, a aristocracia; outras, a democracia. Mas nosso divino legislador não estabeleceu nenhuma dessas espécies de governo. Escolheu uma república, à qual podemos dar o nome de teocracia, pois que a fez inteiramente dependente de Deus e ao qual nós consideramos como o único autor de todo o bem, que provê às necessidades gerais de todos os homens" (JOSEFO, Flávio. *História dos hebreus*, 9. ed. [Rio de Janeiro: CPAD, 2005], p. 1479).

537 CONGAR. *Revelação e experiência do Espírito*, p. 26-7.

CAPÍTULO 4 – Pneumatologia | 565

"personificação não é senão expressão literária". Todavia, completa o mesmo autor, "o monoteísmo rigoroso da religião judaica associava a Deus realidades que eram Deus, mas que, em Deus, representavam modos de ação, de presença, de ser (com os homens): a Shekinah, a Sabedoria".[538] Assim, é necessário entender que

> Como sucessor de Moisés, a qualificação de Josué para essa posição se baseava na autoridade que recebera de Deus. Ele já havia demonstrado essa capacitação nas campanhas militares (Êx 17.9-13) e pela sua coragem ao se posicionar diante do povo e dos anciãos (Nm 14.6-10; 26.65). Mais tarde, ele também receberia o espírito de sabedoria (Dt 34.9), mas aqui são as suas qualidades de liderança, conferidas por Deus, que contribuem para sua ascensão ao comando. Não havia nenhuma outra autoridade política sobre as tribos exceto aquela designada pelo Senhor. O reconhecimento da capacitação pelo Espírito de Deus passou a ser o critério para a concessão de autoridade política sobre as tribos.[539]

Ainda que seja discutível o carisma recebido por Josué na transmissão do cargo de Moisés, o fato inegável é que o substantivo feminino para *rûaḥ*, tanto em Números 27:18, comentado acima pelos teólogos reformados John Walton, Victor Matthews e Mark Chavalas, quanto em Deuteronômio 34:9, pode muito bem ser entendido pelo fato de que o "espírito propicia sabedoria para entendimento (Êx 28.3; Dt 34.9)", diz o *Dicionário hebraico do Antigo Testamento de James Strong,* afirmando ainda que tal se dá "para que cada um execute suas responsabilidades".[540] Portanto, conforme já temos explicado, trata-se do resultado da *presença extraordinária* do Espírito Santo, cujas ações serão aquelas que se coadunam aos propósitos da economia divina no transcurso da história da salvação. Justamente por isso, voltamos a lembrar, não é possível nem necessário que as experiências com o Espírito Santo sejam padronizadas, pois elas serão sempre distintas, sendo a exceção o caso de se parecerem, pois, além de cada pessoa ter sua individualidade, o que importa são os propósitos divinos pelos quais acontece tal experiência, sobretudo

538 Ibid., p. 28.
539 CHAVALAS; MATTHEWS; WALTON. *Comentário histórico-cultural da Bíblia,* p. 211.
540 *Bíblia de estudo,* p. 1923.

## 566 | TEOLOGIA SISTEMÁTICO-CARISMÁTICA

quando se trata de capacitação carismática visando ao desempenho de alguma missão. Portanto, diz o teólogo alemão Michael Welker, os "âmbitos de experiência da ação do Espírito são, inicialmente, processos emergentes inesperados e imprevisíveis, interrupções de aspectos da vida e das rotinas, situações individuais e coletivas de indefinição". Contudo, a fim de que não reste nenhum equívoco a esse respeito, é importante observar que o dom da vida, e muitas vezes também algumas habilidades naturais, é resultado da *presença contínua* do Espírito Santo. Portanto, "não estranha que a relação entre Espírito, recebimento do Espírito, percepção do Espírito e assim denominados fenômenos 'naturais', nos quais se pode ver o Espírito de Deus atuante, tenha podido parecer pouco clara e dúbia, que o Espírito Santo e sua atuação acabassem sendo transferidos totalmente para a esfera do indeterminado".[541] Contudo, é preciso ter bem claro que tal caráter "indeterminado" é apenas do nosso ponto de vista, assim como a física quântica não faz sentido algum na perspectiva fenomenológica ou da observação a olho nu, não sendo possível concebê-la a não ser teoricamente. Assim, tanto hoje quanto naquele tempo, a "maior dificuldade para a compreensão provavelmente residia na transmissão da *evidência irrefutável* da atuação do Espírito e de sua *imprevisibilidade, incalculabilidade* e *inacessibilidade*".[542] Não obstante todas essas dificuldades de auferir a capacitação carismática, conforme vimos acima na reflexão dos teólogos reformados, tal reconhecimento passou a ser o critério para que uma liderança fosse tida como levantada para dirigir o povo de Deus.

A despeito de teólogos protestantes se incomodarem com a ideia de o Espírito Santo ser imprevisível, isto é, não sabermos como se dará sua ação, visto que ela não segue um padrão, o estranho não é o fato inegável dessa realidade, mas que isso os surpreenda, pois, diz Claus Westermann, com exceção da "literatura sapiencial, o encontro com o Deus-redentor é uma constante em todas as partes do Antigo Testamento, estando presente em numerosos contextos da vida de Israel, e isso como se fosse uma atualidade concreta (Js 2.10; 24.5-7; Jz 6.13; 1Rs 12.28)".[543] Devemos ter em mente que o "Sopro-Espírito de Deus é, na Bíblia hebraica, a ação de Deus", sendo, conforme já dissemos, "aquilo pelo qual Deus se manifesta agindo antes de

---

541 WELKER. *O Espírito de Deus*, p. 91.
542 Ibid. (grifo no original).
543 WESTERMANN. *Fundamentos da teologia do Antigo Testamento*, p. 49.

CAPÍTULO 4 – Pneumatologia | 567

tudo para conceder a animação, a vida, e isso no plano daquilo que chamamos de natureza", como efeito da ação resultante da *presença contínua* do Espírito Santo e, "em seguida, aquilo pelo qual Deus conduz seu povo, suscitando para ele heróis, guerreiros poderosos, reis, líderes (Moisés, Josué), profetas e, enfim, sábios",[544] mediante a ação resultante da *presença extraordinária* do Espírito Santo. É surpreendente achar que todas essas diferentes funções de liderança, com pessoas e indivíduos tão distintos, muitas em épocas distantes e em contextos diversos, deveriam ser iguais para que pudessem ser vistas como legítimas ou padrões para a vida do povo de Deus. O não ter experiência, em casos de liderança veterotestamentária, é a exceção; ter experiência com o Espírito Santo é regra. Contudo, reivindicar que tal só poderia ser assim se houvesse uma experiência-padrão que proporcionasse o controle, ou verificação, por parte dos teólogos é um critério simplesmente antibíblico, pois sabemos, pelos inúmeros exemplos escriturísticos, que a capacitação carismática consiste em uma experiência especial, intransferível e pessoal. Justamente por isso, especialmente em Josué 1—11, percebemos uma parceria divino-humana, pois por meio de guerras "a terra que fora prometida ao saírem do Egito é conquistada para servir de pátria permanente", o que mostra, na verdade, que tal parceria se estende e, justamente por isso, as "narrativas adotam o caráter etiológico que esclarece algo a respeito do país ocupado".[545] A ideia é "justificar" o porquê da desocupação da terra e a subsequente ocupação pelo povo de Israel e, ao mesmo tempo, mostrar a fidelidade divina à medida que a nação eleita cumpria sua parte da aliança de Êxodo 23 (cf. Josué 23:14), no tempo de Moisés, que foi confirmada pelo povo em Siquém, já sob a liderança de Josué, conforme Josué 24:1-28. Essa etapa ainda pode ser vista como uma transição para o período posterior dos juízes que se instaura a partir de então.

Um ponto a ser destacado é que, desde o início de sua liderança, Josué recebeu do próprio Deus uma mensagem clara de encorajamento e garantia de que estaria com o sucessor de Moisés. Contudo, havia uma condicional: Josué deveria ser firme e corajoso para colocar em prática toda a Lei que Moisés havia lhe passado, não se desviando dela nem para a direita nem para a esquerda, devendo Josué manter o livro da Lei em seus lábios, meditar nele

544 CONGAR. *Revelação e experiência do Espírito*, p. 30.
545 WESTERMANN. *Fundamentos da teologia do Antigo Testamento*, p. 66.

dia e noite, para normatizar a práxis, isto é, a forma de pensar e agir tanto sua quanto do povo (Josué 1:7-8). Dada a nossa mentalidade religiosa e, por vezes, legalista, há uma tendência de olhar para esse texto como se sua prescrição dissesse respeito unicamente a preceitos morais e cúlticos — o que, obviamente a Lei continha —, todavia a ideia de ser firme para não pender nem para um lado nem para outro refere-se à imparcialidade. A coragem de executar de forma igualitária a Lei, sem favorecer ou prejudicar quem quer que seja, era algo que demandava coragem e firmeza. Josué não deveria se acovardar, até porque não faria isso sozinho, pois o Senhor Deus estaria com ele. Apenas para se ter uma ideia de como a "justiça social" é um "assunto [...] muito amplo na Lei" e trata de todas as áreas, diz o biblista pentecostal Esequias Soares, ela "legisla sobre a necessidade de ser benevolente com os necessitados (Dt 24.14), estabeleceu que o patrão deve cumprir suas obrigações com o assalariado (v. 15), entra também na questão jurídica sobre aquele que violar a lei (Dt 24.16)"; "ordena respeitar o direito do estrangeiro e do órfão e não aceitar como penhor a roupa de alguém nem emprestar dinheiro com usura (Êx 22.22-27; Dt 24.17)"; dá permissão ao "pobre [para] entrar [e] comer até fartar-se na vinha e em qualquer plantação do próximo, desde que não leve embora na cesta (Dt 23.24,25)".[546] O biblista acrescenta que, a despeito de a servidão dos próprios hebreus ter sido proibida, o que acabou se tornando "comum com o passar do tempo [foi] o fato de a própria pessoa se vender como escravo ao seu irmão; mesmo assim, a Lei manda libertá-lo no sétimo ano (Êx 21.2; Dt 15.1-18), estabelecendo a administração da justiça nos tribunais (Dt 16.18-20)".[547] Trata-se da garantia do processo de libertação iniciado havia oitenta anos, desde o êxodo. Justamente por isso, havia muitas advertências a respeito do perigo de submeter-se à cultura dos outros povos, pois, entre outras coisas, a sedução idolátrica os faria desprezar a ética da Lei naquilo que ela era mais fundamental, colocando-se novamente debaixo do jugo da servidão, tornando-se, portanto, outra vez escravos, perdendo o senso de justiça, terminando por desprezar a Lei e pisando no próximo (Josué 23:15-16; Juízes 2:17). Infelizmente, conforme já sabemos, foi exatamente isso que aconteceu ao povo escolhido, daí a necessidade de haver carismáticos, conforme veremos.

---

546 Silva. *O ministério profético na Bíblia*, p. 55.
547 Ibid.

CAPÍTULO 4 – Pneumatologia | 569

Há um aspecto desse problema que precisa ser ressaltado, mas é preciso explicá-lo de forma muito responsável para que não haja distorções do que será exposto, pois incrivelmente, em nome da "valorização das Escrituras", há um desprezo pelo Espírito Santo que as inspirou. Não é difícil observar que, a despeito de ter a Lei, o povo constantemente se desviava. Após a morte de Josué, entramos, portanto, no período dos juízes, cuja duração, ou extensão, pode ter sido de trezentos a quatrocentos anos. O que a narrativa apresenta como "justificativa" para tal desvio é o fato de que se levantou outra geração que não "conhecia" o Senhor nem o que ele fizera em Israel (Juízes 2:10). Tal "conhecimento" é de que ordem? Histórico? Teológico? Os questionamentos não são despropositados, pois, como já temos insistido desde o início, nossa noção de saber ocidental é muito centrada no aspecto conteudista, livresco e cognitivo. Todavia, no antigo Oriente Médio e, particularmente, para Israel, essa forma de conhecimento tão restrita é estranha. O verbo hebraico *yādha'*, por exemplo, um dos mais utilizados, "significa saber, aprender, perceber, discernir, experimentar, vivenciar, confessar, considerar, conhecer pessoas relacionalmente, saber fazer, ser habilidoso, ser informado, tornar-se conhecido, dar a conhecer". Todavia, o "significado simples, conhecer, é a sua mais comum tradução, nos seus oitocentos ou mais usos", e um dos "usos primários significa conhecer de maneira relacional e experimental", referindo-se "a conhecer ou não conhecer pessoas (Gn 29.5; Êx 1.8) pessoalmente, ou por reputação (Jó 19.13)", diz o *Dicionário hebraico do Antigo Testamento de James Strong*. Esse léxico acrescenta ainda que tal "palavra também se refere a conhecer uma pessoa de maneira sexual (Gn 4.1; 19.5; 1Rs 1.4)", pois, no que se refere a Deus, diz que as "pessoas sabiam por experiência (Js 23.14) que Deus guardava as suas promessas" e, por isso mesmo, acrescenta, "este tipo de experiência podia levar ao conhecimento mediante a confissão (Jr 3.13; 14.20)".[548] Evocamos aqui, uma vez mais, o que diz o teólogo pentecostal Mark McLean, ao nos lembrar, em consonância com Strong, que a "palavra hebraica que representa 'saber' é *yadda*, e frequentemente significa conhecer pela experiência, por contraste com o saber fatos históricos". Tal tarefa, ou seja, "Revelar Yahweh mediante a experiência pessoal[,] era obra do Espírito Santo na vida dos santos do Antigo Testamento, bem como na vida dos do Novo Testamento".[549] Portanto, tal particularidade não é algo de pouca

---

548 *Bíblia de estudo*, p. 1675.
549 McLean. "O Espírito Santo" in: Horton (org.). *Teologia sistemática*, p. 392.

importância, pois sem os carismáticos e a experiência, mesmo havendo a Lei, o povo não tinha "conhecimento de Deus" e, consequentemente, se desviava, conforme podemos ver em Juízes 2:11-23, cujo versículo 17 fala que o povo se "prostituía", isto é, "conhecia" outros deuses, conforme um dos sentidos do verbo conhecer, no hebraico, para intercurso sexual. Como afirma o teólogo pentecostal Stanley Horton, acerca do não conhecimento da nova geração,

> Isso não significa que esses jovens nunca ouviram falar sobre o Senhor ou sobre os milagres. Sabiam a respeito do livramento do cativeiro egípcio. Sem dúvida alguma, tinham ouvido repetidas vezes a história da queda de Jericó. Mas a palavra *conhecer* (Juízes 2.10) significa mais do que "saber a respeito de". O fato trágico é que, embora tivessem ouvido falar dessas coisas, não conheciam pessoalmente ao Senhor. Nada tinham visto do seu poder milagroso em suas próprias experiências.[550]

É interessante compreender que, mesmo não estando mencionado, as tribos de Israel tinham "uma liderança estabelecida, na forma de anciãos e sacerdotes", diz o mesmo autor, acrescentando que "esses eram de pouca ajuda", pois, infelizmente, eles igualmente "eram, na maioria das vezes, influenciados pelos costumes cananeus".[551] Como forma de exemplificar, o mesmo teólogo pentecostal diz que rápida "comparação entre Juízes 10.6,7; 13.1 e 1Samuel 4.18; 7.1 demonstra que os 40 anos do sacerdócio de Eli em Siló coincidiram parcialmente com o juizado de Jefté em Gileade e de Sansão em Dã", querendo com isso dizer "que a permissividade e a influência pagã, que caracterizavam Eli e seus filhos, eram por demais comuns durante todo aquele período", pois, mesmo tendo decorrido um bom tempo entre a afirmação de Juízes 2:10, o texto do "livro dos Juízes declara [outras] duas vezes", completa Horton, "que 'cada qual fazia o que parecia direito aos seus olhos' (17.6; 21.25)".[552] Como é possível presumir, mesmo sendo capacitados carismaticamente, isso não significa, em hipótese alguma, que essas lideranças suscitadas por Deus eram perfeitas e não cometiam pecados, erros e desvios. "Até mesmo os que Deus escolhera, para ajudar e livrar o povo durante esse período, não estavam

---

550 HORTON. *O que a Bíblia diz sobre o Espírito Santo*, p. 34.
551 Ibid., p. 34-5.
552 Ibid., p. 35.

CAPÍTULO 4 – Pneumatologia | 571

totalmente isentos de suas fraquezas", explica Horton, dizendo o óbvio, mas o "Espírito Santo operava, às vezes, a despeito delas". Como que agindo de forma paradoxal, "Deus escolhia pessoas que não eram importantes nem famosas, a fim de deixar claro que o poder era dele, e não dos homens", ou seja, "Deus frequentemente escolhe os humildes e desprezados como seus agentes, para trazer libertação e a restauração espiritual",[553] conforme o apóstolo Paulo diz em 1Coríntios 1:27-29. Essa é uma das questões muito utilizadas por teólogos cessacionistas para inibir a tradição carismático-pentecostal, criando uma falsa dicotomia entre dons e fruto do Espírito Santo. Dizem que a igreja de Corinto era a mais "carismática" e também a mais "carnal" do Novo Testamento. Contudo, como já deixamos claro desde o primeiro capítulo desta nossa obra, tal conexão não é "automática", como parecem dar a entender alguns teólogos, intentando criar uma aversão aos dons do Espírito Santo como se estes ocupassem o lugar do fruto. Tal expediente é desonesto e não faz jus ao que já temos estudado até aqui sobre os resultados da *presença extraordinária* do Espírito Santo. Conforme veremos no capítulo 8, ao tratar da soteriologia, o processo de santificação tem dois momentos, e o segundo deles é diuturno e contínuo, pois, se Deus chamasse apenas os perfeitos para cooperar em sua obra, certamente teríamos uma Bíblia apenas com os Evangelhos, pois, em termos de seres humanos, somente o Senhor Jesus Cristo foi homem perfeito. A liderança carismática não era, e não é, perfeita.

Outra questão que é preciso compreender, desde já, é que, mesmo numa perspectiva sociológica e antropológica, é importante evitar determinadas generalizações decorrentes de tempos muito posteriores, pois suscitar lideranças carismáticas não significa, em hipótese alguma, que Deus tinha preferências ou "preferidos", levantando uma casta especial, ou seja, "Iahweh não estava vinculado com um grupo profissional através do qual 'ele' se ligava secundariamente a Israel como um todo", pois, conquanto, por um lado, seja "verdade que os sacerdotes levíticos constituíam uma espécie de quadro de liderança intelectual no corpo de Israel", por outro, "eram servidores de todo o povo, e o vínculo de Iahweh é, antes de mais nada, com Israel e só secundariamente com os levitas como funcionários do sistema social global". Por isso, sobretudo no livro de Josué, vemos que "Iahweh estava especialmente ligado ao exército de cidadãos quando partia para o combate", no entanto "este não

---

553 Ibid.

## 572 | TEOLOGIA SISTEMÁTICO-CARISMÁTICA

era um exército profissional, senão o povo portando armas de vez em quando",[554] diz o biblista protestante estadunidense Norman Gottwald. Isso não anula a verdade de que "Iahweh estava intimamente associado a determinados agrupamentos funcionais da população com qualidade de membros fluida (por exemplo, com os doentes, os estéreis, os famintos, o órfão, a viúva, o escravo etc.)". Contudo, diz o mesmo autor, tal associação não se dava pelo fato de que ele "fosse o Deus de um culto exclusivamente dedicado a socorrer aqueles que haviam incidido num apuro físico ou social", isto é, não era exclusivismo e preferência, mas por necessidade se identificava "Iahweh intimamente com estes subagrupamentos instáveis angustiados como exemplos notáveis daqueles, no meio da sociedade mais ampla, que eram vulneráveis ao despojamento e à morte, e 'ele' vinha em socorro deles como o Deus de todo o povo de Israel".[555] Nem essa camada "especial" Deus desejava atender, pois "a vontade de Iahweh era justamente que houvesse um sistema social no qual esse sofrimento e desabilitação fossem rapidamente aliviados e corrigidos, não tanto por meio de ações caridosas para com as pessoas, quanto por meio de garantia de estabilidade progressiva de um sistema social igualitário funcionalmente eficaz".[556] Como pode ser visto, a ideia era que vigesse em Israel um sistema ordeiro e justo, como um microcosmo, para que os povos em derredor fossem emulados a imitá-los, pois, de acordo com as perguntas retóricas, os povos iriam se admirar da acessibilidade divina e a da justiça da Lei dada por Deus a Israel (Deuteronômio 6:5-8). Portanto, é necessário contrastar a nação eleita com os povos ao redor:

> O princípio segundo o qual a atividade do deus supremo na natureza, na história e na sociedade é esclarecida à comunidade por oradores legalizados manifesta-se por todo o antigo Oriente Próximo. A característica peculiar no primitivo Israel é que o orador em nome de Iahweh tem papel social definido dentro da ordem intertribal não estatista antes do que como funcionário na ordem estatista centralizada. Conquanto exista possibilidade de que na literatura do antigo Oriente Próximo alguns testemunhos de religião pré-estatista ou tribal estivessem incluídos na cultura politicamente dominada a que as

---

554 GOTTWALD, Norman K. *As tribos de Iahweh: uma sociologia da religião de Israel liberto 1250-1050 a.C*, 3. reimpr. (São Paulo: Paulus, 2016), p. 690.

555 Ibid., p. 690-1.

556 Ibid., p. 691.

religiões sobrevivem, à medida que tenho podido determinar, os deuses supremos do antigo Oriente Próximo, com exceção de Iahweh, sempre são adjuntos de sociedades politizadas. Por todas as partes, ideias de deuses têm chegado a um acordo com governos centralizados e também com estratificação social; consequentemente, os deuses são autenticadores supramundanos da ordem política e social na qual uma minoria de membros da sociedade domina a maioria. Apenas no caso do Israel mais primitivo é que temos um sistema religioso "nacional" claramente articulado, isto é, culturalmente compreensivo, no qual os intérpretes da divindade não reconhecem um governo central ou a divisão da sociedade em camadas privilegiadas e não privilegiadas.[557]

Mais uma vez, destacamos que se, por um lado, há alguma semelhança superficial de Israel com os povos do antigo Oriente Médio, por outro, as diferenças são substanciais, pois inicialmente não havia classe privilegiada alguma na religião israelita. Para Gottwald, é significativo o fato de que tais "funções e cargos sejam descritos constantemente como não estatistas, se não realmente antiestatistas", pois a "aliança é entre Iahweh e Israel, e, mesmo quando um só relato fala sobre 'uma aliança contigo [Moisés] e com Israel' (Êx 34:27), ela não representa Moisés como algo diferente do papel de intermediário", por isso o "mecanismo para articular a vontade de Iahweh na comunidade é um mecanismo de papéis de liderança difundidos".[558] Sendo assim, os "anciãos aplicam as interpretações correntes da lei a casos que exigem decisão judicial e realizam decisões de acordo geral para a guerra e para a paz", ao passo que os "sacerdotes ensinam a interpretação contemporânea das instruções da divindade". Também levantam-se "líderes militares para comandar as forças de uma ou mais tribos, em defesa da ordem intertribal", e no "tempo da crise filisteia, aparecem profetas que incitam o povo a que defenda Israel contra o seu inimigo mais perigoso até essa data".[559] Mesmo Israel tendo esses vários tipos de liderança, diz Norman Gottwald, todos eles "propendiam a ser validados em termos de legitimação mosaica; nenhum deles, porém, era autoritário no sentido estadista ou burocrático", ou seja, cada um deles "era uma ou outra forma de autoridade tradicional ou carismática", mas,

---

557 Ibid., p. 691.
558 Ibid.
559 Ibid.

## 574 | TEOLOGIA SISTEMÁTICO-CARISMÁTICA

ainda assim, o "chamado 'juiz' militar carismático, descrito às vezes como um elemento arbitrário excêntrico na ordem tribal (frequentemente como prova de intervenção 'sobrenatural' em Israel)", por exemplo, "enquadra-se comodamente na liderança intertribal do tipo de 'homem importante', ou seja, a pessoa que tem função legítima *ad hoc*, demarcada por formas existentes de liderança tradicional".[560] Para o teólogo batista, "nas discussões dos juízes 'carismáticos' que agem supostamente de forma livre e independente, muitas vezes se passa por alto o fato de que a maior parte deles inicia seu 'julgar' quer na base de um cargo tradicionalmente sancionado, que eles já ocupam" (p. ex., "Aod como a quem os israelitas se dirigem 'para julgamento', Sansão como um nazireu"), "quer na base de um mandato direto por parte daqueles que ocupam cargos tradicionalmente sancionados (Barac convocado por Débora, Jefté nomeado pelos anciãos de Galaad)".[561] Assim, mesmo em uma perspectiva não teológica, e sim sociológica, fica evidente que a ideia não era dominar o povo, mas servir-lhe, assim como o povo não deveria pensar em dominar os outros povos, mas ser um reino de sacerdotes.

> É opinião comum que um mapa convincente das formas e jurisdições de liderança pré-monárquica ainda precisa ser traçado, uma vez que a disputa continua a fervilhar em torno dos diversos cargos a que se alude nas tradições primitivas. O que é evidente, entretanto, é que, quando se adiciona o corpo total das tradições pré-monárquicas, elas indicam um pleno acordo geral impressionante entre os funcionários tribais descentralizados (não importa como seus papéis eventualmente sejam definidos) no que diz respeito ao *status* da relação entre Iahweh e Israel. De uma maneira ou de outra, eles falavam sobre a premência de fortalecer o sistema intertribal tanto no plano interno como no externo. Na prática, isto significa aumentar ao máximo as instituições e formas de relações sociais que incrementavam a autonomia cooperativa das famílias extensivas e das associações protetoras de famílias. Significava igualmente aumentar ao máximo a cooperação militar intertribal nos planaltos de Canaã. Os oradores em nome de Iahweh, no período pré-monárquico, declaravam que a ordem tribal de Israel constituída pela aliança devia ser fortalecida e sustentada pela prática e tradição cúltico-ideológicas unificadoras, bem como pelas instituições

---

560 Ibid., p. 691-2.
561 Ibid., p. 692.

sociais e militares de socorro mútuo, nas quais a liderança comunal achava-se amplamente difundida a fim de impedir que tendências autoritárias hierárquicas se arraigassem.[562]

De forma diferente, em uma época distinta, é possível visualizar claramente, mesmo em visões até opostas à nossa, que a *presença extraordinária* do Espírito Santo sempre suscita aquilo que é útil, como disse Paulo, ao falar da diversidade dos dons carismáticos. As lideranças não recebiam a capacitação carismática para uso individualista ou para si, mas para servir, primeiramente a Deus, realizando o propósito divino no desenvolvimento da história da salvação, seguindo a economia divina. Por isso, os "juízes", diz o teólogo pentecostal Stanley Horton, "não eram simplesmente heróis nacionais" no sentido comumente entendido de "heroísmo", muito menos "faziam tentativas de consolidar o seu poder e fundar uma dinastia",[563] ou seja, nenhum deles estava empenhado em construir um reino pessoal, sendo facilmente compreensível a reação de Gideão quando o povo quis fazer dele rei: "Sobre vós eu não dominarei, nem tampouco meu filho sobre vós dominará; o SENHOR sobre vós dominará" (Juízes 8:23b). As próprias pessoas capacitadas carismaticamente entendiam e tinham consciência de que "Deus era o Rei deles", ou seja, "Ele era, também, o Salvador, e o Espírito Santo atuava nos homens e nas mulheres para levar ao povo seu poder redentor e salvífico, e para governar em nome dele", pois as "vidas política e espiritual do povo estavam estritamente ligadas entre si".[564] Conforme já temos dito, no antigo Oriente Médio, e para Israel não era diferente, não existia uma dicotomia entre suas diversas atividades e áreas da vida. Sobretudo no início da formação do reino de Israel, "demonstra-se que cada parte da vida deles se relacionava com o Senhor, com o único Deus verdadeiro", não lhes sendo "permitido dividir suas vidas, no sentido de colocar a religião numa parte e os negócios e a política na outra", pois, acrescenta Stanley Horton, em absolutamente "tudo precisavam da ajuda que somente viria através do derramamento do Espírito Santo".[565] Assim, em consonância com a perspectiva de Gottwald, que reconhece que o primeiro dos juízes mencionados,

---

562 Ibid.
563 HORTON. *O que a Bíblia diz sobre o Espírito Santo*, p. 35.
564 Ibid., p. 35-6.
565 Ibid., p. 36.

## 576 | TEOLOGIA SISTEMÁTICO-CARISMÁTICA

Otniel (Juízes 3:10), "já era um herói em Israel antes de Deus chamá-lo para ser juiz", pois, "anteriormente, Otniel aceitara o desafio de Calebe, para conquistar Quiriate-Sefer (Cidade do Livro), e, em troca, receberia sua filha como esposa (Josué 15.15-17; Juízes 1.11-13)", é "provável que atos de fé e de obediência antecedam o dom do Espírito (ver Atos 5.32)".[566] Todavia, o mesmo teólogo pentecostal explica que trata-se de um equívoco teólogos defenderem "que onde lemos: 'O Espírito veio sobre ele'", referindo-se ao caso de Otniel, por exemplo, possa "ser traduzido [como o Espírito] 'estava sobre ele'", querendo dar "a entender que o Espírito Santo já estava sobre Otniel antes de o Senhor chamá-lo", pois "o verbo hebraico realmente indica a sequência histórica", ou seja, o "Espírito Santo passou a vir sobre ele e permaneceu, enquanto Otniel realizava sua obra de julgar, governar e livrar".[567] A esse respeito, diz o alemão Claus Westermann:

> Nos conflitos de libertação surge sempre o conceito do "Espírito de Yahweh" (*ruaḥ Yhwh*) que se apoderava do líder escolhido, capacitando-o para a sua tarefa libertadora: Jz 3.10; 6.33s; 11.29; 14.19; 15.14; 1Sm 11.6. A ideia básica de *ruaḥ* é soprar fortemente pelas narinas, daí o sentido de hálito, de vento, de ar expelido contendo força constatável. Em Jo 3.8 topamos com a mesma raiz etimológica. O Espírito de Deus exerce ainda o seu papel no profetismo extático, caindo sobre o homem, causando-lhe o arrebatamento profético (1Sm 10). No profetismo literário, a menção do Espírito de Deus é mais rara. Para os tempos escatológicos este Espírito de Deus é objeto de promessa em benefício tanto do Salvador prometido (Is 11.2; 42.1; 61.11), quanto do povo em geral (Is 32.15; 43.36; 59.21; 63.11; Ez 36.26s; 37; Jl 2.28; 3.1). A *ruaḥ Yhwh* vira conceito estático (Is 11.1; Jl 3.1), identificando-se aos poucos com qualquer tipo de ação divina (Ne 9.30; 2Cr 15.1; 24.20; Zc 7.12). Em o Novo Testamento ocorrem ambas as acepções, a dinâmica e a estática.[568]

É justamente nesse sentido que percebemos que a tradição carismático-pentecostal encontra maior honestidade, no trato com o texto bíblico, em teólogos não carismáticos, dialéticos e até críticos, mas, infelizmente, não se verifica o

---

566 Ibid., p. 37.
567 Ibid., p. 36-7.
568 WESTERMANN. *Fundamentos da teologia do Antigo Testamento*, p. 87-8.

CAPÍTULO 4 – Pneumatologia | 577

mesmo por parte daqueles que, dizendo-se defensores da autoridade bíblica — afirmando ser inadmissível que haja experiência com o Espírito Santo nos dias de hoje, pois isso subverte a suficiência das Escrituras —, negam questões básicas como essa que vimos na reflexão de Stanley Horton, simplesmente por compromissos extrabíblicos e até antibíblicos, como é o caso do cessacionismo. Como não considerar que, a despeito de os ministérios de alguns juízes coincidirem entre si e de outros receberem pouca atenção no livro — "(Tola, Jair, Ibzã, Elom e Abdom)", por exemplo, enquanto, por outro lado, denota claramente, como nos demais documentos das Escrituras, que "a intenção do livro não é dar [um] relato completo" —, o texto dedica explicitamente "sua atenção sobre os juízes que foram, conforme declarações específicas, movidos pelo Espírito Santo"?[569] Como ignorar que tal peculiaridade — a capacitação carismática — transmite uma mensagem que vai ficando cada vez mais evidente à medida que avança a história da salvação? "Alguns supõem que a atuação do Espírito Santo sobre esses juízes era somente na esfera física" e, a respeito disso, os "Targuns judaicos até mesmo falavam do Espírito Santo sobre os juízes como 'o Espírito do heroísmo". Todavia, diz o mesmo teólogo pentecostal, "fica evidente em muitos casos [...] que os juízes fizeram mais do que ganhar vitórias e realizar proezas", ou seja, eles igualmente "julgavam ou governavam o povo, e refreavam a idolatria". Para cumprir tal missão, finaliza Horton, "precisavam de sabedoria, entendimento e conhecimento, mediante o Espírito do Senhor", pois a "salvação e a redenção, e não uma mera vitória sobre os inimigos, eram o propósito real daquilo que o Espírito fazia através dos juízes".[570] O fato de os atores daquele momento não saberem que participavam da história da salvação, capacitados pela terceira Pessoa da Trindade, e que isso estava inserido na economia divina, mas só se revelaria mais de um milênio depois, em nada invalida a verdade de que tal empoderamento foi fundamental e que, sem esse enchimento, eles jamais poderiam levar a efeito o propósito divino. Justamente por isso, o "termo para 'profeta', no Antigo Testamento, geralmente é *nābî*', usado para 'aquele que é chamado'", diz o teólogo pentecostal alemão Wilf Hildebrandt, que acrescenta que há "outros termos relacionados ao profetismo", sendo eles "'vidente' [*rō'eh*] e 'visionário' [*ḥōzeh*]".[571] A diferença desses títulos, ou nomes, indica a época em que as

---

569 HORTON. *O que a Bíblia diz sobre o Espírito Santo*, p. 36.
570 Ibid.
571 HILDEBRANDT. *Teologia do Espírito de Deus no Antigo Testamento*, p. 174-5.

expressões eram empregadas e mostra que o exercício profético manifestou-se muito cedo, não somente em Israel, mas já entre os patriarcas.

O primeiro desses casos refere-se ao período da peregrinação de Israel. Trata-se de Balaão, que, para o teólogo alemão Walther Eichrodt, é claramente um "*rŏ'eh* ou *ḥōzeh*", pois reúne as características desses "homens que, como seu próprio nome indica, 'veem' mais que os demais mortais, e não somente o futuro, mas também o oculto em geral". Por isso, o teólogo cita o texto de Números 24:3b-4, que menciona a "parábola" de Balaão: "Fala Balaão, filho de Beor, e fala o homem de olhos abertos [exteriores]; fala aquele que ouviu os ditos de Deus, o que vê a visão do Todo-Poderoso, caindo em êxtase e de olhos abertos". Para o referido teólogo alemão, estamos, "claramente, diante de gente que possui o dom do discernimento, como pode se confirmar com certeza nos tempos antigos e também nos mais modernos". Em razão disso, "são designados também *'iš 'lōhim*, no sentido de participantes do poder divino e iniciados na esfera divina".[572] O exercício do "dom da clarividência pode traduzir-se em fenômenos psíquicos díspares: pode vir acompanhado de transtornos da consciência de tipo extático, como [...] parece [ter sido] o caso de Balaão", diz Eichrodt, explicando que Balaão "cai ao solo meio inconsciente com os olhos fechados e tem assim experiências de visões e auditivas; mas também pode dar-se em estado totalmente consciente ou, enquanto o vidente dorme, em forma de sonhos, como parece ser o caso de Samuel",[573] conforme o relato de 1Samuel 3:1-14. O mesmo teólogo alemão informa que tais "detalhes, também os encontramos no paganismo; e o próprio Antigo Testamento reconhece, com absoluta neutralidade, que os adivinhos dos filisteus eram capazes de antecipar acertadamente o futuro (1Samuel 6:2s), assim como considera inspirado pelo mesmo Yahweh a Balaão, que vem de Edom". Em termos diretos, é possível mais uma vez constatar "que a antiga religião israelita e as instituições religiosas pagãs guardam, na sua forma, um grande parentesco". Contudo, como já temos reiteradas vezes insistido, a despeito das semelhanças superficiais, tais semelhanças eram apenas na "forma", pois recebiam um "conteúdo novo".[574] Algo importante a ressaltar é que "o vidente israelita não surge para satisfazer aos pequenos assuntos e desejos, com os quais o povo costuma recorrer a seu saber sobrenatural; sua tarefa está em

---

572 EICHRODT. *Teologia do Antigo Testamento*, p. 263.

573 Ibid., p. 263-4.

574 Ibid., p. 264.

CAPÍTULO 4 – Pneumatologia | 579

defender a herança da época mosaica, bem como em fazer valer o culto a Deus segundo a concepção de Moisés contra as influências estrangeiras".[575] É justamente nesse "ponto, no conteúdo da consciência que se tem de Deus, [que trans]parece uma profunda diferença, apesar das semelhanças que há na forma externa, com a paixão por Yahweh, o Deus santo, que busca objetivos morais, o Deus dos Pais, [pois] sua tarefa é, com frequência, grande, sagrada e de importância para a história universal".[576]

A despeito da observação de Eichrodt, o biblista pentecostal Esequias Soares diz que o "pagamento por consulta pessoal era comum no limiar do ministério profético em Israel", como pode ser visto numa "nota do próprio escritor sagrado (1Sm 9.9), [que] mostra ser [essa] uma prática antiga", pois "Saul achava que não seria atendido sem levar presente ao homem de Deus, mas tudo indica ser uma prática aceitável (1Sm 9.8)". Este, continua o mesmo autor, "não é um único caso no Antigo Testamento de alguém ofertar algo para o profeta numa consulta pessoal", visto que "Naamã levou presente para Eliseu (2Rs 5.15)", e "Ben-Hadade mandou levar presente ao mesmo profeta (2Rs 8.8)". O referido autor finaliza com a informação de que, nesse tempo, "os profetas eram chamados videntes (1Sm 9.9)".[577] Nesse sentido, Eichrodt também observa que não se pode mesmo ignorar que em alguns casos a prática se apresenta também em Israel, isto é, entre os videntes autorizados por Deus, ao se lidar com assuntos de grande importância — eventos histórico-redentores ou histórico-salvíficos — e com questões "pequenas", ou de menor importância, ressaltando, todavia, seu propósito. "Samuel sabe como as mulas se perderam e, segundo o que conta o criado, com frequência ocupa-se de semelhantes bagatelas, mas também sabe que Saul foi designado para o trono real", diz o teólogo protestante alemão, reconhecendo que havia um objetivo maior. Este igualmente pontua que "não se considera repreensível o cumprir uma tarefa por uma recompensa modesta", aludindo certamente a Samuel, mas também chama a atenção para o fato de que "alguns videntes célebres, como Balaão, o fazem por verdadeiras fortunas".[578] Ao se falar de Balaão, um falso vidente, ou falso profeta, que acabou sendo "usado" pelo Espírito Santo para proferir o que não queria acerca do

---

575 Ibid., p. 264-5.
576 Ibid., p. 265.
577 SILVA. *O ministério profético na Bíblia*, p. 24.
578 EICHRODT. *Teologia do Antigo Testamento*, p. 264.

povo escolhido, aventa-se, inclusive, o êxtase, que, sabemos, não consta no texto de Números 24:4, sendo um acréscimo dos tradutores; pelo contexto, presume-se o fenômeno. Ao se fazer alusão a Saul — que sabemos claramente ter experimentado o êxtase (1Samuel 10:1-13), não por sua própria vontade e decisão, observe-se, mas por determinação divina — temos, claramente, mais uma situação que evidencia a necessidade de capacitação carismática, tornando-se imperioso abordar, ainda que de forma muito breve, esse aspecto que, geralmente, é muito incompreendido e cercado de preconceitos. A importância de abordar esse assunto aqui se deve ao fato de que, na tradição carismático-pentecostal, tais experiências são comuns e também objeto de contestações e críticas por parte de tradições cristãs mais intelectualizadas. Mas isso se torna importante pelo fato de que, em termos canônicos, isto é, biblicamente falando, conforme Gerhard von Rad, "Não é possível distinguir com mais precisão as experiências que dizem respeito a um êxtase de vidente das outras formas sob as quais a revelação foi recebida".[579] Este, não há dúvida, é o aspecto mais problemático para as tradições que desprezam experiências com o Espírito Santo, dizendo "crer *só* na Bíblia".

> Os métodos da psicologia moderna ainda não permitiram uma resposta satisfatória à questão de como se poderiam definir de forma psicologicamente mais exata estes fenômenos interiores e outros semelhantes que se produzem com os profetas. A concepção, segundo a qual se deveria classificá-los como estados "extáticos", aceita pela grande maioria, depois das profundas pesquisas realizadas por Hölscher, não nos satisfaz mais atualmente, porque a noção de êxtase se evidenciou ser ainda muito vaga e geral. Sobretudo, o modo de interpretar-se essa noção levantava a suspeita de que o profeta, quando entrava neste estado, perdia a consciência de si e se tornava um instrumento sem vontade, à mercê de fenômenos que estavam além de sua personalidade. Teria sido inverter as coisas, pois na profecia o indivíduo com a sua responsabilidade e possibilidade de decisão passou a ocupar um lugar central, até então desconhecido em Israel, como em todo o Oriente antigo, quase se poderia mesmo dizer que se tratava da descoberta da individualidade. Ora, esse elemento novo se confirma justamente ao ser recebida a revelação, na medida em que os textos nos permitem reconhecer esses detalhes. Já o estilo literário em "eu", no qual as visões

---

579 Rad. *Teologia do Antigo Testamento*, p. 505.

proféticas são narradas, é uma prova disso. Esta constatação, porém, ainda não exclui a possibilidade de se admitir um "estado extraordinário de emoção, em que a consciência viva e normal da pessoa envolvida deixa de funcionar e em que toda a sua relação existencial está suspensa até o ponto de exclusão da realidade". Não poderia essa consciência normal, em tais situações, face a face com Deus e com os seus planos na história, ter-se desenvolvido a ponto de atingir uma intensidade jamais alcançada na vida cotidiana? Assim, a noção de "êxtase" parece ainda por demais formal. J. Lindblom procurou resolver a dificuldade, distinguindo rigorosamente o "êxtase da concentração" do "êxtase da fusão". De fato, nenhum profeta experimentou jamais qualquer fusão com a divindade. No entanto, a comparação estabelecida por Lindblom entre este fenômeno e certos fatos característicos da mística medieval encontra sérias objeções. Estes místicos, mesmo em suas experiências mais sublimes, permaneciam sempre no quadro das verdades dogmáticas do seu tempo, enquanto os profetas, nas visões que acompanhavam a sua vocação, eram conduzidos para além do que até então era crido. O material que nos permitiria uma exploração direta em Amós, Isaías e Jeremias é raro e não suficientemente claro. Mas o fenômeno é suficientemente documentado no nabiísmo pré-clássico, de um lado, e, de outro, Ezequiel fornece documentos mais abundantes, para que se possa, sem preconceito, chegar à conclusão de que todos os profetas tiveram, em graus diversos, anomalias passageiras da consciência e estados de superexcitação emotiva. Esse aspecto se apresenta com particular intensidade em Ezequiel, o que, porém, não constitui razão suficiente para considerá-lo um caso à parte, em comparação com os demais profetas.[580]

A questão aqui abordada tem uma importância especial, pois, se por um lado, pessoas excêntricas e, muitas vezes, descompromissadas utilizam uma suposta experiência com o Espírito Santo para legitimar falsos ensinos e desmandos, às vezes, até escândalos, dando margem a justas críticas, por outro, teólogos protestantes cessacionistas usam tal expediente para desqualificar, por atacado, e de forma generalista, sem atentar para a verdade de que, ao procederem dessa forma, até mesmo experiências legítimas são descartadas, e, pior, acabam incidindo sobre as canônicas, visto serem

---

580 Ibid., p. 499-500.

## 582 | TEOLOGIA SISTEMÁTICO-CARISMÁTICA

eventos histórico-redentores que geraram as revelações que resultaram no seu registro do que hoje utilizamos como as Escrituras, tal como elas mesmas atestam, afirmando que "Javé se comunicou aos profetas de diversos modos", conforme Hebreus 1:1, todavia é mera pretensão racionalista e, em muitos casos, preconceito, achar que é possível conseguir "obter concepções claras sobre o aspecto psíquico dos acontecimentos".[581] É bem verdade que acerca da "frequência desses momentos extraordinários, nos quais os profetas recebem a revelação, não há muito que dizer", visto que "a quantidade desses relatos de visões e audições, estilizados em forma literária grandiosa, não serve como argumento",[582] isso pelo simples fato de o texto não relatar tudo, pois esse não é o seu objetivo nem haveria condições para tanto. Justamente por isso, em muitas ocasiões, "o profeta não tinha nenhum interesse em dar forma precisa ao que tinha visto", limitando-se "então a comunicar o conteúdo das suas visões", pois, como sabemos, há "um grande número dessas mensagens que se pode facilmente constatar que se referem a acontecimentos visuais ou auditivos autênticos".[583] Para quem tem as Escrituras em alta conta, evidentemente que nem sequer se cogita a hipótese de inautenticidade de algum desses fenômenos e experiências com o Espírito, pois foram meios pelos quais os profetas recepcionaram a revelação que nos legaram na Bíblia. Infelizmente, teólogos conservadores cessacionistas que querem explicar tudo racionalmente acabam fazendo o mesmo com as experiências com o Espírito Santo e demais fenômenos no período canônico. Esvaziando assim a sobrenaturalidade, minam o mistério, reduzindo Deus a um constructo teórico. Por isso, Gerhard von Rad diz que a "pesquisa recente", lembrando que a primeira edição de sua obra é de 1957, "sobre os profetas" acerca da "questão das particularidades psicológicas na recepção da revelação passou visivelmente para o segundo plano", pois o "que se tem pesquisado mais decididamente é a estruturação especial que o profeta dava ao relato de sua visão e as tradições que também influenciaram esse relato", e tal "se justifica", completa o mesmo autor, "porque a narrativa sobre a visão já é parte constitutiva da pregação".[584] Ainda assim, é importante atentar para o que diz o autor:

---

581 Ibid., p. 505.
582 Ibid., p. 504.
583 Ibid., p. 504-5.
584 Ibid., p. 501.

CAPÍTULO 4 – Pneumatologia | 583

Confirmada a existência desses estados anormais de consciência entre os profetas, é equivocada a opinião, externada algumas vezes, de que esses fenômenos não têm nenhuma importância especial para o teólogo. Seria falsear os conteúdos essenciais da fé em Javé separá-los dos seus contingenciais relacionamentos históricos ou pessoais para valorizá-los como verdades abstratas. Que Javé tenha escolhido um espaço tão incomum no espírito dos profetas, que não tenha escolhido nenhuma das instituições então existentes para transmitir uma palavra nova a Israel, e que nesse espaço psíquico disponibilizado tenha suscitado acontecimentos tão estranhos, tudo isso deve ter o seu sentido especial e certamente não pode ser um tópico teológico sem importância. Trata-se do seguinte: nesse estado visão-audição, o profeta perde, de maneira inusitada, a ligação consigo mesmo, com os seus sentimentos pessoais de prazer e desprazer, e é introduzido na emotividade apaixonada do próprio Deus, de modo que não somente recebe o conhecimento dos planos de Deus na história, mas também lhe são transferidos certos estados afetivos do coração divino: a ira, o amor, o cuidado, o horror e mesmo a perplexidade (Os 6.4; 11.8; Is 6.8). Seja lá o que tenha sucedido nos sentimentos de Javé, algo disso passa para a psique do profeta e o preenche de tal forma que praticamente não aguenta mais. Em oposição à *apátheia* [*grego*: apatia, insensibilidade] do estoico, Heschel diz que o profeta era o *homo sympathetikos* [ser humano compassivo]. Esta "simpatia" profética implica um elevado grau de entrega de si mesmo, sem todavia chegar, como no caso dos místicos, à fusão com Deus. A união com Deus se limita ao emocional. A partir do momento em que se observa esse fenômeno na sua perspectiva eminentemente teológica, surge a dúvida se para tanto o profeta precisava ser preparado psiquicamente ou se, afinal, essa preparação era mesmo possível. Em Jeremias e Ezequiel, esta introdução nos estados afetivos de Deus atingiu um grau supremo, mas em si o fenômeno ocorre entre a maioria dos profetas. Esse modo extraordinário de receber a revelação, portanto, não tinha um fim em si mesmo e, menos ainda, proporcionava a realização da presença de Deus junto ao profeta; a finalidade era equipar o profeta para o seu ministério. Por outro lado, essa recepção da revelação permaneceu sempre um assunto apenas daquele respectivo profeta. Através dela o profeta se eleva bem acima dos outros, participa do conhecimento dos planos divinos, mas não se cogita de considerar normativa para outros essa sua existência diante de Deus. Nenhum profeta jamais conduziu ou exortou os seus contemporâneos a se elevar a uma experiência de Deus tão imediata quanto a sua. Joel é o primeiro a exprimir a expectativa de um dia todo o Israel tornar-se como aqueles indivíduos carismáticos esporádicos (Jl 3.1ss [2.28ss]).[585]

Essa é a argumentação de um autor alemão não carismático sendo simplesmente sincero diante dos dados escriturísticos. Se lhe falta um tato mais fino a respeito da questão carismática, não há necessidade alguma de descartar o seu importante trabalho em razão de tal particularidade, pois esse tratamento deve ser dado por quem profere a fé numa perspectiva carismático-pentecostal. Ou seja, o importante para nós é que ele, desinteressadamente, considera o mesmo que defendemos na tradição carismático-pentecostal, pois, na realidade, seja como for que se interprete, havia uma capacitação carismática para o exercício do ministério profético, e o êxtase, ou outro sinal, é uma realidade em algumas dessas experiências. O fato da impossibilidade de se explicar ou reproduzir o estado mental, ou da consciência, de tais pessoas não significa que o fenômeno seja espúrio, mas simplesmente que não temos condição de explicá-lo. Quanto ao fato inegável de haver no antigo Oriente Médio videntes e profetas que experimentavam o transe, e que o êxtase também era uma realidade em Israel, é importante compreender que o "termo 'êxtase' vem do grego ἔκστασις (*ekstasis*), empregado pela LXX para introduzir oito palavras hebraicas", diz o biblista pentecostal Esequias Soares, acrescentando que o termo também ocorre "sete vezes no Novo Testamento".[586] Evidentemente que, ao tratar do assunto, não há necessidade de a expressão específica estar no texto, pois, além de suas acepções, algumas negativas, referimo-nos mais à importância de um fenômeno, não facilmente reproduzível em palavras, pois, conforme já foi dito, e reiterado pelo referido biblista, a "comunicação divina veio aos profetas de 'várias maneiras' (Hb 1.1) e as suas experiências são diversificadas". Por exemplo, o "profeta Ezequiel descreve várias vezes arrebatamento dos sentidos ao receber suas visões (Ez 3.15; 8.1-4; 11.24), mas se trata de fator *ab extra* (de fora) do Espírito Santo", ou seja, reação sofrida pelo receptor em razão da *presença extraordinária* do Espírito Santo sobre ele, pois outras "vezes Deus se revelou a si mesmo ao profeta por meio do Espírito

---

585 Ibid., p. 500-1.

586 Silva. *O ministério profético na Bíblia*, p. 47.

Santo", explica o mesmo autor, aludindo às próprias palavras de Ezequiel, quando o profeta diz: "'entrou em mim o Espírito, quando falava comigo' (Ez 2.2), 'entrou em mim o Espírito' (Ez 3.24)". Em outras palavras, o Espírito Santo está "presente em todas as manifestações divinas e se encarrega da inspiração do profeta para sua transmissão ao povo".[587] Todavia, o biblista pentecostal observa, acertadamente, como já temos dito, não ter havido "nos profetas hebreus autoestimulação", isto é, eles não tomaram a "iniciativa para obter revelação e nem [há] indicação de que algum deles tenha perdido o controle das faculdades mentais e racionais", tendo, "sim, de fato, o fator externo à razão e superior a ela".[588] Esse ponto é corroborado por Walther Eichrodt, ao dizer:

> Nessa situação, era imprescindível que se afirmasse cada vez mais, *até na forma externa de sua atuação, o caráter peculiar do vidente israelita.* A diferença se dá, desde o princípio, no que se refere às instituições e meios propriamente técnicos, de tanta importância para o vidente pagão. Os gregos, tendo em conta esse aspecto, dividiam os presságios em duas classes: uns buscavam descobrir o futuro usando meios que podiam aprender-se tecnicamente, como voo das aves, os signos do zodíaco, a observação das vítimas sacrificiais, lançando sortes etc.; outros não podiam ser aprendidos, porque pertenciam a dons especiais, com base numa iluminação interior para decifrar o oráculo. A estima das pessoas verdadeiramente inspiradas pela divindade, como a pitonisa, era muito maior que a dos intérpretes de sonhos, ventríloquos e agoureiros de artes duvidosas. Chama a atenção, diante de tudo isto, que em Israel *não encontramos nada absolutamente de um verdadeiro estudo de agouros* [...] tampouco se estabelece relação entre outros meios técnicos e os antigos videntes. Desse modo, por exemplo, no caso de Samuel, ainda que a tradição seja bastante rica e devida a muitos narradores diferentes, em nenhum momento nós o encontramos utilizando artes de presságio. Nem sequer o êxtase jamais intervém em seu caso; seu saber superior lhe advém do dom de discernimento, de sonhos e de audições. Segundo as palavras de Balaão (Números 24:1s), parece que o receber oráculos divinos em êxtase foi coisa conhecida já nos tempos antigos; mas se deve observar que, nem então e nem mais tarde, utilizou-se classe alguma de narcóticos como meio de provocar

---

587 Ibid., p. 48.
588 Ibid.

o êxtase, como era o caso de Delfos; um sinal claro de que a pessoa que vivia o êxtase dava sua informação em palavras inteligíveis.[589]

Uma vez mais, insistimos na verdade óbvia de que Deus se valeu da forma culturalmente habitual do antigo Oriente Médio para comunicar-se com a humanidade, sendo possível visualizar tal expediente numa orientação divina. Por exemplo, quando Moisés apresentou-se pela segunda vez ao faraó para reiterar o pedido para que libertasse Israel, o próprio Senhor ordenou que o legislador e maior profeta veterotestamentário, quando fosse arguido pelo líder egípcio a que fizesse algum milagre, lançasse sua vara ao chão, como forma de demonstrar que Deus realmente estava com ele e que havia um pedido superior em sua reivindicação (Êxodo 7:8-10). Todavia, os magos e feiticeiros egípcios fizeram exatamente o mesmo com seus próprios bastões, ainda que a serpente de Moisés engolisse as demais dos encantadores (Êxodo 7:11-12). É no mínimo curioso observar que Deus, ciente de que os encantadores fariam exatamente o mesmo que ele mandou Moisés fazer, nem por isso deixou de utilizar esse "meio de revelação" para demonstrar ao monarca egípcio que havia um poder sobrenatural atuando em Moisés, pois os magos egípcios eram autoridades respeitadas e autorizadas pelas divindades; logo, ao assim proceder, Moisés demonstrava que era porta-voz autorizado do seu Deus. Nesse sentido, lembramo-nos de que o "pecado não pode destruir algo da criação de Deus, mas apenas dar-lhe uma *direção* apóstata", diz o teólogo reformado Herman Dooyeweerd, para quem a fé também faz parte de uma estrutura modal da experiência humana de existir, ou seja, "Tanto a fé cristã genuína quanto a fé apóstata, ou até mesmo a descrença, podem funcionar unicamente no mesmo aspecto modal da fé que é inerente à ordem temporal criada de nossa experiência". Portanto, "elas têm caráter fundamental de fé, assim como tanto a forma legal quanto a forma ilegal de comportamento têm caráter jurídico, e as formas lógicas e não lógicas de raciocínio podem apenas ocorrer no limite do aspecto lógico do pensamento".[590] O que está sendo dito pelo teólogo holandês não carismático é que o fato de alguém usar de forma ímpia, por parte de religiões pagãs, ou "apóstata", por parte de falsos carismáticos, algo que seja parte da criação original de Deus, não anula o mecanismo em si, isto é, o Espírito Santo não deixará de comunicar-se com

---

589 EICHRODT. *Teologia do Antigo Testamento*, p. 264.
590 DOOYEWEERD. *No crepúsculo do pensamento ocidental*, p. 201.

CAPÍTULO 4 – Pneumatologia | 587

a humanidade por meio da dimensão espiritual desta, da qual determinados fenômenos são parte integrante, simplesmente por conta do seu mau uso. É exatamente quanto a isso que Paulo instrui em suas cartas (1Coríntios 12— 14; 1Tessalonicenses 5:19-22), mas que a teologia protestante racionalista utiliza de forma enviesada para condenar de forma generalista as experiências com o Espírito Santo. Na verdade, o problema não está no êxtase, ou seja, um dos meios que, por sinal, nem têm uma única forma-padrão, e sim no conteúdo, pois, conforme instrui o teólogo alemão não carismático Paul Tillich,

> O termo "êxtase" ("estar fora de si mesmo") aponta para um estado de espírito que é extraordinário no sentido de que a mente transcende sua situação habitual. O êxtase não é uma negação da razão; é um estado mental em que a razão está além de si mesma, a razão não nega a si mesma. A "razão extática" continua sendo razão; ela não recebe nada irracional ou antirracional — o que não poderia fazer sem autodestruir-se —, mas transcende a condição básica da racionalidade finita, a estrutura sujeito-objeto. Este é o estado que os místicos procuram alcançar mediante suas atividades ascéticas e meditativas. Mas os místicos sabem que estas atividades são apenas preparatórias e que a experiência do êxtase se deve exclusivamente à manifestação do mistério em uma situação revelatória. O êxtase só ocorre se a mente se sentir possuída pelo mistério, isto é, sem êxtase. No máximo, há uma informação que pode ser testada cientificamente. O "êxtase do profeta", acerca do qual canta o hino e do qual a literatura profética está repleta, indica que a experiência do êxtase possui significado universal.[591]

O que temos a acrescentar acerca desse assunto e sem maiores considerações que o tema requer, mas que o espaço não permite, é que qualquer análise racionalista a respeito dele já parte equivocadamente e não pode jamais sequer concebê-lo, pois não reconhece o fenômeno; antes, o considera "grosseiro", "irracional", "primitivo" e até "demoníaco". "Declarações negativas concernentes aos profetas são muitas vezes feitas em referência ao comportamento extático", diz o teólogo pentecostal alemão Wilf Hildebrandt, informando que "Oseias serve em um período no qual os profetas são considerados tolos e aqueles com comportamento extático ('homens inspirados' Os 9:7; cf. 2Rs 9:11) são chamados maníacos". Ele cita ainda o profeta Jeremias, visto que, em

---

591 Tillich. *Teologia sistemática*, p. 124-5.

# 588 | TEOLOGIA SISTEMÁTICO-CARISMÁTICA

seu tempo, "tais 'homens loucos' que agiam como profetas são colocados em prisões (Jr 29:26)". Também acrescenta que, na "literatura recente e antiga, o relacionamento do Espírito com experiências extáticas é notado"; contudo, provavelmente "devido à associação de Espírito/êxtase, particularmente no oitavo século, há evidência de um crescente desdém pelo comportamento extático induzido pelo Espírito".[592] Conquanto "o comportamento extático seja minimizado e restringido pela predominância da 'palavra' nos escritos dos profetas, a associação do Espírito e êxtase sempre foi um fator nos círculos proféticos de Israel", ou seja, "o comportamento extático é evidenciado junto às comunidades proféticas" e trata-se de fenômeno facilmente verificado "Tanto no Antigo Testamento quanto no Antigo Oriente".[593] Portanto, qualquer interpretação que desfaça de tal fenômeno, negando que ele tenha se apresentado legitimamente em Israel, em experiências canônicas, certamente caminha em direção diametralmente oposta à esteira da dinâmica da revelação e da lógica da fé, projetando suas percepções teológicas no texto em vez de formá-las seguindo não somente o que ele diz, mas como veio a lume. Algo, porém, que uma vez mais deve ser ressaltado é que o êxtase fez "parte da antiga experiência pré-clássica dos profetas", diz Hildebrandt, porém a "atividade extática não é comum para todos os profetas antigos de Israel". Ainda que as "muitas semelhanças de experiências extáticas em várias culturas indi[quem] que isto é uma tendência antropológica e sociológica", é também igualmente verdade que a "natureza da profecia extática não é completamente clara no registro bíblico", pois "estudos antropológicos mostram que o êxtase pode ter uma variedade de manifestações, variando desde membros dançantes de seitas islâmicas, frenesi mântico e transes até expressões controladas". Por isso, em "uma perspectiva sociológica, a condição revelatória ou auditiva é uma experiência caracterizada por atividades não naturais que servem para indicar externamente influências sobrenaturais".[594]

Por causa de o fenômeno ser tão diverso e, ao mesmo tempo, comum em diversas culturas, especialistas procuram "alinhar a visão do antigo Oriente de um adivinho com algumas práticas proféticas israelitas, e, em particular, com Balaão", fazendo que "os termos: visionário, vidente, homem de Deus

---

592 HILDEBRANDT. *Teologia do Espírito de Deus no Antigo Testamento*, p. 177.
593 Ibid.
594 Ibid., p. 178.

CAPÍTULO 4 – Pneumatologia | 589

e profeta" sejam vistos como "termos técnicos da história antiga de Israel". Portanto, as ligações "entre o profeta e o adivinho ou vidente são vistas no fenômeno de êxtase", ou seja, nesse sentido, tanto "adivinhos quanto profetas foram considerados proponentes da palavra de Deus e receberam direções de Deus por meio de sonhos, objetos e sons".[595] É assim que o "termo 'vidente' [*rōʾeh*] é usado em referência a Samuel (1Sm 9:9)", como também a Balaão, pois o "vidente não é necessariamente alguém que sonha e tem visões por revelações, mas alguém que é autorizado por Yahweh a perceber uma comunicação divina para situações específicas", ou seja, o "termo 'vidente' é relacionado com a palavra 'visionário' e 'profeta' e indica, principalmente, alguém com as funções de profeta".[596] De acordo com essa reflexão, na pessoa de Débora, por exemplo, "encontramo-nos com uma mulher, na qual continuam vigorosamente vivas as ideias da religião mosaica", e o texto de Juízes 4:4, a despeito de utilizar "o vocabulário posterior, como 'profetisa'", diz o teólogo alemão Walther Eichrodt, deixa "claro que o que se buscava nela eram sentenças em casos em que a jurisdição local não funcionava e que ela decidia com a autoridade de uma vidente inspirada por Deus". Não apenas isso, pois no "canto que leva seu nome (Juízes 5) recebe o título honorífico, genuinamente antigo, de 'mãe de Israel', que ao reconhecer-lhe uma autoridade religiosa a iguala ao sacerdote, a quem dava o título de *ʾāb*, 'pai'", ou seja, a "vidente Débora desenvolveu uma rica atividade, tanto no terreno político quanto no da lei e da religião".[597] O mesmo autor diz que, não obstante a importância da juíza e vidente Débora, é importante entender que ela não era a única dessa estirpe em Israel em sua época, ou seja, Walther Eichrodt converge com Stanley Horton ao dizer que certamente havia muitos outros "juízes de tribo, de importância para assegurar a supremacia do elemento israelita em Canaã; assim também podemos considerar como o mais verossímil que não faltaram nunca personalidades com o carisma da visão".[598] E não faltavam pelo motivo já exposto anteriormente quando citamos o texto de Provérbios 29:18: "Não havendo profecia, o povo se corrompe; mas o que guarda a lei, esse é bem-aventurado". Havia necessidade do carisma profético

---

595 Ibid., p. 181.
596 Ibid., p. 182.
597 EICHRODT. *Teologia do Antigo Testamento*, p. 265.
598 Ibid., p. 266.

## 590 | TEOLOGIA SISTEMÁTICO-CARISMÁTICA

ao lado do magistério, ou do ensino, sendo ambos necessários. E isso por um motivo apontado por Eichrodt e que será retomado à frente:

> Por tudo o que foi dito, se demonstra que os videntes do primitivo Israel receberam um cunho especial e característico por sua ligação com a obra do fundador religioso, quando o israelita reconhecia na resposta do vidente coisas ocultas na vontade solícita de Yahweh, estava vendo nele algo mais que o descortinar momentâneo de um véu que o cobria; era *a continuação e confirmação de uma relação com Deus existente desde sempre*. Certamente, também o homem grego, ao ouvir o vidente de Apolo, podia ter uma ideia profunda do poder de reconciliação e ajuda do médico divino, e ver-se assim animado a render-lhe culto. Mas jamais podia ele ser base para iniciar ou confirmar uma relação exclusiva precisamente com esse deus, nem podia tampouco reconhecer em semelhantes contatos com a divindade a obra de uma vontade soberana que, conforme um plano, exercesse o governo sobre ele e sobre seu povo. De outro lado, ao atribuir seu oráculo ao Deus que se deu a conhecer, por obra de Moisés, a partir do Egito, e que era Senhor da vida nacional, ao falar em nome desse Deus, as palavras do vidente israelita apareciam como a continuação de um diálogo divino com seu povo, que encontrava seu fundamento e fim na relação de soberania de Yahweh sobre Israel, iniciada de uma vez para sempre. Precisamente porque é rei da nação, Yahweh comunica sua vontade em cada momento e com segurança (Números 21—23). E se alguma vez essa comunicação não chega, isto não se deve ao capricho de um Deus que somente se inclina para mostrar seu favor em determinadas ocasiões; é igualmente um indício certo, mas de sua repugnância pela infidelidade humana e de seu juízo ameaçador (1Samuel 3:1; 28:6). A abundância de videntes é, ao contrário, uma prova do favor do Deus da aliança (1Samuel 3:19s).[599]

Não se tratava, portanto, de algo que "concorresse" com a Torá, mas justamente o contrário, pois, deste "profundo significado que adquire o oráculo, por sua relação com a obra do fundador, estavam plenamente conscientes os videntes, ao menos os principais dentre eles". Em outras palavras, a "comunicação do saber superior de que eles desfrutavam não representava um

---

599 Ibid., p. 267.

fim em si", isto é, não se tratava do êxtase pelo êxtase, pois "viam nele *um meio para velar para que não decaísse em Israel a vigência da vontade soberana de Deus*". Portanto, "Não se tratava de um vago sentimento religioso, desencadeador de uma série de dons espirituais especiais, como observamos em outros povos"; antes, completa Eichrodt, em Israel "todos esses poderes maravilhosos se colocavam a serviço do fim específico que a nação de Israel havia recebido como parte de sua herança religiosa".[600] Na economia divina, tais eventos concorriam para que a história da salvação fosse desenvolvida e prosseguisse dentro dos padrões requeridos pela aliança do Sinai. É assim que, diz o mesmo teólogo alemão, no que diz respeito "à experiência espiritual de Israel, tem considerável importância o fato de que, desde o princípio, o êxtase operado pelo espírito, segundo se vê em seus principais expoentes, nada tem a ver com o se perder do místico na divindade", como erroneamente alguém pode pensar; antes, "aparece como um instrumento para uma atuação vigorosa em prol do Deus nacional".[601] Portanto, toda atividade carismática, quer envolvendo êxtase, quer não — apesar de o êxtase não poder ser estereotipado e visto apenas de uma forma, podendo ser mais sutil do que se presume —, tem uma única finalidade e propósito, a saber: garantir que a ética contida na Lei assegure a justiça entre o povo, pois isso significa, de fato, adorar a Deus, conforme podemos ver posteriormente em Jeremias 7:21-23 e em textos ainda mais contundentes, como o de Miqueias 6:4-8: "Ó povo meu! Que te tenho feito? E em que te enfadei? Testifica contra mim. Certamente, te fiz subir da terra do Egito e da casa da servidão te remi; e pus diante de ti a Moisés, Arão e Miriã. Povo meu, ora, lembra-te da consulta de Balaque, rei de Moabe, e do que lhe respondeu Balaão, filho de Beor, desde Sitim até Gilgal; para que conheças as justiças do SENHOR. Com que me apresentarei ao SENHOR e me inclinarei ante o Deus Altíssimo? Virei perante ele com holocaustos, com bezerros de um ano? Agradar-se-á o SENHOR de milhares de carneiros? De dez mil ribeiros de azeite? Darei meu primogênito pela minha transgressão? O fruto do meu ventre, pelo pecado da minha alma? Ele te declarou, ó homem, o que é bom; e que é o que o SENHOR pede de ti, senão que pratiques a justiça, e ames a beneficência, e andes humildemente com o teu Deus?".

---

600 Ibid.
601 Ibid., p. 271.

## 592 | TEOLOGIA SISTEMÁTICO-CARISMÁTICA

Sendo esse o propósito, é oportuno mencionar, ainda que brevemente, outro grupo de carismáticos que atuava no período teocrático, como juízes, que foi o dos nazireus,[602] sendo os mais famosos entre eles Sansão e o último juiz, que também foi sacerdote, Samuel (Juízes 13—16; 1Samuel 1:11,27-28). Os ministérios distintos de cada um deles, bem como suas diferenças de "temperamentos", por assim dizer, conquanto tenham gerado resultados diversos, ao "portador do Espírito são dados sinais de seu empoderamento, mas ele não deve se apoiar ou confiar num poder à sua disposição". De igual maneira, a esse mesmo "portador do Espírito são, inclusive, dados sinais de sua eleição como 'príncipe e salvador' do povo, mas isso se encontra relacionado com formas publicamente conhecidas de impotência". Por isso, a "corrente de vivência e experiência anteriores, a autoapresentação pública anterior da pessoa colocada a serviço de Deus tornam-se sem efeito pelo fato de, por exemplo, ele ser contagiado pelo êxtase dos profetas".[603] É possível compreender a importância de o Espírito de Deus ter agido dessa forma, à luz do que o apóstolo Paulo disse em 2Coríntios 4:7, pois, conforme podemos ver, o "tema da liderança carismática durante o período dos juízes mostra a participação ativa de Yahweh em Israel", ou seja, "Yahweh ouve os clamores de arrependimento de Israel e intervém para aliviar seu sofrimento", e faz isso libertando o povo por meio de uma pessoa a quem capacita carismaticamente ou sobre quem vem o Espírito Santo. Isso mostra claramente que "Yahweh permanece como o verdadeiro juiz e líder do povo (11:27)", pois aos "juízes que Deus envia são conferidos poderes sobrenaturais e, portanto, a Yahweh é finalmente intitulada a vitória". Justamente pelo "poder [ser] de Deus, [é que] as características e circunstâncias especiais dos indivíduos são insignificantes", ou seja, os "juízes são selecionados a despeito da posição (um nazireu ou um pária), idade ou sexo", pois o "que conta é a transformação de suas atitudes, habilidades e força" garantida pela *presença extraordinária* do Espírito Santo, isto é, o "*rûaḥ* que vem sobre eles é um poder dinâmico, explosivo, que pode apanhá-los e equipará-los para suas tarefas específicas de salvação".[604] Esse ponto merece a observação, muitíssimo utilizada por teólogos cessacionistas,

---

602 "O caráter carismático do nazireado aparece, sobretudo, no fato de que tais façanhas de guerra sejam descritas como ações do espírito de Yahweh (Jz 13:25; 14:6,19; 15:14)" (EICHRODT. *Teologia do Antigo Testamento.*, p. 271).

603 WELKER. *O Espírito de Deus*, p. 74.

604 HILDEBRANDT. *Teologia do Espírito de Deus no Antigo Testamento*, p. 136.

CAPÍTULO 4 – Pneumatologia | 593

para desqualificar a experiência com o Espírito Santo, de que pessoas carismáticas são problemáticas nos casos bíblicos e não valorizam o fruto do Espírito Santo na atualidade. A capacitação carismática significa que o "Espírito de Deus sobrevém a pessoas finitas e mortais, desce sobre elas ou as reveste",[605] diz o teólogo alemão Michael Welker. Este observa que isso não quer dizer de maneira "alguma [que] as pessoas acometidas pelo Espírito de Deus são ou acabam se tornando pessoas de ordem superior ou figuras ideais", mas justamente o contrário. Os "'carismáticos antigos' são descritos pelos textos bíblicos não só como pessoas imperfeitas, finitas, mortais, mas também como marginais, incrédulos, desconfiados, ambiciosos, que não temem nem mesmo ameaças e extorsões da parte de seus semelhantes".[606] Resta uma última questão sobre os juízes:

> Todos os juízes foram carismáticos no sentido de receber o Espírito para os seus papéis? Como, no caso da literatura histórica e de sabedoria, é aplicado o princípio de seleção aos episódios incluídos no livro de Juízes. Os juízes que têm o *rûaḥ yhwh* vindo sobre eles são de fato figuras características de salvadores que executam suas façanhas pelo Espírito. Assim, a afirmativa de R. de Vax de que a única autoridade manifesta no período dos juízes foi carismática é válida. O Livro de Juízes, contudo, nem sempre explica o que talvez seria de entendimento comum. No caso de Débora, o título de profeta ou profetisa é geralmente dado a pessoas que recebem o *rûaḥ* (Jz 4:4). Débora também exibe a grande habilidade de reunir as pessoas para as tarefas necessárias, uma habilidade que é frequentemente associada com o *rûaḥ yhwh* (Jz 4:6ss; 5:12,13).[607]

Mediante a *presença extraordinária* do Espírito Santo, isto é, por meio do "*rûaḥ yhwh*, Deus mantém a unidade de Israel por meio de libertadores carismáticos a quem ele levanta quando o arrependimento verdadeiro é exibido".[608] Se tal parece "tendencioso", por vir de um autor pentecostal, basta recorrer a outro teólogo alemão não carismático, que diz que, da "influência religiosa desses chefes, superficialmente considerados como somente políticos,

---

605 WELKER. *O Espírito de Deus*, p. 58.
606 Ibid., p. 59.
607 HILDEBRANDT. *Teologia do Espírito de Deus no Antigo Testamento*, p. 137.
608 Ibid.

## 594 | TEOLOGIA SISTEMÁTICO-CARISMÁTICA

a história popular dá testemunho, ao pôr em relação suas intervenções com a concessão do *rûaḥ* de Yahweh (cf. Juízes 6:34; 11:29)", ou seja, sem a capacitação carismática, como resultado da *presença extraordinária* do Espírito Santo, nada seriam, pois "nos homens que, segundo nossa ideia, são puramente 'seculares', é o espírito poderoso quem opera os feitos salvadores, pelos quais a nação se mantém viva". Então, acrescenta: "isto não tem por que estar em contradição com o fato de existirem algumas ocasiões naturais para sua intervenção, pois precisamente no êxito imprevisto de suas iniciativas reconhecia o israelita a ação de um poder superior". Portanto, "ao designar esse poder como *rûaḥ* convertia a seus chefes políticos em servidores diretos do Deus nacional, em instrumentos pelos quais Deus exercia sua soberania".[609] Samuel é um caso *sui generis* nesse contexto e, de certa forma, no Antigo Testamento, pois reúne em si algumas funções e representa um vórtice entre a teocracia e a monarquia (1Samuel 1—25). Uma nova fase de relacionamento entre o povo e deste com Deus tem início com a vida dele. Chama a atenção o fato de que, mesmo sendo atendidos por Deus quando clamavam, os israelitas rejeitaram a forma teocrática de governo das tribos e reivindicaram um rei assim como as demais nações (1Samuel 8:5). É imperioso, contudo, observar que a reivindicação tinha um motivo que, se não justifica a rejeição do governo teocrático, contudo seguramente a "explica": "E sucedeu que, tendo Samuel envelhecido, constituiu a seus filhos por juízes sobre Israel" (1Samuel 8:1). Infelizmente, eles não foram, assim como o pai, chamados por Deus, muito menos capacitados carismaticamente para exercer a liderança. Nesse caso, precisamos concordar que, *a priori*, não foi uma rejeição do modelo teocrático de governo, mas a inadmissibilidade de serem liderados por dois ímpios, corruptos e irresponsáveis — Joel e Abias —, que herdaram um posto imerecido de seu pai, sem, contudo, terem quaisquer compromissos com a ética e a manutenção da justiça que pautaram a vida de Samuel durante todo o período em que o pai julgou Israel e oficiou o sacerdócio (1Samuel 8:2-3). Eles usurpavam para si uma honra e uma prerrogativa que não lhes pertenciam, pois a maior prova de que a liderança carismática não era quem, de fato, decidia e comandava o destino das tribos fica explícita quando Deus disse a Samuel que não se ressentisse, pois o povo não estava rejeitando o sacerdote, juiz e vidente, ou profeta, mas, sim, ao próprio Deus (1Samuel 8:7).

---

609 EICHRODT. *Teologia do Antigo Testamento*, p. 274.

Essa transição de um regime, ou modelo, político para o outro poderia passar quase despercebida. Todavia, seguindo o *leitmotiv* que temos priorizado, olhando o texto de forma carismática, não racionalista, vemos a importância dos primeiros dezesseis capítulos de 1Samuel e quanto são cruciais para se entender a monarquia israelita e o surgimento do "profetismo" como movimento, pois, individualmente, caso "lêssemos a Bíblia sem o menor sentido crítico, deveríamos afirmar que Israel tem profetas desde as suas origens, já que seu pai de sangue e de fé, Abraão, é agraciado em Gn 20,7 com o título de profeta", diz o biblista católico espanhol José Luis Sicre Díaz. Este relembra que, posteriormente, "Moisés aparecerá como o grande mediador entre Deus e o povo, aquele que transmite a Palavra do Senhor e se transforma em modelo de todo autêntico profeta", bem como "sua própria irmã, Miriã, é profetisa (Êx 15:20)". Finalmente, "durante a marcha pelo deserto, setenta anciãos são invadidos pelo Espírito de Deus e entram em transe profético (Nm 11:16-30)".[610] O mesmo autor ressalta que "*Abraão*, ao interceder, aparece como modelo do que deve ser um verdadeiro profeta" e que "*Maria*, entoando um cântico de vitória após a passagem pelo mar dos Juncos, nos recorda a relação essencial dos profetas com os acontecimentos históricos e, de maneira especial, com a política", acrescentando a respeito de Moisés que, dada a sua grandeza, "é um caso à parte", mas que o profeta Oseias (12:14) destaca como "função específica" do grande legislador "a libertação do Egito e a condução pelo deserto", ou seja, o "profeta é o homem da ação, mais exatamente da libertação" — tema que permanece tão importante que em Lucas 24:19-21 esperava-se de Jesus que ele fosse "o libertador de Israel" —, e também é o homem que fala com Deus "face a face", diz Sicre, ressaltando que esse "aspecto da comunicação direta com Deus e da transmissão de sua palavra talvez seja o mais importante para a história da profecia", visto que a "passagem programática sobre os profetas em Dt 18:9-20 apresenta Moisés como o mediador entre o povo e o Senhor, quando Israel sente medo de ouvir a Deus diretamente (cf. Êx 20:19)".[611] Esse é o resumo do que vimos anteriormente e o *background* que está na memória do povo, cuja falta aparece claramente no texto de 1Samuel 3:1b: "E a palavra do Senhor era de muita valia naqueles dias; não havia visão manifesta". Lembremo-nos, porém, que

---

610 Díaz, José Luis Sicre. *Introdução ao profetismo bíblico* (Petrópolis: Vozes, 2016), p. 149.
611 Ibid., p. 150.

## 596 | TEOLOGIA SISTEMÁTICO-CARISMÁTICA

tal aconteceu no período do sacerdócio de Eli; portanto, a Lei continuava sendo ensinada, e o culto, oficiado. Isso indica claramente que, a despeito da importância e até necessidade dessas práticas, elas não são, *per se*, suficientes nem podem ser desacompanhadas da experiência com o Espírito Santo, conforme a tradução de *ḥāzôn*, ou seja, "*visão* (mentalmente), i.e., *sonho*, *revelação*, ou *oráculo*: — visão", conforme o *Dicionário de Strong*, que sobre a palavra "visão" ainda acrescenta:

> Substantivo masculino que significa revelação por meio de visão, oráculo ou comunicação divina. A essência primária desta palavra não é tanto a visão ou o sonho em si, mas a mensagem comunicada. Ela significa a comunicação direta e específica entre Deus e o povo mediante o ofício profético (1Sm 3.1; 1Cr 17.15; Sl 89.19[20]) ou o conjunto dessas mensagens (2Cr 32.32; Is 1.1; Ob 1.1; Na 1.1; Hc 2.2,3).[612]

São abundantes os exemplos como esse, e evidentemente que tradições intelectualizadas da fé afirmam que havia necessidade desse expediente pelo fato de a "revelação não estar completa". A questão é: Não está completa para quem? Aos que serviam a Deus naquele período, não havia falta de nada em termos de Escritura, ou seja, o Pentateuco era suficiente do ponto de vista de texto, conforme dito pelo próprio Moisés em Deuteronômio 30:11-14: "Porque este mandamento, que hoje te ordeno, te não é encoberto e tampouco está longe de ti. Não está nos céus, para dizeres: Quem subirá por nós aos céus, que no-lo traga e no-lo faça ouvir, para que o façamos? Nem tampouco está dalém do mar, para que no-lo traga e no-lo faça ouvir para que o façamos? Porque esta palavra está mui perto de ti, na tua boca e no teu coração para a fazeres". A prova de que está se falando do texto, do ponto de vista físico, pode ser claramente dada pela própria posição do Livro da Lei, ao lado da arca, conforme instrução mosaica em Deuteronômio 31:26, mostrando explicitamente que não se tratava de inexistência da "Palavra" nem falta de instrução sacerdotal ou de realização sacrificial. O que faltava era manifestação divina por meio da experiência com o Espírito Santo. Assim, o nascimento de Samuel já demarca o miraculoso e a experiência carismática, pois sua mãe "estava" estéril (1Samuel 1:5,6), fez um voto de que, se concebesse, dedicaria o seu filho por todos os seus dias (1Samuel 1:11) e, quando

---

612 *Bíblia de estudo*, p. 1630.

concebeu, cantou um hino espiritual, em forma de oração, o que indica claramente atividade extática e profética: "Meu coração se alegra com Javé, em Deus me sinto cheio de força. Agora, que eu possa responder aos meus inimigos, pois me sinto feliz com tua salvação. Ninguém é santo como Javé, não existe Rocha como o nosso Deus. Não multipliquem palavras soberbas, nem saia arrogância da boca de vocês, porque Javé é um Deus que sabe, é ele quem pesa as ações. O arco dos poderosos é quebrado, e os fracos são fortalecidos. Os saciados se empregam por comida, enquanto os famintos engordam com despojos. A mulher estéril dá à luz sete filhos, e a mãe de muitos filhos se esgota. Javé faz morrer e faz viver, faz descer ao abismo e dele subir. Javé torna pobre e torna rico, ele humilha e também levanta. Ele ergue da poeira o fraco e tira do lixo o indigente, fazendo-os sentar-se com os príncipes e herdar um trono glorioso; pois a Javé pertencem as colunas da terra, e sobre elas ele assentou o mundo. Ele guarda o passo de seus fiéis, enquanto os injustos perecem nas trevas — pois não é pela força que o homem triunfa. Javé derrota seus adversários, o Altíssimo troveja lá do céu. Javé julga os confins da terra. Ele dá força ao seu rei e aumenta o poder do seu ungido" (1Samuel 2:1b-10, Edição Pastoral).

Uma vez que, até onde sabemos, Ana não era profetisa e teve uma "experiência isolada", isso indica que a experiência com o Espírito Santo como fruto de sua *presença contínua* e, igualmente, de sua *presença extraordinária*, pode acontecer ao mesmo tempo, sendo, inclusive, programática e paradigmática, não somente contemplando pessoas designadas para o exercício específico de um ministério, antes sendo para todas. Não há dúvida de que, quando Deus resolveu renovar os quadros do sacerdócio naquele período final dos juízes, já iniciou com a atividade carismática e com quebra de determinadas regras, como, por exemplo, levantando um sacerdote não levita (cf. Deuteronômio 18:1-8; 1Samuel 1:1; 2:22-28,35), pois o fato de serem filhos de sacerdote e, consequentemente, terem se tornado sacerdotes (1Samuel 1:3) não garantiu aos filhos de Eli, Hofni e Fineias, nenhuma fidelidade, assim como coincidentemente aconteceu com os dois filhos de Samuel (1Samuel 2:12-17,29-34,36). Fé não é questão de hereditariedade, motivo pelo qual requer-se de cada um que tenha uma "experiência com Deus", conforme sempre foi ensinado na tradição carismático-pentecostal, pois a fé dos nossos pais não nos é transmitida por meio do cordão umbilical. Com tais ações, Deus mostrava que o relacionamento com ele se dava numa perspectiva cada vez menos coletiva, e mais pessoal, o que não significa que seja individualista. Isso fica muito evidente pela forma com que o texto de Juízes finaliza: "Naqueles dias, não havia rei em Israel, porém cada um fazia o que parecia reto aos seus olhos" (21:25). Não há dúvida de que o texto demonstra claramente ser de autoria de alguém do período monárquico, pois na época dos juízes não era esse o regime político. Este, porém, não é o ponto, e sim o retrato da situação que é possível depreender do que fica implícito no texto, que diz que "cada um fazia o que parecia reto aos seus olhos", ou seja, fazia suas próprias regras e vivia do jeito que bem entendia. Não havia regramento nem consciência. Fica, contudo, a dúvida: Não havia sacerdote em Israel? A Lei não era lida de sete em sete anos? Os pais deixaram de ensinar os filhos? É nesse contexto que o livro de Samuel inicia, e, então, vemos a narrativa sobre Elcana, Penina e Ana. Se as tribos estavam vivendo de forma completamente pervertida, uma família não estava, pois tinha compromisso com o Senhor (1Samuel 1:1-28). A busca por Deus, bem como o compromisso dessa família e, em especial, de Ana, nada tinham com a situação política ou religiosa de Israel, que, como pode ser depreendido, era caótica e decadente. Ela, porém, clamou a Deus, e foi ouvida, o que mostra que a relação com ele não depende, de forma alguma, da situação política que, consequentemente, afeta a todos e, muito menos, do quadro religioso. Com isso, uma nova configuração político-religiosa vai se delineando até consumar-se com a instauração definitiva da monarquia. Numa palavra:

> Esse elemento pessoal da relação com Deus está implícito também, *de modo essencial, na insistência no caráter carismático das virtudes proféticas*, diante dos que servem a religião como funcionários. Nesse caso, o indivíduo se encontra vinculado no tesouro tradicional da comunidade pelo simples fato de pertencer ao estado sacerdotal e experimenta a relação com Deus mais como sujeição a um conjunto de regras, ordens e instituições, ou seja, como algo essencialmente objetivo, sem comprometer-se em tomar decisões pessoais; em compensação, esse último é precisamente o fundamental, quando se trata da experiência individual do poder do *rûaḥ*. Mas, além disso, a consciência de funcionário, cada vez mais desenvolvida, encerra o perigo crescente de enfraquecimento do sentido da distância entre Deus e o homem, com a convicção de ter-se o direito de controlar a divindade, enquanto no profeta, como a possessão do espírito e seus efeitos, que agora estão

CAPÍTULO 4 – Pneumatologia | 599

presentes, mas logo desaparecem, a sensação fundamental é, necessariamente, *a de uma constante dependência de um poder divino* ao qual é impossível controlar.[613]

Do ponto de vista da nossa reflexão, interessa apenas mostrar o que o biblista alemão Eichrodt acaba de dizer, evidenciando claramente o problema, em relação ao Espírito Santo e, por conseguinte, à experiência carismática com ele, que se arrasta desde então até os nossos dias, que é justamente o fato de sua *presença extraordinária* ser imprevisível. Se, por um lado, a institucionalização religiosa proporciona estabilidade e segurança, por outro, gera dominação, favoritismo, corrupção e nepotismo. Não se pode, por exemplo, fechar os olhos para o fato do sacerdócio de Eli, do qual seus filhos faziam parte, não obstante serem totalmente ímpios. A despeito de terem sido advertidos, mas não repreendidos pelo pai e destituídos, acabaram julgados por Deus, conforme cumprimento da revelação e vaticínio de um profeta anônimo e do próprio Samuel (1Samuel 2:27—3:18; cf. 1Samuel 4:11-22). Quanto a Samuel, seu sacerdócio foi ilibado (1Samuel 3:19-21), mas igualmente tinha filhos reprováveis, que, mesmo assim, foram constituídos pelo pai como juízes sobre o povo (1Samuel 8:1-5). Assim, conquanto, paradoxalmente, tenha Samuel iniciado seu profícuo e amplo ministério, incluindo o profético, entregando uma mensagem de juízo para o sacerdote Eli, o seu preceptor, isso não o isentou de agir de forma protecionista em relação à sua casa em detrimento dos interesses do povo, não sem antes, de acordo com a tradição, ter dado início a uma "escola de profetas"[614] (1Samuel 10:5-13; 19:18-24). Justamente por isso, Samuel é considerado o primeiro membro do profetismo em Israel, ou seja, do "movimento profético [que] aparece, pois como um firme refúgio diante do absolutismo sacerdotal, que ameaçava como a nacionalização, a redução aos sentidos e monopolização do culto a Yahweh", convertendo-se com isso, diz Eichrodt, "no mais eficaz instrumento a serviço de Deus, para fazer valer sempre o caráter básico de sua revelação, não obstante as circunstâncias novas de um povo já estabelecido que alcançou politicamente sua maioridade, apesar das investidas da complexa gama de forças que formam a trama da vida nacional".[615] O profetismo, sobretudo

613 EICHRODT. *Teologia do Antigo Testamento*, p. 295.
614 DÍAZ. *Introdução ao profetismo bíblico*, p. 153.
615 EICHRODT. *Teologia do Antigo Testamento*, p. 295.

em seu início, tornou-se o instrumento divino para coibir os desmandos da classe sacerdotal, que, sentindo-se absoluta, interpunha-se entre o povo e Deus, fazendo com que o primeiro acreditasse que sua relação com o Criador estava condicionada à obediência aos ditames sacerdotais. Todavia, como a narrativa sobre Ana mostra no início do livro, sua oração diretamente dirigida a Deus, mesmo que posteriormente "confirmada" por Eli, acompanhada pelo relato de sua profecia em forma de cântico, já evidencia que a *presença extraordinária* do Espírito Santo não obedece a nenhuma hierarquia religiosa — mesmo porque a classe sacerdotal não foi determinada por Deus para domínio, mas para serviço — sendo imprevisível e incontrolável, vindo sobre quem ele quer. Nas palavras do biblista alemão Eichrodt:

> Mais durável foi a influência do conceito de Espírito na mentalidade religiosa, segundo o modelo demarcado pela experiência que do poder do Espírito teve o primeiro movimento profético. O impacto com que o êxtase de grupo irrompeu na vida do povo, dando um poderoso impulso à luta por Israel e por Yahweh, fez com que círculos bastante amplos sentissem a ação imediata de Deus por meio de seu Espírito como a certeza mais natural do mundo. Como consequência, as antigas ideias sobre as formas de manifestação da divindade tornaram-se supérfluas, na medida em que não se espiritualizaram. Se Yahweh estava presente em toda parte, então os relatos de seus passos pela terra já não eram imprescindíveis para o interesse religioso de sua presença. A fé na presença invisível de Deus adquiriu, desse modo, um aliado cujo valor seria difícil exagerar e que combateu eficazmente a propensão de limitação local inerente a uma concepção tão concreta e viva da pessoa divina. A transcendência de Deus tornou-se mais clara, sem que por isso fosse colocada em dúvida sua imanência.[616]

Essa é a característica mais marcante de Israel. Foi o que o preservou em tempos tão inóspitos e ameaçadores. Portanto, não faz nenhum sentido imaginar que tenha havido algum tempo em que o Espírito Santo não estivesse atuando. É bem verdade que a "inspiração carismática visando a guerra desapareceu completamente com a formação do Estado", diz Gerhard von Rad, mas tal "extinção da inspiração foi uma grande perda para Israel", pois suas

---

616 Ibid., p. 517-8.

vitórias nas guerras deixaram de ser atribuídas a Deus, isto é, o "exército se transformou numa instituição de mercenários e se mecanizou com a adoção de carros de combate". Em suma, a "guerra se secularizou!", visto que, consequentemente, "a condição privilegiada da atuação de Javé, sua direção da história e sua proteção de Israel escaparam então ao propósito da fé".[617] A dissociação que aconteceu entre liderança estritamente política, prescindindo de capacitação carismática, teve antes precedência da liderança religiosa sem tal experiência com o Espírito Santo, representando um grande prejuízo para Israel como nação, pois, conforme o mesmo autor, no exato instante "em que se extinguiu a inspiração carismática, o sacerdote ficou como o único representante e principal guarda da fé em Javé". Todavia, como todos "sabemos", completa Von Rad, "o sacerdócio não se considerou nunca carismático", o que não significa "que não se apoiasse em nenhuma autoridade, pois é difícil imaginar, mesmo no caso de um clero fortemente hierarquizado, uma vida baseada apenas na tradição e expressa de maneira puramente mecânica", fazendo que, nesse caso, a "comunicação da Torá, bem como a 'imputação' ou rejeição das oferendas apresentadas [supusessem] uma autoridade sagrada e uma perspicácia espiritual especiais". Todavia, "é preciso salientar que estas funções sacerdotais não foram nunca consideradas como efeito da *rûaḥ yhwh*", pois "a consulta aos oráculos divinos era antes uma operação técnica e não dependia de qualquer inspiração livre".[618] Foi justamente isso que fez que se levantasse o movimento profético, visto que apenas "os grandes profetas tornaram a colocar todo o domínio político na órbita da fé, afirmando que era precisamente aí que devia ser reconhecida a intervenção de Deus e sua decisão final".[619] Isso se deu pelo fato de que, diferentemente das demais nações, os reis de Israel tinham uma legislação a cumprir, a fim de assegurar a justiça social, e deviam cumprir um papel de reis vassalos, pois o verdadeiro soberano era o Criador, o Deus que libertara Israel do Egito e o chamara para ser um reino de sacerdotes (Deuteronômio 17:14-20; cf. Êxodo 19:6). Portanto, a posição do rei era de serviço, não de regalia. Jamais deveria se arvorar contra o povo e proceder de forma injusta para com Israel. A esse respeito, diz Eichrodt:

---

617 Rad. *Teologia do Antigo Testamento*, p. 100.
618 Ibid., p. 100-1.
619 Ibid., p. 100.

Pelo que foi dito, compreende-se melhor por que a partir do surgimento da monarquia, os grandes fatos políticos deixam de se relacionar com o *rūaḥ*. A monarquia introduziu-se como uma instituição permanente, tanto quanto possível, como uma linha sucessória segura, e desprovida, portanto, do caráter carismático próprio dos líderes anteriores. Retirou-se, portanto, do âmbito do inexplicável e milagroso que era a característica do *rūaḥ*. Não precisamos estranhar, pois, o fato dos carismáticos religiosos considerarem a época dos juízes como o tempo ideal da liderança divina direta, e atribuírem as vitórias daquele povo, jovem e sem aparelhagem, sobre todas as potências inimigas, à intervenção desse Espírito de vida divino que opera milagres. O deslocamento importante das forças políticas que a monarquia trouxe consigo encontra, desse modo, uma expressão religiosa, à qual recorre Isaías quando contrapõe a monarquia de seu tempo com o salvador enviado por Deus, sobre o qual Yahweh derrama a plenitude de seu Espírito.[620]

E não é o que ocorre até hoje? Queremos estabilidade, e Deus quer nos ensinar a depender dele. A rejeição do governo teocrático, em grande parte, se deu pelo fato de que a liderança não era transmitida por hereditariedade, mas pela determinação divina com a consequente capacitação carismática, levantando-se pessoas muito diferentes e, em alguns aspectos, improváveis. A vitória nas guerras dependia da situação espiritual de Israel com Deus, ao passo que, com a instituição da monarquia, acreditou-se que tal obrigatoriedade dependeria da capacidade bélica de um exército habilidosamente preparado e treinado. Quanto à vida religiosa, tornou-se algo mecânico com as oferendas anuais, sem nenhuma ideia de relação com Deus, pois passou-se a acreditar que bastava satisfazer as prescrições cúlticas, inclusive as necessárias para a "cobertura" dos pecados, que tudo estava resolvido. Esse é o saldo da institucionalização. E é contra isso que se insurge a *presença extraordinária* do Espírito Santo, com as experiências diretas com as pessoas, independentemente de elas serem ou não oficiais, lideranças institucionais etc. É justamente isso que sempre representou uma ameaça à estabilidade dos que, em posição de servir ao povo de Deus, mas não cumprindo seus deveres cívicos, sociais, morais e, muito menos, espirituais, precisam usar a legitimidade

---

620 EICHRODT. *Teologia do Antigo Testamento*, p. 517.

CAPÍTULO 4 – Pneumatologia | 603

institucional para barrar os carismáticos. Esse é o grande incômodo com a experiência com o Espírito Santo. O grande mal-estar é ocupar uma posição com responsabilidades não cumpridas e, mesmo com a escassez da palavra de Deus — note que aqui refere-se às profecias, não ao texto da Torá — e a falta de visões revelatórias, aparecer um anônimo, cheio do Espírito Santo, e, em êxtase, entregar uma mensagem diretamente do céu, mas que contraria as palavras lisonjeiras e interesseiras de quem obtém vantagens da corrupção do sistema político ou religioso (1Samuel 2:27-36). Esse sempre foi, e ainda é, o terror para com o Espírito Santo e a causa de sua invisibilidade no edifício teológico. Criou-se uma cultura de, propositadamente, não considerá-lo na elaboração teológica, e os teólogos seguem repetindo essa prática, sem ao menos observar o texto bíblico, que, por mais óbvio que seja, é, de fato, a autoridade final, mas cuja expressão por parte considerável da tradição cristã como um todo acaba não passando de um chavão mântrico utilizado para inibir o seu exame e consideração, com vistas à renovação não apenas da teologia como produto final, mas, sobretudo, da forma de produzi-la. Voltaremos mais à frente a considerar esse aspecto com a devida atenção que ele merece, pois, incrivelmente, até mesmo teólogos da tradição carismático-pentecostal parecem não compreender essa questão que estamos mostrando biblicamente. Sentem-se confortáveis em ter sua pneumatologia forçosamente "acomodada" ao minimalismo pneumatológico protestante, não percebendo o tamanho do problema que as gerações atuais enfrentam para viver sua fé sinergista, experiencial e viva, compatibilizando-a com uma teologia protestante monergista, cessacionista e estática.

Assim, antes de concluir a breve exposição sobre a monarquia, e para não restar dúvida, ela não é considerada teocracia, visto que, como qualquer estudioso pode ver, excetuando a escolha de Davi — e a deste de Salomão (cf. 1Reis 1:1-53) —, tanto a abertura da instituição quanto o que se seguiu se deram por condescendência divina e hereditariedade, não escolha diretiva (1Samuel 9:20-21). Para não se repetir o argumento de que, por ser hereditária, a monarquia tornou dispensável a capacitação carismática, pois a "constituição do Estado requeria uma organização cada vez mais administrativa, funcionários para ajustarem o povo que, até então, fora considerado, do ponto de vista religioso, como 'povo de Javé' e se contentava com um regime político dos mais elementares", afirma Gerhard von Rad. O "que surpreende precisamente é que a instituição, cuja atuação iria precipitar a secularização de Israel, pelo menos nos setores cada vez mais numerosos de sua existência, a monarquia, considerava-se como carismática, mesmo a monarquia judaica", pois o "testamento político de Davi reclamava uma inspiração de *rûah yhwh* (2Sm 23.2; Pv 16.19)".[621] A despeito de Davi, assim como Moisés, ser paradigmático para a monarquia israelita, inclusive no reino dividido, ele é, sem dúvida, um dos únicos exemplares carismáticos da realeza de que se tem notícia. Por isso, o texto o coloca em contraste com seu antecessor, Saul.[622] Primeiramente, é necessário distinguir o Saul investido de poder real, ou político, durante 38 anos, do Saul que, sem compreender nem querer posição alguma, precisou de uma capacitação carismática, e esta, por mais exótica ou estranha como possa ter se manifestado, não pode ser desqualificada, pois muito do que acontecia — e acontece — no momento em que ocorre tal experiência com o Espírito Santo tem que ver com o temperamento da própria pessoa, não com a terceira Pessoa da Trindade. E, uma vez que experiência específica alguma é padrão para terceiros, que dirá para a coletividade, o êxtase do primeiro rei de Israel não deve ser tido como constrangedor nem se tornar uma dificuldade para a tradição carismático-pentecostal, pois inúmeras outras experiências de capacitação carismática não apresentam essas reações e manifestações. São os objetivos e os propósitos da economia divina pelos quais o Espírito Santo capacita, carismaticamente, alguém, que devem ser buscados como provas legítimas de qualquer experiência, não as reações físicas provocadas por ela. O padrão é a experiência, não as reações. Todavia, é imperioso observar: as reações não desqualificam a experiência! "A manifestação do *rûah yhwh* neste importante período de transição para a monarquia é consistente com a ênfase do Antigo Testamento de que toda liderança deve ser capacitada pelo Espírito", diz o teólogo pentecostal Wilf Hildebrandt, o qual acrescenta que tal se dá pelo fato de que o "carisma é fundamental para provar a autoridade e habilidade de um indivíduo para o papel de juiz ou rei".[623] Assim,

---

621 RAD. *Teologia do Antigo Testamento*, p. 101.

622 Uma observação interessante é o "título" dado a Saul, "*nãgîd* (príncipe), não *melek* (rei)", pontua Laurence Porter, acrescentando que Edward Robertson diz que "um príncipe é um líder carismático chamado para um propósito específico — *ele libertará meu povo das mãos dos filisteus* (v. 16), como os juízes — e não tem conotação de dinastia hereditária" (BRUCE, F. F. [org.]. *Comentário bíblico NVI*, p. 492).

623 HILDEBRANDT. *Teologia do Espírito de Deus no Antigo Testamento*, p. 139-40.

CAPÍTULO 4 – Pneumatologia | 605

três sinais, que seguem a unção de Saul, servem para confirmar sua autorização como *nāgîḏ* ([1Sm] 10:1ss). O terceiro sinal, para verificar a palavra do profeta, é a recepção do *rûaḥ yhwh*, que "viria sobre ele" [*ṣālaḥ*] (cf. Jz 14:6,19; 15:14; 1Sm 10:6,10; 11:6; 18:10; 16:13). Isto faz com que ele "profetize" [*hiṯhnāḇê*] e o "transforme" (10:6-7). O ato de profetizar por Saul e o grupo de profetas deve ser distinguido da inspiração profética, que transmite uma mensagem para o destinatário. O elemento extático indica um encontro com o *rûaḥ yhwh* que traz manifestações externas além de expressões verbais. Neste exemplo, o cumprimento destes três sinais poderia confirmar que Yahweh está com Saul. De acordo com as palavras de Samuel, o coração de Saul é transformado e o *rûaḥ ᵉlōhîm* vem sobre ele, fazendo com que ele profetize (10:10; cf. 19:20,23). A natureza do "coração transformado" pode referir-se à coragem e à força que são parte do carisma necessário para executar um ato de valor. Subsequente à unção e ao conferir do *rûaḥ*, o destinatário é habilitado a triunfar sobre os seus inimigos. O *rûaḥ* dá a Saul poder para desenvolver seu mandato militar, que em retorno prova que ele está cheio com poder divino.[624]

A profecia de Samuel dizia que Saul encontraria um "rancho de profetas", munidos de instrumentos, os quais, na mesma hora, profetizariam, e o Espírito do Senhor se apoderaria dele e o transformaria "em outro homem" (1Samuel 10:5-6). O olhar minimalista da teologia protestante racionalista, em relação ao Espírito Santo, com uma exegese flagrantemente distorcida do texto, diz que essa passagem — e congêneres tanto no Antigo quanto no Novo Testamentos — refere-se à "conversão" de Saul.[625] Mas, ainda que não admitam, não é disso que trata a passagem. Saul não foi ungido por Samuel para "salvação", mas para exercer uma atividade de liderança no seguimento da tradição carismática, pois, como diz o biblista alemão não carismático Walther Eichrodt, "até a época de Samuel, a chefia carismática havia sido a norma". Como exemplo, podemos ver: "a forma em que surgem os chamados juízes, que movem as massas só por sua iniciativa pessoal e pela impressão fascinante que deles emana, o modo em que vão dando forma ao destino político do povo, fez com que o carisma, decisivo até então no âmbito religioso,

---

624 Ibid., p. 139.
625 "A. R. S. Kennedy (p. 85) comenta que 'a conversão de Saul é a primeira registrada nas Escrituras Sagradas'" (PORTER, Laurence E. "1 e 2Samuel" in: BRUCE, F. F. [org.]. *Comentário bíblico NVI*, p. 492).

## 606 | TEOLOGIA SISTEMÁTICO-CARISMÁTICA

passasse a preponderar também no plano político, adaptando-se nisto toda a estrutura interna da religião de Yahweh".[626] Apesar de não concordarmos com tal divisão, pois anteriormente o "político" era aglutinado ao "religioso" e vice-versa, a divisão solicitada por Israel contrariava a vontade divina, pois Deus os chamou para ser diferentes, e eles quiseram ser iguais (1Samuel 8:19-22). Isso, é importante destacar, mesmo depois de terem da parte de Deus, por intermédio de Samuel, o que o rei faria de mal a eles (1Samuel 8:10-18). Portanto, de acordo com o que "é possível alcançar, os videntes e profetas, uma vez que se convenceram da inviabilidade política da monarquia, somente a admitiram, enquanto acompanhada de determinado caráter de carisma", pois o "fator decisivo na mente do historiador antigo era o caráter carismático daquele homem, seu 'entusiasmo pessoal'". Visto que é por "obra do Espírito de Yahweh [que] se converte em outro homem (1Samuel 10:6), aquele moço humilde, filho de um camponês de Gibeá, passa a ser o chefe do exército do povo, consciente de sua força e com toda a autoridade de seu mandato, que faz retroceder aos altivos amonitas em seu próprio deserto e comete a ousadia de enfrentar os poderosos dominadores estrangeiros filisteus". Que ninguém pense que ele faz isso à parte de sua experiência carismática, mas justamente o oposto. É por causa de tal capacitação que Saul lidera essa batalha, nada tendo que ver com "talento militar, nem com os dons de um estadista, ou o desfrutar de um poder reconhecido dentro da política interna; nada disso", ou seja, o que "cria o rei é sua *demonstração pessoal de que está cheio de poder divino* e que, por isso, é mais capaz que outros".[627] Numa palavra:

> Essa capacidade especial, esses dons carismáticos extraordinários aparecem com tanta ênfase e clareza que Pedersen creu poder explicá-la pela ideia primitiva da habitação de um poder de bênção ou de uma força da alma. Mas o intento choca-se com o fato de que os relatos com que contamos atribuem com toda clareza a capacidade de chefia de Saul a Yahweh ou a seu Espírito, não a uma força impessoal, e nunca deixam entrever que atrás deles se manifestem vestígios de uma concepção popular. O contraste implícito, no qual se move a descrição de Saul, não é o que se dá entre o homem dotado de poder e o homem médio, mas o que há entre o homem que é movido pelo Espírito divino e o tipo normal, que tem um ofício. Saul demonstra sua aptidão para ser

---

626 EICHRODT. *Teologia do Antigo Testamento*, p. 394.
627 Ibid., p. 395.

CAPÍTULO 4 – Pneumatologia | 607

chefe em que, invadido pelo espírito profético, sente-se transformado em todo seu ser e mediante ações extáticas, como o esquartejamento dos bois antes da incursão contra os amonitas ou sua terrível ameaça contra qualquer um que se negue a prestar seus serviços, denota achar--se sob o impulso do Espírito de Yahweh. Também, mais tarde, atua por arrebatamentos impulsivos e momentâneos que vêm a dar fé do mesmo: podem valer como exemplos o voto de abstinência durante a batalha com os filisteus, levando a aumentar a consagração guerreira e, por conseguinte, o êxito de seus soldados; o ataque-surpresa a Gilgal pelo zelo de Yahweh e também (se com alguns autores lemos em 1Samuel 13:3 Saul em lugar de Jônatas) o *coup de main* contra a guarnição filisteia de Gibeá. Essa fonte mais antiga nada sabe de uma base política da nascente monarquia, e se deveria ter extremo cuidado em não querer completá-la com pressa excessiva. O jovem rei, lançado pelo vidente Samuel e por seu constante contato com grupos de profetas, em princípio, teve como apoio a poderosa energia de seu ser, rompendo a armadilha do desalento que vinha paralisando a Israel e o leva a uma intrepidez inaudita. Somente assim, consegue reconciliar aos reticentes, com a nova instituição da monarquia: demonstrando que o antigo Espírito de Yahweh é capaz de penetrar e pôr a seu serviço essa instituição pagã à qual, logicamente, se olhava com desconfiança. É uma demonstração com fatos, que chegam a reconhecer até mesmo os carismáticos, que foram até agora os chefes religiosos, os videntes e os profetas. No título de *nāgid*, aureolado de um sentido religioso (e provavelmente com o significado de "o anunciado" ou "o designado" por Yahweh), que é o que se aplica de preferência ao novo rei, se expressa claramente a concepção israelita da monarquia, em contraposição com o *melek* cananeu.[628]

Ainda que Eichrodt não seja carismático, ao seu modo, fala do quanto foi decisiva a experiência de Saul com o Espírito Santo, tanto para que pudesse exercer a liderança quanto para que ela fosse reconhecida pelo povo. Assim, com o "poder de Yahweh sobre ele, Saul prova suas proezas em sua confrontação com os amonitas (11:1ss)", pois, ao ouvir acerca da "ameaça amonita, o *rûaḥ ʿlōhîm* vem sobre ele e o enche com ira", e isso de "forma similar ao episódio de Gideão". Isto é, com o "Espírito de Deus, eles são hábeis para derrotar os amonitas", e é assim, diz o teólogo alemão pentecostal Wilf

---

628 Ibid., p. 395-6.

Hildebrandt, que "a liderança de Saul é confirmada pela presença do *rûaḥ* que traz a vitória para o escolhido de Deus e torna legítima a autoridade de Saul como rei (cf. 11:12-15)".[629] Lamentavelmente, essa situação não durou muito, e, mesmo o governo de Saul tendo se estendido por quatro décadas, ele perdeu a fonte de sua autoridade, isto é, o carisma do Espírito, e essa é a explicação para, por exemplo, o fato de o primeiro rei de Israel dizer que não conhecia Davi, mesmo tendo este exorcizado o seu mau espírito e ser um de seus fiéis escudeiros (1Samuel 17:55-58; cf. 16:18-23). Uma vez mais, insistimos que, a fim de compreender o texto bíblico, é imprescindível procurar conhecer a cultura do antigo Oriente Médio, e isso inclui a forma com que os hagiógrafos escreviam e dispunham dos seus textos, pois, como já foi pontuado, todo o material escriturístico tem uma finalidade teológica, não meramente descritiva. Incrivelmente, isso passa pela forma em que o texto está organizado e disposto, pois muitas vezes ele não segue a linearidade comum à nossa prosa ocidental, mas adota recursos extremamente eficazes em sua cultura para transmitir a mensagem. Um desses recursos, que responde às questões dos capítulos 16 a 18 do primeiro livro que leva o nome de Samuel, envolvendo Saul e Davi, é que, de acordo com os biblistas F. F. Bruce, Walter Kaiser, Manfred Brauch e Peter Davids, os textos, propositadamente, não estão em ordem cronológica,[630] pois foram escritos adotando-se um recurso estilístico conhecido como *hysterologia*,[631] que consiste na inserção de uma

---

629 HILDEBRANDT. *Teologia do Espírito de Deus no Antigo Testamento*, p. 140.

630 O teólogo pentecostal Antonio Gilberto diz que a "cronologia bíblica é quase toda incerta; aliás, toda a cronologia antiga é incerta. As datas eram contadas tomando-se por base eventos importantes, e isso dentro de cada povo. Não havia, é óbvio, uma base geral" (SILVA. *A Bíblia através dos séculos*, p. 145). O mesmo autor apresenta, ao menos, três classes de dificuldades que devem ser consideradas em qualquer estudo da cronologia bíblica: as fontes de dados, as eras e as do próprio texto bíblico (p. 146). Quanto à última "classe de dificuldades", o autor assinala que "Há, especialmente nos períodos: dos juízes, do reino dividido e dos profetas, muitos períodos coincidentes em parte, reinos associados, intervalos de anarquia, frações de anos tomadas por anos inteiros, partes tomadas pelo todo, e arredondamentos de números. Há vários casos quanto a este último item. Exemplos: Êxodo 12:37 com Números 1:46 e 11:21; Gênesis 15:13 com Gálatas 3:17. Outro caso interessante é o do rei Jotão. Em 2Reis 15:33 se diz que ele reinou dezesseis anos; entretanto, no versículo 30 é mencionado seu 20º ano de reinado!". Na sequência, o mesmo autor oferece o que pode ser uma possível explicação para essa questão: "Quanto ao caso do rei Jotão ter reinado, ele pode ter reinado com seu pai, que era leproso, talvez em seus últimos anos de vida. Esse rei leproso — Azarias — (2Rs 15:5,7) é também chamado Uzias (2Cr 26:23)" (p. 146-7).

631 Esse substantivo feminino se refere a um exercício linguístico, utilizado na produção narrativa, que inverte, como já foi dito, de forma proposital, a ordem cronológica ou lógica dos fatos ou ideias expostos num período.

CAPÍTULO 4 – Pneumatologia | 609

frase entre uma preposição e o seu objeto, ou seja, quando algo é posto por último, mas que, seguindo a ordem habitual, deveria vir primeiro.[632] Os referidos autores exemplificam dizendo que Gênesis 10 narra a dispersão das nações antes de sua causa, a infortunada torre de Babel e a confusão das línguas, que só aparecem no capítulo 11. Em seguida, para fundamentar a hipótese estilística da reorganização da ordem textual, os autores apresentam o argumento de que tal medida foi adotada com propósitos especiais, segundo eles, citando o teólogo anglicano Ethelbert William Bullinger, pois o texto foi reorganizado a fim de fazer que certos fatos apareçam juntos, especialmente os que dizem respeito ao Espírito Santo.[633]

Assim, em 1Samuel 16:1-13, Davi é ungido, e o Espírito Santo vem sobre ele. Então, a fim de contrastar essa dádiva do Espírito Santo ao filho de Jessé com a remoção do Espírito Santo da vida de Saul, 1Samuel 16:14-23 é colocado mais adiante na narrativa, mas, na verdade, tal acontecimento é algo que já havia ocorrido anteriormente. Se fosse seguida a ordem direta dos eventos, o já citado E. W. Bullinger sugere que o texto de 1Samuel 18:9 é que deveria vir na sequência. Portanto, a conclusão dos autores é que o primeiro livro de Samuel, no texto que compreende os capítulos "17.1—18.9, registra um evento na juventude de Davi, que é apresentado aqui de modo parentético como uma ilustração de 1 Samuel 14.52". Em outras palavras, essa "seção é apenas um exemplo daquilo que 14:52 declara como um fato".[634] Tal propósito teológico é tão evidente nesse texto que o estudioso novaiorquino, filólogo, crítico literário, professor e especialista em literatura hebraica Robert Alter diz sobre a mesma passagem de 1Samuel 18 que, "num jogo mordaz de palavras, de que o espírito do Senhor, que agora estava com Davi, 'abandonou' Saul, e que o atormentado rei 'abandonou Davi', enviando-o à frente de batalha".[635] O mesmo autor ocupa um capítulo inteiro de sua obra na

---

632 O teólogo pentecostal Esdras Bentho fala de uma figura parecida com essa — no capítulo 8 de sua obra que trata da poética hebraica — cujo nome é "Paralelismo quiástico ou cruzado" — e a define como "um esquema bimembre (duas linhas poéticas) no qual dois termos são invertidos, de tal sorte que o primeiro se torne segundo e o segundo primeiro" (BENTHO, Esdras Costa. *Hermenêutica fácil e descomplicada: como interpretar a Bíblia de maneira prática e eficaz* [Rio de Janeiro: CPAD, 2003], p. 273).

633 BULLINGER, E. W. *Figures of speech used in the Bible* (1898; reimpr., Grand Rapids: Baker, 1968), p. 706-7 in: BRAUCH, Manfred T.; BRUCE, F. F.; DAVIDS, Peter H.; KAISER JR., Walter C. *Hard sayings of the Bible* (Downers Grove: InterVarsity, 1996), p. 214.

634 Ibid.

635 ALTER, Robert. *A arte da narrativa bíblica* (São Paulo: Companhia das Letras, 2007), p. 176.

análise dessa passagem, mostrando, do seu ponto de vista técnico-linguístico, não exegético-teológico, a habilidade e a sutileza criteriosamente emprega-das no texto, as quais servem até hoje como forma de exemplificar quanto a prosa hebraica é rica. O fato interessante é que tal análise exclusivamente literária coincide com os propósitos teológicos da interpretação da her-menêutica pentecostal, sendo importante o diálogo que vem ocorrendo nos últimos quarenta anos entre essas ferramentas literárias e a teologia carismático-pentecostal estrangeira, resultando em muitas obras, das quais algumas só muito recentemente têm aportado no Brasil.[636] Nos últimos anos, também vêm sendo produzidas por autores nacionais pertencentes à mesma tradição.[637] Infelizmente, o minimalismo pneumatológico da teolo-gia protestante tradicional, com sua leitura antissobrenatural, impossibilita que vejamos esses aspectos teológicos decisivos das Escrituras hebraicas. Daí a necessidade de não apenas fazer adaptações na teologia para "aco-modar" a experiência com o Espírito, mas, sim, conceber uma forma de fazer teologia e, então, construir uma nova sistemática. É isso que estamos fazendo com esta sistemático-pentecostal. A razão não é autossuficiência, retaliação ou "revanchismo", mas necessidade, pois, enquanto a exegese tradicional que, ao afirmar o princípio reformista da *sola Scriptura*, reputa os textos narrativos como não apropriados para fazer teologia ou doutrina, fazendo malabarismos para justificar o inexplicável fato de os textos não estarem na sequência exata, com o conhecimento do *background* do antigo Oriente Médio, incluindo a maneira de organização do texto, nenhum problema desse perturba o exegeta que sabe que está diante de um material de conteúdo teológico, não historiográfico. Portanto, sem pensar em uma construção frasal (como conhecemos em nossa literatura) com uma prosa linear, a estrutura do texto fica assim:

---

636 Cf. Deere, Jack. *Surpreendido pelo poder do Espírito* (Rio de Janeiro: CPAD, 1995), p. 101-16. Aker; Railey Jr. "Fundamentos teológicos" in: Horton (org.). *Teologia sistemática*, p. 58-62. Palma. *O batismo no Espírito Santo e com fogo*; Stronstad. *A teologia carismática de Lucas-Atos*.

637 Cf. Carvalho, César Moisés. "Hermenêutica pentecostal", *Obreiro Aprovado* (ano 36, n. 62, Rio de Janeiro: CPAD, julho-agosto-setembro de 2013), p. 78-84. Carvalho. *Pentecostalismo e pós-modernidade*, p. 209-80. Oliveira, David Mesquiati de; Terra, Kenner R. C. *Experiência e hermenêutica pentecostal: reflexões e propostas para a construção de uma identidade teológica* (Rio de Janeiro: CPAD, 2018); Siqueira, Gutierres; Terra, Kenner. *Autoridade bíblica e experiência no Espírito: a construção da hermenêutica pentecostal-carismática* (Rio de Janeiro: Thomas Nelson Brasil, 2020).

CAPÍTULO 4 – Pneumatologia | 611

A seção inteira, portanto, tem esta construção:

A 16.1-13 Davi é ungido. O Espírito vem sobre ele.

B 16.14-23 Saul é rejeitado. O Espírito se afasta dele. Um espírito do mal o atormenta.

A 17.1–18.9 Davi. Um episódio ocorrido na sua juventude.[638]

B 18.10-30 Saul. O Espírito sai de Saul e um espírito do mal o aborrece.[639]

Os autores concluem dizendo que, desse modo, "a narração alterna entre Davi e Saul, criando um contraste didático entre o Espírito de Deus e o espírito mau que atormentou Saul", isto é, o "enfoque está no estado espiritual dos dois homens, não na ordem histórica dos eventos".[640] Algo que facilmente nos engana é que o grupo de livros a que os dois de Samuel pertencem é chamado de "Históricos", mas, na realidade, tal designação não é apropriada, pois conforme os teólogos Andrew Hill e John Walton, na "organização hebraica, Josué, Juízes e os livros de Samuel e Reis constituem o grupo chamado 'Profetas Anteriores'",[641] também chamados de "Profetas Antigos".[642] Isso significa que, uma vez classificados como "proféticos", tais "livros são basicamente de natureza teológica em vez de terem um perfil cronista".[643] Em outras palavras, esperar uma narrativa cronológica e em prosa moderna fatalmente remeterá a uma exegese equivocada do texto, pois é fato que esse material está disposto em quadros narrativos em vez de constituir uma narrativa linear de ordem cronológica. Os biblistas F. F. Bruce, Walter Kaiser, Manfred Brauch e Peter Davids afirmam que essa explicação é a mais coerente para o entendimento desse texto (algo que é comprovado facilmente quando se estuda a

---

638 Os episódios ocorridos nesse período — seguindo o raciocínio da seção de 1Samuel 17—18:9, com a estrutura do quadro parentético — são realizados sob o poder do Espírito Santo, que, desde 1Samuel 16:13, ou seja, "desde aquele dia em diante [...] se apoderou de Davi".

639 BULLINGER. *Figures of speech used in the Bible*, p. 706-7 in: BRAUCH.; BRUCE.; DAVIDS.; KAISER JR. *Hard sayings of the Bible*, p. 214.

640 Ibid.

641 HILL, Andrew E.; WALTON, John H. *Panorama do Antigo Testamento* (São Paulo: Vida, 2007), p. 185. Os mesmos autores afirmam que os "demais livros — Rute, Crônicas Esdras, Neemias e Ester — formam parte do cânon hebraico chamado 'Escrituras'" (ibid.).

642 "É necessário destacar que todo o AT, com exceção de sua terceira seção, os Escritos, era considerado de natureza profética, pois Moisés foi o maior dos profetas" (ELLISON, H. L. "A teologia do Antigo Testamento" in: BRUCE, F. F. [org.]. *Comentário bíblico NVI*, p. 78-9.)

643 HILL.; WALTON. *Panorama do Antigo Testamento*, p. 185.

## 612 | TEOLOGIA SISTEMÁTICO-CARISMÁTICA

teologia subjacente à narrativa).[644] Esse é o quadro da situação da nascente monarquia israelita, e o seu entendimento passa pelo *leitmotiv* que elegemos para acompanhar o transcurso da história da salvação, seguindo a esteira da revelação e a lógica da fé. Gostaríamos de mais uma vez chamar a atenção para o fato de que não temos utilizado autores carismático-pentecostais para fundamentar nossa reflexão, mas de forma deliberada temos buscado biblistas e teólogos não carismáticos para mostrar que tal empreitada não é desprovida de nexo nem é uma imposição exegética forçando o texto a dizer o que não está escrito, mas justamente o contrário. Não há evidentemente condição de acompanharmos todos os textos que tratam desse tema, pois são abundantes nas Escrituras hebraicas, e nosso trabalho não é um comentário bíblico. Contudo, certamente como já temos demonstrado até aqui, está mais do que claro que a capacitação carismática, traduzida na experiência com o Espírito, cujas reações do contemplado, ou contemplada, não são padronizadas, pois diferem de pessoa para pessoa, ao contrário dos seus efeitos e resultados, que, invariavelmente, são eventos histórico-redentores. Justamente por isso, na "narrativa da vida de Saul, fazem-se muitas referências ao espírito de Javé que desce sobre ele ([1Sm] 10:6-10; 11:6), sem que isso tenha ligação com sua unção ([1Sm] 9:16; 10:1)", ou seja, em "Saul esta presença do espírito é passageira e visível pelo êxtase", diz o biblista alemão Walter Vogels, ao passo que, "em Davi, esse dom é permanente e invisível". Portanto, completa o mesmo autor, o "dom está ligado à dignidade real (1Sm 11:2)" ou ao exercício da liderança, pois, quando "terminada sua unção, Samuel retorna a Ramá, de onde tinha vindo ([1Sm] 15:34)", e, toda vez que "se falar novamente dele, encontrar-se-á sempre no mesmo lugar ([1Sm] 19:18)".[645] Vale ainda considerar algo mais desse biblista não carismático acerca desse tema:

> A narrativa da unção de Davi, que manifesta sua eleição por Deus, mas que permanece privada, termina com as palavras: "O espírito de Javé desceu sobre Davi" ([1Sm 16] v. 13). O início da narrativa sobre a chegada de Davi à corte real, a serviço de Saul, afirma: "O espírito de Javé retirou-se de Saul" ([1Sm 16] v. 14). A referência ao espírito de Javé forma a ligação entre as duas narrativas, mas a diferença entre

---

644 BRAUCH.; BRUCE.; DAVIDS.; KAISER JR. *Hard sayings of the Bible*, p. 214.

645 VOGELS, Walter. *Davi e sua história: 1Samuel 16,1—1Reis 2,11* (São Paulo: Loyola, 2007), p. 38. Mas isso não significa que ele tenha deixado de ser um carismático, conforme o texto citado atesta.

CAPÍTULO 4 – Pneumatologia | 613

"desce" e "retirou-se" indica o contraste, reforçado ainda mais pela menção de um espírito mau que toma posse de Saul (Mt 12:43-45). Este "mau espírito" é dito "de Javé", pois tudo se atribui diretamente a Deus. A Bíblia fala também do espírito de discórdia (Jz 9:23), de mentira (1Rs 22:19-23), de vertigem (1Sm 19:14) e de torpor (1Sm 29:10). Pode até ser que Saul tenha sofrido de uma doença mental, como a paranoia, mas o texto descreve o sofrimento de Saul de uma forma teológica, não psicológica. A menção do espírito de Javé enriquece esta nova narrativa com uma inclusão, procedimento literário que já observamos na narrativa precedente. Enquanto a introdução da narrativa se apresenta bem negativa, a conclusão permanece positiva. A história conhece um final feliz.

a O espírito de Javé se retirou de Saul ([1Sm 16] v. 14a)
b Um espírito mau da parte de Javé o atormentava ([1Sm 16] v. 14b)
b' Saul se acalmava e se sentia melhor
a' o espírito mau se retirava dele ([1Sm 16] v. 23b)[646]

É importante compreender que, havendo Saul vivido num período que fazia a transição entre a teocracia e a monarquia, e que pessoalmente não aspirava a tal posição de liderança, certamente Deus concede-lhe as mesmas condições que outorgou aos líderes teocráticos. Todavia, não era o fato de ocupar a função que lhe garantiria a capacitação carismática, mas, sim, a fidelidade ao Senhor, servindo ao povo e cumprindo o que está na Lei, conforme encontramos em Deuteronômio 17:14-20. Já a capacitação carismática de Davi, muito provavelmente, está relacionada ao fato de ele ser uma escolha diretiva de Deus[647] (1Samuel 13:13-14). Isso, contudo, não garante perfeição alguma,

---

646 Ibid., p. 38-9.

647 "O problema todo talvez esteja em o povo não ter esperado o 'tempo de Deus': 'porás sobre ti como rei aquele que escolher o Senhor, teu Deus' (Dt 17:15). Para isso basta lembrar que Davi — o real escolhido de Deus (1Sm 13:14; At 13:22) — deveria ser apenas uma criança quando a nação israelita reivindicou para si um rei (1Sm 17:32). Assim, por uma razão muito óbvia, não havia possibilidade de o 'tempo de Deus' para a substituição de o regime governamental teocrático ter chegado. Pesa ainda o fato de que Saul era da tribo de Benjamim (1Sm 10:21), e para ela não havia nenhuma promessa nesse sentido. Entretanto, havia o oráculo acerca de que a monarquia seria instituída sobre Israel por meio de um descendente de Judá: 'O cetro não se arredará de Judá nem o legislador dentre seus pés, até que venha Siló; e a ele se congregarão os povos' (Gn 49:10)" (CARVALHO, C. M. "Davi e o tempo de Deus em sua vida" in: MOISÉS, César et al. *Davi: as vitórias e as derrotas de um homem de Deus* [Rio de Janeiro: CPAD, 2009], p. 80-1.) Para uma discussão mais pormenorizada desse ponto, leia todo esse capítulo da referida obra.

pois tanto Saul quanto Davi, bem como os carismáticos anteriores, erraram, considerando que não eram autômatos ou menos humanos que os demais. "De qualquer forma, as pessoas atingidas e revestidas pelo Espírito vão além de si mesmas", diz o teólogo alemão Michael Welker, o qual explica que, ao receber a capacitação carismática, tais pessoas "transformam sua identidade, entram em êxtase profético e ficam praticamente irreconhecíveis", isto é, são produzidos os mais diversos resultados, pois algumas "ficam iradas", prossegue o mesmo autor, outras "tocam trombeta, dilaceram bois, transformam-se em líderes do povo, tornam-se o centro de um movimento libertador". Em termos diretos, "em todos os casos, elas claramente não pertencem mais a si próprias".[648] Assim, o novo rei de Israel — o rei-padrão e referência perpétua —, como não poderia deixar de ser, possuiu um testamento político, mas tal testamento não era "secular"; antes, "reclamava uma inspiração do *rûah yhwh* (2Sm 23.2; Pv 16.19)". Resta, contudo, "saber se o carisma real", observa Gerhard von Rad, "fazia parte da concepção do Ungido de Javé [e se] ia além da simples reivindicação do rei, de um elemento da tradição da corte destinado a realçar o prestígio e a legitimidade da função real".[649] Tal questão é levantada por causa de que, ao "examinarmos o que sabemos a respeito do poder real de Davi e de seus sucessores", afirma o mesmo autor, "é difícil responder afirmativamente a esta questão", pois o "compromisso real e o cerimonial da corte, que definem a autoridade do rei, não atribuem quase nada ao carisma". Não se pode fechar os olhos para a verdade de que, tradicionalmente, "por causa desse carisma, o Ungido era considerado intangível (1Sm 24.7; 26.9)". Contudo, depois "não há mais referência neste sentido", mas é preciso observar que, mais tarde, temos um texto "que salienta muito bem a posse do carisma real, 1Rs 3.5-15, que é, aliás, a qualidade indispensável do Ungido de Javé, segundo Is 11.2".[650] É nesse contexto que acontece o surgimento do profetismo, pois se, por um lado, por causa da hereditariedade, não se "exigia" mais dos reis o carisma, por outro, é "verdade que os reis, como podiam dispor dos profetas, não apelaram mais ao seu carisma para justificar o conhecimento da vontade de Javé em determinadas circunstâncias".[651]

---

648 WELKER. *O Espírito de Deus*, p. 77.
649 RAD. *Teologia do Antigo Testamento*, p. 101.
650 Ibid.
651 Ibid.

Com essa argumentação, pode-se ter a impressão, errada, de que os profetas passaram a existir somente na monarquia. Contudo, os chamados "grupos de profetas (*hebel nebi'îm*)", diz José Luis Sicre Díaz, surgem "mencionados em 1Sm 10:5-13 e 19:18-24, apresentando a seguinte imagem: vivem em comunidade, presididos às vezes por Samuel; numa ocasião pelo menos caminham precedidos por saltérios, tambores, flautas e cítaras; descem de um lugar alto (*bamâ*), o que faz supor seu interesse pelo culto". Pode-se ainda inferir que, ao "aplicarmos o que se diz de Saul em 1Sm 19:24, às vezes despojam-se de suas vestes e se prostram por terra em transe".[652] Esse movimento de grupos de profetas, que antecedeu o profetismo clássico propriamente dito, surgiu no momento em que os juízes, "a liderança carismática desorganizada da nação", isto é, não institucional, "começou a dar lugar a outra, na qual homens de dignidade principesca e real teriam a confirmação de sua posição por um método de eleição e por acordo com os anciãos do povo". Foi então que "surgiu entre os carismáticos religiosos *um novo fenômeno*, que em seguida atraiu a atenção e suscitou tanto crítica quanto entusiasmo, o profetismo primitivo ou nebiísmo",[653] informa o teólogo Walther Eichrodt. A despeito de dizer que a "*verdadeira novidade que, imediatamente, salta aos olhos no primeiro movimento profético, é o êxtase do grupo*", o mesmo teólogo acrescenta que, "para o costume israelita, era totalmente estranho um culto de excitação com ajuda de narcóticos ou de automortificações corporais", o que confirma exatamente aquilo que já fora antecipado pelo biblista pentecostal Esequias Soares. Todavia, acrescenta Eichrodt, "dispomos de dados suficientes sobre um elemento do culto israelita, que muito bem poderia dar lugar ao êxtase: *a dança sagrada* que era uma peça imprescindível da liturgia".[654] Independentemente dos paralelos das culturas do antigo Oriente Médio, "no caso do Antigo Testamento, está perfeitamente documentado que a dança cultual seguia acompanhada de canto religioso (cf. 1Samuel 6:5; Isaías 30:29; Salmo 26:6s; 118.27s) e não temos razão alguma para fazer, neste sentido, uma exceção com a dança cultual dos profetas". O mesmo autor chama a atenção ao acrescentar que, "também em época mais tardia, sempre os cantos mais belos se encontraram na boca de algum profeta (cf. Êxodo 15; Juízes 5;

---

652 DÍAZ. *Introdução ao profetismo bíblico*, p. 152.
653 EICHRODT. *Teologia do Antigo Testamento*, p. 275 (grifo no original).
654 Ibid., p. 276 (grifo no original).

## 616 | TEOLOGIA SISTEMÁTICO-CARISMÁTICA

Deuteronômio 32s; 2Samuel 23:1ss)".[655] Observando de maneira muito superficial, vemos que Miriã, a profetisa, dançou com as mulheres após a travessia do mar Vermelho, e até mesmo o rei Davi o fez, e foi censurado por sua esposa Mical, filha de Saul (Êxodo 15:20-21; 2Samuel 6:1-23). Mas, no que diz respeito ao êxtase, "não se pode submetê-lo a um juízo de valor indiferenciado, encaixando-o em um dos binômios: primeiro o físico-moral e segundo o psíquico-espiritual etc.", pois seu "papel se deve interpretar no conjunto da relação com Deus, que pode ser extraordinariamente diferente e, assim, decisiva na hora de julgar".[656] Portanto,

> Ao que foi dito deve-se acrescentar mais uma coisa: o êxtase capacitava a muitos a *dar informações em nome de Yahweh*, de modo que revelava a presença de um saber superior. Com isso o êxtase deixa de ser uma simples desaparição da consciência normal para se converter numa realidade pela qual o indivíduo se vê dotado de poderes superiores. O *nābī'* chegou a ser o "mensageiro" "*par excellence*" não somente enquanto levava ao extremo o louvor e invocação de seu Deus, mas também enquanto porta-voz autorizado de Deus, que descobria sua vontade oculta. Desse modo, de um novo ponto de vista, o êxtase ultrapassou seu significado egoísta de vivência intensa de Deus ("o benefício de uma vida intensa na atmosfera divina", [Bernhard] Duhm, *Propheten*, p. 82) e foi considerado como serviço supremo ao povo de Deus, se convertendo assim o *nābī'* no homem no qual reside a palavra de Yahweh (1 Samuel 28:6; 2 Samuel 16:23): indagar a palavra de Deus equivale a perguntar aos profetas (1 Reis 17:24; Oseias 12:11).[657]

É possível que, pela relação cultual desse tipo de êxtase grupal, alguém pense tratar-se de "culto oficial" e, por conseguinte, aliado absolutamente ao santuário onde oficiavam os sacerdotes. Todavia, conforme já vimos, Eli foi repreendido por um desses *nābī'* anônimos, indicando que o "fato de que, com frequência, se mencionem sacerdotes e profetas, como autoridades justapostas no que diz respeito à revelação da vontade divina, não permite concluir, portanto, uma equiparação na situação social de ambas as categorias", pois a diferença do "peso de suas decisões é compreensível

---

655 Ibid., p. 277.
656 Ibid., p. 279.
657 Ibid., p. 278 (grifo no original).

até mesmo quando a relação do profeta com o santuário não era assim tão estreita".[658] Mas isso ainda não é o ponto principal, ou seja, ao "discutir essa questão, jamais se deveria esquecer a concepção que tem o antigo Israel do *rūaḥ* que aparece nos *nᵉbîʾîm* como sua força inspiradora" (1Samuel 10:6,10; 19:23; 1Reis 18:12; 22:21,24; 2Reis 2:9-16; Oseias 9:7), isto é, conscientes "da intervenção descontínua desse poder divino, sua forma repentina de apoderar-se do homem e submetê-lo totalmente à sua vontade soberana, surgiram fortes suspeitas para considerar como servidores do culto, e não como carismáticos, aqueles que dependem desse dom e por ele são conduzidos de forma imprevisível".[659] Em termos diretos, "a vinculação desses mediadores do espírito de Yahweh a determinado santuário não pode ser considerada como uma regra natural e lógica de sua vida", pois "o fato, quando se dá, deve ser considerado como uma mudança em sua forma de vida livre, determinado em cada momento por condições históricas e locais, especiais, que em nenhum momento supôs o desaparecimento de comunidades proféticas independentes e de profetas ambulantes". Assim, "ao julgar a relação dos *nᵉbîʾîm* com o culto, deveríamos evitar toda a exclusividade rígida e admitir com flexibilidade as diferentes possibilidades de desenvolvimento desse novo fenômeno".[660] Já no que diz respeito ao "caráter estranho desse fenômeno com respeito à tradição israelita anterior", explica Walther Eichrodt, "mais de um aspecto leva a pensar que [...] o êxtase não foi considerado como um corpo estranho e molesto, mas como um novo impulso da parte de Deus", como pode ser visto no fato de até mesmo um "crítico tão inflexível da prática religiosa de sua época como Amós enumera[r] aos antigos profetas, com os nazireus, entre os dons divinos com que Yahweh demonstrou seu zelo por Israel (2:11)", não apenas ele, mas "igualmente Oseias". Eichrodt complementa, ao dizer que "nenhum dos profetas posteriores, em seus conflitos com as associações proféticas de sua época, ousou anatematizar o êxtase — como fizeram, por exemplo, com o culto sacrificial — como uma degeneração cananeia que nada tivera que ver com a verdadeira essência de Yahweh",[661] conforme encontramos claramente denunciado em Jeremias (7:21-23).

---

658 Ibid., p. 280.
659 Ibid., p. 281.
660 Ibid.
661 Ibid.

## 618 | TEOLOGIA SISTEMÁTICO-CARISMÁTICA

Percebe-se, por tudo isso, que desde o dia em que saíram do Egito, ou seja, desde sempre, a presença extraordinária do Espírito Santo levanta profetas, conforme encontramos em Jeremias 7:25, e, igualmente o faz no tempo dos juízes e na nascente monarquia, não havendo tempo em que a terceira Pessoa da Trindade não estivesse em atuação. Era para chamar a atenção do povo de Deus que se fazia necessário levantar essas pessoas. Havia uma aliança, e somente a prática dela poderia garantir a comunhão com Deus e a vida em sociedade. Passava-se muito longe de legalismo, pois a preocupação era garantir e adensar o processo de libertação que tivera início desde a saída do Egito. "Portanto, se deve admitir que a aparição do êxtase de grupo, precisamente nessa época difícil, não é uma casualidade, mas se deve a uma lógica interna dos acontecimentos, ainda quando o Antigo Testamento nada diz expressamente sobre ela", defende Eichrodt. Este explica que "isso demonstra, ao mesmo tempo, que nas antigas sociedades proféticas não se cultivou jamais o êxtase para desfrutar misticamente a união com Deus". É preciso ter em mente a mística medieval, pois esta "sempre buscou o silêncio e evitou a luta religiosa, e por isso pôde conciliar-se com as mais diferentes concepções de Deus",[662] como, por exemplo, o caso da mística islâmica, conhecida como "sufismo". Todavia, a prática espiritual extática dos grupos de profetas veterotestamentários está mais próxima da espiritualidade da moderna tradição carismático-pentecostal, visto que "as pessoas que vivem o êxtase lutam por Yahweh" e, ao assim fazerem, "não se trata de algo natural e lógico, ou do resultado mais casual de coincidências políticas, mas de uma demonstração de que", esclarece o mesmo autor, a concepção de fé israelita, "contrária a toda mística, colocava as experiências supremas do sentimento religioso a serviço do Deus soberano".[663] Dito em outras palavras, o que importava era o resultado final, objetivando cumprir os propósitos da economia divina no transcurso da história da salvação. Tal distinção, esclarece o teólogo alemão, é necessária, pois é até mais "correto traduzir essa diferença com respeito ao êxtase místico, chamando à experiência profética 'êxtase de concentração' em contraposição ao 'êxtase de identificação'". Assim, o exposto "fica confirmado tanto se analisamos a forma de união com Deus, que se dá no êxtase, quanto se observamos mais de perto as diferentes maneiras da atividade profética".[664]

---

662 Ibid., p. 282.
663 Ibid., p. 282-3.
664 Ibid., p. 283.

CAPÍTULO 4 – Pneumatologia | 619

É exatamente isso, que o teólogo não carismático está fazendo, que uma teologia carismático-pentecostal precisa fazer, isto é, separar o joio do trigo e não desprezar, por atacado, as experiências com o Espírito Santo e, muito menos, submeter-se a qualquer interdição minimalista pneumatológica em razão de críticas cessacionistas, pois, enquanto temos uma teologia dinâmica, aquela parte de uma concepção teológica estática, sendo ambas, por isso mesmo, incompatíveis! A respeito dos dois tipos de êxtase — o de concentração e o de identificação —, explica Walther Eichrodt:

No que diz respeito ao primeiro, há evidente consciência, demonstrada nos relatos veterotestamentários da absoluta subordinação do profeta a Deus, se falou de uma imersão no *nābī'* na esfera divina, pensando nos meios pelos quais se provoca o êxtase, a dança e a música. E na mesma linha segue-se quando os dons proféticos liberados pelo êxtase, o discernimento, a predição e o poder de curar, se consideram submetidos a livres disposições dos que os possuem e sob seu controle. Mas se pode duvidar energicamente se esse julgamento interpreta de maneira correta o pensamento israelita. Porque este nada sabe de que, nessa forma, o profeta se converte em um ser com poder sobre Deus, tornando-se capaz de forçar sua introdução no universo divino; Israel atribui o êxtase com todas as suas sequelas à intervenção direta de um poder divino, o *rūaḥ*, que se apodera do homem e o torna prisioneiro.[665] É certo que alguns meios externos preparam para esse estado, mas o sentimento religioso israelita não vê neles as verdadeiras causas do fenômeno; eles não fazem mais que criar no homem a disposição apropriada para receber o espírito, o qual atua com total independência e até pode sobrevir sobre certos homens de Deus de modo absolutamente inesperado. Os relatos de Elias, é verdade, fazem pensar que sua ação obedece ao caprichoso e enigmático, como se nada soubessem de um serviço do espírito e do profeta (2Reis 10—16s.), mas já é outra coisa quando mais adiante ouvimos de profetas que, pela força do costume, perderam todo o medo do maravilhoso e se consideram possuidores autônomos do espírito (1Reis 22:24; Isaías 28:9; Jeremias 23:21-30s.). Se ao profeta são pedidos conselhos por

---

665 "Observe-se como nas expressões em que se fala disto se acentua a soberania do *rūaḥ* em seu atuar: *pā'am*, golpear (Jz 13:25); *ṣālaḥ*, penetrar ou atuar com poder (1Sm 10:6; 11:6); *lābēš*, atrair (Jz 6:34); *hāyāh 'al* (Jz 11:29)" (ibid.) Todas essas expressões são correlatadas para "capacitação carismática". (N. do A.)

seus dotes especiais, isso não significa que podem dispor livremente de tais dons; com muita frequência ele não é capaz de dar a resposta esperada: [1Sm 28:6,15; Jr 28:10s,12s; 42:4,7] isto é uma amostra de sua dependência do poder divino, o único que pode capacitá-lo para cumprir o seu ofício.[666]

Percebe-se, pela argumentação de Walther Eichrodt, o que é muito ensinado na tradição carismático-pentecostal sobre o fato de ninguém possuir um poder residente nem dispor do Espírito Santo e, muito menos, de Deus para usá-los como lhe convém. Na experiência extática, ou de capacitação carismática, verificada nas Escrituras hebraicas, "se por um lado acentua-se a autonomia do poder que opera o êxtase, por outro, sua clara diferenciação de Yahweh contribui para manter vivo, até nos casos de uma possessão do poder divino com referências físicas, o sentimento de distância entre Deus e o homem". Isso significa que não há uma fusão entre o canal falível humano e o emissor absoluto divino, pois é simplesmente "impensável no caso do *nābī'* hebreu", conforme explica o mesmo teólogo, visto que não "é Yahweh, mas seu espírito que se introduz no homem, e isto somente temporariamente", excluindo-se qualquer ideia de "divinização do homem", ou seja, "o homem de Deus pode, no máximo, participar de poderes maravilhosos e de um saber sobre-humano". No entanto, isso não é o mesmo que a mística medieval apregoava, mas se parece muito com a experiência com o Espírito Santo na tradição carismático-pentecostal, pois o que "se apodera dele [é] uma vida superior, da qual somente Yahweh dispõe, em último termo".[667] Evidentemente que as expressões "apoderar-se", "apossar-se", "invadir" etc., usadas por autores não carismáticos para falar da capacitação carismática ou de outras ações da *presença extraordinária* do Espírito Santo, não significam, em absoluto, uma aniquilação da pessoa e uma exclusão de sua humanidade. Trata-se, na verdade, de uma concepção sinergista que converge com a espiritualidade ostentada pela tradição carismático-pentecostal, pois não há domínio algum do canal instrumentalizando o divino, mas também o humano não é subsumido no divino. Uma vez que a mensagem, ou a missão, será realizada no mundo e para a humanidade, utiliza-se linguagem humana para transmitir o que se deseja comunicar ou realizar. Deus poderia agir de

666 Ibid., p. 283-4.
667 Ibid., p. 284.

maneira absoluta e solitária? Sem dúvida. Mas por que não o fez? Assim como para a criação, não há resposta alguma para tal questionamento. Por isso, os grupos de profetas foram necessários naquele momento histórico. Mas, como vimos, nunca houve tempo algum sem a existência de carismáticos que pudessem relacionar-se com o Criador e assim abrir caminho para que outros também fossem alcançados. O fato de nem todos chamados de profetas, ou profetisas, terem sido "canônicos", no sentido de produzirem textos que se tornaram parte das Escrituras, aponta para a verdade de que esse "ponto", do relacionamento com Deus, conforme já foi dito, "é tão importante pelo que diz como pelo que não diz".[668] Por isso, precisa ser devidamente analisado, pois está muito evidente que havia um contingente enorme de carismáticos que não "entraram para a história", mas nem por isso deixaram de ser instrumentos de Deus e importantes em seu contexto. Contudo,

> Que relação têm os grupos de profetas com o profetismo clássico de Israel? Menos do que poderíamos pensar. De acordo com González Núñez, não são profetas, mas testemunhas da presença do Senhor e auxiliares dos profetas. Na realidade, não falam em nome de Deus, não anunciam o futuro, não são videntes, não servem de intermediários entre Deus e o povo. Simplesmente desempenham uma tarefa religiosa e levam um estilo de vida que a facilita. Precisamente este fervor religioso significou uma grande ajuda para Samuel num momento de grandes dificuldades, quando a arca estava nas mãos dos filisteus, o sacerdócio de Silo havia desaparecido e a religião cananeia ameaçava [a fé de Israel]. Samuel pôde ver neles uma força que o ajudaria a superar a crise religiosa e política de Israel. Por isso, os encontramos no momento da unção de Saul, no início da monarquia (1Sm 18:5-13), e protegendo Davi diante do rei (1Sm 19:18-24).[669]

Aqui reiteramos o que já temos falado em outras oportunidades: é simplesmente impressionante quanto biblistas, teólogos e até especialistas de outras áreas — nenhum deles carismático — acabam fornecendo "insumos" ou, se se preferir, *insights* para a produção de uma teologia sistemático-carismática, mas o mesmo não se verifica em tratados de teologia protestante de perspectiva cessacionista, isso a despeito de os autores serem declaradamente

---

668 WALTON. *Teologia do Antigo Testamento para cristãos*, p. 6.
669 DÍAZ. *Introdução ao profetismo bíblico*, p. 153.

# 622 | TEOLOGIA SISTEMÁTICO-CARISMÁTICA

conservadores e muito populares, pois o problema todo está nos pressupostos antissobrenaturalistas desses teólogos para produção dos seus trabalhos. O que o especialista em profetismo José Luis Sicre acabou de dizer, citando igualmente outro teólogo espanhol, Angel González Núñez, autor de uma obra seminal sobre o assunto — *Profetismo y sacerdócio* —, publicada em 1969, é que a capacitação carismática desses "grupos de profetas", apesar do nome, não tinha em mira habilitá-los nem ao exercício da vidência nem à prática da predição, muito menos fazê-los intermediários entre Deus e o povo. Então, qual seria o propósito de terem sido capacitados carismaticamente e por que são chamados de "profetas"? Para essa questão, há alguns precedentes bíblicos, mas o dos anciãos de Números 11:16-30 é o mais emblemático. O texto diz que eles profetizaram somente uma vez. Já vimos que muito provavelmente se tratou de uma experiência extático-glossolálica que não tem outra finalidade senão mostrar para eles próprios e para os outros que Deus estava lhes dando do mesmo Espírito de Moisés, a fim de que o auxiliassem na liderança da tribo nômade. Não eram videntes, não anunciavam o futuro e também não mediavam a relação do povo com Deus; antes, eram "serviçais" que resolviam as questões da própria população para que imperasse paz, harmonia, justiça, respeito e cuidado entre o povo. No episódio da fuga de Davi, referido acima por Sicre, registrado em 1Samuel 19:18-24, vemos um caso curioso, comentado pelos teólogos protestantes, não carismáticos, John Walton, Victor Matthews e Mark Chavalas, em seu *Comentário histórico-cultural da Bíblia*, praticamente nos mesmos termos em que eles comentaram Números 11 quando acima os citamos. Sobre o texto em apreço, eles dizem que, nesse tempo, "a profissão de profeta (ou vidente) podia ser aprendida em Israel, existindo ainda as associações ou guildas de profetas, geralmente identificados como 'filhos dos profetas'". Esses autores acrescentam que o êxtase, ou transe, em "Israel, [era] um fenômeno [que] muitas vezes fazia com que os profetas fossem considerados loucos (veja, p. ex., 1Sm 19.19-24; Jr 29.26)". Nesse episódio específico, "o transe não resultou em mensagens proféticas vindas do Senhor, mas apenas serviu para demonstrar o poder de Deus sobre os mensageiros" e, nesse sentido, "poderia ser comparado às línguas de fogo enviadas sobre os discípulos no cenáculo, em Atos 2".[670]

---

670 CHAVALAS; MATTHEWS; WALTON. *Comentário histórico-cultural da Bíblia*, p. 404.

CAPÍTULO 4 – Pneumatologia | 623

Portanto, mesmo para autores cujo minimalismo pneumatológico não permite que sejam carismáticos, não há como negar a experiência com o Espírito Santo, pois ela está clara no texto. Tal experiência gera um fenômeno que não pode ser explicado sem que o exegeta, no mínimo, creia no sobrenatural e na atuação da terceira Pessoa da Trindade. Mas, seguramente, quem tem experiência com o Espírito Santo, não necessariamente com o dom de profecia, está muito mais apto a ler e compreender um texto como esse, não vendo dificuldade alguma no fato de que se trata de uma realidade que não ficou restrita ao período veterotestamentário, mas que alcançou seu apogeu em Atos 2 e, desde então, vem se irradiando sobre a humanidade em todos os tempos, conforme o desejo de Moisés de que todo o povo do Senhor seja profeta e receba o Espírito de Deus (Números 11:29). Isso por uma razão muito simples: a missão divina dada ao homem, isto é, o papel sacerdotal, que não foi revogada, sendo necessário cumpri-la. Mas como isso pode ser feito à parte de Deus? Simplesmente, é impossível! Por isso, não basta a ação da *presença contínua* do Espírito Santo, algo que é outorgado ao universo e todos os seres vivos, proporcionando as condições para a existência e a manutenção da realidade. É imprescindível que sejamos contemplados com a *presença extraordinária* do Espírito Santo, pois esta nos capacita a cumprir a missão edênica reiterada na aliança sinaítica a Israel e repassada à igreja com o sacerdócio real (Gênesis 2:15; 3:17-19; Êxodo 19:6; 1Pedro 2:9-10). Contudo, até que cheguemos a esse período tão almejado pelos santos do período veterotestamentário (Hebreus 11:13,39), é preciso entender que muitos séculos se passaram, muitos atores participaram dos diversos estágios da história da salvação, cumprindo seu papel na economia divina, gerando muitos acontecimentos e experiências que conhecemos a distância como eventos histórico-redentores ou histórico-salvíficos. Obviamente que nenhum deles imaginava estar fazendo história, sendo instrumentos de Deus e parte do plano do Criador no que chamamos de economia divina. Sabemos que estamos em outro período, com novos desafios e também acúmulo de experiência, tendo, inclusive, as Escrituras para nortear nossa vida. Assim como as gerações que nos precederam, não nos achamos importantes e decisivos, mas certamente somos o elo da imensa corrente que vem desde o Éden. Como estamos cumprindo nossa missão e chamada? Quanto temos dependido do Espírito Santo para caminhar em meio ao deserto dos inúmeros e grandes desafios? São questões que precisam estar em nossa mente enquanto estudamos e fazemos teologia. Este não pode ser um exercício meramente cognitivo, intelectual e filosófico de produção e acúmulo de saber.

Tal é necessário manter em nossa mente e coração, pois, conforme Gerhard von Rad, "Javé continuou a agir em relação a Israel também depois da tomada da terra", e, como vimos, a "primeira novidade que Israel experimentou nesse sentido foi a proteção bélica que ele proveu para o seu povo em momento de emergência". Conforme o mesmo autor, o "meio de que Javé se servia foi a *rûaḥ*, que tornava carismático a alguém entre os homens de Israel e o promovia, mediante um súbito impulso, à função de líder da convocação para o exército popular, saindo o próprio Javé para participar do combate e vencer os inimigos com o milagre do terror divino".[671] Esse período de duração incerta sofreu uma drástica mudança, de acordo com o mesmo autor, não unicamente na instituição da monarquia, mas com uma linhagem em especial: "a grande novidade que, no seu contínuo acompanhamento ao longo da história", surgiu foi o fato de Javé ter estabelecido "a monarquia davídica", e essa "monarquia teve efeitos súbitos não apenas na produção literária, mas também na produção teológica", pois a "história de Israel, depois da tomada da terra", explica Von Rad, concentrou-se em torno dessa "monarquia" e é orientada por ela, ou seja, "foi a partir dela que se traçou a linha histórica até as grandes catástrofes de 722 e de 587",[672] isto é, o cativeiro e, consequentemente, a queda dos reinos do Norte e do Sul, respectivamente. À parte de qualquer discussão a respeito da composição literária da história de Davi, o autor diz que há "um elemento desse conjunto de ideias que precisa ser ponderado de maneira especial: o 'Espírito de Javé' estava com o ungido, quer dizer, ele era considerado um carismático", e esse aspecto não pode ser de maneira alguma minimizado. Comparando-se "a realeza judaica unicamente do ponto de vista da ideologia monárquica, como podia ser encontrada comumente no Oriente, esse elemento é simplesmente percebido como um corpo estranho, pois não o encontramos nem na Babilônia, nem no Egito"[673], confirmando o que já temos explicado desde o início sobre o fato de haver paralelos nas culturas do antigo Oriente Médio. Mas, quando se observa com atenção, verifica-se que, em relação a Israel, tais semelhanças

---

671 RAD. *Teologia do Antigo Testamento*, p. 300.
672 Ibid., p. 300-1.
673 Ibid., p. 316.

CAPÍTULO 4 – Pneumatologia | 625

são superficiais. Na verdade, conforme já nos referimos anteriormente ao citar esse trecho, "Israel preservou e integrou na sua concepção de monarquia um fato da sua tradição, algo que lhe é próprio e que remonta aos seus primórdios", diz Von Rad, e completa: "pois justamente nos primeiros tempos qualquer vocação ou introdução em função pública especial, conferida por Javé, estava indissoluvelmente ligada ao dom do Espírito de Javé", por isso "Moisés e, principalmente, os juízes eram carismáticos".[674] Assim, a despeito de reconhecermos que "não é fácil dizer onde e quando esse carisma do rei [podia] ser exercido dentro do conjunto das funções de um monarca judeu", ao mesmo tempo, "não podemos negar que tenha havido certo definhamento das possibilidades de atuação do Espírito de Javé, comparadas ao modo como os antigos imaginavam", sendo "só Isaías que, na sua profecia, concebeu, da maneira mais vigorosa, a imagem do ungido vindouro orientada para o aspecto carismático (Is 11.1ss)".[675]

Não é sem razão que a "manifestação do *rûaḥ yhwh* nesse importante período de transição para a monarquia é consistente com a ênfase do Antigo Testamento que toda liderança deve ser capacitada pelo Espírito", diz o teólogo pentecostal Wilf Hildebrandt, o qual ainda acrescenta que o "carisma é fundamental para provar a autoridade e habilidade de um indivíduo para o papel de 'juiz' ou 'rei'".[676] No caso do trio que forma o período do reino unido em Israel — Saul, Davi e Salomão[677] —, vemos claramente esse aspecto da

---

674 Ibid.
675 Ibid.
676 Hildebrandt. *Teologia do Espírito de Deus no Antigo Testamento*, p. 139-40.
677 "Embora o *rûaḥ yhwh* não seja afirmado, especificamente, como tendo vindo sobre Salomão, ele foi ungido como sucessor ao trono por Zadoque, o sacerdote, e Natam o profeta (1 Rs 1:32ss.). Ao chegar a iminente cerimônia de unção, Benaia, filho de Joiada, proclama: 'Assim como o Senhor esteve com o rei, meu senhor, também esteja ele com Salomão para que ele tenha um reinado ainda mais glorioso que o reinado de meu senhor, o rei Davi!' (1:37). Por meio da unção, o Senhor estava de fato presente com Salomão (cf. 1 Cr 29:23-25). Seu reinado mostra os resultados do carisma da sabedoria que deu a ele discernimento na administração do reino. Salomão não somente foi um hábil administrador, mas um político perspicaz, diplomata, estrategista e organizador. Sua habilidade como um poeta e pregador da sabedoria também foi louvada no Antigo Oriente (1Rs 4:32). Embora Salomão tenha sofrido um sério lapso moral, a era de paz e prosperidade que ele governou se tornou uma ilustração significativa do evento escatológico no qual as nações virão a Israel para a instrução e direção em seus negócios (Is 2:1-5; Mq 4:1-5). Nesta era vindoura, o Messias ungido reinará e cumprirá o desígnio intentado por Deus para a monarquia. Com a presença de Deus sobre seu Servo escolhido e ungido, o governo de Deus será realizado universalmente" (Hildebrandt. *Teologia do Espírito de Deus no Antigo Testamento*, p. 144).

## 626 | TEOLOGIA SISTEMÁTICO-CARISMÁTICA

capacitação carismática prefigurada no ato de receberem a unção com óleo (1Samuel 10:1; 16:13; 1Reis 1:39), mas cuja manifestação real de tal unção carismática se dá em outros momentos e demonstrações (1Samuel 10:2-16; 16:14-23; 17:32-58; Salmos 51; 1Reis 3:3-28). Mesmo o ato tendo quase desaparecido posteriormente, acabou figurando como um paradigma para o "Ungido" (Isaías 61:1-11). Nesse particular, em "Israel a unção com óleo tinha um uso sagrado e havia de ser feita por uma pessoa específica, inicialmente Bezalel, que foi cheio com o Espírito para os seus deveres relacionados com o Tabernáculo (Êx 37:29)", e, posteriormente, "Eleazar, filho de Aarão, foi encarregado desta tarefa (Nm 4:16)", sendo ainda a unção com óleo, às vezes, conectada "ao incenso perfumado que encheu o Tabernáculo de uma maneira similar a que a nuvem de glória encheu a habitação em determinada ocasião (Êx 30:34-38 cf. 37:29)", e, nesse aspecto, "o óleo e o incenso eram símbolos da presença divina e do *rûaḥ* de Deus".[678] Portanto, o "termo 'unção' [*māšaḥ*] levanta o conceito do messias na teologia do Antigo Testamento (1Sm 13:14; 25:30; 2Sm 5:2; 6:21; 7:8; 1Rs 1:36) e indica o relacionamento especial do ungido com Yahweh", pois a "unção confere autoridade para agir e é intimamente ligada ao conferir do *rûaḥ* para capacitação", mas a "cerimônia da unção, por meio de óleo, era o sinal sacramental e o selo da vinda do Espírito de Deus".[679] Assim, o fato de o azeite escorrer, diz Hildebrandt, "representava a realidade interna do enchimento do Espírito", pois a "imagem do óleo e do orvalho, portanto, indica a obra do Espírito de trazer unidade e bênção na comunidade (Sl 133)" e pretende transmitir a ideia de que o "ungido é divinamente capacitado para cumprir seus deveres reais e proféticos", visto que as "quatro qualidades messiânicas principais, conectadas à monarquia são: 1) eleição de um indivíduo; 2) unção por sacerdote ou profeta; 3) dotação do Espírito e 4) demonstração pública do dom ao trazer a vitória sobre o inimigo". Não coincidentemente, "estas quatro qualidades aparecem com o surgir da monarquia e são evidentes na experiência de Saul e Davi".[680] Na verdade, essas "quatro qualidades [que] formam a teologia messiânica que [dão] suporte para a monarquia desde o seu princípio", juntamente com o "título *môšî'a yhwh*", que, por sua vez, "serve para a eleição, autorização e

---

678 HILDEBRANDT. *Teologia do Espírito de Deus no Antigo Testamento*, p. 142.

679 Ibid., p. 142-3.

680 Ibid., p. 143.

proteção do rei de Yahweh", não significam que os reis podem agir como quiserem, pois, ao falharem em guardar a aliança, eles se tornam repreensíveis, e "Deus envia profetas ungidos para repreendê-los".[681]

Na realidade, a "relação entre profetas e reis sempre foi tensa", diz o biblista pentecostal Esequias Soares. Vez por outra, "os profetas serviam como conselheiros na casa real, como Natã, Gade e Isaías, pois esses monarcas precisavam da aprovação desses videntes por causa de sua popularidade em determinada fase da história de Israel", mas, muitas "vezes, esses mensageiros de Javé representavam ameaças, pois [os reis] não se dispunham a fazer a vontade de Deus", algo que podemos visualizar nas Escrituras hebraicas, visto elas apresentarem "uma lista longa de profetas censurando pecados dos reis como Aías (1Rs 14.5-12), Jeú (1Rs 16.1-4), Elias (1Rs 18.17,18), Micaías (1Rs 22.8), Eliseu (2Rs 6.30-32), Isaías (3.12-15), Jeremias (Jr 22.13-19), Amós (Am 7.9)", tanto escritores como não, mas todos basicamente imbuídos de repreender os reis por violarem os "preceitos da lei de Moisés em seu aspecto civil e religioso". A "situação se agravou ainda mais depois do grande cisma que dividiu o país em dois: Judá e Israel, Reino do Sul e Reino do Norte".[682] Após esse acontecimento, foram vinte dinastias do reino do Norte, chamado Israel, até sua extinção em 722 a.C., não tendo um único rei bom, e apenas uma dinastia do reino do Sul, chamado Judá, que acabou em 587 a.C., sendo este o da linhagem de Davi.[683] Até que ambos os reinos fossem extintos, a relação entre suas lideranças políticas e os profetas foi marcada por diversos momentos distintos. Considerando tal relacionamento "desde a instauração da monarquia até a aparição de Amós, podemos detectar três etapas, muito relacionadas com a atitude que o profeta adota diante do rei", de acordo com José Luis Sicre Díaz. A "primeira etapa pode ser definida como *proximidade física e distanciamento crítico em relação ao monarca*", cujos "representantes mais famosos desta primeira época são Gad e Natã".[684] O primeiro atuou como conselheiro militar, acumulando ainda funções cultuais e judiciais, sendo digno de se "observar que ele nunca se dirige ao povo, está sempre em relação direta com Davi", e o segundo foi o profeta mais proeminente na corte do reino davídico, mas, a despeito dessa atuação, isto é, de serem

---

681 Ibid.

682 Silva. *O ministério profético na Bíblia*, p. 52.

683 Um excelente resumo pode ser obtido em Silva. *O ministério profético na Bíblia*, p. 52-5.

684 Díaz. *Introdução ao profetismo bíblico*, p. 153 (grifo no original).

# 628 | TEOLOGIA SISTEMÁTICO-CARISMÁTICA

"profetas da corte", é incorreto "acusá-los de servilismo, já que nunca se venderam ao rei", daí por que "podemos definir sua postura como proximidade física e distanciamento crítico".[685] A respeito da "segunda etapa", diz o mesmo teólogo espanhol, a relação se "caracteriza pela *distância física* que vai se estabelecendo entre o profeta e o rei, embora aquele só intervenha em assuntos relacionados com este", ou seja, o "compromisso do profeta não é com o rei, mas com a palavra de Deus".[686] Por fim, a "terceira etapa" da relação entre rei e profeta "*concilia a distância progressiva da corte com a aproximação cada vez maior ao povo*", sendo o "exemplo mais patente" desse modelo a figura do profeta Elias, que, como sabemos, nunca pisa no palácio, e seu exemplo será seguido "por Eliseu, o profeta mais 'popular' do Antigo Testamento". Assim, daí em diante, "os profetas se dirigirão predominantemente ao povo", sem, contudo, deixarem "de falar ao rei, já que este ocupa uma posição capital na sociedade e na religião de Israel e de sua conduta dependem numerosas questões". Todavia, "estabeleceu-se um ponto de contato entre o movimento profético e o povo, [e] ambos irão estreitando esses laços cada vez mais".[687]

É sob essas três formas que o referido relacionamento entre "profetas verdadeiros", é bom que se diga, e as demais pessoas, sejam lideranças ou o povo, se dará. Evidentemente que precisamos fazer saltos com lapsos históricos que compreendem séculos e não temos condição alguma de fazer uma análise, nem mesmo panorâmica, de todos os textos que tratam diretamente do *leitmotiv* que elegemos para percorrer a história da salvação, ou seja, a experiência com o Espírito Santo. Todavia, é imperioso observar um episódio por conter lições imprescindíveis para a tradição carismático-pentecostal. Se para todo o povo era extremamente danosa a divisão da nação — apesar de ser inevitável, pois Semaías, homem de Deus, fora levantado para evitar o confronto (1Reis 12:21-24) —, para uma tribo específica, Levi, e os sacerdotes, em particular, tudo se tornava ainda pior, visto serem responsáveis por oficiar o culto e, na divisão, eles "ficaram" geograficamente do lado oposto, o Norte, pois o templo construído por Salomão ficava em Jerusalém, isto é, no "lado" sul. Uma vez que a religião é, para o bem ou para o mal, um grande catalisador social, como o povo que ficava no reino do Norte continuaria se deslocando para lá,

---

685 Ibid., p. 154.
686 Ibid. (grifo no original).
687 Ibid., p. 155 (grifo no original).

o líder da coalização cismática, Jeroboão, teve uma "ideia": fez dois bezerros de ouro e os colocou em locais estratégicos, sendo um em Betel e outro em Dã, e constituiu sacerdotes dentre pessoas do povo, ou seja, sem serem levitas, instaurando oficialmente a idolatria em Israel, a fim de assegurar-lhe o poder (1Reis 12:26-33). Uma vez mais, a presença extraordinária do Espírito Santo agiu, e um "homem de Deus", anônimo, tal como o que séculos antes profetizou no tempo de Eli, veio e repreendeu Jeroboão, que, achando-se acima de tudo, o ameaçou, mas terminou recebendo um julgamento divino (1Reis 13:10). Quando dissemos que extrairíamos lições imprescindíveis desse relato para a tradição carismático-pentecostal, o fazemos para que ninguém pense que esta sistemático-carismática tenha um caráter ufanista e não reconheça os problemas que rondam qualquer expressão da fé cristã com sua respectiva tradição teológica. Nada mais longe da realidade! A narrativa mostra de forma muito clara os perigos que rondam a espiritualidade carismática, seja quando se vive de passado, seja quando se tem um dom, mas não maturidade e discernimento suficientes para o exercício do carisma profético, por exemplo. O mesmo homem de Deus que se recusou a comer com o rei Jeroboão e receber dele um "presente" acabou não vigiando e desobedeceu ao Senhor ao fazê-lo com um antigo carismático, chamado "profeta velho". Este, mentindo, disse-lhe que um anjo trouxera uma mensagem, em nome de Deus, "autorizando" o "homem de Deus" a ir à casa daquele para fazer uma refeição. Infelizmente, o "homem de Deus" acabou cedendo à mentira (1Reis 13:11-19). Essa poderia ser mais uma "história solta", sem propósito algum, se a erudição bíblica não tivesse tido a coragem de desafiar o *mainstream* teológico protestante — ainda que quem assim tenha agido seja igualmente protestante! — e dizer que, seja qual for o gênero literário das Escrituras hebraicas com o qual "estejamos lidando", isto é, "narrativas, provérbios, profecias, leis ou hinos, as formas e os gêneros do Antigo Testamento estão sendo utilizados para fins teológicos". Por isso, ao expor "eventos históricos" e retratá-los, "as perspectivas teológicas oferecem a lente mais importante para a interpretação", pois os "eventos não são apenas *relatados* pelos autores", ou seja, "eles são *interpretados* — e a teologia é a meta".[688]

Por isso, a experiência carismática de 1Reis 13:1-34 mostra várias nuanças interessantes para a tradição carismático-pentecostal: 1) Deus atendeu à

---

688 WALTON. *Teologia do Antigo Testamento para cristãos*, p. 5 (grifo no original).

## 630 | TEOLOGIA SISTEMÁTICO-CARISMÁTICA

oração do profeta para que a mão do rei fosse restituída, mas isso não sensibilizou Jeroboão nem o tornou abençoado ou "salvo", pois sua desobediência permaneceu; 2) Deus guardou o profeta da ameaça do rei, mas não o livrou do leão que o devorou por desobedecer; 3) o "profeta velho" já fora um instrumento divino, mas mentiu e levou o outro ao erro; não obstante isso, foi usado pelo Espírito Santo para transmitir a mensagem de juízo contra o "homem de Deus"; 4) Deus respeitou a vontade própria do "homem de Deus" em desobedecer-lhe, mas usou compulsivamente o "profeta velho" para transmitir uma mensagem, e o bem que o primeiro fez em ir bradar contra o rei não o eximiu da punição nem o fato de o "profeta velho" ter sido usado pelo Espírito Santo o torna justo ou santo, muito menos anula a verdade de que ele mentira e enganara o outro; 5) Deus guardou o profeta anônimo das mãos de Jeroboão, mas não fez o mesmo com outros profetas, até conhecidos e canônicos, pois não os livrou de serem perseguidos, castigados e até executados por reis malignos, seja de Israel, seja de Judá; finalmente, 6) mesmo havendo nessa época o texto do Pentateuco, além do livro de Jó e grande parte de Salmos e Provérbios, nenhum desses textos poderia fazer o que o "profeta velho" fez, ou seja, tais porções escriturísticas não seriam "suficientes" para falar ao "homem de Deus" o que o Espírito Santo tinha a dizer especificamente a ele! Nessas seis observações, de uma única experiência carismática, podemos extrair todas essas verdades que, até hoje, se apresentam igualmente em nossa realidade e precisam de tratamento teológico específico, ou seja, caso a caso, já que a experiência de um não serve como padrão para outrem. O único princípio geral possível de ser extraído daqui, como em toda a Escritura, é a obediência, tanto para Jeroboão quanto para o profeta anônimo, bem como para o "profeta velho". Fora isso, nada aqui pode ser instituído como padrão a ser copiado ou repetido, pois cada situação exigirá o cumprimento do objetivo da economia divina, gerando uma situação que constitui ou evento histórico-salvífico, contribuindo para a história da salvação, ou decadente, refletindo nossa natureza decaída. Há muito mais a ser extraído dessa narrativa, pois ela não está aí à toa, como alguém desavisadamente pode achar, ou sem nenhuma intencionalidade teológica. O texto indica que, por essa época, mais do que nunca, a declaração de Deuteronômio 18:14-22 era mais do que necessária, pois, dado o arrefecimento carismático com o final do período da teocracia, a ascensão da classe sacerdotal fez-se mais proeminente e cada vez mais ligada ao poder político, já que a tribo de

CAPÍTULO 4 – Pneumatologia | 631

Levi não herdou nenhuma porção territorial e dependia do cumprimento do que a Lei estipulava acerca do cuidado para com os levitas (Deuteronômio 18:1-13), havendo, então, um movimento de ruptura entre grupos religiosos e consequente cooptação tanto de antigos sacerdotes quanto de carismáticos:

> Esses indivíduos eram mais que simples religiosos profissionais. Embora alguns fossem membros da comunidade sacerdotal, os profetas de modo geral estavam à margem dessa instituição. Seu papel era desafiar o sistema e a ordem social relembrando os líderes e o povo de sua responsabilidade com a Aliança feita com Yahweh e advertindo-os do castigo que adviria da violação desse acordo. O profeta era alguém investido de poderes especiais, de uma mensagem e de uma missão, havendo ainda uma certa compulsão associada ao chamado profético, que podia ser negado por algum tempo (veja a fuga de Jonas), mas por fim tinha de ser atendido. Deve-se destacar também que os profetas às vezes relutavam em proferir palavras duras ou condenações contra o próprio povo. Quando isso acontecia, o profeta passava por uma experiência de compulsão irresistível que o levava a falar (Jr 20.9). Visto que sua mensagem provinha de Deus, os profetas não podiam ser acusados de traição, sedição ou maldições. Assim, a mensagem era mais importante do que o profeta. Certamente houve profetas como Balaão e Elias que conquistaram certa fama e reconhecimento, mas isso se devia à sua mensagem ou à habilidade de falar em nome de Deus. Para que um profeta tivesse credibilidade diante do povo, era necessário que sua mensagem se cumprisse. Apesar de, às vezes, os profetas serem mencionados como membros da comunidade do culto (Isaías e Ezequiel) ou como profetas da corte (Natã), eles conseguiam distanciar-se dessas instituições, sempre que necessário, para criticá-las e mostrar em que pontos elas haviam rompido a Aliança com Deus. No período inicial da monarquia, os profetas se dirigiam primordialmente ao rei e à sua corte, de modo bastante semelhante ao de seus colegas de outras regiões do antigo Oriente Próximo (foram denominados de profetas "pré-clássicos"). No início do século 9 a.C., porém, sua atenção se voltou para o povo e para as questões sociais e espirituais que envolviam a nação (classificados como profetas "clássicos" e "escritores"). O papel deles não era fazer predições, e sim advertir o povo sobre a maneira de Deus agir e sobre os planos dele.[689]

---

689 CHAVALAS; MATTHEWS; WALTON. *Comentário histórico-cultural da Bíblia*, p. 246.

## 632 | TEOLOGIA SISTEMÁTICO-CARISMÁTICA

Ainda que estejamos no último quadrante dessa subseção a respeito da *presença contínua* e *extraordinária* do Espírito Santo no Antigo Testamento, é importante entender essa divisão entre sacerdotes e profetas e também entre os profetas entre si, isto é, distinguindo o nebiísmo do profetismo clássico, propriamente dito. Muito embora a "figura carismática paradigmática [seja] o profeta, [pois] traz nova palavra divina para desafiar as estruturas tradicionais da sociedade", explica Robert Wilson em seu estudo mundialmente conhecido, *Profecia e sociedade no antigo Israel*, repetindo, mas não concordando com,[690] Max Weber,[691] quando este diz: "[Os] carismáticos existem fora das estruturas sociais normais, não obstante o carisma possa vir a ser transformado em 'rotina' quando grupos e organizações se formam para perpetuá-lo e transmiti-lo".[692] Tais aspectos precisam ser minimamente aprofundados,

---

690 "Embora Weber tivesse consciência de que carismáticos precisam ser apoiados por grupos e discípulos, ele não enfatizou esse ponto. Como consequência, sua obra, às vezes, dá a impressão de que os carismáticos são indivíduos isolados e completamente fora de suas sociedades. Esta leitura de Weber deu por sua vez origem à imagem popular do profeta como indivíduo divinamente inspirado que reforma a sociedade com sua mensagem radical e que se recusa a ser parte da ordem social corrupta que ele condena. É claro que esse quadro não pode se apoiar nos dados antropológicos que analisamos até o momento. A documentação indica que poucos intermediários cabem de fato nos padrões estabelecidos por Weber. Muitos não são líderes, ainda que derivem sua autoridade de sua habilidade de comunicar-se com o reino divino. De mais a mais, normalmente eles são bem integrados aos seus grupos de apoio, quer na periferia, quer no centro da sociedade. E, o que é mais importante, os intermediários devem sua posição à convalidação pelos seus grupos de apoio. Como já tivemos oportunidade de ver, numerosos fatores entram no processo de convalidação e estão envolvidas considerações mais práticas do que a teoria de Weber admitiria. Em suma, a documentação antropológica sugere que, se o carisma é um 'dom dos deuses', é também dom da sociedade" (WILSON, Robert R. *Profecia e sociedade no antigo Israel*, 2. ed. rev. [São Paulo: Targumim/Paulus, 2006], p. 81). Discordamos do autor por duas razões: a primeira delas é que a análise de Wilson se dá no campo da antropologia cultural, e ele buscou traçar um paralelo entre os profetas veterotestamentários e grupos similares contemporâneos, sendo estes provenientes das sociedades africanas e dos índios norte-americanos. A segunda, e muito importante, é que o paralelo comete a infelicidade de comparar duas cosmovisões completamente distintas, ignorando que ele poderia ter analisado a prática profética no cristianismo carismático e aí comparar teologicamente os fenômenos.

691 "Denominamos '*carisma*' uma qualidade pessoal considerada extracotidiana (na origem, magicamente condicionada, no caso tanto dos profetas quanto dos sábios curandeiros ou jurídicos, chefes de caçadores e heróis de guerra) e em virtude da qual se atribuem a uma pessoa poderes ou qualidades sobrenaturais, sobre-humanos ou, pelo menos, extracotidianos específicos ou então se a toma como enviada por Deus, como exemplar e, portanto, como '*líder*'. O modo objetivamente 'correto' como essa qualidade *teria* de ser avaliada, a partir de algum ponto de vista ético, estético ou outro qualquer, não tem importância alguma para nosso conceito: o que importa é como de fato ela é avaliada pelos carismaticamente dominados — os '*adeptos*'" (WEBER, Max. *Economia e sociedade: fundamentos da sociologia compreensiva*, 4. ed. [Brasília: UnB, 2000], vol. 1, p. 158-9, grifo no original).

692 WILSON. *Profecia e sociedade no antigo Israel*, p. 81. Esse ponto pode ser aprofundado com a leitura direta de WEBER. *Economia e sociedade*, p. 161-7.

pois coincidem com o final da teocracia e o início da monarquia. E, se uma classe diferente de carismáticos iniciou-se a partir de Samuel, é necessário reconhecer que isso só se deu por causa do fato de que havia uma *"intensa reciprocidade de influência entre a profecia e a história"*, diz Walther Eichrodt. Tal reciprocidade, que consistia em promessa e cumprimento, "impôs ao movimento extático uma notória orientação de serviço à nação",[693] conforme Hebreus 11:32-38. Tal serviço que, seguramente, podemos chamar de "sacerdotal", no sentido do chamado universal da humanidade para cuidar da terra como "espaço sagrado", que se manifestou entre os progenitores da nação eleita e, mais tarde, também nela mesma, demonstrava, de alguma forma, conforme Hebreus 11:13-16,39-40, que havia uma perspectiva final da história nacional que se dilatava, ampliando-se como salvação futura e abrangendo todos os povos da terra, de acordo com as promessas de Gênesis 12:1-3; 28:14; Êxodo 19:6; Deuteronômio 4:5-8. Trata-se de algo real, conforme deixa entrever tanto "as 'últimas palavras' de Davi (2Samuel 23:1-7) quanto a promessa de Natã (2Samuel 7:8-16), [pois ambas] fazem pensar numa antiga esperança por parte dos profetas",[694] isto é, dos videntes do período nebiísta. Que numa "religião tão fortemente voluntarista quanto a israelita", na opinião de Eichrodt, "a ânsia de uma nova revelação divina tivesse de adotar outras formas é coisa natural". Por isso, sua roupagem não poderia ser "a da mística"; antes, "tinha de se configurar como esperança religioso-nacionalista", ou seja, significa que uma "nova união de Deus com seu povo" deveria acontecer, mas não nos moldes da mística medieval, e sim "seguindo a analogia da revelação sinaítica e da conquista da terra ou, em outras palavras, acompanhada de uma renovação da situação interior e de um fortalecimento exterior dessa nação de Deus", explica o mesmo autor. Este ainda afirma que isso deveria ser demonstrado por meio de "triunfos militares, tal era a forma que, para encaixar na mentalidade religiosa de Israel, teria de adotar uma esperança com desejos de envolver as pessoas, ampliada em ocasiões e adornada com coloridos brilhantes, por influência da primitiva ideia do paraíso".[695]

Tal senso de pertencimento, de utilidade, de importância, contudo, não fazia que perdessem a consciência de que era o Senhor que batalhava por eles

---

693 Eichrodt. *Teologia do Antigo Testamento*, p. 288 (grifo no original).
694 Ibid.
695 Ibid., p. 289.

## 634 | TEOLOGIA SISTEMÁTICO-CARISMÁTICA

e, às vezes, por meio deles, dando-lhes a vitória. Foi justamente do arrefecimento de tais triunfos, ou seja, do "solo da crise presente", diz Eichrodt, que "surgiu, como meta última de salvação, uma nova forma de existência terrena, um mundo conforme o modelo magnífico do éden divino", em que, a despeito das circunstâncias adversas, "no ardor do entusiasmo, que animava as sociedades proféticas, apareceram os pregadores vocacionais dessa meta que não tardaram a transladar seus próprios sentimentos às massas". Isso pode ser visto no "ressurgir nacional da época do jovem Saul, e logo de Davi", ambos os reinados acolhidos, na visão do mesmo teólogo alemão, "graças às energias dessa esperança".[696] Tal pode ser visto no cântico profético de Ana, mãe de Samuel, que, como parte daquela sociedade completamente perdida e sem liderança e, consequentemente, norte, almejava por tal tempo: "Os que contendem com o SENHOR serão quebrantados; desde os céus, trovejará sobre eles; o SENHOR julgará as extremidades da terra, e dará força ao seu rei, e exaltará o poder do seu ungido" (1Samuel 2:10). Esse único caso contraria a ideia de que o nebiísmo seja um fenômeno exclusivamente "grupal" ou coletivo, pois a visitação do Espírito Santo recebida pela mãe do último dos juízes, que também foi sacerdote e vidente (profeta), demonstra claramente que casos isolados existiam, e bem pode ser que o episódio dela seja uma amostra de algo muito mais amplo, ou seja, certamente o dom carismático não veio somente sobre a outrora amargurada esposa de Elcana. Muito embora, oficialmente falando, ou ao menos nos limites institucionais do sacerdócio de Eli, "a palavra do SENHOR era de muita valia naqueles dias; não havia visão manifesta" (1Samuel 3:1b). Aspirava-se a ouvir a voz de Deus, pois, infelizmente, havia realização de sacrifícios, mas como ação mecânica e totalmente divorciada da consciência que deveria acompanhar tais ritos. Como todos sabemos, prática religiosa desprovida de espiritualidade e, consequentemente, vida acaba trazendo desânimo, desilusão e, finalmente, abandono, pois percebe-se a falta do senso de mistério, reduzindo tudo ao automatismo religioso. Nesse contexto, a manifestação profética, sem dúvida, representava uma renovação, ou reforma, reavivando a esperança de Israel de que a situação poderia mudar a qualquer momento e que nenhum juízo duraria para sempre. O Senhor que criara todas as coisas e que chamara Abraão e os tirara do Egito tinha algo reservado aos que, com fidelidade, perseveravam

---

696 Ibid.

CAPÍTULO 4 – Pneumatologia | 635

em servi-lo. Em outras palavras, o povo de Deus esperava pela salvação da parte do Senhor. O que fazia que tivessem essa expectativa? O entendimento de Eichrodt é que

> A íntima relação entre a esperança de salvação e a natureza essencial do movimento profético surge de um novo aspecto se analisamos a segunda característica dos possuidores do espírito que, com o saber superior, serve de fundamento e sua autoridade, *seu poder taumatúrgico*. Observou-se acertadamente que os efeitos do espírito se movem, sobretudo, e em primeira linha, na esfera do milagre. Porque o *nābī'*, possuído pelo espírito, entra nessa esfera, participa de poderes superiores, que agora emanam dele e o capacitam a prestar auxílios milagrosos. Desse modo, se convertia em *mediador para ser um meio a um mundo normalmente fechado, o mundo da vida divina*; nele se via concretamente o significado das visitações de Deus a seu povo e não se descansava no relato de seus feitos. Naturalmente, também nisto havia o grave perigo de se pensar no profeta como um feiticeiro e de outorgar-lhe certo culto como o que foi popular, até nossos dias, no Oriente. Principalmente os relatos sobre Eliseu deixam entrever algo disso. Mas, numa recontagem total, têm maior peso as histórias que apresentam o homem de Deus *ajudando a seu povo* e não como feitor de maravilhas e alardeando poder; essas histórias assinalam a invocação a Yahweh como condição de sua capacidade taumatúrgica: 1 Reis 17:20; 2 Reis 4:33. Dessa maneira, por trás das maravilhas que o *nābī'* opera descobre-se a mão de seu Deus (1Reis 17:16s,24; 2Reis 2:13s; 7:1; 4:1s), que julga e ajuda, mesmo quando não se trata da luta por Yahweh e por seu culto exclusivo (1Reis 18:39; 20:28; 2Reis 5:8s; 6:15s etc.). Dessa forma, os conteúdos essenciais do tempo de salvação que se espera se convertem, nos profetas, em realidade presente; são já *penhor e preparação do novo tempo* no qual Deus habita em meio de seu povo e põe à disposição deste, sem limitações, todo o seu poder milagroso (Zacarias 12:8). A massa do povo era terreno especialmente apropriado para que esses homens fizessem germinar nele a esperança da irrupção da salvação definitiva.[697]

Essas manifestações públicas e, muitas vezes, espetaculosas devem, por outro lado, ser contrastadas com outros hábitos e atitudes do nebiísmo, pois,

---

697 Ibid., p. 289-90 (grifo no original).

## 636 | TEOLOGIA SISTEMÁTICO-CARISMÁTICA

de acordo com o biblista pentecostal Esequias Soares, a "autoridade deles não está restrita apenas aos seus escritos que hoje compõem as Escrituras Sagradas, mas, em vida, eram homens cheios do poder do Espírito Santo".[698] Tal declaração converge com a percepção do teólogo alemão Eichrodt, de "que *toda forma de vida externa* do *nābî'* pregava, por si mesma, o final da realidade presente e a aparição do grande e novo futuro que esperavam", isto é, a despeito do "escândalo, muitas vezes produzido pela ruidosa e impetuosa aparição desses homens, que se apartavam do ordinário e viviam exclusivamente para a religião, deixaram uma profunda impressão nas grandes massas". O mesmo autor prossegue, dizendo que, "saindo-se do âmbito vital no qual até então haviam se movido e testemunhado, mediante suas vestimentas e sua vida em colônias fechadas, sua oposição à secularização e ao cultivo cômodo de seus próprios interesses, tratavam de pôr uma vez mais um incrível realismo, ante os olhos de um povo adormecido e fraco de pensamento, que 'a vida não é o bem supremo, que há algo que supera ao progresso terreno, ao desfrute dos bens materiais deste mundo'".[699] Por mais excêntrico que possamos achar, essas práticas coadunavam com a mensagem que recebiam da parte de Deus de não se conformar com a realidade do povo, que, dizendo-se dele, vivia de forma diametralmente oposta ao que preceituava a Lei, sendo injustos e hipócritas. Assim, os "profundos efeitos que *semelhante protesto contra a valorização excessiva dos bens materiais* pode ter sobre a vida religiosa de um povo, sabemo-lo não somente pelo monacato medieval e outros movimentos ascéticos parecidos", explica Eichrodt, "mas por fenômenos como o de João Batista, que, com seu retorno à forma de vida do antigo profetismo, conseguiria dar a suas palavras uma grande plasticidade e ênfase".[700] Se nossa análise desse "fenômeno monástico", antecipando-se ao que se repete na história com os "monges do deserto", por exemplo, se dá por conta da vida pública de Jesus Cristo de Nazaré, nenhum problema, mas precisamos auscultar se nosso estranhamento não se deve ao fato de estarmos tão apegados à realidade terrenal que então reagimos assim. Evidentemente que "em determinadas circunstâncias a mudança de vida externa pode não ser mais que 'uma tentativa de escapar do mundo'", diz Eichrodt, citando Bernhard Duhm, "em vez de elevar-se sobre ele interiormente". Ele completa

---

698 SILVA. *O ministério profético na Bíblia*, p. 38.
699 EICHRODT. *Teologia do Antigo Testamento*, p. 290-91 (grifo no original).
700 Ibid., p. 291 (grifo no original).

dizendo, porém, que "seria desconhecer a força dessa linguagem simbólica, num movimento por outra parte tão ativo espiritualmente, ficarmos unicamente em seus traços mais externos".[701] Se tal for a avaliação, só demonstra, pelo lado teológico, preconceito e superficialidade e, pelo lado cristão, secularismo e mundanismo, nos sentidos ruins que ambas as expressões possuem na tradição carismático-pentecostal.

Quando se lê, ainda que superficialmente, os livros que relatam o período monárquico — Samuel, Reis e Crônicas —, bem como todos os profetas, maiores e menores, não é difícil perceber os motivos pelos quais havia o afastamento ou o desejo de uma salvação que pusesse fim aos desmandos e despotismo por parte dos que deveriam cuidar do povo e zelar pela justiça social, pois este era o dever real. Como dissemos, com a divisão da nação eleita, a classe sacerdotal viu-se em uma situação delicada. Juntamente com "o rei, o sacerdote tem interesse na estabilidade e continuidade de forma de vida comunitária firmes, e assim, na maioria das vezes, o sacerdócio e a monarquia se entenderam bastante na hora de submeter e disciplinar as incontroláveis e caprichosas forças da vida nacional e de estabelecer uma organização permanente", diz Eichrodt. Este afirma que, da mesma forma "como em outros povos, também em Israel o sacerdócio chegou ao poder lado a lado com a monarquia".[702] Até aí, nenhum problema. Todavia, "a pretensão religiosa do rei, de ter uma autoridade ilimitada como filho de Deus e de centrar a vida da nação em torno de seu próprio serviço, podia conciliar-se melhor com a prática religiosa sacerdotal que com a profética", isso por todas as razões que já expusemos acima, mas também pelo simples fato de que, em termos religiosos, bastava "que se observasse uma submissão simplesmente nominal ao Deus, representado pelo sacerdote, e se prestasse uma assistência suficiente ao culto". Foi justamente por tal "conluio com os poderes políticos e a dependência, como consequência, até no terreno puramente religioso, [que o] sacerdócio, cada vez mais, [transformou-se] no antípoda do movimento profético", sendo necessário observar que tal "oposição principal não irrompeu, contudo, em toda a sua dureza, desde o primeiro momento", ou seja, "houve no começo pontos em comum e abertura suficiente para influências mútuas".[703] Ocorre que, "diante das práticas religiosas sacerdotais de um culto

---

701 Ibid.
702 Ibid., p. 294.
703 Ibid.

# 638 | TEOLOGIA SISTEMÁTICO-CARISMÁTICA

às coisas sagradas e de uma graça sacramental transmitida materialmente", diz o mesmo teólogo alemão, "a intervenção do profetismo significou também *a preponderância do indivíduo dominado por Deus diante de todo método de união técnica e impessoal dentro da vida religiosa*".[704] Isto é, obtinha-se comunhão com Deus à parte de toda a burocracia religiosa e institucional, que, além de tornar-se mecânica, com o tempo foi cooptada pelo Estado. Por isso, quase sempre o Espírito agia de forma "independente" de tais instituições, sendo justamente esse um dos motivos do desprezo pela terceira Pessoa da Trindade. Assim, conforme defende o teólogo alemão, em se confirmando que "o antigo profetismo colaborou com naturalidade no culto, tanto no sacrifício quanto no serviço do altar, não é menos verdade que sempre e com maior decisão considerou tudo isso como meio para a confissão", isto é, como simboliza-ção, "por parte da pessoa entregue a Deus com toda a sua vida (cf. Elias no Carmelo), de que Yahweh é o único Senhor".[705] Portanto,

> não foi por acaso que o profetismo compartilhou uma origem comum com o culto. Mas *por sua atitude radical com relação à soberania de Deus, o profetismo* não teve outra saída do que se converter, sobretudo os grandes santuários oficiais, em um obstáculo para as tendências sacerdotais. Pois o profetismo, com sua ousada crítica contra a or-dem estabelecida e seu combate contra os intentos do poder estatal, para dominar as instituições religiosas do povo de Deus, proclamava a absoluta independência do Deus de Israel de toda a tutela estatal e de toda política. Todo movimento profético, com seus princípios de subordinação das questões políticas e nacionais à vontade soberana do Deus do povo, tinha de aparecer como um protesto público contra o submeter a religião aos poderes políticos e recordava ao sacerdócio sua vocação principal de guardiã da lei e da aliança de Yahweh. A atuação do sumo sacerdote de Jerusalém, Joiada, durante a revolução de Jeú, provocada pelos profetas (2Reis 11), demonstra que, às vezes, a luta profética influenciou os sacerdotes.[706]

Se alguém acha que o problema com o sacerdócio se deu apenas quando este era completamente espúrio e pagão, assim como instituído por Jeroboão

---

704 Ibid. (grifo no original).
705 Ibid., p. 294-5.
706 Ibid., p. 294 (grifo no original).

CAPÍTULO 4 – Pneumatologia | 639

no reino do Norte, está completamente enganado. O sacerdócio se fez ainda mais nocivo quando estava oficiando o culto em Israel no templo em Jerusalém e com plenos poderes religiosos, sendo, contudo, completamente vendido ao poder estatal de outro espectro político que não era nem o de Israel. Retornaremos a esse assunto logo mais à frente, quando abordarmos a *presença contínua* e *extraordinária* do Espírito Santo no Novo Testamento. Conforme temos dito, de nossa parte não há nenhum interesse em não reconhecer os problemas enfrentados com a espiritualidade carismática, pois a própria Escritura nos mostra que, como seres caídos, tudo que fazemos tem o signo do pecado e pode degenerar-se. Se tal é assim, por que a espiritualidade carismática não seria afetada? "A firmeza e a peculiaridade do movimento profético se apoiavam em grande parte em seu caráter carismático, na experiência imediata do poder divino e de seus instrumentos, [e] conseguia energia para atacar qualquer sutil humanização da relação com Deus que pretendesse convertê-la numa instituição oficialmente normalizada e regulada, ligada à tradição e ao passado, a usos e costumes, a cargos e postos e autoridade", explica o teólogo alemão Walther Eichrodt. Este acrescenta que a aludida "energia religiosa e espontânea viu-se cerceada quando o movimento passou a ser *uma classe profissional nova*, uma *agremiação* de profetas, como estava caracterizado o *nebiísmo* já na época de Elias", compreendendo-se, por outro lado, que dessa maneira "pôde predominar ainda um poder extraordinário e forçar, a homens das mais diversas procedências, a romper com o passado e entregar-se a um novo modo de vida".[707] Todavia, "de maneira geral, o caráter fluido ao movimento foi arrefecendo, devido à alternância entre choques e simpatias com diferentes camadas da sociedade, e foi dando lugar à afluência regular de novos membros". Contudo, tal "ocultava o perigo de que o extraordinário se convertesse em coisa normal" (lembrando a "rotinização do carisma" de Weber), fazendo "a opção ardente por um novo tipo de vida, antes desconhecida, capaz de desafiar todo o estabelecido, [cedendo] lugar à inócua eleição de uma nova profissão". Em outras palavras, "o carisma converteu-se em rotina, a força interior em espírito grupal e técnica de oráculos", resultando no fato de que o "impulso e a tensão para objetivos amplos e elevados fica[ssem] paralisados e passa[ssem] ao primeiro plano os interesses egoístas do grupo e do indivíduo".[708] Tal processo aparece no Novo

---

707 Ibid., p. 296 (grifo no original).
708 Ibid.

# 640 | TEOLOGIA SISTEMÁTICO-CARISMÁTICA

Testamento e, em algum grau, tem paralelo em alguns bolsões da tradição carismático-pentecostal, evidenciando a necessidade de combater tais desvios, pois são eles que acabam sendo tomados como "exemplos generalizantes" para justificar o cessacionismo. A fim de aprender como fazê-lo, torna-se, portanto, necessário acompanhar a longa explicação do teólogo não carismático acerca dessa degeneração:

> Essa metamorfose gradual, através da qual um dinamismo cheio do Espírito, se transformou numa operação semicomercial ou algo mecânico, já foi estudada repetidas vezes e com amplitude; mas não se observou o bastante até que ponto a mudança que nos ocupa está dominada por influências de condições religiosas opostas ao nebiísmo em sua estrutura *e em seu caráter espiritual*. E, no entanto, na imitação do caráter e dos métodos desses inimigos naturais do profetismo reside a verdadeira tragédia do progressivo estancamento e ineficácia de todo o movimento. Teologicamente falando, o caráter de soberania e exclusividade da religião de Yahweh é abandonado cada vez mais por esses seus mensageiros, em refúgios para conseguir *a afirmação independente do grupo religioso* que se associa aos guardiões oficiais da religião nacional. Com respeito ao sacerdócio, essa deserção para o campo dos guardiões oficiais do sagrado aparece na *disposição para formar uma profecia sobre o templo*, que se incorpora ao culto regular e converte a proclamação profética da vontade divina em ofício de um funcionário do culto, que, no momento indicado da liturgia, diz o que está prescrito por um calendário. Não resta dúvida que essa atividade tem algo a ver, diretamente, com a prática antiga dos hinos de louvor a Yahweh nas celebrações cultuais. E também é verdade que a suavização da voz profética, ao converter-se numa exortação sacerdotal com roupagem de profecia, não tinha de supor necessariamente uma traição à autêntica inspiração livre, da qual era efeito secundário. De outro lado, nunca os profetas clássicos protestaram contra essa atividade do *nābî'*. O verdadeiro perigo somente aparece com a consequente *formação de um sentido de ofício e de poder* que acredita poder dispor da revelação divina e ser senhora de sua palavra. Esse desaparecimento da consciência da objetividade transcendente da mensagem divina, cujo anúncio somente podia fazê-lo quem para isso tivesse sido designado pelo governo soberano de Deus, é a causa principal de que o *nebiísmo* renunciasse mais e mais a sua magna tarefa, porque já não é palpável a diferença entre a palavra de Deus e o que é simples pensamento

CAPÍTULO 4 – Pneumatologia | 641

humano. Contra esse objetivo, a *profecia clássica* dirigirá seu enérgico *protesto*: a linha divisória entre sua profecia e a dos profetas do templo é colocada por Isaías no orgulho que eles manifestam por seu virtuosismo na técnica do oráculo, expondo ao ridículo, ao mesmo tempo, sua ousadia em crer que poderiam fazer presságios corretos, até com os sentidos ofuscados pelo vinho (28:7,9). Também Jeremias se revolta contra essa impertinente familiaridade com a mensagem divina, no célebre ajuste de contas com os *nᵉbîʾîm* de seu tempo, no capítulo 23 de seu livro. Quem tem a ver com a poderosa palavra de Deus (v. 29), somente pode cumprir sua tarefa com temor e medo e em contínua autocrítica (v. 15,19), numa obediência constante (v. 28) e renunciando sempre a sua própria vontade (v. 21s,32). Aqueles que querem dominar de forma segura e cômoda a palavra de Yahweh (v. 18) se fecham voluntariamente para a verdadeira natureza desse Deus (v. 23s) e buscam seu juízo. Dessa falsa atitude, se compreende facilmente que a palavra de Yahweh fosse explorada para fins próprios do egoísmo humano (v. 14,17 e Jeremias 6:13), não hesitando até em misturá-la com mentiras e obscurecê-la com sonhos confusos (cf. 5:31; 23:26s,32), desaparecendo assim todo critério válido para distingui-la dos caprichos do poder nacional (14:13s; 23:14,17, e de forma semelhante Ezequiel 13:3,6s,16). Com a mesma seriedade que Jeremias e talvez em dependência dele, o Deuteronômio submete os profetas à autoridade da palavra que lhes foi confiada (Deuteronômio 18:20) e chega a ameaçá-los com a morte ao se acrescentar algo de sua própria origem. E quando Deuteronômio 13 considera a relação de exclusividade de Yahweh com Israel como a norma absolutamente indiscutível da mensagem profética (13:3), sua postura coincide em definitivo com a de Jeremias, que afirma a vontade histórica de salvação de Yahweh como a instância absoluta, da qual nenhum profeta pode emancipar-se em busca de uma autoridade independente, apoiada numa consciência de grupo e de poder proféticos. Nenhum sonho milagroso pode esquivar-se da séria obediência ao imperativo moral de Deus (Jeremias 13:5s).[709]

Esse aspecto é decisivo na análise do nebiísmo e do profetismo como um todo em Israel. Havia um imperativo, e este era o limite do oráculo profético, questão que será retomada no próximo ponto, antes ainda de considerarmos

---

709 Ibid., p. 296-8 (grifo no original).

## 642 | TEOLOGIA SISTEMÁTICO-CARISMÁTICA

a *presença* do Espírito Santo no Novo Testamento. O que chama a atenção naquele momento histórico é justamente o fato de "o que antes havia sido a base exclusiva de legitimação, o estar dotado de carisma, se abandona em favor de um *estreito consórcio com a monarquia* e de uma adaptação a seus métodos e necessidades", ou seja, um instrumento imprescindível e independente para correção que, em último caso, auxiliava a monarquia e era para o próprio bem de todos converteu-se em servilismo, fazendo que "a profecia", diz Eichrodt, que "teve desde o princípio uma ampla projeção sobre assuntos públicos", que demandava "do *nābī'* estar disposto a exercer uma função de controle sobre a autoridade civil quando exigissem as circunstâncias e a servir-lhe de guia em suas iniciativas, ajudando-lhe a discernir corretamente a vontade de Deus",[710] degenerasse em fazer o contrário do que antes fora uma de suas funções. O grande problema é que tal movimento não tinha prestígio *per se*, mas tal credibilidade advinha do fato de falarem, em nome de Deus, sob a inspiração do Espírito Santo, usando sua posição e capital simbólico no imaginário coletivo para legitimar lideranças que deveriam ser repreendidas. Na realidade, "ao transformar-se numa instância política de alta consideração e regularmente consultada, o *nebiísmo viu-se fortemente influenciado pela vontade de poder nacional, encarnada pela monarquia*", explica o mesmo autor. Este observa que, contudo, conforme já dissemos, a "afirmação de sua própria realidade devia se tornar tanto mais difícil quanto mais dependessem materialmente as sociedades proféticas dos favores reais, e mais resolutamente se encaminhassem os governantes para o despotismo oriental", quando, na verdade, do "profeta se esperava a palavra prodigiosa que criasse o *šalōm* do povo e do Estado, sem que a ação política se visse estritamente determinada pelas exigências morais de Yahweh (Jeremias 23:17)".[711] Uma vez que Israel deveria servir de exemplo para outras nações, levando-as a querer se tornar como a nação escolhida, e isso deveria ser feito de forma sacerdotal (Êxodo 19:6; Deuteronômio 41-40:), ou seja, conforme diz o teólogo pentecostal Mark McLean, tal missão e papel demostram claramente que a "fé antiga de Israel era inclusivista",[712] não necessariamente bélica, como costuma se pensar. Dessa forma, o servilismo dos grupos proféticos à monarquia encerrava,

---

710 Ibid., p. 298 (grifo no original).

711 Ibid. (grifo no original).

712 McLean. "O Espírito Santo" in: Horton (org.). *Teologia sistemática*, p. 391.

portanto, "o grave perigo de que se pretendesse apresentar como guerras santas, e justificá-las como tais, guerras empreendidas exclusivamente a serviço de interesses dinásticos, chegando a exaltar, sob uma capa de zelo santo, pela glória do Deus de Israel", observa Eichrodt, "uma política imperialista sem escrúpulos que ia contra os interesses e o bem-estar interno da nação".[713] Como foi possível tal cooptação?

"O *nabi* do tipo coletivo era certamente considerado uma pessoa de baixa posição social", esclarece Eric Voegelin, dizendo, a fim de provar sua tese, que isso explica, por exemplo, as "pessoas que haviam conhecido Saul como um jovem de boa família e testemunharam o seu acesso profético" terem ficado "surpresas ao vê-lo na companhia, e no estado psíquico, de homens cujos pais eram desconhecidos ([1Sm] 10:11-12)", sendo perceptível "o ressentimento da sociedade de clãs hebraica contra pessoas que não eram hebreias ou que haviam descido tão baixo na escala social que sua afiliação aos clãs se perdera", daí "a pergunta irônica 'Está Saul entre os profetas?' tornou-se um provérbio ([1Sm] 10:12)".[714] Voegelin reforça sua ideia de que se tratava de pessoas de estratos sociais populares, ou da base da pirâmide social, dizendo ainda que tal "ideia é sugerida pela história de Davi e sua mulher Mical, filha de Saul, que fornece mais um exemplo de relações no âmbito da sociedade régia, tensas pelas mesmas razões que na história de Saul". O mesmo autor menciona o episódio que retrata o rei Davi, vitorioso, entrando com a arca em Jerusalém, ocasião em que "ele dançou diante dela, na procissão, 'com todas as suas forças', vestido com uma tanga de linho (2Sm 6:14)", e, então, "Mical, uma mulher severa, assistiu com desgosto à exibição fálica diante dos servos e de suas mulheres e, mais tarde, repreendeu Davi por sua falta de gosto, recebendo do rei a informação de que ele havia dançado diante de Yahweh, não diante das mulheres".[715] Assim, para Eric Voegelin, de forma semelhante ao "profetismo de Saul, o exibicionismo de Davi aponta para um estrato menos refinado"[716] da sociedade, particularmente característica dos grupos proféticos. Há ainda outro ponto relacionado ao preconceito de classe e espiritualidade que precisa ser mencionado aqui, ainda que mais à frente voltemos a tratar novamente do tema. Na linha da ideia de que há

---

713 Eichrodt. *Teologia do Antigo Testamento*, p. 298-9.
714 Voegelin. *Ordem e história*, p. 287.
715 Ibid., p. 287-8.
716 Ibid., p. 288.

## 644 | TEOLOGIA SISTEMÁTICO-CARISMÁTICA

uma finalidade social, não algo meramente religioso, de caráter intimista e individual, Eric Voegelin defende que a espiritualidade verificada nos "grupos era inseparável da instituição régia que articulava o conteúdo inarticulado do transe", isto é, na "medida em que os grupos eram a voz do povo, eles podiam fornecer autoridade espiritual das 'bases' para os que estivessem dispostos e fossem capazes de liderar a nação na guerra e na paz, mas não podiam eles próprios fornecer liderança". Por isso, o "líder tinha de ser um homem como Saul, que combinava o carisma do guerreiro e do político com o de um extático", já que um "profeta não podia se tornar rei, mas um rei podia, ocasionalmente, estar suscetível ao contágio extático", ou seja, o "rei era o homem que articulava em palavras e ações o significado da experiência extática".[717] A fim de referendar sua discussão, Voegelin afirma que

> Essa relação entre extaticismo e articulação não é a única na história da organização comunitária. Encontramos o mesmo problema no início do cristianismo, quando os falantes em línguas criavam dificuldades numa comunidade. Em 1 Coríntios 14, por exemplo, há um tratado especial de São Paulo sobre o método de lidar com os extáticos; e o ponto mais importante é que o falante em línguas tem de ser silenciado quando não há ninguém presente capaz de interpretar a sua "palavra". Assim, o extaticismo coletivo é um influxo de força espiritual cuja natureza precisa só pode ser determinada pela canalização a que ele se submete na comunidade. Apenas na retrospectiva de uma cultura do espírito articulada javista, cristã ou trágica pode-se falar de um extaticismo javista, cristão ou dionisíaco. Onde quer que o extaticismo coletivo ocorra, surgirá a tensão civilizacional entre uma força espiritual difusa e contagiosa, por um lado, e a articulação imposta pelas instituições e pela explicação racional, por outro.[718]

Essa é outra faceta da pneumatologia carismático-pentecostal que precisa ser discutida seriamente, pois, se, por um lado, há os excessos e os perigos de experiências forjadas, por outro, sempre haverá incompreensão por parte de quem não conhece, descrê ou até anatematiza as experiências com o Espírito Santo por conta de preconceitos, não apenas religiosos, mas até de classe mesmo! Para o momento, continuamos nossa análise dos perigos de os grupos

717 Ibid., p. 290.
718 Ibid.

proféticos terem sido cooptados pelo poder estatal, período quando, então, inicia-se um processo de "divinização do soberano terreno", inclusive com composição de cânticos para enaltecê-lo, sendo este "um sintoma da postura de muitos círculos proféticos, frente à monarquia e a suas pretensões de legitimação religiosa", tendo como objetivo maior arrefecer a "tensão escatológica", pois esta, como sabemos, nos faz fixar o "olhar sempre avançando em direção à salvação prometida por Deus". No entanto, os grupos proféticos vendidos ao poder estatal convertem tal esperança "na ideia de uma salvação na instituição já presente do reinado divino", ou seja, igualmente "*nesse caso a religião institucional relega a um segundo plano a concentração propriamente profética no Deus futuro*", fazendo que houvesse uma ênfase exacerbada na "ocupação militar do soberano", já que servir como conselheiro militar era uma das principais atividades dos videntes. Assim, contribuem para o exagero desse "aspecto do serviço a Yahweh que, num falso isolamento, favorecia à perversão nacionalista da religião de Yahweh".[719] Em termos diretos, "fortalecia-se a religião" para supervalorizar os seus sacerdotes e outros intermediários e, em último e principal caso, o próprio rei. Portanto, é nesse contexto que a "assimilação do profetismo às agremiações profissionais religiosas fez com que se desse maior ênfase do que antes no chamativo das aparências do *nebiísmo*", pois, uma vez que os grupos proféticos, antes autônomos e independentes, foram cooptados e "o *nābī'* havia consentido em submeter sua mensagem ao controle sacerdotal e aos desejos reais e a inserir-se assim no comércio religioso tradicional, era lógico que desse importância exagerada à única coisa que restava para distinguir-se de outros funcionários da religião", e esta "única coisa" era, justamente, "*a forma* de comunicar o oráculo".[720] O problema não era a manifestação, pois fazia tempo que "o êxtase em suas formas mais ou menos intensas havia convencido ao israelita médio do caráter especial da pregação profética", isto é, "o homem simples via a figura do *nābī'* ornada de uma especial santidade", ao passo que "os círculos de pessoas críticas ou religiosamente indiferentes lhe davam, ao contrário, fama de louco", ambos os extremos danosos em razão do excesso de confiança ou do preconceito. Tal se dava pelo fato de que, "como as palavras proféticas tinham pouco de originais, diante do resto da palavra de Deus, com vistas a demonstrar sua

---

719 Eichrodt. *Teologia do Antigo Testamento*, p. 299 (grifo no original).

720 Ibid. (grifo no original).

## 646 | TEOLOGIA SISTEMÁTICO-CARISMÁTICA

singularidade, exigiam maior importância as raridades que acompanhavam seu anúncio". Em outras palavras, veneram o "meio", e "assim vemos que nos círculos de *nᵉbî'îm* se mantêm e cultivam-se com zelo as formas mais estranhas de arrebatamento extático", pois criam que, assim, iriam "descobrir, tanto eles quanto as multidões, os efeitos do *rûaḥ*".[721]

É bom deixar claro que, em alguns momentos, até mesmo os profetas do período clássico "não se negaram a acompanhar, às vezes, sua pregação com formas semelhantes, e muitas de suas maiores visões estiveram relacionadas com o arrebatamento extático". Todavia, analisado em seu "conjunto", diz Walther Eichrodt, "sua atitude é de uma grande reserva neste âmbito, e estão muito longe de utilizá-lo como instrumento de trabalho, como o fizeram os *nᵉbî'îm*", pois, para os profetas clássicos, "a autenticidade do profeta não se demonstrava por experiências psíquicas maravilhosas; acima desses epifenômenos da vivência profética viam a autenticação de seu poder espiritual e intelectual em seus testemunhos", visto que a ideia de dependência de "formas extraordinárias demonstra que não existe uma verdadeira consciência carismática" e, por isso mesmo, busca-se "um sucedâneo externo".[722] Essa advertência do teólogo alemão não carismático serve perfeitamente à tradição carismático-pentecostal e, desde sempre, tem sido feita em nossos círculos, pois ninguém minimamente responsável, que ama sua tradição, deixa de reconhecer seus problemas e de fazer autocrítica. Somente idólatras e autólatras são impermeáveis à correção. Isso, contudo, não quer dizer que devemos nos submeter a críticas antissobrenaturalistas que, com um verniz de piedade, mas carregadas de preconceito e incredulidade, do alto de uma pretensa defesa da "autoridade bíblica", visto que não consideram a esteira da revelação e a lógica da fé, ameaçam nos descaracterizar. Assim, conforme a explicação de Eichrodt, com a qual nos alinhamos, é que o simples fato da "importância exagerada que o nebiísmo atribui à forma exterior do êxtase profético não é mais que um sintoma da estagnação de seu dinamismo vital após ter se instalado no profissionalismo". Na verdade, o "esgotamento de sua força, evolutiva, e da tensão diante do futuro, que o animara, em princípio, tem sua viva expressão na incapacidade manifesta desse movimento para atualizar sua postura diante das novas exigências dos tempos", ou seja, diante dos

---

721 Ibid.
722 Ibid., p. 300.

CAPÍTULO 4 – Pneumatologia | 647

"novos problemas sociais e do imperialismo nacionalista na política mundial, o nebiísmo não sabia o que dizer".[723] Tendo perdido sua liberdade, de "um lado, a dependência daqueles que até o momento lhe haviam dado de comer se converteu numa grande dificuldade na hora de tomar posições independentes, com relação às misérias sociais (Miqueias 3:5)", diz Eichrodt. Este esclarece ainda que, "por outro, havendo colaborado amplamente na secularização da religião, dificilmente podiam distinguir entre o que era fidelidade a Yahweh e o que não passava de interesse nacional — ao contrário de seus melhores representantes como Elias —, e procuraram lutar contra o imperialismo das nações com suas próprias armas", passando, completa o autor, "cada vez mais, com maior paixão a ocupar o centro da esperança um império israelita universal, como meta da caminhada e realização do reino de Deus".[724]

A menção do profeta Elias demarca uma importante mudança e transformação no exercício profético veterotestamentário, e a importância histórica de tal período é tão notória que o alemão Karl Jaspers, filósofo e médico especialista em psicopatologia, diz que as "primeiras grandes civilizações — as da Mesopotâmia, Índia, Egito e China — desenvolveram-se em pequena porção do globo que se estende, cortada por desertos, do Atlântico ao Pacífico". Ele acrescenta que, depois de um longo período histórico, apenas "entre os anos 800 e 200 a.C. foi que se produziram, quase sem ligações entre si, na China, Irã, Índia, Palestina e Grécia (mas não na Mesopotâmia ou no Egito) os eventos de ordem espiritual responsáveis pela criação da atmosfera ainda por nós respirada", isto é, somente então "se colocaram as grandes questões religiosas e filosóficas e foi então que se propuseram respostas que, ainda hoje, a nós se impõem".[725] Esse período recebeu a designação de "era axial", termo primeiramente sugerido pelo economista e sociólogo alemão Alfred Weber, mas cujo conceito foi posteriormente desenvolvido e propagado por Karl Jaspers.[726] Acerca das "questões religiosas", mencionadas por Jaspers, que originaram a "era axial" e que influenciam até hoje a sociedade ocidental, sem dúvida, está o "problema da escatologia", que, para Eric Voegelin, "foi dado

---

723 Ibid.

724 Ibid., p. 300-1.

725 JASPERS, Karl. *Introdução ao pensamento filosófico* (São Paulo: Cultrix, 2011), p. 27.

726 SCHLUCHTER, Wolfgang. "A modernidade: uma nova (era) cultura axial?", *Política e Sociedade* (vol. 16, n. 36, Florianópolis: UFSC, maio/agosto de 2017), p. 22.

## 648 | TEOLOGIA SISTEMÁTICO-CARISMÁTICA

com a ambiguidade de Canaã" quando o "Reino de Deus foi entendido como o estabelecimento de um Povo Escolhido na existência histórica de uma área geográfica definida". Portanto, era preciso "desligar do símbolo compacto a ideia de um reino que não era deste mundo", sugere o filósofo e historiador alemão.[727] É nesse contexto que diversos autores sugerem a ascensão, no cenário político-religioso, em substituição aos "grupos proféticos", ou seja, dos videntes, o "profetismo clássico", representado por indivíduos solitários. Voegelin inicia a seção dos profetas de sua obra dizendo que o "profeta é o mensageiro (*malakh*) da aliança (*berith*)" e que tal "significado da função surge da conclusão parenética (Êx 23:20-23) do Livro da Aliança".[728] Israel "deve ouvir a voz do mensageiro, pois o próprio Yahweh manifesta-se nela", de modo que, caso o povo ouça "a voz, Yahweh virá em seu auxílio e cuidará de sua prosperidade econômica e seu sucesso político". Mas o que acaba acontecendo é que, "precisamente na hora do sucesso, quando Israel for vitorioso sobre os outros povos e se estabelecer em sua terra, deve ter cuidado para não abandonar o seu Deus (Êx 23:32-33)". Como sabemos, foi justamente o que aconteceu. Por isso, pergunta-se a respeito do que "aconteceria", esclarece Voegelin, "se nem o rei nem o povo escutassem a voz de Yahweh, como certamente não ouviram na crise baalista do século 9" — isto é, no tempo que entra em cena o profeta Elias —, em tal "período de deserção, a voz tornar-se-ia pesada com a ameaça de julgamento", ou seja, o "*malakh* assumiria o papel de um precursor da vinda de Yahweh em sua glória para ministrar o julgamento a seu povo".[729]

É necessário, porém, que não percamos de vista o fato de que ao protesto de Elias, de que "mataram os teus profetas à espada", só restando ele, Deus lhe disse, entre outras coisas, que havia 7 mil homens, cujos joelhos não se dobraram diante de Baal e cujos lábios não o beijaram (1Reis 19:14-18). Em outras palavras, nem todos os grupos de videntes se corromperam, pois Elias diz que mataram os profetas de Deus à espada, julgando ele que tinha ficado só, mas Deus lhe responde que 7 mil profetas não haviam se vendido e, então, seriam poupados do juízo divino que se abateria sobre os falsos profetas que serviram aos interesses estatais. Onde estavam esses videntes? Certamente vivendo em seus regimes de monacato, afastados dos

---

727 Voegelin. *Ordem e história*, p. 400.
728 Ibid., p. 392.
729 Ibid., p. 393.

CAPÍTULO 4 – Pneumatologia | 649

centros urbanos.[730] Justamente por isso, temos insistido em que esse assunto a respeito de experiências carismáticas deve ser seriamente considerado, e, até mais, pelo que não está explicitamente narrado do que pelo quadro principal que aparece em tela na narrativa. A fidelidade desse grupo populoso, ou de diversos grupos, número que chega a 7 mil, cujo testemunho foi dado pelo próprio Deus a Elias, indica que a atividade profética, fora dos limites da instituição política e, ainda mais, religiosa, permanecia fiel e sem nenhuma necessidade de supervisão "oficial", visto que os responsáveis estavam corrompidos, e submeter-se a eles seria expor-se ao risco de perverter a mensagem divina. Portanto, devemos ter em mente que "o nebiísmo não desaparece subitamente, mas sua história prossegue até a época pós-exílica", informa Walther Eichrodt, dizendo que "suas relações com a profecia clássica" denota que "não se constitui num adversário incompreensível, mas mantém múltiplos laços amistosos com ela, chegando até a formar ambos uma frente comum quando se trata de lutar pela exclusividade do culto a Yahweh, contra uma política religiosa sincretista por parte do soberano".[731] Portanto, o julgamento mencionado por Voegelin acima, como sabemos, veio primeiramente para o reino do Norte, quando, em 722, o reino foi sublevado pelos assírios (2Reis 17:3), e, em 586, foi a vez do reino do Sul, que foi subjugado pelos babilônios (2Reis 25:1). Sem condição de abordar os ministérios dos chamados profetas literários, divididos entre "maiores" e "menores", nem os sucessivos eventos que se deram concomitantemente nos dois reinos, antes, durante e após o exílio, tomando apenas nosso *leitmotiv* — a experiência com o Espírito Santo —, é preciso dizer que, a despeito da considerável redução

---

730 É preciso ressaltar, todavia, que tal modelo de organização não é homogêneo e único, pois, conforme encontramos em 2Samuel 4:1, havia profetas casados que residiam nas cidades.

731 EICHRODT. *Teologia do Antigo Testamento*, p. 301. "A relação entre grupos proféticos e figuras proféticas individuais, portanto, varia consideravelmente. Samuel e Eliseu estão vinculados com grupos mencionados ao lado deles, porém nitidamente diferem deles; em contraste, Micaías, filho de Inlá, é apresentado numa contraposição acentuada ao grupo profético com o qual se encontra. Esse grupo tinha um estreito vínculo institucional com a corte, enquanto Micaías aparece em oposição solitária. No entanto, essa distinção não pode ser generalizada: por um lado, os grupos em torno de Samuel e Eliseu não tinham vínculo com a corte real (que, além disso, ainda não existia no tempo de Samuel). Por outro lado, no tempo de Davi, Natã (2Sm 7; 12; 1Rs 1) e Gad (1Sm 22:5; 2Sm 24:11 'vidente de Davi') aparecem como dois 'profetas da corte' sem terem conexão com um grupo. Ao mesmo tempo, mostra-se aqui que esta pertença institucional à corte de modo algum exclui uma atitude de crítica ou até mesmo de fortes acusações contra o rei (2Sm 12; 24)" (RENDTORFF, Rolf. *Antigo Testamento: uma introdução* [Santo André: Academia Cristã, 2009], p. 172-3).

# 650 | TEOLOGIA SISTEMÁTICO-CARISMÁTICA

de qualquer menção ao êxtase coletivo, e até no nível pessoal, certamente tal se deu por um "cuidado especial", por parte dos profetas clássicos, "em não associar as práticas do baalismo com o *rûaḥ yhwh* (cf. 1Rs 19)". Portanto, a "escassez de referências ao *rûaḥ yhwh* nas narrativas de Elias/Eliseu podem ser explicadas pela tensão resultante das práticas extáticas dos profetas de Baal",[732] diz o teólogo pentecostal Wilf Hildebrandt.

Assim, não obstante o desterro e, consequentemente, o cativeiro estarem previstos no Código da Aliança de Israel (cf. Deuteronômio 4:1-40), e serem punitivos, ainda que com finalidades pedagógicas, Hildebrandt diz que, no "período do exílio, os profetas cresceram em seu entendimento do *rûaḥ* e aplicaram a necessidade do envolvimento do *rûaḥ* para a nova vida e transformação que poderia vir ao povo e à natureza". Em outros termos, o povo não foi abandonado, pois havia a promessa de que chegaria o "Dia do Senhor" e, com ele, o juízo, mas também o livramento (cf., p. ex., Isaías 2:12—4:6; Joel 2:1—3:21; Amós 5:18-27; Malaquias 4:1-6). Tais mensagens, chamadas de "pregações", é bom dizer, eram proféticas e, por natureza, carismáticas, não simples "sermões expositivos", como alguém pode incorretamente sugerir, induzindo as pessoas a um erro grosseiro. Portanto, nas "passagens lidando com a influência do *rûaḥ yhwh* no exílio, é evidente que o povo tinha consciência da presença contínua de Yahweh com eles", e tal "realidade revitalizava e renovava suas esperanças como nação para restauração da sua terra", isto é, os "profetas não somente deram razões adequadas para o exílio do povo de Deus, mas eles falaram de um novo começo e um retorno para sua terra". Todavia, para que pudesse "experimentar a restauração e renovação profetizada", finaliza Hildebrandt, "o povo foi chamado a responder com arrependimento, fé e lealdade à aliança".[733] Nesse sentido, há algo imprescindível de ser destacado para que não se cometam equívocos. A mensagem dos profetas, com raríssimas exceções, jamais foi acolhida pelos destinatários, fossem eles o povo ou os seus governantes. Eram desprezados, rejeitados e perseguidos. É bom deixar claro que não se tratava do fato de eles não serem bons oradores, isto é, não terem uma "boa oratória" nem dominarem a arte retórica. Por outro lado, ainda que falando sob a inspiração do Espírito Santo, a recepção da mensagem dependia da aceitação e sensibilidade da audiência. Isso não desqualifica o

---

732 HILDEBRANDT. *Teologia do Espírito de Deus no Antigo Testamento*, p. 196.
733 Ibid., p. 109.

CAPÍTULO 4 – Pneumatologia | 651

mensageiro, muito menos a mensagem; antes, apenas compromete o público e o faz ainda menos inescusável (Ezequiel 2:1-10). Mesmo tendo o caráter de vaticínio, o bom entendimento da mensagem dos profetas depende do conhecimento do "contexto geral da religião israelita", diz o teólogo alemão Rolf Rendtorff, para quem os profetas veterotestamentários "não desenvolvem uma 'teologia' independente, mas estão situados dentro das tradições de Israel, que pressupõem e às quais se referem frequentemente". Todavia, tal "não exclui a possibilidade de que, em questões particulares, um ou mais profetas introduzam novos acentos teológicos ou expressem pensamentos que não foram formulados antes deles". O mesmo autor ainda acrescenta que "isso vale também para outros 'teólogos' no Antigo Testamento" e, sendo assim, afirma que "não se pode, como muitas vezes acontece, considerar a proclamação dos profetas como uma espécie de norma para todo o Antigo Testamento, pois desta maneira perde-se a relação de suas proclamações com as circunstâncias concretas".[734]

Há mensagens que se referem a denúncias da falta de prática da justiça social que deve acompanhar o culto, pois do contrário este para nada serve (Isaías 58:1-14; Jeremias 6:19,20; 7:1-26; Miqueias 6:6-8). Existem também repreensões a lideranças estrangeiras que Deus permitira que fossem instrumentos de punição, mas cujo limite era determinado por ele. Por isso, algumas foram sentenciadas por se acharem autossuficientes e ultrapassarem tal limite (Daniel 4:1-37; cf. Jeremias 25:8-33). Nesse aspecto, trata-se de mensagens que precisam ser entendidas em seu contexto vivencial. Mas também existem vaticínios futuros apontando a vinda de um descendente de Davi, que libertará Israel — levando a efeito o cumprimento do projeto inicial da economia divina — e governará o mundo (Isaías 9:1-7; 11:1-16). Ocorre que tal distinção temporal e circunstancial das profecias — primeiro e segundo adventos de Cristo, por exemplo —, que atualmente temos possibilidade de enxergar sem o mínimo esforço por causa do Novo Testamento e do estudo teológico, na maioria das vezes não era possível de ser feita, de modo que as mensagens se tornavam difíceis de ser entendidas, até mesmo pelos próprios profetas que as pronunciavam, levando, involuntariamente, à formação de algumas expectativas que acabaram frustradas, conforme veremos no próximo e no último capítulos desta obra, quando tratarmos de cristologia e escatologia. Assim é

---

734 RENDTORFF. *Antigo Testamento*, p. 174.

## 652 | TEOLOGIA SISTEMÁTICO-CARISMÁTICA

que o cumprimento parcial, ou inicial, de alguns vaticínios só puderam ser compreendidos à luz da revelação neotestamentária, sobretudo em Jesus e no exercício do seu ministério terreno, com tudo que o compõe (atos e palavras — práxis). Antes, porém, de adentrarmos no Novo Testamento para verificar alguns eventos histórico-redentores que são decisivos na história da salvação e que aconteceram sob a égide da *presença contínua* e *extraordinária* do Espírito Santo, é importante entender, minimamente, a natureza (não o conteúdo) da mensagem dos profetas literários, pois há muitos equívocos que são cometidos nesse campo da compreensão da cultura judaica e sobre a perspectiva da nação israelita em relação à palavra de Deus e como ela era vista. Mais uma vez, observamos que, assim como com o conceito do Espírito Santo nas Escrituras hebraicas, tal igualmente se dá a respeito da profecia, isto é, não se trata do que de fato ela é, mas de nos inteirarmos de como ela era entendida pelos receptores originais. Este é um dos importantes passos para compreender melhor o contexto histórico em que os eventos e os textos se desenvolveram, pois, como já vimos, só assim é possível valorizar corretamente as Escrituras para se fazer teologia sistemática de maneira exegeticamente fundamentada.

## — A relação dinâmica entre a palavra e o Espírito —

Como já dissemos, o período histórico do profetismo clássico em Israel coincide com a instituição da monarquia, mas vai se revelando mais "diferenciado", nos termos que explicamos, após a nação escolhida se dividir. Um dos pontos que já destacamos é que não se pode achar que a partir de então somente profetas literários é que ascenderam, pois Elias, Eliseu, Micaías, Aías, Hulda (uma profetisa contemporânea do profeta Jeremias, observe-se), só para exemplificar, foram porta-vozes divinos, que falaram inspirados pelo Espírito Santo, tanto quanto qualquer um dos quatro "profetas maiores" — Isaías, Jeremias,[735] Ezequiel e Daniel — ou dos doze "profetas menores" — Oseias, Joel, Amós, Obadias, Jonas, Miqueias, Naum, Habacuque, Sofonias, Ageu, Zacarias e Malaquias —, e não podem ser preteridos ou não reconhecidos com o mesmo *status* dos canônicos. Quanto ao fato de estes serem os únicos "canônicos", isto é, a comporem o cânon veterotestamentário, cremos que se trata de uma ação providencial da economia divina. Isso, porém, não significa, em hipótese alguma, que os demais não falaram inspirados

---

735 Não inserimos Lamentações de Jeremias, pois se trata de um livro, não de um profeta.

e que suas mensagens, dirigidas seja a indivíduos, seja à nação, não foram importantes nem tiveram um papel fundamental no transcorrer da história da salvação. Para fins do capítulo sobre pneumatologia desta sistemático-carismática — o central, diga-se de passagem —, temos priorizado demonstrar o resultado da ação da *presença contínua* e *extraordinária* do Espírito Santo, destacando o aspecto carismático das Escrituras hebraicas, fazendo questão de evidenciar, primeiramente, no próprio texto bíblico, mas também na literatura especializada, como a ideia corrente e lugar-comum de que o Espírito atuava "esporadicamente no Antigo Testamento" é equivocada. Mas, por ter adquirido *status* de "dogma" pelo *mainstream* teológico protestante, segue sendo repetida até por teólogos da tradição carismático-pentecostal. Tal equívoco se dá, de acordo com o que já dissemos, pelo fato de vermos a teologia sempre como produto pronto e acabado, não como uma construção, fruto de um tempo, sendo por isso imperfeita, pois, de acordo com a explicação do teólogo e filósofo reformado holandês Herman Dooyeweerd, é uma "atitude teórica do pensamento" e, por isso mesmo, deve ser constantemente averiguada e submetida ao escrutínio das Escrituras. Reconhecemos, evidentemente, que essa não é uma prática muito comum entre nós, por algumas razões já expostas, ainda no início, acerca do processo histórico de como a moderna tradição carismático-pentecostal acabou se configurando historicamente, ou seja, como movimento de renovação no âmbito denominacional, mas também é importante que lembremos, por um lado, da interdição e, por outro, do comodismo. Todavia, no intuito de fazer justiça e demonstrar o que pode ter acontecido, especialmente no Brasil, que influenciou muito a produção do conhecimento teológico e incidiu, inclusive, sobre todo o sistema educacional brasileiro, inibindo a produção científica e castrando nossa formação, as palavras do filósofo Milton Vargas vêm muito a calhar:

> A aquisição da cultura científica moderna entre nós foi muito lenta; enquanto a Filosofia de origem escolástica dominava nossos seminários e escolas de Direito, insistindo numa formação humanística de nossas elites, em oposição a uma formação técnico-científica. O fato de José Joaquim da Cunha Azeredo Coutinho (1742-1821), ao fundar o Seminário de Olinda (1800), ter introduzido no currículo as Ciências Exatas, confirma, com exceção, a regra. Haja visto [*sic*] que, no Brasil, não tiveram vigência nem o cartesianismo, nem o empirismo inglês, filosofias básicas da cultura científica moderna. O

primeiro movimento filosófico moderno que chegou a influenciar as classes dirigentes brasileiras foi o Positivismo, isso já no final do século. Mas esse movimento, por razões filosóficas, supervaloriza a ciência a ponto de considerá-la perfeita e acabada; simplesmente pronta para ser ensinada, mas não a ser pesquisada, pois já adquirira forma final. Se o Positivismo nos conduziu, por um lado, ao mundo modernizado, ele foi, por outro, um empecilho a nosso desenvolvimento tecnológico, pois menosprezava a pesquisa científica.[736]

Infelizmente, fomos aculturados a ostentar o pressuposto pretensioso de que podemos alcançar exatidão em questões transcendentes — pensamento típico da modernidade e de sua filosofia antissobrenaturalista —, que estão acima de nossas possibilidades. Isto é, além de cartesianos, ainda adotamos a ideia positivista de que tudo que tinha para se descobrir e se produzir já foi feito, e a ciência chegou ao "limite", não havendo mais o que fazer. Isso faz que o estudante/pesquisador/estudioso se contente em reproduzir, repetir e memorizar, mas nunca se pergunte como se chegou a determinadas conclusões e arrazoados, no campo teológico, por exemplo. Diferentemente do que se pensa, os pressupostos fazem toda a diferença, não somente ao se produzir teologia, mas muito antes, pois sua influência age diretamente sobre o teólogo no momento de fazer a exegese e interpretar o texto bíblico. Uma vez que estamos separados histórica, geográfica e culturalmente da realidade em que ocorreram os fatos apresentados nas Escrituras hebraicas, é nossa obrigação envidar todos os esforços no sentido de compreendê-los o mais próximo possível da sua audiência original, isto é, da forma com que ela recepcionou a mensagem. Não se trata de tarefa fácil, pois jamais poderemos dizer que estamos absolutamente certos, mas no exercício piedoso, sério e despretensioso do labor teológico, à luz da Bíblia, certamente podemos verificar quanto estamos errados e, assim, corrigir os rumos do trabalho. Assim, a despeito de algo ser considerado certo e dado como resolvido, é preciso averiguar a natureza da atividade profética clássica, pois, de acordo com o teólogo alemão Walther Eichrodt, a despeito da "decidida negativa de Amós", ao dizer que ele não era profeta nem filho de um (7:14), "não se pode discutir o fato de que muitos profetas permitiram que fossem designados com *o título*

---

736 Vargas, Milton. "O início da pesquisa tecnológica no Brasil" in: Vargas, Milton (org.). *História da técnica e da tecnologia no Brasil* (São Paulo: Unesp/CEETEPS, 1994), p. 211.

CAPÍTULO 4 – Pneumatologia | 655

*profissional de nābî’ e que talvez até fossem membros de sociedades proféticas”*, visto que, frequentemente, "até sua aparência externa lembra diretamente a figura do *nābî’*, como o saco roto e as raras ações simbólicas com as quais queriam atrair a atenção do povo".[737] Na verdade, diz ainda o mesmo autor, o fato de se "responder com oráculos a determinadas perguntas, algumas vezes para pessoas de povos estrangeiros, assim como a predição de determinados acontecimentos e também a legitimação por meio de milagres, levam-nos a pensar nos videntes dos tempos antigos ou nos adivinhos proféticos". Muito mais importante que esse aspecto "das aparências externas", diz Eichrodt, é o *"modo de receber a revelação"*, isto é, a "intensa sensação de violência no momento da vocação, que pode chegar a um total desaparecimento da vida volitiva normal", conforme encontramos em Amós 7:15, Oseias 1:2, Isaías 8:11, Jeremias, em quatro ocasiões, 1:7; 6:11; 15:17; 20:7,9, e Ezequiel 1:28 e 3:14, bem como "em toda a sua forma de pregação, que com o 'assim disse Yahweh' converte o profeta num simples porta-voz de um ser superior", posição "bem conhecida no mundo do *nebiísmo*". Além disso, há uma coincidência nos fenômenos psíquicos da vivência religiosa: "em êxtase, visões e audições o profeta experimenta a influência poderosa da esfera divina, na qual ele caiu com a chamada de que foi objeto" (cf. Amós 7:1; 8:1; Isaías 6:1; 5:9; 22:14; 40:3,6; Jeremias 1:2; 4:19; 23:9; 24:1; Ezequiel 1; 3:15; 4:8; 6:11; 8:1; 21:29; Zacarias 1—6).[738]

Tal posição é a mesma do biblista pentecostal Esequias Soares, ao explicar que o "Antigo Testamento mostra que a comunicação divina aos profetas acontece pela visão e pela audição, são esses os dois meios de se revelar a eles: 'Ouvi agora as minhas palavras; se entre vós houver profeta, eu, o Senhor, em visão a ele me farei conhecer ou em sonhos falarei com ele' (Nm 12.6)", ou seja, o texto refere-se claramente a dois meios, "imagem e som", pois "é dessa forma que Deus mostra e fala a sua vontade aos seus mensageiros". Tal "é confirmado nas páginas das Escrituras Sagradas ao longo da história do povo hebreu". Contudo, ainda é preciso observar que isso não significa que todos receberão da mesma forma a mensagem, pois o *"modus operandi"*, esclarece o mesmo autor, "é diversificado, mas os elementos são os mesmos nos profetas pré-canônicos e canônicos, sem distinção alguma".[739] Conforme

---

737 Eichrodt. *Teologia do Antigo Testamento*, p. 301-2 (grifo no original).
738 Ibid., p. 302-3.
739 Silva. *O ministério profético na Bíblia*, p. 34.

o referido biblista pontua, "Não há um padrão fixo dessas visões proféticas, sendo elas muito diversificadas, [pois] Deus se revelou de várias maneiras",[740] ou seja, nem mesmo as experiências com o Espírito Santo, fruto da *presença extraordinária* dele, no período veterotestamentário, foram iguais e padronizadas. Portanto, caso alguém quisesse utilizar a experiência do chamado, por exemplo, de Moisés, o maior referencial profético do Antigo Testamento, os demais seriam considerados espúrios e impostores, visto que suas ocorrências com cada um, ao menos as que foram relatadas, mostraram-se distintas entre si, não sendo esse um critério para aferir a veracidade e a legitimidade de quaisquer experiências com o Espírito ou que se aleguem ter sido com ele. Assim, falando de profetas canônicos ou não, diz Esequias Soares, suas "visões vêm de Deus por meio do Espírito Santo", sendo apenas muitas vezes imperceptível, ou seja, "a terceira Pessoa da Trindade, que está implícita no Antigo Testamento, se torna explícita no Novo Testamento e de maneira notória no livro de Atos". Tais "experiências dos profetas hebreus não são restritas ao período veterotestamentário, pois os apóstolos experimentaram a mesma forma de comunicação divina". Elas ocorreram com "Ananias, em Damasco, a respeito da conversão de Saulo de Tarso (At 9.10), com Pedro em Jope, o qual teve a visão de um lençol branco com diversos animais impuros (At 10.17,19) e Paulo em Trôade (At 16.9)".[741] Tal obviedade não deve encontrar objeção alguma entre os círculos teológicos protestantes cessacionistas, pois é algo explicitamente escriturístico. O fato mais conflitante é que não há um único texto bíblico que indique haver a cessação dessa forma de comunicação divina com a humanidade e, como veremos, ao longo de toda a história, há registros de tais fenômenos, que, como todos sabemos, são igualmente apresentados nos dias atuais em diversos grupos que temos denominado nesta obra como tradição carismático-pentecostal.

Conquanto o êxtase não seja uma característica marcante do profetismo clássico, pois "é a visão", diz o teólogo alemão Eichrodt, "que constitui para os profetas posteriores o fundamento de sua consciência de 'chamados' e o que lhes permite considerarem-se acima da massa dos servidores de Yahweh e colocarem-se no grupo dos *n^ebī'īm*", é importante compreender que "não são somente esses estados psíquicos extraordinários que perdem importância,

---

740 Ibid., p. 36.
741 Ibid., p. 37.

CAPÍTULO 4 – Pneumatologia | 657

como instrumentos do ministério profético" no período clássico, "mas também as demonstrações individuais de possuir um saber superior e um poder sobrenatural que desempenham um papel secundário, ainda que se recorram a elas em determinados casos".[742] Esta, contudo, não é a questão fulcral do profetismo clássico, pois o *verdadeiro instrumento da eficácia profética* é a palavra pronunciada e, não menos, a escrita", isto é, a "palavra que sai da boca em forma de ameaça, exortação, advertência, queixa ou acusação e também sua publicação escrita em forma de folheto, oráculo breve, informe e, pouco a pouco, como coleção maior de palavras isoladas, acompanhará a ação como meio de seu serviço".[743] É justamente por causa da "importância decisiva desse novo instrumento de trabalho [que] os profetas apresentam agora qualidades sobressalentes de oradores e muitas vezes também de poetas, [pois] somente assim se conseguia dar à palavra toda essa eficácia que a caracteriza, acima de qualquer outro meio em sua atividade pública".[744] À parte dessa "rotunda obviedade", alguns podem pensar que a "palavra" é o instrumento mais eficaz da atividade profética. Contudo, é oportuno observar que em muitas ocasiões o profeta tornava-se alguém solitário e desprezado, pois sua mensagem realista e, muitas vezes, de juízo entrava em rota de colisão com prognósticos que eram transmitidos, imitando o carisma profético, de forma não apenas tendenciosamente favorável à realeza, mas até escandalosamente bajulatória. Aqui está um mal que até hoje é enfrentado na tradição carismático-pentecostal, que tem sido combatido, pois pessoas querem usar tal expediente para obter vantagens, sejam políticas ou eclesiásticas. O profeta literário muitas vezes ficava em situação difícil, não pelo fato de não se manifestarem — ao menos os registros são mínimos — em seu ministério alguns sinais e maravilhas, dificultando assim a crença na autoridade deles, pois, conforme veremos, a profecia em si possuía, no contexto veterostestamentário, uma autoridade singular. Sem uma agremiação e qualquer popularidade, visto que muitos deles surgiam como "do nada" ou de repente, esses indivíduos se viam em uma situação delicada, pois seus vaticínios a respeito do futuro messiânico, por exemplo, não podiam ser comprovados, pois obviamente não se cumpriram naquele tempo em sua própria época. Assim, uma

---

742 EICHRODT. *Teologia do Antigo Testamento*, p. 304.
743 Ibid., p. 304-5 (grifo do original).
744 Ibid., p. 305.

# 658 | TEOLOGIA SISTEMÁTICO-CARISMÁTICA

das regras principais de Deuteronômio (18:22) para averiguar a veracidade de uma profecia e a integridade de um profeta não poderia ser aplicada no caso deles, restando a predisposição da audiência em aquiescer à sua palavra ou não. Nem é preciso um grande esforço para concluir que, entre dezenas e, às vezes, centenas de profecias favoráveis, a mensagem de juízo do profeta literário-canônico caía em ouvidos moucos.

Portanto, o aspecto geral do "comportamento da 'profecia da palavra' indica", conforme Eichrodt, "que a situação mudou radicalmente" no que diz respeito à comunhão com Deus, pois "o que estorva a soberania de Yahweh não é esta ou aquela falta ou imperfeição, mas *toda uma forma equivocada de conceber a relação com Deus*, que obstrui o caminho para ver a debilidade do presente e condena ao fracasso as tentativas que continuam existindo para eliminar abusos isolados". Por isso, a palavra refere-se a "*uma nova compreensão geral da vontade de Yahweh*, quer dizer, do conhecimento de uma realidade que abrange e sustém toda a vida, uma realidade que se perdeu de vista e ficou oculta sob as obras da própria espiritualidade, apesar de toda uma piedade consciente de si mesma e zelosa".[745] Era imperiosa e muito séria a tarefa de "revolucionar toda a concepção religiosa herdada dos antepassados e acusá-la de um erro tremendo, que oculta a verdadeira realidade de Deus", o que "exigi[a] um espírito de luta disposto às últimas decisões e ao confronto total". Conforme o mesmo teólogo alemão defende, "somente na Palavra encontra o meio totalmente adequado para impedir qualquer falsificação de seus objetivos, pois somente ela pode salvar o homem de adulterar sua visão do verdadeiro alvo, livrando-o das questões de poder, que governam os conflitos deste mundo e, assim, capacitando-o a ver as questões que são realmente cruciais, com absoluta certeza". O que "torna a pregação profética incomparável, original, a ponto de ser sem paralelo e poderosa em capacidade criadora, é, precisamente, que *procede da experiência de uma realidade nova*", ou seja, "uma experiência que, por sua seriedade acolhedora e poder supremo, obriga a falar, não dando lugar à disputa teórica, mas somente ao testemunho de uma certeza imediata".[746]

Numa palavra, o realmente "importante para os profetas não era a ordem eterna de Deus, presente na vida do homem e dos povos, mas o choque da

---

745 Ibid., p. 306 (grifo no original).
746 Ibid. (grifo no original).

realidade divina com esse mundo empírico e, por conseguinte, do risco desse mundo, por obra de um poder totalmente independente dele e com absoluta autoridade sobre o mesmo", isto é, as palavras que os profetas clássicos "tinham de falar não se direcionavam a Deus como ele é, permeando todas as coisas, porém de Deus como aquele que virá, chamando todos os homens a responderem por seus atos, ou seja, para eles a relação de Deus com o mundo não era estática, mas preponderantemente dinâmica".[747] Tal questão, inclusive, já foi devidamente discutida no capítulo anterior — quando tratamos de teologia enquanto doutrina de Deus — e coaduna-se com a forma sinergista da espiritualidade, prática de fé e também dos pressupostos teológicos da tradição carismático-pentecostal, sendo, por isso mesmo, necessária no momento de desenvolvermos teologia. É o que temos chamado de dinâmica da revelação e lógica da fé.

A questão toda da terminologia que temos utilizado e, principalmente, do nosso método é que estes escapam dos hábitos teológicos familiarizados com o modo escolástico-cartesiano, o qual, acostumado a ver tudo pelo binômio sujeito-objeto, achando-se racionalmente capaz de captar, na essência, todas as coisas, ignora o fato de essa capacidade ser ilusória e já filosoficamente prescrita. Além disso, se esquece de que, ao se desconsiderar a realidade sobrenatural em que se desenrolaram os eventos histórico-redentores relatados nas Escrituras, impõe-se ao texto uma separação entre "sagrado" e "secular" que não faz jus àquela realidade, não apenas por causa do anacronismo das expressões e conceitos, mas em razão da verdade de que os relatos escriturísticos encontram-se imersos numa atmosfera totalmente sobrenatural. "O ambiente cognitivo do antigo Oriente Próximo era totalmente transcendente, e isso refletia na maneira em que a vida deles era conduzida no dia a dia", diz o teólogo John Walton, especialista em estudos do mundo antigo. Este ainda afirma não haver "nenhuma divisão entre secular e sagrado", pois o "sobrenatural estava associado, de modo não surpreendente, com aquilo que nossa cultura contemporânea talvez estivesse inclinada a classificar de mundo natural ou aspectos cotidianos da vida".[748] Assim, em relação à *palavra*, por exemplo, nas "línguas modernas, ao menos nas ocidentais, trata-se de um conjunto de sons, cuja função quase exclusiva é ser portadora de um significado", não

---

747 Ibid., p. 308.

748 WALTON, John H. *O pensamento do antigo Oriente Próximo e o Antigo Testamento: introdução ao mundo conceitual da Bíblia hebraica* (São Paulo: Vida Nova, 2021), p. 249.

## 660 | TEOLOGIA SISTEMÁTICO-CARISMÁTICA

sendo mais que "um fenômeno fonético, através do qual o ser humano pode comunicar-se com os seus semelhantes, um veículo de que o espírito se utiliza para expressar-se". Todavia, "com esta função noética da palavra", explica Gerhard von Rad, "com uma compreensão que vê na palavra o portador e o veículo de um sentido espiritual, nem de longe se atinge a significação que a fala tinha entre os antigos", pois tudo indica que "esse significado da palavra é exatamente o oposto ao da concepção" do antigo Oriente Médio, e, possivelmente, "a palavra é muito mais do que uma mera designação indicativa [e] nada tem a ver com uma etiqueta que se aderiu secundariamente ao objeto".[749] Nesse período, como já dissemos, não há separação entre espiritual e material, "os dois fatores repousam intimamente um dentro do outro e, em consequência, não lhe é possível fazer uma separação entre palavra e coisa, entre o que se imagina e o que é real". Assim, aos "seus olhos, o característico é, portanto, que haja aquela típica não diferença entre o ideal e o real, a palavra e o objeto, pois ambos se comprimem, por assim dizer, no mesmo nível de existência", ou seja, cada "palavra encerra, de um modo que nem sempre é possível explicar racionalmente, uma parte da própria realidade", visto que, por intermédio da "linguagem, o mundo adquire a sua realidade, num sentido muito realista", e é apenas "pela palavra que os objetos adquirem forma e diferença". Tal "poder de fixação definidora e declaratória da palavra era bem conhecida para o ser humano antigo".[750] O Israel daquele período, como não poderia deixar de ser, compartilhava de tal concepção da *palavra,* e, é bom que se registre,

> É um fato comprovado que em numerosas culturas antigas, de nível elevado sob certos aspectos, a linguagem não se limitou à designação dos objetos. Em certas situações importantes e em virtude de um poder misterioso de conjuração, podia fazer aparecer uma nova realidade ou uma forma mais intensa da realidade, tornando-se ela própria criadora. Mesmo hoje a linguagem não perdeu esta possibilidade. Nas culturas do Oriente antigo, encontra-se a palavra detentora de poder em diversos setores da vida e, sobretudo, no culto e nas cerimônias de conjuração, de bênção e de maldição, como também em tradições especificamente teológicas. No antigo Egito, como na antiga Babilônia,

749 RAD. *Teologia do Antigo Testamento*, p. 517.
750 Ibid., p. 517-8.

CAPÍTULO 4 – Pneumatologia | 661

a ideia de que a palavra de uma divindade detinha poder, e mesmo a de que representava uma potencialidade física e cósmica, exercia um papel importante. Mas também na vida cotidiana afora, sabia-se que certas palavras são dotadas de poder, como, por exemplo, o nome das pessoas. O nome não era um apêndice que se podia modificar à vontade. Continha algo da essência do seu portador, de tal forma que, por vezes, o nome era considerado um dublê da respectiva pessoa, que era particularmente suscetível a todas as influências de feitiço maléfico. Um nome funesto podia representar uma ameaça à vida daquele que o traz. Jacó livrou certo dia audaciosamente um dos seus filhos das sombras que tinham poder sobre o destino e que começavam a se abater sobre ele, por causa do nome funesto que lhe havia sido dado: Ben Oni ("filho da dor"), dando-lhe um nome portador de uma promessa de felicidade (Gn 35.18).[751]

Nesse sentido, relembrando o que vimos no capítulo anterior, nenhum mortal poderia dar um nome ao Deus Criador do universo, pois isso seria o mesmo que dominá-lo. Justamente por essa questão, o tetragrama que procura reproduzir o que foi revelado, não descoberto e muito menos inventado por Moisés, *a priori*, não é tido como um nome, conforme vimos na exposição de Joseph Ratzinger. A despeito dessas similaridades — "há muito tempo reconheceu-se que Israel adota em várias oportunidades as mesmas concepções que encontramos aqui e ali nas religiões do antigo Oriente" —, conforme já dissemos muitas outras vezes, é preciso destacar que tal "constatação não nos deve impedir de ver que, na sua concepção da potencialidade da palavra divina, Israel seguiu caminhos totalmente próprios, dando uma contribuição teológica de valor tão incomparavelmente grande que precisa ser considerada à parte". Ao se analisar a forma de os profetas clássicos falarem, ou pronunciarem seus oráculos, verificamos que a diferença os coloca "em um contexto e na mais estreita proximidade de um universo espiritual e religioso progressista e, até mesmo, revolucionário". Portanto, conclui Von Rad, "não se deve buscar a explicação disso em fenômenos gerais da história das religiões, mas sim no fato de que o próprio objeto que aqui se manifesta é especial" e tão distinto que as "manifestações dos profetas sobre a palavra de Javé assumem uma posição relativamente independente ao lado das afirmações sacerdotais

---

751 Ibid., p. 519-20.

## 662 | TEOLOGIA SISTEMÁTICO-CARISMÁTICA

e teológicas", ou seja, ao estudarmos os textos proféticos, "penetramos claramente num círculo em si mesmo autônomo de ideias e tradições".[752] O que está sendo dito é que, contra o arcaísmo das religiões de mistério do antigo Oriente Médio, a forma com que o profetismo clássico se apresentou e se insurgiu representa um progresso e uma revolução nunca antes vistos, e é justamente nesse sentido que Peter Berger dizia que a religião israelita e, particularmente, o movimento profético clássico foram uma espécie de "iluminismo" no mundo antigo. Óbvio como é, o "conceito de 'palavra de Javé' (*dbar yahweh*) encontra-se 241 vezes nos textos veterotestamentários, e em não menos de 221 casos (92%) designa uma palavra profética de Deus". Por isso, "em Israel essa locução era justamente um termo técnico para designar a revelação profética transmitida pela palavra", enquanto a "expressão 'a palavra de Javé foi dirigida a' (*wayyehy dbar yahweh 'el*, ou algo parecido, 123 vezes) é especialmente característica, porque descreve a percepção da palavra divina como acontecimento, um fato histórico contingente, pelo qual a pessoa está esperando ou que a surpreende subitamente, que, em todos os casos", completa Von Rad, "cria para os envolvidos uma situação nova". Não é algo de pouca monta o fato de "que esta expressão se apresente na definição fixa 'a palavra de Javé', e não na forma indefinida 'uma palavra de Javé', o que poderia parecer mais natural para um observador superficial, tendo em vista o número extremamente elevado desses 'acontecimentos da palavra'".[753] Portanto, acerca da "estrutura" dos textos proféticos, completa Von Rad:

---

752 Ibid., p. 523.

753 Ibid., p. 523-4. A respeito da questão da quantidade de vezes em que ocorre determinada palavra ou expressão, sempre há divergências, pois, como estamos utilizando como fontes autores estrangeiros e, no caso de Von Rad, muito antigos (a data da primeira edição de sua obra em alemão é 1957), as versões bíblicas são diferentes, daí as variações. José Luis Sicre Díaz afirma que tais expressões, ou "fórmulas", que aparecem nos livros proféticos, também podem ser "agrupadas em dois grandes blocos: as que constatam a chegada da palavra divina ao profeta e as que asseguram que a palavra transmitida é palavra de Deus". Assim, no "primeiro bloco se encontram as fórmulas 'a palavra do Senhor veio a X' ou 'veio a mim a palavra do Senhor', que aparece no total de 130 vezes, e 'o Senhor me disse' ou 'o Senhor disse a X', com um total de 103 casos. Ou seja, em 233 ocasiões, indica-se que a palavra de Deus vem a alguém, quase sempre a um profeta", ao passo que, no "segundo bloco", diz o mesmo autor, "agrupam-se quatro fórmulas: 'assim diz o Senhor' (425 x), 'oráculo do Senhor' (365 x), 'diz o Senhor' (69 x) e 'fala o Senhor' (41 x)". Portanto, resumindo, "novecentas vezes realça-se que a palavra transmitida não é ocorrência pessoal nem fruto das próprias ideias, mas palavra de Deus", de modo que a "simples comparação desses dois blocos deixa claro que, para os profetas, era mais importante realçar a origem divina da palavra (900 x) do que expressar a experiência subjetiva de ter recebido a palavra (233 x). Por outro lado, uma análise das ocorrências dessas citações permite perceber que foi no século sétimo, em Jeremias e Ezequiel, que mais se sentiu

CAPÍTULO 4 – Pneumatologia | 663

A forma indefinida nos daria uma compreensão fundamentalmente falsa do processo, porque, por mais rápida e mais breve que seja a sua intervenção, para o destinatário e para a sua situação sempre será a palavra de Deus. A palavra que é proferida naquela respectiva situação não quer ser posta em coordenação com outras palavras de Javé, para então, na síntese, constituir algo como a mensagem do profeta; não, ela é agora toda a palavra de Deus para o envolvido, não tem necessidade de ser complementada tacitamente pelas outras palavras que o profeta tenha pronunciado em outras ocasiões. Em outro momento, o profeta dirá a mesma mensagem a outras pessoas de outra maneira. No fundo, por paradoxal que possa parecer, o profeta diz a todos a mesma coisa. Apenas varia um pouco, de acordo com as diversas situações dos seus ouvintes. Essa é a origem da grande dificuldade que se interpõe, quando se quiser expor a mensagem de um profeta. Se, por um lado, é impossível esquivar-nos dessa tarefa, por outro, não podemos resolvê-la com uma espécie de soma em diagonal das ideias contidas em todos os *logia* dos profetas.[754]

Por mais que nós, da tradição carismático-pentecostal, achemos essas informações reflexivas óbvias, elas estão sendo apresentadas por autores não carismáticos, daí a importância de utilizá-las, pois se trata de estudiosos e especialistas que não têm o mesmo interesse nosso. Portanto, dada a seriedade, o rigor metodológico e até mesmo a atitude cética, em algum grau, de muitos deles a respeito da questão sobrenatural, ao considerarem o texto bíblico, admitem exatamente o mesmo que nós. Sobre o fato de as profecias serem individuais, definidas e dirigidas, mas geralmente não sequenciais, diz o teólogo

---

a necessidade de insistir nos dois aspectos: origem divina da palavra e consciência subjetiva de recebê-la. Por exemplo, a fórmula 'veio a palavra do Senhor...' só se encontra três vezes nos profetas do século oitavo (uma em Isaías, outra em Oseias, outra em Miqueias), enquanto em Jeremias aparece 44 vezes e em Ezequiel, cinquenta. A fórmula 'o Senhor disse a...', que aparece dezenove vezes nos profetas do século oitavo, encontramo-la 57 vezes em Jeremias e 86 em Ezequiel. O mesmo fenômeno constata-se a propósito das fórmulas do segundo grupo. Somadas as quatro ('assim diz o Senhor', 'oráculo do Senhor', 'diz o Senhor', 'fala o Senhor'), encontramo-las 36 vezes em Isaías 1, 45 vezes em Amós, quatro vezes em Oseias, cinco vezes em Miqueias, 330 vezes em Jeremias e 232 vezes em Ezequiel". Sicre ainda observa que é "possível que as ásperas polêmicas do fim do século sétimo e início do século sexto entre diferentes tendências proféticas tenham motivado essa insistência tremenda em que o profeta transmite a palavra de Deus, palavra que ele previamente recebeu. Mas essa certeza de proclamar a palavra de Deus também não admite dúvidas na profecia do século oitavo e inclusive antes" (Díaz. *Introdução ao profetismo bíblico*, p. 68-9).

754 Rad. *Teologia do Antigo Testamento*, p. 524.

## 664 | TEOLOGIA SISTEMÁTICO-CARISMÁTICA

alemão Rolf Rendtorff que as "tradições sobre os profetas do período mais antigo encontram-se na forma de narrativas", podendo até "ser denominadas de *narrativas proféticas*".[755] Isso significa que eles não produziram tratados sistemáticos, e, caso "alguém levasse em conta a riqueza e a multiplicidade reais do material disponível e imaginasse que os profetas o informariam de maneira completa sobre a fenomenologia de Javé, ficaria decepcionado", sugere Von Rad. Este ainda afirma que qualquer que assim se aproximasse dos oráculos proféticos chegaria "mesmo a pensar que para essa questão se dirigiu ao endereço mais inadequado possível, pois o profeta é aquela pessoa que de forma menos neutra que qualquer outra se defrontou com a palavra que lhe é dirigida".[756] Em termos diretos, se, por um lado, "os profetas podem ser entendidos apenas no contexto geral da religião israelita", pois "não desenvolvem uma 'teologia' independente, mas estão situados dentro das tradições de Israel, que pressupõem e às quais se referem frequentemente", explica Rendtorff — tal, porém, "não exclui a possibilidade de que, em questões particulares, um ou mais profetas introduzam novos acentos teológicos ou expressem pensamentos que não foram formulados antes deles; não obstante, isso vale também para outros teólogos no Antigo Testamento" e, por isso mesmo, "não se pode, como muitas vezes acontece, considerar a proclamação dos profetas como uma espécie de norma para todo o Antigo Testamento, pois desta maneira perde-se a relação de suas proclamações com as circunstâncias concretas"[757] —, por outro, "o profeta não é um observador da palavra", diz Von Rad, mas a *palavra* "o assalta, ele se apropria dela e permite que ela preencha toda a afetividade dele".[758] Assim, pelo fato de os profetas clássicos serem responsáveis por chamar a atenção do povo a respeito da Aliança, trata-se de um erro gravíssimo classificá-los como "exegetas", no moderno

---

755 RENDTORFF. *Antigo Testamento*, p. 174.

756 RAD. *Teologia do Antigo Testamento*, p. 524-5. "E todo o mundo que não conhece sua maneira de se expressar pensa que eles (= profetas) têm um jeito estranho de falar, pois não observam sequências, mas saltam de um assunto ao outro, de sorte que a gente não pode compreendê-los nem se orientar. Ora, não é nada agradável ler um livro que não mantém ordem, pois não se consegue agregar nem entender uma coisa à outra, para que tenha boa sequência, como aliás convém quando se quer falar bem e corretamente" (LUTHER, Martin. *Der Prophet Habakuk ausgelegt*, D. Martin Luthers Werke (Weimar, 1987), vol. 19, p. 350, citação e nota de SCHWANTES, Milton. *"A terra não pode suportar suas palavras" (Am 7,10): reflexão e estudo sobre Amós* [São Paulo: Paulinas, 2004], p. 137).

757 RENDTORFF. *Antigo Testamento*, p. 174.

758 RAD. *Teologia do Antigo Testamento*, p. 525.

CAPÍTULO 4 – Pneumatologia | 665

sentido da palavra, ou como "pregadores expositivos", no sentido homilético dessa atividade, como se eles fossem capazes de escolher o que querem pregar. Nada mais longe da realidade! Os profetas clássicos, na verdade, eram tão carismáticos quanto quaisquer outros, sendo até mais inspirados e cheios do Espírito Santo, pois, ao receberem a *palavra*, afirma Von Rad, "Nela, Javé tem um encontro totalmente pessoal com o profeta", ou seja, ocorre a experiência de capacitação carismática. Por isso, o profeta jamais seria capaz de referir-se à *palavra* de Deus como algo neutro e, caso quiséssemos saber algo da mensagem proferida por ele, o recomendável seria "dirigir-nos não aos profetas, mas aos seus ouvintes, que se encontravam mais distanciados do fenômeno em pauta — se é que pudéssemos ainda ter acesso à impressão que essa palavras lhes deixou!",[759] diz o teólogo alemão, exemplificando:

> Tanto mais relevante é o julgamento que o sacerdote superior Amazias manifestou sobre a mensagem de Amós. Sabe-se que Amazias fez um relatório ao rei sobre a atuação de Amós em Betel e que, como bom funcionário, tinha acrescentado ao relatório também uma posição pessoal: "O país não pode tolerar todas suas palavras" (Am 7.10). O verbo utilizado nesta frase (*kul*) designa ordinariamente a capacidade de um recipiente oco: a frase pressupõe, portanto, que o país — ele fala do país, e não de Israel, o que é significativo! — tem uma determinada capacidade, com limites. Quer dizer que não se tratava absolutamente de comunicação de um funcionário medíocre; provém, pelo contrário, de um observador atento, muito sensível para o poder das palavras de Amós. Portanto, é necessário, paradoxalmente, reconhecer em Amazias uma certa objetividade que está próxima da mensagem de Amós, na medida em que ele discernia nela um perigo real para o Israel da época e para a vida religiosa e econômica até então.[760]

É simplesmente incomparável o impacto da mensagem de Amós, e, a despeito de seu posicionamento em nosso cânon, o profeta começou a atuar muito cedo em Israel, isto é, no reino do Norte, ainda no período de seu primeiro rei, Jeroboão, mesmo não sendo Amós "profeta e nem filho de profeta" (7:14), e sim um boiadeiro ou vaqueiro que, chamado por Deus e inspirado pelo Espírito Santo, isto é, capacitado carismaticamente, fora transformado

759 Ibid.
760 Ibid.

## 666 | TEOLOGIA SISTEMÁTICO-CARISMÁTICA

em profeta, e de uma maneira tão contundente que, conforme a versão da *Mensagem de Deus*, o "país não pode *suportar* todas as suas palavras" (7:10; grifo nosso). Portanto, ao se tratar dos documentos proféticos, especialmente os "mais antigos", afirma Von Rad, "não se pode de antemão esperar encontrar nos profetas uma reflexão sobre a essência e as propriedades da palavra falada", pois eles a proferem "com paixão acesa, quase como se realizassem um rito, e absolutamente seguros de que produzirá os seus efeitos", podendo-se até mesmo dizer que "em Elias estão os inícios de uma concepção da palavra profética que se manteve sem interrupção até quase a extinção da profecia". Justamente por isso, no "introito dos *logia* de Amós encontra-se a palavra sobre o 'rugido' de Javé (Am 1.2), o que, com muita certeza, indica um sentido programático referente ao conjunto da coleção", visto que, ao expressar a *palavra*, conclui, "o profeta rompe com todas as convenções cúlticas ou outras convenções religiosas".[761] Tal poderia ser visto dessa forma pelo simples fato de que, de maneira estranha, "não se consegue perceber nenhum conteúdo, nenhuma afirmação articulada de Javé, tampouco se percebe algo de um ouvido humano, ao qual Javé estaria se dirigindo". Menciona-se "apenas [o] fenômeno de uma voz, da qual se afirma que ela ressoa". Contudo, "mesmo assim, se trata de um acontecimento de incrível efeito: é que essa voz, que parte de Sião, provoca a devastação das pastagens dos pastores e até chega a fazer o cume do distante Carmelo secar".[762] Se alguém imagina tratar-se de "retórica", Von Rad diz que, por volta dessa mesma época, "Isaías pôde, por exemplo, falar certa vez da palavra de Javé em termos muito estranhos, como se fosse um objeto concreto que agiria pelo simples fato de seu peso material" — "O Senhor enviou uma palavra a Jacó, e ela caiu em Israel" (9:8) —, pois o texto fala "da 'palavra' como de uma coisa conhecida por todos", mas, "o que é ainda mais surpreendente, nada se diz sobre um conteúdo compreensível, do qual os seres humanos deveriam tomar conhecimento", ou seja, sequer "se mencionam nem qualquer boca profética que tivesse pronunciado essa palavra, nem um ouvido, para o qual tivesse sido dita". Não obstante, "Isaías a apresenta, como se ele estivesse narrando bem objetivamente a descida dessa palavra e os seus efeitos na história".[763] É imperioso que o exegeta saiba

---

761 Ibid., p. 525-6.
762 Ibid., p. 526.
763 Ibid.

## CAPÍTULO 4 – Pneumatologia | 667

que *palavra*, sobretudo profética, no contexto das Escrituras hebraicas, não se refere a algo como apenas um som ou um "texto" — ainda que estes estejam subjacentes ou inferidos —, mas algo muito concreto que veremos na sequência. Importa entender que,

> Enquanto nos profetas do século 7 as afirmações deste gênero são raras e somente mostram que sob certas circunstâncias a palavra de Javé podia ter efeitos muito diferentes, a sua ocorrência em Jeremias pode ser comprovada com maior frequência, o que permite supor que algo tenha mudado nas concepções fundamentais do profeta. Já na vocação, pela qual Jeremias foi enviado "contra povos e reinos", tudo foi orientado para o fato de que a palavra do profeta detém poder. Como será que um único indivíduo como Jeremias poderia, de outro modo, "arrancar e derribar, edificar e plantar" nações (Jr 1:9)? Evidentemente, somente pela palavra de Javé que ele lança na história. É que essa palavra é diferente da dos seus colegas decadentes; é como fogo, como um martelo que despedaça rochedos (Jr 5:14; 23:29). Enquanto Ezequiel ainda estava fazendo o seu discurso inspirado contra Pelatias, este caiu morto (Ez 11:13). Por causa desse poder da palavra, portanto, esses homens eram odiados e temidos. O poder e a possibilidade de provocar a desgraça nunca lhes foi contestada. Quando a "cólera de Javé", da qual Jeremias estava repleto, era derramada, trazia morte e catástrofes (Jr 6:11s). Mas para os profetas essa palavra não era algo somente horrível. Em algumas oportunidades temos em Jeremias algo do efeito que a palavra de Javé tinha na pessoa dele. Certa vez narra que ela lhe trouxe prazer e que ele a devorou como um faminto (Jr 15.16). Em princípio não é de se admitir que estivesse excluindo as palavras de desgraça desse prazer. Não se recomenda entender a frase sobre o devorar de forma muito espiritualizante, como se fosse uma comparação exagerada. Deve-se contar com a possibilidade de que, ao receber a palavra de Deus, um profeta se sentisse orientado e alimentado por ela, até na sua parte física. A ideia de devorar a palavra de Deus reaparece de forma muito radical em Ezequiel. No momento da sua vocação tinha recebido a ordem de devorar o rolo do livro que lhe era estendido (Ez 2:8—3:3). Essa penetração da mensagem no seu corpo e na sua vida provocou uma mudança decisiva na consciência que os profetas tardios tinham de si mesmos. [...] Amós já se referia à fome pela palavra de Deus que atormentará os seres humanos, a tal ponto que ficarão vagando, vacilantes e esgotados, em busca da palavra, e

desmaiarão (Am 8.11ss). Tem-se a impressão clara de que de maneira muito especial os profetas estavam convictos de que toda a subsistência de Israel dependia da palavra de Javé e de que Israel era necessitado dessa palavra até os níveis mais vitais da sua existência. Certamente eram ideias proféticas um tanto generalizadas, [daí] Moisés dizer: 'Esta palavra é vossa vida!' (Dt 32.47) e ao extrair do milagre do maná a doutrina de que o ser humano não vive apenas do alimento desta terra, mas também de tudo que provém da boca de Deus (Dt 8.3). Essa concepção do ser humano e da sua total dependência em relação à palavra divina é de origem profética. Parece, entretanto, também que ela, ao menos sob esta forma extrapolada, só apareceu no século 7. E os profetas foram certamente os primeiros a se sentir dependentes da palavra de Javé em toda a sua existência pessoal.[764]

Por causa da falta de conceito correspondente em nossa cultura, torna-se difícil captar o sentido e a riqueza evocados pelas imagens desses textos. Isso se dá pelo simples fato de que os anos e mais anos de exegese com pretensões racionalistas têm posto camadas e mais camadas de visões interpretativas que minam o aspecto sobrenatural do texto, fazendo com que se projetem nas Escrituras conceitos totalmente estranhos à cultura da época. No antigo Oriente Médio, contexto das Escrituras hebraicas, a "*base comum, tanto da fé do povo quanto da pregação profética*, está na fé em uma autocomunicação a Israel, por parte de um Deus antes desconhecido; em outras palavras, no reconhecimento do fato da revelação". Justamente por esse aspecto particular, o "povo usufrui, na verdade, de uma situação especial dentro do resto das nações".[765] Havendo, portanto, a fé de que Deus se manifesta, e o faz por meio do Espírito Santo, "os profetas não se privam de falar de uma presença real de Deus no meio de seu povo, que se manifesta em sinais e milagres", assim trata-se de algo comum a eles a verdade de que "todo o passado está cheio de tais manifestações divinas, e, longe de criticar o povo quando este espera atos divinos especiais, o acusa de pecado quando trata com pouca seriedade a intervenção divina real em sua sorte passada e presente", diz Walther Eichrodt, "procurando, em seu lugar, colocar sua segurança nos protetores terrenos".[766] Justamente por isso, a vida em Israel deveria "ser configurada em resposta à vontade divina", e a

---

764 Ibid., p. 526-8.
765 EICHRODT. *Teologia do Antigo Testamento*, p. 329 (grifo no original).
766 Ibid., p. 330.

consequência inevitável de tal dinâmica "foi liberar a relação de aliança dos interesses estreitos de um egoísmo nacionalista", pois, ante o "fogo devorador de Deus, que humilha toda a grandeza humana, empalidece a figura ornada do rei terreno, que se converte também ele num homem necessitado de graça e perdão", diz o mesmo autor, acrescentando que a dignidade do rei se reduzia a este "ser o primeiro servidor de seu Deus, mas, assim como os demais homens, está submetida à comunicação indireta de Deus", pois os "objetivos da vida nacional não devem ser determinados por um representante divino autônomo".[767] Como já dissemos no subtópico anterior, em Israel os reis eram vassalos, cuja atuação estava restrita ao cumprimento do que estipulava a Lei para eles e a nação com a completude da Aliança (Deuteronômio 17:14-20; cf. Êxodo 20—23). Ao rei cabia o cumprimento pessoal dos seus deveres — já que sua "soberania era relativa" — para que pudesse assegurar que todos também cumprissem sua prática, seja horizontalmente, com Deus, seja verticalmente, em relação ao outro, isto é, a justiça social. É justamente por isso que é possível dizer, ou "definir", conforme Eichrodt, *a estrutura geral do espírito da profecia clássica como a dinâmica desencadeada por um novo conhecimento da realidade divina*.[768] E por que isso foi necessário? Logo adiante, retomaremos este ponto que, conforme veremos, durou até os dias do Novo Testamento, chegando até mesmo aos nossos dias.

O fato é que, a despeito de em "Israel", assim como na cultura do antigo Oriente Médio, "também se considera[r] a palavra como o poder cósmico do Deus criador", ela "jamais aparece como transmissor do elemento mágico, oculto para o homem", sendo "sempre uma manifestação clara da vontade do Deus soberano", pois, na verdade, "essa clara visão que tem os testemunhos veterotestamentários do significado da palavra divina como expressão da soberania de Deus apoia-se, em última instância, *na experiência da palavra divina dentro da história* [e] a ela deve sua força e harmonia", ou seja, de maneira efetiva, "a relação especial de Israel com seu Deus baseia-se, desde o princípio, na palavra de Deus".[769] Justamente por isso, continua o teólogo alemão Eichrodt, a "lei fundamental da aliança sinaítica, o Decálogo, é designada com o nome de '*ašeret haddᵉbārīm*, 'as dez palavras', como a proclamação vigorosa da vontade divina que determina a vida do povo e cria as bases de

---

767 Ibid., p. 332-3.
768 Ibid., p. 345 (grifo no original).
769 Ibid., p. 535 (grifo no original).

## 670 | TEOLOGIA SISTEMÁTICO-CARISMÁTICA

toda a legislação ulterior", e, ao chamar "o Deuteronômio [...] *dᵉbārīm* a todo tipo de material legal, 'a palavra', enquanto designação de toda a legislação nacional, requer uma importância nova, que por sua vez faz a toda essa legislação nacional participante da função reveladora da lei sinaítica". Portanto, "toda a vida do povo de Deus apoia-se em sua palavra, na qual se resume a clara e inequívoca vontade do Senhor".[770] É assim que, juntamente com essa "palavra de Deus, na lei, válida para todos os tempos, aparece a palavra profética de Deus, o *dᵉbār yhwh*, que é uma proclamação da vontade divina em situações concretas", e o "efeito dessa palavra profética não se opõe ao *dābār* da lei, senão que encontra nesta sua base e trata de fazer valer seu verdadeiro propósito frente a todo abuso ou falsa interpretação", pois a palavra profética subverte, "primeiramente, o sistema oracular de tipo mecânico (*os urim* e *tummim*, o *efod*), [e] o *dābār* profético revela com clareza e urgência especial o caráter pessoal e espiritual da comunicação divina e sua absoluta superioridade com respeito às artes mânticas e mágicas".[771] No relacionamento com o seu "povo é Deus quem tem a iniciativa, e ao poder de sua palavra tem de se render toda autonomia humana, tanto do profeta que a recebe quanto daqueles que a ouvem", pois, "graças à palavra que lhes é confiada, os profetas têm em suas mãos um poder que se revela superior a todos os poderes políticos e militares, não só em determinados acontecimentos maravilhosos, nos quais sua palavra é seguida pelo milagre, ou pelo castigo (como nos descrevem tão impressionantemente as narrações de Elias), mas também em toda a orientação e desenvolvimento da história de sua própria nação e dos demais povos".[772] Portanto, para Isaías e Ezequiel, por exemplo, do qual falamos anteriormente, diz Eichrodt, e para todos os profetas clássicos, "a palavra, enquanto poder cósmico de Deus, ocupa precisamente o lugar que na mentalidade popular tem o *rūaḥ*, e lhes permite detectar a intervenção direta de Deus na orientação da história".[773] Mas como o judeu, típico monoteísta, via o profeta e a profecia? Diz-nos Maimônides:

> Saibas que, na realidade, a profecia é uma emanação de Deus por intermédio do Intelecto Ativo, inicialmente sobre a faculdade racional,

---

770 Ibid., p. 535-6.
771 Ibid., p. 536.
772 Ibid.
773 Ibid., p. 537.

e depois, sobre a faculdade imaginativa. Este é o mais alto grau do ser humano e o propósito da perfeição a ser encontrada na espécie. Esta condição é o auge da perfeição da faculdade imaginativa, mas que de modo algum será atingido por todos os seres humanos, pois isso não é algo que a pessoa possa alcançar apenas por meio do seu aperfeiçoamento nas ciências e nas suas virtudes morais, até que todas estejam belas e boas o máximo possível, sem que a isso seja adicionada a perfeição máxima da faculdade imaginativa em sua formação inicial. Tu já sabes que a perfeição destas faculdades corporais, das quais a faculdade imaginativa é uma delas, depende da melhor compleição possível do órgão que porta esta faculdade, da melhor proporção e da maior pureza de sua matéria. Isto é algo cuja defectividade não pode ser reparada de modo nenhum por meio da conduta, pois um órgão cuja compleição é ruim desde o princípio de sua formação, a conduta pode repará-lo a fim de manter um certo grau de sanidade, mas não o levar à excelência de suas características. Mas se sua deficiência for pelo aspecto de sua desproporção, posição ou substância — ou seja, da própria matéria da qual é formado —, não há remédio. Tu já sabes bem tudo isso e não há utilidade em entrar neste assunto com longas explicações.[774]

Para nós, ocidentais, que temos cultivado uma fé cognitiva e intelectual, pareceria estranho ver a *palavra* de forma tão distinta. Mas ela é muito clara, por exemplo, em um texto veterotestamentário que se refere à lei e à palavra profética de forma separada: "Abateram as suas portas; ele destruiu e quebrou os seus ferrolhos; o seu rei e os seus príncipes estão entre as nações onde não há lei, nem acham visão alguma do SENHOR os seus profetas" (Lamentações 2:9). Neste versículo, percebe-se que o contexto é de cativeiro e que a Lei, o Código da Aliança ou ainda a Torá, é tomada como referência para se contrastar quanto é ruim estar em um país, ou realidade, onde as leis são outras, mostrando que essa referência aparece distinta, não oposta, da "visão de Javé", que, conforme já vimos, consiste na *ḥāzôn*, ou seja, "*visão* (mentalmente), i.e., *sonho, revelação*, ou *oráculo*: —visão", conforme o *Dicionário de Strong*, que, sobre a palavra "visão", ainda acrescenta que se trata de um "substantivo masculino que significa revelação por meio de visão, oráculo ou comunicação divina". A "essência primária desta palavra não é tanto a visão ou o sonho

---

774 MAIMÔNIDES. *Guia dos perplexos: obra completa* (São Paulo: Sêfer, 2018), p. 317.

# 672 | TEOLOGIA SISTEMÁTICO-CARISMÁTICA

em si, mas a mensagem comunicada", isto é, ela "significa a comunicação direta e específica entre Deus e o povo mediante o ofício profético (1Sm 3.1; 1Cr 17.15; Sl 89.19[20]) ou o conjunto dessas mensagens (2Cr 32.32; Is 1.1; Ob 1.1; Na 1.1; Hc 2.2,3)".[775] Assim, para o judeu, conforme explica Maimônides, as "ações desta faculdade imaginativa, que consistem em guardar a lembrança das coisas sensíveis, as combinar e, conforme a característica específica de sua natureza, reproduzir as imagens, sendo que a maior e mais nobre atividade de suas ações se realiza quando os sentidos repousam e cessam de funcionar", já que, "conforme a sua preparação, sobrevém uma certa inspiração que é a causa dos sonhos verdadeiros e também da profecia". Daí, portanto, a diferença entre ambos ser "somente quantitativa, e não de espécie", completa o grande rabino judeu, dizendo ainda que dessa forma "Deus nos fez conhecer a verdadeira essência da profecia e nos transmitiu que ela é uma perfeição que vem no 'sonho' ou numa 'visão'", pois, para eles, na "'visão' ou 'sonho'", completa, "estão contidos os graus da profecia".[776] Uma vez que eles não partilham de uma visão trinitariana como nós, intentam explicar como se dá o processo de inspiração do profeta defendendo a ideia de a profecia, ou a *palavra*, ser uma emanação divina. Para tanto, a necessidade de um ser humano perfeito que seja capaz de ostentar "três coisas", ou capacidades, sendo elas apresentadas da seguinte forma: "1) perfeição da faculdade racional por meio do estudo; 2) imaginativa em sua formação natural; e 3) perfeição moral obtida por meio do cancelamento do pensamento sobre os prazeres corporais e renúncia a todo tipo de desejo de grandeza oriundo de ignorância e maldade". Maimônides ressalta ainda que "os seres humanos perfeitos diferem uns dos outros em diferentes graus, e de acordo com o nível de cada uma dessas três características se dará a diferença de grau entre os profetas".[777] O teólogo Von Rad afirma:

> [Os] profetas vislumbram as coisas vindouras não somente através da palavra articulada, mas também através de toda sorte de atos simbólicos, por vezes extremamente estranhos. Aías de Siló repartiu a sua capa (1Rs 11.29ss), Isaías pôs de pé uma placa em que estavam escritos nomes (Is 8.1-4) e ficou caminhando "nu", isto é, na apresentação de

---

775 *Bíblia de estudo*, p. 1630.
776 Maimônides. *Guia dos perplexos*, p. 317-8.
777 Ibid., p. 319.

CAPÍTULO 4 – Pneumatologia | 673

um deportado (Is 20.11ss); Jeremias despedaçou um vaso diante do povo (Jr 19.1ss), carregou canzis de madeira no pescoço (Jr 27.2ss), comprou um campo (Jr 32.6ss); e, para culminar, de Ezequiel nos foi transmitida uma série de estranhos atos simbólicos (Ez 4—5). Levou relativamente bastante tempo até os exegetas descobrirem a significação especial desses sinais proféticos [...] até se convencerem de que não devem ser entendidos como simples ilustrações pedagógicas para pregação oral dos profetas. Pode ser que, em um ou outro caso, os profetas tenham tido a intenção de ilustrar complementarmente através dessas imagens o que haviam dito ou o que iriam dizer, mas entrementes se firmou a compreensão de que essa interpretação dos atos simbólicos como ilustrações pedagógicas não esgota nem de longe o sentido deles. Da mesma forma que a palavra solene, também o sinal podia, no entender dos antigos, como já dissemos acima, não somente significar uma realidade, mas até mesmo incorporá-la, isto é, produzi-la criativamente. E é provável que para isso nas antigas culturas se atribuísse ao sinal uma potencialidade maior do que à palavra. Hoje temos muita dificuldade em identificar-nos com essa compreensão do sinal, enquanto, inversamente, decerto ainda nos é possível experimentar a palavra como uma força efetiva. Por vezes, é de modo nenhum indiferente que uma palavra, ainda que todos estejam pensando nela, seja dita ou não. Para os antigos, palavra solene e sinal solene estavam estreitamente ligados uma ao outro, sobretudo na celebração primitiva do culto, e isso certamente não apenas no sentido de o sinal estar a serviço da palavra e acompanhá-la como complemento; pelo contrário, o sinal podia assumir uma posição própria, independente da palavra, como, por exemplo, sob a forma do rito sagrado. Israel também conhecia a eficácia dos sinais sagrados, não somente dos ritos no âmbito mais restrito do culto, mas também de numerosas práticas da vida jurídica (simbólica jurídica, simbólica do juramento), da medicina sagrada, e mesmo da linguagem dos gestos na dança. O ato simbólico em si não era, portanto, de modo algum uma exclusividade dos profetas. Consequentemente, o que nos profetas chamava atenção aos seus contemporâneos não era o fato de que tenham realizado tais atos, mas unicamente aquilo que expressavam através dessas cenas. Pelos sinais, é o próprio Javé que efetua a sua ação sobre Israel através da mediação do profeta. O sinal era uma prefiguração criativa do vindouro, ao que a realização deveria seguir sem demora. Pelo fato de o profeta representar em miniatura o vindouro figuradamente na

## 674 | TEOLOGIA SISTEMÁTICO-CARISMÁTICA

história, a realização desse vindouro começa a ser posta em marcha. E dessa forma, o sinal profético não é nada mais que uma forma elevada de o profeta falar. A única diferença consiste em que, no sinal, o problema de saber se os contemporâneos compreendiam o alcance completo do que era anunciado por esse sinal é colocado em segundo plano. Será que às vezes esses atos significativos não parecem esconder mais do que revelar? No caso dos atos simbólicos de Isaías, a ordem de executar o sinal precede a explicação propriamente dita em vários anos (Is 8.1ss; 20.1ss)! Sem querer adotar a opinião extrema, segundo a qual inicialmente o próprio profeta desconhecia o sentido do sinal — embora nos dois casos citados o texto parece sugerir isso —, para o povo, entretanto, a conduta do profeta permaneceu muito tempo incompreensível. Com esse argumento, a concepção de que o sinal teria uma função pedagógica ilustrativa é definitivamente refutada. É que essa concepção supõe um sentido dado anteriormente, para cujo esclarecimento o profeta depois escolheria uma ilustração adequada.[778]

Gerhard von Rad, utilizando-se de uma "simples" descrição histórica, que não ignora os fatores inexplicáveis à nossa mente racionalista moderna, desnuda verdades que, sem dúvida, são contornadas pela teologia protestante racionalista conservadora, pois, caso ela enfrentasse a tarefa de considerar tais narrativas, certamente não poderia deixar de chamá-las de "místicas" (no sentido ruim que ela costuma atribuir à expressão, isto é, como sinônimo de esotérica ou ocultista) e até "supersticiosas" ou, ainda pior, "feitiçarias". Como explicar, da forma que se costumou a dizer que ocorreu a revelação canônica — ao menos em termos de processo algo muito parecido com a visão descrita por Maimônides —, as ocorrências de determinados sinais e atos proféticos, por parte dos profetas clássicos? Como justificar o uso, por parte dos profetas, de alguns símbolos, ou figuras simbólicas, que povoavam o imaginário mítico do antigo Oriente Médio? Antes de considerar mais detidamente esses aspectos que, por serem de natureza hermenêutica, incidem diretamente sobre a interpretação das Escrituras como um todo, já que muitos textos apresentam questões parecidas, é interessante observar o detalhamento do mesmo teólogo alemão, quando ele observa que, na "interpretação dos atos simbólicos, qualquer exegese deve, portanto, tomar como ponto de partida

---

778 RAD. *Teologia do Antigo Testamento*, p. 530-2.

essa compreensão que apenas pela ciência das religiões se tornou acessível para nós", pois foi quando se passou a estudar as demais religiões do antigo Oriente Médio e encontrar similaridades na cultura israelita. Sendo assim, é preciso reconhecer "que essa compreensão de que o sinal tem um potencial de criar história não pode ser encontrada pela exegese em estado puro em todas as partes", pois, ao se proceder ao exame da "relação entre a palavra falada e o sinal, aparecem diferentes concepções da função do sinal, de tal forma que, em cada início, o ato simbólico profético se referia a um acontecimento vindouro (2Rs 13.14ss)".[779] É preciso, contudo, ressaltar que, nos "profetas clássicos, o sinal se dirige simultaneamente também aos contemporâneos, o que lhe dá um caráter um tanto ambíguo". Assim, "a ideia de que o sinal tem um poder formador de história está ainda presente, mas ao mesmo tempo o sinal contém uma pregação", pois, por meio do seu "conteúdo inteligível que agora é mais acentuado, dirige-se àqueles que vivem atualmente, a fim de prepará-los para o que há de vir".[780] Conforme John Walton, uma das principais diferenças da revelação por meio de sonhos é que, em "Israel, a interpretação de sonhos é aceita apenas quando se pode afirmar o envolvimento direto de Deus na interpretação", mas, diferente de alguns povos, os "israelitas não preservaram nenhum conhecimento padronizado e formalizado do significado dos sonhos, nem há uma hermenêutica para a interpretação especializada". Contudo, "Israel concordava com o restante do antigo Oriente Médio que a divindade podia se comunicar, e de fato se comunicava, por meio de sonhos", mesmo não possuindo "nenhum sistema semiótico para decifrar os sonhos e nenhuma hermenêutica de interpretação que fosse considerada confiável".[781]

É possível dizer ainda que, atrelada a esse assunto, outra prática comum no antigo Oriente Médio era a adivinhação. Falando a respeito do tema, Walton diz que o "principal objetivo da adivinhação inspirada não era tornar conhecida a divindade nem tornar conhecido o futuro, embora pudesse ter um desses dois resultados", mas, já que os "sonhos levavam as pessoas a

---

779 Ibid., p. 532.

780 Ibid.

781 WALTON. *O pensamento do antigo Oriente Próximo e o Antigo Testamento*, p. 253. Trata-se de uma questão complexa cuja literatura especializada é vasta. Apenas para exemplificar, em português há duas obras, uma teológico-exegética e outra psicanalítico-religiosa, que tratam do assunto: GIRARD, Marc. *Os símbolos na Bíblia: ensaio de teologia bíblica enraizada na experiência humana universal*, 2. ed. (São Paulo: Paulus, 2005); KELSEY, Morton T. *Deus, sonhos e revelação: interpretação cristã dos sonhos* (São Paulo: Paulus, 1996).

consultar especialistas, principalmente por causa da ansiedade ou curiosidade que causavam", o raciocínio era que, se a própria "divindade havia considerado apropriado se comunicar, cabia ao sonhador descobrir o que estava sendo comunicado", pois, caso uma pessoa optasse por ignorar "a comunicação divina", ela o fazia "por sua conta e risco". Portanto, baseadas "em seus sonhos as pessoas poderiam ter um senso de direção em alguma área com que se preocupavam ou à qual deveriam prestar atenção".[782] Tais "informações", diz o mesmo autor, eram muito importantes, pois "tinham o potencial de influir na vida delas e deviam ser consideradas em seu processo de tomada de decisão". Contrastando com essa fonte de orientação, a "profecia servia para expressar o apoio dos seus deuses ao rei e, ao mesmo tempo, muitas vezes conscientizar a respeito de fatores atenuantes e questões relevantes".[783] Assim, Walton explica que a "adivinhação dedutiva também se inicia na esfera divina, mas sua revelação é transmitida por meio de acontecimentos e fenômenos que podem ser observados", isso em se tratando de nações pagãs. Todavia, é necessário observar que, "de acordo com o pensamento israelita, o que está na categoria de adivinhação inspirada — Deus fala — é permitido; mas aquilo que está na categoria de adivinhação dedutiva — Yahweh não escreve dessa maneira (e.g., nas entranhas [dos animais]) — é proibido".[784] Portanto, por mais chocantes que possamos achar, tais modalidades e categorias de orientação fazem parte do universo do antigo Oriente Médio. Quer concordemos, quer não, isso, em algum grau, também possui correspondentes similares na cultura de Israel ou é usado por Deus, como no caso do sorteio do profeta Jonas e no do que substituiu Judas por Matias (Jonas 1:7; Atos 1:26). A despeito de toda essa utilização, é "significativo que, a partir de Isaías, a conduta verdadeiramente dirigida pelos planos de Deus se considere dentro da categoria do *rūaḥ*, quer dizer, que apareça como efeito do maravilhoso elemento vital divino", diz Walther Eichrodt, "enquanto que todo o puramente humano faz parte do *bāśār*, da criatura que perece". Por isso, determinadas práticas vão sendo menos importantes perto de outras. Contudo, precisa ficar claro que "uma vida plena, de acordo com os fins do Criador, somente é possível se participa da real maravilha do mundo divino",

---

782 Ibid., p. 255.
783 Ibid., p. 255-6.
784 Ibid., p. 261.

CAPÍTULO 4 – Pneumatologia | 677

não tendo nada que ver com qualquer ideia de religião cognitivista. De igual forma, "a ideia do povo de Deus fica imersa na esfera do maravilhoso, do *rûaḥ*", pois a "realização do reino de Yahweh não é algo empírico-racional, mas do numinoso-pneumático, cuja natureza somente pode descrever-se, de forma adequada, com a linguagem da antiga mitologia".[785]

A respeito da comunicação em linguagem da "antiga mitologia", encontrada em algumas partes ao longo de toda a Escritura, conforme referida por Eichrodt, é algo que causa incômodo, e muitos até desviam desse assunto, seja por medo dos ataques e distorções de sua explicação, seja por causa de um compromisso racionalista que quer arbitrariamente projetar no contexto bíblico algo da nossa realidade, ambas posições erradas, mas um exemplo análogo talvez ajude. Quando se diz, cientificamente, que, como seres humanos, pertencemos ao "reino animal", não está se afirmando com isso que literalmente somos animais, mas que, de acordo com a tríplice classificação da realidade observável no planeta, isto é, na *physis* (natureza), composta dos reinos vegetal, mineral e animal, pertencemos ao último reino. Isso independentemente de qualquer ideia do evolucionismo, já que tal classificação não foi elaborada por Charles Darwin, mas tem base em Aristóteles. Aliás, este, inclusive, foi fundamental para o desenvolvimento científico e até teológico, conforme já vimos nos capítulos da primeira parte desta obra. Assim, o que o teólogo alemão Walther Eichrodt chama de "linguagem da antiga mitologia", utilizada pelos profetas, sobretudo quando se refere à apocalíptica, é o mesmo que Maimônides quer dizer com a expressão "faculdade imaginativa". Apenas para exemplificar, de forma concreta, quando o texto bíblico fala de seres como um animal que se parece com um leão alado, um leopardo com quatro cabeças e quatro asas, um monstro com dentes de ferro e dez chifres e um dos chifres contendo olhos e uma boca que falava de forma arrogante, conforme encontramos em Daniel 7:1-7, sabemos que se trata de uma revelação escatológica, cujos monstros tipificam, ou simbolizam, reinos e/ou pessoas e que, apesar de assim terem sido retratados, trata-se de realidades que se cumprirão. Todavia, os monstros em si mesmos não pertencem ao mundo real, e sim fazem parte do imaginário, ou até da mitologia, do antigo Oriente Médio, que a linguagem bíblica permite que se use por causa do impacto da mensagem a ser comunicada. Isso não significa, em hipótese

---

785 EICHRODT. *Teologia do Antigo Testamento*, p. 347.

alguma, que o conteúdo da revelação, ou seja, a mensagem comunicada, não seja verdade ou que Deus, quando também se vale de tal linguagem em Jó (41), esteja endossando mitos ou a mitologia como um todo. É preciso ter maturidade suficiente para encarar os fatos nos termos corretos, sem deixar de reconhecer que as figuras são usadas, pois elas estão no texto canônico, e isso não pode ser contornado. Tal linguagem, obviamente, não é científica, assim como em nenhuma outra parte das Escrituras, pois, conforme já dissemos, citando o teólogo pentecostal Antonio Gilberto, a "Bíblia não é um manual de ciência, mas o manual da salvação", e, mesmo ao abordar questões, ou "fatos científicos", completa o mesmo autor, o faz "não na linguagem técnica, especializada da ciência, mas na linguagem do povo comum". O citado teólogo ainda diz que tal questão "tem se constituído numa das dificuldades da Bíblia".[786] Assim como o autor, entendemos que essa dificuldade decorre de um erro de concepção da natureza das Escrituras.

O erro se dá justamente por causa do fato de que, no afã de "defender a Bíblia", a escolástica protestante a submeteu a uma condição desnecessária que resulta em dificuldades nos dias atuais. Já vimos algo sobre isso no primeiro capítulo, no anterior e também neste, quando falamos que o realismo escocês, também conhecido como "filosofia do senso comum", amarrou a Bíblia à ciência, e isso causou um grave problema para as gerações posteriores, que pensam que ela precisa concordar com ou ter se antecipado a cada nova descoberta científica. Como afirma o já citado teólogo pentecostal Antonio Gilberto, alguns que reclamam do fato de "não ser estritamente científica a linguagem da Bíblia" parecem desconhecer duas coisas primordiais e básicas: a primeira é que "a Bíblia trata primeiramente da redenção da humanidade"; a segunda, que "termos científicos mudam ou ficam para trás, à medida que a ciência avança", isto é, há constantemente "termos novos na Ciência".[787] Além desse caráter deveniente da ciência, existe ainda o fato de que a Bíblia foi escrita para uma audiência do mundo antigo e, por isso mesmo, pré-científico e pré-moderno. Se o intuito de Deus era comunicar-se com a humanidade e ele assim o fez, canonicamente, naquele momento histórico, qual seria a razão de ele fazê-lo com uma linguagem técnica e científica, que ainda não existia naquela época — muito embora Deus soubesse

---

786 Silva. *A Bíblia através dos séculos*, p. 197.

787 Ibid., p. 45.

CAPÍTULO 4 – Pneumatologia | 679

que chegaríamos a este estágio e a humanidade criaria tais terminologias —, já que ninguém entenderia absolutamente nada? Chega a ser óbvio o porquê de tal não ter se dado assim. É preciso entender que, no "mundo antigo, a forma de pensar, de perceber o mundo com suas categorias e prioridades, era bem diferente", ou seja, em "nossa cultura, pensamos 'cientificamente'", ao passo que no "mundo antigo eles eram mais propensos a pensar em termos de símbolos e a expressar seu entendimento em termos de imagens", isto é, "estamos mais interessados em eventos e *realia*, enquanto eles estavam mais interessados em ideias e representações".[788] Cientes de que o "conceito de mito (mítico/mítica/mitológica)" é muitíssimo utilizado de forma indiscriminada, a fim de evitar ambiguidades e distorções — incrivelmente tratando de textos distintos (Walton fala do Gênesis, e nós falamos dos profetas), sua proposta une os termos de Eichrodt e Maimônides —, John Walton diz que precisamos utilizar o termo "em conexão com outros termos qualificantes", isto é, uni-lo ao "grupo de palavras *imagem/imagens/imaginação/imaginativo* funcionaria bem (embora imaginário aqui seja incorreto)", visto que uma "retórica que utilize imagens míticas é facilmente discernível na poesia bíblica (por exemplo, 'dos céus as estrelas lutaram' ou 'destruiu as cabeças dos Leviatãs' [Sl 74.14]), e se torna formalizada no gênero apocalíptico".[789] Não obstante, tal modalidade "não é ausente de prosa", pois sua adaptação serve aos propósitos do que estamos querendo mostrar, que nada mais é senão contrastar o "pensamento e a representação imagística" com o "pensamento científico ou analítico".[790] Numa palavra:

> Os israelitas não encontraram problemas ao pensar sobre a visão de Ezequiel do Egito com uma árvore cósmica (Ez 31). Isso não garante a classificação da literatura como mitologia, nem diz respeito a questões de realidade ou verdade. Alguns podem considerar as árvores, o jardim e a serpente como exemplos do pensamento imagístico sem, contudo, negarem a realidade e a veracidade do relato. O autor entende árvores de uma forma que não indica simplesmente uma espécie botânica de flora com propriedades químicas dignas de nota. Quando colocamos esses elementos no contexto do Antigo Oriente Próximo e reconhecemos a capacidade, e mesmo propensão, israelita de pensar em termos

---

788 WALTON. *O mundo perdido de Adão e Eva*, p. 128.
789 Ibid., p. 128-9.
790 Ibid., p. 129.

imagísticos, descobrimos que alcançamos um entendimento mais profundo de realidades teológicas importantes.[791]

O importante, portanto, para nossa discussão pneumatológica carismático-pentecostal não é a linguagem, e sim o fato da revelação da ordem, perdida no Éden, que passa a ser ainda mais necessária após a Queda, pois o mandato sacerdotal da humanidade, agora transmitido à nação eleita, não é assegurado pela capacidade estratégica, mas pela atuação numinosa-pneumática do *rūaḥ*. Isso fica claro pelo próprio "aspecto característico da atitude profética", pois, não obstante ela estar "firmemente enraizada na história, que [sabemos] é produto da operação de Deus", por ser de ordem sobrenatural e produto da ação da *presença extraordinária* do Espírito Santo, a atitude profética "é capaz de se elevar acima" da própria história, sentindo-se "dirigida em uma perfeição nova, na qual chegará por fim a encontrar o cumprimento e o verdadeiro significado do presente". É justamente essa "atitude", afirma Eichrodt, "que há de persistir em forte tensão entre o presente e o futuro".[792] Em outras palavras, a "atitude profética", empoderada que é pela *presença extraordinária* do Espírito Santo, mostra claramente, à luz do Novo Testamento e também da teologia de caráter e corte carismáticos, que o que se pensa ser uma possessão da *palavra* é, na verdade, uma inspiração carismática, fruto da *presença extraordinária* do Espírito Santo (2Pedro 2:1). Em outras palavras, a capacitação carismática que aparece desde o início de nossa análise das Escrituras hebraicas gera efeitos os mais diversos possíveis, sem jamais serem padronizados, já que obedecem aos propósitos da economia divina, produzindo os eventos histórico-redentores no transcurso da história da salvação. Assim, conforme já temos visto, são denominados genericamente de "profetas" todos os chamados por Deus desde a mais remota antiguidade retratada nas narrativas dos documentos veterotestamentários. Isso indica que se trata de uma expressão que caracteriza ou traz alguma marca. As pessoas que recebem esse nominativo, ainda que não sejam profetas no sentido lato, apresentam-se de maneira similar. Nossa conclusão é que se trata de uma característica que apresenta algo que pode ser verificado na vida dos profetas — já que os carismáticos antigos, conforme vimos, eram chamados de videntes, não de profetas. Tal glosa era utilizada por quem já sabia que tal nomenclatura era anacrônica,

---

791 Ibid., p. 130.

792 EICHRODT. *Teologia do Antigo Testamento*, p. 347.

mas precisava ser inserida, pois a audiência original, isto é, a do momento em que aconteceram os eventos, não era, muitas vezes, a mesma que iria ler posteriormente o documento, daí a necessidade de esclarecimento. Outro fato muito relevante é que ser carismático, isto é, ser "profeta", não significa que a pessoa seja perfeita, pois Abraão, chamado de profeta, em sonho, pelo próprio Deus, acabou sendo assim designado em uma situação embaraçosa em que o patriarca omitira a verdade! Assim, a ideia judaica de perfeição, que é compartilhada por alguns segmentos do protestantismo, não se sustenta à luz de uma simples leitura devocional do texto bíblico, que dirá em um estudo mais aprofundado. Conforme costumamos dizer e cantar, "foi graça", isto é, desde sempre nunca se tratou de força pessoal ou merecimento. Por outro lado, é preciso entender que se requeria fé de cada um. Fé que nascia do encontro do divino com o humano, e nisso consistia a bênção tanto do indivíduo quanto do povo. Assim,

> Essa barreira contra todo eudemonismo inferior, contido, já em essência, na ideia de Deus própria do primitivo Israel, requer nos profetas maior vigor e profundidade em diversos sentidos. Desse modo, em contraposição com todo tipo de mediação mágico-física, dependente da magnitude da obra realizada e de sua correta realização, eles descrevem o acesso ao próprio Deus da relação de aliança como uma *comunicação espiritual de caráter pessoal*, que se realiza na fé, no amor e na obediência. À tentação de converter o relacionamento com Deus em um *direito e dever* de tipo legalista, se contrapõe assim o caráter vivo de uma inter-relação pessoal. Mas, de outro lado, a real presença divina, garantida pela aliança fica a salvo de toda tentativa direta de monopolização humana. Essa presença real não é algo para dispor constantemente de um poder capital divino, mas um encontro com a pessoa de Deus, através de sua palavra e de sua vontade, como se manifestam ao homem na lei e na profecia, quer dizer, por vias fundamentalmente indiretas. Somente esse tipo de autocomunicação indireta, que exige do homem humildade e abandono de sua própria vontade, está à altura da majestade desse Deus e exclui toda a pretensão de dominar sua natureza. De outro lado, essa revelação indireta acaba com a autossuficiência ímpia, que mostravam em Israel, daqueles que pensavam poder presumir da presença solícita de Yahweh. Enquanto manifestam os pressupostos pessoais, necessários para a experiência da autocomunicação divina, a relação de aliança perde

## 682 | TEOLOGIA SISTEMÁTICO-CARISMÁTICA

todo caráter de compromisso divino automático do qual se pode ter segurança em toda circunstância.[793]

Essa é uma tentação recorrente por parte do povo de Deus. Seu gérmen, como sempre, não é essa ou aquela religião, mesmo porque todas elas são criações humanas, mas, sim, o coração. Instrumentalizar Deus e com isso dominar os outros por meio da religião é algo tão antigo quanto a humanidade e continua sendo um dos grandes problemas para o evangelho. Na prática religiosa israelita, primeiramente levada a efeito pelos sacerdotes, de acordo com o que vimos no período do sacerdócio de Eli, especificamente representado por seus pervertidos filhos, Hofni e Fineias, essa tendência se apresentou de maneira terrível desde cedo. Posteriormente, no cativeiro, conforme vimos no segundo capítulo, privados do templo e almejando preservar a cultura, as sinagogas foram criadas, o que acabou dando origem ao judaísmo propriamente dito. Este, por seu turno, por um motivo que igualmente se apresenta entre os seres humanos, disputa e vaidade, foi multifacetado em diversas facções e segmentos, não sendo monolítico conforme alguém pode pensar. Todas essas iniciativas, quer as diretamente instruídas por Deus — como o tabernáculo e depois o templo (apesar de que Deus sempre disse que queria estar entre os israelitas, não em um "local", cf. Êxodo 19—31; 35—40; 2Samuel 7:1-29; 1Reis 8:27; 2Crônicas 2:6; Isaías 66:1-6; Jeremias 23:23-24; Atos 7:44-50; 17:24-28) —, quer a criação da sinagoga, acabam degeneradas por causa da maldade do coração humano. Por melhores que sejam os propósitos iniciais, o desejo de poder, de dominar, de aparecer, de sobrepujar, de destacar-se está sempre rondando o nosso coração e pervertendo nossas melhores intenções. Uma vez que, sozinhos, não temos forças para vencer tais tendências maléficas que, não nos enganemos, escondem-se na mais zelosa iniciativa religiosa que se pensa para o "bem dos outros" e tenta se impor, o Espírito Santo, desde o início, manifesta-se, não obedecendo a nenhum *script* religioso. O Espírito, contra qualquer forma de monopolização divina — seja por um sentimento de mérito por cumprir determinadas regras, seja por manipulação declaradamente inescrupulosa do povo —, age diretamente nas pessoas, e este, como já dissemos anteriormente, é um dos grandes incômodos da pneumatologia, e, não temos dúvida, o principal motivo que leva os teólogos, desde o século 2,

---

793 Ibid., p. 332.

CAPÍTULO 4 – Pneumatologia | 683

a ignorar, propositadamente, a terceira Pessoa da Trindade na construção do edifício teológico. Quem quer ver sua liderança ameaçada como no tempo do sacerdote Eli, que recebe a visita do profeta anônimo, o qual lhe diz tamanhas verdades? Quem, alimentando-se do bom e do melhor da mesa real, frequentando os ambientes da realeza e dela recebendo todas as benesses, quer ser ameaçado de perder toda essa regalia por ser parcial e infiel a Deus? Por isso, o profeta geralmente é um antagonista da religião oficial, que, não raramente, se perverte e se vende. Qual rei, acostumado a uma vida regalada, mesmo que espoliando o povo vulnerável, isto é, sendo injusto e prevaricando em sua posição, fica em paz ao receber uma mensagem de juízo, da parte de Deus, que é trazida por um profeta? Por portarem a Torá e oferecerem sacrifícios, alguns achavam que tinham "imunidade".

> Com tais pressupostos entende-se perfeitamente por que os profetas falam tão pouco da aliança de Yahweh com Israel e das exigências que ela comporta. O conceito de aliança havia adquirido o significado de uma relação acabada de uma vez por todas, encerrava uma constatação de tipo jurídico, demasiadamente fria, para dar conta do *caráter vivo e pessoal da relação com* Deus e que havia sido decisivo para os profetas. Para eles a eleição não é mais que o início de uma relação duradoura cuja verdade depende de uma opção por Deus constantemente renovada. Trata-se de uma vinculação permanente do homem a Deus, que obriga a dar atenção obediente a uma vontade, a divina, que chama continuamente a novas tarefas. Para os sacerdotes e o povo, ao contrário, tratava-se de ordenanças firmemente estabelecidas, das quais se podia dispor e que, ocasionalmente, até podiam-se fazer valer contra Deus. Por isso, apelar às leis da aliança não significa uma solução frente a uma compreensão tão falsa de Yahweh. Precisamente os zelosos pela lei não conhecem a Yahweh (Jeremias 2:8). O homem havia chegado a aprender o modo de, mediante um hábil manejo da lei, fazer sua própria vontade. Se os profetas tivessem tentado fazer valer as exigências da aliança, não teriam faltado espíritos juristas sutis que, apoiados precisamente de tais exigências, rebateriam as pretensões dos "homens do espírito". Daí as palavras severas contra escribas peritos na lei (Isaías 10:1s; Jeremias 8:8) que, mergulhados na autossuficiência de seu próprio saber, se voltavam contra o ensino profético. Explica-se assim que as passagens nas quais se concebe a salvação futura em forma de aliança [Jr 31:31ss; Ez 34:25; 37:26; Is 42:6; 49:8; 54:10; 55:3]

> advertem com a insistência suficiente que então as leis haverão dado passagem à abertura interior à vontade divina, fazendo com que o caráter vivo da relação com Deus triunfe sobre todo comportamento legalista superficial.[794]

Aqui reside um perigo maiúsculo. Uma ameaça que geralmente é ignorada por causa de sua "aparência de piedade". Apesar de em muitos momentos, sobretudo nos capítulos anteriores, já termos mencionado esse perigo, na reflexão de Eichrodt ele fica muito mais explícito. Neste capítulo, vamos deixar isso muito claro. Como o ser humano pode perverter e transtornar até mesmo as coisas boas que foram criadas por Deus, não seria a acessibilidade à Torá e sua já agora "interpretação" que passariam incólumes nesse processo de distorção. Mesmo que, repetimos, inicialmente, não tenha sido esse o propósito original. Em vista disso, é bom sempre lembrar que não somos eternos; outra geração se levanta, e ela pode não ter as mesmas experiências e cuidado que a anterior. Algo dinâmico pode se degenerar em mecânico. Relacionamento pessoal com o Criador pode ser convertido em relação de troca, juridicamente fundamentada, na Lei, para assim tentar "coagir" Deus a cumprir o que lá está escrito, esquecendo-se de que a própria Lei é fruto de um tempo e que a maioria de suas prescrições, com exceção dos Dez Mandamentos, tinha caráter provisório e transitório, devendo a gratidão, o temor e o querer andar com Deus ser os valores a instruir a relação entre ele e o seu povo. Uma vez que, em "oráculos israelitas", diz John Walton, "a instrução é bem mais rara do que se poderia imaginar, embora se possa facilmente afirmar que está implícita"[795] e que, conforme explica o biblista pentecostal Esequias Soares, o "título de cada livro profético nem sempre quer dizer ser ele o seu redator ou mesmo o orador que pronunciou tais oráculos",[796] talvez nossa familiaridade com o texto não nos deixe perceber e, nesse caso, infelizmente, até atrapalhe, mas ocorre aqui uma mudança significativa que não podemos deixar de ressaltar e para a qual chamar a atenção. Tenha-se em mente o que já mostramos acerca da concepção israelita da *palavra,* e especificamente profética, ser muito mais do que sons e sinais vocálicos, e que "cada profeta é um indivíduo que existe

---

794 Ibid., p. 333-4.

795 Walton. *O pensamento do antigo Oriente Próximo e o Antigo Testamento*, p. 266.

796 Silva. *O ministério profético na Bíblia*, p. 116.

CAPÍTULO 4 – Pneumatologia | 685

só uma vez e que transparece necessariamente através de seu livro",[797] afirma Claus Westermann. De tal fato "deduziu-se que apenas o anúncio da ação divina é uma 'palavra de Deus no sentido verdadeiro'".[798] Mensagens de Deus propriamente ditas, completa o teólogo alemão Rendtorff, "são transmitidas quase exclusivamente [por] palavras de profetas, cujos ditos estão compilados em 'livros' independentes sob o nome dos diferentes profetas". Contudo, "devemos distinguir claramente entre os próprios profetas e os que compilaram e transmitiram suas palavras", visto que os "próprios profetas falaram geralmente no contexto de uma situação bem determinada", mas suas "palavras foram preservadas e transmitidas — tanto oralmente como por escrito".[799] A forma final dos textos e sua disposição canônica não foram dadas ou organizadas por eles, sendo, por isso mesmo, "importante a compreensão teológica acerca da profecia e da palavra de Deus pronunciada pelos profetas, que tiveram os distintos redatores e editores".[800] Assim,

> Essa concepção sacerdotal da palavra de Deus viu-se consideravelmente reforçada pela *crescente prática de reduzir a palavra de Deus na lei à Sagrada Escritura*. Se já o Deuteronômio, ao utilizar o termo *dābār*, pensava às vezes na lei fixada por escrito, na época pós-exílica esse emprego do vocabulário aumenta de forma significativa, até que, finalmente, se aplica à lei o termo típico com que se designava a palavra profética, *dᵉbar yhwh*. Além do mais, também a palavra profética converteu-se cada vez mais em algo fixado por escrito. Já a atividade literária dos profetas havia contribuído para criar, junto à palavra imprevista pronunciada para um momento histórico específico, essa outra palavra fixada eternamente e que conserva sempre a mesma vigência; mas agora a compilação das palavras proféticas em livros intitulados *dᵉbar yhwh ᵘšer bāyāb 'el*, "Palavra de Yahweh que veio a...", faz com que floresça plenamente a palavra profética escrita. Como no exílio foi muito mais premente situar no centro da liturgia a leitura da Sagrada Escritura, fez-se mais natural considerar a palavra como uma realidade fixada em um livro sagrado. Os profetas do pós-exílio assinalam expressamente as palavras de seus antecessores, ao

---

797 WESTERMANN. *Fundamentos da teologia do Antigo Testamento*, p. 153.

798 WESTERMANN, Claus. *Grundformen prophetischer Rede* (Munique: Chr. Kaiser Verlag Muchen, 1960), p. 94 in: RENDTORFF. *Antigo Testamento*, p. 180.

799 RENDTORFF. *Antigo Testamento*, p. 180.

800 Ibid., p. 181.

> alcance de todos, como norma válida na qual também o eu encontra sua orientação e meta; assim, os escritos proféticos ou a lei e os profetas se recitam como *dābār*. Com isto alcança seu objetivo a ideia sacerdotal segundo a qual a palavra equivale à ordem eterna estabelecida pelo legislador divino, que submete à sua vontade, por igual, a vida humana e a natureza.[801]

Certamente foram as melhores intenções que levaram os responsáveis a fazer esse trabalho. Mais do que isso, não temos dúvida de que a mão de Deus os guiou nessa empreitada, pois é da vontade do Criador que o conheçamos, e essa é a forma mais segura que temos de fazê-lo com vistas a confirmar a experiência do novo nascimento e as demais que se seguem na caminhada de fé. Todavia, é preciso compreender que a imagem de uma pessoa sentada em um gabinete confortável, munida de cinzel e pergaminho, à espera de um ditado celestial, é simplesmente fantasiosa e fruto da mentalidade moderna, passando distante da fé e denotando incredulidade disfarçada de racionalismo. Talvez os hagiógrafos até pudessem ter tido algum tipo de privilégio. Já os atores, nesse caso os profetas, estavam no calor da realidade, enfrentando situações as mais adversas, e passam longe dessa visão idílica e, muitas vezes, até psicográfica, que distorce a inspiração bíblica. É nesse sentido que o teólogo judeu Abraham Joshua Heschel diz que a "inspiração profética precisa ser tratada em dois níveis: no nível da fé e no nível da crença ou credo", pois a "fé é a relação com o acontecimento profético; a crença, ou credo, é a relação com a data dos livros sagrados". Contudo, retoricamente ele pergunta: "A santidade da Bíblia depende da quantidade de tempo passada entre o momento da revelação e o momento de registrar seu conteúdo num pergaminho?".[802] Após outras indagações igualmente retóricas, o mesmo autor responde, dizendo que o "sentido da revelação é concedido àqueles que têm a mente desarmada para o mistério, não para aqueles que têm mentes literais", mesmo porque o "que é decisivo não é o fato cronológico, mas o fato teológico; decisivo é o que aconteceu entre Deus e o profeta, não o que aconteceu entre o profeta e o pergaminho". Assim, falando a respeito dos judeus, ele diz que eles aceitam "a autoridade do Pentateuco não porque é de Moisés, mas porque Moisés foi um profeta" e, assim sendo, a "essência de nossa fé na

---

801 EICHRODT. *Teologia do Antigo Testamento*, p. 539-40.
802 HESCHEL, Abraham Joshua. *Deus em busca do homem* (São Paulo: Arx, 2006), p. 99.

CAPÍTULO 4 – Pneumatologia | 687

santidade da Bíblia é que as palavras contêm o que Deus quer que saibamos e que realizemos", pois o "problema fundamental não é como essas palavras foram escritas", mesmo porque o "ato da revelação é um mistério, e o registro da revelação é um fato literário, fraseado na linguagem do homem".[803] Em outras palavras, a "revelação durou um momento", ao passo que "o texto é permanente no tempo e no espaço", e, continua o mesmo autor, a "revelação aconteceu ao profeta", enquanto "o texto é concedido a todos nós", ou seja, é-nos vedado "reduzir a revelação a algo comum, prosaico", mas também, por outro lado, não devemos "espiritualizar a Bíblia e destruir sua integridade factual".[804] Ninguém menos que James Packer, teólogo anglicano, diz acerca desse assunto que a "'respiração' ou 'espírito' de Deus no Antigo Testamento denota a saída ativa do poder de Deus, seja na criação (Sl 33.6; Jó 33.4; cf. Gn 1.2; 2.7), na preservação da vida (Jó 34.14), na revelação aos profetas e por meio deles (Is 48.16; 61.1; Mq 3.8; Jl 2.28,29), na regeneração (Ez 36.27) ou no julgamento (Is 30.28,33)", acrescentando ainda que o "Novo Testamento revela esta 'respiração' divina (grego *pneuma*) como sendo uma Pessoa da Divindade". Portanto, a "'respiração' de Deus (o Espírito Santo) produziu a Escritura, como meio de transporte ao entendimento espiritual".[805] Eichrodt, porém, diz:

> Não se pode negar que o fato de substituir o conceito dinâmico da palavra pelo estático da lei implica o perigo de distanciar Deus do acontecer mundano, conforme quer o deísmo. E não faria diferença se continuassem a existir antigas ideias que viam na palavra um transmissor da revelação suscetível de ser experimentado no presente ou a contemplavam em todo o seu poder criador. Mais importância teria, neste sentido, a vinculação da palavra com o Espírito de Deus, que salvaguardou seu vivo dinamismo e a livrou de tornar-se petrificada em uma ordem universal impessoal. Mas ainda teve maiores consequências o *processo de hipostatização da palavra*, levado a cabo com firmeza, que confirmou e revigorou sua função como poder cósmico divino. Com efeito, esse processo não só apresenta a consequência negativa de vincular o mundo ao Deus transcendente por mediação de uma

---

803 Ibid., p. 100.

804 Ibid., p. 101.

805 Packer, J. I. "A inspiração da Bíblia" in: Comfort, Philip Wesley (org.). *A origem da Bíblia* (Rio de Janeiro: CPAD, 1998), p. 43-4.

## 688 | TEOLOGIA SISTEMÁTICO-CARISMÁTICA

hipóstase, mas que demonstra, na mesma medida, uma experiência da palavra como realidade viva e presente, em cujos efeitos, que são possíveis de ser rastreados diariamente, o homem é confrontado com a própria obra do Deus vivo. Os pressupostos necessários para tratar a palavra como um ser independente, que se encontravam já na admirável ênfase com que aludiam os profetas ao caráter objetivo da palavra; o estranho poder da palavra de Yahweh, que atua por si própria e subjuga todos os pensamentos humanos, são apresentados por eles com imagens e analogias tão sugestivas[806] que, às vezes, se quis ver já nessa etapa uma hipóstase da palavra. É preciso dizer, sem dúvida, que os limites da personificação poética só foram ultrapassados muito mais tarde, quando se atribuía à palavra uma eficácia autônoma, sem dotá-la de um conteúdo concreto, nem vinculá-la a uma pessoa comissionada para comunicá-la. Assim, por exemplo, Deus envia sua palavra e esta devolve saúde aos enfermos; sua palavra corre veloz pela terra e espalha a neve e o gelo ou traz o calor que os derrete. Mas o que o judaísmo tardio atribui à palavra enquanto força que atua independentemente é, sobretudo, a intervenção de Deus na história de seu povo: o que salvou os israelitas mordidos por serpentes, não foram nem ervas nem emplastro algum, mas a "tua palavra, Senhor, que a tudo cura". Como um guerreiro implacável, a palavra onipotente salta desde o céu, de junto ao trono divino, para o meio do Egito, entregue à destruição, para golpear a seus primogênitos. Logicamente, também, reconhece-se um papel de todo especial à palavra inspirada [...]. E nos textos sagrados, os targuns preferem substituir a Deus pela palavra, chamada então *mēmrā'* ou *dibburā* concebida como um poder divino independente: na revelação do Sinai, Moisés leva o povo para diante da presença da palavra de Deus, e pelo deserto é a palavra que guia o povo; é possível até mesmo irritar à palavra.[807]

Vê-se pelo exposto que a identificação da *palavra*, conforme os textos da Escritura hebraica, com toda a sua "concreticidade", pela luz que temos do

---

806 "A palavra como arma que se lança (Is 9:7), como fogo flamejante (Jr 20:9), como martelo destruidor (Is 23:29), como mensageiro veloz (Is 55:10s.), como ser independente que dá ordens (1Rs 13:9,17,32; 20:35; 2Rs 20:4; Jr 39:16). No momento de relacionar essas expressões objetivantes, se deveria contar também com o uso do 'e veio a palavra de Yahweh a...' em lugar de 'E disse Yahweh a...'. Não parece correto ver em tais passagens uma hipostatização da palavra, como pretende Ringgren" (EICHRODT. *Teologia do Antigo Testamento*, p. 540).

807 EICHRODT. *Teologia do Antigo Testamento*, p. 540-1 (grifo no original).

CAPÍTULO 4 – Pneumatologia | 689

texto neotestamentário e da reflexão teológica, certamente a relaciona com o Espírito Santo, mas não deve ser com ele confundida, pois trata-se da inspiração resultado de sua *presença extraordinária* sobre os profetas. Mas era algo tão vívido e real que a inspiração podia ser "sentida" na materialidade da *palavra*. É bem verdade que, no "processo que acabamos de ver, ao fazer parte da atividade da palavra a inspiração, e como o controle da história e a criação, era inevitável que, muitas vezes, as expressões sobre a palavra se [sobrepusessem] às expressões sobre o Espírito", pois, diz Eichrodt, "o pensamento judeu jamais foi capaz de traçar limites claros e definitivos entre ambas as realidades", embora "se possa dizer que se fala de uma ou de outra hipótese, na medida em que aquele que fala se situe em um ou outro ponto de vista". Por exemplo, "se a ideia do Espírito está relacionada com a da vida de Deus no mundo, a da palavra se refere à revelação do Deus que dirige a história e sua vontade", pois os "princípios determinantes são o do poder que dá a vida, permite a expressão de pensamento e da vontade, respectivamente". Observe-se, porém, que, "em casos particulares, essa distinção não está mais presente na consciência dos escritores".[808] O fato é que, na Escritura hebraica, há um "relacionamento entre a palavra falada de Deus e o Espírito de Deus que traz a palavra à realidade". Tal "relacionamento é, particularmente, evidente em Gn 1:2 e também em Sl 33:6", quando "o *rûaḥ* de Deus é a ativa, criativa e vital presença de Deus que funciona para cumprir a palavra falada [*dābar*] ou mandamento", diz o teólogo pentecostal alemão Wilf Hildebrandt. Este acrescenta que "Israel mantinha esta crença em comum com o Antigo Oriente, que 'a palavra de Deus era [tão] poderosa e terrível que poderia provar sua eficácia em todas as esferas da vida, uma força dinâmica que trazia a morte ou a vitória dos reis, bem como o crescimento ou o murchar das colheitas'".[809] Deve-se ressaltar, porém, "que o Antigo Testamento não tem uma concepção mágica ou mântica da palavra de Deus", isto é, a "potência da palavra tem relação com aquele que fala a palavra, não com o falar de fórmulas ou a manipulação de forças para cumprir as palavras dos funcionários", pois até "a expressão de bênçãos e maldições e seu cumprimento dependem que sejam expressões inspiradas e aceitas por Yahweh (cf. Nm 22—24)". Nesse contexto, os "profetas exerceram um papel substancial como emissários enviados por Deus para profetizar a

---

808 Ibid., p. 542.
809 HILDEBRANDT. *Teologia do Espírito de Deus no Antigo Testamento*, p. 184-5.

palavra e para agirem como os que dirigiam a história, ungindo e depondo reis", sendo o "papel do Espírito, neste processo", completa o mesmo autor, "ilustrado no comissionamento, inspiração, motivação e direção dos profetas (cf. Ez 3)", ou seja, o "relacionamento entre a palavra e o Espírito na estimativa dos profetas era muito íntima".[810]

Não há, de nossa parte, nenhuma pretensão de explicar o processo de inspiração sobre os profetas, pois, de acordo com a chamada "teoria da inspiração plenária e verbal", trata-se de "homens santos", diz o teólogo pentecostal Antonio Gilberto, que "escreveram a Bíblia com palavras de seu vocabulário, porém sob uma influência tão poderosa do Espírito Santo, que o que eles escreveram foi a *Palavra de Deus*". Agora, "Explicar como Deus agiu no homem, isso é difícil! Se, no ser humano, o entrosamento do espírito com o corpo é um mistério inexplicável para os mais sábios, imagine-se o entrosamento do Espírito de Deus com o espírito do homem!".[811] Impossibilidade de explicar significa que estamos aquém, não que seja irreal, daí optarmos, conscientemente, pela via "apofática", pois inconscientemente ela já é uma realidade. Como um expoente que formou gerações no Brasil, o reconhecimento do veterano teólogo mostra claramente que isso não significa ser "pós-moderno", mas simplesmente que somos incapazes de tratar de tal fenômeno, sendo ele um mistério. Da mesma forma, pode-se dizer de muitos outros aspectos da manifestação carismática que, como vimos desde o Gênesis, segue o que temos chamado de "dinâmica da revelação" — que acontece na realidade, na história, e não à parte em algum vácuo atemporal — e também a "lógica da fé", que, do ponto de vista da lógica filosófica racionalista, sem dúvida alguma, é vista como algo irracional! Portanto, estamos diante de um paradoxo que pode ser visto e avaliado, não nos termos diametralmente opostos a ele, mas com os instrumentos adequados que reconhecem tal realidade. Tal é visto assim não apenas por parte dos carismático-pentecostais, mas até mesmo por teólogos alemães, alguns até críticos, mas que também perceberam essa questão. Na verdade, diz Eichrodt, "todos os que se empenham em desdobrar a obra teórica dos profetas em seus componentes racionais e em mostrar os pressupostos psicológicos e intelectuais de sua ocupação, desde as tentativas mais simples de um Wellhausen ou de um Stade até os mais complicados, já

---

810 Ibid., p. 185-6.
811 SILVA. *A Bíblia através dos séculos*, p. 34-5 (grifo no original).

dentro da psicologia profunda de um Hölscher ou um Allwohn", completa o mesmo autor, "confundem a realidade a partir da qual os profetas falam com uma ideia filosófica, na qual o pensador fundamenta sua nova concepção do mundo".[812] Este é um problema mais comum do que se imagina, isto é, projetar sua própria visão, ou realidade, para o texto, sendo que isso é completamente errado, pois distorce o texto e a mensagem, a qual, devendo ser conhecida, acaba obstruída. Portanto, completa o teólogo Walther Eichrodt, falando dos autores supracitados, que a eles, isto é, a tais "exegetas não lhes faltou sensibilidade para captar o mistério, a potência criadora que rodeia os profetas; mas o interpretam melhor como um fenômeno secundário, como a forma psicológica, talvez, de mostrar um processo mental que, uma vez pensado, pode ser visto por qualquer um em sua necessidade intrínseca".[813] Mas tal é metodologicamente errado, pois o que ocorre nesses casos é que, na "teologia, frequentemente se considera a forma sistemática uma tentativa de racionalizar as experiências da revelação", diz Paul Tillich. Este explica que isso, "porém, significa confundir a justificada exigência de ser coerente nas próprias afirmações com a tentativa injustificada de extrair asserções teológicas de fontes que são estranhas às experiências revelatórias".[814]

Essa colocação do teólogo alemão, que já citamos anteriormente, descreve de forma perfeita o que temos insistido desde o início: é necessário procurar, da melhor maneira, articular de forma inteligível nossa teologia, mas isso não é o mesmo que achar que seja possível explicar o mistério apresentado, mas acompanhar a dinâmica da revelação e a lógica da fé. Assim, procurando ser o mais didático possível, é interessante saber algo acerca do papel, por exemplo, da tradição oral que precedeu o registro do texto. Uma das críticas da teologia liberal à inspiração da Bíblia, no que se refere à autenticidade e à preservação do conteúdo que, posteriormente, foi transformado em texto, diz respeito ao fato de que, em sociedades antigas, havia uma cultura ágrafa e não letrada, sendo impossível preservar intacto e/ou inalterado o que realmente aconteceu. "Levar a sério a realidade de uma sociedade oral é coisa mais difícil de fazer do que a maioria se dá conta", visto que "cinco séculos" nos fizeram nos acostumar "com os benefícios da imprensa" e condicionaram nossa mente à escrita, ou seja, possuímos "uma mentalidade literária", por isso associamos

---

812 EICHRODT. *Teologia do Antigo Testamento*, p. 313.
813 Ibid.
814 TILLICH. *Teologia sistemática*, p. 469.

## 692 | TEOLOGIA SISTEMÁTICO-CARISMÁTICA

conhecimento apenas com o acúmulo de "informação tipicamente transmitida pela escrita e pela leitura".[815] Nossa familiaridade com a escrita e a leitura nos permite acessar a qualquer momento uma informação que vimos no ensino médio, na graduação ou em qualquer outra fase de nossa jornada escolar, e isso torna "difícil para nós visualizar uma sociedade destituída das facilidades da palavra escrita, sem livros ao alcance da mão", pois nossas "memórias são em geral tão inconfiáveis que mal conseguimos apreciar uma sociedade em que só se podia confiar na memória para reter informação importante", informa o teólogo britânico metodista James Dunn. E esse nosso costume que, comparando com a história, é muito "recente" dá-nos a falsa impressão de que sempre foi assim. É algo tão normal, mas também enganoso, que às vezes tendemos até a pensar que cada israelita portava um exemplar da Torá, por exemplo. Contudo, do ponto de vista físico, é preciso lembrar que os textos eram produzidos um a um, e as cópias eram reproduzidas de forma manual ou artesanal, sendo suas dimensões físicas incrivelmente enormes. Portanto, não era comum a alfabetização e ainda muito rara uma cópia de qualquer texto. Antes de recorrer ao campo especificamente teológico, lançamos mão do que diz, sobre esse assunto, o antropólogo Jöel Candau, ao falar acerca da preservação da memória nas civilizações antigas, que era primordialmente oral, mas que, com a invenção da escrita, há mais de 6 mil anos, incrivelmente, acabou prejudicando a coesão social dos povos, pois passou a se "questionar a maneira de selecionar o que deve ser conservado e transmitido"; não apenas isso, mas algo ainda mais sério veio à tona, pois tal revelou que, incrivelmente, "é sem dúvida mais difícil determinar o que deve ser conservado em sociedades de tradição escrita do que naquelas de tradição oral".[816] Portanto, conforme ele explica,

> de fato, as possibilidades de estocagem e difusão do saber memorizado se tornaram tão grandes nas primeiras, e a quantidade de informações de tal forma abundante que a recepção da transmissão, finalidade da conservação, não está mais garantida: de um lado, as capacidades de aquisição de um ser humano são limitadas e, de outro, o acesso às fontes de informação se tornou extremamente complexo, levando em consideração a quantidade de saber a tratar. É preciso, portanto,

---

815 DUNN, James D. G. *Jesus, Paulo e os Evangelhos* (Petrópolis: Vozes, 2017), p. 32.
816 CANDAU, Jöel. *Memória e identidade* (São Paulo: Contexto, 2011), p. 109.

CAPÍTULO 4 – Pneumatologia | 693

selecionar, escolher, esquecer, e essa seleção é muito difícil e dolorosa. Enfim, quando o indivíduo se desembaraça do fardo da transmissão de memórias exteriores, há, de um lado, a perda de autonomia e, de outro, uma mudança nas modalidades de transmissão. Ao passo que nas sociedades tradicionais isso se faz sem mediação, por um "contato vivido entre as pessoas", nas sociedades modernas a transmissão de uma boa parte da memória é mediatizada (livros, arquivos, computadores etc.). Por essa razão, Claude Lévi-Strauss qualifica as primeiras sociedades de autênticas e confere às outras um caráter de inautenticidade, mesmo reconhecendo que nas modernas existem níveis de autenticidade caracterizados por uma densidade psicológica particular e relações interpessoais fortes, o que podemos observar, por exemplo, em uma cidade pequena, em uma empresa ou nas relações de vizinhanças.[817]

Na verdade, utilizamos a referência de Candau aqui não para que ela sirva como uma tentativa de "provar" que as narrativas bíblicas foram preservadas, mas destacar a importância da forma de "educar", conforme Deuteronômio instrui (6:6-9), pois, muito mais do que memorização, visava-se também à integração e ao desenvolvimento integral e comunitário. O mesmo autor fala sobre o verbo hebraico *zekher*, que "significa ao mesmo tempo 'gravar' e 'recordar-se'".[818] Daí o destaque sobre como uma "teologia do púlpito", para usar a expressão do teólogo pentecostal Mark McLean, anteriormente citado, mostrou-se muito mais eficaz do que qualquer pretensão escolástica. Sem falar do fato de que o texto traz a controvérsia da interpretação, e, a despeito de muitos se autodenominarem portadores da única e exclusiva forma de interpretação das Escrituras, as editoras, todas elas, desde as reformadas até as carismáticas, lançam dezenas de livros todos os anos, às vezes de um mesmo assunto, com teólogos da mesma tradição, cujas conclusões e comentários de um mesmo texto bíblico passam muito longe de serem consensuais e equânimes, fazendo que, na prática, inexista qualquer linearidade e igualdade interpretativa. Tal pluralidade, que até pouco tempo era malvista, agora vem sendo defendida.[819] No momento, este não é o foco da nossa discussão, mas

---

817 Ibid., p. 109-10.

818 Ibid., p. 107.

819 SMITH, James K. A. *Pensando em línguas: contribuições pentecostais para a filosofia cristã* (Rio de Janeiro: Thomas Nelson Brasil, 2020); SMITH, James K. A. *A queda da interpretação: fundamentos filosóficos para uma hermenêutica criacional* (Rio de Janeiro: Thomas Nelson Brasil, 2021).

## 694 | TEOLOGIA SISTEMÁTICO-CARISMÁTICA

em tempo oportuno retomaremos o assunto, cabendo agora falar algo que caracterizava a sociedade israelita. Considerando que as pesquisas descrevem o "judaísmo do Segundo Templo como uma sociedade essencialmente oral", é fato que o "conhecimento amplamente difundido da Torá foi obtido pelas pessoas por *ouvirem* a Torá sendo lida para elas, e não tanto em função de leitura própria",[820] informa o já anteriormente citado James Dunn. "Isso quer dizer que a grande maioria do povo era tecnicamente iletrada", diz o mesmo autor britânico, afirmando ainda que "Ler e escrever eram predominantemente exclusividade da nobreza, dos sacerdotes e dos escribas", e é justamente essa "a razão pela qual, por exemplo, os 'escribas' são um grupo tão destacado nas narrativas dos evangelhos", pois "a grande maioria do povo dependia de alguém que era tecnicamente letrado para escrever contratos e cartas em seu lugar".[821] Como desde o cativeiro Israel havia se libertado da idolatria, a "sociedade naturalmente também era uma sociedade centrada na Torá", pois o "povo de modo geral conhecia a Torá e vivia a vida de acordo com os seus preceitos". Todavia, "seu conhecimento da Torá não provinha de cópias pessoais que cada qual tinha em casa, como é o caso hoje". Por conseguinte, seu "conhecimento tampouco provinha da leitura pessoal da Torá", ou seja, à "grande maioria, o conhecimento da Torá vinha de ouvi-la sendo lida pela minoria que sabia ler, sábado após sábado na sinagoga".[822] Ultimando essa parte que faz a ligação entre o Antigo e o Novo Testamentos, vamos passar rapidamente em revista o processo que originou o texto bíblico, primeiramente as Escrituras hebraicas, mesmo porque a "unidade física da Bíblia", instrui o teólogo pentecostal Antonio Gilberto, consiste em um mistério, e "ninguém sabe ao certo como os 66 livros se encontraram e se agruparam num só volume", pois, como todos sabemos, finaliza, "os escritores não escreveram os 66 livros de uma vez, nem em um só lugar, nem com o objetivo de reuni-los num só volume, mas em intervalos, durante 16 séculos, e em lugares que vão da Babilônia a Roma!".[823]

É preciso compreender o que já temos dito acerca do fato de as coisas serem criadas com um bom propósito, mas, dada a inclinação ruim do coração humano, elas terminam sendo utilizadas para o mal. Infelizmente, conforme

---

820 DUNN. *Jesus, Paulo e os Evangelhos*, p. 32.
821 Ibid., p. 47.
822 Ibid.
823 SILVA. *A Bíblia através dos séculos*, p. 39.

CAPÍTULO 4 – Pneumatologia | 695

veremos ao recapitular alguns aspectos do processo de registro da *palavra* de Deus, que, como já vimos, era a mensagem do profeta, esta, de acordo com o que já explicamos, não é uma pregação no sentido homilético moderno, mas uma mensagem carismática, certamente de caráter extático, pelo fato de o profeta não ser "portador" da mensagem, isto é, ela não residia nele, de forma que ele a entregava no momento que quisesse. Longe disso! A *palavra* "vinha" sobre o profeta, "apossava-se" do profeta, e, inspirado, ele proferia a mensagem, até mesmo se não quisesse ou não fosse alguém a serviço de Deus (Números 23—24; 1Reis 13:11-32 etc.). É justamente por isso, conforme já falamos e vale repisar, "a natureza carismática do ofício profético na qual a escolha de um profeta não é hereditária, mas deixada para a prerrogativa de Yahweh, o qual escolhe (1Rs 19:10, 19-21) e capacita os profetas para o serviço",[824] diz o teólogo pentecostal Wilf Hildebrandt. A "palavra profética é assim uma força diretiva na história, e o Espírito é a presença ativa de Deus que implementa e faz com que a palavra falada viva", pois a "expressão 'mão de Yahweh' é, muitas vezes, usada em textos proféticos para descrever a possessão, inspiração e capacitação de Yahweh sobre um profeta" e, assim, por meio da "palavra dos profetas, portanto, a operação do Espírito é realizada na comunidade".[825] Na verdade, prossegue o mesmo teólogo, a "palavra torna-se uma realidade viva na vida da comunidade, como o Espírito, que inspirou o profeta e o motivou a falar, também o aplica para a vida espiritual da nação". Nesse aspecto, "a função da palavra profética do Antigo Testamento, em conjunto com o Espírito, é similar ao papel do Novo Testamento como dito por Jesus: 'Tudo isso lhes tenho dito enquanto ainda estou com vocês. Mas o Conselheiro, o Espírito Santo, que o Pai enviará em meu nome, lhes ensinará todas as coisas e lhes fará lembrar tudo o que lhes disse' (Jo 14:25-26)".[826] Fica muito evidente que do Gênesis até o Apocalipse, isto é, desde sempre, conforme dissemos, nas "Escrituras, a cosmovisão bíblica é aquela na qual pode ocorrer o miraculoso por meio do poder e palavra de Deus (Gn 1:2; Êx 7:3; Dt 4:34; 6:22; 7:19; 26:8; 29:3; 34:11; Sl 78:43; 105:27; 135:9; Jr 32:20s)" e, de forma especial, a "concepção do Antigo Testamento pelo qual o invisível é trazido à realidade por meio da palavra falada de Deus,

---

824 HILDEBRANDT. *Teologia do Espírito de Deus no Antigo Testamento*, p. 158.
825 Ibid., p. 186.
826 Ibid., p. 186-7.

que é, então, trazida à realidade pelo Espírito (cf. Is 34:16; 55:10-11)", afirma Hildebrandt. Este acrescenta que o "Antigo Testamento é intransigente sobre o fato de que recitação de fórmulas, repetição e manipulação não são fatores que realizam o desígnio, palavra e vontade de Deus", pois é apenas e "somente a palavra de Deus, trazida pelo Espírito, que é eficaz e hábil para suplantar as leis naturais" e assim fazer milagres, de modo que "palavras faladas pelos profetas poderiam tornar-se verdadeiras e ser cumpridas quando o profeta era comissionado, inspirado, motivado e guiado pelo Espírito de Deus".[827]

Quanto ao fato de as Escrituras hebraicas serem a Palavra de Deus, o teólogo espanhol Luis Alonso Schökel afirma que, caso procuremos tal confirmação no "testemunho interno do Antigo Testamento, encontraremos duas espécies principais de palavra de Deus: a 'palavra do Senhor' que é a 'aliança' e a 'palavra do Senhor' anunciada pelos profetas", pois as duas "constituem a experiência originária do povo e o início de uma teologia viva sobre essa palavra".[828] Ele diz que é necessário fazer "uma diferenciação no conceito de palavra de Deus como 'aliança'", e tal diferenciação é tripartite, isto é, de três espécies, sendo a primeira delas de "*caráter narrativo*", mostrando a salvação já realizada ao se retirar o povo do Egito e adentrar na Terra Prometida (Êxodo 19:4; Josué 24:2-13). A segunda delas "geralmente é apresentada no plural como 'palavra do Senhor': são os mandamentos que Deus impõe a seu povo; por exemplo, Êx 20.1". Por fim, a "terceira espécie da 'palavra' são *bênçãos e maldições* [que] introduzem o conceito de 'recompensa e punição' numa estrutura religiosa", sendo que os "bens e prazeres da vida se tornam 'bênção', a desgraça e o sofrimento transformam essa nova ordem salvífica em 'maldição'",[829] de acordo com Deuteronômio 30:1 e 4:30. Essas "três espécies de 'palavras' — exposição histórica, mandamentos, bênção e maldição — são ligadas por uma unidade que é a *aliança*; Êx 34.28: *as palavras da aliança*; Dt 28.69", e, uma vez que "tais palavras são proferidas na 'aliança', elas criam uma instituição". Todavia, tal "instituição não é uma realidade estática, e sim dinâmica", isto é, as "palavras que a fundam", explica Luis Alonso Schökel, "se desdobram e se desenvolvem nessa instituição" e, após "serem proferidas,

---

827 Ibid., p. 225.

828 Schökel, Luis Alonso. "O Antigo Testamento como palavra humana e palavra de Deus" in: Schreiner, Josef (org.). *O Antigo Testamento: um olhar atento para sua palavra e mensagem* (São Paulo: Hagnos, 2012), p. 13.

829 Ibid., p. 14-5 (grifo no original).

CAPÍTULO 4 – Pneumatologia | 697

elas têm validade eterna". Entretanto, óbvio como é, "seu caráter mais geral, porém, exige por si mesmo um desdobramento adicional e uma adaptação a novas situações", sendo "preciso observar que a tríplice palavra institucional é uma palavra litúrgica: enviada a uma congregação quando do seu surgimento, passível de repetição e atualização no culto" (cf. Êxodo 19:17; Deuteronômio 31:10-11; Josué 24:1).[830] Quanto à segunda forma veterotestamentária de *palavra* de Deus — a palavra profética —, enquanto na "'aliança' aparecem palavras de Deus principalmente no plural, entre os profetas 'a palavra' no singular é preponderante", ou seja, "em geral, a palavra profética é mais individual e mais vinculada à situação concreta", pois o "profetismo geral é um elemento carismático na aliança (Dt 18)". Contudo, "cada profecia individualmente tem seu próprio tema e sua própria tarefa".[831] Alguém poderia se perguntar o porquê de ser assim, pois, segundo o que se ensina na teologia protestante cessacionista, sobretudo no que se refere à revelação divina e ao tema da "suficiência das Escrituras", isso não poderia acontecer, isto é, Deus já tinha dado o Pentateuco, ou a Torá, que deveria bastar e ser o "suficiente", sem necessidade de qualquer outra revelação "adicional". Alguém poderia objetar dizendo que o cânon veterotestamentário não estava ainda "fechado", daí a razão de Deus ter levantado o profetismo clássico. Mas isso ignora o fato de que tal movimento tornou-se "necessário" não por insuficiência da Torá, mas por causa da falha de Israel em relação a ela. Como a economia divina, na esteira da história da salvação, tem o propósito de salvar, Deus providenciou, por meio do Espírito Santo, outro meio para falar ao seu povo.

Retomando o raciocínio do teólogo jesuíta Luis Alonso Schökel, tal como a *palavra* de Deus da "aliança", é possível também subdividir a "palavra profética, mas com a seguinte diferença", conforme vimos: "a aliança era uma unidade formada por três palavras-membros, enquanto as palavras proféticas são múltiplas e independentes", pois, como sabemos, elas se dirigem a situações concretas, seja a indivíduos, seja a determinado povo. Portanto, podemos pensar em três categorias ou espécies de palavra profética, sendo a primeira delas a que "trata da *história* — para interpretá-la, quando ela é próxima ou presente, e para lembrá-la, com suas consequências, quando está distante". Pois a "palavra profética possui uma função teológica de interpretação da

---

830 Ibid., p. 15.
831 Ibid., p. 15-6.

## 698 | TEOLOGIA SISTEMÁTICO-CARISMÁTICA

história", isso por um motivo muito simples, que é o "caráter estranho e irrepetível do transcurso da história", o qual "necessita de tal palavra atual, interpretativa, pois a intepretação geral e a primeira dada pela aliança não é suficiente; ela precisa tentar compreender cada novo dia da história para mostrar a primazia de Deus e o poder salvador dessa mesma história".[832] Tal é assim pelo fato de que, como já dissemos, o povo mostrou-se inepto, e, a fim de alcançá-lo, o Senhor enviou-lhe os profetas. Portanto, a "palavra profética revela um Deus atuante e desvela o sentido da ação histórica dos seres humanos movidos por Deus", pois a "palavra profética enuncia um acontecimento transformado em 'palavra' e mostra assim, como palavra, o significado salvífico", isto é, o "acontecimento passado se torna presente de novo na lembrança e revela um significado salvífico", visto que a "palavra profética, falada certa vez e retomada, mantém uma continuidade ao longo da história". Finalmente, tal "intepretação constante da história desenvolve a consciência histórica do povo, que, paulatinamente, compreende cada vez melhor sua responsabilidade histórica para com Deus".[833] De forma paradoxal, a segunda "espécie" de palavra profética — os *mandamentos* — é referida frequentemente pelo profeta, sem, contudo, ser mencionada expressamente, mas é pronunciada porque o "povo se comprometeu com esses mandamentos no instante da origem de sua existência como povo e nos momentos festivos de renovação". Por isso, o "profeta lembra esse compromisso e acrescenta uma palavra de admoestação ou juízo", que se faz urgente em virtude do comportamento atual do povo, que é diametralmente oposto ao do momento da aliança. Por isso, diz o mesmo teólogo espanhol, a "palavra profética assume uma forma pura de mandamento quando o profeta exige, em nome de Deus, um comportamento concreto em determinadas situações", e tal "comportamento concreto não está contido nas 'dez palavras' da aliança nem pode ser derivado delas, mas há necessidade de uma nova palavra específica de Deus que confronta seu povo mais uma vez com decisões históricas". Em uma palavra, o "plano de Deus se revela de novo numa palavra imperativa para guiar o curso da história, sem eliminar a liberdade humana, mas para evocá-la".[834] Por fim, a terceira espécie, apresentada pelo autor, é o profeta

---

832 Ibid., p. 16.
833 Ibid.
834 Ibid., p. 17.

CAPÍTULO 4 – Pneumatologia | 699

tornado "*executor de bênção e maldição* ao enunciar a palavra de promessa e a palavra de ameaça", sendo essas, "às vezes, categóricas e definitivas, com todo o poder e eficácia da palavra de Deus", mas também, em outras vezes, "elas são condicionadas pela liberdade humana, assim como as bênçãos e maldições da aliança, e justamente isso é o que Deus pretende com essa palavra".[835]

De acordo com a já citada referência de Gerhard von Rad, os "julgamentos da 'profetisa' Débora, por exemplo, eram incontestavelmente carismáticos (Jz 4.4s)", sendo verdade que a "própria jurisdição habitual, exercida à porta das cidades, era dotada de uma certa autoridade carismática", diz o teólogo alemão. Von Rad explica que a "vontade jurídica de Javé, segundo o Deuteronômio, era objeto de pregação, um apelo inteiramente pessoal de Javé que devia ser totalmente acolhido pela consciência de Israel".[836] Ainda que a exposição de Luis Alonso Schökel situe tal atuação no período do profetismo clássico, vimos que é uma prática anterior. Portanto, as "duas 'palavras' fundamentais, a palavra da aliança e a palavra profética, não são algo encerrado e imutável, mas contêm uma força dinâmica que amplia seu significado e poder", pois a "própria palavra profética mostra, às vezes, essa qualidade em relação à aliança", isto é, as "palavras de profetas nem sempre permanecem meramente iguais na repetição litúrgica do mesmo texto, mas exigem um comentário, que, por sua vez, também pode se tornar 'palavra de Deus'".[837] É dessa forma que, inspirados pelo Espírito Santo, escritores vão produzindo e assim dando origem a reflexões com alguns recursos, como a *parênese* — em forma de comentários —, o "*oráculo*, que é proferido em resposta a uma consulta privada ou comunitária pela boca de um sacerdote ou profeta", diz o teólogo jesuíta espanhol, acrescentado ainda a "*palavra* profética *da promessa*", isto é, a escatologia, os Salmos, os historiográficos — livros históricos de fato —, e as *palavras dos sábios*, ou os documentos sapienciais, todos "palavra de Deus", na medida em que se tornam parte da "Escritura".[838] Embora não saibamos como e quem reuniu todos esses documentos, conforme já foi dito pelo teólogo pentecostal Antonio Gilberto, sabemos que, após a *palavra* tornar-se "'Escritura' reconhecida, ela exerce uma dinâmica própria", diz Luis

---

835 Ibid. (grifo no original).
836 RAD. *Teologia do Antigo Testamento*, p. 100.
837 SCHÖKEL. "O Antigo Testamento como palavra humana e palavra de Deus" in: SCHREINER (org.). *O Antigo Testamento*, p. 17.
838 Ibid., p. 17-9 (grifo no original).

Alonso Schökel, pois suscita "'comentários', alguns os quais são, por sua vez, acolhidos como palavra de Deus", como os materiais dos cronistas, por exemplo, sendo o fato mais importante a ser percebido que "a dinâmica da palavra atua em duas direções: ela busca ampliação e estabilidade ao mesmo tempo", pois "se desenvolve no uso e na aplicação, mas também quer ser conservada com reverência". Ela "aceita" ser inserida em "novos contextos históricos e literários, mas se defende contra a adulteração", e é justamente tal "busca da palavra de Deus", ou seja, essa "dinâmica que também produz paulatinamente os meios de sua conservação: recordação, reconhecimento oficial, registro, coleção oficial em livros".[839] É por meio das Escrituras hebraicas que iluminamos o Novo Testamento, e vice-versa, discernindo a economia divina no transcorrer da história da salvação, com seus diferentes atores, sendo nós agora os que estão vivendo o atual momento dessa mesma trajetória milenar. Em uma palavra, "a vontade soberana de Deus dirige no caso concreto de maneira eficaz a história por meio de sua palavra, que anuncia um plano e estabelece a execução". É assim que "o acontecimento histórico aparece em sua transcendência revelatória", sendo um "artifício literário a serviço da teologia, que, por um lado, expressa o poder da palavra de Deus e, por outro, o valor revelatório dos acontecimentos", que, por sua vez, "se transformam em palavra, não só quando o escritor fala na terceira pessoa, mas também", e principalmente, quando Deus fala, mostrando com isso "a profunda unidade da ação de Deus com sua palavra".[840]

Na verdade, sempre foi motivo de inquietação o fato de os seres humanos serem capazes de reproduzir a "fala divina", a *palavra* pronunciada por Deus, por isso a "problemática da palavra de Deus se mostra da melhor maneira entre os profetas", pois na "palavra profética encontramos quase todas as tensões da palavra divino-humana evocadas e resolvidas concretamente", esclarece Luis Alonso Schökel. Este diz também que, por outro lado, todas as vezes que ações intentam "distinguir na predição profética uma parte divina e uma parte humana estão fadadas ao fracasso, porque a unidade provém inteiramente tanto de Deus quanto do ser humano", levando-nos a compreender o "nascimento dessa palavra como uma ação misteriosa de Deus que provoca e dirige o falar do profeta", conforme os "testemunhos de Jeremias e Ezequiel

---

839 Ibid., p. 19-20.
840 Ibid., p. 20-1.

CAPÍTULO 4 – Pneumatologia | 701

sublinham essa energia vital da palavra recebida: Jeremias a sente como um fogo interior que busca uma saída, e Ezequiel tem de engolir, 'digerir' e depois proclamar o rolo de um livro".[841] Trata-se de uma experiência que qualquer tentativa científica — quer fenomenológica, quer psicológica — ou dogmática — quer teológico-escolástica, quer teológico-carismática — é incapaz de descrever e muito menos explicar. De algo podemos ter certeza: não há possibilidade alguma de eles terem sido autômatos, nenhuma razão para se ter "qualquer dúvida no tocante à liberdade do profeta sob a intervenção divina", pois, se "existem personalidades impressionantes no Antigo Testamento, elas são os profetas: seu direcionamento para Deus aumenta sua liberdade responsável". Assim, ao passo que "Amós testifica o poder terrível da voz de Deus (Am 3.8) e Jeremias sente uma coerção, semelhante a de alguns poetas românticos (Jr 20.9), Ezequiel descreve com distinção casuística a liberdade do profeta no exercício de sua missão (Ez 33.1-9)".[842] Agora, como já temos dito, é necessária maturidade cristã da parte do seguidor de Cristo para saber que a "palavra do Antigo Testamento chega até nós *em forma escrita*, mas não se pode negar que muitos textos existiram e foram transmitidos primeiramente como tradição oral" e que, por isso mesmo, "autores posteriores utilizaram em suas obras material que já havia sido pré-formado na tradição oral — e também na tradição precedente". Nesse caso, passamos a outro estágio, ou fase, do desenvolvimento do povo de Israel, quando não mais apenas a memória, e sim a "escrita", diz o mesmo autor, que "tem a função de conservar e transmitir textos", entra em cena, pois a escrita possui "uma força especial para fixá-los" e, na maioria das vezes, "ela também tem uma função jurídica: pode ser documento para a validade (aliança), testemunho", sendo "lógico que na coleção de palavras significativas seu registro por escrito represente sua fixação e transmissão". Dessa forma, a "'palavra inspirada' se transforma em 'escrito'".[843]

O que acontece quando a profecia — *palavra viva de Deus falada* — junta-se à Torá como *palavra viva de Deus escrita*? Este é um assunto desafiador no qual raramente se pensa, pois o minimalismo pneumatológico protestante o interdita, muitas vezes de forma virulenta, dificultando a reflexão sobre o

---

841  Ibid., p. 23.
842  Ibid., p. 24.
843  Ibid., p. 25 (grifo no original).

## 702 | TEOLOGIA SISTEMÁTICO-CARISMÁTICA

que, de fato, significa a "Palavra de Deus". A esse respeito, o teólogo pentecostal Antonio Gilberto diz que a "história da Bíblia e como chegou até nós é encontrada em seus manuscritos", explicando que *Manuscritos* são rolos ou livros da antiga literatura, escritos à mão" e que o "texto da Bíblia foi preservado e transmitido mediante os seus manuscritos". Informa ainda esse autor que, em "tratados sobre a Bíblia, a palavra manuscritos é sempre indicada pela abreviatura MS, no plural MSS ou MSs" e que existe, "em nossos dias, cerca de 4.000 MSS da Bíblia, preparados entre os séculos 2 e 15".[844] Portanto, como já é possível antecipar e até mesmo pelo tempo em que foram produzidos, e comparando com o período histórico canônico, prossegue o veterano teólogo pentecostal, "MSS originais saídos das mãos dos escritores não há nenhum conhecido" e, completa ele, isso se deu porque é "provável que, se houvesse algum, os homens o adorassem mais que ao seu divino Autor".[845] Esse perigo, que de alguma forma seria a expressão da ignorância e do fanatismo, ainda é mais sincero que a atitude de monopolização e arrogância hermenêutica dos que se acham detentores da única interpretação escorreita. "Deus instrui, ensina, confronta, acusa e condena por meio de sua palavra", sendo tal conjunto de ações "apresentação do conteúdo que deve ser compreendido, mas, quando de sua ressonância na estrutura da fé, o sentido apresentado pela palavra pode ser inteiramente rejeitado, mal interpretado ou entendido equivocadamente". Isso ocorre porque o escritor não está mais presente para esclarecer "essas propriedades", que, "esquematicamente", diz Luis Alonso Schökel, podemos chamar "de 'a verdade' da palavra de Deus". Conforme já temos visto desde o primeiro capítulo desta nossa obra, tal verdade "se torna palpável não só nas formas sintáticas do enunciado, da proposição afirmativa, mas também em todas as outras formas de apresentação da palavra".[846] Na verdade, como diz o teólogo pentecostal Antonio Gilberto, a "Bíblia é um livro fácil e ao mesmo tempo difícil".[847] Por isso, o que a teologia protestante racionalista parece não ter compreendido é que se trata de uma empresa impossível "captar Deus", e tudo o mais que se relaciona diretamente ao mistério divino, e sistematizar! Assim, o estranhamento

---

844 Silva. *A Bíblia através dos séculos*, p. 74.

845 Ibid., p. 77.

846 Schökel. "O Antigo Testamento como palavra humana e palavra de Deus" in: Schreiner (org.). *O Antigo Testamento*, p. 21.

847 Silva. *A Bíblia através dos séculos*, p. 13.

CAPÍTULO 4 – Pneumatologia | 703

quanto ao estilo desta sistemático-carismática e o inconformismo com o fato de ela não se enquadrar na forma típica das sistemáticas manualísticas não é algo acidental, mas justamente o oposto. Ela foi escrita dessa forma, pois assim é a dinâmica da revelação e a lógica da fé. Não pretendemos explicar, pois somente os que estão dispostos a se abrir ao mistério e confiam que não precisam ter o controle do processo para ter segurança podem, de fato, experienciar o mistério ou ter experiência com o Espírito Santo, conforme cremos na tradição carismático-pentecostal.

É motivado por essa questão que Luis Alonso Schökel diz que uma "antinomia interessante da palavra profética reside nos termos *profecia — instituição*", ou seja, paradoxalmente, o "profeta faz parte da instituição da aliança (Dt 18); ele se refere a ela, protege-a como tal, e ao mesmo tempo guarda a instituição contra o perigo do institucionalismo", pois seu compromisso é manter "vivo o sentido autêntico dela, que é o de uma convivência responsável com Deus". Por isso, "a palavra profética que germina no seio da aliança proclama que as palavras da aliança não podem se transformar em fórmulas vazias".[848] Na verdade, toda tradição se vê diante desse dilema. Institucionalismo ou espontaneísmo. Para ter estabilidade, a religião precisa colocar-se entre o sagrado e seus adeptos, pois somente assim se mantém o controle. Contudo, esse é o caminho mais curto para o domínio e a presunção. Mas se engana quem pensa que do lado carismático não há riscos de manipulação, superficialidade e também excessos. Foi num contexto assim que os "profetas dos séculos sete e oito, ao anunciar como inevitável o furacão iminente de destruição sobre um mundo maduro para o juízo e a aparição de uma nova realidade divina, tiveram de mostrar tanto maior vigor em mudar, refundir e encher de novo conteúdo, partindo de sua nova visão de Deus, as anteriores expressões da fé sobre a ordem divina". De acordo com o que já dissemos muitas vezes antes, o "conceito de aliança e a imagem de Deus no profetismo, assim também o conceito de Espírito, encontra-se implicado em um processo de refundição e renovação", pois certamente "o Espírito de Deus", explica Walther Eichrodt, "tornou-se mais próximo do próprio Deus, sendo concebido com mais profundidade, como *o poder, próprio da natureza divina*, e não como uma simples força que emana dela".[849] Inicialmente, de

---

848 SCHÖKEL. "O Antigo Testamento como palavra humana e palavra de Deus" in: SCHREINER (org.). *O Antigo Testamento*, p. 24.
849 EICHRODT. *Teologia do Antigo Testamento*, p. 521 (grifo no original).

# 704 | TEOLOGIA SISTEMÁTICO-CARISMÁTICA

acordo com o texto de Isaías 30:1, por exemplo, o que pode ser encarado como sendo "oposto ao Espírito de Deus é a mentira e a soberba dos líderes políticos de Judá, unidas a uma exploração sem escrúpulos do povo". Por isso, nessa realidade, o "Espírito só pode referir-se ao poder espiritual da verdade, da pureza e da justiça, nas quais revela-se o Deus santo". Portanto, a "vida imperecível, da qual Yahweh dispõe, e que em outra passagem de Isaías [31.3] contrapõe, como *rûaḥ* ao *bāsār*, ou seja, ao caráter limitado do que é terreno", em outras palavras, "manifesta-se aqui estreitamente relacionada com a elevação moral de Deus, introduzindo, desse modo, a majestade da norma ética como um princípio de controle dentro da esfera maravilhosa do Espírito". Pois "na promessa ao resto do povo ([Is] 28:5s.)", diz o mesmo autor, "volta à tona o Espírito de justiça indissoluvelmente unido à glória divina enquanto poder moral pelo qual o próprio Deus se faz presente ao seu povo".[850] Portanto, os profetas conclamam que se recuperem os valores que realmente sinalizam e caracterizam a comunhão com Deus, não os formalismos cúlticos. Não é de admirar que seja algo do campo carismático a luta por tal padrão? Não apenas isso, mas também o fato de que justamente esse aspecto começa a assinalar a distinção do Espírito e também a "democratizá-lo", mostrando ser algo disponível para todos e tão fundamental no Novo Testamento que caracteriza a igreja do século 1 e a tradição carismático-pentecostal:

> Essa associação direta, do Espírito com a vontade santa e pessoal do Deus do universo depende, evidentemente, do caráter nitidamente imediato com o qual os profetas costumam ver a Deus em ação, e representa um aspecto da enorme condensação da concepção de Deus que eles praticam em sua pregação. Todavia, podemos seguir a seu eco [em Isaías 40.13s e nos Salmos 139.7]. Mas outra consequência dessa associação é que, a partir de agora, o homem pode falar das *obras do Espírito* de uma forma nova e mais completa; já não se atribui apenas ao Espírito a ação extraordinária e milagrosa, mas que, além disso, ousa-se esperar como fruto do Espírito, quer dizer, como efeito de uma nova e mais profunda comunhão com o Deus santo, o reto cumprimento da vontade divina, com humildade religiosa e obediência moral. Foi precisamente na luta contra o egoísmo de seu povo que o profundo discernimento dos profetas foi descobrindo em crescente medida a incapacidade humana de viver na presença de Deus e para

---

850 Ibid., p. 522.

CAPÍTULO 4 – Pneumatologia | 705

converter em obras a seus preceitos. Por isso, só se considera garantida uma fidelidade de fé e de obras se Deus transforma o coração humano ou se o homem entra no campo de ação do Espírito. Essa intervenção de Deus é o que sustentava sua esperança de que, do caos do presente, surgisse um cosmos novo. E assim, cada vez em maior medida, a ação do Espírito se centraliza na comunicação de poder religioso e moral. O lugar onde primeiramente isso se manifesta é na descrição do rei messiânico que se apresenta, por antonomásia, como portador do Espírito [Is 11.2], de cuja fonte de vida tira não só sabedoria e força sobre-humanas, mas também conhecimento e temor de Deus. Semelhantes são os traços com que nos pinta [Isaías] o servo de Yahweh. Mas não só é guia de salvação, mas também os guiados devem participar do Espírito de Deus, para que seja factível uma verdadeira renovação. Cada vez com maior segurança promete-se aos habitantes do reino messiânico uma relação íntima com o Espírito de Deus, seja porque este se derramará sobre eles [Is 32.15; 44.3; Ez 39.29], seja porque Deus colocará seu Espírito no interior do homem mudando assim seu coração de pedra em coração de carne [Ez 11.19; 36.26s]. Passou-se, pois, da apresentação de um poder que atua por fora a outro que toca aos últimos fundamentos da vida pessoal; a relação com Deus não depende mais dos esforços do homem, mas é um presente do espírito. E tudo isso surge como *o milagre central do novo éon*; o Espírito encontra seu próprio lugar dentro da escatologia como o poder vivificador da nova criação.[851]

O Espírito Santo, visto tradicionalmente como uma emanação de Deus, que "se situa" fora, realizando obras externas e organizando a realidade, passa agora a ser visto como um poder que atua "dentro" e capacita os seres humanos a viver o que eles, por si sós, e com o ensino da Torá, não conseguem viver. Tal promessa é para um novo tempo. Como vimos na exposição do teólogo alemão Walther Eichrodt, não se trata de simples memorização dos preceitos, pois isso, conforme já vimos, era parte integrante da formação israelita. Tampouco refere-se a qualquer liturgia ou realização cúltica, pois estas só desapareciam em períodos de completa impossibilidade, seja por apostasia, seja por cativeiro. O que vemos claramente é que, unida a ação da *presença extraordinária* do Espírito Santo, que gera obras miraculosas, entre elas o

---

851 Ibid., p. 522-3 (grifo no original).

fenômeno extático, a fala profética, a realização de milagres etc., promete-se agregar, não suprimir, a força necessária para se viverem os altíssimos ideais da aliança e, como será revelado, do evangelho. Assim, antes de comentar uma particularidade do texto de Jeremias 31:33, veremos um exemplo prático do que o pressuposto minimalista pneumatológico da teologia protestante cessacionista acaba fazendo e que compromete decisivamente toda análise bíblica posterior. No texto "Profecia ontem e hoje", o autor cessacionista diz que os "profetas do Antigo Testamento realizaram alguns atos de natureza miraculosa", sendo Moisés o maior desses realizadores, e que, após "ele, temos somente algumas poucas notícias de que os outros realizaram milagres, incluindo Elias e Eliseu".[852] Em sua argumentação, o autor diz que do "fato de que Moisés, alguns outros poucos profetas e Josué tenham realizado alguns milagres não se deve deduzir que a igreja do Antigo Testamento, como um todo, era caracterizada por milagres", ou seja, jamais houve "intenção de Deus que os crentes em geral do Antigo Testamento fossem portadores da capacidade de realizar poderes miraculosos". Tais "poderes acompanharam apenas alguns homens de Deus quando havia uma necessidade absolutamente específica ou a necessidade da *autenticação* da veracidade de sua mensagem". Contudo, após a "autenticação da mensagem, já não mais houve a necessidade de manifestação miraculosa". Portanto, pelo simples fato de que "alguns profetas realizaram milagres nunca deve ser dito que o povo do Antigo Testamento realizava milagres, ou que a igreja dessa época era poderosa pela realização de milagres". É ainda necessário recordar que "houve longos períodos da história do período profético do Antigo Testamento em que essas manifestações miraculosas estiveram ausentes", ou seja, a "operação de milagres não era vital para a existência da igreja". Por isso, tais milagres "apareceram dentro dos propósitos históricos-especiais-redentores de Deus, que, quando cumpridos, tornaram os sinais miraculosos desnecessários".[853] Na verdade, por tudo que discutimos anteriormente, percebe-se de forma muito nítida, da parte do teólogo reformado, que sua visão é antissobrenaturalista, sendo o miraculoso algo quase indesejável e os "longos períodos da história" com ausência do

---

852 CAMPOS, Heber Carlos de. "Profecia ontem e hoje" in: CAMPOS, Heber Carlos de; LOPES, Augustus Nicodemus; MATOS, Alderi Souza de; NETO, Francisco Solano Portela. *Fé cristã e misticismo: uma avaliação bíblica de tendências doutrinárias atuais* (São Paulo: Cultura Cristã, 2000), p. 78.

853 Ibid., p. 79.

CAPÍTULO 4 – Pneumatologia | 707

miraculoso, estranhamente, algo celebrado. Tal concepção racionalista afeta toda a sua hermenêutica e, consequentemente, a produção teológica.

Felizmente, as formas sobrenaturalista e antissobrenaturalista de ler a Bíblia poderiam ser apenas uma questão de "opção pessoal", ou de gosto, se não tivéssemos a erudição protestante, inclusive não carismática, esclarecendo o *background* do texto das Escrituras hebraicas com o estudo do antigo Oriente Médio, incluindo as religiões pagãs, para esclarecer o contexto e, então, tornar os documentos mais claros e mostrar quanto aquelas culturas encontravam-se imersas em uma atmosfera, ou realidade, profundamente sobrenatural. Inclusive o autor cessacionista anteriormente citado menciona o texto de 2Coríntios 14:25a e, por algumas vezes, de maneira depreciativa e generalizante, defende que tal versículo "não diz nada a respeito dos profetas modernos que ficam adivinhando as doenças e os problemas das pessoas que estão presentes na hora do culto". Ele afirma ainda que a "atitude de alguns profetas modernos pode ser de adivinhação, de manipulação mental e, até, de hipnose de um público afoito e carente de manifestações espetaculares para poderem crer, mas a atitude está em desarmonia com o ensino de Paulo".[854] A despeito de mais logo à frente, quando abordarmos o Espírito Santo no Novo Testamento, tratarmos do referido texto paulino, vale dizer que somos completa e terminantemente contrários a toda atitude fraudulenta — que dirá ocultista e esotérica — que, tendo em vista manipular as pessoas e banalizar o sobrenatural e o sagrado, acaba se imiscuindo no espectro ou até mesmo na tradição carismático-pentecostal. Nossa experiência com o Espírito Santo é bíblica, apesar de não ser explicável pelas pretensiosas lentes do racionalismo teológico cessacionista, que, inclusive, parece minimizar tais aspectos e acentos escriturísticos por eles lhe causarem um verdadeiro incômodo. Não obstante o que estamos discutindo, mas a propósito deste assunto, o já muitas vezes citado John Walton, fazendo uma análise comparativa do texto de Jeremias 31:33, diz que a "metáfora de 'escrever no coração' é significativa para entender a nova aliança — uma elaboração teológica que é de importância central tanto no desenvolvimento da teologia da Bíblia hebraica quanto no desenvolvimento do Novo Testamento e da teologia cristã", pois frequentemente, "para explicar a metáfora, têm-se usado imagens parecidas que fazem referência a coração e são encontradas em outros trechos do texto

---

854 Ibid., p. 103-4.

bíblico".[855] Ocorre que os textos que são utilizados como forma de iluminar este de Jeremias 31:33 falam do trabalho da própria pessoa em escrever no coração, aludindo claramente ao estudo regular, enquanto o texto do chamado "profeta chorão" contrasta com tudo isso, pois "descreve explicitamente *Yahweh* escrevendo a lei no coração de Israel". A "diferença de quem está escrevendo é importante, pois, nas passagens que falam de 'tábuas do coração', o significado intrínseco da metáfora se perde caso outra pessoa esteja escrevendo", sendo, inclusive, "contrário a tudo o mais encontrado nos profetas, caso se fizesse a sugestão de que Deus faria o povo guardar a lei contra seu próprio desejo ou inclinação". Portanto, em lugar dessa postura, a "terminologia chama nossa atenção para os textos de adivinhação, pois aqui em Jeremias temos vários conceitos em que cada elemento tem paralelo na literatura de vaticínio".[856] O autor apresenta uma exegese breve do texto e o explica na sequência:

1. Jeremias usa os mesmos tipos de verbos (*natan*, "pôr" [NVI], e *katab*, "escrever" [NVI]) como nos textos de extispício.[857]
2. Os verbos são seguidos de uma preposição que rege uma palavra associada à *exta* (*qereb*, "mentes" [NVI], tecnicamente, os intestinos; *leb* "coração" [NVI]). Como observado por Starr: "A metáfora das entranhas em geral e do fígado em particular como o 'bloco de notas' dos deuses é bem atestada".
3. Jeremias fala de a *torá* ser escrita no coração, o que é comparável com os adivinhos pedirem às divindades que escrevam um veredito ou juízo (*dinu*) ou um oráculo (*têrtu*). Todas essas são maneiras de se referir à revelação que se espera da divindade.[858]

Evidentemente que, como já temos afirmado em outros momentos em que mencionamos as similaridades entre as culturas pagãs do antigo Oriente Médio e Israel, o autor observa "algumas maneiras significativas em que Jeremias 31 difere de textos de adivinhação", por isso ele ressalta que o "mais importante é que Jeremias não procura de modo algum reproduzir a estrutura textual ou o ambiente ritual de um procedimento de extispício". Que

---

855 WALTON. *O pensamento do antigo Oriente Próximo e o Antigo Testamento*, p. 272.
856 Ibid. (grifo no original).
857 John Walton explica em que consiste a prática do extispício na obra que estamos utilizando. O leitor interessado pode consultá-la nas páginas 268-9.
858 Ibid.

CAPÍTULO 4 – Pneumatologia | 709

fique claro, pois a "questão comparada diz respeito apenas a se o texto, para expressar sua própria teologia, está adaptando a terminologia/metáfora de revelação feita por meio de *exta*", pois esse "paralelo de metáfora teria apoio na sobreposição dos gêneros adivinhação e profecia".[859] Assim, se for "possível fazer uma comparação com base na sobreposição de terminologia e funções de gênero, como seria a interpretação resultante e como divergiria da interpretação consensual tradicional?", questiona Walton. Este explica que, em um "contexto de extispício há três partes: o cliente que está fazendo a consulta (buscando receber revelação divina), a divindade e o especialista que está mediando o procedimento", e, evidentemente, "que há também o animal, que é o mecanismo". Portanto, cientes de que "Jeremias estaria apenas usando uma metáfora, e não retratando um procedimento real de adivinhação, não precisamos identificar as três partes".[860] Contudo, "caso a metáfora tenha origem no mundo da adivinhação, precisa haver alguma correlação básica que faça a metáfora funcionar". Por isso, o autor explica que o "cliente é a parte que busca informação (i.e., 'conhecimento de Deus') — nesse caso o papel do cliente seria desempenhado pelos israelitas ou mesmo pelo mundo mais amplo ao redor que os observava". A "segunda opção seria o caso se a ideia fosse algo como Israel ser uma luz para as nações", havendo ainda a "possibilidade de que Israel esteja sendo comparado com o animal sacrificado, pois escreve-se algo em seu coração". Assim, de forma "previsível, a segunda parte está totalmente ausente — não há nenhum especialista fazendo a intermediação", tendo o texto chegado "a ponto de dizer que qualquer um seria capaz de ler a informação" e, por conseguinte, "Yahweh comunicará ('porá [...] escreverá') sua revelação na *exta* de seu povo, para que Yahweh seja conhecido". Dessa forma, a "essência da metáfora seria, em lugar de lembrança e internalização da *torá*, a revelação da *torá*".[861] Uma vez que a "função da *torá* é mostrar aos israelitas como viver na presença de Deus e como participar de sua ordem e de seus propósitos", na "nova aliança, as pessoas descobrirão que Deus se revelou (i.e., seus caminhos e expectativas) a cada uma delas, de maneira que saberão como viver em sua presença". Sendo assim, "Deus se torna conhecido mediante a fidelidade de seu povo", ou seja, "na nova aliança, a *torá* visa unir *status* e identidade, em vez de servir (como era possível inferir acerca da antiga

---

859 Ibid., p. 272-3.
860 Ibid., p. 273.
861 Ibid.

## 710 | TEOLOGIA SISTEMÁTICO-CARISMÁTICA

aliança) de coleção de leis, regras e normas morais", ao passo que a "revelação buscada em procedimentos de extispícios visa obter orientação para decisões importantes e entender as intenções e vontade da divindade". Nesse paralelo, caso "Yahweh estivesse escrevendo a *torá* no coração de Israel, ele estaria fornecendo o mesmo tipo de orientação", ou seja, a "*torá* no coração daria orientação a Israel nas decisões importantes e entendimento das intenções de Yahweh".[862] Walton, então, finaliza:

> Como isso seria de alguma forma diferente da revelação da *torá* no Pentateuco, que também tinha o conhecimento de Deus como seu objetivo? Isto é, de que maneira ter a *torá* escrita no coração é diferente de tê-la escrita em tábuas de pedra? Se a metáfora é do mundo do extispício, o texto indica que, com as instruções/lei de Deus escritas no coração de seu povo, não haveria nenhuma necessidade de orientação contínua para ensinar as leis de Deus. Esse tinha sido um elemento essencial da Lei do Sinai. O que aconteceu em vez disso? Deus seria conhecido por seu povo, que viveria fielmente a lei. Pessoas com a lei escrita no coração se tornam um *meio de comunicação*. A escrita no coração não substitui a lei, mas o ensino da lei. A lei escrita em pedra tinha de ser ensinada e poderia ser ignorada. A lei escrita no coração representa um meio de influência e, neste caso, a lei não está sendo ignorada. Nessa interpretação da metáfora, o coração é, então, um meio, não um repositório. A metáfora seria de revelação, não de lembrança.[863]

Fizemos questão de citar essa exegese e a comparação feita por Walton pelo fato de que, conforme a teologia protestante cessacionista, o sobrenatural, o miraculoso etc., nas Escrituras, são como se fossem apêndices e ocorrências totalmente dispensáveis, sendo os profetas identificados como "pregadores expositivos", e não carismáticos. No entanto, o texto de Jeremias 31:33, seja qual for a interpretação que se dê ao versículo, é claro quanto ao fato de que há a substituição do instrutor humano pelo trabalho de revelação divina diretamente no interior da pessoa. E quando tal se dará? Na plenitude dos tempos, com a instauração completa, plena e supratemporal do reino de Deus? Certamente não, pois estaremos em uma condição em que tal lei não

---

862 Ibid.
863 Ibid., p. 273-4.

mais será necessária. Portanto, a necessidade e/ou obrigatoriedade dessa atuação divina se faz urgente em uma realidade caída, em que a humanidade não é capaz de agir dessa forma por seus próprios esforços, mas tem um mandato sacerdotal que precisa ser cumprido. Uma vez que se trata de uma "revelação", a quem duvida completamente da atuação do Espírito fora do âmbito, estritamente exegético, torna-se complexo compatibilizar tal promessa com uma concepção minimalista da pneumatologia que limita a atuação do Espírito. E, se tal realmente se dá em um período de abundância de manifestação divina — e essa abundância era aguardada e desejada muito antes do vaticínio de Jeremias —, período este que vemos ser almejado pela atuação da sabedoria em Provérbios 1:23, por exemplo, há que se pensar seriamente na verdade de que "a ação do Espírito não mais se concebe como algo que ocorre repentinamente, em acontecimentos isolados, para desaparecer logo em seguida". Por isso, diz Walther Eichrodt, "assim como a nova vida é uma vida na presença de Deus, esse poder da natureza divina, o Espírito realiza no homem uma ação permanente: repousa nos instrumentos eleitos por Deus, ou habita o coração, ou, como a chuva na terra, penetra nele criando uma união permanente do mesmo com Deus e, por conseguinte, dota-o de força para modelar sua vida conforme sua vontade".[864] Se isso parecia ser impossível no tempo de profunda crise enfrentada pelo povo escolhido na época do profetismo clássico, no período final do cativeiro e já no contexto do judaísmo tardio, ou do Segundo Templo, agora tinha-se a impressão de se haver tornado realidade, pois, se o caráter escatológico das profecias, isto é, o não cumprimento imediato, fez com que tais mensagens passassem para um segundo plano, paradoxalmente, "a compreensão da importância do Espírito se ampliou e se aprofundou de maneira inimaginável". Tal fenômeno "pode ser observado, sobretudo no processo de nítida independência do Espírito de Deus, o qual a partir de agora começa a ser apresentado como o que poderíamos chamar de uma hipóstase, quer dizer, como um ser autônomo", explica Eichrodt, "que atua por sua própria conta e que, às vezes, afeta as ações humanas". Todavia, tal "não quer dizer que o Espírito volte a separar-se da esfera divina; ao contrário, sua realidade permanece sempre à sombra do Deus da aliança e só existe como um modo de sua revelação".[865]

---

864 EICHRODT. *Teologia do Antigo Testamento*, p. 524.
865 Ibid.

# 712 | TEOLOGIA SISTEMÁTICO-CARISMÁTICA

Assim, seja qual for o "caso, ao converter-se em sujeito pessoal, a natureza divina, contida nele, requer uma eficácia especial, adquirindo uma espécie de posição intermediária entre Deus e o homem", conforme Isaías 63:10s e Salmos 51:13. Portanto, "o Espírito de Deus participa também da santidade, ou seja, da majestade inacessível de Deus; convertendo-se no Espírito Santo de Deus".[866] Esse novo modo de relacionar-se com Deus implica que o acesso ao Criador se dá por meio do Espírito Santo e permeia tudo. Por isso, "com essa crescente importância do espírito dentro da imagem de Deus, *o âmbito de seu domínio amplia-se consideravelmente*" e, por meio dele, "o Espírito, Deus transcendente, o qual habita em luz inacessível, se faz realmente presente no meio do seu povo". De acordo com passagens como Salmos 106:33, Isaías 34:16, Ageu 2:5 e Zacarias 7:12, "o Espírito é o meio pelo qual se faz realidade a presença de Deus no meio do seu povo, no qual se resumem todos os dons e poderes que Deus derrama sobre seu povo". E, em diversos textos, "fica claro que se pensa a este respeito, nos dons e na obra dos profetas", como, por exemplo, em textos como 2Crônicas 15:1; 20:14; 24:20; Neemias 9:30; Miqueias 3:8 e Zacarias 7:12. Contudo, "na realidade", acrescenta o mesmo autor, "a eficácia do *rūaḥ* ultrapassa esse âmbito e abrange a todos os poderes maravilhosos que sustentaram a vida nacional de Israel ao longo de sua história", não havendo ausência da presença extraordinária do Espírito Santo em momento algum. O autor prossegue dizendo que o "que é completamente novo, contudo, é que esse Espírito seja considerado também como *guia e protetor no presente*",[867] isto é, agora o povo de Deus tornou-se consciente desse fato, sabendo que o Espírito Santo não apenas dominou o caos e impôs a ordem, dá vida a tudo, empoderou Moisés e capacitou os profetas carismaticamente desde o início. "Não só a comunidade, mas *também os próprios indivíduos se reconfortam com a ajuda e a assistência do Espírito*", e tal percepção fica evidente quando se vê que "mesmo a doutrina das escolas sapienciais, de estilo individualista, convencem-se de que o Espírito guia a comunidade", e, conforme nos referimos acima, quando citamos a referência de Provérbios 1:23, "o sábio para quem o temor de Deus é o princípio e fim da verdadeira sabedoria sabe que esta só se pode conseguir se é o Espírito quem o dirige". Tal "experiência, da obra condutora do Espírito no presente, é acompanhada

---

866 Ibid., p. 524-5.
867 Ibid., p. 525 (grifo no original).

CAPÍTULO 4 – Pneumatologia | 713

do empenho em submeter ao domínio do mesmo Espírito parcelas cada vez maiores da vida".[868] Tudo, absolutamente tudo, deveria ser realizado sob o domínio do Espírito, pois a fim de "conseguir o grande objetivo, de chegar a ser um povo santo, todas as energias e atitudes têm que sofrer a influência renovadora do Espírito". A forma com que o texto bíblico fala "do reino eterno de Deus na terra se adequa admiravelmente à ideia do Espírito como poder divino atuando no presente; por sua vez, o caráter estático de sua imagem da história se via enriquecido por um elemento dinâmico que afirmava plenamente a natureza sobrenatural e maravilhosa do reinado de Deus".[869] Como todo movimento de caráter carismático e, portanto, entusiasta, é evidente que havia riscos de excessos.

> Apesar dessa impressionante tendência, de contar em todas as situações da vida com o poder do Espírito presente em cada momento, o perigo, que fora tão lógico, de um subjetivismo exagerado e de caráter místico, nunca chegou a agravar-se. Se for verdade que no judaísmo helenístico o florescimento de um misticismo intrusivo pôde apossar-se da ideia do Espírito em algumas ocasiões, deve-se reconhecer, de outro lado, que figuras como Filo ou comunidades como a dos terapeutas constituíram fenômenos muito isolados e não exerceram influência alguma no judaísmo palestino. A razão disso deve-se buscar, principalmente, *na estreita associação do Espírito e da palavra*, associação que requer agora nova vida e conjuga-se bem com o fato de que toda a vida religiosa baseia-se na lei. Por isso, nessa época, com grato júbilo, descobre a palavra de Deus na lei e nos profetas, cujos escritos foram sendo salvos de todas as catástrofes como um legado precioso. O presente sente-se cada vez menos capacitado para pronunciar a palavra viva de Deus por inspiração direta, e por isso vê, no testemunho escrito das grandes façanhas de Deus no passado, a norma e diretriz de sua própria situação. Mas é precisamente o Espírito o poder que devolve vida à palavra do passado e a implanta no presente dotada de uma autoridade imediata. Por isso, quando se trata de indicar à comunidade judaica qual é a base permanente de sua vida sobre a qual pode edificar e progredir para uma nova e prazerosa estruturação, mencionam juntos o Espírito e a Palavra. Junto ao Espírito, que Deus faz repousar

868 Ibid., p. 527 (grifo no original).
869 Ibid., p. 527-8.

sobre seu povo, as palavras que ele pôs em sua boca constituem o conteúdo da aliança eterna que vincula Israel com seu Deus. Tanto para o bem quanto para o mal, Zacarias relaciona o cumprimento da palavra dos profetas anteriores — à qual ele se refere a cada momento e na qual inclui também a lei (1.6) — com a obra do Espírito no interior da comunidade [Zc 1.6; 4.6; 7.12]. A oração de arrependimento de Neemias sabe que o Espírito ensina mediante a palavra da lei e dos profetas [Ne 9.20,30], e a glosa a Ageu 2.5 relaciona a presença do espírito na comunidade com a palavra que Yahweh deu a Israel ao tirá-lo do Egito. Assim, pois, na ação do Espírito, da qual desfruta e pode reconfortar-se, o próprio Deus está falando à comunidade, o qual elegeu o insignificante, teimoso e desobediente povo de Israel e o guiou durante séculos, e a cuja história e tradição relaciona agora sua revelação. A experiência do Espírito não abre uma fenda diante do tratamento místico imediato com Deus, no qual poderá o homem lançar no esquecimento seus pecados, e a majestade divina; ao contrário, remete constantemente ao aprendizado obediente da palavra de Deus, palavra que fala de seu juízo e de sua misericórdia; sob sua direção a palavra converte-se no meio pelo qual Deus põe em ação seu poder de vida, preparando a comunidade para que seja seu instrumento.[870]

Estava garantida a segurança contra todo excesso possível de ser cometido, pois a Palavra, que fora produzida pela inspiração do Espírito, fora registrada e marcava o *telos*, isto é, o propósito final de Israel, fazendo que assim, "na vida de fé da comunidade judaica, o Espírito de Deus", diz Eichrodt, alcançasse "uma autêntica significação existencial: graças a ele a história da revelação se converte em energia vital, com base em uma existência que vive da fé". Em termos diretos, tendo o Espírito Santo na vida, se "teria a $\alpha\rho\rho\alpha\beta\omega\nu$ $\tau\eta\varsigma$ $\kappa\lambda\eta\pi\text{ovo}\mu\iota\alpha$ [Ef 1.14], o penhor dessa herança cuja possessão plena continuaria a esperar Israel enquanto peregrina como escravo entre as nações".[871] A questão mais relevante é que se, por um lado, os oficiais poderiam achar-se seguros de sua liderança, em época posterior ao cativeiro e já no período intertestamentário, por causa de serem intérpretes e guardiães da Palavra, por outro, o "Espírito apareceu também como poder de vida efetivo realmente presente na comunidade e no indivíduo". Nesse aspecto, "é significativo que

870 Ibid., p. 528-9.
871 Ibid., p. 529.

CAPÍTULO 4 – Pneumatologia | 715

a comunidade tome consciência da ação do Espírito nela, principalmente no culto, na qual se vê arrebatada pelo entusiasmo extático do louvor, e concebe, além disso, a principal personagem do culto, o sumo sacerdote, como imbuído da força do Espírito".[872] Se tal era assim pelo lado institucional, no que diz respeito "ao indivíduo, o Espírito conduz, sobretudo, os sábios, cuja sabedoria, por ser conhecimento e obra de Deus, tem um caráter religioso e continua o ministério profético enquanto instrução do povo". Mas a questão não parava por aí, isto é, "de outro lado, também no simples homem piedoso se reconhece a presença do Espírito como poder que capacita para toda boa obra e conduz à decisão moral", tal como igualmente ensina o Novo Testamento. Todavia, diante do que poderia parecer uma consideração unilateralmente positiva do teólogo alemão não carismático, como gostaria o minimalismo pneumatológico protestante, para assim poder continuar reafirmando sua posição, Eichrodt, então, diz que, "junto a este desenvolvimento das concepções antigas", isto é, com o resgate de uma das ações da *presença extraordinária* do Espírito, "pode se observar também aqui e ali certa debilitação na concepção do Espírito".[873] Em outras palavras, ao se encerrá-lo e reduzir sua ação a um único aspecto, completa o mesmo autor, "quando se fala do Espírito de Deus, se expressa mais um pensamento especulativo que uma autêntica experiência religiosa".[874] Nem é preciso muito esforço para perceber que, sempre que se enfatiza apenas uma parte da obra completa do Espírito, outras áreas ficam descobertas e suscetíveis de serem subvalorizadas ou até mesmo esquecidas. Com a desvalorização da experiência de capacitação carismática, que, como sabemos e já reiteramos diversas vezes, com todos os seus perigos de excessos, é necessária desde a Queda, quando se trata de cumprir uma missão, os aspectos institucionais e exteriores se tornam supervalorizados. A fim de manter a hegemonia da liderança sinagogal, escolas rabínicas são fundadas, e, como o povo não sabia ler, a mediação tornou-se uma arma na mão de pessoas que, com as Escrituras e sem nenhum vestígio carismático, dominavam apenas com a ideia de ter a intepretação mais correta e exata da Torá. Tal processo tem um longo período, mas, como veremos, felizmente,

---

872 Ibid., p. 529-30.
873 Ibid., p. 530.
874 Ibid., p. 531.

# 716 | TEOLOGIA SISTEMÁTICO-CARISMÁTICA

o pensamento neotestamentário retorna com muito mais força às características essenciais originais da palavra e do Espírito. A palavra recupera sua função peculiar de reveladora da vontade divina. E isto não se reduz só à forma em que a boa nova da redenção divina, dotada de seu próprio dinamismo, demonstra seu poder, estende-se, corre, não pode ser presa e, enquanto juiz dos pensamentos e intenções do coração, situa o indivíduo diante da necessidade de se decidir [At 1.20; 6.7; 12.24; 2Ts 3.1; 2Tm 2.9; Hb 4.12s]. A evidência é maior, sobretudo, quando, *por ter sido identificada com Jesus*, a palavra converte-se em uma palavra independente e entra assim em uma forma de existência aparentemente oposta à que havia tido anteriormente. A designação de Cristo como o *logos* em João 1 está tão decididamente ligada com a concepção veterotestamentária da palavra, da mesma forma quanto é enérgica sua oposição à ideia helenística do *logos*. Com efeito, no Cristo-*logos* não há vestígio algum de uma razão cósmica de sentido panteísta, nem de uma ideia redentora no sentido místico-idealista; nele toma a carne, em uma vida pessoal humana, a vontade universal e soberana do Deus pessoal com todo o seu inquieto dinamismo. Para resumir as características fundamentais da revelação bíblica em *uma* palavra são necessárias várias condições: por um lado, essa palavra tem de revelar a vontade divina de um modo que confirme a natureza pessoal e espiritual das relações de Deus com o homem, enquanto opostas a toda divinização física ou unificação mística, deixando, por sua vez, a salvo o caráter oculto da majestade divina. Por outro, deve-se combinar em uma mesma unidade a criação, o estático e o dinâmico, o presente e o futuro. E tudo isto só era possível aplicando toda a riqueza da ideia veterotestamentária da palavra de Deus à pessoa do Redentor; por isso, esse desenvolvimento do Novo Testamento só pode ser entendido plenamente a partir do Antigo.[875]

Foi justamente por isso que fizemos essa longa caminhada panorâmica através das Escrituras hebraicas, pois a capacitação carismática, que aparece como fundamental desde a primeira ocorrência neotestamentária, que, obviamente, não é Mateus 1:1, e sim Lucas 1:5, evidencia de forma muito clara que o minimalismo pneumatológico é consciente e pragmático, pois evita lidar com algo incontrolável, indomável, impossível de ser sistematizado, uma vez que

---

875 Ibid., p. 542-3 (grifo no original).

CAPÍTULO 4 – Pneumatologia | 717

toda pneumatologia que não contemple a dimensão prático-experiencial não passa de especulação e é, por isso mesmo, deficitária. Lembre-se aqui do que disse o teólogo luterano Hermann Brandt, ainda no início de nossa reflexão: "a teologia, como toda ciência, precisa descrever 'objetivamente' e analisar criticamente os seus conteúdos, se bem que ela precisa de todos os necessários instrumentos científicos para interpretar a Bíblia, compreender a história da igreja e de seus dogmas e as exigências resultantes do contexto". Todavia, deve ficar claro que "tudo isto ainda não é o suficiente enquanto não for adicionado o elemento da experiência pessoal".[876] Para não haver dúvida, relembrando o que já foi dito quando citamos Brandt, "irritante não é que Lutero, por exemplo, tenha se expressado de uma forma pouco clara ou sistemática sobre o Espírito Santo — este não é o caso de forma alguma, se bem que Lutero não tenha escrito um sistema dogmático. Irritante é muito mais *a inclusão da experiência entre os critérios da pneumatologia*".[877] Aqui jaz o verdadeiro problema, diz ele, com a pneumatologia. E não temos dúvida a esse respeito. Portanto, "*a associação de espírito e palavra*, nas diversas formas imaginadas pela ideia veterotestamentária de Espírito, alcança uma plenitude incomparável na fé neotestamentária no Espírito Santo", diz Walther Eichrodt, acrescentando que por seu "poder levou a termo Jesus sua obra profética, e no Paráclito, enviado por ele, que renova a cada momento sua obra na comunidade e concede aos membros do Corpo de Cristo participação numa vida de seiva divina". Por isso, "tanto as múltiplas coincidências quanto a essencial diferença do Espírito e da palavra encontram um fundamento racional na relação de λογος e πνευμα como pessoas da Trindade da qual, saindo de sua glória transcendente, o Deus único rebaixa-se até o homem e se lhe torna acessível, mas sem renunciar à sua absoluta transcendência".[878] Tal paradoxo nunca foi fácil de se aceitar, por isso houve tantos problemas ao longo da história para se tentar explicá-lo, mas as melhores tentativas nada explicam, e as piores resultaram em heresias que foram rejeitadas. É o que será estudado no próximo capítulo ao tratarmos da cristologia. Por ora, ainda seguiremos falando do Espírito Santo, mas nosso foco será o Novo Testamento.

---

876 BRANDT. *O Espírito Santo*, p. 113-4.
877 Ibid., p. 113 (grifo no original).
878 EICHRODT. *Teologia do Antigo Testamento*, p. 543 (grifo no original).

Este livro foi impresso pela Ipsis, em 2022,
para a Thomas Nelson Brasil. O papel do
miolo é pólen natural 70 g/m² e o da capa
é couchê fosco 150 g/m².